투자론

가치투자와 자산운용

FUNDAMENTALS OF INVESTMENTS

VALUATION AND MANAGEMENT

FUNDAMENTALS OF INVESTMENTS

VALUATION AND MANAGEMENT

투자론

가치투자와 자산운용

8th Edition

Bradford D. Jordan Thomas W. Miller Jr. Steven D. Dolvin, CFA 지음

김범 김솔 김진산 박기봉 이민환 이상휘 정재만 정찬식 옮김

Mc Graw Hill

MEDIA JIPHIL (주)지필미디어

McGraw Hill

Fundamentals of Investments: Valuation and Management, 8th Edition

1 2 3 4 5 6 7 8 9 10 JP 20 21

Original: Fundamentals of Investments: Valuation and Management, 8th Edition © 2018
By Bradford D. Jordan, Thhomas W. Miller Jr., Steven D. Dolvin
ISBN 978-1-259-72069-7

This authorized Bilingual Language Edition is published by Jiphil Media in arrangement with McGraw-Hill Education Korea, Ltd. This edition is authorized for sale in the Republic of Korea. This edition is authorized for sale in the Republic of Korea

This book is exclusively distributed by Jiphil Media.

When ordering this title, please use ISBN 979-11-86674-78-9 (93320)

Printed in Korea

투자론

가치투자와 자산운용

FUNDAMENTALS OF INVESTMENTS
VALUATION AND MANAGEMENT

지은이 Bradford D. Jordan | Thomas W. Miller Jr. | Steven D. Dolvin, CFA
옮긴이 김범, 김솔, 김진산, 박기봉, 이민환, 이상휘, 정재만, 정찬식
발행처 (주)지필미디어
주 소 경기도 파주시 문발로 115 세종벤처타운 404호
전 화 031) 957-4504
팩 스 031) 957-4503
이메일 book@jiphil.co.kr
홈페이지 www.jiphil.co.kr
발행인 김성남
발행일 2021년 2월 28일 초판 인쇄
등록번호 제 312-1997-000043호(1997년 7월 16일)
ISBN 979-11-86674-78-9 93320

가 격 38,000원

저자 소개

2020년 한 해 동안 코로나바이러스(Covid-19)로 인해 수많은 사회경제적 변화가 발생하였다. 특히 자본시장에서는 투자의사 결정의 주체로서의 개인의 중요성이 더욱 강조되고 있고 개인투자자의 영향력도 점점 증가하고 있다. 앞으로 개인투자자의 자본시장에 대한 참여가 확대될 것이며 연금시장에서의 개인투자자의 의사결정으로 인한 시장변화의 가능성도 증대될 것이다. 또한 기업이 지니는 사회적 책임에 대한 요구가 더욱 심화되면서 재무 활동에 있어서 기업의 윤리적 기능과 역할에 대한 당위성도 높은 설득력을 얻고 있다.

역자들은 개인투자자의 참여는 물론 기업에 대한 높은 수준의 윤리적 역할에 대한 요구가 활발해지는 시점에서 대학 금융교육의 핵심 중의 하나인 투자론 교육에 대한 변화가 필연적이라는 점에 동의한다. 하지만 대부분의 투자론 교재는 전통적으로 포트폴리오 관리나 증권 가치평가라는 측면 중 일부에만 치중하고 투자자가 실재 투자과정에서 요구되는 투자의사 결정에 대한 구체적이고 현실적인 원칙과 방법을 제대로 제시하지 못할 수 있다는 제한점을 인식하게 되었다.

대학 투자론 교육은 개인투자자들로 하여금 투자에 관한 기초적 이해와 점차 다양해지는 금융상품과 복잡한 금융 제도에 대한 학습을 통해 앞으로 당면한 투자과정에서 올바른 의사결정에 이르게 되며 설계되어야 한다는 점에도 뜻을 같이하였으며, 본 역서는 역자들의 대학 투자론 교육에 대한 새로운 인식과 투자론 교육의 변화에 대한 필요성에 대한 의지가 모인 결과물이다.

역자들이 Bradford D. Jordan, Thomas W. Miller Jr., 그리고 Steven D. Dolvin가 2018년에 출간한 《Fundamentals of Investments Valuation and Management 8th Edition》을 번역한 것은 원서가 투자자가 당면한 실재적 투자상황에서 발생하는 의사결정에 도움이 될 수 있도록 작성되었다는 점이다.

본서를 번역하면서 고려한 다음과 같은 점을 명시하고자 한다.

첫째, 원서에서 제시된 사례의 경우에 국내 현실과 다소 괴리된 내용이 제시된 웹사이트나 사례는 전체적인 내용의 흐름과 학습 내용의 전달에 문제가 없도록 역서의 내용에서 삭제하였다.

둘째, 원서의 형식을 되도록 유지하려고 하였으나 CFA 시험과 관련된 문제의 경우에는 원문이 익숙하지 않은 학생들을 위해 번역하여 제시하였다. 하지만 'CFA Exam Review' 부분은 원어 그대로 제시하여 강의 시간에 논의를 통해 해당 시험에 준비하는 수강생들에게 실질적인 도움이 되도록 하였다.

셋째, 원서에서 18장 "회사채와 국공채"와 20장 "주택담보대출유동화증권" 부분은 번역에 포함하지 않았다는 점을 밝힌다. 포함하지 않은 부분의 중요성보다는 학부 교재가 지니는 기본적 내용에 포함되기에는 다소 높은 수준의 난이도와 교재의 분량의 측면에서 제외하기로 판단하였다.

다수의 역자가 참여함으로써 발생하는 용어의 불일치나 표현형식의 문제를 최소화하기 위해 여러 차례의 감수를 거쳤으나 여전히 남아있는 오류는 온전히 역자들의 책임임을 밝히고자 한다. 끝으로 본 역서의 출판을 위해 노고를 아끼지 않고 끝까지 믿고 기다려준 맥그로힐 에듀케이션과 지필 출판사 관계자 여러분에게 감사를 드린다.

2020년을 보내며
역자 일동

차례

PART 1 서론

PART 3 금리 및 채권가치

PART

1

서론

CHAPTER

01

위험과 수익률의 변천

"돈으로 행복해질 수 없다는 것을
증명하는 기회를 갖는 것은 매우 값진 경험이다"

스파이크 맥밀런(Spike Milligan)

학습목표

현명한 투자자가 되기 위해서(또는 막대한 부를 축적하기 위해서)는 아래와 같은 내용을 고려해야 한다.

1. 투자수익률 계산법
2. 투자상품의 과거 수익률
3. 투자상품의 과거 위험수준
4. 위험과 수익률의 관계

누구든지 백만장자로 은퇴하는 것은 가능하다. 그 방법은 다음과 같다. 25번째 생일을 맞아 3천불을 투자하고 그 이후 39년 간 생일날에 추가로 3천불씩 투자한 사람이 65세에 은퇴한다고 하자. 그는 얼마를 은퇴자금으로 갖게 될까? 10%의 연수익률을 가정하여 계산하는 경우에 은퇴자금의 규모는 자그마치 146만불에 이르게 된다. 실제로 이러한 일이 일어날 수 있을까 생각할 수 있지만 자본시장의 역사를 돌이켜보면 가능하다는 것을 알게 된다. 지난 90여 년 동안 스탠다드푸어의 대형주 인덱스는 연12%의 수익률을 보였다.

CFA 관련 주제

1. 현금흐름의 할인(L1, S2)
2. 통계학의 개념과 시장수익률(L1, S2)
3. 확률분포(L1, S3)
4. 표본추출과 추정(L1, S3)
5. 배당과 자사주 매입: 분석(L2, S8)
6. 포트폴리오 성과분석(L3, S17)

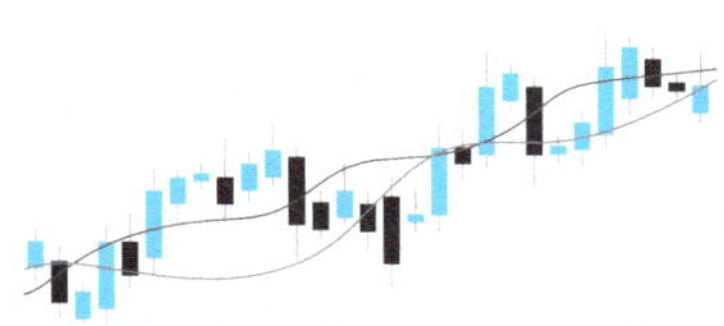

우리는 삶의 여러 방면에서 투자의 원칙을 배우게 된다. 1925년 이후의 미국 자본시장에서 투자자들이 경험한 내용을 간략하게 살펴봄으로써 위험과 수익률에 대한 교훈을 줄 것이다. 예를 들어, 1931년에 주식시장의 시가총액이 43% 정도 하락했으나 그로부터 2년 후에는 가격이 역전되면서 54%의 수익을 얻을 수 있었다. 1987년 10월 19일에 25% 정도 하락했던 주가가 1995년에는 40%의 수익을 가져다준 적도 있다. 2003년부터 2007년까지 약 80% 상승했던 시장이 2008년에는 40% 하락했고 2009년 들어 주식시장이 다시 역전되면서 2015년 들어 그때까지 손실의 대부분을 회복하여 7년 동안의 수익률이 150%에 이르게 되었다.

이번 장에서는 지난 80여년의 주식시장을 되돌아보면서 주식투자자의 적절한 투자시점에 대해 논의해보고자 한다.

또한 시장에 관한 과거자료를 통해 위험과 수익률의 관계를 살펴보고자 한다. 따라서 주식이나 채권에 투자하고자 하는 독자들에게 매우 실용적인 정보를 제공해줄 것이다. 예를 들어, 오늘 주식투자를 시작한다면 연수익률이 5% 정도는 될 것이라 생각하는가? 아니면 10%나 20% 정도라 생각하는가? 이번 장을 통해 어느 정도의 수익률을 기대할 수 있는가를 생각해보고 투자 위험에 관한 논의를 통해 위험을 보다 객관적으로 판단하는 방식에 대해 살펴볼 것이다.

일차적 목적은 금융시장의 과거자료를 통해 위험과 수익률을 수치상으로 경험해보는 것이다. 수익률이 어느 정도가 되어야 높다고 또는 낮다고 말할 수 있을까? 일반적으로 주식과 채권으로부터 어느 정도의 수익률을 기대해야 하며 어느 정도의 위험이 발생하는가에 대해 살펴보고 과거의 위험과 수익률의 변화를 통해 미래의 수익이 어느 정도일지에 대해 추측할 수 있게 된다.

전 세계 금융시장으로부터 위험과 수익률에 관한 수많은 경로를 통해 자료가 취합되고 있고 인터넷을 통해 개별 시장에 대한 수많은 정보를 접하게 되었다. 관심 있는 독자들은 이번 장의 끝부분에 제시된 저자들의 웹사이트를 통해서 최근 금융시장에서 발생한 주요 사건에 대한 정보를 얻을 수 있을 것이다.

모든 이들이 역사가 주는 교훈의 가치에 대해 동의하는 것은 아니다. 철학자 조지 산타야나(George Santayana)는 "과거를 기억하지 못하는 자들이 같은 잘못을 반복한다"고 했으나 유명한 기업가인 헨리 포드(Henry Ford)는 "역사란 매일 사용하는 침대bunk에 불과하다"라고 언급한 적이 있을 정도다. 이러한 극단적인 견해보다는 마크 트웨인이 언급한 "사람들로 하여금 주식에 투자하기에 가장 좋다고 느끼게 하는 가장 위험한 달은 10월이다. 그 외에도 위험한 달로는 7월, 1월, 9월, 4월, 11월, 5월, 3월, 6월, 12월, 8월과 2월이 있다"라는 표현도 흥미롭다.

금융시장의 역사를 살펴보면 2개의 사실에 주목하게 된다. 첫 번째는 위험을 감수하는 자에게는 보상으로 수익이 있기 마련이라는 것이다. 항상 그런 것은 아니지만 평균적으로 볼 때 그 수익의 수준이 적은 편은 아니다. 이런 긍정적인 면 뿐만 아니라 부정적인 면도 존재하는데 높은 수준의 수익에는 항상 높은 수준의 위험이 따른다는 것이다. "수익에는 반드시 위험이 따른다"는 사실이 기억해야할 가장 중요한 투자의 원칙이며 이번 장에서 수차례 강조될 것이다.

1.1 수익률

시장에 존재하는 다양한 금융상품의 과거수익률을 살펴보자. 우선 투자수익률을 계산하는 방법을 알아보기 위해 주식에 투자하는 경우를 예로 들어보자.

금액기준 수익

일종의 자산을 매수하는 경우 투자로부터 발생하는 수익이나 손실을 "수익(률)"이라 일컫는다. 수익률은 통상 2개의 부분으로 구성되는데, 첫째는 투자자산을 소유함으로써 발생하는 현금흐름이고 둘째는 매수한 자산의 가치가 변하면서 발생하는 투자로 인한 자본소득 또는 자본손실이다.

만약에 당신이 특정연도의 1월에 할리-데이빗슨 (종목기호: HOG) 주식 200주를 주당 $50에 매수하여 1만 불을 투자했다면 당해 연도 말 투자성과가 어느 정도인지 궁금할 것이다.

우선 투자종목의 기업이 당해 연도에 현금배당을 실시하였는가를 살펴보아야 한다. 할리-데이빗슨에 투자하는 순간에 회사의 일부를 소유하게 되기 때문에 회사가 보유한 현금에 대한 권리를 갖게 된다. 할리-데이빗슨이 배당을 지급하기로 결정하는 경우에 당신도 보유한 주식수에 비례하여 배당을 받게 되는 것이다.

배당과 더불어 수익률을 구성하는 또 다른 부분은 주식가격 변화로 인한 자본소득이나 자본손실이다. 아래의 두 가지 경우를 고려해보자.

	경우 1	경우 2
연말주가	$55.60	$39.80
연초 투자금액	10,000	10,000
연말 투자가치	11,120	7,960
배당소득	80	80
자본소득 또는 손실	1,120	−2,040

연초에 주가는 $50이었기 때문에 200주에 대한 가격은 1만 달러이었을 것이며 당해연도 연말까지 주당 40센트의 배당을 지불했기 때문에 연말 기준 배당소득총액은 아래와 같을 것이다.

$$배당소득 = \$0.40 \times 200 = \$80$$

경우1은 연말에 HOG종목의 주가가 $55.60이 되었기 때문에 주당 $5.60의 가격이 상승하였고 200주의 가치는 $11,120이 되어 자본소득은 아래와 같다.

$$자본소득 = (\$55.60 - \$50) \times 200 = \$1,120$$

반면에 주가가 $39.80(경우2)로 하락하였다면 자본손실은 아래와 같다.

$$자본손실 = (\$39.80 - \$50) \times 200 = -\$2,040$$

자손손실은 음의 자본소득을 의미한다.

총액기준수익
현금흐름과 자본소득(손실)을 모두 포함한 금액으로 표시한 투자수익

총액기준수익(total dollar return)은 배당소득과 자본소득(또는 자본손실)의 합이다.

$$총액기준수익 = 배당소득 + 자본소득(또는\ 자본손실)$$

경우1의 총액기준수익은 아래와 같다.

$$총액기준수익 = \$80 + \$1,120 = \$1,200$$

다시 말해, 배당소득과 가격상승으로 인해 투자의 가치가 $10,000에서 $11,200으로 상승했다는 것이다.

여기서 흔히 범하게 되는 오해를 주의해야 한다. 만약에 할리-데이비슨의 주식을 매수하여 당해연도 연말에 매도하지 않았다면 실현되지 않은 자본소득을 투자로 인한 수익으로 인식해야 하는가? 이 경우에 매도하지 않았고 현금소득도 발생하지 않았기 때문에 투자수익이라고 할 수 어렵지 않을까?

자본소득이 인식되었기 때문에 투자로 인한 소득으로 간주하여야 할 것이며 현금소득이 실현되지 않았을 지라고 투자수익임에 틀림없다. 자본소득도 배당소득과 같이 투자의 수익으로 인식되어야 한다. 주식을 매도하지 않고 보유하고 있어 수익으로 실현되지 않았으나 언제든지 매도하여 현금화가 가능하기 때문이다. 단지 그러한 결정을 하고 있지 않았을 뿐인 것이다.

결론적으로 수익을 현금화기 위해 주식을 매도하고 동일한 주식을 재매수하는 행위와 매도하지 않고 보유하고 있는 상태 간에 커다란 차이점이 없는 것이다 (단, 거래비용과 법인세 문제는 고려하지 않는 경우에). 즉, 현금화하는 경우, 현금으로

물품을 구입하는 경우, 그리고 투자자산을 보유하는 경우 간에 수익에 미치는 영향은 없다고 봐야 하는 것이다.

수익률

투자로 인한 수익의 수준을 표현하기 위해서는 금액 기준수익보다는 수익률로 표현하는 것이 적절하다. 어느 방식이 단위금액당 얼마의 수익이 발생하는가를 쉽게 알 수 있을까?

P_t를 연초의 주가라고 하고 D_{t+1}를 당해연도간 지급된 배당액이라고 할 때 아래의 표는 금액으로 작성된 이전의 표를 수익률을 이용하여 재작성한 것이다.

	경우 1	경우 2
연초 주가 P_t	$50.00	$50.00
연말 주가 P_{t+1}	55.60	39.80
배당액 D_{t+1}	0.40	0.40
자본소득 또는 자본손실	5.60	−10.20

위의 두 개의 경우 모두 연초 주가는 주당 $50이고 연중 지급된 배당액은 $0.40이었다. 배당액을 연초 주가로 나눈 계산 결과는 $1을 투자하면 $0.80의 배당을 받게된다는 것을 의미한다. 배당수익률(dividend yield)은 다음과 같다.

배당수익률
연초 주가 대비 배당소득을 퍼센트로 표현한 수치

$$\begin{aligned}\text{배당수익률} &= D_{t+1}/P_t \\ &= \$0.40/\$50 = 0.0080 = 0.80\%\end{aligned} \tag{1.1}$$

수익률의 두 번째 부분은 자본소득수익률(capital gains yield)로 해당 연도의 주가 변화를 연초 주가로 나눈 값이다. 경우1에 적용한 계산은 다음과 같다.

자본소득수익률
연초 주가 대비 주가 변동금액을 퍼센트로 표현한 수치

$$\begin{aligned}\text{자본소득수익률} &= (P_{t+1} - P_t)/P_t \\ &= (\$55.60 - \$50.00)/\$50.00 \\ &= \$5.60/\$50 = 0.1120 = 11.20\%\end{aligned} \tag{1.2}$$

11.2%의 수익률은 투자한 $1당 약 11.2센트의 자본소득이 발생하기 때문에 HOG 종목에 투자하는 것이 현명한 결과였음을 의미한다.

종합하면, 투자한 $1당 0.8센트의 배당소득과 11.20센트의 자본소득이 발생하여 총소득은 $1당 12센트인 것이다. 총수익률(total percent return)이 $1당 12센트 또는 12%라는 것이다. 투자수익을 수익률로 제시하는 경우에도 수익률 또는 그냥

총수익률
현금흐름과 자본소득(손실)을 모두 포함한 투자수익률을 퍼센트로 표현한 수치

수익이라고 표현하기도 한다. 배당수익률(divident yield)와 자본소득수익률을 결합하면 총수익률이 된다.

$$\begin{aligned}\text{총수익률} &= \text{배당수익률} + \text{자본소득수익률} \\ &= D_{t+1}/P_t + (P_{t+1} - P_t)/P_t \\ &= (D_{t+1} + P_{t+1} - P_t)/P_t \end{aligned} \quad (1.3)$$

계산결과를 살펴보면 초기 투자금액 $10,000이 $11,200로 12% 증가한 셈이 된다.

예제 1.1

수익률 계산

컨캐논플래스틱의 주식을 주당 $35에 매수한 후 1년 동안 주당 $1.40의 배당이 지급되었고 주가는 $49이 되었다. 배당수익률, 자본소득수익률, 그리고 총수익률은 얼마인가? 전체 투자금액이 $1,400이었다면 연말에 자산의 가치는 얼마인가?

$1.40의 배당금액을 이용하여 배당수익률을 아래와 같다.

$$\begin{aligned}\text{배당수익률} &= D_{t+1}/p_t \\ &= \$1.40/\$35 \\ &= 4\%\end{aligned}$$

자본소득수익은 $14이고 자본소득수익률은 아래와 같다.

$$\begin{aligned}\text{자본소득수익률} &= (P_{t+1} - P_t)/P_t \\ &= (\$49 - \$35)/\$35 \\ &= \$14/\$35 \\ &= 40\%\end{aligned}$$

총수익률은 4% + 40% = 44%이다.

연초에 $1,400을 투자하였고 연말에 자산가치가 $2,016로 증가했다. 투자금 $1,400으로 주가가 $35인 주식을 40주(= $1,400/$35) 매수할 수 있었으며 현금배당으로 40 × $1,40 = $56을 자본소득으로 40 × $14 = $560을 받았기 때문에 총 $616의 소득이 생겨 $1,400에 대해 44%의 총수익이 발생하였다.

연수익률

지금까지 연수익률을 고려하지만 실제 투자 기간이 반드시 연단위이여야만 하는 것은 아니다. 하지만, 복수의 투자를 비교하기 위해서는 연단위로 환산하여 비교하는 것이 필요하다.

예를 들어 시스코(CSCO) 주식 200주를 주당 $30에 매수했는데 3개월 후에 배당은 없었지만 주가가 $31.50으로 상승하였다면 3개월 간의 수익률은 얼마인가?

연수익률은 얼마인가?

이 경우에 '보유기간(holding period)'은 주식을 보유한 3개월이며 배당을 고려할 필요가 없기 때문에 보유기간수익률은 아래와 같이 계산된다.

$$\text{보유기간수익률} = (P_{t+1} - P_t)/P_t = (\$31.5 - \$30)/\$30 = 0.05 = 5\%$$

여기서 5%는 3개월 동안의 수익률이다. 연단위로 환산환 수익률은 얼마인가? 연단위로 환산한 연수익률 실효연수익률(Effective Annual Returns, EAR)이라고 한다.

실효연수익률(EAR)
연환산투자수익률을 의미

$$1 + \text{실효연수익률} = (1 + \text{보유기간수익률})^m \qquad (1.4)$$

m은 일년 내 보유 기간의 수이다.

주어진 예에서 보유기간수익률은 5% 또는 0.05이다. 보유기간은 3개월이므로 일년 내 기간 수는 4기간이며 실효연수익률은 아래와 같다.

$$1 + \text{실효연수익률(EAR)} = (1 + \text{보유기간수익률})^m = (1 + 0.05)^4 = 1.2155$$

따라서, 연수익률은 21.55%이다.

예제 1.2

퀘스트 사의 수익률 계산

퀘스트 사의 주식을 주당 \$28에 매입한 후 4개월이 지나 주가가 \$29.4로 상승하였다. 그동안 배당지급이 없었다면 연수익률은 얼마인가?

우선 4개월간의 보유기간수익률을 계산해보자.

$$\text{보유기간수익률} = (P_{t+1} - P_t)/P_t = (\$29.40 - \$28)/\$28 = 0.05 = 5\%$$

투자 기간은 4개월이었기 때문에 (실효) 연수익률은

$$1 + EAR = (1 + \text{보유기간수익률})^m = (1 + 0.05)^3 = 1.1576$$

계산결과에서 1을 차감하면 (실효) 연수익률은 0.1576 또는 15.76%이다.

예제 1.3

실효연수익률의 추가학습

존슨앤존슨(JNJ)의 주식을 \$60에 매수한 후 3년 후에 주가가 \$64.5로 상승하였다. 그 동안 배당이 없었다고 가정할 때의 연수익률을 구하라. 앞선 예제와 달리 투자 기간이 1년 이상인 경우이지만 계산방식은 동일하다.

우선 3년 간의 보유기간수익률을 계산해보자.

$$\text{보유기간수익률} = (P_{t+1} - P_t)/P_t = (\$64.50 - \$60)/\$60 = 0.075 = 7.5\%$$

투자 기간 3년을 하나의 기간으로 보유기간수익률을 계산하였으므로 1년에 이러한 보유기간수익률이 몇 번 적용된다고 봐야 하는가? 정답은 1/3이므로 이 경우에 *m*은 1/3이 될 것이다. 따라서, 연수익률은 아래와 같다.

$$
\begin{aligned}
1 + \text{실효연수익률(EAR)} &= (1 + \text{보유기간수익률})^m \\
&= (1 + 0.075)^{1/3} \\
&= 1.0244
\end{aligned}
$$

마찬가지로 1을 차감하면 (실효)연수익률은 0.0244 또는 2.44%이다.

이제 여러분은 가상의 예를 통해서 주식의 수익률을 어떻게 계산하는지 알게 되었으므로 실제 주식의 수익률도 계산할 수 있게 되었다. 아래에서는 과거 90여년간 실제로 관찰된 다양한 두자자산의 수익률을 살펴볼 것이다.

확인 사항

1.1a 총수익률을 구성하는 두 부분은 무엇인가?

1.1b 총액기준수익과 수익률의 차이는 무엇인가?
수익률이 보다 편리한 이유는 무엇인가?

1.1c 실효연수익률은 무엇인가?

1.2 과거자료의 관찰

아래에서는 5개의 주요 금융투자자산의 과거 수익률을 연도별로 관찰해보기로 한다. 다섯 가지 주요 금융투자자산은 아래와 같다.

1. 대형주: 미국 주식시장의 시가총액기준 상위 500개 대형기업으로 구성된 주식 포트폴리오를 의미하며 스탠다드푸어(S&P's)의 500지수를 구성하는 종목들이다.
2. 소형주: 미국의 뉴욕 증권거래소에 상장된 기업 중 시가총액기준 최하위 20%에 속한 중소기업으로 구성된 주식 포트폴리오를 의미한다.
3. 장기회사채: 만기가 20년 정도인 신용등급이 상위에 속한 기업들의 회사채로 구성된다.
4. 미국 장기국채: 만기가 20년 정도인 미국 정부가 발행한 국채로 구성된 포트폴리오이다.

5. 미국 단기재정증권: 만기가 3개월 정도인 미국 정부가 발행한 국채로 구성된 포트폴리오이다.

상기 금융투자자산에 대해서는 추후에 논의될 것이므로 지금 당장 이해가 되지 않더라도 크게 걱정하지 않아도 된다. 금융투자자산의 연도별 수익률과 더불어 소비자물가지수의 연도별 변화율도 같이 살펴볼 것이다. 소비자물가지수(CPI)는 소비자물가 인플레이션을 나타내는 표준지수이다.

기업의 시가총액(total market capitalization 흔히 market 'cap'이라 일컫는다)은 주가에 발행주식총수를 곱하여 나타낸다. 대기업의 경우는 흔히 대형주(large-cap)라고, 소기업의 경우에는 소형주(small-cap)라고 부르게 될 것이다.

단순 관찰 결과

다양한 투자자산의 수익률에 대해 언급하기 전에 전체적인 내용을 이해할 필요가 있다. 그림 1.1은 1926년 연초에 다양한 투자자산에 $1을 투자하고 90년 정도가 지난 2015년 시점(장기회사채는 생략되었음)이 되었을 때의 상황을 묘사하고 있다. 다양한 자산의 변화를 표현하기 위해 자산 간의 척도의 조정이 필요하였다. 금융시계열자료에서 흔히 그렇듯이 종축은 동일한 간격이 동일한 수익률의 변화를 보여준다. 따라서 $10에서 $100까지의 간격과 $100에서 $1,000까지의 간격이 동일하다는 뜻이며 모두 900% 증가하였음을 의미한다.

그림 1.1을 보면 소형주 투자가 가장 우수한 성과를 보이고 있다. 투자한 $1이 지난 약 90여년 동안에 $24,113.43로 증가했기 때문이다. 대형주의 성과는 이에 미치지 못하고 있어 투자한 $1가 $4,954.81이 되었다.

반면에 Treasury라 불리는 미국 단기재정증권(국채)은 $22.42가 되었는데 다른 자산과 비교해 볼 때 그다지 매력적이지 못한 성과이다. 동일 기간 동안에 산출된 물가상승률을 고려해 보더라고 당시의 $1을 대체하기 위해 90년 후에는 $13.21가 필요하게 되었기 때문이다.

주어진 과거의 자료를 근거로 판단한다면 누가 소형주 외에 다른 투자자산을 매수하겠는가? 그림 1.1을 좀 더 면밀히 관찰해보면 이러한 상황에서 소형주 외에 투자하는 투자자는 위험을 회피하려는 경향이 강할 것이다. 단기재정증권과 장기국채는 주식보다는 가치상승이 더디지만 안정적으로 증가하고 있음을 알 수 있다. 소형주의 가치상승이 가장 크지만 종종 가격의 변화의 예측이 매우 어렵다는 것을 볼 수 있는데 예를 들어 최초 10여 년간의 성과는 가장 안 좋았고 거의 15여 년 동

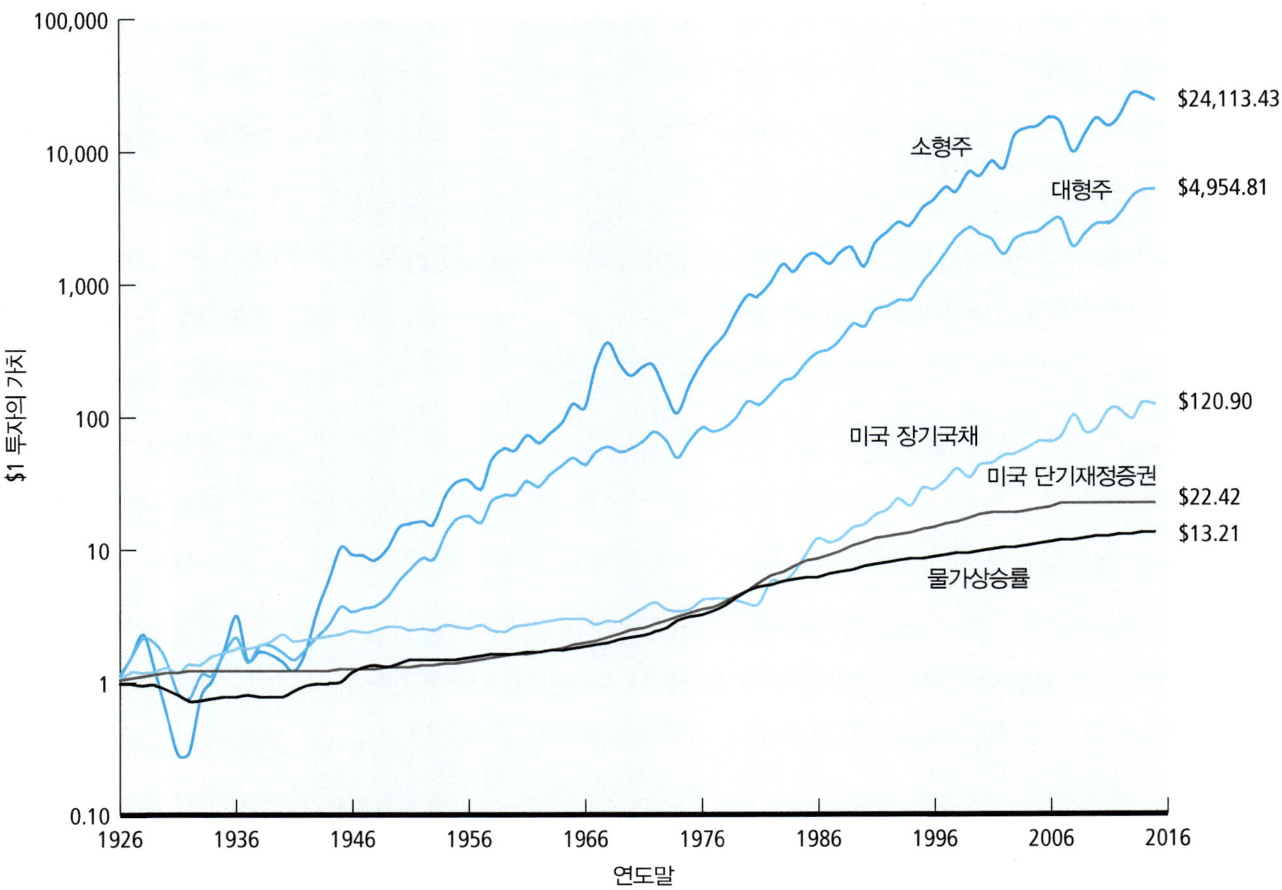

그림 1.1 $1 투자의 변화(1926~2015, 1925년 연말 기준 $1)

Source: *Global Financial Data* (www.globalfinancialdata.com) and Professor Kenneth R. French, Dartmouth College.

안 미국 정부 장기국채보다 작은 수익률을 보였다.

장기수익률 관찰 결과

1925년 이전의 주식수익률 자료를 입수하는 데에는 제한이 있지만 1801년까지의 미국 금융시장의 수익률은 비교적 정확하게 추산할 수 있다. 그림 1.2는 1801년에 주식, 장기채, 미국 단기국채와 금에 투자했다고 가정했을 때에 2015년 연말 기준 가치를 보여 준다. 소비자물가지수도 포함되었다.

그림 1.2은 주식에 투자한 $1가 215년 동안에 2,190만 달러가 되었을 것이라는 결과를 보여준다. 이 기간 동안의 주식투자 성과는 다른 자산의 투자성과를 압도하고 있다. 그림 1.2에 의하면 170년이 지난 1970년대부터는 금투자의 성과가 물

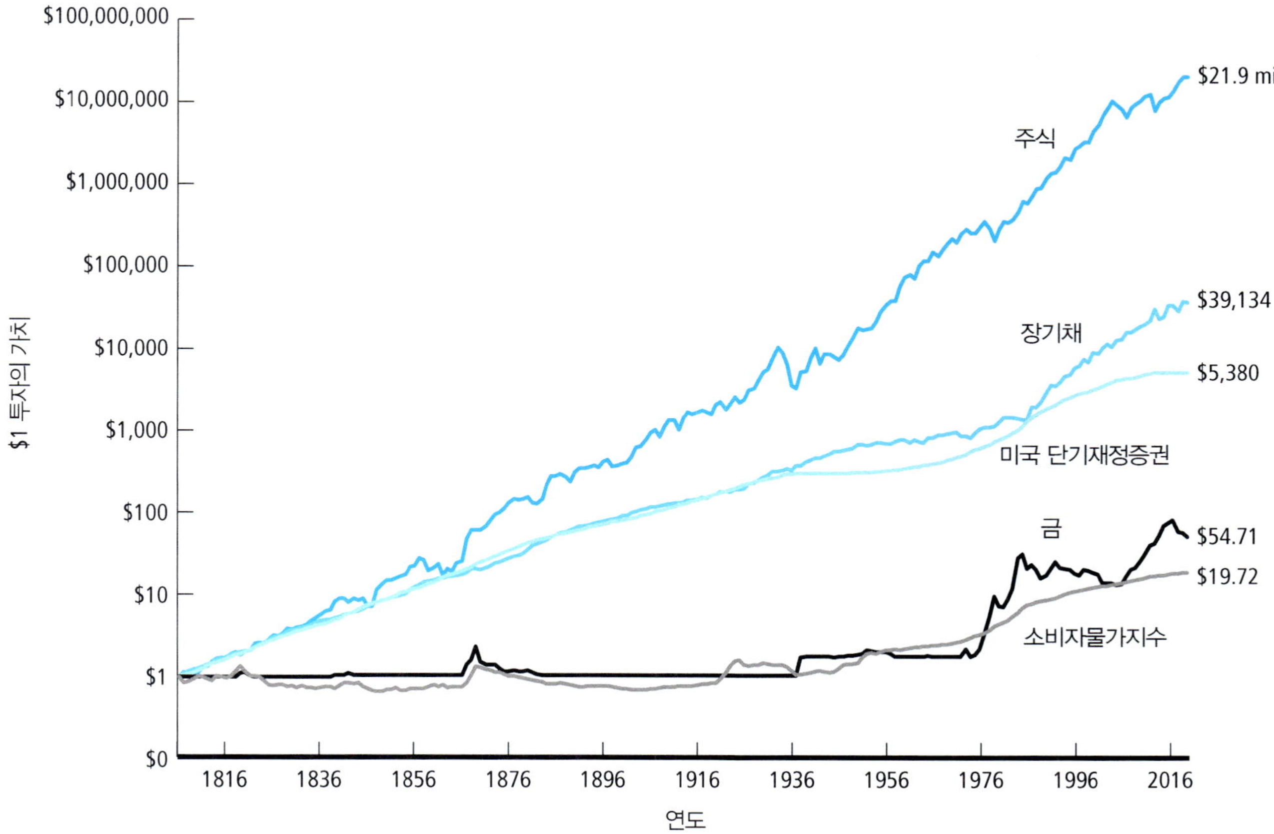

그림 1.2 총수익률 지수(1801~2015)

Sources: Jeremy J. Siegel, Stocks for the Long Run, 3rd ed. (New York: McGraw-Hill, 2003); update through 2009 provided by Jeremy J. Siegel; update through 2015 from *Global Financial Data* (www.globalfinancialdata.com); and Professor Kenneth R. French, Dartmouth College.

가상승율을 넘어서고 있다.

이상의 내용을 통해 장기투자에 있어서 가장 강력한 재무적 동기는 무엇이라고 생각하는가? 질문이 의도하는 핵심은 "투자는 빠를수록 좋다"라는 것이다.

면밀한 관찰 결과

다양한 투자자산과 물가상승의 변동성을 살펴보자. 그림 1.3부터 그림 1.6까지는 연도별 수익률을 막대의 형태로 나타낸 것으로 막대의 높이는 특정 연도의 수익률을 의미한다. 예를 들어 장기국채(그림 1.5)가 1982년에 역사상 가장 높은 수준의 수익률(47.14%)을 보였음을 알 수 있다. 그림들을 비교하기 위해 종축의 척도 간의 차이에 주의를 기울여야 한다. 그림의 척도 간 차이를 잘 고려할 수 있다면 미

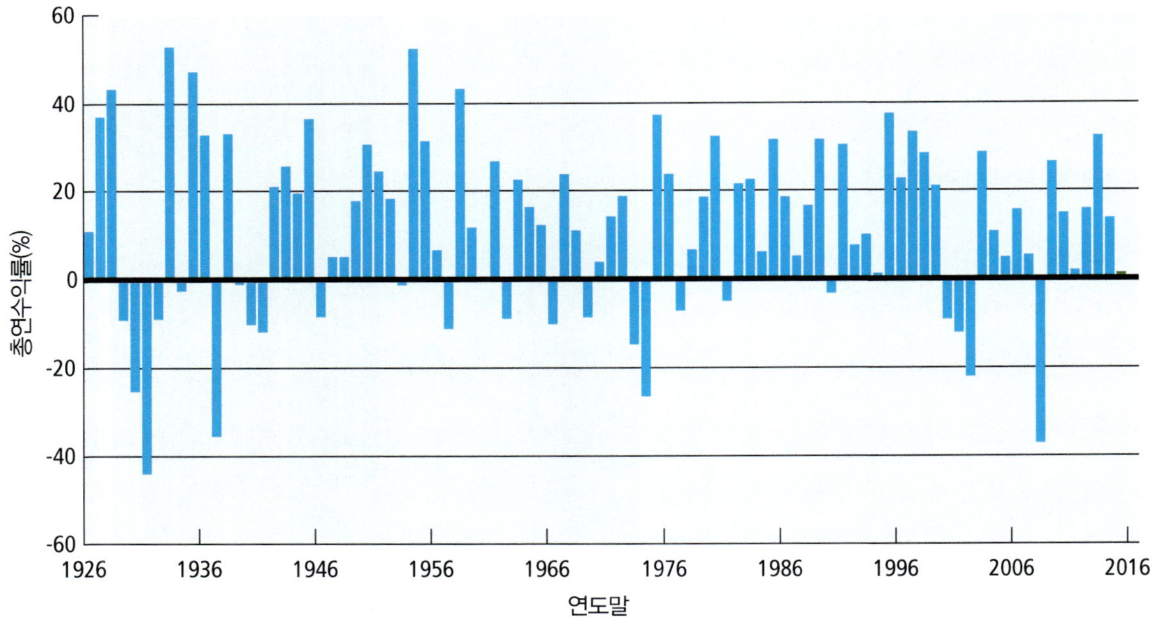

그림 1.3 대형주 연도별 총수익률(1926~2015)

Source: Professor Kenneth R. French, Dartmouth College.

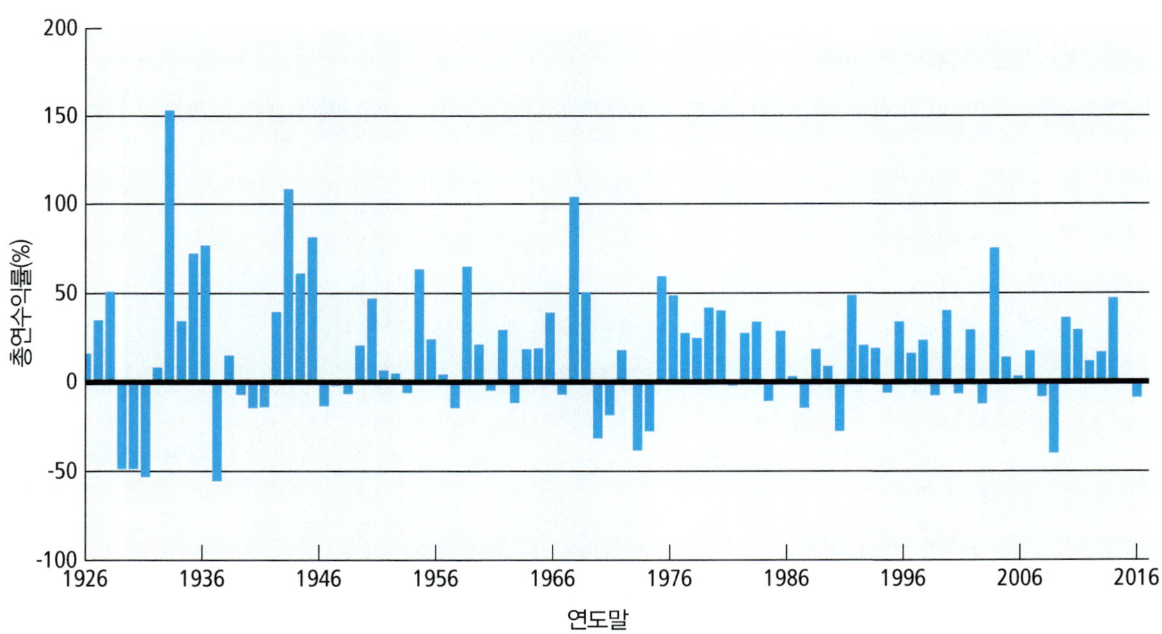

그림 1.4 소형주 연도별 총수익률(1926~2015)

Source: Professor Kenneth R. French, Dartmouth College.

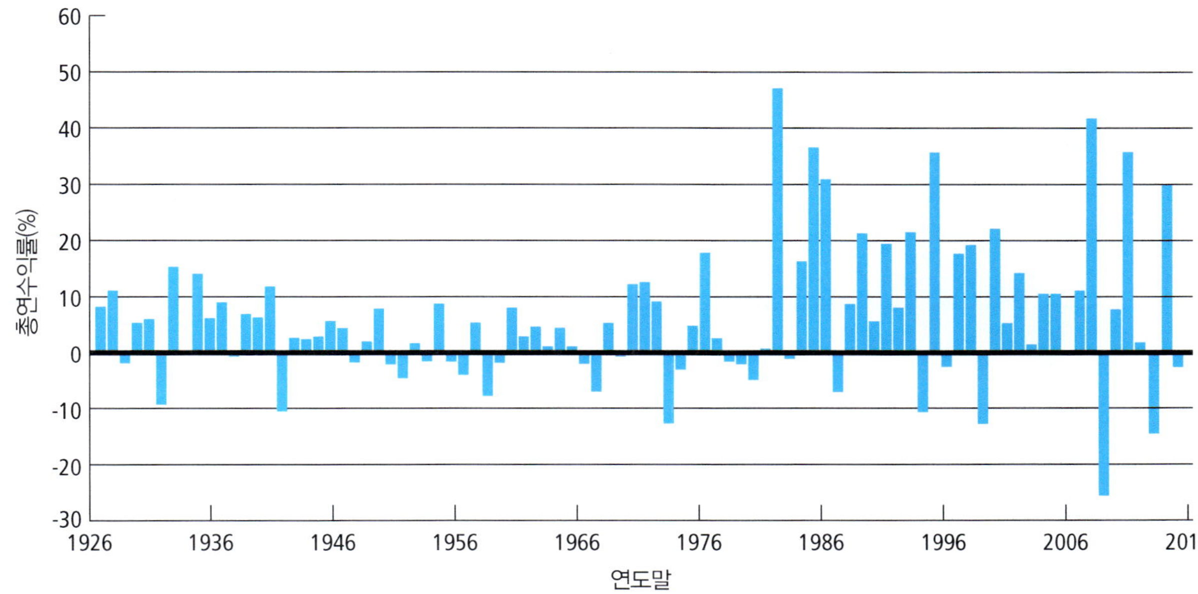

미국 장기국채

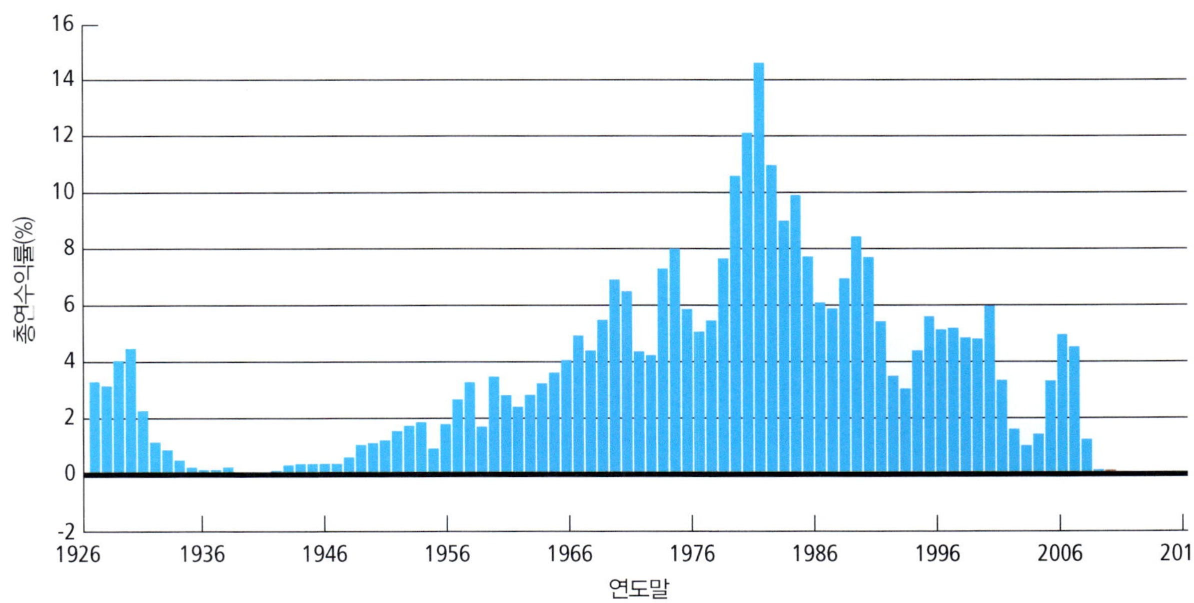

미국 단기재정증권

그림 1.5 미국 국채의 연도별 총수익률(1926~2015)

Source: *Global Financial Data* (www.globalfinancialdata.com).

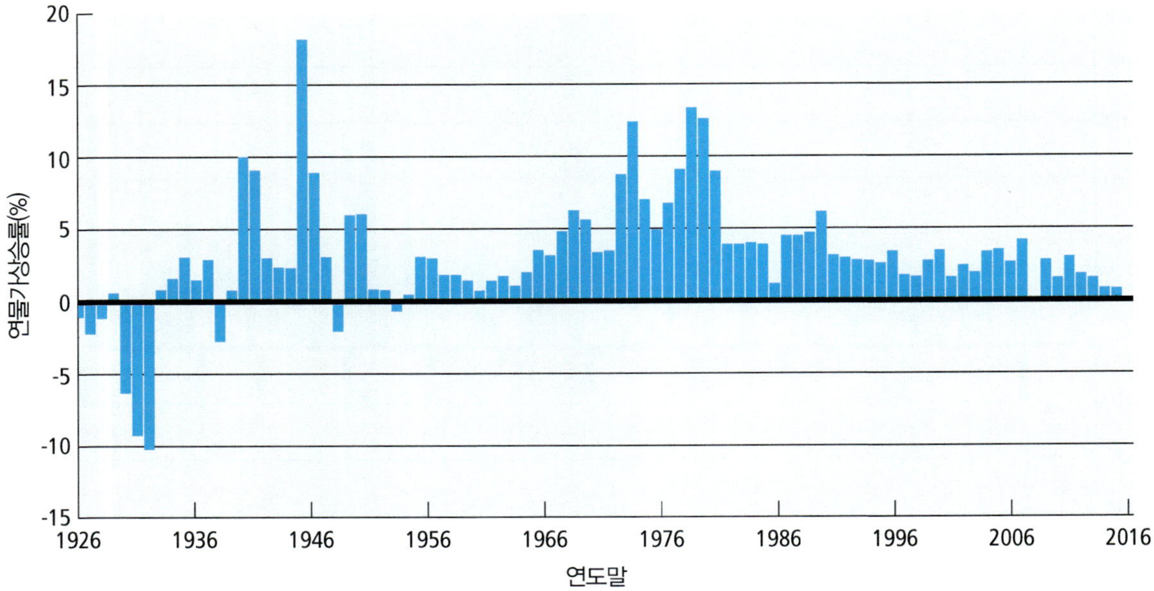

그림 1.6 연도별 물가상승률(1926~2015), 물가상승률, 누적지수와 변화률

Source: Global Financial Data (www.globalfinancialdata.com).

국 단기재정증권(그림 1.5의 아래쪽)의 변화에 대한 예측이 소형주(그림 1.4)에 비해 훨씬 더 용이하다는 것을 알 수 있다.

수익률이 매우 높은 경우를 볼 수 있는데, 예를 들면 소형주가 1933년도에 153%의 수익률을 기록하여 가장 높은 수준의 단일연도 수익률로 기록되었다. 같은 해에 대형주 수익률은 53%에 불과하였고 미국 정부 단기재정증권이 기록한 가장 높았던 수익률은 1981년도의 기록한 14.6%였다. 미국 단기재정증권의 수익률은 2015년도까지 '영'에 가까운 수준이었다. 표 1.1에는 S&P500지수, 미국 장기국채, 미국 단기재정증권과 소비자물가지수가 제시되어 있다.

2008년 베어마켓의 경험

도입 부분에서 언급한 바처럼 2008년도는 미국 역사상 주식투자자에게 가장 어려운 시기로 기록되어 있다. 2007년 10월(하락 시작 시기)부터 2009년 3월까지 S&P500지수가 1,567에서 677로 약 57% 하락하였다. 다행히도 2009년 하반기에는 상당한 수준까지 회복할 수 있었으며 연말에는 S&P500지수가 1,115로 반등되면서 동연도 3월 대비 약 65% 정도까지 회복하였다.

그림 1.7은 2008년도 S&P500의 월별 성과를 보여준다. 12개월 중 8개월은 음

표 1.1 연도별 총수익률(1926~2015)

연도	대형주	미국 장기국채	미국 단기국채	소비자물가지수	연도	대형주	미국 장기국채	미국 단기국채	소비자물가지수
1926	11.14%	8.26%	3.30%	−1.12%	1971	14.30%	12.67%	4.36%	3.27%
1927	37.13%	11.15%	3.15%	−2.26%	1972	18.99%	9.15%	4.23%	3.41%
1928	43.31%	−1.90%	4.05%	−1.16%	1973	−14.69%	−12.66%	7.29%	8.71%
1929	−8.91%	5.41%	4.47%	0.58%	1974	−26.47%	−3.05%	7.99%	12.34%
1930	−25.26%	6.08%	2.27%	−6.40%	1975	37.23%	4.86%	5.87%	6.94%
1931	−43.86%	−9.26%	1.15%	−9.32%	1976	23.93%	17.86%	5.07%	4.86%
1932	−8.85%	15.37%	0.88%	−10.27%	1977	−7.16%	2.57%	5.45%	6.70%
1933	52.88%	−0.04%	0.52%	0.76%	1978	6.57%	−1.61%	7.64%	9.02%
1934	−2.34%	14.16%	0.27%	1.52%	1979	18.61%	−2.08%	10.56%	13.29%
1935	47.22%	6.24%	0.17%	2.99%	1980	32.50%	−4.96%	12.10%	12.52%
1936	32.80%	9.05%	0.17%	1.45%	1981	−4.92%	0.69%	14.60%	8.92%
1937	−35.26%	−0.69%	0.27%	2.86%	1982	21.55%	47.14%	10.94%	3.83%
1938	33.20%	6.96%	0.06%	−2.78%	1983	22.56%	−1.14%	8.99%	3.79%
1939	−0.91%	6.34%	0.04%	0.00%	1984	6.27%	16.29%	9.90%	3.95%
1940	−10.08%	11.88%	0.04%	0.71%	1985	31.73%	36.59%	7.71%	3.80%
1941	−11.77%	−10.51%	0.14%	9.93%	1986	18.67%	30.93%	6.09%	1.10%
1942	21.07%	2.70%	0.34%	9.03%	1987	5.25%	−7.14%	5.88%	4.43%
1943	25.76%	2.50%	0.38%	2.96%	1988	16.61%	8.75%	6.94%	4.42%
1944	19.69%	2.94%	0.38%	2.30%	1989	31.69%	21.30%	8.44%	4.65%
1945	36.46%	5.69%	0.38%	2.25%	1990	−3.10%	5.66%	7.69%	6.11%
1946	−8.18%	4.41%	0.38%	18.13%	1991	30.47%	19.47%	5.43%	3.06%
1947	5.24%	−1.77%	0.62%	8.84%	1992	7.62%	8.08%	3.48%	2.90%
1948	5.10%	2.03%	1.06%	2.99%	1993	10.08%	21.53%	3.03%	2.75%
1949	18.06%	7.91%	1.12%	−2.07%	1994	1.32%	−10.64%	4.39%	2.67%
1950	30.58%	−2.12%	1.22%	5.93%	1995	37.58%	35.66%	5.61%	2.54%
1951	24.55%	−4.64%	1.56%	6.00%	1996	22.96%	−2.54%	5.14%	3.32%
1952	18.50%	1.69%	1.75%	0.75%	1997	33.36%	17.70%	5.19%	1.70%
1953	−1.10%	−1.54%	1.87%	0.75%	1998	28.58%	19.22%	4.86%	1.61%
1954	52.40%	8.77%	0.93%	−0.74%	1999	21.04%	−12.76%	4.80%	2.68%
1955	31.43%	−1.63%	1.80%	0.37%	2000	−9.10%	22.16%	5.98%	3.39%
1956	6.63%	−4.04%	2.66%	2.99%	2001	−11.89%	5.32%	3.33%	1.55%
1957	−10.85%	5.44%	3.28%	2.90%	2002	−22.10%	14.23%	1.61%	2.38%
1958	43.34%	−7.80%	1.71%	1.76%	2003	28.68%	1.51%	1.03%	1.88%
1959	11.90%	−1.81%	3.48%	1.73%	2004	10.88%	10.53%	1.43%	3.26%
1960	0.48%	8.04%	2.81%	1.36%	2005	4.91%	10.56%	3.30%	3.42%
1961	26.81%	2.94%	2.40%	0.67%	2006	15.80%	0.11%	4.97%	2.54%
1962	−8.78%	4.67%	2.82%	1.33%	2007	5.49%	11.07%	4.52%	4.08%
1963	22.69%	1.14%	3.23%	1.64%	2008	−37.00%	41.78%	1.24%	0.09%
1964	16.36%	4.45%	3.62%	0.97%	2009	26.46%	−25.61%	0.15%	2.72%
1965	12.36%	1.15%	4.06%	1.92%	2010	15.06%	7.73%	0.14%	1.50%
1966	−10.10%	−2.01%	4.94%	3.46%	2011	2.11%	35.75%	0.06%	2.96%
1967	23.94%	−7.02%	4.39%	3.04%	2012	16.00%	1.80%	0.08%	1.74%
1968	11.00%	5.36%	5.49%	4.72%	2013	32.39%	−14.69%	0.05%	1.50%
1969	−8.47%	−0.67%	6.90%	6.20%	2014	13.69%	29.76%	0.03%	0.76%
1970	3.94%	12.24%	6.50%	5.57%	2015	1.38%	−2.61%	0.06%	0.73%

Source: Author calculations based on data obtained from Global Financial Data (www.globalfinancialdata.com) and Professor Kenneth R. French, Dartmouth College.

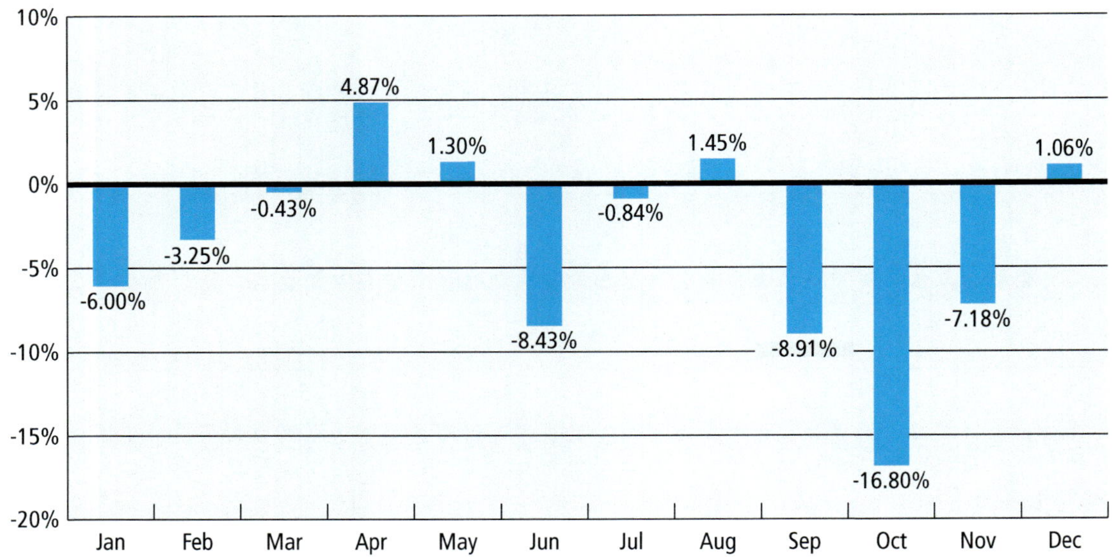

그림 1.7 S&P 월수익률(2008)

Source: Author calculations.

의 수익률을 보이고 있는데 대부분의 손실이 가을에 발생하였으며 투자자들은 10월에만 약 17%의 손실을 입었다. 소형주는 당해연도에만 37%(10월에 21% 하락)가 하락하여 1937년도 발생한 58%의 하락 이후로 최악의 성과를 기록하였다.

그림 1.7에 의하면 주가는 2008년에 가장 큰 변동성을 보였다. S&P는 126일 동안 상승했고 126일 동안 하락했다(시장이 주말과 공휴일에는 폐장한다는 점을 고려하면 더욱 놀랄 만한 수치이다). 물론 평균적으로 하락하는 날의 손실이 상대적으로 크다. 2008년도의 변동성은 S&P가 5% 이상 변화한 날이 18일 정도였는데 1956년도부터 2007년까지는 이런 수준의 변동성을 보인 날이 17일에 불과했다는 점을 고려할 때 당시의 그 변동성이 매우 이례적이었음을 짐작할 수 있다.

2008년도의 주가 하락은 국제적 현상이었으며 세계 대부분의 주요 주식시장은 미국 주식시장보다 더욱 큰 하락폭을 보였다. 중국, 인도 및 러시아는 50% 이상 하락했으며 상대적으로 규모가 적은 아이슬란드 주식시장도 해당 연도에 90% 이상 하락했다. 10월 9일에 이르러 아이슬란드 주식시장이 잠정적으로 휴장 되었으며 거래가 재개된 10월 14일 당일에도 주가가 76%까지 하락하여 현대 주식시장의 역사적인 기록으로 남아있다.

미국 투자자에게 긍정적인 측면이 있었을까? 당연하다. 주가가 폭락할 때 채권, 특히 미국 단기국채의 가격은 상승하기 때문이다. 미국 장기국채의 경우는 2008년에 40%의 수익률을 보였으며 미국 단기재정증권은 약 13% 상승하였다. 장기회사채의 경우에도 국채와 같은 정도 수준은 아니었으나 9% 수준의 수익을 거둘 수 있었다. 이러한 수준의 수익률은 소비자물가지수로 산출된 물가상승률이 '영'에 가까운 수준이었다는 점을 고려할 때 매우 높은 수준이다.

투자자들은 앞에 설명한 최근 자본시장의 역사로부터 어떠한 교훈을 얻을 수 있을까? 첫째, 매우 분명한 사실은 주식투자에는 위험이 내포된다는 것이다. 둘째, 2008년에는 주식과 채권으로 구성된 포트폴리오에도 손실이 발생하였겠지만 주식 포트폴리오에 비해 그 손실 규모가 작다는 점이다. 다시 말해 포트폴리오를 통한 분산효과가 매우 중요하다는 사실이다. 그 내용은 다음 장에서 보다 자세하게 살펴보기로 하자.

확인 사항

1.2a 1926~1935년까지 어느 투자자산의 성과가 가장 좋았는가?

1.2b 왜 투자자들은 소형주에만 투자하지 않는가?

1.2c 지난 90년 동안 개별 투자자산별로 가장 성과가 낮았던 수익률은 얼마인가? 그때는 대략 언제인가?

1.2d 대형주의 수익률이 30% 이상이었던 적은 몇 번이나 관찰되는가? 손실이 20% 이상이었던 적은 몇 번인가?

1.2e 대형주가 손실 없이 가장 오랫동안 지속적으로 성과를 낼 수 있었던 기간은 어느 정도인가? 미국 장기국채의 경우는 어느 정도 오래 지속되었나?

1.2f 미국 단기재정증권 포트폴리오의 경우에 얼마나 자주 손실이 발생하는가?

1.3 평균수익률: 첫 번째 교훈

과거 금융시장에서의 수익률의 변화를 이해한다는 것은 복잡한 일이므로 주어진 수치를 종합적으로 정확하게 정리하기 위해서는 단순화된 척도가 필요하다. 즉, 산재된 자료를 어떻게 집약할 것인가의 이슈에 대한 논의가 필요하며 본 절에서는 우선적으로 평균수익률을 살펴보도록 하자.

평균수익률 계산

그림 1.3부터 그림 1.5까지 다양한 투자자산의 평균수익률을 계산하는 방법을 보

표 1.2

평균연수익률(1926~2015)

Source: Author calculations using data from *Global Financial Data* (www.globalfinancialdata.com) and Professor Kenneth R. French, Dartmouth College.

투자자산	평균수익률
대형주	11.9%
소형주	17.5
장기회사채	6.5
장기국채	6.2
미국 단기재정증권	3.6
물가상승률	3.0

여주는데 연도별 수익률을 합산한 후에 90으로 나누는 것이다. 결과적으로 개별 과거수익률의 평균을 산출하게 된다. 예를 들어, 대형주의 수익률을 90년간 합산하면 그 결과값은 약 1,067%이다. 따라서 평균수익률은 1,067/90=11.9%가 되고 90년 중에 어느 특정 연도를 선택하는 경우에 해당 연도의 투자수익률이 11.9%가 될 가능성이 가장 높다고 할 수 있다.

과거 평균수익률

표 1.2는 앞서 언급한 투자자산들의 평균수익률을 보여준다. 산출된 평균수익률에는 물가상승의 영향이 반영되어 있지 않기 때문에 평균 물가상승률을 포함시켜야 한다. 90년 동안의 평균 물가상승률은 매년 3% 정도 수준이며 미국 단기재정증권의 평균수익률은 연평균 약 3.6% 정도의 수준이었기 때문에 미국 단기재정증권의 수익률은 물가상승률을 연 기준 약 0.6% 정도 상회하고 있다. 소형주의 수익률은 물가상승률 보다 연 기준 약 17.5%−3%=14.5% 정도 상회하고 있다는 것을 알 수 있으며 대형주의 실질이자율은 연평균 약 11.9%−3%=8.9%이다.

위험 프리미엄

다양한 자산의 평균수익률을 계산하고 나면 이 자료들을 어떻게 비교할 것인가의 이슈를 고민해야 한다. 앞서 언급한 바처럼 일반적으로 국채의 경우에 주식시장의 변동성으로부터 독립적이다.

정부는 채권을 발행하여 정부재정을 마련하기도 하는데 국채의 유형은 매우 다양하다. 단기재정증권은 국채 중에 만기가 가장 짧고 정부는 세금을 통해 재원을 마련하거나 통화발행을 통해 비용을 충당하기도 한다. 단기국채는 파산위험이 없다고 말할 수 있기 때문에 단기재정증권의 수익률을 무위험이자율(risk-free rate)라고 부르고 투자에 있어서 기준이자율로 사용하곤 한다.

무위험이자율
위험이 없는 투자로부터 얻을 수 있는 수익률

가장 흥미로운 것은 미국 단기재정증권의 무위험이자율과 보통주의 위험이자율을 비교하는 것이다. 두 개 이자율의 차이는 일반적으로 위험자산에 제공되는 초과수익률로 이해해야 한다(대형주의 위험이 다른 위험자산에 비해 평균 수준의 위험을 지니고 있다고 가정할 때).

무위험자산 대신에 위험자산에 투자함으로써 얻게 되는 추가적인 수익이기 때문에 '초과'수익률이라고 부른다. 초과수익률은 위험을 감수함으로써 주어지는 보상이므로 위험 프리미엄(risk premium)이라고도 한다.

위험 프리미엄
위험을 담보하기 때문에 얻게 되는 무위험이자율 이상의 초과 수익률

미국 주식 위험 프리미엄: 역사적 그리고 국제적 관점 지금까지 1926년부터 2015년까지의 미국의 주식 및 채권시장에서의 수익률을 살펴보았고 미국 주식시장에서 시장위험 프리미엄의 수준이 매우 크다는 점을 확인할 수 있었다. 물론 과거 자료로 미래를 예측할 때마다 과거를 통해 미래를 예측한다는 것의 제한점을 항상 인지해야 한다.

미국 투자자들이 이 기간 동안 높은 수준의 수익을 얻을 수 있었던 것은 행운이었을 것이다. 최상의 상태는 아닐지라도 초기 주식시장의 자료들의 사용이 가능하기 때문에 연구자들은 1802년도의 자료까지 분석하고 있는 상태이다. 연구에 따르면 1926년 이전 미국에서의 주식위험 프리미엄은 1926년 이후의 시기보다 더 낮은 수준이었다. 1802년부터 2006년까지의 미국 내 수익률 자료를 사용했을 때 과거 주식위험 프리미엄은 약 5.4%이다.

그 외 주요 국가들에서의 주식수익률을 살펴보지는 않았지만, 주식시장에서 거래되는 주식 총가치의 절반 이상이 미국 밖의 시장에서 거래되고 있다. 표 1.3을 보면 전 세계 주식시장의 시장총액은 2015년에 671억 달러에 달하고 있으며 미국 주식시장의 비중은 37.4%에 불과한 상태이다.

엘로이 딤슨, 폴 마쉬 그리고 마이클 스톤튼 교수의 연구에 의해서 초기 주식시장의 자료가 가용하게 되었고 주식위험 프리미엄에 대한 보다 면밀한 이해가 가능하게 되었다. 미국 주식시장에서의 주식위험 프리미엄은 약 7.4%이며 세계 8위의 수준이다(분석시기가 달라 아래에서 제시한 우리의 추정 결과와는 상이하다). 세계 평균 수준의 위험 프리미엄은 7.1%이다. 미국 투자자들의 성과도 우수한 편이나 다른 국가들과 비교해서 월등한 수준이라고 하기에는 어렵다. 최고 수준의 성과를 보이는 나라는 미국, 호주와 프랑스이며 열등한 수준의 성과를 보이는 나라는 덴마크와 노르웨이이다. 독일, 일본 그리고 이탈리아는 주목할 만한 사례를 보

표 1.3

세계 주식시장 시가총액 (2015년, 2014년)

Source: World Federation of Exchanges Database, http://www.world-exchanges.org/home/index.php/statistics/monthly-reports.

지역/국가	2015년		2014년	
	금액 (단위: 십 억)	비율	금액 (단위: 십 억)	비율
미국	$25.1	37.4%	$26.3	38.7%
캐나다	1.6	2.4	2.1	3.1
미주 대륙(미국과 캐나다 제외)	1.3	1.9	1.9	2.8
일본	4.9	7.3	4.4	6.5
아시아 태평양(일본 제외)	18.3	27.3	16.7	24.6
영국	3.9	5.8	4.0	5.9
독일	1.7	2.5	1.7	2.5
유럽, 아프리카, 중동(영국과 독일 제외)	10.3	15.4	10.9	16.0
합계	$67.1		$68.0	

여주고 있는데 이 기간 동안 최고의 주식수익률(세계 1차 대전과 세계 2차 대전을 치렀음에도 불구하고)과 최고 수준의 위험을 보이고 있기 때문이다.

미래의 미국 주식위험 프리미엄은 어느 수준이 될 것인가? 아무도 미래에 어느 수준의 수익률이 가능할 것인가에 대해 정확하게 예측할 수는 없다. 과거(1900년부터 2005년까지)를 기준으로 예측해본다면 미국의 주식위험 프리미엄은 7.4% 정도의 수준이 될 것이다. 반면에 상대적으로 최근 자료(1926년부터 2015년까지)를 이용하면 보다 높은 수준의 주식위험 프리미엄을 예측할 수 있으나 보다 이전 과거의 자료(1802년부터 1925년까지)를 이용하면 보다 낮은 수준의 예측값이 추정된다. 이보 웰치 교수가 226명의 재무 경제학자에게 미래의 미국 주식의 위험 프리미엄의 예측치를 문의한 결과에 따르면 학자들은 미국 주식시장의 위험 프리미엄이 약 7% 수준이 될 것으로 예상하였다고 한다.

과거의 자료가 미래에 반복될 가능성이 매우 낮다는 점에서 보면 미래의 미국 주식시장에서의 위험 프리미엄의 추정치는 다소 높거나 낮은 수준일 것이라고 예측하는 것이 합리적일 것이다. 미래 주식위험 프리미엄의 추정은 미래 투자자의 위험회피도의 수준뿐만 아니라 미래에 펼쳐질 위험과 관련된 환경에 대한 가정이 반드시 필요하기 때문이다.

첫 번째 교훈

표 1.2의 자료를 통해서 5개 투자자산의 위험 프리미엄을 계산할 수 있었고 그 결

표 1.4

평균연수익률과 위험 프리미엄(1926~2015)

투자자산	평균수익률	위험 프리미엄
대형주	11.9%	8.3%
소형주	17.5	13.9
장기회사채	6.5	2.9
장기국채	6.2	2.6
미국 단기재정증권	3.6	0.0

Source: Author calculations using data from *Global Financial Data* (www.globalfinancialdata.com) and Professor Kenneth R. French, Dartmouth College.

과값이 표 1.4에 제시되었다. 미국 단기재정증권의 경우에 무위험자산의 기준이기 때문에 그 위험 프리미엄이 '영'의 값을 갖는다는 점에 주목하라.

표 1.4를 보면 대형주의 평균위험 프리미엄은 11.9%−3.6%=8.3% 수준이다. 과거의 자료를 통해서 상당한 수준의 보상이 이루어지고 있음을 확인해볼 수 있다는 점이 매우 중요하다. 첫 번째 교훈은 "위험한 자산에는, 평균적으로, 일정 수준의 위험 프리미엄이 주어진다"는 사실이다. 달리 말하면 위험을 감수하는 경우에, 평균적으로 그에 상응하는 보상이 주어진다는 것이다.

왜 그런 것일까? 소형주의 위험 프리미엄이 대형주의 위험 프리미엄보다 큰 이유는 무엇일까? 이러한 질문들이 현대 투자론의 핵심이기 때문에 앞으로 여러 차례 논의될 것이지만, 이번 장에서는 투자자산 수익률의 역사적 변동성을 살펴봄으로써 그 관계를 간략하게 이해하고자 한다. 이를 위해 수익률의 변동성을 어떻게 측정할 것인가의 이슈부터 논의해봐야 할 것이다.

확인 사항

1.3a 초과수익률과 위험 프리미엄은 무엇인가?

1.3b 소형주의 역사적 위험 프리미엄은 얼마인가? 미국 단기국채는?

1.3c 재무시장 역사에서 얻을 수 있는 첫 번째 교훈은 무엇인가?

1.4 수익률 변동성: 두 번째 교훈

앞서 논의한 바와 같이 보통주의 연도별 수익률은 장기국채의 수익률보다 훨씬 변동성이 크다. 이제 변동성을 측정하는 방법을 살펴보고 투자에 있어서의 위험에 대한 논의를 진행해보자.

빈도분포와 변동성

대형주의 수익률을 그림 1.8에서 보는 그래프처럼 표현할 수 있다. 대형주의 연수익률이 10% 간격으로 구분된 구간에 몇 회씩 포함되는지에 주목해보자. 예를 들어, 그림 1.8에서 수익률 10%와 20% 사이에 막대의 높이가 18이라는 것은 90개의 연수익률 중에 18개의 수익률이 그 구간에 속한다는 것을 의미한다. 대부분의 수익률이 수익률 −10%에서 40% 사이에 위치하고 있다는 점에도 주목하기 바란다.

이제는 수익률의 산포의 정도를 측정해야 한다. 예를 들어 대형주의 일반적인 즉, 평균 연수익률이 11.9%이라는 점을 알고 있으므로 개별 실제수익률이 평균수익률로부터 얼마나 다른가, 즉 수익률의 변동성을 측정해 보자. 분산(variance)과 그 제곱근인 표준편차(standard deviation)가 가장 보편적으로 사용되는 변동성의 측정방법이며, 계산법은 다음에서 논의할 것이지만, 통계학을 이미 학습한 상태라면 변동성의 측정은 표본분산과 표본표준편차를 계산하는 것이라는 것을 알고 있을 것이다.

분산
일반적인 변동성 측정 방법

표준편차
분산의 제곱근

역사적 분산과 표준편차

분산은 개별수익률과 평균수익률 간의 차이를 제곱한 값의 평균을 의미한다. 분산

그림 1.8

대형주 보통주 수익률의 빈도분포 (1926~2015)

Source: Professor Kenneth R. French, Dartmouth College.

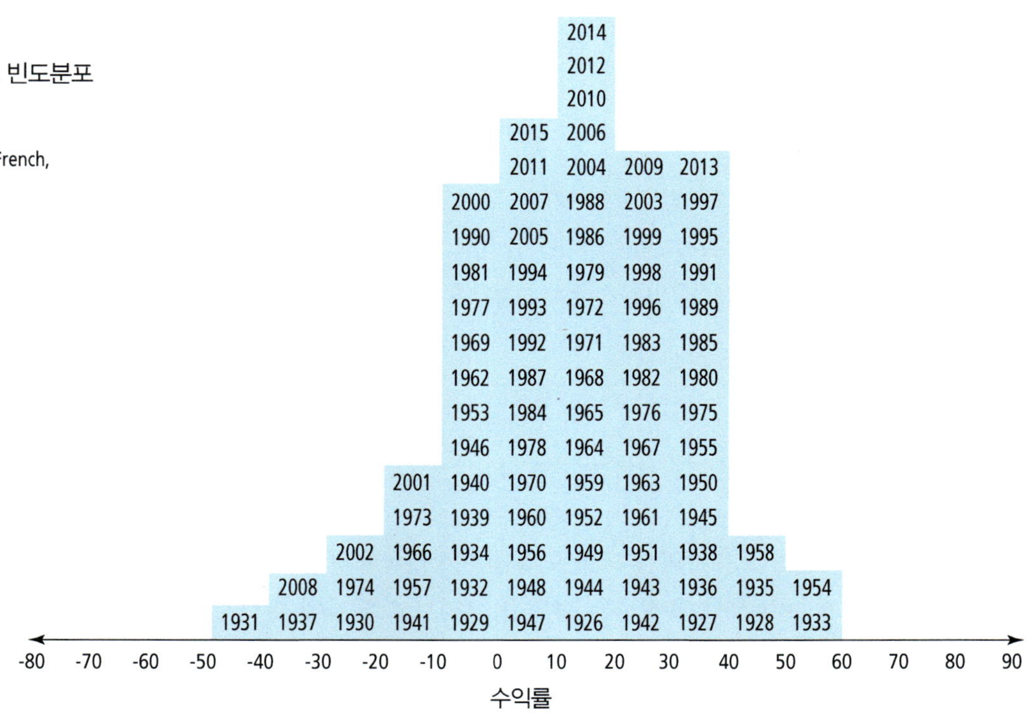

이 크면 개별수익률이 평균수익률과 차이가 크다는 뜻이며, 분산이나 표준편차의 값이 크면 수익률들이 보다 넓게 펴져 있음을 알 수 있다.

분산과 표준편차를 계산하는 방식은 상황에 따라 달라지는데, 이번 장에서는 역사적 수익률을 다루고 있기 때문에 단순하게 분산과 표준편차를 산출하면 된다. 만약에 예상되는 미래수익률에 대한 검토가 필요하다면 다른 방식을 고려할 필요가 있는데 그 방법은 이 책의 뒷부분에서 설명한다.

역사적 분산을 계산하는 방법은 아래와 같다. 어떤 투자자산의 수익률이 지난 4년간 각각 10%, 12%, 3%, 그리고 −9%이었다면 평균수익률은 (0.1+0.12+0.03−0.09)/4=0.04 또는 4%이다.

보다시피 개별연도의 수익률이 4%이었던 적은 없으며, 개별수익률은 평균으로부터 첫째 해는 0.1−0.04=0.06 정도가, 둘째 해는 0.12−0.04=0.08 정도 차이가 나고 있다. 분산은 위에서 구한 이러한 차이들을 제곱하고 더한 값을 1을 차감한 기간 수로 나누어 (이 경우에는 3) 구하게 된다.

연도	(1) 연수익률	(2) 평균수익률	(3) 편차 (1)−(2)	(4) 편차의 제곱
1	0.10	0.04	0.06	0.0036
2	0.12	0.04	0.08	0.0064
3	0.03	0.04	−0.01	0.0001
4	−0.09	0.04	−0.13	0.0169
합계	0.16		0.00	0.0270

1번 열에는 4개의 개별수익률을 작성하고 3번 열에는 개별수익률과 평균수익률 4%와의 차이를 작성한다. 마지막으로 4번 열에는 평균으로부터의 편차를 제곱한 값을 구하기 위해 3번 열의 값을 제곱해서 기입한다.

분산은 편차의 제곱한 값의 총합, 즉 0.027을 개별수익률의 개수에서 1을 제한 값으로 나누어 구한다. 여기서 Var(R) 또는 σ^2는 수익률의 분산을 의미한다.

$$\text{Var}(R) = \sigma^2 = 0.027/(4-1) = 0.009$$

표준편차는 분산의 제곱근을 구한 값이다. 따라서 SD(R) 또는 σ는 수익률의 표준편차를 의미한다.

$$\text{SD}(R) = \sigma = \sqrt{0.009} = 0.09487$$

분산은 %를 제곱한 값이므로 해석이 용이하지 않지만 분산의 제곱근인 표준편차를 사용하면 단위가 %로 표현되기 때문에 위의 표준편차의 값이 9.487%라고 말할 수 있다.

앞의 표에서 편차의 합은 항상 '영'이라는 점은 결과값을 확인할 때 유용한 표준편차의 성격이다. 일반적으로 역사적 수익률의 값이 주어지면 역사적 분산은 아래와 같이 표현할 수 있다.

$$\text{Var}(R) = \frac{1}{N-1}[(R_1 - \overline{R})^2 + \cdots + (R_N - \overline{R})^2]$$

이 공식은 위에서 언급한 분산의 계산 절차를 보여주고 있다. N개의 개별수익률(R_1, R_2,⋯, R_N)로부터 평균수익률($\overline{R}$)을 차감한 결과값을 제곱하고, 제곱한 값들의 합계를 수익률의 개수에서 1을 차감한 값($N-1$)*으로 나누어 구한다. 표준편차는 Var(R) 값의 제곱근이다. 금융을 포함한 많은 학문분야에서 변동성을 일반적으로 추정하기 위해 표준편차를 사용한다.

예제 1.4

분산과 표준편차의 계산

표 1.1로부터 대형주와 장기국채의 지난 4년간의 수익률자료를 언급한 적이 있다.

연도	대형주	장기국채
2012	0.1600	0.0180
2013	0.3239	−0.1469
2014	0.1369	0.2976
2015	0.0138	−0.0261

평균수익률, 분산, 표준편차는 얼마인가?

대형주, 평균수익률 $= \overline{R} = 0.6346 / 4 = 0.1587$

장기국채, 평균수익률 $= \overline{R} = 0.1425 / 4 = 0.0356$

대형주의 분산을 계산하기 위한 과정을 다음의 표에서 보여준다

연도	(1) 개별수익률	(2) 평균수익률	(3) 편차 (1)−(2)	(4) 편차의 제곱
2012	0.1600	0.1587	0.0013	0.000002
2013	0.3239	0.1587	0.1652	0.027291

* N이 아닌 $N-1$로 나누는 이유는 통계학의 표본추출 이론에 근거한다. 상세한 설명을 이 교재의 범위를 넘어가기 때문에 표본의 경우에는 $N-1$로 나눈다는 사실만을 기억하기 바란다.

2014	0.1369	0.1587	−0.0218	0.000475
2015	0.0138	0.1587	−0.1449	0.020996
합계	0.6346		0.0000	0.0488

과거 4년 간의 수익률이 주어지기 때문에 분산은 0.0488을 (4−1)=3으로 나누어 구한다.

	대형주	소형주
분산(σ^2)	$0.0488/3 = 0.01625$	$0.1061/3 = 0.03536$
표준편차(σ)	$\sqrt{0.01625} = 0.12749$	$\sqrt{0.03536} = 0.18802$

연습을 위해 장기국채의 분산과 표준편차의 결과값을 비교해보라. 장기국채의 표준편차는 18.8%이고 대형주의 표준편차인 12.75%보다 다소 높다. 이러한 결과가 일반적이지 않은 결과인가?

과거 자료

그림 1.9는 평균수익률, 표준편차, 연수익률의 빈도분포 등을 통해서 지금까지 자본시장에 대해서 논의된 내용을 정리해준다. 예를 들어, 소형주의 표준편차인 36.3%는 단기국채의 표준편차인 3.2%보다 10배 이상 크다는 것을 보여주는데, 이 점에 대해서는 아래에서 논의될 것이다.

정규분포

자연에는 무작위적으로 발생하는 사건이 매우 많아 정규분포(normal distribution)를 이용해서 특정한 범위에서 값이 결정될 확률을 제시할 수 있다. 예를 들어, 시험성적의 분포가 정규분포를 보일 것이라고 가정하고 정규분포에 의존하여 성적을 부과하는 경우가 있다.

정규분포
평균과 표준편차에 의해서 정의되는 분포로 대칭적인 종 모양의 빈도분포

그림 1.10은 종 모양을 보인다고 알려진 정규분포를 그래프로 보여준다. 이 분포는 그림 1.8의 실제수익률분포보다 더 명확하게 묘사되고 있다. 정규분포처럼 실제 분포는 종 모양과 대칭의 특징을 보이고 있다. 이러한 형태의 분포를 보는 대부분의 경우에 정규분포를 통해서 근삿값을 제시할 수 있다.

또한, 그림 1.9는 과거 90년 동안의 관찰에 근거하여 그려진 반면에 그림 1.10은 무수히 많은 자료에 근거하여 그려졌다는 점을 주목하라. 만약에 지난 1,000년 동안의 수익률 자료를 구할 수 있다면 부정형화의 문제를 해결하고 연속적인 분포를

그림 1.9

역사적 수익률, 표준편차, 빈도분포(1926~2015)

*The 1933 small-company stocks total return was 153.2 percent.

Source: Author calculations using data from *Global Financial Data* (www.globalfinancialdata.com) and Professor Kenneth R. French, Dartmouth College.

자료	평균수익률	표준편차	빈도분포
대형주	11.9%	20.0%	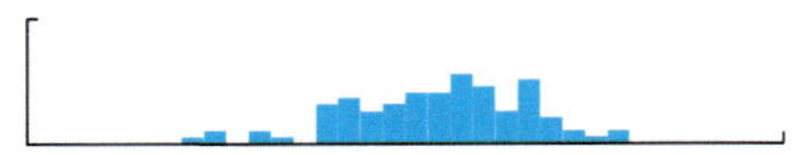
소형주	17.5%	36.3%	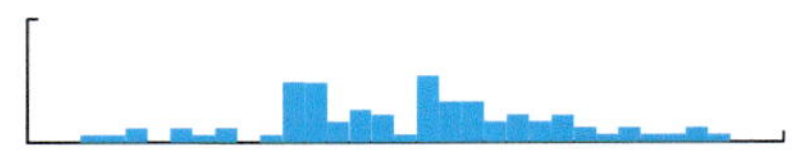
장기회사채	6.5%	7.0%	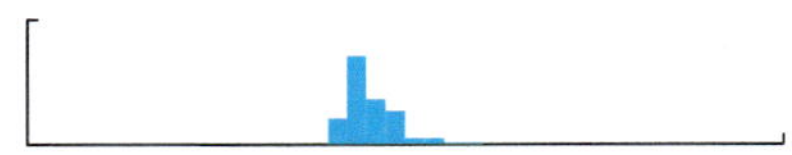
미국 장기국채	6.2%	12.5%	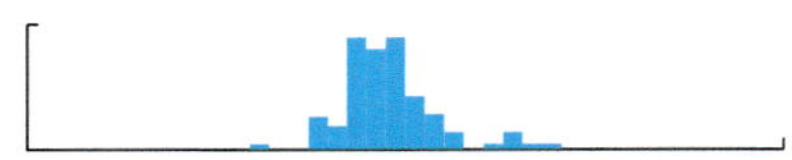
미국 중장기국채	5.5%	8.1%	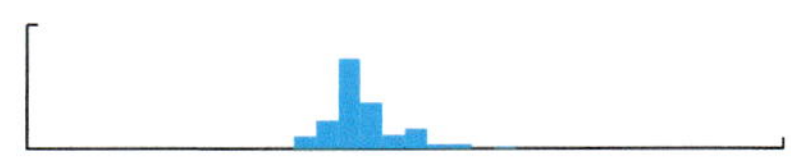
미국 단기재정증권	3.6%	3.2%	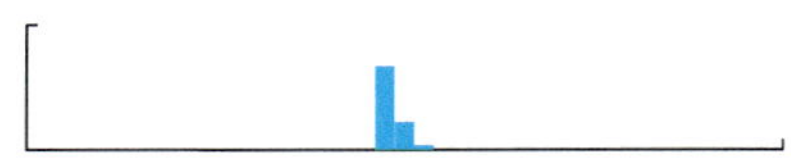
물가상승률	3.0%	4.1%	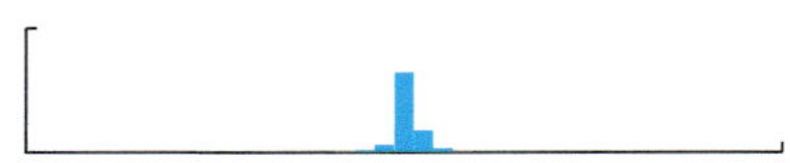

-90% 0% 90%

그림 1.10

정규분포: 대형 보통주의 역사적 수익률과 표준편차

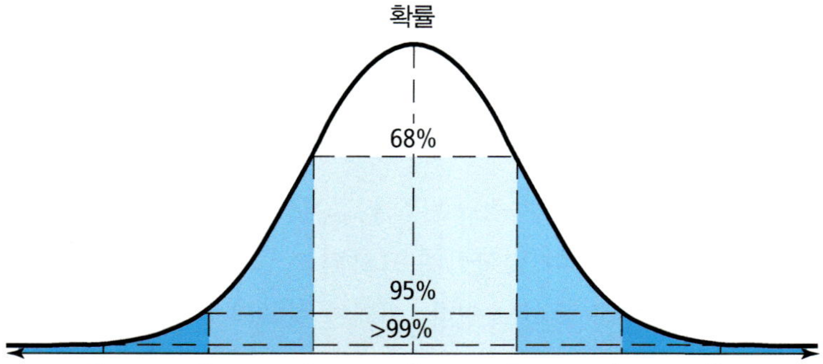

얻을 수 있게 되며 수익률분포가 정규분포에 매우 근접하게 된다.

정규분포의 유용성은 정규분포가 평균과 표준편차라는 두 개의 모수에 의해서 설명된다는 점에 있다. 예를 들어, 정규분포에서는 평균을 중심으로 좌우로 하나의 표준편차 만큼의 범위 안쪽에 값이 존재할 확률이 약 68%에 이른다고 말할 수 있게 된다.

평균을 중심으로 표준편차의 2배의 값의 범위 내에서 값이 정해질 확률은 95%이다. 마지막으로 평균을 중심으로 표준편차 3배값 범위 밖에서 값이 정해질 확률은 1% 이하에 불과하다. 이러한 정규분포의 특성을 그림 1.10을 통해 확인해볼 수 있다.

왜 이런 정규분포의 특성이 어떻게 응용되는지를 살펴보자. 그림 1.9에서 대형보통주의 수익률의 표준편차는 20%이고 평균수익률은 11.9%이다. 따라서 빈도분포가 정규분포와 근사하다는 것을 가정할 수 있다면 특정 연도의 수익률이 −8.1%에서 31.9% 사이에 있을 확률(11.9%에 표준편차를 더하거나 빼는 경우의 범위의 최소값과 최대값)은 약 2/3이다. 그림 1.10에서 이 범위가 설명되어 있다. 다시 말해, 수익률이 이 범위 밖에 있을 확률이 1/3이라는 뜻이다. 결론적으로, 대형주의 주식을 매수하면 3년에 한 해는 주가가 이 범위 밖에서 결정될 것이라는 예상이 가능하다. 이런 설명은 앞서 살펴본 주식시장의 변동성의 내용과 일치한다. 하지만, −28.1%와 51.9%의 범위(11.9%에 2×20%를 더하거나 빼서 형성된 범위) 밖에 존재할 가능성이 5%에 불과하다는 사실도 그림 1.10을 통해 확인할 수 있다.

두 번째 교훈

자본시장의 역사와 관련된 두 번째 교훈은 수익률의 연간변동성에 관한 관찰내용이다. 평균적으로 위험을 감수하는 것은 그에 따른 보상이 따르기 마련이지만 가치의 변화가 매우 클 확률도 동시에 커지게 된다. 다시 말해 두 번째 교훈은 “잠재적 보상이 커질수록 위험도 더 커지게 된다”는 것이다.

지금까지 수익률의 연간변동성의 중요성을 강조하였으나, 일별 가격변화를 살펴보면 상당한 수준의 일별 변동성이 존재한다는 것을 알 수 있다. 예를 들어, 2008년 9월 29일에 다우존스 지수가 77.68포인트 또는 6.98% 폭락하였던 적이 있다. 역사적 기준으로 볼 때 다운존스 지수를 구성하는 30종목과 시장의 대부분 종목이 최악의 주가를 보인 시기였을 것이다. 표 1.5에 의하면 이러한 수준의 폭락은 다우존스 최악의 일별 주가 하락(포인트 값으로도)으로 기록되었을 것이나 폭락의 수준을 수익률로 볼 때는 역사적으로 가장 심각했던 상위 10위에도 속하지 못한다.

표 1.5

다우존스 지수(DJIA)의 부침 (1896년 5월~2016년 3월)

Source: Author calculations and FRED, the database maintained by the Federal Reserve Bank of St. Louis.

패널 A: 최고 성과						
일자	지수 수준	지수 상승값	순위	일자	지수 수준	지수 상승률
2008-10-13	9,387.61	936.42	1	1933-03-15	62.10	15.3%
2008-10-28	9,065.12	889.35	2	1931-10-06	99.34	14.9%
2015-08-26	16,285.51	619.07	3	1929-10-30	258.47	12.3%
2008-11-13	8,835.25	552.59	4	1931-06-22	145.82	11.9%
2000-03-16	10,630.61	499.19	5	1932-09-21	75.16	11.4%
03-23-2009	7,775.86	497.48	6	2008-10-13	9,387.61	11.1%
2008-11-21	8,046.42	494.13	7	2008-10-28	9,065.12	10.9%
2011-11-30	12,045.68	490.05	8	1987-10-21	2,027.85	10.1%
2002-07-24	8,191.29	488.95	9	1932-08-03	58.22	9.5%
2008-09-30	10,850.66	485.21	10	1939-09-05	148.12	9.5%
패널 B: 최저 성과						
일자	지수 수준	지수 상승값	순위	일자	지수 수준	지수 상승률
2008-09-29	10,365.45	−777.68	1	1987-10-19	1,738.74	−22.6%
2008-10-15	8,577.91	−733.08	2	1914-12-14	56.76	−20.5%
2001-09-17	8,920.70	−684.81	3	1929-10-28	260.64	−13.5%
2008-12-01	8,149.09	−679.95	4	1899-12-18	58.27	−12.0%
2008-10-09	8,579.19	−678.91	5	1929-10-29	230.07	−11.7%
2011-08-08	10,809.85	−634.76	6	1931-10-05	86.48	−10.7%
2000-04-14	10,305.78	−617.77	7	1929-11-06	232.13	−9.9%
1997-10-27	7,161.14	−544.26	8	1932-08-12	63.11	−8.4%
2015-08-24	15,871.35	−588.40	9	1907-03-14	76.23	−8.3%
2015-08-21	16,459.75	−530.94	10	1932-01-04	71.59	−8.1%

이런 논의를 통해 수익을 지수 포인트나 금액 기준이 아닌 수익률 기준으로 제시하는 방식의 중요성을 알 수 있다. 예를 들어, 포인트 기준으로 2008년 전에 가장 최악의 일별 손실은 2001년 9월 18일이었는데 다우존스 지수가 약 685포인트 하락하였던 때이다. 2번째 최악의 상황은 618포인트가 하락한 2000년 4월 14일이었다. 대조적으로 1932년 8월 12일의 5.79포인트 하락이 지수를 사용한 이후에 8번째 최악의 지수하락으로 기록(전날의 다우존스 지수는 68.9이었음)되고 있다. 오늘날에는 다우존스 지수의 5.79포인트 정도의 하락은 주목을 받지 못한다. 이러

스프레드시트 분석

엑셀로 평균수익률과 변동성 계산하기

아래에서는 1990년대의 수익률 자료를 이용하여 평균수익률과 표준편차를 계산하기 위해 필요한 공식과 분석을 정리하여 보여준다.

	A	B	C	D	E	F	G	H
1								
2	**Using a spreadsheet to calculate average returns and standard deviations**							
3								
4	Looking back in the chapter, the data suggest that the 1990s were one							
5	of the best decades for stock market investors. We will find out just how good by							
6	calculating the average returns and standard deviations for this period. Here are the							
7	year-by-year returns on the large-company stocks:							
8								
9		Year	Return (%)	Year	Return (%)			
10		1990	− 3.10	1995	37.58			
11		1991	30.46	1996	22.96			
12		1992	7.62	1997	33.36			
13		1993	10.08	1998	28.58			
14		1994	1.32	1999	21.04			
15								
16		Average return (%):		18.99				
17		Standard deviation (%):		14.16				
18								
19	The formulas we used to do the calculations are just =AVERAGE(C10:C14;E10:E14)							
20	and =STDEV(C10:C14;E10:E14). Notice that the average return in the 1990s was 18.99							
21	percent per year, which is larger than the long-run average of 11.9 percent. At the same							
22	time, the standard deviation, 14.16 percent, was smaller than the 20.0 percent long-run value.							

한 이유로 이번 장에서 시장의 역사에 대한 논의를 진행할 때는 포인트가 아닌 수익률을 사용하고자 한다.

따라서 평균수익률과 표준편차를 계산하고 해석할 수 있어야 할 것이다. 주어진 '스프레드시트 분석'은 엑셀을 이용해서 어떻게 계산할 것인가를 보여준다.

예제 1.5

성장주에 투자하기

'성장주'라는 용어는 보통은 소형주를 의미한다고 이해하면 된다. 이러한 투자가 '과부나 고아'에게 적합한 투자일까? 역사적 변동성을 고려하여 답해보도록 하라. 예를 들어, 성장주 포트폴리오에 투자했을 때 어느 한 연도의 투자수익률이 −16%일 가능성은 어느 정도일지 생각해보고 답하라.

그림 1.9를 다시 떠올려보면 소형주의 평균수익률은 17.5%이고 표준편차는 36.3%이었다. 수익률이 정규분포를 보인다고 가정하면 수익률이 −18.8%와 53.8% 바깥쪽에 (17.5%±36.3%) 놓일 확률은 약 1/3 정도임을 알 수 있다.

정규분포는 대칭이기 때문에 범위의 아래쪽과 위쪽의 값이 실현될 확률은 같다. 따라서 18.8% 이상의 손실이 발생할 확률은 1/6이 된다. 따라서 평균적으로 6년에 1년 정도의 확률로 이 정도 규모의 손실이 발생할 수 있다는 뜻과 같다. 이러한 투자자산은 변동성이 높아 위험을 감수할 수 없는 투자자에게는 적합하지 않을 것이다.

확인 사항

1.4a 분산과 표준편차를 어떻게 계산하는지 말로 설명할 수 있는가?

1.4b 금융시장의 역사에서 얻은 두 번째 교훈은 무엇인가?

1.5 평균수익률에 대한 추가내용

평균수익률을 계산하는 방식에는 앞서 언급한 방식 외에 또 다른 방식이 존재한다. 평균수익률을 2가지 방식으로 계산할 수 있어 혼동이 발생할 수 있기 때문에 2가지 계산방식과 특정 방식이 적합한 경우에 대해 정확하게 이해할 수 있어야 한다. 아래에서는 투자자산에서 펀드를 추가하거나 삭제하는 경우의 수익률 계산에 대해서도 설명하도록 한다.

산술평균과 기하평균

아래의 간단한 예부터 살펴보자. 주가가 $100인 주식을 한 주 매수하고 일 년 후에 주가가 $50로 하락하였으나 그 다음해에는 주가가 회복되어 주가가 다시 $100가 되었다고 가정하자 (투자 기간 동안 배당은 없다고 가정한다).

투자를 통해 얼마의 평균수익률을 얻을 수 있었을까? 상식적으로 보면 $100을 투자하여 2년 후에 같은 가격을 유지하고 있으니 평균수익률은 '영'이라고 대답해야 할 것이다. 하지만 연도별로 계산하면 첫해에는 50%의 손실(투자금의 절반을 잃었으므로)이 발생하였고 둘째 해에는 100%의 수익(투자금이 두 배가 되었으므로)이 발생하였다는 것을 알 수 있다. 따라서 2년 동안의 투자수익률은 평균으로 보면 (−50%+100%)/2=25%라는 계산 결과를 낳게 된다. 그렇다면 어느 결과가 맞다고 해야 하는 것일까?

정답은 모두 맞다는 것이다. 단지 두 질문이 전혀 다른 질문이라는 점을 이해해야 한다. 0%는 기하평균수익률(geometric average return)이고 "특정 기간 동안에 연간 얻을 수 있는 복리수익률이 얼마인가?"라는 질문에 대한 답이다.

반면에 25%는 산술평균수익률(arithmetic average return)이라고 불리며 "특정 기간 동안에 평균적인(일반적인) 연도에 수익률은 얼마인가?"라는 질문에 대한 답으로 인식해야 한다.

지금까지 이 책의 앞부분에서 계산된 평균수익률은 모두 산술평균수익률이었기 때문에 이에 대한 설문은 불필요하다. 추가적으로 (1) 기하평균은 어떻게 계산하는가와 (2) 어떠한 상황에서 기하평균이 산술평균보다 보다 적합하다고 할 수 있는가에 대한 이해가 필요한 것이다.

마지막으로, 수익과 손실의 순서나 규모가 포트폴리오 성과 평가에 중요하다는 점을 기억하자.

기하평균수익률
특정 기간 동안의 연평균 복리 수익률

산술평균수익률
특정 기간 동안의 평균적인 해에 실현된 수익률

기하평균수익률 계산

N년 동안의 연수익률이 주어지면 N년 동안의 기하평균수익률은 아래의 공식을 이용하여 구할 수 있다.

$$\text{기하평균수익률} = [(1+R_1)\times(1+R_2)\times\cdots\times(1+R_N)]^{1/N}-1 \tag{1.5}$$

이 공식은 4개의 단계로 이루어진다:

1. N개의 연수익률에 각각 1을 더한다.(단, 수익률은 소수값으로 표현한다)
2. 1단계에서 구한 값을 모두 곱한다.
3. 2단계에서 구한 값에 $1/N$를 지수로 하는 값을 구한다.
4. 마지막으로, 3단계에서 구한 값에서 1을 차감하며 기하평균수익률을 구한다.

기하평균수익률을 구하는 방식을 보이기 위해 4년 동안 연수익률이 각각 10%, 12%, 3%, 그리고 −9%인 투자를 고려한다. 4년 기하평균수익률은 $(1.10\times1.12\times1.03\times0.91)^{1/4}-1=3.66\%$이다. 반면에 산술평균수익률은 $(0.10+0.12+0.03-0.09)/4=4.0\%$이다.

이 예에서 주의할 점은 기하평균수익률이 상대적으로 작다는 점이다. 이러한 사실은 개별 연수익률이 모두 같아 2개의 평균수익률이 같아지는 경우를 제외하고는 항상 참이다. 이 점을 확인하기 위해 표 1.6에 기하평균수익률과 그림 1.9에서 계

표 1.6

기하평균수익률과 산술평균수익률(1926~2015)

자료	기하평균	산술평균	표준편차
대형주	9.9%	11.9%	20.0%
소형주	11.9	17.5	36.3
장기회사채	6.3	6.5	7.0
장기국채	5.5	6.2	12.5
중단기국채	5.3	5.5	8.1
단기재정증권	3.5	3.6	3.2
물가상승률	2.9	3.0	4.1

산된 산술평균과 표준편차를 같이 제시하였다.

표 1.6에서 보이는 바와 같이 기하평균은 상대적으로 적은 값을 보이는데 차이의 크기는 일정하지 않다. 그 이유는 변동성이 큰 투자의 경우에 그 차이가 더욱 커지기 때문이다. 사실은 근삿값을 구할 수 있다. 모든 수치가 소수로 표현된다면 (% 단위가 아니고), 기하평균수익률의 근삿값은 산술평균수익률에서 분산의 1/2의 값을 차감한 값으로 구할 수 있다. 예를 들어, 대형주의 경우에 산술평균이 0.119이고 표준편차는 0.2, 즉 분산이 0.04이면 0.119 − (0.04/2) = 0.099라는 계산을 통해 기하평균수익률의 근삿값을 구하게 되고 실제값과 매우 가깝다는 것을 알 수 있다.

예제 1.6 기하평균 수익률의 계산

표 1.1의 과거 4년간(2012~2015)의 대형주 관련 자료를 이용하여 기하평균수익률을 계산하라.

첫째로, 소수점자료를 % 단위로 변환하고 1을 더한 값들을 모두 곱한다.

연도	대형주	(1+수익률)의 곱
2012	16.00	1.1600
2013	32.39	×1.3239
2014	13.69	×1.1369
2015	1.38	×1.0138
		1.7701

구한 값 1.7701은 $1을 투자하고 5년 투자 후에 얻게 될 자산의 가치이다. 기하평균수익률은 아래와 같이 계산한다.

$$\text{기하평균수익률} = 1.7701^{1/4} - 1 = 0.1534 \text{ 또는 } 15.34\%$$

따라서, 기하평균수익률은 15.34%이다. 반면에, 예제 1.4에서 계산한 산술평균수익률은 15.87%이다. 재무 계산기를 사용하고 있다면 현재가치(PV)로 $1을, $1.7701을 미래가치(FV)로, 그리고 4를 기간(N)으로 입력하면 이자율(I/Y)이 계산되는데 이 값이 기하평균수익률이다.

예제 1.7

기하평균수익률 추가 내용

그림 1.1은 현재 $1가 90년 후에 얼마의 가치를 가지게 되는 가를 보여준다. 소형주에 투자했을 때의 수치를 이용해서 표 1.6의 기하평균수익률을 검토해보기 바란다.

그림 1.1에서 소형주의 가치는 90년 동안 $24,113.43으로 증가하였다.

$$\text{기하평균수익률} = 24{,}113.43^{1/90} - 1 = 0.1186 \text{ 또는 } 11.9\%$$

표 1.6에서 11.9%를 찾을 수 있을 것이다.

산술평균수익률인가 기하평균수익률인가?

역사적 수익률을 보면 기하평균수익률과 산술평균수익률의 차이를 쉽게 이해할 수 있다. 달리 표현하자면 기하평균은 매년 복리로 계산될 때 평균적으로 매년 얼마의 수익률이 실질적으로 발생하는지를 보여준다. 산술평균은 일반적으로 한 해에 얼마의 수익이 발생하는가를 보여준다. 따라서, 어떤 결과를 원하는지에 따라 다른 방식을 선택해야 한다.

다소 복잡할 수 있는 경우는 미래예측을 할 때 분석가와 재무설계사 간에 혼동이 발생하는 경우이다. 기하평균수익률과 산술평균수익률의 추정치의 사용을 모두 고려하고 있다면, 산술평균수익률은 장기예측을 할 때 과대추정되며 기하평균수익률은 단기예측을 할 때 과소추정 된다는 점을 고려해야 한다.

다행스럽게도 '블룸의 공식'*이라고 일컫는 2개의 평균수익률을 결합하는 방법이 존재한다. 만약에 N개 연도에 대한 산술평균수익률과 기하평균수익률을 계산했다면 2개의 평균수익률을 이용하여 미래 T년의 평균수익률에 대한 예측치를 $R(T)$를 추정할 수 있다(단, $T<N$).

$$R(T) = \left(\frac{T-1}{N-1} \times \text{기하평균수익률}\right) + \left(\frac{N-T}{N-1} \times \text{산술평균수익률}\right)$$

예를 들어, 25년 동안의 수익률 데이터를 이용하여 계산한 산술평균수익률은 12%이고 기하평균수익률은 9%이라면 향후 1년, 5년 그리고 10년의 평균수익률을 예측할 수 있다. 아래에 개별 예측값이 제시되어 있다.

* 이 결과는 Marshall Blume의 아래 논문에서 인용하였다.("Unbiased Estimates of Long-Run Expected Rates of Return," *Journal of the American Statistical Association, September* 1974, pp. 634 – 638.)

$$R(1) = \left(\frac{1-1}{24} \times 9\%\right) + \left(\frac{25-1}{24} \times 12\%\right) = 12\%$$

$$R(5) = \left(\frac{5-1}{24} \times 9\%\right) + \left(\frac{25-5}{24} \times 12\%\right) = 11.5\%$$

$$R(10) = \left(\frac{10-1}{24} \times 9\%\right) + \left(\frac{25-10}{24} \times 12\%\right) = 10.875\%$$

따라서 향후 1년, 향후 5년, 향후 10년 동안의 예측수익률은 각각 12%, 11.5%, 그리고 10.875%이다.

기하평균수익률과 산술평균수익률에 대한 논의를 마치면서 앞으로 '평균수익률'이라는 용어를 사용하는 경우에, 특별히 따로 명시하지 않는다면, 일반적으로 산술평균을 의미한다는 점을 기억하기 바란다.

예제 1.8

평균수익률의 예측

1926년부터 2015년까지 약 90여 년 동안에 대형주의 기하평균수익률은 9.9%이었고 산술평균은 약 11.9%이었다. 미래 1년, 5년, 10년, 그리고 25년의 평균수익률을 예측하라. 블룸의 공식을 이용할 때, $T=1, 5, 10, 25$이고 $N=90$이다.

$$R(T) = \left(\frac{T-1}{89} \times 9.9\%\right) + \left(\frac{90-T}{89} \times 11.9\%\right)$$

T	$R(T)$
1	11.9%
5	11.8
10	11.7
25	11.4
90	9.9

단기예측 결과는 다소 산술평균에 가깝고 장기예측 결과는 기하평균에 가깝다는 점에 주목하라.

금액가중 평균수익률

지난 2년간 연수익률이 각각 10%과 −5%이었다고 한다. 산술평균수익률(2.5%)과 기하평균수익률(2.23%)을 계산하였으나 투자자가 2년 전에 자금을 예치하였다는 사실만 알고 있을 뿐 평균수익률이 맞는지에 대해서는 확신이 서질 않는 상태이다.

대부분의 투자자들은 예금과 인출을 반복하는 것이 일반적이다. 예를 들어, 어떤 사람들이 은퇴를 대비해서 장기간에 걸치 투자를 하고 있고 예기치 못한 니즈가 발생하는 경우에 자금을 인출하기도 한다. 또 다른 사람들은 투자자산의 가치가 곧 상승할 것이라는 자신들의 시장예측(time the market)에 기반하여 투자자금을 증가시키기도 한다. 이처럼 '시장예측'을 시도하는 투자자들은 하락시기를 예측하여 투자자금을 축소하기도 한다

투자자들이 정확하게 시장을 예측할 수 있는가에 대해서는 많은 논의가 이루어지고 있으며 이 책에서도 논의될 것이다. 이러한 내용도 중요하겠으나 기초적인 내용은 예금과 인출의 결정에 있어서 투자수익률을 계산할 수 있어야 한다는 것이다. 이러한 경우에 사용하는 수익률을 금액가중 평균수익률(dollar-weighted average returns)이라고 한다.

금액가중 평균수익률
투자금액의 유입과 유출을 고려한 특정 기간 동안의 연평균 복리수익률

예를 들어, $1,000을 투자하고 1년 차에 10%의 수익을 얻고 난 후에 같은 성과를 기대하면서 2년 차에 $4,000을 추가 투자하였다고 하자. 하지만 불행하게도 2년 차의 수익률은 −5%로 손실이 발생하였다. 그렇다면 2년 동안의 순수익률은 얼마가 될 것인가?

이 질문에 답하기 위해 투자 기간의 기말시점에서의 가치를 확인해야 한다. 1년 차 연말에 투자자산의 가치는 원금에 10%의 수익을 더한 $1,100이었을 것이고, 2년 차 연초에 추가 투자한 $4,000을 더하면 총 $5,100이 2년 차에 투자되었을 것이다. 여기에 2년 차에 발생한 5%의 손실을 차감하면 2차 년도 연말에 자산가치는 $4,845이었을 것이다.

정확한 수익률 계산에 앞서 수익률이 음(−)의 값을 갖는다는 것을 알 수 있을 것이다. 결국 $5,000을 투자하였지만 2년 후에 자산가치가 $4,845가 되었기 때문이다. 하지만, 기하평균과 산술평균 모두 양(+)의 값을 보이고 있어 이 경우에 적절하지 못하다는 것을 알 수 있다.

금액가중 평균수익률을 계산하는 것은 현금인출과 현금유입을 같게 하는 평균수익률을 찾는 것을 의미한다. 달리 말해서 투자금액의 현재가치가 '영'이 되게 만드는 수익률은 얼마인가? 투자로 인해 발생하는 현금흐름은 다음과 같다.

시점	0	1	2
현금흐름	−$1,000	−$4,000	+$4,845

정리하자면 음(−)의 값을 갖는 현금흐름은 투자금액을 의미하며 양(+)의 현금흐름을 갖는 현금흐름은 2년 차 연말에 자산가치를 의미한다.

스프레드시트 분석

엑셀로 금액기준 평균수익률 계산하기

	A	B	C	D	E	F	G	H
1								
2		**Calculating dollar-weighted average returns**						
3								
4	To find a rate of return that equates a series of uneven cash flows, we must identify							
5	when the cash flows were made and we must know their size. Then, we can use							
6	the built-in IRR function in Excel to calculate the dollar-weighted average return.							
7								
8		Time	Cash Flow					
9		0	-$1,000					
10		1	-$4,000					
11		2	$4,845					
12								
13			-2.6%	=IRR(C9:C11)				
14								
15	Note, time 0 is the beginning of year 1, while time 1 is the end of year 1.							
16								
17	Using the IRR function, we calculate a dollar-weighted average return of -2.6%.							
18								
19								

기업 재무 분야에 있어서 이러한 계산은 내부수익률(IRR)이라고 알려져 있으며 재무 계산기 또는 엑셀과 같은 스프레드시트 프로그램이 없다면 시행착오법에 의해서만 구할 수 있다. '스프레드시트 분석'에서 계산한 결과에 의하면 금액가중 평균수익률은 −2.6%이다. 투자 기간 중에 수익률이 가장 낮았을 때 가장 많은 금액이 투자되었으며 수익률이 가장 높을 때 가장 적은 금액이 투자되었기 때문이다.

기하평균수익률이 항상 산술평균수익률보다 작거나 같다는 것을 언급한 바 있다. 그렇다면 기하평균수익률과 금액가중 평균수익률 간의 관계는 어떨까? 2개 평균수익률 간의 관계는 언제 예금과 인출을 하는 가에 따라 달라진다는 것이다. 기하평균수익률이 금액가중 평균수익률보다 크거나, 작거나 같을 수 있는데 기하평균수익률은 금액가중 평균수익률의 특별한 경우이며 추가적인 현금유입이나 현금유출이 없을 경우에 차이는 없게 된다.

확인 사항

1.5a 5년 동안 시장지수에 투자하였더니 수익률이 10, 16, −5, −8, 그리고 7%였다. 산술평균 연수익률과 기하평균 연수익률은 얼마인가?

1.5b 시장지수에 25년 동안 투자한 결과 산술평균수익률은 4%, 기하평균수익률은 3.6%였다 블룸의 공식을 이용하여 향후 5년과 향후 10년의 평균수익률을 예측한 값은 얼마인가?

1.5c 수익률을 계산할 때 현금흐름의 유입과 유출을 통제하는 것이 중요한 이유는 무엇인가?

1.6 위험과 수익률

앞선 절들에서 위험과 수익률에 대해서 학습하기 위해 금융시장의 역사를 살펴보았다. 이번 절에서는 이 책에서 앞으로 논의될 내용을 미리 살펴봄으로써 이 장에서의 학습 내용과 결론을 요약하고자 한다.

위험–수익률의 상충관계

그림 1.11은 그림 1.9에서 학습한 위험과 수익률에 대한 내용을 보여준다. 그림 1.11에서 밝혀진 내용은 위험과 수익률 간에는 상충관계가 존재한다는 사실이다.

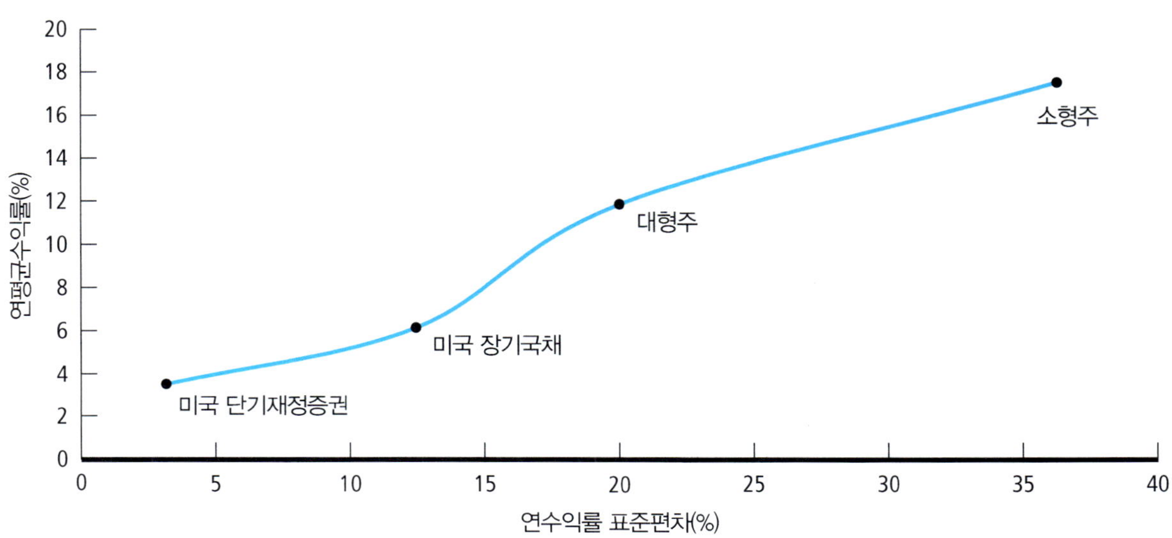

그림 1.11 위험–수익률의 상충관계

조금의 위험도 무릅쓰기를 원하지 않고 당분간 자금의 사용을 하지 않을 계획이라면 무위험이자율 정도의 수익을 거둘 수 있다. 무위험이자율은 위험을 무릅쓰지 않고 자금사용을 이연하는 경우에 가능한 이자율로 '화폐의 시간가치'라고 불리기도 한다.

위험을 감수할 수 있다면 평균적으로 위험 프리미엄을 추가로 얻을 수 있게 된다. 보다 높은 수준의 위험을 감수하면 위험 프리미엄이 더 높아지게 된다. 투자설계사는 투자에는 '이연(기다림)'의 요인과 '걱정'의 요인이 있다고 말하곤 한다. 그림에서 화폐의 시간가치는 '이연'과 관련된 부분이고 위험 프리미엄은 '걱정'과 관련된 부분이다.

아래의 두 가지 사실에 주목하기 바란다. 첫째는 위험한 투자자산이 항상 무위험투자자산 이상의 수익을 제공하지는 않는다는 사실이다. 그래서 위험한 투자로 분류되는 것이고 평균적으로 위험 프리미엄이 추가되지만 반드시 위험 프리미엄이 보장되지는 않는다는 사실을 명심해야 한다. 둘째는 위험에 대해서 아주 명확하게 설명하지는 않았는데, 그 이유는 앞으로 설명되겠지만, 모든 위험에 대해서 보상이 이루어지지는 않기 때문이다. 어떤 위험은 적은 비용으로 쉽게 회피될 수 있기 때문에 보상이 뒤따르지 않으며 쉽게 회피할 수 없는 위험에 대해서는 평균적으로 적절한 보상이 이루어지게 된다.

다음 논의 내용

이 책에서는 금융자산에 집중해서 논의를 전개할 것이며 주로 주식, 채권, 선물과 옵션 등에 한정될 것이다. 클래식 자동차, 야구 경기 기념품, 동전, 예술작품 또는 우표와 같은 수집품은 다루지 않을 것이며 부동산이나 광물 등에 대한 논의도 제한적으로만 진행할 것이다. 그 이유는 이러한 자산이 중요하지 않아서가 아니라 특별한 자산들이기 때문에 여기에서는 자세하게 논의하지 않고 다른 교재나 과목에서 학습할 것으로 기대하기 때문이다.

투자에 대한 잠재적 보상을 이해하기 위해서는 해당 자산과 관련된 위험을 면밀히 이해하는 것이 매우 중요하다. 성공적 투자는 위험에 대해 제대로 이해하고 현명한 의사결정을 함으로써 가능하다. 그렇기 때문에 이 책에서 다양한 자산의 가치를 결정하기 위해 해당 자산과 관련된 위험의 특성과 요인에 대해 신중하게 논의할 것이다.

이 책에서 주로 논의할 자산들이 가지는 공통점은, 비록 거래방식은 상이할지라도, 매 순간 세계 여러 곳에서 대량으로 거래되고 있다는 점이다. 자산을 거래하면서 발생하는 현상에 대한 이해가 매우 중요하기 때문에 거래방식은 물론 다양한 시장의 작동방식에 대해서도 논의할 것이다. 또한 이 책을 통해 자산의 거래와 관련된 절차와 거래체결의 결과에 대해서도 논의하도록 할 것이다.

1.7 요약 및 결론

이번 장에서 학습한 투자자에게 매우 중요한 개념은 다음과 같다.

1. 다양한 방식으로 투자수익률을 어떻게 계산하는가?

A. 일정 기간 동안의 투자에 대한 금액 기준수익과 수익률 계산 방식을 학습하였다. 수익은 자본소득(손실)과 배당소득이라는 2개의 부분으로 구성된다. 연 단위가 아닌 기간 동안 계산된 수익률을 어떻게 연 환산할 것인가를 학습하였다.

B. 평균수익률을 계산하는 2가지 방법, 산술평균과 기하평균을 소개하였는데 산술평균수익률은 특정기간 동안 평균적인 연도에 기대할 수 있는 수익률을 구하는 방법인 반면에 기하평균수익률은 특정기간 동안 매년 평균복리수익률을 구하는 방법이다. 일반적으로 투자자들이 별다른 언급없이 평균수익률이라고 할 때는 산술평균수익률을 의미한다고 이해해야 한다.

C. 현금흐름의 유입과 유출의 영향에 대해서도 학습하였는데 이런 경우에는 금액가중 평균수익률을 계산해야 한다.

2. 다양한 투자자산의 역사적 수익률

A. 논의가 반드시 필요한 포트폴리오의 역사적 수익률에 대해서 학습하였는데 수익률이 가장 큰 포트폴리오부터 살펴보면 다음과 같다.

- 소형주: 미국의 주요 증권거래소에 상장된 기업들의 시가총액을 기준으로 할 때 소기업으로 분류된 종목들로 구성된 포트폴리오를 말한다.
- 대형주: 미국의 주요 증권거래소의 S&P500 지수에 포함된 기업들로 시가총액을 기준으로 할 때 대기업으로 분류되는 종목들로 구성된 포트폴리오를 말한다
- 미국 장기국채: 미국 정부가 발행한 국채 중에 만기가 20년 이상인 국채로 구성된 포트폴리오를 말한다.
- 미국 단기재정증권: 미국 정부가 발행한 국채 중에 만기가 3개월 정도인 국채로 구성된 포트폴리오를 말한다.

B. 과거수익률을 살펴볼 때 미국 정부가 발행한 단기재정증권의 수익률이 물가상승률과 유사한 수준임을 알 수 있다. 따라서, 투자자는 물가상승률보다 높은 수익을 위해서는 주식이나 채권에 투자해야만 할 것이다.

3. 다양한 투자자산의 역사적 위험수준

A. 금융시장의 역사를 뒤돌아볼 때 (수익률의 표준편차로 측정된) 포트폴리오의 위험은 소형주가 가장 높게 나타나고 있으며 대형주, 장기국채 그리고 단기재정증권의 순서로 점차 낮아지고 있다.

B. 역사적 위험으로부터 교훈

- 평균적으로 위험자산은 위험 프리미엄이 수익률이 포함된다. 위험 프리미엄은 위험감수에 대한 추가적 보상이지만 보상의 기댓값이 매년 실현되는 것은 아니다.
- 위험자산에 대한 잠재적 보상이 커지면 위험도 커진다는 뜻이다.

4. 위험과 수익률의 관계

A. 역사적 위험에 대한 교훈을 종합하면 위험-수익률에는 상충관계가 존재한다고 할 수 있다.

B. 보다 높은 수익률을 위해서는 보다 높은 수준의 위험을 감수해야만 한다.

주요 용어

총액기준수익(total dollar return) 6
배당수익률(dividend yield) 7
자본소득수익률(capital gains yield) 7
총수익률(total percent return) 7
실효연수익률(Effective Annual Returns, EAR) 9
무위험이자율(risk-free rate) 21
위험 프리미엄(risk premium) 21
분산(variance) 24
표준편차(standard deviation) 24
정규분포(normal distribution) 27
기하평균수익률(geometric average return) 33
산술평균수익률(arithmetic average return) 33
금액가중 평균수익률(dollar-weighted average returns) 37

단원 후 문제와 자습 문제

1. 수익률 계산(CFA1) 메탈리카 헤비메탈사의 주식 400주를 주당 \$30에 매수하였다. 한 해 동안 주당 \$0.75의 배당을 받았고 연말에 \$33에 매도할 수 있었다면 금액 기준수익은 얼마이고 수익률은 얼마인가?

2. 수익률과 변동성 계산(CFA2) 아래의 수익률자료를 이용해서 산술평균수익률, 분산, 표준편차와 기하평균수익률을 구하라.

연도	미셸사	제니섹사
1	12%	5%
2	−4	−15
3	0	10
4	20	38
5	2	17

3. 수익률 예측 30년 동안의 어느 투자자산의 산술평균수익률이 12.8%이었고 기하평균수익률이 10.7%이었을 때, 블룸의 공식을 이용하면 향후 5년, 10년, 그리고 20년의 평균수익률은 얼마로 예측되는가?

자습 문제 해답

1. 금액 기준수익은 금액으로 소득과 손실을 표현한다. 400주에 대해서 주당 \$0.75의 배당을 받았고 주가가 \$30에서 \$33으로 상승했다면, \$3×400주=\$1,200의 소득이 발생하여 총금액수익은 \$300+\$1,200=\$1,500이다. 수익률은 \$1,500/\$12,000=0.125=12.5%가 된다. 또는, \$3.75/\$30=0.125=12.5%이다.

2. 첫째, 산술평균수익률은 아래와 같다.

미셸사	제니섹사
12%	5%
−4	−15
0	10
20	38
2	17
30%	55%
평균수익률: 30/5=6%	55/5=11%

위에서 계산한 산술평균수익률을 이용하여 산술평균수익률로부터의 편차를 제곱한 값을 합산하면 아래와 같다.

미셀사	제니섹사
$(12-6)^2=36$	$(5-11)^2=36$
$(-4\ -6)^2=100$	$(-15\ -11)^2=676$
$(0-6)^2=36$	$(10-11)^2=1$
$(20-6)^2=196$	$(38-11)^2=729$
$(2-6)^2=16$	$(17-11)^2=36$
384	1,478

편차제곱의 합을 4로 나누어 수익률의 분산을 구하고

$$\text{미셀: } 384/4 = 96 \qquad \text{제니섹: } 1{,}478/4 = 369.5$$

표준편차는 분산에 제곱근을 취하여 구한다.

$$\text{미셀: } \sqrt{96} = 9.8\% \qquad \text{제니섹: } \sqrt{369.5} = 19.22\%$$

기하평균수익률은

$$\text{미셀: } [(1+0.12)(1-0.04)(1+0.00)(1+0.20)(1+0.02)]^{1/5} - 1 = 5.65\%$$
$$\text{제니섹: } [(1+0.05)(1-0.15)(1+0.10)(1+0.38)(1+0.17)]^{1/5} - 1 = 9.65\%$$

3. 최상예측값은 블룸의 공식을 이용하여 아래와 같이 구한다.

$$R(5) = \left(\frac{5-1}{29} \times 10.7\%\right) + \left(\frac{30-5}{29} \times 12.8\%\right) = 12.51\%$$

$$R(10) = \left(\frac{10-1}{29} \times 10.7\%\right) + \left(\frac{30-10}{29} \times 12.8\%\right) = 12.15\%$$

$$R(20) = \left(\frac{20-1}{29} \times 10.7\%\right) + \left(\frac{30-20}{29} \times 12.8\%\right) = 11.42\%$$

투자 지식 학습

1. 가격과 수익률(LO1, CFA1) 보통주를 매수하여 1년 동안 보유하려고 한다. 주당 배당이 $1.50이고 주가는 연말에 $26이 될 것이라 예상하고 있다. 연수익률이 15%이 되기를 희망한다면 연초에 최대 얼마에 주식을 매수했어야 하는가?

a. $22.61 b. $23.91

c. $24.50 d. $27.50

2. 수익률(LO1, CFA1) 배당을 지급하지 않는 주식으로 구성된 포트폴리오의 2010년 1월 1일부터 2016년 12월 31일까지 기하평균수익률이 5%이었고 산술평균수익률은 6%이었다. 2010년 연초의 포트폴리오의 시장가격이 $100,000이었다면 2016년 연말에 포트폴리오의 시장가격은 어느 가격에 가장 근접할 것인가?

a. $135,000　　b. $140,710
c. $142,000　　d. $150,363

3. 표준편차((LO4, CFA2) 아래의 설명 중에 표준편차에 대한 바른 설명인 것은 어느 것인가? 표준편차는?

a. 분산의 제곱이다.
b. 양수이거나 음수일 수 있다.
c. 원자료와 단위가 같다.
d. 평균으로부터의 차이를 제곱한 값의 산술평균이다.

4. 정규분포(LO4, CFA3) 어떤 투자전략의 기대수익률은 12%이고 수익률의 표준편차는 10%이다. 투자수익률이 정규분포를 보인다면, 수익률이 2% 이하일 확률은 아래 중에 어느 값에 가장 가까울 것인가?

a. 10%　　b. 16%
c. 32%　　d. 34%

5. 정규분포(LO4, CFA3) 표준정규분포의 평균과 표준편차는 얼마인가?

	평균	표준편차
a.	0	0
b.	0	1
c.	1	0
d.	1	1

6. 정규분포(LO4, CFA3) 주어진 자료가 평균이 100이고 표준편차가 10인 정규분포를 보인다고 할 때, 약 95%에 달하는 자료가 아래 주어진 범위 중에 어느 범위에 위치할 것이라 말할 수 있는가?

a. 60에서 140　　b. 70에서 130
c. 80에서 120　　d. 90에서 110

7. 자산유형(LO3) 주식, 채권, 옵션과 선물은 어떤 종류의 자산이라고 말할 수 있는가?

a. 채무　　b. 부동산
c. 자기자본　　d. 금융자산

8. 투자수익률(LO1, CFA1) 투자자산의 가치가 일 년 내에 2배가 되었다고 하자. 1년 동안의 투자자산의 수익률은 얼마라고 말할 수 있는가?

a. 실현 전일지라도 100%라고 말할 수 있다.

b. 실현 전일지라도 200%라고 말할 수 있다.

c. 실현되는 경우에는 100%라고 말할 수 있다.

d. 실현되는 경우에는 200%라고 말할 수 있다.

9. 역사적 수익률(LO2) 아래 중에서 역사적 수익률이 역사적 물가상승률과 가장 유사한 것은 어느 것인가?

a. 미국 단기재정증권

b. 회사채

c. 대형주

d. 소형주

10. 역사적 수익률(LO2) 1926년 이후의 역사적 수익률을 고려할 때 어느 자산군이 평균적으로 가장 높은 수익률을 보이고 있는가?

a. 미국 국채

b. 회사채

c. 대형주

d. 소형주

11. 통계기초(LO1, CFA1) 4년 동안 오타씽크사의 보통주의 수익률은 각각, −10, 40, 0 그리고 20%이었다면 4년 산술평균수익률은 얼마인가?

a. 5%

b. 7.5%

c. 10%

d. 12.5%

12. 통계기초(LO3, CFA3) 과거에 스톤헨지 건설사에 투자한 결과를 정리한 결과에 따르면 평균수익률은 20%, 표준편차는 10% 정도로 나타났고 이러한 결과가 미래의 수익률분포에도 적용된다고 판다. 수익률분포가 정규분포라고 가정할 때 스톤헨지 건설사의 수익률이 음(−)의 값을 보일 확률은 얼마인가?

a. 17%

b. 33%

c. 5%

d. 2.5%

13. 통계기초(LO4, CFA3) 아래의 정규분포에 대한 설명 중에 옳지 않은 것은 어느 것인가?

a. 정규분포는 평균을 중심으로 대칭을 보인다.

b. 평균으로부터 좌우로 한 개의 표준편차의 범위에 있을 확률은 약 68%이다.

c. 평균으로부터 좌우로 한 개의 표준편차의 범위에 있을 확률은 약 95%이다.

d. 음(−)의 값을 가질 확률은 1/2이다.

14. 정규분포(LO4, CFA3) 평균이 500이고 표준편차가 150인 정규분포에서 관찰치 200을 z−값으로 변환하면 얼마인가?

a. −2.00

b. −1.75

c. 1.75

d. 2.00

15. 정규분포(LO4, CFA2) 정규분포에 대한 설명으로 가장 적절하지 않은 것은 어느 것인가?
a. 관찰치가 많으면 분포에 가까워진다.
b. 이산확률분포이다.
c. 대칭이고 종 모양을 보인다.
d. 음의 무한대값부터 양의 음의 무한대값까지가 범위이다.

개념 문제

1. 위험과 수익률(LO3, CFA2) 아래 투자자산은 과거 자료에 근거하여 위험이 증가하는 순서로 나열되었다. 평균수익률의 크기에 따라 순서를 정하라. 위험과 수익률에 대해서 어떠한 결론에 도달하게 되는가?

a. 대형주
b. 미국 단기재정증권
c. 미국 장기국채
d. 소형주

2. 수익률 계산(LO1, CFA1) 작년에 수익률이 4%인 주식이 있다. 하지만 작년에 주가가 변한 적이 없었다고 한다. 어떻게 이런 일이 가능한가?

3. 수익률 분포((LO4, CFA2) 한 해 동안 소형주의 수익률이 100%보다 작을 확률은 얼마인가? 수익률의 분포에 대한 시사점은 무엇인가?

4. 산술평균과 기하평균(LO1, CFA1) 산술평균과 기하평균의 차이점은 무엇인가? 지난 10년 동안 투자한 주식이 있다고 가정할 때 어느 평균 계산 방법이 더 중요한가?

5. 블룸의 공식(LO1) 블룸의 공식은 무엇인가? 실무에서 어떤 경우에 이 공식을 사용하는가?

6. 물가상승과 수익률(LO1, CFA2) 표 1.1, 그림 1.5와 그림 1.6에서 미국 단기재정증권의 수익률이 가장 높았을 때는 언제인가? 그 기간 동안 왜 가장 높았다고 생각하는가?

7. 물가상승과 수익률(LO1, CFA2) 지금까지 언급한 수익률은 물가상승률을 반영하지 않았다. 물가상승률을 반영하는 경우에 위험 프리미엄에 대한 추정값은 어떻게 변할 거라고 예상하는가?

8. 법인세와 수익률(LO1) 지금까지 언급한 수익률은 법인세를 고려하지 않았다. 법인세를 고려하는 경우에 위험 프리미엄에 대한 추정값을 어떻게 변할 거라고 예상하는가? 변동성 추정값은 어떻게 변할 거라고 예상하는가?

9. 법인세와 미국 단기국채(LO1) 실무적 차원에서 미국 단기재정증권에서 얻은 수익률의 대부분은 이자소득으로 세금을 내야 한다. 따라서 40%의 법인세율을 가정할 때 미국 단기재정증권에 투자해서 얻은 5%의 수익률은 $5\% \times (1-0.4)=0.03$ 즉 3%이다. 물가상승과 법인세를 모두 고려하는 경우에 미국 단기재정증권의 장기수익률은 어떠한 영향을 받을 것이라 예상하는가?

10. 장기투자(LO4, CFA2) 이전 문항에 대한 답과 이 장에서 학습한 내용을 참고할 때 합리적 투자자라면 소형주에 100% 투자하는 것 외에 무엇을 고려할 것이라 예상할 수 있는가?

질문과 문제

핵심 문제

1. 수익률 계산(LO1, CFA1) 100주의 주식을 주당 $37에 매입하였는데 다음 해에 $0.28의 배당이 지급되었고 주가는 $41이 되었다고 하자. 총수익금액은 얼마인가? 주식을 매도하지 않고 보유한다면 답변이 달라지는가? 왜 그런가?

2. 수익률 계산(LO1, CFA1) 위의 질문 1번에서 자본소득수익률은 얼마인가? 배당수익률은? 투자로부터의 총수익률은 얼마인가?

3. 수익률 계산(LO1, CFA1) 600주를 매입하고 기말에서의 주가가 $34라고 가정하고 질문 1번과 질문 2번에 다시 답하라.

4. 역사적 수익률((LO3) 아래 투자자산의 역사적 수익률은 얼마인가? 역사적 위험 프리미엄의 수준은 어느 정도인가?

a. 장기국채
b. 단기재정증권
c. 대형주
d. 소형주

5. 평균수익률 계산(LO1, CFA1) 체리 젤로피사의 지난 5년간 수익률은 17%, 11%, −2%, 3%, 14%이었고 같은 기간 동안에 스트로사의 수익률은 16%, 18%, −6%, 1%, 22%이었다면 이 기간 동안의 산술평균수익률은 얼마인가?

6. 변동성 계산((LO4, CFA2) 위의 질문 5번의 정보를 이용하여 체리사와 스트로사의 수익률의 분산과 표준편차를 구하라.

7. 수익률 계산(LO1, CFA1) 어느 주식의 배당수익률은 1.2%이라고 하자. 작년에 주가가 $65에서 $59로 하락했을 때 해당 연도의 수익률은 얼마인가?

8. 기하평균수익률(LO1, CFA1) 질문 5번의 정보를 이용하라. 체리 젤로피사의 기하평균수익률은 얼마인가?

9. 산술평균과 기하평균(LO1, CFA1) 지난 6년간의 주가수익률이 12%, 7%, −13%, −4%, 26%이면 같은 기간 동안의 기하평균수익률과 산술평균수익률은 얼마인가?

중급 문제

10. 수익률과 정규분포(LO4, CFA3) 한 투자자산의 기대수익률은 11%이고 표준편차는 24%이다. 수익률이 정규분포를 따른다고 할 때 수익률이 −13%와 35%의 사이에 위치할 확률은 얼마인가? 얼마나 자주 −13% 이하의 수익을 얻게 될까?

11. 수익률과 정규분포(LO4, CFA3) 투자상품의 기대수익률이 12%이고 표준편차는 6%라고 하자. 수익률의 분포로 정규분포를 가정할 때 얼마나 자주 손실이 발행한다고 할 수 있는가?

12. 수익률분포의 이해(LO4, CFA2) 미국 장기국채의 투자와 관련된 과거 자료를 이용하여 수익률이 6.3% 이하일 확률은 얼마인가? 95%의 확률로 예상할 수 있는 수익률의 범위는 무엇인가? 확률을 99%로 상승시키면 답이 어떻게 변하게 되는가?

13. 수익률분포의 이해(LO2, CFA2) 과거 자료에 의하면 특정 연도에 소형주의 주가가 2배 상승할 확률은 얼마인가? 단일 연도에 3배가 될 확률은?

14. 위험 프리미엄(LO2) 표 1.1에서 보이고 있는 1973년부터 1977년까지의 대형주와 미국국채의 수익률은?

a. 보통주의 연도별로 관측된 위험 프리미엄을 계산하라.

b. 기간 동안의 평균수익률과 평균위험 프리미엄을 계산하라.

c. 위험 프리미엄의 표준편차와 수익률의 표준편차를 계산하라.

d. 관측된 위험 프리미엄의 값이 음수가 될 수 있는가? 가능한가를 설명하고 그 의미를 제시하라.

15. 기하평균수익률(LO1, CFA1) 당신의 조부가 50년 전에 $1,000를 한 종목의 주식에 투자하였다. 현재 가치가 $324,000이라면 50년 동안의 기하평균수익률은 얼마인가?

16. 수익률 예측(LO1) 40년 동안 산술평균수익률이 12.6%이고 기하평균수익률은 10.24%인 자산에 투자하는 것을 고려 중이다. 향후 5년, 10년 그리고 20년 동안의 평균수익률의 예측값은 얼마인가?

17. 기하평균수익률(LO2) 그림 1.1에서 90일 동안 개별 자산에 $1씩 투자하였을 때의 가치는 얼마였는지 확인하라. 소형주, 대형주, 장기국채, 단기재정증권 및 물가상승률의 기하평균수익률을 계산하라.

18. 산술평균과 기하평균(LO1, CFA1) () −9%, 17%, 9%, 14%, −4%의 수익률을 보인 주식의 산술평균수익률과 기하평균수익률은 얼마인가?

19. 산술평균과 기하평균(LO1, CFA1) 연말에 주가가 아래와 같고 배당금을 지급한 주식의 산술평균수익률과 기하평균수익률은 얼마인가?

연도	주가	배당
0	$13.25	—
1	15.61	$0.15
2	16.72	0.18
3	15.18	0.20
4	17.12	0.24
5	20.43	0.28

20. 산술평균수익률과 기하평균수익률(LO1, CFA1) 아래와 같은 수익률을 보인 3개 종목을 고려하라.

연도	주식A	주식B	주식
1	8%	3%	−24%
2	8	13	37
3	8	7	14
4	8	5	9
5	8	12	4

개별 종목의 산술평균수익률, 기하평균수익률, 표준편차를 계산하라. 자산의 산술평균수익률과 표준편차 그리고 기하평균수익률 간의 어떤 관계가 있다고 느껴지는가? 이런 관계가 항상 존재할 것이라 생각하는가?

스프레드시트 문제(아래의 질문은 스프레드시트를 사용하여 답하라)

21. 수익률과 표준편차(LO4, CFA2) 1980년대는 S&P500 에 투자한 투자자에게는 매우 호황의 시기였다. 성과를 확인하기 위해 스프레드시트에 1980년대의 S&P500의 수익률을 이용하여 산술평균수익률, 분산과 표준편차를 계산하라.

22. 금액가중 평균수익률(LO3, CFA6) 한 투자자가 $1,000을 투자하기 위해서 투자계좌를 개설하였다. 향후 4년 동안 매년 $1,000씩을 추가로 입금하여 지금부터 5년 후에 총액을 인출하려고 한다. 연수익률이 −9%, 17%, 9%, 14% 그리고 −4%일 것으로 예상된다고 한다. 5년 투자 기간 동안의 산술평균수익률, 기하평균수익률 그리고 금액가중 평균수익률을 구하라. 왜 금액가중 평균수익률이 기하평균수익률보다 크거나 작다고 생각하는지 설명하라.

CFA 관련 문제

Mega Marketing, an advertising firm specializing in the financial services industry, has just hired Kinara Yamisaka. Ms. Yamisaka was a finance major in college and is a candidate for the CFA program. She was hired to provide the firm with more depth in the area of investment performance analysis.

Mega is preparing advertising information for Vega Funds Limited. Vega has provided the following five-year annual return data, where year 5 is the most recent period:

Vega Funds Limited	
Year	Return
1	−10%
2	25
3	−5
4	30
5	5

To assess her understanding of returns, Ms. Yamisaka's supervisor asks her to calculate a number of different returns, including arithmetic, geometric, annualized, and money- (or dollar-) weighted returns. He also asks her to determine the impact of the following cash flow scenarios on Vega's returns:

Cash Flows	Scenario 1	Scenario 2	Scenario 3
Beginning market value	$100	$100	$100
End of year 2 deposit(withdrawal)	$0	$20	($10)

1. What is Vega's geometric average return over the five-year period?
   a. 7.85 percent
   b. 9.00 percent
   c. 15.14 percent

2. What are Vega's money- (or dollar-) weighted average returns over the five-year period for Scenarios 2 and 3?

	Scenario 2	Scenario 3
a.	7.78%	7.96%
b.	7.96%	7.78%
c.	9.00%	7.85%

3. Ms. Yamisaka has determined that the average monthly return of another Mega client was 1.63 percent during the past year. What is the annualized rate of return?

a. 5.13 percent

b. 19.56 percent

c. 21.41 percent

4. The return calculation method most appropriate for evaluating the performance of a portfolio manager is

a. Holding period

b. Geometric

c. Money-weighted (or dollar-weighted)

CHAPTER 02

투자 프로세스의 이해

"투기하지 말라. 좋은 종목에 투자하고 가격이 오를 때까지 보유하라.
오르지 않을 종목은 사지 말아야한다"

—

윌 로저스(Will Rogers)

학습목표

성급하게 평가절하해서 공매도 하지 말고 우선 아래의 투자개념부터 익히도록 하라.

1. 투자정책지침(IPS)의 중요성
2. 유가증권중개인과 증권계좌
3. 마진거래(개시증거금, 유지증거금) 의 이해
4. 공매도의 이해

휴가기간 동안에 자동차여행을 갈 계획이라면 무엇을 준비해야 하는가? 무엇보다도 목적지에 도달하기 위해서는 지도가 필요할 것이고 혹시 주행경로에 공사가 예상되는 구간이 있다면 다른 경로를 찾아봐야 할 것이다. 자동차여행이 투자와 무슨 관련이 있는가라고 생각할 수 있지만 투자 포트폴리오를 구성할

CFA 예제

1. 현금할인의 응용(L1, S2)
2. 포트폴리오 관리: 개관(L1, S12)
3. 포트폴리오 계획과 구성의 기초(L1, S12)
4. 증권시장의 조직과 구조(L1, S13)
5. 증권시장지수(L1, S13)
6. 시장효율성(L1, S13)
7. 포트폴리오관리와 투자정책지침(L2, S18)
8. 개인투자자 포트폴리오의 관리(L3, S4)
9. 세금과 개인자산관리: 글로벌관점(L3, S4)
10. 자산배분(L3, S8)
11. 포트폴리오 의사결정(L3, S16)

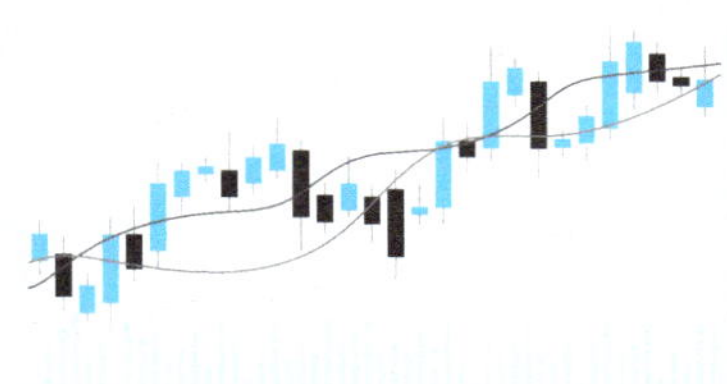

때 이와 유사한 상황에 놓이게 된다. 예를 들어, 투자자는 자신의 현재 재정상태를 확인해야 하며 은퇴와 같은 미래 상황에 대한 정확한 판단이 필요하게 된다는 것이다.

본 장에서는 투자에 있어서 알아야 할 일반적인 투자과정에 대해 알아보기 위해 투자자의 로드맵이라고 할 수 있는 투자정책지침(IPS)에 대해 살펴본 후에 주식과 채권의 거래에 대해 논의해보도록 한다.

2.1 투자정책지침(IPS)

투자목적과 전략은 투자자에 따라 다르다. 예를 들어, 일부 투자자들은 액티브하게 운용하기 때문에 매매빈도가 잦은 반면에 다른 투자자들은 매수 후 장기보유를 하기도 한다. 어떤 투자자들은 높은 수익률을 위해 상당한 수준의 위험을 감내하는 반면에 어떤 투자자들은 안전성 위주의 투자를 지향한다. 이번 절에서는 이런 투자자들의 선택을 반영하여 작성하는 투자정책지침(IPS)에 대해 알아보기로 한다.

투자정책지침은 통상적으로 목적과 제약이라는 2개의 부분으로 구성된다. 투자목적을 고려하는 데에 있어서 가장 기본적인 것은 "도대체 왜 투자를 하는 것인가?"라는 질문이다. 대부분의 경우에 오늘 투자해서 보다 많은 부를 축적할 수 있기 때문이라고 대답하곤 한다. 다시 말해 투자는 현재시점에서의 소비를 줄임으로써 발생하는 "연기된 소비"라는 의미이다. 추후에 보다 높은 수준의 소비가 가능하기 때문에 현재시점에서의 소비를 미루게 되는 현상이라는 것이다.

미래의 높은 수준의 소비가 투자의 목적이라면 무엇보다 고려되어야 할 것들이 투자기간, 유동성 제약, 그리고 세금 등이다.

투자목적: 위험과 수익률

투자자가 가장 심각하게 고려해야 하는 것은 자신의 위험성향 또는 위험감내 수준이다. 대부분의 투자자는 다른 조건이 동일하다면 위험을 최소화하려는 위험회피 성향을 지니는데 앞 장에서 언급한 바와 같이 높은 수익률을 얻기 위해서는 그에 상응하는 높은 수준의 위험을 감수해야 하기 때문에 상충적인 상황이 발생하게 된다. 따라서, 투자목적을 수립하는 데에 있어서 위험감내 수준과 목표로 하는 수익률 간의 균형이 중요할 수밖에 없다.

투자자의 위험감내도는 위험을 감내할 수 있는 능력 뿐만 아니라 위험을 무릅쓰려는 의향에 의해서도 영향을 받는다. 어떤 경우에는 초기 포트폴리오의 규모가 크거나 투자기간이 길기 때문에 투자자가 높은 수준의 위험에 노출될 수도 있다. 때로는 위험을 감내할 능력은 충분하지만 투자자 스스로 높은 수준의 위험을 회피하기도 한다. 그렇기 때문에 위험감내도는 투자자의 능력 뿐만 아니라 의향에 의해서 영향을 받게 되는 것이다.

위험성향은 순전히 개인적인 선호에 의해 정해지는 것이기 때문에 동일한 경제적인 상황에 처한 개인들도 전혀 다른 위험회피도를 지닐 수 있다. 따라서 어떠한 투자전략이 적절한가를 선택하기에 앞서 투자자의 위험성향(또는 위험감내도)을 우선적으로 평가해야 한다. 하지만 위험성향 평가가 쉽지 않다. 이유는 투자자 자신이 위험에 대해 스스로 어떻게 행동하는가를 정확하게 판단하기 쉽지 않고 위험이라는 것이 간단한 개념이 아니며 쉽게 정의할 수 있거나 측정할 수 있는 것도 아니기 때문이다. 이런 이유로 투자자들이 자신에게 적합한 투자전략의 수립이나 투자상품에 가입하기 전에 간단한 설문지에 답함으로써 자신의 위험성향을 알아보고 있다.

투자전략에 있어서 제약조건

투자자는 투자전략의 수립에 있어서 위험성향 뿐만 아니라 다양한 제약조건을 고려해야 한다.

재력 가장 명백한 제약조건 중에 하나는 재력이다. 특정한 투자상품이나 투자전략의 경우에는 최소투자금액을 요구하기도 하기 때문에 재력이 부족하면 투자가 불가능하게 된다.

필요한 최소 수준의 재력은 투자전략에 따라 달라지기 때문에 정확한 금액을 제시하는 것은 거의 불가능하다. 뮤추얼펀드(또는 집합투자기구)의 주식형 펀드의 경우에는 최초에 $250를 투자하고 $50 정도를 추가로 투자하는 것이 일반적이다. 하지만 증권을 매매하면서 발생하게 되는 최소 수준의 수수료 및 계좌유지비용 등도 고려해야 하기 때문에 투자자가 직접투자방식으로 증권을 매매하는 경우에는 5천 달러에서 5만 달러 정도가 필요할 것이다.

투자기간 투자기간은 매수부터 매도까지 예상되는 시간을 의미한다. 투자기간이 연령에 따라 달라지겠지만 은퇴자금을 마련하려는 개인투자자의 경우에는 일반적으로 투자기간이 장기인 경우가 많다. 반면에 주택마련을 위해 투자하는 경우에는 은퇴자금 목적보다는 상대적으로 투자기간이 짧다.

투자기간이 중요하다는 점은 다음 장에서도 잘 설명될 것이다. 장기적으로 주식 투자는 다른 투자자산보다 우수한 성과를 보이지만 단기적으로는 형편없는 성과를 보이기도 한다. 한 달 동안만 투자하고자 한다면 주식은 좋은 고려대상이 아닐 수 있다는 뜻이다. 투자의 위험에 대해서 고민하고 있다면 투자기간이 언제까지인지를 신중하게 고려해야만 할 것이다.

유동성 투자했다가 매도하는 기간이 짧은 일부 투자자들의 경우에는 유동성이 매우 중요하다. 유동성이 높은 자산의 경우에는 커다란 가격손실 없이 신속하게 매도하는 것이 가능하다. 유동성은 다음과 같은 2가지 차원에서 이해해야 한다. 유동성이 높은 자산은 매도가 용이해야 하고 신속하게 매도하기 위해 가격을 할인하는 정도가 적어야 한다. 유동성은 정확하게 측정하기 어렵지만 일부 자산들의 경우에 다른 자산보다 유동성이 높다는 것을 확인할 수 있다. 특정 자산의 유동성을 알아보기 위해서는 매수한 후에 즉시 매도해보면 되는데 이러한 매매를 통해 손실이 적은 자산이 유동성이 좋은 자산이라고 보면 된다.

세금 투자상품마다 세금이 부과되는 방식은 상이하다. 투자수익률을 언급할 때는 세후수익률을 의미하는 것이 일반적이기 때문에 세금의 영향을 신중하게 고려해야 한다. 세율이 높은 경우에는 절세가 가능한 투자자산을 고려해야 할 것이지만 적용세율이 상대적으로 낮은 경우에는 세전수익률의 성과를 우선적으로 고려해야 한다.

또한, 투자자산 자체 뿐만 아니라 투자상품의 측면에서도 세금의 영향을 판단해야 한다. 세금관련 법률은 지속적으로 변화하고 있어 확인이 필요하겠지만, 일반적으로 은퇴자산으로 분류되는 상품의 경우에 상대적으로 세금의 부담이 적은 경향이 있다. 물론 절세효과의 정도가 무한한 것은 아니기 때문에 납세의무가 이연되는 기간과 조건에 대한 명확한 이해가 필요할 것이다. 세금은 투자상품의 선택 및 투자기간 등 투자 전반에 걸쳐 영향을 미치기 때문에 본 교재에서도 자주 언급될 것이다.

특이상황 투자자에게는 특별한 제약이나 기회가 존재한다. 예를 들어, 많은 회사들이 노동자들이 가입한 투자상품에 대해 노동자의 투자금만큼 회사측에서 노동자 계좌에 추가로 투자해주는 경우가 있다. 이런 경우에 노동자 입장에서는 투자금이 즉시 2배로 늘어나게 되기 때문에 매우 높은 수준의 수익이 즉각적으로 발생하는 것과 같다. 이런 경우에는 앞서 언급한 유동성, 세금 및 투자기간 등의 제약조건이 존재하더라도 우선적으로 투자를 고려해야만 한다.

이와 유사한 특이사항은 나열할 수 없을 만큼 많다. 예를 들면 피부양자수와 투자를 통해 얻고자 하는 바가 투자자마다 다르기 때문에 투자자에 따라서 피부양자의 요구가 중요한 경우도 있고 사회적으로 또는 정치적으로 자신의 이념과 맞는 회사에만 투자하는 투자자도 있을 수 있으며 자신이 속한 국가나 지방에만 투자하려는 투자자도 존재하게 된다. 회사의 임원의 경우에는 투자에 있어서 법적 또는 제도적 제한이 따르게 되고 경영자의 경우에는 이해상충의 문제가 발생하지 않도록 투자결정을 하는 것이 매우 중요하다.

투자전략과 투자정책

투자정책지침(IPS)이 작성된 후에 투자자는 명시된 목적을 달성하기 위한 전략을 수립해야 하는데 아래의 네 가지 주요분야를 고려해야 한다. 그 4가지 분야는 투자관리주체, 마켓타이밍, 자산배분 그리고 증권선택이다.

투자관리주체 투자에 있어서 가장 기초적인 결정은 투자관리의 주체를 정하는 것이다. 투자자 스스로 모든 매수와 매도 결정을 내릴 수도 있고 투자자는 매매에 관여하지 않고 다른 이에게 관리를 위임하는 것도 가능하다.

때로는 투자자 자신은 특정한 투자결정만을 내리고 전문매니저에게 그 외의 모든 투자결정을 내리도록 위임하기도 한다. 예를 들어, 4개의 뮤추얼펀드(집합투자기구)를 선택하면 4명의 매니저가 있을 수 있는데 투자자 본인은 펀드의 유형를 결정하기도 하고 유형마다 특정 펀드를 선택하기도 하는데 후자의 경우에는 펀드 별 투자금액만 결정하면 된다.

단순하게 보면 스스로 투자결정을 하는 것이 제반 수수료 등을 절감할 수 있기 때문에 가장 경제적인 방식이라고 생각하기 쉽다. 하지만 직접 투자를 해본 대부분의 투자자들은 동의하지 않을 것이다. 그 이유는 스스로 행하는 투자결정에 많은 시간을 투여해야만 하기 때문이다. 일부 투자자들에게는 투자와 관련된 조사를 하고 이에 근거해서 어디에 투자할 것인가를 결정하는 것이 흥미롭게 느껴질 수 있지만 대부분의 투자들에게는 이 모든 과정이 시간낭비로 느껴질 수도 있다. 투자에 할애할 시간이 없는 투자자들에게는 오히려 전문매니저를 고용하는 것이 훨씬 나은 선택일 수 있다. 더군다나 전략에 따라서는 투자와 관련된 모든 일을 스스로 행하는 것이 전문매니저를 고용하는 것보다 높은 비용을 발생시키기도 하는데 관련 수수료와 제반비용이 매우 크기 때문이다. 예를 들어, 부동산에 투자하는 것을 고려하는 경우에 소액투자자에게는 합리적인 가격에 우수한 부동산 물건을 찾는 것이 매우 어려울 수 있다.

전문매니저라고 항상 우수한 성과를 보일 수 있을까? 전문매니저들은 평균 이상의 성과를 보일 것이라고 기대하기 때문에 투자결정에 있어서 전문매니저를 고용하는 것이 당연하다고 생각한다. 전문가들의 결정이 일반인보다 더 낫지 않을까라고 생각하는 우리의 예상이 항상 맞는 것은 아니다. 교재의 뒷부분에서 이에 대해 좀 더 논의할 것이지만 전문매니저를 고용하는 이유가 우수한 성과를 보일 가능성 때문이라면 좀 더 고민해보아야 할 것이다.

마켓타이밍 두번째로 기초적인 투자결정은 시장전체에 대한 미래의 방향성을 예측하고 매수하거나 매도할 것인가를 정하는 것이다. 예를 들어, 주가가 상승할 것이라고 생각한다면 주식시장에 많은 투자를 해야 할 것이고, 만약에 주가가 하락할 것이라 생각한다면 주식시장으로부터 자금을 회수해야 할 것이다. 이러한 매매활동을 마켓타이밍(market timing)이라고 일컫는다. 액티브 투자전략을 추구하는 투자자들의 경우에는 단기시장의 움직임에 대한 예측에 기반한 매매를 시도할 것이고 액티브 투자전략을 추종하지 않는 투자자들은 시장의 장기적 방향을 예측하려 하기도 한다. 가장 극단적인 형태의 패시브 투자전략을 취하는 경우에는 마켓타이밍을 시도하지 않는다.

마켓타이밍
증권시장의 움직임을 사전적으로 예상하여 매수, 매도하는 행위

마켓타이밍이 합리적인 선택일 수 있다. 다시 말해, 가격이 하락할 것으로 예상하면 투자금을 회수하지 않을 이유가 없다는 것이다. 하지만 대부분의 경우에 투자자들은 마켓타이밍을 피하라는 조언을 듣곤 한다. 그 이유는 마켓타이밍을 통한 성공적 투자가 매우 어렵기 때문이다. 극단적 패시브 투자전략보다 우수한 투자성과를 내기 위해서는 미래를 정확하게 예측할 수 있어야 한다. 예측에 있어 몇번의 작은 오차도 허용되지 않는 다는 것이다.

자산배분 또 다른 중요한 의사결정은 다양한 자산유형에 걸쳐 투자금을 분산시켜야 한다는 것이다. 1장에서 학습한 바처럼 다양한 유형–소형주, 대형주 그리고 채권–의 자산은 위험과 수익률의 특성이 서로 다르다. 투자전략을 세우는 데에 있어 다양한 유형의 자산들에 어느 정도의 투자금을 배분할 것인가를 결정해야만 한다. 이러한 결정을 자산배분(asset allocation)이라고 한다.

자산배분
포트폴리오의 투자금액을 다양한 자산유형에 분산시키는 행위

중요한 자산배분은 주식과 채권에 어떻게 배분하여 투자할 것인가를 결정하는 것이고 기본 원칙 중에 하나는 주식에 60%를 채권에 40%를 투자하는 것이다. 또 다른 방식은 100(또는 120)으로부터 투자자의 나이를 차감한 수치만큼의 비중을 주식에 투자하는 방식이다. 예를 들어 22세 대학생의 경우에는 100－22＝78% (또는 120－22＝98%) 만큼 주식에 투자하고 나이가 많아지면 주식투자 비중을 줄이

는 것이다. 자신의 위험감내도, 보유자산수준 및 은퇴목표 등이 고려된 자산배분을 확인해 보려면 투자회사를 방문하여 상담하거나 인터넷 사이트를 이용해 보기 바란다.

증권 선택 투자관리주체, 마켓타이밍 그리고 자산유형에 관한 결정을 마치고 나면 마지막으로 유형별로 어떤 종목에 투자할 지를 결정해야 한다. 이러한 과정을 증권 선택(security selection)이라고 한다.

증권 선택
특정 자산유형에 속한 개별 종목을 선택하는 행위

예를 들어 소형주에 30%를 투자하기로 자산배분 결정을 했다면 어떤 소형주 종목에 투자할 지를 결정해야 한다. 액티브 투자전략과 패시브 투자전략을 선택해야 하는데 액티브 투자전략을 선택하면 미래에 우수한 성과를 낼 수 있을 것으로 예상되는 소형주, 즉 "승자 주식"을 발굴해야 한다. 특정의 자산유형에 속한 여러 종목 중에서 우수한 성과를 낼 수 있는 특정 종목을 발굴하는 행위를 증권분석이라고 한다.

패시브한 증권선택전략을 선택하게 되면 다양한 소형주를 매수해야 되는데 가장 보편적인 방식은 수많은 소형주에 투자하는 뮤추얼펀드에 투자하는 것이다. 자산배분과 증권선택을 구분하려면, 자산배분은 광의의 투자선택 활동이므로 시장 전체나 자산유형에 관심을 두는 반면에 증권선택은 협의의 투자선택 활동이므로 개별 종목의 선택에 초점이 맞춰진다는 점에 주목하면 된다.

자산배분과 증권선택에 관한 의사결정을 하는 데에 있어 액티브 방식과 패시브 방식을 모두 고려하고 있다면 아래의 표에서 제시된 것과 같은 4개의 전략이 가능하다.

자산배분	증권 선택	
	액티브	패시브
액티브	I	II
패시브	III	IV

I번 전략은 미래 성과에 대한 예측에 기반하여 자산유형별 투자금을 변경시키면서 우수한 성과를 달성한 종목을 선택하는 액티브 전략을 사용하는 것을 의미한다. 반면에 IV번 전략을 선택하면 패시브 전략으로 자산배분을 변경하거나 개별종목에서 우수한 성과를 내는 종목을 선택하려 시도하지는 않게 된다.

II번 전략은 자산배분은 액티브하게 운용하면서 자산유형 내의 종목선택은 시도하지 않는 전략으로 예를 들어 시장의 변화를 예측하여 단기국채와 소형주의 비중에 변화를 주는 방식이 있을 수 있다. 마지막으로 III번 전략은 자산배분에는 변화를 주지 않지만 미래성과에 대한 예측에 기반한 증권선택을 수행하는 전략이다. 주로 주식투자자들이 이런 전략을 시도하는데 투자금의 100%를 주식에 투자하고 개별종목에 대한 매매거래를 한다.

자산배분과 증권선택 중에 포트폴리오의 성과에 있어 가장 중요한 것은 무엇인가? 언론매체는 주로 개별종목의 성과나 실패에만 집중되기 때문에 성공적 투자전략에서 있어서 가장 중요한 것은 증권선택이라고 생각하기 쉽다. 하지만 연구결과에 따르면 자산배분이 포트폴리오의 수익률을 결정하는 가장 중요한 요인이라고 밝혀졌다. 수많은 전문가들의 의견에 의하면 포트폴리오 성과의 90%는 자산배분전략에 의해 결정되고 증권선택전략은 10%만을 설명해 준다고 한다.

어떻게 이런 결과가 가능할까? 2008년도의 주식시장 상황을 고려해보자. 2008년 초에 주식이 아닌 채권에 투자했다고 가정하면 주식에 투자한 어떤 투자자보다 훨씬 높은 성과를 달성했을 것이다. 주식의 경우에 동조화 현상이 심하게 나타나기 때문에 주식시장이 불황에 빠지는 경우에 성과가 가장 나은 주식도 좋지 않은 성과를 보이게 된다는 것이다.

확인 사항

2.1a 위험회피라는 용어를 설명하라.

2.1b 투자결정에 있어서 고려해야 할 제약사항에는 어떤 것들이 있는가?

2.1c 자산배분이란 무엇인가?

2.2 금융투자업 전문가

투자목적과 제약조건을 상세하게 명시한 투자정책지침을 작성하였다면 다음 단계를 살펴보자. 우선적으로 E-trade나 메릴린치와 같은 증권사에 근무하는 중개인을 통해서 계좌를 개설하여야 할 것이다. 증권계좌를 계설하는 일은 은행계좌를 개설하는 것처럼 매우 간단하다. 본인에 대한 정보를 제공하고 투자자와 중개인의 권리와 의무에 대한 계약서를 작성하기만 하면 된다. 필요한 경우에 수수료를 지불하고 원하는 투자전략 등을 제시하면 된다.

다음의 예시를 살펴보자. 단순히 디즈니랜드에 여행을 다녀오는 것보다 회사를 소유하려 한다고 하자. 15,000달러를 입금하여 증권계좌를 개설한 후에 담당 중개인에게 월트디즈니 주식을 100주 매수하라고 지시하였다고 하자. 담당 중개인은 해당 주식의 매도자로부터 매도호가인 주당 $105, 총 10,500달러에 매수해줄 것이고 추가로 수수료를 요구하게 된다. 수수료는 여러 요인에 의해 결정되는데 중개인에 따라서 그리고 주문금액에 따라서 달라지기도 한다. 예시를 기준으로 $50를 수수료로 지불했다면 통상적인 금액이었다고 할 수 있다. 매수금액과 중개수수료를 지급한 후에 약 4,450달러가 증권계좌에 남았을 것이고 중개인이 주식을 보관과 관련된 일을 처리해주게 된다. 추후에 중개인에게 매도를 요청하게 되면 매도금액에서 수수료를 차감한 금액이 계좌로 입금되게 된다. 물론 계좌에 추가로 예탁금을 입금하거나 추가 주식매수도 할 수 있으며 계좌로부터 출금하거나 계좌를 해지(폐쇄)할 수도 있다.

지금까지의 기본적인 내용에 대한 설명을 이해했다면 다음 장에서 제시되는 투자와 관련된 다양한 서비스들을 학습해보기 바란다.

브로커 및 설계사 선택하기

증권계좌를 개설하면서 해야 할 일 중에 하나는 브로커나 개인재무설계사를 선택하는 것이다. 브로커는 서비스의 수준과 수수료의 정도에 따라 나누어 진다. 가장 간단한 유형인 거래브로커는 일반적으로 전화나 인터넷을 통해 계좌유지와 거래체결 서비스만을 제공하는 경우이다. 물론 투자상품의 선택 뿐만 아니라 적절한 투자전략의 수립 및 평가에 대한 서비스도 제공해주는 풀서비스 브로커도 존재한다. 대형 증권사의 경우에 개별 회사에 대한 리서치를 지속적으로 수행하고 있기 때문에 추천종목을 제시해줄 수 있으며 전국 곳곳에 영업점을 가지고 있어 언제 어디서든지 원하는 유형의 서비스를 제공받을 수도 있다. 이러한 유형의 브로커는 투자자의 취향에 맞게 계좌를 유지하면서 권한을 위임 받아 스스로 투자결정을 내리기도 한다.

최근에는 이러한 유형의 풀서비스 브로커는 웰스매니저(wealth manager)라는 이름으로 진화하고 있는데 주로 고액자산가들을 위한 재무설계업무를 대행해주고 있다. 웰스매니저들의 경우에 고객과의 계약에 의해 단순하게 중개업무를 수행하는 브로커가 아닌 자문인으로써의 역할을 수행하면서 수수료 기반의 보상보다는 관리하는 계좌의 성과에 연동하여 연1~2% 정도를 보수로 지급받는다. 보수로 지급하는 경우에는 자문 및 거래에 동반하는 제반비용이 포함되는 것이 일반적이다. 자문인 형태의 브로커는 잠재적 발전가능성이 높다고 판단된다. 예를 들어, 수수료가 없기 때문에 자문인은 필요없이 많은 거래를 유도할 동기가 없기 때문에 고객과의 이해상충의 문제가 없어지게 된다.

가장 기본적인 유형의 자문브로커는 위의 두가지 유형의 중간 정도에 속한다고 볼 수 있는데 가장 기본적인 거래브로커보다는 투자자문서비스를 제공하지만 풀서비스 브로커보다는 수수료나 보수수준이 낮다. 어느 유형의 브로커가 적합한지는 투자자가 요구하는 자문과 서비스의 정도에 의해 결정된다. 만약 투자자가 스스로 대부분의 투자절차를 처리할 수 있다면 수수료가 낮은 브로커를 선호할 것이다. 그렇지 않다면 풀서비스 자문브로커가 적합할 수도 있다. 일반적으로 초기에는 풀서비스 브로커가 적합할 수 있고 투자경험과 투자에 대한 자신이 생긴 후에는 자문브로커나 거래브로커를 선택하는 것이 바람직하다.

금융투자업내의 경쟁이 매우 심해지면서 브로커 유형 간의 경계가 모호해지고 있다. 풀서비스 브로커조차도 고객유치를 위해 수수료나 보수를 할인하기도 하는 상황이므로 수수료를 잘 살펴봐야 한다. 마찬가지로 예전과 달리 자문브로커들도 증권리서치나 다각적인 계좌관리서비스를 제공하고 있는 실정이다. 증권계좌관리서비스만으로는 더 이상 고객을 유치하기 어려워진 상태이며 점차적으로 은퇴설계, 신용카드관리, 결제 및 이체서비스 등도 제공하는 증권사들이 증가하고 있는 추세이다.

온라인 브로커

최근 증권업계에서 화두가 되는 내용은 e-브로커, 또는 사이버 브로커라고도 불리는 온라인 브로커의 급속한 성장이다. 온라인 브로커를 통해 거래하는 경우에 인터넷상에서의 증권 매수와 매도가 가능해지고 스마트폰에서의 매매도 가능하게 되었다.

1995년 이전까지는 온라인계좌 조차 존재하지 않았으나 2016년에 이르러서는 수많은 투자자들이 온라인으로 증권 매매를 하게 되었다. 온라인 투자가 비용을 감축 시킬 수 있게 됨에 따라 자문브로커나 거래브로커들에게 커다란 영향을 미치게 되었다. 통상적인 온라인 거래는 전체 절차가 전산으로 처리되면서 브로커의 역할이 없어지게 되었고 이에 따라 비용을 최소화할 수 있었던 것이다. 비용이 감소하면서 수수료도 감소하게 되었는데 비교적 거래규모가 큰 경우에도 거래당 비용이 $10~$20 수준에 불과하다. 거래를 위한 예산이 부족하거나 액티브 투자자들의 경우에는 온라인거래로 인한 비용감소가 상당한 도움이 되었을 것이다.

온라인브로커 간의 경쟁이 심화되면서 기본적인 서비스만 제공하고 최소 수준의 수수료를 요청하는 경우도 빈번해지고 있다. 대형 증권사의 경우에는 적은 수수료만 지불하면 리서치, 결제서비스, 신용카드 및 주택담보대출 등을 포함한 다양한 서비스 등을 제공하는 계좌를 개설할 수도 있다. 기술의 개발과 발전과 함께 투자자들의 편리성 추구 성향이 확대되면서 적은 수수료로 다양한 서비스를 제공할 수 있는 온라인 브로커가 주목을 받게 된 것이다.

투자자 보호제도

미연방예금보험공사 미국내 존재하는 여러 공사 중에 미연방예금보험공사(FDIC)는 은행예금을 보호해주는 기관으로 대부분의 일반은행과 저축은행에 예치된 예금에 대해 계좌당 25만 달러까지의 금액을 보호한다. 1920년대와 1930년대에 많은 은행이 파산하면서 많은 예금자들이 자신의 예금을 되찾을 수 없었다. 은행시스템에 대한 신뢰회복을 위해 미국 의회는 1933년에 미연방예금보험공사를 설립하기로 결정하였으며 그 이후로 은행파산으로 인한 투자자의 예금손실을 방지할 수 있었다.

미연방예금보험공사는 은행예금만을 보호하기 때문에 주식, 채권, 뮤추얼펀드(집합투자기구)나 은행이나 저축은행 또는 증권사가 제공하는 다른 투자상품에 대해서는 보장을 제공하지는 않는다.

투자사기 만약 누군가가 한 투자자에게 가상의 회사주식을 매수하도록 권유하려한다고 가정하자. 또는 비록 실존하는 회사의 주식이지만 소유권이전이 불가한 주식을 매수할 것을 권유한다고 생각해보라. 이 두가지 모두 명백한 투자사기이다.

전문가들은 미국 내에서의 투자관련 사기로 인한 손실이 연 1조 달러에서 4조 달러 규모에 이를 것으로 추산하고 있다. 미국 내에 투자사기에 대한 보험상품이 존재하지 않는 상황이라 투자사기로부터 투자자를 보호하기 위해 주정부와 연방정부 차원에서 투자자보호공사를 창립하였다. 물론 투자자들 입장에서는 증권사들에 대한 면밀한 검토를 통해서 사기를 예방하는 것이 가장 바람직할 것이다.

금융투자자보호공사(SIPC) 모든 증권사는 파산하거나 재무적 곤경에 빠질 수 있기 때문에 증권사들로 하여금 금융투자자보호공사(Securities Investor Protection Corporation, SIPC)의 회원으로 가입하도록 하고 있으며 증권사의 파산 시에 투자자의 현금과 증권에 대해서 최대 50만 달러(현금은 25만 달러까지) 까지 보호해주고 있다.

> **금융투자자보호공사(SIPC)**
> 회원 증권사에 투자한 투자자의 계좌를 보상하는 보험기금

금융투자자보호공사는 1970년도에 미국 의회에서 승인을 받았으나 정부기관이 아닌 민간 증권사에 의해 승인된 민간보험기금의 형태로 존재하고 있다. 금융투자자보호공사의 가장 중요한 역할은 증권사가 파산하거나 재무적 곤경에 빠지는 경

우에 투자자의 투자금을 보호해주는 것이다. 증권사가 재무적 곤경으로 파산하는 경우에 고객의 자산에 손실이 발생하는 경우가 빈번하기 때문에 고객의 현금, 채권, 주식 및 기타 보상대상 증권을 보호해주게 된다. 금융투자자보호공사가 없다면 증권사의 파산으로 인한 투자자의 손실이 막대할 수 있다.

하지만 금융투자자보호공사가 투자자의 모든 손실을 보상해주는 것은 아니다. 예를 들어, 비록 증권계좌의 가치를 보호해준다고는 하나 증권계좌에 등록된 증권의 가치를 보호해주는 것은 아니다. 다시 말해 증권계좌에 등록된 증권의 가치가 영(0)이 되는 경우에는 증권계좌의 가치도 영(0)이 된다는 것이다.

금융투자자보호공사는 2009년 버나드 "버니" 매도프의 사기사건으로 언론의 주목을 받았다. 매도프는 폰지와 다름없는 형식으로 헷지펀드를 운용하고 있었는데 투자자로부터 입금된 돈을 어느 곳에도 투자하지 않았고 투자자에게는 허위 보고서를 작성하였던 것이다. 투자자가 투자금의 회수를 요청하는 경우에는 다른 투자자의 입금액을 지급함으로써 단순히 돌려 막는 방식을 취하였다. 매도프 사기사건은 피해액이 6.5조 달러에 이르렀으며 미국 증권가에서 가장 거대한 규모의 투자사기로 기록되었다.

2.3 증권계좌의 유형

증권계좌 개설신청서를 통해 거래의 유형과 거래주체에 대한 내용 등 중요한 조항들에 대한 계약이 체결되는데 증권계좌의 신용공여의 정도와 조건에 대한 내용이 포함되기도 한다.

현금계좌

현금계좌
현금으로만 거래가 체결되는 증권계좌

현금계좌(cash account)는 가장 간단한 유형의 계좌이며 입금된 현금만큼 증권을 매수할 수 있고 추가 매수를 위해서는 추가 입금을 해야 한다.

증거금(마진)계좌

증거금계좌
최대한도 내에서 신용에 의해 증권의 매수 및 매도거래가 가능한 증권계좌

콜머니 이자율
브로커가 투자자의 증거금계좌에 신용을 제공할 때 적용되는 이자율

증거금계좌(margin account)에는 금액에 제한이 존재하며, 브로커로부터 차입한 자금으로 증권을 매수하는 것을 의미하는데 이러한 거래를 증거금매수라고 한다. 브로커로부터 차입한 자금에 대해 적용되는 이자율이 콜머니 이자율(call money rate)이고 브로커가 투자자에게 자금을 융통하기 위해서 외부에서 차입하는 자금에 적

용되는 이자율이라는 뜻이다. 실제로 투자자에게 적용되는 이자율은 콜머니 이자율보다 약간의 높은 수준인데 그 차이가 스프레드이다. 스프레드의 수준은 브로커에 따라서 차입금의 규모에 따라서 그리고 투자자와 브로커 간의 거래기간에 따라서 달라지게 된다.

만약에 콜머니 이자율이 4% 정도이고 증권사가 1만 달러 이하의 차입에 대해서는 2.5%의 스프레드를 적용하면 투자자에게 적용되는 이자율은 6.5%가 된다. 하지만 차입금 수준이 10만 달러 이상 수준으로 커지게 되면 스프레드가 약 0.75%까지 감소하게 된다.

다른 투자상품에 적용되는 증거금(마진)과 관련된 규칙은 상이할 수 있기 때문에 아래에서는 증거금과 관련된 중요한 개념과 규칙을 주식에 한정해서 논의해보도록 하자. 하지만 증거금과 관련된 원칙과 용어는 증권의 종류와 무관하게 유사하다.

일반적으로 신용으로 증권을 매수하는 경우에 증권에 대한 권리의 일부만을 소유하게 된다. 이런 경우에 투자자가 갖게 되는 권리부분을 증거금(마진)(margin)이라고 일컫는데 퍼센트로 표현하는 것이 일반적이다. 예를 들어, 7천 달러는 자신의 투자금으로 3천 달러는 브로커로부터 차입하여 투자를 했다면 전체 1만 달러 투자금 중에 7천 달러 만이 투자자의 소유이기 때문에 증거금 비율은 70% ($7,000/$10,000=0.70)가 된다.

증거금
계좌에 있는 투자금액 중에서 차입으로 투자한 부분을 차감한 금액

증거금매수를 하는 경우에는 아래와 같은 대차대조표를 작성해보는 것이 좋다. 증거금계좌에 5천 달러를 입금하고 계좌를 개설했다고 하자. American Express (AXP)주식을 100주 매수 요청을 했고 주가는 주당 $80였다면 총매입금액은 8천달러였을 것이다. 계좌에 5천 달러밖에 없는 상황이므로 3천 달러를 차입했어야 할 것이므로 거래체결후의 (계좌)대차대조표는 아래와 같다.

자산		부채 및 (계좌)자기자본	
AXP 100주	$8,000	증거금 차입금	$3,000
		(계좌)자기자본	5,000
합계	$8,000	합계	$8,000

대차대조표의 좌측에 (계좌)자산항목으로 8천 달러 상당의 AXP주식이 기록되게 되며 우측에는 부채항목인 3천 달러의 차입금이 기록되게 된다. 자산과 부채의 차이가 5천 달러이며 (계좌)자기자본이라고 하고 투자자의 투자금액을 의미한다. 따라서 증거금(마진)은 (계좌)자기자본을 주식의 가치로 나눈 값

(\$5,000/\$8,000=0.625)인 62.5%이다.

예제 2.1

계좌 대차대조표

투자자가 General Electric(GE)주식 1,000주를 주당 \$24에 매수하고자 하는데 18,000달러는 스스로 투자하고 나머지는 차입하려고 한다. 투자자의 계좌 대차대조표를 작성해보라. 증거금비율은 얼마인가?

GE주식 1000주를 매수하기 위해 필요한 24,000달러 중에 18,000달러는 투자하고 6,000달러는 차입하는 경우에 대차대조표는 다음과 같다.

자산		부채와 계좌 자기자본	
GE 1,000주	\$24,000	증거금 차입금	\$ 6,000
		계좌 자기자본	18,000
합계	\$24,000	합계	\$24,000

증거금 비율은 계좌 자기자본을 주식매수대금으로 나누어 구하면: 증거금 비율=\$18,000/\$24,000=0.75 즉 75%이다.

$$
\begin{aligned}
\text{마진} &= \$18{,}000/\$24{,}000 \\
&= 0.75 \text{ 또는 } 75\%
\end{aligned}
$$

개시증거금
주식매수의 경우에 투자자가 입금해야 할 최소 수준의 증거금

개시증거금 최초로 신용으로 즉 차입하여 증권을 매수하는 경우에 최소수준의 증거금을 유지해야만 하는데 이를 개시증거금(initial margin)이라고 한다. 주식매수에 있어서 최소수준은 연방준비은행(the Federal Reserve)에 의해 결정되는데 거래소에 따라서 증권사에 따라서 좀 더 높은 수준의 개시증거금을 요구하기도 한다.

1934년의 증권거래법에 의해서 연방준비은행이 개시증거금의 수준을 정할 수 있게 되었으며 그 이후로 개시증거금의 수준은 45%에서 100%까지 다양한 수준으로 결정되었다. 1974년 이후부터는 최소수준이 50%(주식매수의 경우)로 정해졌는데 1만 달러의 현금이 있으면 추가로 1만 달러까지만 차입하여 투자할 수 있다는 것을 의미한다.

개시증거금은 주식거래에만 적용되는데 국채거래에 있어서 개시증거금이 있는 경우는 매우 드문 편이고 증거금제도가 없는 증권도 존재한다.

예제 2.2

개시증거금

개시증거금 요건이 50%인 계좌에 3,000달러 잔액이 있다고 할 때(수수료는 없다고 하자) 주식을 매수할 수 있는 최대금액은 얼마인가? 개시증거금 요건이 60%이면 얼마인가?

개시증거금 요건이 50%이면 절반은 자기자금으로 나머지 절반은 차입하여 주식을 매수할 수 있기 때문에 최대 6,000달러까지 매수할 수 있을 것이다. 만약 개시증거금 요건이 60%라면 잔액 3,000달러가 60%를 되어야 하므로 다음과 같은 식이 만족되어야 한다.

$$\$3{,}000 = 0.60 \times \text{최대 매수금액}$$
$$\text{최대 매수금액} = \$3{,}000/0.60$$
$$= \$5{,}000$$

따라서 개시증거금 요건이 높아질수록 차입금이 작아지게 된다. 증거금비율이 50%이면 3,000달러를 차입할 수 있지만 증거금비율이 60%가 되면 2,000달러를 차입하여야 한다.

유지증거금 미연방준비은행이 정하도록 되어 있는 개시증거금 외에 거래소와 증권사는 **유지증거금**(maintenance margin)을 요구한다. 예를 들어 미국 NYSE 거래소는 유지증거금의 최소수준을 25%로 정해 놓고 있으며 매수거래를 체결한 후에 항상 유지되도록 하고 있다.

> **유지증거금**
> 계좌에 항시 유지되어야 하는 최소 수준의 증거금

증권사가 정한 유지증거금은 흔히 내부 증거금 기준이라고도 한다. 내부증거금 기준은 증권에 따라 달라지는데 저가의 유동성이 낮은 주식의 경우에는 증거금 비율이 100%으로 다시 말해 증거금을 요구하지 않기도 한다.

통상적으로 유지증거금의 수준은 30%이다. 증거금의 수준이 30% 이하로 감소하는 경우에 투자자는 증권사로부터 **마진콜**(margin call)이라는 것을 받게 되는데 계좌에 추가 입금할 수도 있고, 차입금을 상환할 수도 있으며, 또는 일정 수준 이상으로 증거금을 회복시킬 수 있을 정도로 증권을 매도할 수도 있다. 일부 경우에는 개시증거금 수준까지 또는 유지증거금 수준까지 증거금의 수준을 회복시키도록 요청받기도 한다. 요청에 응하지 않으면 계좌의 증권은 환매 되고, 매도금액에서 차입금이 차감된 후에 잔금이 계좌에 입금된다.

> **마진콜**
> 계좌 잔액이 유지증거금 수준 이하로 하락하는 순간에 발생하게 되는 추가 입금 요청

예를 들어 개시증거금 요건이 50%이고 유지증거금 수준은 30%인 계좌가 있다. 투자자는 Vandelay Industries 주가가 $50일 때 20,000달러를 가지고 최대한 많이 주식을 매수하고자 한다. 50% 개시증거금을 고려하면 40,000달러까지 투자할 수 있기 때문에 800주를 매수할 수 있고 계좌 대차대조표는 아래와 같다.

자산		부채와 계좌자기자본	
800주 ($50/주)	$40,000	증거금 차입금	$20,000
		계좌 자기자본	20,000
합계	$40,000	합계	$40,000

불행하게도 매수 직후에 Vandelay Industries가 지난 3년간 이익을 부풀렸었다는 사실이 밝혀지면서 주가가 $35수준까지 급락하였다면 투자자의 계좌 대차대조표는 어떻게 변하게 될까? 증권사로부터 마진콜을 받게 될까?

이 내용이 반영된 대차대조표를 작성하기 위해 주가총액을 우선적으로 재산출해야 한다. 증거금 차입금은 동일한 수준이므로 계좌 자기자본에 이 변화가 반영되게 된다.

자산		부채와 계좌자기자본	
800주($35/주)	$28,000	증거금 차입금	$20,000
		계좌 자기자본	8,000
합계	$28,000	합계	$28,000

주가총액은 28,000달러로 하락하면서 12,000달러의 손실이 발생하고 나면 20,000달러는 증권사에 대한 부채이므로 자기자본에만 손실이 반영되면서 8,000달러로 감소한다. 증거금비율이 28.6%($8,000/$28,000=0.286)로 하락하게 되고 유지증거금 수준이 30% 아래로 하락했기 때문에 마진콜을 받게 될 것이다.

증거금의 영향 증거금은 일종의 재무레버리지이다. 차입을 통한 투자를 하는 경우에 이익과 손실이 확대되는데 이러한 현상을 레버리지라고 한다. 아래의 예를 살펴보자. 개시증거금 요건이 60%인 계좌에 30,000달러의 잔액이 있다고 하자. 이런 경우에 20,000달러까지 차입이 가능하기 때문에 50,000달러 규모까지 주식매수가 가능하다. 5.5%의 콜머니 이자율과 0.5% 수준의 스프레드를 고려하자. Verizon(VZ) 주식을 $50에 1,000주 매수하고 1년 후에 주당 $60에 매도했다고 가정하자. 콜머니 이자율은 변동이 없고 배당은 고려하지 않는 경우에 투자수익률은 얼마인가?

연말에 1,000주의 가치는 $60,000이 되고 차입금 $20,000에 대해 6%의 이자, 즉 $12,000를 지급해야 한다. 원리금을 상환하면 $38,800의 잔액이 남는데, $30,000을 투자하고 $38,800을 회수할 수 있었으니 순이익은 $8,800이고 수익률은 29.33%($8,800/$30,000=0.2933)가 된다.

증거금매수의 경우에 활용할 수 있는 재무레버리지가 불가능하다면 어떤 수익률이 가능할까? $30,000을 투자하면 주가가 $50인 주식을 600주 매수할 수 있고 연말에 가격이 $60이 되면 600주의 총가치는 $36,000이 된다. 금액기준 수익은 $6,000이기 때문에 수익률은 20%($6,000/$30,000=0.20)이다. 이 수익률을 앞서 산출한 29.33%와 비교하면 레버리지를 통해서 얻을 수 있는 수익이 훨씬 크다는 것을 알 수 있다.

증거금 매수의 경우에 Verizon 주가가 하락하는 경우에 발생하는 손실이 규모도 훨씬 크다. 예를 들어, 주가가 $40로 하락하면 손실액의 규모가 $11,200고 손실율은 37.33%에 이르게 되는데 증거금 매수가 아닌 경우의 손실수준인 $6,000와 20%에 비해 훨씬 높은 손실 수준을 보이게 된다.

예제 2.3

증거금 투자?

1년 전 Coca-Cola(KO)주식 300주를 주당 $55에 매수했는데 개시증거금 요건이 60%였고 콜머니 이자율에 스프레드를 더한 이자율이 8%였다면 오늘 주가가 $50이라면 수익률은 얼마인가? 이 수익률을 증거금 거래를 하지 않았을 때와 비교하라.

주당 $55이고 300주 투자하였으므로 총투자액은 $16,500이다. 그 중 60%인 $9,900은 투자금이고 나머지는 차입한 것이므로 연말에 원금 $6,600에 이자율 8%가 부리되면 $7,128을 상환해야할 것이다. 주가가 $50이 되었다면 투자자 자기자본은 300×$50=$15,000이 되고 $7,128을 차감하면 $7,872이 남게 된다. 초기 투자금이 $9,900이었기 때문에 손실액이 $9,900−$7,872=$2,028이기 때문에 손실률은 −20.48%(−$2,028/$9,900=−0.2048)이다.

레버리지를 이용하여 투자하지 않았다면 180주($9,900/$55=180)를 매수했을 것이고 총가치는 $9,000(180×$50)로 하락하게 되면 $900의 손실이 발생하기 때문에 −9.09%(−$900/$9,900)의 손실을 기록했을 것이다. 이를 통해 레버리지를 이용한 증거금 거래의 경우에 손실이 −20.48%로 훨씬 크다는 것을 알 수 있다.

예제 2.4

최저 주가 수준은 얼마까지 가능한가?

앞의 예제 2.3에서 유지증거금 수준은 40%이었다고 가정하면 주가가 얼마가 되는 경우에 마진콜을 받게 될까?

이 질문에 답하기 위해서 P^*를 마진콜 가격이라고 하자. 300주를 소유하고 있으면 주식의 총가치는 $300 \times P^*$이게 된다. $6,600을 차입하여 계좌상의 자기자본은 주식 총가치에서 $6,600을 차감한 값과 같아야 하기 때문에 $(300 \times P^*) - \$6,600$이라고 할 수 있다.

$$\text{차입금} = \$6,600$$
$$\text{주식 총가치} = 300 \times P^*$$
$$\text{계좌 자기자본} = (300 \times P^*) - \$6,600$$

증거금 비율은 증거금(자기자본)을 주식 총가치로 나눈 값이라는 것을 이용하면:

$$\text{증거금 비율} = \frac{\text{자기자본}}{\text{주식 총가치}} = \frac{(300 \times P^*) - \$6,600}{300 \times P^*})$$

마진콜 가격(P^*)을 찾기 위해서 증거금비율을 유지증거금 수준과 같다고 하고 P^*를 구하면:

$$\text{유지증거금 수준} = \frac{(\text{주식총수} \times P^*) - \text{차입금}}{\text{주식총수} \times P^*}$$

P^*에 대해서 풀면

$$P^* = \frac{\text{차입금} / \text{주식총수}}{1 - \text{유지증거금 수준}}$$

유지증거금 수준을 40%로 하면 마진콜 가격인 P^*를 구하게 된다.

$$P^* = \frac{\$6{,}600/300}{1 - 0.40}$$
$$= \frac{\$22}{0.60} = \$36.67$$

주가가 $36.67이하인 경우에 증거금비율이 40%이하가 되면서 마진콜을 받게 된다. 따라서 $36.67이 마진콜을 받지 않는 최소가격이 된다.

예제 2.4에서 본 바처럼 마진콜 가격(또는 마진콜을 받지 않는 최소주가)을 아래와 같이 계산한다:

$$P^* = \frac{\text{차입금} / \text{주식총수}}{1 - \text{유지증거금 비율}} \tag{2.1}$$

예를 들어, 증거금 차입금 $40,000으로 1,000주를 매수하였고 유지증거금 수준은 37.5%이라면 마진콜 가격은 얼마이며 무슨 의미인가? 마진콜 가격이 $64(=$40/0.625)이라는 주장에 동의하는가? 주가가 $64이하로 하락하는 경우에 마진콜을 받게 된다는 뜻이다.

증거금 거래의 연수익률 계산

증거금 매수를 통한 투자기간이 1년이 아닌 경우를 고려해보자. 콜머니 이자율이 9%이고 스프레드는 2%이다. Walmart(WMT) 주식을 주당 $60에 1,000주를 매수하고 매수금액의 절반에 해당하는 금액만 입금했고 3개월 후에 주가가 $63로 상승하자 매도했다고 하자. 상환해야할 금액은:

$$\text{상환금액} = \text{차입금} \times (1 + \text{연이자율})^t$$

여기서 t는 1년 기준 비율로 3개월/12개월을 의미한다.

$$
\begin{aligned}
\text{상환금액} &= \text{차입금} \times (1 + \text{연이자율})^t \\
&= \$30{,}000 \times (1 + 0.11)^{0.25} \\
&= \$30{,}000 \times 1.02643 \\
&= \$30{,}792.90
\end{aligned}
$$

따라서, 주식을 매도할 때 $63,000을 대금으로 받아 $30,792.90의 차입금을 상환하고 나면 $32,207.10이 남게 된다. 즉 $30,000을 투자하여 $2,207.10의 이익이 발생하기 때문에 3개월 동안의 수익률은 7.36%($2,207.10/$30,000 = 0.0736)이 된다.

마지막으로 7.36%를 연수익률로 환산하면 1년에 4개의 기간이 존재하므로

$$
\begin{aligned}
1 + \text{연실효수익률} &= (1 + \text{보유기간수익률})^m \\
&= 1 + 0.0736^4 \\
&= 1.3285
\end{aligned}
$$

즉, 연수익률은 32.85%이다.

확인 사항

2.3a 현금계좌와 증거금계좌는 어떻게 다른가?

2.3b 증거금 매수는 이익과 손실에 어떠한 영향을 미치는가?

2.3c 마진콜이란 무엇인가?

2.4 거래포지션 유형

투자정책지침을 작성하고 투자운용 담당자를 선정하고 난 후에는 어떤 포지션을 취할 것인가를 정하게 되는데 가장 기본적인 포지션은 매수(long)포지션과 매도(short)포지션이다.

주식을 매수하고 보유하는 투자자는 주식에서 매수(long) 포지션을 취하고 있다고 일컬어지고 주가가 상승하면 수익을 실현할 수 있게 되고 주가가 하락하면 손실이 실현되게 된다. 다시 말해 매수포지션을 취한 투자자는 주가가 상승하기를 기대하고 있는 것이다.

투자자는 주가가 하락할 것이라 예상한다면 매수하지 않을 것이고 이미 보유하고 있다면 매도하기로 결정할 것이다. 그 외에는 공매도(short sale)라는 것을 선택하게 되는데, 공매도를 한다는 것(shorting)은 소유하고 있지 않은 증권을 매도할

공매도
소유하지도 않은 증권을 매도하는 행위

수 있음을 의미한다. 이런 행위를 주식을 공매도 한다고 표현하고 공매도를 한 후에는 투자자는 주식에 매도(short) 포지션을 취하게 된다. .

주식 뿐만 아니라 다양한 종류의 금융자산은 공매도가 가능하며 매수(long) 포지션과 매도(short) 포지션이라는 용어는 다양한 상황에서 사용되고 있다. 증권의 유형에 따라서 공매도가 실행되는 방식에는 차이가 존재하지만 본질에는 큰 차이가 없다. 매수포지션을 취한 투자자는 가격상승으로 이익을 보게 되고 매수포지션을 취한 투자자는 가격하락으로 이익을 보게 된다. 여기에서는 주식의 공매도 포지션의 입장에서 논의하도록 한다.

공매도의 기초

소유하지도 않은 주식을 어떻게 매도할 수 있을까? 브로커로부터 주식을 빌린 후에 매도하여 공매도 포지션을 취할 수 있고 나중에 동일한 주식을 시장에서 매수하여 돌려주게 되면 공매도 포지션이 마감된다. 공매도 포지션을 마감하는 것을 공매도를 커버(cover)한다고 말한다.

브로커는 투자자에게 빌려주는 주식을 어떻게 구할 수 있을까? 증거금 계좌에 있는 주식일 경우가 대부분인데 투자자들이 증거금 계좌를 개설할 때 브로커에게 계좌에 있는 주식을 빌려줄 수 있다는 대주거래계약을 체결하기 때문에 가능하다. 투자자의 주식이 대주되는 경우에도 배당이나 기타 수익을 수령할 수 있고 언제든지 매도할 수 있다. 다시 말해 투자자의 주식이 대주거래에 사용되었다고 문제가 되는 경우는 없다는 것이다.

공매도 포지션을 취한 투자자는 증권가격이 하락하면 이익을 실현할 수 있다. Xerox(XRX) 주식을 주당 $10에 2,000주를 공매도하면 $20,000의 매도대금을 수령하게 된다. 1개월 후에 주가가 $8가 되었다면 $16,000를 지불하고 2,000주를 매수하여 공매도 포지션을 마감할 수 있다. 매도금액은 $20,000이었고 매수금액은 $16,000이기 때문에 $4,000의 이익이 실현될 것이다.

흔히 언급되는 투자의 원칙 중에 하나는 "저가매수, 고가매도"하라는 것인데, 공매도는 순서가 정반대인 "고가매도, 저가매수"하라는 원칙에 입각한 전략이다. 공매도를 이해하기 쉽지 않다면 매일 사용하는 용어를 떠올려보기 바란다. 우리들이 뭔가 "부족하다"는 느낌의 표현을 하는 경우에 "못 미친다"는 말을 사용한다. 미국식 표현인 "don't sell me short"이라는 표현은 "자신이 못 미칠 것이라 (성공하지 못할 것이라) 생각하지 말라"는 의미로 사용되곤 한다.

예제 2.5
매수포지션과 매도포지션

주가가 $15인 Alcoa(AA)의 주식 2,000주를 $15에 공매도 했다고 가정하자. 6개월 후 $10에 공매도 포지션을 마감(cover)했다면 마감 당시에 투자의 결과가 이익인가 손실인가? 얼마인가? 만약에 $20에 마감했다면 어떠했을까?

$15에 공매도하고 $10에 마감하였다는 것은 2,000주를 $15에 팔고 $10에 다시 샀다는 것을 뜻하기 때문에 주당 $5 또는 $10,000의 이익이 발생하게 된다. 만약 $20에 마감한다면 $10,000의 손실이 발생한다.

공매도의 이해

공매도를 할 때 브로커로부터 주식을 대주하는 경우에 다양한 요건을 이행해야 한다. 첫째, 개시증거금 요건과 유지증거금 수준을 만족시켜야 한다. 둘째, 대주한 주식을 매도한 후에 매도금액이 투자자의 계좌에 입금되지만 대주한 주식을 반환할 때까지 사용할 수 있는 것은 아니다. 마지막으로, 공매도 포지션을 취한 주식이 배당을 지급하는 경우에 매수자에게 배당을 지급해야 한다.

주당 $30인 AT&T(T) 주식 100주에 공매도 포지션을 취했다면 $3,000(=$30×100) 상당의 주식을 대주한 것이다. 공매도에 대한 개시증거금 요건이 50%이고 유지증거금 수준이 40%이라고 가정하자.

증거금 매수에 있어서 증거금은 매수한 주식의 총가치에 대한 계좌자기자본의 가치를 의미하지만 공매도에 있어서의 증거금은 공매도를 취한 주식의 가치에 대한 계좌 자기자본의 수준을 의미한다는 점을 기억해야 한다. 2가지 경우 모두 증거금은 자기자본을 증권가격으로 나눈 값이 된다.

AT&T 예에서 공매도 할 때의 주식의 총가치는 $3,000이고 개시증거금 요건은 50%이었기 때문에 최소 $1,500을 계좌에 입금해야 한다. 공매도 이후에 대차대조표는 다음과 같다:

자산		부채와 계좌 자기자본	
매도거래 대금	$3,000	공매도 포지션	$3,000
개시증거금 예치금	$1,500	계좌 자기자본	$1,500
합계	$4,500	합계	$4,500

계좌 대차대조표 상의 4개의 항목은 다음과 같다:

1. 매도거래 대금 : 주식을 매도하고 지급받은 $3,000이며 공매도 포지션을 마감할 때까지 이자는 없이 유지될 것이다.

2. 증거금 예치금 : 50% 증거금 조건에 의한 것으로 마진콜을 받기 전까지는 변화가 없다. 상황과 계좌계약에 따라서 개시증거금에 대한 이자가 있을 수도 있다.
3. 공매도 포지션 : 추후에 주식을 매수하여 반환할 것이므로 부채로 인식되어야 하며 현재 시점에서는 $3,000이다.
4. 계좌 자기자본 : 전체 계좌의 가치($4,500)에서 총부채($3,000)를 차감한 금액이다.

아래에서 2가지 시나리오를 살펴보고자 한다: (1) 주가가 $20로 하락하는 경우와 (2) 주가가 $40로 상승하는 경우이다.

주가가 $20로 하락하면 100주를 반환할 때 총비용이 $2,000이 되기 때문에 계좌 대차대조표는 다음과 같다:

자산		부채와 계좌 자기자본	
매도거래 대금	$3,000	공매도 포지션	$2,000
개시증거금 예치금	$1,500	계좌 자기자본	$2,500
합계	$4,500	합계	$4,500

자산쪽에는 변화가 없다. 최초에 받은 $3,000가 그대로이며 증거금 $1,500도 변화가 없다. 부채와 자기자본 쪽의 부채항목인 공매도 포지션이 $3,000에서 $2,000로 감소한 반면에 계좌 자기자본은 $1,000 만큼 증가했다. 증거금 비율은 계좌자기자본을 증권가치(공매도포지션의 가치)로 나누어 나타내며 그 값은 125%($2,500/$2,000=1.25)이다.

주가가 $40로 상승하면 상황은 별로 좋지 않게 된다. 100주에 대한 부채 규모가 $4,000에 이르게 된다.

자산		부채와 계좌 자기자본	
매도거래 대금	$3,000	공매도 포지션	$4,000
개시증거금 예치금	$1,500	계좌 자기자본	$ 500
합계	$4,500	합계	$4,500

여전히 자산항목은 변화가 없지만 부채는 $1,000 만큼 증가하고 계좌 자기자본

은 동일한 금액($1,000)만큼 감소하고 손실로 인식되게 된다.

더욱 심각한 문제는 주가가 $40로 상승하는 경우에 계좌 자기자본이 $500이 되고 공매도 포지션은 $4,000이 되면서 증거금비율이 12.5%(=$500/$4,000)로 감소하게 된다. 유지증거금 수준인 40%보다 낮아지게 되기 때문에 마진콜을 받게 된다. 투자자 입장에서는 2가지 대응책이 있는데: (1) 주식을 매수해서 반환하거나, (2) 계좌에 추가 입금을 하는 것이다.

예제 2.6 공매도 사례

Collerad Industries 주식을 $30에 5,000주 공매도했다고 하자. 개시증거금 요건은 50%이고 유지증거금 수준은 40%이다. 공매도 이후에 계좌 대차대조표는 어떻게 변하는가?

공매도 이후에 계좌는 다음과 같다:

자산		부채와 계좌 자기자본	
매도거래 대금	$150,000	공매도 포지션	$150,000
개시증거금 예치금	75,000	계좌 자기자본	75,000
합계	$225,000	합계	$225,000

$150,000 상당의 주식을 공매도 했기 때문에 그 금액의 50%를 증거금 요건에 의해 예치해야 한다.

예제 2.7 마진콜 사례

예제 2.6에서 마진콜을 받게 되는 주가는 얼마인가?

마진콜을 받게 되는 마진콜 가격을 알아보자. 공매도로 인한 부채총액은 5,000주에 마진콜 가격(P^*)을 곱한 금액과 같다. 총 계좌가치는 $225,000이고 계좌 자기자본은 $225,000 − 5,000$P^*$이다. 아래와 같이 정리해보자.

$$\text{공매도 포지션} = 5{,}000 \times P^*$$
$$\text{계좌 자기자본} = \$225{,}000 - 5{,}000 \times P^*$$

총계좌가치는 $225,000이고 개시증거금 예치금과 매도거래 대금을 합한 금액과 같으며 변화가 없다. 증거금은 부채금액에 대한 계좌 자기자본금액을 의미한다.

$$\begin{aligned}\text{증거금} &= \frac{\text{계좌 자기자본}}{\text{총주식 가치}} \\ &= \frac{\text{개시증거금 예치금} + \text{공매도 거래대금} - \text{주식 총수} \times P^*}{\text{주식 총수} \times P^*} \\ &= \frac{\$150{,}000 + 75{,}000 - 5{,}000 \times P^*}{5{,}000 \times P^*}\end{aligned}$$

마진콜 가격을 산출하기 위해 이 증거금을 유지증거금으로 하는 P^*을 구하면 된다.

$$유지증거금 = \frac{개시증거금\ 예치금 + 공매도\ 거래대금 - 주식\ 총수 \times P^*}{주식\ 총수 \times P^*}$$

P^*에 대해서 풀면 :

$$P^* = \frac{(개시증거금\ 예치금 + 공매도\ 거래대금) / 주식\ 총수}{1 + 유지증거금}$$

마지막으로 유지증거금에 40%를 대입하면 P^*를 구할 수 있다:

$$P^* = \frac{\$225{,}000 / 5{,}000}{1.40} = \$32.14$$

주가가 $32.14를 넘어가면 증거금 비율이 40% 보다 작게 되면서 마진콜을 받게 된다. 따라서 $32.14가 마진콜을 받지 않을 수 있는 주가의 최대값이다.

예제 2.7과 같이 공매도 거래에서 마진콜 가격(마진콜을 받기 전 최대 주가)을 아래와 같이 계산할 수 있다:

$$P^* = \frac{(개시증거금\ 예치금 + 공매도\ 거래대금)/주식총수}{(1 + 유지증거금)}$$

예를 들어 주가가 $50인 주식 1,000주를 공매도 했는데 개시증거금 요건은 50%이고 유지증거금 수준은 40%이다. 주식 마진콜 가격은 얼마이며 무엇을 뜻하는가?

개시증거금 예치금은 $25,000(공매도 거래대금의 50%)이고 마진콜 가격이 $53.57($75/1.40=$53.57)이다. 주가가 $53.57 이상으로 상승하면 마진콜을 받게 된다.

투자자들은 주식투자에서 공매도를 빈번하게 사용하고 있으며 주식거래에 있어 많은 비중이 공매도거래에 의해 이루어 지고 있다. 일부 회사들의 경우에 공매도 거래량이 몇 천만 주에 이르고 있으며 전체 시장을 기준으로 하면 몇 십억 주에 이른다고 알려져 있다. 특정 주식의 공매도 거래량을 추정하기 위해서 사용하는 추정치를 공매도 거래량(short interest)라고 한다.

공매도 거래량
공매도 포지션에 있는 보통주 거래량

공매도 제한 제도

주식 공매도는 어려운 일이 아니지만 포지션에 따라 공매도에 제약이 있다는 점에 주목해야 한다. 예를 들어, 공매도라고 분류되는 모든 매도거래는 NYSE 업틱룰(NYSE uptick rule)이 적용된다는 사실이다. 이에 따르면 공매도는 최종가격이 상승하고 있을 경우에만 체결되도록 하고 있다. 예를 들어, 가장 최근의 2개 거래가 각각 55.50과 55.63에 체결되었다면 최종 가격 변화는 0.13 정도 업틱(상승세)이었기 때문에 공매도 거래가 55.63이나 그 이상 가격에서만 체결된다. 만약에 최근 2개 거래가 55.50과 55.25였다면, 즉 최종가격 변화가 다운틱(하락세)였기 때문에 공매도가 55.25 이상의 가격에서만 체결 가능하게 된다.)

NYSE 업틱룰
공매도 거래가 체결은 주가가 상승할 때만 가능하도록 한 공매도 관련

NYSE는 투기자의 계속되는 공매도 거래에 의해서 가격이 급락하는 것("곰의 습격"이라 불린다)을 방지하기 위해서 업틱룰을 도입하였다. 업틱룰이 NYSE에서 시작되었으나 NASDAQ도 1994년에 유사한 제도를 도입하였다. 2004년에 미국증권거래위원회(SEC)가 업틱룰이 필수적인가를 검토하기로 하였는데 시장유동성이 증가하면서 이러한 종류의 투기거래가 어려워졌다고 판단하였기 때문이다. 2007년 6월에 시장에 유동성 위기가 도래했을 때 SEC는 업틱룰을 폐지하였다.

업틱룰이 폐지되면서 SEC는 799개의 금융회사에 대해 공매도 거래를 금지하게 되었다. SEC의 의도는 공매도로 인해 시장 급락이 발생할 수 있다고 판단하고 이를 막아보려고 했던 것이다. 하지만 공매도 금지에도 불구하고 금융시장은 계속해서 하락했다. 수많은 경영자들은, 물론 다른 부정적인 효과도 지적하였지만, 당시의 공매도 금지가 얼마나 효과적이었는가에 대해 회의적인 의견을 보였다.

2009년 이후로 시장이 회복세를 보이면서 SEC는 업틱룰을 제거했던 결정을 재검토하였고 수많은 청문회와 자문을 통해 개정된 업틱룰을 도입하기로 결정하였다. 2010년에 승인된 새로운 제도에 의하면 특정일에 주가가 10% 정도 하락할 때까지는 공매도 거래를 제한하지 않기로 하였고, 그 정도 이상의 주가하락이 발생하는 경우에만 공매도 거래가 업틱룰에 의해 제약을 받게 되었다.

공매도에 대해서는 정부의 규제 외에 다른 제약이 존재한다. 예를 들어, 브로커에 따라서 또는 주식시장 전체에 걸쳐 공매도를 할 수 있는 주식이 부족할 수도 있다. 공매도를 위해 대주할 주식이 없는 경우에 공매도 체결이 불가능하다. 이러한 제약들로 인해 앞서 언급한 SEC의 공매도 금지와 유사한 다음과 같은 효과가 발생하게 된다. 유동성 감소, 변동성 증가 및 가격 불안정성 등이다.

공매도에 대한 논의에서 다음과 같은 내용을 살펴볼 필요가 있다. 매수포지션을 취하는 경우에 최대손실은 투자한 자금 전체가 될 수 있다. $10,000 상당의 주식을 매수하면 주가가 $0이 될 때 $10,000가 최대손실액이라는 뜻이다. 하지만 $10,000 상당의 주식 공매도 거래를 하는 경우에는 주가가 상승하는 경우에 손실이 $10,000 이상이 될 수도 있다는 점이다.

앞에서 살펴본 바와 같이 주가는 평균적으로 상승하는 경향이 있기 때문에 공매도 투자자는 다음과 같은 월가의 교훈을 반드시 기억해야 할 것이다. "자신의 것이 아닌 것을 파는 자는 다시 사야만 한다. 아니면 감옥에 가게 된다."

확인 사항

2.4a 공매도는 무엇인가?

2.4b 주식 공매도를 하는 이유는 무엇인가?

2.4c 공매도를 하는 경우에 최대가능손실은 어느 정도인가? 설명하라.

2.5 투자 포트폴리오 만들기

지금까지 살펴본 투자절차에 대해 다시 검토해보자. 우선적으로 투자정책지침을 작성하면서 투자목적과 제한사항 등을 검토한 후에 투자자의 상황에 가장 잘 맞는 투자전문가를 선택해야 한다. 다음으로 계좌를 개설할 때는 전통적인 기능에 적합한 현금계좌와 레버리지 효과를 제대로 활용할 수 있는 증거금계좌 중에 선택을 해야 한다. 마지막으로 포트폴리오를 운용하면서 매수 포지션과 매도 포지션에 대한 선택도 고려해야 한다. 이러한 투자의 기본 절차에 대한 계획을 고려하면서 실제 상황의 예를 살펴보도록 하자.

우선적으로 투자자 자신을 제대로 이해하기 위해 위험감내 수준과 관련된 설문을 진행하면서 투자기간과 위험감내 점수에 대해 살펴보아야 한다. 이번 장에서는 위험감내도 점수, 투자자 성향 그리고 실제 포트폴리오 구성 등에 대해 살펴볼 것이다.

위험감내도 평가점수

10명의 학생, 직원 및 교원에게 위험감내도 퀴즈를 실시하고 피설문자들의 연령, 위험감내도 점수 등을 다음의 표 2.1과 같이 취합하였다.

위험감내도 점수는 13점에서 40점 사이이다. 남성과 여성의 평균은 유사한 수준이고 투자경험이 거의 없는 경우에는 평균점수가 24점 정도이고 최소수준의 투자경험이 있는 경우에는 평균점수가 31점 정도이었다. 이 점수들이 의미하는 바가 무엇일까?

표 2.1
위험감내도 테스트 결과

이름	연령	성별	투자경험정도	점수
린	23	여	거의 없음	13
루시	50	여	거의 없음	19
이사벨	28	여	거의 없음	37
브리짓	38	여	거의 없음	35
로렌	22	여	거의 없음	19
패트릭	29	남	거의 없음	20
이멜다	59	여	평균 이하	18
호머	54	남	평균	27
바트	25	남	평균	38
마리	21	여	평균 이상	40

위험과 수익률의 이해

투자전략을 선택하는 데에 있어 투자기간과 함께 우선적으로 평가되어야 할 부분이 위험감내도이다. 마리와 이멜다의 평가결과를 살펴보자.

마리와 이멜다는 충분한 수준의 현금을 보유하고 있다. 다시 말해 적어도 6개월 정도의 생활비를 마련할 수 있도록 적절하게 단기자금시장에 투자한 상황이다. 물론 주거비용과 교통비의 수준이 일치하지 않기 때문에 완전히 동일하다고 말하기는 쉽지 않지만 현금보유가 충분하다는 것은 본인들의 투자 포트폴리오에 대해 고민할 수준은 된다는 뜻이다.

마리 마리는 21세의 회계학을 전공하는 학생으로 평균 이상의 투자경험이 있다. 투자기간이 비교적 장기간이고 위험감내수준도 40점을 획득하여 주식투자비중을 높여도 되는 공격적인 투자전략이 적합한 것으로 나타났다. 그렇다면 주식투자 비중을 어느 정도로 해야 할까?

마리의 주식배분비중과 관련된 결정에 "100세 규칙"을 적용해보기 바란다. 투자자의 주식투자배분비중은 자신의 100에서 자신의 나이를 차감하여 정하는 방식이다. 즉, 마리의 경우에는 100−21=79 퍼센트를 주식에 투자하면 되는 것이다. 마리의 공격적 투자성향을 고려할 때 110세나 120세에서 마리의 나이를 차감하여 정하는 방식도 고려할 수 있을 것이다.

마리는 은퇴까지 약 30년 정도 남았다고 할 수 있기 때문에 시장의 단기 변동성에 대해 지나치게 걱정할 필요가 없다. 졸업 후에도 감사업무에 종사하게 되는 경우에 매우 높은 수준의 연봉을 받을 수 있어 적어도 80%까지는 주식에 투자하는 것도 고려해볼 수 있겠다.

이멜다 이멜다는 약 59세이고 대학교수로 근무 중이다. 은퇴까지 얼마 남지 않은 나이이고 위험감내 수준점수가 18점이므로 다소 보수적인 투자배분이 적합할 것이다.

이멜다의 경우는 "100세 원칙"에 따라서 100−59=41% 정도를 주식에 투자하는 것이 적당할 것이다. 이멜다는 은퇴까지 5년 정도 밖에 남지 않았기 때문에 은퇴 후의 삶에 대해 고민해야 할 것이다. 따라서 이멜다는 시장의 단기변동성을 심각하게 고려해야 하며 은퇴 후 급격한 연봉 감소도 신중히 고려해야 한다. 결론적으로 이멜다는 40% 정도를 주식에 투자하는 방안을 심사숙고해야 할 것이고 증거금거래와 같이 자신의 위험감내도와 맞지 않은 거래방식은 피해야 한다.

투자자의 제약사항

주어진 예에서 마리와 이멜다는 자신들의 투자 포트폴리오를 구축하기 위해 증권계좌를 개설할 만큼의 충분한 재력이 있다고 볼 수 있지만 투자기간이 다른 상황이다. 마리와 이멜다 모두 유동성이 높은 투자상품을 선호하는 반면에 마리의 경우에는 이멜다에 비해 적용되는 소득세율이 높지 않다. 따라서 마리의 경우에는 소득세 이연효과가 있는 상품을 선택할 유인이 이멜다에 비해 크지 않다고 할 수 있다. 마리와 이멜다는 특수한 상황에 처해 있는데, 마리는 향후 5년간 부양할 피부양자가 있는 반면에 이멜다는 자녀들이 성장하여 자녀보육의 부담은 크지 않다.

전략과 정책

투자관리의 측면에서 마리와 이멜다는 자신의 투자포토폴리오를 관리를 스스로 하기는 어렵다고 생각하고 있지만 매월 자신의 포트폴리오를 모니터링할 것이다. 마리와 이멜다는 마켓타이밍을 통해서 시장보다 우수한 성과를 얻기는 어렵다고 생각하고 증권선택 또한 어려울 것이라 판단하고 있다. 결론적으로 마리와 이멜다는 패시브 운용전략을 취하는 뮤추얼펀드(집합투자기구)에 투자하기로 결정하였다.

두 사람 모두 자산배분에 대해서 아직까지 결정한 바는 없다. 자산배분전략은 적절한 수준의 위험과 포트폴리오 구성에 존재하는 제약을 고려한 최고의 수익률을 가져다 줄 것이다. 투자자들은 투자자금, 재무적 목표, 투자기간, 세금과 위험

표 2.2
자산배분 모형

투자자 성향에 맞는 자산배분안		
• 공격적 성향의 투자자 • 연령 18~35 • 30년 이상의 장기투자기간	• 중도적 성향의 투자자 • 연령 35~55 • 20년 이상의 중기투자기간	• 보수적 성향의 투자자 • 연령 55+ • 10년 이상의 투자기간
20% 대형주	20% 대형주	25% 대형주
20% 중형주	20% 중형주	10% 중형주
20% 소형주	10% 소형주	10% 소형주
20% 해외주식	15% 해외주식	5% 해외주식
10% 이머징마켓 주식	5% 이머징마켓 주식	0% 이머징마켓 주식
10% 중기채권	30% 중기채권	40% 중기채권
0% 단기채권	0% 단기채권	10% 단기채권
공격적 포트폴리오 수익률	중도적 포트폴리오 수익률	보수적 포트폴리오 수익률
1년: −3.7%	1년: −1.6%	1년: 0.6%
5년: 11.1	5년: 9.7	5년: 8.5
10년: 6.4	10년: 6.1	10년: 5.7
표준편차 9.4%	표준편차 7.3%	표준편차 5.2%

감내도가 반영된 표 2.2에 제공된 정보를 이용하여 초기 자산배분을 시도해 볼 수 있을 것이다.

추가적으로 개별 자산군 별로 비중을 정할 수도 있는데 특정 자산군의 성과가 우수할 때 해당 자산군에 지나치게 많은 투자를 하는 일을 방지할 수 있다.

자산배분의 고려

투자자성향을 고려한 자산배분 이번 장의 앞부분에서 자산배분이 증권선택보다 중요하다는 점을 학습하였다. 모든 투자자들이 동일한 자산배분을 선택하는 것은 아니다. 표 2.2에서 제시된 3가지 유형의 자산배분 가이드라인을 고려할때 마리와 이멜다는 어느 유형에 속하는가?

전략적 자산배분과 전술적 자산배분 목적이나 제한에 변경이 생기는 경우에 투자자는 자산배분을 변경하게 된다. 일반적으로는 이러한 변경이 빈번한 것은 아니다. 다시 말해 적절하게 선택된 자산배분안은 비교적 변화가 적다. 이처럼 목표로 하는 자산배분을 전략적 자산배분이라고 한다. 시간이 경과되면서 자산군별로 높거나 낮은 수익률을 보이게 되기 때문에 포트폴리오를 목표 전략적 자산배분에 맞춰 가는 리밸랜싱(rebalancing)을 하게 된다.

금융시장에서 주식이 채권보다 고평가 되었다고 생각하는 경우나 해외주식이 미국주식보다 성과가 좋다고 판단하게 되는 경우에는 전술적 자산배분을 하게 된다. 전술적 자산배분을 통해 기존의 전략적 자산배분에 소규모의 단기간 변화가 발생하게 되는데 그 목적은 수익률을 높이기 위한 것이다.

일정 기간 후에 장기 전략적 자산배분에 맞게 포트폴리오를 조정하게 될 수도 있다. 하지만 전술적 자산배분은 마켓타이밍과 유사한 측면이 있기 때문에 그 효과가 존재하는가에 대해서는 의견이 다른 경우가 발생하기도 한다.

확인 사항

2.5a 위험감내수준 외에 포트폴리오를 구성하는 데에 있어 투자자가 고려해야 할 제약사항, 전략이나 정책에는 어떠한 것들이 있는가?

2.5b 어떠한 경우에 동일한 연령의 투자자들이 다른 포트폴리오를 선택하게 되는가?

2.5c 전략적 자산배분과 전술적 자산배분의 차이점은 무엇인가?

2.6 요약과 결론

이번 장에서 학습한 투자프로세스에 대한 내용을 개념중심으로 살펴보자.

1. 투자정책지침의 중요성

A. 투자정책지침(IPS)를 통해 투자목적(위험과 수익률)과 제약사항들을 명확하게 제시한다.

B. 투자정책지침은 투자의 로드맵과 같은 것으로 투자전략, 계좌유형 및 투자상품 등을 제시한다.

2. 다양한 브로커와 증권계좌

A. 증권계좌개설은 은행계좌개설과 마찬가지로 간단하다. 요청되는 정보를 제공하고 신청서를 작성하면 된다. 입금한 후에 브로커에서 계좌의 투자방식에 대한 의견을 전달하면 되는 것이다.

B. 브로커는 3가지 유형으로 나누어 진다: 풀서비스 브로커, 자문브로커 그리고 거래브로커이며 서비스의 수준과 그에 따른 수수료에 차이가 존재한다. 최근

에는 유형 간의 차이점이 점차 사라지고 있는 추세이다.

C. 브로커는 거래결과에 대한 책임을 지는 것은 아니지만 투자권유를 하는 데에 있어서 최선을 다해야 할 의무를 지니고 있다. 투자자의 이해가 가장 최적화될 수 있도록 최선을 다해야 할 법적인 의무가 있다는 것이다. 드문 경우이긴 하지만 브로커가 과도한 거래를 강요하는 경우가 있을 수도 있기 때문에 계약을 체결할 때 추후 발생하는 분쟁이 조정 절차를 통해 해결되도록 하는 조항이 포함되곤 한다.

3. 공매도 거래: 개시증거금 및 유지증거금

A. 현금 계좌가 있으면 금액 만큼 증권을 매수할 수 있고 추가 매수를 원하면 계좌에 추가 입금을 하면 된다.

B. 증거금 계좌가 있으면 브로커로부터 자금을 차입하여 증권을 매수할 수 있다. 일반적으로 증권매수에 필요한 금액의 반액 정도까지 차입할 수 있다.

C. 최초로 신용거래로 증권을 매수할 때 거래금액의 일정 부분인 최소금액을 입금해야 하는데 이를 개시증거금이라고 한다.

D. 증거금 계좌로 증권을 매수한 후에 증권의 가격이 변화할 때 유지해야할 최소수준의 잔액이 있다. 이를 유지증거금이라고 한다. 잔액이 유지증거금 수준 이하로 하락하면 마진콜을 받게 된다. 본 장에서 개시증거금과 유지증거금의 수준을 계산하고 이로 인한 영향에 대해 학습한 바 있다.

4. 공매도 거래

A. 투자자가 주식을 매수하거나 보유하는 경우를 주식에 매수(long)포지션을 취한다고 하고 매수포지션은 주가가 상승할 때 이익 실현이 가능해 지게 된다.

B. 주가가 하락할 것이라 예상되는 경우에 공매도 거래를 고려할 수 있다. 공매도 거래를 통해 소유하지 않은 주식을 매도할 수 있으며 공매도 거래 후에 투자자는 매도(short)포지션을 취한다고 한다. 매도포지션을 취한 투자자는 주가가 하락하는 경우에 이익을 실현할 수 있게 된다.

C. 이번 장에서 주식의 공매도 거래절차에 대해서 학습하였으며 매도포지션으로 발생할 수 있는 잠재적 손실의 규모에 제한이 없다는 점을 강조한 바 있다.

주요 용어

마켓타이밍(market timing) 58
자산배분(asset allocation) 58
증권 선택(security selection) 59
금융투자자보호공사(Securities Investor Protection Corporation, SIPC) 63
현금계좌(cash account) 64
증거금계좌(margin account) 64
콜머니 이자율(call money rate) 64
증거금(마진)(margin) 65
개시증거금(initial margin) 66
유지증거금(maintenance margin) 67
마진콜(margin call) 67
공매도(short sale) 71
공매도 거래량(short interest) 76
NYSE 업틱룰(NYSE uptick rule) 77

단원 후 문제와 자습 문제

1. 계좌 대차대조표 (LO2, CFA4) Intel 주식을 주당 $30에 10,000주 매수하려고 하고 $200,000를 입금하고 나머지는 차입하였다. 투자자의 계좌 대차대조표를 제시하라. 증거금 비율이 얼마인가?

2. 공매도 (LO4, CFA5) 앞의 문제에서 10,000주를 매수하지 않고 공매도 하였고 개시증거금 요건은 60%라고 하자. 공매도 이후에 계좌 대차대조표를 제시하라.

3. 마진콜 (LO3, CFA4) 증거금 비율이 50%인 주식을 주당 $56에 500주 매수했다고 하자. 유지증거금 수준이 30%이라면 마진콜 가격은 얼마인가?

자습 문제 해답

1. Intel 주식은 10,000주 가격이 $300,000이다. 투자자가 $200,000을 투자하고 $100,000를 차입했다면 거래 후 계좌 대차대조표는 다음과 같다:

자산		부채와 계좌 자기자본	
Intel 10,000주	$300,000	증거금 차입금	$100,000
		계좌 자기자본	200,000
합계	$300,000	합계	$300,000

증거금 비율은 계좌 자기자본을 주식 총가치로 나눈다:

$$\begin{aligned}\text{증거금 비율} &= \$200{,}000/\$300{,}000 \\ &= 0.666\ldots \\ &= 67\%\end{aligned}$$

2. 공매도를 한 후에 계좌는 다음과 같다 :

자산		부채와 계좌 자기자본	
매도 거래대금	\$300,000	증거금 차입금	\$300,000
개시증거금 예치금	180,000	계좌 자기자본	180,000
합계	\$480,000	합계	\$480,000

\$300,000 상당의 주식을 공매도했고 개시증거금 요건이 60%이므로 \$180,000을 예치한 것이다.

3. 마진콜을 받게 되는 최소수준의 주가는 다음과 같다:

P*(마진콜 가격)=(차입금/총주식수)/(1−유지증거금 수준)

투자자는 500×\$56×0.50=\$14,000만큼을 차입하여야 하고 :

$$P^*=(14,000/500)/(1-0.30)=\$40.00$$

투자자는 주가가 \$40 이하로 하락하면 마진콜을 받게 된다.

투자 지식 학습

1. 투자목적(LO1, CFA8) 투자자의 투자목적은 아래 중 무엇과 관련하여 작성되어야 하는가?
   a. 위험과 수익률
   b. 자본시장 기대
   c. 유동성과 투자 기간
   d. 세금과 법적−제도적 제한

2. 자산배분 (LO1, CFA2) 투자 프로세스에서 자산배분의 중요성을 가장 잘 설명한 것은 어느 것인가? 자산배분 의사결정을 통해:
   a. 실현가능한 투자목표를 정한다.
   b. 포트폴리오 포함시킬 증권을 정한다.
   c. 포트폴리오의 기간별 수익률과 변동성을 결정한다.
   d. 적절한 투자기간을 정하기 위한 기준을 만든다.

3. 레버리지(LO3, CFA4) \$100,000을 증권계좌에 예치하고 브로커로부터 \$100,000을 차입하여 \$200,000 상당의 주식을 매수하였다. 그 이후에 주식의 가치가 \$150,000로 하락하여 조급한 마음에 계좌를 해지하였다면 투자수익률은 얼마인가 (이자는 없다고 가정하라)?
   a. 0 %
   b. −25 %
   c. −50 %
   d. −75 %

4. 레버리지(LO4, CFA5) 증권계좌에 $100,000를 예치하고 $200,000 상당의 주식을 공매도 하였다. 그 이후에 주식가치가 $250,000로 상승하였을 때 계좌를 해지하였다면 투자수익률은 얼마인가?

a. 0 %
b. −25 %
c. −50 %
d. −75 %

5. 증거금 (LO3, CFA4) 증권계좌에 $100,000를 예치하고 브로커로부터 $100,000를 차입하여 총 $200,000 상당의 주식을 매수하였다. 그 이후에 가치가 $175,000 로 하락하였다면 증거금은 금액기준으로 얼마인가?

a. $50,000
b. $75,000
c. $100,000
d. $150,000

6. 증거금(LO3, CFA4) 증권계좌에 $100,000를 예치하고 브로커로부터 $100,000를 차입하여 총 $200,000 상당의 주식을 매수하였다. 그 이후에 가치가 $150,000로 하락하였다면 증거금 비율은 얼마인가?

a. 25 %
b. 33 %
c. 50 %
d. 75 %

7. 증거금(LO4, CFA5) 증권계좌에 $100,000를 예치하고 $200,000 상당의 주식을 공매도 하였다. 그 이후에 가치가 $225,000로 상승하였다면 금액기준 증거금은 얼마인가?

a. $50,000
b. $75,000
c. $100,000
d. $150,000

8. 증거금(LO4, CFA5) 증권계좌에 $100,000를 예치하고 브로커로부터 $200,000 상당의 주식을 공매도하였다. 그 이후에 가치가 $250,000로 상승하였다면 금액기준 증거금은 얼마인가?

a. 20 %
b. 25 %
c. 33 %
d. 50 %

9. 마진콜(LO3, CFA4) 증권계좌에 $100,000를 예치하고 브로커로부터 $100,000를 차입하여 총 $200,000 상당의 주식을 매수하였다. 유지증거금이 30%일 때 마진콜을 받게 되는 주가의 최대값은 얼마인가?

a. $200,000
b. $160,000
c. $140,000
d. $120,000

10. 마진콜(LO4, CFA5) 증권계좌에 $100,000를 예치하고 $200,000 상당의 주식을 공매도 하였다. 유지증거금이 30%일 때 마진콜을 받게 되는 주가의 최소값은 얼마인가?

a. $260,000
b. $240,000
c. $220,000
d. $200,000

11. 투자결정(LO1, CFA7) 다음 중 어느 투자요인, 전략 또는 전술이 패시브 투자운용 전략과의 관련성이 가장 적은가?

a. 마켓타이밍 b. 자산배분
c. 정치적 환경 d. 세금

12. 투자결정(LO1, CFA2) 다음 중 어느 투자요인, 전략 또는 전술이 액티브 투자운용 전략과의 관련성이 가장 높은가?

a. 마켓타이밍 b. 자산배분
c. 정치적 환경 d. 세금

13. 투자결정(LO1, CFA8) 다음 중 어느 투자 전략 또는 전술이 액티브 자산운용을 하는 데에 있어 가장 많은 재원, 시간, 노력 등을 필요로 하는가?

a. 마켓타이밍 b. 자산배분
c. 정치적 환경 d. 세금

14. 투자결정(LO1, CFA2) 다음 중에 어느 투자 전략이나 전술이 주식 공매도를 결정하는 데 가장 중요한가?

a. 마켓타이밍 b. 자산배분
c. 정치적 환경 d. 세금

15. 투자결정(LO1, CFA5) 다음 중에 어느 투자 제약사항이 투자결정 프로세스에서 가장 중요한 영향을 미치는가?

a. 투자자의 세금상황 b. 투자자의 투자기간
c. 투자자의 유동성 니즈 d. 투자자의 위험성향

개념 문제

1. 증거금(LO3, CFA4) 증거금으로 주식을 매수한다는 것은 무슨 뜻인가? 증거금 매수를 하는 이유는 무엇인가?

2. 공매도(LO4, CFA5) 공매도로 주식을 매도한다는 것은 무슨 뜻인가? 공매도를 하는 이유는 무엇인가?

3. 증거금 요건(LO3, CFA4) 증거금을 요구하는 이유는 무엇인가?

4. 자산배분과 증권선택(LO1, CFA2) 자산배분과 증권선택의 차이점은 무엇인가?

5. 자산배분과 타이밍(LO1, CFA10) 마켓타이밍과 전술적 자산배분은 유사한가? 그 이유는 무엇인가?

6. 브로커와 재무설계사(LO2, CFA11) 투자자의 입장에서 브로커와 재무설계사가 어떤 차이점이 있는가?

7. 브로커-고객 관계(LO2, CFA11) 브로커가 가격이 급등할거라면서 주식 한 종목을 추천했고 그 말을 믿고 상당한 규모의 금액을 그 종목에 투자했으나 가격이 폭락했다고 하자. 브로커에게 무엇을 요구할 수 있는가??

8. 매수포지션 이익(LO4, CFA5) 주식투자에서 매수포지션과 매도포지션 간에는 잠재적 이익과 손실에 있어 중요한 차이가 있다. 주가가 $18인 주식을 500주를 거래할 수 있다고 하자. 앞서 언급한 잠재적 이익과 손실은 얼마인가?

9. 유동성(LO4, CFA5) 자산의 유동성은 시장의 예상치 못한 변화로 인해 매수 포지션과 매도 포지션의 위험에 영향을 미친다. 주가상승기의 공매도 거래와 주가하락기의 매수포지션에 발생하는 유동성 위험을 설명하라.

질문과 문제

1. 증거금 계산(LO3, CFA4) Carson사의 주가는 $17이다. 투자자가 현금 $31,000을 가지고 있으며 개시증거금 요건이 60%일 때 최대 몇주의 주식을 매수할 수 있는가??

2. 증거금(LO3, CFA4) 2nd Chance사의 주식 275주를 주당 $53에 증거금 매수하였다. 증거금 예치금이 $8,000 였다면 대주차입금은 금액기준으로 얼마였는가? 개시증거금 요건은 얼마인가?

3. 증거금 수익률(LO3, CFA4) 문제 2번에서 주식을 $62에 매도했다고 가정하자. 수익률은 얼마인가? 증거금 없이 주식을 매수했었다면 수익률은 얼마가 되었을까? 주식을 매도할 때 주가가 $46이었다면 결과값이 어떻게 변하는가?

4. 증거금(LO3, CFA4) 문제 2번과 문제 3번에서 개시증거금 요건이 70%였다고 가정할 때 개시증거금과 수익률 간에 어떠한 관계가 존재하는가?

5. 증거금 매수(LO3, CFA4) 현금 $22,000을 가지고 증거금 거래를 하고자 한다. 개시증거금이 55%라고 할 때 금액기준으로 얼마까지 매수할 수 있는가?

6. 마진콜(LO3, CFA4) 개시증거금 요건 60%일 때 주가가 $38인 주식 500주를 매수하고자 한다. 유지증거금 조건이 30%일 때 주가가 얼마일 때 마진콜을 받게 되는가?

7. 마진콜(LO3, CFA5) 개시증거금 요건이 55%일 때 주가가 $34인 주식 1,200주를 매수하려고 한다. 개시증거금 조건이 35%일 때 주가가 최대 몇 %까지 하락하면 마진콜을 받게 되는가?

8. 공매도 거래의 마진콜(LO4, CFA5) Flop Industries 사의 주가는 $48인데 향후 주가가 하락할 것으로 예상되기 때문에 개시증거금 60%인 공매도 거래를 하고자 한다. 주가가 얼마가 되면 마진콜을 받게 되는가?

9. 공매도 거래의 마진콜 (LO4, CFA5) 주가가 $36이고 개시증거금 요건이 55%인 주식 1,000주를 공매도 하려고 한다. 유지증거금이 35%일 때 주가가 얼마이면 마진콜을 받게 되는가? 마진콜을 받을 당시에 계좌 자기자본은 얼마인가?

10. 세금과 수익률(LO1, CFA9) 작년 말에 $73에 주식을 매수하였고 올해 말에 1주당 배당을 $1.20 받은 후에 $78에 매도하였다. 1년 동안의 수익률은 얼마인가? 만약 배당에 대한 세금은 15%이고 11개월 이상의 장기투자로 인한 자본소득세율이 30%라면 1년 동안의 투자에 대한 세후수익률은 얼마인가?

11. 증거금 계산(LO3, CFA4) 문제 1번의 정보를 이용하여 매수 시점에서의 계좌 대차대조표를 작성하라. 주가가 $24로 상승하면 계좌 대차대조표는 어떻게 변하는가? 만약에 가격이 $14로 하락하면 어떠한가? 두 가지 경우 모두 증거금은 어떻게 변하는가? 주가수는 정수까지 절사하여 제시하라.

12. 증거금 계산(LO3, CFA4) 최근에 증권사에서 $20,000을 입금하고 증거금 계좌를 개설하였다. 주당 $60에 Landon Golf 사의 주식을 500주 매수하였다면 개시증거금은 얼마인가? 이 거래에 대한 계좌 대차대조표를 작성하라.

13. 마진콜(LO3, CFA4) $8,000를 입금하고 주가가 $48인 주식 500주를 매수하였다. 개시증거금이 30%이라면 주가가 얼마일 때 마진콜을 받게 되는가? 주가가 급락하였지만 지금 포지션을 유지하려고 한다면 어떤 대안이 있을 수 있는가?

14. 증거금과 레버리지(LO3, CFA4) 문제 13번에서 콜머니 이자율이 5%이고 스프레드가 1.5%라고 할 때 아래 주어진 주가에 따른 수익률을 계산하라. 배당은 없다고 가정하라.

a. $56
b. $48
c. $32

만약에 증거금 없이 주식을 $8,000 만큼 매수했다면 수익률은 얼마가 되었을까?

15. 증거금과 레버리지(LO3, CFA4) 콜머니 이자율이 5.6%이고 스프레드는 1.2%라고 하자. 개시증거금이 50%인 주식을 주당 $40에 1,000주를 매수하고 1년 후에 주가가 $45일 때 포지션을 마감하면 수익률은 얼마인가 (배당은 고려하지 않는다)?

16. 증거금과 레버리지(LO3, CFA4) 콜머니 이자율이 4.5%이고 스프레드는 2.5%이자. 증권계좌에 $15,000를 입금하고 주가가 $34인 주식을 800주 매수하고자 한다. 1년 후에 주가가 $48가 되어 포지션을 마감한다면 배당이 주당 $0.64일 때 수익률은 얼마인가?

17. 증거금 이자율(LO3, CFA4) 증거금 계좌에서 연실효이자율(EAR) 8.4%에 $50,000를 차입하였고 6개월 후에 상환하였다면 이자금액은 얼마인가?

18. 증거금 이자율(LO3, CFA4) 증거금 계좌에서 연실효이자율(EAR) 6.4%에 $75,000를 차입하였고 2개월 후에 상환하였다면 이자금액은 얼마인가?

19. 연수익률(CFA1) 매수한 증권을 7개월 동안 보유하였더니 보유기간수익률이 14%라면 연수익률은 얼마인가?

20. 연수익률(CFA1) 문제 19번에서 7개월이 아닌 5개월을 보유하였다고 하면 연수익률은 얼마인가? 보유기간과 연수익률 간에 어떤 관계가 존재하는가?

21. 연수익률(CFA1) 주식을 주당 $57에 매수하고 5개월 후에 $61에 매도하였는데 그 동안 배당을 주당 $0.60 받았다면 투자를 통해 얻은 연수익률은 얼마인가.?

22. 수익률 계산(CFA1) 문제 12번에서 콜머니 이자율이 5%이고 스프레드는 1.25%인, 주식을 6개월 보유하고 $65에 매도하였는데 매수 전까지 배당을 주당 $0.25 받았다면 금액기준 수익은 얼마인가? 연실효수익률은 얼마인가?

23. 공매도(LO4, CFA5) Rose사의 주가가 하락할 것이라고 믿고 800주 공매도하기로 했다. 현재 주가가 $47일 때 계좌 대차대조표를 작성하라. 개시증거금이 100%라고 가정하라.

24. 공매도(LO4, CFA5) 개시증거금 요건이 60%일 때 800주를 공매도하는 경우를 가정하며 문제 23번을 다시 풀어보라.

25. 공매도 수익률 계산(LO4, CFA5) Wetscope사의 주식을 주당 $96에 750주 공매도 하였다. 1년 후에 주가가 $86.50가 되었고 공매도 포지션을 커버하였다. 배당으로 주당 $0.75를 받았다면 투자 수익률은 얼마인가? 개시증거금이 60%라고 가정하라.

26. 공매도(LO4, CFA5) Freeze Frame사의 주가가 하락할 것이라 예상하고 주당 $72에 600주를 공매도 매수하였다. 개시증거금이 50%일 때 계좌 대차대조표를 작성하라. 주가가 $63일 때와 $77일 때의 계좌 대차대조표도 작성하라. 각각의 경우에 증거금은 얼마인가. 5개월 후에 공매도 포지션을 커버했다면 투자 수익률은 얼마인가?

CFA 관련 문제

[CFA1, CFA7, CFA10, CFA11]

Barbara Analee, a registered nurse and businesswoman, recently retired at age 50 to pursue a life as a blues singer. She had been running a successful cosmetics and aesthetics business. She is married to Tom, a retired scientist (age 55). They have saved $3 million in their portfolio and now they want to travel the world. Their three children are all grown and out of college and have begun their own families. Barbara now has two grandchildren. Barbara and Tom feel that they have achieved a comfortable portfolio level to support their family's needs for the foreseeable future.

To meet their basic living expenses, Tom and Barbara feel they need $75,000 per year in today's dollars (before taxes) to live comfortably. As a trained professional, Barbara likes to be actively involved in intensively researching investment opportunities. Barbara and Tom want to be able to provide $10,000 per year (pretax) indexed for inflation to each of their grandchildren over the next 10 years for their college education. They also want to set aside $15,000 each year (pretax) indexed for inflation for traveling for her musical performances around the United States. They have no debt. Most of their portfolio is currently in large-cap U.S. stocks and Treasury notes.

They have approached Pamela Jaycoo, CFA, for guidance on how to best achieve their financial goals. Inflation is expected to increase at an annual rate of 3 percent into the foreseeable future.

1. What is the Analees' return objective?

a. 6.67 percent

b. 6.17 percent

c. 3.83 percent

2. What is their tolerance for risk?

a. Average

b. Below average

c. Above average

3. What are Barbara's willingness and ability to assume risk?

	Willingness	Ability
a.	Above average	Average
b.	Below average	Average
c.	Above average	Above average

4. Based on the information in the case, which one of the following portfolios should the Analees choose?

	Expected Return	Allocation		
		Portfolio A	Portfolio B	Portfolio C
U.S. large stocks	9%	20%	5%	10%
U.S. small stocks	10	20	15	10
Foreign stocks	12	15	15	10
Corp. bonds	5	15	0	35
Gov. bonds	3	10	0	25
Venture capital	11	5	30	0
REITs	15	10	30	0
Cash	1	5	5	10
Pretax return		8.8%	11.6%	5.7%
After–tax return		5.6%	7.4%	3.6%
After–tax yield		1.9%	1.9%	2.8%

a. Portfolio A

b. Portfolio B

c. Portfolio C

CHAPTER 03

유가증권의 유형

"투자란 철저한 분석을 통해 원금을 지키고 적절한 수준의 수익을 얻는 것이다. 이러한 요건을 갖추지 못한 행위는 전부 투기다."

—

벤자민 그래이엄(Benjamin Graham)

학습목표

투자상품 호가가 의미하는 바를 제대로 이해하기 위해서는 다음 내용을 학습하라

1. 이자수익증권
2. 주식
3. 선물(거래) 계약
4. 옵션(거래) 계약

야후(Yahoo)사의 보통주에 $5,000을 투자하고 몇 달 후에 $7,500에 매도하여 50%의 수익이 발생했다고 하자. 나쁜 편은 아니라고 생각할 수 있는데 당신 친구는 야후주식의 옵션에 $5,000을 투자하고 만기일에 $25,000의 가치를 가지게 되면서 무려 400%의 수익을 실현했을 수도 있다. 대단하다고 느낄 것이다. 하지만 주가가 $2,500으로 하락한 경우를 살펴보자. 당신의 투자는 손실이 무려 50%에 달하게 되지만 옵션에 투자한 친구는 투자가치가 한 푼도 남지 않게 된다. 이 예를 통해 주식에 직접 투자하는 것과 주식옵션에 투자하는 것이 아주 다르다는 것을 제대로 이해할 수 있어야 한다.

CFA 예제

1. 현금흐름의 할인(L1, S2)
2. 고정수익증권: 구성요소의 이해(L1, S15)
3. 자기자본증권(L1, S14)
4. 파생상품시장과 파생상품(L1, S17)

이번 장에서는 전 세계 금융시장에서 거래되고 있는 다양한 증권의 유형에 대해 논의한다. 1장에서도 언급한 바처럼 채권, 주식, 선물거래와 옵션 등 금융자산에 대해 한정하여 간략하게 설명할 것이다. 특정 유형의 증권에 대한 자세한 설명은 해당 증권에 대한 개별 장을 참조하라.

개별 유형의 증권에 대해 설명하면서 3가지 질문을 항상 고려하기 바란다. 첫째, 기본적 특성과 특이한 점은 무엇인가? 둘째, 보유하는 경우에 발생할 수 있는 수익이나 손실은 무엇인가? 셋째, 개별 증권의 호가(price quotes)는 어떻게 주어지는가?

3.1 증권의 분류

증권의 유형에 대해 살펴보기 위해 증권을 어떻게 분류할 것인가의 기준이 필요하다. 표 3.1에서는 금융자산을 3개의 상위 기준으로 구분한 후에 다시 하위유형으로 나누어 구분하고 있다. 유형이 서로 배타적이지 않을 수 있지만 대부분의 금융자산이 포함된다. 이번 장에서는 표 3.1에 나열된 자산들에 대해 논의하도록 하자.

여러 유형의 증권을 살펴보다 보면 차이점이 명확하지 않은 경우도 있는데 특히 최근에 개발된 금융상품의 경우에 상품간 유사성이 더 커지면서 유형으로 분류하기가 어려워졌다. 주된 이유는 일부 금융상품은 하이브리드의 성격이 강해 여러 개의 기본 유형의 조합으로 구성되기도 하기 때문이다.

주식이나 채권과 같은 금융자산은 증권이라고 불리기도 하고 금융상품이라고 일컬어지는데 문맥에 따라 분명한 차이가 있기도 있지만 일반적으로는 혼용되는 경우가 대부분이다.

표 3.1
금융자산의 분류

기본 유형	하위 유형
이자수익증권	단기자금시장 수익증권
	고정수익증권
자기자본증권	보통주
	우선주
파생상품	선물거래
	옵션거래

확인 사항

3.1a 3가지 대표적인 금융자산은 무엇인가?

3.1b 분류하기가 어려운 금융자산은 무엇인가?

3.2 이자수익증권

일반적으로 이자수익증권은 직접적으로 또는 간접적으로 이자를 지급하기 때문에 가치가 이자율에 의해 좌우되게 된다. 이자를 지급하는 이유는 대부분이 일종의 대출이기 때문이고 기업이나 정부인 경우가 대부분인 발행자에게 채무가 발생된다.

이자수익증권에는 간단한 유형도 있고 복잡한 유형도 존재한다. 이제부터 기본적인 유형들을 소개하고 특성을 논의해보도록 하자. 보다 복잡한 유형의 이자수익증권에 대해서는 추후에 논의할 것이다.

단기자금 금융상품

단기자금시장 금융상품(money market instruments)은 이자수익증권의 가장 간단한 유형으로 다음과 같은 두 가지 특성을 지닌다:

단기자금시장 금융상품
일반적으로 일년 이하의 만기를 갖고 대기업이나 정부에 채무가 발생하는 금융상품

1. 자금을 차입함으로써 발행자인 기업이나 정부에게 채무가 발생된다.
2. 발행시점부터 일년 이하의 만기를 가지기 때문에 일년 이내에 상환하여야 한다.

단기자금시장 금융상품은 대부분 거래 단위가 크고 유동성이 좋은 편이다.

단기자금시장에서 거래되는 대표적인 금융상품에는 흔히 T-bill이라고 불리우는 단기재정증권이 있다. 매주 미국 재무성은 단기재정증권을 매도하여 수십억 달러에 달하는 자금을 시장에서 차입하고 있는데, 다른 단기자금시장 금융상품과 같이 할인되어 매도된다. 이는 액면가보다 낮은 금액으로 매도된다는 것을 의미하는 데 투자자는 액면가보다 낮은 금액을 지불하고 매수한 후에 만기 시점에서 액면가 전액을 돌려받게 되기 때문에 그 차액이 실현되는 이자 금액인 것이다.

단기재정증권(T-bill)은 단기자금시장에서 가장 유동성이 좋은 금융상품으로 거래규모가 가장 크고 거래도 활발하게 이루어진다. 단기자금시장에는 CD라고 불리

는 양도성예금증서와 기업과 지방정부가 발행하는 금융상품도 존재한다.

단기자금시장 금융상품을 매수하는 경우에 기대되는 잠재적 소득의 수준이 고정되는 것은 발행자가 고정된 수준의 수익을 제시하는 상품이기 때문이다. 그렇기 때문에 가장 중요한 위험은 차입자가 채무를 상환하지 못하게 되는 경우에 발생하는 신용위험일 것이다. 단기재정증권은 채무불이행이 발생하지 않는다고 인식되기 때문에 이론상으로 위험이 없는 상태를 의미하는 무위험자산이라 일컫는다. 사실상 단기자금시장 금융상품은 위험의 수준이 낮은 것이 대부분이지만 간혹 엄청난 수준의 채무불이행 사고가 발생한 적도 있었다.

그렇다면 투자자가 액면가 이상의 금액을 지급하는 경우가 있을까? 단기재정증권과 같은 단기자금시장 금융상품의 경우에 만기에 일시불로 지급이 일어나기 때문에 그런 상황은 발생하지 않는다. 하지만 극단적인 경우에 투자자가 액면가 이상의 금액을 지급하기를 희망할 수도 있는데 흔히 "투자피난처"라는 개념으로 이러한 현상을 이해할 수 있다. 2008년 금융위기 시기에 금융시장의 붕괴가 우려되기 시작하면서 투자자들의 입장에서 액면가 이상의 금액을 지급하더라도 정부가 자신들의 자산을 보호해 줄 수 있다고 생각했고 액면가 이상의 금액을 투자하려 했었던 것이다.

상이한 단기자금시장 금융상품의 가격은 다양한 형태로 여러 매체를 통해 접할 수 있다. 흔히 가격이 직접적으로 제시되기 보다는 이자율의 형태로 호가가 제공되는 것이 일반적이다. 정확한 이해를 위해서는 면밀한 논의가 필요하기 때문에 이에 대해서 좀 더 상세하게 살펴보기로 하자.

고정수익증권

고정수익증권
기업과 정부가 발행한 장기채권으로 약정에 따라 고정된 현금흐름이 발생하는 증권

고정수익증권(fixed-income securities)은 사전에 정해진 일정에 의해 고정된 금액을 지급하기로 약정된 증권을 의미한다. 고정수익증권의 주요 특성 중에 하나는 다른 단기자금시장 금융상품과 마찬가지로 일종의 대출이라는 점이다. 고정수익증권은 채무상환의 의무를 가지게 되는데 주로 기업이나 정부가 발행한다. 하지만 다른 단기자금시장 금융상품과는 다른 점은 만기가 발행시점부터 12개월 이상이라는 점이다.

고정수익증권에 차입금이나 채권이라는 용어가 쓰이기도 하지만 고정수익이라는 용어가 더 적합한 이유는 전통적 차입금이나 채권의 성격과는 다른 성격을 가지게 되면서 증권이라는 용어를 사용하고 있기 때문이다.

고정수익증권의 사례 고정수익증권의 간단한 사례를 들어보면 매월 말 미국 재무성은 250억달러 규모의 2년만기 재무성 채권을 매도한다. 만약 발행시점에서 매수한다고 가정하면 2년 만기 동안에 반기 마다 이표(coupon)라 불리는 일정 금액의 이자를 받게 되고 만기에는 액면가와 동일 금액을 받게 된다.

예를 들어 2년 만기의 표면금리가 연4%인 채권을 1백만 달러 정도 발행했다고 하자. 여기서 4%를 표면금리 또는 이표이자율이라 하는데 액면가 총액 1백만 달러의 4%인 4만 달러를 매년 이자로 지급해야 하기 때문에 반기마다 2만 달러의 이표를 지급하게 된다. 만기가 돌아오는 2년 후에는 액면가인 1백만 달러를 받게 된다. 이러한 특성을 가진 채권의 가격은 시장상황에 따라 달라지는데 재무성 채권의 가격에 관한 내용은 개별 장에서 좀 더 자세히 다루기로 한다.

예제 3.1

미국 재무성 채권

만약에 5년 만기 재무성 채권에 10만 달러를 투자한다고 하자. 표면금리가 5%이라면 향후 5년간 얼마를 받게 되는가? 10만 달러의 5%인 5천 달러를 매년 받게 되는데 반기마다는 2천5백 달러를 받게 되고 5년 후 만기가 도래하면 최종 이표액인 2천5백 달러와 액면가 금액인 10만 달러를 받게 될 것이다.

표면금리(이표이자율)과 **현행수익률**(current yield)을 혼동하지 않도록 주의해야 한다. 현행수익률은 연이표액을 채권가로 나눈 값을 의미하는데 대부분의 채권의 경우에 표면금리는 변동이 없지만 현행수익률은 채권가격 변화에 따라 변동한다.

> **현행수익률**
> 연이표금액을 시장가로 나누어 표현한 수익률

48개월 할부로 자동차를 구입하기로 하고 약정에 따라 48개월 동안 매월 400 달러를 납입해야 한다고 하자. 대출과는 달라 보일 수 있지만 사실상 차량구입자는 은행에게 고정수익증권을 발행한 것과 마찬가지이다. 은행은 당신의 계약을 포함한 다수의 할부계약을 다른 투자자에게 매도할 수 있다. 이는 자동차할부보다는 학자금대출의 경우에는 흔히 발생하는 현상이다.

고정수익증권의 호가 회사채 중개인들은 금융산업감독기관(Financial Industry Regulatory Authority, FINRA)의 감독 하에 거래정보를 TRACE(Trade Reporting and Compliance Engine)라는 시스템을 통해 보고하도록 하고 있으며 금융산업감독기관(FINRA)은 취합된 투자등급 회사채를 포함한 대부분의 고수익채권과 전환사채의 거래정보를 제공하고 있다. 그림 3.1은 금융산업감독기관(FINRA)의 시스템(TRACE)에 취합된 정보를 보여준다.

그림 3.1

회사채 거래정보

Source: https://finra-markets.morningstar.com/BondCenter, October 19, 2015. FINRA. FINRA is a registered trademark of the Financial Industry Regulatory Authority, Inc.

FINRA TRACE Market Aggregate Information

10/16/2015 GO

FINRA TRACE Bond Market Activity

View: Corporate | 144A | Agency | Structured Products

	All Issues	Investment Grade	High Yield	Convertible
Total Issues Traded	6325	4396	1737	192
Advances	3390	2244	1010	136
Declines	2679	2035	588	56
Unchanged	136	47	89	0
52 Week High	92	52	34	6
52 Week Low	157	84	69	4
Dollar Volume*	21861	13800	7338	723

* Par value in millions

About This Information

End of Day data. Activity as reported to FINRA TRACE (Trade Reporting and Compliance Engine). The Market breadth information represents activity in all TRACE eligible publicly traded securities. The most active information represent the most active fixed-coupon bonds (ranked by par value traded). Inclusion in Investment grade or High Yield tables based on TRACE dissemination criteria. "C" indicates yield is unavailable because of issue's call criteria.

Most Active Investment Grade Bonds

Issuer Name	Symbol	Coupon	Maturity	Moody's/S&P/Fitch	High	Low	Last	Change	Yield%
LOCKHEED MARTIN CORP	LMT.HK	4.250%	11/15/2019	Baa1/A-/A-	108.89200	108.74900	108.74900	-0.519000	1.998936
Bank of America Corporation	BAC.ICU	6.500%	08/01/2016	Baa1/A-/A	104.25200	104.13800	104.19100	-0.059000	1.071877
Intesa Sanpaolo S.P.A.	ISNP4087735	2.375%	01/13/2017	Baa1//BBB+	100.73700	100.37900	100.53400	0.002000	1.931621
GOLDMAN SACHS GROUP INC	GS4030214	2.900%	07/19/2018	A3/A-/A	103.54655	102.70900	102.84400	-0.101000	1.832096
LYONDELLBASELL INDS N V	LYB3878009	5.000%	04/15/2019	Baa1//	108.11000	107.79000	108.01600	0.035000	2.409085
BANK AMER CORP	BAC4273622	3.875%	08/01/2025	Baa1/A-/A	102.13800	101.69200	101.69200	-0.248000	3.666971
VALE OVERSEAS LTD	VALE3669360	6.875%	11/21/2036	Baa2//BBB+	85.00000	81.76400	84.50000	2.729000	8.462381
UNITED TECHNOLOGIES CORP	UTX3860975	4.500%	06/01/2042	A3/A-/A-	103.42200	102.55400	102.55400	-0.562000	4.337021
VERIZON COMMUNICATIONS INC	VZ3926243	0.700%	11/02/2015	Baa1/BBB+/A-	100.01130	100.00600	100.00700	-0.005100	0.469334
GOLDMAN SACHS GROUP INC MEDIUM TERM NTS	GS4141328	4.800%	07/08/2044	A3/A-/A	102.31900	100.33200	100.33200	-1.926000	4.778000

예제 3.2

회사채 호가

그림 3.1에서 만기가 가장 긴 채권은 어느 것인가? 액면가가 1천 달러라고 가정하면 이 채권의 100구좌의 가격은 얼마인가?

가장 만기가 긴 채권은 골드만 삭스(중기채) 채권인데 표면금리는 4.8%이고 2044년에 만기가 도래하게 된다. 종가기준으로 채권가격은 액면가의 100.332%이므로 액면가 $1000를 가정하면 채권가격은 $1,003.32이고 100구좌의 가격은 $100,332가 된다.

고정수익증권에 투자해서 얻을 수 있는 수익은 2가지 형태이다. 첫째, 보유기간 동안에 표면금리에 의한 이표를 받게 되고 액면가 수준의 원금이 상환된다. 둘째, 금리가 하락하는 경우에 증권의 가격이 상승하기 때문에 수익이 발생할 수 있다. 물론 금리가 불리한 방향으로 움직인다면 손실이 발생하기도 한다.

많은 고정수익증권이 발행자의 채무 불이행이라는 매우 심각한 위험에 노출되는데 발행자에 따라 그 수준이 상이할 수 밖에 없다. 예를 들어, 미국정부가 발행한 재무성 채권은 그 위험의 수준이 심각하지 않겠지만 그 외 발행자는 무시할 수 없는 수준의 위험이 발생하곤 한다. 마지막으로, 다른 단기자금시장 금융상품과는 달리 고정수익증권은 발행자의 상황과 채권의 특성에 따라 유동성의 수준이 높지 않은 경우도 많다.

확인 사항

3.2a 2개의 대표적인 이자수익증권은 무엇인가?

3.2b 고정수익증권의 2개의 기본 특성은 무엇인가?

3.3 주식

많은 사람들에게 있어 아마도 주식이 가장 익숙한 유가증권일 것이다. 가장 대표적인 2가지 유형의 주식은 보통주와 우선주이다. 일반 투자자들에게 있어서 가장 중요한 유형의 주식인 보통주에 대해 먼저 논의해보도록 하자.

보통주

보통주에 투자하는 것은 기업에 대한 소유권을 갖는다는 것을 의미한다. IBM사의 주식을 1000주 매수하면 IBM주식의 약 0.000102%(IBM의 총발행주식 수는 약 9억8천만 주이다)를 소유하게 된다. 소유하게 된 지분율에 따라서 배당을 받게 되고 만약 IBM이 인수되거나 청산되는 경우에는 채무를 정리한 후에 잔존가치에 대해서도 지분율에 따라 권리를 주장할 수 있게 된다.

위의 예에서 0.000102%의 지분율로 의사결정에 커다란 영향을 미치기는 어렵겠지만 기업의 소유주로서 주요 의사결정에 있어서 의결권을 행사할 수 있다. 또한 일부 기업들은 차등의결권 제도를 통해 창업자들이 소유한 주식에 일반 투자자들이 소유한 주식보다 높은 수준의 의결권을 부여하기도 한다. 차등의결권은 창업자들이 적은 지분율로도 기업을 통제할 수 있는 제도적 장치이다.

표 3.2는 우리에게 잘 알려진 회사들이 차등의결권을 통해 주식의 의결권을 달리하고 있는 사례를 보여준다. 예를 들어, 페이스북의 창업자인 Mark Zuckerberg가 소유한 주식은 일반 주식과 달리 10개의 의결권을 행사할 수 있다.

보통주에 투자하는데 있어 고려할 장점은 아래의 2가지이다. 첫째, 기업이 주주에게 배당을 지급하는데 있어 배당시점과 배당금액이 사전적으로 정해지지 않는 것이 일반적이지만 언제든지 증가, 감소 또는 미지급 등의 의사결정은 가능하다.

표 3.2
차등의결권(Dual Class Rights) 주식 발생 회사

회사	의결권
그루폰(Groupon)	150
징가(Zynga)	70
페이스북(Facebook)	10
구글(Google)	10
링크트인(LinkedIn)	10
질로우(Zillow)	10

단, 배당은 기업 이사회의 의사결정에 의한 것이고 이사회는 주주들에 의해 선출된다.

둘째, 주식에 투자하는 경우에 증권시장이 호황이거나 기업의 향후 전망이 긍정적인 경우에 주가가 상승하게 된다는 것이다. 물론 반대의 경우도 얼마든지 가능하다. 경제상황이 좋지 않거나 기업에 대한 전망이 부정적인 경우에 주가가 하락할 수도 있다는 것이다. 1장에서 살펴본 것처럼 유사한 기업의 주식에 투자할 때의 잠재적 수익과 투자 위험이 클 수 있다.

우선주

또 다른 유형의 주식에는 우선주가 있는데 다음과 같은 점에서 보통주와 구별된다. 첫째, 우선주 배당금액은 일반적으로 고정되어 있으며 기업이 청산되는 시점에서 약정된 액면가 수준의 가치를 지니게 된다. 우선주가 "우선"이라고 불리게 된 이유는 보통주 주주보다 일정 금액의 배당을 "우선"하여 지급해야 하기 때문이다.

우선주 배당은 이사회의 결정에 의해서 생략될 수 있다는 점에서 채무로 간주되지는 않는다. 즉 법률적으로 볼 때 만약 보통주에 대한 배당이 지급되지 않는다면 우선주에 대한 배당도 지급되지 않을 수 있다는 것이다. 하지만 우선주 배당은 누적(cumulative)되기 때문에 보통주 배당이 지급되기 위해서는 과거에 지급되지 않았던 우선주에 대한 배당금액의 누적총액(이자는 부리되지 않는다)이 반드시 지급되어야 한다.

우선주 투자를 통한 잠재적인 수익의 원천은 배당과 가격상승으로 인한 자본소득이다. 반면에 잠재적 손실은 시장의 불황이나 기업의 향후 전망이 부정적일 경우에 발생하게 된다.

우선주 발행규모가 보통주에 비해서는 적은 편이지만 대기업, 특히 은행과 공사 등,이 주된 발행자이다. 여러 면에서 우선주는 고정수익증권과 유사하기 때문에 동일하게 취급되기도 하는데 특히 투자자에게 지급되는 금액이 고정되어 있고 청산가격도 사전적으로 정해져 있다는 면에서 유사하기 때문이다. 주된 차이점은 우선주는 채권이 아니기 때문에 회계적으로 그리고 납세의 측면에서 볼 때 자기자본으로 취급된다는 점이다.

우선주의 경우를 통해서 볼 때 증권을 분류할 수 있는 간단명료한 기준을 세우는 것이 쉬운 일이 아니라는 점을 알 수 있다. 더욱 복잡한 경우에는 우선주의 배당이 고정되어 있지 않아 고정수익증권으로도 분류하기가 어려워지게 된다. 채권 중에는 현금흐름이 고정되어 있지 않는 경우도 있고 특수한 경우에는 배당의 지급을 이연 할 수 있는 경우도 존재하는 등 다양한 하이브리드 증권이 존재한다.

더욱 곤란한 경우는 전환사채(convertible bond)와 같은 경우이다. 채권투자자가 원하는 경우에는 일정 수준의 주식으로 전환될 수 있다는 점을 제외하고는 일반적 형태의 채권과 동일하다고 할 수 있지만 증권을 분류한다는 측면에서 보면 채권인지 주식인지를 결정하기가 매우 어려운 경우이다.

보통주 호가방식

고정수익증권과는 달리 보통주와 우선주의 가격호가방식은 동일하다. 그림 3.2에 제시된 〈월스트리트 저널〉 웹사이트(www.wsj.com)의 보통주 거래상위종목 섹션에서 트위터(TWTR) 주가와 관련된 부분에 주목하라.

종목(issue) 열은 회사의 상호와 종목코드(Ticker Symbol)을 보여주고 있으며 거래량(Volume) 열의 수치를 통해 당일 실제거래 수량이 18,378,855주 (오후 2:02 현재기준)라는 것을 알 수 있다. 투자자들이 100주를 호가단위(round lots)로 주식을 거래하기 때문에 거래량이 100주 단위로 제시되고 있다. 예를 들어, 트위터 주식의 거래량을 제시하고 싶다면 183,789로 거래량을 제시하게 된다는 뜻이다.

다음 열은 트위터사 주식의 시장가(Price)를 의미하고 주가변화(Chg)의 단위는 달러로 표시되어 있으며 주가변화율(% Chg)은 전일종가대비 가격변화율을 의미한다. 트위터사 주식은 현재 가격이 $30.69이며 전날대비 $0.46 하락했는데 비율로 표시하면 가격이 1.48% 하락했다는 뜻이다. 당일 종가는 미국 동부시간(EST)으로 오후 4시에 폐장되는 시점에서의 종가를 의미한다. 〈월스트리트 저널〉의 웹사이트(www.wsj.com)에서 우선주에 대한 정보도 얻을 수 있다.

정보를 제대로 이해하기 위해서는 관심있는 기업의 종목코드를 알아야 하는데

그림 3.2

거래상위종목

Source: www.wsj.com, October 19, 2015. The Wall Street Journal, 2015. Dow Jones & Company Inc.

NYSE Most Active Stocks | Nasdaq | Arca | Composite

Monday, October 19, 2015 - 2:02 pm ET   Find Historical Data | WHAT'S THIS?

	Issue (Roll over for charts and headlines)	Volume	Price	Chg	% Chg
1	General Electric (GE)	81,964,206	$28.96	-0.02	-0.07
2	Weight Watchers International (WTW)	48,688,719	13.49	6.70	98.67
3	Bank of America (BAC)	36,907,818	16.14	0.02	0.16
4	Morgan Stanley (MS)	26,243,736	31.87	-2.08	-6.13
5	Twitter (TWTR)	18,378,855	30.69	-0.46	-1.48
6	Petroleo Brasileiro ADR (PBR)	15,226,002	4.93	-0.15	-2.95
7	Vale ADR (VALE)	14,602,386	4.54	-0.25	-5.11
8	Freeport-McMoRan (FCX)	14,344,135	11.79	-0.65	-5.18
9	Cemex ADR (CX)	13,534,100	7.72	-0.18	-2.22
10	AT&T (T)	13,469,742	33.57	-0.26	-0.77
11	Rite Aid (RAD)	12,664,189	6.42	0.09	1.50
12	Alcoa (AA)	11,965,075	9.41	-0.14	-1.47
13	Synchrony Financial (SYF)	11,723,741	29.86	-0.28	-0.95
14	Barrick Gold (ABX)	11,408,906	7.59	-0.26	-3.31
15	Wal-Mart Stores (WMT)	11,171,011	58.82	-0.07	-0.11

종목코드는 회사마다 할당된 글자의 조합으로 이루어져 있다. 예를 들어 노드스트롬이라는 백화점의 종목코드은 JWN이다.

주가에 관한 정보는 매시간 방송과 인터넷을 통해 얻을 수 있으며 자신이 선택한 종목에 대한 실시간 정보를 전달해주기도 한다.

배당을 지급하는 회사의 목록을 원하는 투자자들을 위한 정보가 그림 3.3에 제시되고 있는데 그림 3.2와 매우 유사한 형식으로 배당과 관련된 배당수익률이나 주가수익비율 등과 같은 추가적인 정보가 포함되어 있다.

그림 3.3의 목록은 "부동산 섹터"의 주식목록을 보여준다. Five Oaks Investment(OAKS)라는 종목코드를 찾아보라. 첫번째 2개 열에서 배당액과 배당수익률이 각각 $1.2과 17.32%라는 것을 알 수 있다. 배당수익률이 높은 편인데 분기배당금액이 일정한 편인 대부분의 회사와는 달리 부동산회사는 법적인 규제로 인해서 수익률의 수준을 고정하는 경우가 있기 때문이다. 따라서 기업의 성과에 따라 그리고 연도에 따라 배당 성향에 변화가 발생하곤 한다.

배당을 지급하는 회사들은 대부분 분기별로 배당을 지급하지만 Five Oaks는 다른 부동산회사와 마찬가지로 매월 배당을 지급하고 있기 때문에 $1.2라는 배당금액은 최근월에 지급한 배당의 12배에 달하는 금액이다. 일반적인 기업들의 경우에는 최근월 지급배당액의 4배를 공지하게 된다. 배당수익률은 당해연도의 배당금액을 종가로 나눈 값을 의미한다.

마지막 열은 주가수익비율(P/E)을 보여주는데 주당가격을 주당당기순이익으로

Stock Scan: Dividend Stocks

TOP-YIELDING STOCKS

GO TO: WAYS TO INVEST FOR DIVIDENDS: ETFs | Stocks With Fastest Dividend Growth | High-Yielding Mutual Funds

Monday, October 19, 2015 - 2:03 pm ET

Find Historical Data | WHAT'S THIS?

Stocks with the highest dividend yields in the day's best performing U.S. sectors, ranked by dividend yield.

					DAILY				52-WEEK RANGE				
Div amt	Div % yld	Index/Core stock	Symbol	Mkt cap	Last	Chg	% Chg	YTD % chg	Low	Last (●)	High	% Chg	P/E ratio
...	...	Real Estate	...	...	2813.36	17.10	0.61	-1.9	2541.49		3108.75	5.7	...
$2.40	20.21	Western Asset Mortgage	WMC	$504	$11.88	-0.15	-1.21	-19.2	$11.07		$15.81	-17.8	9.21
3.96	18.60	Armour Residential REIT	ARR	926	21.30	0.02	0.07	-27.7	19.48		32.56	-33.0	...
1.20	17.32	Five Oaks Investment	OAKS	103	6.93	-0.08	-1.14	-35.8	5.60		11.27	-37.8	...
1.68	17.16	Orchid Island Capital	ORC	213	9.79	-0.01	-0.10	-25.0	7.13		14.99	-32.7	9.24
0.96	16.85	New York Mortgage Tr	NYMT	621	5.70	0.02	0.30	-26.1	5.31		8.20	-25.1	4.56
1.08	16.67	Javelin Mortgage Invt	JMI	77	6.48	0.02	0.31	-37.5	5.75		12.88	-49.1	...
2.50	16.35	Arlington Asset Inv CIA	AI	352	15.29	-0.04	-0.26	-42.5	13.69		28.19	-41.9	...
2.40	15.09	AG Mortgage Inv Trust	MITT	454	15.90	-0.07	-0.44	-14.4	14.83		19.97	-15.6	11.78
1.92	14.52	Apollo Residential Mtg	AMTG	427	13.22	-0.07	-0.53	-16.2	12.21		16.71	-19.0	20.34
2.20	14.52	Altisource Residential	RESI	876	15.15	-0.16	-1.01	-21.9	13.32		24.75	-38.4	8.28

그림 3.3

수익률 상위 종목: 부동산 섹터

Source: www.wsj.com, October 19, 2015. The Wall Street Journal, 2015. Dow Jones & Company Inc.

나눈 값이다. 주당당기순이익은 당해연도 4분기 동안의 총수익을 의미한다. 배당에 관한 본격적인 논의가 이루어질 때 배당수익률과 주가수익비율에 대한 자세히 논의하기로 하자.

확인 사항

3.3a 자기자본 유가증권의 2가지 유형은 무엇인가?

3.3b 우선주를 고정수익증권으로 분류하기도 하는 이유는 무엇인가?

3.4 파생상품

유형의 실물자산과 법적인 권리를 의미하는 금융자산 간에는 뚜렷한 차이가 존재한다. 금융자산은 기초자산과 파생상품으로 나누어지는데 기초자산(primary asset) 중에는 기업이나 정부가 자금조달을 위해 발행하는 증권으로 발행자의 자산에 대한 권리를 제공하는 주식이나 채권이 기초금융자산이 있다.

기초자산
기업이나 정부가 자금을 조달하여 발행한 증권

반면에 파생상품(derivative asset)은 기업이나 정부가 자금을 조달하기 위해 발행하는 자산이 아닌 기존에 존재하는 기초자산에서 가치가 파생되는 금융자산이다. 파생상품은 주식이나 다른 파생상품과 같은 금융자산이나 금과 같은 실물자산의 미래가치에 대한 권리를 의미한다. 다양한 파생상품이 존재하며 지금 이순간에도 새로운 파생상품이 개발되고 있기 때문에 "파생상품"에 대한 일관성 있는 정의

파생상품
기업이나 정부가 자금조달을 위해 발행된 것이 아니라 기존에 유통되고 있는 자산에서 가치가 파생되는 금융자산 (일반적으로 금융자산은 기초자산이 아니다)

를 제시하는 것은 쉽지 않다. 가장 간단한 이해방식은 기초자산이 아닌 모든 금융자산은 파생상품이라고 이해하는 것이다

파생상품의 간단한 예를 들어보기 위해 당신과 당신의 친구가 절반씩 투자하여 앞서 언급한 바 있는 트위터 배당주 1,000주를 매입하고 일년 후에 매도하기로 했다고 가정하자. 배당은 당신이 받고 당신의 친구는 가격상승으로 인한 자본소득을 받기로 하는 대신에 1,000주 전체에 대한 손실도 감당하기로 약속했다.

기초자산은 트위터사의 주식이 되고 2가지의 일종의 파생상품이 발생하게 되는데 하나는 당신이 소유하게 되는 배당만 받는 주식이고 또 다른 하나는 당신 친구가 소유하게 되는 배당이 없는 주식이라고 볼 수 있다. 시장에는 이와 유사한 파생상품이 실제로 존재하는 것은 물론 이보다 복잡한 다양한 유형의 파생상품이 존재한다.

대표적인 2가지 파생상품은 선물과 옵션이다. 다른 유형도 존재하나 대부분 선물과 옵션에 기초자산을 조합하여 만들어지며 다만 복잡성이 더해진 파생상품이라고 볼 수 있다. 우선 상대적으로 간단한 선물(거래)계약에 대해서 살펴보자.

선물(거래) 계약

선물(거래) 계약
미래에 발생할 거래의 조건에 대해 오늘 체결되는 합의계약

여러 측면에서 선물계약은 금융상품 중에 가장 간단한 유형이라고 할 수 있다. 선물계약(futures contract)은 미래에 발생할 거래에 대한 약정을 오늘 체결하는 것이라 할 수 있다. 선물계약은 매수자와 매도자를 중개하는 기능을 수행하는 선물거래소에서 거래된다. 예를 들어, 당신이 만약 6개월 후에 100온스의 금이 필요하다면 금을 매도할 계획이 있는 거래상대방으로부터 6개월 후에 온스당 $1,200에 100온스의 금을 매수할 수 있는 약정을 체결하면 된다. 다시 말해 당신과 매도자가 선물거래소를 통해 6개월 후에 100온스의 금과 $120,000을 교환하기로 오늘 약속한 셈이 되는 것이고 이것이 선물계약인 것이다.

선물계약으로 인해 당신은 오늘부터 6개월 후 시점에서 정해진 가격에 금을 반드시(lock in 되었다고 표현한다) 매수하여야만 한다. 만약에 6개월 후에 금가격이 온스당 $1,350에 거래된다면 당신은 체결한 선물계약으로 인해 $1,200만 지불하면 되기 때문에 수익이 발생하게 된다. 하지만, 금가격이 $1,100이 되면 온스당 $1,200을 지불해야 하기 때문에 손실이 발생한다. 따라서 선물계약은 오늘의 선물가격과 미래의 금가격이 다를 수 있기 때문에 위험이 발생하게 되는 것이다. 선물계약은 오늘 당장은 지불의 의무가 없다는 점에 주목하기 바란다.

선물계약을 체결하고 4개월이 지난 시점에서 계약을 해지하는 것이 가능할까?

다른 거래상대방에게 선물계약을 매도하는 방법이 있는데 매도하는 시점에서 수익이나 손실이 발생할 수 있다. 계약만기까지는 2개월이 남은 상태이다. 시장참여자들이 만기 시점에서 금가격이 $1,200 이상이 될 것이라고 예상한다면 계약의 가치는 높아질 것이기 때문에 매도시점에서 수익이 발생할 것이다. 반면에 시장참여자들의 예상이 금값 하락이라면 매도시점에서 다른 거래상대방에게 계약을 이전하기 위한 비용이 발생할 것이고 손실이 실현되게 된다.

선물계약은 역사적으로 유래가 오래된 방식의 거래로 현재도 다양한 기초자산에 대한 선물계약이 거래되고 있다. 대표적인 2가지 유형의 선물계약에는 금융선물과 상품선물이 있다. 차이점은 금융선물의 경우에는 기초자산이 무형의 주식, 채권, 화폐, 또는 단기자금시장 금융상품이고 상품선물은 기초자산이 축산물이나 농산물 또는 광물이나 연료 등의 실물자산이다.

선물가격 호가 방식

거래소 선물계약의 중요한 특징은 표준화된 계약이기 때문에 하나의 선물계약마다 기초자산의 단위가 정해져 있고 선물계약에 따라 기초자산에 대한 구체적 설명과 배달장소가 명기되어 있다는 점이다. 예를 들어, 밀선물계약의 경우에는 선물계약마다 밀의 종류가 특정되어 있고 최소 계약단위인 5,000부쉘(밀계약 단위)의 밀이 특정 날자에 특정 장소에 배달되어야 한다고 정해져 있다.

그림 3.4은 〈월스트리트 저널〉의 웹사이트(www.wsj.com)에 제시된 미국 10년을 국채 선물가격을 보여주고 있다. 미국 국채선물의 최소계약단위는 액면가 기준

US 10 Yr. T-Notes Comp. - CBOT

Contract	Month	Last	Chg	Open	High	Low	Volume	OpenInt	Exchange	Date	Time
10 Yr Note	Dec '15	**128'31.0**	-0'02.0	128'30.5	129'04.0	128'23.0	776829	2827291	CBT	10/19/15	18:41:40
10 Yr Note	Mar '16	**128'17.5**	-0'05.5	128'17.5	128'20.0	128'13.0	197	5941	CBT	10/19/15	17:56:04
10 Yr Note	Jun '16	**127'24.0**y					0	0	CBT	10/16/15	19:00:55
10 Yr Note	Sep '16	**127'01.0**y					0		CBT	10/16/15	19:00:55
10 Yr Note	Dec '16	**125'31.5**y					0		CBT	09/22/15	19:01:46

- Chart - Options - Quotes Save Quote Board

CME ice

Data retrieved at Oct 19 18:51:50 GMT • All quotes are in Greenwich Mean Time • Data provided by Interactive Data

그림 3.4 선물거래

Source: www.wsj.com, October 19, 2015. The Wall Street Journal, 2015. Dow Jones & Company, Inc.

으로 $100,000달러이고 CBOT라는 단어는 미국 국채선물 계약이 시카고 선물거래소(Chicaog Board of Trade, CBOT)에서 거래되고 있음을 명시해주고 있다.

그림 3.4의 "월"열은 선물계약의 미국 국채의 배송월을 의미하며 "Mar 16"은 2016년 3월에 배송되어야만 하는 선물계약이라는 것이다. 배송월 다음에는 가격정보가 나열되어 있는데 현가(종가), 전일대비 가격변화, 시초가, 최고가 및 최저가를 보여준다. 시초가는 당일 개장후 최초 가격을 의미하며 최고가와 최저가는 당일 최고 가격과 최저 가격이다. 미결제약정(Open Interest)는 매수 및 매도 후에 아직 결제되지 않은 금액을 의미한다.

미국 국채선물 계약에 대해 알아보기 위해 2016년 3월에 만기가 도래하는 선물계약을 매수하였다고 가정하자. 선물계약을 매수했다는 것은 3월에 만기가 되면 액면가가 $100,000인 미국 국채를 128'17.5의 가격으로 즉 $100 당 128와 17.5/32배의 가격으로 매수하겠다는 약정을 체결한 것이다. 여기서 128'17.5의 의미는 $100,000에 $18,547.88의 가격을 표기하는 방식이다. 오늘 당장은 현금거래가 이루어지는 것은 아니다. 더이상 아무런 거래가 없으면 3월이 도래하게 되면 미국 국채를 매입하고 가격을 지불해야만 할 것이다.

모든 선물계약이 배달을 통해서 계약이 이행되는 것은 아니다. 대부분의 매수자와 매도자는 만기가 도래하기 이전에 반대 포지션을 취하여 원래의 선물계약을 종결하는 것이 일반적이다. 예를 들어 미국 국채선물 계약에 매수하였으나 더 이상 계약의무를 이행하고 싶지 않아졌다면 동일한 수준의 선물계약에 매도 포지션을 취하여 원래의 포지션을 종결할 수 있게 된다.

선물(거래)계약의 소득과 손실

선물계약을 통해 발생할 수 있는 소득과 손실의 규모는 막대할 수 있다. 그림 3.4에 근거하여 미국 국채를 매수하였다고 하자. 액면가 $100당 2015년 3월 선물의 선물가격은 128'17.5라고 가정하여

1개월 후에 인플레이션이 감소하면서 3월물 미국 국채선물 계약의 가격이 $5 상승하여 133'17.5가 되었다. 엄청난 가격상승이 아닌 것처럼 보일 수도 있으나 선물계약상의 소득은 액면가 $100당 $5이기 때문에 최소계약단위인 $100,000을 기준으로 하면 $5,000에 이르는 수준이다. 만약에 15개의 선물계약을 체결하였다면 그 소득의 수준은 15×$5,000=$75,000에 이르게 된다. 물론 가격이 $5 하락하였다면 손실의 규모가 동일한 수준일 것이다.

예제 3.3

7월에 5개의 9월물 미국 국채선물 계약을 135'22의 가격에 매수하였다고 하자. 오늘 얼마를 지불해야 하는가? 1개월 후에 포지션을 종결(close)하려고 할 때 9월물 선물계약의 가격은 130'21이 되었다면 투자자에게 소득 또는 손실이 발생하는가? 그 규모는 얼마인가?

선물계약을 매수할 때는 실제 거래는 9월에 이루어지는 것이므로 현재는 지불할 금액이 없다.

\$100당 135'22를 지불하기로 약정하였으므로 1개월 후에 포지션을 종결하기 위해서는 당시 가격인 130'21이 적용되어 \$100당 135'22 − 130'21 = $5_{1/32}$의 손실이 발생하게 된다. 즉 $5_{1/32}$ × 1,000 = \$5,031.25을 지불해야 하며 5개의 계약을 고려하면 총손실을 \$5,031.25 × 5 또는 \$25,156.25에 이르게 된다.

확인 사항

3.4a 선물(거래)계약이란 무엇인가?

3.4b 선물(거래)계약의 일반적 유형은 무엇인가?

3.4c 선물계약을 통해서 어떻게 소득과 손실이 발생하는지 설명하라.

3.5 옵션(거래) 계약

옵션 계약(option contract)을 통해 옵션보유자에게 특정시점에 특정가격에 특정 기초자산을 매수 또는 매도할 권리가 부여된다. 의무가 아니라는 점에 주목하라. 가장 익숙한 옵션은 주식옵션으로 주식을 매수 또는 매도할 권리를 의미한다. 옵션을 통해서 매우 융통성 있는 투자가 가능하다는 점에서 투자자에게 잘 알려져 있다. 다음에서는 옵션의 중요한 개념에 대해 논의해보기로 하자.

> **옵션 계약**
> 옵션매수자에게 의무가 아닌 특정 시점에 특정 가격에 특정 자산을 매수 또는 매도할 권리(의무가 아닌)를 부여하는 계약

옵션 관련 용어

옵션에는 매수옵션과 매도옵션이라는 2가지 유형이 존재한다. **매수 옵션**(call option)을 보유하고 있으면 특정 시점에 사전적으로 정해진 가격으로 기초자산을 매수할 수 있는 권리(의무가 아닌)를 가지게 된다. 반면에 **매도 옵션**(put option)을 보유하는 경우에는 특정 시점에 사전적으로 정해진 가격으로 기초자산을 매도할 수 있는 권리(의무가 아닌)를 가지게 된다

> **매수 옵션**
> 옵션매수자에게 행사가격에 기초자산을 매수할 권리(의무가 아닌)를 부여하는 옵션

> **매도 옵션**
> 옵션매수자에게 행사가격에 기초자산을 매도할 권리(의무가 아닌)를 부여하는 옵션

옵션은 일상생활에서도 존재한다. 예를 들어 당신이 중고차를 사려고 한다고 하

자. 당신과 매도자는 차량가 $8,000이 적당하다고 생각한다. 당신이 매도자에게 $200을 지불하고 1주일 동안 차량을 판매하지 말아달라고 요청했다면 당신은 1주일 내로 총 $8,000을 지불하지 않으면 선지급한 $200을 잃게 될 것이다.

이 경우가 매수옵션과 동일한 상황이다. 차량 판매자에게 $200을 지불하고 1개월 후에 차량을 $8,000에 매입할 수 있는 권리(의무가 아닌)를 갖게 된 것이다. 마음이 바뀌어 차량 매입을 포기하게 되면 미리 지급한 $200은 고스란히 손실로 처리되겠지만 매수할 수 있는 권리에 대한 비용이라고 생각할 수 있다. 이처럼 권리에 대한 비용인 $200를 옵션 프리미엄(option premium)이라고 부른다.

옵션 프리미엄
옵션을 매수할 권리에 대한 가격

추가적으로 다음의 개념을 이해할 필요가 있다. 첫째, 옵션계약에서 기초자산이 매수 또는 매도되는 가격을 행사가격(strike price 또는 exercise price)이라고 하는데 옵션에서 기초자산을 매수 또는 매도하는 행위를 "옵션을 행사"한다고 말하기 때문이다.

행사가격
옵션가격은 옵션이 행사될 때 (매수옵션의 경우에) 옵션매수자가 주식을 매수할 때 지불해야할 금액을 (매도옵션의 경우에는) 옵션매수자가 지급받을 금액을 의미하며 행사가격이라고 한다.

미국 선물시장에서 매월 마지막 거래일은 옵션만기월의 3번째 금요일(해당 금요일이 공휴일인 경우에는 3번째 목요일)이고 주식옵션의 만기일은 마지막 거래일 이후 첫번째 토요일이다. 만기일은 (미국식 옵션의 경우에) 옵션이 행사될 수 있는 마지막 날이거나 (유럽식 옵션의 경우에) 옵션 행사가 가능한 날을 의미한다. 최근 들어 주간 옵션의 거래가 활발해지고 있는데 주간 옵션은 매주 말에 만기가 도래하기 때문에 목요일 또는 금요일이 마지막 옵션거래일이 된다.

옵션과 선물의 비교

옵션계약과 선물계약의 차이를 설명해보자 한다. 첫째, 선물계약의 매수자는 특정 가격에 기초자산을 매수해야만 하는 의무(선물계약의 매도자는 매도해야만 하는 의무)를 지니는 반면에 매수옵션의 매수자는 기초자산을 매수할 의무가 아닌 권리를 지니게 된다.

둘째, 선물계약을 매수할 때는 지급할 필요가 없으나 옵션계약을 매수할 때는 매수시점에서 옵션프리미엄을 지급해야 하고 옵션을 매도할 때는 매도시점에서 옵션프리미엄을 받게 된다.

옵션의 호가방식

선물계약과 유사하게 옵션계약도 표준화되어 있어 옵션 1계약당 100주의 주식을 매수할 권리를 부여하는 것이 일반적이다. 따라서 매도옵션은 100주의 주식을 살 권리가 부여된다.

November 20, 2015 ⌄ In The Money List Straddle Lookup Option

Calls

Strike	Contract Name	Last	Bid	Ask	Change	%Change	Volume	Open Interest	Implied Volatility
80.00	NKE151120C00080000	45.30	51.75	53.70	0.00	0.00%	30	30	99.90%
100.00	NKE151120C00100000	22.75	31.15	34.25	0.00	0.00%	10	28	72.66%
105.00	NKE151120C00105000	20.89	26.20	28.75	0.00	0.00%	1	6	54.15%
110.00	NKE151120C00110000	20.90	21.25	23.80	0.00	0.00%	2	127	46.51%
115.00	NKE151120C00115000	18.03	17.40	18.80	2.95	19.56%	2	467	37.99%
120.00	NKE151120C00120000	13.55	13.35	13.95	2.77	25.70%	23	1026	31.40%
125.00	NKE151120C00125000	8.95	8.95	9.30	2.45	37.69%	164	3806	25.73%
130.00	NKE151120C00130000	5.12	5.05	5.25	1.87	57.54%	401	2718	21.94%
135.00	NKE151120C00135000	2.21	2.13	2.28	1.05	90.52%	560	2368	19.43%
140.00	NKE151120C00140000	0.63	0.61	0.67	0.35	125.00%	984	795	17.69%
145.00	NKE151120C00145000	0.13	0.11	0.15	0.07	116.67%	20	95	17.24%
150.00	NKE151120C00150000	0.02	0.00	0.05	0.00	0.00%	1	2	18.75%

Puts

Strike	Contract Name	Last	Bid	Ask	Change	%Change	Volume	Open Interest	Implied Volatility
65.00	NKE151120P00065000	0.02	0.00	0.01	0.00	0.00%	15	30	75.00%
70.00	NKE151120P00070000	0.02	0.00	0.01	0.00	0.00%	25	514	68.75%
75.00	NKE151120P00075000	0.01	0.00	0.01	0.00	0.00%	50	12837	62.50%
80.00	NKE151120P00080000	0.03	0.00	0.03	0.00	0.00%	202	268	60.94%
85.00	NKE151120P00085000	0.02	0.00	0.05	0.00	0.00%	1	1513	57.03%
90.00	NKE151120P00090000	0.02	0.01	0.02	-0.01	-33.33%	2	40	49.22%
95.00	NKE151120P00095000	0.05	0.01	0.07	-0.02	-28.57%	15	114	49.81%
100.00	NKE151120P00100000	0.08	0.05	0.07	0.00	0.00%	109	1548	42.97%
105.00	NKE151120P00105000	0.07	0.03	0.11	-0.03	-30.00%	10	752	38.97%
110.00	NKE151120P00110000	0.12	0.11	0.13	-0.06	-33.33%	48	717	33.20%
115.00	NKE151120P00115000	0.29	0.21	0.24	0.01	3.57%	79	4311	29.88%
120.00	NKE151120P00120000	0.38	0.38	0.44	-0.19	-33.33%	126	3986	26.27%
125.00	NKE151120P00125000	0.82	0.78	0.87	-0.43	-34.40%	334	2550	22.93%
130.00	NKE151120P00130000	1.84	1.77	1.82	-1.00	-35.21%	683	1042	19.90%
135.00	NKE151120P00135000	3.85	3.75	3.95	-2.25	-36.89%	12	745	18.16%

그림 3.3

수익률 상위 종목: 부동산 섹터

Source: finance.yahoo.com, October 19, 2015

그림 3.5은 나이키 주식의 매수옵션과 매도옵션의 일중거래 호가를 보여주는데 자료는 야후웹사이트(finance.yahoo.com)에서 종목코드(NKE)를 이용한 결과로 가격이 $133.11였다는 것을 알 수 있다.

그림의 첫번째 열은 11월 만기 옵션의 행사가격을 보여주고 있는데 2015년 11월 20일에 만기가 도래하는 옵션들에 관한 정보이다. 둘째 열은 개별 종목의 종목코드이며 매수가(bid price)는 투자자 입장에서 시장가로 옵션을 매도하는 경우에 지급받게 되는 금액이고 매도가(ask price)는 투자자 입장에서 시장가로 옵션을 매수하는 경우에 지급해야하는 금액을 의미한다. 여섯번째 열은 전일대비 종가의 변화를 보여주고 있으며 거래량과 미체결약정금액이 제시되고 있는데 거래량은 당일 거래량을 미체결약정금액은 체결전 총금액을 의미한다.

나이키125 매수옵션을 살펴보면 당일 동안에 164개의 매수옵션계약이 거래되었고 체결가는 주당 $8.95이었으며 주식옵션의 최소단위가 100주이므로 총옵션계약의 가격은 $8.95×100=$895이었을 것이다.

매수가및 매도가는 지난 거래가와 관련된 것이 아닌 현재의 시장상황을 반영한다. 매수가와 매도가에 고려해 볼 때 제시된 옵션들의 가격은 얼마라고 생각되는가? 매도가는 투자자가 지불할 금액이므로 주당 $9.30, 계약당 $930을 지불한다는 뜻이고 매도하는 경우에는 주당 $8.95, 계약당 $895를 지급받게 된다.

만약에 2015년 11월 20일 이전에 나이키 주식 500주을 매수할 수 있는 권리를 원한다고 하자. 그림 3.5에 의하면 얼마를 지불해야 하는가?

주식을 매수하고자 한다면 매수옵션을 매수해야 한다. 주식옵션은 계약단위가 100주이기 때문에 500주를 매수하고 싶다면 5개의 옵션계약을 매수해야 한다. 나이키140 매수옵션이 적절하다고 판단된다. 그림 3.5에 의하면 행사가격이 $140인 옵션의 옵션프리미엄이 $0.67이므로 1개의 옵션계약에 $0.67×100=$67이, 5개 옵션을 위해서는 5×$67=$335이 필요하다.

옵션계약의 소득과 손실

선물계약과 마찬가지로 옵션계약도 막대한 규모의 수익과 손실이 모두 가능한 계약이다. 5개의 나이키140 매수옵션을 $335에 매수한 예를 살펴보자. 2015년 11월 20일까지 옵션을 보유한다면 주가가 $150인 경우에 수익 (또는 손실)은 얼마인가? 주가가 $120인 경우에는 어떠한가?.

나이키 주가가 $150이라면 꽤 높은 수익을 거둘 수 있다. 주당 $140에 500주를 매수할 수 있는 권리가 있고 주가가 $150이면 옵션가치는 주당 $10, 계약전체 금액은 $5,000 수준에 이르게 된다. $335를 투자해서 10배가 넘는 수익이 가능하다면 우수한 성과라고 할 수 있다.

예제 3.4

매도옵션거래 1

2015년 11월 20일 이전에 나이키 주식 200주를 주당 $200에 매도할 권리를 갖고자 한다. 그림 3.5를 참고할 때 얼마의 옵션이 필요한가? 비용은 어느 정도 수준인가?

매도가격이 확정되기를 원하기 때문에 매도옵션을 매수해야할 것이다. 구체적으로는 행사가격이 120인 매도옵션 2구좌이다. 그림 3.5에서 매도프리미엄이 주당 $0.44이며 옵션계약에 대해서는 $44이 2구좌의 옵션계약에는 $88이 필요하다. 앞서 논의한 것처럼 주식옵션계약은 1개 구좌당 100주에 대한 권리가 발생하게 된다.

주가가 $120이 되면 성과는 좋지 않을 것이다. 주식을 $140에 매수할 권리가 있으나 주가는 $120이기 때문에 옵션은 행사되지 않을 것이기 때문이다. 따라서 투자금 $335이 고스란히 손실로 남게 된다. 만약 주가가 $140 이하에서 형성되면 프리미엄으로 지급된 투자금 총액이 손실로 처리된다.

예제 3.5
매도옵션거래 2

예제 3.4에서 나이키주식에 대한 행사가격을 $120으로 하는 매도옵션 2구좌를 매수했다. 만기일이 도래한 시점에서 주가는 $100이 되었다면 어떤 결정을 내려야 하는가? 손익분기점이 되는 주가는 얼마인가? 다시 말해 투자한 $88을 원금만 회수하기 위해서는 주가가 얼마가 되어야 하는가?

매도옵션을 통해 행사가격 $120으로 나이키 주식 200주를 매도할 수 있는 권리를 갖게 된다. 주가가 $100이면 옵션은 1개 주식당 $20의 가치를 갖게 되므로 총가치는 $4,000이다. 옵션매수를 위해 1주당 $0.44를 지불했으므로 손익분기점 주가는 $120 − $0.44 = $119.56이 된다.

주식 투자와 옵션 투자의 비교

주식옵션에 투자하는 경우와 주식에 직접 투자하는 경우에 발생하는 수익과 손실에 대해 알아보도록 하자. 투자금 $15,000을 투자하려고 한다. Monster Beverage Corporation(MNST)의 주식은 배당을 지급하지는 않고 주가는 $150 정도에서 형성되고 있으며 행사가격이 $150인 3개월물 매수옵션의 프리미엄은 $10이라고 한다.

$15,000을 주식이나 주식옵션에 투자한다고 하자. 각각의 경우에 투자수익률은 얼마가 될까? 3개월 후에 주가가 $165인 경우와 $135인 경우를 고려하여 투자수익률을 계산해보자.

첫째, $15,000로 주식을 매수하는 경우에는 100주 단위로 매수하면 된다. 매수옵션은 프리미엄이 $1,000이므로 15구좌를 매수할 수 있다. 15구좌의 매수옵션을 매수하면 주당 $150에 1,500주를 매수할 권리를 갖게 된다.

3개월 후에 몬스터 주가가 $165로 상승하는 경우에 주식포트폴리오의 가치는 $16,500이 된다. 총금액기준 투자수익은 $16,500에서 $15,000을 차감한 $1,500이다. 3개월 동안 $15,000을 투자한 투자수익률은 $1,500/$15,000 = 10%이다. 만약에 주가가 $135로 하락하면 손실금액이 $1,500이고 투자수익률은 −10%이며 10%의 손실이 발생하게 된다.

몬스터 주가가 $165이라면 매수옵션의 가치는 주식당 $165 − $150 = $15이며 1구좌의 매수옵션은 1,500주를 매수할 수 있기 때문에 총가치는 1,500주 × $15 = $22,500가 된다. 투자금액이 $15,000이었기 때문에 총금액기준 투자수익은

$22,500 - $15,000 = $7,500이고 투자수익률은 $7,500/$15,000 = 50%이다. 주식에 직접 투자했을 경우의 투자수익률은 10%이었다. 몬스터 주가가 $135이 되면 투자금이 모두 손실로 처리되면서 투자수익률이 −100%, 즉 100% 손실이 발생한다.

예제 3.6

매도옵션 수익률

몬스터 음료회사(Monster Beverage Corporate)에 대한 예제에서 매도프리미엄이 $7.50인 매도옵션을 고려하자. 주가가 $141로 하락하는 경우에 3개월 후의 투자수익률은 얼마가 되는가? 연환산 수익률은 얼마인가?

매도옵션 1구좌의 프리미엄은 $750이고 20구좌까지 매수가 가능하다. 20구좌는 주식 2,000주를 주당 $150에 매도할 수 있는 권리를 의미한다.

3개월 후에 몬스터 주가는 $141이 되면 매도옵션의 주당 가치는 $150 − $141 = $9이고 옵션계약은 2,000주를 매도할 수 있으므로 옵션계약의 총가치는 2,000주×$9 = $18,000이다. $15,000를 투자하여 총금액기준 투자수익은 $18,000 − $15,000 = $3,000이고 투자수익률은 $3,000/$15,000 = 20%이다.

연환산수익률을 알아보기 위해 연실효수익률(EAR)를 아래와 같이 계산한다.

$$1 + EAR = 1.20^4$$
$$1 + EAR = 2.0736$$
$$EAR = 1.0736 = 107.36\%$$

연환산수익률은 107%이다.

3.6 요약 및 결론

이번 장에서는 가장 기초적인 금융자산의 유형에 대해 알아보았는데 3개의 유형으로 구분하면 이자수익증권, 주식 그리고 파생상품(선물과 옵션)이다. 개별의 유형에 대해서 다음과 같은 3개의 질문을 던져보면 유형간 차이점을 좀 더 잘 이해할 수 있을 것이다. 첫째, 기본적 특성과 차별점은 무엇인가? 둘째, 소유하는 경우에 수익과 손실은 얼마인가? 셋째, 인터넷이나 금융관련 매체를 통해서 가격에 관한 정보가 어떻게 제공되는가? 여러 유형의 투자상품에 대해 알아본 내용에 대해 주요 개념을 중심으로 다음과 같이 정리할 수 있다.

1. 이자수익자산

A. 주요 유형을 하위 유형으로 세분할 수 있는데 이자수익자산은 단기자금시장 금융상품과 고정수익증권으로 세분할 수 있다.

B. 단기자금시장 금융상품은 다음과 같은 2가지 특성을 지닌다: (1) 기본적으로

대기업이나 정부가 자금을 차입함으로써 발생하는 채무계약이다. (2) 발행시점부터 1년 이내에 만기가 도래하고 차입금이 상환 되어야 한다.

C. 고정수익증권은 사전적으로 정해진 일정한 금액을 지급하는 증권이다. 고정수익증권의 또 다른 특성은 대출의 일종이며 채무계약이라는 점이다. 기업이나 정부는 고정수익증권을 발행하는데 단기자금시장 금융상품과는 달리 만기가 12개월을 초과하는 경우가 대부분이라는 점이다.

2. 주식

A. 주식의 2가지 주요 유형은 보통주와 우선주이다. 보통주에 투자하면 기업에 대한 소유권을 가지게 된다. General Electric의 1,000주를 소유하면 GE사의 전체 주식 중에 일부를 소유하게 되지만 여전히 GE사의 소유주임에 틀림없다. GE가 지급하는 배당에 대해 지분율에 기반한 만큼의 권리를 가지게 되고 회사경영과 관련된 주요 이슈에 대해서 결정할 권리를 갖게된다.

B. 우선주는 여러 측면에서 보통주와 다르다. 첫째, 우선주의 배당금액은 고정되어 있고 변하지 않는다. 둘째, 발행사가 청산되는 경우에 우선주는 사전적으로 정해진 액면가의 가치를 주장할 수 있다. 보통주 주주에게 배당을 지급하기 이전에 "우선"적으로 우선주 주주에게 배당을 지급해야 하기 때문에 "우선"된다는 의미에서 우선주라고 불리운다.

3. 선물계약

A. 여러 면에서 선물계약은 금융상품 중에서 가장 간단한 유형이다. 선물계약은 미래에 발생할 거래에 대한 조건을 오늘 시점에서 약정하는 계약이다.

B. 선물계약의 예를 들어보자. 당신은 6개월 후에 100온스의 금을 매수하고자 한다. 오늘 매도자와 100온스의 금을 6개월 후에 1온스당 $1,200에 매수하기로 약속하면 된다. 다시 말해, 당신과 매도자는 6개월 후에 100온스의 금과 $120,000를 교환하기로 약속한 것이다. 이것이 선물계약의 원리이다.

4. 옵션 계약

A. 옵션계약은 옵션매수자에게 미래의 특정 시점에서 사전에 정한 가격으로 사전에 정한 자산을 매수 또는 매도하는 (의무가 아닌) 권리를 제공하는 계약이다.

B. 가장 잘 알려진 옵션계약은 주식옵션으로 주식을 매수 또는 매도할 수 있는 옵션이다. 옵션계약은 매우 유연한 투자상품이기 때문에 인기가 많다. 이번 장에서 가장 중요한 옵션의 개념에 대해 살펴보았다.

주요 용어

단기자금시장 금융상품(money market instruments) 95
고정수익증권(fixed-income securities) 96
현행수익률(current yield) 97
기초자산(primary asset) 103
파생상품(derivative asset) 103
선물계약(futures contract) 104
매수 옵션(call option) 107
매도 옵션(put option) 107
옵션 프리미엄(option premium) 108
행사가격(strike price 또는 exercise price) 108

단원 후 문제와 자습 문제

1. 회사채 호가(LO1, CFA2) 그림 3.1에서 만기가 2019년인 Lockheed Martin사의 회사채에 대한 정보를 이용하라. 표면금리는 얼마인가? 액면가 $100,000정도의 채권을 매수하였다고 가정하자. 얼마의 비용이 발생하였는가? 반기 마다 이표액이 지급된다고 가정할 때 이표액은 얼마인가?

2. 매수 옵션(LO4, CFA4) 그림 3.5에서 나이키 주식의 10월물 130 매수옵션에 대한 정보를 이용하라. 옵션 10구좌를 매수하는 경우에 얼마를 지불해야 하는가? 옵션의 만기가 도래하는 시점에서 나이키 주식의 주가는 $140일 때 옵션의 가치는 얼마인가? 수익 또는 손실은 얼마인가?

자습 문제 해답

1. 그림 3.1에서 2019년에 만기가 도래하는 Lockheed Martin사의 회사채는 표면금리가 4.25%이고 액면가대비 시장가는 108.749%이다. 액면가 기준으로 $100,000 규모의 회사채를 매입하면 $108,749를 지불해야 하고 액면가 $100,000의 4.25%인 $4,250를 매년 이표로 반기기준으로는 $2,125을 받게 된다.

2. 그림 3.5에서 11월물 130 매수옵션의 프리미엄은 5.25 즉 $5.25이다. 옵션 1구좌는 주식 100주를 단위로 거래가 이루어지므로 옵션 1구좌는 $525, 10구좌는 $5,250의 프리미엄이 요구된다. 만기 시점에서 나이키 주가가 $140이면 옵션 10구좌 × 100주 = 1,000주를 주당 $130에 매수할 수 있게 된다. 따라서 옵션의 가치는 주당 $140 − $130 = $10이므로 총가치는 $10,000이다. 프리미엄을 $5,250을 지급하였기 때문에 수익이 $4,750에 달하고 투자수익률은 약 90.48%이다.

투자 지식 학습

1. 단기자금시장 유가증권(LO1, CFA1) 다음 중에서 단기자금시장 유가증권의 특징이 아닌 것은?
   a. 할인가로 거래된다.
   b. 1년 이하의 만기를 갖는다.
   c. 가장 중요한 위험은 파산위험이다.
   d. 위의 모든 사항이 해당된다.

2. 단기자금시장 유가증권(LO1, CFA1) 다음 주에서 가장 유동성이 높은 단기자금 유가증권은?

a. 미국 단기재정증권
b. 양도성예금증서
c. 기업단기차입금
d. 지방정부단기차입금.

3. 옵션거래(LO4, CFA4) 유럽식 옵션은 아래와 같은 조건에서 행사된다.

a. 미국식 옵션이 행사된 후에만
b. 만기 시점을 포함하여 그 이전까지 언제든지.
c. 만기 이전에만
d. 유럽거래소에서만.

4. 고정수익증권(LO1, CFA2) 당신 친구가 표면금리가 6%인 액면가가 $100,00인 미국 국채에 투자하고 반기마다 지급되는 이표액을 받았다고 한다. 이표액은 얼마였을까?

a. $3,000
b. $6,000
c. $30,000
d. $60,000

5. 보통주(LO2, CFA3) 보통주를 발행한 기업이 배당을 지급할 것인가를 어떻게 결정하는가?

a. 주주가 선출한 경영자의 판단에 의해서
b. 회사를 소유한 주주들의 판단에 의해서
c. 주주가 선출한 이사회의 판단에 의해서
d. 경영자가 선임한 이사회의 판단에 의해서

6. 선물계약(LO3, CFA4) 계약단위가 25,000파운드이고 행사가격이 파운드당 100센트인 구리선물을 5구좌 매수하였다. 만기 시점에서 구리가격이 파운드당 102센트가 되었다면 선물거래를 통해 실현된 수익 또는 손실 금액은 얼마인가?

a. − $2,500
b. + $2,500
c. − $25,000
d. + $25,000

7. 선물계약(LO3, CFA4) 계약단위가 100온스이고 행사가격이 온스당 $400인 금선물계약 10구좌를 매도하였다. 만기 시점에서 금가격이 온스당 $410이 되었다면 선물거래를 통해 실현된 수익 또는 손실은 얼마인가?

a. − $1,000
b. + $1,000
c. − $10,000
d. + $10,000

8. 옵션계약(LO4, CFA4) 행사가격이 $95이고 프리미엄이 $1인 CJC 주식 매수옵션을 100구좌 매수하였다. 만기 시점에 주가가 $97이 되었다면 옵션거래를 통해 실현된 순이익은 얼마인가?

a. $2,000
b. $5,000
c. $10,000
d. $20,000

9. 옵션계약(LO4, CFA4) 행사가격이 $92이고 프리미엄이 $8인 CJC 주식 매도옵션을 100구좌 매수하였다. 만기 시점에 주가가 $83.80이 되었다면 옵션거래를 통해 실현된 순이익은 얼마인가?

a. $200
b. $1,000
c. $2,000
d. $10,000

10. 공매도거래(LO4, CFA4) 다음 중 공매도거래에 대한 설명 중에 옳은 것은?
  a. 매도포지션은 매수옵션을 발행하여 헤지할 수 있다.
  b. 매도포지션은 매도옵션을 매수하여 헤지할 수 있다.
  c. 공매도 거래자는 주가가 상승할 때 마진콜을 받을 수 있다.
  d. 배당을 많이 지급하는 주식은 단기간의 가격하락을 이용하기 위해 배당락일에 매도하고 곧바로 재매수하여야 한다.

개념 문제

1. 단기자금시장 금융상품(LO1, CFA1) 단기자금시장 금융상품이 다른 금융상품과 차별되는 특성은 무엇인가?

2. 우선주(LO2, CFA3) 왜 우선주는 "우선"된다고 말할 수 있는가?

3. WSJ 주가공시(LO2, CFA3) 〈월스트리트 저널〉에서 언급되는 P/E비율은 무엇인가? 어떻게 산출되는가?

4. 수익률(LO1, CFA2) 현행수익률은 표면금리를 가격으로 나눈 값이다. 보통주와 우선주에서 어떤 값과 유사한가?

5. 거래량 공시(LO1, LO2, LO3, LO4) 주식, 회사채, 선물 그리고 옵션의 거래량에 관한 정보는 어떤 형식으로 제공되는가?

6. 선물계약(LO3, CFA4) 선물계약에서 가격이 어떻게 변할 때 수익과 손실을 발생하는가?

7. 선물계약(LO3, CFA4) 선물계약에서 미체결약정금액은 무엇을 의하는가? 만기가 가까워지면서 미체결약정액은 어떻게 변할 것이라 예상하는가?

8. 선물과 옵션(LO3, CFA4) 선물계약과 옵션계약은 어떻게 다른가? 선물계약의 매수자와 옵션계약의 매수자는 동일한 권리를 갖는가? 매도자는 어떠한가?

9. 자산유형(LO1, LO2, LO3, LO4) 실물자산과 금융자산의 차이는 무엇인가? 금융자산의 2가지 대표적 자산을 제시하고 특성을 설명하라.

10. 매도옵션과 매수옵션(LO4, CFA4) 주가가 $100이라고 가정하자. 행사가격이 $100이고 만기까지 9개월이 남은 매도옵션과 매수옵션 중에 보다 가치가 높은 것은 어느 것인가?

질문과 문제

핵심 질문

1. 주가공시(LO2, CFA3) 다음은 DRK사에 대한 주식정보이다. 배당금액은 매년 $0.75 수준이고 배당수익률은 1.30%이다. 전일 종가는 얼마였고 거래된 규모는 얼마였는가?

		일별정보				수익률	52주		
회사명	종목코드	거래량	종가	가격변화	변화율(%)	변화율	고가	저가	변화율(%)
DRK Enterprises	DRK	18,649,130	??	0.26	0.45%	8.73%	78.19	51.74	27.4%

2. 주가공시 (LO2, CFA3) 1번 문제에서 주식발행량이 1천만주이고 주가수익비율(P/E)가 15이라고 가정하면 최근 4개 분기의 당기순이익은 얼마였는지 답하라.

3. 배당수익률(LO2, CFA3) 배당수익률이 3.4%이고 주가가 $74.20인 주식의 지난 분기의 배당금액은 얼마였는지 답하라.

4. 주당수익률(LO2) 3번 문제에서 회사의 주가수익비율(P/E)이 2.15였다고 가정한다면 주당수익률(EPS)은 얼마인가?

5. 채권(LO1, CFA2) 액면가가 $1,000이고 가격이 $980인 3,000주의 채권을 매수하였다. 표면금리가 7.2%이고 이표가 분기별로 10년 만기 동안 지급되는 채권이다. 다음 이표지급일에 지급되는 이표액은 얼마인가? 채권이 만기되는 시점에서는 얼마가 지급될 것이라 예상하는가?

6. 선물계약의 수익(LO3, CFA4) 플래티넘선물의 계약단위는 50 트로리온스이다. 300 트로이온스의 플래티넘이 필요하고 선물가격이 온스당 $2,025일때 얼마나 많은 선물계약을 매수해야 하는가? 플래티넘 매수비용은 얼마인가? 만기일에 플래티넘가격이 $2,075이면 수익은 얼마인가? 가격이 $1,975이면 얼마인가?

7. 옵션거래 이익(LO4, CFA4) 행사가격이 $75이고 프리미엄이 $3,85인 매수옵션 10구좌를 매수하였다면 만기일에 주가가 $82이면 이익을 얼마인가? 주가가 $72일 경우에는 얼마인가?

8. 주가공시(LO2, CFA3) 다음과 같이 Gigantus사의 주가정보가 공시되었다. 1월 1일의 주가는 얼마인가?

		일별정보				수익률	52주		
회사명	종목코드	거래량	종가	가격변화	변화율(%)	변화율	고가	저가	변화율(%)
Gigantus	GIG	12,805,325	48.92	0.72	1.47%	−1.20%	62.81	45.93	6.5%

9번 문제와 10번 문제를 해결하기 위해 다음의 채권공시내용을 이용하라:

회사명	종목코드	표면금리	만기일	신용등급	고가	저가	종가	가격변화	수익률(%)
Int'l Systems	ISU.GO	6.850%	May 2032	Baa2/BBB/BB−	102.817	91.865	93.231	1.650	7.482%

9. 채권공시(LO1, CFA2) 채권의 만기수익률은 얼마인가? 현행수익률은 얼마인가?

10. 채권공시(LO1, CFA2) 채권 15주를 소유하고 있다면 다음에 받을 이표액은 얼마가 될 것인가?

중급 질문

11번부터 13번까지의 문제풀이를 위해 다음의 옥수수선물 공시자료를 이용하라.

옥수수 5,000bushels						
계약월	시초가	고가	저가	Settle 체결가	가격변화	미체결약정
3월	455.125	457.000	451.750	452.000	−2.750	597,913
5월	467.000	468.000	463.000	463.250	−2.750	137,547
7월	477.000	477.500	472.500	473.000	−2.000	153,164
9월	475.000	475.500	471.750	472.250	−2.000	29,258

11. 선물계약 공시(LO3, CFA4) 3월물은 얼마나 미체결된 상태인가? 3월에 225,000부셸의 옥수수를 배달하고자 한다면 이중에서 얼마나 많은 계약이 필요한가? 실제로 배달하면 얼마를 지급받는가? 체결가로 배달해야 한다고 가정하라.

12. 선물계약 공시 (LO3, CFA4) 만약에 5월 옥수수선물계약 25구좌를 최고가격에 매도했다고 가정하라. 가격이 465.375일 때 포지션을 종결하자고 한다면 수수료를 제외하고 얼마의 이익이 실현되는가?

13. 선물계약 공시 (LO3, CFA4) 당일 최종가로 9월물 옥수수선물계약 15구좌를 매수했다고 가정하자. 1개월 후에 선물가격이 462.125가 되자 계약을 종결하였다면 금액기준 투자수익을 얼마인가?

14번부터 16번까지의 문제풀이를 위해 JCPenney 주식옵션에 대한 공시자료를 이용하라:

November 27, 2015 In The Money List Straddle Lookup Option

Calls

Strike	Contract Name	Last	Bid	Ask	Change	%Change	Volume	Open Interest	Implied Volatility
8.00	JCP151127C00008000	1.62	1.79	1.89	0.00	0.00%	12	20	56.45%
9.00	JCP151127C00009000	0.98	1.00	1.10	0.00	0.00%	6	6	51.95%
9.50	JCP151127C00009500	0.74	0.69	0.78	0.00	0.00%	13	50	50.00%
10.00	JCP151127C00010000	0.40	0.44	0.48	0.00	0.00%	24	105	45.12%
10.50	JCP151127C00010500	0.28	0.26	0.29	0.03	12.00%	19	47	43.75%
11.00	JCP151127C00011000	0.16	0.15	0.18	-0.01	-5.88%	51	41	44.34%

Puts

Strike	Contract Name	Last	Bid	Ask	Change	%Change	Volume	Open Interest	Implied Volatility
7.00	JCP151127P00007000	0.06	0.03	0.08	0.00	0.00%	24	24	67.58%
8.50	JCP151127P00008500	0.31	0.18	0.21	0.00	0.00%	9	9	53.13%
9.00	JCP151127P00009000	0.41	0.29	0.33	0.00	0.00%	10	10	50.20%
9.50	JCP151127P00009500	0.65	0.47	0.50	0.00	0.00%	32	83	49.22%

Source: Yahoo! Finance

14. 옵션계약 공시(LO4, CFA4) 행사가격이 주당 $9이고 2015년 11월에 JCPenny 주식 2,000주를 매도할 수 있는 매도옵션의 가격은 얼마인가?

15. 옵션계약 공시 (LO4, CFA4) 어느 매도옵션의 가격이 가장 낮은가? 어느 옵션의 가격이 가장 높은가? 이 옵션들의 가격이 이렇게 극단적으로 다른 이유를 설명하라.

16. 옵션계약 공시 (LO4, CFA4) 14번 문제에서 옵션 만기 직전에 JCPenney의 주가가 $8이 되었다고 가정하자. 투자수익률은 얼마인가? 주가가 $10이 되면 수익률은 얼마인가? 보유기간은 정확하게 3개월이라고 가정하라.

17. 옵션계약(LO4, CFA4) 다음은 Eric-Cartment 이라는 회사의 옵션계약 공시자료이다:

			매수옵션		매도옵션	
ECI 주가	행사가격	만기월	거래량	종가	거래량	종가
20.25	10	Sep	29	5.50	—	—
20.25	15	Sep	333	7	69	1
20.25	25	Dec	5	2	—	—
20.25	30	Sep	76	2	188	8.75
20.25	35	Oct	89	0.50	—	—

2개의 프리미엄이 정확하지 않다. 어느 것인가? 그 이유가 무엇인가?

18. 연환산수익률(LO2, CFA1) 투자금 $28,000으로 Miller-Moore Equine Enterprise(MMEE)사의 주식에 투자하려는 데 주가가 $40이다. 만기가 6개월이고 행사가격이 $40인 매수옵션의 프리미엄은 $4.00이다. MMEE주식은 배당을 지급하지 않는다. 이 2개의 투자방법에 대해서 주가가 $48일 경우에 6개월 만에 실현 가능한 연환산 투자수익률을 구하라. 가격이 $36인 경우에는 얼마인가?

19. 연환산수익률(LO2, CFA1) 18번 문제에서 지급된 주당 배당금액이 $0.80이라고 가정하자. 수익률이 어떻게 영향을 받는지 설명하라.

20. 옵션수익률(LO4, CFA4) 18번에서 행사가격이 $40인 매도가격의 프리미엄이 $2.80이라고 가정하자. 주가가 $36로 하락하였다면 6개월 수익률은 얼마인가?

CHAPTER

04

뮤추얼펀드와 투자회사

"계산된 위험은 감수하라.
이는 단순히 무모한 것과는 완전히 다른 것이다."

—

조지 S. 패튼(George S. Patton)

학습목표

최근 들어 뮤추얼펀드의 투자자가 되는 것이 매우 쉬워졌다. 펀드에 투자하고 싶은 사람은 다음 내용에 대해 이해할 필요가 있다.

1. 뮤추얼펀드의 유형
2. 뮤추얼펀드의 작동 원리
3. 뮤추얼펀드의 성과에 관한 정보 수집 방법
4. 상장지수 펀드(ETFs)와 헤지 펀드(hedge funds)의 운용

오직 $2,000을 가지고, 어렵지 않게 뮤추얼펀드를 통해 마이크로소프트(Microsoft), 제너럴모터스(GM), 맥도널드(McDonald's), IBM, 코카콜라(Coke)와 다른 많은 회사의 주식을 소유할 수 있다. 또한 뮤추얼펀드를 통해 정부채권으로 구성된 포트폴리오나 다른 다양한 자산이나 종목에 투자 할 수 있다. 실제로, 수천 개의 뮤추얼펀드가 실제로 나스닥(NASDAQ)과 뉴욕 증권거래소(NYSE)에서 거래되는 주식의 수만큼 다양한 뮤추얼펀드가 존재하게 된 것이다.

공격적인 성향의 투자자, 보수적인 성향의 투자자, 단기투자자 또는 장기투자자를 위한 펀드들도 존재한다. 또한 투자자산의 성격에 따라 채권형 펀드, 주식형 펀드, 글로벌투자펀드들이 거래되고 있다. 이번 장을 학습하고 나면 자신에게 적합한 펀드를 발견하고 실제로 투자하는 데 도움이 될 것이다.

CFA 예제

1 현금흐름 할인의 적용(L1, S2)
2 대체투자(L1, S18)
3 소프트 달러 기준(L2, S1)
4 대체투자 포트폴리오 운용(L3, S13)

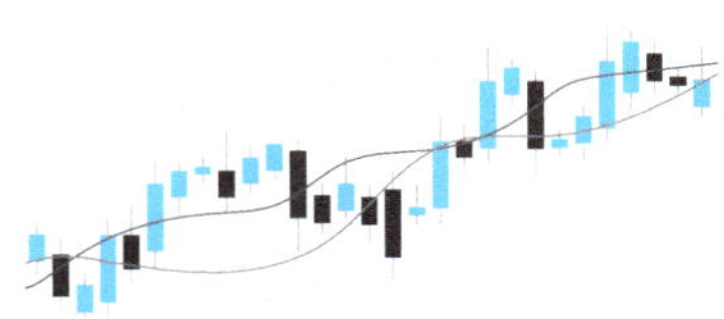

앞서 논의한 바와 같이, 적극적으로 개별 유가증권을 매수, 매도할 의향이 없는 투자자라면, 뮤추얼펀드를 통해 주식과 채권 그리고 기타 금융자산에 투자할 수 있다. 뮤추얼펀드는 단순히 대규모 투자자들의 자금을 결합하거나 모으는 수단으로 이해할 수 있다. 뮤추얼펀드에 있어 매수, 매도에 대한 의사결정은 제공된 서비스에 대해서 보상을 받게 되는 펀드매니저에 의해 이루어진다.

왜냐하면 뮤추얼펀드는 개인투자자들에게 금융시장에 간접적으로 투자할 수 있는 수단을 제공하는, 금융 중개의 역할을 하기 때문이다. 실제로, 뮤추얼펀드는 현재 미국에서 가장 큰 금융 중개 기능을 수행하고 있으며, 그 뒤를 상업은행과 생명보험회사가 따르고 있다.

뮤추얼펀드의 중요성이 너무 크기 때문에 이번 장은 모두 뮤추얼펀드에 관해 다룰 예정이다. 최근 펀드의 개수와 다양한 유형의 펀드들이 엄청나게 증가하고 있다. 2016년 1월 현재 5,490만 가구에 속한 9,300만 명의 미국인들이 뮤추얼펀드에 가입한 것으로 추정되며, 이 규모는 1980년의 500만 가구에서 증가한 것이다. 투자자들은 2015년에 뮤추얼펀드에 1,000억 달러를 투자하였고, 2015년 말 기준으로 뮤추얼펀드의 총자산은 15조 달러를 넘어섰다.

뮤추얼펀드와 펀드의 유형(종류)이 확산되는 이유 중 하나는 뮤추얼펀드가 아주 기초적인 수준에서의 소비재가 되었기 때문이다. 뮤추얼펀드는 현재 투자자들에게 매력적인 투자 대상이 되기 위해 대중이 원하는 다양한 니즈에 맞게 만들어지고 판매되고 있다. 모든 경영학과 학생들이 알듯이, 제품차별화는 기본적인 마케팅 전략이며, 최근 몇 년 동안 뮤추얼펀드는 이러한 일반적인 마케팅 기법을 수행하며 점점 더 발전하고 있다.

사실, 당신이 아직 뮤추얼펀드 투자자가 아니더라도 멀지 않은 미래에 뮤추얼펀드에 투자할 가능성이 높다. 그 이유는 기업들이 종업원들에게 퇴직금을 제공하는 방식의 근본적인 변화 때문이다. 대부분의 대기업들은 종업원들에게 소위 확정급여형 퇴직연금(Defined Benefit pensions)을 제공하고 있다. 이러한 연금 제도로 인해, 당신이 은퇴할 때, 고용주는 당신에게 수년간의 근무 기간과 급여에 기반하여 퇴직금을 지불해야 하는데 당신이 받게 될 연금 혜택이 사전에 정의된 금액 또는 수익률에 제시되기 때문이다.

확정급여형 퇴직연금제도(Defined Benefit Plans)가 확정기여형퇴직연금제도(Defined Contribution Plans)로 빠르게 대체되고 있다. 확정기여형(DC)제도는 본질적으로 401(k) 연금과 유사하다. 확정기여형(DC)하에서는 고용주는 각 급여지급 기간에 근로자들의 연금계좌에 일정 금액을 납입해야 하고, 근로자들은 연금계좌에 납입된 금액이 어떤 펀드에 투자될지 선택해야만 한다. 이러한 계약하에서는 근로자들이 받게 될 퇴직금의 이익은 전적으로 근로자 스스로의 투자의사 결정에 달려있게 되는데. 왜냐하면 고용주들은 단지 퇴직계좌에 퇴직금을 납입할 의무만을 지기 때문이다. 일반적으로, 근로자들이 퇴직금 계좌의 투자를 위해 뮤추얼펀드 목록(list) 중 선택을 해야 되기 때문에, 근로자들은 기본적으로 각 유형의 뮤추얼펀드에 대해 이해하고 있는 것이 필수적이며, 각각의 뮤추얼펀드들이 가지고 있는 위험과 수익률의 특징에 관해서 알고 있어야 한다.

4.1 뮤추얼펀드 투자의 장점 및 단점

장점

뮤추얼펀드에 투자하는 것은 많은 장점을 제공한다. 세 가지 정도로 장점을 요약하자면, 분산투자 효과, 전문적인 운용과 초기 투자자금의 규모 정도로 볼 수 있다.

분산투자 효과 당신이 뮤추얼펀드에 투자할 때, 당신은 유가증권의 포트폴리오나 바스켓(basket)에 투자하게 된다. 다음 장에서 자세히 다룰 개념이기는 하지만, 다양한 종목이 편입되고 분산 투자된 포트폴리오를 보유하는 것이 위험을 줄이는 데 효과가 있을까? 뮤추얼펀드는 수백, 혹은 수천 개의 유가증권에 투자할 수 있고 그렇게 투자된 종목들 중 하나의 가치가 비록 0(zero)이 된다고 하더라도 전체적인 포트폴리오에 미치는 영향은 제한적일 것이기 때문에 가능하다. 분산투자가 위험을 줄이는 효과가 있지만, 위험을 완전히 제거할 수는 없기 때문에 뮤추얼펀드에 투자하더라도 여전히 손해를 볼 가능성이 남아있게 된다. 또한 모든 뮤추얼펀드가 분산투자를 하고 있는 것도 아니다. 예를 들어, 일부 뮤추얼펀드들은 의도적으로 특정 산업이나 국가만을 투자대상으로 하고 있는 경우도 존재하기 때문이다.

전문가의 운용 전문 자금 관리자들(펀드매니저)이 뮤추얼펀드의 의사결정을 수행한다. 즉, 펀드매니저들이 특정 유가증권의 매수와 매도에 대한 의사결정을 하게 되며, 이러한 의사결정 및 주요 펀드 관리에 필요한 의사결정을 뮤추얼펀드에 투자한 개별 투자자들이 전문가들이 대신하게 하는 것을 의미한다.

최소 초기 투자금액 미국의 경우에 대부분의 뮤추얼펀드가 최소 $2,500의 최소 초기 투자 금액을 정하고 있지만, 일부 펀드는 $1,000나 심지어 $250까지 최소 초기 투자금액을 낮추고 있다. 최초 가입 후 추가적인 납입은 때때로 $50까지 허용되는 경우도 있으나, 이는 펀드별로 다양한 수준을 정하고 있다.

단점

다른 종류들의 투자와 마찬가지로, 뮤추얼펀드 역시 세 가지 정도의 단점을 가지고 있다, 바로 투자에 대한 위험과 비용, 세금이 바로 그것이다.

위험 우선 논의에 앞서 명확히 해야 할 점은 뮤추얼펀드 투자 가치는 은행 예금과 달리 초기 투자금액보다 더 낮아질 수 있다는 것이다. 또한 어떤 정부나 민간 기관도 뮤추얼펀드의 가치를 보증하지 않는다는 것을 인지해야 한다.

일부 투자자들은 분산투자에 비용이 든다고 생각하는 경향이 있지만, 사실 분산투자는 단일 유가증권(또는 소수의 유가증권)을 보유하는 것에 비해 손실위험을 크게 감소시킨다. 반면에, 많은 유가증권에 투자하는 분산투자로 인해 특정 유가증권의 가치가 급격하게 증가할 경우, 큰 수익을 올릴 수 있는 기회를 제한하게 되기도 한다.

비용 뮤추얼펀드에 투자하는 경우에 보통 개별 유가증권을 직접 거래할 때 발생하지 않는 수수료와 비용이 수반된다. 이러한 비용에 대해서는 이번 장의 뒷부분에서 상세히 다룰 예정이다

세금 뮤추얼펀드에 투자하게 되면 아래와 같은 항목에 대해 소득세(또는 지방세)를 납부해야한다.

- 뮤추얼펀드로부터의 수익(배당금과 자본이득)
- 뮤추얼펀드를 매도할 때 발생하는 양도차익

미국의 개인 퇴직연금계좌(IRA)와 같이 세금이 유예되는 퇴직금 계좌에서 발생하는 수익은 이러한 세금대상에서 제외되는 몇 가지 예외 중 하나에 해당한다.

확인 사항

4.1a 뮤추얼펀드에 투자하는 것이 가지는 장점은 무엇인가?

4.1b 뮤추얼펀드 투자의 단점은 무엇인가?

4.2 투자회사와 펀드 유형

가장 기본적인 수준에서, 개별투자자들로부터 자금을 투자받거나 모집하여 그것들을 투자하는 것을 업으로 영위하는 회사를 투자회사(investment company)라고 한다. 즉, 투자회사는 개별 투자자의 금융자산 관리를 전문으로 하는 기업이다. 사실 모든 뮤추얼펀드는 투자회사에 해당하지만 모든 투자회사가 뮤추얼펀드인 것은 아니다.

투자회사
개별투자자들로부터 자금을 투자받아 다시 투자하는 것을 전문적으로 영위하는 기업

이어지는 논의에서, 우리는 뮤추얼펀드와 그와 관련한 다양한 기관들을 여러 가지 측면에 대해 살펴볼 것이다. 그림 4.1은 다양한 유형의 펀드와 분류체계에 대해 설명하고 있다. 이와 관련한 내용들을 조금 더 살펴보기 위해 우선 관련 용어들에 대한 정의를 살펴보고 논의를 조금 더 진행해보자.

개방형 펀드 vs 폐쇄형 펀드

그림 4.1에서 볼 수 있듯이, 투자회사는 개방형(open-end)과 폐쇄형(closed-end)으로 나눠진다. 개방형 펀드와 폐쇄형 펀드의 차이점은 매우 중요하다. 뮤추얼펀드에 투자할 때마다 펀드의 지분을 소유하게 되는데 이러한 지분을 어떻게 매입하고 매도하느냐는 당신이 고려하고 있는 펀드의 종류에 따라 달라진다.

개방형 펀드(open-end)는 신규로 펀드를 매수하고자 하는 사람들에게 팔 수 있으며, 펀드를 매도하고자 하는 사람들의 요구에 상환으로 대응할 수 있다. 투자자가 개방형 펀드를 매수할 때 해당 펀드는 신규로 펀드를 발행하고 받은 자금을 투자한다. 누군가가 개방형 펀드를 매도하고자 할 때는 해당 펀드의 자산 일부를 매각하여 펀드의 상환을 위한 현금을 마련하게 된다.

개방형 펀드
언제든지 펀드(펀드의 지분)를 사고 팔 수 있도록 설계된 투자회사

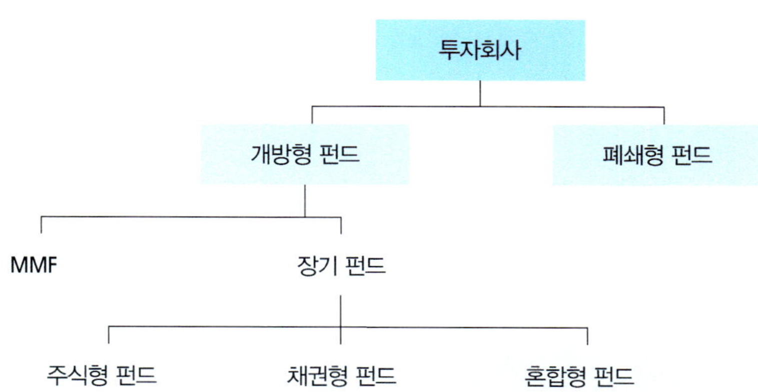

그림 4.1
펀드 분류

결과적으로, 개방형 펀드의 경우 유통되는 펀드의 주식 수(좌수)는 시간이 지남에 따라 변동한다.

폐쇄형 펀드
고정된 주식 수(발행량)를 가진 투자회사로서 주식시장을 통해서만 매매된다.

폐쇄형 펀드(closed-end fund)에서는 펀드의 주식 수는 고정불변이다. 만약 해당 펀드를 매수하고 싶다면, 해당 펀드를 보유하고 있는 다른 투자자로부터 매수해야만 한다. 마찬가지로 소유하고 있는 폐쇄형 펀드를 매도하고 싶다면, 다른 투자자에게 매도해야만 한다.

따라서, 개방형 펀드와 폐쇄형 펀드의 핵심적인 차이점은 폐쇄형 펀드는 매매를 통해 펀드 자체의 주식 수를 변동시킬 수 없다는 것이다. 실제로, 폐쇄형 펀드는 일반적인 주식처럼 거래소에 상장되어 매매가 이루어진다. 개인 투자자들 사이에서는 개방형 펀드가 폐쇄형 펀드보다 더 인기가 있다.

개방형 펀드와 폐쇄형 펀드의 구별은 생각만큼 명확하지 않다. 예를 들어, 일부 개방형 펀드는 신규 투자자들을 추가적으로 모집하지 않는다. 이러한 결정의 전형적인 이유는 펀드의 규모가 크기 때문이다. 만약 펀드 규모가 너무 커지면 펀드매니저들이 효과적으로 펀드를 운용하는데 어려움이 발생한다. 개방형 펀드가 더이상의 신규 투자자를 받지 않을지라도, 일반적으로 기존 투자자들은 해당 펀드에 계속 자금을 추가할 수도 있으며, 펀드에서 자금을 인출하는 것도 가능하다.

엄밀히 말하자면, 뮤추얼펀드라는 용어는 실제로 개방형 펀드 투자회사만을 지칭한다. 하지만, 개방형 뮤추얼펀드라는 용어는 중복적이고, 불필요한 단어의 반복일 수 있다. 특히 최근 몇 년 동안 '투자회사'라는 용어는 사용되어지는 일이 많지 않았고, '투자회사'들은 일반적으로 뮤추얼펀드라고 불리고 있다. 이 책에서는 우리는 혼란을 피하기 위해 일반적인 방식으로 용어를 사용할 것이다.

순자산 가치

순자산 가치
뮤추얼펀드가 보유하고 있는 자산에서 부채를 차감한 후 펀드의 총 발행 좌수로 나눈 값이다. 약자로 NAV라고 흔히 사용한다.

뮤추얼펀드의 순자산 가치(net asset value)는 중요한 고려대상이다. 순자산 가치는 펀드가 보유한 총자산의 가치에서 부채를 차감한 후 펀드의 총 주식 수로 나누어 계산한다. 예를 들어, 현재 시장 가치를 기준으로 뮤추얼펀드의 자산은 1억 5백만 달러, 부채는 5백만 달러고, 펀드 총 발행량은 5백만 주라고 가정하자. 이 펀드가 보유하고 있는 순자산은 1억 달러이며, 1억 달러/5백만 좌 수=$20, $20가 펀드의 순자산 가치이며, 줄여서 종종 NAV라고 쓴다. 한 가지 중요한 예외의 경우를 제외하고는, 뮤추얼펀드의 순자산 가치는 펀드가 보유하고 있는 자산의 가치의 변동에 따라 매일 변동될 것이다. 위에 언급한 예외의 경우가 머니마켓 펀드(Money Market Funds, MMFs)를 말하는데 이에 대해서는 뒷부분에서 다룰 예정이다.

예제 4.1

순자산 가치

2015년 후반 현재, 핌코(PIMCO)의 토탈리턴 펀드는 약 955억 달러의 투자자산을 보유하고 있어 세계에서 가장 큰 펀드다. 만약 펀드의 발행주식 수가 총 90.7억주 였다면 순자산 가치(NAV)는 얼마였을까? 순자산 가치(NAV)는 간단하게 한 주당 자산가치를 의미하며, 계산하면 $955억/90.7억=$10.53이다.

앞서 언급했듯이, 개방형 펀드는 일반적으로 언제든지 펀드를 현금화하거나 재매입할 수 있다. 펀드를 매도할 때 적용되는 가격이 즉 순자산 가치(NAV)이다. 따라서 위의 예제에서 보유 지분을 펀드에 매도하고 각 주당 $10.53를 받을 수 있게 된다. 왜냐하면 개방형 펀드는 언제든지 펀드를 상환할 수 있고, 주당 가격은 항상 순자산 가치만큼의 가치와 동일하게 된다.

이와 대조적으로, 폐쇄형 펀드는 주식시장에서 매매가 이루어지기 때문에 주당 가격은 시점에 따라 순자산 가치와 일치할 수도 있고, 그렇지 않을 수도 있다. 이 문제에 대해서는 이후에서 더 자세히 살펴볼 것이다.

확인 사항

4.2a 투자회사란 무엇인가?

4.2b 개방형 펀드와 폐쇄형 펀드의 차이점은 무엇인가?

4.3 뮤추얼펀드의 구조 및 운영

이 절에서는 뮤추얼펀드의 전반적인 구조 및 원리의 본질적인 부분에 대해 살펴보려고 한다. 우리는 뮤추얼펀드가 어떻게 생성, 판매, 규제되는지 또한 어떻게 과세되는지에 초점을 맞추어 살펴볼 것이다. 여기서 주로 다루는 것은 개방형 펀드에 관한 것이지만, 많은 부분은 폐쇄형 펀드에도 적용할 수 있다. 폐쇄형 펀드에 대한 자세한 사항들은 이후 섹션에서 다룰 예정이다.

뮤추얼펀드의 구조와 생성

뮤추얼펀드는 단순하게 보면 회사이다. 기업처럼 뮤추얼펀드는 주주(투자자)들에 의해 소유되며, 주주들은 이사회를 선출한다. 이사회는 펀드 운영을 담당할 매니저를 고용할 책임이 있다. 뮤추얼펀드가 종종 더 큰 개념의 펀드군(family of funds)에 속하는 경우가 많지만, 그럼에도 불구하고 모든 펀드는 주주들이 소유한 별도의 개별 회사이다.

대부분의 뮤추얼펀드는 뮤추얼펀드의 관리를 전문으로 하는 투자자문회사(investment advisory firms)에 의해 만들어진다. 투자자문회사는 뮤추얼펀드 회사(Mutual Fund Company)라고도 불린다. 점점 더, 이러한 회사들은 브로커리지 업무나 다른 금융 서비스와 같은 추가적인 사업을 하고 있다.

미국에는 수백 개의 투자자문 회사들이 있으며, 가장 규모가 크고 아마도 가장 잘 알려진 회사는 150개 이상의 뮤추얼펀드, 2.7조 달러의 운용자산과 2천만 명 이상의 고객을 보유하고 있는 뱅가드(Vanguard)이다. 드레퓌스(Dreyfus), 아메리칸 펀드(American Funds), 피델리티(Fidelity)도 역시 잘 알려진 투자 자문 또는 자산운용을 수행하는 회사들이다. 메릴린치(Merrill Lynch), 찰스 슈왑(Charles Schwab)과 같은 증권회사들 또한 대규모 투자자문 사업에 진출하고 있다.

투자자문 회사들은 뮤추얼펀드를 만들어 운용하고 수수료 수입을 취한다. 전형적인 관리수수료 체계에서는 연간 펀드 총 자산의 0.50% 수준을 수취할 수 있다. 자산이 2억 달러인 펀드는, 특별히 큰 규모의 수준은 아니지만, 연간 100만 달러 수준의 운용보수를 발생시킬 수 있다. 이러한 경제적인 동기가 투자자문회사 및 자산운용사들로 하여금 펀드를 만들고 투자자들을 끌어들일 수 있는 주요 원동력으로 작용하고 있다.

예를 들어, 피델리티 같은 회사가 감귤을 재배하고 유통하는 회사의 주식을 포함하는 펀드에 대한 수요가 존재하다고 판단할 수 있다. 피델리티는 그러한 회사를 전문적으로 투자하는 피델리티 레몬펀드(뮤추얼펀드)를 런칭할 수 있다. 담당 펀드매니저가 정해지고, 펀드를 일반투자자들에게 판매하면 자금이 펀드로 설정되어 투자할 수 있는 자금이 마련될 것이다. 펀드가 성공한다면 많은 자금이 모일 것이고, 피델리티는 상당한 수수료 수입을 얻게 될 것이다.

만약 그 펀드가 성공하지 못했다면, 이사회는 그 펀드에 대해 청산 결정을 하고 주주들에게 자금을 되돌려주거나 다른 펀드와 합병하는 의결 과정을 진행할 수 있다.

이론적인 예를 통해 알 수 있듯이, 피델리티와 같은 투자자문회사는 때때로 새로운 펀드를 만들 수 있다. 시간이 경과하면서, 이러한 과정은 모두 같은 자문회사에 의해 관리되는 펀드군(family of funds)의 형태로 만들어질 수 있다. 한 회사의 각 펀드는 개별적으로 펀드매니저를 선임하지만, 일반적으로 펀드의 투자 결정을 뒷받침하는 기록유지, 마케팅 및 많은 분량의 리서치 등을 공통으로 공유한다.

투자회사의 과세

투자회사가 과세 당국이 정한 특정한 규칙을 충실히 따르는 경우, 그것은 과세 목적으로 규제받는 투자회사(regulated investment company)로 취급되며, 규제받는 투자회사의 경우 투자 소득에 대해서 세금을 납부하지 않아도 된다. 하지만, 펀드는 실현된 모든 투자 수익을 투자자들에게 분배하고, 투자자들은 마치 그들이 증권을 직접 소유한 것처럼 분배받은 투자 수익에 대한 세금 납부의 의무를 가진다. 본질적으로, 해당 펀드는 단순히 이익 배분의 도관 역할을 하며, 펀드의 수익은 펀드의 투자자들에게 귀속된다.

규제받는 투자회사 자격을 갖추기 위해서는 아래와 같은 3가지 기본규정을 준수해야 한다. 첫째, 사실상 주식, 채권, 그리고 다른 유가증권에 대한 투자 등 거의 모든 자산을 투자회사가 보유해야만 한다. 둘째, 특정한 유가 증권의 보유한도를 5% 이내로 제한해야 한다. 셋째, 펀드에서 실현된 모든 투자 수익을 펀드 투자자들에게 분배해야만 한다.

펀드 투자설명서와 연간보고서

뮤추얼펀드는 법에 의해 펀드에 투자를 하고자 하는 모든 투자자에게 투자설명서(prospectus)를 제공해야 한다. 추가적으로 뮤추얼펀드는 투자자들에게 연간보고서(annual report)를 제공할 의무를 지닌다. 연간보고서와 투자설명서는 때때로 함께 제공되며, 펀드의 재무상태표와 펀드의 비용, 수익, 목적, 경영 및 관리 등에 대한 구체적인 정보를 포함한다. 여기에 포함되는 자세한 내용에 대해서는 다음 섹션에서 논의할 예정이다.

뮤추얼펀드 거래

펀드 회사는 수천 명의 개인 투자자를 확보하고 있다. 폐쇄형 펀드에 대해서는 이 사실이 별로 중요하지 않다. 왜냐하면 투자자 거래가 유통시장을 통해 대부분 발생하기 때문이다. 그러나 개방형 펀드의 경우 상시적으로 수백 건의 매수, 매도주문을 뮤추얼펀드가 수용할 수 있어야 한다.

수많은 거래 처리에 따른 복잡함과 비용을 줄이기 위해 펀드회사는 모든 거래를 그날의 거래 마지막 시점 기준으로 모두 취합한다. 이런 식으로, 펀드회사는 펀드 유입과 유출을 상계처리할 수 있고, 따라서 거래 자체를 실질적으로 많이 줄일 수 있게 된다. 이것이 시장은 여전히 열려있음에도 불구하고 투자자들이 오전 10:30까지 주문을 해야 하는 이유이다. 이러한 청산 절차가 액티브 투자자(active investors)나 단타 투자자(day traders)들이 뮤추얼펀드를 선호하지 않는 이유 중 하나이다. 또한 이것이 상장지수 펀드(ETFs)가 급격히 성장하게 된 이유이기도 하다.

또 다른 뮤추얼펀드 투자의 특징은 투자자들이 특정한 매매 수량을 결정할 수 있다는 것이다. 일반적으로 주식을 매매할 때, 원하는 주식 수를 입력하게 되고, 이후 매매대금이 결정된다. 그러나 뮤추얼펀드에서는 투자자가 매매금액 자체를 입력하여 처리할 수 있다. 해당 시점에 순자산 가치에 기초하여 매매할 펀드의 주식 수가 결정되는 구조이다. 투자자의 매매 요청금액과 펀드의 NAV가 항상 일치하지 않기 때문에 투자자들은 종종 불완전한 숫자의 주식(1주 미만)을 보유하게 되기도 한다.

확인 사항

4.3a 뮤추얼펀드의 설립 및 시작은 어떻게 이루어지는가?

4.3b 뮤추얼펀드의 과세방법은 어떻게 되는가?

4.3c 주식 매매와 뮤추얼펀드 매매는 어떻게 다른가?

4.4 뮤추얼펀드 비용 및 수수료

뮤추얼펀드는 다양한 비용구조를 가지고 있다. 이러한 비용구조는 각 펀드마다 상당히 다를 수 있기 때문에, 펀드의 평가에 있어서 가장 중요한 고려사항 중 하나이다. 다른 모든 조건이 동일하다면, 낮은 비용구조의 펀드가 선호되겠지만, 항상 그렇다고 말하기는 어려운 측면이 존재한다.

비용 및 수수료 유형

기본적으로 뮤추얼펀드는 펀드 투자자들이 부담하는 네 가지 유형의 비용 또는 수수료 체계를 가지고 있다.

1. 판매수수료
2. 12b-1 수수료
3. 운용보수
4. 매매비용

판매수수료 많은 뮤추얼펀드는 펀드를 매수할 때 수수료를 부과한다. 이러한 수수료는 일반적으로 선취수수료(front-end loads)라고 하고, 이러한 판매수수료 체계를 가지고 있는 펀드를 판매수수료 부과펀드(load funds)라고 하는데, 반면에 판매수수료를 부과하지 않는 펀드를 판매수수료 없는 펀드(no-load funds)라고 한다.

선취수수료
뮤추얼펀드 투자 시점에서 부과되는 판매수수료

펀드를 매수할 때, 일반적으로 순자산 가치(NAV)를 초과하는 가격을 지불하게 되는데 이것을 펀드의 판매가격(offering price)라고 한다. 펀드의 판매가격과 순자산 가치의 차이를 수수료(load)로 볼 수 있다. 판매수수료가 없다면 펀드는 순자산 가치에 거래될 수 있다는 뜻이다.

선취수수료가 8.5%에 이르는 경우도 있으나, 그보다 낮은 5% 정도 수준이 보다 일반적이다. 일부 펀드는 2~3% 정도의 수수료 범위를 가지는데 이러한 펀드는 저판매수수료 펀드(low-load fund)에 속한다.

선취수수료는 펀드의 순자산 가치가 아닌 펀드 판매가격의 백분율로 표시한다. 예를 들어, 펀드의 판매가격이 $100이고 순자산 가치는 $98라고 가정하자. 선취수수료가 $2라면 $100인 판매가격의 백분율로 계산하면, $2/$100=2%가 된다. 선취수수료는 수수료 자체를 약간 과소계상한다. 예제에서 $98에 해당하는 펀드를 $100에 매수하는 경우, 실제 펀드의 순자산 가치를 기준으로 한 수수료는 $2/$98=2.04%에 해당됨을 알 수 있다.

예제 4.2

선취수수료

〈월스트리스 저널〉에 따르면, 특정한 날 커먼센스 성장형 펀드는 $13.91의 순자산 가치를 가지고 있었다. 펀드 판매가격(offering price)은 $15.20였다 이 펀드는 판매수수료 부과펀드인가? 선취수수료는 얼마인가?

펀드 투자를 위해 반드시 지불해야 하는 펀드 판매가격은 순자산 가치를 초과하기 때문에 이러한 펀드는 판매수수료 부과펀드에 해당한다고 볼 수 있다. 판매수수료는 펀드 판매가격과 순자산 가치의 차이인 $1.29를 펀드 판매가격인 $15.20으로 나누어 계산할 수 있으며, 결과적으로 상대적으로 높은 8.5%의 선취수수료를 부과하는 펀드라고 할 수 있다.

어떤 펀드는 펀드를 매도할 때 수수료가 부과되는 후취수수료('back-end' loads) 체계를 가지고 있다. 이러한 수수료를 흔히 조건부 이연판매수수료(CDSC) 또는 줄여서 후취수수료(contingent deferred sales charges)라고 한다. 후취수수료는 보통 시간이 지날수록 감소한다. 이는 1년 미만 펀드 보유의 경우 6% 수준이지만 2년 이상 펀드 보유의 경우 3%로 하락하고 3년 이상 펀드를 보유할 경우 없을 수도 있다. 일부 펀드는 기간보수(선취, 후취 판매수수료가 없는 대신 보통 연간 보수를

이연판매수수료
투자자가 펀드를 상환(매도)할 때 부과되는 수수료(후취수수료, "back-end" load).

부과)로 수수료를 부과하기도 하는데 일반적으로 가입한 펀드에 매년 1%의 추가 수수료를 지불하게 된다.

수수료 체계의 차이에 따라 수수료 세부 유형을 구분한다. 예를 들어, 선취수수료 구조의 펀드는 A클래스, 후취수수료 구조의 펀드는 B클래스, 판매수수료가 없는 대신 매년 보수를 지급하는 구조의 펀드는 C클래스로 구분된다. 일반적으로 B클래스가 A클래스보다 선호될 것이라고 생각할 수 있는데, 왜냐하면 후취수수료는 시간이 지날수록 감소할 것이기 때문이다. 그러나 펀드에 부과되는 모든 비용을 고려하면 반드시 그런 것은 아니다. 후취수수료 펀드나 기간보수 부과 펀드의 경우, 해당 펀드 회사는 종종 펀드와 관련된 다른 수수료를 인상할 수 있다.(다음에 논의될 12b-1 수수료 등). 따라서 펀드 유형에 대한 선호도에 영향을 미치는 두 가지 요인은 상대적 비용구조와 예상되는 보유 기간이다. 하지만 최선의 선택은 판매수수료 부담이 전혀 없는 펀드가 될 가능성이 높다.

12b-1 수수료
SEC 규정 12b-1은 펀드가 광고비 우편비용 등과 주주들에 대한 서비스에 활용되는 비용을 연간 전체 펀드 자산의 1%까지로 제한하는 규정이다.

12b-1 수수료 소위 말하는 12b-1 수수료(12b-1 fees)는 이러한 수수료 체계가 허용된 미국 증권거래위원회(Securities and Exchange Commission, SEC)의 규칙을 따서 명명되었다. 뮤추얼펀드는 이익 분배와 투자자 서비스 제공을 위한 비용 충당 등을 위해 펀드 자산의 일부를 사용할 수 있다. 펀드는 일반 대중에게 직접 판매하기 위한 광고비와 우편비용 등을 지불하기 위해 12b-1수수료를 사용할 수 있다. 브로커(펀드판매인)와 다른 판매조직에 의존하는 펀드는 그들의 펀드 판매에 대한 보상을 제공하기 위해 12b-1 수수료를 활용할 수 있다. 이 수수료 총액은 0.25%가 가장 일반적이지만, 매년 펀드의 자산 중 0.25%~1.00%에 이를 수도 있다.

종종, 12b-1 수수료가 후취수수료와 결합되어 진다. 그러한 펀드들은 선취수수료를 부과하지는 않지만, 다른 비용의 증가를 통해 효과적으로 수수료를 부과하게 된다. 이런 경우 판매수수료가 없는 펀드로 보일 수 있지만, 실제로는 그렇지 않다는 뜻이다. 선취수수료나 후취수수료가 없거나 또는 최소한의 12b-1 수수료 체계를 가지는 펀드를 'pure' 판매수수료 무부과 펀드라고 부르며 판매수수료가 없을 수 있지만 여전히 높은 12b-1 수수료를 부과하는 'not-so-pure' 펀드와는 구분하여야 한다.

운용보수 수수료는 보통 펀드의 규모에 비례한다. 종종 인센티브 조항은 펀드의 성과가 S&P 500 지수와 같은 벤치마크(BM)를 초과하는 경우 수수료를 증가시키는 방식으로 작성된다. 운용보수는 일반적으로 매년 총 펀드 총자산의 0.25%~1.50%까지로 다양하다.

거래비용 뮤추얼펀드는 개인에게 부과되는 중개비용과 같은 거래비용을 수반한다. 결과적으로, 거래를 많이 하는 뮤추얼펀드는 상대적으로 높은 거래 비용을 부담하게 된다.

거래비용은 직접 보고되지 않는 경우가 많기 때문에 투자자 입장에서는 명확히 알기가 어려운 부분들이 존재한다. 이러한 부분에 대해 투자자에게 정보를 제공하기 위해 펀드는 투자 설명서상에 **회전율**(turnover)을 보고하도록 의무화되어 있다. 펀드의 회전율은 펀드가 얼마나 많은 유가증권 등의 거래를 했는지 알 수 있는 측정 지표이다. 회전율은 1년 동안 펀드의 총매수 또는 총매도 금액 중 작은 금액을 일평균 자산으로 나눈 값이다.*

회전율
1년 동안 총매수 또는 총매도 금액 중 더 적은 금액을 펀드의 일평균 자산으로 나눈 값

예제 4.3

회전율

특정 연도에 펀드의 일평균 자산을 5천만 달러라고 가정하자. 이 펀드는 그 해에 8천만 달러의 주식을 매입하고, 7천만 달러의 주식을 매도하였다. 이럴 경우 회전율은 어떻게 되는가?

주식의 총매도 금액인 7천만 달러가 적은 금액에 해당되고, 일평균 자산은 5천만 달러이기 때문에 회전율은 $70/$50 = 1.4배가 됨을 알 수 있다.

회전율이 1인 펀드는 사실상 전체 펀드 내의 포트폴리오를 1년 동안 1회 교체한 것으로 이해할 수 있다. 마찬가지로, 회전율이 0.5인 펀드는 1년 동안 보유 포트폴리오의 절반을 교체 매매했다는 것을 알 수 있게 해주는 지표인 셈이다. 모든 조건이 동일하다면, 높은 회전율은 거래 빈도가 더 잦고 그에 따라 더 높은 거래 비용이 발생했음을 의미한다고 할 수 있다. 회전율의 역수를 이용하면 펀드의 평균 보유 기간을 추정할 수 있다. 즉, '1/회전율'을 의미한다. 예를 들어, 펀드의 회전율이 0.5라고 한다면, 펀드는 평균 2년(1/0.5)간 펀드 내의 투자자산을 보유하고 있는 것으로 추정할 수 있다. 펀드의 매매에 따른 수익이 투자자에게 모두 귀속되기 때문에, 펀드 내 자산의 평균 보유기간은 투자자의 세금 부담과 직접적으로 관련된다.

거래량이 증가하면 지불하는 수수료가 높아지거나 비용이 수반된다는 것은 명백한 사실이다. 예를 들어, 거래가 증가하면 펀드에 이익(또는 잠재적인 손실)이 실현된다. 이익이 발생하면, 자본차익이 투자자들에게 이익으로 귀속되지만, 잠재적으로 이러한 자본차익은 투자자들의 과세 부담을 증가시키게 된다 거래량 증가

* 펀드의 총매수와 총매도는 펀드의 설정과 환매 등에 의해 차이가 발생하게 된다. 예를 들어 펀드가 계속 성장하고 있다면, 해당 펀드에서는 매수 규모가 매도 규모를 초과하는 것이 보다 일반적일 것이기 때문이다.

의 또 다른 측면은 수수료 그 자체와 관련이 있다는 것이다. 일반적으로, 펀드매니저는 자신이 속한 회사 또는 제3자 중개인(회사)을 통해 거래를 한다. 그러나 이러한 펀드매니저와 중개인 간의 거래 관계가 가장 유리한 비용을 제공하는 곳인지에 따라서만 결정되는 것은 아니다. 사실, 어떤 펀드 매니저들은 고비용을 제공하는 중개인을 고의로 선택하기도 하는데, 그 이유는 높은 비용을 지불하는 경우 리서치 활동이나 기타 자료를 제공받을 수 있는 등의 거래와 직접 연관되지 않지만 펀드의 운용에 도움이 되는 서비스를 제공받을 수 있기 때문이다. 이러한 추가 수수료를 '소프트 달러(soft dollars)' 라고도 한다.

그 밖의 거래비용은 투자자의 결정으로부터 발생된다. 특히, 뮤추얼펀드는 최소 가입 기간보다 짧은 기간 동안 펀드를 보유하는 경우 펀드 중도 상환(매도)에 따른 별도의 상환수수료를 부과할 수 있다. 투자자가 펀드를 매도하기로 결정할 때 펀드매니저는(이 펀드가 개방형 펀드라고 가정하면) 투자자의 상환에 대응하여 펀드를 매입할 수 있는 충분한 현금을 확보해야만 한다. 펀드매니저가 충분한 현금을 확보하고 있지 않다면, 보유 주식의 매각을 통해 투자자의 펀드 환매에 대응해야만 한다. 이러한 상황으로 펀드매니저가 원치 않는 거래를 수반하게 될 수 있기 때문이다. 상환수수료는 투자자들이 뮤추얼펀드에 계속 투자를 유지하도록 하는 하나의 장치이다. 상환수수료(redemption fee)는 기초자산의 투자가 유동성이 다소 떨어지는 소형주펀드와 글로벌 포트폴리오를 가지는 펀드 등에서는 흔히 부과되는 수수료이다. 우리는 상환수수료를 판매보수나 수수료가 아닌 거래비용으로 간주한기 때문에 따라서 판매보수가 없는 펀드에 대해서도 상환수수료를 부과할 수 있다.

지출 비용 보고

뮤추얼펀드는 상당히 표준화된 방법으로 지출비용을 보고해야만 한다. 형식은 펀드마다 다소 상이할 수 있지만, 지출비용 보고에 포함되는 정보는 일반적으로 동일하다. 지출명세서는 크게 세 부분으로 이루어져 있다. 그림 4.2는 피델리티 저평가주 펀드(Fidelity Low-Priced Stock Fund)에 대한 지출비용과 관련된 정보들을 보여주고 있다.

이 보고서의 첫 부분은 주로 수수료, 이연판매보수, 상환수수료 등과 같은 거래에 따르는 여러 비용에 대한 내용을 보여준다. 표기된 바와 같이, 이 펀드의 매수나 수취한 배당금의 재투자(뮤추얼펀드 투자자들은 종종 펀드로부터 받은 배당 등을 재투자한다)에 대해서는 선취수수료가 부과되지 않는다. 다음 두 항목은 후취

피델리티

저평가주 펀드

(펀드 번호 316, 거래를 위한 Symbol은 FLPSX)

투자설명서

2015.09.29

수수료 테이블

- 아래의 표는 펀드를 매수, 보유, 매도할 때 발생하는 수수료와 비용을 나타낸다.
- 아래에 표기되어 있는 연간 펀드 운영 비용은 연간 발생할 수 있는 특정 비용에 대한 감소효과는 반영하지 못하고 있다.

투자자 수수료(투자자 직접 부담)

펀드 매수와 재투자에 대한 판매보수	없음
펀드 상환에 따른 이연판매수수료	없음
90일 미만 거래에 대한 상환수수료(상환되는 금액의 % 만큼)	1.5%

연간 운용 비용(펀드 자산에 부과)

운용보수	0.63%
판매 또는 서비스(12–1) 수수료	없음
기타 비용	0.16%
총 연간 펀드 운용 비용	0.79%

- 이 예는 특정 뮤추얼펀드의 투자에 대한 비용을 다른 펀드의 투자 비용과 비교할 때 도움이 될 수 있다.
- 펀드의 연간수익률이 5%일 때 투자자 수수료와 비용이 표에 명시되어 있다. 이 예제는 수수료와 비용의 효과에 대해서 보여주고 있으나, 실제로 예상되는 수수료와 비용 또는 수익률 수준을 제시하는 것은 아니다. $10,000를 투자할 투자자가 펀드를 해당 투자 기간마다 모두 매도할 경우 어느 정도의 총 비용을 지불해야 하는지 보여준다.

1년	$81
2년	$252
5년	$439
10년	$978

그림 4.2 뮤추얼펀드 비용

수수료가 없지만 90일 이내에 보유하고 있던 펀드를 상환할 경우 부과되는 상환수수료가 상당히 크다는 것을 보여준다.

이 보고서의 두 번째 부분인 '연간 영업 비용'은 운용보수와 12b-1 수수료를 포함한다. 이 펀드의 관리 수수료는 총자산의 0.63%이며 12b-1 수수료는 없다. 기타 비용에는 법률, 회계, 보고 비용 등이 포함되어 있다. 자산의 0.16 %정도의 비용은 전체 펀드의 비용 중 큰 부분을 차지하지는 않는다. 위에 언급한 사례에서 이 세 항목의 총 수수료 비용은 0.79%가 된다. 수수료의 관점에서 보면, 이 펀드의 총자산은 약 406억 달러이고, 펀드 관리 수수료는 3억2천1백만 달러였으며, 그중 2억 5천6백만 달러가 펀드매니저에게 지급되었다.

보고서의 세 번째 부분에서는 투자된 $10,000당 발생하게 되는 총비용을 보여주는 가상의 예를 제시하고 있다. 제시된 있는 예는 절대적으로 가정된 상황에서의 내용이며, 대략적인 참고사항으로 보는 것이 적합할 것이다. 그림 4.2와 같이, 연간 5%의 수익을 가정할 때, 투자자가 지불해야 하는 $10,000당 비용은 투자 이후 10년간 $978에 달할 것이다. 하지만 이 펀드에 있어서 보다 중요한 것은 연간 비용이 0.79% 정도라는 것이며, 이 비용이 실제로 투자자가 지불하는 비용이다.

한 가지 주의해야 할 점은 펀드는 12b-1 수수료를 부과할 수도 있지만, 특정 방식의 수익 분배나 펀드 투자자를 위한 업무비용을 부담하지 않도록 펀드 수수료 체계를 설계할 수도 있다는 것이다. 이와 비슷하게 펀드 매니저는 특정 연도에 운용보수의 일부를 환급(rebate)하도록 결정할 수도 있다.(특히 펀드의 성과가 매우 부진하거나 펀드가 부실화되는 경우) 이러한 조치는 특정 연도에 상대적으로 낮은 비용이 발생하게 되는 결과를 가져오기는 하나, 이것은 결국 향후에 비용이 높아지지 않을 것이라는 것을 의미하지는 않는다.

왜 수수료와 비용을 지불하는가?

펀드의 매수 또는 매도 시에 부과되는 수수료를 지불하지 않는 펀드(no-loan fund)가 존재하기 때문에 후취수수료나 12b-1 수수료를 지불하면서까지 펀드의 판매수수료가 부과되는 펀드에 투자하는 투자자가 있는지 의아해할 수 있다. 이러한 의문에 대한 적절한 답을 찾는 것은 점점 더 어려워지고 있다. 한때는 선취 또는 후취수수료를 부과하지 않는 펀드들이 많이 존재하지 않았고, 혹 있었다고 하더라도 투자자들에게 널리 알려지지 않았다. 오늘날, 선취 또는 후취수수료를 부과하지 않은 펀드들이 많고, 또한 펀드 간의 경쟁이 심화되면서 많은 펀드들이 다양한 방식으로 수수료나 비용을 낮춰야 하는 압력을 받고 있는 것이 현실이다

이러한 환경에도 불구하고 투자자들이 평균 이상의 수수료를 지불해야 하거나 선취, 후취 보수를 지불해야 하는 펀드에 굳이 투자하는 이유는 기본적으로 두 가지 정도로 설명될 수 있다. 첫째, 특정한 펀드매니저가 운용하는 펀드에 가입하기를 원하는 경우이다. 이것의 좋은 예는 피델리티 마젤란 펀드(Fidelity Magellan

Fund)이다. 여러 해 동안 마젤란 펀드는 펀드 운용의 역사에서 가장 성공적인 펀드매니저 중의 하나로 알려져 있는 피터 린치에 의해 운용되었기 때문이다. 마젤란 펀드에 투자해야만 피터 린치의 전문성이 투여된 투자 포트폴리오에 투자할 수 있기 때문에, 투자자로서는 부과되는 수수료를 지불하는 것 외에는 다른 대안이 없었다. 그러나 현실적으로는 소위 말하는 스타 펀드매니저가 운용하는 펀드에 투자하는 것이 그다지 좋은 선택이 아닐 수도 있음을 이 장의 후반부에서 살펴볼 예정이다.

둘째, 특별한 유형의 펀드에 투자하기를 원하는 경우가 해당될 수 있다. 예를 들어, 투자자가 브라질과 같은 특정한 국가에 투자하는 펀드에 투자하는 것을 원할 경우, 우선 이러한 펀드가 존재한다고 하더라도 아주 소수일 것이며, 경우에 따라서는 소수의 투자자를 위해 펀드를 새로이 설립해야 하는 경우도 발생할 수 있다. 따라서 해당 유형에서의 펀드 간 경쟁 역시 우리가 흔히 볼 수 있는 일반적인 유형의 펀드 유형보다는 낮을 것이다. 그 결과 특별한 유형의 펀드는 비용과 수수료 등이 더 높은 경향이 있다.

포트폴리오 가치에 미치는 수수료의 영향

투자자들이 펀드매니저들이 제공하는 서비스에 대한 대가로 지불하는 다양한 수수료에 대해 살펴보았다. 대부분의 경우에 수수료들의 수준이 대체적으로 매우 낮은 것으로 보인다. 예를 들어 1%의 수수료가 장기 성과에 미치는 영향은 크지 않을 것으로 보인다. 그러나 수수료는 매년 지불되는 것이며, 복리효과를 감안하면 상당히 커질 수 있다.

그 예로 표 4.1을 살펴보자. 이 표에서는 새로운 투자자가 대학 졸업 직후 은퇴를 위한 저축을 계획하고 있다고 가정하고, 매달 $400을 뮤추얼펀드에 40년간 투자한다고 가정한다. 이 투자자의 최종 포트폴리오의 가치는 분명히 투자기간 동안 발생한 수익에 의존한다.

약간 공격적인 투자성향을 가정하는 경우에 대형주 주식에 투자한 것과 유사한 수익률을 가정할 수 있다. 1장에서, 우리는 이러한 유형의 후자는 기하평균(복리)

표 4.1
수수료의 효과

	연간 지불 수수료		
$400 월간 투자금액	0%	1%	2%
40년간, 연수익률10%	$2,529,632	$1,872,528	$1,396,403

수익률이 10%의 범위안에 있다는 것을 확인한 바 있다. 만약 이 정도의 수익을 실제로 벌게 되었다면, 투자자의 은퇴 시점의 포트폴리오의 가치는 250만 달러의 범위에 있을 것이고, 이는 나쁘지 않은 수준이다.

그러나, 이 수익률은 실제로 얼마나 수수료를 지불해야 하는지에 대해서는 설명하지 않고 있다. 그래서 우리는 매년 1% 또는 2%의 수수료를 지불했을 때의 최종 포트폴리오의 가치에 대해 살펴보았다. 만약 투자자가 평균 1%의 수수료를 지불한다면, 최종 포트폴리오의 가치는 25% 감소한 190만 달러 수준이다.

이것을 통해 수수료가 중요하다는 것을 알 수 있다. 패시브 펀드가 액티브 펀드보다 좋은 성과를 나타낼 수 있는 한 가지 이유도 수수료 때문이다. 액티브 펀드매니저들은 패시브 펀드매니저에 비해 더 높은 수익률을 제공할 수도 있다. 그러나 수수료 수준을 모두 커버할 수 있는 수준의 높은 수익률을 달성하지 못할 수도 있다. 현명한 투자자는 그들이 지불하고 있는 수수료에 대해 보다 많은 주의를 기울인다.

확인 사항

4.4a Load 펀드와 No-Load 펀드의 차이점은?

4.4b 12b-1 수수료란 무엇인가?

4.5 단기투자 펀드

뮤추얼펀드는 보통 단기투자펀드와 장기투자펀드의 두 개의 그룹으로 크게 분류할 수 있다. 단기 투자펀드는 총괄하여 머니마켓 펀드로 알려져 있고 장기투자펀드는 기본적으로 머니마켓 펀드(MMF)가 아닌 다른 모든 것을 포함한다. 우선 머니마켓 펀드에 대해 다루고 그 이후에 장기투자펀드에 대한 논의를 이어 나갈 것이다.

머니마켓 펀드

머니마켓 펀드
단기 자금 시장의 투자에 특화되어 있는 비교적 유동성이 풍부하고 투자 기간이 짧은 펀드

이름에서 알 수 있듯이, 머니마켓 펀드(money market mutual funds, MMF)는 만기가 짧은 단기 자금 시장의 상품에 특화되어 있다. 이미 앞서 언급했듯이, 이러한 단기 자금 시장은 정부와 기업들이 발행하는 단기성 부채 등에 해당하는 상품들이 주로 거래되는 시장이다. 머니마켓 펀드는 1970년대 초에 도입된 이후 폭발적인 성장을

해왔고, 2015년 중반 기준으로, 2.7조 달러에 달하는 규모에 이르렀다. 참고로 모든 MMF들은 개방형 펀드에 해당된다.

MMF는 만기가 90일 이내인 신용등급이 높고, 위험이 낮은 금융상품에 주로 투자한다. 따라서 MMF는 비교적 위험이 다른 펀드들에 비교하면 낮은 편이라고 할 수 있다. 하지만 MMF 내에 편입되는 자산의 성격과 전체적인 포트폴리오의 관리 철학 등에 따라서 모든 MMF가 동일한 위험을 가지고 있다고 할 수 없다. 예를 들어 어떤 MMF는 매우 만기가 짧은 무위험에 해당하는 국채 위주로 편입을 하는 데 반해, 또 다른 펀드에서는 일반 기업들이 발행한 채권, 기업어음(CP) 등 국채에 비해서는 위험이 당연히 수반되는 유가증권에 투자하고 있기 때문에 이 두 펀드의 위험도는 동일하지 않을 것이다

MMF 회계 MMF의 독특한 특징은 순자산 가치가 항상 주당 $1라는 것이다. 그러나 이것은 순전히 회계상, 제도상으로 다른 펀드와는 달리 적용받기 때문이다. MMF는 펀드의 자산과 동일하게 펀드의 발행량을 설정하게 된다. 다시 말하면, 만약 어떤 펀드의 총자산이 1억 달러라면, 그 펀드는 총 1억 주를 발행하게 된다.

MMF가 항상 $1의 순자산 가치를 유지하는 이유는 뮤추얼펀드를 마치 은행 계좌와 비슷한 성질을 가지게 하기 위함이다. MMF가 다른 펀드들에 비해 상당히 안전하고, 이자율이 적정하며, 만기가 짧은 자산에 투자하는 한, 순자산 가치는 주당 $1 이하로는 떨어지지 않을 것이다. 그러나 순자산 가치가 항상 $1 이상을 유지할 것이라는 보장은 없다. 매우 드물게 발생하기는 하지만, 'breaking the buck'이라는 말은 순자산 가치가 $1 이하로 내려가는 경우를 설명하기 위해 사용되는 용어이다. 실제로 2008년 금융위기 이후에 몇몇의 MMF들은 펀드들이 보유한 자산에서 손실이 발생하는 경우가 발생하여 순자산이 $1를 하회하기도 했고, 또한 펀드가 지불해야 하는 비용을 감당하지 못하거나 초단기자산의 급격한 유동성 고갈로 인한 가격의 폭락 등이 'breaking the buck'을 초래하기도 하였다. 이러한 상황에서 몇몇 펀드는 순자산 가치가 $1 이하로 내려가는 상황을 막고자 펀드 자체의 자금 유출입을 중단하는 조치를 취하기도 하였다.

MMF의 과세 MMF에는 과세가 되는 유형과 세금이 부과되지 않는 유형이 모두 존재한다. 2015년 기준 2.7조 달러의 MMF 중에서 과세 가능한 펀드가 약 90%를 차지하고 있다. 일반적으로 주정부 및 지방정부로부터의 이자소득은 연방소득세가 면제된다. 따라서 비과세 MMF는 이러한 종류의 세금이 면제되는 유가증권만을 편입대상으로 한다. 종종 한 주에서 지급받은 이자소득은 다른 주에서는 과세

의 대상이 되는 경우가 있다. 이러한 경우까지 대비하고자 어떤 펀드에서는 단지 한 개의 주정부에서 발행한 유가증권에만 투자하기도 한다. 해당하는 주에 거주하는 투자자는 이자소득에 대해서 주와 연방정부로부터 모두 면세 혜택을 볼 수 있다. 세금우대에 대한 정책으로 인해 비과세 MMF는 훨씬 낮은 수익률을 제공하게 된다.

따라서 개개인의 세금 환경에 따라 투자하는 MMF의 유형을 결정하면 된다.* 예를 들어, 과세가 되는 MMF가 1.2%의 수익률을 제공하는 반면, 비과세 MMF는 0.8%의 수익률을 제공하는 경우를 고려해볼 수 있다. 투자자가 40%의 세율을 적용받는다면 과세 펀드의 경우 세후 기준으로 $1.2 \times (1-0.40) = 0.72\%$의 수익률을 가지기 때문에 비과세 되는 MMF에 투자하는 것이 더 나은 판단이 된다.

예제 4.4

수익률과 과세

위의 논의에서 만약 투자자가 20%의 세율을 적용받는다면, 과세, 비과세 펀드 중 어떤 펀드가 더 유리한가?

세후 기준으로 과세되는 펀드의 실제 세후 수익률은 $1.2 \times (1-0.2) = 0.96\%$가 되기 때문에 비과세 펀드보다 과세되는 펀드가 더 매력적인 투자대상이다.

수시입출식 저축성예금(MMDA)

대부분의 은행들은 소위 말하는 수시입출식 저축성예금(MMDA)을 판매하고 있는데, 이것은 MMF와 상당히 흡사한 특성을 가지고 있다. 예를 들어, MMF와 MMDA는 모두 일반적으로 발행량이 제한된다는 공통점이 있지만, MMDA는 은행예치금의 성격에 따라서 예금자 보호를 받을 수 있는 반면, MMF는 뮤추얼펀드의 한 종류이기 때문에 예금자 보호를 받을 수 없다는 차이점을 가지고 있다. 또한 은행들은 MMDA 외에 MMF도 판매하고 있기 때문에 이러한 점들이 투자자들이 두 가지 금융상품의 성격을 더욱더 이해하기 어렵게 만드는 요인이 되기도 한다.

확인 사항

4.5a MMF란 무엇인가? MMF의 두 가지 유형은 무엇인가?

4.5b 어떻게 MMF는 일정한 순자산 가치를 유지하는가?

* MMF의 수익률에 대해서는 다른 챕터에서 실제 계산을 통해 추가적인 논의를 이어갈 것이다.

4.6 장기투자 펀드

장기투자 펀드에는 다양한 종류가 있다. 전통적으로, 뮤추얼펀드는 주식, 채권 또는 혼합형 펀드로 분류되었으나 뮤추얼펀드 산업의 급속한 성장으로 인해 예전처럼 세 가지 유형으로 펀드를 분류하는 것이 점점 더 어려워지고 있다. 뮤추얼펀드의 정보를 제공하는 업체들도 이러한 분류체계를 더 이상 사용하지 않는다.

뮤추얼펀드는 서로 다른 목적을 가지고 있으며, 펀드의 목적 내지는 목표가 펀드의 유형을 결정하는 주요 요인이다. 모든 뮤추얼펀드는 펀드의 목적 내지는 목표를 투자설명서 상에 기재해야만 한다. 예를 들어, 피델리티 인디펜던스 펀드(Fidelity Independence Fund)의 경우 아래와 같다.

> 본 펀드의 목표는 자본이득 증대이다. 보통, 뮤추얼펀드의 전략은 국내 또는 해외에서 발행한 보통주에 투자하는 것이다. 이 펀드는 특정 시점에 성장주(growth), 가치주(value), 또는 두 가지 모두에 투자할 수 있다. 기본적 분석과 기업의 재무상태와 산업에서의 입지는 물론 시장과 경제 상황 등을 종합적으로 고려하여 투자를 결정한다.

뮤추얼펀드의 목표는 중요한 고려사항이지만, 불행히도 현실에서는 펀드들이 종종 너무나 모호한 목표를 설정하기 때문에 투자자로서는 유용한 정보를 얻을 수가 없다. 예를 들어, 매우 일반적인 목표로는 다음과 같은 것들이 있다. "빅뱅 펀드는 자본차익, 자본수익, 투자자 재산 보호를 추구한다." – 이 목표를 실질적으로 들여다보면, (1) 펀드의 가치를 증대시키고 (2) 펀드 투자자들을 위해 소득(수익)을 창출하며 (3) 손실을 보지 않는다. 쯤으로 해석해볼 수 있다. 따라서 이러한 투자설명서 상에 기재된 펀드의 목표를 참고하는 것보다는 실질적으로 그 펀드가 보유하고 있는 포트폴리오를 살펴보는 것이 보다 의미 있는 차이점을 발견할 수 있다.

주식형 펀드

주식형 펀드는 매우 다양하다. 우리는 9가지의 각기 다른 유형과 몇 가지의 하부 유형에 대해 논의할 것이다. 또한 어떠한 유형으로도 분류하기 어려운 몇몇 펀드들에 대해서도 살펴볼 것이다.

자본차익 펀드 인컴펀드 주식형 펀드의 처음 네 가지 유형은 자본차익으로 배당수익을 상쇄하는 특징을 지닌다.

1. 자본차익(capital appreciation) 바로 위의 예에서와 같이 이 펀드들은 자본차익의 극대화를 추구한다. 이러한 펀드들은 일반적으로 해당 주식에 대한 최선의 전망을 예측한 펀드매니저의 의견에 따라 포트폴리오가 구축되기 때문에, 배당, 회사의 규모, 일부 펀드에서는 국가에 대한 고려 없이 이루어질 수도 있다. 다른 말로 검증되지 않은 회사나 선호되지 않는 회사에 투자가 이루어질 수도 있다는 뜻이다.
2. 성장 펀드(growth) 이러한 유형의 펀드들은 자본차익을 추구하지만, 규모가 더 크고 설립된 지 시간이 좀 더 경과한 회사에 투자하는 경향이 있다. 결과적으로 이러한 유형의 펀드는 자본차익 펀드에 비해 더 적은 변동성을 수반할 수 있다. 또한 성장펀드에서는 배당금은 주요 고려대상은 아니다.
3. 성장&소득추구형 펀드(growth and income) 자본차익이 여전히 펀드의 목표이지만 배당을 지급하는 회사에 대한 고려도 함께하는 유형에 해당된다.
4. 지분 인컴 추구형 펀드(equity income) 이러한 유형의 펀드는 배당률이 상대적으로 높은 주식에 초점을 맞추어 투자를 하며, 포트폴리오의 경상소득을 극대화하는 것을 목표로 한다.

이 네 가지 유형의 펀드 중에서 성장에 대한 강조가 큰 펀드는 그에 따른 위험도 함께 증가한다. 그러나 이러한 분류는 단지 대략적인 분류 방식에 불과하다. 예를 들어, 지분소득을 추구하는 인컴 펀드는 종종 유틸리티와 같은 방어적 성격의 산업에 투자를 많이 하지만, 1990년대 초에는 이러한 유틸리티 주식들이 큰 손실을 입기도 하였다.

투자대상 회사의 규모에 기초한 펀드 유형 다음 세 가지 펀드 유형은 특정 규모 범위의 기업에 초점을 맞추고 있다.

1. 소형주 펀드(small company) 이름에서 알 수 있듯이, 이러한 펀드는 주식시장 내에서의 지분가치 규모가 작은 중소기업들이 많이 포함되어 있는 소형주 투자에 초점을 맞춘다. 이러한 펀드는 종종 스몰캡(small-cap) 펀드로 불리기도 한다. 여기에서 의미하는 'cap'은 전체 시장규모(market value or capitalization)를 의미하는 약어에 해당한다. 제1장에서 우리는 소형주들이

적어도 장기적으로는 아주 좋은 실적을 보여 그러한 주식들을 전문적으로 투자하는 자금에 대한 수요가 증가하였다는 것은 알게 되었다. 소형주 뮤추얼 펀드의 경우, 소형주라 하면 시가총액이 1,000만 달러에서 10억 달러 정도 사이에 위치하는 회사들을 의미하며, 일부 뮤추얼펀드는 이보다 규모가 더 작은 기업에 특화되어 있는 경우도 있다. 대부분의 소형주들은 배당을 지급하지 않기 때문에 이러한 펀드는 주로 자본차익을 강조한다.

2. 중형주 펀드(midcap) 보통 S&P 500지수에 포함되기에는 너무 작지만 소형주로 보기에는 너무 큰 주식들을 전문적으로 투자하는 펀드를 의미한다.
3. 대형주 펀드(large company) 시가총액이 큰 회사, 대형주 위주에 투자를 하는 펀드이며, 대부분의 대형주에 속하는 기업들은 100억 달러 이상의 시가총액을 보유하고 있다.

글로벌 투자 펀드 연구에 따르면 국제적으로 포트폴리오를 분산하는 것이 투자자의 위험-수익률 간의 상충관계(trade-off)를 크게 개선할 수 있다고 한다. 글로벌 투자 펀드의 수는 1980년대와 1990년대 초반에 급속히 증가했다. 그러나, 그 성장은 1990년대 후반에 급격히 둔화되었다. 이 유형의 펀드는 수는 2000년대 초반에 줄어들었지만 2005년 이후로는 증가해왔다. 세분화하면 다음의 두 가지 정도 유형으로 분류할 수 있다.

1. 글로벌 펀드(global) 이 펀드들은 상당한 해외주식 등에 대한 지분을 가지고 있지만 국내 주식 등의 보유비중도 상당히 가지고 있는 경우를 일컫는다.
2. 해외 펀드(international) 이 유형의 펀드들은 국내를 제외한 해외 주식에 초점을 맞추고 있다는 점을 제외하면 글로벌 펀드와 본질적으로 크게 다르지 않다.

   해외 펀드 중 일부는 유럽, 환태평양 또는 남미와 같은 세계의 특정한 지역을 전문으로 하는 경우도 있다. 오늘날, 비록 작지만 주식시장을 가지고 있는 모든 국가를 대상으로 하는 뮤추얼펀드도 있다. 규모가 작고 비교적 최근에 설립된 증권 시장을 가지고 있는 국가들을 전문적으로 투자하는 펀드는 종종 이머징 펀드라고 불린다. 이러한 이머징 펀드들의 특징은 역사적으로 매우 심한 변동성을 가지고 있다는 것이다.

   해외 펀드로 분류되지 않은 많은 펀드들이 실제로 상당한 해외투자를 할 수 있기 때문에 분류에 있어서 주의를 기울여야 한다. 성장 펀드(growth)라고 스스로 분류해 놓고 실제로 해외 시장에 대한 많은 투자를 하고 있는 펀드들도 많다.

섹터 펀드 섹터 펀드는 특정 산업(sector) 또는 경우에 따라서 특정 상품에 대한 전문성을 가지고 투자하는 펀드를 말한다. 일일이 다 열거하기 어려울 정도로 많은 이러한 유형의 섹터 펀드들이 존재한다. 소프트웨어 회사에 대해서만 매수를 하는 펀드가 있고, 천연가스생산, 원유생산, 귀금속 생산 등과 관련된 투자만을 전문으로 하는 펀드들도 있다. 사실, 본질적으로 미국 경제의 모든 주요 산업들은 적어도 한 개 이상의 섹터 펀드가 존재하고 있다.

섹터 펀드에 대해 주목해야 할 점은, 한 국가에만 투자하는 펀드에서와 마찬가지로, 섹터 펀드는 분산투자가 잘되어 있다고 하기에는 어렵다. 매년 가장 성과가 좋은 뮤추얼펀드는 섹터 펀드이다. 왜냐하면 그 경제의 특정 섹터의 주식 가격 상승이 한 해 동안의 주가 상승의 상당 부분을 차지하는 경우가 많기 때문이다. 따라서 해당 섹터에 전문화되어 집중 투자하는 펀드들의 성과가 좋을 수밖에 없다. 이러한 맥락에서, 동일한 이유로 성과가 가장 좋지 못한 펀드들 역시 거의 항상 특정한 유형의 섹터 펀드일 경우가 많다. 뮤추얼펀드에 대해서 과거의 실적은 거의 항상 미래의 성과에 대해 보장을 할 수는 없으며, 이러한 현상은 섹터 펀드에서 더욱 두드러지는 경향이 존재한다.

다른 펀드 유형과 각 펀드 유형에 대한 이슈들 위에 언급한 펀드의 범주에 포함되지 않는 또 다른 세 가지 유형은 아래에서 소개될 지수연동 펀드(index funds), 소위 사회적 양심 펀드(social conscience funds) 그리고 세금관리형 펀드(tax-managed funds)를 포함한다.

1. 지수연동 펀드(index funds) 지수연동 펀드는 특정 지수와 동일한 상대적 비율로 특정 지수를 구성하는 주식을 보유하는 펀드이다. 가장 중요한 지수연동 펀드는 S&P 500지수의 성과를 추종하는 펀드로서, 우리가 1장에서 논의한 대형주 지수인 S&P 500의 실적에 연동되는 펀드로서, 그 특성상 지수연동 펀드는 상대적으로 방어적으로 관리되기 때문에 펀드매니저의 역할은 지수를 추종하기 위한 것에 거래로 한정되는 것이 일반적이다. 그러한 펀드는 일반적으로 낮은 회전율과 낮은 운용보수 등이 특징이며 이러한 부분에 영향을 많이 받는 투자자에게는 매력적일 수 있다. 지수연동 펀드가 빠르게 성장하게 된 또 다른 이유는 뮤추얼펀드 매니저들이 평균 수준을 상회하는 성과를 지속적으로 달성할 수 있는지에 대해 상당한 논쟁이 있기 때문이다. 만약 펀드매니저들이 추종지수의 평균을 상회하는 성과를 창출할 수 없다면, 평균적으로 시장 수준의 수익률을 줄 수 있는 지수연동 펀드에 투자하지 않고 높은 수수료와 비용을 지불해야 하는가에 대한 의문이 제기될 수 있기 때

문이다. 2015년 기준으로 지수연동 펀드의 중요성을 인식할 수 있는 좋은 예는 무려 2,000억 달러에 달하는 자산을 보유한 미국에서 가장 큰 주가지수연동 뮤추얼펀드 뱅가드 500 지수연동 펀드이다. 이름에서 유추할 수 있듯이 S&P 500 지수를 추종하는 펀드이다.

2. 사회적 양심 펀드(social conscience funds) 이러한 펀드들은 상대적으로 비교적 최근에 설정된 것으로 이러한 펀드들은 해당 기업의 제품, 정책 또는 정치적인 관점 등이 사회적으로 바람직한 것으로 여겨지는 기업에만 투자를 한다. 구체적인 사회적 목표는 환경 문제에서부터 인사 규정에 이르기까지 다양하다. 파나수스 펀드(parnassus fund)는 주류, 담배, 도박, 무기, 원자력 산업에 대한 투자를 기피하는 잘 알려진 사회적 양심 펀드의 예이다. 물론 사회적으로 바람직한 것과 책임 있는 것에 대한 합의는 찾기 어려운 것이 사실이다.
3. 세금관리형 펀드(tax-managed funds) 일반적으로 과세가 되는 뮤추얼펀드는 펀드 투자자의 세금부담을 고려하지 않고 운용된다. 펀드매니저는 세전 총 수익에 초점을 두어 펀드를 운용하고 종종 이를 바탕으로 하여 보상을 받게 된다. 그러나, 최근의 연구에 따르면 꽤나 간단한 몇몇의 전략들을 활용하면 주주들에 대한 세후수익률을 크게 향상시킬 수 있으며, 과세 대상 투자자들에게는 세전 수익에만 집중하여 운용하는 것이 반드시 좋은 것만은 아니라는 것을 보여주었다. 세금관리형 펀드는 실현된 자본 이득을 최소화하기 위해 회전율을 낮추려고 노력하고, 실현된 이익과 실현된 손실을 균형있게 가져가려고 노력한다. 그러한 전략은 특히 지수연동 펀드가 효과적이다. 예를 들어 슈왑 1000 펀드(schwab 1000 fund)는 러셀 1000 지수(russell 1000 index)를 추종하는 펀드인데 이는 해당 지수에 포함된 1,000개의 주가를 광범위하게 복제하고 있다. 이 펀드는 과세소득에 대한 부담을 줄이고자 지수를 엄격하게 따르는 것에서 어느 정도 벗어나기 위해 회전율을 최소화하는 전략을 유지한다. 그 결과 펀드 투자자들의 과세 수준은 크게 낮아지는 결과를 가져오게 된다. 우리는 투자자들이 펀드에 부과되는 세금에 대해 더 많이 인지하게 되면서 이러한 세금관리형 펀드 전략을 활용하는 펀드에 대한 관심이 더욱 더 높아질 것으로 예상한다.

과세채권 펀드와 지방채(비과세) 펀드

대부분의 채권형 펀드는 국내 기업과 정부 채권에 투자하지만 일부 펀드는 해외 정부나 해외 기업의 회사채에도 투자를 한다. 앞으로 보게 될 것처럼, 시장에서는 다른 펀드 유형에 비해 상대적으로 적은 수의 채권형 펀드가 존재한다. 기본적으로 채권형 펀드는 5가지의 특성을 지니고 있다.

1. 만기 범위(maturity range) 펀드마다 만기가 서로 다른 채권을 보유하고 있는데, 매우 짧은 경우(2년 또는 그 이하)부터 만기가 긴(25~30년 또는 그 이상) 경우까지 다양하다.
2. 신용도의 질(credit quality) 일부 채권은 채무불이행 가능성이 있는 채권에 비해 훨씬 더 안전하다. 미국 국채는 채무불이행 위험이 없는 반면, 소위 정크 본드는 상대적으로 채무불이행 위험이 투자등급 채권에 비해 더 크다.
3. 과세(taxability) 미국 지방채(municipal bond) 펀드는 연방 소득세가 없는 채권만을 투자대상으로 한다. 반대로 과세 펀드는 과세 대상인 채권에만 투자한다.
4. 채권 유형(type of bond) 일부 펀드는 부동산 담보 대출 채권(mortgage)과 같은 특정 유형의 채권에 투자하는 것을 전문으로 한다.
5. 국가(country) 대부분 채권 펀드는 국내 채권만 투자대상으로 하지만 일부 펀드는 해외 기업의 회사채나 정부채에 투자하기도 한다,

단기, 중기 펀드 이름에서도 알 수 있듯이 이 두 가지 유형의 채권형 펀드는 특정 만기 범위의 채권에 초점을 두고 투자한다. 단기 펀드는 일반적으로 5년 미만의 채권에 투자를 하는 반면, 중기 펀드는 주로 7~10년 미만의 채권에 투자한다. 각각의 유형 내에서도 과세 펀드와 비과세 펀드 유형이 각각 존재한다.

이러한 유형의 펀드에서 주의해야 할 것 중 한 가지는 신용도의 질이 펀드마다 다를 수 있다는 것이다. 한 펀드는 매우 위험한 중기 채권을 보유하는 반면, 다른 펀드는 유사한 만기를 가진 정부채만을 보유할 수 있기 때문이다.

일반 채권 펀드 과세, 비과세 채권 모두에 대해서 이러한 펀드 분류는 일종의 모호한 유형 분류에 해당한다. 이 범주의 펀드는 단순히 어떤 특정한 투자 방법을 전문으로 하지 않는다. 다양한 신용도에 대한 우려가 존재할 수 있으며, 만기 역시 상당히 다를 수 있다,

하이일드 펀드 신용도가 낮은 대신 상대적으로 높은 수익률을 제공하는 채권을 투자대상으로 하는 펀드이다. 주요 투자대상인 하이일드 채권은 높은 수익률을 제공하고 있는데 이는 동시에 높은 위험을 의미한다. 결과적으로 하이일드 채권 펀드는 매우 큰 변동성을 동반한다.

주택담보부 채권 펀드 국립주택 저당금고(government national mortgage association, GNMA, 'Ginnie Mae')가 발행한 소위 주택담보부 채권에 전문적으로 투자하는 펀드들이 많이 있다. 우리는 이 중요한 유형의 증권에 대해 이 장의 후반부에서 자세히 논의할 것이다.

세계 펀드 전 세계를 투자대상으로 하는 과세 대상 펀드의 수는 상대적으로 제한적이다. 일부 펀드들은 미국채 투자만을 전문적으로 하며, 다른 펀드들은 미국 이외의 정부가 발행하는 채권 투자에 집중한다. 이러한 유형의 펀드들은 모두 과세 대상 펀드에 해당된다.

보장성 펀드 이러한 유형의 펀드는 지방채 펀드의 일종이다. 지방채 발행자들은 종종 채권의 지급을 보장하는 보험을 구매한다. 이러한 채권은 채무불이행 가능성이 거의 없기 때문에 일부 펀드는 이러한 유형의 채권투자를 전문적으로 수행한다.

단일 지방채 펀드 앞서 우리는 어떻게 일부의 MMF가 단일 주정부에서 발행한 채권에 전문적으로 특화되었는지에 대해 논의했다. 이러한 유형은 일부 채권 펀드에서도 마찬가지로 존재한다. 이러한 펀드들은 캘리포니아와 같이 높은 세율체계를 가지고 있는 주정부와 같은 큰 주(state)들에서는 특히 중요하다. 혼랍스럽게도, 이 분류는 장기펀드에만 해당되며, 단기/중기 단일 지방채 펀드는 다른 만기에 기초한 지방채 펀드로 분류된다.

주식과 채권 혼합 펀드

이 마지막 주요 펀드 분류는 다양한 펀드를 포괄한다. 이러한 유형의 펀드들의 유일한 공통점은 이러한 펀드들이 주식에만 투자하거나 또는 채권에만 투자하지 않는다는 것이다. 이러한 이유로 이 유형에 해당하는 펀드들은 종종 "혼합" 또는 "하이브리드" 펀드로 불리운다. 이 유형에 속하는 펀드들에 대해 논의해보자.

밸런스 펀드 밸런스 펀드(balanced funds)는 주식과 채권의 상대적인 비율을 유지한다. 이 유형의 펀드들은 상대적으로 안전하고, 투자대상의 우량함을 강조하는 투자원칙을 가지고 있으며 주식과 채권을 통한 분산투자를 하기 때문에 특히 소규모 투자자들에게도 소액으로 일종의 채권과 주식의 포트폴리오를 구성하는 편의성을 제공한다.

자산배분 펀드 두 가지 유형의 펀드가 자산배분펀드로 분류될 수 있다. 첫 번째는 밸런스 펀드의 확장된 버전이 해당된다. 이 유형의 펀드는 주식, 채권, 단기투자상품과 부동산 또는 다른 유형의 투자자산에 상대적인 고정된 비율을 유지하고 있으며, 각 자산에 대한 목표 비중은 일정한 주기에 맞추어 정기적으로 갱신하거나 수정할 수 있다. 다른 유형의 자산배분 펀드는 재량적 포트폴리오 펀드(flexible portfolio fund) 이다. 여기서 펀드매니저는 우량한 성과를 창출하기 위해 펀드매니저의 시장 뷰에 따라서 주식, 채권 또는 단기 투자상품 등에 대한 비중을 100%까지 보유할 수 있는 특징이 있다.

이러한 펀드는 기본적으로 시장 타이밍을 맞추기 위해 집중하며, 향후 몇 개월 동안 수익률이 상대적으로 좋을 것으로 예상되는 자산 또는 시장을 찾기 위해 노력한다.

전환 펀드 어떤 채권은 전환형 사채로 발행이 되는데, 이는 채권 보유자의 선택에 따라 미리 정해진 수량의 주식과 교환할 수 있는 권리가 부여된 채권을 의미한다. 몇몇 뮤추얼펀드는 이러한 전환형 사채에 투자하는 것을 전문으로 한다.

인컴 펀드 인컴 펀드(income fund)는 배당수익 및 이자수익을 창출하는 것을 강조하는 펀드 유형이기 때문에, 우선주와 다양한 만기의 채권뿐 아니라 배당금을 지급하는 보통주에 집중적으로 투자한다.

타깃데이트 펀드 라이프사이클 펀드(life-cycle funds)라고 알려진 타깃데이트 펀드의 가장 큰 특징은 자산배분을 펀드를 보유하고 있는 투자자의 예상되는 퇴직 시점에 맞추어 실행한다는 것이다. 예를 들어, 펀드운용사가 타깃데이트 2040펀드를 제공한다면, 그 펀드는 2040년경에 은퇴할 계획인 투자자들 위한 것이다. 이 펀드는 장기적 투자를 염두하여 투자되기 때문에 국내 및 해외 주식에 대한 비중이 높은 포트폴리오를 가지는 것이 일반적이다. 투자 연수가 지나감에 따라 펀드매니저는 채권에 대한 배분을 늘리고 포트폴리오 내에서 주식의 비중을 줄여가는 자산배분을 실행하게 된다. 이 접근법은 교재에서 여러 차례 논의되는 주식 배분의 가이드라인과 같다. 이 가이드라인을 활용하면, 투자자의 주식 배분에 대한 비중은 100(또는 120)에서 투자자의 나이를 차감하여 결정되어 진다. 타깃데이트 펀드는 펀드 자산배분에 있어 크게 관여하기를 원하지 않는 투자자들에게 매력적인 유형이 될 수 있다. 타깃데이트 펀드의 잠재적인 단점은 펀드의 추가적인 관리 수수료를 요구한다는 것인데, 최근 들어서는 이러한 부가적인 수수료를 납부해야 하는 펀드도 점점 줄어드는 추세이다.

뮤추얼펀드 목적: 최근 동향

앞서 언급했듯이, 뮤추얼펀드의 목표를 명시하는 것만으로는 투자자에게 유익한 정보를 제공하지 못할 수 있다. 최근 몇 년 동안, 뮤추얼펀드의 목표는 실제 보유하는 자산에 기반하여 분류되는 경향이 있었다. 예를 들어, 그림 4.3은 〈월스트리트 저널〉이 사용하는 분류를 보여준다.

그림 4.3에서 주목해야 할 중요한 점은 대부분의 일반적인 펀드는 보유하고 있는 주식(소형주, 중형주, 대형주)의 시가총액과 그 펀드가 성장주 또는 가치주(또는 둘 다)에 투자하는 경향이 있는지에 기초하여 분류된다는 것이다. 우리는 이 장의 후반부에서 성장주와 가치주에 대해 논의할 것이지만, 이번 장에서는 성장주들이 가치주에 비해 보다 빠르게 성장할 가능성이 더 높은 주식이라는 정도로 이해해도 충분하다. 가치주란 상대적으로 저평가된 것으로 보이는 주식으로, 저평가되었다는 것이 주식을 매수할만한 매력적인 이유를 제공할 수 있다는 것을 의미한다. 뮤추얼펀드의 스타일 박스는 투자자들에게 있어 점점 더 익숙해지고 있는 펀드 유형 분류의 툴이다. 스타일 박스는 펀드를 다음과 같은 9개의 유형 중 하나로 분류하여 투자의 목적을 시각적으로 표현하는 유용한 방법이다.

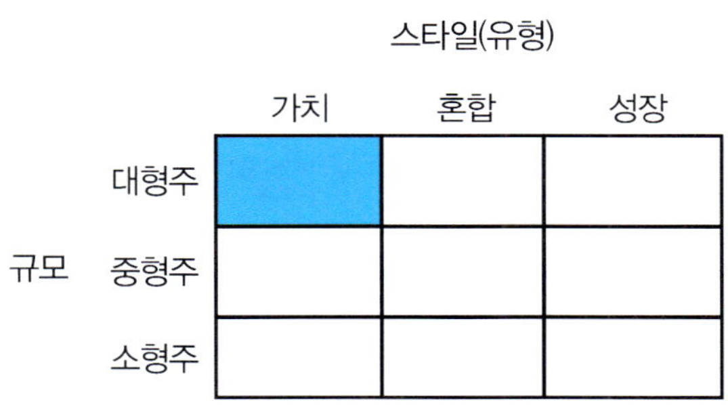

위의 표에서 진하게 표시된 박스 영역은 대형주이면서 가치주인 주식에 초점을 맞추고 있음을 알 수 있다. 이와 같이 뮤추얼펀드 목적을 제시하는 것을 통해 뮤추얼펀드의 선별이 용이해질 수 있을 것이다.

확인 사항

4.6a 장기투자 펀드의 세 가지 주요 유형은 무엇인가? 각각의 몇 가지 예를 제시하고 그 펀드들의 투자 원칙을 설명하라..

4.6b 단일 주정부 채권 펀드, 단일 국가 주식 펀드, 섹터 펀드의 공통점은 무엇인가?

4.6c 채권 펀드의 특징은 무엇인가?

뮤추얼 펀드 목적

글로벌 뮤추얼 펀드 리서치 회사인 Lipper의 분류에 기반한 〈월스트리트 저널〉의 카테고리 분류

주식형 펀드

이머징마켓(Emerging Markets, EM): 이머징마켓의 주식에 투자하는 펀드, 이머징 마켓의 정의는 한 국가의 1인당 GNP(국민총생산)와 다른 경제의 측정방법을 따른다.

주식인컴(Equity Income, EI): 높은 경상수익률과 주식투자에 따른 배당 등 소득 성장성에 기초하여 투자하는 펀드

유럽지역(European Region, EU): 유럽지역에 집중 투자하거나 유럽지역에서 관리되는 펀드

글로벌주식(Global Stock, GL): 해외주식과 국내주식에 모두 투자하는 펀드

금(Glod Oriented, AU): 금광, 금광관련 기업에 투자하는 회사, 금화등에 집중투자하는 펀드

헬스케어, 바이오(Health/Biotech, HB): 헬스케어와 의약품, 바이오기술과 관련된 기업에 투자하는 펀드

해외주식(International Stock, IL): 해외 주식시장에 주로 투자하는 펀드

라틴아메리카(Latin American, LT): 남미지역에 집중 투자하거나 남미지역에서 관리되는 펀드

대형성장주(Large-Cap Growth, LG): 주요 지수에 포함된 주식의 이익보다 더 빠르게 이익이 성장할 것으로 예상되는 대형주에 투자하는 펀드, 이 펀드에서 보유하고 있는 주식은 평균보다 높은 PER, PBR, 3년 이익성장성의 특징을 가지고 있다.

대형주 코어(Large-Cap Core, LC): 투자하는 섹터에 대한 영향력을 미칠 수 있는 대형주에 투자하는 펀드, 평균적으로 잘 분산된 국내대형주 펀드와 유사한 PER, PBR, 3년 이익성장성의 유니버스를 가지고 있다.

대형가치주(Large-Cap Value, LV): PER, PBR등이 주요 주가지수에 비해 상대적으로 저평가 되어있는 대형주를 중심으로 투자하는 펀드

중형성장주(Midcap Growth, MG): 주요 지수에 포함된 주식의 이익보다 더 빠르게 이익이 성장할 것으로 예상되는 중형주에 투자하는 펀드, 이 펀드에서 보유하고 있는 주식은 평균보다 높은 PER, PBR, 3년 이익성장성의 특징을 가지고 있다.

중형주 코어(Midcap Core, MC): 투자하는 섹터에 대한 영향력을 미칠 수 있는 중형주에 투자하는 펀드, 평균적으로 잘 분산된 국내대형주 펀드와 유사한 PER, PBR, 3년 이익성장성의 유니버스를 가지고 있다.

중형가치주(Midcap Value, MV): PER, PBR등이 주요 주가지수에 비해 상대적으로 저평가 되어있는 중형주를 중심으로 투자하는 펀드

멀티캡 성장주(Multicap Growth, XG): 주요 지수에 포함된 주식의 이익보다 더 빠르게 이익이 성장할 것으로 예상되는 주식(시가총액의 관계없이 다양한 주식)에 투자하는 펀드, 이러한 펀드에서 보유하고 있는 주식은 평균보다 높은 PER, PBR, 3년 이익성장성의 특징을 가지고 있다.

멀티캡 코어(Multicap Core, XC): 투자하는 섹터에 대한 영향력을 미칠 수 있는 주식(시가총액에 관계없이 다양한 주식)에 투자하는 펀드, 평균적으로 잘 분산된 국내대형주 펀드와 유사한 PER, PBR, 3년 이익성장성의 유니버스를 가지고 있다.

멀티캡 가치주(Multicap Value, XV): PER, PBR등이 주요 주가지수에 비해 상대적으로 저평가 되어있는 주식(시가총액에 관계없이 다양한 주식)을 중심으로 투자하는 펀드

천연자원(Natural Resources, NR): 천연자원과 관련된 주식에 투자하는 펀드

태평양지역(Pacific Region, PR): 중국, 일본, 일본제외한 태평양지역에 주로 투자하는 펀드

정보기술(Science & Technology, TK): 기술주에 초점을 두어 투자하는 펀드

섹터(Sector, SE): 금융서비스, 부동산 등 각 섹터에 집중 투자하는 펀드

S&P500연계(S&P500 Index, SP): S&P500지수를 추종하도록 방어적으로 설계된 재투자 기반의 펀드

소형성장주(Small-Cap Growth, SG): 주요 지수에 포함된 주식의 이익보다 더 빠르게 이익이 성장할 것으로 예상되는 소형주에 투자하는 펀드, 이 펀드에서 보유하고 있는 주식은 평균보다 높은 PER, PBR, 3년 이익성장성의 특징을 가지고 있다.

소형주 코어(Small-Cap Core, SC): 투자하는 섹터에 대한 영향력을 미칠 수 있는 소형주에 투자하는 펀드, 평균적으로 잘 분산된 국내대형주 펀드와 유사한 PER, PBR, 3년 이익성장성의 유니버스를 가지고 있다.

소형가치주(Small-Cap Value, SV): PER, PBR등이 주요 주가지수에 비해 상대적으로 저평가 되어있는 소형주를 중심으로 투자하는 펀드

전문주식형(Specialty Equity, SQ): 시가총액의 크기에 관계없이, 특별한 제한사항이 없고 다른 분산이 잘된 다른 주식 펀드와는 구별되는 전략을 활용하는 펀드

유틸리티(Utility, UT): 유틸리티 섹터에 전문적으로 투자하는 펀드

과세대상 채권형 펀드

단기채권형(Short-Term Bond, SB):초단기채권, 단기채 투자등급채권, 중단기 투자등급채권에 투자

단기국내채권형(Short-Term U.S., SU): 단기 미국채, 단기 정부채, 중단기 정부채에 투자

중기채권형(Intermediate Bond, IB): 5~10년 사이의 투자등급 채권에 투자하는 펀드

중기국내채권형(Intermediate U.S., IG): 중기 미국채, 중기 정부채 등에 투자

장기채권형(Long-Term Bond, AB): 투자등급채권중 회사채와 정부채에 투자하는 펀드

장기국내채권형(Long-Term U.S., LU): 장기 미정부채, 정부채에 주로 투자하는 펀드

일반적 국내 과세형(General U.S. Taxable, GT): 일반적인 채권에 투자하는 펀드

하이일드 과세형(High-Yield Taxable, HC): 높은 수익률을 가진 채권과 신용등급이 낮은 채권에 주로 투자하는 것이 목적

부동산담보채권(Mortgage, MT): 모기지채권과 부동산 담보 관련된 채권에 투자하는 펀드

글로벌채권형(World Bond, WB): 이머징채권, 글로벌채권, 해외채권 등에 투자하는 펀드

지방채 펀드

단기지방채(Short-Term Muni, SM): 단기 지방채권, 중단기 지방채권에 주로 투자하는 펀드

중기지방채(Intermediate Muni, IM): 중기 지방채권에 주로 투자하는 펀드

일반적 지방채(General Muni, GM): 투자적격등급에 해당하는 지방채에 주로 투자하는 펀드

단일 지방채(Single-State Municipal, SS): 개별 주 단위의 지방채에 투자하는 펀드

하이일드 지방채(High-Yield Municipal, HM): 낮은 신용등급의 지방채에 투자하는 펀드

지방 보증채(Insured Muni, NM): 캘리포니아 지방 보증채, 플로리다 지방 보증채, 뉴욕 지방 보증채 등

혼합형 펀드

밸런스펀드(Balanced, BL): 보수적인 원칙하에서 주식과 채권의 규형 잡힌 포트폴리오를 유지하는 것을 목표로 하는 펀드

혼합형 펀드(Stock/Bond Blend, MP): 목표만기형, 전환형 사채, 인컴추구형, 유동적포트폴리오형, 글로벌 인컴추구형 등 다양한 목표를 가진 혼합형 펀드

그림 4.3 뮤추얼펀드 목적

Source: *The Wall Street Journal*, 2012, Dow Jones & Company, Inc.

4.7 뮤추얼펀드 성과

금융 언론에 보고된 일부 성과 평가와 관련된 부분을 살펴보는 것을 끝으로 개방형 뮤추얼펀드와 관련된 논의를 마무리할 예정이다.

뮤추얼펀드 성과 관련된 정보

뮤추얼펀드의 성과는 여러 기관에 의해 매우 세밀하게 추적되고 있다. 다양한 유형의 금융 관련 간행물은 정기적으로 뮤추얼펀드 데이터를 제공하며, 이러한 정보를 제공하는 금융회사들은 추천펀드에 대한 리스트 역시 제공하는 것이 일반적이다. 우리는 〈월스트리트 저널〉의 정보를 가지고 주로 관련된 예제들을 살펴보고 있지만, 이것이 유일한 정보의 출처이거나 가장 공신력이 있거나 포괄적인 것은 결코 아니다.* 그러나 〈월스트리트 저널〉은 매일 뮤추얼펀드의 연초 이후 성과를 제공하며, 정기적으로 각 펀드 유형의 평균 투자성과에 대한 요약정보도 제공한다. 참고로 여기서 고려하고 있는 정보들은 개방형 펀드에 관한 것이다.

그림 4.4는 www.wsj.com 온라인에서 볼 수 있는 'Mutual-Fund Yardsticks'이며 이 표는 성과별로 분류된 주요 펀드 유형의 최근 성과를 비교해준다. 그림 4.4에는 많은 범주의 주식형 펀드 채권형 펀드, 혼합형 펀드 등이 포함된다.

그림 4.5는 〈월스트리트 저널〉이 온라인에서 정기적으로 발표하는 뮤추얼펀드 가격에 관한 페이지 중 일부를 발췌한 것이다. 그림 4.5에 보여지고 있는 펀드들은 피델리티가 관리 및 운용하고 있는 펀드군에 속하는 것으로 그 가운데 표에서 'Blue Chip' 성장형 펀드(약어 BluCh)는 대형주에 초점을 두고 있는 펀드이다.**

첫 번째 열에 나와 있는 정보는 펀드를 나타내는 기호(FBGRX)이며. 다음 열에는 펀드의 최근 순자산 가치인 NAV를 보여준다. 이어서 NAV와 관련된 추가적인 3가지의 정보가 주어진다. 첫 번째는 펀드 NAV의 일간 변동폭을 나타낸다. 표에서 볼 수 있듯이 'Blue Chip' 성장형펀드의 경우 전일대비 $0.62 하락한 것을 볼 수 있다. 다음은 연초 이후 수익률을 나타내고 있으며, 2.6% 정도이다. 마지막 열은 이 펀드의 3년간 연평균수익률로 19.0%의 성과를 시현하고 있다. 마지막 칼럼에

* 좀 더 자세한 정보를 얻기 위해, 모닝스타, 와이젠버거, 밸류라인과 같은 회사들의 출판물을 도서관이나 온라인에서 확인할 수 있다. 물론 뮤추얼펀드의 전망과 연간보고서에는 펀드와 관련된 많은 정보를 역시 포함하고 있다.

** 블루칩 주식은 안정적이고, 수익성이 높으며, 여러 가지 면에서 인정받는 회사의 주식이며 IBM이 좋은 예라 할 수 있다. 블루칩이란 포커게임에서 사용되는 칩을 의미하는데, 전통적으로 블루칩이 가장 가치가 높다.

Mutual Fund Yardsticks

Tuesday, October 20, 2015

Mutual-fund categories and their benchmarks ranked by one-year total return. Yardsticks are based on categories complied by The Wall Street Journal, based on Lipper, Inc. fund investment objectives. Performance for Yardsticks is based on an arithmetic average of all the mutual funds in the category.

	DAILY		TOTAL RETURN (%)				
						Annualized	
Investment Objective	Chg	%Chg	4-wk	YTD	1-yr	3-yr	5-yr
Health & Biotechnology	–125	–2.21	–10.66	1.95	13.94	23.75	20.68
Science & Technology	–0.19	–0.41	1.74	1.85	11.73	15.88	11.42
Large-Cap Growth Funds	–0.22	–0.58	–0.10	20.80	11.38	15.51	13.34
Multi-Cap Growth Funds	–0.22	–0.45	–1.02	1.64	10.15	14.90	12.86
Small-Cap Growth Funds	–0.14	–0.48	–4.35	–0.97	9.08	13.64	12.59
S & P 500 Daily Reinv	–5.29	–0.14	2.18	0.27	8.89	14.70	13.89
Mid-Cap Growth Funds	–0.06	–0.24	–2.50	–0.07	8.79	14.10	12.49
Dow Jones Ind Dly Reive	–27.37	–0.08	3.31	–1.56	7.52	11.53	11.95
Vanguard Small Co. index	unch.	unch.	–0.81	–1.43	7.40	14.80	13.27
Large-Cap Core Funds	–0.04	–0.10	1.46	–1.07	7.18	13.35	12.28
European Region	–0.06	–0.22	–0.37	4.08	7.04	8.90	6.18
Mid-Cap Value Funds	0.15	0.39	0.83	–1.71	7.01	14.40	12.50
Multi-Cap Core Funds	–0.03	–0.06	0.49	–1.52	6.74	13.80	12.03
Mid-Cap Core Funds	0.04	0.19	–0.09	–1.92	6.39	13.61	11.66
Small-Cap Core Funds	0.04	0.16	–0.20	–2.37	6.30	12.88	11.19
Multi-Cap Value Funds	0.09	0.18	1.32	–3.17	4.62	12.59	11.41
Large-Cap Value Funds	0.01	0.02	1.76	–3.62	4.39	12.35	11.41
Small-Cap Value Funds	0.14	0.52	1.37	–3.38	4.37	12.16	10.59
Global Funds	–0.04	–0.15	0.99	–0.50	3.94	9.51	7.75
Equity Income	unch.	0.03	2.11	–2.84	3.77	10.56	10.56
Balanced	–0.04	–0.05	0.93	–0.61	2.88	6.88	6.89
International	–0.04	–0.20	0.78	1.42	2.81	6.61	4.29
Mortgage	–0.02	–0.11	0.36	1.41	1.89	1.69	2.72
Single State Municipal Debt	unch.	–0.03	0.98	1.50	1.87	2.19	3.68
General Municipal Debt	unch.	unch.	1.02	1.48	1.85	2.64	4.20
Stock & Bond Funds	–0.02	–0.13	0.72	–1.13	1.75	5.78	6.03
Long Term US Treasury/Govt Bond	–0.04	–0.21	0.67	0.85	1.30	0.97	2.27
Lipper L-T Govt Bond Index	–3.49	–0.56	0.24	0.62	1.22	1.15	2.44
Intermediate Term Municipal Debt	unch.	–0.02	0.95	1.31	1.07	1.70	2.94
Intmdt Investment Grade Corporate Bond	–0.02	–0.15	0.50	0.71	0.74	1.62	3.13
Short Term Investment Grade Corp Bond	–0.01	–0.05	0.13	0.77	0.40	0.76	1.41
Long Term Investment Grade Corporate Bond	–0.06	–0.18	0.60	–0.28	–0.17	1.83	3.94
Utility	–0.02	–0.28	3.70	–5.66	–0.38	8.52	9.19
General Taxable Bond	–0.01	0.02	–0.19	–0.65	–0.96	1.20	2.60
High Yield Taxable Bond	0.02	0.14	–0.55	0.11	–0.97	3.05	5.00
Intermediate Term US Treasury/Govt Bond	–0.01	–0.09	0.15	–0.38	–1.81	–1.19	1.32

Source: Lipper

그림 4.4 뮤추얼펀드 Yardsticks

Source: www.wsj.com, October 21, 2015. The Wall Street Journal, Dow Jones & Company, Inc.

서 'NS'로 표기된 펀드는 해당 펀드가 운용되기 시작한 기간이 3년에 미치지 못해 필요한 정보가 충분치 않아 산출되지 않은 것을 의미한다. 'BluCh'를 클릭하면 자세한 성과 평가와 관련한 지표들이 포함된 화면이 나타난다.

그림 4.5

뮤추얼펀드: 가격 및 성과 정보

Source: www.wsj.com, October 21, 2015. The Wall Street Journal, Dow Jones & Company, Inc.

Mutual Funds: Closing Quotes

F

GO TO: A | B | C | D | E | G | H | I | J | K | L | M | N | O | P | Q | R | S | T | U | V | W | X | Y | Z |

Wednesday, October 21, 2015

Alphabetical listing by fund family.

Family/ Fund	Symbol	NAV	Chg	YTD % return	3-yr % chg
Fidelity Invest					
100Index	FOHIX	13.42	−0.04	0.8	13.6
100IndexCIF	FOHJX	13.43	−0.03	0.9	NS
AdvAllCapA	FMAMX	34.90	−0.10	−1.3	NS
AdvAllCapFdT	FSJHX	34.83	−0.10	−1.5	NS
AdvCorpBondC	FCCCX	11.17	−0.01	−0.9	1.0
AdvCorpBondInst	FCBIX	11.17	−0.02	−0.1	2.0
AdvGoldT r	FGDTX	15.06	0.42	−5.0	−28.1
AdvLevCoStFdCIZ	FZAKX	55.71	...	−1.5	NS
AdvOntlGwrC	FIGCX	10.98	−0.01	3.1	7.1
AdvSrsGroOpport	FAOFX	11.72	−0.07	2.5	NS
AdvSrsSmCap	FSSFX	11.08	−0.03	0.9	NS
AggrInt	FIVFX	16.81	−0.01	2.8	10.9
AilSectEq	FSAEX	13.73	−0.02	−0.5	14.6
AllCapInstl	FBRNX	34.96	−0.10	−1.0	NS
AMgr20%	FASIX	13.13	−0.02	0.4	3.4
AMgr50%	FASMX	16.86	−0.03	0.2	6.8
AMgr70%	FASGX	19.72	−0.04	−0.2	8.7
AMgr85%	FAMRX	16.36	−0.04	−0.4	10.3
AssetMgr20%C	FTCWX	13.04	−0.02	−0.5	2.3
AstMgr30R	FTANX	10.40	−0.02	0.4	4.6
AZMun	FSAZX	12.09	...	2.2	3.3
Balanc	FBALX	21.31	−0.04	0.2	10.2
BalancedK	FBAKX	21.31	−0.04	0.3	10.3
BluCh	FBGRX	67.42	−0.62	3.6	19.0
BluChpGrK	FBGKX	67.50	−0.62	3.7	19.1
BlueChipVal	FBCVX	15.95	−0.05	−1.0	15.1
CALmtTrmTFB	FCSTX	10.73	...	1.4	1.7
CAMun	FCTFX	13.02	...	2.1	3.9

펀드 성과 평가 등급의 유용성

투자자가 성과 평가 등급을 보면, 왜 어떤 투자자는 가장 높은 수익을 창출하는 펀드가 아닌 다른 펀드 유형에 투자하는지에 대해 의문을 가질 수도 있다. 1장에서 배운 교훈은 이러한 역사적인 수익률은 다양한 유형의 펀드에 대해 각 펀드가 가질 수 있는 위험을 고려하지 않는다는 것이다. 예를 들어, 시장이 강세장일 경우, 가장 위험이 높은 펀드가 일반적으로 최고의 성과를 달성할 수 있다. 그러나 시장이 약세장일 때는 이러한 위험도가 높은 펀드가 일반적으로 최악의 성과를 내기 때문에, 고위험군에 속하는 펀드는 가장 낮은 성과 순위가 될 가능성이 높다.

성과 측정과 관련된 이러한 문제는 과거 성과에 대한 평가라는 데 있다. 그러나, 훨씬 더 근본적인 기준이 있다. 궁극적으로, 우리는 과거의 성과에 대해 신경 쓰지 않고, 미래의 성과에 보다 관심을 가지는 경향이 있다. 과거의 성과가 미래 성과를 예측하는 데 유용한지에 대한 여부는 현재 진행 중인 논쟁의 대상이다. 하지만 우리가 말할 수 있는 한 가지는, 가장 성과가 좋지 않은 펀드 중 일부는 매우 높은 비용을 가지고 있다는 것이다. 높은 비용이 펀드의 성과를 저해하는 역할을 하며, 그러한 펀드는 다른 유사한 펀드와 대비했을 때 지속적으로 낮은 성과를 보이는 경향이 있다. 다음 장에서는 성과 측정에 대해 보다 자세히 다루어 볼 것이다.

확인 사항

4.7a 그림 4.5에 있는 펀드 중 연초 대비 가장 수익률이 높은 펀드는 무엇인가? 가장 낮은 수익률의 펀드는 무엇인가?

4.7b 과거 성과에 대한 수치를 비교할 때 발생하는 문제점들은 어떤 것이 있는가?

4.8 폐쇄형 펀드, 상장지수 펀드, 헤지펀드

뮤추얼펀드 장(章)을 마무리하며 폐쇄형 펀드, 상장지수 펀드, 헤지펀드를 함께 논의해 보는 것이 바람직할 것이다. 앞으로 살펴보겠지만 해당 펀드들은 특이한 면모들을 지니고 있다

폐쇄형 펀드 성과 정보

앞서 설명했듯이. 폐쇄형 펀드와 개방형 펀드의 가장 큰 차이점은 폐쇄형 펀드는

CLOSED-END FUNDS: Global Income Funds | Return to Major Categories | About Closed End Funds							
Tuesday, October 20, 2015							
	Weekly Statistics (as of 10/16/2015)			Daily Statistics (as of 10/20/2015)			
Fund	NAV	Mkt Price	Prem/Disc %	NAV	Mkt Price	Prem/Disc %	52 Week Market Return %
Aberdeen Asia-Pac Inc (FAX) [a]	5.66	4.74	-16.25	5.62	4.70	-16.37	-11.88
Aberdeen Global Income (FCO) [a]	9.55	8.04	-15.81	9.43	8.08	-14.32	-15.33
Eaton Vance Sht Dur DI (EVG)	15.52	13.46	-13.27	15.50	13.67	-11.81	0.16
First Tr/Abrdn Gl Op Inc (FAM)	12.25	10.38	-15.27	12.20	10.30	-15.57	-13.11
LM BW Global Income Opps (BWG)	15.60	13.02	-16.54	15.38	13.14	-14.56	-13.96
PIMCO Dynamic Credit Inc (PCI)	21.78	18.94	-13.04	N/A	18.89	N/A	-4.20
PIMCO Dynamic Income (PDI)	30.26	29.47	-2.61	N/A	29.37	N/A	7.50
PIMCO Inc Oppty (PKO)	24.41	23.34	-4.38	N/A	23.35	N/A	0.22
PIMCO Strat Income (RCS)	8.27	9.09	+9.92	N/A	9.25	N/A	5.25
Strategic Global Income (SGL) [a]	9.46	8.93	-5.60	9.38	8.91	-5.01	6.54
Templeton Global Income (GIM)	7.36	6.55	-11.01	7.31	6.52	-10.81	-8.53
Virtus Glbl MSec Inc (VGI)	16.95	14.66	-13.51	16.96	14.83	-12.56	-0.76
Western Asset Gl Cr D Op (GDO)	18.87	16.88	-10.55	18.87	16.83	-10.81	1.95
Western Asset Var Rt Str (GFY)	17.64	15.75	-10.71	17.64	15.67	-11.17	0.35
Source: Lipper Inc.							

그림 4.6 폐쇄형 펀드

Source: www.wsj.com, October 21, 2015. The Wall Street Journal, Dow Jones & Company, Inc.

펀드의 발행량(주식)이 변동되지 않는다는 것이다. 대신에 펀드 내에 고정된 수량을 보유하고 있으며, 이는 공개된 시장에서 매매가 이루어진다. 600개가 넘는 폐쇄형 펀드들이 미국 증권거래소에서 거래되고 있는데, 이 수치는 투자자들이 투자대상으로 활용할 수 있는 약 8,000개의 장기, 개방형 펀드보다 그 수가 훨씬 적다.

그림 4.6은 특정 유형의 폐쇄형 펀드인 'World Income' 펀드에 대한 몇 가지 가격(호가, Quote)을 보여준다. 펀드 명에서 알 수 있듯이, 이러한 펀드는 일반적으로 미국 이외의 지역에 투자하며 비교적 일반적인 유형에 해당된다.(단일 지방채 펀드가 가장 일반적인 형태 중의 하나이다.) 템플턴 글로벌 인컴 펀드(templeton global Income fund)가 강조되어 보여지고 있다.

템플턴 글로벌 인컴 펀드의 투자를 위해서 몇 가지를 살펴보면, 펀드 이름 뒤의 괄호안의 알파벳을 티커(종목 코드의 개념)라고 한다. 뒤이어 순서대로 순자산 가치(NAV), 주당 시장가격, 펀드의 할증(premium) 또는 할인(discount) 여부가 표기되어 있다. 이 정보는 매주 그리고 매일 기준으로 제공된다. 가장 마지막 열은 펀드의 NAV를 기준으로 한 1년간의 수익률을 나타낸다.

주목해야할 중요한 사항은 2012년 5월 2일 현재 펀드의 NAV인 $7.36이 시장가격인 $6.55와 일치하지 않는다는 것이다. 백분율 차이는($6.55 − $7.36) / $7.36 = −0.1101, 또는 −11.01%이다. 이 숫자는 네 번째 열에서 확인할 수 있다. 우리는 이 순간적인 디스카운트(할인) 상태에 대해 잠시 뒤에 더 자세히 다루겠지만, (1) 기본적으로 모든 폐쇄형 펀드는 할증 또는 할인 상태에 놓이거나 거래되며, (2) 할증과 할인은 상대적으로 클 수도 있으며, (3) 할증과 할인은 때때로 변동한다는 것이다.

폐쇄형 펀드 할인에 대한 미스터리

월스트리트에서 풀리지 않는 미스터리한 일들이 종종 발생하고 있다. 가장 널리 알려져 있고, 오랜 기간동안 지속되어온 수수께끼 중 하나는 폐쇄형 펀드의 가격에 대한 것이다. 앞서 언급한 바와 같이, 폐쇄형 펀드는 시장에서 거래가 이루어진다. 게다가 템플턴 글로벌 인컴 펀드가 보여주듯이, 폐쇄형 펀드의 가격은 순자산 가치와 다를 수 있다. 실제로 많은 폐쇄형 펀드는 순자산 가치 대비 할인 또는 할증되어 거래가 이루어지며, 때로는 이러한 차이가 상당히 큰 경우도 있다.

예를 들어, 폐쇄형 펀드가 1억 달러 상당의 주식을 보유하고 있다고 가정하자. 현재 발행된 폐쇄형 펀드는 1,000만 주의 발행량을 보유하고 있다면, NAV는 $10가 되는 것이 너무나 자명하다. 그러나 폐쇄형 펀드의 가격이 10%할인된 $9밖에 되지 않는 경우가 자주 발생한다. 이러한 할인거래에 대한 의구심은 분명히 $10 상당의 주식을 왜 오로지 $9에 매수할 수 밖에 없냐는 것이다.

전술했듯이, 일반적으로 할인율이 시간이 경과함에 따라 변한다는 것이 문제를 더욱 복잡하게 만드는 것이다. 때때로 할인율이 상당히 확대되기도 하며 또 어떤 경우에는 거의 할인율이 발생하지 않기도 한다. 이러한 현상과 관련된 다양한 연구에도 불구하고, 폐쇄형 펀드의 할인 거래의 현상은 상당 부분이 명확하게 설명되고 있지는 않다. 폐쇄형 펀드에 대한 할인거래로 인해, 가장 크게 할인율이 적용되는 펀드가 매력적인 투자 대상이라는 주장이 있다. 하지만 이러한 주장은 할인되어 있는 현재의 상태가 미래에는 개선되거나 할인율이 거의 없어질 것이라는 것을 기본전제로 한 것이라는 점에서 문제가 있다. 불행히도 할인 상태가 개선되는 일은 일어날 수도 있고, 일어나지 않을 수도 있는 불확실성이 있으며, 심지어 할인율이 더욱 더 확대되는 경우도 발생할 수 있다는 점을 염두해야 한다.

때로, 특정 폐쇄형 펀드는 프리미엄이 반영되어 거래되기도 하는데, 이것은 투자자들이 순자산 가치에 추가적인 비용을 얹어서라도 해당 펀드를 매수하겠다는 것을 의미한다. 이러한 경우는 이례적인 케이스가 아니며 종종 관찰되곤 하는데, 결국 판매수수료를 지급하는 투자자들은 모두 이러한 프리미엄 상태로 펀드를 매수한다고 볼 수도 있다.

정리하면, 폐쇄형 펀드가 설립될 때, 투자자들에게 판매하여 투자자를 모집할 수 있다. 예를 들어 폐쇄형 펀드는 발행량을 5백만 주, 주당 가격을 펀드의 NAV에 해당하는 $10에 판매하여 5천만 달러를 모집할 수 있다. 하지만 문제는 이제부터이다.

투자자가 $10를 지불한 이후 두 가지 불편한 진실에 대해 곧 알게 된다. 하나는 펀드의 판매자가 수익의 7%, 즉 3백5십만 달러를 즉시 수수료 명목으로 받아 간다.(참고로 이 내용은 투자설명서에 적시되어 있다.) 판매수수료를 지급하고 나면 최초 모집된 5천만 달러 중 4천6백5십만 달러가 펀드에 남게 되고 이것은 순자산 가치(NAV) 기준으로는 $9.30에 해당한다. 게다가 이미 살펴본 것처럼 펀드가 NAV 대비해서 할인된 수준에서 거래될 수도 있기 때문에, 투자자들은 투자금 중의 또 다른 부분에 대해 추가적인 손실을 감내하며 투자를 시작하게 될 수도 있다. 간단히 말해, 새롭게 런칭되는 폐쇄형 펀드는 일반적으로 좋지 않은 투자대상이라고 할 수 있다.

상장지수 펀드

상장지수 펀드(exchange-traded funds, ETF)는 비교적 최근에 개발된 금융상품의 하나이다. 비록 1993년이 ETF의 출발 시점이기는 하지만, 실제로는 1990년대 후반에 이르러서야 본격적으로 성장하기 시작했다. 2012년 현재, 1,200개 이상의 ETF가 거래되고 있다. 2007년 이후로 1,000개 이상의 ETF가 새롭게 만들어졌으며, 점점 더 많은 ETF가 새롭게 만들어지는 과정에 있다. ETF는 기본적으로 특정 시장 지수와 동일한 성과를 달성 또는 추적하기 위한 지수연계 펀드이다. 그러므로 투자자가 ETF를 매수하게 되면, 지수를 구성하는 주식들의 집합에 해당하는 바스켓(basket)을 사는 것과 같은 효과를 가지게 된다.

가장 인기 있는 ETF는 S&P 500지수, 나스닥 100지수와 다우존스산업평균지수를 추종하는 펀드들이다. 가장 잘 알려진 ETF는 스탠다드 앤 푸어스 또는 스파이더(Spiders)라고 불리는 SPDR이다. 이 ETF(티커기호: SPY)는 S&P 500에 연동되어 있다. 또 다른 두 ETF는 나스닥 100지수를 추종하는 Cubes(티커기호: QQQ)와 다우존스산업평균지수를 추종하는 Diamonds(티커기호: DIA)가 있다.

만약 당신이 이 세 개의 ETF에 투자하기로 결정한다면, 풍부한 유동성으로 인해 거래를 용이하게 할 수 있다. 2012년 중반에 Diamonds(DIA)의 일평균 거래량은 약 600만 주였다. Cubes(QQQ)의 경우에는 일평균 5,000만 주 이상이 거래되었다. 하지만 Spiders(SPY)의 일일 거래량은 일상적으로 1억 5천만 주가 넘는다.

ETF는 다양한 종류가 존재하기 때문에 중복되는 부분들이 꽤 있다. 예를 들어, S&P 500을 추종하는 다양한 ETF들이 존재하며, 가장 인기가 있는 두 개의 ETF는 Spider(SPY)와 iShares S&P 500(IVV)이다. 따라서 투자자들은 이 두 펀드가 정말 어떤 차이가 있는지에 대한 의문을 제기하기도 한다.

ETF를 비교할 때, 기억해야 할 주요 차이점은 수수료 체계이다. 뮤추얼펀드처럼 ETF도 운용보수를 부과한다. 대부분의 ETF는 방어적(보수적)으로 운용되기 때문에 운용과 관련된 전문적인 지식의 중요도가 상대적으로 덜 한 경우가 많다. 따라서, 다른 조건들이 동일한 경우에 지수를 추종하는 ETF 간의 거의 차이가 존재하지 않기 때문에 수수료가 더 낮을수록 더 나은 투자대상이라고 볼 수 있다.

예를 들어, SPY와 IVV는 약간 다른 법적 구조를 가지고 있다. SPY는 기술적으로 단위 투자신탁이다. 이러한 구조는 일반투자자들에게는 거의 영향을 미치지 않지만, 이러한 구조는 해당 펀드로부터 분배되는 배당금을 재투자하는 것에 있어서 제한을 받게 된다. 그 결과 SPY와 IVV간에는 미미한 성과의 차이를 발생시키게 되는 결과가 발생한다. SPY는 하락장에서 IVV 대비 초과 성과를 발생시킬 수 있으며, IVV는 상승장에서 SPY 대비 초과성과를 낼 수 있다.

이러한 펀드들에 비해 보다 전문화된 ETF들도 존재한다. 예를 들어, 어떤 이유에서 투자자가 대부분 대형주를 보유하고 있다고 가정해보자. 이럴 경우 뱅가드 스몰캡 ETF[Vanguard Small Cap ETF(VB)]에 투자하는 것을 통해 해당 투자자는 소형주에 대한 분산투자를 할 수 있게 된다. 당신이 메디치 가문에 대한 전문가라면, 이탈리아 주식시장을 추종하는 ETF인 EMI(Italy Index ETF)가 적합할 것이다. 부동산에 대한 이해도가 높고 관련된 시장에 투자를 하고 싶다면 뱅가드 리츠 ETF[Vanguard REIT ETF(VNQ)]가 그러한 투자 니즈를 충족시켜줄 수 있을 것이다. 또한 유럽, 호주 또는 극동지역 등 어떤 지역에 대한 투자를 할 것인지 결정하기 어려울 경우에 21개 국가의 지수로 구성된 포트폴리오를 보유하고 있는 EAFE 지수에 투자하는 ETF(EFA)가 괜찮은 투자 대상 ETF가 될 수 있을 것이다. 이것 이외에도 다양한 컨셉과 구조의 ETF들을 통해 투자목적에 맞는 ETF를 매매할 수 있다.

ETF의 설립(생성) 새로운 ETF의 생성은 잠재적인 ETF의 펀드 런칭의 주도적인 역할을 하는 주체들이 증권거래위원회(SEC)와 함께 계획을 수립하는 것으로 시작된다. 보통, ETF의 설립(생성)은 피델리티 투자회사나 뱅가드그룹과 같은 다양한 유가증권을 투자하고 분석하고 관리하는 투자회사들이 하게 된다. ETF를 구성하는데 필요한 유가증권을 확보하기 위해 투자회사들은 ETF 지수를 구성하는 유가증권의 바스켓(basket)을 대표하는 유가증권을 별도로 관리하기도 하며, 이러한 수백만 주의 유가증권들은 특정한 신탁에 보관되어 있다.

ETF 설립의 프로세스를 완료하기 위해 설정환매 단위 [CU(creation units)]가 형성된다. CU(creation units)는 간단히 말하면 펀드의 설정/환매를 위한 한 단위의 묶음이라고 볼 수 있다. CU는 펀드내에 있는 유가증권들에 의해 보증되는 법적 청구권(legal claims)이기 때문에, 트레이더들은 거래상의 신뢰를 가지고 CU 단위의 거래할 수 있게 된다. CU는 일반적으로 ETF 5만 주 정도를 의미하며, CU는 개별 ETF 주식으로 시장에서 거래된다. 투자자들은 순자산 가치(NAV) 대비하여 ETF가 저평가 또는 고평가되어 있다고 판단될 때 CU를 설정하거나 상환하는 것을 통해 수익을 얻을 수도 있다.

ETF와 인덱스 펀드 앞에서 ETF와 지수연계펀드는 기본적으로 인덱스 펀드(index fund)라고 언급하였다. 그러나 ETF가 인덱스 펀드와 동일한 것은 아니다. ETF를 인덱스 펀드와 다르게 만드는 것은 ETF는 실제로 폐쇄형 펀드처럼 거래된다는 점이다. ETF는 거래시간 동안 매매할 수 있으며, 숏포지션을 취할 수도 있고, ETF에 대한 옵션(option)거래 역시 가능하다. ETF는 일반적으로 심지어 인덱스 펀드보다도 매우 낮은 비용구조를 가지고 있으나, 매매 시 거래수수료는 별도로 지불해야만 한다.

그림 4.7은 시장 종료 후 당일 최고 수익률 및 최저 수익률 ETF 그리고 거래가 가장 활발했던 ETF에 대한 정보를 보여준다. 이 목록을 온라인에서 확인할 때 각 ETF를 클릭하면 보다 자세한 설명에 대해 확인할 수도 있다.

레버리지 ETF(Leveraged ETFs) 최근 ETF 유형의 증가는 폭발적이었다. 잠재적으로는 위험하지만 특히 흥미로운 ETF의 성장이 일어나고 있는 분야가 바로 레버리지 ETF 유형이다. 레버리지 ETF의 펀드매니저들은 기초자산에 해당하는 지수를 추종하여 수익을 제공하도록 포트폴리오를 구성한다. 기초자산 포트폴리오 구성과 함께 추가적인 파생상품 계약을 추가하여 기초자산 지수의 수익을 증폭시키거나 확대시킬 수 있다.

예를 들어 Direxion Investments는 많은 종류의 레버리지 펀드를 공급하고 있다. 두 가지 대표적인 예는 Daily S&P 500 Bull 3X Shares(티커: SPXL)과 Daily S&P 500 Bear 3X Shares(티커: SPXS)이다. 첫 번째 펀드(SPXL)는 S&P500 지수의 수익률의 3배 만큼을 추종하도록 설계되었다 즉, S&P500 지수가 1% 상승한다면 SPXL 펀드는 3% 상승하는 구조이다.

ETF Gainers, Decliners, & Most Actives

10/21/15 11:31 am ET

Top Gainers

VelocityShares 3X Inverse Natural Gas ETN linked to the S&P GSCI Natural Gas INd (DGAZ)

Last:	9.11
Change:	0.82
% Change:	9.89%
Volume:	3,179,485
52-wk %:	70.37

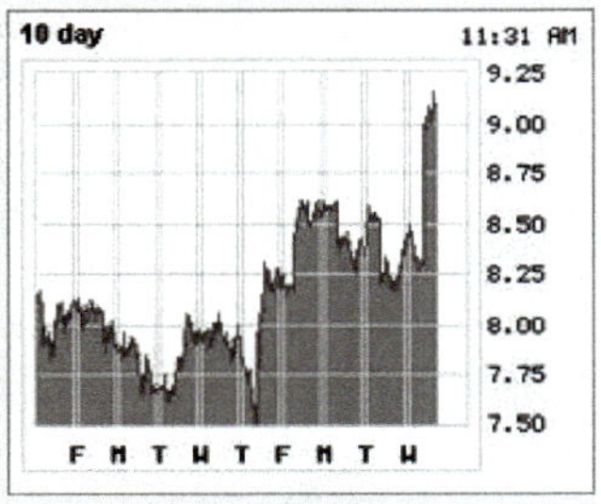

▸Go to Interactive Charting

	Symbol	Last	Change	% Change	Volume	52-wk %
VelocityShares 3X Inverse Natural Gas ETN linked to the S&P GSCI Natural Gas INd	DGAZ	9.11	0.82	9.89%	3,179,485	70.37
Direxion Daily Homebuilders & Supplies Bull 3X Shares	NAIL	32.17	2.23	7.45%	100	n/a
Direxion Daily Gold Miners Index Bear 3X Shares	DUST	13.58	0.94	7.44%	7,735,156	-52.40
Direxion Daily Junior Gold Miners Index Bear 3X Shares	JDST	24.62	1.61	7.01%	729,562	-63.02
ProShares UltraShort Health Care	RXD	55.44	3.30	6.32%	550	-29.56
Direxion Daily Semiconductor Bull 3x Shares	SOXL	27.31	1.46	5.65%	161,081	22.59
ProShares UltraShort Bloomberg Natural Gas	KOLD	105.84	5.48	5.46%	2,708	76.92
ProShares UltraShort Oil & Gas Exploration & Production	SOP	26.51	1.33	5.28%	3,200	n/a
C Tracks Exchange Traded Notes Based on the Performance of the Citi Volatility I	CVOL	0.47	0.02	5.06%	16,001	n/a
Direxion Daily Japan Bull 3X ETF	JPNL	47.03	2.24	5.00%	5,928	14.54

Top Decliners

VelocityShares 3X Long Natural Gas ETN linked to the S&P GSCI Natural Gas Index (UGAZ)

Last:	5.31
Change:	-0.55
% Change:	-9.32%
Volume:	12,448,936
52-wk %:	-89.72

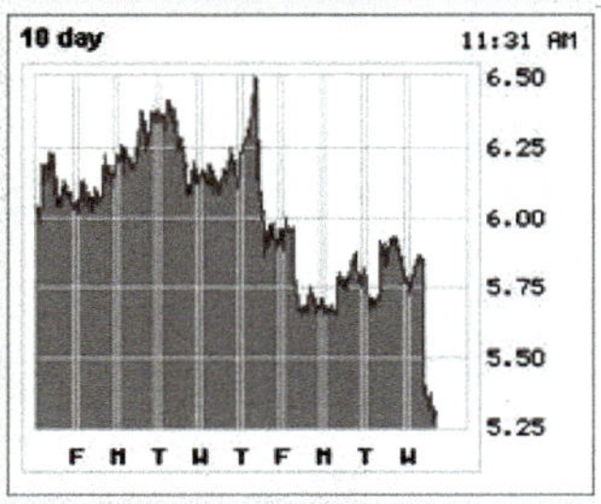

▸Go to Interactive Charting

	Symbol	Last	Change	% Change	Volume	52-wk %
VelocityShares 3X Long Natural Gas ETN linked to the S&P GSCI Natural Gas Index	UGAZ	5.31	-0.55	-9.32%	12,448,936	-89.72
Direxion Daily CSI 300 China A Share Bull 2X Shares	CHAU	20.85	-1.72	-7.62%	271,454	n/a
Direxion Daily Junior Gold Miners Index Bull 3X Shares	JNUG	48.86	-3.93	-7.44%	295,906	-89.75
ProShares Ultra Gold Miners ETF	GDXX	9.64	-0.74	-7.13%	2,125	n/a
Direxion Daily Gold Miners Index Bull 3X Shares	NUGT	42.39	-3.21	-7.04%	2,286,389	-78.77
Market Vectors ChinaAMC SME-ChNext ETF	CNXT	38.44	-2.67	-6.49%	43,274	40.45
Deutsche X-trackers Harvest CSI 500 China A-Shares Small Cap ETF	ASHS	40.77	-2.82	-6.47%	38,329	29.85
ProShares Ultra Junior Miners	GDJJ	11.20	-0.76	-6.36%	700	n/a
Direxion Daily Natural Gas Related Bull 3X Shares	GASL	26.53	-1.63	-5.79%	172,591	-95.78
Direxion Daily Semiconductor Bear 3x Shares	SOXS	42.95	-2.63	-5.77%	65,132	-51.23

Most Actives

SPDR S&P 500 (SPY)

Last:	203.24
Change:	0.15
% Change:	0.07%
Volume:	35,573,558
52-wk %:	8.81

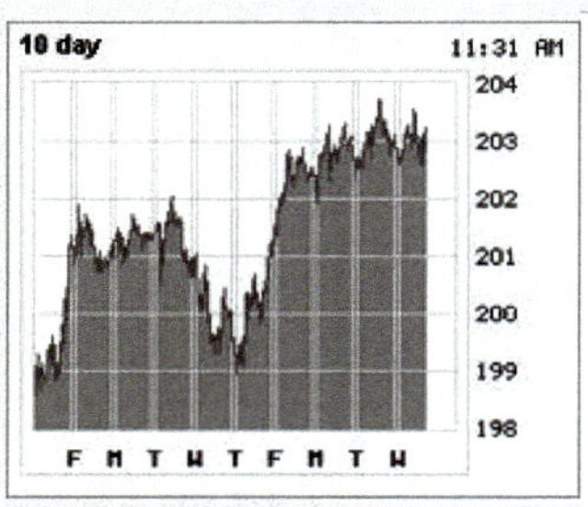

▸Go to Interactive Charting

	Symbol	Last	Change	% Change	Volume	52-wk %
SPDR S&P 500	SPY	203.24	0.15	0.07%	35,573,558	8.81
iShares MSCI Japan Index Fund	EWJ	12.28	0.20	1.66%	30,012,742	9.46
iPath S&P 500 VIX Short Term Futures TM ETN	VXX	18.87	-0.08	-0.42%	28,243,843	n/a
iShares MSCI Emerging Index Fund	EEM	35.59	-0.29	-0.79%	20,732,457	-10.30
VelocityShares 3X Long Crude ETN linked to the S&P GSCI Crude Oil Index Excess R	UWTI	10.13	-0.34	-3.25%	20,559,645	-94.60
SPDR Select Sector Fund - Health Care	XLV	68.26	-0.65	-0.94%	15,665,077	12.80
Market Vectors Gold Miners ETF	GDX	15.94	-0.39	-2.39%	13,494,193	-22.47
Credit Suisse AG - VelocityShares Daily Inverse VIX Short Term ETN	XIV	31.76	0.05	0.16%	13,456,137	0.54
United States Oil Fund	USO	14.57	-0.16	-1.09%	13,157,592	-52.43
VelocityShares 3X Long Natural Gas ETN linked to the S&P GSCI Natural Gas Index	UGAZ	5.31	-0.55	-9.32%	12,448,936	-89.72

그림 4.7 ETF(Exchange-Traded Funds)

Source: www.wsj.com, October 21, 2015. The Wall Street Journal, Dow Jones & Company, Inc.

시장이 레버리지 펀드의 디자인대로 간다면 짧은 기간 안에 수익률을 극대화할 수 있다. 반대의 경우 위험이 3배가 된다. 레버리지 ETF는 상승과 하락 양쪽 방향으로 상품이 대부분 존재하는 경우가 많다.

두 번째 펀드(SPXS)는 SPXL과 반대로 S%P500이 1% 하락한다면 3% 상승하는 구조이다. SPXS를 활용해 투자자들은 S&P500 지수에 대한 숏포지션을 구축할 수 있는 수단을 제공한다는 것을 알 수 있다. 이러한 레버리지 ETF는 단기적인 관점에서는 기초자산 지수를 잘 추종하는 것으로 보인다. 하지만 장기적인 관점에서 보면, 이러한 레버리지 ETF들의 성과는 아마도 투자자들이 기대하는 것과는 상당히 다른 결과를 보여줄 것이다. 예를 들어 Direxion bull 펀드는 2008년 11월 매매를 시작했다. 그 이후 2년 동안 S&P500 지수는 33% 상승했다. 이를 감안하면 SPXL 펀드는 S&P500의 3배인 99% 상승했어야 한다. 그러나 이 2년의 기간 동안 SPXL 펀드는 단지 50% 상승하였다. 이런 일이 어떻게 가능한 것일까? 그 답은 Direxion Investments에 있지 않다. 대신에, 답은 우리가 다른 부분에서 논의하게 될 산술평균과 기하평균에 기인한다. 기하수익률(복리)이 산술수익률보다 낮으며 변동성의 차이가 두 수익률 간의 차이를 더욱 더 증가시킬 수도 있다는 점을 상기해볼 수 있다.

지금까지 살펴본 Direxion의 예제를 통해, 두 레버리지 펀드는 S&P500지수의 수익률에 추가적으로 변동성을 감안해야 함을 알 수 있다. 결과적으로 레버리지 펀드에서 발생되는 수익은 기대되는 것보다 적을 것이다.

예를 들어, S&P500이 각각 1, −2, 2, 1, 3%의 일 일 수익률이 발생한 주를 가정해보자. 산술평균은 1%인 반면, 기하평균은 이보다 조금 작은 0.986%라는 것을 알 수 있다. 이 차이는 굉장히 작은 것으로 보인다. 2배의 레버리지 효과가 있는 펀드의 수익률을 같은 경우에 대입해보면 산술 평균은 정확하게 1%의 2배인 2%가 된다. 그러나 기하 평균은 $[(1.02)(0.96)(1.04)(1.02)(1.06)]^{(1/5)}-1=0.0194$ 또는 1.94%에 불과하다.

여기에서의 시사점은 이러한 투자를 오래 보유하거나 기초자산 지수의 변동성이 더 커질수록, 레버리지 펀드가 추종하도록 명시된 목표지수와의 괴리율은 점점 더 확대될 것이다.

상장지수 채권(Exchange-traede Notes) 2006년 중반 바클레이즈 은행(Barclays Bank)은 상장지수채권인 ETN을 시장에 처음 소개하였다. 투자자들에게 있어 ETN은 ETF와 매우 유사하게 보였다. 대부분의 ETF와 마찬가지로 ETN도 투자자가 특정 지수와 동일한 수익을 달성할 수 있도록 설계가 되었다. 또한 ETF와 마찬가지로, 투자자들은 ETN을 활용해 숏포지션을 구축할 수도 있다.

원래 ETN은 투자자들에게 전통적으로 변동성에 취약한 원자재의 위험과 이익에 대한 포지션을 제공하기 위해 만들어졌으나, ETN은 현재 여러 통화와 인도와 같은 이머징 시장에 투자하는 상품들도 존재한다.

2015년 현재 가장 큰 ETN 중 하나는 순자산 규모가 거의 $40억에 이르는 JPMorgan Alerian MLP ETN(AMJ)이다. 이 ETN은 주로 석유와 그와 관련된 제품을 운송하는 미드스트림 에너지업체인 Master Limited Partnerships의 성과를 추종한다. 유가와 관련된 투자와 어떤점이 다를까? 바클레이즈가 관리하는 iPath S&P GSCI Crude Oil Total Return ETN(OIL)는 투자자들에게 원유(crude oil) 선물계약으로부터 발생하는 손익을 제공한다.

ETN은 실질적으로 위의 예에 나오는 JP모건과 바클레이즈가 발행한 채무증권이다. 본질적으로 이러한 ETN은 원자재지수의 수익률에서 운용수수료를 차감한 수익률을 투자자들에게 지급하기로 약속한 것이다. 도이체방크와 골드만삭스도 ETN을 보유하고 있으며, 다른 은행들도 뒤이어 ETN을 출시할 것이다.

ETF와 ETN 사이에는 중요한 차이점이 있다. 기본적으로 ETF 투자자는 ETF를 만들기 위한 신탁에 예치되어 있는 주식의 부분적 소유권을 보유하고 있는 것으로 볼 수 있다. 그러나 ETN에서는 그렇지 않다.

ETN은 무담보 채무증권으로 ETN 투자자들은 그들이 보유하고 있는 ETN의 발행 회사의 지불능력에 의존한다. 따라서 ETN 투자자는 발행회사에 대한 채무불이행 위험에 직면하고 있는 것으로 볼 수 있다. 게다가 ETN은 ETF와 세금이 다르게 부과되는데, 이것은 여러 가지 복잡한 문제를 만들 수 있다.

헤지펀드

헤지펀드
일반 대중이 투자하기에는 제약이 따르는 투자회사의 일종

헤지펀드(hedge funds)는 특별한 유형의 투자회사(펀드)이다. 펀드매니저가 투자자들로부터 모집한 투자자금을 활용하여 포트폴리오를 구축하고 운용한다는 측면에서는 뮤추얼펀드와 같다. 헤지펀드는 일반적으로 펀드가 하고자 하는 거의 모든 투자스타일을 추구할 수 있다. 이와는 대조적으로 우리가 논의한 바와 같이, 뮤추얼펀드는 상대적으로 제한된 투자 전략을 활용할 수 있다. 예를 들어, 뮤추얼펀드는 보통 숏포지션을 취하거나 많은 레버리지를 활용하는 것과 같은 전략을 활용하는 것이 허용되지 않는다.

'헤지펀드'라는 말을 들었을 때, 우리는 이러한 펀드들이 저위험 투자를 떠올리기 쉽다. 일부 헤지펀드는 낮은 위험에 기반하여 차익거래(arbitrage) 기회를 이용하려고 한다. 그러나 대부분의 헤지펀드는 공격적이고 위험을 높이는 전략을 구사한다. 우리는 아래에서 헤지펀드의 투자 스타일에 대해 논의할 것이다. 첫째, 헤지펀드와 뮤추얼펀드를 비교한다. 헤지펀드는 일반적으로 뮤추얼펀드와 동일한 공시에 대한 의무가 적용되지 않는다. 또한 헤지펀드는 특정한 수준의 분산투자 포

트폴리오를 구성하거나 일정 수준의 유동성의 유지가 필요하지 않다. 예를 들어 뮤추얼펀드와 달리 헤지펀드는 환매요청에 즉시 응하지 않아도 된다. 대신에 헤지펀드는 일반적으로 특정한 환매날짜를 지정하는데, 보통은 분기마다 한 번 가능하게끔 설계되어 있다. 그럼에도 불구하고, 투자자들은 펀드로부터 인출하기를 원할 때에는 사전에 미리 인출 계획을 통보해야만 한다. 이러한 자금과 관련한 정책을 가지고 있는 한 가지 이유는 그 펀드가 유동성이 떨어지는 자산에 투자를 할 수 있기 때문이다. 결과적으로, 일부 투자자들의 빠른 상환이 다른 투자자들의 투자 가치를 훼손할 수 있기 때문이다.

분명한 것은, 헤지펀드에 투자하는 것이 모든 투자자에게 적합하다고 할 수 없다는 것이다. 보다 단순한 관점에서 투자하는 투자자들 또는 경험이 적은 투자자들, 금융상품이나 시장에 대한 이해도가 전문적이지 못한 투자자들이 투자하는 것을 막기 위해 헤지펀드는 오직 '자격'이 있거나 인가된 투자자들을 중심으로 펀드에 가입하는 것을 허용한다. 자격을 갖춘 투자자로 간주되려면 약 100만 달러의 순자산 또는 20만 달러 이상의 꾸준한 연간소득을 가진 기관이나 투자자여야 한다.

자격을 갖춘 투자자에게만 헤지펀드의 투자를 제한하는 것이 헤지펀드가 뮤추얼펀드에 부과되는 많은 제약과 규제를 피할 수 있게 하는 한 가지 요인이 된다. 그 밖의 두 가지 요인은 (1) 헤지펀드는 일반 대중에게 판매하지 않으며 (2) 헤지펀드는 특정 펀드의 투자자(기관 또는 개인)의 수를 100인 이하로 제한할 수 있다는 것이다.

헤지펀드 규제 전통적으로, 헤지펀드는 단지 가벼운 수준의 규제만 받아왔는데, 최근에는 헤지펀드 업계의 반대에도 불구하고 증권거래위원회가 최근 일부 규제를 도입하고 있다.

증권거래위원회(SEC)는 2006년 2월 현재 헤지펀드를 투자자문가로 등록하도록 요구하고 있으나 이미 많은 헤지펀드 매니저는 이 새로운 요구사항을 적용하기 전부터 증권거래위원회에 등록된 상태였다. 헤지펀드 매니저는 각각의 헤지펀드를 등록할 필요가 없고 대신에, 증권거래위원회에 몇 가지 기본적인 정보를 제공하고, 헤지펀드가 증권거래위원회의 규정을 준수하도록 돕는 것을 포함한 직무를 수행할 직원을 의무적으로 고용하면 된다. 등록된 헤지펀드 매니저는 증권거래위원회로부터 무작위로 검사대상이 될 수 있다.

많은 규칙들과 마찬가지로 예외사항도 있다. 예를 들어, 2,500만 달러 미만의 자금을 운용하는 헤지펀드는 등록할 필요가 없고 2년 이상의 투자 기간을 요구하는 헤지펀드는 또한 등록할 필요가 없다.

2008년 금융위기 이후, 헤지펀드는 금융위기 상황에서의 역할로 인해 국회의원들의 표적이 되었다. 그 결과, 도드-프랭크법(Dodd-Frank Act)은 헤지펀드와 그 계열회사들에 대한 등록요구를 확대하는 역할을 했다. 이 법의 대부분은 2012년에 발효되었으나, 예상할 수 있듯이, 이러한 변화에는 많은 법적인 어려움이 뒤따르는 것이 현실이다.

헤지펀드 보수 일반적으로 헤지펀드는 펀드 자산의 1~2%에 이르는 일반적인 관리 수수료와 함께 성과보수를 받는 특별한 수수료 체계를 가지고 있다. 이 특별한 성과보수는 종종 펀드 투자전략으로 실현된 이익의 20~40% 범위이다. 가장 일반적인 수수료 체계는 2/20으로, 이는 성과보수 20%에 운용보수로 2%를 부과함을 의미하는데 짧게 줄여서 2/20으로 이야기하곤 한다. 다양한 수수료 구조들이 가능하고 몇몇은 꽤나 정교하게 설계된다.

성과보수의 한 가지 긍정적인 측면은 헤지펀드 매니저가 가능한 한 많은 수익을 창출할 수 있는 동기부여를 한다는 것이다. 하지만, 잠재적으로 부정적인 결과 역시 발생시킬 수 있다. 예를 들어, 성과보수를 매년 지급한다고 가정하자. 만약 헤지펀드 매니저가 특정 연도에 손실이 날 것이 확실해 보인다면 어떻게 할 것인가? 한 가지 가능한 전략은 펀드매니저가 그 해에 최대한 많은 손실을 펀드에서 발생하도록 하는 것이다. 그 결과, 매니저는 그 다음 해에 펀드 수익률을 크게 올릴 수 있는 더 나은 포지션을 가지게 될 것이다.

헤지펀드 투자자들은 현명하다. 펀드매니저들에 의해 수익률이 조작되는 것을 막기 위해, 많은 수수료 구조가 펀드매니저가 넘어야 하거나 충족해야 할 제약조건들이 포함되어 있다. 일반적인 예로 'high-water mark'에 있다. 헤지펀드 수수료 체계가 high-water mark 조건을 포함할 경우 펀드매니저는 당해 연도의 펀드의 가치가 이전의 최고 가치보다 높을 때만 성과급을 받게 된다. 어떤 펀드매니저가 특정 연도에 펀드에 큰 손실을 발생하게 만든다고 가정해 보자. 이 수수료 구조하에서 연간 2%의 운용보수는 지급이 되지만, 그러나 성과보수를 받으려면, 펀드매니저는 운용하고 있는 헤지펀드의 가치가 이전의 high-water mark보다 높은 수준으로 증가해야 한다 그 후, 펀드매니저는 '새로운' 이익에 대해 20%의 보너스를 받을 수 있다.

왜 헤지펀드 투자자들은 기꺼이 높은 수수료를 지불하는가? 분명한 대답은 벌어들일 수 있는 수익이 합리적이라고 여겨질 만큼 충분히 크다는 것이다. 헤지펀드 보수 문제에 대한 중요한 쟁점이 있다. 많은 전문가들은 헤지펀드 수익에서 보수를 차감할 때, 헤지펀드 투자자들은 전체 주식시장을 대표하는 포트폴리오를 보유하고 있는 투자자들보다 크게 낫다고 말하기 어렵다고 지적하고 있다.

만약 이런 전문가들의 의견이 맞다면, 왜 누군가는 시장지수 펀드 대신에 헤지펀드에 투자했을까? 그 대답은 분산투자의 원칙과 관련이 있다. 이 책의 다른 곳에서 보게 되겠지만, 위험이 높은 것으로 보이는 투자는 포트폴리오의 일부로 포함되었을 때 더 좋은 것으로 판명될 수 있다. 즉, 이러한 투자는 투자 포트폴리오에 유의한 분산투자의 이익을 가져다줄 수 있다.

헤지펀드 스타일 세계적으로 수천 개의 헤지펀드가 있으며, 그 수는 계속 증가하고 있다. 규모가 큰 헤지펀드는 최소 100만 달러 이상의 최소 투자자금을 요구할 수도 있다. 소규모 헤지펀드는 최소 $50,000 이하의 투자자금을 요구하기도 한다. 펀드의 규모와 관계없이, 각 펀드는 자체의 투자 방식이나 틈새시장 전략을 개발한다. 예를 들어, 헤지펀드는 기술과 같은 특정 섹터나 아시아나 동유럽과 같은 특정 글로벌 지역에 초점을 맞추어 운용할 수 있다.

또 다른 대안으로, 헤지펀드는 특정한 투자 전략을 추구할 수 있다. 앞으로 몇몇의 일반적인 투자 스타일에 대해 살펴볼 것이다. 각각의 투자 스타일에 대한 설명이 끝날 때쯤, 우리는 예상되는 수익률의 변동성에 대해 역시 이해할 수 있을 것이다.

1. 시장중립(market neutral) 이 전략의 목적은 서로 다른 포지션(A종목 매수+B종목 매도)을 하나의 짝(pair)으로 엮어서 보유함으로써 위험을 상쇄하는 것이다. 이러한 헤지펀드를 롱-숏 펀드라고 한다. 이들 펀드의 펀드매니저들은 저평가되어 있다고 판단되는 유가증권들에 대해서 매수 포지션을 구축한다. 그리고 나서, 매수포지션과 맞춰서 고평가된 것으로 판단되는 유가증권들 혹은 적정가격에 평가되고 있는 유가증권들에 대해 매도 포지션을 취한다. 적절하게 구축된 롱-숏 포트폴리오는 전체 시장의 성과와 관계없이 수익을 낼 수 있다. 그래서 이러한 전략을 시장중립이라 한다. 어떤 펀드는 모든 매수 포지션을 상쇄할 만큼 매도 포지션을 취하는 반면, 일부 다른 펀드는 매수 포지션의 모두가 아닌 일부만을 중립화(매도포지션)한다는 점을 유의해야 한다. 예상 변동성: 낮음
2. 차익거래(arbitrage) 이러한 전략을 활용하는 펀드의 펀드매니저들은 목표는 이론적으로는 존재하지 않아야 하는 유가증권들 사이에서의 가격 괴리를 찾아내는 것이다. 차익거래 펀드 매니저들은 동일한 회사의 유가증권 간의 가격들의 관계나, 시간 또는 국가에 따른 가격 괴리에서 투자 기회를 찾아낸

다. 예를 들어, 헤지펀드 매니저가 한 기업의 전환사채를 매입하고 같은 회사의 보통주를 매도할 수 있다. 예상 변동성: 낮음

3. 부실 증권(distressed securities) 이러한 전략을 활용하는 헤지펀드의 매니저들은 회사의 특별한 사정이나 특정 섹터에서 발생한 전반적인 부실 등으로 인해 크게 저평가 내지는 적정가격보다 매우 싸게 가격이 형성되어 있는 유가증권에 투자를 집중적으로 한다. 예를 들어 부실 증권 유형의 펀드매니저들은 파산 위기에 처한 회사의 주식을 살 수도 있다. 예상 변동성: 낮음에서 보통.
4. 매크로(macro) 이 유형의 헤지펀드 매니저들은 금리, 통화 또는 상품 가격에 영향을 미치는 정부 정책 등에 의해 야기되는 세계 경제의 변동에 따른 금융시장의 가격변동으로부터 이익을 취하려 한다. 매크로 펀드매니저들은 종종 시장 움직임의 영향을 증가시키기 위해 레버리지 전략과 파생상품을 활용한다. 예상 변동성: 높음
5. 공매도(short selling) 롱–숏 펀드와는 달리 순수하게 공매도 헤지펀드의 매니저는 단지 공매도 전략만을 취한다. 또한 선물거래 등을 통해 레버리지를 적극 활용한다. 예상 변동성: 높음
6. 마켓타이밍(market timing) 이러한 전략을 구사하는 헤지펀드들은 특정 섹터나 전체 글로벌 시장의 동향을 파악하려고 노력한다. 펀드매니저들은 종종 포지션을 한 곳에 집중하며, 예상되는 시장의 움직임에 대한 펀드의 익스포져를 증가시키기 위해 일반적으로 레버리지를 활용한다. 예상 변동성: 높음

이 목록에서 볼 수 있듯이, 다양한 투자 전략이 가능하고 각각 전략에 따르는 위험의 정도도 다르다. 여기서 얻을 수 있는 의미는 무엇인가? 비록 당신이 많은 돈을 벌고 자격을 갖춘 투자자가 된 후에도, 당신은 당신의 포트폴리오에 가장 적합한 헤지펀드를 찾기 위해 노력해야 한다. 여전히 결정이 어렵다면 재간접 형태(fund of funds)의 펀드에 투자하는 것을 고려해볼 수 있다.

재간접 펀드 헤지펀드에 투자된 돈의 상당 부분은 재간접 펀드(fund of funds)를 통해 충당되고 있다. 이 유형의 펀드는 펀드 이름 그대로 헤지펀드들에 투자하는 펀드이다. 투자자에게 재간접 펀드 유형은 전문적인 지식을 가지고 있는 펀드매니저가 직접 헤지펀드를 선택한다는 장점이 있다. 게다가 여러 개의 헤지펀드에 투자함으로써 분산투자 효과가 발생하게 된다. 그러나 펀드는 이미 많은 헤지펀드 수수료 외에도 재간접 펀드 자체적인 수수료 부담까지 더해져 이러한 장점을 누리기 위해서는 일정비용은 투자자가 감수해야 할 몫이다.

자신만의 헤지펀드 시작하기 투자 포트폴리오 매니저가 되는 것을 꿈꿔 본 적이 있는가? 당신은 당신만의 헤지펀드를 시작해볼 수 있다. 일반적으로 생각하는 것보다 이것은 어렵지 않을 수도 있다. 헤지펀드는 일반적으로 합자회사(limited partnership)이며, 펀드매니저는 일반적으로 무한책임사원(general partner)이며 투자자는 유한책임사원(limited partners)의 지위를 가진다. 법적인 세부 사항에 대해 집중하기보다는, 투자회사 비즈니스에 익숙한 변호사들의 도움을 받는다면 이러한 부분들은 어렵지 않게 해결될 수 있다. 사실, 자신의 헤지펀드를 설립하는데 있어서 가장 어려운 점은 자발적인 투자자를 찾는 것이다. 본질적으로, 당신은 당신의 투자 아이디어를 신뢰하는 자금력이 있는 투자자들을 찾을 필요가 있다. 만약 당신이 15명 이상의 투자자를 모집할 수 있다면 당신은 당신의 헤지펀드를 등록해야만 한다는 것을 명심해야 한다. 또한 헤지펀드에 부과될 수 있는 모든 규제 요건에 대해서 숙지해야 한다.

확인 사항

4.8a 폐쇄형 펀드란 무엇이며 뮤추얼펀드와 어떻게 다른가?

4.8b 폐쇄형 펀드의 순자산 가치(NAV)란 무엇인가?

4.8c 헤지펀드는 무엇인가? 헤지펀드와 뮤추얼펀드 간의 중요한 차이점은 무엇인가?

4.8d 시장 중립 투자전략은 무엇인가? 왜 이 전략은 뮤추얼펀드가 아닌 헤지펀드에서만 활용할 수 있는가?

4.9 요약 및 결론

이 장에서 뮤추얼펀드 투자의 많은 측면을 다루었다. 그것을 통해 수천 개의 뮤추얼펀드와 다양하게 많은 유형의 펀드가 있는 것을 알게 되었다. 지금부터는 이번 장에서 다룬 중요한 개념에 따른 중요한 몇 가지 내용에 대해 요약한다.

1. 뮤추얼펀드의 유형

A. 가장 기본적인 수준에서, 개별 투자자들로부터 모은 자금을 모아 투자하는 회사를 투자회사라고 한다. 즉, 투자회사는 개별 투자자의 금융자산 관리를 전문으로 하는 회사이다. 사실 모든 뮤추얼펀드는 투자회사에 해당한다.

B. 두 가지 유형의 투자회사가 있는데, 개방형과 폐쇄형으로 구분할 수 있다. 투자자가 개방형 펀드를 매입하고자 할 때 펀드는 수익증권을 발행하고 받은 돈

으로 투자를 하게된다. 폐쇄형 펀드에서는 펀드 발행량이 고정되어 절대 변하지 않기 때문에 폐쇄형 펀드에 투자하기 위해서는 다른 투자자가 매도하는 경우에 펀드를 매수함으로써 가능하다.

C. 뮤추얼펀드는 다양한 투자 기간을 가지고 있다. MMF는 단기 투자 펀드의 한 예에 해당된다. 장기 투자 펀드의 예는 다음의 펀드들을 포함한다:
- 주식형 펀드는 자본차익, 인컴, 회사의 시가총액, 글로벌주식, 섹터, 지수연계 등에 전문화된 펀드
- 채권형 펀드는 단기채권, 중기채권, 하이일드, 부동산담보부, 글로벌채권 등에 전문화된 펀드
- 주식채권 혼합형 펀드는 주식, 채권, 현금의 고정적 비율을 유지하거나, 시장수익률을 초과하기 위해 주식, 채권, 현금 비중을 조정하는 펀드

2. 뮤추얼펀드의 작동 방식

A. 뮤추얼펀드는 주식회사이다. 다른 주식회사들과 마찬가지로, 뮤추얼펀드는 주주들에 의해 소유된다. 주주들은 이사회를 선출하며, 이사회는 펀드의 전반적인 운영 및 관리를 감독할 매니저를 고용할 책임이 있다.

B. 뮤추얼펀드는 종종 더 큰 펀드군에 속하지만, 모든 펀드는 주주들이 소유한 별도 회사이다. 대부분의 뮤추얼펀드는 뮤추얼펀드 운용을 전문으로 하는 투자자문회사에 의해 만들어진다. 투자자문회사는 뮤추얼펀드라고도 불린다. 점점 더 그러한 기업들은 브로커리지 업무와 다른 금융 서비스와 같은 추가적인 영업행위를 하고 있다.

C. 미국에는 수백 개의 투자자문 기관이 있다. 가장 규모가 크고 아마도 잘 알려진 곳은 150개 이상의 뮤추얼펀드, 약 1.7조 달러의 관리 자산, 그리고 2천만 명 이상의 고객을 확보한 피델리티(Fidelity Investments) 이다. 드레퓌스(Dreyfus), 프랭클린(Franklin), 뱅가드(Vanguard) 등도 잘 알려진 투자자문 회사들이다. 메릴린치(Merrill Lynch), 찰스 슈왑(Charles Schwab) 등과 같은 증권사들도 큰 규모의 투자자문 사업을 영위하고 있는 회사이다.

D. 투자자문 회사는 펀드 운용을 통한 운용보수와 수수료 목적으로 뮤추얼펀드를 만든다. 일반적인 연간 운용보수는 펀드 총자산의 0.5%이다. 자산규모가 2억 달러인 펀드는 특별히 큰 펀드라고 하기에는 어렵지만, 연간으로 약 100만 달러의 운용보수가 발생한다.

3. 뮤추얼펀드의 성과와 관련한 정보를 찾는 방법.

A. 각 펀드는 서로 다른 목표를 가지고 있고, 결과적으로 매우 다른 위험과 수익의 잠재력을 가지고 있다. 게다가, 유사하게 보이는 목표를 가진 펀드일지라도 위험과 성과가 매우 다를 수 있다. 펀드의 실제 보유 및 투자정책을 투자설명서상에 기재된 것을 보는 것 말고, 실제로 살펴보는 것이 매우 중요하다.

B. 뮤추얼펀드 정보는 널리 이용 가능하지만, 성과와 관련한 정보는 매우 주의해서 활용해야 한다. 가장 좋은 성과를 거둔 펀드는 종종 가장 큰 위험 수준을 가졌거나, 적기에 타이밍에 맞추어 포트폴리오를 막 구축한 펀드들일 가능성이 높다.

4. 상장지수연계펀드(ETF)와 헤지펀드

A. ETF는 기본적으로 특정한 시장 지수와 동일한 수익률을 달성하고자 하는 지수연동형 펀드이다. 그러므로, ETF에 투자할 때는 지수를 구성하는 주식 바스켓(basket)을 사는 것과 같다

B. 가장 대중적인 ETF는 잘 알려진 지수인 스탠다드 앤 푸어스 500(S&P 500), 나스닥 100(NASDAQ 100), 또는 다우존스 산업평균지수(Dow Jones Industrial Average)를 추종하는 펀드이다.

C. 세분화, 전문화된 다양한 ETF가 존재한다. 예를 들어 소형주나 중형주의 일부분을 소유하는 ETF, 특정 국가에 투자하는 ETF, 부동산에 투자하는 ETF 등이 그 예이다.

D. 헤지펀드 또한 투자회사이다. 그러나 헤지펀드는 투자 자격 조건을 갖춘 제한된 투자자들에게만 허용되기 때문에 뮤추얼펀드와 비교해 적은 규제를 적용받는다.

E. 헤지펀드 전략은 적은 리스크(예: 시장중립, 차익거래전략)에서부터 리스크 수준이 큰 전략(예: 공매도, 마켓타이밍 전략)까지 다양하다. 어떠한 전략을 사용하든, 수수료 체계는 약 2%의 운용보수와 20%의 성과보수로 구성되는 것이 일반적이다.

주요 용어

투자회사(investment company) 125
개방형 펀드(open-end) 125
폐쇄형 펀드(closed-end fund) 126
순자산 가치(net asset value) 126
선취수수료(front-end loads) 131
이연판매수수료(CDSC) 131
12b-1 수수료(12b-1 fees) 132
회전율(turnover) 133
머니마켓 펀드(money market mutual funds, MMF) 138
헤지펀드(hedge funds) 162

단원 후 문제와 자습 문제

1. 선취수수료(CFA2) 마두라 히로 펀드는 주당 \$50의 순자산 가치를 가지고 있다. 3%의 판매(선취)수수료가 부과된다면 100주를 매수하는데 필요한 자금 규모는?

2. 회전율 (CFA2) 스타크 인컴 펀드의 올해 일평균 총자산은 1억 달러였다. 이 펀드의 동 기간 주식 매수 규모는 2,000만 달러, 매도 규모는 1,250만 달러였다. 회전율은 얼마인가?

자습 문제 해답

1. 100주를 매입해야 하기 때문에 매도가격에 100을 곱하여 구할 수 있다. 판매수수료가 매도가격의 백분율로 계산되기 때문에, 다음과 같이 매도가격을 구할 수 있다.

$$\text{순자산 가치(NAV)} = (1 - \text{판매수수료}) \times \text{매도가격}$$

즉 다시 말해 순자산 가치 매도가격의 97%에 해당한다는 의미이다. 순자산 가치가 \$50이기 때문에 매도가격은 \$50/.97 = \$51.55가 된다. 따라서 100주의 해당 펀드를 매입하기 위해서는 \$5,155만큼의 자금이 필요하며, 그 중 \$155는 판매수수료에 해당한다.

2. 회전율은 매수규모 또는 매도 규모 중 작은 값을 일평균 자산으로 나눈 값이다. 이 경우, 매도 규모가 \$12.5로 작기 때문에, 회전율은 \$12.5/\$100 = 0.125가 된다.

투자 지식 학습

1. 투자회사(LO2, CFA2) 다음 중 투자회사의 구조를 전형적으로 설명하고 있지 않은 것은?
   a. 투자회사는 주식회사의 형태를 취한다.
   b. 투자회사는 개별 투자 포트폴리오에 투자하고 있는 많은 투자자에게 속하는 다양한 펀드에 투자한다.

c. 투자회사는 펀드 총자산의 3~5%에 달하는 연간 운용보수를 받는다.
d. 투자회사의 이사회 유가증권 포트폴리오를 운용하고 다른 관리 업무를 처리하기 위해 별도의 투자관리회사를 고용한다.

2. 비용 명세(LO3) 다음 중 비용명세서에 포함되는 항목이 아닌 것은?
a. 주주거래 비용
b. 주주 인구통계적 특성
c. 연간 운영 비용
d. 추정 비용

3. 뮤추얼펀드 투자(LO2, CFA2) 다음 중 뮤추얼펀드 투자의 장점과 거리가 먼 것은?
a. 분산투자
b. 전문적인 운용/관리
c. 편리성
d. 뮤추얼펀드의 수익률은 보통 시장 평균수익률 수준을 상회한다.

4. 개방형 펀드(LO2, CFA2) 개방형 뮤추얼펀드는 다음 중 어떤 주체에 의해 소유되는지 찾아라.
a. 투자회사
b. 투자자문회사
c. 뮤추얼펀드 회사의 펀드군
d. 주주(투자자)

5. 폐쇄형 펀드(LO2, CFA2) 폐쇄형 투자회사에 대한 다음 설명 중 가장 정확한 것은?
a. 펀드의 가격은 일반적으로 순자산 가치보다 크다.
b. 펀드의 주당 가격은 순자산 가치와 동일하게 정해진다.
c. 펀드 발행량은 투자자들에 펀드 가입과 상환에 따라 달라진다.
d. 펀드 발행량은 발행일 기준으로 고정된다.

6. 폐쇄형 펀드(LO2, CFA2) 폐쇄형 펀드는 다음 중 어떤 주체에 의해 소유되는지 찾아라.
a. 투자회사
b. 투자자문 회사
c. 뮤추얼펀드 회사의 펀드군
d. 주주(투자자)

7. 상장지수 펀드(ETF)(LO4, CFA2) 다음 중 상장지수 펀드에 대한 설명으로 틀린 것은?
a. ETF는 주식시장에서 거래될 수 있는 펀드이다.
b. ETF 투자자는 펀드 스폰서의 기초자산 지분을 소유한다.
c. ETF는 공매도 할 수 있다.
d. ETF는 레버리지를 (전체 매수 자금의 일부만을 가지고) 활용해 매수할 수 있다.

8. 폐쇄형 펀드(LO1, CFA2) 폐쇄형 펀드와 ETF의 공통점은 다음 중 무엇인가?
a. 폐쇄형 펀드와 ETF모두 유통시장에서 거래된다.
b. 폐쇄형 펀드와 ETF는 펀드발행량을 상환할 수 있다.
c. 폐쇄형 펀드와 ETF의 구조는 순자산 가치에 대해 상당한 할인 또는 할증으로 거래되는 것을

금지한다.

d. 폐쇄형 펀드와 ETF는 운용보수를 받지 않는다.

9. 뮤추얼펀드 투자(LO1, CFA2) 성장주, 가치주, 대형주, 소형주 투자와 같은 카테고리를 모두 포괄할 수 있는 전략은?

a. 스타일 투자 전략
b. 섹터 주자 전략
c. 인덱스 투자 전략
d. 라이프스타일 투자 전략

10. 뮤추얼펀드 투자(LO1, CFA4) 재간접 펀드(fund of funds, FOF)에 투자하여 얻을 수 있는 주요 이점 중 하나는?

a. 분산투자의 향상
b. 높은 기대 수익
c. 낮은 운용 보수
d. 높은 수익률 변동성

11. 펀드 유형(LO1, CFA2) 다음 중 뮤추얼펀드 유형 중 투자자에게 세금 부담이 가장 적은 것은?

a. 인덱스 펀드
b. 지방채 펀드
c. 인컴 펀드
d. 성장주 펀드

12. 펀드 유형(LO1) 다음 뮤추얼펀드 유형 중 투자자에게 가장 위험 수준이 높은 펀드는?

a. 대형주 인덱스 펀드
b. 보증 지방채 펀드
c. MMF
d. 소형 성장주 펀드

13. 뮤추얼펀드 수수료(LO2, CFA2) 다음 중 매년 부과되는 뮤추얼펀드 관련 수수료는?

a. 12b-1 수수료
b. 선취수수료
c. 후취수수료
d. 이연판매수수료

14. 뮤추얼펀드 수수료(LO2, CFA2) 다음 뮤추얼펀드 중 장기펀드 투자자에게 가장 큰 비용 부담이 발생할 수 있는 펀드 수수료는?

a. 12b-1 수수료
b. 선취수수료
c. 후취수수료
d. 이연판매수수료

15. 뮤추얼펀드 수수료(LO2, CFA3) 다음 중 투자자가 평가하기 가장 어려운 뮤추얼펀드 관련 수수료와 비용은 어느 것인가?

a. 판매보수
b. 12b-1 수수료
c. 운용보수
d. 거래비용

개념 문제

1. 펀드 소유권(LO2) 실질적으로 뮤추얼펀드를 소유하고 있는 사람은 누구인가? 운용의 주체는 누구인가?

2. 판매수수료(LO2) 투자가능한 판매수수료가 없는 펀드가 많음에도 불구하고, 왜 합리적인 투자자들이 선취수수료를 지불하는가? 좀 더 일반적으로, 왜 투자자들은 항상 낮은 판매수수료, 운용보수, 기타비용이 부과되는 펀드에 투자하지 않는가?

3. MMF(LO2, CFA1) MMF의 순자산 가치는 절대 변하지 않는다는 것은 사실인가? 만약 그렇다면, 이것이 어떻게 가능한가?

4. 수시입출식 저축성예금(MMDA)(LO2, CFA1) MMDA와 MMF의 차이점은 무엇인가? 어떤 상품이 더 위험한가?

5. ETF vs. 지수연계 뮤추얼펀드(LO4, CFA2) ETF와 지수연계 뮤추얼펀드는 유사한 기초자산을 보유하고 있다. 어떤 이유로 투자자는 ETF와 지수연계 뮤추얼펀드에 대한 선호를 결정하게 되는가?

6. 개방형 펀드 vs 폐쇄형 펀드(LO2, CFA2) 일반적으로 개방형 뮤추얼펀드는 5% 정도의 현금 또는 유동성자산을 보유한다. 이것은 상승하는 주식시장에서 그해의 성과에 어떠한 영향을 미치는가? 반대로 시장이 하락하는 국면에서는 어떠한 영향을 미치는가? 폐쇄형 펀드는 일반적으로 현금을 보유하지 않는다. 이러한 차이에 영향을 미치는 개방형 펀드와 폐쇄형 펀드의 구조는 무엇인가?

7. 12b−1 수수료(LO2, CFA2) 12b-1 수수료란 무엇인가? 12b-1 수수료는 어떤 비용을 커버하기 위한 목적으로 부과되는가? 많은 폐쇄형 뮤추얼펀드가 12b-1 수수료를 부과한다. 이것은 합리적인가? 합리적이라면 그 이유는 무엇이며, 합리적이지 않다면 그 이유는 무엇인가?

8. 개방형 펀드 vs 폐쇄형 펀드(LO2, CFA2) 투자자가 보유하고 있는 뮤추얼펀드의 유동성에 대한 우려가 있다면, 그러한 투자자의 경우 폐쇄형 펀드와 개방형 펀드 중 어떤 펀드에 투자하는 것이 합리적인가? 그 이유는 무엇인가?

9. 뮤추얼펀드 성과(LO3) 그림 4.5를 참조하라. 열거되어 있는 펀드에 대한 3년 성과를 보면 왜 저조한 성과를 보이고 있는 펀드가 별로 없다고 생각하는가?

10. 헤지펀드 수수료(LO4, CFA4) High-water mark(헤지펀드의 순자산 가치가 과거 고점을 넘지 못하면 초과성과보수를 받지 못하는 규정) 성과 규정이 어떻게 헤지펀드 매니저가 초과성과보수를 받는 것을 제한하는가?

질문과 문제

1. 순자산 가치(NAV)(LO2, CFA2) 월드 인컴 추구형 펀드는 85억 달러의 자산, 4억1,000만 주의 발행량을 보유하고 있다. 이 뮤추얼펀드의 순자산 가치(NAV)는 얼마인가?

2. 선취수수료(LO2) 이전 문제에서 뮤추얼펀드의 현재 시장 가격이 $21.89라고 가정하자. 이것은 판매수수료가 부과되는 펀드인가? 그렇다면 선취수수료를 계산하라.

3. 순자산 가치 계산(LO2, CFA2) 이머징 주식 성장형 펀드는 낮은 판매수수료 펀드에 해당한다. 이 뮤추얼펀드의 현재 매도가격은 $15.95이고, 선취수수료는 2%이다. 순자산 가치는 얼마인가? 유통되고 있는 발행량이 1,920만 주라면, 펀드가 현재 보유하고 있는 총자산의 현재 시장가치는 얼마인가?

4. MMF (LO2, CFA1) 아쿠아 리퀴드 자산의 MMF는 주당 $1의 순자산 가치를 가지고 있다. 한 해 동안 이 펀드의 보유 자산은 1.7% 증가했다. 연초에 이 펀드에 $25,000을 투자했다면 연말에 얼마나 많은 투자 주 수(수량)를 보유하게 되는지 구하라. 이 펀드의 연말 순자산 가치는 얼마가 될 것이며, 그 이유는?

5. 순자산 가치(NAV)(LO2, CFA2) 개방형 뮤추얼펀드는 다음과 같은 주식을 보유하고 있다.

주식	주식 수	주가
A	6,000	$98
B	33,000	19
C	4,600	89
D	82,500	12

뮤추얼펀드의 발행량이 50,000주라고 한다면, 순자산 가치는 얼마인가?

6. 순자산 가치(NAV)(LO2, CFA2) 이전 문제에서 $110,000의 부채가 있다고 가정하면 현재 이 펀드의 순자산 가치는 얼마인지 구하라.

7. 선취수수료(LO2) 이전 문제에서 펀드가 6.25%의 선취수수료에 판매된다고 가정하자. 이 펀드의 매도가격은 얼마인가?

8. 회전율(LO2, CFA3) 어떤 뮤추얼펀드가 올해 3,600만 달러의 자산을 매도했고, 3,200만 달러의 자산을 매수했다. 펀드의 일평균 자산이 9,600만 달러라면 펀드의 회전율은 얼마였는지 구하라.

9. 폐쇄형 펀드(LO2, CFA2) 한 폐쇄형 펀드는 총 2.4억 달러의 자산과 $110,000의 부채가 있다. 현재 총발행량은 110,000주이다. 펀드의 순자산 가치는 얼마인가? 만약에 현재 해당 펀드가 $19.25에 매도가격이 형성되어 있다면, 해당 펀드는 할증펀드인가 할인펀드인가?

10. 뮤추얼펀드 수익률(LO2, CFA1) 당신은 NAV가 $32.24였던 뮤추얼펀드에 연초 $10,000을 투자하였다. 연말에 그 펀드는 단기 분배로 $0.24, 장기 분배로 $0.41을 지급했다. 연말 펀드의 NAV가 $35.23이었다면 당신의 올 한 해 이 펀드를 통한 수익률은 얼마였는지 구하라.

11. 회전율 계산(LO2, CFA3) 상업은행 주식에 특화된 섹터 펀드는 올해 일평균 34억 달러의 자산을 보유하고 있었다. 이 펀드는 올해 12.5억 달러의 주식을 매도했으며, 회전율은 0.42였다. 이 뮤추얼펀드는 1년 동안 얼마나 많은 주식을 매수하였는가? 높은 회전율과 관련이 있는 다른 비용은 무엇인가?

12. 수수료 계산(LO2) 이전 문제에서 연간 뮤추얼펀드의 운영보수는 0.75%이고, 운용보수는 0.45%라고 가정하자. 만약 펀드가 12-1 수수료를 부과하지 않는다면, 기타비용과 관리비용은 얼마였는가?

13. 수수료 계산(LO2, CFA1) 당신은 뉴퍼시티성장형펀드에 2016년 1월 2일 주당 $47.10에 2,000주를 매수했다. 이 펀드의 선취수수료는 5%이고, 1년 이내에 상환 시 후취수수료는 2%이다. 이 뮤추얼펀드의 기초자산은 2016년 동안 8% 가치가 상승하였고(배당의 재투자를 포함), 당신은 연말에 이 펀드를 모두 매도하였다. 이 펀드의 운영 비용이 1.95%라면, 이 펀드에 투자를 통한 총수익은 얼마인가? 뮤추얼펀드의 투자성과를 평가할 때 수수료가 미치는 영향에 대해 어떤 결론을 내리겠는가?

14. 헤지펀드(LO4, CFA4) 어떤 투자자가 시장중립형 헤지펀드에 $1,250,000를 투자했다. 수수료 체계는 2/20이고, 펀드는 high-water-mark 조항이 적용된다. 펀드매니저가 첫해에 10%의 손실을 내고, 두 번째 해에 20%의 수익을 냈다고 가정해보자. 매년 운용보수와 성과보수는 얼마인가? 운용보수가 매년 초에 지급되며, 성과보수는 매년 말에 부과된다고 가정한다.

15. ETF vs 뮤추얼펀드(LO4, CFA2) 당신이 방금 가족으로부터 $25,000를 상속받았다고 가정해보자. S&P지수 펀드에 투자하기로 결정했지만, 아직 ETF를 활용할 것인지 뮤추얼펀드를 활용할 것인지 결정하지 못했다. ETF는 연간 0.09%의 비용을 지불해야 하는 반면, 뮤추얼펀드는 0.21%를 지불해야 한다고 가정하자. 뮤추얼펀드는 판매수수료가 없지만 ETF는 매수할 때 $25의 수수료가 부과될 것이다. 만약 장기보유 목적의 투자이고, 레버리지를 활용하거나 공매도를 활용하는 것을 고려하지 않는다면, 어떤 ETF와 뮤추얼펀드 중 어떤 선택이 더 나은 결정인가?

16. 비용과 수익(LO2, CFA1) 브루인주식펀드는 선취수수료 5.75%, 12b-1 수수료 0.23%, 기타 비용 0.73%의 수수료 체계를 가지고 있는 A 클래스 펀드를 판매한다. 또한 매년 1%씩 감소하는 5%의 후취수수료 구조와 1%의 12b-1 수수료, 0.73%의 기타보수 체계를 가지고 있는 B 클래스 펀드도 판매하고 있다. 포트폴리오 수익률이 매년 10%이고 3년 후에 이 펀드를 매도할 계획이라면 클래스 A와 클래스 B 중 어떤 클래스 펀드에 투자해야 하는가? 만약 투자 기간이 20년이라면?

17. 비용과 수익(LO2, CFA1) 6%의 선취수수료와 1.75%의 비용 구조를 가지고 있는 주식형 뮤추얼펀드에 투자하려고 있다. 또한 3.30%의 수익률과 0.1%의 비용 구조를 가지고 있는 MMF에도 투자할 수 있다. 투자에 대해서 2년간 유지할 계획이라면, 주식형 뮤추얼펀드가 MMF의 수익률을 초과하기 위해서

는 어느 정도의 연간 수익을 얻어야 하는가? 만약 10년간 투자를 가정한다면 그 값은 어떻게 되는가?

18. 세금과 MMF(LO2, CFA1) 당신은 세 가지 유형의 MMF에 투자를 검토하고 있다고 가정하자. 첫 번째 펀드는 미 전역의 지방채권 포트폴리오를 구축하여 3.2%의 수익을 올리고 있다. 두 번째 펀드는 과세대상이 되는 단기 기업어음(commercial paper)에만 투자하는 것을 통해 4.9%의 수익을 발생시키고 있다. 세 번째 펀드는 뉴저지 주의 지방채 투자에 특화된 펀드로 3%의 수익을 내고 있다. 만약 당신이 연방세율은 35%이고, 주세율은 8%를 적용받는 뉴저지의 거주라면, 이 세 가지 MMF 중 어떤 것이 당신에게 가장 높은 세후 수익률을 제공할 수 있는가?

19. 세금과 MMF(LO2, CFA1) 이전 문제에서, 주 소득세가 없는 텍사스 주민이라면 어떤 MMF가 가장 높은 수익률을 제공하는가?

20. 폐쇄형 펀드(LO2, CFA2) 아르헨티나 펀드는 5억 6천만 달러의 자산을 보유하고 있으며, 순자산 가치 대비 6.9% 할인되어 거래되고 있다. 만약에 이 폐쇄형 펀드의 가격이 $14.29라면 유통되고 있는 주식 수는 얼마나 되는가? 만약 당신이 이 펀드 1,000주를 매수하려면 현재 유통되는 총주식 수는 얼마가 될 것인가?

21. 폐쇄형 펀드 할인(LO2, CFA2) 처음 공개되는 주당 $10의 폐쇄형 뮤추얼펀드 5,000주를 매수한다고 가정하자. 투자제안서에는 펀드의 판매와 관련해서 8%의 수수료가 부과된다는 것이 명시되어 있다. 이 펀드가 최초 공개한 다음 날 순자산 가치 대비 7% 할인된 가격으로 거래된다면 투자자의 투자 가치는 얼마인가?

CFA 관련 문제

[CFA2, CFA4]

Suzanne Harlan has a large, well-diversified stock and bond portfolio. She wants to try some alternative investments, such as hedge funds, and has contacted Lawrence Phillips, CFA, to help assemble a new portfolio.

Before agreeing to make recommendations for Ms. Harlan, Mr. Phillips wants to determine if she is a good candidate for alternative investments. He gives her a standard questionnaire. Here are some of her comments:

- I'm interested in high returns. I'm not afraid of risk, and I'm investing money for the benefit of my heirs.
- I pay a lot of attention to expense and return data from my investments and track their performance closely.
- Investors have told me that assessing the quality of hedge funds is difficult, so I'm interested in purchasing a fund of funds where I can diversify my risk while potentially sharing in some outsized returns.
- I pay several million dollars in taxes every year, and I want any additional investments to be tax-friendly.
- My neighbors founded Kelly Tool and Die 20 years ago. They are declaring bankruptcy, and I am interested in obtaining a partial interest in the business.

Ms. Harlan then tells Mr. Phillips that it is imperative that the returns of any investments he recommends must be in some way comparable to a benchmark.

Mr. Phillips is not excited about the business idea or the fund of funds. However, he does know of several managers of individual hedge funds. He talks her out of a fund of funds and suggests she put her money in the Stillman Fund, which concentrates on spinoffs, generally buying the spun-off company and shorting the parent company.

1. In an attempt to talk Ms. Harlan out of investing in a fund of funds, Mr. Phillips addressed the advantages of investing in individual funds. Which of the following would be his most compelling argument?
   a. The lower expenses of individual funds
   b. The likelihood of style drift in a fund of funds
   c. The lack of benchmark for a fund of funds

2. What is Ms. Harlan's tolerance for risk?
   a. Distressed security
   b. Arbitrage
   c. Market neutral

3. Which of Ms. Harlan's responses is most likely to make Mr. Phillips consider her a bad candidate for investing in hedge funds?
   a. I pay a lot of attention to expense and return data from my investments and track their performance closely.
   b. I pay several million dollars in taxes every year, and I want any additional investments to be tax-friendly.
   c. I'm interested in high returns. I'm not afraid of risk, and I'm investing money for the benefit of my heirs.

4. If Ms. Harlan is truly concerned about benchmarks, she should avoid which of her suggested investments?
   a. None of them
   b. Kelly Tool and Die
   c. Hedge funds

PART

2

주식시장

CHAPTER 05

주식시장

"주식시장에서 일어나는 재미있는 일 중 하나는 한 사람이 살 때마다 다른 사람은 파는데, 둘 다 자신이 영리하다고 생각하는 것이다."

월리엄 페더(William Feather)

학습목표

다음 개념을 이해한 후, 주식 한 주를 매수하라.

1. 상장주식과 비상장주식, 발행시장과 유통시장의 차이
2. 뉴욕 증권거래소(New York Stock Exchange, NYSE)의 거래방식
3. 나스닥(National Association of Securities Dealers Automated Quotations, NASDAQ)의 거래방식
4. 지수 수익률 계산방법

1792년 5월 17일에 여러 브로커들이 모여서 버튼우드계약(Buttonwood Tree Agreement)이라 불리는 계약서에 서명을 하였는데, 이것이 뉴욕증권거래소(New York Stock Exchange, NYSE)의 시초이다. 뉴욕증권거래소의 구조는 이후 수백 년간 큰 변화가 없었지만, 최근에는 변화가 있었다. 2007년에는 뉴욕증권거래소와 Euronext가 합병하여 암스테르담, 브뤼셀, 파리, 뉴욕 등 많은 도시에서 거래소를 운영하는 NYSE Euronext가 되었다. 2013년에는 설립된 지 12년밖에 안 된 신생 거래소인 ICE(Intercontinental Exchange)에 인수되었다.

최근 20년간 거래소 산업은 급격히 변화하고 있다. 그럼에도 불구하고, 뉴욕증권거래소는 여전히 대표적인 주식거래소이다. 거래규모도 많다. 뉴욕증권거래

CFA 예제

1. 시장 조직과 구조(L1, S13)
2. 증권시장지수(L1, S13)
3. 대체투자의 소개(L1, S18)
4. 비상장기업 가치평가(L2, S12)
5. 대체투자 포트폴리오 관리(L3, S13)
6. 포트폴리오 결정의 실행(L3, S16)

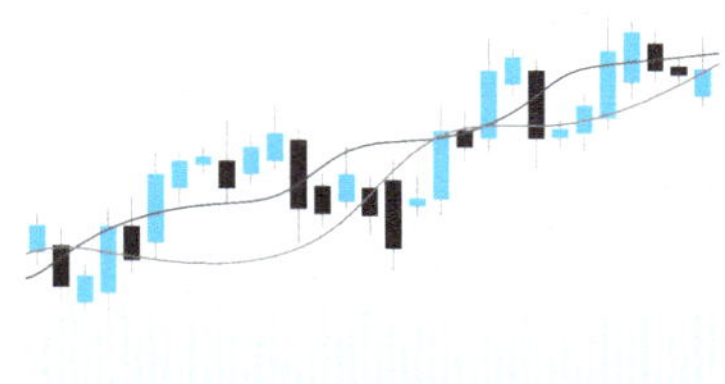

소의 2015년 일 거래량은 15억 주에 달한다. 1971년에 설립되어 기술주 거래소로 유명한 나스닥의 2015년 하루 거래량은 20억 주이다. 거래규모는 나스닥이 더 많지만, 시가총액(market capitalization)으로는 뉴욕증권거래소가 나스닥의 약 2배이다. 뉴욕증권거래소와 나스닥은 미국 주식거래의 거의 대부분을 차지한다.

이번 장에서는 주식시장에 대해 본격적으로 학습한다. 주식시장이 어떻게 작동하고, 언론 매체에서 제공하는 주식시장 정보를 어떻게 이해할 것인가에 대해 논의해 보자.

5.1 비상장주식의 공모

비상장주식

비상장주식(private equity)이란 거래소에 상장되지 않은 주식을 말한다. 당신과 친구는 차세대 통신망인 메가넷(mganet)을 이용하여 사용자 간에 통신할 수 있는 새로운 소프트웨어 아이디어를 생각해냈다고 하자. 창업가 열정에 가득 차서 메가콤(MegaComm)이라 불리는 제품을 개발하고, 시장에 내놓기로 한다.

밤과 주말까지 일해서 간단한 시제품을 개발한다. 시장에 팔 수 있는 제품을 개발하기 위해서는 프로그래머도 고용해야 하고, 컴퓨터도 사야 하고 사무실도 임대해야 한다. 그런데, 불행히도 당신들은 대학생이기 때문에 가지고 있는 돈을 모두 모아봤자 피자 파티를 하기에도 부족하고, 회사를 창업하기에는 턱없이 부족하다. 당신들에게 필요한 것은 소위 이야기하는 OPM(other people's money, 남의 돈)이다.

첫 번째로 생각할 수 있는 것은 은행으로부터 대출받는 것이다. 그러나, 은행은 아무런 과거 실적도 없고, 아이디어와 시제품만 있을 뿐, 자산도 없는 신생기업에 대출하지 않으려 할 것이다. 대신, 당신들은 비상장기업 금융에서 중요한 역할을 하는 벤처캐피탈(venture capital, VC)에 달려갈 것이다.

벤처캐피탈
신생기업, 고위험 모험기업에 투자되는 자금 또는 이 자금을 운용하는 회사

신생기업이 아닌 비상장기업도 자금 조달은 필요하다. 그래서, 비상장기업 금융에는 벤처캐피탈 이외에도 중소·중견기업금융(middle-market financing), 기업담보 차입매수(leveraged buyouts) 등도 존재한다. 이들에 대해 논의하기에 앞서 사모주식 펀드(private equity fund, PEF)에 대해 먼저 살펴보자. 사모주식 펀드는 투자

자들로부터 자금을 모집하여 비상장기업에 투자한다.

사모주식 펀드의 구조

대표적인 사모펀드인 사모주식 펀드(private equity fund, PEF)와 헤지펀드(hedge fund)는 여러 가지 차이를 가지고 있지만, 비슷한 점도 많다. 사모주식 펀드와 헤지펀드는 유한회사(limited partnerships)의 형태로 설립되고, 특정 소수의 투자자들로부터 비공개적으로 자금을 모집해서(그래서 '사모'라고 한다) 이들을 대신해서 투자하는 투자회사(investment company)이다.

물론, 투자자들은 사모주식 펀드에 관리보수(management fee)를 지급해야 하고, 대부분의 경우 성과보수(performance fee)도 지급해야 한다. 헤지펀드와 마찬가지로 사모주식 펀드도 전형적인 2/20 보수구조를 가지고 있다(순자산액에 대한 2% 연간 관리보수와 이익에 대한 20% 성과보수).

헤지펀드와 마찬가지로 사모주식 펀드에도 펀드매니저가 과도한 보수를 가져가지 못하도록 하는 제약 조항이 있다. 구체적으로 과거의 펀드 순자산액의 최고치 이상으로 순자산액이 증가한 경우에만 성과보수를 지급하는 최고수위조항(high-water-mark provision)과 성과가 나쁠 경우에는 기지급된 성과보수를 환수하는 환수조항(clawback provision) 등이 있다.

환수조항이 어떻게 작동되는지 보자. 어떤 사모주식 펀드가 1,000억 원의 자금을 모집해서 2년 동안 운영한다고 하자. 첫해에 250억 원의 이익을 올렸다고 하자. 펀드매니저는 250억 원의 20%인 50억 원을 성과보수로 받는다. 그런데, 두 번째 해에는 125억 원 손실을 입었다고 하자. 전형적인 환수조항에 의하면 펀드매니저는 2년 통산 이익인 125억 원의 20%인 25억 원을 성과보수로 받아야 하기 때문에 첫해에 받은 50억 원 중 25억 원을 환수당한다. 또는 성과보수를 펀드가 청산된 후 받기로 계약하였다면, 앞에서 본 환수절차 없이 매니저는 통산 이익의 20%인 25억 원을 성과보수로 받게 된다. 이 경우, 성과보수를 이연보수(carried interest)라고 부르기도 한다.

사모주식 펀드에 지급되는 높은 보수는 펀드 투자자의 순수익률을 현저하게 낮춘다. 그래서, 높은 보수를 지급하면서까지 사모주식 펀드에 투자하는 것이 좋은 것인지에 대해서는 많은 논란이 있다. 현재까지는 사모주식 펀드로부터 얻을 수 있는 순수익률은 소형주에 투자하는 수익률과 비슷한 정도로 인식되고 있다. 과연 이런 종류의 투자를 투자 포트폴리오에 추가하는 것이 도움이 될까? 그 답은 사모주식 펀드가 투자자에게 현저한 분산투자 효과를 주는가에 달려있을 것이다.

사모주식 펀드가 분산투자 효과를 제공한다고 할지라도 사모주식 펀드가 일반 투자자에게는 적절한 대안이 아닐 수 있다. 첫째, 사모주식 펀드에 투자하는 투자자는 적격투자자이어야 한다. 즉, 일정 수준 이상의 부를 가지고 있는 개인이거나 기관투자자이어야 한다. 둘째, 사모주식 펀드는 헤지펀드보다도 유동성이 현저히 낮다. 사모주식 펀드는 투자자로부터 자금을 모집하면서 시작된다. 자금이 모집되면, 펀드매니저는 비상장기업에 투자한다. 비상장기업에 상당한 지분을 인수한 후, 해당 기업의 경영상태를 개선시키고, 대개의 경우에는 기업공개(initial public offering, IPO)와 상장을 통해 투자자금을 회수한다. 이 과정은 많은 시간이 걸린다. 그래서, 전형적인 사모주식 펀드의 사업기간은 7~10년이며, 이는 자금이 장기간 묶인다는 것을 의미한다.

사모주식 펀드의 종류

벤처캐피탈 신생기업, 고위험 모험기업에 투자되는 자금 또는 이 자금을 운용하는 회사를 일컫는다. 예를 들어, eBay는 상장 전까지는 벤처캐피탈의 자금으로 사업을 영위하였다. 개인 벤처캐피탈리스트는 자신의 돈을 투자하고, 벤처캐피탈 회사는 여러 곳에서 자금을 받아 신생기업, 모험기업에 투자한다.

벤처캐피탈리스트나 벤처캐피탈 회사는 자신들이 투자한 회사 중 대부분이 실패하지만, 아주 희박하게 성공하기도 한다는 사실을 잘 알고 있다. 이 경우, 이익은 막대하다. 위험을 줄이기 위해 벤처캐피탈리스트는 단계별로 다음 단계에 갈 수 있는 자금만을 제공한다. 예를 들어, 첫 번째 단계(또는 첫 번째 라운드)에서는 시제품을 만들고 생산계획을 세울 수 있을 정도의 자금만을 제공한다. 그 결과가 성공적이면, 두 번째 단계에서 생산, 마케팅, 유통을 수행할 수 있는 자금을 제공한다. 벤처캐피탈 투자단계는 여러 단계로 되어 있으며, 각 단계는 기업의 성장과정의 주요 단계라 할 수 있다.

벤처캐피탈 회사는 여러 단계 중 특정 단계에 특화되어 있는 경우가 많다. 어떤 곳은 매우 초기의 종잣돈 금융(seed money financing) 또는 1층 금융(ground floor financing)에 특화되어 있다. 어떤 곳은 중간층 금융(mezzanine-level financing)이라고 불리는 이후 단계에 특화되어 있다. 중간층 금융의 형태는 자본일 수도 있고, 부채일 수도 있다. 어느 형태이든 하방 위험에는 제약을 가하고 상방 이익은 그대로 두는 구조화가 이루어진다. 예를 들어, 보통주로 전환할 수 있는 우선주나 콜옵션이 붙어 있는 채권 등이 있다.

각 단계마다 목표를 달성해야 다음 단계를 위한 자금을 조달할 수 있다는 사실은 창업자에게 강한 동기부여가 된다. 창업자는 충분한 보수를 받지 못하고, 자신의 개인 재산 상당 부분을 사업에 투입한다. 자금 조달의 각 단계마다 창업자의 지분가치는 올라가고, 성공확률도 올라간다. 목표를 달성하지 못하면, 벤처캐피탈리스트는 추가적인 자금 제공을 하지 않고, 추가 손실을 막는다.

벤처캐피탈리스트는 자금 제공을 할 뿐만 아니라 경영에도 적극적으로 참여한다. 이전 벤처투자의 경험이나 일반적인 경영 경험을 기초로 하여 조언을 제공한다. 이는 창업자가 기업을 경영해본 경험이 없거나 적을 때 특히 유용하다.

신생기업이 성공하여 다른 기업에 매각되거나 상장하게 되면 엄청난 수익이 창출된다. 두 회수과정 모두에 투자은행(investment bank)이 관여한다.

중소 · 중견기업 금융 벤처캐피탈이라는 용어를 들으면, 신생기업, 모험기업에 대한 투자를 떠올릴 것이다. 그러나, 비상장기업 투자의 대상 기업은 신생기업, 모험기업 이외에도 많다. 많은 소규모, 지역 사모주식 펀드들은 오히려 중소 · 중견기업에 집중하고 있다. 중소 · 중견기업은 신생기업과 달리 오랜 역사를 가진 기업이다. 전형적으로 소규모이고, 가족이 소유하고 경영하는 경우가 많다.

왜, 중소 · 중견기업이 사모주식 펀드의 자금을 필요로 할까? 많은 경우, 사업을 확장하고자 하기 때문이다. 흔치는 않지만, 창업자가 은퇴를 하고자 할 때도 사모주식 펀드의 투자가 필요할 수 있다. 사업을 인수하려는 구매자가 존재하는 경우에는 구매자에게 직접 매각하면 되겠지만, 구매자를 찾는 것이 어렵다면, 사모주식 펀드가 일단 지분을 인수하고, 사모주식 펀드가 최종 구매자를 찾는 것이다.

기업담보 차입매수 기업공개(going public)라는 용어에 이미 익숙한 사람들도 있을 것이다. 기업공개는 최초공모(비상장기업의 소유자가 자신의 지분을 일반 대중에게 매각하거나 신주를 발행해서 일반 대중에게 매각)를 통해 지분분산요건을 충족한 후 주식거래소에서 상장하는 일련의 과정을 말한다. 그런데, 반대의 과정이 일어난다면? 누군가가 일반 대중이 가지고 있는 지분을 구매해서 다수 지분을 차지한 후 상장폐지를 시킨다면? 이러한 과정을 기업 비공개(going private)라고 한다. 대부분의 상장기업은 시가총액(market capitalization)이 크기 때문에 기업 비공개를 하기 위해 일반 대중의 지분을 구매하려면 막대한 자금이 필요하다. 그래서 대부분의 경우 기업 비공개를 하려고 하는 경영자나 투자자는 인수할 지분을 담보로 자금을 차입해서 그 돈으로 대상 기업을 인수하고, 기업 비공개를 실행한다. 이와 같이 차입한 돈으로 다수 지분을 인수하는 것을 기업담보 차입매수(leveraged buyout, LBO)이라고 한다. 막대한 자금을 차입해야 하기 때문에 기업담보 차입매수 활동은 신용시장의 상황에 크게 좌우된다.

기업담보 차입매수의 규모는 얼마나 클까? 기업담보 차입매수가 한창이던 때 Cerberus라는 기업은 크라이슬러를 250억 달러에 인수하였으며, Apollo and TPG 펀드는 Harrah's Entertainment라는 회사를 310억 달러에 인수하였다. 골드만삭스에 의해 주도된 한 그룹은 TXU라는 에너지기업을 450억 달러에 인수하였다.

벤처캐피탈, 중소·중견기업 금융, 기업담보 차입매수, 그 유형이 무엇이든 그 과정과 사용되는 증권은 앞에서 이야기한 바와 다를 것은 없다. 다만, 그 유형에 따라 투자의 대상이 되는 기업이 달라질 뿐이다.

공모

사모주식 펀드의 목표는 비상장기업에 투자하여 성과를 개선시키고, 이익을 내면서 투자자금을 회수하는 것이다. 다른 투자자에게 지분 매각을 함으로써 투자자금을 회수할 수도 있지만, 일반 대중에게 지분 매각을 하는 것을 더 선호한다.

자신의 지분을 구매해줄 사모주식 펀드가 없는 비상장기업은 어떻게 하는가? 이 경우에는 기업이 증자를 하고, 증자된 지분을 직접 일반 대중에게 매각함으로써 상장을 위한 지분분산요건을 충족시킬 수도 있다. 어느 경우이든 해당 기업의 주식은 주식거래소에 상장된다.

우리가 주식시장을 이야기할 때는 흔히 일반 대중이 주식을 거래하는 시장을 이야기한다. 주식시장에는 1차 시장(primary market)과 2차 시장(secondary market)이 있다. 1차 시장 또는 발행시장은 신규 발행된 주식이 일반 대중에게 매각되는 시장이다. 2차 시장 또는 유통시장은 이미 발행된 주식이 투자자들 사이에서 거래되는 시장이다.

1차 시장
또는 발행시장은 신규 발행된 주식이 일반 대중에게 매각되는 시장

2차 시장
또는 유통시장은 이미 발행된 주식이 투자자들 사이에서 거래되는 시장

1차 시장에서 기업은 자금을 조달하기 위해 증권을 신규로 발행한다. 2차 시장에서 투자자들은 기발행된 증권을 끊임없이 매매하여, 기업가치를 지속적으로 평가한다. 이제부터는 주식의 1차 시장과 2차 시장이 어떻게 작동하는지 살펴보자.

주식 발행시장

최초공모
기업이 최초로 일반 대중에게 주식을 매각하는 것

여기에서는 신규 발행된 주식이 일반 대중에게 매각되는 과정 즉, 최초공모(initial public offering, IPO)에 대해 이야기한다. 최초공모를 하는 기업은 전형적으로 소규모, 성장기업이며 성장을 위한 자본 조달을 원한다.

최초공모는 때때로 unseasoned equity offering(양념되지 않은 주식 공모)라고 불리기도 하는데, 최초공모 전 주식은 일반 대중이 소유할 수 없는 날 것이라는 의미

에서이다. 상장기업이 증자를 위해 추가적인 공모를 하기도 하는데, 이를 유상증자(seasoned equity offering, SEO)라 한다. 유상증자는 때때로 2차 공모(secondary offering) 또는 추가공모(followon offering)라 하기도 한다. 유상증자는 일반공모(general cash offering) 또는 주주배정(rights offering) 형태로 진행된다. 일반공모는 일반 대중에게 매각되는 것이며, 주주배정은 기존 주주에게 매각되는 것이다. 주주배정은 미국에서는 흔하지 않지만, 다른 나라에서는 종종 일어난다.

유상증자
상장기업이 증자를 위해 공모하는 것. 최초공모를 통해 이미 일반 대중이 주식을 소유하고 있다는 의미에서 seasoned(양념이 된)이라는 표현을 사용.

일반공모
유상증자 주식이 일반 대중에게 매각되는 것

주주배정
유상증자 주식이 기존 주주에게 매각되는 것

최초공모는 당연히 일반공모로 이루어진다. 최초공모가 어떻게 진행되는지를 알기 위해서 당신이 수년 전에 시작한 소프트웨어 기업을 생각해보자. 당신의 회사는 개인기업으로 주당 $1에 10만 주를 발행했다고 하자. 개인기업인 이유는 아직 일반 대중에게 주식을 매각하지 않았기 때문이다. 당신이 5만 주를 사고, 친구와 친지들에게 5만 주를 팔았다고 하자. 이 경우 친구와 친지들이 벤처캐피탈리스트의 역할을 하는 셈이 된다.

운좋게도 당신의 회사가 기대보다 빨리 성장한다. 그러나, 이제는 회사의 성장이 자본 부족으로 한계에 도달하게 된다. 그래서 주주총회에서 회사를 공개하기로 결정한다. 어떻게 해야 할지 몰라서 회계사에게 조언을 구했더니, 회계사는 한 투자은행(investment bank)에 가보라고 조언한다. 이 투자은행은 발행한 주식을 구매할 투자자를 찾아주는데 특화되어 있다고 한다.

투자은행
기업의 자금조달에 특화되어 있는 증권회사

회사의 재무상태, 미래성장계획에 대한 검토를 포함한 장기간의 협상 끝에 당신의 투자은행은 신주 400만 주를 발행하라고 조언한다. 200만 주는 기존 주주의 구주와 교환된다. 기업에 대한 지배권을 기존 주주가 가지기 위해서이다.

오랜 줄다리기 끝에 당신의 투자은행은 나머지 200만 주를 주당 $10에 인수(underwrite)하기로 합의한다. 이 거래로 회사 지분의 1/2을 2,000만 달러에 매각한 셈이다. 이 매각으로부터의 확보한 자금은 본사 빌딩을 건설하고 프로그래머와 영업직원을 2배로 늘리는 데 사용된다.

인수
투자은행이 일반투자자들에게 재매각하기 위해 신규 발행된 증권을 기업으로부터 구매하는 행위

당신의 투자은행은 200만 주를 계속 보유하는 것이 아니라 발행시장에서 재매각한다. 투자은행은 최초공모에서 주당 $11에 재매각할 수 있다고 생각한다. 당신이 매각한 주당 $10와 투자은행이 재매각하는 주당 $11의 차이를 인수 스프레드(underwriter spread) 또는 인수할인(underwriter discount)이라고 한다. 이것이 인수회사가 얻는 보상이다. 인수 스프레드는 인수규모에 따라 달라지지만, 통상적으로 7~10%이다. 경우에 따라서는 인수회사가 인수 스프레드 이외에 신주인수권이나 무상 주식을 추가로 요구하기도 한다.

인수 스프레드
인수회사가 재매각하는 가격과 구매하는 가격의 차이로 인수회사의 인수행위에 대한 보상

경우에 따라서는 인수위험을 분산하고, 재매각을 용이하게 하기 위해서 여러 투자은행이 공동인수단(underwriting syndicate)을 구성하기도 한다. 공동인수단에서

공동인수단
거액의 인수물량으로부터 발생하는 인수위험을 분산하고, 재매각을 용이하게 하기 위해 여러 인수회사가 참여하는 그룹

는 한 개 회사 또는 더 많은 회사가 인수를 주관한다. 주관하는 회사는 주관인수회사(lead manager 또는 principal manager)라고 부른다. 주관인수회사는 증권의 가격결정에 책임을 진다. 나머지 인수회사들은 발행된 증권을 할당받아 판매한다.

인수의 일반적인 형태는 총액인수(firm commitment underwriting)와 잔액인수(best efforts underwriting)이다. 그리고 일반적이지는 않지만, 네덜란드식 경매인수(dutch auction underwriting)가 이루어지기도 한다.

총액인수
발행회사가 인수회사에게 발행 주식의 전량을 매각하고, 인수회사는 인수 주식을 일반 대중에게 재매각하는 방식

총액인수 총액인수(firm commitment underwriting)에서는 발행회사가 인수회사에게 발행 주식의 전량을 매각하고, 인수회사는 인수 주식을 일반 대중에게 재매각한다. 이 방식이 미국에서 가장 흔한 인수방식이다. 인수회사는 단순히 구매해서 재매각하며, 구매가격과 재매각가격의 차이인 인수 스프레드가 인수회사의 보상이다. 유상증자를 할 때에는 인수회사가 시장가격을 보고 인수가격을 결정하며, 95%의 유상증자가 총액인수로 이루어진다.

인수회사가 기대했던 가격으로 전량을 재매각할 수 없다면, 인수회사는 잔량을 더 낮은 가격에 재매각해야 한다. 그럼에도 불구하고, 총액인수에서 발행회사는 사전에 약속된 금액을 받을 수 있으며, 발행 주식의 판매에서 발생하는 모든 위험을 인수회사에게 전가시킬 수 있다.

인수회사는 관행적으로 시장이 얼마나 소화할 수 있을지 조사한 후 재매각가격을 결정하기 때문에 인수위험이 생각보다 크지는 않다. 인수회사가 전량을 재매각한 후 인수가격을 결정하는 경우도 있는데 이때에는 발행회사가 사전적으로 조달자금 규모를 알지 못한다.

잔액인수
인수회사가 가능한 많은 물량을 매각하는데 노력하지만 매각되지 않은 잔량에 대해서 법적, 금전적 책임을 지지 않는 방식

잔액인수 잔액인수(best efforts underwriting)는 인수회사가 사전에 약속한 매각 가격으로 증권을 매각하는 것에 최선의 노력(best efforts)을 기울인다는 법적, 금전적 책임만을 지는 방식이다. 따라서, 발행회사는 자금 조달 규모에 대해 보장받지 못한다. 이런 방식의 인수는 최근 미국에서는 흔하지 않지만, 미국 이외의 국가에서는 흔히 일어난다.

네덜란드식 경매
경매에 의해 매각 가격이 결정되는 방식. 단일가 경매(uniform price auction)라고 불리기도 한다.

네덜란드식 경매 네덜란드식 경매(dutch auction)에서 인수회사는 매각가격을 정하지 않는다. 대신 인수회사는 매각할 주식에 대해 경매를 실시한다. 매각가격은 주문에 의해 결정된다. 네덜란드식 경매는 단일가 경매(uniform price auction)라고 불리기도 한다. 최초공모에서는 잘 사용되지 않지만, 채권시장에서는 널리 통용되는 방식이다. 예를 들어, 미국 국채 발행량의 대부분은 네덜란드식 경매에 의해 소화된다.

네덜란드식 경매는 2004년 구글이 이 방식을 선택하면서 언론에 화제가 되었다. 네덜란드식 경매를 다음 예를 통해 알아보자. Roserita사는 400주를 일반 대중에게 매각하기를 원한다. 일반 대중의 주문은 다음과 같다.

매수 주문	주문량	가격
A	100주	$16
B	100주	14
C	200주	12
D	100주	12
E	200주	10

A는 100주를 $16, B는 100주를 $14에 구매하기를 원하며, 나머지 구매희망자도 마찬가지이다. Roserita사는 400주를 전량 매각하면서도 가장 높이 받을 수 있는 가격으로 결정하려고 한다. $14에서는 A와 B가 합쳐서 200주만을 살 수 있기 때문에 가격이 너무 높다. 따라서 매각가격을 낮추어야 한다. 이러한 과정을 되풀이하면 400주 전량은 $12에 매각할 수 있으며, 이 $12가 최초공모의 매각가격이 된다. 구매희망자 중 A, B, C, D는 구매를 할 수 있으며, E는 구매를 하지 못하게 된다.

우리의 예에서 두 가지 사실을 관찰할 수 있다. 첫째, A와 B는 $12보다 높은 구매희망가로 주문을 했음에도 불구하고, $12를 지불한다. 단일가경매는 모든 낙찰자가 동일한 가격을 지불한다는 의미에서 붙여진 이름이다. 이와 같이 함으로써 구매희망자는 보다 공격적으로 주문을 하게 된다.

둘째, $12 이상의 주문량은 총 500주로 Roserita사가 매각하려고 하는 400주를 상회하기 때문에 할당이 필요하다. 할당하는 방법은 여러 가지가 있지만, 최초공모 시장에서는 주로 매각량과 총주문량의 비율만큼 할당하는 방법이 사용된다. 우리의 예에서의 비율은 400/500=0.8이고, 모든 구매희망자는 자신의 주문량의 0.8만큼을 할당받게 된다. 낙찰가격보다 높은 가격으로 주문한 A, B도 자신의 주문량의 0.8 만큼만을 할당받기 때문에 모든 구매희망자들은 이를 고려하여 주문량을 높이려고 하고, 그 결과 단일가 경매의 낙찰가격은 올라갈 가능성이 생긴다.

최초공모에서는 흔히 인수계약의 일부분으로 기존 주요 주주에게 약간의 제약이 가해진다. 가장 중요한 것은 기존 주요 주주는 최초공모 후 6개월간은 자신의 지분을 매각하지 못한다는 것이다. 이 기간은 보호예수기간(lockup period)이라 불린다. 보호예수는 주요 주주의 부가 회사의 성공에 직결되어 인수회사가 신뢰를

그림 5.1

최초공모 공고

This announcement is neither an offer to sell nor a solicitation of an offer to buy any of these securities.
The offering is made only by the Prospectus.

New Issue

11,500,000 Shares

World Wrestling Federation Entertainment, Inc.

Class A Common Stock

Price $17.00 Per Share

Copies of the Prospectus may be obtained in any State in which this announcement is circulated from only such of the Underwriters, including the undersigned, as may lawfully offer these securities in such State.

U.S. Offering

9,200,000 Shares

This portion of the underwriting is being offered in the United States and Canada.

Bear, Stearns & Co. Inc.

Credit Suisse First Boston

Merrill Lynch & Co.

Wit Capital Corporation

Allen & Company Incorporated | Banc of America Securities LLC | Deutsche Banc Alex. Brown

Donaldson, Lufkin & Jenrette | A.G. Edwards & Sons, Inc. | Hambrecht & Quist | ING Barings

Prudential Securities | SG Cowen | Wassertein Perella Securities, Inc. | Advest, Inc.

Axiom Capital Management, Inc. | Blackford Securities Corp. | J.C. Bradford & Co.

Joseph Charles & Assoc., Inc. | Chatsworth Securities LLC | Gabelli & Company, Inc.

Gaines, Berland Inc. | Jefferies & Company, Inc. | Josephthal & Co. Inc. | Neuberger Berman, LLC

Raymond James & Associates, Inc. | Sanders Morris Mundy

Tucker Anthony Cleary Gull | Wachovia Securities, Inc.

International Offering

2,300,000 Shares

This portion of the underwriting is being offered outside of the United States and Canada.

Bear, Stearns International Limited

Credit Suisse First Boston

Merrill Lynch International

가지고 인수할 수 있게 해 준다. 궁극적으로 주요 주주가 기업을 성장시키기 위해 최선을 다하고, 그 결과 자신들의 이익을 극대화해 줄 것이라는 믿음을 일반 투자자가 가지게 해 준다.

인수계약이 체결되면, 창업자는 많은 시간을 최초공모 작업에 쏟아야 한다. 특히, 주식 발행은 증권거래위원회(Securities and Exchange Commission, SEC)에 등록해야 하며, 승인받아야 한다. 증권거래위원회에는 미국 증권시장을 관장하는 연방규제기관이다.

증권거래위원회
미국 증권법과 증권 규제를 책임지고 있는 연방규제기구

최초공모에 관한 증권거래위원회의 규제는 특별히 엄격하다. 증권거래위원회의 승인을 얻기 위해서 외부 감사인과 외부 변호사의 도움을 받아 투자설명서(prospectus)를 준비해야 한다. 투자설명서에는 회사의 재무상태, 운영상태, 미래 투자계획에 대한 자세한 사항이 포함된다. 투자설명서가 준비되면, 이를 증권거래위원회에 제출한다. 증권거래위원회는 회사의 우량 정도, 주식의 가치에 대해서는 판단을 하지 않는다. 완전 공시(full disclosure)와 기타 이슈에 대한 규정을 제대로 준수하였는지 검토한다.

투자설명서
증권 공모를 위해 작성된 문서로 기업의 재무상태, 영업, 투자계획의 자세한 정보가 수록

증권거래위원회의 승인을 기다리는 동안 투자은행은 주식 발행에 대한 투자자의 관심을 끌어내기 위해 예비 투자설명서(preliminary prospectus)를 배포한다. 이 서류는 표지에 최종 승인을 아직 받지 않았다는 빨간 도장이 찍혀 있다는 의미에서 red herring(붉은 청어라는 의미)이라고 불리기도 한다. 예비 투자설명서는 최종공모가격과 몇 가지 정보가 없을 뿐 최종 투자설명서와 큰 차이가 없다. 이것들은 증권거래위원회의 승인을 받는 동안 시장 상황이 바뀔 수 있기 때문에 정해지지 않은 것이다. 증권거래위원회 승인을 받자마자, 투자설명서는 완성되며, 인수회사는 주식을 투자자에게 매각하기 시작한다.

예비 투자설명서
증권거래위원회 승인을 받기 전의 투자설명서 초판. 표지에 최종 승인을 아직 받지 않았다는 빨간 도장이 찍혀 있다는 의미에서 red herring(붉은 청어라는 의미)이라고 불리기도 한다.

주식공모를 공식화하기 위해서 인수회사는 언론 매체에 공모 사실을 공고한다. 형태가 묘비석과 비슷하다고 해서 이 공고를 '묘비석(tombstone)'이라고 부르기도 한다. 〈월스트리트 저널〉에 나온 한 공모 공고가 그림 5.1에 나와 있다.

그림 5.1에서 볼 수 있는 바와 같이 공모 공고에는 회사의 이름, 발행 주식에 관한 정보, 그리고 인수회사가 나와 있다. 규모가 아주 작은 발행을 제외한 대부분의 공모는 여러 인수회사가 개입되며, 공모 하단에 참여 회사들의 이름이 나열되어 있다. 처음으로 나열되는 회사가 주관인수회사로 인수 과정을 관리할 책임을 가진다.

최초공모의 규모는 차이가 크다. 예로 든 소프트웨어 회사의 200만 주 발행은 상대적으로 작은 규모이다. 미국의 대형 최초공모 중 하나는 2012년 5월에 이루어진 페이스북 공모이다. 신주가 주당 $38에 발행되었으며, 160억 달러를 조달하면서 기업의 시장가치는 1,000억 달러를 상회하였다.

주식 유통시장

주식 유통시장은 투자자들간에 주식을 사고파는 시장이다. 신차 전시장에서 딜러로부터 차를 사는 시장이 발행시장이라면, 중고차 시장이 유통시장이다.

유통시장은 3개의 경로를 가지고 있다. 투자자는

1. 다른 투자자와 직접 거래
2. 브로커를 통한 간접 거래
3. 증권 재고를 가지고 있는 딜러와 직접 거래

를 할 수 있다. 2장에서 이야기한 바와 같이 개인 투자자들은 대부분의 경우 브로커를 통해 주식 거래를 한다. 그러나, 연기금, 펀드와 같은 대형 기관투자자들은 브로커뿐만 아니라 딜러를 통해 거래할 수도 있다. 또는 다른 기관투자자들과 직거래를 하기도 한다.

딜러와 브로커

대부분의 증권 거래에 딜러와 브로커가 개입하기 때문에 이 용어의 의미를 정확히 이해하는 것은 중요하다. 딜러(dealer)는 언제든지 사고팔 수 있도록 재고를 가지고 있다. 반면, 브로커(broker)는 매수자와 매도자에게 매매를 주선할 뿐 재고를 가지고 있지 않다. 중고차 딜러는 중고차 재고를 가지고 사고팔지만, 부동산 브로커는 부동산 재고를 가지고 있지 않고 다만 매수자와 매도자를 주선할 뿐이다.

딜러
재고를 가지고 고객들의 매수주문과 매도주문에 대해 거래상대방이 되어주는 거래자

브로커
매수자와 매도자 사이의 거래를 주선해주는 중개자

증권시장에서 딜러는 매수를 원하는 투자자에게는 언제든지 증권의 매도로 응하고, 매도를 원하는 투자자에게는 언제든지 증권의 매수로 응한다. 이 과정에서 매수주문과 매도주문의 불균형이 일어날 수 있기 때문에 딜러는 재고를 가지고 있어야 한다. 딜러가 기꺼이 사려고 하는 가격을 매수호가(bid quote)라고 한다. 딜러가 기꺼이 팔려고 하는 가격을 매도호가(ask quote 또는 offer quote)라고 한다. 매도호가와 매수호가의 차이를 스프레드(spread)라고 부른다.

매수호가
딜러가 매수하고자 하는 가격

매도호가
딜러가 매도하고자 하는 가격

스프레드
딜러의 매도호가와 매수호가의 차이

딜러는 평균 매입가격보다 높게 주식을 매도함으로써 이익을 얻고자 한다. 이것은 모든 투자자의 목표이지만, 딜러는 매입한 주식을 가능한 빨리 매각하고, 재고는 가능한 작게 유지하려 한다는 차이를 가지고 있다. 본질적으로 매도호가와 매수호가의 차이만큼만을 취하는 거래를 한다.

주식시장뿐만 아니라 거의 모든 시장에는 딜러가 존재한다. 예를 들어, 대학 구내서점은 교과서 1차 시장과 2차 시장에서 딜러이다. 새 책을 구매한다면 그것은

1차 시장 거래이다. 헌책을 구매한다면, 그것은 2차 시장 거래이고, 구내서점의 매도호가를 지불해야 한다. 헌책을 다시 판매한다면, 구내서점의 매수호가를 받을 수 있는데, 흔히 처음 구매한 가격의 반값이다. 구내서점은 매도호가와 매수호가의 차이 즉, 처음 구매한 가격의 반값만큼을 이익으로 취한다.

이와 대비되게, 증권 브로커는 구매하려는 투자자에게 매각하려는 투자자를 주선한다. 브로커는 투자자에게 다른 투자자, 또는 딜러를 주선하고, 때로는 딜러에게 딜러를 주선하기도 한다. 브로커의 주요한 특징은 자신의 계좌로 주식을 매입하거나 매도하지 않는다는 것이다. 다른 사람들의 거래를 주선하는 것이 그들의 사업이다.

대부분의 일반적인 주식거래는 조직화된 거래소나 거래네트워크를 통해 이루어진다. 거래소이든, 거래네트워크이든 그 목표는 매수 희망자와 매도 희망자를 대응시키는 것이다. 미국에서 가장 크고, 활발한 조직화된 거래소는 뉴욕증권거래소이다. 이외에 CHX(Chicago Stock Exchange), BSE(Boston Stock Exchange), NSX(National Stock Exchange), PHLX(Philadelphia Stock Exchange) 등이 있다. 조직화된 거래소의 주요 경쟁자는 거래네트워크인 나스닥이다. 일단 뉴욕증권거래소가 어떻게 작동하는지 알아보고, 다음으로 나스닥을 살펴보자.

확인 사항

5.1a 최초공모는 발행시장 거래인가, 유통시장 거래인가?

5.1b 매수호가와 매도호가 중 어느 것이 더 높은가? 이유는?

5.1c 증권 브로커와 증권 딜러의 차이는?

5.2 뉴욕증권거래소

'Big Board'로도 불리는 뉴욕증권거래소(New York Stock Exchange, NYSE)는 1992년에 설립 200주년이 되었다. 20세기에 들어서면서 월 스트리트의 현재 건물에 위치하게 되었다. 200년 이상 동안 뉴욕증권거래소는 비영리기업으로 운영되었지만, 2006년 3월 8일, 공모 상장(종목 코드): NYX)되면서 영리기업이 되었다. 2007년 4월 4일에는 뉴욕증권거래소와 Euronext가 NYSE Euronext로 합병되면서 세계 최대 거래소가 되었다. 2013년, NYSE Euronext는 ICE(Intercontinental Exchange)에 인수되었다. 인수 당시 ICE는 파생상품 거래를 위한 전자 거래플랫폼을 제공함으로써 부상한 설립된 지 12년밖에 안 된 신생 거래소이었다.

뉴욕증권거래소에 대한 앞으로의 논의는 이 책이 쓰여진 현재 시점의 거래소의 구조를 반영한다. 이 구조가 앞으로 어떻게 진화될지는 글로벌 금융시장에서 진행되고 있는 여러 가지 변화에 달려있다. ICE에 인수되기 전, 유럽연합(European Union, EU)은 NYSE Euronext와 Deutsche Boerse(DB, 독일거래소)의 합병안을 거부하였다. 만약 이 합병이 승인되었더라면, 이 책에서의 논의는 많이 달라졌을 것이다.

뉴욕증권거래소 회원권 역사

NYSE 거래소 회원
2006년 이전까지 뉴욕증권거래소 거래소 회원은 거래소의 소유주이었다.

과거 뉴욕증권거래소는 1,366명의 거래소 회원(exchange member)을 가지고 있었다. 2006년 이전까지는 거래소 회원은 회원권('member seat'이라고 표현)을 보유함으로써 될 수 있었으며, 플로어(floor)에서 거래할 수 있는 권리와 뉴욕증권거래소의 소유권을 동시에 가지고 있었다. 회원권은 매매가 되었으며, 그 가격은 2005년 12월에는 400만 달러에 달하기도 했다.

뉴욕증권거래소 거래허가권 보유자
거래허가권 보유자는 플로어(floor)에서 증권을 매매할 수 있다.

이러한 상황은 2006년 뉴욕증권거래소가 공모되어 뉴욕증권거래소에 상장되면서 모든 것이 바뀌었다. 거래소 회원이 가지고 있던 소유권과 거래권이 분리되어 플로어(floor)에서 거래하기 위해서는 거래허가권(trading license)을 연간 단위로 구매해야 하게 되었다, 2015년 거래허가권 가격은 연간 5만 달러이었다. 거래허가권 보유자(trading license holder)는 플로어(floor)에서 증권을 매매할 수 있다. 여러 종류의 거래허가권이 존재하며, 그 종류에 따라 다른 역할을 하고 있다.

뉴욕증권거래소가 공모 상장되기 전에는 뉴욕증권거래소 회원들이 거래소를 소유하고 있었다. 그러나 지금은 ICE의 주주들이 뉴욕증권거래소를 소유하고 있다. 2015년 11월 현재, ICE는 약 1.1억 주의 뉴욕증권거래소 주식을 가지고 있다.

지정 시장조성자(DMM)

스페셜리스트
뉴욕증권거래소 플로어(floor)에서 활동했던 독점 딜러. 시장조성자(market maker)라고 불리기도 한다.

주문장
스페셜리스트에 제출된 모든 주문을 나열한 기록. 스페셜리스트가 보는 주문장에는 스페셜리스트의 재고도 나와있다.

뉴욕증권거래소 역사상 대부분의 기간에 상장 주식들은 스페셜리스트들에게 할당되었다. 스페셜리스트(specialist)는 할당된 주식에 대해서는 독점 딜러로 활동하였다. 할당된 주식에 대해 매수호가와 매도호가를 고시하고, 시장을 공정하고 질서있게 유지할 의무를 가졌다. 플로어(floor)의 매수주문과 매도주문 간의 일시적인 불균형이 있을 때에는 매수호가에 매수하고, 매도호가에 매도함으로써 시장을 조성하였다. 스페셜리스트는 자신의 계정으로 딜러의 역할을 수행하였다. 스페셜리스트는 주문장(order book)에 들어오는 주문을 독점적으로 먼저 볼 수 있었다. 주문장을 먼저 볼 수 있었기 때문에 주문불균형을 해소시키고, 호가를 고시하는 데 있어서 정보 우위를 가지고 있었다. 고객들이 더 싸게 매입하고, 더 비싸게 매도할 수 있도록 호가를 조정할 수도 있었다.

다른 거래소, 다른 거래 네트워크와의 경쟁으로 인하여 뉴욕증권거래소의 시장점유율은 지속적으로 하락하였다. 이러한 경쟁에 대응하여 뉴욕증권거래소는 2009년에 스페셜리스트를 지정 시장조성자(designated market maker, DMM)와 보조 유동성 공급자(supplemental liquidity provider, SLP)로 대체하였다. 과거 스페셜리스트는 지금은 지정 시장조성자가 되었다. 지정 시장조성자는 과거에 스페셜리스트처럼 할당된 주식에 대해 시장을 공정하고 질서있게 유지할 의무를 가진다. 그러나, 둘의 역할에는 약간의 차이가 있다. 지정 시장조성자는 스페셜리스트가 가졌던 거래의 제약이 없다. 예를 들어, 스페셜리스트는 거래에서 후순위에 있었지만, 지정 시장조성자는 다른 거래소 회원과 경쟁할 수 있다. 스페셜리스트는 플로어 브로커(floor broker)의 주문(또는 SuperDOT 대량주문)이 같은 가격일 때에는 거래에서 후순위에 있었다. 그러나, 지정 시장조성자는 다른 거래자들과 동일한 거래 순서를 가지고 있다. 대신, 스페셜리스트와 달리 지정 시장조성자는 주문장을 미리 볼 수 없다.

지정 시장조성자
기존 스페셜리스트의 역할을 대체하는 뉴욕증권거래소의 새로운 유형의 시장조성자(market maker)

보조 유동성 공급자
완화된 호가 의무를 가지는 새로운 유형의 시장조성자(market maker). 지정 시장조성자을 보조하여 유동성을 공급한다.

여러 명의 딜러가 있는 경우, 지정 시장조성자는 할당된 주식에 대해 시장을 조성할 독점권을 가지고 있지 않다. 보조 유동성 공급자라 불리는 새로 만들어진 유형의 시장조성자도 지정 시장조성자와 같이 동일한 주식을 거래할 수 있다. 보조 유동성 공급자는 거래소 안의 플로어(floor)가 아닌 거래소 바깥의 사무실에서만 거래할 수 있다. 반면, 지정 시장조성자는 거래소 안의 플로어(floor)에서 거래한다. 보조 유동성 공급자는 거래시간 중 적어도 5% 이상은 매수호가와 매도호가를 고시해야 한다. 그러나, 나머지 95%의 거래시간에 대해서는 매수호가와 매도호가를 고시할 의무가 없다.

시장에 유동성을 공급하는 대가로 거래소는 지정 시장조성자의 거래에 대해 인센티브를 지급한다. 인센티브는 거래의 유형에 따라 다르다. 보조 유동성 공급자는 호가 의무가 약하기 때문에 인센티브가 적다. 플로어 브로커(floor broker)는 호가 의무가 없지만, 거래소는 거래 활성화를 위해 약간의 인센티브를 지급한다.

다른 시장참가자

플로어 브로커(floor broker)는 위임받은 재량에 따라 고객 주문을 가장 유리한 가격에 체결시켜주는 역할을 한다. 플로어 브로커의 역할을 자동화한 것이 SDBK(Super Display Book) 시스템이다. SDBK는 전자거래시스템인 Arca를 기반하여 개발되

플로어 브로커
거래장에 전달된 고객 주문의 체결을 대행해주는 브로커

SDBK
SuperDot 시스템을 대체한 뉴욕증권거래소의 전자거래시스템

SuperDOT 시스템
지금은 사라진 뉴욕 증권거래소의 전자거래시스템

Arca
성장기업을 위한 전자동화된 전자거래소. 주식, 옵션, ETF(exchange-traded fund)가 상장되어 있다.

었으며, 과거 SuperDOT(DOT는 designated order turnaround의 약자) 시스템이 하던 기능을 대체하였다. NYSE Arca는 성장기업을 위한 자동화된 전자거래시스템이다. 여기에는 주식, 옵션, ETF(exchange-traded fund)가 상장되어 있다.

SDBK를 통한 거래는 매우 빠르다. 뉴욕증권거래소 고객들은 0.005초 안에 그들의 거래를 체결시킬 수 있다(2007년에는 0.35초). 얼마나 빠른지를 시속 300km의 스포츠카와 비교하자면, 스포츠카는 0.005초에 42cm를 갈 뿐이다.

NYSE Hybrid 시장

글로벌 금융시장의 기술 발전과 혁신에 발맞추어 뉴욕증권거래소는 자동화 거래 플랫폼을 구축해왔다. 2006년 하반기에는 Hybrid 플랫폼이라고 불리는 보다 빨라진 자동체결시스템을 출시하기도 했다. 그리고, 이러한 발전은 ICE에 인수되면서 더욱 빨라졌다.

Hybrid 플랫폼은 전통적인 경매시장과 자동체결시스템을 결합한 것이다. 지정시장조성자와 플로어 브로커는 자동체결 시스템과 상호 작용할 뿐만 아니라 사람과도 상호 작용을 한다. 이러한 설계는 투자자가 주문을 체결시키는 데 있어 여러 가지 대안을 선택할 수 있게 만들어준다.

Hybrid 플랫폼은 (1) 유동성이 낮은 주식, (2) 개장 시간과 폐장 시간, (3) 시장이 경색된 시간에 요구되는 의사결정면에서는 도움이 되기 때문에 발전되어 왔다. 그러나, 일반적인 시간대에서는 자동체결시스템이 더 나은 대안이다.

뉴욕증권거래소 상장주식

뉴욕증권거래소에서 거래되는 주식을 뉴욕증권거래소 상장주식이라고 한다. 2015년 말 현재, 뉴욕증권거래소에는 2,800여 개 기업이 상장되어 있으며, 세계 주식 거래의 30% 정도를 차지한다. 이 중에는 종목 코드(티커)만 봐도 쉽게 알 수 있는 대기업(예를 들어, IBM, MMM(3M))도 포함되어 있으며 쉽게 알 수 없는 회사들도 많이 있다. 예를 들어, AXP는 American Express의 약자이다.

뉴욕증권거래소에서 자신의 주식을 거래시키고 싶은 기업은 2만5천 달러의 신청비(application fee)를 지불해야 하고 상장 신청을 해야 한다. 이 금액은 미국의 평균적인 대학입학금보다 조금 높은 수준으로 신청이 승인되면, 최초 상장비를 지불해야 하는데. 2015년 기준 최초 상장비는 기본 5만 달러에 추가로 주당 $0.0032(100만 주당 3,200달러) 수준이었다.

최초 상장 후 추가로 상장을 하려면 추가 상장비를 지불해야 한다. 처음 7,500만

주에 대해서는 100만 주당 4,800달러, 그다음 2억 2,500만 주에 대해서는 100만 주당 3,750달러, 3억 주를 넘어가면 100만 주당 1,900달러를 지불해야 한다. 최초 상장비의 하한은 12만5천 달러이고 상한은 25만 달러이다.

최초 상장비에 더하여 뉴욕증권거래소는 연간 상장비를 요구한다. 2016년 보통주에 대한 연간상장비는 100만 주당 1,025달러(하한 5만 2,500달러)이다.

뉴욕증권거래소는 상장 신청을 하는 기업에 대해 최소상장요건을 요구한다. 요건은 세월이 지나면서 변하기는 했지만, 2016년의 최소상장 요건은 다음과 같다.

1. 주주가 2,200명 이상(최초공모는 100주 이상의 주주가 400명 이상)이고, 최근 6개월간 월 거래량이 10만 주 이상
2. 일반 투자자 보유주식 수가 110만 주 이상
3. 일반 투자자 보유주식의 시장가치가 1억 달러 이상(최초공모는 4,000만 달러 이상)
4. 세전 순이익 최근 3년간 합이 1,000만 달러 이상이고, 최근 2년간 매년 200만 달러 이상

실제로는 뉴욕증권거래소에 상장하는 대부분의 기업들은 최소상장요건을 훨씬 상회하고 있다. http://nysemanual.nyse.com에서 뉴욕증권거래소 상장에 대한 보다 자세한 내용을 알 수 있다.

확인 사항

5.2a 뉴욕증권거래소에는 어떤 종류의 거래허가권 보유자가 있는가?

5.2b 뉴욕증권거래소에는 어떤 종류의 시장조성자가 있는가? 이들의 역할은 무엇인가?

5.2c SDBK는 무엇인가?

5.3 뉴욕증권거래소의 작동

이제까지 뉴욕증권거래소의 구조와 주요 시장참가자에 대해 알아보았으며, 이제는 거래가 어떻게 일어나는지에 대해 알아보자. 뉴욕증권거래소의 사업은 기본적으로 고객의 주식 매수주문과 매도주문을 끌어들이는 것이다. 뉴욕증권거래소의 고객은 거래소 회원들과 상장주식을 매매하기 위해 주문을 제출하는 수백만 명의 개인투자자, 수만 명의 기관투자자이다.

과거 뉴욕증권거래소는 성공적으로 고객의 주문을 유치해왔다. 예를 들어, 2007년 뉴욕증권거래소 일평균 거래량은 20억 주를 상회했다. 그러나, 최근 들어 ECN(Electronic Communication Network)의 거래가 증가함에 따라 뉴욕증권거래소의 거래량은 줄어들고 있다. 뉴욕증권거래소 거래량의 약 1/3은 개인투자자이고, 약 1/2은 기관투자자와 고빈도거래자(high-frequency trader)가 차지하고 있으며. 나머지 1/6은 뉴욕증권거래소 회원, 주로 지정 시장조성자의 거래이다.

뉴욕증권거래소 플로어

당신은 TV에서 뉴욕증권거래소의 플로어(floor)를 보았거나, 뉴욕증권거래소를 방문해서 관람실에서 플로어(floor)를 보았을 수도 있다. 만약 보았다면, 당신은 실내 야구장 크기의 큰 방을 보았을 것이다. 이 큰 방은 'big room'이라고 불린다. 이외에도 당신은 보지 못한 작은 방들도 여러 개 있다. 이 방들은 'garage'라고 불리는데, 이전에는 여기에서도 주식 거래가 이루어졌다. 또 다른 두 방은 'blue room'과 'extended blue room'이라고 불리는데, 방에 파란 페인트가 칠해져 있기 때문이다. 2007년 11월에 이 두 방도 폐쇄되었다.

거래소의 플로어에는 여러 개의 8각형 카운터가 있다. 이 카운터 스테이션에는 여러 개의 컴퓨터 스크린이 옆과 위에 달려있다. 어떤 사람들은 카운터 안과 앞에서 일하고 있다. 또 다른 어떤 사람들은 거래소의 플로어(floor)를 돌아다니고 있는데, 주로 거래소 벽에 달려있는 전화대와 카운터를 빈번하게 오가고 있다. 이 모든 모습은 일개미가 개미굴과 주변을 오가는 것을 연상케 한다. 이 모습을 보고 있다면, 이 모든 사람이 여기에서 무엇을 하는지, 왜 이상하게 생긴 옷을 입고 있는지 의문을 가지는 게 당연하다.

DMM 포스트
지정 시장조성자가 활동하는 거래소 플로어의 고정된 자리

어떻게 돌아가고 있는지 살펴보자. 8각형의 카운터는 DMM 포스트(DMM's post)이다. 지정 시장조성자는 카운터 앞에서 할당된 주식의 거래를 관리하고 모니터한다. 카운터 안쪽에서는 사무원이 지정 시장조성자를 위해 일하고 있다. 전화대와 카운터를 왔다 갔다 하는 사람들은 플로어 브로커(floor broker)이다. 이들은 고객 주문을 받고, 플로어에 있는 다른 플로어 브로커에게 고객 주문을 전달하고, 주문이 체결되면 주문체결 확인을 고객에게 전달한다.

시장가주문
현재의 시장가격으로 즉각 체결을 원하는 주문

거래소 플로어가 어떻게 돌아가는지 더 잘 이해하기 위해 자신이 플로어 브로커라고 상상하자. 당신의 전화사무원이 KO 2만 주 매도주문을 방금 전달했다고 하자. 주문은 시장가주문(market order)이다. 시장가 매도주문은 고객이 주식을 즉각 가장 유리한 가격으로 매도하기를 원한다는 것을 의미한다. 당신은 즉각 KO 주식

이 거래되는 포스트로 걸어간다(달리는 것은 거래소 규정 위반이다).

포스트에 가자마자 당신은 KO 주식의 현재 시장가에 대한 정보를 터미널 스크린으로 확인한다. 가장 최근에 체결된 가격은 40.63이고 현재 매수호가는 40.55이다. 만약 40.50에 매도한다면 즉각 매도할 수 있지만, 이것은 너무 쉽다.

고객의 대리인으로서 당신은 유리한 가격으로 체결시켜줄 의무가 있다. 주문을 체결시켜주는 것이 당신의 일이며, 계속 일을 하고 싶다면 주문을 만족스럽게 체결시켜주어야 한다. 그래서, KO 주식을 매수하려는 고객을 대리하는 다른 브로커들을 찾는다. 운 좋게도 당신은 KO 2만 주를 시장가로 매수하려는 브로커를 발견했다. 고시된 매도호가가 40.71인 것을 확인하고 당신과 상대방 브로커는 40.63에 체결하는 데 합의한다. 이 가격은 고시된 매수호가와 매도호가의 가운데 있으며, 당신과 상대방 브로커는 고시된 호가로 체결되는 것에 비해 $1600($0.08×2만 주)를 절감할 수 있다.

이런 종류의 거래에서 지정 시장조성자는 매수주문과 매도주문을 대응시켜주는 브로커의 역할만을 수행한다. 거래가 활발하다면, 많은 플로어 브로커는 쉽게 사고팔 수 있다. 이 경우, 거래는 'in the crowd(군중 속에서)' 일어난다고 이야기한다. 지정 시장조성자는 매수와 매도가 활발하게 이루어질 때에는 브로커로 활동하지만 지정 시장조성자가 개입하지 않고서는 거래가 체결되지 않을 때 비로소 딜러로 활동하게 된다.

실제로는 모든 거래가 쉽게 체결될 수 있는 것은 아니다. 당신이 KO 2만 주 주문을 체결할 상대방 브로커를 찾지 못했다고 하자. 당신은 시장가주문을 받았기 때문에 40.55 매수호가에 매도할 수밖에 없다. 이 경우, 즉각적인 체결 수요를 지정 시장조성자가 유동성을 공급함으로써 충족시켜준 것이다.

뉴욕증권거래소 플로어의 작동방식에 대한 이상의 논의에서 주의할 점이 있다. 잘 생각해보면, 뉴욕증권거래소가 인간만을 이용해서는 하루에 10억 주 이상을 체결할 수 없음을 깨달을 것이다. 이것은 단순히 물리적으로 불가능하다. 실제로는 99% 이상의 주문은 전산시스템에 의해 처리된다. 제출된 주문량 기준으로는 약 75%에 불과하다. 즉, 대규모 주문은 플로어 브로커가 주로 처리하고, 소규모 주문은 전산시스템이 주로 처리한다. 일반적인 시장 상황, 그리고 유동성이 있는 종목은 거의 대부분 전산시스템이 처리한다.

주문 유형

뉴욕증권거래소 플로어에 전달되는 상당수의 주문은 지정가주문(limit order)이다.

지정가주문
고객이 가격을 지정한 주문. 주문은 지정가 또는 유리한 가격에만 체결될 수 있다.

지정가주문은 고객이 매수주문의 경우 지불할 수 있는 최고가격, 매도주문의 경우 받을 수 있는 최소가격을 지정한 주문이다. 예를 들어, 뉴욕증권거래소 플로어 브로커가 KO 2만 주를 40.75에 매도하라는 지정가주문을 받았다고 하자. 이는 체결이 되지 않더라도 고객은 40.75 미만의 가격으로는 매도를 원하지 않는다는 것을 의미한다.

stop order
주가가 지정한 'stop' 가격에 도달하기 전에는 매매가 실행되지 않다가 도달하면 매매가 실행되는 주문

Stop order는 지정가주문과 비슷하게 보이지만, 중요한 차이점이 있다. stop order에서는 고객이 'stop' 가격을 지정한다. 이 stop 가격은 촉발지점이다. 주가가 stop 가격에 도달하기 전에는 거래가 일어나지 못한다. 주가가 stop 가격에 도달하면 stop order는 즉각적으로 시장가주문으로 전환된다. 이제 시장가주문이 되었기 때문에 고객은 stop 가격보다 유리하게 체결할 수도 있지만, 불리하게 체결할 수도 있다. 따라서, stop 가격은 시장가주문으로의 전환을 위한 촉발지점으로의 역할만 할 뿐이다. 지정가주문과 달리 stop 가격은 거래 가격에 제약이 되지는 않는다. 일단 시장가주문으로 전환되면, 거래는 일반적인 시장가주문과 정확하게 동일한 방식으로 체결된다.

Stop order의 가장 일반적인 형태는 매도 stop order이다. 이 주문은 주가가 현재 가격보다 아래에 지정되어 있는 stop 가격까지 떨어지면 매도주문이 실행된다. 이 주문은 손절매주문(stop-loss order)라고 불리기도 하는데, 매수포지션(long position)의 손실을 제한하려는 의도에서 제출하기 때문이다. 다른 종류는 매수 stop order이다. 이 주문은 주가가 현재 가격보다 위에 지정되어 있는 stop 가격까지 올라가면 매수주문이 실행된다. 매수 stop order는 공매(short sale)에서 손실을 제한하기 위해 흔히 사용된다.

손절매주문은 영리한 거래전략으로 알려져 있지만, 언급해야 할 몇 가지 이슈가 있다. 예를 들어, GoGo 기업 1천 주를 $20에 매수한다고 하자. 그와 동시에 $15에 매도 stop order를 제출했다고 하자. 따라서, 당신은 잠재손실을 $5로 제한한 것처럼 보인다.

불행히도 폐장 후 GoGo가 회계부정을 저질렀다는 소문이 나돈다. 다음 날 아침 시장은 $8에 개장되었다(주문의 효력이 당일만 유효한 한국과 달리, 미국에서는 취소하기 전까지는 주문이 계속 효력을 가진다). 이 가격은 $15 stop 가격보다 낮기 때문에 시장가주문으로 전환되어 체결되었으며, 당신은 $5보다 많은 손실을 입게 된다. 당신의 손절매주문은 주가가 $15 근처에 있을 때만 손실을 $5 근처로 제한해주는 것이다.

설상가상으로 당신의 주식을 매도한 후, 소문은 거짓이라는 공시가 나온다. 주가는 $20로 반등하지만, 당신은 이미 큰 손해를 입고 매도한 후이다. 아무 생각없

주문의 종류	매수	매도
시장가주문	가장 유리한(낮은) 가격으로 즉각 매수	가장 유리한(높은) 가격으로 즉각 매도
지정가주문	지정가보다 유리한(같거나 낮은) 가격으로 매수. 가격이 지정가보다 불리할(높을) 경우 체결이 안됨	지정가보다 유리한(같거나 높은) 가격으로 매도. 가격이 지정가보다 불리할(낮을) 경우 체결이 안됨
Stop order	가격이 stop 가격과 같거나 높아질 경우 시장가주문으로 전환	가격이 stop 가격과 같거나 낮아질 경우 시장가주문으로 전환
Stop-limit order	가격이 stop 가격과 같거나 높아질 경우 지정가주문으로 전환	가격이 stop 가격과 같거나 낮아질 경우 지정가주문으로 전환

표 5.1

주식주문의 종류

이 손절매주문을 사용하면, 변동성이 큰 시장에서는 이익을 볼 수 있음에도 불구하고 손절매를 하는 경우가 생긴다는 것이다. 표 5.1은 여러 가지 주문의 특징을 요약하고 있다.

2010년 5월 6일에는 이런 상황이 시장 전체에서 발생했다. 'Flash Crash'라고 불리는 사건 동안 다우지수(Dow Jones Industrial Average)는 역사상 가장 급속도로 가장 큰 하락을 경험했다. 많은 주식들의 가치가 반토막났다.

이 사건을 교훈삼아 규제 당국은 서킷 브레이커(circuit breaker) 제도를 개선하였다. 하루에 시장 전체가 10% 이상 하락하면 시장을 냉각시키기 위해 서킷 브레이커는 작동하게 되어 있었다.

서킷 브레이커
주가 급락시에 시장 냉각기를 주기 위해 발동하는 거래 중단 조치

그러나, 불행히도 이 때에는 많은 주식들이 엄청난 하락을 했음에도 불구하고, 시장 전체로는 서킷 브레이커가 작동할 정도로 하락하지는 않았다. 규제 당국은 작동 하락률을 7%로 낮추었고, 개별 종목에 대해서도 서킷 브레이커를 적용하도록 하였다. 다음 장에서 이 이슈에 대해 좀더 자세히 논의할 것이다.

2015년 8월 24일에도 비슷한 사건이 발생했다. 예를 들어, 선도 종목이라고 할 수 있는 GE나 JPMorgan이 20% 이상 하락하였다가 즉각 반등하였다. 급작스럽게 하락하였다가 반등하였기 때문에 일부 손절매주문은 제대로 작동하지 않았고, 어떤 투자자들은 손절매주문 때문에 오히려 변동성이 확대되었다고 비난하게 되었다.

제도 개선으로 stop order로 인한 예상치 못한 손실을 방지할 수 있게 되기는 하였지만, 투자자들도 통제할 수 있는 수단이 있다. Stop-limit order는 stop order에 지정가가 추가된 것이다. 이것은 주가가 stop 가격에 도달하면 지정가주문으로 전환된다는 점에서 단순한 stop order와 다르다(이러한 의미에서 stop order를 stop-market order라고 부르기도 한다). 일단 전환하면 stop-limit order는 일반적인 지정

가주문과 다를 바 없다.

Stop-limit order에서는 stop 가격과 지정가를 지정한다. 두 가격은 같을 수도 있고, 다를 수도 있다. 우리의 GoGo 예에서 당신은 매도 stop-limit order를 stop 가격 $15, 지정가 $12로 지정할 수 있다. 이 주문은 주가가 $15 이하에 도달하면 $12와 같거나 높은 가격에 매도할 수 있는 지정가주문으로 전환한다. 따라서, $12 미만으로 매도할 수는 없게 된다. 물론, 주가가 지정가보다 유리해지지 않아서 매도를 하지 못하게 될 수도 있다.

우리가 관심을 가져야 할 또 다른 유형의 주문은 공매주문(short-sale order)이다. 공매(short sale)는 나중에 더 낮은 가격에 매수할 수 있다는 기대 아래 주식을 빌려서 매도하는 것이다. 공매를 위한 주식 대출은 일반적으로 브로커가 주선한다. 뉴욕증권거래소는 뉴욕증권거래소 플로어에 제출되는 공매주문은 반드시 해당 주문이 공매주문임을 명시해야 한다고 규정하고 있다.

확인 사항

5.3a 주식을 매매할 수 있는 4가지 유형의 주문은 무엇인가?

5.3b 지정 시장조성자는 무엇을 하는가?

5.3c 지정가주문은 무엇인가? 지정가주문과 stop order의 차이는 무엇인가?

5.4 나스닥

시가총액으로 본다면, 미국에서 가장 큰 주식시장은 뉴욕증권거래소이다. 그러나, 상장기업수와 거래량으로 본다면, 나스닥은 뉴욕증권거래소보다 더 크다.

나스닥(NASDAQ)은 National Association of Securities Dealers Automated Quotations system(전국 증권딜러협회 자동호가시스템)의 약자이다. 그러나, 이제는 나스닥 그 자체가 이름으로 알려져 있다.

나스닥의 운영

나스닥은 1971년에 설립된 가입자들에게 호가를 실시간으로 유포하는 증권딜러의 컴퓨터 네트워크이다. 나스닥의 딜러는 상장 주식에 대해 시장조성자 역할을 한다. 그들은 시장조성자로서 매수호가와 매도호가를 고시한다. 매 호가에 대해 투자자들이 거래를 원할 때 거래에 응할 의무가 있는 주식 수도 같이 고시한다.

뉴욕증권거래소의 지정 시장조성자처럼 나스닥의 시장조성자도 매수주문과 매도주문의 불균형을 소화하기 위해 재고를 유지한다. 그러나, 뉴욕증권거래소의 지정 시장조성자와 달리 나스닥에는 활발하게 거래되는 주식에 대해서는 복수의 시장조성자가 존재한다. 그래서 뉴욕증권거래소와 나스닥은 다음과 같은 두 가지 차이를 가지고 있다.

1. 나스닥은 컴퓨터 네크워크이고, 거래가 발생하는 실제 장소는 없다.
2. 나스닥은 단일의 지정 시장조성자와 이를 보조하는 다수의 보조 유동성 공급자가 존재하는 뉴욕증권거래소와 달리 동일한 지위를 가지고는 복수의 시장조성자가 존재한다.

전통적으로 재고를 가지고 증권을 사고 파는 딜러들에 의해 주도되는 비조직화된 증권시장을 장외시장(over-the-counter market, OTC market)이라고 부른다. 따라서, 나스닥는 장외시장으로 분류될 수 있다. 그러나, 나스닥 시장 관계자들은 자신들의 시장이 독보적임을 강조하기 위해 장외시장이란 용어를 잘 사용하지 않는다. 그럼에도 불구하고, 오랜 습관은 쉽게 바뀌지 않으며, 많은 사람들은 여전히 나스닥을 장외시장으로 분류한다.

장외시장
재고를 가지고 증권을 사고 파는 딜러들에 의해 주도되는 증권시장

나스닥은 3개의 시장으로 구성되어 있다: NASDAQ Global Select Market, NASDAQ Global Market, NASDAQ Capital Market. NASDAQ Global Select Market은 대형주이면서 활발하게 거래되는 증권을 위한 시장으로 잘 알려진 회사를 포함하여 2015년 현재 1,600여 개의 기업이 상장되어 있다. NASDAQ Global Market는 상대적으로 소규모 기업을 위한 시장이다. 약 700개의 기업이 상장되어 있다. 마지막으로 가장 작은 규모의 기업들이 상장되어 있는 시장이 NASDAQ Capital Market이다. 약 800개의 기업이 상장되어 있다. 이미 짐작할 수 있는 바와 같이 Global Select Market은 가장 엄격한 상장요건을 가지고 있다. NASDAQ Capital Market 상장 기업은 성장함에 따라 NASDAQ Global Market, NASDAQ Global Select Market으로 올라갈 수 있다.

뉴욕증권거래소나 다른 조직화된 거래소의 경쟁자로서 NASDAQ Global Select Market의 성공은 전통적으로 뉴욕증권거래소에 상장할만한 기업을 나스닥으로 끌어들였냐를 보면 알 수 있다. Microsoft, Apple Computer, Intel, Yahoo, Starbucks, 그리고 Google과 같은 세계적인 기업이 나스닥에 상장되어 있다.

나스닥의 시장참가자

앞서 언급한 바와 같이 나스닥은 역사적으로 복수의 시장조성자가 서로 경쟁하는 딜러 시장이었다. 2016년 초, 3천 개 이상의 기업이 나스닥 시스템에 상장되어 있었다. 그리고 시장조성자로 활동하는 회원사는 500개 이상이었다.

1990년대 후반에 일어난 중요한 발전 중의 하나는 나스닥 시스템에 ECN(electronic communications networks)이라 불리는 거래 네트워크를 개방한 것이다. ECN은 투자자들이 거래를 할 수 있도록 만들어주는 대체적인 전자체결 시스템이다. ECN에 제출한 투자자의 매수주문과 매도주문은 나스닥으로 전송되어 시장조성자들의 매수호가, 매도호가와 같이 고시된다. 결과적으로 ECN은 개인투자자들이 시장조성자가 아니라 브로커를 통해 주문을 제출하는 것을 가능하게 만들어주었다. ECN은 유동성과 경쟁을 증대시켜주었다.

ECN
투자자들이 직거래를 할 수 있도록 만들어주는 대체적인 전자체결 시스템

웹에서 나스닥 상장주식과 뉴욕증권거래소 상장주식의 가격을 확인해보면, 재미있는 차이를 목격할 것이다. 나스닥 주식에 대해서는 최근 체결 정보뿐만 아니라 매수호가, 매도호가를 볼 수 있다. 나스닥의 매수호가, 매도호가는 최우선호가(inside quote)로 매수호가는 모든 시장조성자들의 매수호가와 일반 투자자의 매수주문가 중 가장 높은 가격이며, 매도호가는 모든 시장조성자들의 매도호가와 일반 투자자의 매도주문가 중 가장 낮은 가격이다. 아주 작은 수수료를 내거나 무료로 'Level II' 호가도 볼 수 있는데, 여기에는 모든 매수호가, 매도호가 및 해당 호가를 제출한 시장조성자를 확인할 수 있다. 'Level III' 호가는 보다 자세한 정보를 제공하는데, 여기에는 등록된 시장조성자만이 접근할 수 있다. 물론, 뉴욕증권거래소 지정 시장조성자도 매수호가와 매도호가를 고시한다. 그러나, 이것은 뉴욕증권거래소 지정 시장조성자의 호가일 뿐 다른 시장참가자들의 호가를 종합한 것은 아니다. 다만, 뉴욕증권거래소 지정 시장조성자는 다른 시장참가자들의 최우선호가보다 불리하게 호가를 할 수는 없다.

최우선호가
최우선 매수호가는 모든 시장조성자들의 매수호가와 일반 투자자의 매수주문가 중 가장 높은 가격이며, 최우선 매도호가는 모든 시장조성자들의 매도호가와 일반 투자자의 매도주문가 중 가장 낮은 가격

확인 사항

5.4a 뉴욕증권거래소와 나스닥은 어떻게 다른가?

5.4b 나스닥 네크워크에는 어떤 다른 접근 수준이 있는가?

5.5 뉴욕증권거래소와 나스닥의 경쟁자들

뉴욕증권거래소와 나스닥은 제3시장(third market)에서 활동하는 증권회사들의 강한 도전에 직면해있다. '제3시장'이라는 용어는 상장 주식이 상장된 거래소 바깥에 거래되는 시장을 지칭한다. 뉴욕증권거래소 상장주식의 거래 중 상당한 부분이 거래소와 별개인 증권회사를 통해 체결된다.

제3시장
상장 주식이 상장된 거래소 바깥에 거래되는 시장

뉴욕증권거래소와 나스닥은 또한 제4시장(fourth market)의 도전도 직면하고 있다. '제4시장'이라는 용어는 상장 주식이 투자자들간에 직거래되는 시장을 지칭한다. 제4시장 거래의 좋은 예는 기관투자자들간의 직거래 ECN인 Instinet을 들 수 있다. 그러나, 이러한 제4시장 ECN은 나스닥 시스템과 통합되거나 BATS Global Markets와 같은 다른 ECN에 인수되어 통합되는 추세이다

제4시장
상장 주식이 컴퓨터 네트워크를 통해 투자자들간에 직거래되는 시장

제3시장과 제4시장만이 뉴욕증권거래소와 나스닥의 경쟁자인 것은 아니다. 지역거래소도 뉴욕증권거래소와 나스닥의 거래량을 빼앗고 있다. 수천 개의 주식이 뉴욕증권거래소, 나스닥과 1개 이상의 지역 거래소에 중복 상장되어 있다.

어떤 기업은 뉴욕증권거래소나 나스닥의 상장요건을 충족하지 못한다. 설사 충족하더라도 기업의 경영진은 다른 거래소 상장을 결정할 수도 있다.

확인 사항

5.5a 제3시장이란 무엇인가?

5.5b 제4시장이란 무엇인가?

5.6 주식시장 정보

많은 신문들은 개별 종목들의 가격 정보를 제공하고 있다. 미국에서 가장 잘 알려진 신문은 Wall Street Journal이고, 온라인 버전은 www.wsj.com이다. 주식시장 대해 관심있는 투자자들은 일일 시황을 본다. 이 시황에는 무엇보다도 여러 개의 주가지수에 대한 정보를 제공한다. 이제, 가장 중요한 주가지수들에 대해 알아보자.

다우지수

가장 널리 알려진 주가지수는 DJIA(Dow Jones Industrial Average, 다우존스 산업평균), 줄여서 다우(Dow)이다. 다우지수는 미국 30개 산업을 대표하는 30개 대형

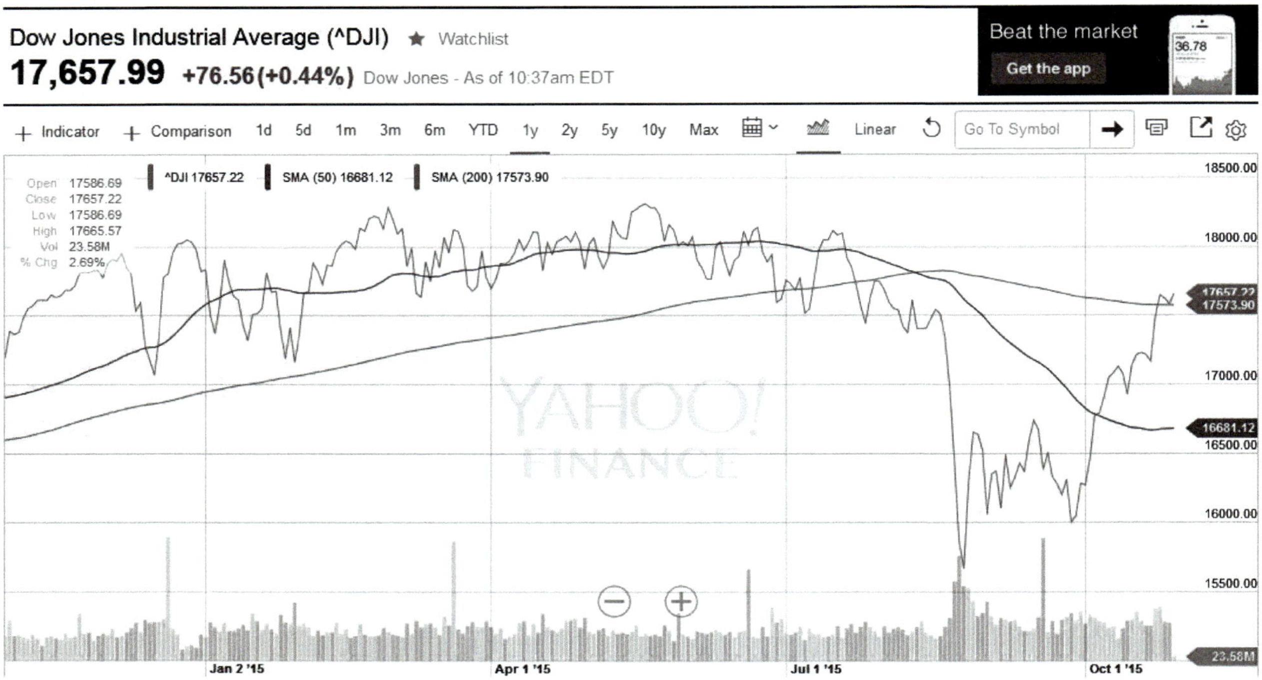

그림 5.2 다우지수

Source: finance.yahoo.com. Accessed October 28, 2015.

기업의 주가에 대한 지수이다. 다우지수에는 에너지공공평균(utilities average)이나 교통평균(transportation average)과 같은 세부지수도 있다. 그림 5.2는 다우지수의 차트이다.

그림 5.2는 2014년 10월~2015년 10월 기간의 다우지수의 종가와 이동평균을 보여주고 있다. 이 기간 동안 종가 기준으로 다우지수의 최고가는 약 18,300이고, 최저가는 15,700임을 알 수 있다. 그림 5.3은 다우지수에 포함된 30개 기업의 리스트와 2015년 10월 29일 주가를 보여주고 있다.

다우지수는 가장 친숙한 주가지수이지만, 여러 개의 다른 주가지수도 관심의 대상이 된다. 다음 절에서 논의하겠지만, 다우지수는 어떤 의미에서는 가장 대표적인 지수가 아니다. 계산방법에 있어 여러 가지 문제를 가지고 있으며, 그 결과 또한 해석이 쉽지 않다.

주가지수

다우지수 웹페이지에서 다양한 정보를 접할 수 있지만, 시장참가자들은 최근 시황

Companies in the Dow Jones Industrial Average

Company	Price	Change	% Change	Volume	YTD change
MMM 3M	157.37	+0.64	+0.41%	626,019	-4.03%
AXP American Express	74.26	+0.25	+0.34%	762,463	-20.32%
AAPL Apple	116.16	+1.61	+1.41%	26,994,248	+5.87%
BA Boeing	146.62	-1.84	-1.24%	789,284	+12.69%
CAT Caterpillar	71.53	+1.14	+1.62%	956,054	-21.85%
CVX Chevron	89.25	+1.55	+1.77%	1,439,630	-20.19%
CSCO Cisco	29.30	+0.24	+0.84%	3,010,207	+5.52%
KO Coca-Cola	42.62	+0.0083	+0.02%	1,217,660	+1.02%
DIS Disney	113.83	+0.06	+0.05%	947,646	+21.12%
DD E I du Pont de Nemours and Co	62.49	+0.44	+0.71%	1,317,176	-11.13%
XOM Exxon Mobil	82.04	+0.95	+1.17%	1,774,858	-10.96%
GE General Electric	29.41	-0.05	-0.17%	7,787,286	+16.62%
GS Goldman Sachs	187.90	+1.59	+0.85%	312,926	-2.97%
HD Home Depot	124.14	-0.33	-0.26%	662,682	+18.22%
IBM IBM	140.06	+2.20	+1.60%	2,437,667	-12.27%
INTC Intel	34.44	-0.04	-0.10%	2,326,004	-5.07%
JNJ Johnson & Johnson	99.73	-0.46	-0.46%	1,044,965	-4.64%
JPM JPMorgan Chase	64.20	+0.56	+0.88%	1,462,221	+2.65%
MCD McDonald's	112.28	+0.64	+0.57%	612,701	+19.54%
MRK Merck	54.52	+1.05	+1.97%	1,918,584	-3.47%
MSFT Microsoft	53.02	-0.67	-1.25%	7,501,466	+14.14%
NKE Nike	131.48	+0.66	+0.50%	415,554	+36.88%
PFE Pfizer	35.64	+0.65	+1.86%	8,463,799	+14.41%
PG Procter & Gamble	77.38	+0.09	+0.12%	1,456,851	-15.16%
TRV Travelers Companies Inc	113.81	+0.40	+0.35%	190,733	+7.58%
UTX United Technologies	98.92	+0.04	+0.04%	652,868	-13.84%
UNH UnitedHealth	116.97	-2.40	-2.01%	911,636	+15.63%
VZ Verizon	46.68	+0.51	+1.10%	2,004,803	-0.21%
V Visa	77.84	+0.32	+0.41%	1,035,545	+19.02%
WMT Wal-Mart	57.41	-0.07	-0.12%	1,470,413	-33.17%

그림 5.3

다우지수 구성 종목

Source: CNN Money, 2015.

에 대해 보다 자세한 정보에 관심을 가지고 있다. 보다 종합적인 시황은 www.wsj.com에서 매일 제공하고 있는 그림 5.4이다.

이 웹페이지에는 다우지수를 포함하여 여러 가지의 주가지수에 대한 정보를 제공하고 있다. 다우지수를 제외하고 가장 널리 알려진 지수는 Standard & Poor의 500개 종목에 대한 지수, 줄여서 S&P 500 또는 S&P라고 불리는 지수이다. 우리는 이 지수를 이미 본적이 있다. 1장에서 지난 80년간의 대형주 성과를 나타내는

Stock Indexes: Closing Data Bank

Tuesday, October 27, 2016 — Find Historical Data | WHAT'S THIS?

Index	DAILY High	DAILY Low	DAILY Close	DAILY Chg	DAILY % Chg	YTD % chg	52 WEEK High	52 WEEK Low	52 WEEK % Chg	3-yr % chg*
Dow Jones										
Industrial Average	17635.18	17540.57	17581.43	−41.62	−0.24	−1.36	18312.39	15666.44	3.4	10.3
Transportation Average	8277.49	8031.04	8063.56	−218.74	−2.64	−11.8	9217.44	7466.97	−7.9	16.9
Utility Average	592.94	588.60	590.53	−1.52	−0.26	−4.5	652.11	541.97	0.6	7.5
65 Composite	6202.48	6136.60	6149.11	−57.62	−0.93	−5.0	6574.59	5590.97	−0.5	11.6
Total Stock Market	21388.05	21260.42	21338.84	−79.28	−0.37	−0.4	22287.78	19528.72	3.3	13.5
Broad Stock Market	5087.61	5057.56	5076.21	−18.49	−0.36	−0.4	5298.66	4643.46	3.3	13.5
Large-Cap Growth TSM	5442.62	5410.36	5435.53	−6.54	−0.12	3.7	5654.87	4966.35	7.7	16.9
Large-Cap Value TSM	4066.06	4043.43	4055.89	−16.40	−0.40	−3.2	4253.82	3664.57	0.1	10.4
Mid-Cap Growth TSM	8110.10	8043.73	8093.72	−35.83	−0.44	0.4	9011.10	7684.42	3.7	16.2
Mid-Cap Value TSM	6963.10	6891.07	6920.78	−64.01	−0.92	−1.1	7279.11	6427.03	2.4	13.9
Small-Cap Growth TSM	7072.05	6976.64	7016.71	−77.26	−1.09	−2.9	8061.43	6666.67	1.4	15.6
Small-Cap Value TSM	8110.85	7998.88	8027.13	−108.94	−1.34	−6.5	8804.63	7543.74	−3.4	10.4
Micro-Cap TSM	10423.85	10287.63	10299.69	−150.02	−1.44	−6.4	11754.27	9842.54	−1.9	11.0
Select REIT	266.97	265.32	266.77	0.39	0.14	1.2	288.67	236.17	6.3	9.2
Internet	330.74	327.69	329.46	−0.98	−0.30	20.8	330.45	256.18	23.6	26.9
Barron's 400	532.50	527.14	529.42	−5.49	−1.03	−2.1	586.75	497.51	0.3	14.5
Nasdaq Stock Market										
Composite	5040.08	5009.07	5030.15	−4.56	−0.09	6.2	5218.86	4506.49	10.2	19.0
Nasdaq 100	4645.94	4617.44	4639.23	8.39	0.18	9.5	4676.68	4016.32	13.0	20.3
Q-50	332.44	329.18	332.06	−0.57	−0.17	7.9	367.51	291.33	14.0	19.3
Biotech	3424.21	3327.24	3423.10	99.44	2.99	7.7	4165.87	3014.99	11.3	34.5
Computer	2640.63	2618.54	2621.78	−10.51	−0.40	6.9	2643.28	2227.15	10.2	18.7
Industrials	4141.97	4113.28	4132.26	−17.91	−0.43	9.1	4241.30	3617.51	13.6	18.0
Insurance	7450.00	7382.43	7402.89	−44.67	−0.60	9.1	7453.16	6419.21	14.0	16.3
Banks	2869.63	2829.36	2839.18	−28.41	−0.99	6.1	2952.71	2438.93	10.9	15.2
Telecommunications	263.68	262.12	263.55	−0.85	−0.32	−2.9	289.45	238.10	3.8	12.5
Standard & Poor's										
500 Index	2070.37	2058.84	2065.89	−5.29	−0.26	0.3	2130.82	1867.61	4.1	13.5
100 Index	925.05	920.07	922.59	−1.65	−0.18	1.6	945.61	819.58	4.6	12.6
MidCap 400	1433.92	1417.66	1424.65	−12.49	−0.87	−1.9	1549.44	1351.29	1.7	13.5
SmallCap 600	686.87	677.76	679.83	−8.27	−1.20	−2.2	742.13	641.76	2.3	14.4
SuperComp 1500	477.43	474.63	476.27	−1.58	−0.33	0.1	493.51	432.79	3.9	13.6
New York Stock Exchange										
Composite	10427.75	10364.92	10400.18	−64.44	−0.62	−4.1	11239.66	9601.42	−2.6	8.3
Financial	6471.89	6435.04	6454.83	−44.93	−0.69	−3.8	6888.69	5984.62	−1.2	10.3
Health Care	12320.96	12194.17	12296.48	107.93	0.89	2.8	13672.37	11509.11	6.7	15.8
Energy	10326.02	10212.17	10291.75	−144.09	−1.38	−17.9	14091.99	9234.50	−25.7	−6.6
Arca Biotech	3586.36	3462.93	3586.36	120.66	3.48	4.3	4431.87	3254.45	8.2	35.9
Arca Pharma	543.04	537.03	541.34	5.11	0.95	1.6	605.94	509.74	4.3	13.3
Arca Tech 100	1964.43	1953.01	1959.23	−0.04	unch.	−1.0	2117.95	1807.06	4.4	17.0
MKT Composite	2281.64	2262.55	2267.57	−28.28	−1.23	−7.2	2624.20	2130.67	−10.8	−1.5
Morgan Stanley High Tech	1098.33	1091.16	1093.60	−3.59	−0.33	7.8	1097.52	947.88	14.8	19.3

그림 5.4 주요 주가지수

Source: *The Wall Street Journal*, 2015, Dow Jones & Company, Inc.

벤치마크로 이 지수를 사용했었다.

그림 5.4의 여러 지수를 자세히 살펴보면 각 지수들은 4가지 측면의 차이를 가지고 있음을 쉽게 파악할 수 있다: (1) 대상 시장; (2) 편입 주식의 종류; (3) 편입 주식의 수; 그리고 (4) 지수 계산방법.

이러한 차이 중 첫 3개는 쉽게 이해할 수 있다. 다우유틸리티(Dow Jones Utilities)와 같은 지수들은 특정 산업을 대상으로 하고 나스닥 종합(NASDAQ Composite)과 같은 지수들은 특정 시장을 대상으로 하고 있다. 다우지수와 같은 지수들은 포함 종목수가 적은 반면에 뉴욕증권거래소 종합(New York Stock Exchange Composite)와 같은 지수들은 포함 종목수가 많다.

주가지수를 어떻게 계산하는지를 이해하는 것이 중요하다. 주가지수 계산법에는 두 가지 유형이 있다: 가격가중(price-weighted)과 가치가중(value weighted). 가격가중지수(price-weighted index)에서 개별 종목의 비중은 주가에 비례한다. 가치가중지수(value-weighted index)에서 개별종목의 비중은 시장가치에 비례한다.

가격가중지수
편입종목의 비중을 주가에 비례하여 보유하는 주가지수

가치가중지수
편입종목의 비중을 시장가치에 비례하여 보유하는 주가지수

가격가중지수와 가치가중지수의 차이를 예를 통해 살펴보자. 논의를 단순화하기 위해 시장에 오직 2개의 기업만이 있다고 하자. 두 기업의 발행주식 수, 주가, 시장가치는 다음과 같다고 하자:

		주가		시장가치	
	발행주식 수	연초	연말	연초	연말
기업 A	5,000만 주	$10	$14	5억 달러	7억 달러
기업 B	100만 주	$50	$40	0.5억 달러	0.4억 달러

기업 A는 주가가 더 낮지만, 발행주식 수는 더 많다. 배당은 무시하고, 기업 A의 주가는 40% 올랐고($10에서 $14), 기업 B의 주가는 20% 빠졌다($50에서 $40)

여기에서 우리의 질문은 단순하다: 이 한 해 동안 시장은 어떻게 되었나? 이 질문에 답변하는 방법은 여러 가지가 있다. 첫 번째 방법은 평균 주가가 어떻게 되었는지 보는 것이다. 연초에 평균 주가는 $30(=($10+$50)/2)이었는데, 연말에 평균 주가는 $27(=($14+$40)/2)이니까, 평균 주가는 떨어졌다. 평균 주가를 지수로 사용한다면 지수는 30에서 27로 떨어졌고, 변화분은 −3포인트이다. 지수는 30으로 시작했기 때문에 변화율은 −0.10(=−3/30) 또는 −10%이다. 이 경우 투자자는 시장이 10% 빠졌다고 이야기할 것이다.

이것이 가격가중지수의 예이다. 기업 B의 주가는 기업 A에 비해 5배이기 때문에 지수에서 5배 많은 비중을 가진다. 기업 A는 40% 오르고, 기업 B는 겨우 20%

빠졌을 뿐인데, 지수는 빠졌는지에 대한 답변은 기업 B의 비중이 크기 때문이다. 다우지수는 가격가중지수이다.

다른 방법은 주가가 아니라 시장가치로 살펴보는 것이다. 예에서 평균 시장가치는 2.75억 달러(=(5억 달러+0.5억 달러)/2)에서 3.70억 달러(=(7억 달러+0.4억 달러)/2)로 올랐다. 평균 시장가치를 지수로 사용한다면, 지수는 275에서 370으로 올랐으며, %로 +35%이다.

이것이 가치가중지수의 예이다. 이 경우 한 기업의 영향력은 주가 변화가 아니라 시장가치의 변화에 좌우된다. 기업 A가 더 큰 시장가치를 가지고 있기 때문에 지수에서의 비중도 더 크다. 다우지수를 제외한 그리고 S&P500을 포함한 그림 5.4의 대부분의 지수는 가치가중지수이다.

이제 문제가 하나 생겼다. 한 지수는 시장이 10% 빠졌다고 이야기해주는데, 다른 지수는 35% 올랐다고 이야기해준다. 어느 것이 옳은가? 그 답은 상당히 명백하다. 시장 전체의 시장가치는 5.5억 달러에서 7.4억 달러로 올라갔다. 달리 이야기하자면, 투자자가 시장 전체를 가지고 있었더라면, 연초에는 5.5억 달러이었는데, 연말에는 7.4억 달러가 되었다. 따라서, 시장 전체적으로 평균 주가가 떨어졌음에도 불구하고, 35%를 번 셈이다.

이 예는 가격가중지수는 전체 시장가치의 지표로 적절하지 못함을 보여준다. 가격가중지수의 오류는 하나의 기업이 지수에 미치는 영향이 1주의 가격에 좌우되는 데 있다. 그러나, 1주의 가격은 전체 스토리에 일부분에 지나지 않는다. 발행주식 수를 고려하지 않는다면, 시장 전체에 대한 진정한 영향을 알 수 없고, 그 결과 왜곡된 그림을 보여준다.

예제 5.1

지수 계산

시장에 단 2개의 주식만이 존재한다고 하자. 다음과 같은 정보가 주어져 있다:

		주가	
	발행주식 수	연초	연말
Betty Co.	1,000만 주	$10	$11
Gray Bull, Inc.	2,000만 주	$20	$25

가격가중지수와 가치가중지수를 구성하라. 각 지수의 변화율을 계산하라.

평균 주가는 $15에서 $18로 올랐으며, 변화분은 +$3이다. 따라서 가격가중지수의 변화율은 3/15=20%.

평균 시장가치는 2.5억 달러에서 3.05억 달러로 올랐으며, 변화분은 +0.55억 달러이다. 따라서, 가치가중지수의 변화율은 55/250=22%.

가격가중지수에 대한 추가적인 논의

앞에서 다우지수는 가격가중지수라고 하였다. 면밀하게 관찰하는 사람이라면, 평균을 계산할 때 사용되는 주가는 낮은데, 어떻게 다우지수는 그렇게 높은지에 대해서 의문을 제기할 것이다. 질문에 대답하기 위해서는 우리는 가격가중지수 계산의 자세한 내용을 좀더 알아야 한다.

주식 분할이 가격가중지수에 미치는 효과가 그 답이다. 예를 들어, 1대2 주식분할이 발생하면 기존 주주들은 자신들이 가지고 있는 구주 1주에 대해 신주 2주를 교환받게 된다. 그러나, 기업의 시가총액은 주식 분할 후에도 여전히 같은 기업이기 때문에 바뀌지 않는다. 단지 주식 수가 2배가 되었고, 1주의 가치는 1/2이 되었을 뿐이다.

주식분할은 가치가중지수에는 아무런 영향을 미치지 않아야 한다. 왜냐하면, 시장가치는 바뀌지 않았기 때문이다. 그러나, 가격가중지수에는 극적인 영향을 미친다. 이를 확인하기 위해 우리가 앞에서 계산했던 가격가중지수와 가치가중지수 예에서 기업 B가 1대2 주식분할한 경우를 생각해보자. 연초 가격으로 이야기하면, 1대2 주식분할이 있었다면 기업 B의 주가는 $25로 떨어져야 한다. 이 경우 가격가중지수는 30에서 17.50(=(10+25)/2)로 떨어져야 한다. 실제로는 기업의 실제에 아무런 일도 발생하지 않았는데 말이다.

가격가중지수 계산에서는 이러한 주식분할의 문제를 분할이 발생할 때마다 제수(divisor)의 조정을 통해 해결한다. 예를 통한 살펴보는 것이 이해하는 가장 좋은 방법이다. 우리의 예에서 분할의 결과 기업 B의 주가가 $25로 떨어졌음에도 불구하고, 지수는 30을 그대로 유지하게 만들고 싶다. 이를 달성하는 방법은 분자 중에 하나의 요소가 $50에서 $25로 떨어졌으니까 분모를 2로 하지 말고, 2보다 작은 숫자로 하여 결과적으로 지수를 30을 유지하는 것이다.

이러한 새로운 분모를 지수 제수(index divisor)라고 부른다. 지수 제수는 주식분할의 효과를 제거하기 위해 조정되어야 하는 것이다. 우리의 예에서는 주가는 각각 $10, $25이고 지수는 30이므로 새로운 제수 d는 다음 식을 만족해야 한다:

$$\text{지수} = \frac{\text{주가의 합}}{\text{제수}}$$

$$30 = \frac{25 + 10}{d}$$

$$d = \frac{35}{30} = 1.16666\cdots$$

새로운 제수는 대략 1.17이 된다.

제수의 조정은 문제 하나는 해결하기는 했지만, 또 다른 문제를 야기시킨다. 이제는 주가의 합을 편입종목 수로 나누어주는 것이 아니기 때문에 더 이상 지수를 평균 주가로 해석할 수 없게 된다.

예제 5.2

제수 조정

예제 5.1로 되돌아가자. Gray Bull이 1대5의 주식분할을 했다고 하자. 연초 정보에 근거하여 새로운 제수는 무엇이 되어야 하는가?

1대5의 주식분할을 하였다면 Gray Bull의 주가는 \$20에서 \$4로 떨어져야 한다. 제수 조정을 하지 않는다면 가격가중지수는 15에서 7(=(10+4)/2))로 떨어져야 한다. 지수를 이전 수준인 15로 유지하려면 새로운 제수는 $(10+4)/d=15$를 만족해야 한다. 이 경우 새로운 제수는 0.93333(=14/15)이 된다. 이 예는 제수가 1.0 아래로 떨어질 수도 있음을 보여준다.

다우지수의 제수

위에서 언급한 가격가중지수의 제수 조정법은 다우지수가 사용하는 방법이다. 2016년 12월 22일 현재 다우지수의 제수는 0.14602128058이다. 지수에 30개 종목이 있으니까 조정이 없었더라면 제수는 30이 되어야 마땅하지만, 실제로는 조정으로 인해 제수가 현저하게 작아지게 된 것이다.

이러한 단점을 보면, 왜 언론에서 여전히 다우지수를 보도하는지 의아해할 것이다. 그 이유는 전통이다. 다우지수는 100년 이상 사용되어져 왔으며, 새로운 투자자 세대들도 금방 다우지수에 익숙해지기 때문이다.

지수 구성에 대한 추가적 논의: 기준 년도

이제 지수에 대한 추가적인 두 가지를 더 논의하기로 한다. 첫째는 해석을 쉽게 하기 위해 지수의 시초 가치는 100이나 1,000과 같은 단순한 기준 숫자로 둔다는 것이다. 예를 들어, 뉴욕증권거래소의 가치가중지수를 만든다면, 실제 가치는 매우 크고 어려워서, 이해하기 쉽도록 조정한다는 것이다.

예를 들어, 가치가중지수의 시초 가치가 140만 달러이라고 하자. 만약 시초 가치를 100으로 두고 싶다면, 시초 가치와 모든 이후 가치를 140만 달러로 나누고 100을 곱해주기만 하면 된다. 만약 지수의 다음 가치가 160만 달러이라면 재지수화된 가치는 114.29(=160만 달러/140만 달러×100)이 되며, 기준 년도 100에 대해 14.29% 상승하였음을 쉽게 알 수 있다.

예제 5.3

재지수화

4년간의 지수가 다음과 같다고 하자:

1년: 16.87억 달러
2년: 17.89억 달러
3년: 18.00억 달러
4년: 17.00억 달러

시초 지수를 1,000으로 만들고 싶다고 하자. 재지수화한 지수는 어떻게 되는가?

재지수화하기 위해 (1) 모든 지수를 시초가치로 16.87억 달러로 나누고, (2) 1,000을 곱해야 한다. 따라서, 다음과 같다:

1년: 16.87억 달러/16.87억 달러×1,000=1,000.00
2년: 17.89억 달러/16.87억 달러×1,000=1,060.46
3년: 18.00억 달러/16.87억 달러×1,000=1,066.98
4년: 17.00억 달러/16.87억 달러×1,000=1,007.71

마지막으로 지수에 배당이 포함되느냐 여부가 중요하다. 대부분의 지수는 배당을 포함하지 않는다. 그 결과, 지수는 투자수익 중 자본차익(capital gain)만을 반영한다. 배당을 포함해서 특정 주식시장 투자 성과를 평가해야 정확한 그림을 그린 셈이 된다. 그래서 배당을 포함한 지수도 있으며, 총수익 지수(total return index)라 불린다.

그래서 어느 지수가 가장 좋은가? 다우지수의 가장 인기있는 대안은 가치가중지수인 S&P 500이다. 그러나, 이 지수는 단지 500개 종목만을 편입하고 있는데 어떻게 인기가 있을 수 있을까라고 의문을 가질 수도 있겠다. 그 답은 즉시성과 정확성에 있다. S&P 500에 편입되는 종목 거의 대부분은 매일 거래되고 있으며, 따라서 매일 매일의 지수는 매일 거래가격을 반영하고 있다. 매일 거래되지 않는 종목은 **지수 진부화**(index staleness)를 야기한다. 지수 진부화는 일부 편입종목이 최근에 거래되지 않아 지수가 최근의 가격정보를 제대로 반영하기 못할 때 발생한다. 또한, 현실적으로 대형주 500개는 전체 주식시장의 시장 가치 대부분(약 75%)을 차지한다.

지수 진부화
일부 편입종목이 최근에 거래되지 않아 지수가 최근의 가격정보를 제대로 반영하지 못하는 현상

가치가중지수가 대세이기는 하지만, 투자자들은 항상 더 나은 것을 추구한다. 그래서, 최근 새로운 유형의 지수가 부상하고 있다. 그 중 하나가 펀드멘탈지수이다. 가장 인기있는 것은 당기순이익률이나 배당수익률이 높을수록 더 높은 가중치를 부여하여 구성한 지수들이다. 새로운 것이 나올 때마다 일어나는 일이지만, 이

러한 접근법이 더 나은 지수를 만들어낼 수 있는지에 대해서는 지금도 논쟁이 진행 중이다.

확인 사항

5.6a 가격가중지수와 가치가중지수의 차이는 무엇인가? 각 유형에 대표적인 지수를 제시하라.

5.6b 가격가중지수와 가치가중지수 중 어느 것이 더 나은가? 그 이유는?

5.6c 다우지수와 뉴욕증권거래소 종합지수 중 어느 것이 지수 진부화가 더 심할까? 그 이유는?

5.6 요약과 결론

이 장에서는 주식시장에 대해 소개하고 있다. 누가 주식을 소유하고, 어떻게 주식시장이 작동하고, 주가지수는 어떻게 구성되며, 어떻게 해석하는지 논의하였다. 이 장은 주식시장의 많은 중요한 측면을 다루었으며, 다음과 같은 것들이 중요한 개념이다.

1. 사모주식과 공모주식, 발행시장과 유통시장의 차이

A. 사모주식 펀드는 비상장기업에 투자하는 투자회사이다. 사모주식 펀드의 투자 대상은 초기단계금융(예를 들어, 벤처캐피탈)에서 상장기업에 대한 기업담보 차입매수(leveraged buyout, 예를 들어 기업 비공개(going private))에 이르기까지 다양하다.

B. 주식시장은 발행된 주식이 최초로 매각되는 발행시장과 투자자간에 거래하는 유통시장으로 구성된다. 발행시장에서 기업은 투자 프로젝트를 위한 자금을 조달한다. 투자은행(investment bank)은 발행시장에서 기업 자금조달을 주선하는데 특화되어 있다. 투자은행은 신규 발행된 주식을 회사로부터 매수하여 일반 대중에게 재매각하는 인수자(underwriter)로 활동한다. 발행시장은 최초공모(initial public offering, IPO) 시장으로 불리기도 한다.

C. 유통시장에서 투자자들은 다른 투자자들과 증권을 거래한다. 유통시장 거래는 다른 투자자와의 직거래, 브로커를 통한 간접 거래, 딜러와의 직거래로 이루어진다. 브로커는 매수자와 매도자를 주선해줄 뿐이며, 딜러는 자신의 재고로 일반 투자자의 거래상대방이 된다.

2. 뉴욕증권거래소의 운영

A. 주식 거래는 조직화된 거래소 또는 거래 네크워크를 통해 이루어진다. 미국에서 가장 잘 알려진 거래소는 뉴욕증권거래소이다. Big Board라고 불리기도 하는 뉴욕증권거래소는 과거 회원들이 소유하고 있었으나, 지금은 상장회사(Intercontinental Exchange의 자회사)로 주주들이 소유하고 있다.

B. 뉴욕증권거래소 거래허가권 소유자는 브로커, 지정 시장조성자, 그리고 플로어 브로커이다. 이들의 기능에 대해 잘 이해하기 바란다.

3. 나스닥의 운영

A. 나스닥은 구독자에게 실시간 호가 정보를 제공하는 증권딜러들의 컴퓨터 네트워크이다. 딜러들은 상장 증권의 시장조성자로 활동하고 있다.

B. 뉴욕증권거래소에 단일의 시장조성자와 복수의 유동성 공급자가 있는 것과 달리 나스닥에는 복수의 시장조성자가 있다. 컴퓨터 네크워크이기 때문에 나스닥은 실제 거래장소가 없다.

C. 나스닥 네크워크는 3단계의 정보 접근 수준을 가지고 있다.

- Level I은 실시간 호가 정보를 인터넷을 통해 무료로 제공한다.
- Level II는 모든 시장조성자의 호가를 제공한다. 또한, 최우선호가를 제공하고 있다. 최우선호가란 매수호가 중 가장 높은 가격, 매도호가 중 가장 낮은 가격을 말한다.
- Level III는 시장조성자에게만 접근이 허용된다. 이 정보를 이용해서 시장조성자는 자신의 호가를 변경한다.

4. 지수 수익률 계산법

A. 주식시장의 시황에 관심 있는 투자자들은 여러 종류의 주가지수를 살펴본다.

B. 가장 유명한 주가지수는 다우지수(Dow Jones Industrial Average, DJIA)이며, 줄여서 'Dow'라고 불린다. 다우지수는 미국의 30개 산업의 대표적인 대기업의 주가로 구성된 가격가중지수이다.

C. 다음으로 유명한 지수는 Standard & Poor의 500개 기업에 대한 지수이다. 줄여서 S&P 500, 또는 S&P라고 불린다. S&P 500은 가치가중지수이다.

D. 많은 신문과 웹사이트는 지수와 주식의 현재 가격 정보를 제공한다. 미국에서 가장 유명한 신문은 〈월스트리트 저널〉이며, 이 신문의 웹사이트는 www.wsj.com이다.

주요 용어

벤처캐피탈(venture capital, VC) 182
1차 시장(primary market) 186
2차 시장(secondary market) 186
최초공모(initial public offering, IPO) 186
유상증자(seasoned equity offering, SEO) 186
일반공모(general cash offering) 186
주주배정(rights offering) 186
투자은행(investment bank) 186
인수(underwrite) 186
인수 스프레드(underwriter spread) 186
공동인수단(underwriting syndicate) 186
총액인수(firm commitment underwriting) 188
잔액인수(best efforts underwriting) 188
네덜란드식 경매(dutch auction) 188
증권거래위원회(Securities and Exchange Commission, SEC) 191
투자설명서(prospectus) 191
예비 투자설명서(preliminary prospectus) 191
딜러(dealer) 192
브로커(broker) 192
매수호가(bid quote) 192
매도호가(ask quote 또는 offer quote) 192
스프레드(spread) 192
거래소 회원(exchange member) 194
거래허가권 보유자(trading license holder) 194
스페셜리스트(specialist) 194
주문장(order book) 194
지정 시장조성자(designated market maker, DMM) 195
보조 유동성 공급자(supplemental liquidity provider, SLP) 195
플로어 브로커(floor broker) 195
SDBK(Super Display Book) 195
SuperDOT 195
Arca 195
DMM 포스트(DMM's post) 198
시장가주문(market order) 198
지정가주문(limit order) 199
Stop order 200
서킷 브레이커(circuit breaker) 201
장외시장(over-the-counter market, OTC market) 203
ECN(electronic communications networks) 204
최우선호가(inside quote) 204
제3시장(third market) 205
제4시장(fourth market) 205
가격가중지수(price-weighted index) 209
가치가중지수(value-weighted index) 209
지수 진부화(index staleness) 213

단원 후 문제와 자습 문제

1. 지수 구성(LO4, CFA2) 시장에 2개의 주식만 있다고 가정하자. 다음의 정보가 주어져 있다:

		주가	
	발행주식 수	연초	연말
Ally Co.	1억 주	$60	$66
McBeal, Inc.	4억 주	$120	$100

가격가중지수와 가치가중지수를 구성하라. 각 지수의 변화율을 계산하라.

2. 주식분할(LO4, CFA2) 문제 1에서 McBeal 1대 3으로 주식분할을 했다고 하자. 연초 정보에 근거하여 새로운 제수를 구하라.

자습 문제 해답

1. 연초의 평균 주가는 (\$60 + \$120)/2 = \$90
연말의 평균 주가는 \$83
따라서, 평균 주가는 \$90에서 \$7 하락하여, 변화율은 −\$7/\$90 = −7.78%
연초의 총 시가총액은 (\$60 × 100) + (\$120 × 400) = 540억 달러
연말의 총 시가총액은 466억 달러로 7.4억 달러 하락
변화율은 −7.4억 달러/54억 달러 = −13.7%
가치가중지수 변화율은 가격가중지수의 거의 2배

2. 1대3 분할로 McBeal의 주가는 \$120에서 \$40로 하락
가격가중지수의 이전 수준 90을 유지하기 위해서는 새로운 제수는 $(60 + 40)/d = 90$을 만족해야 한다.
새로운 제수는 100/90 = 1.1111

투자 지식 학습

1. 뉴욕증권거래소(LO2, CFA1) 다음 중 틀린 것은?
a. 지정 시장조성자는 자신의 계정으로 거래할 수 있다.
b. 지정 시장조성자는 유동성을 공급하는 대가로 수입을 획득한다.
c. 뉴욕증권거래소에서 모든 매수주문과 매도주문은 플로어 브로커를 통해 협상 가능하다.
d. 지정 시장조성자는 고시된 매수호가와 매도호가로 거래할 준비가 되어있다.

2. 사모주식(LO1, CFA5) 초기단계금융에 집중하는 사모주식 펀드에 해당하는 것은?
a. 벤처캐피탈
b. 중간층 금융
c. 기업담보 차입매수
d. 부실자산

3. 사모주식(LO1, CFA4) 이후 손실이 발생했을 때 사모주식 펀드 매니저가 받은 성과보수를 투자자에게 돌려주는 제약은 _____ 조항이라고 한다.
a. 최고수위
b. 환수
c. 천정
d. 지수

4. 가치가중지수(LO4, CFA2) 증권분석가는 가치가중지수를 구성하는 J, K, L 주식의 대한 다음의 정보를 모았다:

주식	1년 12월 31일 가격	1년 12월 31일 발행주식 수	2년 12월 31일 가격	2년 12월 31일 발행주식 수
J	$40	10,000	$50	10,000
K	30	6,000	20	12,000*
L	50	9,000	40	9,000

* 1대 2 주식분할

기말 가치가중지수(기준지수 = 100)에 가장 가까운 것은?

a. 92.31　　b. 93.64
c. 106.80　　d. 108.33

5. 다우지수(LO4, CFA2) 다우지수의 제수가 가장 많이 낮아지는 경우는?

a. 주식분할　　b. 주식병합
c. 현금배당　　d. 종목교체

6. 뉴욕증권거래소(LO2, CFA1) 뉴욕증권거래소 지정 시장조성자의 활동이 아닌 것은?

a. 자신의 계정으로 딜러로 활동　　b. 증거금 요구에 대한 감시
c. 유동성 공급　　d. 매수호가와 매도호가의 고시

7. 주식시장(LO1, CFA1) 자신의 재고로 증권을 매수, 매도하는 딜러가 주도하는 시장은?

a. 발행시장　　b. 유통시장
c. 장외시장　　d. 기관시장

8. 주식시장(LO1, CFA1) 상장증권에 대한 장외시장은?

a. 제3시장　　b. 제4시장
c. 장마감후 시장　　d. 대량매매 시장

9. 주가지수(LO4, CFA2) 어느 날 다우지수 구성 30종목의 가격 변화율이 동일했다고 하자, 어떤 종목이 다우지수에 더 많은 영향을 미치는가?

a. 주가가 가장 높은 종목　　b. 시장가치가 가장 높은 종목
c. 부채비율이 가장 낮은 종목　　d. 변동성이 가장 낮은 종목

10. 주가지수(LO4, CFA2) S&P500 지수를 계산할 때, 주식분할은 어떻게 조정하는가?

a. 제수 조정　　b. 지수 계산 방법에 의해 자동적으로 조정
c. 분자 조정　　d. 매 분기말 조정

11. 주가지수(LO4, CFA2) 다음 중 거래가 활발한 종목을 가장 많이 포함하고 있는 지수는?
a. 나스닥 종합지수
b. 뉴욕증권거래소 종합지수
c. Wilshire 5000 지수
d. Value Line 종합지수

12. 사모주식(LO1, CFA5) 현금흐름이 안정적인 소규모, 가족기업에 집중하는 사모주식 펀드는?
a. 벤처캐피탈
b. 중간층 금융
c. 기업담보 차입매수
d. 부실자산

13. 사모주식(LO1, CFA4) 사모주식 펀드 매니저가 수익목표를 달성해야 성과보수를 받도록 만드는 제약은 _____ 조항이라고 한다.
a. 최고수위
b. 환수
c. 천정
d. 지수

14. 사모주식(LO1, CFA4) 사모주식 펀드는 전환우선주나 콜옵션부 채권을 자주 사용한다. 이러한 유형을 증권을 사용하는 이유는?
a. 거래의 위험을 증대시키기 위해
b. 투자 기간을 줄이기 위해
c. 성공적인 벤처의 상방 기회를 획득하기 위해
d. 증권거래위원회 규제를 충족시키기 위해

15. 주가지수(LO4, CFA2) 다음 중 틀린 것은?
a. 다우지수는 잘 알려진 30개 대기업을 편입하고 있다.
b. 다우지수는 저가주와 고가주의 가격 변화분에 동일하게 영향을 받는다.
c. 다우지수는 저가주와 고가주의 가격 변화율에 동일하게 영향을 받는다.
d. 다우지수의 제수는 주식분할에 대해 반드시 조정되어야 한다.

개념 문제

1. 1차 시장과 2차 시장(LO1, CFA5) 당신 지역에는 Chevrolet 소매시장에는 1차 시장과 2차 시장이 모두 있다고 하자. 1차 시장과 2차 시장을 예로 들어보라. 이 때 Chevy 소매업자는 딜러인가? 브로커인가?

2. 브로커(LO1, CFA1) 플로어 브로커가 뉴욕증권거래소 플로어에서 거래할 수 있는 권리를 위해 1년에 4만 달러를 기꺼이 지불하는 이유는 무엇인가?

3. 시장가주문과 지정가주문(LO1, CFA6) 시장가주문과 지정가주문의 차이는 무엇인가? 두 주문의 단점은 무엇인가?

4. stop order(LO2, CFA6) stop order가 무엇인가? 왜 사용되는가? 확실하게 손실을 제한할 수 있는가?

5. 주문유형(LO2, CFA6) Microsoft가 지금 $50에 거래되고 있다고 하자. 당신은 $55에 매도하려고 한다. 어떤 종류의 주문을 제출해야 하는가?

6. 주문유형(LO2, CFA6) Tesla가 지금 $200에 거래되고 있다고 하자. 당신은 $210에 도달하면 상승은 지속될 것이라고 생각하고 있다. 그래서, 그 가격에 도달하면 매수하려고 한다. $210 지정가 주문을 제출하면 되는가?

7. 나스닥 호가(LO3, CFA1) 나스닥에서 최우선호가(inside quotes)란?

8. 지수구성(LO4, CFA2) 지수의 특성은 4가지 요인에 좌우된다. 그것들이 무엇인가? 각각에 대해 코멘트하라.

9. 지수구성(LO4, CFA2) 다른 것이 동일하다면, 더 많은 종목을 편입한 지수가 더 나은가? 어떤 이슈가 있는가?

10. 사모주식(LO1, CFA5) 벤처캐피탈리스트가 단계별로 자금을 공급하는 이유는?

질문과 문제

기본 문제

1. 가격가중제수(LO4, CFA2) 지수에는 Able, Baker, Charlie만이 존재한다. 주가는 각각 $93, $312, $78이다. Baker가 1대 2 주식분할을 하였다면 가격가중지수의 새로운 제수는?

2. 가격가중제수(LO4, CFA2) 문제 1에서 Baker가 1대 4 주식분할을 하였다면 가격가중지수의 새로운 제수는?

3. 주문장(LO2, CFA1) 어떤 주식의 주문장(order book)이 다음과 같다고 하자. 이 주식의 최근 체결가는 $70.54이다.

매수 주문		매도 주문	
주식 수	가격	주식 수	가격
250	$70.53	100	$70.56
100	70.52	400	70.57
900	70.51	1,000	70.59
75	70.49	700	70.60
		900	70.61

a. 100주의 시장가 매수주문을 제출하면, 체결가격은?

b. 200주의 시장가 매도주문을 제출하면, 체결가격은?

c. 400주의 시장가 매수주문을 제출하면, 체결가격은?

4. 가격가중지수(LO4, CFA2) 지수를 구성하는 두 주식의 정보가 다음과 같다. 지수의 가격가중수익률은?

		가격	
	발행주식 수	연초	연말
Kirk, Inc.	35,000	$37	$42
Picard Co.	26,000	84	91

5. 가격가중지수(LO4, CFA2) 문제 4의 가치가중수익률은?

6. 재지수화(LO4, CFA2) 문제 5에서 연초 지수를 100으로 둘 때, 연말의 지수는?

7. 재지수화(LO4, CFA2) 문제 5에서 연초 지수가 408.16이라고 할 때, 연말의 지수는?

8. 재지수화(LO4, CFA2) 5년간의 시장가치는 다음과 같다:

1년: 43.87억 달러

2년: 46.71억 달러

3년: 50.32억 달러

4년: 48.20억 달러

5년: 53.69억 달러

1년 지수가 1,000에서 시작한다면, 나머지 해의 지수는?

중급 문제

9. 가격가중제수(LO4, CFA2) 문제 1로 되돌아가자. Able이 2대 1로 주식병합을 했다면 새로운 제수는?

10. 다우지수(LO4, CFA2) 2015년 10월 28일, 다우지수는 17,581.43으로 시작하였다. 이때의 제수는 0.14967727343이었다. 이날 29개 종목의 주가는 변동하지 않았고, 한 종목만 $5 상승하였다고 하자. 이날 다우지수의 종가는?

11. 다우지수(LO4, CFA2) 2015년 10월, Goldman Sachs는 다우지수에서 가장 가격이 높은 종목이었고, Cisco는 가장 가격이 낮은 종목이었다. 2015년 10월 27일, Goldman Sachs의 종가는 $186.31이었고, Cisco의 종가는 $29.05이었다. 다음 날 나머지 29개 종목의 가격은 변동이 없었고, Goldman Sachs는 5% 상승했다고 하자. 다우지수의 수준은? 이제는 Cisco만 5% 상승했다고 하자. 다우지수의 수준은? 문제 10의 정보를 이용해서 답하라.

12. 다우지수(LO4, CFA2) 문제 10과 문제 11로 되돌아가서, 다우지수 모든 편입 종목의 가격이 $1만큼 상승하였다면 다우지수의 수준은?

13. 가격가중제수(LO4, CFA2) 40종목의 가격가중지수를 구성한다고 하자. 지수는 8,465.52에서 시작했다. 일중 39개 종목의 가격은 변동이 없었고, 하나의 종목 가격이 $5.00 상승하였다. 종가지수는 8,503.21이다. 이 지수의 제수는?

14. 가격가중지수(LO4, CFA2) 2016년 1월에 다음의 3개 방위산업종목으로 지수를 구성한다고 하자. 포트폴리오 매니저는 이 종목들이 성과를 측정하는데 있어 적절한 벤치마크이라고 생각한다:

		가격		
	발행주식 수(100만 주)	2016/1/1	2017/1/1	2018/1/1
Douglas McDonnell	340	$103	$106	$118
Dynamics General	450	45	39	53
International Rockwell	410	74	63	79

a. 가격가중지수의 시초가치를 계산하라.

b. 2016년 12월 31일의 연간 지수 수익률은? 2017년 12월 31일의 연간 지수 수익률은?

15. 가격가중지수(LO4, CFA2) 문제 14에서 Douglas McDonnell는 2017년 1월 1일에 1대3 주식분할을 했다고 하자. 지수의 새로운 제수는? Douglas McDonnell의 2018년 주가가 $39.33일 때, 2017년 12월 31일의 연간 지수 수익률은?

16. 가치가중지수(LO4, CFA2) 가치가중지수로 문제 14를 반복하라. 가치를 1천만으로 나누자. 즉, 평균 시장가치가 50억 달러이면, 지수는 500이 되도록 하자.

17. 가치가중지수(LO4, CFA2) Douglas McDonnell이 주식분할을 한다면, 문제 16의 답을 달라지는가? 그 이유는?

18. 동일가중지수(LO4, CFA2) 가격가중지수와 가치가중지수 이외에 동일가중지수(equally weighted index)가 많이 사용된다. 특히, 동일가중지수는 금융학자들이 포트폴리오의 성과를 측정하는데 많이 사용된다.

a. 문제 14의 정보를 이용해서 2016년 12월 31일의 3개 방위산업 종목으로 구성된 동일가중지수의 연간 지수 수익률을 계산하라.

b. 2016년 1월 1일 지수가 100이라고 한다면, 2017년 1월 1일의 지수는? 2017년 연간 지수 수익률은?

19. 네덜란드식 경매(LO1, CFA1) Escambia Beach Systems가 네덜란드식 경매로 1000주를 최초 공모하여 기업공개를 하려한다. 아래와 같은 입찰 결과가 접수되었다고 가정하자.

입찰자	수량	가격
A	400	$20
B	400	19
C	300	18
D	200	17

입찰자 A가 자신의 할당된 수량에 대해 지불하는 금액은?

20. 동일가중지수와 가치가중지수(LO4, CFA2) 역사적으로 가치가중지수가 동일가중지수보다 높은 수익률을 기록한 기간도 있으며, 그 반대의 기간도 있다. 그 이유는? 힌트: 1장을 살펴보라.

21. 기하지수(LO4) 또 다른 유형의 지수는 기하지수(geometric index)이다. 기하지수의 계산은 기하수익률(geometric return)의 계산과 비슷하다.

$$1 + R_G = [(1 + R_1)(1 + R_2) \ldots (1 + R_N)]^{1/N}$$

문제 14에서 두 해의 기하지수 수익률을 계산하라. 시초지수는 100으로 두어라.

22. 지수 수준의 해석(CFA2) 가격가중지수, 가치가중지수, 동일가중지수의 성과를 복제한다고 하자. 각 지수에 대한 투자전략을 기술하라. 지수를 완전하게 복제하기 위해 포트폴리오 재구성(portfolio rebalancing)이 없다는 점에서 3가지 전략은 소극적(passive)인가? 단, 주식분할, 배당지급은 없다고 가정하자. 3가지 전략 중 어느 전략이 소액투자자가 실행하기 쉬운가? 어느 전략이 실행하기 가장 어려운가?

CFA 관련 문제

[CFA6]

George White, CFA, and Elizabeth Plain, CFA, manage an account for Briggs and Meyers Securities. In managing the account, White and Plain use a variety of strategies, and they trade in different markets. They use both market and limit orders to execute their trades, which are often based on algorithmic methods. Their supervisor has asked them to compose a summary of their trading records to see how various strategies have worked.

Their supervisor also asks them to assess the costs and risks of the various types of trades. The supervisor specifically asks Mr. White and Ms. Plain to explain the difference in risks associated with market and limit orders. After Mr. White and Ms. Plain explain how limit orders can give a better price, the supervisor asks why they wouldn't always use limit orders.

As part of the discussion, Ms. Plain explains the issue of spread. She uses a recent example where the quoted bid and ask prices of GHT stock were $25.40 and $25.44, respectively.

1. Which of the following statements regarding market orders is *most* accurate? Market orders:
   a. Have price uncertainty, and limit orders have execution uncertainty.
   b. Have execution uncertainty, and limit orders have price uncertainty.
   c. And limit orders both have execution uncertainty and no price uncertainty.

2. In the example given by Ms. Plain, what was the spread for the GHT stock just prior to execution?
   a. $0.06
   b. $0.02
   c. $0.04

3. Assume that when Mr. White and Ms. Plain entered their buy order for GHT, the price of the stock increased to $25.45. This is the price at which the trade was executed. Given this impact, the effective spread was _____ that in Question 2 above.
   a. Lower than
   b. Higher than
   c. The same as

CHAPTER

06

보통주 가치평가

"만일 특정 사업의 가치가 1달러이고 그것을 40센트에 매수 할 수 있다면 뭔가 좋은 일이 일어날 수 있을 것이다"

— 워렌 버핏(Warren Buffett)

"예측이란 어려운 것이다. 특히 그것에 미래에 관한 것이라면 더욱 그러하다"

— 닐스 보어(Niels Bohr)*

학습목표

증권의 가치평가 방법을 이해하도록 하자.

1. 기본 배당할인모형
2. 2단계 배당성장모형
3. 잔존가치 및 잉여현금흐름 모델
4. 주가비율분석

보통주의 가치평가는 금융 분석에 있어 가장 어려운 과제 가운데 하나이다. 금융 자산의 가치 평가에 있어서 기본적인 개념은 미래의 현금흐름을 현재가치로 환산하는 것을 기본으로 한다. 따라서 보통주의 가치 평가는 미래에 대한 예측을 시도한다는 점에서 힘든 과제라 할 수 있다. 예를 들어 한 전형적인 대기업의 배당률이 약 2% 정도라 가정해보자. 이는 향후 10년에 걸쳐 지급될 배당금

CFA 예제

1 Financial 금융 보고서의 특징: 레드 플레그(Red flags, 역주: 분석가가 판단하는 특정 자산의 잠재적 위협 지표)과 회계상의 경고 지표(L1, S10)
2 자본의 비용(L1, S11)
3 주식 개론(L1, S14)
4 주식 가치평가: 개념과 기초적 도구들(L1, S14)
5 주식 가치평가: 과정의 적용(L2, S10)
6 배당할인 가치평가(L2, S11)
7 잉여현금흐름의 가치평가(L2, S12)
8 시장 기반 가치평가: 주가와 기업가치 배수(L2, S12)
9 잔존 가치 평가(L2, S12)

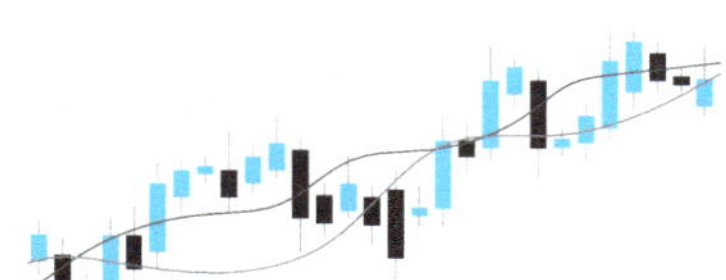

의 현재가치가 현재 주가의 일부분에 불과함을 함의 한다. 그러므로 보통주 가치의 대부분은 향후 10년간 지급될 배당금에서 비롯된다고 할 수 있다.

이 챕터에서는 애널리스트들이 보통주의 경제적 가치를 평가하는데 사용되는 몇 가지 방법에 대해 알아볼 것이다. 이러한 방법들은 크게 할인 모형(discount model)과 주가 비율 모형(price ratio model)이라는 두 가지 범주로 분류된다. 이러한 모델들을 학습한 후에 이 장에서 실제 회사에 대한 분석을 다루어 볼 것이다.

6.1 유가증권 분석: 신중하라

신중해야 한다는 경고로 논의를 시작하는 것이 생소할 수 있지만 적어도 유가증권 분석에 있어서는 이 경고가 나쁠 것이 없다고 생각한다. 이 챕터에서 논의될 방법들은 수 많은 투자자들과 애널리스트가 개별 주식의 매수 또는 매도를 결정하는데 이용되는 방법들의 예시들이다. 기본적인 개념은 저평가된 주식을 매수하고 고평가된 주식을 매도하는 것이다. 하지만 많은 주식들이 애널리스트들에게 싸게 보일 수 있지만 당장 표면에 드러나지 않는 이유로 인해 실제로는 적정 가격으로 책정되어 있을 수 있다. 따라서 훌륭한 분석가의 자질은 신중한 태도와 더불어 확실한 투자 권고에 앞서 더욱 깊이 조사하고자 하는 의지이다.

기본적 분석
특정 기업 주식의 경제적 가치를 평가하기 위하여 해당 기업의 회계 명세, 재무 및 채산성과 관련된 정보를 검증하는 작업

이 장에서 다루고자 하는 유가증권의 분석 방법은 기본적 분석(fundamental analysis) 항목의 범주 내에 있다. 특정 회사의 주당 순이익(earnings per share), 현금흐름, 장부가치, 판매 실적 등과 같은 수치를 펀더멘털(기본)이라고 하는데 이는 해당 수치들이 특정 회사의 영업과 수익(또는 수익의 부족)에 가장 기본적인 영향을 미치기 때문이다.

기본적분석은 특정 기업의 주식 가치를 평가하기 위해 해당 기업의 데이터에 기반한 여러 회계적인 숫자들을 검증하는 것이다. 경영의 질이나 제품과 더불어 해당 제품의 시장과 관련된 정보 역시 검토되기도 한다.

이러한 기법들을 적용하는데 있어 신중할 것을 이미 경고한 바 있는데, 특히 기법들이 단순할수록 더욱 신중을 기해야 한다. 이후 챕터에서 다뤄질 시장의 효율성에 의하면, 이미 널리 알려진 정보에 의존하는 단순한 분석 기법들이 우월한 투자결과로 이어지지 못할 것이라 믿는 데에는 충분한 이유가 있다. 사실 이러한 투

자기법들은 쓸데없이 위험한 투자 결정으로 이어질 수 있다. 이는 특히 주류 증권사에 재직하며 전문적으로 유가증권을 분석하는 애널리스트들처럼 접근 가능한 정보를 적시에 취할 수 없는 일반적인 투자자(대부분의 우리와 같은)들에게는 더욱 그러하다

그러므로 이 챕터에서 우리의 목표는 누군가를 부유하게 만들어줄 주식을 고르는 것을 가르치는 것이 아니다. 확실히 투자교과서 내의 챕터 하나만으로 그러한 수준의 투자 요령을 습득하기는 부족하다. 그럼에도 불구하고 전문 투자회사들의 매수 또는 매도 추천이 꽤나 자주 지금부터 이 책에서 소개하고자 하는 방법들에 의해서 언급되고 있다는 점 때문에 해당 챕터에서 다뤄질 기법들을 이해하는 것은 매우 중요하다. 금융 관련 언론에서 다뤄지는 개별 기업에 관한 논의 역시도 이러한 개념들에 의존하고 있다. 따라서 일반적인 투자정보를 해석하는데 어느 정도의 배경지식이 필요하다. 결국 이러한 전문 용어들과 유가증권 분석과 연관된 개념들을 모두 배워야하는 것이다.

확인 사항

6.1a 기본적분석이란 무엇인가?

6.1b 고평가된 주식과 저평가된 주식은 어떤 것인가?

6.1c 왜 주식을 평가하는 것은 필연적으로 미래에 대한 예측을 수반하는가?

6.2 배당할인모형

금융의 기초적인 원리에 의하면 특정 유가증권의 가치는 미래 현금흐름의 총 합과 일치하는데, 여기서의 현금흐름은 위험과 현금의 시간가치에 의해 조정된 것이다. 배당할인모형(dividend discount model, DDM)은 보통주의 가치평가를 위해 자주 사용되는 모형이다. 배당할인모형은 한 주식의 가치를 미래에 기대되는 배당금의 총 합으로 평가하게 되는데 이 배당금은 위험과 현금의 시간가치에 의해 조정된다.

배당할인모형(DDM)
주식의 가치를 측정하는 방법으로서, 미래에 지급될 배당의 현재가치이다.

예를 들어 한 기업이 매년 후반에 배당금을 지급한다고 하자. D_t는 현재로부터 t년 후에 지급될 배당금을, P_0는 미래 배당의 현재가치의 합을 의미한다. 또한 k는 적정한 위험을 기반으로 조정된 할인율이라고 하자. 배당할인모형을 이용하면 이 회사의 주가는 할인된 미래 배당금의 합계로 산출된다:

$$P_0 = \frac{D_1}{(1+k)} + \frac{D_2}{(1+k)^2} + \frac{D_3}{(1+k)^3} + \cdots + \frac{D_T}{(1+k)^T} \tag{6.1}$$

수식 (6.1)에서, 마지막 배당은 현재로부터 T년 후에 지급되는 것으로 가정하자. T 값은 마지막에 지급되는 배당 시점에 따라 달라진다. 따라서 만일 $T=3$이고 $D_1=D_2=D_3=\$100$라 가정한다면 현재 가치 즉, P_0는 아래와 같이 산출된다:

$$P_0 = \frac{\$100}{(1+k)} + \frac{\$100}{(1+k)^2} + \frac{\$100}{(1+k)^3}$$

만일 할인율 $k=10\%$라고 가정한다면, 근사치 계산에 의해 $P_0=\$248.69$ 수준이다. 따라서 이 주식의 주당 가치는 대략 $250 수준이어야 한다.

예제 6.1

배당할인모형

어느 주식의 연간 배당이 $100이고 할인율 $k=15\%$라고 다시 한번 가정해보자. 이 경우 현재의 주식 가격은 얼마인가? 15%의 할인율을 적용할 시의 산식은 다음과 같다.

$$P_0 = \frac{\$100}{1.15} + \frac{\$100}{(1.15)^2} + \frac{\$100}{(1.15)^3}$$

따라서 정답은 $P_0=\$228.32$이다.

예제 6.2

배당할인모형의 적용

이번에는 해당 주식의 3년간의 배당금이 첫 번째, 두 번째, 세 번째 연도에 $10, $20, $30을 지급한다고 가정하고 할인율은 $k=10\%$라고 가정해보자. 주식의 현재 가치는 얼마인가? 이 경우의 산식은 다음과 같다.

$$P_0 = \frac{\$10}{(1.10)} + \frac{\$20}{(1.10)^2} + \frac{\$30}{(1.10)^3}$$

따라서 정답은 $P_0=\$48.16$ 이다.

일정 영구성장모델

일정영구 성장모델
배당할인모형의 한 형태로서, 배당이 일정한 성장률로 성장하고 이 성장률은 반드시 할인율보다 작아야 함.

일정 영구성장모델은(constant perpetual growth model) 배당할인모형 가운데서도 특히 단순하고 활용도가 높다. 해당 모형에서는 한 기업이 지급하는 배당금이 정률인 g만큼 영구적으로 매 기간 증가하는 것을 가정한다. 일정 영구성장모델에서 주식 가격의 결정은 다음의 산식에 의해 도출된다.

$$P_0 = \frac{D_0(1+g)}{k-g} \qquad (g<k) \tag{6.2}$$

$D_0(1+g)=D_1$이므로, 해당 산식은 또한 다음과 같이 정리될 수 있다.

$$P_0 = \frac{D_1}{k-g} \qquad (g < k) \tag{6.3}$$

어느 산식을 이용하던, 해당 산식들을 이용하여 미래의 배당금 지급을 기초로 하여 단순하고 유용하게 해당 주식의 가격을 도출해낼 수 있다.

일정 영구성장모델에서는 반드시 배당성장률 g가 할인율인 k보다 작아야 한다는 점에 주목하도록 하자. 반대의 경우, 해당 주식의 가치는 음수가 될 것이고 해당 산식은 더 이상 유효하지 않을 것이다. 배당 성장률이 할인율 보다 크다는 것은 미래 배당의 현재 가치가 지속적으로 증가하도록 하기 때문에 해당 주식의 가치를 무한하게 하는 것을 함의 한다. 어떤 주식도 무한 가치를 지니고 있지는 않기 때문에 g와 k에 대한 상기의 가정은 경제적으로 이치에 맞다고 할 수 있다.

일정 영구성장모델을 적용해보기 위해 배당 성장률 $g=4\%$, 할인율 $k=9\%$, 현재 배당 $D_0=\$10$라고 가정해 보자. 이 경우 주가의 계산은 다음과 같다.

$$P_0 = \frac{\$10(1.04)}{0.09-0.04} = \$208$$

예제 6.3

일정영구 성장 모델의 적용

어느 특정 기업의 배당 성장률이 5%의 수치로 영구적으로 증가한다고 가정한다. 할인율은 15%이고 현재 배당은 $10이다. 이 기업의 주가는 얼마인가?

$$P_0 = \frac{\$10(1.05)}{0.15-0.05} = \$105$$

해당 수치들을 대입하여 주가는 $105로 산출 되었다.

일정 영구 성장을 구하는 산식은 어떻게 도출하는가? 많은 이들이 어떻게 무한한 횟수의 배당을 더하여 산식 (6.3)과 같이 단순해 보이는 산식이 도출되는지 궁금해한다. 일정성장이 의미하는 바가 배당의 성장이 영구적이라는 점을 다시 한번 상기해 보자. 이는 현재의 주가, P_0가 바로 다음과 같음을 의미한다.

$$P_0 = \frac{D_1}{1+k} + \frac{D_1(1+g)}{(1+k)^2} + \frac{D_1(1+g)^2}{(1+k)^3} + \frac{D_1(1+g)^3}{(1+k)^4} + \cdots \tag{6.4}$$

산식 (6.4)는 현재의 주가가 미래에 지급되는 배당들이 각각 현재가치로 할인된 값들의 합과 같음을 보여주고 있다. 정률 성장을 가정하여 주식의 현재 가치를 구하기 위해 산식 (6.4)의 양변에 $[(1+g)/(1+k)]$를 곱하게 되면 산식 (6.4)는 아래와 같이 변한다.

$$P_0\left[\frac{1+g}{1+k}\right]=\frac{D_1}{1+k}\left[\frac{1+g}{1+k}\right]+\frac{D_1(1+g)}{(1+k)^2}\left[\frac{1+g}{1+k}\right]+\frac{D_1(1+g)^2}{(1+k)^3}\left[\frac{1+g}{1+k}\right]+\cdots$$
$$=\frac{D_1(1+g)}{(1+k)^2}+\frac{D_1(1+g)^2}{(1+k)^3}+\frac{D_1(1+g)^3}{(1+k)^4}+\cdots \qquad (6.5)$$

이제 새로 도출된 산식 (6.5)에서 산식 (6.4)를 빼 보도록 한다. 이를 자세히 보면 이 과정에서 많은 항들이 소거되는 것을 알 수 있다. 실제로 산식 (6.5)의 우항에 있는 모든 항들이 소거되고 산식 (6.4)의 첫 번째 항을 제외한 모든 우항 역시도 소거된다. 약간의 대수를 이용하여 산식 (6.5)에서 산식 (6.4)를 제하게 되면 다음과 같다.

$$P_0-P_0\left[\frac{1+g}{1+k}\right]=\frac{D_1}{1+k}+\frac{D_1(1+g)}{(1+k)^2}-\frac{D_1(1+g)}{(1+k)^2}+\frac{D_1(1+g)^2}{(1+k)^3}-\frac{D_1(1+g)^2}{(1+k)^3}+\cdots$$
$$P_0\left[1-\frac{1+g}{1+k}\right]=\frac{D_1}{1+k}$$
$$P_0\left[\frac{1+k}{1+k}-\frac{1+g}{1+k}\right]=\frac{D_1}{1+k} \qquad (6.6)$$
$$P_0\left[\frac{k-g}{1+k}\right]=\frac{D_0}{1+k}$$
$$P_0=\frac{D_1}{1+k}\times\frac{1+k}{k-g}$$
$$P_0=\frac{D_1}{k-g}$$

배당의 성장이 영구적으로 일정할 경우 주식의 가격이 어떻게 결정되는지를 살펴보았다. 이제 이 산식을 다음 섹션에서도 적용해보도록 하자.

일정 영구성장모델의 적용 실제로 일정 영구성장모델은 배당할인모형 가운데서도 매우 단순하게 쓸 수 있다는 점에서 가장 대중적인 모형이다. 확실히 이 모형은 아인슈타인이 했던 다음의 유명한 격언을 충족시킨다. "최대한 단순화하세요. 더욱 그렇게 할 수 없을 만큼." 하지만 능숙한 애널리스트들은 일정 영구성장모델은 해당 기업이 비교적 오래되었고 수익이 안정적이며, 배당의 성장이 근미래에도 지속될 경우에만 유용하다는 점을 간파하고 있다.

일정 영구성장모델이 유용하게 적용되는 산업의 한 예시로 전기 산업을 예로 들 수 있다. 뉴욕 주식 거래소에서 티커 심볼 AEP로 거래되는 American Electric Power를 예를 들어보자. 2015년 후반 AEP는 연간 배당으로 $2.24를 지급하였다.

따라서 산식에 $D_0 = \$2.24$를 적용하도록 한다. 일정 영구성장모델의 적용을 위해서는 배당 성장률과 할인율이 추가로 필요하다. 정확하진 않지만 오래된 경험법칙에 따라, 전기회사에 적용되는 위험이 조정된 할인율은 20년 만기 미 재무부 발행 채권의 만기 보유 수익률(YTM)에 2%를 가산하여 산출하도록 한다. 본 내용이 작성되는 시점에서 미 재무부 발행 20년 만기의 만기보유 수익률은 2.5%이고 여기에 2%를 가산할 시 산식에 적용되는 할인율 $k = 4.5\%$이다

과거 몇 년간 AEP는 8%까지 배당금을 증가시켰다. 평균으로 환산할 시 AEP는 연간 약 2%씩 증액해온 셈이다. 해당 성장률은 전기 유틸리티 산업 전체의 예상 수익 성장률과 일치한다. 따라서 2% 성장률은 AEP의 미래 성장에 대한 합리적인 수치로 여겨진다.

이 모든 것을 더하여 이제 산식에 $k = 4.5\%$, $g = 2\%$, $D_0 = \$2.24$를 적용할 수 있다. 해당 수치를 통해 AEP의 적정 주가를 산출해보면 다음과 같다.

$$P_0 = \frac{\$2.24(1.02)}{0.045 - 0.02} = \$91.39$$

이 추정치는 2015년 후반 AEP의 주가인 \$56.21을 훨씬 상회하고 있으며, AEP의 주식이 아마도 저평가되었음을 시사한다.

해당 수치를 도출함에 있어서 몇 가지 가정이 이루어졌기 때문에 여기서 '아마도'라는 어휘를 강조하는 바이다. 해당 가정들의 변화는 다른 결과로 이어질 수 있다. 특히 할인율, 성장률과 더불어 배당이 일정할 것이라는 가정을 하였는데 만일 이런 가정들을 바꾼다면 어떤 일이 벌어질까? 이에 대한 논의는 앞으로도 이 책에서 몇 번 더 다뤄질 것이다.

예제 6.4

DTE Energy Co.의 가치 평가

2015년 유틸리티 기업 DTE Energy(DTE)는 배당으로 \$2.84를 지급하였다. $D_0 = \$2.84$, $k = 4.5\%$ 또한 해당 산업의 성장률 $g = 2\%$를 이용하여 DTE의 현재 가치를 평가하라. 또한 2015년 DTE의 실제 주가는 \$81.15였는데 이와도 비교하여 보자. 해당 수치를 산식에 대입했을 때 결과는 다음과 같다.

$$P_0 = \frac{\$2.84\ (1.02)}{0.045 - 0.02} = \$115.87$$

계산된 수치는 2015년 후반 DTE의 주가인 \$81.15보다 훨씬 높은 수치이다. 이는 DTE의 주가가 아마도 저평가 되어있음을 시사한다.

역사적 성장률

일정 영구성장모델에서 어느 기업의 역대 평균 배당의 성장률은 미래의 배당 성장률로써 자주 이용되었다. 때로는 역대 성장률이 기업의 정보로서 공표되기도 하지만 그렇지 않다면 직접 계산이 필요할 때도 있다. 여기에는 두 가지 방법이 있는데 (1) 기하평균 배당성장률(geometric average dividend growth rate)을 이용하는 방법과 (2) 산술평균 배당성장률(arithmetic average dividend growth rate)을 이용하는 방법이다. 두 가지 방법 모두 다음과 같이 쉽게 구해진다.

기하평균 배당성장률 역사적 기하평균 성장률에 근거한 배당 성장률

산술평균 배당성장률 역사적 산술평균 성장률에 근거한 배당 성장률

역대 지급 성장률의 기하평균과 산술평균 차이점을 보여주기 위해 The Broadway Joe Company가 아래와 같은 배당을 매년 말에 지급하였다고 가정하도록 하자.

2016: \$2.20	2013: \$1.75
2015: 2.00	2012: 1.70
2014: 1.80	2011: 1.50

먼저 가장 쉬운 방법인 기하 평균성장률을 구해보도록 하자. 5년 동안 배당은 2011년 말에 지급된 \$1.50을 시작으로 2016년 말에 \$2.20까지 지급되었다. 기하평균 성장률은 5년 동안 배당을 \$1.50에서 \$2.20으로 올릴 수 있는 일정한 성장률과도 같다. 즉 이는 아래의 산식을 일치시키는 성장률이다.

$$\$2.20 = \$1.50(1 + g)^5$$

$$g = \left(\frac{\$2.20}{\$1.50}\right)^{1/5} - 1 = 0.08$$

따라서 이 경우의 5년간 배당성장률의 기하 평균은 8%이다. 이 계산이 1장에서 다루었던 기하 평균 수익의 계산과 비슷한 것에 주목해보자. 일반적으로 N년간의 기하평균 배당성장률을 구하는 데 있어 D_0이 가장 이른 시점의 배당이고 D_N이 가장 나중 시점의 배당이라면 일반 산식은 다음과 같다.

$$g = \left[\frac{D_N}{D_0}\right]^{1/N} - 1 \tag{6.7}$$

위의 예시에서 D_0=\$1.50, D_N=\$2.20, 그리고 N=5를 통해 성장률 g=8%가 도출된다.

산술평균 성장률은 조금 더 어려운 과정을 통해 계산이 이뤄지는데 이는 첫째로 각 연도별 성장률을 개별적으로 구해야 하고 해당 성장률의 산술 평균을 구하기 때문이다. 상기의 Broadway Joe의 예시를 다시 적용해본다면 5년간의 배당성장의 산술 평균은 아래와 같이 계산된다.

연도	배당	연간 성장률
2016	$2.20	10.00%=(2.20−2.00)/2.00
2015	2.00	11.11%=(2.00−1.80)/1.80
2014	1.80	2.86%=(1.80−1.75)/1.75
2013	1.75	2.94%=(1.75−1.70)/1.70
2012	1.70	13.33%=(1.70−1.50)/1.50
2011	1.50	
연간 성장률 총합/경과 년수=40.24%/5=8.05%		

5년간의 연간 성장률의 총합은 40.24%이다. 이를 5로 나누게 되면 40.24%/5 =8.05%로 산술평균 성장률을 도출할 수 있다. 이 산술평균 성장률이 기하 평균 성장률의 값이었던 8.0%에 상당히 근접한다는 점에 주목해보자. 이는 보통 배당 성장률에 있어서 그러하지만 항상 그렇지는 않다. 이 두 수치가 큰 차이를 보인다는 것은 배당의 성장이 불규칙하게 이루어졌음을 의미하는데, 이 경우 일정성장 산식에 적용하여도 좋은지에 대해 의구심을 들게 한다.

예제 6.5

불규칙한 배당 성장

기하평균과 산술평균이 크게 차이가 날 수 있음을 보이기 위해 졸틴 조(Joltin's Joe) 기업의 배당이 아래와 같이 이루어졌음을 예로 들어보자

2016: $2.20 2013: $2.00
2015: 2.00 2012: 1.50
2014: 1.80 2011: 1.50

졸틴 조의 5년간 배당 성장의 산술평균은 아래와 같이 도출된다.

연도	배당	연간 성장률
2016	$2.20	10.00%=(2.20−2.00)/2.00
2015	2.00	11.11%=(2.00−1.80)/1.80
2014	1.80	−10.00%=(1.80−2.00)/2.00
2013	2.00	33.33%=(2.00−1.50)/1.50
2012	1.50	0.00%=(1.50−1.50)/1.50
2011	1.50	
44.44%/5=8.89%		

이 경우 5년간의 성장률 합은 44.44%이다. 이를 5로 나누게 되면 성장률 산술평균은

44.44%/5=8.89%로 도출된다. 이 성장률 산술평균은 기하평균 산식 산식 (6.7)로 도출된 값인 8.0%보다 훨씬 크다는 점에 주목하자.

상기 졸틴 조의 예에서 알 수 있듯, 때론 성장률의 기하평균과 산술평균값이 사뭇 다르게 도출될 수 있음을 알 수 있었다. 실제로 대부분의 애널리스트들은 역대 평균 성장률을 계산할 때 기하 평균 방법을 쓰는 것을 더욱 선호한다. 어느 경우라도 역대 평균 성장률을 미래의 배당 성장으로 적용하는지 여부는 적절할 수도 있고 그렇지 않을 수도 있다. 많은 애널리스트들이 이를테면 성장률이 지속적인지 여부와 같은 정보를 반영하여 추정치를 조정한다

지속 가능 성장률

지속 가능 성장률
회사의 이익에 의해 지속되는 배당 성장률

유보 이익
재무 성장을 위해 기업이 내부로 보유한 수익

배당 성향
수익 중 배당으로 지급되는 부분

유보율
재투자를 위해 유보되는 수익분

지금까지 살펴본 대로, 일정 영구성장모델을 사용할 때, 배당의 성장률인 g를 도출한 것이 반드시 필요하다. 이 전의 논의에서 특정 기업의 역대 평균 성장률을 사용하는 방법은 살펴보았다. 이제 앞선 논의와는 다른 두 번째 방법인 지속 가능 성장률(sustainable growth rate)에 대해 살펴볼 것이다. 이것은 g를 도출하는데 기업의 성장률을 이용하는 방법이다.

앞서 논의하였듯, 일정 영구성장모형은 배당과 수익 성장이 일정한 기업의 경우에만 적용할 수 있다는 한계를 지니고 있다. 본질적으로, 한 기업의 수익은 주주들에게 배당의 형태로 지급 하기도 하고 기업의 향후 성장에 필요한 자금을 조달하고자 유보 이익(retained earnings)으로 유보될 수 있다. 수익 가운데 주주들에게 배당의 형태로 지급되는 비율을 일컬어 배당 성향(payout ratio)이라고 하고 잉여 이익으로 재투자되는 비율을 유보율(retention ratio)이라고 한다.

*D*를 배당이라고 하고 *EPS*를 주당 순이익이라고 하자. 이 경우 배당률의 산식은 단순히 *D*/*EPS*로 정의된다. 예를 들어 한 기업의 현재 배당이 주당 $4이고 주당 순이익이 현재 $10이라면 배당 성향은 $4/$10=0.40 또는 40%가 된다. 반대로 유보율은 1−0.40=0.60, 60%가 된다.

한 기업의 지속성장률은 자기 자본 이익률(ROE)과 내부 유보율의 곱에 의하여 도출된다.*

---

* 정확히 표현하자면 이 산식은 자기 자본 이익률이 시작기의 주주의 자본을 사용하여 산출된 경우에만 옳다. 마지막 기의 수치를 이용할 경우, 정확한 산식은 자본 이익률×유보율 / [1−(자본 이익률×유보율)] 이다. 하지만 정확한 산식을 이용하는 경우에도 오차는 크지 않고 대부분의 재무 분석가들이 무시해도 되는 수준이라 간주한다.

$$\text{지속 가능 성장률} = \text{자본이익률} \times \text{유보율} = \text{자본이익률} \times (1 - \text{배당 성향}) \quad (6.8)$$

자기 자본 이익률은 일반적으로 회계에 기초한 성과 측정치에 의해 산출되며, 기업의 순이익을 주주의 자본으로 나누어 계산한다.

$$\text{자본이익률} = \text{당기순이익} / \text{자본} \quad (6.9)$$

예제 6.6

지속가능 성장률의 계산

2015년 American Electric Power(AEP)의 자기자본이익률(ROE)은 10.25%, 주당 순이익(EPS)은 $3.61였으며 지급된 배당 $D_0 = \$2.24$ 수준이었다. AEP의 유보율과 지속 가능 성장률은 얼마인가?

AEP의 배당지급에 따라 $2.24/$3.61 = 0.620이므로 배당률은 62%이다. 따라서 유보율은 1 − .620 = 0.380, 38%가 된다. 마지막으로 AEP의 지속 가능 성장률은 0.1025 × 0.380 = 0.03895, 3.90%이다.

예제 6.7

AEP 주가 산출

앞서 도출된 AEP의 지속 가능 성장률 3.90%(예제 6.6 참조)을 영구 배당 성장률로, 현재 배당금을 $2.24로 할 때, 할인율 4.5%에서 AEP의 주가는 얼마인가?

일정성장 모델을 활용하면 $2.24(1.039)/(0.045 − 0.039) = $387.89라는 수치를 얻게된다. 명백히 무언가는 잘못되었다. 왜냐하면 실제 주가는 $56.21이기 때문이다. 이러한 차이에 대한 이유를 명확하게 알 수 있는가?

예제 6.8

DTE 에너지 주가 산출

2015년 DTE의 자기자본이익률(ROE)은 11%, 주당 순이익(EPS)은 $5.29, 배당은 $D_0 = \$2.84$이다. 4.5%의 할인율 적용할 때, DTE의 주가는 얼마인가?

DTE의 배당률은 $2.84/$5.29 = 0.5368, 53.7% 수준이다. 따라서 DTE의 유보율은 1 − 0.537 = 0.463, 46.3% 수준이다. DTE의 지속 가능 성장률은 따라서 11% × 0.463 = 5.1%가 된다. 할인율(k)이 성장율(g)보다 작기 때문에 이 문제에 있어서는 영구 배당 성장 모델을 적용할 수 없다.

지속 가능 성장률의 문제점은 매해 발생하는 기업 이익의 변동에 민감하다는 점이다. 그 결과, 애널리스트들은 매번 지속 가능 성장률을 조정하여 기업 이익의 변동성을 평탄화한다. 불행히도, 지속 가능 성장률을 일반적으로 통용되는 표준적인 방법으로 조정하는 방법은 없다. 분석가들은 개인의 경험에 의존하여 주관적인 판단에 조정 방법을 의존한다.

ROE의 분석

지속 가능 성장률을 추정할 때는 두 가지 요소를 필요로 하는데 배당 성향과 ROE가 그것이다. 대부분의 기업들에 있어서 배당 정책은 상대적으로 안정적인 편이다. 따라서 기업의 지속 가능 성장률을 변동시키는 주된 요소는 ROE의 변화에서 기인한다. 그러므로 ROE를 이해하는 것은 주가를 분석하는 데 있어서 대단히 중요한 요소라 할 수 있다. ROE는 당기순이익을 자본총액으로 나누어 산출되며, 세 가지 요소에 의해 도출되는데 이 세 가지 요소로 이루어진 산식을 듀퐁 방정식이라 한다. 듀퐁 방정식은 아래와 같다.

$$\text{POE} = \frac{\text{당기순이익}}{\text{매출액}} \times \frac{\text{매출액}}{\text{총자산}} \times \frac{\text{총자산}}{\text{자본}} \tag{6.10}$$

듀퐁 방정식에 의하면 상기와 같이 ROE는 세 가지 항들로 구성되어 있음을 보여준다. 첫 번째 항은 기업의 매출이익률(Net profit margin)을 의미하고 두 번째 항은 자산의 효율성을 보여주는 항으로 이는 총자산회전율(Asset turnover)이라 한다. 자산 효율성은 자산 한 단위가 기업의 매출에 기여하는지를 보여준다. 세 번째 항은 자기자본 승수(Equity multiplier)라고 한다. 이 항목은 기업의 채무를 나타내는 지표로, 이 승수가 1일 경우 해당 기업의 부채는 없다는 것을 의미한다.

상기 산식을 통해 기업의 경영자들이 어떻게 지속 가능 성장률을 높이는지 보라 면밀하게 알 수 있게 되었다. 이들은 이익대비 적은 배당을 지급하려 한다. 낮은 배당 성향은 성장률을 상승시킨다. 또한 경영자가 수익성을 개선하거나 자산의 효율성을 증대시킬 방법을 찾을 경우에도 ROE는 증가한다. 이로서 경영자는 부채를 증가시킬 수 있게 된다. 결과적으로 자기자본 승수의 증가는 ROE의 증가로 해석될 수 있다(다만 이는 매출이익률이 손실이 아닐 경우에만 해당하는 경우이다). 지속 가능 성장률 산식을 보면 ROE가 증가하면 지속 가능 성장률 역시도 증가한다는 것을 알 수 있다.

대학을 졸업한 이후 애널리스트로서 일할 기회가 주어졌다고 가정해보자. ROE를 분석할 수 있다면 경영진이 세운 전략이 어떻게 미래 성장률에 영향을 줄 수 있는지 판단할 수 있게 된다. 이러한 방법으로 해당 기업의 잠재적인 주가를 추정할 수 있게 될 것이다.

확인 사항

6.2a 배당할인모형과 일정성장모형, 일정 영구성장모형을 비교해보자. 어떤 점이 비슷하고 어떤 점이 차이가 있는가?

6.2b 기하 평균 성장률이란 무엇인가? 어떻게 산출되는가?

6.2c 지속 가능 성장률이란 무엇인가? 어떻게 산출되는가?

6.3d ROE를 구성하는 요소들은 어떤 것들이 있는가?

6.3 2단계 배당 성장 모형

이전 섹션에서 배당 할인모형들은 한 가지 성장률을 이용하였다. 한 가지 성장률을 사용한다는 것은 다소 현실성이 떨어질 수도 있다. 기업들은 때때로 고성장과 저성장을 경험하기도 하며 이러한 성장세가 결국은 산업 평균이나 경제 전체적인 평균 수준에 수렴하게 될 것이다. 이러한 경우 애널리스트들은 2단계 배당 성장 모형(two-stage dividend growth model)을 이용한다.

2단계 배당 성장 모형
기업이 잠깐동안 특정 성장률로 성장한 이후 장기 성장률 수준에서 성장할 것임을 가정한 배당할인모형

2단계 배당 성장 모형에서 한 기업이 처음에는 g_1 수준의 성장률로 T년 동안 성장하게 되고 이후 기간에서는 g_2수준의 성장률로 성장하게 된다고 가정한다. 2단계 배당모형의 산식은 아래와 같다.

$$P_0 = \frac{D_0(1+g_1)}{k-g_1}\left[1-\left(\frac{1+g}{1+k}\right)^T\right]+\left(\frac{1+g_1}{1+k}\right)^T\left[\frac{D_0(1+g_2)}{k-g_2}\right] \tag{6.11}$$

산식 (6.11)은 두 부분으로 나뉘어져 있다. 우변의 첫 번째 항은 첫 번째 성장기간 T에 해당하는 기업의 가치를 현재 가치로 계산한 것이다. 두 번째 항은 T기간 이후의 성장률이 g_1에서 g_2로 바뀌었다는 가정 하에 T기간 이후의 가치를 현재가치로 환산한 것이다.

산식을 이용하는 것은 계산기에 입력하여 바로 얻을 수 있는 답이다. 예를 들어 한 기업의 현재 배당이 $2, 배당의 성장은 첫 기간 동안 $g_1 = 20\%$ 수준으로 성장하였고 이 기간 $T=5$년으로, 이후 기간 동안 $g_2=5\%$의 성장률로 성장한다고 가정해보자. 할인율 $k=12\%$라고 할 때, 이 기업 주식의 현재 가치 P_0는 다음과 같이 산출된다.

$$\begin{aligned} P_0 &= \frac{\$2(1.20)}{0.12-0.20}\left[1-\left(\frac{1.20}{1.12}\right)^5\right]+\left(\frac{1.20}{1.12}\right)^5\left[\frac{\$2(1.05)}{0.12-0.05}\right] \\ &= \$12.36 + \$42.36 \\ &= \$54.72 \end{aligned}$$

이 주식의 현재가치 \$54.72는 첫 5년 동안의 배당을 통해 계산된 금액의 현재가치 \$12.36과 이후 남은 기간 동안의 현재가치인 \$42.36의 합으로 이루어져 있음을 알 수 있다.

예제 6.9

2단계 모형의 사용

기업의 현재 배당 $D_0 = \$5$이며 이는 처음 기간 $T = 5$년간 줄어들 것으로 예상되는데 그 하락율은 $g_1 = -10\%$이고, 이후에는 $g_2 = 4\%$의 성장률로 성장한다고 가정하자 주어진 할인율 $k = 10\%$일 때, 주식의 가치를 산출하라. 2단계 모형을 이용하면 현재 주식가격 P_0는 아래와 같이 산출된다.

$$P_0 = \frac{\$5(0.90)}{0.10-(-0.10)}\left[1-\left(\frac{0.90}{1.10}\right)^5\right]+\left(\frac{0.90}{1.10}\right)^5\left[\frac{\$5(1.04)}{0.10-0.04}\right]$$
$$= \$14.25 + \$31.78$$
$$= \$46.03$$

현재 가치의 총합 \$46.03은 5년간 배당으로 산출된 현재가치인 \$14.25와 남은 기간 동안의 현재가치 \$31.78의 합이다.

2단계 성장모형에서 두 번째 기간의 성장률 g_2는 반드시 할인율 보다 작아야 한다. 하지만 첫 번째 기간의 성장률 g_1은 할인율보다 크거나 작을 수도, 같을 수도 있다.

예제 6.10

아메리칸 익스프레스의 주가산출(AXP)

아메리칸 익스프레스는 뉴욕 증권거래소(NYSE) 티커 심볼 APX로 거래된다. 2015년 AXP는 \$1.16의 배당을 지급하고 있었고, 애널리스트들은 향후 5년간 AXP가 7.80%의 성장률로 성장할 것을 예측하였으며 금융 서비스 산업의 성장률은 13.13%로 예측하였다. 금융 서비스 산업의 성장률은 일정하다고 가정한다. AXP의 성장률이 5년 후에 산업 평균 수준으로 회귀한다면 15% 할인율을 이용하여 AXP의 가치를 구하라.

$$P_0 = \frac{\$1.16 \times 1.078}{0.15-0.078}\left[1-\left(\frac{1.078}{1.15}\right)^5\right]+\left(\frac{1.078}{1.15}\right)^5\left[\frac{\$1.16 \times 1.1313}{0.15-0.1313}\right]$$
$$= \$17.37 \times 0.2762 + 0.7238 \times \$70.18$$
$$= \$4.80 + \$50.79$$
$$= \$55.59$$

이 추정 현재 가치는 AXP의 2015년 후반 주가인 \$74.22에 비해 작다. AXP가 고평가 되어있는지, 어떤 다른 요소들로 인하여 차이가 발생하는지 생각해보라.

예제 6.11

펩시! 펩시! 펩시!(PEP)

펩시 주식의 뉴욕 주식 거래소 티커 심볼은 PEP이다. 2015년 펩시는 $2.81의 배당을 지급하였고 애널리스트들은 향후 5년간 펩시의 성장률을 6.18%로 예측하였고 탄산음료 산업의 성장률을 12.07%로 예측하였다. 펩시의 5년간 성장률은 6.18%로, 이후에 12.07%로 성장할 것을 가정한다. 할인율을 16%라고 가정하고 PEP의 주가를 구하라.
2단계 배당 성장모형에 주어진 값들을 대입하면 아래와 같다.

$$
\begin{aligned}
P_0 &= \frac{\$2.81 \times 1.0618}{0.16 - 0.0618}\left[1 - \left(\frac{1.0618}{1.16}\right)^5\right] + \left(\frac{1.0618}{1.16}\right)^5 \left[\frac{\$2.81 \times 1.1207}{0.16 - 0.1207}\right] \\
&= \$30.38 \times 0.3574 + 0.6426 \times \$80.13 \\
&= \$10.86 + \$51.49 \\
&= \$62.35
\end{aligned}
$$

이 추정치는 PEP의 2015년 후반 주식가격인 $102.80보다 약 39% 낮다. 두 번째 기간의 성장률을 13.15%로 가정한다면 값은 아래와 같다.

$$
\begin{aligned}
P_0 &= \frac{\$2.81 \times 1.0618}{0.16 - 0.0618}\left[1 - \left(\frac{1.0618}{1.16}\right)^5\right] + \left(\frac{1.0618}{1.16}\right)^5 \left[\frac{\$2.81 \times 1.1315}{0.16 - 0.1315}\right] \\
&= \$30.38 \times 0.3574 + 0.6426 \times \$111.56 \\
&= \$10.86 + \$71.69 \\
&= \$82.55
\end{aligned}
$$

이 추정치는 실제 PEP 주가에 가깝다. 이 예는 배당 성장 모형을 이용해 도출된 주가의 추정치가 추정된 성장률의 작은 변화에 얼마나 민감한지를 보여준다. 만일 할인율에도 작은 변화를 준다면 어떻게 되겠는가? 배당은 $2.81, 5년간 성장률 6.18%로, 두 번째 기간 성장률을 13.15%로 적용한다. 기존 16%의 할인율 대신 15%의 할인율을 적용하게 된다면, 주가 추정치는 기존 $82.55에서 $126.45로 상승하게 되는데 이는 현재 시장가격인 $102.80을 약 23% 상회한다.

첫 기간에서의 불규칙 성장

앞선 사례들에서 첫 기에서의 성장이 불규칙 성장으로 고려되었다. 불규칙 성장의 쉬운 예로, 한 기업이 현재는 배당을 지급하지 않고 있는 경우를 생각해보자. 또한 이기업이 5년 후에 배당할 것이라고 예측된다. 예측되는 배당은 $0.50이다. 또한 이 배당이 10%의 성장률로 끊임없이 증가할 것이라 예상한다. 해당 산업의 요구수익률은 20%이다. 현재의 주가는 얼마인가?

현재의 주가를 알아보기 위해, 먼저 일단 배당이 지급되면 어떤 가치가 있을지를 알아내야 한다. 그러고 현재의 가격을 얻기 위해 미래의 가격을 현재 가치로 환산하여야 한다. 첫 배당의 지급은 5년 후에 지급될 것이고 이후 배당은 지속적으로 증가할 것이다. 배당 성장모형을 이용하면 4년 후의 주가는 아래와 같다.

$$P_4 = D_4 \times (1 + g)/(k - g)$$
$$= D_5/(k - g)$$
$$= \$0.50/(0.20 - 0.10)$$
$$= \$5$$

만일 4년 이후의 주가가 \$5라면 이제 이 가격을 4년간 20%의 할인율로 할인하여 현재 가치를 얻을 수 있다.

$$P_0 = \$5/1.20^4 = \$5/2.0736 = \$2.41$$

따라서 현재 주가는 \$2.41이다.

불규칙 성장의 문제는 처음의 몇 년간의 배당이 0이 아닐 경우 약간 더 복잡하다는 것뿐이다. 예를 들어, 향후 3년간 아래의 배당을 예측하였다고 가정해보자.

연도	기대 배당
1	\$1.00
2	2.00
3	2.50

세 번째 년도 이후, 배당은 일정하게 5%의 성장률로 성장할 것이다. 요구 수익률은 10%이다. 현재 주식의 가치는 얼마인가?

불규칙 성장을 다룰 때, 타임라인은 매우 유용하다. 그림 6.1은 이 복잡해지는 문제에 대한 예를 보여주고 있다. 지속 성장이 언제 시작하는지를 주목해보자.

이 문제에 있어서 살펴본 바와 같이 일정성장은 3기에 시작한다. 이는 3기의 주식가격인 P_3를 구하는데 일정성장모형을 이용할 수 있음을 의미한다. 이러한 상황에서 지금까지 대부분의 일반적인 실수는 일정성장 시기가 시작하는 시점을 잘못인지 하는 것에서 비롯되었고 그 결과 미래 주가 산출이 잘못된 시점에서 계산되었다.

주식의 가치는 현재 가치로 계산된 모든 미래 배당의 합이다. 이 현재 가치를 계

그림 6.1

타임 라인

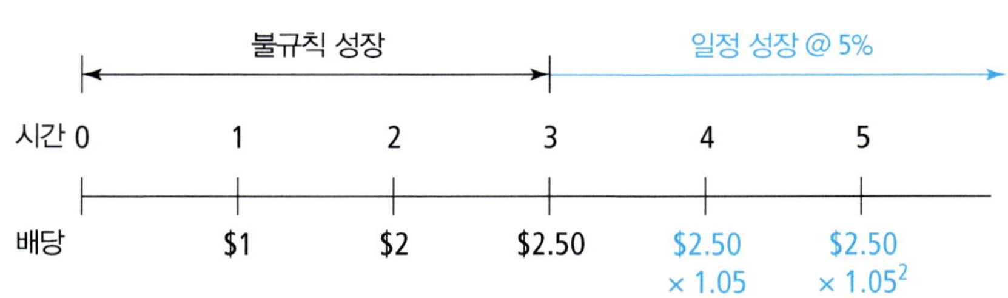

산하기 위해, 첫 번째로 앞서 시행하였던 것처럼 주가의 3년 이후의 현재 가치를 먼저 구하여야 한다. 이후 지금 현재와 당시 사이에 지급되는 배당의 현재가치를 구하여 합산한다. 따라서 3년 이후의 주가는 아래와 같다

$$\begin{aligned} P_3 &= D_3 \times 1 + g/(k - g) \\ &= \$2.50 \times 1.05/(0.10 - 0.05) \\ &= \$52.50 \end{aligned}$$

이제 처음 3년간의 배당의 현재가치와 3년이후의 주식가치인 P_3을 합하여 주식의 총 가치를 계산할 수 있다.

$$\begin{aligned} P_0 &= \frac{D_1}{(1+k)^1} + \frac{D_2}{(1+k)^2} + \frac{D_3}{(1+k)^3} + \frac{P_3}{(1+k)^3} \\ &= \frac{\$1}{1.10} + \frac{\$2}{1.10^2} + \frac{\$2.50}{1.10^3} + \frac{\$52.50}{1.10^3} \\ &= \$0.91 + \$1.65 + \$1.88 + \$39.44 \\ &= \$43.88 \end{aligned}$$

따라서 현재 주식의 가치는 $43.88이다.

예제 6.12

초과 성장

체인 리액션사는 빠른 확장과 폭발적인 매출로 연간 30%라는 경이적인 성장률로 성장해왔다. 해당 성장률은 향후 3년간 지속될 것으로 여겨지고 이후 성장률은 연간 10%수준이 될 것이라 예상된다. 하락 이후의 성장률이 계속 지속된다면 주식의 가치는 얼마인지 산출하라. 배당의 총액은 $5,000,000 이고 요구 수익률은 20%이다.

체인 리액션의 상황은 바로 이 초과 성장의 사례에 해당한다. 30%에 해당하는 성장률이 이후에 기간에도 지속될 것은 비현실적이다. 이 기업의 주식가치를 평가하기 위해, 이 초과 성장 기간 동안의 배당 총액을 계산하여야 한다.

연도	총 배당 (단위: 백만)
1	$5.00×1.3=$ 6.500
2	6.50×1.3=8.450
3	8.45×1.3=10.985

3기의 가격은 아래와 같다.

$$P_3 = D_3 \times (1 + g)/(k - g)$$

g는 장기 성장률이다 따라서

$$P_3 = \$10.985 \times 1.10/(0.20 - 0.10) = \$120.835 \text{ million}$$

현재 가격을 산출하기 위해 상기 계산 결과의 향후 가치에 총 배당의 현재가치를 합하여야 한다.

$$\begin{aligned} P_0 &= \frac{D_1}{(1+k)^1} + \frac{D_2}{(1+k)^2} + \frac{D_3}{(1+k)^3} + \frac{P_3}{(1+k)^3} \\ &= \frac{\$6.50}{1.20} + \frac{\$8.45}{1.20^2} + \frac{\$10.985}{1.20^3} + \frac{\$120.835}{1.20^3} \\ &= \$5.42 + \$5.87 + \$6.36 + \$69.93 \\ &= \$87.58 \end{aligned}$$

따라서 현재의 주식 가치는 \$87.58이다. 만일 예를 들어 총 주식 수가 20만 주라면, 주식의 가치는 주당 \$87.58/20=\$4.38 이다.

H-모형

6.12의 예제에서의 초과 성장률이 30%로 3년간 지속될 것이고, 이후 10%의 지속 성장이 이루어질 것을 가정하였다. 하지만 대부분 기업의 경우, 성장은 이런 비대칭적 경로를 지나지 않는다. 성장률은 높은 성장으로 시작해서 시간이 경과함에 따라 지속 수준으로 떨어지는 과정을 거치게 된다.

시간 경과에 따른 성장률 하락이 어떻게 이루어질 것인지를 가정하는데 있어서는 많은 가능성들이 있다. 이에 대한 한 대중적인 접근 방법이 H-모형인데, 이는 성장률이 선형적으로 하락한다고 가정한다. 상기의 예제로 다시 한번 돌아가보자. 이번엔 성장률이 30%로 시작하여 4년째 10% 수준으로 떨어진다고 가정하도록 한다. H-모형을 이용하면 해당 기업의 성장률은 1년 말 이후부터 4년이 시작하는 시점까지 20% 하락할 것이라고 가정할 수 있다.

선형 하락이 예상된다면, 성장률은 1년에 20%/3년으로 1년에 6.67%씩 떨어지게 될 것이다. 따라서 성장의 추정치는 1년에서 4년을 거치는 기간 동안 각각 30%, 23.33%, 16.66%를 거쳐 최종적으로 10%에 다다를 것이다. 이 추정치로 예제의 6.12를 다시 계산해볼 수 있다. 이 성장률의 측정치들을 이용하여 예제 6.12의 과정을 반복하면 기업의 가치가 \$75,930,000이며, 한주당 가치는 \$3.80임을 알 수 있다. 기대했던 이 값은 처음의 측정치보다 낮은데 이는 2년째와 3년째 성장률을 원래 예제의 내용에 비해 더 낮게 책정한 것에 기인한다.

배당할인모형의 할인율

앞선 예시에서 사용된 할인율들이 어떻게 구해지는지 대한 의문을 제기할 수 있다. 이에 대한 답은 자본 자산 가격결정 모형(CAPM)에서 구할 수 있다. CAPM에 대한 논의는 이후 장에서 더욱 자세히 다뤄질 것이지만, 이 장에서는 주식의 할인율이 CAPM에 기초한 아래의 산식에 의해 계산된다는 점을 짚고 넘어갈 수 있다.

$$\text{할인율} = \text{미국 재무성 단기국채 수익률} + (\text{주식 베타} \times \text{주식시장 위험 프리미엄}) \quad (6.12)$$

산식에 이용된 각각의 요소들은 다음과 같이 정의된다.

미국 재무성 단기국채 수익률: 90일만기 미 재무성 단기국채 수익률
주식 베타: 주식시장에 대한 상대 위험
주식시장 위험 프리미엄: 주식시장에 대한 리스크 프리미엄

이 접근에 대한 기본적인 직관은 1장에서도 다루었다. 해당 장에서 위험자산에서 투자자가 기대하는 수익은 '기다림'과 '걱정'이라는 두 가지 요소로 구성되어 있음을 확인하였다. 이러한 '기다림' 요소를 일컬어 화폐의 시간 가치라고 칭하였고, 이는 무위험 자산에 투자함에 따르는 수익으로 측정될 수 있음을 이미 다루었다. 여기서는 90일만기 미 재무성 국채를 무위험 수익률로 이용한다.

또한 '걱정' 요소를 위험 프리미엄이라고 칭하였고 위험이 클수록 위험 프리미엄 또한 증가한다는 점 역시 다룬 바 있다. 특정 기간 동안의 연구에 의하면 지난 80여년 간의 미 주식시장의 위험 프리미엄은 대략 8.5%였다. 이 8.5%는 주식시장의 평균적인 위험을 감내하는 데 따른 위험 프리미엄으로 해석할 수 있다. 그러나 위험 프리미엄은 시간 경과에 따라 일정하지도 않았고, 국가 간에 일관적이지도 않았다는 점을 기억해야 한다. 최근의 역사와 글로벌 지표에 근거하여 우리는 향후 몇 년에 걸쳐 약 7%의 위험 프리미엄이 적용될 수 있을 것이라 제안한다.

끝으로 특정 주식은 그 위험도가 시장대비 더 낮거나 높을 때가 있다. 자기 자본의 베타(beta)는 개별 주식의 시장 대비 위험도를 측정하는 수치이고 이 베타와 관련된 더 자세한 부분은 이후 장에서 다룰 예정이다. 시장의 베타가 1.0이고 자기 자본 베타가 1.5라는 것은 해당 주식이 시장보다 50% 더 위험하다는 것을 의미하고 따라서 위험 프리미엄이 50% 더 높다는 것을 이해하는 정도만 다루도록 한다. 반대로 베타가 0.50일 때는 해당 주식이 50% 시장 대비 50% 덜 위험하다고 위험 프리미엄이 더 적음을 의미한다.

베타
특정 주식의 시장 평균과 연계된 위험의 척도

미 재무성 단기국채의 평균수익률은 약 4%이다. 앞서 다룬 자기 자본 베타의 개념을 적용하면 .8의 베타를 산입하면 4.0% + (0.8 × 7%) = 9.6%의 할인율을 산출한다. 같은 방법으로, 베타 1.2는 4.0% + (1.2 × 7%) = 12.4%의 할인율을 산출한다. 이후의 이 장에서는 이 CAPM 산식을 이용하여 할인율을 산출하도록 한다.

배당할인모형의 평가

지금까지 우리는 일정 성장할인모형, 2단계 배당성장모형 불규칙 성장모형 등 세 가지 배당할인모형을 다루어왔다. 각각의 모형은 모두 장단점을 지니고 있다. 일정 영구성장모델의 가장 큰 장점은 산출이 쉽다는 점이다. 하지만 이는 아래에 해당하는 단점 또한 지니고 있다. (1) 배당을 지급하지 않는 기업에는 적용할 수 없고, (2) 성장률이 할인율 보다 클 경우 쓸 수 없으며, (3) 성장률과 할인율을 어떻게 적용하는지에 따라 값의 변화가 크다. (4) 할인율과 성장률은 정확한 측정이 어려우며 (5) 한 기업이 정률로 성장한다는 점은 때로 그 가정이 비현실적이다.

2단계 배당모형은 이보다 나은 장점이 있는데 이는 아래와 같다. (1) 1기에 저성장, 고성장 또는 성장이 0일 경우를 경험한 이후 다음 기에서 장기적으로 일정한 성장을 적용한다는 점에서보다 현실적이다. (2) 첫 기의 성장률이 할인율보다 더 크더라도 모형의 적용이 가능하다. 하지만 2단계 모형은 여전히 할인율과 성장률을 어떻게 선택하느냐에 따라 그 값의 변화가 여전히 심하고 배당 지급을 하지 않는 기업에는 여전히 적용할 수 없는 단점을 지닌다. 불규칙 성장 모형은 이러한 단점으로부터 더 유연하다고 할 수 있지만 여전히 가정된 할인율과 성장률의 변화에 민감하게 그 값이 변화한다.

애널리스트들은 이러한 배당할인모형의 한계를 쉽게 인정한다. 따라서 이들은 분석의 폭을 넓히고자 다른 평가 방법을 취하기도 한다. 이후 살펴볼 내용에서 잔존 가치, 잉여현금흐름과 주가 비율에 기반한 대중적인 주식 평가 방법들을 논하여 보기로 한다.

확인 사항

6.3a CAPM을 결정하는 세 가지 요소들은 어떤 것들인가?

6.3b 2단계 배당할인모형은 어느 상황에서 유효한가?

6.4 잔존가치모형

지금까지는 배당을 지급하는 기업들의 가치평가가 이루어졌다. 그렇다면 배당을 지급하지 않는 기업은 어떻게 평가되어야 하는가를 다루어 보도록 한다. 아래에서 다룰 단순한 모형을 통해 가치를 산출해보도록 한다.

잔존가치

어느 기간의 시작에 있어서 기업의 회계나 장부상에 주주가 묶어둔 유휴자금이 있을 것이란 사실을 짐작할 수 있다. B_{t-1}을 시간 t에서 종료되는 기간의 시작되는 시점에서의 주당 장부가치로 표시하도록 한다. 시간이 경과하며 주주들은 투자 k에 대한 수익을 요구하게 될 것이다. 따라서 시간 t에서 종료되는 달러로 표시된 요구수익, 혹은 주당 요구순이익(REPS, Required Earnings Per Share)는 아래와 같이 표시된다.

$$REPS_t = B_{t-1} \times k$$

특정 기간 동안의 실제 주당 순이익인 EPS_t와 요구 수익인 $REPS_t$의 차이를 잔존가치 또는 RI라고 하고 아래와 같이 주어진다.

$$RI_t = EPS_t - REPS_t = EPS_t - B_{t-1} \times k$$

잔존가치는 경제적 부가가치(economic value added, EVA), 또는 줄여서 EVA라고 불리기도 하며, 비정상 이익이라고 칭해지기도 한다. 어떻게 칭해지던 간에, 이 수치는 실제 수익이 요구된 수익에 비해 얼마나 더 큰지를 보여준다. 또한 이는 한 기업이 t 기간 동안 창출한 가치라고 간주할 수 있다. 다음에서 주어진 산식이 두 가지 요소의 합으로 구성된 것을 주목하도록 한다. 첫 번째 요소는 기업의 현재 장부가치이며 (즉, 현재 투자된 요소들) 두 번째 요소는 미래의 잔존가치의 현재 가치이다. 산식은 아래와 같다.

경제적 부가가치
기업의 실제 수익과 요구 수익의 차이를 기초로 측정되는 재무 성과

$$P_0 = B_0 + \frac{EPS_1 - B_0 \times k}{(1+k)^1} + \frac{EPS_2 - B_1 \times k}{(1+k)^2} + \frac{EPS_3 - B_2 \times k}{(1+k)^3} + \cdots \quad (6.13)$$

배당을 지급하는 주식을 가치 산출 시에 이용했던 일정 영구성장모델을 정리했던 때, 배당이 일정한 성장률인 g만큼 성장한다고 가정을 단순화하였다. 여기서도 비슷한 가정을 적용하여 수익이 일정한 수준인 g만큼 성장한다고 가정하도록 한다. 이 가정을 적용하면 상기 (6.13)의 산식을 아래와 같이 단순화할 수 있다.

$$P_0 = B_0 + \frac{EPS_0(1+g) - B_0 \times k}{k-g} \quad (6.14)$$

이 (6.14)의 산식을 일컬어 잔존가치모형(residual income model, RIM) 또는 RIM이라고 한다. 산식 (6.14)의 두 항을 공통분모로 다시 정리하면 잔존가치모형을 아래와 같이 다시 정리가 가능하다.

잔존가치모형
배당을 지급하지 않는 기업의 주가를 평가하는 방법

$$P_0 = \frac{EPS_1 - B_0 \times g}{k - g} \tag{6.15}$$

잔존가치모형과 정률성장 배당할인모형의 비교

순수잉여관계
수익에서 배당을 차감한 값이 주당 장부가치와 동일함을 의미하는 회계상의 관계

잔존가치모형은 일정성장 배당 모형과 매우 밀접하게 연관되어 있다. 이 연관성을 살펴보기 위해 특정 주식의 주당 장부가치의 변화가 주당 순이익에서 배당을 뺀 값과 같다고 가정한다. 이를 가리켜 순수잉여관계(clean surplus relationahip, CSR)라 하고 아래와 같이 정리된다.

$$EPS_1 - D_1 = B_1 - B_0 \quad \text{또는} \quad D_1 = EPS_1 + B_0 - B_1$$

실제 장부상에선 부정확하게 산입된 잉여금의 변화가 있을 수 있기 때문에 순수잉여 관계가 정확하게 유지되지 않을 수 있음을 유의하도록 한다. 하지만 보통 이는 괜찮은 추정치이며 장기에 있어서는 특히 그러하다. 기업의 수익과 주당 배당이 g의 성장률로 성장한다 가정할 때, 순수 잉여 관계는 주당 장부 가치 역시 g의 성장률로 성장해야 함을 보여주고 이를 산식으로 정리하면 아래와 같다.

$$D_1 = EPS_1 + B_0 - B_1 = EPS_1 + B_0 - B_0(1 + g) = EPS_1 - B_0 \times g \tag{6.16}$$

산식 (6.16)에서 표시된 D_1을 산식 (6.15)에 대입하면, 잔존가치모형은 수학적으로 일정 영구성장모델과 동일하게 정리된다는 점을 알 수 있다.

$$P_0 = \frac{EPS_1 - B_0 \times g}{k - g} = \frac{D_1}{k - g}$$

따라서 이 두 접근방식은 실제로는 동일하지만 잔존가치모형이 배당을 지급하는 주식뿐만 아니라 다른 주식에도 적용할 수 있다는 점에서 더 유연하다고 할 수 있다.

추가적으로 다루지는 않겠지만 잔존가치모형도 여러 가지 형태가 있다. 예를 들면 2단계 잔존가치모형은 2가지 다른 기간 동안의 성장을 적용한다. 또한 처음 몇 년 동안의 불규칙 성장 이후 일정성장의 경우에도 다른 형태의 잔존가치모형으로 다루어 질 수 있다.

예제 6.13

저스트 더키

덕월-알코 스토어의 주식은 나스닥에서 티커 심볼 DUCK으로 거래된다. 이 회사는 미 중부에서 대규모 지역 소매점을 운영한다. 현재 DUCK은 배당을 지급하지 않으므로 배당할인모형을 이용할 수 없다. 2017년 7월 1일 현재 DUCK주식은 $10.94에 거래되고 있다고 가정하고 아래와 같은 데이터를 입수하였다.

주식 정보	2017년 7월 1일 (기간 0)
EPS0	\$1.20
배당	\$0
주당 장부가치, B_0	\$5.886

$g=9\%$, $k=13\%$라고 가정하도록 한다. 잔존가치모형을 이용하면 아래와 같다.

$$
\begin{aligned}
P_0 &= B_0 + \frac{EPS_0(1+g) - B_0 \times k}{k-g} \\
&= \$5.886 + \frac{\$1.20(1.09) - \$5.886 \times 0.13}{0.13 - 0.09} \\
&= \$5.886 + \frac{\$1.308 - \$0.7652}{0.04} \\
&= \$19.46
\end{aligned}
$$

산식 (6.15)를 이용하여 가격을 확인하도록 한다. g를 대입할 때 $(1+g)$가 아니라 g를 대입하여야 함에 유의하도록 한다. DUCK 주식의 가격은 실제 가격 보다 낮은가? 만일 그렇다면 g와 k의 가정은 어떠하였는가?

예제 6.14

DUCK의 성장

예제 6.13에 주어진 데이터와 잔존가치모형을 이용할 때, 가격이 \$10.94일 시 성장률 g는 어떻게 도출되는지 구하라.

$$
\begin{aligned}
P_0 &= B_0 + \frac{EPS_0(1+g) - B_0 \times k}{k-g} \\
\$10.94 &= 5.886 + \frac{1.20(1+g) - 5.886 \times 0.13}{0.13 - g} \\
\$5.054 \times (0.13 - g) &= 1.20 + 1.20g - 0.7652 \\
\$0.6570 - 5.054g &= 1.20g + 0.4348 \\
0.2222 &= 6.254g \\
g &= 0.0355, \text{ or } 3.55\%
\end{aligned}
$$

확인 사항

6.4a 일정 영구성장모델에선 불가능 하지만 잔존가치모형에선 가능한 점들은 어떤 것들이 있는가?

6.4b 잔존가치모형을 결국 일정영구 성장모델과 수학적으로 동일하도록 하는 결정적인 가정은 무엇이었나?

6.5 잉여현금흐름 모형

잔존가치모형을 통해 배당을 지급하지 않는 기업의 가치를 평가할 수 있게 되었다. 하지만 잔존가치모형을 이용할 때는, 해당 기업은 이익을 창출할 것임을 가정하였다. 어떤 기업들은 배당을 지급하지 않을 뿐 더러, 수익이 적자인 경우도 있다. 이럴 경우의 가치 평가는 어떻게 이루어지는가? 이러한 기업의 가치는 매우 작다고 생각될지도 모른다. 기업의 수익 평가는 세법에 이용한 회계 방식에 기초하여 계산된다는 점을 유념하도록 한다. 기업의 수익이 적자일 수 있지만 현금흐름은 양의 값을 가질 수 있고, 따라서 가치 또한 계산될 수 있다.

잉여현금흐름

잉여현금흐름은 수익과 현금흐름에 다르게 작용하는 요소들을 조정함으로써 보고된 수익을 현금흐름으로 전환시킨다. 잉여현금흐름을 계산하기 위해 몇 정형화된 모형들을 이용하게 될 것이고 아마 이들 중 일부는 기업 금융 과목에서 일부를 다루었을지도 모른다. 하지만 대부분의 주식분석가들은 기업 잉여현금흐름을 계산하기 위해 상대적으로 더 간단한 산식을 사용하며 이는 다음과 같다.

$$\text{잉여현금흐름} = \text{이자 및 세전수익}(1 - \text{세율}) + \text{감가상각} - \text{자본 지출} - \text{순운전자본 변화} \quad (6.17)$$

이 산식에서 기업의 수익(즉, EBIT, 이자 및 세전이익)이 음수이면서도 현금흐름이 양수일 수 있는지를 이해할 수 있다. 물론 해당 기업이 대규모의 자본 지출이나 순운전자본의 변화를 계획하고 있다면 이는 수익은 양수이나, 현금흐름은 음수가 될 수 있다.

대부분의 애널리스트들은 기업의 재무성과를 평가하는데 있어서 순이익에 비해 현금흐름이 더 유익하다는데 동의한다. 그 이유를 떠올려 보기 위해 동일한 두 기업, 트위들-디와 트위들-덤이라는 가상의 예를 논의해보도록 한다. 두 기업은 지난 3년간 모두 일정한 수익과 지출을 보이고 있다고 가정한다. 또한 각 기업의 부채는 없으며, (따라서 이자 지출 또한 없을 것이다.) 자본 지출(CAPEX) 또한 없을 것이며 순운전자본(NWC)의 변화 역시 없을 것이다. 이 동일한 수익과 현금 지출(감가상각은 제외한다)은 동일하게 일정한 현금흐름을 산출하게 되고 이는 아래와 같이 작성된다.

	트위들-디	트위들-덤
이익	$5,000	$5,000
현금 지출	−3,000	−3,000
현금흐름	$2,000	$2,000

따라서 이 가상의 예시에서 두 기업은 모두 3년간 연당 $2,000의 현금흐름이 동일하게 발생되었다.

다음으로 두 기업에 3년간 총 $3,000의 감가상각이 발생하였다고 가정한다. 표준 회계 관행에서는 관리자가 감가상각 일정을 선택할 수 있게 하기도 한다. 트위들-디는 정액 감가상각을, 트위들-덤은 가속되는 감가상각(accelerated depreciation)을 선택하였다. 두 기업간의 감가상각 일정은 아래와 같이 정리된다.

	트위들-디	트위들-덤
1년	$1,000	$1,500
2년	1,000	1,000
3년	1,000	500
총액	$3,000	$3,000

두 기업의 3년간 발생하는 감가상각의 총액은 동일하다는 점에 유념하도록 한다. 하지만 트위들-디는 연간 $1,000의 감가상각이 동일하게 발생하는 반면 트위들-덤은 가속 상각으로 인해 첫 해엔 $1,500, 두 번째 해엔 $1,000, 마지막 연도에선 $500의 감가상각이 발생한다.

개별 연도 현금흐름은, 현금흐름 = 당기순이익 + 감가상각 (자본지출, 이자비용, 순운전자본의 변화가 모두 0일 경우를 가정할 때)으로 계산되는 것을 상기하며, 이제 결과로 도출된 두 기업의 연간 현금흐름과 당기순이익 수치에 주목해보자.

	트위들-디		트위들-덤	
	현금흐름	당기순이익	현금흐름	당기순이익
1년	$2,000	$1,000	$2,000	$ 500
2년	2,000	1,000	2,000	1,000
3년	2,000	1,000	2,000	1,500
총액	$6,000	$3,000	$6,000	$3,000

트위들-디에 비해 트위들-덤의 첫 해 당기순이익이 더 낮고 세 번째 해에 더 높

은 점에 주목하도록 한다. 이는 전적으로 트위들-덤이 채택한 가속 상각의 결과에 의한 것이며 이는 트위들-덤의 실제 수익성과는 아무 연관이 없다. 하지만 다소 경험이 적은 분석가들이 트위들-덤을 바라볼 때, 트위들-덤의 빠른 연간 수익수치의 상승이 트위들-덤이 성장성 있는 기업이라고 잘못된 판단을 하게 할 수 있다. 반면 능숙한 분석가들은 현금흐름의 성장에 변화 없음을 주목하며 앞의 섣부른 결론을 지지 하지 않을 것이다.

잉여현금모형과 일정성장 배당할인모형의 비교

재무의 기본적인 원칙은 자산의 가격이 미래 기대되는 현금흐름의 현재가치가 일치해야 한다는 것이다. 배당할인모형은 배당이 주식 투자자들에게 적절한 현금흐름이며 이는 적절한 접근이라 할 수 있다. 잉여현금흐름은 이와 어떻게 다른가? 주식 투자자들에게 직접 지급이 되는 배당과는 반대로 여유 현금흐름은 주식 투자자와 채무자의 지급에 모두 이용될 수 있다. 따라서 잉여현금흐름을 사용한 접근방법은 자기자본뿐만 아니라 회사 전체를 평가하는 것이라 할 수 있다.

회계의 기본적인 개념이 자산=부채+자기 자본임을 상기하기 바란다. 배당할인모형에서는 자기 자본 부분을 직접 평가할 수 있다. 잉여현금흐름을 가진 기업에 대해서는 해당 기업 자산의 총 시장가치를 평가할 수 있게 된다. 하지만 잉여현금흐름의 접근을 통해 자기자본을 평가하는 것 또한 가능하다. 이러한 접근 방식은 두 가지 단계를 거치게 된다. 첫 번째는 기업의 가치를 평가하고 부채를 차감하게 되고 이에 따라 자기자본의 추정가치만 남게 된다.

$$V_{Equity} = V_{Firm} - V_{Debt} \quad (6.18)$$

여기에는 한 가지 더 짚고 넘어가야 할 문제점이 있다. 특히 배당할인모형에서 CAPM을 통해 요구 수익률을 산정할 때, 해당 기업의 자기자본 베타를 이용하였다. 하지만 해당 기업의 총 가치를 평가해야 한다면 여기서는 '자산' 베타를 이용해야 한다.

베타는 위험을 측정한다. 이후 장에서 다루어질 장에서 베타를 좀 더 심도 있게 다룰 예정이지만 여기에서의 베타는 위험의 척도인 점만을 인지하도록 한다. 자산베타는 해당 기업이 소속된 산업의 위험을 측정한다. 동일한 산업에 속한 두 기업은 거의 같은 수준의 자산 베타를 지니게 된다. 하지만 이들의 자산 베타는 꽤 차이가 날 수도 있다. 투자자들이 마진을 이용하여 포트폴리오 위험을 증가시킬 수 있기 때문이다(즉 주식을 매입하기 위해 부채를 일으키는 행위). 기업은 부채를 이용하여 자본구조에 이와 같은 영향을 미칠 수 있다. 따라서 기업을 평가할 때, 레버리지가 얼마나 이용됐는지를 조정하여 공시된 자기 자본 베타를 자산 베타로 전환하여야 한다. 아래의 산식은 이 전환 방법을 다룬다.

$$B_{Equity} = B_{Asset} \times \left[1 + \frac{\text{Debt}}{\text{Equity}}(1 - t)\right] \tag{6.19}$$

세율을 산입할 때 t로 표기하도록 한다. 부채에 대한 이자 비용은 세금에서 공제되는데 기업이 지출로 인해 이자를 공제할 수 있기 때문에 정부는 부채에 대한 비용을 효율적으로 지원하게 되는 셈이다. 다른 조건이 모두 동일할 때, 이 공제 덕에 기업은 부채와 관련된 현금흐름을 보다 안정적으로 창출하여 주주들의 위험을 감소시킨다. 극단적인 예를 들어보자면 정부는 마이너스 과세 소득을 지닌 기업에 돈을 돌려줘야 할지도 모른다.

잉여현금흐름, 잉여현금흐름의 성장률과 적절한 할인율이 측정되었다면 '배당할인모형'을 통해 해당 기업을 평가할 수 있게 된다. 굳이 '배당할인모형'이라고 따옴표로 표기한 이유는 이 산식에서는 잉여현금흐름을 이용한 평가이지 배당을 이용한 평가 방식이 아니기 때문이다. 산식 (6.20)은 이 접근 방식을 요약하고 있다.

$$V_{Firm} = \frac{FCF_1}{k - g} = \frac{FCF_0(1 + g)}{k - g} \tag{6.20}$$

산식 (6.20)에서, 잉여현금흐름은 산식 (6.17)에서 확정된 수준의 잉여현금흐름이다. 산식 (6.20)에서 k와 g는 각각 할인율과 성장률을 의미하는 것을 유념하기 바란다. 하지만 이 두 요소들은 배당 할인모형에서 이용했던 값과는 엄연히 다른 값임에 유의하도록 한다. 산식 (6.17)에서, k는 자산 베타를 기반으로 하는 할인율이고 g는 잉여현금흐름의 추정치이다. 예제 6.15는 이러한 접근 방식을 이용하여 기업을 평가하는 방법의 예시를 보여준다.

예제 6.15

잉여현금 흐름을 이용한 가치 평가

랜든 항공은 인디애나 폴리스에서 렉싱턴으로, 스타크빌에서 다시 인디애나폴리스로 향하는 단 하나의 순환 노선을 운영하는 신규 항공사이다. 랜든 항공의 이자/세전 이익(EBIT)은 $45,000,000이고 이자비용 6,540,000이며, 순운전자본의 변화는 없으며 감가상각으로 $10,000,000이 지출되고, 자본 지출로 $3,000,000을 지출한다. 랜든 항공의 여유 현금흐름의 기대 성장률은 3%이고 평균 세율은 35%이다. 랜든 항공의 부채대비 자기자본 비율은 0.4이고 (부채 규모는 $100,000,000이다) 현재 자기 자본 베타는 1.2이며, 무위험 수익률은 4%, 시장위험 프리미엄은 7%이다. 랜든 항공은 배당을 지급하지 않는다고 할 때, 랜든 항공의 가치는 얼마인지 구하라.

먼저 랜든 항공의 자산 베타를 산출하기 위해 산식 (6.19)를 이용한다.

$$1.2 = B_{Asset} \times [1 + 0.4 \times (1 - 0.35)]$$
$$1.2 = B_{Asset} \times 1.26$$
$$B_{Asset} = 0.95$$

다음 단계로, 이 베타와 자본 자산 가격 결정 모형을 사용하여 랜든 항공의 요구 수익률을 산출한다.*

$$k = 4.00 + 7(0.95) = 10.65\%$$

다음으로 랜든 항공의 잉여현금흐름을 산식 (6.17)을 이용해 산출한다.

$$\text{FCF} = \$45(1 - 0.35) + 10 - 3 - 0 = \$36.25 \text{ million}$$

산출된 값들을 이용하여 일정 영구성장모델을 이용하여 랜든 항공의 현재 가치를 산출한다.

$$\text{Firm value} = \frac{\$36.25 \times (1 + 0.03)}{0.1065 - 0.03} = \$488.07 \text{ million}$$

만약 랜든 항공의 부채규모가 $100,000,000수준이라면 랜든 항공의 자본 가치는 $388,070,000이다. 이 총 자기자본 가치를 발행 총 주식 수로 나누어 주당 자기자본 가치를 구할 수 있다.

확인 사항

6.5a 어떻게 기업의 수익이 음수이면서도 여유 현금흐름은 양수인 것이 가능한가?

6.5b 기업의 자기자본 베타와 자산 베타가 다른 이유는 무엇인가? 이 두 위험의 척도는 어떤 경우에 동일해지는가?

6.6 주가 비율 분석

주가 비율은 배당할인모형 이상으로 재무 분석에 매우 널리 이용된다. 물론 모든 분석 방법이 기업 주식의 경제적 가치를 평가한다는 점에서 그 목적은 같다고 할 수 있다. 하지만 분석가들은 한 가지 분석 방법으로 모든 경우를 분석할 수 없다는 것에 동의할 것이다. 이 단락에서는 몇몇 대중적으로 쓰이는 주가 비율 분석 방법을 검토해 보고 재무 분석에 이용되는 몇 가지 예시들을 살펴볼 것이다.

* 자본 자산 가격 결정 모형을 이용하여 산출된 요구 수익률은 자본비용의 가중평균과 동일하며 이를 WACC라고도 한다.

주가-수익 비율

보통주의 가격 평가에 있어서 가장 대중적으로 쓰이는 주가 비율 분석 방법은 주가-수익 비율(priceearnings ratio) 분석으로, 줄여서 P/E 비율이라고 칭하기도 한다. 사실 3장에서 살펴보았듯, P/E 비율은 재무 기사에 매일 공시된다. 논의 하였던 바와 같이 주가-수익 비율은 기업 현재 주가를 연간 주당 순이익(EPS)으로 나누어서 산출한다.

주가-수익 비율
현재주가를 주당 연간 순이익으로 나눈 값

P/E 비율의 역수를 일컬어 이익 수익률(earnings yield)이라 하고 주당 순이익을 주식의 현재 가격으로 나누어서 산출한다.(E/P). 확실히 이익 수익률과 주가-수익 비율은 같은 것을 측정하고자 하는 간단한 두 방법이라 할 수 있다. 실제에서는 이익 수익률이 주가 수익 비율에 비해 덜 쓰인다.

이익 수익률
주가 수익률의 역수: 연간 주당 순이익을 현재 주가로 나눈 값

대부분 기업들이 분기 단위로 수익 보고를 하기 때문에 연간 주당 순이익은 가장 최근의 수익을 4배수로 이용하거나 최근 4분기의 합산을 통해서 산출한다. 대부분의 애널리트스들은 앞에 제시된 최근 분기 주당 순이익의 4배수를 이용하는 것을 선호한다. 하지만 〈월스트리트 저널〉에서 발표되는 것을 포함한 일부 데이터들은 연간 주당 순이익을 최근 4분기의 합산 값으로 쓰기도 한다. 그 차이가 크지는 않지만, 때때로 혼선을 야기하기도 한다.

애널리스트들은 때때로 주가 수익이 높은 주식을 일컬어 성장주(growth stocks)라고 한다. 주가 수익 비율이 현재 주가를 현재의 주당 순이익으로 나누어 산출한다는 점을 상기한다면 그 이유를 알 수 있을 것이다. 이제 두 기업이 현재 같은 주당 순이익 값을 나타내는데 한 기업은 고성장 기업이고 나머지 한기업은 저성장 기업이다. 이 고성장 기업과 저상장 기업 가운데 어느 기업의 주식 가격이 더 높아야 하는지 생각하는가?

성장주
주가 수익비율이 높은 기업을 일컬음

이 질문의 답은 매우 간단하다. 다른 모든 요소들이 동일할 때, 고성장 기업의 주가가 더 높지 않아서 해당 주식의 주가 비율이 더 높지 않다면 아마도 놀랄 일일 것이다. 일반적으로 기대 수익 성장이 더 높은 기업은 더 높은 주가 수익 비율을 지니게 될 것이며 이것이 높은 주가 수익 비율을 보이는 주식이 성장주로 일컬어지는 이유이다.

예를 들어 스타벅스사는 커피 소매 판매점으로서 그 판매 성장세가 매우 가팔랐다. 나스닥에서 이 주식은 티커 심벌 SBUX로 거래된다. 2015년 후반 SBUX 주식은 $62.63에 거래되었고 주당 순이익은 $1.78이며 따라서 주가 수익 비율은 $62.63/$1.78=35.19 수준이었다. 이 주가 수익 비율은 2015년 S&P 500(스타벅스가 속해 있는)의 평균 주가 수익비율 18을 훨씬 상회하는 수치이다. SBUX는 최근에서야 배당을 지급하기 시작하였다. 대신 스타벅스는 그 이익의 대부분을 재

투자하였다. 지금까지 이 전략은 성공적이었고 해당 기업은 매우 빠르게 성장하였다.

높은 주가 수익 비율을 지닌 주식이 성장주라고 불리는 이유는 꽤 명확한 듯 하다. 하지만 이 논리에 반하기라도 하듯 낮은 주가 수익 비율을 지닌 주식은 때때로 가치주(value stocks)라고 불리기도 한다. 그 이유는 낮은 주가 수익비율을 지닌 주식은 현재 수익에 비해 '싸게' 보이기 때문이다('현재'를 강조한 것에 주목하도록 한다). 이는 이러한 주식들이 괜찮은 투자 가치를 의미할 수 있음을 시사하며 이 때문에 가치주라고 불리는 것이다.

가치주
주가 수익비율이 낮은 기업을 일컬음.

2007년 중반 S&P 500에 속한 자동차 기업 제네럴 모터스(GM)의 주식은 $31.08에 거래되고 있었다. 주당 순이익 EPS=$3.75 수준이고 주가 수익비율은 $31.08/$3.75=$8.29 수준이었다. 이는 S&P 500 평균을 매우 하회하는 수치였고 제네럴 모터스사는 가치주로 평가될 법도 하였다. 하지만 2009년 이 기업의 파산했다는 점에서 결국 그만한 가치가 없었을지도 모른다.

이 모든 것을 언급함에 있어서 '성장주'와 '가치주'의 개념은 대부분 일반적으로 사용되는 꼬릿표에 지나지 않는다는 점을 강조하는 바이다. 물론 GM의 예에서 보았듯이 시간만이 높은 주가 수익 비율 주가 고성장 주식인지, 또는 낮은 주가 수익 비율 주가 정말로 좋은 가치를 지녔는지를 말해줄 수 있을 것이다.

비록 주가 수익 비율이 꽤 '쉽게' 산출되는 것처럼 보일지 모르지만 주가 수익 비율이 안정적이지 않다는 점을 주지하기 바란다. 이를 보여주기 위해 일회성 상각으로 인해 수익이 심각하게 줄어든 기업을 고려하여 보자. 만약 이 상각이 일회성 사건이었다면 주가에 미치는 영향이 심하진 않을 것이다. 이 경우 주가는 안정적일 것이지만 수익이 낮아지며 결과적으로 주가 수익 비율이 증가한 것처럼 보이게 한다. 부주의한 투자자들은 심지어 해당 주식을 성장주라고 판단할 수도 있다. 하지만 상각에 대한 진실은 이 결론을 지지하지 않는다. 또한 수익에 있어서 일회성이면서도 긍정적인 영향을 미치는 이벤트가 발생한다면 어떻게 되겠는가? 높거나 낮은 주가 수익비율은 필연적으로 좋기만 하고 그렇다고 나쁘기만 하지 않다는 점을 주지하도록 한다.

다른 주가 수익비율을 지닌 기업들을 비교하는 것이 어렵기 때문에 투자자들은 PEG 비율을 계산하기도 한다. PEG 비율은 주가 수익 비율을 기대 수익 성장률로 나누어 산출한다. 비록 완벽하진 않지만 PEG 비율은 투자자에게, 특히 성장률이 다른 기업들을 비교하는데 더 나은 방안을 제시한다.

다음 투자를 고려한다면 낮은 PEG와 높은 PEG 중 어느 것을 선호하겠는가? 다른 조건이 같다면, 낮은 PEG가 투자하기에 더 좋을 것이다. 왜냐하면 낮은 PEG

기업에 대해서는 기대되는 이익성장에 비해 상대적으로 더 작은 가치를 지불하는 투자를 의미하기 때문이다.

스타벅스는 35.19의 높은 PE(주가수익비율)를 보이는 반면 PEG는 상당히 낮은 1.85를 보여준다. 그러므로 시장은 스타벅스가 더 많은 에스프레소와 카푸치노를 판매할 수 있을 것으로 예상해야 한다.

주가 현금흐름 비율

주가 수익 비율을 이용하는 대신에 많은 애널리스트들은 주가 현금흐름 비율(price-cash flow (P/CF) ratio)에도 주목한다. 주가 현금비율은 기업의 현재 주가를 연간 주당 현금흐름(cash flow)으로 나누어 측정한다. 수익과 마찬가지로 현금흐름은 일반적으로 분기별로 보고되며 대부분의 분석가들은 전 분기에 발표된 수치에 4를 곱하여 연간 현금흐름을 산출한다. 또한 일부 데이터들은 역시 수익과 마찬가지로, 일부 대중 공개 기업 정보들 역시도 최근 4개 분기의 현금흐름의 합으로 표시되기도 한다.

주가 현금흐름 비율
현재 주가를 주당 현금흐름으로 나눈 값

현금흐름
주가 현금흐름 비율의 구성요소로, 보통 당기순이익에 감가상각을 합산하여 구함

애널리스트들은 주가 수익비율과 주가 현금흐름 비율을 모두 이용한다. 많은 재무분석가들이 어느 기업의 주당 수익이 주당 현금흐름(cash flow per share, CFPS)에 비교하여 그 수치가 크지 않다면, 최소한 잠재적으로, 수익의 질이 좋다는 신호라 지적한다. '질이 좋다'는 것의 의미는 장부상의 수익이 실제의 현금흐름을 반영하며 이는 장부 수치에 불과하지 않음을 의미한다. 수익이 현금흐름에 비해 크다면 이것은 질이 나쁜 수익이라는 신호로 간주된다.

앞의 예제로 돌아가보자면 스타벅스의 주당 현금흐름은 CFPS=$1.31이고, 주가 현금흐름비율은 $62.63/$1.31=47.81이다. 주당 현금흐름이 주당 순이익인 $1.78을 하회함을 주목한다면 이는 질적으로 낮은 수준의 이익 내지는 새로운 가게 입점과 같은 높은 자본적 지출의 반영이라할 수 있다.

주가 매출비율

기업의 성과를 평가하는 대안으로서 주가 매출비율(price-sales (P/S) ratio)을 살펴볼 수도 있다. 주가 매출비율은 기업의 현재 주가를 현재의 연간 주당 매출 이익으로 나누어서 계산된다. 주가 매출비율은 기업의 매출 성장 능력에 주목한다. 특히 높은 주가 매출비율은 높은 매출 성장세를 나타내며 반면 낮은 주가 매출비율은 부진한 매출 성장세를 나타낸다고 할 수 있다.

주가 매출비율
현재 주가를 주당 매출로 나눈 값

다시 스타벅스의 예를 들자면, 해당 기업은 연간 주당 매출이 $12.29이었고 이

를 통해 주가 매출 비율을 산출하면 P/S=$62.63/$12.29=5.10이다. 비교하고자 하는 두 기업의 업종이 다르다면 더욱 그러할 것이겠지만 주가 매출 비율이 비교 대상인 두 기업간에 큰 차이가 있을 수 있음을 주지하도록 하자. 애널리스트들 역시도 주가 매출 비율이 다른 중요한 정보와 분리하여 비교할 수 없다는 것을 인지하고 있다.

시가 장부가 비율

시가 장부가 비율
기업 보통주의 시장가치를 장부가치로 나눈 값

기업의 시가 장부가 비율(price-book (P/B) ratio)은 매우 기초적인 주가 비율 분석 방법 가운데 하나이며 시장가 장부가 비율이라고도 한다. 시가 장부가 비율은 발행된 기업의 보통주 시장 가치를 자기 자본의 장부가치로 나누어 평가된다.

시가 장부가 비율은 원론적으로 장부상의 가치가 해당 기업의 과거 비용을 나타낸다는 측면에서 유용해보일 수 있다. 주가는 현재 기업가치의 척도이며 따라서 시가 장부가 비율은 책정된 비용에 비해 현재의 주가가 얼마의 가치가 있는지를 측정하는 수치라고 할 수 있다. 1.0 보다 큰 수치의 시가–장부가 비율은 해당 기업이 주주들에게 성공적인 가치를 창출하고 있음을 의미한다. 1.0보다 작은 수치는 해당 기업이 소요되는 비용에 비해 낮은 가치가 있다고 할 수 있다.

이러한 시가–장부가 비율의 해석은 단순해 보일 수 있지만, 실제로 다양하고 많은 변화를 겪어온 회계 표준으로 인해 장부가치의 해석은 어렵다. 이 뿐만 아니라 다른 이유에 의해서도 시가–장부가 비율은 예전만큼 많은 정보가치를 지니지 못한다.

주가 비율 분석의 적용

주가수익비율, 주가현금흐름비율, 주가매출비율은 미래 주식 가치의 측정치를 계산하는데 일반적으로 사용된다. 이 값들은 과거 평균주가비율에 주가비율의 분모에 해당 하는 변수의 기대되는 미래 가치의 곱으로 산출된다. 예를 들어 표 6.1은 해당 2015년 중반 인텔사의 주가비율 분석을 요약하여 표시하고 있다.

표 6.1
인텔사의 주가 비율 분석
2015년 주식가격: $33.98

	이익	현금흐름	매출
5년 평균 주가 수익 비율	14.6 (주가–수익비율)	7.24 (주가–현금흐름 비율)	2.7 (주가–매출액 비율)
현재 주당 가치	$2.23(주당 순이익)	$2.16(주당 현금흐름)	$11.6(주당 순매출)
성장률	8.3%	10.1%	4.0%
예상 주식가격	$35.26	$17.22	$32.57

표 6.1에서 5년간 평균 주가비율 행은 5년간 평균의 주가수익비율, 주가현금흐름비율, 주가매출비율을 표시하고 있다. 현재 가치 행은 주당순이익, 주당현금흐름, 주당매출을, 성장률 행은 5년간의 주당순이익, 주당현금흐름, 주당매출의 예상된 성장률을 표시한다.

기대 주가 행에서는 1년 후 예상된 주가를 표시한다. 기본적인 개념은 다음과 같다. 인텔의 주가 수익 비율이 14.60이기 때문에 인텔 주식은 지금부터 1년 후 인텔의 주당 순이익의 14.60배가 될 것이라고 가정할 수 있다. 인텔의 1년 후 순이익을 계산하기 위해 인텔의 이익 성장률이 연간 8.3% 라는 것에 주목하도록 한다. 만일 이익이 해당 성장률로 계속 성장한다면, 내년의 이익은 금년 이익의 1.083배에 해당할 것이다. 이 것들을 취합해보면 다음과 같다.

예상 주가 = 과거 주가수 비율 × 예상 주당순이익
= 과거 주가수익비율 × 현재 주당순이익 × (1 + 예상 주당순이익 성장률)
= 14.60 × \$2.23 × 1.083 = \$35.26

동일한 과정을 이용하여 주당 흐름을 기반으로 하는 예상 주가를 산출하는 것도 가능하다.

예상 주가 = 과거 주가현금흐름비율 × 예상 주당 현금흐름
= 과거 주가현금흐름비율 × 현재 현금흐름비율 × (1 + 예상 주당현금흐름 성장률)
= 7.24 × \$2.16 × 1.101 = \$17.22

끝으로 예상 주가를 주당 매출 비율 기반으로 산출 한다면

예상 주가 = 과거 주가매출비율 × 예상 주당 매출
= 과거 주가매출비율 × 현재 주당 매출 × (1 + 예상 주당매출성장률)
= 2.70 × \$11.60 × 1.04 = \$32.57

이다.

인텔의 경우에 주가 비율 방법으로 산출된 기대 주가의 범위가 \$17에서 \$35 수준이었음을 주지하도록 한다. 하지만 이 분석이 적용된 2015년 후반에 인텔의 실제 주가는 대략 \$33.98였다. 이러한 차이는 최근 몇 년간 인텔의 주가가 매우 가파르게 하락하였음을 통해 설명된다고 할 수 있다. 예를 들어 인텔의 주가 현금흐름 비율은 고점을 기록한 2007년에 12.5를 기점으로 2015년에 8.6까지 조정되었다. 이런 큰 수치의 주가 비율 하락으로 볼 때 과거 평균 주가비율이 정확하지 않았음을 알 수 있다.

표 6.2

월트 디즈니사의 주가 비율분석 2015년 주식 가격: $114.01

	이익	현금흐름	매출
5년 평균 주가 수익 비율	18.2 (주가-수익비율)	13.6 (주가-현금흐름 비율)	2.6 (주가-매출액 비율)
현재 주당 가치	$4.80(주당 순이익)	$3.48(주당 현금흐름)	$29.87(주당 순매출)
성장률	13.9%	14.3%	6.8%
예상 주식가격	$99.50	$54.10	$82.94

예제 6.16

디즈니 랜드

표 6.2는 월트 디즈니사의 주가 비율 정보를 보여주고 있다. 예상 주가를 3가지 주가비율 분석 접근 방법을 통하여 계산하라. 예를 들어 주가수익비율 접근 방법을 이용한다면 1년 이후 아래의 예상 주가 측정치를 산출할 수 있다.

$$\begin{aligned}\text{Expected price} &= \text{Historical P/E ratio} \times \text{Current EPS} \\ &\quad \times (1 + \text{Projected EPS growth}) \\ &= 18.2 \times \$4.80 \times 1.139 \\ &= \$99.50\end{aligned}$$

기업가치 비율

주가수익비율은 분자가 주당가격이고 분모가 주당순이익라는 점에서 자본비율이라고 할 수 있다. 하지만 실제에 있어서는 자본과 부채가 모두 적용된 비율을 이용하기도 한다. 이 가운데 가장 대중적으로 이용되는 방법은 기업가치(enterprise value, EV)/EBITDA 비율이다. 기업 가치는 해당 기업의 자기 자본의 시장가치에 부채의 시장가치를 합한 이 후 현금을 차감하여 계산한다. EBITDA(earnings before interest, tax, depreciation, and amortization)는 이자, 세금, 감가상각, 상환 이전 이익을 나타낸다.

기업가치
해당 기업의 자기 자본의 시장 가치에 부채의 시장가치를 합한 후 기업의 현금을 차감

예를 들어 코트니 카약스의 자본 총액이 $800,000,000 수준이며 부채의 가치가 $300,000,000이며 보유 현금은 $100,000,000임을 가정할 때, 기업 가치는 $1,000,000,000(=800+300−100)이다. 코트니 카약스의 수익계산서가 다음과 같다고 가정하자.

총매출	$700.0 million
−매출원가	−500.0 million
EBITDA	$200.0 million

- 감가상각	−100.0 million
- 이자비용	−24.0 million
세전 이익	$ 76.0 million
- 세금(@30%)	−22.8 million
당기순이익	$ 53.2 million

EV/EBITDA 비율은 5이다(=$1,000,000,000/$200,000,000) 해당 비율을 구할 때, 수익계산서(Income Statement)상 EBITDA 아래에 항목들은 모두 무시되었음을 주지하기 바란다.

애널리스트들은 종종 비슷한 기업들이 비슷한 EV/EBITDA 비율을 지니고 있을 것이라 가정한다(비슷한 주가 수익 비율과 자산 베타들 역시 비슷할 것이라 가정하는 것 또한 마찬가지이다). 예를 들어 해당 산업의 평균 EB/EBITDA 비율이 6이라고 가정해보자. 업종 평균 EBITDA $50,000,000 수준의 업계에 속한 쿼티 코퍼레이션은 업계 평균 수준으로 평가받고 있으며 이 기업의 기업가치(EV)는 $300,000,00으로 측정된다(=6×$50,000,000). 이제 쿼티사가 $75,000,000 수준의 부채와 $25,000,000의 현금을 보유하고 있다고 가정해보자. 주어진 EV값을 이용하면 측정된 주가 총액이 $250,000,000임을 알 수 있다(=$300,000,000−$75,000,000+$25,000,000).

기업 가치 비율에서 네 가지 중요한 의문점을 가져볼 수 있다.

1. 기업가치비율은 주가수익비율에 비해 장점을 지니고 있는가? 그렇다. 지금까지 자산 베타에서 논의되어 왔던 바와 같이 같은 산업에 속해 있는 기업들은 레버리지, 특히 부채 비율로 구별된다. 동종 업계내의 기업간 비교가 가능할지라도 레버리지 정도의 차이는 기업 주가수익 비율을 다르게 할 수 있다. 기업 가치는 이에 반해 자본과 부채를 포함하기 때문에 레버리지로 인한 EV/EBITDA의 영향이 주가 수익 비율에 비해 적다고 할 수 있다.
2. EBITDA가 분모로 적용되는 이유는 무엇인가? 분자와 분모의 비율은 일정해야 한다. 주가 수익 비율의 분자가 한 주당 가격이기 때문에 분모는 주당 순이익이 되어야 이치에 맞다고 할 수 있다. 이는 주주가 잔존가치 청구권자(residual claimants)이기 때문에 이자는 EPS가 계산되기 전에 차감되야 한다. 반면 기업가치는 자본과 부채에 모두 관여하기 때문에 분모는 이자 지급에 영향을 받지 않아야 한다. 이는 EBITDA의 경우도 마찬가지인데 이는 EBITDA의 이름이 함의하는 바와 같이 이익이 이자지급이 공제되기 전에 계

산되기 때문이다.

3. 왜 분모는 감가상각과 무형자산상각을 무시하는가? 많은 실무자들이 감가상각과 무형자산 상각분이 현금흐름이 아니기 때문에, 수익은 감가상각과 무형자산 상각이 차감되기 전에 계산되어야 한다고 주장한다. 다른 말로 하자면 감가상각과 무형자산 상각은 단지 기존 구매에 대한 매몰 비용만을 반영한다는 의미이다. 하지만 또 어떤 이들은 감가상각이 이루어지는 자산들은 결국 다른 자산으로 대체될 것이고 따라서 감가상각이 미래 대체 비용을 반영한다고 지적하기도 한다.
4. 왜 보유 현금분은 누락되어 있는가? 많은 기업들이 일정 분의 현금을 보유하고 있을 것처럼 보인다. 예를 들자면 2015년 현재 애플사는 $35,000,000,000의 현금과 단기 투자상품을 보유하고 있다. 기업가치비율은 생산 자산이 수익이나 현금흐름을 창출하는 능력을 측정하고자 하기 때문에 현금분은 누락되어야 한다. 하지만 일부 사업에는 확실히 일정부분 현금이 필요하다는 점 때문에 이 관점 역시도 비판이 없지 않다.

확인 사항

6.6a 왜 높은 주가-수익비율 주식이 때때로 성장주라고 불리는가?

6.6b 애널리스트들이 주가-수익비율보다 주가-현금흐름 비율이 더 선호되는 경우는 어떤 경우인가?

6.7 E. I. 듀퐁사 분석

주식시장 투자자들은 상장주식의 재무성과에 관한 많은 정보 출처를 확보하고 있다. 실제로, 이용 가능한 정보의 양이 종종 압도적일 수 있다. 이러한 이유로, 몇몇 출처들은 개별 기업에 대한 참고 요약 자료를 만들기도 한다. 많은 정보제공자들은 높은 수준의 이용료를 부과하기도 하지만 몇몇 정보제공자들은 제한없이 정보를 제공하기로 하기 때문에 우리는 이러한 무료로 제공되는 정보 소스를 활용하는 것에 보다 중점을 두고자한다.

재무 데이터의 출처로서 모든 투자자들이 활용할 수 있는, 가장 잘 알려져 있으며, 사용하기 쉬운 것은 두 곳은 야후 파이낸스(finance.yahoo.com)와 모닝스타(www.morningstar.com)이다. 두 곳 모두 방대한 양의 정보를 제공하며, 이러한 자료의 대부분은 기업의 적정가치를 추정하는데 활용될 수 있다. 주식가치평가 프

E. I. du Pont de Nemours and Company (DD) - NYSE ★ Watchlist

63.49 ↑0.15(0.24%) 3:31PM EDT - Nasdaq Real Time Price

Prev Close:	63.34	Day's Range:	63.34 - 64.17
Open:	63.48	52wk Range:	47.11 - 76.59
Bid:	63.51 x 1400	Volume:	3,859,883
Ask:	63.52 x 300	Avg Vol (3m):	6,736,380
1y Target Est:	62.83	Market Cap:	55.64B
Beta:	1.43847	P/E (ttm):	20.04
Next Earnings Date:	N/A	EPS (ttm):	3.17
		Div & Yield:	1.52 (2.45%)

그림 6.2

E.I. 듀퐁(DD)의 요약 주식 관련 정보, 2015년 10월 30일 기준

로세스를 살펴보기 위해 뉴욕 증권거래소(NYSE)에 DD라는 티커로 거래되고 있는 E.I. 듀퐁사를 고려해 보고자 한다. 그림 6.2는 야후 파이낸스에서 제공하는 요약정보이다.

배당성장모형 활용

첫 번째 과정은 E.I.듀퐁사에 대한 적정할인율을 추정하는 것이다. 그림 6.2로부터, 듀퐁사의 베타는 1.44임을 확인할 수 있다. 미재무성 단기채권 금리는 3%, 주식시장 위험 프리미엄은 7%라고 가정할 때 CAPM 모델로부터 듀퐁사의 할인율을 추정할 수 있다. $3\% + 1.44 \times 7\% = 13.08\%$

다음 프로세스는 지속가능성률을 계산하는 일이다. 그림 6.2를 통해 듀퐁의 최근 주당순이익(EPS)은 $3.17, 주당 배당은 $1.52였기 때문에, 유보성향은 $1 - \$1.52/\$3.17 = 0.52$가 된다.

지속 가능 성장률을 추정하기 위해서는 ROE를 알아야한다. 그림 6.3에는 야후 파이낸스의 주요통계(Key Statistics) 섹션에서 제공되는 주요 재무정보 요약이 나와있다. ROE는 23.37%로 나와있고, 이것을 종합하면 지속 가능 성장률은 $0.52 \times 23.37\% = 12.15\%$가 됨을 알 수 있다.

마지막으로, 할인율과 지속 가능 성장률을 가지고 듀퐁사의 주식 가치를 계산할 수 있다. 일정배당 성장모형을 활용하여 2015년의 배당 $D_0 = \$1.52$, 할인율

그림 6.3
듀퐁사의 주요 재무현황

Financial Highlights	
Fiscal Year	
Fiscal Year Ends:	Dec 31
Most Recent Quarter (mrq):	Sep 30, 2015
Profitability	
Profit Margin (ttm):	8.98%
Operating Margin (ttm):	12.41%
Management Effectiveness	
Return on Assets (ttm):	5.66%
Return on Equity (ttm):	23.37%

$k=13.08\%$, 그리고 성장률 $g=12.15\%$를 통해 다음과 같이 계산할 수 있다.

$$P_0 = \frac{\$1.52(1.1215)}{0.1308 - 0.1215} = \$183.30$$

실제와는 차이가 나게 되는데. 이러한 극단적으로 높은 주가(해당 시점의 주가는 $63.49)가 도출된 것은 성장률이 할인율과 큰 차이가 없는 것에 기인한다. 따라서 다른 방법을 생각해 볼 수 있다.

성장률을 과대평가하지는 않았을까? 그림 6.4에 야후 파이낸스에서 제공하는 애널리스트들의 추정성장률 전망치를 보자. 향후 몇 년간 애널리스트들은 듀퐁의 이익성장률을 2%수준으로 전망하고 있다. 따라서 이러한 성장률 전망이 보다 합리적이라고 생각한다면 다음과 같이 계산할 수 있다.

$$P_0 = \frac{\$1.52(1.02)}{0.1308 - 0.02} = \$13.99$$

이 값은 실제 시장가격보다 훨씬 저평가되어 있다. 따라서 만약 시장가격에 성장률이 내재되어있다고 고려해보면 현재 주가를 기준으로 성장률을 역으로 계산해 볼 수도 있다.

$$\$63.49 = \frac{\$1.52(1+g)}{0.1308 - g}$$
$$g = 10.43\%$$

그러므로, 시장 참여자들은듀퐁의 배당성장률이 10.43%수준으로 영구적으로 성장할 것이라고 가격에 반영해놓았다고 할 수 있다. 따라서 성장률이 이 보다 더 높다고 판단한다면 주식을 매수해야할 것이며, 그렇지 않다면 팔아야할 것이다.

Growth Est	DD	Industry	Sector	S&P 500
Current Qtr.	-54.40%	13.90%	60.90%	3.60%
Next Qtr.	7.10%	23.70%	36.00%	9.00%
This Year	-17.60%	10.60%	-9.30%	-1.60%
Next Year	18.40%	9.50%	0.50%	9.30%
Past 5 Years (per annum)	4.94%	N/A	N/A	N/A
Next 5 Years (per annum)	2.07%	16.97%	13.12%	6.07%
Price/Earnings (avg. for comparison categories)	22.87	18.72	17.27	16.20
PEG Ratio (avg. for comparison categories)	11.05	2.69	1.50	2.83

그림 6.4
듀퐁사의 성장률 추정치

이보다 한단계 더 나아간 방법론으로 2-단계 할인모델(two-stage discount model)을 활용해 볼 수도 있다. 이 모델에서는 성장률이 12.15%로 5년간 유지된 이후 6%로 그 이후의 성장률이 유지되는 것을 가정한다. 이 6% 성장률은 야후 파이낸스(그림 6.4)를 참조하였고, 이는 듀퐁이 속해있는 S&P500지수의 회사들에 대한 전반적인 성장률 추정치를 대표값으로 활용한 것이다.

식(6.11)을 통해 $29.25이라는 주가를 도출할 수 있다.

$$P_0 = \frac{\$1.52(1.1215)}{0.1308 - 0.1215}\left[1 - \left(\frac{1.1215}{1.1308}\right)^5\right] + \left(\frac{1.1215}{1.1308}\right)^5 \left[\frac{\$1.52(1.06)}{0.1308 - 0.06}\right]$$
$$= \$7.41 + \$21.84$$
$$= \$29.25$$

다시, 이러한 추정은 현재 시장 가격보다 아래에 있다. 그래서 저평가되어 있는지 고평가되어 있는지 판단해야하며, 좋은 애널리스트는 어떤 것이 더 정확한지 판단할 수 있어야한다.

잔존가치모델 활용

잔존가치모델을 적용하기 위해서 현재 시장-장부가배율(PBR, Price to Book Value), 현재 주당순이익(EPS), 할인율, 배당 기대성장률과 같은 데이터가 필요하다. 주당순이익은 이미 $3.17로 알고 있다. 성장률과 할인율 역시 12.15%, 13.08%임을 이미 알고 있다. 기억해야할 것은 애널리스트들의 성장률 추정치는 2%였다. 따라서 우리가 알아야하는 데이터는 현재 PBR이다.. 야후 파이낸스의 핵심 통계 데이터 섹션에서 해당정보는 찾을 수 있다.(그림 6.5)

PBR $12.29를 가지고 잔존가치모델에 적용해볼 수 있는 식 (6.14)을 활용할 수 있다. 아래의 두 가지 평가가격을 볼 수 있다. 첫 번째는 성장률 12.15%를 사용한

그림 6.5

듀퐁사의 주요 재무상태표 정보

Balance Sheet	
Total Cash (mrq):	3.73B
Total Cash Per Share (mrq):	4.26
Total Debt (mrq):	9.94B
Total Debt/Equity (mrq):	88.54
Current Ratio (mrq):	2.04
Book Value Per Share (mrq):	12.29

것으로 두 번째는 애널리스트들의 추정성장률 2%를 활용한 결과 값이다.

$$P_0 = 12.29 + \frac{3.17(1.1215) - 12.29(0.1308)}{0.1308 - 0.1215} = \$221.71$$

$$P_0 = 12.29 + \frac{3.17(1.02) - 12.29(0.1308)}{0.1308 - 0.02} = \$26.96$$

다시, 성장률 추정이 가치평가에 중요한 요인임을 확인할 수 있다. 그리고, 위에서 볼 수 있듯이 시장에서 추정되는 성장률은 두 결과값 사이에 존재한다. 순수 잉여관계(clean surplus accounting)에서는 잔존가치모델로부터 도출된 가치평가와 배당성장모델로부터 추정된 값을 조정해 주어야한다는 것을 강조해야 한다. 그러나 실무적으로 이미 보았듯이 이러한 일은 드물게 발생한다.

잉여현금흐름 모델 활용

식 (6.20)을 통해 만약 잉여현금흐름(Free Cash Flows, FCF)과 할인율, 성장률을 이미 알고 있다면 현금흐름을 기반하여 기업 가치를 도출할 수 있다. 이미 성장률, 할인율을 알고 있기 때문에 배당이 아닌 현금흐름에만 중점을두면서 살펴보면 된다. 기억해야할 것은 잉여현금흐름은 모든 투자자들(주주, 채권자)에게 활용가능하며, 잉여현금흐름을 활용할 때 자본이 아닌 전체 기업의 가치에 기반하게 된다. 따라서 우리는 자본에 대한 것이 아닌 기업 레벨에서의 할인율을 적용해야한다.

식 (6.19)를 활용하여 듀퐁사의 자본의 베타 1.44를 가지고 아래와 같이 자산의 베타를 구할 수 있다.

$$1.44 = B_{Asset} \times [1 + 0.89 \times (1 - 0.35)]$$
$$1.44 = B_{Asset} \times 1.58$$
$$B_{Asset} = 0.91$$

위의 식에 활용된 0.89는 그림 6.5를 활용하여 구한 부채비율(Debt to Equity)

Key Ratios

Profitability | Growth | **Cash Flow** | Financial Health | Efficiency Ratios

Cash Flow Ratios	2006-06	2007-06	2008-06	2009-06	2010-06	2011-06	2012-06	2013-06	2014-06	2015-06	TTM
Operating Cash Flow Growth % YOY	30.42	18.11	17.71	-5.66	7.73	-17.68	0.40	11.96	-6.15	4.66	—
Free Cash Flow Growth % YOY	**33.13**	**20.46**	**21.72**	**-8.51**	**11.33**	**-23.68**	**-6.10**	**16.58**	**-6.95**	**7.54**	—
Cap Ex as a % of Sales	3.91	3.85	3.65	4.10	3.89	4.00	4.74	4.76	4.63	4.90	4.67
Free Cash Flow/Sales %	12.76	13.72	15.29	14.78	16.47	12.02	11.14	12.91	12.17	14.25	14.93
Free Cash Flow/Net Income	1.00	1.01	1.06	0.87	1.02	0.84	0.87	0.96	0.87	1.55	1.45

그림 6.6

듀퐁사의 역사적 현금흐름 성장률

을 의미한다. 세율 35%는 대부분의 큰 기업에 적용되는 한계세율이라고 생각하면 된다.

표준화한 미국재무성 단기채권 수익률 3%와 주식시장 위험 프리미엄 7%를 가정하여, CAPM모델을 활용하면 3.0%+0.91×7%=9.37%로 듀퐁사의 할인율을 추정할 수 있다. 이것은 기업재무 수업에서 배운 가중평균자본비용(WACC)과 같은 방식이다.

현금흐름을 이용한 가치평가에서 가장 어려운 부분중에 하나가 현금흐름의 성장률을 추정하는 것이다. 불행하게도, 이러한 정보를 무료로 제공하는 곳은 없다. 그러나 과거의 성장률 정보는 일부 제공하며, 그림 6.6에 듀퐁사의 과거 자료가 있다. 이 정보는 모닝스타 홈페이지를 통해 확인 가능하다.

잉여현금흐름의 연간 변동성은 큰 편이다. 지난 10년간의 평균치를 구해보면 6.55%였는데, 이 평균 수치를 미래 잉여현금흐름의 성장률로 활용할 수 있다.

마지막으로, 듀퐁사의 가장 최근 잉여현금흐름을 알아야 한다. 이 정보는 모닝스타에서 제공하는 그림 6.7을 통해 확인할 수 있다.

이 과거 데이터를 통해 듀퐁의 주당 잉여현금흐름은 $3.96임을 알 수 있다. 최근의 EPS는 $2.44이며 TTM(Trailing Twelve Months) 기준으로는 $2.56인 것을 알 수 있다. 그림 6.2의 $3.17과 일치하지 않는 것에 대해 의문점이 생길 수 있는데, 이러한 차이는 여러 정보제공자들을 활용할 때 종종 발생한다. 시간 기준에 의한 것일 수도 있고, 기준이 되는 시점일 수도 있고, 어떤 이유에서든 차이가 발생할 수 있음은 염두에 두어야 한다.

알고 있는 정보를 활용해 아래와 같은 잉여현금흐름 가치평가를 구할 수 있다.

$$V_F = \frac{\$3.96(1.0655)}{0.0937 - 0.0655} = \$149.62$$

Financials

Export | Ascending

	2006-06	2007-06	2008-06	2009-06	2010-06	2011-06	2012-06	2013-06	2014-06	2015-06	TTM
Revenue USD Mil	68,222	76,476	83,503	79,029	78,938	82,559	83,680	84,167	83,062	76,279	74,035
Gross Margin %	51.4	52.0	51.3	50.8	52.0	50.6	49.3	49.6	48.9	49.0	49.6
Operating Income USD Mil	13,249	15,450	17,083	16,123	16,021	15,818	13,292	14,481	15,288	11,790	11,925
Operating Margin %	19.4	20.2	20.5	20.4	20.3	19.2	15.9	17.2	18.4	15.5	16.1
Net Income USD Mil	8,684	10,340	12,075	13,436	12,736	11,797	10,756	11,312	11,643	7,036	7,647
Earnings Per Share USD	2.64	3.04	3.64	4.26	4.11	3.93	3.66	3.86	4.01	2.44	2.56
Dividends USD	1.15	1.28	1.45	1.64	1.80	1.97	2.14	2.29	2.45	2.59	2.61
Payout Ratio %	44.3	43.1	40.4	45.8	51.0	50.1	65.9	58.0	65.6	68.5	87.3
Shares Mil	3,286	3,399	3,317	3,154	3,099	3,002	2,941	2,931	2,905	2,884	2,878
Book Value Per Share USD	19.33	20.85	22.45	21.18	21.04	24.01	23.31	24.11	25.15	22.71	22.50
Operating Cash Flow USD Mil	11,375	13,435	15,814	14,919	16,072	13,231	13,284	14,873	13,958	14,608	14,513
Cap Spending USD Mil	-2,667	-2,945	-3,046	-3,238	-3,067	-3,306	-3,964	-4,008	-3,848	-3,736	-3,458
Free Cash Flow USD Mil	8,708	10,490	12,768	11,681	13,005	9,925	9,320	10,865	10,110	10,872	11,055
Free Cash Flow Per Share USD	2.65	2.94	3.85	3.70	4.20	3.31	3.11	3.66	3.31	3.96	—
Working Capital USD Mil	4,344	-6,686	-6,443	-8,996	-5,500	-5,323	-2,997	-6,047	-2,109	-144	—

그림 6.7

듀퐁사의 주요 비율

이 가치평가 값은 주식 수를 기본으로 하여 전체 기업의 가치를 구한 것이기 때문에, 우리는 주당 자본기준의 정보를 알고 싶어한다. 따라서 기업의 부채의 가치를 차감해야 한다. 그림 6.5로부터 듀퐁의 부채는 $99.4억 수준임을 알 수 있다. 듀퐁의 주식 수는 8억7,641만 주이다. 그러므로 1주당 부채는 대략 99.4/8.7641=$11.34 수준이다. 이 정보를 토대로 주당 듀퐁의 자본 가치를 구하면 V_E=$149.62−$11.34=$138.28임을 알 수 있다. 여전히 이 값은 시장 가격에 비하면 상당히 큰 값을 나타내고 있다.

주가비율 분석 활용

가격비율을 활용하여 주식가격을 평가하기 위해서는 (1) 평균 역사적 주가비율(P/E, P/CF, P/S), (2) 현재 주당순이익, 현재 주당현금흐름, 현재 주당 매출액 등의 데이터, (3) 이익, 현금흐름, 매출액에 대한 성장률 추정치가 필요하다.

평균 역사적 가격비율을 찾는 빠른 방법은 모닝스타 홈페이지 에서 'Valuation'섹션을 살펴보는 것이다. 그림 6.8은 일부를 발췌한 것이다. 마지막 열은 최근 5년동안의 주가비율 평균을 나타낸다. 예를 들어 듀퐁의 평균 P/E는 16.9, P/S는 1.4, P/CF는 14이다.

현재 이익과 잉여현금흐름의 주당 가치는 이전의 계산에서 이미 살펴보았다. 그림 6.9에 있는 야후 파이낸스의 핵심 통계 섹션을 참고할 수 있고, 매출액 성장률

Current Valuation DD	DD	Industry Avg	S&P 500	DD 5Y Avg*
Price/Earnings	18.9	15.4	18.0	16.9
Price/Book	4.2	2.9	2.5	4.4
Price/Sales	1.7	1.7	1.7	1.4
Price/Cash Flow	15.5	10.2	10.8	14.0
Dividend Yield %	2.9	3.3	2.4	3.2

그림 6.8

듀퐁의 가치평가 주가비율

Income Statement	
Revenue (ttm):	32.17B
Revenue Per Share (ttm):	35.69
Qtrly Revenue Growth (yoy):	-17.50%
Gross Profit (ttm):	13.02B
EBITDA (ttm)[6]:	5.52B
Net Income Avl to Common (ttm):	3.16B
Diluted EPS (ttm):	3.17

그림 6.9

듀퐁사의 주요 손익계산서 정보

Revenue Est	Current Qtr. Dec 15	Next Qtr. Mar 16	Current Year Dec 15	Next Year Dec 16
Avg. Estimate	5.38B	7.92B	27.66B	25.99B
No. of Analysts	15	9	18	18
Low Estimate	5.07B	7.67B	25.15B	24.90B
High Estimate	5.82B	8.50B	29.74B	27.50B
Year Ago Sales	7.38B	9.17B	34.72B	27.66B
Sales Growth (year/est)	-27.00%	-13.70%	-20.40%	-6.00%

그림 6.10

듀퐁사의 이익 추정치

에 대한 추정치는 그림 6.10의 애널리스트 추정치 부분을 참고할 수 있다.

수집된 정보를 토대로 주당 밸류이션을 다음과 같이 할 수 있다.

$$\text{예상 주식가격} = \text{주가수익비율} \times \text{주당순이익} \times (1 + \text{주당순이익 성장률})$$

$$\text{예상 주식가격} = \text{주가현금흐름비율} \times \text{주당현금흐름} \times (1 + \text{주당현금흐름 성장률})$$

$$\text{예상 주식가격} = \text{주가매출액비율} \times \text{주당매출액} \times (1 + \text{주당매출액 성장률})$$

	이익	현금흐름	매출
5년 평균 주가 수익 비율	16.9 (주가–수익비율)	14.0 (주가–현금흐름 비율)	1.4 (주가–매출액 비율)
현재 주당 가치	$3.17(주당 순이익)	$3.96(주당 현금흐름)	$35.69(주당 순매출)
성장률	12.15%	6.55%	−6.00%
예상 주식가격	$60.08	$59.07	$46.96

표 6.3

듀퐁사의 주가비율 분석
2015년 10월 주식 가격: $63.49

이 계산의 결과는 표 6.3에 정리되어 있다. 확인해보길 바란다.

이 장에서 설명한 다양한 방법으로 학습하게된 주가를 도출하기 위해 사용한 모델과 계산결과를 함께 나열하여 아래와 같이 간단히 요약해볼 수 있다.

배당할인모형, 지속가능성장율 활용	:	$183.30
배당할인모형, 애널리스트 추정성장율 적용	:	$13.99
배당할인모형, 2단계 배당성장모형 적용	:	$29.25
잔존가치모델, 지속가능성장율 활용	:	$221.71
잔존가치모델, 애널리스트 추정성장율 적용	:	$26.96
잉여현금흐름모델, 역사적 성장율 적용	:	$138.28
주가－수익 비율 모델	:	$60.08
주가－현금흐름 비율 모델	:	$59.07
주가－매출액 비율 모델	:	$46.96

다양한 모델로부터 구한 넓은 범위의 주가에 주목해보자. 이는 주가분석에 있어서는 드문 일이 아니며, 이는 주가분석 업무가 때때로 얼마나 어려울 수 있는지를 보여준다. 이 경우, 가격비율은 실제 주가인 $63.49에 가장 근접한 값을 산출했다. 목표는 현재 주가에 가장 가까운 가격을 산출하는 모델을 찾는 것이 아니다. 오히려, 목표는 우리가 신뢰하는 모델을 찾는 것이다.

예를 들어, 배당할인모형이 가장 적합한 모델이며 지속 가능 성장률로부터 나온 수치들이 가장 정확하다고 가정해보자. 만약 그렇다면, 듀퐁의 주가는 다소 저렴하다고 결론지을 수 있다. 다른 평가 방법들은 이러한 결론을 뒷받침한다.

어떤 시사점이 있는가? 재무 데이터를 객관적으로 볼 수 있음에도 불구하고, 상당한 주관성이 주식 가치평가 과정에 수반된다. 예를 들어 모닝스타가 제공하는 프리미엄 주식분석 섹션에서 듀퐁에 대한 추정가격은 $35.40에서부터 $91.45에 이르는 넓은 범위를 보여준다. 심지어 전문가들도 정확한 주식가치를 평가하기가 상당히 어렵다는 것을 의미한다. 그러니 포기하지 말자.

확인 사항

6.7a 시장의 현재가격과 등가를 이루기 위해 잔존가치모델에 활용되어야하는 이익의 성장률을 구할 수 있는가?

6.8 요약 및 결론

이 장에서, 보통주 가치평가에 사용하는 몇 가지 기본적인 분석 방법에 대해 살펴보았다. 우리가 검증하고 학습한 방법론들이 이 장의 학습 목적이다. 듀퐁사에 대한 자세한 분석을 통해 이러한 방법론을 설명하였다.

1. 기본 배당할인모델

A. 배당할인모형은 기대되는 미래 배당의 합계로 주식가격을 평가한다. 모형에서 배당은 위험과 시간가치를 통해 조정된다.

B. 배당할인모형은 종종 배당이 일정한 성장률로 증가할 것이라고 가정을 단순화한다. 배당할인모형에서 가장 단순한 형태는 배당이 영구히 일정성장률로 증가하는 경우이다. 일정 영구성장모델의 단순함은 가장 널리쓰이는 배당할인모델이 될 수 있다는 장점과 동시에, 안정적인 이익과 배당성장을 가지고 있는 기업에게만 적용되어야 하다는 치명적인 약점일수도 있다.

C. 배당 모델은 미래 성장에 대한 추정을 필요로 한는데. 지속 가능 성장률에 대해 살펴보았듯이. 기업의 ROE와 유보율의 곱을 통해 도출된다.

2. 2단계 배당성장모형

A. 기업들은 종종 업계평균으로 수렴하게 될 성장률이 일시적으로 높거나 낮은 일시적인 기간을 경험하게 된다. 이러한 경우에 종종 2단계 배당성장모형을 활용할 수 있다.

B. 2단계 성장모델은 두 개의 다른 성장률을 두 개의 서로 다른 기간동안 적용하거나, 일정성장률을 향해 선형적으로 수렴되는 성장률을 활용할 수 있는데, 후자의 경우를 H−모델이라고 한다.

C. 2단계 배당성장모형은 일정하지 않은 배당성장이 있는 기간과 일정한 배당성장이 있는 기간을 모두 가지고 있는 경우 사용할 수 있다.

3. 잔존가치모델과 잉여형금흐름모델

A. 어떤 특정한 기간에 실제 이익과 요구되는 이익의 차이를 잔존가치라 한는데 때때로 경제적 부가가치(EVA)라고도 한다.

B. 잔존가치모델은 배당을 지급하지 않는 기업의 주식평가에 사용할 수 있는 방법으로 주당순이익, 자산, 부채, 자본에 대한 일련의 일정한 성장을 가정한다. 또한, 이러한 성장 가정을 통해 지속 가능 성장률을 도출할 수 있게 한다.

C. 순수잉여관계는 이익에서 배당을 뺀 값이 주당장부가치 변동과 같다고 하는

회계적인 관계를 의미한다. 순수 잉여 관계는 실제 현실에서는 유지되지 않을 수 있다. 그러나 만약 순수 잉여 관계가 사실이라고 한다면, 잔존가치모델은 일정 영구성장모델과 수학적으로 동일하다.

D. 잉여현금흐름(FCF) 모델은 기업의 잉여현금흐름에 집중함으로써 전체 기업 가치를 평가한다.

E. 잉여현금흐름 모델은 기업의 전체 가치에 대해 고려하기 때문에, 자본(주식) 베타보다는 자산 베타 값을 사용해야만 한다.

4. 주가비율분석

A. 주가비율은 애널리스트들에 의해 널리 사용된다. 가장 인기 있는 주가비율은 회사의 주가-수익비율이다. P/E비율은 주식가격을 주당이익(EPS)로 나눈 값이다.

B. 애널리스트들은 종종 고 P/E 주식을 성장주라고 부르고, 저 P/E 주식을 가치주라 부른다. 일반적으로 기대수익률이 높은 기업은 P/E가 높기 때문에 높은 P/E 주식을 성장주라 부른다. 저-P/E 주식은 현재 이익에 비해 싼 것으로 간주되기 때문에 가치주라고 불린다.

C. 많은 애널리스트들은 주가-수익 비율 대신에 주가-현금흐름(P/CF) 비율을 보는 것을 선호한다. 주가-현금흐름 비율은 기업의 주식가격을 주당현금흐름으로 나눈 값이다. 대부분 애널리스트들은 현금흐름이 기업의 재무적 성과에 대한 순이익보다 더 많은 정보를 제공할 수 있다는 것에 동의한다.

D. 기업 성과에 대한 또 다른 대안은 주가-매출액(P/S) 비율을 활용하는 것이다. 주가-매출액 비율은 주가를 연간 주당 매출액으로 나눈 값이다. 주가-매출액 비율은 기업의 매출 성장 능력에 초점을 맞춘다. 높은 P/S는 높은 매출 성장을 시사하는 반면, 낮은 P/S는 낮은 판매성장을 나타낸다.

E. 기초적인 주가비율 중에 하나는 price-book (P/B)이다. 시가-장부가 비율은 발행보통주의 시장가치를 자본의 장부가치로 나누어 평가한다. 고 P/B는 회사가 잠재적으로 비싸다는 것을 암시하는 반면, 저 P/B는 회사가 상대적으로 저평가되어 있다는 것을 나타낸다.

F. 주가-이익비율, 주가-현금흐름 비율, 주가-매출액 비율을 사용하는 일반적인 절차는 예상되는 미래 주가를 추정하는 것이다. 그러나, 각각의 주가비율분석 방법은 서로 다른 예상 미래 주가를 산출한다. 각 방법은 서로 다른 정보를 사용하기 때문에 각각 다른 예측을 하게된다.

G. 가격비율에 대한 대안으로 활용할 수 있는 것은 기업가치(EV)/EBITDA 비율이다. 잉여현금흐름 접근법과 유사하게, EV는 기업의 부채와 자본을 모두 고려한다.

주요 용어

기본적 분석(fundamental analysis) 226
배당할인모형(dividend discount model, DDM) 227
일정 영구성장모델은(constant perpetual growth model) 228
기하평균 배당성장률(geometric average dividend growth rate) 232
산술평균 배당성장률(arithmetic average dividend growth rate) 232
지속 가능 성장률(sustainable growth rate) 234
유보 이익(retained earnings) 234
배당 성향(payout ratio) 234
유보율(retention ratio) 234
2단계 배당 성장 모형(two-stage dividend growth model) 237
베타(beta) 243
경제적 부가가치(economic value added, EVA) 245
잔존가치모형(residual income model, RIM) 245
순수잉여관계(clean surplus relationahip, CSR) 246
주가-수익 비율(price priceearnings ratio) 253
이익 수익률(earnings yield) 253
성장주(growth stocks) 253
가치주(value stocks) 254
주가 현금흐름 비율(price-cash flow (P/CF) 255
현금흐름(cash flow) 255
주가 매출비율(price-sales (P/S) ratio) 255
시가 장부가 비율(price-book (P/B) ratio) 256
기업가치(enterprise value, EV) 258

단원 후 문제와 자습 문제

1. 영구성장 모델(LO1, CFA1) 레이튼 피자 회사의 배당금이 영구적으로 6% 증가할 것으로 예상된다고 가정하면, 할인율이 16%이고 현재 배당이 $2일 때, 주식의 가치는 얼마인가?

2. 2단계 성장 모델(LO2, CFA4) 타이타닉 아이스 큐브의 해당금이 향후 3년간 20%씩 증가한다고 가정하자. 그 후 12%의 비율로 증가했다면, 15% 할인율을 적용했을 때 타이타닉의 가치는? 타이타닉의 최근 배당금은 $3이었다.

3. 잔존가치 모델(LO3, CFA9) 알 적외선 샌드위치회사의 현재 장부가격이 주당 $10.85라 가정하자. 가장 최근의 주당 이익은 $2.96이었고, 이익은 6% 영원히 증가할 것으로 예상된다. 적절한 할인율을 8.2%를 적용하였다. 순수 잉여 관계가 성립하고, 회사가 사내유보율을 유지한다고 가정할 때, 배당금이 없는 경우, 잔존가치모델(RIM)에 따른 회사의 가치는 얼마인가?

4. 주가비율 분석(LO4, CFA3) 아래의 표에는 요르단 항공에 대한 재무정보가 주어져 있다. 우리가 논의한 세 가지 주가 비율 분석을 각각 사용하여 기대 주가를 구하라.

조던에어사의 주가비율분석(현재 주가: \$40)			
	이익	현금흐름	매출액
5년 평균 주가비율	25(P/E)	7(P/CF)	1.5(P/S)
현재 주당 가치	\$2.00(EPS)	\$6.00(CFPS)	\$30.00(SPS)
성장률	10%	16%	14%

자습 문제 해답

1. 일정 영구성장공식에 대입하면

$$P_0 = \frac{\$2(1.06)}{0.16 - 0.06} = \$21.20$$

위에서 보는 것처럼 주식은 \$21.20에 매도될 것이다.

2. 2단계(two-stage) 모델 공식에 대입하면,

$$P_0 = \frac{\$3(1.20)}{0.15 - 0.20}\left[1 - \left(\frac{1.20}{1.15}\right)^3\right] + \left(\frac{1.20}{1.15}\right)^3 \frac{\$3(1.12)}{0.15 - 0.12}$$
$$= \$9.81 + \$127.25$$
$$= \$137.06$$

그러므로, 주식은 약 \$137에 매도될 것이다.

3. 순수 잉여 관계가 참일 때 잔존가치모델 공식을 활용

$$P_0 = B_0 + \frac{EPS_0(1 + g) - B_0 \times k}{k - g}$$

다음단계, 공식에 넣어야 하는 모든 정보에 대한 표를 완성하면,

AI 샌드위치	Time 0, i.e., Now
최초 장부가치, B_0	\$10.85
주당 이익, EPS_0	\$ 2.96
성장률, g	6%
할인율, k	8.2%

문제를 해결할 수 있게 된다.

$$P_0 = \$10.85 + \frac{\$2.96(1 + 0.06) - \$10.85 \times 0.082}{0.082 - 0.06}$$
$$P_0 = \$113.03$$

4. P/E 접근 방식을 사용하여 1년 후 요르단 항공의 주가 추정치를 다음과 같이 산출한다.

추정 주가 = 평균 주가 수익비율 × 현재 주당순이익 × (1 + 성장률)
= 25 × $2 × 1.10
= $55

P/CF를 활용하면 다음의 값을 구할 수 있다.

추정 주가 = 평균 주가 현금흐름비율 × 현재 주당순이익 × (1 + 성장률)
= 7 × $6 × 1.16
= $48.72

P/S를 활용하면 다음의 값을 구할 수 있다

추정 주가 = 평균 주가 매출액비율 × 현재 주당순이익 × (1 + 성장률)
= 1.5 × $30 × 1.14
= $51.30

투자 지식 학습

1. 지속 가능 성장률(LO1, CFA6) 회사가 자기자본이익률(ROE) 20%, 주당이익이 $5이고, $2에 해당하는 배당금을 지급하였다면, 지속 가능 성장률(SGR)은 얼마인가?

a. 8%
b. 10%
c. 12%
d. 20%

2. 지속 가능 성장률(LO1, CFA6) 만약 ROE가 15%이고, 사내유보율이 40%라면, 이익과 배당의 지속 가능 성장률은 다음 중 어느 것인가?

a. 6%
b. 9%
c. 15%
d. 40%

3. 배당할인모형(LO1, CFA4) 보통주가 연간 주당 배당을 $2.10만큼 지급한다. 무위험수익률은 7%, 위험 프리미엄은 4%이다. 연간 배당금이 $2.10으로 유지될 때, 주식의 가치는 다음과 가장 가깝다.

a. $19.09
b. $30.00
c. $52.50
d. $70.00

4. 배당할인모형(LO1, CFA4) 다음 중 배당성장률이 어느 상태라면, 일정배당할인모형은 적정한 값을 도출하지 못하는가?

a. 배당성장률이 역사적평균 상회
b. 요구수익률 상회
c. 배당성장률이 역사적평균 하회
d. 요구수익률 하회

5. 배당할인모형(LO1, CFA4) 일정배당할인모형을 적용할 때, 주식의 내재가치는 요구수익률이 낮아질 때 어떻게 되겠는가?

a. 감소한다. b. 증가한다.
c. 변동이 없다. d. 다른 요인에 의해 증가 또는 감소한다.

6. 배당할인모형(LO1, CFA4) 일정배당할인모형은 일반적으로 다음 중 어떤 주식의 가치를 평가하는데 가장 적합할 것인가?

a. 모든 수익을 여러 해 동안 유보할 것으로 예상되는 신생 벤처기업
b. 빠르게 성장하는 기업
c. 적당한 성장을 하는 성숙 기업
d. 아직은 이익을 창출하지 못하는 가치 있는 자산을 보유한 기업

7. 배당할인모형(LO1, CFA6) 요구수익률 15%, 일정성장률 10%, 배당 성향 50%인 주식의 P/E는 얼마가 되어야 하는가?

a. 3.0 b. 4.5
c. 9.0 d. 11.0

8. 배당할인모형(LO1, CFA6) 다음 중 일정성장배당할인모형에서 필요로 하는 가정은 무엇인가?

I. 배당은 일정한 속도로 증가한다.
II. 배당 성장률은 영원히 일정하다.
III. 요구수익률이 배당성장률보다 작다.

a. I만 해 b. III만 해당
c. I과 II만 해당 d. I, II, III 모두 해당

9. 배당할인모형(LO2, CFA4) 3년까지는 배당을 지급하지 않을 주식이 있다. 그 후 배당금은 주당 $2, 배당 성향은 40%, 자기자본이익률(ROE)은 15%가 될 것이다. 만약 요구수익률이 12%라면, 다음 중 주식의 적정 가치와 가장 가까운 것은?

a. $27 b. $33
c. $53 d. $67

10. 배당할인모형(LO1, CFA4) 내년 말 A 기업은 주당 배당을 현재 $1.5에서 $2.0으로 지급한다고 가정하자. 그 후 배당은 5%의 일정한 성장률로 증가할 것으로 예상된다. 만약 이 주식에 대한 요구수익률이 12%라고 한다면, 주식의 가치는 얼마인가?

a. $28.57 b. $28.79
c. $30.00 d. $31.78

11. 배당할인모형(LO1, CFA6) 1년 뒤 주당 배당금을 $1.00씩 지급하고, 그 후 5%의 배당성장률이 적용될 것이다. 배당할인모형을 통해 현재 시점의 주가는 $10으로 결정되어 있다. 일정배당성장모형에 따르면, 요구수익률이 15%라면, 2년 뒤의 주식가치는 얼마가 되어야 하는가?

a. $11.03　　b. $12.10
c. $13.23　　d. $14.40

12. 잉여현금흐름(LO3, CFA7) 한 회사의 EBIT가 2억 7천 5백만달러이고, 이 금액은 5천2백만달러의 감가상각을 감안한 수치이다. 게다가 이 회사는4천2백만달러의 자본적 지출과 5백만 달러의 순운전자본이 증가했다. 이 회사의 세율이 35%일 때, 다음 중 이 회사의 잉여현금흐름(FCF)과 가장 가까운 것은? (백만 단위)

a. $280　　b. $101
c. $231　　d. $184

13. 잉여현금흐름(LO3, CFA7) 한 회사가 1년전에 1억2천5백만 달러의 잉여현금흐름을 보유하고 있었다. 잉여현금흐름은 매년 3%씩 지속적으로 성장할 것으로 예상된다. 적절한 할인율은 12%이다. 잉여현금흐름 모델에 기반한 이 회사의 현재 가치는 얼마인가? (백만 단위)

a. $1,042　　b. $1,389
c. $1,555　　d. $1,431

14. 주가비율(LO4, CFA5) 두 개의 유사한 회사가 10년 동안 감가상각을 하는 상당한 규모의 새로운 생산시설을 인수한다. A기업은 가속상각을 하는 반면 B기업은 정액상각을 한다. 다음 중 감가상각 첫 해에 발생할 가능성이 가장 높은 것은?

a. A기업의 P/CF가 B기업보다 높아질 것이다.
b. A기업의 P/CF가 B기업보다 낮아질 것이다.
c. A기업의 P/E가 B기업보다 높아질 것이다.
d. A기업의 P/E가 B기업보다 낮아질 것이다.

15. 주가비율(LO4, CFA4) 한 애널리스트는 주식에 대한 주당이익과 P/E를 각각 $43.50, 26배라고 각각 추정한다. 배당 성향은 65%일 때, 이 주식의 가치는?

a. 396　　b. 735
c. 1,131　　d. 1,866

16. 기업가치비율(LO4, CFA8) 주가비율에 비해 기업가치비율이 가지는 장점은 무엇인가?

a. 기업가치(EV)비율은 이자비용을 제외한다.
b. 기업가치(EV)비율은 회사의 현금 보유 가치를 더한다.
c. 기업가치(EV)비율은 부채와 자본의 가치를 모두 반영한다.
d. 기업가치(EV)비율은 시장위험 프리미엄을 제어하지만 주가비율은 그렇지 않다.

17. 주가수익비율(LO3, CFA5) 한 회사의 자기자본이익률(ROE)은 자본에 대한 요구수익률보다 크다. 이 회사의 P/E는 다음 어떤 것과 가장 양(positive)의 상관관계를 가지는가?

a. 무위험 수익률
b. 시장위험 프리미엄
c. 유보율
d. CAPM모델의 베타

18. 잔존가치모델(LO4, CFA9) 잔존가치모델은 기업의 가치를 두 가지 기본 요소로 구분한다. 두 가지 구성 요소는 무엇인가?

a. 현재 장부가치와 미래 이익의 현재가치
b. 주당이익과 주당현금흐름의 가치
c. 현재 기업의 주식가치와 미래 기업의 주식가치
d. 시간가치와 위험감수의 가치

19. 잔존가치(LO4, CFA9) 잔존가치는?

a. 실제 이익에서 기대이익을 차감한 것
b. 기업가치의 어떤 증가
c. 수익성 있는 프로젝트 투자의 가치
d. 자산의 경제적 활용에 의해 부가되는 가치

20. 순수 잉여 관계(LO4, CFA9) 순수 잉여 관계는?

a. 부채를 뺀 자산에서 주주 자본을 뺀 값이 유동자산과 부채상환의 변동과 같다.
b. 이익과 배당금의 차이는 장부가치 변동과 같다.
c. 배당에서 이익을 차감하는 것은 1에서 배당 성향을 차감한 것과 동일하다.
d. 이익과 배당의 차이는 잉여 재고 변동과 동일히다.

개념 문제

1. 배당할인모형(LO1, CFA4) 배당할인모형의 기본 원칙은 무엇인가?

2. 주가수익비율(LO4, CFA5) 성장주들은 왜 가치주보다 P/E 비율이 높은가?

3. 잔존가치모델(LO3, CFA9) 주당순이익이 음의 값을 가질 때 잔존가치모델에서는 어떤 현상이 발생하는가?

4. 잉여현금흐름 가치추정(LO3, CFA7) 왜 우리는 잉여현금흐름을 활용하여 기업가치를 추정할 때 일반적인 주식의 베타로 전환해야 하는가?

5. 주가 추정(LO1, CFA5) 왜 주식가치는 배당에 의존하는가?

6. 주가 추정(LO3, CFA5) 뉴욕 증권거래소와 나스닥에 상장된 회사들 중 상당수는 배당을 지급하지 않지만, 그럼에도 투자자들은 기꺼이 그런 회사들의 주식을 매수한다. 이전 문제에 대한 답변이 주어진 상황이라면 이것은 어떻게 가능한가?

7. 배당(LO3, CFA6) 5번과 6번 문제를 참고하여, 기업은 어떤 상황 하에서 배당을 지급하지 않는 것을 선택할 수 있는가?

8. 영구성장모델(LO1, CFA6) 이 장에 제시된 영구성장모델을을 활용하여 주식의 가치를 결정할 수 있는 두 가지 가정은 무엇인가? 이러한 가정들은 얼마나 합리적인가?

9. 배당성장모형(LO1, CFA4) 이 장에 제시된 배당성장모형에 근거하여, 주식의 총수익의 두 가지 구성요소는 무엇인가? 일반적으로 두 구성 요소 중 어떤 것이 더 크다고 판단하는가?

10. 주가 추정(LO3, CFA5) 만약 어떤 기업이 배당도 하지 않고 이익도 적자를 내고 있다면, 어떤 주식 가치 평가 모델이 적절한가?

질문과 문제

1. 배당가치 평가(LO1, CFA6) JJ인더스트리는 향후 4년간 주당 $2.40의 정기적인 배당을 지급할 것이다. 4년 후 이 회사는 또한 $40의 청산배당을 지급하면서 회사는 영업을 중단할 것이다. 할인율이 10%라면 이 회사의 현재 주가는 얼마인가?

2. 배당가치 평가(LO1, CFA6) 이전 문제에서 현재 주가가 $60라 가정하면, 다른 모든 정보가 동일하다면 청산배당은 얼마가 되어야 하는가?

3. 잉여현금흐름 모델(LO3, CFA7) 잉여현금흐름 모델을 활용하여 로린인형의 기업가치를 평가하려고 한다. 다양한 변수들을 검토한 결과, 로린은 베타 1.4, 부채비율(debt-to-equity) 0.3, 적용세율 30%라는 것을 알게되었다. 이 정보를 토대로 로린의 자산 베타는 얼마가 될 것인가?

4. 잉여현금흐름 모델(LO3, CFA7) 이전 질문에 대한 답을 사용하여 무위험이자율 4%, 시장위험 프리미엄 7%를 가정하여 적정 할인율을 계산하여라.

5. 잉여현금흐름 모델(LO3, CFA2) 로린 인형은 작년에 400만 달러의 감가상각을 반영하여 4,000만 달러의 EBIT를 달성하였다. 또한, 로린은 5백만 달러의 자본적 지출과 3백만 달러의 순운전자본 증가가 있었다. 3번 문제의 주어진 정보를 활용하여 로린의 올해 잉여현금흐름을 구하라.

6. 잉여현금흐름 모델(LO3, CFA2) 3번부터 5번 까지의 답을 사용하여 로린의 잉여현금흐름이 영구히 3% 성장할 것으로 예상된다고 가정할 때 로린인형의 가치는? 이 가치가 자본가치인가?

7. 기업가치(LO4, CFA8) 한 기업이 7억 5천말 달러의 기업가치(EV) 와 1억 6천 5백만 달러의 EBITDA를 나타내고 있다면, 기업가치 비율(EV ratio)은 얼마인가?

8. 영구배당성장(LO1, CFA6) 자이텍스는 주당 $1.62의 배당을 막 지급했고, 주식은 현재 $28에 거래되고 있다. 만약 할인율이 10%라면, 배당성장률은 얼마인가?

9. 영구배당성장(LO1, CFA6) 스타라이트 앤 파워는 매년 3.8%씩 배당을 증가시킨다. 이 회사는 9%의 할인율로 가치평가되고 있으며, 현재 주식은 $38에 거래되고 있다. 만약 당신이 오늘 주식을 사서 적어도 3년 이상 가지고 있다면, 당신은 오늘부터 3년 후까지의 배당의 가치는 얼마가 될 것으로 예상하는가?

10. 지속가능성장(LO1, CFA6) 존슨기업은 작년에 주당 $2.8의 이익을 시현하였고, 주당 $1.25를 배당으로 지급하였다. 만약 ROE가 14%라면, 지속 가능 성장률은 얼마인가?

11. 지속가능성장(LO4, CFA6) 조커기업의 지속 가능 성장률은 8%, ROE는 14%, 주당 배당은 $1.6이다. 만약 P/E가 19라면 주식 가치는 얼마인가?

12. CAPM(LO1, CFA2) 베타가 1.3인 어떤 주식이 있다. 무위험수익률 3.2%, 시장위험 프리미엄이 7.5%라면 기대되는 주식의 수익률은 얼마인가? 베타가 0.75라면?

13. 잔존가치모델(LO3, CFA9) 빌제과는 내년에 주당 $2.56의 이익이 발생할 것으로 예상한다. 현재 장부가치는 주당 $4.70 이다. 빌제과의 적절한 할인율은 11%이다. 이익이 3%씩 영원히 증가한다면 빌제과의 주가는 얼마가 될지 계산하라.

14. 잔존가치모델(LO3, CFA9) 이전 문제에 설명된 빌제과의 경우 대신 현재 주당 이익이 $2.56이라 가정해보자. 빌제과의 주가는 얼마인가?

15. 2단계 배당성장모형(LO2, CFA5) 어떤 회사가 주당 $1.1의 배당을 지급하였다. 배당은 향후 6년 동안 20%의 속도로 증가하다가 그 후 4%로 계속 성장할 것으로 예상된다. 만약 요구수익률이 12%라면, 오늘의 주식 가치는 얼마인가?

16. H-모델(LO2, CFA6) 어떤 기업의 배당은 현재 주당 $1.25이다. 내년에는 20% 성장을 예상하고, 그 뒤로 4년 5%에 수렴할 때 까지 매년 선형적으로 감소할 것으로 예상되며, 그 이후에는 영원히 5% 성장이 예상된다. 만약 이 주식에 대해 15%의 수익이 요구된다면, 당신은 이 주식을 얼마에 매수할 것인가?

17. 다중성장률(LO2, CFA6) 넷스크랩커뮤니케이션즈는 현재 배당을 지급하지 않는다. 당신은 회사가 15년 뒤에 주당 $4의 배당을 지급하기 시작할 것으로 예상하고, 당신은 배당이 그 후 매년 5.5%씩 증가할 것으로 예상한다. 만약 할인율이 15%라면, 현재 주식 가치는 얼마인가?

18. 기업가치비율(LO4, CFA8) 조나스피셔리는 6,500만 달러의 EBITDA를 가지고 있다. 조나스의 자본과 부채의 시장가치는 각각 4억2천만 달러, 3,800만 달러이다. 조나스는 1,200만 달러의 현금을 대차대조표(재무상태표)상에 가지고 있다면 조나스의 기업가치 비율(EV ratio)은?

19. 다중성장률(LO1, CFA6) 레저로지사는 앞으로 4년간 $15, $10, $5, $2.2의 배당을 지급할 것으로 예상된다. 이후 이 회사는 배당 성장률을 4%로 꾸준히 유지하겠다고 발표했다. 만약 이 주식에 대한 요구수익률이 10%라면, 현재 주가는 얼마인가?

20. 다중요구수익률(LO1, CFA6) 씨사이드 주식은 주당 $1.68의 배당을 지급했다. 배당성장률은 영원히 매년 5.5%에 이를 것으로 예상된다. 투자자들은 처음 3년간 18%의 주식수익률을 요구했고, 그 뒤로는 11%의 수익률을 요구한다. 현재의 주가는 얼마인가?

21. 주가비율 분석(LO4, CFA4) 아래 주어진 시거사의 정보를 보면 2017년 말 예상주가를 주가비율분석을 통해 계산하라.

년도	2011	2012	2013	2014	2015	2016
가격	$94.50	$100.40	$99.10	$97.90	$121.50	$136.80
EPS	4.34	5.05	5.22	6.06	7.00	8.00
CFPS	7.27	8.24	8.71	10.12	11.80	13.10
SPS	52.60	58.52	57.90	60.69	71.60	78.70

22. 배당성장분석(LO1, CFA6) 이전 문제에서, 같은 기간에 배당이 $1.00, $1.08, $1.17, $1.25, $1.35, $1.40라고 가정하자. 영구성장모델을 사용하여 2017년 말에 예상되는 주가를 계산하여라. 시장위험 프리미엄은 7.5%, 미 단기국채 수익률은 3%, 예상 베타는 1.1로 가정하라.

23. 인터넷 회사의 주가비율분석(LO4, CFA8) 아래 정보를 고려하여 2017년 말 후야기업의 예상 주가를 계산하라.

년도	2011	2012	2013	2014	2015	2016
가격	$8.00	$44.50	$116.00	$193.00	$83.00	$13.50
EPS	−4.00	−3.30	−1.80	−0.55	0.04	0.06
CFPS	−9.00	−6.50	−2.80	−0.25	0.03	0.08
SPS	5.00	13.50	18.10	20.30	23.80	21.95

24. 인터넷 회사의 주가비율분석(LO4, CFA8) 아래 정보를 고려하여 2017년 말 스타트업닷컴의 예상 주가를 계산하라.

년도	2013	2014	2015	2016
가격	N/A	$68.12	$95.32	$104.18
EPS	N/A	−7.55	−4.30	−3.68
CFPS	N/A	−11.05	−8.20	−5.18
SPS	N/A	4.10	6.80	8.13

25. 주가비율분석(LO4, CFA8) 파라도르인더스트리의 주식은 현재 $67이다. 현재 주당순이익은 $3.4, 이익성장률은 6%이며, 이 회사는 배당을 지급하지 않는다. 파라도르 주식의 예상수익률은 13%이다. 1년 뒤 P/E는 파라도르의 기대수익과 이익성장률과 부합되는가?

26. 주가비율분석(LO4, CFA8) 파라도르인더스트리의 주식은 현재 $67이다. 현재 주당 매출액은 $18.75, 매출성장률은 8%이며, 이 회사는 배당을 지급하지 않는다. 파라도르 주식의 예상수익률은 13%이다. 1년 뒤 P/S는 파라도르의 기대수익과 매출성장률과 부합되는가?

다음의 정보를 활용하여 27~31번 문제에 답하라.

비글 뷰티는 제조, 개발, 화장품 판매등 일련의 애견 비지니스의 사업군을 가지고 있다. 이 기업의 기업가치 평가를 위한 정보들이 아래와 같이 주어져 있다. 2015년말 기준으로 제공된 데이터들이라고 가정하자. 또한 자본의 베타는 1.4, 무위험수익률은 2.75%, 시장위험 프리미엄은 7%라고 가정하자.

주당 배당금	$2.04
자기자본이익률(ROE)	9.50%
주당 장부가치	$17.05

	이익	현금흐름	매출액
2015년 주당 가치	$5.00	$6.60	$25.65
평균주가비율	13.10	9.42	2.36
예상성장률	13.48%	11.41%	7.34%

매 년 주식에 대한 최고가와 최저가에 대한 정보

27. 일정영구 성장모델(LO1, CFA6) 비글 뷰티의 지속 가능 성장률과 요구수익률은 얼마인가? 이 값을 사용하여 일정배당성장모형에 따른 비글 뷰티의 주가를 계산하라.

28. 주가비율(LO4, CFA8) P/E, P/CF,, P/S를 활용하여 비글 뷰티의 2016년 주가를 추정하라.

29. 잔존가치모델(LO3, CFA9) 27번 문항에서 도출된 지속 가능 성장률과 요구수익률이 유효하다고 가정하라. 순수 잉여 관계관계 사용하여 비글 뷰티의 잔존가치모델을 활용한 주가를 계산하여라..

30. 순수잉여관계(LO3, CFA9) 이전 문제에서 얻은 정보를 사용하여 순수잉여배당(clean surplus dividend)으로 주가를 계산하라. 이전 문제와 같은 주가 수준이 나오는가? 왜 그런지 혹은 그렇지 않은지 설명해라.

31. 주식 가치평가(LO1, LO3, LO4) 이전 문제에 대한 답을 고려해 볼 때, 비글 뷰티의 현재 약 $82 수준의 주가는 고평가되어 있는가? 저평가되어 있는가? 만약 그렇다면, 적정 주가는 얼마로 추정하는가?

32. 잔존가치모델과 불규칙 성장(LO3, CFA9) 주식이 T 기간동안 불규칙성장을 거친 후 영구히 일정성장하는 경우, 잔존가치모델은 다음과 같이 수정될 수 있다.

$$P_0 = \sum_{t=1}^{T} \frac{EPS_t + B_{t-1} - B_t}{(1+k)^t} + \frac{P_T}{(1+k)^T}$$

$$P_T = B_T + \frac{EPS_T(1+g) - B_T \times k}{k-g}$$

앨샌드위치는 연초 $12.59의 장부가치를 가지고 있었고, 작년 주당순이익은 $3.41이었다. 몰리 밀러, 무어앤어소시에이츠의 연구 분석가인 몰리 밀러는 향후 4년간 장부가치와 주당순이익이 각각 12.5%와 11%씩 증가할 것으로 추정한다. 4년 뒤, 성장률이 6%가 될 것으로 예상된다. 몰리는 적정한 요구수익률이 8.2%라고 믿는다. 앨샌드위치의 주당 가치는 얼마인가?

CFA 관련 문제

[CFA2, CFA6, CFA7]

Beachwood Builders merged with Country Point Homes on December 31, 1992. Both companies were builders of midscale and luxury homes in their respective markets. In 2010, because of tax considerations and the need to segment the business, Beachwood decided to spin off Country Point, its luxury subsidiary, to its shareholders. Beachwood retained Bernheim Securities to value the spin-off of Country Point as of December 31, 2010.

When the books closed on 2010, Beachwood had $140 million in debt outstanding due in 2019 at a coupon rate of 8 percent, which is a spread of 2 percent above the current risk-free rate. Beachwood also had 5 million common shares outstanding. It pays no dividends, has no preferred shareholders, and faces a tax rate of 30 percent. Bernheim is assuming a market risk premium of 11 percent.

The common equity allocated to Country Point for the spin-off was $55.6 million as of December 31, 2010. There was no long-term debt allocated from Beachwood.

The managing directors in charge of Bernheim's construction group, Denzel Johnson and Cara Nguyen, are prepping for the valuation presentation. Ms. Nguyen tells Mr. Johnson that Bernheim estimated Country Point's net income at $10 million in 2010, growing $5 million per year through 2014.

Based on Ms. Nguyen's calculations, Country Point will be worth $223.7 million in 2014. Ms. Nguyen decided to use a cost of equity for Country Point in the valuation equal to its return on equity at the end of 2010 (rounded to the nearest percentage). Ms. Nguyen also gives Mr. Johnson the table she obtained from Beachwood projecting depreciation and capital expenditures ($ in millions):

1. What is the estimate of Country Point's free cash flow to the fi rm (FCFF) in 2012?
   a. 25
   b. 16
   c. 11

2. What is the cost of capital that Ms. Nguyen used for her valuation of Country Point?
   a. 18 percent
   b. 17 percent
   c. 15 percent

3. Given Ms. Nguyen's estimate of Country Point's terminal value in 2014, what is the growth assumption she must have used for free cash flow after 2014?
   a. 7 percent
   b. 9 percent
   c. 3 percent

4. The value of beta for Country Point is:
   a. 1.09
   b. 1.27
   c. 1.00

5. What is the estimated value of Country Point in a proposed spin-off?
   a. $144.5 million
   b. $162.6 million
   c. $178.3 million

CHAPTER

07

주가의 행태와 시장의 효율성

'시장이란, 옳은 정보와 틀린 정보에 대응하는, 수없이 많은 사람들의 행태의 집합체이다.'

—

Kenneth Chang

'지금 시장에서 무슨 일이 일어나고 있는지 알고 싶다면, 시장에 직접 물어보라.'

—

일본 속담

학습목표

아래와 같은 투자 지식을 충분히 반영하도록 노력해야 한다.

1. 시장 효율성의 기초
2. 시장 효율성 시사점
3. 시의 효율성과 펀드매니저의 성과
4. 시장 이상 현상과 거품 경제 및 주가 폭락이 시장의 효율성에 시사하는 점

이번 장에서는 다소 당황스러운 주제이고 때로는 논쟁의 대상이되기도 하는 매우 흥미로운 이슈를 다룬다.

다음과 같은 기초적인 질문에 답하여 보자:

'당신은 투자자로서 지속적으로 시장의 성과, 즉 다른 투자자들의 성과보다 우월한 투자성과를 올릴 수 있는가?'

위의 질문에 대한 정답이 '대체로 아니다'라는 점에 어쩌면 다소 놀랄지도 모른다. 심지어 유능한 펀드매니저조차도 시장의 성과보다 더 좋은 성과를 기록하기가 매우 어렵다는 주장 및 그에 대한 근거를 제시할 것이다. 이 장의 말미에선 '1월 효과'와 같이 흥미 있는 현상을 기술한다.

CFA 예제

1. 시장의 효율성(L1, S13)
2. 주식 포트폴리오 관리(L3, S11)

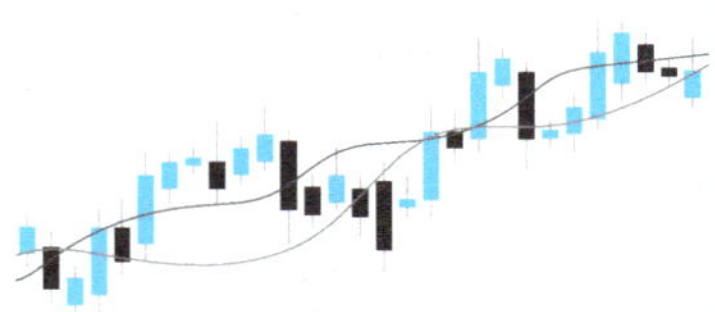

7.1 도입: 시장 효율성

시장 효율성은 투자론에서 가장 논란이 많고 흥미를 끄는 문제이다. 수십 년 동안 시장 효율성에 대한 논쟁은 좀처럼 누그러질 기미가 보이지 않는다. 시장 효율성과 관련된 논쟁의 핵심 이슈는 다음과 같다: '당신은 지속적으로 시장을 이길 수 있는가?'

이 질문에 대한 대답이 '아니오'라면 시장이 효율적이라고 믿기 때문이다. 효율적 시장 가설(Efficient Markets Hypothesis, EMH)도 뉴욕 증권거래소와 같은 조직화된 금융시장이 효율적이라고 주장하고 있고 EMH를 둘러싼 논쟁은 이 주장에 초점을 맞춘다.

효율적 시장 가설
어떤 투자자도 지속적으로 시장을 이길(여타 투자자보다 더 좋은 성과를 거둘) 수 없다는 가설

이어지는 섹션에서, 우리는 EMH를 둘러싼 많은 이슈들을 논의한다. 당신은 우리가 주식시장에 초점을 맞춘다는 것을 알게 될 것이다. 그 이유는 EMH 관련 연구에 대한 논쟁이 주로 이들 시장에 집중되었기 때문이다. 그러나, 정부채, 회사채, 상품 선물, 옵션 등 모든 조직화된 금융 시장에도 이와 동일한 원칙과 주장이 적용된다.

확인 사항

7.1a 시장의 효율성에 관한 논쟁의 핵심 이슈는 무엇인가?

7.1b 효율적 시장 가설을 설명하라.

7.2 '시장을 이긴다'라는 말의 뜻은?

1장 및 다른 부에서 논의한 바와 같이, 위험과 수익률 간에는 상충관계(trade-off)가 존재한다. 우리는 평균적으로 특정 투자안의 위험이 더 크다면, 동 투자안에 대해서 위험부담이 더 적은 자산보다 더 큰 수익을 기대하게 된다. 따라서, 단지 투자수익률이 높다거나 낮다는 사실 하나만으로 관련된 위험에 비해 수익률이 높았는지 낮았는지를 판단할 필요가 있다.

대신에, 특정 투자안이 다른 투자안보다 우월한지 규명하기 위해서는 투자안 간 비정상수익률(abnormal return; 초과수익률)을 비교할 필요가 있다. 이때 비정상수익률은 특정 투자안 수익률에서 동 투자안과 동일한 위험을 갖는 다른 투자안의 수익률을 차감한 값으로 정의된다. 따라서, '시장을 이겼다'라는 말은, 지속적으로 양(+)의 비정상수익률을 얻는 것을 의미한다.

비정상수익률(초과 수익률)
동일한 위험을 갖는 다른 투자안이 제공하는 수익률을 초과하는 수익률

확인 사항

7.2a 비정상수익률이란 무엇인가?

7.2b '시장을 이겼다'라는 문장의 뜻은 무엇인가?

7.3 시장의 효율성의 기초

다음과 같은 세 가지 요인이 시장의 효율성을 가져올 수 있다: (1) 투자자의 합리성 (2) 합리성으로부터의 독립적 이탈 (3) 차익거래. 위 각각의 조건들의 영향력은 매우 강력하여, 이 중 어느 하나의 조건만 성립해도 시장 효율성이 보장된다. 우리는 이 장 전체에 걸쳐 이러한 조건들에 대해 상세히 논한다. 그러나 이들의 중요성을 고려할 때, 본 장에서는 이들 각각에 대해서 간단히 소개하기로 한다. 이때 '합리성'이라는 용어는 투자자가 보유하고 있는 정보에 비추어 금융자산을 체계적으로 과대평가하거나 과소평가하지 않음을 의미한다.

만일 모든 투자자들이 언제나 완벽하게 합리적인 투자 결정을 한다면, 비정상수익률을 얻는 것은 불가능하지는 않더라도 매우 어려울 것이다. 이유는 간단하다: 만약 모든 사람이 완전히 합리적이면, 동일한 위험자산은 모두 동일한 기대수익률을 가질 것이다. 달리 말하면, 상대적 가격이 모두 같기 때문에 어떠한 거래도 없을 것이다.

그러나 투자자의 합리성 조건이 유지되지 않더라도 시장은 여전히 효율적일 수 있다. 예를 들어, 어떤 기업의 투자자들이 다수이고 비이성적이라고 가정하자. 또한 이 회사가 신제품에 대해 적절한 공시를 행한다고 가정하자. 어떤 투자자들은 지나치게 낙관적이고 다른 투자자들은 지나치게 비관적이라면, 서로 반대 방향의 효과가 상쇄되어 그 순효과는 거의 없어질 수 있다. 따라서 어떤 의미에서 비합리성은 분산투자 될 경우 사라지는 잡음(noise)과 같다고 할 수 있다. 결과적으로, 시장은 (거의) 효율적일 수 있다. 여기서 중요한 점은, 비합리적인 투자자들이 모두 (또는 대부분) 비슷한 신념을 가지고 있는 것은 아니라는 것이다. 즉, '합리성에 의한 독립적 이탈'이라는 조건 하에서, 시장은 여전히 효율적일 수 있다.

이제 많은 비합리적인 투자자들이 존재하는 시장을 생각해보고 그들의 집단적 불합리성이 균형을 이루지 않는다고 가정해보자. 이 경우, 관찰된 시장 가격은 위험과 비교하여 너무 높거나 너무 낮을 수 있다. 그런데, 이러한 시장에 소유자본이 충분하고 지적이며 합리적인 투자자들이 있다고 하자. 이 투자자들은 지나치게 높은 시장가격이나 낮은 시장가격을 이익실현의 기회로 보고 상대적으로 저렴한 주식을 사고 상대적으로 비싼 주식을 매도하는 차익거래에 들어갈 것이다.

이러한 합리적인 차익거래를 행하는 투자자의 영향력이 비합리적인 투자자의 영향력보다 크다면, 시장은 여전히 효율적일 것이다. 우리는 종종 '시장의 효율성은 모든 사람이 합리적일 것을 요구하지 않고, 단지 전체의 일부인 누군가만 합리적이면 성립한다'라는 표현을 듣곤 한다. 이어지는 다음 절에서, 우리는 시장 효율성에 대해 더 자세히 살펴보고 몇 가지 버전의 시장 효율성을 논하여 보자.

확인 사항

7.3a 비정상수익률이란 무엇인가?

7.3b '시장을 이겼다'라는 문장의 뜻은 무엇인가?

7.4 시장 효율성의 형태

이제 우리는 시장을 이기는 것에 대해 좀 더 정확한 개념을 갖게 되었기 때문에, 시장의 효율성에 대해 서로 좀 더 정확히 말할 수 있다. 투자와 관련된 특정 정보를 이용해서 양(+)의 비정상수익률을 얻는 데 가능하지 않다면 시장은 동 정보에 대해서 효율적이다 말한다. 이때 '일부 특정 정보에 관하여'에 중점을 두는 것임을 주목하라.

예를 들어, 드와이트 하워드(Dwight Howard)의 자유투 성공 비율을 알고 있다고 해서 동 정보를 활용하여 이익을 얻는 것은 매우 어려울 것이다. 만약 그렇다면, 우리는 드와이트의 자유투 성공비율에 있는 정보와 관련하여 시장은 효율적이라고 말할 수 있을 것이다.

한편, 만일 당신이 임박한 인수합병과 관련하여 사전 지식을 가지고 있다면, 확실히 그 정보를 사용하여 양(+)의 비정상수익률을 얻을 수 있을 것이다. 따라서, 시장은 이 정보에 관련하여 효율적이지 않다. 다소 성급한 결론일 수 있으나, 우리는 그러한 정보가 아마도 '내부자' 정보일 것이며, 내부자 거래는 늘 그렇지는 않지만 일반적으로 (적어도 미국에서는) 불법이라는 것을 강조하고자 한다. 이 장의 후반부에 논의하겠지만, 내부자 정보를 불법적으로 사용할 경우 감옥에 가거나 엄격한 금전적 처벌을 받게된다.

시장이 효율적인지의 여부를 묻는 것은, 특정한 정보에 대해 시장이 효율적인지의 여부를 물을 경우에만 그 의미가 있다. 달리 말하면, 만약 당신에게 특정 시장

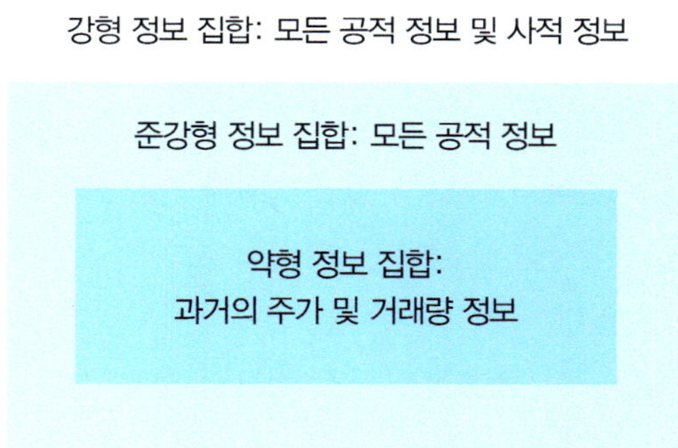

그림 7.1
효율적 자본시장의 정보 집합

이 효율적인지의 여부를 답하라는 질문이 주어진다면, 당신은 항상 '어떤 정보에 대해서?'라고 반문해야 한다. 이러한 맥락에서 특히 세 가지 형태의 정보에 관한 효율성을 판단해야 하는데, 이는 전통적으로 약형, 준강형, 강형 효율적 자본시장을 일컫는다.

그런데, 이러한 시장 효율성의 세 가지 형태에 이용되는 정보에는 부분집합이라는 개념이 내포되어 있다. 즉, 강형 효율성에 대응되는 정보에는 준강형에 대응되는 정보가 포함되며, 다시 준강형에 대응되는 정보에는 약형에 대응되는 정보가 포함된다. 이와 관련하여 그림 7-1에는 정보 집합(강형, 준강형, 약형 정보의 집합) 간 관계가 나타나 있다.

약형 효율적 시장이란, 특정 자산의 과거 가격과 거래량에 반영된 정보를 아무리 많이 활용하더라도 시장을 이기는 것은 불가능한 시장을 뜻한다. 다음 장에서 논하겠지만, '기술적 분석'이라고 불리는 주식시장 분석 방법은 과거의 주가와 거래량으로부터 미래의 주가를 예측하는 기법을 말한다. 만약 시장이 약형 효율적이라면, 이러한 기술적 분석은 아무런 이득을 주지 않는다. 만약 시장이 약형 효율적이라면, 주가 차트를 읽는 것보다 차라리 찻잎 모양을 그려 주가를 예측하는 편이 낫다는 뜻이다.

한편, 준강형 효율적 시장하에서는 어떤 종류의 정보이건 공개적으로 이용할 수 있는 정보는 시장을 이기는 데 있어 아무런 소용이 없다. 따라서 만약 시장이 준강형이라면, 이전 장에서 설명한 기본적 분석 기법은 아무런 쓸모가 없다. 또한 과거의 가격과 거래량 자료는 공개적으로 이용할 수 있는 정보이기에, 시장이 준강형 효율적이라면 동 시장은 또한 약형 효율적 시장이다.

그런데, 여기서 준강형 효율적 시장의 경제적 의미는 그 설득력이 다소 취약하다. 예를 들어 도서관 등에서 아무리 주식 종목을 연구하고 분석하여도 비정상수익률을 얻는 데 아무런 효과가 없다는 주장이 바로 준강형 효율적 시장이 주장하는 바인 것이다. 이는 특정 기업의 재무제표를 분석하여도, 언론매체를 통해 접한 정보를 이용하여도, 지금 당신이 읽고 있는 이 책을 활용하여도 역시 비정상수익률을 얻는 것은 불가능 하다는 주장이다. 따라서 준강형 효율적 시장 가설은 다소 논쟁의 대상이라 할 수 있다.

마지막으로, 강형 효율적 시장이란, 공적 정보와 사적 정보 모두 시장을 이기는 데 있어 아무런 쓸모가 없는 시장이다. 시장이 강형 효율적 시장이라면, 이는 반드시 준강형 효율적 시장이면서 약형 효율적 시장이라는 점에 주목하라. 불법성의 문제를 제외한다면, 많은 유형의 비공개 내부 정보를 소유하는 것은 본질적으로 무제한의 수익을 얻을 수 있게 해 주므로, 이러한 이슈는 특별히 흥미롭지 않다. 따라서 효율적 시장에 대한 논쟁은 주로 앞에서 언급한 두 형태, 즉 약형 및 준강형 효율적 시장에 국한되어 왔다.

확인 사항

7.4a 시장이 효율적인지의 여부를 결정함에 있어서, 정보의 역할은 무엇인가?

7.4b 시장의 효율성은 세 가지 형태로 구분된다. 각각을 기술하라.

7.5 왜 시장은 효율적인가?

시장의 효율성을 가져오는 원동력은 경쟁과 이윤이라는 동기이다. 투자자들은 지속적으로 우수한 투자안이 있는지 알기 위해 노력한다. 투자자와 증권분석가들은 가장 발달된 정보처리 도구를 사용하여 주식가치를 지속적으로 평가함으로써, 조금이라도 저평가된 것처럼 보인다면 해당 주식들을 매입하고, 조금이라도 고평가된 것처럼 보인다면 해당 주식을 매도한다. 이러한 지속적인 평가와 그에 따른 거래는 동 자산의 실제 가격을 효율적 시장의 가격과 크게 다르지 않은 방향으로 유도한다.

우월한 (이익을 가져오는) 투자안을 찾기 위한 투자자의 인센티브가 얼마나 강한지 알기 위해 피델리티 마젤란 펀드 같은 대규모 뮤추얼펀드를 고려해보자. 피델리티 마젤란은 약 150억 달러(2015년 기준)가 운용되고 있는 바, 미국에서 가장 큰 주식형 펀드 중 하나이다. 이제 피델리티는 연구를 통해 이 펀드의 성과를 1년 동안 20 베이시스 포인트 향상할 수 있었다고 가정하자. 이 20 베이시스 포인트 개선은 얼마의 가치를 가지고 있겠는가?

정답은 150억 달러의 0.0020배, 3000만 달러이다. 따라서, 피델리티는 비율로만 따지면 1년 동안 1%의 5분의 1에 지나지 않는 동 투자안을 위해 최대 3천만 달러를 기꺼이 지출할 것이다. 이 예에서 알 수 있듯이, 투자성과가 상대적으로 작더라도 동 투자안은 엄청난 금액의 가치를 가지고 있기 때문에 관련 정보를 탐색하고 사용할 동기를 갖는다.

이러한 인센티브로 인해 효율적 시장의 근본적인 특징은, 특정 자산의 가격이 관련 정보를 충분히 반영하기 때문에 그 가격결정에 틀림이 없다는 것이다. 만일 새로운 정보가 밝혀지면 가격은 변화할 수 있고, 어쩌면 변화되는 가격폭이 매우 클 수 있다. 이는 새로운 정보의 속성에 의해 좌우된다. 그러나, 효율적인 시장 하에서 가격은 특정 자산의 진정한 가치라고 암묵적으로 인정되며, 이러한 인정은 전 세계의 수십만, 혹은 수백만 명의 투자자들의 정보와 지성에 기반을 두고 있기 때문에 가능하다.

확인 사항

7.5a 시장의 효율성을 담보하는 요인은 무엇인가?

7.5b 이러한 요인은 왜 영향력을 유지하는가?

7.6 시장의 효율성이 시사하는 점

과거의 정보가 미래 주식가격을 예측하는 데 도움이 되는가?

약형 효율적 시장은 주식 가격이 과거의 모든 정보를 완전히 반영한다는 단순한 서술이다. 이것이 사실이라면 이는 미래의 주가 움직임을 예측하기 위해 과거의 주가 움직임을 연구하는 것은 단순히 시간 낭비라는 것을 의미한다.

게다가, 매우 미묘한 예측이 이루어지고 있다. 즉, 특정 주식 가격의 움직임이 과거 주가 변동에 자주 순응했더라도, 이 관계가 미래에 다시 일어날 것이라는 보장은 없다. 따라서 이는 명확하게 답변하기 어려운 질문으로 인식되고 있다.

요컨대, 일부 연구자들이 미래수익률이 과거 수익률에 의해 부분적으로 예측 가능하다는 것을 보여줄 수 있다 하더라도, 예측된 수익률은 경제적으로 무의미 하여 이러한 수익률 예측을 통해 비정상수익률을 얻는 것은 매우 어려운 일이다.

게다가 거래비용으로 인해 과거 수익률을 근거로 수익성 있는 거래 시스템을 구축하려는 시도는 대부분 실패한다. 또한 연구자들은 과거의 수익률만 이용한 거래전략 중 우월한 거래전략의 증거를 제시하지 못하고 있다. 즉, 거래비용이 경제적으로 매우 중요하고, 또한 많은 종목에 대한 매입 · 보유전략 하에서는 시장의 성과 이상을 얻기가 지극히 어렵다.

임의보행과 주가

만약 여러분이 아는 사람들에게 주식시장 가격이 예측 가능한지 물어본다면, 그들 중 많은 사람들은 그렇다고 대답할 것이다. 그러나 실제로는 놀랍게도, 주식시장 가격을 예측하는 것은 거의 불가능하다. 실제로 상당수의 연구결과는, 주가가 시간에 따라 마치 무작위 움직임인 것처럼 변하는 것으로 나타났다. 즉 확률적으로 주가상승이나 주가하락의 확률은 거의 동일한 것이다. 주식 가격이 따르는 경로가 식별 가능한 패턴을 보이지 않을 때, 주가의 행태는 대체로 임의보행(random walk)의 개념과 일치한다.

임의보행
시간의 경과에 따른 주식가격의 변동에 일정한 패턴이 전혀 없는 현상

그림 7.2는 2014년 10월 24일부터 2015년 10월 23일까지의 인텔 주식의 일일 가격 변동을 나타낸 것이다. 진정한 임의보행의 자격을 갖추기 위해서는 인텔 주가의 변화가 하루하루 독립적이어야 할 것이다. 또한 매일 가능한 주가의 분포도 같아야 한다. 그렇다 하더라도, 인텔 주식의 일일 가격 변동 그래프는 본질적으로 임

그림 7.2
2014년 10월 24일~2015년 10월 23일 동안의 인텔 보통주의 일별 주가 변화

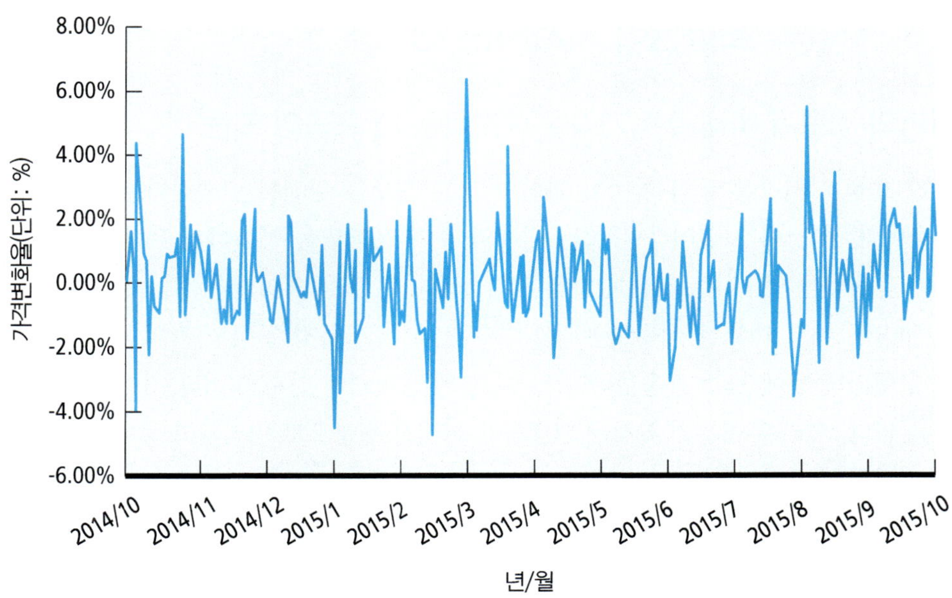

의보행처럼 보인다. 즉, 인텔의 일별 가격변동의 패턴을 찾는 것은 확실히 어렵다.

새로운 정보가 어떻게 주식가격에 반영되는가?

준강형 효율적 시장 하에서, 효율적인 시장 가정은 주가가 공적으로 이용할 수 있는 정보를 완전히 반영한다는 사실이다. 투자자들이 주식의 미래 전망을 보고 주식을 사고 팔 때 주가가 변한다. 이때 해당 종목의 장래 전망은 예상치 못한 뉴스 발표에 의해 영향을 받는다. 예상치 못한 뉴스 발표의 예로는, 배당금의 증가 또는 감소, 미래 수익에 대한 예측의 증가 또는 감소, 해당 기업에 대한 소송 또는 경영진의 변경을 들 수 있다. 그림 7.3과 같이, 가격은 세 가지 기본적이 방법으로 긍정적인 뉴스 발표에 의해 조정될 수 있다.

- 효율적인 시장 반응: 가격은 즉각적으로 새로운 정보에 적응하고 완전히 반영된다. 이후의 증감 패턴은 없다.
- 지연된 반응: 가격은 새로운 정보에 부분적으로 조정되지만, 가격이 새로운 정보를 완전히 반영하기 전까지 며칠이 경과한다.
- 과민반응: 가격은 새로운 정보에 지나치게 큰 폭으로 적응한다. 이는 적정 주가 이상으로 초과 달성하지만 결국 적정 주가로 떨어진다.

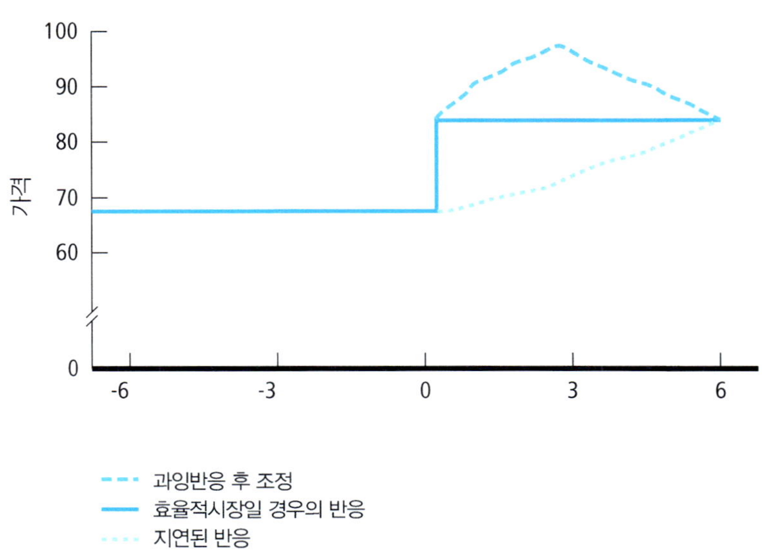

그림 7.3

새로운 뉴스가 공시되었을 때 가능한 주가 반응

사건 연구

2007년 5월 25일 금요일, 첨단 의료 광학 회사(EYE)의 임원들은 Complete MoisturePlus Multi Purpose Solution이라는 콘택트 렌즈 솔루션을 리콜 하였다. 질병관리본부(CDC)가 해당 용액과 각막염의 연관성을 발견하자 첨단 의료광학계는 자발적인 조치를 취하였다. 이 감염의 의학적인 이름은 아세안타모에바 등병, 즉 AK이다.

미국에서 매년 100만 명당 약 2명의 콘택트렌즈 사용자가 AK에 감염되고 있다. 비록 AK에 감염되는 경우는 드물지만, 감염시 그 증세는 심각하다. 이 감염은 시력 상실을 초래할 수 있고, 때로는 각막 이식의 필요성을 초래할 수 있다. CDC는 AK의 감염 위험이 Complete MoisturePlus 콘택트렌즈 솔루션을 사용하는 소비자의 경우 다른 콘택트렌즈 솔루션을 사용하는 소비자보다 약 7배 더 크다고 판단했다.

첨단 의료광학 분야의 임원들은 제조 과정에서 AK로 이어질 수 있는 기생충이 유입되었다는 증거를 찾지 못했는데도 제품 리콜을 선택했다. 게다가, 회사 관계자들은 AK의 발생이 콘택트렌즈의 착용시 안전 절차를 따르지 않는 사용자에게만 국한된다고 믿고 있었다.

그럼에도 불구하고 2007년 5월 25일 금요일 장이 마감된 이후 리콜이 발표되었다. 긴 주말 이후, 2007년 5월 29일 화요일 EYE의 주가는 금요일 종가인 $40.20보다 $5.83 하락한 $34.37에 개장했다. 그림 7.4는 이 뉴스 발표를 둘러싼 며칠 동안의 첨단 의료 광학 장치(EYE)의 주당 가격을 나타낸 것이다.

그림 7.4

2007년 5월 14일~2007년 6월 15일 동안의 Advanced Medical Optics㈜의 주당 시장가격

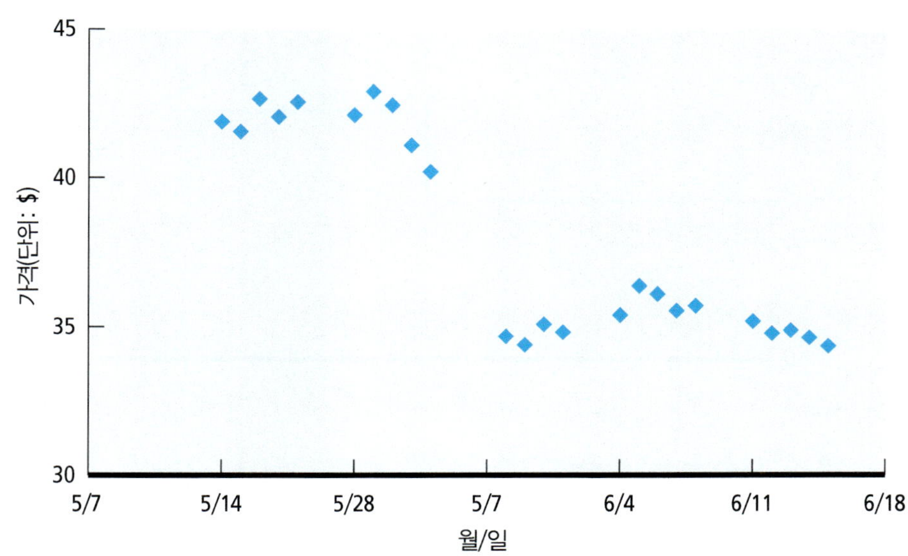

연구자들은 뉴스 발표가 주가에 미치는 영향을 테스트 하기 위해 사건 연구(event study)로 알려진 기법을 사용한다. 그러나 연구자들이 뉴스가 주가에 미치는 영향을 분석할 때, 그들은 시장 전반에 공개된 정보를 반드시 고려하여야 한다. 이유는 단순하다. 2007년 5월 29일에 전체 시장이 급격히 하락했다고 가정해보자. 이때 연구자들은 어떻게 시장 전체의 하락분과 구분되는, 독립적인 고급 의료광학의 하락분을 추출해 낼 수 있을 것인가?

사건연구
뉴스가 주가에 미치는 영향력을 규명하기 위한 연구방법

이 질문에 답하기 위해, 연구자들은 비정상수익률(abnormal return)을 계산한다. 비정상수익률을 정의하는 수식은 아래와 같다:

비정상수익률
동일한 위험을 가진 다른 투자안에서 얻을 수 있는 수익률을 초과하는 수익률

$$\text{비정상수익률} = \text{관측된 수익률} - \text{기대수익률} \tag{7.1}$$

기대수익률은 시장지수(나스닥100지수나 S&P 500지수 등)를 사용하거나 장기 평균주가를 이용해 계산할 수 있다. 앞에서 논의한 바와 같이, 이 예상 수익률은 유사한 예상 위험 수준을 가진 자산에 근거해야 한다. 만일 시장수익률을 사용한다면, 평가대상 자산의 위험과 시장 위험 간의 차이를 반영하도록 수익률을 조정해야 한다.

그 다음 단계로서, 해당 종목의 비정상적수익률 계산시 기준이 되는 시점을 뉴스 공개 시점과 연계되도록 구성한다. 흔히 많은 연구에서 뉴스 발표가 이루어지는 날에 0의 값을 부여한다. 또한 뉴스 발표 1일 후에 +1의 값을 부여하고 2일 후에 +2의 값을 매기는 식으로 시간 또는 시점을 표기한다. 마찬가지로, 뉴스 발표 하루 전에는 −1의 값이 할당된다.

효율적 시장 가설에 의하면, 오늘의 비정상수익률은 오늘 발표된 정보에 의해서만 발생되어야 한다. 즉, 이전에 공개된 정보는 모든 투자자가 이용할 수 있었기 때문에 비정상수익률에 전혀 영향을 미치지 않아야 한다. 또한, 오늘의 수익률은 투자자들이 아직 모르고 있는 정보에 의해 발생할 수 없다.

비정상수익률을 산출하기 위해 연구자들은 흔히 일정 기간 동안 누적된 수익률을 별도로 계산한다. 그림 7.5는 발표 40일 전에 시작되는 선진 의학 광학계의 누적 비정상수익률을 나타내고 있다. 첫 번째 누적 비정상수익률, 즉 CAR(−40)는 −40일의 비정상수익률과 동일하다. 마찬가지로, CAR(−39)는 최초 2개의 비정상수익률의 합이며, CAR(−38)는 최초 3개의 비정상수익률의 합이다. CAR를 분석함으로써, 우리는 정보의 공시에 대한 과대반응이나 과소반응이 있었는지 여부를 알 수 있다.

그림 7.5에서 볼 수 있듯이, 첨단 의료기관의 누적 비정상수익률은 정보의 공개 이전에 0 안팎을 맴돌았다. 이 뉴스가 전해진 직후 CAR는 큰 폭으로 급격히 하락

그림 7.5

2007년 3월 30일~2007년 7월 25일 동안의 Advanced Medical Optics㈜의 누적초과수익률

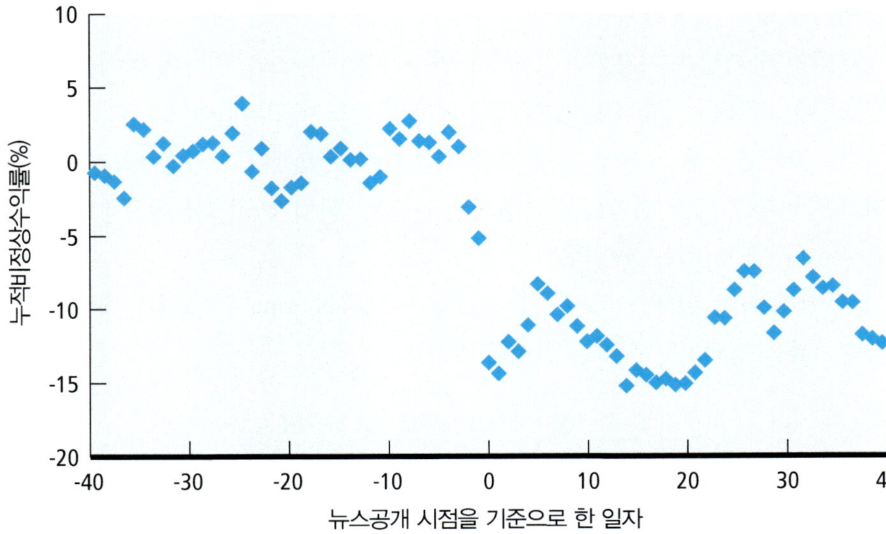

하는 움직임을 보였다. 추가 뉴스가 나오면서 주가가 반등했지만, 누적 비정상수익률의 전반적인 패턴은 본질적으로 효율적 시장 가설과 부합하는 것이다. 즉, 81일 동안의 누적 비정상수익률은, 먼저 비교적 일정한 값을 보이는 구간이 있고, 그 후 사건일에 급격한 하락이 나타났으며, 그 후 다시 비교적 일정한 값을 갖는 패턴이 존재한다.

확인 사항

7.6a 임의보행은 효율적 시장 가설과 어떠한 관계가 있는가?

7.6b 새로운 정보의 공시에 대해 주식가격은 어떠한 반응을 보일 수 있겠는가?

7.6c 뉴스 발표가 주가에 미치는 영향을 규명하기 위해 연구자들은 사건연구를 어떻게 활용하고 있는가?

7.7 정보 투자자와 내부자 거래

시장이 강형 효율적이라면, 공적 정보이건 사적 정보이건 어떤 종류의 정보도 시장을 이기는데 유용하지 않음을 기억하라. 그러나, 많은 종류의 내부 정보는 당신이 본질적으로 무제한의 이익을 얻을 수 있게 해줄 것이다. 이 사실로 인해 다음과 같은 흥미있는 질문이 가능하다: 우리 중 누구라도 다른 투자자에게 알려지지 않

은 정보를 근거로 큰 투자수익을 올릴 수 있을 것인가?

미국에서 (그리고 다른 많은 나라에서) 비공개 정보로써 이익을 올리는 것은 불법이다. 이러한 조치는 투자자들이 미국 증권시장을 신뢰하도록 만드는데 있어 필수 조건이라고 한다. 미국 증권거래위원회(SEC)는 불법거래 행위에 관한 법 집행을 맡고 있다. 결과적으로, 정보 거래, 내부자 거래, 그리고 합법적인 내부자 거래를 구별할 필요가 있다.

정보 거래

투자자가 공개적으로 이용 가능한 정보에 대한 분석을 토대로 주식을 사거나 팔기로 결정할 때, 이 투자자를 정보 투자자(informed trader)라고 부른다. 정보 투자자가 투자관련 정보를 얻는 출처는 다양하다. 즉, 〈월스트리트 저널〉과 같은 언론 보도를 보거나 듣고, 어떤 회사가 발행하는 분기별 보고서를 읽으며, 인터넷에서 금융 정보를 수집하고, 다른 투자자와의 대화를 통하여 얻기도 한다.

정보 투자자
공개된 정보를 분석하여 매입 또는 매도 결정을 하는 투자자

내부자 거래

어떤 경우 정보 투자자는 내부자 거래를 행하기도 한다. 내부자 거래라는 단어의 어감이 동 거래가 불법이라는 생각을 불러 일으키지만, 본 절 후반부에 기술하듯, 모든 내부자 거래가 불법인 것은 아니다.

누가 내부자인가? 내부자는 중요한 비공개 정보를 가진 사람이다. 이때 중요한 비공개 정보(material nonpublic information)란, 여타 투자자 등 일반인에게 알려지지 않되, 알려지면 주가에도 영향을 미치는 정보를 뜻한다. 어떠한 투자자(내부자)가 이러한 정보를 자신의 이익을 위해 이용했을 때 내부자 거래로 고발될 수 있다.

중요한 비공개 정보
주식 가격에 상당한 영향을 미칠 것으로 예상되는 모든 정보

이때 불법 내부자 거래의 발생 시 흔히 내부정보를 은밀히 제공하는 '공급자'와 동 정보를 받는 '수요자'가 있기 마련이다. 이 경우 공급자는 비공개 정보를 특정 투자자에게만 알려주는 사람이며, 수요자는 투자이익을 얻으려 그러한 정보를 활용한 투자자이다. 예를 들어 공급자는 회사에서 일하지 않는 친구에게 내부 정보를 흘리는 CEO가 될 수 있다. 그리고 그 CEO의 친구가 고의로 내부 정보를 이용해 거래를 한다면, 이 수요자는 내부자 거래 혐의를 받게 된다.

그러나 증권거래소가 내부자 정보의 흐름과 이후의 거래를 추적하는 것은 매우 어렵기 때문에 어떤 내부자가 '공급자'인지의 여부를 증명하는 것은 쉽지 않다. 예를 들어 어떤 사람이 주식 중개인의 조언을 근거로 특정 거래를 한다고 가정하자.

그런데 주식 중개인이 중요한 비공개 정보에 근거하여 이 조언을 했다고 하더라도, 수요자는 이 중개인이 던진 정보 자체를 인지하지 못했을 수 있다. 이때 중개인이 제공한 정보가 중요한 비공개의 정보에 근거한 정보라는 사실을 수요자가 '인지하고 있었는지'를 입증해야 하는 책임이 증권거래위원회에 있다.

종종 내부자 거래로 기소된 사람들은 단지 누군가가 말하는 것을 '건네 들었을 뿐이다'고 주장한다. 예를 들어, 당신이 레스토랑에 있고 빌 게이츠와 그의 CFO 사이의 대화를 엿들었다고 가정해 보자. 이때 대화 내용이 마이크로소프트 사의 주가를 폭발적으로 끌어 올릴만한 뉴스에 관한 것이라고 하자. 당신이 만일 그 즉시 밖으로 나가 우연히 들은 고급정보로부터 이득을 얻기 위해 마이크로소프트 사의 주식을 매입한다면, 이는 법을 어기는 행위이다(정보가 '무상으로 제공되었다'고 하더라도 그러하다). 부언하면, 어떤 사람이 중요한 비공개 정보를 입수할 경우 그 즉시 내부자가 되어 내부자 거래법을 따르게 되어있다. 이 경우 빌 게이츠와 그의 CFO는 부주의 했을 뿐, 내부자 거래법을 반드시 위반한 것은 아니다.

합법적인 내부자 거래 회사의 내부자들은 자사의 주식으로 완벽하게 합법적인 거래를 할 수 있다. 그러려면 미국 증권거래위원회가 만든 신고 규정을 준수해야 한다. 즉, 내부자들이 자신의 주식거래를 증권거래소에 신고하게 되면, 동 거래는 여타 투자자 등 모든 사람들에게 보고된다. 또한 내부자는 자신들이 행한 거래가 '내부 정보'보다는 해당 기업이 이미 일반인에게 모든 정보를 공개했던 거래임을 피력해야 한다. 대부분의 주식회사에도 반드시 지켜야 할 가이드라인이 있다. 예를 들어, 기업들은 보통 내부자가 연중 특정 기간 동안에만 거래를 하도록 허용하고, 종종 회계이익이 공시된 이후에만 거래를 허용한다.

마사(Martha Stewart)는 무슨 죄를 지었는가? 바람직하지 않은 행동에 대한 경고 마사 스튜어트는 사람들에게 접대, 요리, 장식하는 법을 알려줌으로써 미국의 가장 성공적인 기업가 중 한 명이 되었다. 또한 그녀는 자신의 다채로운 능력을 발휘하며 동 기업을 국제적 기업이 되도록 성공시켰다. 1999년 그녀의 회사가 상장되었을 때, 처음의 공모가는 8억 7천 3백만 달러에 달했다. 오늘날, Martha Stewart Living Omnimedia, Inc.의 시가총액은 약 3억 4천 5백만 달러이다.

뉴스 보도에 의하면, 마사 스튜어트가 임클론이라는 회사를 설립한 친구 샘 왁살로부터, 임클론사가 개발 중인 암 치료제가 식약청에 의해 거부됐다는 말을 들었다고 한다. FDA의 거부는 임클론사에는 매우 안좋은 뉴스였다. 그리고 곧이어 마사 스튜어트는 2001년 12월 27일 자신의 임클론 주식 3,928주를 팔았다. 이날 임클론은 주당 $60 이하로 거래됨으로써 하한가까지 하락하여 여타 투자자의 거래는 완전히 중지되었다. 그러나 증권거래위원회는 FDA의 거부에 대한 정보가 대중에게 공개되기 전에 마사 스튜어트가 이미 그 정보를 가지고 있었기 때문에 불법으로 주식을 팔았다고 믿었다.

FDA의 거부를 알리는 뉴스는 2001년 12월 28일 금요일 시장이 마감된 후 발표되었다. 이 소식은 임클론 주식에 큰 타격이 되어, 2일 후 월요일(정보가 공개된 뒤 첫 거래일), 주당 $46 선에서 마감되었다. 그 후 약 6개월 후인 2002년 중반, 임클론의 주가는 주당 $10 이하로 떨어졌다. 그러나 아이러니하게도 임클론의 주가는 2004년 중반에 주당 $80 이상의 가격에 매도될 정도로 반등했다.

2003년 6월, 마사 스튜어트와 그녀의 주식중개업자 피터 바카노비치는 연방정부의 고발로 인해 9가지 혐의로 기소되었다. 물론 두사람은 혐의를 부인하였다. 미사 스튜어트의 재판은 2004년 1월에 시작하였는 바, 그러나 배심원단이 심의를 시작하기 불과 며칠 전에 미리암 시더바움 판사는 가장 심각한 혐의인 유가증권 사기 혐의를 기각했다. 다만 마사 스튜어트는 사회정의를 어지럽힌 혐의 및 수사관들에게 거짓 진술을 일삼은 혐의 등 네 가지 혐의에 대해서는 모두 유죄 판결을 받았다.

시더바움 판사는 마사 스튜어트에게 벌금 3만 달러를 선고하고 석방 후 징역 5개월, 집행유예 2년, 가택연금 5개월을 선고했다. 벌금은 연방 규정에 따라 허용되는 최대 한도였고, 그 형량은 판사가 부과할 수 있는 최소 한도였다. 당시 마사 스튜어트의 브로커 피터 바카노비치는 벌금 $4,000를 선고받고 징역 5개월에 집행유예 2년을 선고받았다.

따라서, 요약하자면, 마사 스튜어트는 내부자 거래로 기소되었지만 유죄선고는 받지 않았다. 단지 그녀는 정의를 어지럽히고 수사관들을 오도한 혐의로 기소되고 유죄판결을 받았을 뿐이었다. 유죄 판결로 그녀는 임원으로 되돌아 갈 수는 없었지만, MSO는 여전히 2011년에 마사에게 약 550만 달러를 지불해야만했다.

확인 사항

7.7a 어떤 주식 투자자를 정보 투자자로 만드는 요인은 어떠한 것이 있는가?

7.7b 어떤 주식 투자자가 내부 거래자가 될 수 있는가?

7.7c 합법적인 내부자 거래와 불법적인 내부자 거래의 차이는 무엇인가?

7.8 시장은 얼마나 효율적인가?

금융시장은 효율적인가?

금융시장은 인간이 노력하여 얻은 결과물 중 가장 널리 인증 받은 것 중의 하나이다. 그 결과 엄청난 양의 금융시장 자료가 매일 수집되고 보고된다. 이러한 데이터, 특히 주식시장 데이터는 시장 효율성을 시험하기 위해 철저히 분석되어 왔다.

이 모든 분석이 진행되면, 우리는 시장이 효율적인지의 여부를 알 수 있을 것이라고 생각될 수도 있지만, 사실은 그렇지 않다. 즉, 더욱 더 많은 연구자들이, 결국 일정한 한계를 넘어선 부분에서는, 시장이 효율적인지의 여부를 구분할 수 없음을 깨닫고 있다.

예를 들어 과거의 가격과 거래량만을 기준으로 구성한 거래 전략을 테스트하기 위해 컴퓨터 프로그래밍을 활용하는 것은 어렵지 않다. 그러한 전략들은 이미 테스트 되었고, 그 결과 밝혀진 사실은, 대부분의 경우 앞서 언급한 전략이 전혀 유용하지 않다는 것이다.

다소 일반화 한다면, 시장의 효율성은 아래와 같은 4가지 이유로 인해 검증하는 것이 매우 어렵다.

1. 위험조정 이슈
2. 연관된 정보 이슈
3. 행운에 의한 우연성 이슈
4. 데이터 조작 이슈

아래에서는 이 네 가지 이슈에 대해서 간략히 서술한다.

첫 번째 문제인 위험조정 이슈는 가장 이해하기 쉽다. 앞서 우리는 시장을 이기는 것은 지속적으로 양(+)의 비정상수익률을 얻는 것을 의미함을 확인하였다. 이때 투자안이 양(+)의 비정상수익률을 갖는지 알기 위해서는 동 투자안의 위험을 고려하여야 한다. 그런데 사실 우리가 위험이라는 것이 정확히 무엇인지, 위험을 어떻게 측정해야 하는지, 그리고 위험을 조정한다는 것이 무엇인지 확실히 알고 있지 않다. 그러므로 어떤 투자안이 양(+)의 비정상수익률을 갖는 것은 단지 잘못된 위험조정 때문일 수 있다.

두 번째 이슈인 '투자와 관련된 정보' 이슈는 더욱 정의하기 어렵다. 시장의 효율성의 개념은 특정 정보에 대해서만 의미가 있음을 기억하라.

우리가 시간을 되돌아보고 투자자들의 어떤 특정한 행태가 효율적인지 평가하려고 노력함에 있어, 우리는 그러한 행태의 기저에 있는 정보를 전부 다 식별할 수는 없음을 알아야 한다.

예를 들어, 우리는 10년 전 주가가 단기간에 100%나 올랐다가 그 후에 붕괴된 것을 보았다고 가정하자. 우리는 우리가 찾을 수 있는 모든 역사적 정보를 샅샅이 파헤치지만, 결국 이 같은 행태의 이유를 찾을 수 없다. 상황이 이러할 때, 우리가 내릴 수 있는 결론이라는 것은 존재하지 않는다. 우리가 아는 한, M&A에 대한 근거 없는 소문이 존재했고, 주가의 행태는 상대적으로 완벽하게 효율적이었다.

일반적으로 우리가 관련된 모든 정보를 가지고 있는지 아닌지는 알 길이 없다. 따라서 관련된 모든 정보가 없다면, 우리는 관찰된 주가의 행태가 비효율적인지 여부를 알 수 없다. 달리 말하면, 어떤 주가의 행태도 모두 효율적일 수 있으며, 어떤 주가행태도 설명 가능할 수 있다.

세 번째 문제는 투자자들과 자금 관리자들을 평가하는 것과 관련이 있다. 시장을 이길 수 있다는 것을 입증하기 위해 자주 인용되는 한 가지 증거는, 어떤 전설적인 투자자들의 화려한 투자성과이다. 대표적인 예가 워렌 버핏인데, 워렌 버핏은 1951년 이후 매년 20%가 넘는 수익률을 올리고 있다. 이는 같은 기간 S&P 500 지수가 약 10%의 수익률을 올린 것과 비교된다.

이처럼 워런 버핏과 같은 성공한 투자자의 존재가 시장의 비효율성을 증명한다는 주장과 이에 반대되는 주장이 현실에서는 혼재한다. 어느 주장이 맞는가? 전자일수도, 후자일수도 있다. '타자기 앞에 불멸의 원숭이를 놓으면 결국 이 원숭이가 햄릿을 만들어낸다'는 식의 표현이 익숙할 것이다. 비슷한 방식으로, 포트폴리오를 위해 주식을 선택하는 임무를 맡은 수천 마리의 원숭이가 있다고 가정해보자. 우리는 이 원숭이들 중 몇몇은 놀랄 만큼 재능이 있는 것처럼 보이고 엄청난 이득을 챙길 수 있다는 것을 발견할 것이다. 그러나, 우리가 확실히 알고 있듯이, 이것은 그저 무작위적인 우연에 의해 야기된 것이다.

마찬가지로 일정 기간 동안 수많은 펀드매니저의 성과를 추적하게 되면, 몇몇 펀드매니저들은 놀라운 성과를 내고 그로 인해 인기도 많아질 것이다. 이들은 유능한 것인가, 아니면 그저 행운이었을까? 만약 우리가 수십 년 동안 그들을 추적할 수 있다면 우리는 말할 수 있을 것이나, 대부분의 경우 펀드매니저들은 우리가 충분한 자료를 축적할 만큼 충분히 오래 존재하지 않는다.

우리의 마지막 문제는 '데이터 스누핑'이라고 알려진 것과 관련이 있다.

타자 치는 원숭이 대신에 수천 대의 컴퓨터를 가진 수천 명의 증권 애널리스트들이 모두 같은 데이터를 연구하며 비효율성을 찾고 있다면, 어떤 일이 벌어질지 생각해 보라. 명백한 패턴, 즉 이상 징후는 반드시 발견될 것이다.

사실, 연구자들은 최소한 역사적으로 매우 성공적이면서도 쉽게 납득하기 어려울 정도로 극도의 단순한 패턴을 발견했다. 우리는 추후 7장의 후반부에서 이와 관련된 사항들을 논한다. 이러한 발견은 또 다른 문제를 제기한다: 바로 데이터의 유령이다. 만약 우리가 어떤 자료이건 충분히 오랫동안, 그리고 열심히 본다면, 우리는 몇몇 명백한 패턴–사실은 우연일 뿐인 패턴–을 발견하게 될 것이다. 이러한 패턴은 정말 존재하는가? 이에 대한 답은 '오직 시간만이 말해 줄 것이다'이다.

우리가 논의해 온 네 가지 문제에도 불구하고, 지난 20년에서 30년 간의 과학적 연구를 바탕으로 시장 효율성에 대한 세 가지 일반적인 사항들이 정리되었다. 첫째, 단기적인 주가와 시장의 움직임은 (적어도 우리가 알고 있는) 어떤 객관적인 방법으로도 정확하게 예측하기가 매우 어렵거나 심지어 불가능해 보인다. 둘째, 시장은 새로운 (예상되지 않은) 정보에 신속하고 정확하게 반응하며, 시장이 새로운 정보에 대하여 차익거래 이익을 얻을 수 있을 만큼 과소반응 하거나 과대반응하지 못한다. 셋째, 만일 투자자가 주식시장을 이길 수 있다고 하더라도, 이를 행할 수 있는 방법은 명확하지 않기 때문에, 시장이 완전히 비효율적이지는 않다고 할 수 있다.

시장의 효율성의 시사점

당신이 시장은 효율적이라고 믿는 정도만큼 투자와 관련된 시사점이 제공된다. 제2장에서 언급했듯이, 투자 과정은 자산 배분과 증권의 선택이라는 두 단계로 나눌 수 있다. 모든 시장이 효율적이라고 하더라도, 투자자금을 다양한 투자안에 투입하는 방식이 당신의 전반적인 위험–수익 관계에 많은 영향을 미칠 것이기 때문에, 자산 배분은 여전히 중요하다.

그러나 시장이 효율적이면 증권의 선택은 훨씬 덜 중요하며, 당신이 어떤 특정한 증권에 대해 투자자금을 균형가격 보다 과대 또는 과소 지불할 가능성은 낮을 것이다. 사실, 시장이 효율적이면, 당신이 해야 할 일은 단지 투자자금을 여러 자산에 분산투자 하고 그 후 소극적 투자 전략을 따르는 것일 뿐이다. 즉, 당신의 주요 목표는 광범위한 포트폴리오를 유지하면서 당신의 비용을 최소화하는 것이다. 이미 이러한 목적으로 존재하는 인덱스 펀드를 제4장에서 논한 바 있다.

더 넓은 관점에서, 시장이 효율적이면 전문 펀드매니저는 존재 이유가 거의 없다. 또한 뮤추얼펀드 주식을 사기 위해 수수료를 지불할 필요가 전혀 없으며, 낮은 거래비용으로 매입하면 된다. 그리고 주식 중개인 또한 필요가 없다.

시장이 효율적이면 하지 말아야 할 것이 하나 더 있다. 당신은 주가 예측에 기반한 매입 또는 매도 거래를 하지 말아야 한다. 즉, 향후 시장이 활황이 될 것 같다거나, 아니면 불황이 될 것 같다는 당신의 기대에 근거하여 투자자금을 움직이는 것은 삼가해야 한다. 만일 당신이 시장 또는 개별종목의 주가 수준을 예측하고 이에 근거하여 투자하게 된다면, 당신이 얻게 될 것은 단지 시장보다 열등한 성과일 뿐일 것이다.

사실 시장의 효율성은 차치하고라도 주가 예측에 근거한 투자는 절대 추천할 수 없는 방법이다. 지난 과거를 돌아보면, 주식시장에서 벌어들인 이익의 대부분은 비교적 짧은 기간에 걸쳐 발생하는 경향이 있다. 따라서 당신이 투자 시기를 이미 놓쳤다면, 그 이후에는 어떠한 투자전략을 짜더라도 따라잡을 수 없을 것이다. 달리 말하면, 주가의 예측에 기반한 투자전략은 그 예측이 극히 정확해야 하며, 만일 조금이라도 부정확 하다면 시장을 이길 수 없는 것이다.

확인 사항

7.8a 시장의 효율성을 검증하는 일이 매우 어려운 네 가지 이유를 기술하라.

7.8b 만일 시장이 효율적이라면, 이것이 투자자들에게 시사하는 바는 무엇이겠는가?

7.9 시장의 효율성과 펀드매니저의 성과

당신이 펀드매니저에게 당신의 투자자금을 맡기기 위해 주식투자 대회를 개최했다고 하자. 물론 펀드매니저들은 그들의 높은 기술력, 최첨단 컴퓨터, 그리고 애널리스트들을 자기 마음대로 할 수 있다고 하자. 이러한 조건이 불공평 하다고 생각하는가? 그렇다. 당신은 매우 유리한 조건 하에 있다.

다음과 같은 투자 전략을 구사하면 당신도 전문 투자자가 될 수 있다: 이는 시장 지수를 모방하는 것이다. 당신이 쉽게 가입할 수 있는 그런 지수펀드 중 하나는 Vanguard 500 Index Fund이다. 저렴한 수수료를 요구하는 이 뮤추얼펀드는 S&P 500 지수의 가격과 수익률에 상응하는 투자 성과를 내기 위한 것이다. 이 펀드는 S&P 500지수를 구성하는 주식에 자산을 투자하여 S&P 500지수의 실적을 추적한다. 그런데, 이 펀드는 매우 인기 있다 – 2016년 1월 현재 뱅가드 500 지수 펀드는 자산 2천억 달러 이상을 보유함으로써 미국에서 가장 큰 주식 뮤추얼펀드 중 하나로 기록되고 있다.

앞 장에서 논했듯이, 일반 주식형 뮤추얼펀드(GEF)는 단순히 펀드매니저가 관

그림 7.6

1986년~2014년 동안의 적극적으로 운용되는 주식형 펀드의 성장세

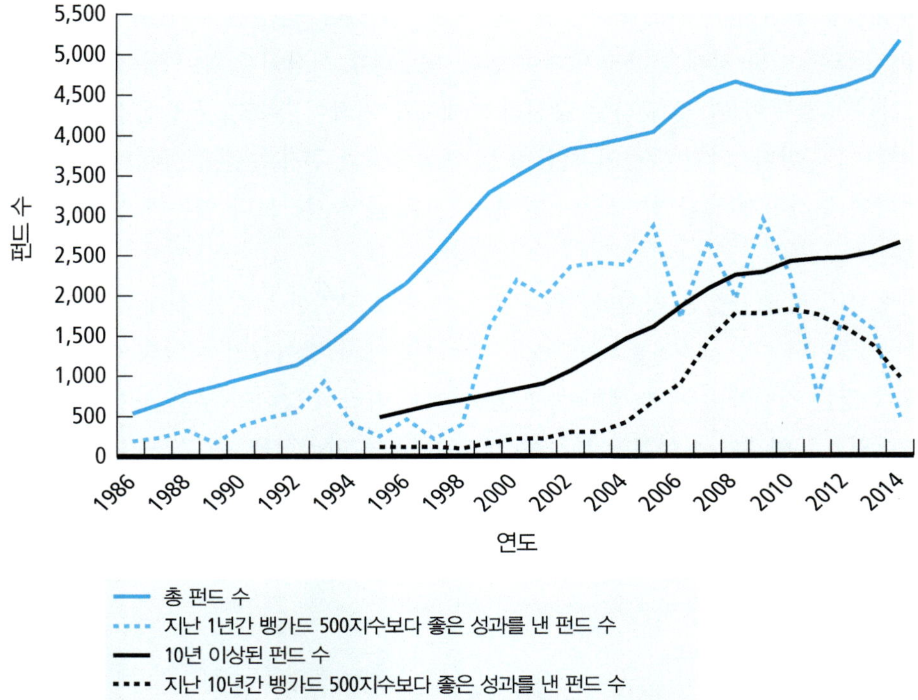

그림 7.7

뱅가드 지수 펀드보다 성과가 우월한 주식형 펀드의 비율(연 수익률)

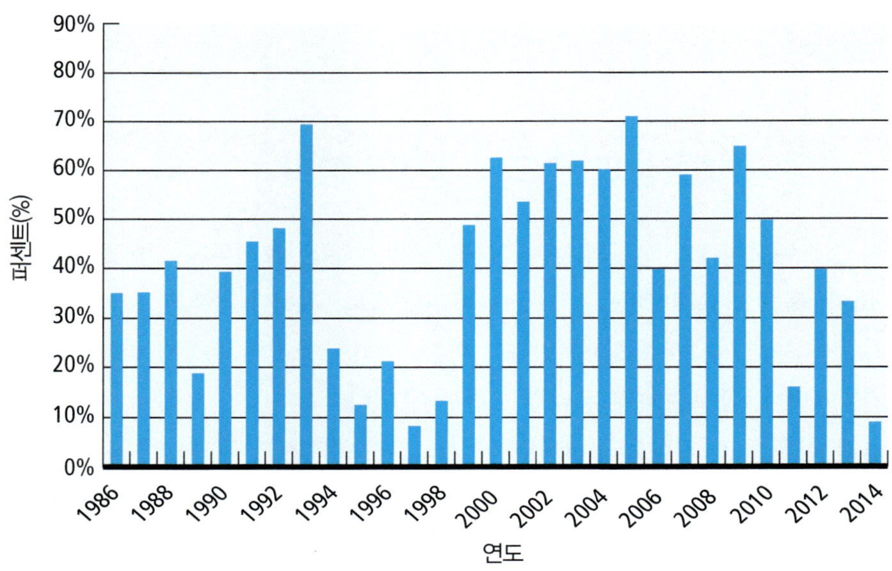

리하는 주식에 투자하는 펀드를 뜻한다. GEF의 수는 지난 20년 동안 상당히 증가했다. 그림 7.6은 1986년부터 2014년까지 GEF의 수 증가를 보여주고 있다. 색 실선은 최소 1년 이상 존재한 총 펀드 수를, 검정 실선은 최소 10년 이상 존재한 펀드 수를 보여준다. 그림 7.6에서 보면 펀드매니저들이 10년 동안 펀드를 존속시키

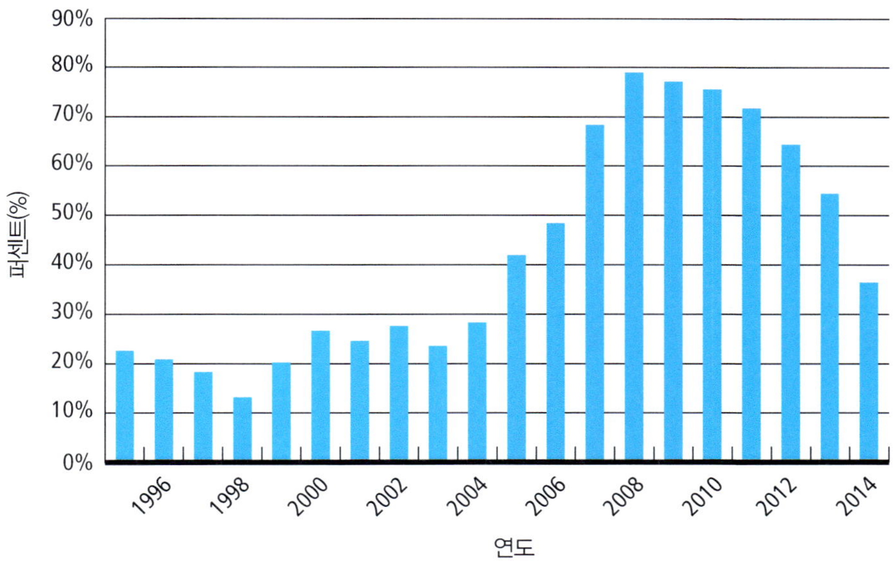

그림 7.8

뱅가드 지수 펀드보다 성과가 우월한 주식형 펀드의 비율(10년간 총수익률)

는 것이 매우 어렵다는 것을 알 수 있다.

그림 7.6은 뱅가드 500지수 펀드의 실적을 능가하는 다른 펀드의 갯수도 보여주고 있다. 그림에 의하면, 파선된 검정 선보다 파선된 색 선에 훨씬 더 많은 변화가 있다는 것을 알 수 있다. 이는 어떤 특정 연도에 얼마나 많은 전문직 펀드매니저들이 뱅가드 500지수 펀드를 이길지 예측하기 어렵다는 것을 의미한다. 그러나 파열된 색 선이 낮게 그려져 있고 그 변화도 적다는 것은 10년 동안 뱅가드 500지수 펀드를 이길 수 있는 펀드매니저의 비율이 낮고 그 수의 변화도 미미함을 뜻한다.

그림 7.7과 7.8은 뱅가드 500지수 펀드를 이긴 주식형 펀드의 비율을 보여주는 차트이다. 그림 7.7은 전년도만의 수익률 데이터를 사용하고, 그림 7.8은 이전 10년 간의 수익률 데이터를 사용하였다. 그림 7.7에서 볼 수 있듯이, 1986년에서 2014년까지 29년 동안 오직 9년 간만 펀드매니저들이 뱅가드 500지수 펀드를 이겼다. 또한 투자 실적은 10년 동안의 투자 기간(1986~1995, 2005~2014)의 실적과 거의 유사하다. 그림 7.8과 같이, 이 20개의 투자 기간 중 오직 7개의 투자 기간만이 다른 펀드매니저들이 뱅가드 500 지수 펀드를 이겼다.

표 7.1에는 펀드매니저들의 실적에 관한 더 많은 증거가 제시되어 있다. 1986년부터 2014년까지의 데이터를 이용하여 이 기간을 1년 투자 기간, 3년 투자 기간, 5년 투자 기간, 10년 투자 기간으로 나눈다. 그리고 나서, 투자 기간을 계산한 후에, 우리는 두 가지 질문을 한다: (1) 전문적으로 관리되는 자금의 절반이 뱅가드 500지수 펀드를 이겼는가? 그리고 (2) 전문적으로 운용된 자금의 4분의 3이 뱅가드

투자 기간 (단위: 연)	투자 시점	투자 기간 갯수	펀드의 절반이 뱅가드 500지수를 이긴 투자 기간의 갯수	퍼센트 비율	펀드의 3/4이 뱅가드 500지수를 이긴 투자기 간의 갯수	퍼센트 비율
1	1986 – 2014	29	9	31.0%	0	0.0%
3	1988 – 2014	27	11	40.7	0	0.0
5	1990 – 2014	25	10	40.0	1	4.0
10	1995 – 2014	20	7	35.0	3	15.0

표 7.1 전문적인 펀드매니저의 성과 vs. 뱅가드 지수 펀드의 성과

500 지수 펀드를 이긴 횟수는 몇%인가?

표 7.1에서 보듯이, 펀드매니저들의 실적은 일반적으로 뱅가드 500 지수 펀드에 비해 상당히 저조하다.

지금까지 살펴본 수치와 표는 증권분석가와 여타의 투자 전문가들에게 어렵고 불편한 질문을 제기한다. 시장이 비효율적이고 기본적 분석과 같은 투자방법이 가치가 있다면 뮤추얼펀드매니저들은 왜 더 잘하지 못하는가? 뮤추얼펀드매니저들은 왜 시장을 이기지 못하는 것인가?

펀드매니저들이 마음대로 운용할 수 있는 경제적 자원의 양이 엄청나다는 사실과, 현존하는 생존 편의를 고려하면, 펀드매니저의 낮은 성과는 특히 이해되기 어려운 문제이다. 생존 편의가 존재하는 이유는, 그 성과가 지지부진한 펀드매니저와 펀드는 사라지고 없기 때문이다. 만일 시장을 이길 수 있다면, 이러한 진화론적인 과정은 생존한 펀드들이 향후에도 살아남을 가능성이 높음을 시사한다. 전문 펀드매니저들이 시장을 이기는 능력이 부족한 것처럼 보인다는 것은, 전반적으로 주식시장은 효율적이라는 주장과 맥을 같이 한다.

한편, 시장이 이렇게 효율적이면 펀드매니저들의 역할은 무엇인가? 효율적인 시장에서 펀드매니저의 역할은 개별 투자자들의 특정한 요구를 충족시키기 위한 포트폴리오를 구축하는 것이다. 당신은 투자의 기본 원칙이 잘 분산된 포트폴리오를 유지하는 것임을 배웠다. 그러나 정확히 어떤 다양한 포트폴리오가 최적인지에 대해서는 투자자에 따라 다르다.

포트폴리오 선택에 영향을 미치는 요인으로는 투자자의 연령, 세율, 위험회피, 심지어 고용주까지 포함된다. 당신이 스타벅스에서 일하고 당신의 보상의 일부는 스톡옵션이라고 가정해보자. 다른 많은 회사들과 마찬가지로 스타벅스는 직원들에게 회사 주식을 시장가치보다 낮은 가격에 구입할 수 있는 기회를 제공한다. 물론, 당신은 이러한 기회를 최대한 이용하고자 할 것이다. 만일 당신의 포트폴리오

에 스타벅스 주식이 차지하는 비율을 높게 가져갈 수 있다면, 이는 당신이 분산투자 된 포트폴리오를 보유하지 않음을 의미한다. 당신의 포트폴리오 매니저의 역할은 다시 한번 분산투자가 잘 되도록 당신의 포트폴리오에 다른 자산이 추가되는 것을 도와 주는 것이다.

확인 사항

7.9a 평균적으로 전문 펀드매니저가 시장을 이기는 성과를 얼마나 잘 낼 수 있는가?

7.9b 이러한 성과가 투자자에게 제공하는 시사점은 무엇인가?

7.10 시장 이상 현상

이 절에서는 시장의 효율성에 위반되는 주가의 행태에 대해 논한다. 학자들은 이를 시장 이상 현상(anomaly)이라 부른다. 이러한 시장이상 현상에는 세 가지 특징이 있다. 첫째, 이상 현상은 주식시장 전체 규모에 비해 상대적으로 적은 투자자금만 필요로 하기에 일반적으로 '작은 부분'만 차지한다. 둘째, 이들 이상 현상은 일단 발견되면 사라지는 경향이 있다. 셋째, 이상 현상을 이용하여 차익거래를 시도하더라도 이로 인해 얻는 이익보다 거래비용이 더욱 큼으로써 차익거래 전략으로 활용되기 어렵다.

주중 효과

평균적으로 주식시장에서는 어느 요일에 가장 높은 수익률을 보이는가? (이 질문은 당신을 바보로 보이게 할지 모르지만) 결국, 무엇이 특정한 하루를 다른 하루와 차이나게 만드는가? 이에 대한 답은 바로 '월요일'이다.

주식시장의 일일 수익률을 계산할 때, 우리는 거래일로부터 다음 거래일까지의 종가에 대해%(%) 변화로써 동 수익률을 계산한다. 즉, 월요일만 제외하면 24시간 경과를 뜻한다. 그러나 주말에는 시장이 문을 닫기 때문에 월요일의 평균수익률은 금요일 종가와 월요일 종가를 기준으로 하여, 즉 72시간의 경과에 의하여 산정된다. 따라서, 월요일의 평균수익률은 단지 1일동안이 아니라 3일동안의 수익률로써 계산될 것이다.

그러므로, 이렇게 긴 기간 때문에, 우리는 월요일이 가장 높은 수익률을 기록할 것이라 예상할 수 있다; 사실 월요일의 평균수익률은 여타 요일 대비 3배가 되어야

표 7.2

주중 각 요일에 따른 S&P 500지수의 일별 수익률 평균

	요일				
기간	월요일	화요일	수요일	목요일	금요일
1950 – 2014	–0.062%	0.048%	0.080%	0.043%	0.073%
1950 – 1980	–0.139	0.012	0.105	0.051	0.115
1981 – 2014	0.010	0.079	0.057	0.036	0.035

한다.

이러한 논리로 미루어 볼 때, 월요일이 가장 낮은 평균수익률을 올린다는 사실은 우리를 놀라게 할지 모른다. 사실 월요일만이 음(–)의 수익률을 보이는 유일한 날이다. 이를 일컬어 주중 효과(day-of-the-week effect)라고 한다. 표 7.2는 1950년 1월부터 2014년 12월까지 S&P 500의 요일별 평균수익률을 나타낸 것이다.

주중 효과
월요일의 평균 수익률이 음(–)인 값을 갖는 경향

1950년에서 2014년까지 65년간에 걸친 월요일의 음(–)의 수익률은 통계적으로도, 경제적으로도 유의하였다. 이러한 주중 효과는 단지 운으로만 치부할 수 없다; 즉, 주중 효과는 채권시장과 같은 다른 시장에도 존재하고, 미국 밖의 주식시장에도 존재한다. 그리고 처음 보고된 1980년대부터 지금까지 그 어떤 뚜렷한 원인도 밝혀지지 않았다. 표 7.2에서 알 수 있듯이 1950~1980년 기간에서는 그 영향이 강력한 것으로 보이나, 1981~2014년 기간에서는 그 영향이 뚜렷하지 않다.

그럼에도 불구하고 효율적 시장 가설을 비판하는 사람들은 이러한 비정상적인 수익률 행태를 시장의 비효율성의 증거로 지적한다. 이 수익률 행태는 상당 부분 비정상적이지만, 이를 이용하여 이익을 얻는 것은 쉽지 않다. 즉, 이러한 행태가 양(+)의 비정상수익률을 얻기 위해 어떻게 이용될 수 있을지 명확하지 않다. 이러한 모호함은 1981–2014년 기간(즉, 처음 보고된 시점 직후의 기간)에 특히 해당된다. 결국 이러한 현상이 곧 시장의 비효율성을 지적한다고 말하기는 매우 어렵다.

1월 효과

우리는 제1장에서 소형주의 수익률이 대형주의 수익률을 크게 앞지른 것을 보았다. 1980년대 초반부터 주식분석가들은 단지 위험의 차이로 설명하기에는 수익률 차이가 너무 크다고 보고했다. 다시 말하면, 소형주의 경우 양(+)의 비정상수익률을 올리는 것으로 나타난 것이다.

추가적으로 연구된 결과, 사실 소형주에 의한 이득의 상당 부분이 역사적으로 1월 초, 특히 연말을 전후한 며칠 동안 발생했다는 사실이 밝혀졌다. 심지어 더 면

밀한 연구에서는 이러한 특이한 현상이 주가의 현저한 하락을 경험했던 주식에 더 두드러지게 나타난다고 밝히고 있다.

분명한 이유로, 이러한 현상은 보통 1월 효과(January effect)라고 불린다. 1월 효과를 그림으로 나타내자면, 먼저 그림 7.9A의 대형주에 대해 1926년부터 2014년까지의 기간동안 월별 평균수익률을 표시하였다. 그 결과 월 평균수익률은 겨우 1%를 밑돌고 있다.

1월 효과
소규모 주식이 특히 1월에 높은 수익률을 보이는 경향

그림 7.9A에서는 1월에 주목할 만한 것이 없다; 대형주의 월평균수익률이 12월에 가장 높았고, 9월에 가장 낮은 월평균수익률을 기록했다. 통계적인 관점에서 보면, 이런 대형주의 수익률이 의미있는 결과를 보여주고 있지는 않다. 확률적으로,

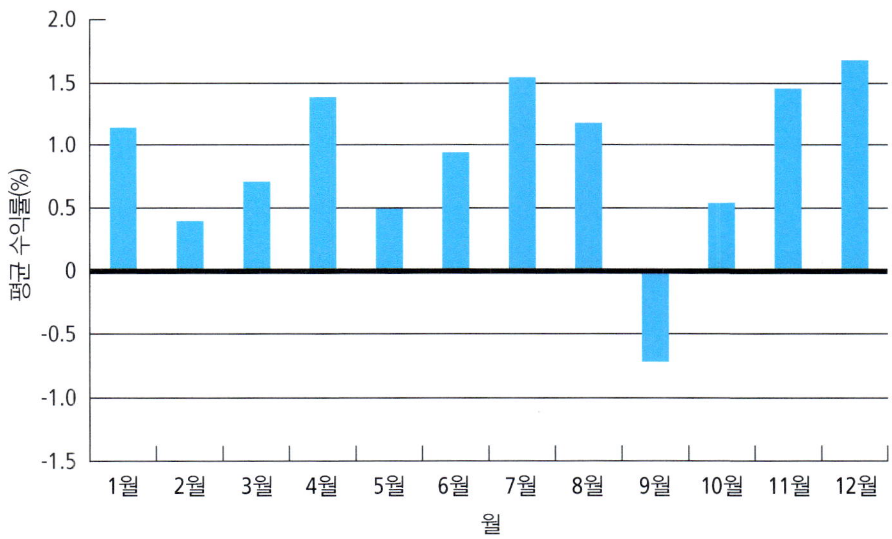

그림 7.9A

1926년~2014년 동안의 대규모 주식의 월별수익률 평균

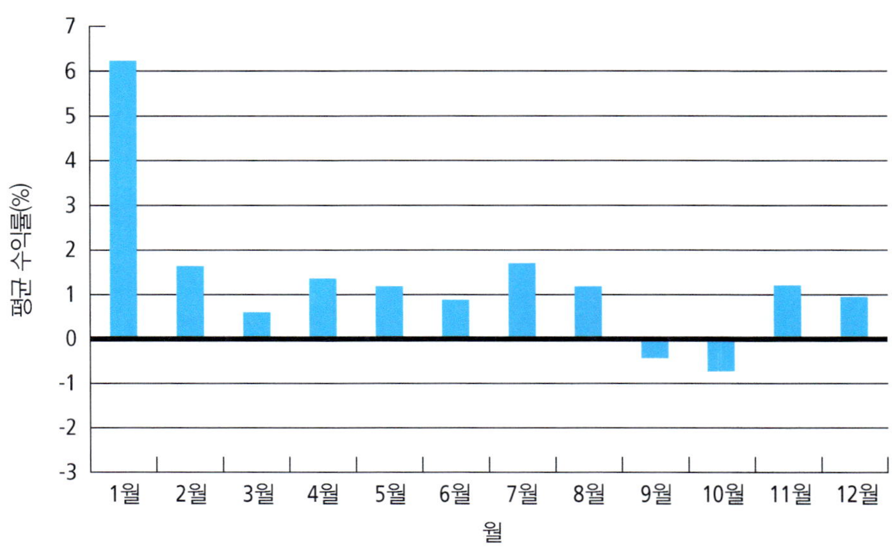

그림 7.9B

1926년~2014년 동안의 소규모 주식의 월별수익률 평균

결국 어떤 달은 가장 높아야 하고, 어떤 달은 가장 낮아야 하기에, 대형주 수익률의 고저는 단지 우연한 사건임을 나타내는 것이다.

한편, 그림 7.9B는 소형주에 대한 월별 평균수익률을 나타낸다. 1월의 수익률이 단연 돋보인다. 89년 동안 소형주는 평균적으로 1월 한 달에만 6.3%의 수익률을 기록한 것이다! 그림 7.9A와 7.9B를 비교해 보면, 1월을 제외할 경우, 대형주에 비해 소형주는 특별히 좋은 성과를 올리지는 못했다. 그리고 2월에 소형주가 대형주보다 선전했지만 10월에는 정반대로 대형주가 소형주보다 비슷한 수준으로 앞서는 성과를 보였다.

이러한 1월 효과는 전 세계의 많은 주요 시장에 존재하는 것으로 보이며, 미국만의 것이 아니다. 게다가 주식시장에서만 발견되는 것이 아니라 여타 다른 시장에서도 발견되고 있다. 시장이 효율적이라는 주장에 비판하는 사람들은, 단순히 1월에 투자함으로써 막대한 이득을 얻을 수 있음을 지적하고 다음과 같은 질문을 던진다: 효율적 시장이 어떻게 그런 특이한 행태를 보일 수 있는가? 투자자들은 왜 1월 효과라 불리는 이 현상이 사라질 때까지 이처럼 쉽고도 매력적인 투자를 행하지 않는가?

표 7.3을 통하여 우리는 1926~2014년 동안 소형주의 수익률이 대형주의 수익률보다 평균 5.09%나 높았다는 것을 알 수 있다. 또한 이 기간의 다음 달(2월)의 성과는 최악의 달(10월)의 성과에 의해 수익이 서로 상쇄된다. 한편, 1926~2014년 기간을 더 작은 시간 간격으로 나누면, 1월 효과는 시간이 지남에 따라 점차 줄어 들었다는 것을 알 수 있다. 실제로 1985~2014년 기간동안 소형주 월별 수익률에서 대형주 월별 수익률을 차감한 값의 경우, 월별 최고치인 2.16%가 (1월) 월별 최저값인 −2.02%(10월)에 의해 사실상 상쇄되는 결과를 낳았다.

주중 효과(day-of-the-week effect)와 달리 1월 효과는 최소한 부분적으로는 이해되고 있다. 이 경우 두 요인이 중요하다고 인식되고 있다. 첫 번째는 세금감면 효과이다. 즉, 투자자들은 절세를 위해 주식투자 시 발생한 손실을 실현시키기 위해

표 7.3

1926년~2014년 동안의 소규모 주식과 대규모 주식 간의 월별수익률 차이

	수익률 차이값이 최상인 경우		수익률 차이값이 차상인 경우		수익률 차이값이 최하인 경우	
기간	퍼센트	월	퍼센트	월	퍼센트	월
1926 – 2014	5.09%	1월	1.24%	2월	−1.27%	10월
1926 – 1954	7.23	1월	1.77	5월	−4.21	12월
1955 – 1984	5.97	1월	0.89	2월	−1.81	10월
1985 – 2014	2.16	1월	1.27	2월	−2.02	10월

가치가 떨어진 주식을 매도하려는 강력한 인센티브를 갖고 있다. 부연하자면, 투자자들은 연말에 손실을 본 종목은 매도하되, 연말이 지나 다음해 1월이 되면 다시 매수하는 패턴으로 이어진다는 것이다. 대형주에서는 이런 조치가 큰 효과를 거두지는 않겠지만 소형주에서는 그러할 수 있다.

세금감면 효과는 일면 타당하다. 왜냐하면 상당수의 연구들에서, 미국에 소득세가 존재하기 전에 1월 효과가 존재했는지 여부를 조사했었고, 그 결과 1월 효과는 발견되지 않았기 때문이다. 그러나 1월 효과는 자본이득세가 존재하지 않는 여타 다른 국가들에서 발견되어 왔다. 따라서 세금감면 효과로 인해 1월 효과가 발생한다는 주장은 지금까지 논쟁의 대상이다.

세금감면 효과와 더불어 1월 효과의 이유를 설명하는 두 번째 주장은 기관투자자의 행태와 관련이 있다. 요지는 대규모 기관투자자들이 일정 기간 동안의 실적에 근거하여 포트폴리오 매니저들에게 금전적으로 보상한다는 것이다. 즉, 포트폴리오 매니저들이 연초에 성장 잠재력이 큰 소형주를 대량 매입함으로써 주식가격이 상승한다는 것이다. 이들 포트폴리오 매니저는 연말에 걸쳐 자신이 운용하는 포트폴리오에 낮은 성과를 내는 종목들(losers)을 대량으로 매도함으로써 겉으로 보기에 포트폴리오가 좋은 성과를 올리고 있는 것처럼 포장한다는 주장이다. 또한, S&P 500 지수에 대비되어 실적이 측정되기 때문에, 소규모 주식의 손실로 인해 여타 포트폴리오 매니저에게 뒤쳐지기 시작하는 포트폴리오 매니저들은 해당 소형주를 팔고 S&P 500 주식을 사들일 동기를 갖는다. 또한 연말에 양호한 성과를 올린 펀드매니저들도 S&P 500 주식을 추가 매입해, 여타 펀드매니저보다 운용 성과가 우수한 상태를 보전할 동기를 얻는다.

1월 효과로 알려진 특이함을 평가함에 있어서, 주간 효과와 달리 1월 효과는 모든 시장에 존재하지만은 않기 때문에 큰 그림으로 볼 때, 가장 중요한 것은 아니라는 것에 유념할 필요가 있다.

연말일 효과

다수의 연구들은 1월 효과라 불리는 것이 1월 전체 기간 동안의 수익률 때문인지 아니면 연말에 해당하는 수익률 때문인지를 알아보기 위해 면밀한 분석을 행하였다. 한 예로서, 특정 3주간의 수익률과, 같은 해의 나머지 기간 동안의 수익률을 서로 비교하였다. 표 7.4에서는 1962년부터 2014년까지의 일별 시장수익률을 계산하였다. 우리가 '연말일 수익률'이라고 부르는 특정한 3주 기간 동안의 수익률은, 특정 연도의 마지막 1주간의 일일 수익률 및 그 다음 연도의 첫 2주간의 일일 수익

표 7.4

연말일 효과(the turn-of-the-year effect)

기간	수익률		
	연말일(%)	잔여일(%)	차이(%)
1962 – 2014	0.133%	0.035%	0.098%
1962 – 1986	0.156	0.030	0.126
1987 – 2014	0.112	0.039	0.072

표 7.5

월말 효과(the turn-of-the-month effect)

기간	수익률		
	월말일(%)	잔여일(%)	차이(%)
1962 – 2014	0.124%	0.022%	0.103%
1962 – 1986	0.127	0.018	0.109
1987 – 2014	0.122	0.026	0.097

률을 일컫는다. 이러한 3주 기간에 해당되지 않는 일별 수익률은 '잔여일 수익률' 범주에 포함된다.

표 7.4에서 알 수 있듯이, '연말일' 범주의 수익률은 '잔여일' 범주의 수익률보다 높다. 또한 그 차이는 최근의 표본기간인 1987~2014년에서도 명백히 존재함을 알 수 있다(1962~1986년 기간에는 그 차이가 거의 두 배이다).

월말일 효과

금융시장에 대한 연구 중에는 월말 효과가 존재하는지 여부에 대한 분석 또한 존재한다. 표 7.5에서는, 매일의 주가수익률을 두 분류로 구분했다. 즉, 특정한 달의 마지막 날부터 다음 달의 첫 3일까지의 경우, 해당 일별 수익률을 '월말일'의 범주에 분류하고, 그 이외의 기간 동안의 모든 일별 수익률을 '잔여일' 범주에 분류하였다.

표 7.5에서 알 수 있듯이 '월말일' 범주의 수익률은 '잔여일' 범주의 수익률보다 높았다. 연말일 효과와 마찬가지로, 월말일 효과(이상 현상)은 표에 나타난 세 가지 기간 각각에 대해서 모두 뚜렷이 나타난다. 흥미롭게도, 그 효과는 1987~2014년 기간 동안에 1962~1986년 기간만큼 강하게 나타났다. 다시 언급하면, 이 효과가 존재한다는 사실 자체가 효율적 시장 가설(EMH) 지지자들에게는 다소 당혹스러운 일이다.

주중 효과, 월말 효과, 연말 효과, 그리고 1월 효과는 모두 효율적 시장에서는 발견되어서는 안되는 '이상 현상'에 해당된다. 한편 그 외의 이상 현상으로는, 대표적으로 이익공시 및 주가수익비율(PER)과 관련된 이상 현상을 들 수 있다. 이들은 아래에서 각각 구체적으로 논한다.

이익공시 퍼즐

이 장의 전반부에서 보았듯이, 예상치 못한 뉴스 공시는 주식 가격에 극적인 영향을 미칠 수 있다. 투자자들에게 특히 중요한 한 가지 뉴스는 바로 이익 공시이다. 이러한 이익공시는 과거의 이익과 미래 이익의 잠재력에 대한 정보를 포함하고 있다.

많은 연구들에서 이익의 기대치와 실제 발표된 이익의 차이에 따라 주식가격 조정의 크기가 결정됨을 보고하고 있다. 효율적시장가설(EMH)에 따르면, 주가는 예상치 못한 뉴스, 즉 이익관련 '충격'에 매우 빠르게 반응해야 한다. 그러나 연구결과 시장 가격이 완전히 조정되려면 며칠 이상이 걸린다는 것을 보고하고 있다. 게다가 일부 연구에서는 기대이익 보다 실제이익이 더 큰 주식을 매입하는 전략이 수지 맞는 전략임을 보이고 있다.

주가-순이익 퍼즐

우리가 다른 파트에서 논의했듯이, P/E 비율은 투자자들에 의해 광범위하게 활용되고 있고, 주식가격 평가에도 사용되고 있다. 많은 실증연구에 의하면, P/E 비율이 상대적으로 낮은 주식의 수익률이, 위험 등의 여타 요인에 대해 조정된 후에도, P/E 비율이 높은 주식의 수익률을 평균적으로 능가한다는 것이 보고되어 왔다. EMH에 따르면 P/E 비율은 공개적으로 이용할 수 있는 정보이기 때문에 이미 주가에 반영되어야 한다. 그러나 P/E 비율이 상대적으로 낮은 주식을 사는 것은 잠재적으로 수익성이 있는 투자전략인 것이 사실이다.

지금까지 논의한 이상 현상 이외에도 다른 많은 이상 현상이 발견되어 왔다. 예를 들어, 시장은 맑은 날보다 흐린 날에 더 활황인 것으로 보인다. 그러나 이상 현상들이 얼마나 많은 흥미를 제공하든지 간에, 다음 절에서는 주식시장 역사상 몇 가지 놀라운 사건들을 언급하고자 한다.

확인 사항

7.10a 주중 효과란 무엇인가?

7.10b 1월 효과란 무엇인가?

7.10c 연말일 효과란 무엇인가?

7.11 거품현상과 주가 폭락

거품
관찰된 가격이 펀더멘탈 및 합리적 예상보다 훨씬 더 과도하게 고평가된 상태

폭락
시장가격이 유의하면서도 갑작스럽게 붕괴된 상태

한 유명한 철학자의 말처럼 과거를 기억하지 못하는 사람은 그것을 반복하는 불행에 빠지기 마련이다. 거품현상과 주가 폭락에 대한 논의만큼 재무금융에서 이 말이 더욱 적절한 곳은 없다. 거품(bubble)이 결국 터지는 것은 그 거품이 자산의 기본적 가치에 근거하지 않았기 때문이다. 거품이 꺼지고 나서야 투자자들은 비로소 자신이 가치가 폭락하고 있는 자산을 보유해 왔음을 알게 된다.

한편, 주가 폭락(crash)은 시장가치의 갑작스럽고 유의미한 하락으로 정의된다. 이러한 주가 폭락은 일반적으로 거품현상과 밀접한 관계가 있다. 그러나 주가 폭락에 비하여 거품현상은 훨씬 더 오래 지속되는 편이다. 즉, 거품은 몇 주, 몇 달, 심지어 몇 년에 걸쳐 형성될 수 있지만, 주가 폭락은 느닷없이 발생하여 흔히 일주일 이내로 지속된다. 그러나 재앙에 가까운 주가 폭락의 경제적 여파는 몇 년 동안 지속될 수 있다.

1929년의 주가 폭락

주가가 고공행진 하던 1920년대에 있어 주식시장이란, 모든 사람이 당연하게도 부자가 될 수 있는 곳으로 여겨졌다. 또한 주식시장은 위험이란 전혀 찾아볼 수 없는 곳으로도 널리 인식되었다. 즉, 수많은 사람들이 평생 저축하여 모은 돈을 전부 주식에 투자하였는데, 문제는 그들이 투자의 위험에 대해서 아는 바가 전혀 없었다는 점이다. 당시 투자자들은 매입가의 10%만 당장 부담하고 나머지는 중개업자에게 빌리는 방식으로 주식을 매입할 수 있었다. 이처럼 레버리지를 활용한 투자는 1929년 10월에 갑작스럽게 발생한 주식시장 폭락을 초래한 한 요인이었다.

그림 7.10에서 볼 수 있듯이 10월 25일 금요일 다우존스 산업평균지수는 약 1포인트 오른 301.22로 마감했다. 10월 28일 월요일에는 13.5% 하락한 260.64로 마감했다. 10월 29일 화요일 다우지수는 230.07로 마감했으며, 장중 최저치는 212.33으로 전 주 금요일보다 약 30% 낮았다. '검은 화요일'로 알려진 이날 뉴욕증권거래소(NYSE)에서의 거래량은 1억 640만 주였는데, 이는 평소의 4배 이상이었다.

1929년의 주가 폭락은 거대한 경제적 충격이었으나, 그 직후의 주식시장 활황은 주목할 만하다. 그림 7.11과 같이, 다우존스 지수(DJIA)는 1929년 10월 충격 이후 약 20% 정도 반등했다. 그러나 그 후 다우존스 지수는 장기간 하락하여 1932년 7월 8일 40.56으로 바닥을 쳤다. 이 수치는 주식시장이 매우 활황이었던 1929년

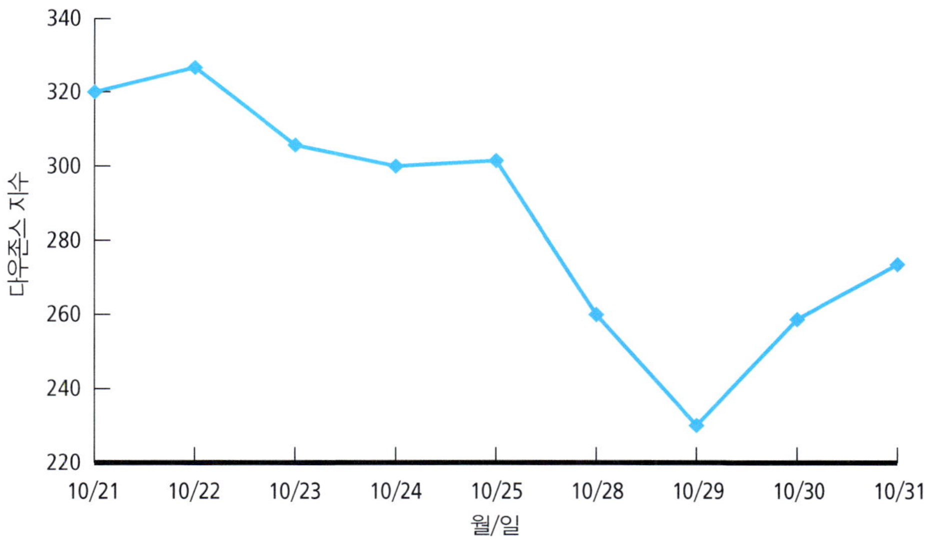

그림 7.10

1929년 10월 21일~10월 31일 동안의 다우존스 지수

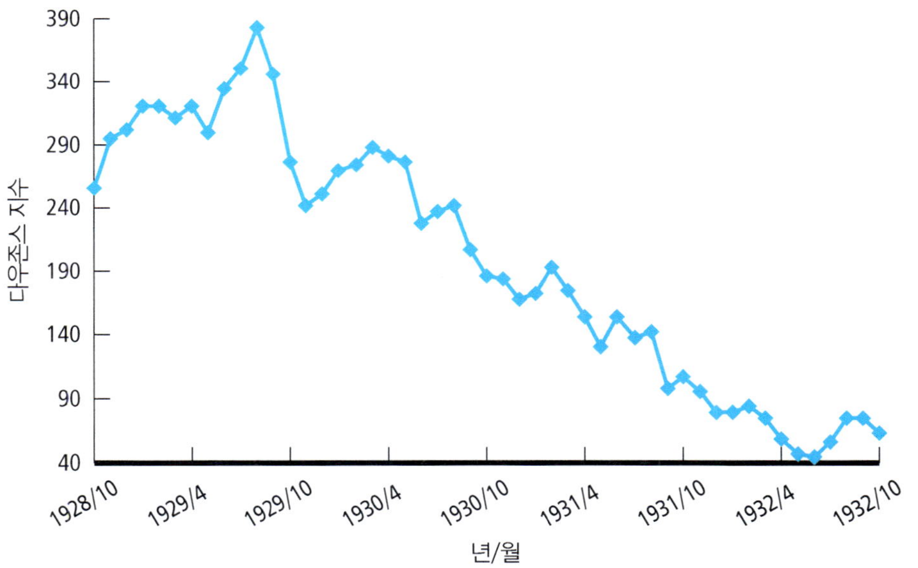

그림 7.11

1928년 10월~1932년 10월 동안의 다우존스 지수

9월 3일 386.10의 기록적인 수치보다 약 90% 감소한 것이다. 그리고 다우존스 지수는 25년이 지난 1954년 11월 24일까지 종전 최고 수준을 넘지 못했다.

1987년 10월의 주가 폭락

다시 강조하자면, 지금까지 '주가 폭락'을 말할 때 우리는 1929년 10월을 지칭했다. 그러나 그것은 1987년 10월의 주가 폭락에 비할 바가 아니다. 1987년의 주가 폭

그림 7.12

1986년 10월~1990년 10월 동안의 다우존스 지수

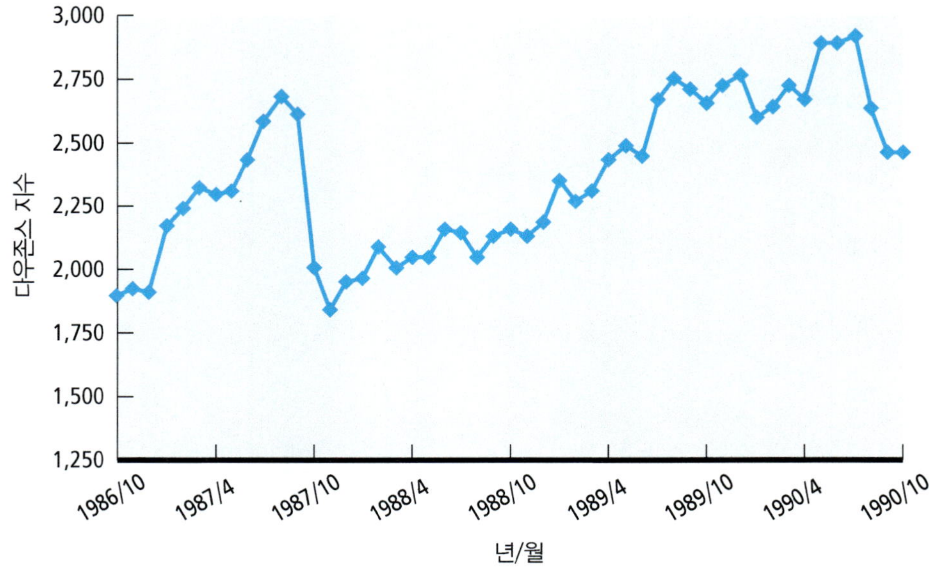

락은 10월 16일부터 시작되었다. 다우존스 지수는 약 3억3800만 주의 거래량으로 108포인트 하락한 2,246.73에 마감했다. 다우존스 지수가 하루 만에 100 포인트 이상 떨어진 것은 사상 처음 있는 일이었다.

1987년 10월 19일, 지금은 '암흑의 월요일(Black Monday)'이라 불린다. 이날은 월가에 암흑 같은, 매서운 폭풍우가 몰아치는 날이었다; 주식시장은 약 6억 주의 거래량을 기록하며 대략 22.6%의 가치를 잃었다. 다우존스 지수는 508.32 포인트 급락한 1,738.74로 마감했다.

10월 20일 화요일 낮 동안 다우존스 지수는 1,616.21로 장중 최저치를 기록하며 계속 하락세를 보였다. 그러나 시장은 반등하여 102포인트 오른 1,841.01로 마감했다. 결국 1987년 8월 25일 당시 장중 최고치였던 2,746.65에서 1987년 10월 20일 장중 최저치까지, 시장은 40% 이상 하락했다.

그러나 1987년 주가 폭락 이후, 장기간의 경기침체는 없었다. 사실, 그림 7.12에서 볼 수 있듯이, 다우존스 지수는 2년 만인 1987년 8월에 장중 최고치를 기록하기도 하였다.

무슨 일이 있었던 것일까? 비록 고대 역사 만큼은 아니지만, 무엇이 1987년 10월의 주가 폭락을 가져왔는지에 대한 논쟁이 치열하다. 한편으로는, 비이성적인 투자자들이 암흑의 월요일(Black Monday)까지 터무니없이 높은 수준으로 주가를 끌어올렸다가 거품이 터지면서 투자자들이 주식을 버리듯 매도함으로써 주식시장이 공황상태에 빠졌다고 주장한다. 다른 한편으로는, 암흑의 월요일 이전까지 시

장이 불안정하고 물량이 많았으며, 경제에 대한 불길한 징조가 주식시장에 흘러 들어가고 있었음을 지적한다. 예를 들어, 1987년 10월 13일 마감에서 10월 16일 마감까지, 시장은 10% 이상 하락하여, 1940년 5월(제2차 세계 대전 시작 무렵 독일군이 프랑스 국경을 넘었을 때) 이후 3일 만에 가장 큰 하락폭을 보였다. 게다가 기업 인수합병이 급격히 많아졌기 때문에 시장가치 역시 급격히 상승했으나, 의회는 반인수합병(anti-takeover) 법안을 적극적으로 고려하고 있었다.

또 다른 요인으로서 1987년의 주가 폭락 이전 몇 년부터 대규모 투자자들이, 장이 하락 추세일 경우 엄청난 양의 주식을 신속하게 매도할 수 있는 프로그램 거래라는 기술이 개발되었다는 점을 들 수 있다. 이러한 기술들은 수년간 시장이 활황이었기 때문에 대부분 검증되지 않은 것들이었다. 그러나 1987년 10월 16일 대규모 매도에 이어 월요일에는 전에 볼 수 없었던 속도로 매도주문이 쇄도했다. 그런데 사실 이러한 프로그램 거래 때문에 주가 폭락이 발생했다는 주장들은 다소 과장된 측면이 강하다.

1987년의 주가 폭락에 대해 우리가 확실히 알고 사실은, 증권 거래소가 상황의 개선에 있어서 아무런 역할을 하지 못했다는 것이다. 예를 들어 뉴욕 증권거래소(NYSE)는 매도 중심의 거래를 조절할 능력이 없었다. 가령 주식가격 책정이 몇 시간씩 지연되었기 때문에 투자자들은 자신이 어떠한 포지션에 있는지 전혀 알지 못했다. 전문가들은 주문의 흐름을 감당할 수 없었고, 일부 전문가들은 실제로 매도 포지션을 시작했다.

주가 폭락 이후 이틀 동안 약 14% 상승했는데, 이는 사상 최대의 단기적 상승 중 하나이다. 가격은 한동안 변동이 없었으나, 반인수합병 법률 제정에 대한 관심이 줄어들자, 의회는 쇠퇴하고 시장은 회복되었다.

1987년의 주가 폭락은 뉴욕 증권거래소로 하여금 훨씬 더 많은 거래량을 처리 가능하게 하는 몇몇 중요한 인프라 변화를 가져왔다. 가장 흥미로운 변화 중 하나는 뉴욕 증권거래소의 주식매매일시정지제도(Circuit Breaker)의 도입이었다. 즉, S&P 500 지수가 7%, 13% 또는 20% 하락할 경우 서로 다른 거래정지 제도가 작동된다. 특히 오후 3시 25분 이전에 S&P 500 지수가 7% 또는 13% 하락하면 레벨 1과 레벨 2의 거래정지 제도가 작동한다. 만일 지수 하락으로 인해 레벨 1 또는 레벨 2 거래정지 제도가 작동할 때, 모든 주식거래가 15분 동안 중지한다. 또한 S&P 500 지수가 하루 중 언제든 20% 하락할 경우 레벨 3 거래정지 제도가 작동되는 바, 이로 인해 남은 하루동안 주식 거래가 중단된다.

거래정지 제도 집행의 임계점은 원래 1998년에 도입되었으나, 최근 2013년 4월에 7%, 13%, 20%라는 임계점으로 수정되었다. 주식거래 정지를 유발하는 지수 하락은 S&P 500 지수의 일별 수준을 기초로 매일 재계산된다. 주식거래 정지는 지수 하락을 늦추도록 설계되어 있기 때문에, 흔히 '속도차단'이라고 불린다.

당연히 주식매매일시정지제도 얼마나 잘 작동하는지는 논쟁의 여지가 있다. 실제로, 2010년 5월 6일에 발생한 '플래시 크래시'에 대해 다른 장에서 논의한 바 있다. 이날 하루동안 많은 주식과 거래소 자금이 50% 넘게 떨어졌음에도 불구하고 시장 전체가 거래중지를 촉발할 정도로 크게 하락한 적은 없었다. 이에 대해 규제 당국은 개별 주식의 과도한 변동성을 통제하기 위해 개별 주식에 대한 거래정지 제도를 적용하였다.

1987년 주가 폭락과 관련하여 가장 주목할 만한 것은, 주가 폭락의 부정적 영향력이 별로 없었다는 사실이다. 제1장의 자료를 보면, 실제로 1987년에 시장이 약간 상승했다는 것을 알 수 있을 것이다. 주가 폭락 후 일정 기간은 주식시장에 투자하는 것이 더욱 유리한 기간이었으며, 1987년의 주가 폭락은 미국 투자자들이 지금까지 보아왔던 가장 극적인 시장 상승처럼 보인다. 한 가지 분명한 사실은 10월은 주식시장 투자자들에게 가장 잔인한 달이라는 것이다. 실제로 1987년 주가 폭락의 2년 후인 1989년 10월 13일, 다우존스 지수가 오후 (United Airlines의 인수 제안이 무산된 후) 190 포인트 하락하면서 다소 미미한 수준의 주가 폭락이 발생했다.

아시아의 주가 폭락

1990년에 시작된 닛케이 지수 폭락은 특히 긴 약세 시장으로 확대되었다. 그런 점에서 1929년의 주가 폭락과 흡사하다.

아시아의 주가 폭락은 사실 1980년대 호황으로부터 시작되었다. 당시 아시아 경제는 매우 강력한 경제력을 형성하고 있는 것 같이 보였다. '아시아 경제'는 1987년 이후 미국시장에 투자하는 것을 꺼려는 투자자들의 주요 투자처가 되었었다.

1955년부터 1989년 사이에 일본에서 형성되고 있던 거품을 어느 정도 짐작해 보기 위해 부연한다면, 34년동안 일본의 부동산 가격은 70배 이상 상승하였으며, 주가는 100배 이상 폭증하였었다. 또한 1989년 닛케이 지수가 3만9000선을 돌파하면서 일본 주식의 주가수익률이 전례 없는 수준으로 상승했었다. 돌이켜보면 일본 시장에 대한 수많은 경고 신호들이 있었다. 그러나 당시 일본 시장의 지속적인 성장에 대한 낙관론이 이러한 경고들을 지배하고 남았다. 전망이 그다지 긍정적이지 않았으나, 투자자들은 일본 주식시장이 결코 무너지지 않으리라 믿었기에 곧 닥칠 닛케이 주식시장의 폭락을 예견하지 못했었다.

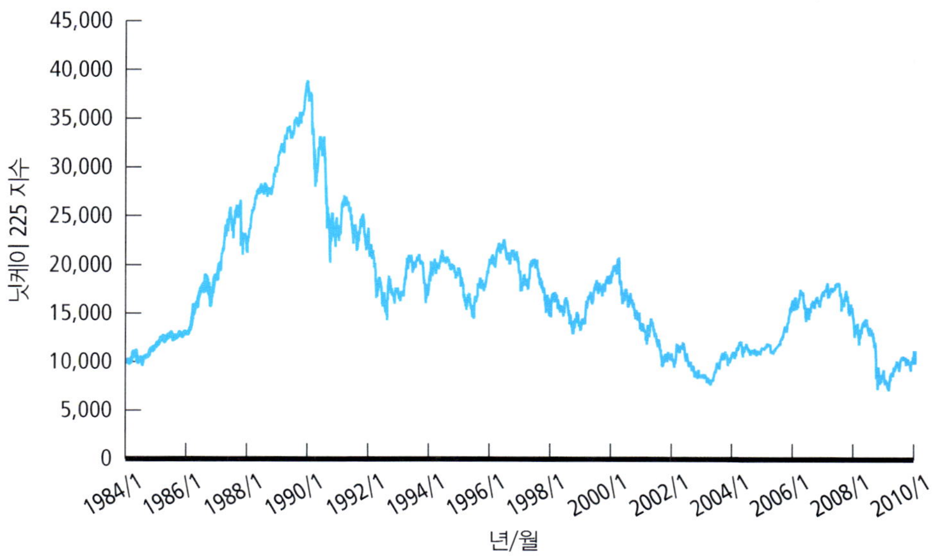

그림 7.13

1984년 1월~2010년 1월 동안의 Nikkei 225 지수

그림 7.13에서 볼 수 있듯이 1986년 12월부터 1989년 12월까지 3년간 닛케이 225 지수는 약 15,000에서 39,000으로 대폭 상승했다. 그러나 이후 3년 동안 닛케이 지수는 다시 약 15,000까지 떨어졌다. 그리고 2003년 4월 기준, 닛케이 지수는 1989년 12월 최고치의 20% 수준에 머물렀다. 또한 25년이 지난 2009년에도 닛케이 지수 평균은 1984년과 거의 비슷한 수준에 머물렀다.

'dot-com' 거품과 주가 폭락

당신은 1994년 말에 얼마나 많은 웹사이트가 존재했다고 생각하는가? 단지 1만개만 있었다면 당신은 믿을 수 있겠는가? 1999년 말까지 활성화된 웹사이트의 수는 약 950만개였고, 2012년 말에는 2억개 이상 존재하였다.

1990년대 중반까지 인터넷 사용의 증가와 그 전 세계적인 성장 잠재력은 '새로운 경제'에 대한 광범위한 기대를 낳았다. 투자자들은 확고한 사업 계획에는 관심이 없는 것 같았다. 단지 대략 큰 아이디어만으로도 만족하였다. 투자자들의 행복감은 인터넷 IPO의 급증으로 이어졌고, 인터넷 IPO의 많은 이름들이 '.com'에서 끝나게 되었기 때문에 일반적으로 닷컴이라고 불렸다. 물론, 탄탄한 사업 모델이 부족한, 새로 설립된 많은 회사들이 얼마 지나지 않아 도산하였다. 그들 중 많은 수가 막대한 손실을 입었고 일부는 IPO 바로 직후 사업을 접어야 했다.

닷컴 버블과 그에 따른 주가 폭락의 범위는 표 7.6과 그림 7.14에 제시되어 있으며, 이는 Amex 인터넷 지수와 S&P 500 지수를 비교한 것이다. 표 7.6에서 보듯

일자	Amex 인터넷 지수	1998년 10월 1일부터 고점까지의 수익률(%)	고점부터 저점까지의 수익률(%)	S&P 500 지수	1998년 10월 1일부터 고점까지의 수익률(%)	고점부터 저점까지의 수익률(%)
1998년 10월1일	114.68			986.39		
2000년도 3월말 (고점)	688.52	500%		1,293.72	31%	
2002년도 10월초 (저점)	58.59		−91%	776.76		−40%

표 7.6 Amex 인터넷 지수 및 S&P 500 지수

Source: Author calculations.

그림 7.14

1995년 10월~2012년 12월 동안의 Amex 인터넷 지수 및 S&P 500 지수

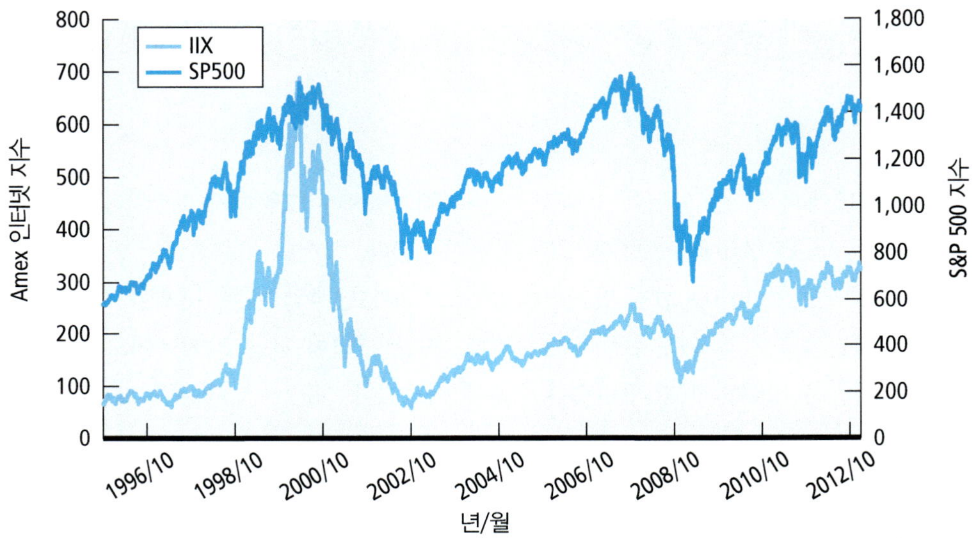

이, Amex 인터넷 지수는 1998년 10월 1일 114.68 수준에서 2000년 3월말 최고치인 688.52까지 치솟아, 도합 500%까지 상승했다. 이후 Amex 인터넷 지수는 2002년 10월 초에 무려 91%나 하락한 58.59로 폭락하였다. 반면 S&P 500 지수는 같은 기간인 1998년부터 2000년까지 약 31% 상승했으며, 2000년부터 2002년 기간에는 40% 하락했다.

2008년 10월의 주가 폭락

그 외, 우리는 여러 시장지수가 40% 이상 하락했던 2008년 주식시장 붕괴를 자세히 설명하고자 한다. 물론 이 같은 사건의 근본적인 원인이 무엇인지에 대한 논쟁

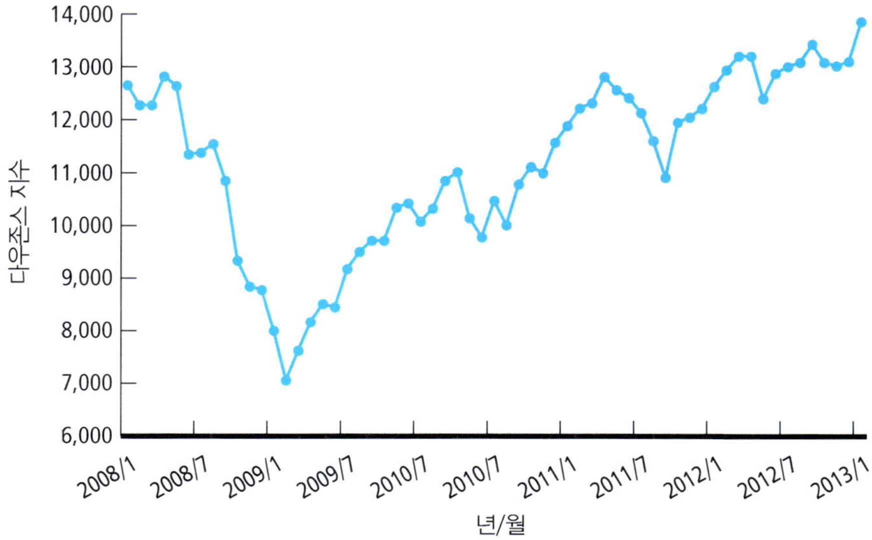

그림 7.15

2008년 1월~2013년 1월 동안의 다우존스 산업평균 지수

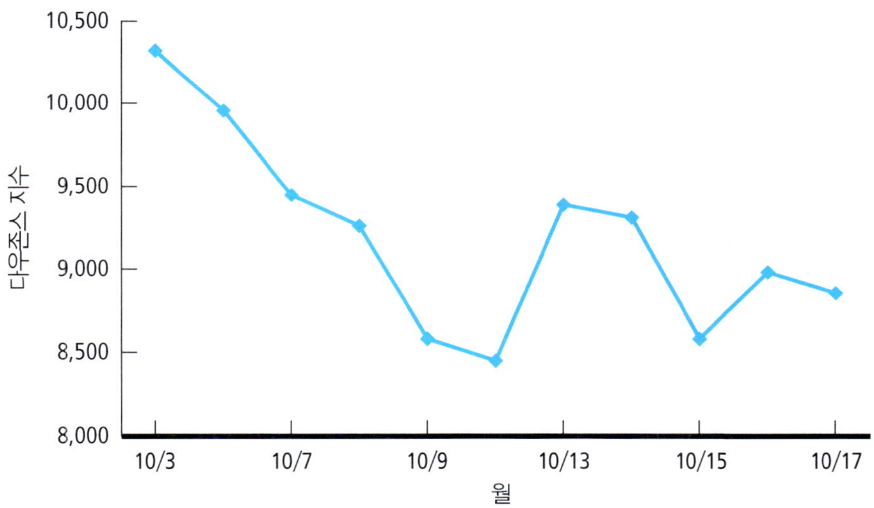

그림 7.16

2008년 10월 3일~2008년 10월 17일 동안의 다우존스 산업평균 지수

은 지속되고 있다. 그러나 앞의 거품(그후 주가 폭락)의 상당 부분은 '쉽게 번 돈'의 기능이었던 것으로 보인다. 무자격 대출자들은 종종 매우 낮은 이자율로 대규모 서브프라임 주택 대출을 받았는데, 이 계약의 경우 일정 시간이 지나면 이자율이 보다 합리적인 수준으로 재설정되어 이자로 지급하는 금액이 시간이 지날수록 증가하였다. 만약 부동산 가격이 폭락하지 않고 지속적으로 증가추세에 있었더라면, 소유주들은 쉽게 재융자를 할 수 있었을 것이다. 그러나 가격상승이 멈추고 가격이 하락하기 시작하자 파산 건수는 크게 증가하였다. 이같은 부동산 가격의 폭락은 부동산에 연계된 유가증권 가격의 동반 하락이라는 심각한 사태를 불러 일으켰는 바, 우리는 다른 장에서 이에 대해 자세히 논하고자 한다.

2008년의 진행 상황은 그림 7.15에 명확하게 나타나 있다. 이 수치는 다우존스 산업평균 지수(DJIA)의 월별 종가를 자세히 보여준다. 그림에 의하면, 이 지수는 거의 일년 내내 급격히 감소했음을 알 수 있다. 10월과 11월은 더욱 더 혹독했다. 이 시기는 리먼브러더스나 베어스턴스 같은 (부동산 활용도가 높았던) 투자은행들이 파산하거나 매우 저조한 실적으로 인해 인수합병 되었던 시기였다는 점을 상기할 필요가 있다. 그림 7.16은 2008년 10월 3일부터 10월 17일까지 다우존스 지수의 일일 값을 보여준다.

확인 사항

7.11a 주식시장 거품 현상이란 무엇인가? 또한 주식시장 폭락이란 무엇인가?

7.11b 뉴욕주식시장의 주식매매일시정지제도란 무엇인가?

7.11c 1929년 10월의 주가 폭락과 1987년 10월의 주가 폭락의 주요한 차이점은 무엇인가?

7.11d 당신은 2008년 10월의 주가 폭락이 1929년 10월의 폭락이나 1987년 10월의 폭락과 유사하다고 생각하는가? 그 이유는?

7.12 요약 및 결론

7장에서는 주가의 행태와 시장의 효율성을 살펴보았다. 시장의 효율성은 투자론에서 가장 논쟁의 여지가 많으면서 매우 흥미로운 이슈로 평가된다. 우리는 이 장의 중요한 개념으로서 시장의 효율성에 대한 다양한 관점들을 살펴보았다. 이를 요약하면 아래와 같다.

1. 효율적 자본시장의 기초

A. 효율적 시장 가설은 뉴욕 증권거래소와 같은 조직적인 금융 시장이 효율적이라고 주장한다.

B. 효율적 시장을 연구하는 사람들은 종종 '시장을 이기는 것이 가능한가'라고 묻는다. 만일 당신이 동일한 위험이 내재된 여타의 투자기회로 얻는 이익보다 더욱 큰 이익을 지속적으로 얻을 수 있다면 당신은 시장을 이긴 것으로 간주할 수 있다. 이를 초과이익 또는 비정상이익이라 한다.

C. 시장이 효율적이라면 이런 초과이익을 얻는 것은 행운이 따르지 않고는 불가능하다.

2. 시장의 효율성의 세 단계가 시사하는 점

A. 만일 어떤 정보가 양(+)의 초과수익률을 얻는 데 유용하지 않다면, 이러한 특정 정보와 관련하여 시장이 효율적이라고 말한다.

B. 시장의 효율성의 세 가지 형태와 그에 따른 정보 집합은 다음과 같다.

- 약형: 과거 주가와 거래량 자료
- 준강형: 공개된 모든 정보
- 강형: 공개된 정보와 미공개 정보

C. 투자자들이 유익한 정보를 접하였을 때 동 정보가 시장 가격에 어떠한 영향을 미치는지 논의한다. 우리는 당신에게 정보 거래, 불법적인 내부자 거래, 합법적인 내부자 거래를 구별하는 방법을 제안한다.

3. 시장의 효율성과 전문투자자(펀드매니저)의 성과

A. 시장의 효율성을 검증하는 것은 매우 어렵다. 이에 대한 이유로서 우리는 다음과 같은 네 가지 이유를 발견하였다: (1) 위험 조정의 문제점 (2) 관련 정보의 문제점 (3) 행운에 의한 좋은 성과의 문제점 (4) 데이터 스누핑(data snooping)의 문제

B. 이어서 우리는 시장의 효율성에 대한 검증 결과를 제시하였다. 이와 관련하여 우리가 깨달은 교훈은, 지금까지 전문투자자(펀드매니저)가–막대한 자금, 경험, 기회 및 동기를 지니고 있음에도–지속적으로 시장을 이겨본 적이 없다는 사실이다. 또한 이같은 펀드매니저의 저조한 성과는 효율적 시장 가설을 기각하는 것 같은 이상 현상들까지 감안한 후에도 여전히 성립하였다.

C. 전문투자자(펀드매니저)가 시장을 이길 수 없다는 사실은 일반적으로 시장이 효율적이라는 주장을 뒷받침한다.

4. 주식시장에서 발견되는 이상 현상, 거품, 주가 폭락이 시장의 효율성과 관련하여 시사하는 점들

A. 우리는 시장 효율성과 양립하기 어려운 주가의 행태에 대하여 논한다.

B. 주간 효과, 1월 효과, 연말 효과, 월별 전환 효과, 이익공시 후 주가지연 현상, 주가–순이익(PER) 비율 현상 등에 대해 논의한다.

C. 우리는 1929년 10월 및 1987년 10월의 주가 폭락, 아시아 외환위기, 닷–컴(dot-com) 거품과 그후 주가 폭락, 2008년의 주가 폭락을 포함하는 몇몇 유명한 거품과 주가 폭락에 대한 주식시장의 역사를 제시한다.

주요 용어

효율적 시장 가설(Efficient Markets Hypothesis, EMH) 284
비정상수익률(abnormal return) 284
임의보행(random walk) 290
사건 연구(event study) 293
비정상수익률(abnormal return) 293
정보 투자자(informed trader) 295
중요한 비공개 정보(material nonpublic information) 295
주중 효과(day-of-the-week effect) 306
1월 효과(January effect) 307
거품(bubble) 312
폭락(crash) 312

단원 후 문제와 자습 문제

1. 시장조사(LO3, CFA1) 스몰리라투자신탁㈜은 대학 교수들의 퇴직연금 계좌를 운영하고 있는데 현재 그 시장가치는 20억 달러이다. 한편, 알케미주식회사는 시장데이터를 탐색하여 수익률을 올릴 목적으로 시장조사를 실시할 것을 스몰리라투자신탁㈜에 제안하였다. 이 때 알케미주식회사는 스몰리라투자신탁㈜이 운영하고 있는 포트폴리오의 수익률을 30 베이시스 포인트만큼 높일 수 있다고 주장하였다. 그리고 이에 소요되는 제반비용으로 9백만 달러를 지급할 것을 제안하였다. 이 때 900백만 달러는 너무 높은 금액인가, 아니면 너무 낮은 금액인가?

2. 펀드매니저 뽑기(LO3, CFA1) 당당신은 부유한 이모 몰리를 위해 어떤 포트폴리오를 구성하여 투자할 것인지 결정하는 일을 돕고 있다. 그녀는 많은 금액의 포트폴리오를 구성한 후, 10년간의 세계여행을 갈 계획이다. 이모 몰리는 전문 펀드매니저를 뽑는 일에 심혈을 기울일 필요는 없다고 생각한다. 왜냐하면 어떤 전문적인 금융 매니저도 반드시 시장을 이길 수 있어야 한다고 그녀는 믿고 있기 때문이다. 그녀는 그저 직업적인 돈 관리인을 무작위로 뽑을 계획인 것이다. 이 때 당신이 이모 몰리에게 해주어야 할 조언은 무엇인가?

자습 문제 해답

1. 알케미주식회사가 실제로 올해 스몰리아투자신탁㈜이 운용하는 포트폴리오 수익률을 30 베이시스 포인트 높일 수 있는 연구용역을 수행할 수 있다고 가정할 때, 스몰리아투자신탁㈜은 이 연구에 대해 최대 6백만 달러(0.0030×20억 달러=6백만 달러)를 지불할 용의가 있다. 따라서 알케미주식회사가 제안한 9백만 달러는 지나치게 높은 가격이다.

2. 당당신은 이모 몰리에게 그림 7.8을 보여주는 것이 좋다. 그림에서 유추할 수 있듯이, 전문 펀드매니저를 무작위로 뽑게 된다면, 뱅가드 500지수 펀드와 같은 시장펀드를 25~30%의 확률로 이길수 있음은

분명하다. 다만, 만일 이모 몰리가 상당한 규모의 포트폴리오를 뱅가드 500지수 펀드에 투자한다면, 무작위로 뽑은 전문 펀드매니저를 이길 확률이 70~75%에 이른다는 사실을 기억할 필요가 있다.

투자 지식 학습

1. 효율적 시장 가설(LO4, CFA1) 시장 이상 현상이란?

a. 강하지만 지속적이지는 않은 외생적인 충격
b. 주가 및 거래량이 과거의 추세로부터 멀어지게 만드는 사건
c. 유가증권의 효율적인 매입 또는 매도를 저해하는 거래 또는 가격 구조
d. 효율적 시장가설에 따라 예측된 행태와 서로 다른 행태

2. 효율적 시장 가설(LO1, CFA1) 다음 중 효율적 시장임을 시사하지 않는 가정은 무엇인가?

a. 증권가격은 새로운 정보를 반영하여 빠르게 조정된다.
b. 어떤 뉴스 공개의 시점은 여타 다른 뉴스의 발표와 무관하다.
c. 무위험자산이 존재하며, 투자자들은 무위험이자율로 제한없이 자금을 빌리고 빌려줄 수 있다.
d. 많은 투자자들은 이익을 극대화 하고자 하고, 다른 투자자와 독립적으로 행동하며 증권을 분석하고 평가한다.

3. 효율적 시장 가설(LO2, CFA1) 당신은 오랜 시행착오 끝에 지난 3년간 6개월마다 투자 가치를 두 배로 높일 수 있는 거래 시스템을 발견하게 되었다. 다음 중 이것이 시장의 비효율성의 예라고 단정하기 어렵게 만드는 문제는 무엇인가?

a. 위험조정의 이슈
b. 관련정보의 이슈
c. 운 좋은 바보의 이슈
d. 데이터 오류의 이슈

4. 효율적 시장 가설(LO2, CFA1) 금융 시장 효율성에 대한 논의에서, 다음 중 시장 효율성의 정형화된 형태 중 하나가 아닌 것은?

a. 강형
b. 준강형
c. 약형
d. 경제적 형태

5. 시장을 이기기(LO3, CFA2) 다음 중 '시장을 이기는' 거래 시스템의 능력을 평가할 때 문제가 되지 않는 것은?

a. 위험조정의 이슈
b. 관련정보의 이슈
c. 운 좋은 바보의 이슈
d. 데이터 오류의 이슈

6. 월력 이상 현상(LO4, CFA2) 소규모 주식 포트폴리오를 대상으로 평가했을 때, 평균적으로 주가 수익률이 가장 높은 달은?

a. 1월
b. 3월
c. 6월
d. 12월

7. NYSE 회로차단기(LO4) 다음 다우존스 산업지수(DJIA)의 일중 변동분 중에서 어느 것이 1단계 회로차단기를 작동시키게 하는가?

a. 오후 3:25 이전 다우존스 산업지수의 7% 하락
b. 오후 3:25 이후 다우존스 산업지수의 7% 하락
c. 오후 3:25 이전 다우존스 산업지수의 7% 상승
d. 오후 3:25 이후 다우존스 산업지수의 7% 상승

8. 효율적 시장 가설(LO2, CFA1) SEC는 내부 정보에 대한 거래를 금지하는 규정을 가지고 있다. 만약 시장이 ____ 효율적이라면, 그러한 규제는 필요하지 않다.

a. 강형
b. 준강형
c. 약형
d. 경제적 형태

9. 1월 효과(LO4, CFA2) 다음 중 1월 효과에 대하여 가능한 설명은?

I. 기관투자자들의 포장효과
II. 보너스에 대한 수요
III. 절세효과

a. I
b. I 및 II
c. I 및 III
d. I, II, 및 III

10. NYSE 회로차단기(LO4) 뉴욕증권거래소(NYSE)에 의해 개발된 회로차단기의 목적은?

a. 1월 효과를 감소시키기 위함이다.
b. 기술적 거래를 축소시키기 위함이다.
c. 프로그램 거래를 제거하기 위함이다.
d. 시장지수의 감소추세를 늦추려 하기 위함이다.

11. 시장의 효율성이 시사하는 점(LO2, CFA2) 시장이 준강형 효율적이라고 하자. 이 때 최선의 전략은?

a. 과거 주가의 패턴을 조사하여 추세를 결정하는 것이다.
b. 펀드매니저가 저평가된 주식을 찾는, 적극적 행태를 보이는 뮤추얼 펀드에 투자하는 것이다.
c. 주가지수 펀드에 가입하는 것이다.
d. 기업이 자사의 주식을 내재가치에 해당되는 금액으로 매도하지 않는 경우를 찾기 위해 재무제표를 분석한다.

12. 시장의 효율성이 시사하는 점(LO2, CFA2) 아래 [괄호] 중 옳은 것을 고르시오.
시장이 약형 효율적이라고 가정하자. 이것이 사실이라면 기술적 분석가들은 비정상적인 수익을 [얻고]/[얻을 수 없고] 근본 분석가들은 비정상적인 수익을 얻는다.

13. 효율적 시장 가설(LO1, CFA1) 다음 중 효율적 시장 가설에 대해 사실이 아닌 것은?
a. 완전히 잘 조직되지 못한 시장은 효율적 시장일 가능성은 낮다.
b. 가격 변동이 심한 시장은 효율적일 수 없다.
c. 효율적인 시장 가설은 주식 시장만을 다룬다.
d. 효율적 시장의 가격결정은 대체로 공정하다.

14. 효율적 시장 가설(LO2, CFA1) 당신은 다음 해에 걸쳐 가치가 증가할 것으로 예상하는 주식을 구입한다. 1년 뒤 대표이사가 자금을 횡령하고 회사가 부도 직전이라는 사실이 드러나면서 주가가 하락하였다. 다음 보기 중 맞는 것은 무엇인가?
a. 이는 약형 효율적 시장에 위배된다.
b. 이는 준강형 효율적 시장에 위배된다.
c. 이는 모든 형태의 효율적 시장에 위배된다.
d. 이는 효율적 시장을 위배하는 증거가 되지 못한다.

15. 효율적 시장 가설(LO2, CFA1) 다음 중 시장 효율성에 관한 설명 중 맞는 것은?
a. 시장이 약형 효율적이라면 이 시장은 또한 준강형 효율적 시장이다.
b. 시장이 준강형 효율적이라면, 이는 또한 강형 효율적이다.
c. 시장이 약형 효율적이라면 강형 효율적이기도 하다.
d. 시장이 준강형 효율적이라면, 반드시 약형 효율적이다.

개념 문제

1. 효율적 시장(LO2, CFA1) 어느 증권사 애널리스트가 지난 10일 동안의 평균 가격과 지난 60일 동안의 평균 가격을 비교함으로써 지금의 가격이 잘못 평가되었음을 확인할 수 있다고 하자. 만일 이것이 사실이라면, 당신은 지금의 시장을 어떻게 평가할 것인가?

2. 효율적 시장(LO2, CFA1) 다음 문장을 비판적으로 평가하시오: "주식투자를 하는 것은 도박하는 것과 다를 것이 없다. 이러한 투기는 사람들이 도박하면서 즐거워하는 것 이외에는 사회적 가치가 전혀 없다."

3. 효율적 시장에 대한 오해(LO3, CFA2) 몇몇 유명한 투자자들과, 주식을 무작위로 선택하여 매입한 투자자들이 지난 20년 동안 막대한 투자 수익률을 기록했다. 이러한 투자자들의 투자성공 사례는 효율적 시장에 반하는 것인가? 자세히 설명하시오.

4. 효율적 시장에 대한 설명(LO2, CFA2) 다음 각 시나리오에 대해 차익거래 기회가 존재하는지 여부를 밝히시오.

(1) 시장이 약형 효율적시장이지 않음.

(2) 시장이 약형 효율적시장이지만, 준강형효율적 시장은 아님.

(3) 시장이 준강형 효율적시장이지만, 강형 효율적시장은 아님.

(4) 시장은 강형 효율적시장임.

a. 주식가격이 지난 30일동안 꾸준히 상승하였다.

b. 어떤 기업의 재무제표가 3일 전에 발표되었는데, 동 기업의 재고자산과 원가통제시스템에 이상이 생겨 이 기업의 강점인 유동성이 과소평가 되었다는 사실을 알게 되었다.

c. 당신은 어떤 기업의 고위 경영진이 지난 한 주 동안 장중에 자신의 회사가 발행한 주식을 대량 매입하고 있었다는 사실을 알게 되었다.

d. 당신의 옆집에 사는 이웃은 국내 철강 공장의 컴퓨터 분석가인데, 그 이웃이 당신에게 지나가는 말로 독일의 한 철강 재벌이 어제 적대적 인수합병(M&A)을 시도하려 함을 무심코 언급하였다.

5. 프로들의 성과(LO3) 1990년대 중후반에는 증권투자 프로들의 실적이 이례적으로 저조했는데, 이는 모든 주식 뮤추얼 펀드의 90%가 소극적으로 운용되는 인덱스 펀드보다도 그 성과가 더 나빴게 때문이다. 이 같은 사실이 시장의 효율성과는 어떠한 관계를 가지고 있는가?

6. 효율적 시장(LO1, CFA1) 100여 년 전만 해도 기업들은 연간 사업보고서를 작성하지 않았다. 특정 기업의 주식을 보유하고 있다고 해도 해당 기업에 대한 재무상태표와 손익계산서를 볼 수 있기가 쉽지 않았다. 시장이 준강형 효율적이라고 하면, 지금과 비교했을 때 당시에는 시장 효율성에 대해 무엇이라 평가했을 것으로 추측되는가?

7. 효율적 시장 가설(LO2, CFA1) 당신이 올해 초에 10,000달러를 시장포트폴리오에 투자하면 연말에 15,000달러의 가치가 될 것으로 예측하열다. 그런데 시장수익률이 10%였다면, 이는 시장이 비효율적이라는 뜻이 되는가?

8. 효율적 시장 가설(LO1, CFA1) 다음 설명 중에서 효율적시장 가설에 부합하는 것은 무엇인가?

a. 완벽한 예측능력을 의미한다.

b. 가격이 이용 가능한 모든 정보를 반영한다는 것을 의미한다.

c. 비합리적인 시장임을 의미한다.

d. 가격이 번동하지 않음을 의미한다.

e. 투자자간 치열한 경쟁의 결과임을 의미한다.

9. 준강형 효율적 시장(LO2, CFA2) 만일 시장이 준강형 효율적시장이라면, 이는 시장이 약형 효율적시장임을 함께 의미하는가? 자세히 설명하시오.

10. 효율적 시장 가설(LO2, CFA1) '시장을 이기기' 위해 주식을 사고 파는 투자자들에게 효율적인 시장 가설이 시사하는 바는 무엇인가?

11. 효율적 시장 가설(LO2, CFA1) 항공우주기술 조사 회사인 에어로텍은 오늘 아침 세계에서 가장 유식하고 다재다능한 우주 연구원들을 고용했다고 발표했다. 오늘 공시직전에 에어로텍 주식은 100달러에 팔렸다. 다음주 내내 다른 정보가 주식시장에 제공되지 않고 주식시장이 또한 전체적으로 움직이지 않음을 가정하자.

a. 에어로텍 주식에는 어떠한 일이 생길 것으로 예측되는가?

b. 아래 세 시나리오를 생각해 보자. 시장이 효율적임을 나타내는 시나리오는 무엇이고 그렇지 않은 것은 무엇인가? 그리고 그 이유는?

i. 주가가 공시일 당일에 $118까지 상승하였다. 그리고 이어지는 며칠동안 $123까지 상승하였으며, 이어서 다시 $116까지 하락하였다.

ii. 주가가 즉시 $116까지 상승하였으며, 이후 이 수준에 머물렀다.

iii. 주가가 다음주 5일동안 천천히 상승하여 $116이 되었다.

12. 효율적 시장 가설(LO2, CFA1) 다른 정보가 주식시장에 도착하지 않았고 주식 시장이 전체적으로 움직이지 않았다고 가정하였을 때, 아래 문장은 참인가, 아니면 거짓인가? "56세의 걸프앤웨스턴㈜의 창업주가 심장마비로 사망하자 주가는 주당 $18에서 즉시 $20 25센트로 뛰어올라 12.5퍼센트 상승하였다. 효율적인 주식시장이 그의 죽음을 예상하고 미리 가격을 조정했을 것이기 때문에 이는 시장이 비효율적이라는 증거이다."

13. 효율적 시장 가설(LO2, CFA1) 오늘, 다음과 같은 발표가 있었다. "오늘 법무부는 범용제품관리(UPC) 사건에 대해 판결을 내렸습니다. UPC는 신입직원 채용에서 차별적 관행을 보여왔고, 이에 유죄 판결을 받았습니다. 향후 5년동안 UPC는 매년 2백만 달러를 UPC 정책 피해자를 대변하는 기금에 지불해야 합니다." 시장이 효율적이라고 가정했을 때, 이번 소송으로 수익률이 비정상적으로 낮아지니 투자자들이 발표 후 UPC 주식을 사들이지 말아야 하는 것인가? 자세히 설명하시오.

14. 효율적 시장 가설(LO2, CFA1) 뉴테크㈜는 생산 효율을 크게 개선할 수 있는 새로운 칩 테스트 장치를 도입할 예정이다. 당신은 이 같은 사실을 방송사가 발표하기 전에 뉴테크㈜ 소속 팀장 엔지니어가 미리 주식을 매입하여 그로부터 이득을 얻을 수 있다고 생각하는가? 또한, 시장이 효율적일 경우, 〈월스트리트 저널〉의 공고를 읽자마자 주식을 매입하여 비정상적인 수익을 얻을 수 있다고 보는가?

15. 효율적 시장 가설(LO2, CFA1) 트랜스트러스트㈜는 재고자산 평가방법을 변경했다. 이번 분기에 발표된 손익계산서에는 이전 회계처리 방법일 경우에 비하여 당기순이익이 20% 더 높게 계상되었지만, 법인세에는 영향을 미치지 못했다. 이외의 내용이 재무제표에 나타나지 않았고, 여타 회계처리 변화 또한 없었으며, 재고자산 평가방법의 변경이 공개적으로 발표되었다. 시장이 효율적이고 한다면, 공시된 이익이 더 높다는 것을 주식시장 및 투자자가 알게 될 경우 주가가 더 상승할 것인지 여부를 밝히고 그 이유를 설명하시오.

16. 효율적 시장 가설(LO3, CFA1) 더킨 펀드는 지난 2년 동안 자국에서 최고의 주식 투자자로 군림하여 왔다. 이러한 유명세가 생기기 전에 더킨 뉴스레터는 200명의 구독자가 있었다. 이들 구독자들은 위험과 거래비용을 조정한 후에도 실질적으로 더 높은 수익을 얻으면서 시장을 지속적으로 이겼다. 그러다가 구독자 수가 1만 명으로 급증했다. 이제는 더킨 펀드가 주식을 추천하면 순식간에 가격이 몇 포인트 이상 상승한다. 그러나 지금은 구독자가 누구이건 간에 좋은 정보를 얻어 이익을 위한 행동을 가져가기도 전에 가격이 먼저 상승하기 때문에 추천 주식을 매입할 때 정상적인 수익률만을 얻고 있다. 이러한 현상이 왜 발생하는지 간략히 서술하시오. 또한 더킨 펀드가 높은 수익률을 내는 종목을 선별하는 능력이 있다는 사실이 시장의 효율성을 지지 또는 기각 하는 증거가 될 수 있는지 서술하시오.

17. 효율적 시장 가설(LO2, CFA1) 당신의 브로커는 경영이 잘 되고 있는 회사가 그렇지 않은 회사보다 더 나은 투자라고 평했다. 그 증거로, 당신의 브로커는 최근에 한 산업 잡지가 행한 연구조사를 인용했는데, 그 잡지는 8년 전에 미국에서 가장 잘 경영되는 소규모 제조업체로 이름을 올렸던 100개의 소규모 제조업 회사를 소개하였다. 그런데, 이후 8년간 상장기업 100개사는 정상적인 시장수익률 이상을 벌지 못했다. 당신의 브로커는 그 기업들이 경영을 잘 하였다면 평균보다 더 나은 수익을 달성했을 것이라 계속 주장하였다. 만일 시장이 효율적이라면, 당신은 브로커의 말에 동의하겠는가?

18. 효율적 시장 가설(LO2, CFA1) 어떤 유명한 경제학자가 방금 〈월스트리트 저널〉에 그의 연구 결과를 발표했는데, 경기침체는 끝났고 경제는 다시 확장기에 접어 들어가는 중이라 하였다. 시장 효율성을 가정했을 때. 당신은 이 발표내용을 읽은 후 해당 기업에 투자하여 이익을 얻을 수 있겠는가?

19. 효율적 시장 가설(LO2, CFA1) 시장이 준강형 효율적이라고 하자. 당신이 주식거래를 하고자 할 때, 아래 세 가지 정보 중 어느 정보를 기초로 하였 투자했을 때 비정상수익을 얻을 수 있겠는지 판단하시오.

a. 과거 어떤 기업의 이익에 대한 브로커의 정보

b. 어떤 기업의 합병에 대한 소문

c. 당신이 어제 접하였던, 어떤 새 상품이 신제품 테스트를 성공적으로 통과했다는 공시정보

20. 효율적 시장 가설(LO2, CFA1) 다음 문장이 참인지, 아니면 거짓인지 밝히고 그 이유를 서술하시오. “효율적인 시장가설은 모든 뮤추얼 펀드가 동일한 위험조정 기대수익률을 얻어야 함을 의미한다. 따라서 우리는 그저 아무 뮤추얼 펀드나 무작위로 선택하면 된다.”

21. 효율적 시장 가설(LO2, CFA1) 시장이 효율적이라 가정하자. 거래일 동안 아메리칸골프㈜는 뉴스가 보도되기 이전에 계약했었던 대형 골프 프로젝트가 무효로 돌아갔음을 뉴스를 통해 공시하였다. 시장이 효율적이면 여타 추가 정보가 없을 때, 주가가 이 정보에 어떻게 반응해야 하는가?

22. 효율적 시장 가설(LO2, CFA2) ㈜프로스펙터스㈜는 알래스카에 소재한 금 투자 회사로서, 그 주식이 주식시장에 상장되어 거래되고 있다. 비록 금을 찾는 일은 대개 실패로 돌아가지만, 때때로 풍부한 광맥을 발견하기도 한다. 시장이 효율적일 경우 프로스펙터스㈜의 누적초과수익률(누적비정상수익률)은 어떠한 패턴이 관찰될 것으로 예상하는가?

질문과 문제

1. 누적초과수익률(LO2, CFA2) 11월 14일, 토로굿㈜는 드디어 현재 CEO와의 공개적이고 신랄한 다툼이 해결되었다고 발표했다. 즉, 계약 조건에 따라 CEO는 즉시 자리에서 물러날 것이라는 것이다. 그 대가로 그 CEO는 후한 퇴직금을 수령하였다. 아래 정보를 고려하여 이러한 공시와 관련된 누적초과수익률(CAR)을 계산하시오. 이 때 회사가 얻을 것이라 예상되는 수익률이 시장 수익률과 동일하다고 가정하시오.

일자	시장수익률(%)	회사수익률(%)
11월 7일	0.5	0.4
11월 8일	0.3	0.4
11월 9일	−0.2	−0.3
11월 10일	−0.6	−0.5
11월 11일	1.3	1.1
11월 14일	−0.1	1.8
11월 15일	0.1	0.1
11월 16일	0.9	0.7
11월 17일	0.2	0.3
11월 18일	−0.2	0.0
11월 19일	0.3	0.2

2. 누적초과수익률(LO2, CFA2) 다음 그림은 석유탐사업체들의 30년 이상 누적초과수익률(CAR)을 나타낸 것이다. 다이어그램에서 0월은 공시월이다. 다른 정보가 주식시장에 제공되지 않음을, 그리고 주식 시장이 전체적으로 변동되지 않음을 가정하라. 아래 그림은 시장의 효율성과 일치하는가? 그리고 그 이유는 무엇인가?

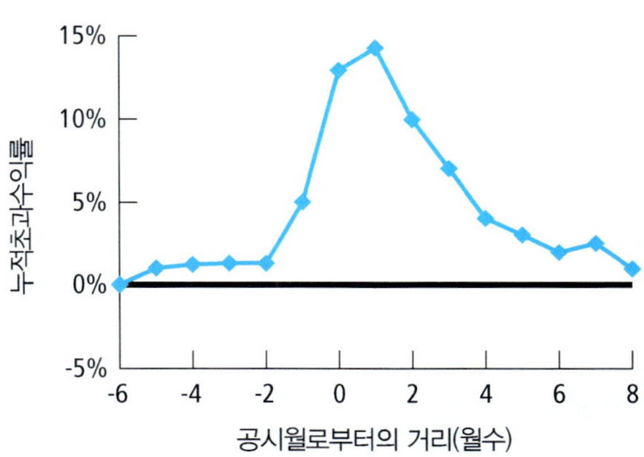

3. 누적초과수익률(LO2, CFA2) 다음 그림은 네 가지 누적초과수익률(CAR)에 대한 연구 결과를 보여주고 있다. 각 연구 결과가 준강형 효율적 시장가설을 지지하는지, 기각하는지, 또는 지지 여부를 알 수 없는지 밝히시오. 이 때 각 그림에서 0일은 사건일이다.

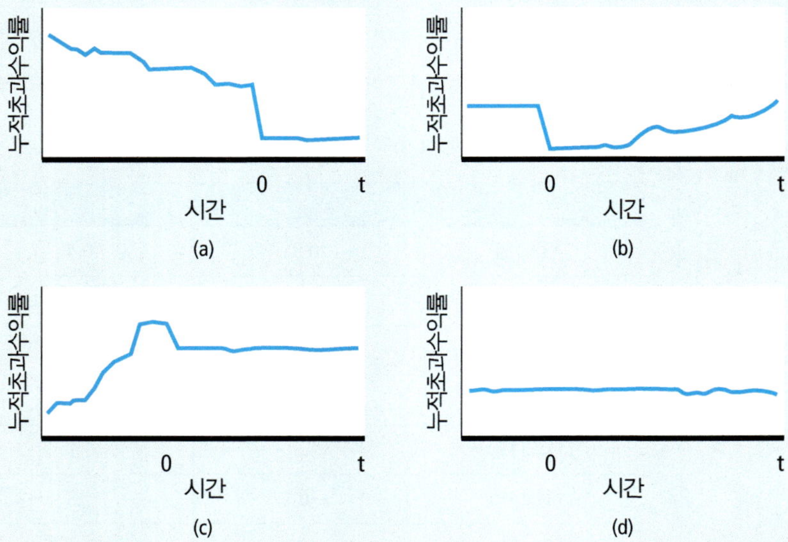

4. 누적초과수익률(LO2, CFA2) 어느 연구에서 독점금지 소송에 패소한 기업들의 주가 행태를 분석한 결과를 보고하였다. 이 그림에는 이후 항소심에서 판결이 뒤집혔더라도 초기 법원 판결에서 패소했었던 모든 기업들이 포함되어 있다. 시점 0은 항소 전 법원의 최초 결정이다. 최초 재판에서 공개된 정보 외에 다른 정보는 공개되지 않았다고 가정한다. 또한 주식들의 베타는 모두 1이다. 그림은 시장의 효율성과 일치하는가? 그리고 그 이유는 무엇인가?

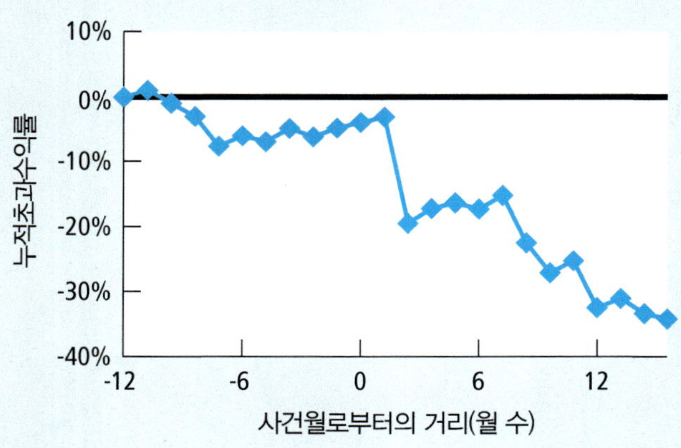

5. 누적초과수익률(LO2, CFA2) 로스㈜, 웨스터필드㈜, 그리고 조던㈜은 각각 7월 18일, 2월 12일, 10월 7일에 중국에서 그들의 제품 각각을 판매하기로 새로운 계약을 발표했다. 아래에 주어진 정보를 고려하여 이들 종목에 대한 누적초과수익률(CAR)을 그룹으로 계산해 보자. 이 때, 모든 기업의 기대수익률이 시장수익률과 정확하게 같다고 하자. 이 때 당신의 생각을 기초로 누적초과수익률의 그래프를 그려보고 왜 그러한 그래프 모양이 나타나는지 서술하시오. 그리고 그러한 그래프의 추세가 시장의 효율성을 지지하는지 여부를 기술하시오.

로스㈜			웨스트필드㈜			조던㈜		
일자	시장수익률	회사수익률	일자	시장수익률	회사수익률	일자	시장수익률	회사수익률
7월 12일	−0.2	−0.4	2월 8일	−0.7	−0.9	10월 1일	0.3	0.5
7월 13일	0.1	0.3	2월 9일	−0.8	−0.9	10월 2일	0.2	0.8
7월 16일	0.6	0.8	2월 10일	0.6	0.4	10월 3일	0.9	1.3
7월 17일	−0.4	−0.2	2월 11일	0.8	1.0	10월 6일	−0.1	−0.5
7월 18일	−1.9	1.3	2월 12일	−0.1	0.1	10월 7일	−2.4	−0.5
7월 19일	−0.8	−0.6	2월 15일	1.3	1.4	10월 8일	0.3	0.3
7월 20일	−0.9	−1.0	2월 16일	0.7	0.7	10월 9일	−0.5	−0.4
7월 23일	0.6	0.4	2월 17일	−0.1	0.0	10월 10일	0.1	−0.1
7월 24일	0.1	0.0	2월 18일	0.5	0.4	10월 13일	−0.2	−0.6

CHAPTER

08

행태재무학과 투자심리학

'투자자의 가장 심각한 문제는, 어쩌면 최악의 적(enemy)이, 바로 자기 자신일 수 있다는 것이다.'

—

Benjamin Graham

'시장에 영향을 주는 세 가지 요인은 다음과 같다: 두려움, 탐욕, 그리고 또 탐욕이다.'

—

주식시장 격언

학습목표

감정에 끌려다니지 않도록, 정신을 차리고 아래의 내용을 잘 이해하도록 하자.

1. 전망 이론
2. 투자자의 과신과 임의성에 대한 오해이 시사하는 것
3. 감정 기반의 위험과 차익거래의 제한
4. 투자자가 활용하는 기술적 분석 방법에 대한 개괄적 이해

솔직히 답 하시오: 당신은 보통 사람들보다 운전을 더 잘 한다고 생각하는가? 만일 이 질문에 대한 당신의 대답이 '그렇다'라고 한다면, 당신은 혼자가 아니다. 이 질문을 받는 사람들 중 약 80%는 그렇다고 대답할 것이다. 분명히, 우리는 우리의 능력을 과대평가하는 경향이 있다. 투자 결정을 내릴 때도 동일한 편견이 존재하는가?

CFA 예제

1. 시장의 효율성(L1, S13)
2. 행태재무학의 관점(L3, S3)
3. 개인투자자의 형태 오류(L3, S3)
4. 행태재무학과 투자과정(L3, S3)
5. 개인투자자의 포트폴리오 관리(L3, S4)

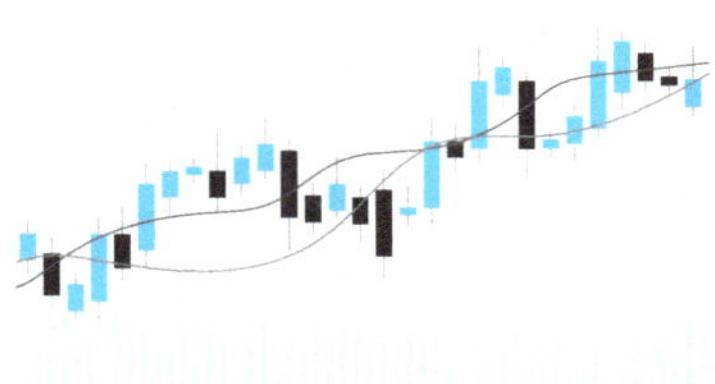

인간이 종종 판단의 오류를 범한다고 할 때 이는 아마도 놀랍지 않은 사실일 것이다. 이러한 오류와 인간의 행동이 투자자와 자산가격에 어떻게 영향을 미치는지 연구하는 학문이 '행태재무'이다. 8장의 1절에서 우리는 투자자들이 범하는 몇몇 일반적인 실수의 패턴들과 그러한 패턴이 갖는 함의를 다룰 것이다. 잘 알려져 있듯이, 연구자들은 인간이 자신과 타인에게 잠재적으로 피해를 줄 수 있는 다양한 행태를 밝혀냈다. 이어 2절에서는 '기술적 분석'으로 알려진 거래 전략을 설명한다. 어떤 투자자들은 기술적 분석을 활용하여 주가의 패턴을 발견하고자 한다. 그들은 이러한 패턴은 투자자들이 예측 가능하게 행동하기 때문에 존재하는 것이라고 주장한다.

8.1 도입: 행태재무학이란 무엇인가?

조만간 당신은 많은 돈을 쓰게 되는 투자 결정을 내릴 것이다. 왜 그러할 것인가? 당신은 이미 그 답을 알고 있다. 때로는 제대로 된 결정을 내리기도 하지만, 종종 운이 없게도 합리적인 예상 밖의 일이 일어나기 때문이다. 또한 때로는 (인정하기 고통스럽지만) 예사롭게 잘못된 결정을 내리는데, 되돌아 보면 그러한 결정은 충분히 피할 수 있었던 것이었다. 투자 지혜의 시작은 잘못된 의사결정으로 이어지는 상황을 인식하고 그에 따라 투자 실수에 의한 피해를 줄이는 것이다.

앞에서 언급한 바와 같이 행태재무학으로 알려진 이 학문은 인간의 인지 오류가 투자자의 의사결정과 시장가격에 어떠한 영향을 미치는지 설명한다. 행태 재무(behavioral finance) 분야에서 이루어지는 많은 연구들은 투자자가 어떻게 생각하고 추론하며 투자의사 결정을 내리는지를 인지심리학(cognitive psychology)에 근거하여 설명한다. 이때 추론의 오류를 흔히 인지 오류라 일컫는다.

행태 재무
투자 의사결정 및 주식시장 가격에 대한 투자자 추론 오류를 다루는 재무학의 한 영역

일부 행태재무 지지자들은 투자자의 인지 오류는 시장의 비효율성을 야기할 것이라고 믿고 있다. 7장에서 우리는 시장의 효율성을 이끌어 내는 세 가지 경제적 조건을 확인했다는 것을 상기하라: (1) 투자자의 합리성, (2) 합리성으로부터의 독립적 이탈, (3) 차익거래. 이때, 시장이 비효율적이려면 이 세 가지 조건이 모두 위배되어야 한다. 즉, 상당수의 투자자들이 비합리적인 투자 결정을 내려야 하며, 이때 이들 투자자의 집단적 비합리성은 합리적이고 투자자본이 있는 투자자의 차익거래를 불가능하게 하는 지나치게 낙관적이거나 비관적인 시장 상황을 가져와야 한다. 금융시장에서 실제로 이런 일이 일어나는지 여부는 매우 격렬한 논쟁의 대상이나, 저자들은 어느 한 쪽 편을 들지는 않을 것이다. 그 대신, 우리의 목표는 당

신에게 주요 개념과 이슈를 소개하는 것이다.

확인 사항

8.1a 행태재무학이란 무엇인가?

8.1b 시장이 비효율적이려면 없어야 할 세 가지 조건은 무엇인가?

8.2 전망 이론

1970년대 후반에 제안된 전망 이론(prospect theory)은 고전적인 합리적 경제 의사결정에 대한 대안을 제공하고 있다. 전망 이론의 근간을 이루는 것은, 투자자가 예상되는 이득에 기뻐하는 것보다 예상되는 손실에 훨씬 더 고통을 느낀다고 주장한다. 연구결과에 의하면, 투자자들은 흔히 $1의 손실을 겪었을 때의 고통의 크기가 $1의 이득으로부터 받는 기쁨의 크기보다 대략 두 배 정도 더 심하다고 한다. 또 다른 연구에 의하면, 투자자들은 동일한 상황에 대하여 투자자마다 서로 다른 방식으로 반응함을 발견하였다. 이러한 서로 다른 반응은, 해당 상황을 손실로 인지하느냐 아니면 이득으로 인지하느냐에 따라 달라진다는 것이다.

전망 이론
고전적이고 합리적인 경제적 의사결정의 대안으로서, 무엇보다도 투자자들이 예상 손실에 직면할 때와 예상 이익에 직면할 때 각각 서로 다르게 행동하는 경향이 있다는 이론

투자자들은 $1의 손실을 피하기 위해 $1의 이익을 보는 경우보다 더 많은 위험을 감수할 의향이 있다. 또한 투자자가 불확실성이 없는 확실한 이익과, 위험이 큰 도박 중 하나를 선택할 수 있다면, 투자자는 확실한 이익을 선택할 가능성이 크다고 한다. 이처럼 도박에서 확실한 이득을 취하는 것을 위험회피 행태라고 한다. 반면, 동일한 투자자가 손실 금액이 확실하게 정해져 있는 투자안과, 손실을 증가시킬 수도, 감소시킬 수도 있는 도박 이 두 대안 중 하나를 선택할 수 있다면, 동 투자자는 후자(도박)를 선택할 가능성이 높다고 한다. 이처럼 확실한 손실보다는 불확실한 도박 중 후자를 선택하는 경향을 흔히 위험선호 행태라고 일컫는다.

이러한 설명에 의하면, 초점이 자칫 투자자의 위험회피 성향에 있는 듯하지만, 전망 이론의 본질은 손실에 대한 투자자의 위험선호 성향에서 찾을 수 있다. 이와는 반대로, 합리적인 투자자는 (경제학적인 의미에서) 자신의 재산(부) 총액에 관심을 가지는 것이지, 필요없이 작은 이익/손실에는 큰 관심을 갖지 않는 것으로 간주된다.

간단한 예를 들어, 당신이 단지 두 주의 주식만을 소유하고 있다고 가정하자. 어떤 특정한 날에 둘 중 한 주식의 가격이 급격히 오르지만, 다른 주식의 주가가 하

락하여 궁극적으로 당신의 총자산은 변하지 않는다고 하자. 또 다른 날에는 두 주식 모두 가격에 변화가 없다. 두 경우 모두 당신의 총자산은 그대로이지만, 첫 번째 경우 당신은 아마도 한 주식에서 얻게 된 큰 이익이 다른 주식의 손실로 인해 완전히 상쇄된 것에 화가 날 것이다. 만약 그렇다면, 당신은 큰 그림이 아니라 각각의 조각에 초점을 맞추고 있는 것이다. 우리가 다음에 나오게 될 내용에서 확인할 수 있겠지만, 잠재적으로 이런 유형의 사고는 정확한 판단을 방해하는 오류를 가져오기 마련이다.

프레임 의존성

프레임 의존성
어떤 문제를 어떻게 묘사하는지, 즉 어떤 프레임을 씌우는지가 사람들에게 중요하다는 이론

전망 이론의 또 다른 중요한 내용은, 사람들이 부의 변화 또는 부의 수준에 초점을 맞춘다는 사실이다. 프레임 의존성(frame dependence)은 이러한 사실의 결과물이다.

만일 투자와 관련된 동일한 문제가 서로 다른 방식으로 (그러나 사실은 동일한 내용으로) 제시될 경우 투자자들은 종종 일관성 없는 선택을 한다. 즉, 문제의 본질과는 상관없이, 동 문제가 묘사되는 방법 또는 어떤 프레임(틀)이 사람들에게 중요하게 간주되는 것이다. 어떤 사람들은 프레임은 투명하여 사실을 왜곡하지 않는다고 믿는다. 즉, 투자자들은 투자와 관련하여 질문을 받는 방법을 꿰뚫어 볼 수 있어야 한다는 것이다. 한 예로서, 아래 두 가지 시나리오에 대한 질문에 답하여 보라.

시나리오 1

당신에게 $1,000이 주어진다고 가정하자. 당신은 다음과 같은 두 대안이 있다. 아래 a, b 중 어떠한 투자안을 선택하겠는가?

a. 당신은 추가로 확실한 현금 $500을 받는다.
b. 당신은 공정한 동전을 던진 후, 앞이 나오면 $1,000를 추가로 받지만 뒤가 나오면 아무것도 얻지 못한다.

시나리오 2

당신에게 $2,000이 주어진다고 가정하자. 당신은 다음과 같은 두 대안이 있다. 아래 a, b 중 어떠한 투자안을 선택하겠는가?

a. 당신은 확실한 금액 $500를 잃는다.
b. 당신은 공정한 동전을 던진 후, 앞이 나오면 $1,000를 잃지만 뒤가 나오면 아무런 손실을 입지 않는다.

위 두 시나리오와 관련하여, 당신의 선택은 무엇인가? 시나리오 1에서는 a를, 시나리오 2에서는 b를 선택하였는가? 만일 그렇다면, 당신은 단지 수익에만 집중한 채 정말로 중요한 것, 즉 당신의 선택이 당신의 총자산에 미치는 영향에는 주의를 기울이지 않은 오류를 범하였다. 그러나 당신 한 명만 그러한 판단오류에 빠진 것은 아니다. 연구 결과에 의하면, 첫 번째 시나리오가 주어졌을 때 실험집단 구성원의 약 85%가 a를 선택하였고, 두 번째 시나리오가 주어졌을 때 실험집단 구성원의 약 70%가 b를 선택하였다.

그런데 이 두 시나리오를 자세히 살펴보면 실제로 a, b 양자가 서로 동일함을 알 수 있을 것이다. 시나리오 1의 경우, 당신이 만약 a를 선택하였다면 당신은 확실한 $1,500를 얻었을 것이고, 만약 b를 선택했다면 당신은 50%의 확률로 $1,000를 얻었거나 역시 50% 확률로 $2,000을 얻었을 것이다. 시나리오 2의 경우도 마찬가지 논리로 a, b 양자 모두 동일한 대안이다. 따라서 두 시나리오 모두에서 당신은 일관되게 a만을 선택하거나 아니면 b만을 선택하는 것이 논리적이다. 즉, 어떤 대안을 원하는지는 순전히 당신에게 달려 있지만, 요점은 당신이 시나리오 1(시나리오 2)에서 a를 선택하지 않았다면 시나리오 2(시나리오 1)에서도 절대 b를 선택해서는 안된다는 것이다. 그러나 많은 사람들이 이 원칙에 위배되는 선택을 하는데, 이는 자신에게 주어지는 질문의 저변에 깔려 있는 프레임에 의해 동일한 질문에 대하여 서로 다른 답변을 내놓는 것으로 해석된다.

이와 유사한 결과는 회사가 후원하는 미국의 퇴직연금제도(401k) 가입자들의 선택에서도 찾아볼 수 있다. 역사적으로 퇴직연금제도의 가입자들은 여러 연금지급 대안 중 하나를 '선택'해야 했다. 즉, 퇴직연금을 받기 위해서는 가입자가 특정 퇴직연금 시행안에 '등록'하여야 했다. 그런데 이 제도를 시행한 직후, 퇴직연금 수령 자격을 갖춘 직원의 절반도 안되는 수만이 등록하였을 뿐이었다. 이를 염두에 둔 듯, 최근에는 기업들이 직원들로 하여금 특정 퇴직연금 수령 방법을 '선택'할 수 있게 하면서도 동시에 '자동 등록'이라는 새로운 방법을 도입하였다. 흥미 있는 점은, 새로운 방법이 도입된 이후, 퇴직연금 지급방법을 '선택'한 직원의 비율이 이전에 비해 매우 높아졌다는 사실이다. 이는 의사결정의 프레임을 다르게 한 후 (선택 vs. 자동등록) 가입자들의 행동이 바뀌었음을 의미한다.

앞서 서술한 프레임 의존성의 사례는 몇 가지 중요한 투자 교훈을 제공한다. 첫째, 투자자는 부(wealth)와 같이 광범위한 의미에서도, 또한 수익과 같은 협소한 의미에서도, 의사결정 문제에 프레임을 씌울 수 있다. 둘째, 넓은 프레임이건 좁은 프레임이건, 프레임 설정은 흔히 동일한 투자자로 하여금 서로 다른 선택을 하도록 이끈다. 수익과 같은 좁은 프레임을 사용하는 것이 인간의 본성이기는 하나,

이는 비합리적인 의사결정으로 이어질 수 있다. 반대로, 부(wealth)의 총액과 같이 넓은 프레임을 사용하는 것이 일반적으로 더 나은 투자 의사결정을 유도한다.

손실회피

당신이 기존의 포트폴리오에 새로운 주식을 추가할 때, 해당 주식을 매입가격과 연관 짓는 것이 인간의 본성이다. 시간이 지남에 따라 주식 가격이 변하게 되고, 이에 따라 당신은 새로운 가격을 과거 매입가와 비교할 때, 미실현 수익을 머리속에 그리게 된다. 시간이 지남에 따라 당신은 이러한 수익을 머리속에서 계산할 것이고, 투자와 관련하여 당신이 느끼는 바는 당신이 이익을 보느냐, 아니면 손해를 보느냐가 중요하게 된다.

더욱이, 당신이 포트폴리오에 주식을 추가하면 당신 자신도 모르게 해당 주식과 일종의 사적 관계를 맺게 된다. 그 결과 보유 주식 중 한 주를 매도하는 것조차 어려워지게 된다. 이는 마치 이 주식과 '결별'하거나, 당신이 보유한 포트폴리오에서 해당 주식을 '파면' 하는 것과 같다. 대인 관계와 마찬가지로 이러한 '주식과의 관계'는 매우 복잡하기도 하며, 그 결과 종종 해당 주식의 매도를 어렵게 한다. 이것은 종종 현상유지편향(status quo bias) 또는 소유효과(endowment effect)로 일컬어진다.

사실, 당신은 매입한 주식가격보다 더 낮은 가격으로 동 주식을 매도하는 데에 특히 어려움을 느낄 수 있다. 즉, 손실을 입고 주식을 매도한다면 애당초 주식을 매입하지 말았어야 했다고 생각할 수도 있다. 비록 해당 주식을 매입한 의사결정이 실제로 매우 훌륭한 결정이었다 하더라도 당신은 그와 같이 느낄 수 있는 것이다. 이때 더욱 합리적으로 이해하기 어려운 점은, 어떻게든 '손실회복'을 할 수만 있다면, 아무런 어려움 없이 주식을 매도할 수 있을 것이라 생각할 수도 있다는 것이다. 이러한 현상을 손실회피(loss aversion)라 일컫는데, 이는 투자안의 시장가치가 하락한 후에는 손실을 실현시키는 행위, 즉 주식을 매도하기를 꺼려하는 현상을 뜻한다. 고착현상(anchoring)의 일종인 손실회피는 '처분효과(disposition effect)'라고도 불린다. 전설적인 투자자 워렌 버핏은 다음과 같은 조언을 한다: '주식은 당신이 주식을 소유하고 있다는 것을 알지 못한다. 당신은 주식에 대해 감정이 있지만, 정작 주식은 당신에게 아무런 감정이 없다. 주식은 네가 얼마를 지불했는지 모른다. 사람들은 자신이 보유한 주식에 감정적으로 관여해서는 안 된다'.

예를 들자면, 손실회피를 겪을 가능성이 있는지 확인하려면 다음 두 가지 투자를 고려하라:

손실회피
보유자산의 가치가 하락하여도 동 자산을 매도하기 싫어하는 경향. 손익분기 효과 또는 성향 효과라고도 불림.

고착현상
지나가버린 과거의 기준점에 생각이 고착되어 있는 현상

투자안 1. 1년 전 당신은 ㈜파마의 주식을 주당 $40에 샀다. 오늘 이 주식은 각각 주당 $20의 가치가 있다.

투자안 2. 1년 전 당신은 ㈜프렌치의 주식을 주당 $5에 샀다. 오늘 이 주식은 주당 $20의 가치가 있다.

위 두 투자안과 관련하여 당신은 어떤 의사결정을 내릴 것인가? 즉, (1) 이 주식들 중 하나를 팔고 다른 하나를 보유할 것인가, (2) 이 주식들을 둘 다 매도할 것인가, (3) 이 주식들을 모두 보유할 것인가?

당신이 지금 손실회피에 대해 읽고 있기 때문에, 만일 ㈜파마의 주식을 보유하기로 선택한다면, 당신은 손실회피를 겪을 수 있는 가능성을 확실히 인지하고 내린 결정일 것이다. 먼저, 당신이 ㈜파마의 새로운 투자를 고려하고 있다고 가정해 보자. 합리적인 분석을 시행한다면, 당신이 주식을 $20에 사는 것은 합리적인 의사결정인가? 만일 이성적인 답변이 '그렇지 않다'라고 한다면, 당신은 지금 당장 해당 주식들을 매도해야 한다. 반대로 만일 이성적인 답변이 '그렇다'라면, 당신은 손실회피를 겪지 않은 것이다. 그러나, 만약 당신이 ㈜파마의 주가가 $40에 매입하는 것이 좋은 선택이라 생각했다면, 그리고 $20에 매도하는 것에 울분을 느낀다면, 당신은 전형적인 손실회피의 오류에 빠져 있는 셈이다. 요컨대, 위의 예에서 두 가지 중요한 교훈을 얻을 수 있다:

교훈 1. 시장에서는 ㈜파마의 주가가 $20만큼의 가치가 있다고 평가한다. 시장은 당신이 1년 전에 $40를 지불한 것에 대해 전혀 신경 쓰지 않는다.

교훈 2. 당신은 ㈜파마의 매입가에 신경 쓰지 말아야 한다. 또한, 당신은 당신이 보유하고 있는 주식을 지금의 시장가격으로 재평가 해야 한다.

프렌치의 주식은 어떻게 할 것인가? 동 주식들을 매도하고 이익을 실현시킬 것인가? 다시 말한다면, 교훈은 동일하다. 시장은 지금 프렌치의 주식가치는 주당 $20라고 말한다. 즉, 당신이 1년 전에 $5를 지불했다는 사실은 현재 시점의 의사결정과는 아무런 관련이 없다. 대신, 이들 주식 중 하나를 매각하는 것은 소득세에 영향을 미친다는 점을 유의할 필요는 있다. 당신은 면밀한 분석을 통하여 당신이 증권을 매각한 후 이와 관련된 세금 및 수수료가 궁극적으로 얻게 되는 당신의 순이익 및 순손실에 영향을 미칠 수 있음을 인정해야 하는 것이다.

손실회피는 얼마나 파괴적인가? 가장 유명한 손실회피의 결과물은 바로 1995년에 발생한, 28세의 니콜라스 리슨이 그를 고용했던 233년의 기업업력을 자랑하던 바링스 은행을 완전히 붕괴시켰던 사건을 들 수 있다. 1992년 말, 리슨은 약 200만 파운드를 잃었는데, 이 돈은 비밀 계좌에 숨겨져 있었다. 1993년 말에 손실은 약 2,300만 파운드가 되었고, 급기야 1994년 말에는 손실이 2억 8,800만 파운드로 급증했다. 이 같은 손실을 인정하는 대신 리슨은 잃은 돈을 만회하기 위해 은행의 돈을 더 많이 빼돌렸다. 1995년 2월 23일, 리슨의 손실은 약 8억 2천 7백만 파운드였으며 그의 비행은 발각되었다. 그는 기소를 시도했지만 체포되어 재판을 받고 유죄를 선고받고 수감되었다. 또한 그의 아내는 그와 이혼했다.

당신은 니콜라스 리슨의 경우와 같이 심각한 손실회피로 고통스러워 할 것 같지는 않으나, 그럼에도 불구하고 손실회피는 일상적인 투자자들에게 영향을 미친다. 예를 들어, 우리는 개인 투자자들이 '패자'보다는 '승자'를 더 자주 매도하는 사실을 알고 있다. 만약 전형적인 개인투자자가 100개의 주식을 가지고 있고 그 중 15개를 매각하고 85개를 보유할 수 있다고 하자. 만약 동일한 투자자가 아직 실현되지는 않았으나 손실을 본 주식 100주를 보유하고 있다면, 동 투자자는 그 중 10주를 매도하고 90주를 보유하는 경향이 있을 것이다. 즉, 개인 투자자들은 일반적으로 가격이 상승한 주식을 매도할 가능성이 가격이 하락한 주식을 매도할 가능성보다 1.5배 정도 높은 것으로 알려져 있다.

이러한 현상은 투자자들이 뮤추얼펀드를 보유하고 있을 때 더욱 강화되는 경향이 있다. 즉, 투자자들이 '승자'인 뮤추얼펀드를 매도할 가능성은, '패자'인 뮤추얼펀드를 매도할 가능성의 2.5배 이상인 것으로 보고되어 있다. 그렇다면 뮤추얼펀드를 관리하는 전문 펀드매니저는 어떨까? 그들 또한 당연히 손실회피를 겪는다.

심적회계와 카지노 자금

사람들이 머릿속으로 계좌를 개설할 때(mental accounting), 그들은 자신의 돈을 머릿속에만 존재하는 가상의 계좌들에 나누어 적립하는 경향이 있다.

라스베이거스의 카지노들은 '카지노 돈으로 도박하기'라는 개념에 대해 모두 알고 있다. 즉, 카지노들은 도박꾼들이 카지노로부터 얻은 돈으로 큰 위험을 감수할 가능성이 상대적으로 훨씬 더 높다는 것을 발견했다. 또한, 카지노들은 도박꾼들이 카지노에서 딴 돈을 다시 잃는 경우, 애초에 가지고 왔던 본인의 돈을 잃는 경우만큼 화를 내지 않는다는 것을 발견했다. 주지하다시피, 카지노 자금 효과(house money effect)는 심적회계(mental accounting)의 결과물이다.

심적회계
가지고 있는 돈을 용도에 따라 머리속으로 별도의 계좌에 보관하는 마음상태

이러한 효과에 대한 해석 중 하나는, 고생과 땀과 희생을 통해 벌어들인 돈의 경우 매우 귀중하다고 느끼는 반면, 순전히 행운으로 딴 돈(house money)의 경

우 이와는 반대로 그다지 중요하게 느끼지 않는다는 것이다. 그러나 당신이 가지고 있는 그 돈은 출처가 어찌 되었던 간에 그 돈으로 동일한 양과 질의 상품 및 서비스를 구매할 수 있기 때문에 이러한 감정은 명백히 비합리적인 것이다. 이와 관련되어 우리가 얻을 수 있는 두 가지 교훈은 다음과 같다:

교훈 1. 카지노 돈과 같은 '공짜 돈'은 없다. 돈은 돈일 뿐이다.
교훈 2. 당신의 모든 돈은 모두 당신의 돈이다. 즉, '내 돈'과 '카지노 돈으로 분리해서는 안 된다.

㈜파마의 주식 및 ㈜프렌치의 주식으로 돌아가자. 두 주식 모두 주가가 $15로 하락하였다고 가정하자. 이때 어느 주식을 보느냐에 따라 동일한 투자자인데도 하락세에 대해 매우 다르게 느낄 수 있다. ㈜파마의 경우, 주가 하락은 좋지 않은 상황을 더욱 악화시킨다. 이제 당신이 투자한 주식의 주가가 $25만큼 하락하였다고 하자. ㈜파마의 경우와는 달리, ㈜프렌치의 경우 애초에 당신의 손에 없었던 '종이 돈'을 돌려준 것일 뿐, 투자손실은 아니라 생각할 수 있다. 그러나 이러한 생각은 '카지노 돈' 놀이를 하는 것일 뿐이다. 즉, 초기 투하자본에서 손해를 보건, 일정기간 투자하여 얻는 이득에서 돈일 잃건 당신이 손실을 입었다는 사실은 변함없다.

이상의 프레임 의존성, 심적회계, 그리고 카지노 자금 효과는 모두 전망 이론의 예측과 일치한다. 다른 많은 유형의 판단 오류가 보고되어 있는 바, 다음은 몇 가지 사례일 뿐이다.

- 근시안적 손실회피(myopic loss aversion) 이는 장기적인 이익을 희생하더라도 단기적 손실을 피하는데 초점을 맞추는 경향을 일컬음. 예를 들어 단기적으로는 손실이 우려되기 때문에 퇴직금을 주식에 투자하지 못하는 경우.
- 후회 회피(regret aversion) 의사결정을 최대한 회피하려는 경향. 이는 추후에 판단했을 때 이전에 내린 의사결정이 최적이 아닌 것으로 드러날 것을 두려워하기 때문임. 후회 회피는 근시안적 손실회피와 관련이 있음.
- 매몰비용 오류(sunk cost fallacy) 이는 좋지 않은 상황을 겪은 후에도 돈을 해당 투자안에 더 투입하는 경향을 일컬음. 예를 들면, 손실을 보았음에도 불구하고 기존 주식이나 뮤추얼펀드를 계속 유지하거나 심지어 추가로 매입하는 경우.
- 부의 효과(endowment effect) 이는 어떤 자산을 소유하지 않았을 경우보다, 그 자산을 소유하고 있기 때문에 동 자산의 가치가 더욱 크다고 생각하는 오

류. 예를 들면, 현재 보유중인 어떤 자산을 매도해야 할 때, 매입 가격보다 더욱 많은 돈을 요구하는 경우.

- 물가 환상(money illusion) 이는 당신이 실제 구매력과 명목 구매력를 구분하지 못한 채 혼란에 빠져있는 경우를 일컬음.

확인 사항

8.2a 전망 이론이 투자자 행동에 미치는 영향은 무엇인가?

8.2b 프레임 의존성이란 무엇인가?

8.2c 손실회피는 투자 의사결정에 어떠한 영향을 미치는가?

8.3 과신 오류

투자자로서 할 수 있는 가장 심각한 판단 착오 중 하나는 자신을 지나치게 믿는 것이다. 우리는 많은 분야에서 우리의 능력에 대해 과신하고 있다(8장 초반, 당신의 운전 능력에 대한 질문을 상기하라). 여기 또 다른 질문이 있다. 스스로에게 물어보라: 나는 이 과목에서 어떤 학점을 받을 것인가? 교강사인 우리의 경험으로 볼 때, 거의 모든 학생들이 A 학점이라고 말하고, 가장 나쁜 학점이라고 해보아야 B 학점이라고 말할 것으로 예측된다. 슬프게도, 우리가 학생들에게 이런 질문을 할 때, 적어도 몇몇 학생들이 실망할 것이라는 확신을 갖고 있다.

한편, 투자자의 행동을 관찰하면, 다양한 측면에서 과신(overconfidence) 현상이 나타난다. 전형적인 예가 바로 지나친 분산투자를 하거나, 반대로 분산투자를 거의 하지 않는 것이다. 투자자들은 그들이 일하는 회사에 너무 많은 투자를 하는 경향이 있다. 생각해보면 이런 충성심은 당신에게 재정적으로 매우 나쁠 수 있다. 일이 잘못되었을 경우, 당신이 받을 봉급과 퇴직금 모두를 동시에 잃을 수 있기 때문이다.

미비한 분산투자의 다른 예로는, 투자자들이 대체로 국내 기업의 주식에 너무 많이 투자하는 것을 들 수 있다. 당신은 지역 뉴스에서 동 기업들과 관련된 정보를 읽거나 아니면 그런 기업에서 일하는 누군가를 알고 있기 때문에 그러할 수도 있다.

과신과 거래빈도

만약 당신이 당신의 투자 기법에 대해 과신한다면, 당신은 지나치게 자주 거래할 가능성이 있다. 상대적으로 거래를 많이 하는 투자자들이 거래 빈도가 낮은 투자자들보다 수익률이 낮다는 사실이 기존 연구에서 발견되었다는 사실을 알아야 한다. 예를 들어 연구에 의하면 보통의 가계가 흔히 연간 16.4%의 수익을 올린다는 것을 발견했다. 이와는 대조적으로, 거래빈도가 가장 높은 가구는 연간수익률이 11.4%에 그쳤다. 이에 교훈은 다음과 같다: 지나치게 잦은 거래는 당신의 재산에 해롭다.

지나치게 잦은 거래빈도와 성별

2001년에 발표된 한 연구에서 브래드 바버 교수와 테런스 오딘 교수는 과신 효과에 대해 더 면밀히 조사했다. 앞서 확인한 바와 같이, 지나친 자신감이 가져올 수 있는 두 가지 효과는 첫째, 투자자로 하여금 더 많은 거래를 하게끔 유도하고, 둘째, 더 잦은 거래로 인해 수익성은 더욱 낮아지게끔 만든다는 것이다. 만약 연구자들에 의해 투자자들이 과신의 정도에 따라 과신이 지나친 표본부터 미미한 표본까지 나누어 배정될 수 있다면, 이러한 효과들은 훨씬 더 자세히, 그리고 엄밀히 연구될 수 있을 것이다.

실제로, Barber와 Odean은 심리학자들이 금융 분야에서 남성이 여성보다 자신을 더욱 과신한다는 연구결과를 인용하였다. 그렇다면, 남자가 여자보다 주식거래를 더욱 자주 행하는 것이까? 또한, 남성 투자자의 포트폴리오가 여성의 포트폴리오보다 성과가 더욱 저조한 것일까? Barber와 Odean은 두 질문에 대한 답이 '그렇다'라는 결과를 보고하였다.

먼저, Barber와 Odean은 남녀 투자자의 거래 계좌를 조사한 후, 남성이 여성보다 약 50% 정도 더욱 자주 거래하는 것을 발견하였다. 다만, 그들은 남성과 여성 모두 과도한 거래를 통해 그들의 포트폴리오 수익을 줄인다는 것을 발견했다. 그러나, 남성들은 여성들보다 매년 94 베이시스 포인트정도 더 자주 거래함을 보고하였다. 이 경우, 미혼 남성과 미혼 여성 간의 차이가 상대적으로 더욱 크다는 사실도 발견되었다. 즉, 미혼 남성은 미혼 여성에 비해 67%나 더 자주 거래했음에도 불구하고, 그 수익률은 144 베이시스 포인트만큼 미혼 여성의 경우보다 더욱 저조하였다.

이러한 연구결과는, 네 가지 위험 측정치를 사용하고, 부부 상태, 연령, 및 소득의 영향을 통제한 후의 결과이다. Barber와 Odean은 또한 남성이 여성보다 더 위험한 투자안에 투자한다는 것을 발견했다. 더욱이, 그들은 젊은 층과 독신층이 그렇지 않은 계층의 투자자보다 수익의 변동성이 더 크고 소규모 기업의 비중이 더 높은 포트폴리오를 구성함을 발견하였다. 또한 고소득 투자자들의 경우 높은 체계적 위험(시장위험)을 부담하는 것으로 나타났다. 이러한 결과는 특히 부양가족이 없을 경우 상대적으로 젊은 사람들 및 상대적으로 부유한 사람들이 더 큰 위험을 감수하려 한다는 것으로 해석될 수 있다.

보통의 투자자들에게 잘 분산투자 된 포트폴리오는 어떠한 의미를 갖는가?

주식시장을 연구하는 사람들의 관점에서는, 대부분의 투자자들이 잘 분산투자 된 포트폴리오를 구성하는 것이 무슨 뜻인지 제대로 이해하지 못하고 있다는 점이 주목할 만하다. 연구결과에 의하면, 한 가구당 포트폴리오를 구성하는 주식 수는 평균적으로 약 4개, 중앙값은 약 3개인 것으로 보고되어 있다.

아래 내용을 스스로에게 물어보길 바란다: 이 가구들 중 몇%가 시장을 이겼겠는가? 만일 당신의 답변이 대부분의 사람들이 대답한 것과 비슷하다면, 당신이 답변한 퍼센티지는 사실상 지나치게 낮은 편이다. 즉, 연구결과에 의하면, 거래비용을 감안하더라도 전체 가구 중 약 43%가 시장을 이겼다. 43%라는 높은 비율에 놀랐는가?

이를 다음과 같이 따져보자. 먼저, 모든 투자자들이 그들의 계좌에 오직 한 주의 주식만을 소유하고 있다고 하자. 만일 시장에서 거래되는 주식 종목수가 많다면, 개별 종목들의 절반 정도가 시장 평균의 실적을 뛰어 넘을 것이다. 따라서 투자자의 절반 정도가 시장을 이기는 현상이 나타날 것이다. 만일 그렇다면, 당신이 생각하기에 바로 당신이 시장을 이기는 그 절반에 속할 것이라고 믿고 있는가? 만일 당신의 답변이 '그렇다'라면, 이는 당신이 스스로를 과신하고 있음을 의미한다.

지식의 환상

과신하는 투자자들은 그들이 보유하고 있는 개별 주식 및 포트폴리오 전체의 위험을 과소평가하는 경향이 있다. 이러한 과신은 일반적으로 당신이 보유하고 있는 정보가 다른 투자자들이 소유한 정보보다 우월하다는 믿음에서 비롯된다. 그러므로 당신은 당신이 더 나은 판단을 할 수 있다고 믿는다. 이러한 믿음을 '지식의 환상(illusion of knowledge)'라고 일컫는다.

이러한 행태의 한 예가 2009년 제너럴 모터스(GM)의 파산 이후에 관찰되었다. 조직개편 과정의 일환으로 GM 경영진은 기존 주식의 가치는 전혀 없다고 (즉, 0이라고) 발표했다. 그럼에도 불구하고, GM의 기존 주식은 비록 그 가격이 저렴하기는 하였지만, 양(positive)의 가치로 거래되고 있었다. 경영진이 나서서 GM 주식의 가치가 전혀 없다고 했음에도 불구하고, 왜 누군가가 GM 주식들을 계속 매입하려고 했을까? 물론 확실한 이유를 아는 이는 없다. 그러나 이런 '잡음 거래(noise trading)'는 지식의 환상을 가진 투자자들이 주도했다는 것이 설득력있는 설명중에 하나이다. 이들 투자자들은 GM의 경영진보다 GM 보통주의 전망에 대해 더 많이 알고 있다고 착각했다.

지식의 환상에 대한 또 다른 예로서, 최근 스페인 복권 당첨자를 들 수 있다. 즉, 그는 왜 48번을 선택했냐는 질문을 받자, 7일 연속 7번을 꿈꿨고, 7 곱하기 7은 48이기 때문이라고 답한 것이었다. 이 스페인 사람은 운이 너무 좋았을 뿐, 아마도 투자론 수업에서 그다지 좋은 성적은 거두지 못할 것으로 예상된다.

뱀에 물린 상처 효과

당신은 스케이트 보드를 타는가? 만약 그렇지 않다면, 아마도 당신은 한번도 시도하지 않았거나, 아니면 단순히 당신에게는 재미없는 스포츠일지 모른다. 또는 스케이트보드를 타 보았지만 좋지 않은 경험 (예를 들어 팔과 다리 둘 다 또는 그 이상의 골절상) 때문에 스케이트보드를 포기했을 수도 있다. 만일 이처럼 안 좋은 경험 때문이라면, 당신은 뱀에 물린 상처 효과를 경험하고 있는지 모른다.

투자론과 관련하여 이를 재정의 한다면, 뱀에 물린 상처 효과는 투자자들이 손실을 경험한 후에 위험을 무릅쓰기를 꺼리는 것을 의미한다. 이 효과는 때로는 과신과는 정반대의 영향을 미치는 것으로 알려져 있다. 뱀에 물린 상처 효과는 손실을 입은 후 투자자의 자신감을 떨어뜨린다. 이러한 특별한 현상은 투자자금이 뮤추얼펀드로 흘러 들어갈 때 또는 펀드로부터 투자금이 유출될 때 나타나는 패턴을 잘 설명한다. 즉, 주식시장이 심각한 하락세로 들어갈 때, 더욱 많은 돈이 뮤추얼펀드에서 빠져 나가는 경향이 있으며, 주식시장이 또 다른 형태의 하락세로 들어갈 때, '보통'보다 적은 돈이 뮤추얼펀드로 흘러 들어가는 경향이 있다. 불행하게도, 이러한 행태는 이성적인 투자자가 보이는 합리적인 전략, 즉 '주가가 낮을 때 매입하고, 높을 때 매도하라'의 논리와는 정반대이다.

확인 사항

8.3a 과신 오류는 투자자의 투자행태에서 어떠한 모습으로 나타나는가?

8.3b 거래빈도는 포트폴리오의 성과에 어떠한 영향을 미치는가?

8.3c 뱀에 물린 상처 효과는 투자자에게 어떠한 영향을 미치는가?

8.4 임의성에 대한 오해와 기회에 대한 과민반응

대표성 휴리스틱
인과관계가 없는 무작위적 사건을 두고 인과관계가 있다고 잘못 믿는 현상

인지 심리학자들은 인간의 생각이 패턴을 찾는 장치라는 것을 발견했다. 결과적으로, 우리는 사건이 정말로 무작위일 때에도 사건들의 배후에 어떤 원인이나 패턴이 작용한다고 결론지을 수 있다. 행태 재무에서는 이러한 인지 오류를 대표성 휴리스틱(representativeness heuristic)으로 명명하는 바, 이는 어떠한 사건이 무작위적으로 발생한다고 하면, 겉으로 보기에도 반드시 무작위인 것처럼 느껴져야 한다는 개념이다. 그런데, 무작위적인 사건은 어떻게 생겼을까?

우리가 한번 동전을 20번 던져서 앞면이 나오는지 아니면 뒷면이 나오는지 아래와 같이 적었다고 가정하자. 또한 이 같은 절차를 한 번 더 반복하자. 이와 같은 동전 던지기의 결과가 아래와 같다고 하자.

첫 번째 20번 던지기: T T T H T T T H T T H H H T H H T H H H
두 번째 20번 던지기: T H T H H T T H T H T H T T H T H T H H

위의 동전 앞면과 뒷면의 배열들이 모두 당신에게 무작위로 보여지는가? 대부분의 사람들은 첫 번째 실험과 두 번째 실험이 사실 모두 무작위 추출에 해당됨에도 불구하고, 게다가 두 실험 모두 앞면도 10번, 뒷면도 정확히 10번 나왔음에도 불구하고, 두 실험 결과가 어떻게든 다르게 보인다고 말할지 모른다.

이번에는 실험 결과를 그림으로 나타내며 조금 다르게 살펴보자. 영(0)부터 시작하자. 만일 앞면이 나오면 1을 차감할 것이다; 반대로 뒷면이 나오면 1을 더할 것이다. 표 8.1은 이러한 작업의 결과를 보여주고 있다. 그리고 그림 8.1은 이 두 실험의 결과를 그래프로 나타낸 것이다. 두 그림이 서로 다르게 보이는가? 첫 번째 20이라고 적힌 선(실선)이 일정한 패턴을 가지고 있다는 생각이 드는가? 또는 두 번째 20이라고 적힌 선(점선)은 무작위로 보이는가? 만일 그렇다면, 당신은 두 패턴이, 모두 10개의 앞면과 10개의 뒷면을 가진, 무작위적인 실험의 결과임에도 불구하고, 일정한 패턴을 본 셈이다.

대표성 휴리스틱은 사람들이 기준금리를 무시하는 경향이 있다고 가정한다. 다니엘 카네만과 아모스 터스키(Kahneman and Tversky) 교수의 유명한 어느 연구에서, 실험자가 피실험자들에게 다양한 인물들의 성격을 묘사하였고, 그 사람이 변호사일 확률을 추정할 것을 요구하였다. 이때 실험자는 특정 피실험자들에게 해당 인물들이 30명의 변호사와 70명의 엔지니어로 구성된 샘플로부터 추출된 것이라 설명해 주었다. 반면, 두 번째 그룹의 피실험자들에게는 70명의 변호사와 30명의

	첫 번째 20번 동전 던지기			두 번째 20번 동전 던지기		
던진 횟수	결과	+1/−1	누적합	결과	+1/−1	누적합
			0			0
1	T	1	1	T	1	1
2	T	1	2	H	−1	0
3	T	1	3	T	1	1
4	H	−1	2	H	−1	0
5	T	1	3	H	−1	−1
6	T	1	4	T	1	0
7	T	1	5	T	1	1
8	H	−1	4	H	−1	0
9	T	1	5	T	1	1
10	T	1	6	H	−1	0
11	H	−1	5	T	1	1
12	H	−1	4	H	−1	0
13	H	−1	3	T	1	1
14	T	1	4	T	1	2
15	H	−1	3	H	−1	1
16	H	−1	2	T	1	2
17	T	1	3	H	−1	1
18	H	−1	2	T	1	2
19	H	−1	1	H	−1	1
20	H	−1	0	H	−1	0
앞면이 나온 횟수	10			10		
뒷면이 나온 횟수	10			10		

표 8.1

동전을 20번 던지는 행위를 두번 했을 때 나오는 결과

엔지니어로 구성된 표본이라고 역시 설명해 주었다. 그러나 두 그룹의 피실험자들 모두 동 인물들의 성격 묘사가 바로 변호사의 것이라 답변하였다. 우리는 사람들이 본인들이 접하는 데이터에서 그들이 찾고자 하는 것 만을 발견한다고 결론지을 수 있다.

이러한 대표성은 투자자들에게 큰 영향을 미친다. 예를 들어, 만약 누군가가 당

그림 8.1

동전을 20번 던지는 행위를 두번 했을 때 보이는 패턴

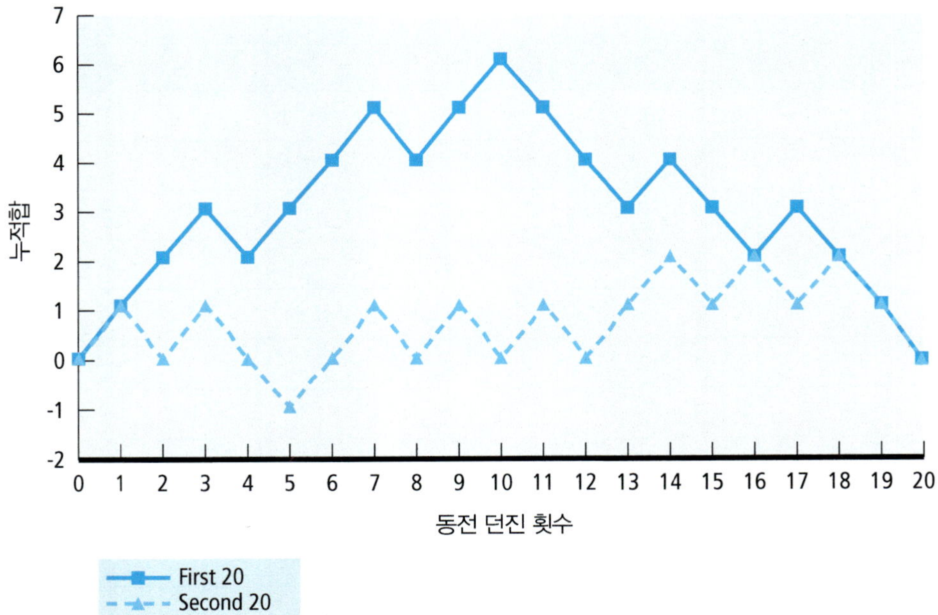

신에게 마이크로소프트에 대한 투자와 칼 메인 푸드(Cal-Maine Foods)에 대한 투자 중 하나를 선택하라고 한다면 어떻게 할 것인지 생각해 보라. 당신은 좀 더 면밀한 조사를 시도하고 '더 나은' 회사를 선택할 수도 있다. 그러나 대부분의 투자자들은 단지 마이크로소프트가 잘 알려져 있기 때문에 마이크로소프트사를 선택하는 경향이 있다. 이 예는 좋은 회사와 좋은 투자를 혼동하는 일반적인 오류를 보여준다.

뜨거운 손 오류

농구 팬들은 일반적으로 성공이 성공을 낳는다고 믿는다. 우리가 르브론과 샤킬오닐이라는 이름의 두 농구선수의 최근 경기를 살펴본다고 가정해보자. 이 두 선수 모두 슛을 하면 절반은 골을 기록한다고 하자. 그런데 르브론은 연속하여 두 골을 기록하였고, 반면 샤킬오닐은 연속하여 두 골을 놓쳤다. 한 연구에 의하면, 100명의 농구 팬들에게 다음 슛이 골이 될 가능성이 더 높은 선수가 누구일지 질문했을 때, 91명의 팬들이 르브론이 '뜨거운 손'을 가지고 있기 때문에 샤킬오닐이 아니라 르브론이라고 답변한 사실을 보고하였다. 게다가, 이 팬들 중 84명은 르브론이 2, 3회 연속 슛을 성공시켰다면 그 후에는 팀 동료들이 반드시 르브론에게 공을 패스하는 것이 매우 중요하다고 생각했음을 보고하였다.

표 8.2

골의 비율과 직전 슛의 결과 간의 관계

골의 비율	직전 슛의 결과
46%	3연속 골
50	2연속 골
51	1번만 골
52	처음 슛하는 경우
54	1번말 노골
53	2연속 노골
56	3연속 노골

그러나 사실 많은 연구에 의하면, 이러한 '뜨거운 손'이 착각일 수 있음이 보고되어 있다. 사실, 비록 팬이나 선수 및 아나운서 또는 코치들은 그렇게 생각하지 않겠지만, 실제 선수들은 슛을 했을 때 장기적인 평균 성공률에서 크게 벗어나지 않는다. 인지 심리학자들은 실제로 한 시즌 동안 특정 프로 농구팀의 슛 성공 비율을 연구했다. 연구결과는 표 8.2에 나타나 있다. 슛 성공률의 상세한 분석에 의하면, 선수들이 평균적으로 우연히 슛을 성공시키는 확률이나 '뜨거운 손'에 의한 슛 성공률이나 큰 차이가 없음이 확인되었다. 즉, 통계적으로 말하면 표 8.2의 모든 슛 성공률은 모두 동일하다.

표 8.2의 슛 성공률은, 팀이 마지막 두 세 골을 성공시킨 상대 선수를 더 열심히 방어하기 위해 많이 노력했다는 점을 보여주고 있기는 하다. 위에서 언급한 사실을 확인하기 위해, 또 다른 연구는 자유투 성공률을 분석하였다. 구체적으로, 실험자들은 피실험자인 팬들에게 어떤 한 선수가 70%의 자유투 성공률을 기록하고 있는데, 두 번의 자유투를 던진다고 말했다. 실험자는 피실험자 팬들에게, 아래와 같은 두 상황 각각에 대해서 해당 선수가 두 번째 슛을 했을 때 그 결과가 어떻게 될지 예측해 달라고 부탁했다:

1. 첫 번째 자유투를 성공시켰다.
2. 첫 번째 자유투가 노골이었다.

팬들의 답변은 다음과 같다: 자유투 성공률 70%를 유지하고 있는 선수가 첫 번째 자유투를 성공시킨 이후 두 번째 자유투를 성공시킬 확률은 74%로 예측한 반면, 해당 선수가 첫 번째 자유투를 놓친 후에는 두 번째 자유투 성공률을 66%로 예측하였다. 나아가, 실험자인 연구원들은 프로 농구 두 시즌 동안 특정 팀이 기록한 자유투의 성공과 실패가 포함된 데이터를 분석하였다. 그들은 첫 번째 자유투의 결과가 두 번째 자유투의 성공 여부에는 아무런 상관이 없다고 결론 내렸다. 참고로, 첫 번째 자유투를 성공시켰을 경우, 평균적으로 두 번째 자유투의 성공 비율은 75%로 밝혀졌다.

물론, 농구 선수들이 슛을 성공시킬 때에는 연속적으로 골을 넣는 경향이 있기는 하다. 그러나 이러한 경우 조차도 장기적으로 보면, 이미 밝혀진 평균 성공률의 범위 안에 있을 뿐이다. 따라서 농구 선수들이 '뜨거운 손'을 가지고 있거나 또는 그 반대이거나 하는 믿음은 일종의 환상일 뿐이다. 무작위성은 종종 군집되어 나타나기 때문에, 즉 자유투에 성공하는 경우 연속으로 성공 시키고 자유투를 놓친 경우도 역시 연속적으로 발생하는 경향이 있기 때문에, 당신은 무작위성에 속고 있다고 해도 지나친 말이 아니다.

군집 환상
연속적으로 나타나는 무작위적 사건을 그렇지 않은 현상으로 잘못 믿어버리는 현상

'군집 환상(clustering illusion)'이란, 연속적으로 나타나는 무작위적 사건은 무작위적인 것이 아니라는 인간의 그릇된 믿음을 뜻한다. 예를 들어, 동전 던지기가 계속되는 동안 앞면이 네 번 연속으로 나오면 대부분의 사람들은 이를 매우 특이한 것으로 생각한다. 그러나 공정한 동전을 20회 던지더라도 네 번 연속 앞면이 나올 확률은 50% 정도나 된다. 스스로에게 질문해 보라: '동전 던지기를 했을 때 4번 모두 앞면이 나온다면, 당신은 '뜨거운 손'에 해당 되겠는가?

사실 뮤추얼펀드 투자의 경우, 투자자들이 군집 환상의 희생양이 되는 것처럼 보이는 영역이라 할 수 있다. 매년 유난히 실적이 좋은 펀드에는 투자자들의 돈이 대규모로 유입된다. '과거 실적이 미래 결과를 담보할 수 없다'는 보편적 명제에도 불구하고, 투자자들은 분명히 과거의 영광을 추구하는 경향이 있다.

도박꾼의 오류

평균적으로, 또는 장기적으로 흔히 발생하지 않는 일이라도 이러한 일들이 단기적으로는 교정되리라 간주할 때, 우리는 도박꾼의 오류를 범하게 된다. 도박꾼의 오류의 또 다른 예는, 최근 어떤 사건이 일어나지 않았기 때문에 '이제는 발생할' 가능성이 높다고 믿는 것이다. 그런 경우 사람들은 때때로 (틀린 말이지만) '평균의 법칙'을 언급한다.

룰렛(Roulette)은 도박꾼들이 회전대를 돌려가며 다양한 내기를 할 수 있는 무작위 도박 게임이다. 미국식 룰렛 테이블에는 38개의 숫자가 있고, 녹색 테이블 2개, 빨간색 18개, 검은색 테이블 18개가 있다. 한 가지 가능한 게임은 스핀이 빨간 숫자를 나타낼 것인지 검은 숫자를 나타낼 것인지 베팅하는 것이다. 먼저, 빨간색 숫

자가 다섯 번 연속으로 나타났다고 하자. 도박꾼들은 종종 다음 회전에는 검은색이 될 것이라는 확신을 갖게 될 것이나, 사실 진정한 가능성은 약 50%일 뿐이다.

이러한 오해는, 룰렛과 같은 게임의 경우 소수의 스핀에만 높은 확률이 존재할 것이라는 인간의 (근거없는) 직감에서 비롯된다. 즉, 도박꾼들은 스핀이 일련의 빨간 숫자에 이어 검은 숫자에 도달하도록 '정해져 있다'고 확신하는 경우가 많다. 물론 도박꾼들은 검은 숫자가 나타날 확률이 항상 변하지 않는다는 것을 알고 있다. 그러나 도박꾼들은 다소 오랫동안 연속된 붉은 숫자가 나타난 후에는 마침내 검은 숫자가 나타나 붉은 숫자와 검은 숫자 사이의 '균형'을 회복하게 될 것이라는 생각을 피하지 않을 수 없을 것이다. 사실, 최근의 베팅 결과와 반대로 베팅할 경우 큰 돈을 벌 수 있다고 주장하는 수천 개의 베팅 시스템이 존재한다. 룰렛의 경우 단순한 예는 연속으로 네 개의 빨간 숫자가 나타날 때까지 기다리는 것이다. 그리고 나서 검은 색에 베팅한다. 또한 인터넷에는 도박꾼들의 인지의 오류에 기초한 '보증된' 베팅 시스템을 판매한다. 그것들 중 어느 것도 아무런 효과가 없다. 왜 그런지 생각해 보라. 만일 이 베팅 시스템이 실제로 효과가 있었다면, 왜 팔려고 했을까?

뜨거운 손(hothand) 오류와 도박꾼의 오류는, 예측의 오류라 할 수 있다. Kahneman과 Tversky 교수는 사람들이 최근의 경험에 너무 많은 비중을 두고 있다는 것을 발견했다. 최근에 일어난 일을 지나치게 중요시하는 것은 위에 언급한 두 가지 오류 모두를 설명하는 데 도움이 될 수 있다. 개념상 그 오류들 간의 차이는, 뜨거운 손의 오류의 경우 미래의 사건들이 과거의 사건들과 유사할 것이라는 믿음에 근거한 반면, 도박꾼의 오류는 반대의 결과가 미리 예정되어 있다는 믿음에 근거하고 있다는 점에서 찾아볼 수 있다.

물론, 이외에도 이미 잘 알려진 투자자의 오류 및 편견은 많이 있다. 이 중 일부를 서술하면 다음과 같다.

- 소수의 법칙(law of small numbers) 소수의 법칙이란, 소수의 표본에서 관찰된 결과만을 두고 이를 전체집단(모집단)의 특성과 동일할 것이라 오판하는 현상이다. 만약 당신의 투자 전문가가 최근 7번 중 5번이 맞았다면, 당신은 그의 장기 평균이 7번 중 5번이라고 믿을지도 모른다. 소수의 법칙은 도박꾼의 오류와 관련이 있다.
- 최근성 판단오류(recency bias) 인간은 최근의 사건을 그렇지 않은 경우보다 중요하게 여기는 경향이 있다. 예를 들어, 1995년부터 1999년까지 지속되었던 활황 기간동안 많은 투자자들은 불황 역시 곧 찾아올 수 있다는 사실(2000~2002, 2008~2009)을 잊어버리고 오랫동안 큰 이익을 지속할 것이라

고 생각했다. 이 오류는 소수의 법칙과 연관이 있다.

- 자기애성 판단오류(self-attention bias) 좋은 결과는 당신 자신의 능력 때문으로 돌리는 반면, 나쁜 결과는 그저 불운 탓으로 돌리는 판단오류를 뜻한다.
- 소망 판단오류(wishful thinking bias) 자신이 믿고 싶은 것만을 믿는 오류이다. 이는 자기애적 판단오류와 관련이 있다.
- 동질성 판단오류(false consensus) 다른 사람들도 당신이 소유하고 있는 주식에 대해 똑같은 생각을 하고 있다고 판단하는 경향을 뜻한다. 이는 과신(overconfidence) 오류와 관련이 있다.
- 가용성 판단오류(availability bias) 쉽게 구할 수 있는 정보에 너무 많은 비중을 두고 얻기 어려운 정보에 너무 적은 비중을 두는 판단 오류이다. 당신이 구하기 쉬운 정보만 고려한다면 재정적인 결정은 어려움을 겪을 것이다.

확인 사항

8.4a 대표성 오류란 무엇인가?

8.4b 뜨거운 손 오류란 무엇인가?

8.4c 도박꾼의 오류란 무엇인가?

8.5 기타 행태재무의 이슈들

체험적 방법

당신은 아마도 몇몇 주식들을 평가해야 했을 것이고, 당신이 가장 좋다고 생각하는 주식들을 고를 수도 있을 것이다. 그 과정에서 당신은 주식분석 보고서, 애널리스트 추정치, 재무제표 및 여타 다양한 정보를 접하고 확인했을 것이다. 그런데, 당신이나 다른 투자자들이 어떻게 이 모든 정보를 정확하게 평가할 수 있는가? 이에 대한 답변은 안타깝게도 '불가능 하다'라고 할 수 있다. 그렇다면, 대부분의 투자자들은 어떻게 투자의사 결정을 내릴 수 있는가? 사실상 투자의사 결정은 흔히 주먹구구식, 즉 휴리스틱을 사용하여 이루어진다. 휴리스틱은 평가해야 할 기준 일부만을 식별하여 의사결정 과정을 단순화시킨다. 그러나 불행하게도 투자자들은 종종 부적절한 기준을 선택한다. 예를 들어 투자자들은 좋은 기업을 식별하는 기준을 선택할 수 있지만 그 결정이 반드시 좋은 투자라는 보장은 없다.

또 다른 예는 401(k)이라는 퇴직연금 제도의 활용과 관련되어 나타난다. 연구에 의하면, 대부분의 투자자들은 그들의 투자 대안들을 단순하게도 똑같은 비중을 두어 자금을 할당함을 발견하였다. 이러한 선택은 몇몇 심각한 시사점들을 제공한다. 주식형 펀드보다 채권형 펀드를 많이 제공하는 퇴직연금제도에 대해서는 참가자들이 보수적인 포트폴리오(즉, 주식형보다 채권이 많은 것)를 선택하게 된다. 한편, 채권형 펀드보다 주식형 펀드를 많이 제공하는 퇴직연금제도에 대해서는 참가자들이 보다 공격적인 포트폴리오(즉 채권형 주식형보다 더 많은 주식형성)를 선택하게 된다. 투자자들이 이용할 수 있는 각각의 n가지 펀드 투자기회에 대하여 $1/n$ 비중이 할당되기 때문에, 이러한 행태를 '$1/n$ 현상'이라고 한다. 이같은 휴리스틱 기반의 자원배분은 의사결정 과정을 단순화하는 장점도 있으나, 많은 투자자들에게는 결코 최적이 아니다.

군집 행동

당신은 물고기 무리 떼를 보여주는 자연 다큐멘터리를 본 적이 있는가? 만약 그렇다면, 위험이 감지될 때 물고기들이 어떻게 움직이는지 되새겨 보라. 물고기가 흩어지던가? 답은 정반대이다. 그 물고기들은 정확하고 신속히 함께 뭉쳐서 움직이는 경향이 있다. 이러한 행동을 군집행동(herding)이라 부른다.

이러한 현상은 동물들 사이에서 뿐만 아니라, 흔히 투자자들 사이에서도 발생하고 있다. 예를 들어, 많은 연구 결과들에 의하면, 애널리스트들이 기업의 수익예측과 주식가격 평가에서 군집 행동을 보이는 경향이 있다고 결론지었다. 한 애널리스트가 가는 곳에는 다른 애널리스트도 따라간다. 아마도 뒤처질 염려 때문에 그러할 것이다. 이러한 행동은 물고기 떼와 유사한 자기방어 행동일 수도 있다. 예를 들어, 다른 모든 애널리스트들이 매도 또는 보유라고 의견을 낸 반면, 그들을 제외한 한 애널리스트가 주식매입 의견을 낸다면, 이 유일한 애널리스트는 위험에 직면하게 된다. 구체적으로, 그의 말이 옳다면 그는 천재라 불릴 것이다. 그러나 그의 말이 틀린 것으로 판명 난다면, 그는 당장 직장을 잃게 될 것이다. 이러한 '적자생존' 결과를 피하는 것이 애널리스트들로 하여금 무리를 짓게 하는 동기가 되는가? 애널리스트들은 아마도 아니라고 말할 것이다. 그러나 그러한 답변 역시 군집행동의 하나가 아닐까.

이러한 행태는 개인투자자들 사이에서도 흔히 발견된다. 많은 요소들 중에서, 아마도 가장 두드러지는 군집행동의 매개는 미디어에 의한 상호작용인 것 같다. 투자와 관련된 정기 간행물이나 TV에서 특정 종목이 대중에게 부각된 후에는 주가도, 거래량도 대폭 상승하는 경향이 있다. 당신들 중 다수는 아마도 TV 쇼 '매드

머니'의 진행자인 짐 크레이머와 친숙할 것이다. 크레이머가 특정 종목을 추천했을 때, 그 다음 날 해당 종목의 주가는 가파른 상승세로 나타나는 경향이 있다. 왜 그런가? 어쩌면 크레이머가 시장에 새로운 정보를 제공했거나, 아니면 투자자들이 그의 권고를 따랐을 수도 있다.

다른 판단오류 및 실수들과 함께, 군집행동은 시장의 효율성에 가장 심각한 도전이 될 수 있다. 만일 군집행동이 일어난다면, 우리는 시장의 추세가 적어도 일정 기간 동안 지속되고 강화되기를 기대할 것이다. 따라서, 만약 우리가 물가의 추세를 확인할 수 있다면, 우리는 이 정보를 거래함으로써 비정상적인 수익을 얻을 수 있어야 한다. 그러나 시장이 효율적이라면 이러한 추세를 아는 것은 투자자들이 미래의 가격 변동을 예측하는 데 전혀 도움이 되지 않을 것이다.

군집행동과 관련하여 우리가 실제로 무엇을 발견하였는가? 많은 연구들에 의하면, 바로 이러한 군집행동이 '모멘텀 효과'를 가져온 것으로 결론 짓고 있다. 이때 투자자들은 모멘텀 현상을 어떻게 이용할 것인가? 투자자는 지난 6개월 동안의 주식수익률을 살펴본다. 그 후, 투자자는 지난 6개월 동안 수익률이 가장 높았던 주식 포트폴리오를 매입하고, 수익률이 가장 낮은 주식 포트폴리오를 매도한다. 만약 모멘텀 효과가 있다면, 투자자는 평균적으로 향후 6개월 동안 이러한 포지션을 유지함으로써 시장을 이기는 비정상적인 수익을 얻을 것이다. 이 전략이 통한다면 투자론의 황금률을 '가격이 상승하여 수익률이 높은 주식을 팔고 가격이 하락하여 수익률이 낮은 주식을 사라'에서 '수익률이 높은 주식을 사고 낮은 주식을 팔아라'로 바꿔야 할 수도 있다.

판단오류를 어떻게 극복할 수 있는가?

행태재무를 지지하는 이들은 일반적으로 대부분의 판단오류가 우리의 DNA에서 비롯하는데, 이 말은 우리가 판단오류와 함께 태어남을 시사한다. 이러한 식견은 논쟁의 여지가 있지만, 우리는 일반적으로 이러한 비합리적 행동들이 우리의 투자의사 결정에 미치는 부정적인 영향을 극복하거나 그러한 행태를 최소한으로 줄이기 위해 우리가 할 수 있는 최선을 다해야 한다는 의견에는 동의할 수 있을 것이다.

가장 중요한 점은, 모든 잠재적 판단오류를 우리가 인지해야 한다는 것이다. 따라서 이 글을 읽음으로써 당신은 대부분의 투자자들보다는 더욱 잘 준비된 상태라고 믿는다. 단순히 어떤 오류를 범할 수 있는지를 이해하는 것만으로, 오류를 범할 가능성이 감소하기 때문이다.

판단오류를 줄이기 위해 취할 수 있는 다른 조치로는, 포트폴리오의 다양화, 당신에게 과도한 영향을 미칠 것으로 생각되는 상황 회피, 객관적인 투자 기준 마련 등이 있다. 이러한 조치들이 판단오류들을 완전히 제거할 수 있다고 보장되지는 않지만, 최소한 그러한 예방 조치를 취하지 않은 다른 투자자들보다는 당신에게 유리한 점들을 제공할 것이다.

확인 사항

8.5a 1/*n* 현상이란 무엇을 뜻하는가?

8.5b 투자자들의 군집행동에 대하여 설명하라.

8.5c 어떠한 잠재적인 판단오류가 당신의 투자 방식에 영향을 미칠 수 있는가?

8.6 감정 기반의 위험과 차익거래의 제한

효율적인 시장 가설이 모든 투자자에게 합리적일 것을 요구하는 것은 아니라는 것을 깨닫는 것이 중요하다. 우리가 주목했듯이, 시장이 효율적이기 위해 필요한 모든 것은, 최소한 일부 투자자들만은 현명하고 풍부한 자금조달이 가능해야 한다는 것이다. 이 투자자들은 시장에서 평가한 잘못된 가격을 이용하기 위해 사고 팔 준비가 되어 있다. 이러한 행동들이 시장을 효율적으로 만드는 것이다. 그러나 때때로 이러한 효율성을 방해하는 문제가 발생하기도 한다.

차익거래의 제한

차익거래 제한(limits to arbitrage)이라는 용어는 특정 상황에서 합리적이고 투자자금이 풍부한 주식거래자들이 잘못된 가격을 적어도 신속하게 시정하지 못할 수도 있음을 시사한다. 그 이유는, 가격결정의 오류를 없애기 위해 고안된 투자전략은 종종 위험하거나, 비용이 많이 들거나, 기타 다른 방식으로 제한되기 때문이다. 차익거래를 제한하는 주요한 세 가지 요인은 다음과 같다:

차익거래 제한
차익거래를 방해하는 요소 때문에 자산의 시장가격이 균형가격과 동일하지 않을 수 있다는 개념

- 기업 고유위험(firm-specific risk) 이 문제는 잠재적 차익거래 투자자가 직면하고 있는 가장 명백한 위험이다. 예를 들어, ㈜포드의 주식가격이 너무 낮아서, 당신은 차익거래를 위해 동 주식을 대량으로 매입하려 한다고 하자. 그러자 예상치 못한 일부 악재가 ㈜포드 주가를 더욱 떨어뜨리고 있다. 물론,

다른 주식, 예를 들어 ㈜혼다의 주식을 매도함으로써 어떤 기업 특유의 위험을 회피하려고 할 수도 있다. 그러나 어떤 확정적인 사건이 ㈜포드의 주가 하락을 촉발한다면 ㈜혼다의 주식가격이 하락할 것이라는 보장은 없다. ㈜포드의 주가는 더욱 상승할 수도 있다. 즉, 당신의 입장은 더욱 더 난처해질 수 있다. 더욱이, 대부분의 경우는 아니더라도 많은 경우에 있어서, 가까운 대체제로 여겨질 수 있는 주식조차 없을 수도 있다.

잡음 거래
중요한 정보를 무시하거나 의미있는 재무분석도 하지 않은 거래

- 잡음 거래 위험(noise trader risk) 잡음 거래(noise trader)는 정보나 경제적으로 의미 있는 분석에 기초하지 않는 거래를 말한다. 또한 잡음 거래자들은 단기적으로 가격결정의 오류를 더욱 악화시키기 위해 함께 행동할 수 있다. 잡음 거래자의 위험은 심각한 편인데, 그 이유는 가격결정 오류의 악화는 차익거래자가 조기에 포지션을 청산하고 급격한 손실을 부담하게 만들 수 있기 때문이다. 경제학자 케인즈는 '시장은 당신이 온전한 정신을 유지할 수 있는 것보다 더 오랫동안 비이성적인 상태를 유지할 수 있다'고 말했다.

감성기반 위험
기업고유 위험과 시장위험 모두를 뛰어넘는 위험요소

  잡음 거래자가 부담하는 위험은 감성기반 위험(sentiment-based risk)이라고도 일컫는 바, 이는 자산의 가격이 사실에 근거한 분석의 결과가 아니라 감성(또는 지식의 환상 등 비합리적인 믿음)에 의해 영향을 받게끔 영향을 미칠 수 있기 때문이다. 만일 감정 기반 위험이 존재한다면, 그것은 우리가 앞 장에서 논의한 체계적 위험 및 비체계적인 위험을 넘어선 또 다른 위험의 원천이 되는 셈이다.

- 시행 비용(implement cost) 차익거래를 위한 비용에는 매입–매도 스프레드, 중개수수료, 마진이자 등의 거래비용이 포함된다. 더욱이, 때에 따라서 공매도가 제한될 수도 있다. 공매도 제한의 한 예로서, 차익거래 투자자가 금액은 크지만 기간은 단기인 거래를 하려고 해도 이를 위한 주식 물량이 충분하지 않을 때 공매도에 제약을 받게 된다. 또 다른 공매도 제한은, 법적으로 공매도를 제한하는 경우이다. 많은 펀드매니저들, 특히 연금 펀드매니저들과 뮤추얼펀드매니저들은 공매도 하는 것이 허용되지 않는다.

이러한 또는 다른 위험과 비용이 존재하는 경우, 차익거래가 너무 위험하거나 비용이 많이 들기 때문에 잘못된 가격이 지속될 수 있다. 총체적으로, 이러한 위험과 비용은 차익거래를 방해하는 장벽이나 한계를 만든다. 이 한계가 얼마나 중요한지 말하기는 어렵지만, 흔히 오해가 발생한다는 것은 적어도 우리는 알고 있다. 구체적으로, 다음의 두 예를 들어 생각해 보자.

3COM 및 PALM의 가격결정 오류

2000년 3월 2일 컴퓨터 네트워크 제품 및 서비스가 주 업인 수익성 높은 ㈜3Com은 한 자회사 지분의 5%를 IPO를 통해 일반에 매각하였다. 당시 자회사는 ㈜PALM으로 알려져 있었다.

㈜3Com은 나머지 ㈜Palm 주식을 추후 ㈜3Com 주주들에게 배분할 계획이었다. 이 계획은, 당신이 ㈜3Com의 1주를 보유하고 있을 경우, ㈜Palm의 1.5주를 받게 됨을 의미하였다. 그래서 ㈜3Com이 IPO를 통해 ㈜Palm의 일부를 매각한 후 투자자들은 ㈜Palm 주식을 직접 매입하거나 ㈜3Com 주식을 매입함으로써 간접적으로 매입할 수 있었던 계획이었다.

이 사건을 흥미롭게 만들었던 것은 바로 ㈜PALM의 IPO 직후 발생한 일들이었다. 앞서 언급했듯이, 당신이 ㈜3Com 주식 한 주를 보유했다면, 결국 ㈜Palm 주식 1.5주를 소유하게 되는 것이었다. 따라서 결과적으로, ㈜3Com의 한 주는 ㈜Palm의 한 주의 1.5배보다 훨씬 더 가치가 있어야 했다. 그러나 그 당시 발생한 일들은 그와 같지 않았다. ㈜PALM의 IPO 전날 ㈜3Com 주식은 주당 $104.13에 팔렸다. 그런데 거래 첫날 ㈜PALM은 주당 $95.06로 마감했다. 이 $95.06에 1.5를 곱하면 $142.59가 되는데, 이는 ㈜3Com이 기록해야 할 최소한의 가격이었다. 그러나 ㈜PALM이 $95.06로 마감했던 날, ㈜3Com의 주가는 ㈜PALM이 암시하는 가격보다 $60 이상 낮은 $81.81에 마감했다. 문제가 발생한 것이다.

㈜PALM이 $95.06에 팔릴 때 ㈜3Com 가격이 $81.81라는 것은, 주식시장이 ㈜3Com의 나머지 수익성을 $81.81 − $142.59 = −$60.78로 평가하였음을 의미하였다. 당시 발행된 ㈜3Com 주식 수를 감안할 때 이는 주식시장이 ㈜3Com 나머지 사업에 약 마이너스 220억 달러의 가치를 부여했음을 의미한다. 물론 주식가격이 마이너스가 될 수는 없다. 이는 역으로 ㈜3Com에 비해 ㈜Palm의 가격이 너무 높았다는 것을 의미한다. 이러한 잘못된 가격결정으로부터 이익을 얻기 위해, 투자자들은 원칙적으로 ㈜3Com의 주식은 매입하고, ㈜PALM의 주식은 공매해야 했다. 제대로 작동하는 주식시장에서, 이러한 거래는 가격이 매우 빠르게 조정되도록 만든다. 그러면 실제로 시장에서는 어떠한 일이 발생하였을까?

그림 8.2에서 볼 수 있듯이, 주식시장은 ㈜3Com의 사업부문 중 ㈜Palm에 해당되지 않은 부문이 2000년 3월 2일부터 2000년 5월 8일까지 약 두 달 동안 마이너스 가치를 갖는 것으로 평가했다. 그런데 그 당시, ㈜3Com의 여러 사업부문 중 ㈜PALM에 속하지 않은 부문이 다시 플러스 가치를 갖기 이전임에도 불구하고, IRS는 ㈜3Com이 기존에 계획하였던 주식배정을 승인했다.

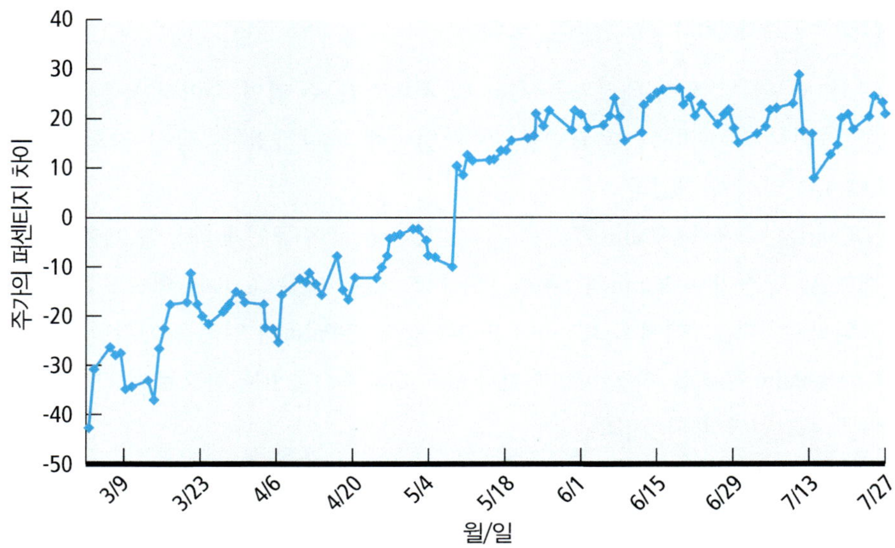

그림 8.2

3Com 주식 1주와 Palm 주식 1.5주 간 퍼센트로 측정한 가격차이, 2000년 3월 2일~2000년 7월 27일

㈜Royal Dutch와 ㈜Shell의 주식가격 비율

또 다른, 제법 잘 알려진 주식가격 결정 오류의 예는 두 대형 석유 회사와 관련이 있다. 1907년 네덜란드의 ㈜Royal-Dutch와 영국의 ㈜Shell은 그들의 사업체를 합병하고 60대 40의 비율로 이익을 나누기로 합의했다. 따라서 ㈜Royal-Dutch 및 ㈜Shell의 주가가 60대 40 비율이 되지 않을 때마다, 차익거래 이익을 낼 수 있는 가능성이 있었다. 예를 들어, 비율이 50대 50이라면, ㈜Royal-Dutch를 사고, ㈜Shell은 공매도 하면 되는 것이다.

그림 8.3은 ㈜Royal-Dutch 및 ㈜Shell 주가의 60대 40 비율에서 벗어난 ㈜Shell의 일별 편차를 나타낸다. 예를 들어, ㈜Royal-Dutch 및 ㈜Shell의 가격 비율이 60대 40이라면 0%의 편차가 있다. 그리고 ㈜Royal-Dutch의 가격이 ㈜Shell의 가격에 비해 너무 높으면 플러스(+)의 편차가 있는 것이다. 또한 이와는 반대로 ㈜Royal−Dutch의 가격이 ㈜Shell의 가격에 비해 너무 낮으면 마이너스(−) 편차가 존재하는 것이다. 그림 8.3은 60대 40 비율로부터 지속적으로 큰 편차가 있었음을 나타낸다. 실제로 1962년부터 2005년 중반까지 (두 기업이 합병했을 때까지) 대부분 60대 40을 유지하는 경우는 결코 존재하지 않았다.

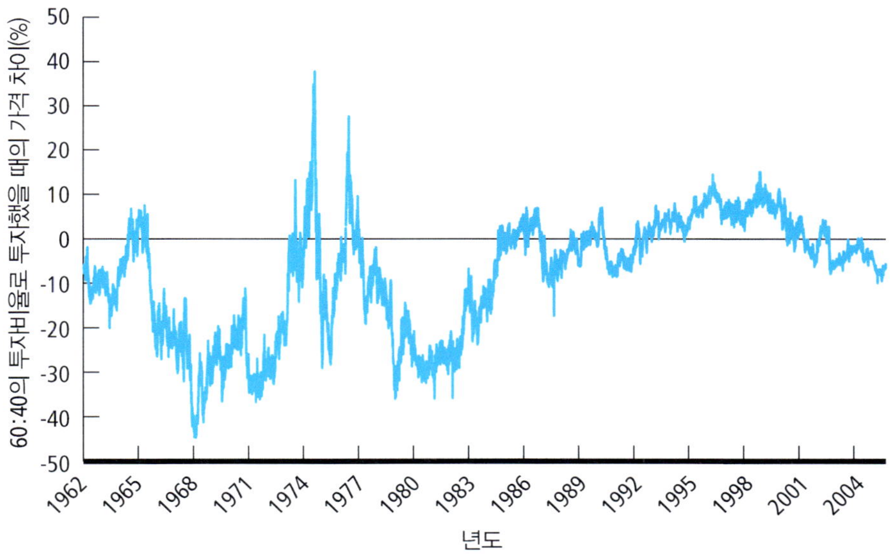

그림 8.3

Royal Dutch 종목에 60%, Shell 종목에 40%를 투자했을 때의 가격비율 차이 추세, 1962년~2005년

확인 사항

8.6a '차익거래의 제한'이란 무엇을 뜻하는가?

8.6b 만일 차익거래의 제한이 없었다면, ㈜3Com의 한 주와 ㈜PALM의 1.5주 간에는 어떠한 관계가 성립하였겠는가?

8.6c 만일 차익거래의 제한이 없었다면, ㈜Royal-Dutch의 가격과 ㈜Shell의 가격 간에는 어떠한 관계가 성립하였겠는가?

8.7 요약 및 결론

8장의 주제는 행태 재무였다. 8장에서 우리는 재무금융과 관련하여 이전에는 없었으나 지금은 많은 발견과 진화를 거듭하고 있는 영역을 면밀히 살펴보았다. 그러한 의미에서 아래에서는 8장에 제시되었던 주요 개념을 요약하고 정리한다.

1. 전망 이론

A. 전망 이론은 고전적이고 합리적인 경제적 의사결정의 대안을 제공하는 아이디어 집합체이다. 전망 이론의 근간을 이루는 아이디어는, 투자자들이 기대 이익에 대해 즐거워 하는 정도보다, 기대 손실에 대해서 고통스러워 하는 정도가

훨씬 더 심하다는 사실에 있다.

B. 연구결과에 의하면, 투자자들은 보통 $1의 손실에서 비롯된 고통을, $1의 이익으로부터 얻는 즐거움의 약 2배 정도로 느끼게 된다. 또한 투자자들이 동일한 상황 하에서, 서로 다른 방식으로 반응한다는 것을 발견했다. 이러한 반응의 차이는 동일한 상황을 손실로 인지하느냐, 이익으로 인지하느냐에 따라 달라진다.

C. 또 다른 연구들에 의하면, 투자자는 놀랍게도 아래와 같은 세 가지 비합리적 행태를 보이고 있음이 발견되었다.

- 프레임 의존성(frame dependence) 투자자들에게 겉보기에는 서로 다르게 보이지만 실제로는 동일한 두 건의 투자 의사결정 이슈를 제시할 경우, 투자자들은 종종 일관성 없는 선택을 한다. 즉, 어떤 이슈가 어떻게 묘사되고 기술되는지, 즉 어떤 프레임으로 제시되는지가 투자자에게 중요한 의미를 갖는다.
- 심적회계(mental accounting) 시간이 흐르면서, 당신은 투자의 수익을 머릿속에 그려 볼 것이다. 당신이 투자한 포트폴리오에 대해 스스로 어떻게 생각하는지는 당신이 이기느냐 아니면 지고 있느냐에 달려 있다. 이러한 행태를 심적회계라 부른다.
- 도박 자금(house money) 라스베이거의 카지노들은 '카지노의 돈'이라는 개념에 대해 모두 알고 있다. 카지노들은 도박꾼들이 '열심히 번 현금'의 경우보다 카지노에서 나온 돈의 경우에 보다 더 큰 위험을 감수함을 발견하였다. 카지노는 또한 도박꾼들이 도박을 위해 가지고 온 돈을 잃는 경우, 집값을 잃는 경우만큼 그다지 화가 나지 않음을 또한 알고 있다. 이러한 행태는 이해되지 않을 정도로 비합리적이다. 사실 그 돈들은 모두 당신의 돈이기 때문이다.

2. 투자자의 과신 및 임의성에 대한 오해

A. 현명한 투자가가 되기 위한 한 가지 방법, 특정한 유형의 행동을 피하는 것이다. 행태 재무를 연구함으로써, 당신은 과신의 오류 등 심리적으로 유발된 오류로부터 당신의 (또는 당신의 의뢰인의) 포트폴리오의 손실을 최소화 할 수 있다.

B. 그 증거는 다음과 같이 비교적 명확하다: 투자자들은 실수할 가능성이 크다. 훨씬 더 어려운 문제, 그리고 그 증거가 전혀 명확하지 않은 문제는, 투자자들의 판단 착오로 인한 위험이 시장가격에 영향을 미칠 수 있느냐, 그리고 궁극

적으로는 시장의 비효율성으로 이어질 수 있느냐 하는 점이다. 중요한 점은, 효율적 자본시장이 모든 투자자들이 합리적인 방식으로 행동할 것을 요구하지는 않는다는 것이다. 그것은 단지 소수의 몇 명만이 할 것을 요구할 뿐이다.

3. 감정 기반의 위험과 차익거래의 제한

A. '차익거래의 한계'는 특정 상황에서 합리적이고 투자자금이 풍부한 투자자들이, 신속하게 주식가격 결정의 오류를 없애지 못할 수 있다는 개념이다. 그 이유는 가격결정의 오류를 없애기 위해 고안된 전략은 종종 위험이 지나치게 크거나 비용이 많이 들기 때문이다. 이때 위험 및 비용은 기업 고유위험과 잡음거래 위험 및 시행비용을 일컫는다.

B. 이러한 위험 및 비용이 존재하는 경우, 차익거래가 너무 위험하거나 비싸기 때문에 틀린 가격이 지속될 수 있다. 총체적으로, 이러한 위험과 비용은 차익거래에 대한 장벽이나 한계를 만든다. 이러한 한계가 얼마나 중요한지는 말하기 어렵지만, 적어도 흔히 가격결정의 오류가 발생한다는 것을 우리는 알고 있다. 잘 알려진 두 사례로서 3Com 및 Palm, 그리고 Dutch 및 Shell 간의 거래를 들 수 있다.

주요 용어

행태 재무(behavioral finance) 334
전망 이론(prospect theory) 335
프레임 의존성(frame dependence) 336
손실회피(loss aversion) 338
고착현상(anchoring) 338
심적회계(mental accounting) 340
대표성 휴리스틱(representativeness heuristic) 346
군집 환상(clustering illusion) 350
차익거래 제한(limits to arbitrage) 355
잡음 거래(noise trader) 356
감성기반 위험(sentiment-based risk) 356

투자 지식 학습

1. 행태재무의 개념(LO1, CFA5) 기업들이 401(k) 계획을 바꿔 종업원이 반드시 참여하지 않아도 되도록, 그리고 자의에 따라 탈퇴할 수 있도록 하자 오히려 종업원의 참여율이 크게 높아졌다. 이는 아래의 판단의 오류들 중 어디에 해당되는가?

a. 대표성
b. 카지노 돈의 효과
c. 프레임 의존성
d. 체험적 방법

2. 행태재무의 개념(LO1, CFA4) 돈을 획득한 사람이 그 돈을 상대적으로 더 잃고자 하는 의지가 더 강할 때, 이를 일컬어 무엇이라 하는가?

a. 대표성이라 한다.
b. 카지노의 돈이라 한다.
c. 프레임 의존성이라 한다.
d. 체험적 방법이라 한다.

3. 행태재무의 개념(LO2, CFA2) 투자자들은 일반적으로 두 회사 사이의 선택에 직면했을 때 보다 잘 알려진 회사를 선택할 가능성이 더 높다. 이러한 판단오류를 무엇이라 하는가?

a. 대표성
b. 카지노 돈의 효과
c. 프레임 의존성
d. 체험적 방법

4. 행태재무의 개념(LO2, CFA4) 많은 투자자들은 투자 의사결정을 내리는 데에 있어 주먹구구식으로 행함으로써 투자 과정을 간소화하려고 노력한다. 이러한 판단오류를 무엇이라 하는가?

a. 대표성
b. 카지노 돈의 효과
c. 프레임 의존성
d. 체험적 방법

5. 행태재무의 개념(LO2, CFA6) 다음 중 행동의 오류를 감소시키는 데 도움이 되지 않는 방법은?

a. 행동의 오류를 학습한다.
b. 포트폴리오 구성시 분산투자 한다.
c. 재무금융과 관련된 뉴스를 더 자주 시청한다.
d. 투자의 목적을 분명하게 설정한다.

6. 행태재무의 개념(LO1, CFA2) 다음 중 행태재무와 관련된 주제 중 투자자들이 비슷한 이득에서 얻는 쾌락보다 손실로 인한 고통을 더 많이 경험한다는 개념을 다루는 것은?
   a. 프레임 의존성
   b. 기대이론
   c. 손실회피
   d. 심적회계

7. 차익거래의 제한(LO3) 다음 중 합리적이고 풍부한 자금이 있는 투자자들이 즉시 가격결정 오류를 시정할 수 없는 이유가 아닌 것은?
   a. 기업 고유위험
   b. 실행 비용
   c. 회피 위험
   d. 잡음 거래 위험

개념 문제

1. 심적회계(LO1, CFA4) 심적회계를 간략하게 설명하고 이러한 오류의 잠재적인 부정적 영향을 서술하라.

2. 체험적 발견(LO2, CFA2) 채권이 주식보다 더 많이 배정된 401(k)제도에서, 포트폴리오를 구성한 참여자가 왜 고정소득에 더 많은 자본을 배분하는가?

3. 과신(LO2, CFA5) 행태 재무의 맥락에서, 왜 남성 투자자은 포트폴리오 수익률과 관련하여 여성 투자자들보다 더 저조한 성과를 보이는가?

4. 과신(LO2, CFA4) "지식의 환상"은 무엇이며, 투자 실적에 어떤 영향을 미치는가?

5. 차익거래의 제한(LO3) 이 장에서는 3Com/Palm과 Royal Dutch/Shell 오류에 대해 살펴보았다. 차익거래의 제한 중 어느 것이 (기업 고유위험과 잡음 거래 위험 및 시행비용 중 어느 것이) 이러한 오류의 주요 원인일 가능성이 가장 낮은가? 설명하라.

6. 확률(LO2, CFA3) 당신이 동전 던지기 게임에서 공정한 동전을 던졌는데 8개의 앞면이 연속으로 나타났다고 가정해보자. 다음 동전 던지기에서도 앞면이 나올 확률은 얼마인가? 한편, 아홉 번째 던지기에서 뒷면이 나왔다고 가정해보자. 10번째 던지기에서 앞면이 나올 확률은 얼마인가?

7. 기대이론(LO1, CFA3) 전망 이론과 합리적인 투자자의 개념은 어떻게 다른가?

8. 프레임 의존성(LO1, CFA4) 어떻게 프레임 의존성이 비이성적인 투자 결정으로 이어질 수 있는가?

9. 잡음 거래 위험(LO3, CFA3) 잡음 거래 위험이란? 잡음 거래 위험은 어떻게 시장의 비효율성으로 이어질 수 있는가?

CFA 관련 문제

[CFA2, CFA3, CFA4, CFA5]

Terry Shriver and Mary Trickett are portfolio managers for High End Investment Managers. As part of their annual review of their client portfolios, they consider the appropriateness of their client portfolios given their clients' investment policy. Their boss, Jill Castillo, is concerned that Shriver and Trickett allow the clients' behavioral biases to enter into the asset allocation decision, so she has asked them to review their notes from meetings with clients. The information below is excerpted from their notes regarding the clients named.

Tom Higgins: "In the past five years, I have consistently outperformed the market averages in my stock portfolio. It really does not take a genius to beat a market average, but I am proud to say that I have beaten the market averages by at least 2 percent each year and have not once lost money. I would continue managing my portfolio myself, but with a new baby and a promotion, I just don't have time."

Joanne McHale: "The last three quarters were bad for my portfolio. I have lost about a third of my value, primarily because I invested heavily in two aggressive growth mutual funds that had bad quarters. I need to get back one-third of my portfolio's value because I am only 15 years away from retirement and I don't have a defined-benefit pension plan. Because of this, I am directing Mary Trickett to invest my savings in technology mutual funds. Their potential return is much higher, and I believe I can recover my losses with them."

Jack Sims: "I enjoy birdwatching and hiking. I am an avid environmental advocate and will only invest in firms that share my concern for the environment. My latest investment was in Washington Materials, which was recently featured in an environmental magazine for its outstanding dedication to environmental protection."

1. Which of the following best describes Tom Higgins's behavioral characteristic in investment decisions?
   a. Tom is overconfident.
   b. Tom uses frame dependence.
   c. Tom uses anchoring.

2. Which of the following best describes the potential problem with Mr. Higgins's investment strategy?
   a. He will underestimate the risk of his portfolio and underestimate the impact of an event on stocks.
   b. He will overestimate the risk of his portfolio and overestimate the impact of an event on stocks.
   c. He will underestimate the risk of his portfolio and overestimate the impact of an event on stocks.

3. Which of the following best describes Joanne McHale's behavioral characteristic in investment decisions?
    a. Joanne is loss averse.
    b. Joanne uses the ceteris paribus heuristic.
    c. Joanne is experiencing the snakebite effect.

4. Which of the following best describes Jack Sims's behavioral characteristic in investment decisions?
    a. Jack is overconfident.
    b. Jack uses frame dependence.
    c. Jack uses representativeness.

5. Which of the following would Mr. Higgins, Ms. McHale, and Mr. Sims be least likely to use when making investment decisions?
    a. Heuristics
    b. Their personal experiences
    c. Fundamental analysis

PART

3

금리 및 채권가치

CHAPTER

09

이자율

우리는 시간이 돈이라고 생각한다.

—

토마스 첸들러 할리버튼

벤자민 프랭클린 (Benjamin Franklin)은 젊은 상인들에게 '시간은 돈이라는 것을 기억하라'고 현명하게 상거래의 근본적인 진실에 대해 조언했다. 금융에서는 이것을 돈의 기간 가치의 기반인 기회비용이라고 부른다. 그러나 얼마나 많은 시간이 얼마나 많은 돈에 해당하는가? 이자는 화폐에 대한 임대료로 해석되며 이자율은 얼마만큼의 시간이 얼마만큼의 화폐로 환산되는지 말해준다. 그러나 시장에는 특정한 화폐시장에 적용되는 다양한 이자율이 있다. 이자율은 이러한 시장에서 화폐의 가격을 나타낸다.

CFA 예제

1. 화폐의 시간가치(L1, S2)
2. 할인현금흐름접근법(L1, S2)
3. 총생산, 가격 그리고 경제성장(L1, S5)
4. 경기순환의 이해(L1, S5)
5. 채권: 정의요소(L1, S15)
6. 채권가치평가의 소개(L1, S15)
7. 채권의 위험과 수익률에 대한 이해(L1, S16)
8. 신용분석의 기초(L2, S14)
9. 기간구조와 금리역학(L2, S14)

학습목표

다음 항목에 대하여 관심을 가지고 관찰한다.

1. 화폐시장가격과 이자율
2. 이자율과 채권 수익률
3. T-bill과 이자율의 기간구조
4. 명목이자율 vs 실질이자율

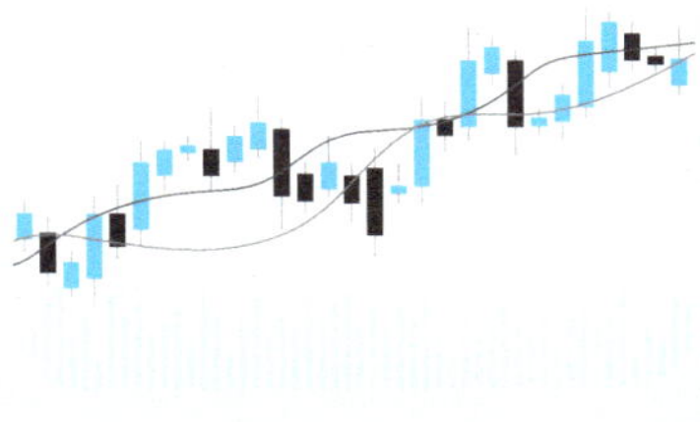

이 장에서는 우리는 먼저 이자수익증권을 구체적으로 다룬다. 우리가 이전 장에서 논의한 바와 같이, 이자수익증권에는 두 가지 기본 유형이 있다: 화폐시장 상품들과 채권자산이다. 두 유형의 자산 모두에서 이자율은 자산 가치를 결정하는 주요한 요인이다. 게다가 수 조 달러의 이자 수익증권이 발행되고 있기 때문에 이자율은 금융 시장과 경제에서 중추적인 역할을 한다.

그리고 이자율은 가장 밀접하게 관찰되는 금융 시장 지표 중 하나이므로 이 장 전체를 여기에 할애한다. 먼저 금융관련 언론기사에서 일반적으로 다루는 여러 가지 이자율과 이자율의 계산 및 인용 방법에 대해 논의한다. 그 다음 이자율의 기본 결정 요인과 개별 구성 요소를 설명한다.

9.1 이자율의 역사와 화폐시장 이자율

3장에서 화폐시장 상품은 최초 발행 당시 1년 미만의 만기가 있는 부채였다는 것을 다시 상기하라. 〈월스트리트 저널〉은 매일 여러 종류의 단기증권에 대한 현재 이자율 목록을 '화폐 이자율' 지면에 게재한다. 우리는 이자율의 역사를 간략히 살펴보면서 이러한 이자율과 증권에 대해 논의할 것이다.

이자율의 역사

1장에서 우리는 다양한 유형의 투자에 대한 역사적 수익들을 되돌아봄으로써 수익률과 관련된 유용한 시각들을 살펴보았다. 이자율의 역사와 관련해서도 비슷한 경험을 얻을 수 있다. 예를 들어, 2015년 10월, 미국 정부 단기국채에 대한 이자율은 약 0.10%이고 장기 국채이자율은 약 2.8%이다. 우리는 '이 이자율이 비정상적으로 높거나 낮은가?' 라고 질문할 수도 있다. 이에 대한 답을 얻기 위해, 그림 9.1은 미국의 214년 동안의 이자율을 보여주고 있다.

두 개의 이자율이 그림 9.1에 표시되어 있다. 하나는 단기국채의 이자율이고 다른 하나는 장기국채의 이자율이다. 이자율은 모두 미국 재무부 증권 또는 가까운 대체증권을 기초로 계산한 것이다. 이 장과 다음 장에서 단기국채에 대해 자세히 설명한다. 현재로서는 단기국채는 단기이고 장기국채는 장기라는 것을 아는 것으로 충분하다. 따라서 그림 9.1에 표시된 것은 단기 및 장기 이자율이다.

그림 9.1 이자율의 역사(미국: 1800~2014)

Source: Adapted from Jeremy J. Siegel, *Stocks for the Long Run*, 3rd ed., © McGraw-Hill, 2002; and the Federal Reserve Bank of St. Louis.

예제 9.1

화폐의 시간가치에 대한 검토

의심할 여지없이, 3년 후 \$1,000는 현재의 \$1,000와 같지 않다. 그러면 오늘 \$1,000를 받는 것에 상응하는 3년 후의 수령액은 얼마인가? 다행히도 방정식은 이 값을 정확하게 알려준다.

$$\text{미래가치} = \text{현재가치} \times (1 + r)^N \tag{9.1}$$

이 방정식에서 r은 주기적인 이자율 (10진수로 표시)을 나타내고 N은 주기적인 기간(정수로 표시)을 나타낸다. 기간은 몇 주, 몇 달 또는 몇 년일 수 있지만, 기억해야 할 중요한 것은 이자율이 기간 당 이자율로 표현되어야 한다는 것이다. 만약 당신이 투자 할 \$1,000를 가지고 있고 연 3.5%의 이자율로 투자 할 수 있다고 가정하자. 식 (9.1)에서 기간 당 이자율은 0.035로 입력된다. 3년간 투자하면 ($N = 3$) 3년후 받을 금액은 다음과 같다.

$$\$1{,}108.718 = \$1{,}000 \times (1 + 0.035)^3$$

\$1,108.72로 반올림된다. 방정식 (9.1)은 현재가치와 같아지는 미래가치의 양이 얼마인지 알려준다. 방정식 (9.1)의 양변을 $(1 + r)^N$으로 나누고 항을 재배열하면 다음과 같은 결과를 얻는다.

$$\text{현재가치} = \frac{\text{미래가치}}{(1 + r)^N} \tag{9.2}$$

지수법칙에 따라 다음과 같이 쓸 수 있다.

$$\text{현재가치} = \text{미래가치} \times (1 + r)^{-N} \tag{9.3}$$

즉, $(1+r)^{-N}$은 $1/(1+r)^N$을 쓰는 또 다른 방법이다. 방정식 (9.1)과 (9.3) 사이의 관계를 기억한다면 방정식 (9.1)을 방정식 (9.3)으로 표현할 수 있다. 수치 예제를 살펴보면 $(1+0.035)^3 = 1.108718$이다. 따라서 식 (9.2)를 사용하면

$$현재가치 = \frac{미래가치}{(1+r)^N}$$

$$\$1,000 = \frac{\$1,081.718}{1.081718}$$

6년간 4%의 이자율로 $500를 투자한다고 가정해보자. 6년 후 돈은 얼마가 되겠는가?

$$미래가치 = 현재가치 \times (1+r)^N$$

$$\$632.66 = \$500 \times (1.04)^6$$

이제 4년 안에 $800를 받을 것이라고 가정해보자. 3.7% 할인을 받으면 오늘의 가치는 얼마인가?

$$현재가치 = 미래가치 \times (1+r)^{-N}$$

$$\$691.79 = \$800 \times (1+0.037)^{-4}$$

아마도 그림 9.1에서 가장 두드러진 특징은 그리 멀지 않은 과거에 미국 역사상 가장 높은 이자율이 기록되었다는 사실일 것이다. 이자율은 1970년대에 급격히 증가하기 시작한 후 1980년대 초에 최고 수준에 도달했다. 그 이후는 계속적으로 하락했다. 미국 이자율 역사의 또 다른 인상적인 것은 최근 몇 년 동안 뿐만아니라 1930년대에서 1960년대까지도 단기 금리 수준은 낮게 유지했다는 것이다. 이 금리 수준은 대체로 연방 준비제도 이사회(Federal Reserve Board)가 단기 이자율을 낮게 유지하려 하였기 때문이다.–이러한 정책은 1960년대에 비참했을 정도로 지속 불가능한 정책을 유지한 결과이다. 이 경험을 통해 많은 것을 배웠으며 현재 연방준비은행은 일반적으로 이자율 유지보다는 물가 안정에 더 관심을 갖는다.

많은 시장 관측자들은 이 책에 쓰여진 것과 같은 3%의 장기 이자율은 너무 낮다고 평가한다. 그러나 그림 9.1에 나와있는 이자율의 역사에 따르면, 지난 30년간에 비해 3%는 낮을 수 있지만 1800년에서 1970년까지 170년 동안의 이자율에 비하면 전혀 낮지 않다. 장기 이자율이 역사적 기준에도 낮은 것으로 간주되려면 3% 미만으로 떨어져야 할 것이다. 예제 9.1은 투자자가 이자율을 활용하는 방법을 보여준다.

이자율이 지난 몇 년 동안 왜 그렇게 낮은 수준에 있었는가? 우리는 낮은 이자율이 연방 준비제도 이사회의 행동에 기인할 수 있지만 다른 요인들도 작용하고 있다고 언급했다. 2008년 위기로 많은 투자자들이 위험한 자산을 팔고 안전한 자산으로 이동하는 것을 암시하는 '안전자산선호(flight to quality)'를 시작했다.

이러한 안전자산선호는 국채, 특히 단기국채에 대한 수요를 증가시킨다. 예제 9.1의 공식을 사용하면 수요 증가로 인해 가격이 상승하게 되면 이자율이 하락하는것을 알 수 있다. 따라서 이자율의 감소는 실제 불황의 결과임을 알 수 있다. 그 결과 불황 이후 시장 참가자들은 미국 국채와 같은 매우 안전한 자산의 구매를 늘렸다.

화폐시장 이자율

그림 9.2는 가장 중요한 화폐시장 상품 이자율에 관련된 〈월스트리트 저널〉 '화폐 이자율'을 재현한 것이다. 일반적으로 인용되는 이자율은 우대금리(prime rate)이

우대금리
상업은행이 신뢰할 수 있는 기업 고객들에게 단기로 자금을 대출해 주는 경우 받는 기본 이자율

Money Rates

Monday, November 02, 2016 Find Historical Data | WHAT'S THIS?

INFLATION

GO TO: International Rates | U.S. Government rates | Secondary Market | Other short term rates | Weekly Survey

U.S. consumer price Index

	Sept. Index level	% CHG FROM Aug. '15	% CHG FROM Sept. '14
All items	237.545	−0.16	−0.0
Core	243.359	0.29	1.9

INTERNATIONAL RATES

GO TO: Inflation | U.S. Government rates | Secondary Market | Other short term rates | Weekly Survey

Prime rates [U.S. Effective Date: 12/16/2008]

	Latest	Wk ago	52-WEEK High	52-WEEK Low
U.S.	3.25	3.25	3.25	3.25
Canada	2.70	2.70	3.00	2.70
Japan	1.475	1.475	1.475	1.475

Policy rates

	Latest	Wk ago	52-WEEK High	52-WEEK Low
Euro zone	0.05	0.05	0.05	0.05
Switzerland	0.50	0.50	0.50	0.50
Britain	0.50	0.50	0.50	0.50
Australia	2.00	2.00	2.50	2.00

Overnight repurchase

	Latest	Wk ago	52-WEEK High	52-WEEK Low
U.S.	0.12	0.16	0.33	0.07

U.S. GOVERMENT RATES

GO TO: Inflation | International Rates | Secondary Market | Other short term rates | Weekly Survey

Discount [Effective Date: 2/19/2010]

	Latest	Wk ago	52-WEEK High	52-WEEK Low
	0.75	0.75	0.75	0.75

Federal funds [Effective Date: 12/16/2008]

	Latest	Wk ago	52-WEEK High	52-WEEK Low
Effective rates	0.13	0.13	0.17	0.06
Target rate	0–0.25	0–0.25	0–0.25	0–0.25
High	0.3125	0.3125	0.5000	0.2500
Low	0.0600	0.0600	0.1300	0.0100
Bid	0.0800	0.0900	0.1500	0.0000
Offer	0.1100	0.2500	0.3400	0.0500

Treasury bill auction [Auction Date: 11/2/2015]

	Latest	Wk ago	52-week High	52-week Low
4 weeks	0.010	0.120	0.120	0.000
13 weeks	0.110	0.020	0.125	0.000
26 weeks	0.280	0.155	0.280	0.060

SECONDARY MARKET

GO TO: Inflation | International Rates | U.S. Government rates | Other short term rates | Weekly Survey

Fannie Mae

30-year mortgage yields

	Latest	Wk ago	52-WEEK High	52-WEEK Low
30 days	3.423	3.346	3.750	3.024
60 days	3.453	3.378	3.788	3.080

OTHER SHORT-TREM RATES

GO TO: Inflation | International Rates | U.S. Government rates | Secondary Market | Weekly Survey

Call money [Effective Date: 12/16/2008]

	Latest	Wk ago	52-WEEK High	52-WEEK Low
	2.00	2.00	2.00	2.00

Commercial paper

	Latest	Wk ago	52-WEEK High	52-WEEK Low
30 to 270 days	n.q.	...	...	...

Commercial paper (AA financial)

	Latest	Wk ago	52-WEEK High	52-WEEK Low
90 days	0.26	0.24	0.30	0.06

Euro commercial paper

	Latest	Wk ago	52-WEEK High	52-WEEK Low
30 day	−0.12	−0.12	−0.02	−0.12
Two month	n.q.	n.q.	−0.01	−0.09
Three month	n.q.	n.q.	0.01	−0.01
Four month	n.q.	n.q.	0.03	0.00
Five month	n.q.	n.q.	0.07	0.01
Six month	n.q.	n.q.	0.10	0.02

DTCC GCF Repo index

	Latest	Value traded (billions)	52-WEEK High	52-WEEK Low
Treasury	0.117	125.386	0.450	0.059
MBS	0.140	111.700	0.670	0.075

DTCC GCF Repo index Futures

	Settie	Change	Open interest	Implied Rate
Treasury Nov	99.785	Unch.	7.337	0.215
Treasury Dec	99.710	0.005	5.979	0.290
Treasury Jan	99.640	−0.010	3.032	0.360

Note on data:
U.S. prime rate is effective December 16,2008. Discount rate is effective February 19, 2010. U.S. Prime rate is the base rate on corporate loans posted by at least 70% of the 10 larges: U.S. banks; Other prime rates aren't directly comparable; lending practices vary widely by location; Discount rate is the charge on loans to depository institutions by the New York Federal Reserve Banks; Federal funds rate is on reserves traded among commercial banks for overnights use in amounts of $1 million or more; Call money rate is the charge on loans to brokers on stock-exchange collateral; Commercial Paper (AA financial) is from the Federal Reserve and is presented with a one-day lag. DTCC GCF Repo Index is Depository Trust & Clearing Corp.'s weighted average for overnight trades in applicable CUSIPs. Value traded is in billions of U.S. dollars Futures on the DTCC GCF Repo Index are traded on NYSE Little US.
Source: Federal Reserve; Bureau of labor Statatics; DTCC; SIX Financial Information: General Electric Capital Corp; Tullet Presion Infromation, Ltd.

London Interbank Offered Rates

Tuesday, November 03, 2016 Find Historical Data | WHAT'S THIS?

Rates shown are effective 11/2/2015

Libor Rate (U$D)	Latest	Wk ago	52-WEEK High	52-WEEK Low
Libor Overnight	0.13100	0.13150	0.13750	0.08520
Libor 1 Week	0.15365	0.15450	0.16600	0.11850
Libor 1 Month	0.19000	0.19350	0.21600	0.15280
Libor 2 Month	0.25375	0.24980	0.27925	0.19730
Libor 3 Month	0.33410	0.32290	0.34510	0.23110
Libor 6 Month	0.55615	0.52690	0.55615	0.32465
Libor 1 Year	0.87465	0.83190	0.87465	0.55580

Euro Liber Rates	Latest	Wk ago	52-WEEK High	52-WEEK Low
Euro Liber Overnight	−0.18000	−0.18143	0.10000	−0.18286
Euro Liber 1 Week	−0.16929	−0.16286	0.01571	−0.17000
Euro Liber 1 Month	−0.13643	−0.13500	0.01357	−0.13714
Euro Liber 2 Month	−0.09929	−0.09786	0.03786	−0.09929
Euro Liber 3 Month	−0.07429	−0.06643	0.06286	−0.07429
Euro Liber 6 Month	−0.00143	−0.00214	0.15214	−0.00300
Euro Liber 1 Year	−0.09214	0.10000	0.30857	0.08929

Pound Liber Rates	Latest	Wk ago	52-WEEK High	52-WEEK Low
Pound Liber Overnight	0.48250	0.48250	0.48375	0.45313
Pound Liber 1 Week	0.48656	0.48563	0.49675	0.47625
Pound Liber 1 Month	0.51350	0.50600	0.51350	0.49819
Pound Liber 2 Month	0.53750	0.53788	0.54788	0.52338
Pound Liber 3 Month	0.57938	0.57938	0.59125	0.55213
Pound Liber 6 Month	0.73688	0.74125	0.76000	0.67563
Pound Liber 1 Year	1.04750	1.02500	1.08431	0.95338

Yen Libor Rates	Latest	Wk ago	52-WEEK High	52-WEEK Low
Yen Libor SpotNext	0.03000	0.02786	0.05429	0.00929
Yen Libor 1 Week	0.03571	0.02643	0.06043	0.00857
Yen Libor 1 Month	0.04943	0.04000	0.08300	0.02929
Yen Libor 2 Month	0.06214	0.06286	0.10071	0.06214
Yen Libor 3 Month	0.08143	0.07786	0.11214	0.07714
Yen Libor 6 Month	0.12157	0.12514	0.15500	0.11786
Yen Libor 1 Year	0.22614	0.23757	0.29257	0.22614

n.a.- not available

Source: ICE Benchmark Administration Ltd. Via SIX Financial Information

그림 9.2 화폐시장 이자율의 실제 사례

Source: *The Wall Street Journal*, 2015. Dow Jones & Company, Inc.

다. 우대금리는 대규모 상업은행이 단기 대출에 대해 청구하는 것이기 때문에 주요 단기 이자율이다 (이자율은 소수 플러스 또는 마이너스 스프레드로 표시). 우대금리는 기업 대출의 지표금리(bellwether rate)로 잘 알려져 있다. '화폐 이자율' 보고서에는 미국의 우대금리 외에도 캐나다, 유럽 중앙 은행, 일본, 스위스, 영국, 호주 및 홍콩의 우대금리가 표시되어 있다.

지표 금리
미래 동향의 선행지표가 되는 이자율. 예를 들면 인플레이션의 지표가 되는 이자율

연방기금 금리(federal funds rate)(또는 연방기금)는 상업은행 활동의 기준 금리이다. 연방기금 금리는 은행들이 1백만 달러 이상을 대출할 때 1일에 대해 청구하는 이자율이다. 이 은행 간 이자율은 자금을 빌려 주려는 은행이 고시하는 '제안 이자율'과 자금을 빌리기를 원하는 은행이 고시하는 '입찰 이자율' 사이에서 계속적으로 입찰과정을 통해 정해진다.

연방기금 금리
은행이 다른 은행에게 하루동안 100만 달러 이상의 자금을 대출해 주면서 받는 이자율

연방준비은행의 할인율은 상업 은행의 또 다른 중요한 이자율이다. 할인율(discount rate)은 연준이 하루 동안의 예비 대출을 위해 상업 은행에 제공하는 이자율이다. 화폐금융 수업에서 은행이 적립금의 일부에 해당하는 준비금을 유지해야 한다고 학습한 것을 기억할 것이다. 은행이 내부 공급원으로부터 충분한 준비금을 공급할 수 없는 경우, 연방기금시장을 통해 다른 은행으로부터 준비금을 빌려야 한다. 따라서 할인율과 연방기금 금리를 일반적으로 밀접하게 연결되어 있다.

할인율
연방준비은행이 회원 은행에게 부과하는 대출 이자율

연방준비은행은 미국의 중앙은행이다. 이후 장에서 더 자세히 논의하게 될 '연방준비은행'은 이자율과 화폐공급을 관리하여 물가상승률을 통제하고 안정적인 경제성장을 촉진시킬 책임을 갖고 있다. 할인율은 연방준비은행 통화정책의 기본적인 도구이다. 할인율 변경에 대한 발표는 종종 미래의 통화정책에 대한 연방준비은행의 의도를 나타내는 신호로 해석된다.

예를 들어, 연방준비제도 이사회(FRB)는 물가상승률 압력을 제어하기 위해 할인율을 증가시켜 긴축 정책을 추구 할 수 있다는 신호를 보낼 수 있다. 마찬가지로, 연방준비은행은 할인율을 낮춤으로써 경제 활동을 촉진하기 위해 완화 정책을 추구할 의사를 표시할 수 있다. 물론, 할인율 변경은 단순히 연방준비제도 이사회가 금융시장 상황을 주도하기보다는 시장 상황에 대응하는 것이다. 실제로, 연방준비제도 이사회는 종종 거위 무리의 리더처럼 행동하는데, 즉 다른 방향으로 향하는 구성원이 리더와 같은 방향으로 날아오도록 돕는 역할을 한다.

공시되는 또 다른 중요한 이자율은 콜머니 금리(call money rate) 또는 콜 금리라고 불리는 이자율이다. 콜머니는 은행에서 증권사으로의 실시되는 대출을 말하며, 콜 금리는 대출하는 증권사가 대출에 대해 지불하는 이자율이다. 2장에서 논의한 것처럼 증권사는 콜 머니 대출을 통해 조달된 자금을 사용하여 레버리지 주식 및 채권 구매가 필요한 고객에게 자금을 빌려준다. 콜 금리는 증권사가 고객의 콜 머

콜머니 금리
고객에게 신용 거래 대출을 하기 위해 은행으로부터 자금을 빌릴 때 지불하는 이자율

니 대출에 대해 이자율을 설정하는 데 사용하는 기본 이자율이다. 증권사는 일반적으로 고객에게 콜 머니 요금에 보험료 명목으로 프리미엄(또는 스프레드)을 더해 빌려준다. 따라서 고객은 기본 콜 머니 금리에 1%를 더한 마진 대출로 보통 주식을 구매할 수 있다.

기업어음(commercial paper)은 대기업이 발행한 단기, 무담보 채권이다. 기업어음 시장은 은행 및 보험 회사와 같은 금융 회사 또는 대기업의 금융 자회사가 지배한다. 주요 기업어음 이자율은 General Electric Capital Corporation(General Electric의 재무 부서)이 단기 부채 발행에 대해 지불하는 이자율이다. General Electric Capital이 가장 큰 상업용 용지 발행 업체 중 하나이기 때문에 이 기업어음 이자율이 시장의 벤치 마크 이자율이다. 기업어음을 발행하는 대부분의 다른 기업은 이 기준 금리보다 약간 높은 금리를 지불한다. 기업어음은 초과 자금을 갖고 있는 포트폴리오 관리자 및 기업 재무 담당자들이 단기로 투자 결정을 내리기에 좋은 투자 수단이다. 유로 기업어음은 달러가 아닌 유로로 표시된 기업어음을 말한다.

기업어음
대기업에 의해 발행된 단기, 무담보 채권

리보금리는 런던 상업 은행이 다른 은행의 달러 예금에 대해 제공하는 이자율이다. 리보금리(London Interbank Offered Rate, LIBOR)는 아마도 런던 금융시장을 나타내는 데 가장 널리 사용되는 금리일 것이다. 은행 대출 이자율은 종종 리보에 프리미엄을 더한 금액으로 표시되며, 여기서 프리미엄은 은행과 고객간 협상에 의해 결정된다. 예를 들어, 기업은 런던 은행에서 리보에 2%를 더한 금리로 대출을 받을 수 있다. 유로 리보는 17개 유럽 연합 국가의 공통 화폐인 유로로 표시된 예금을 말한다. 리보와 마찬가지로, 유로 리보금리는 런던 은행이 제공한 자료를 기초로 영국은행협회(BBA)에 의해 계산된다. 유리보(Euribor)는 유로로 표시된 예금을 나타내는 이자율이다. 그러나 유리보는 유럽연합 은행 간 시장의 이자율을 기초로 한다. 하이버(Hibor)는 홍콩 달러를 기준으로 하는 이자율로 홍콩 은행 간 시장의 이자율이다.

리보금리
국제 은행들이 익일 유로 달러 대출 거래를 위해 지불하는 이자율

유로 달러(eurodollars)는 외국 은행 또는 미국 은행의 외국 지점에 있는 미국 달러로 표시된 예금이다. 유로 달러 이자율은 대규모 유로 달러 예금 증서에 대해 지불되는 이자율이다. 유로 달러 CD는 협상 가능하며 유로 달러 화폐시장에서 매우 활발하게 거래된다. '화폐 이자율' 보고서에는 다양한 만기에 대한 유로 달러 이자율이 나와 있다.

유로 달러
외국 은행 또는 미국 은행의 외국 지점에 대한 미국 달러 표시 예금

미국 재무부 단기국채(U.S. Treasury bills, 또는 T-bills)는 미국 재무부를 통해 발행된 단기 미국 정부 부채를 나타낸다. 단기국채 시장은 1년 이하 만기의 새로운 채권을 취급하는 큰 시장이다. 이와 같이 단기국채 시장은 단기 이자율의 전반적인 수준을 결정하는 데 있어 다른 모든 신용 시장을 이끌고 있다. '화폐 이자율'은

미국 재무부 단기국채
미국 재무부가 발행 한 단기 미국 정부 채권

가장 최근의 재무부 경매에서 설정한 국채 이자율을 보도한다. 각 재무부 경매에서 결정된 이자율은 전 세계의 전문 통화 관리자가 면밀히 지켜보고 있다. 환매조건부채권(repo) 이자율은 미국 T-bill을 담보로 제공한 익일대출에 부과되는 이자율이다.

'Freddie Mac'이라고 불리는 FHLMC(Federal Home Loan Mortgage Corporation, 연방주택담보대출공사)와 'Fannie Mae'이라고 불리는 FNMA(Federal National Mortgage Association, 연방저당권협회)는 대규모 주택담보대출을 구매하여 수 백만 달러의 주택담보대출을 묶어 담보 대출 기금을 운영하는 정부 후원 기관이다. '화폐 이자율'에 보도된 이자율은 새로 만들어지는 주택담보대출 이자율의 지표이다. 주택담보대출은 장기적인 의무이므로 실제로는 이자율이 아니다. 그러나, 수조 달러의 주택담보대출이 눈에 띄기 때문에, 주택담보대출 시장은 금융 시장 활동에 상당한 영향을 미친다.

양도성 예금증서
상업 은행에 특정 기간 동안 10만 달러 이상의 예금을 예치하고 받는 증서

그림 9.2에 보고되지 않은 다른 중요한 화폐 이자율이 있다. **양도성 예금증서**(certificates of deposit, CD)또는 CD에 대해 지불하는 이자율이 그것이다. 양도성 예금증서는 특정 기간 동안 상업 은행에서 받은 $ 100,000 이상의 대규모 예금을 나타낸다. CD에 지불되는 이자율은 일반적으로 입금 기간에 따라 다르다. 예를 들어, 6개월 CD는 3개월 CD보다 높은 이자율을 지불하며, 3개월 CD는 1개월 CD보다 높은 이자율을 지불한다.

대규모 양도성 예금증서는 일반적으로 협상 가능한 수단으로, 중개자를 통해 투자자들 사이에서 사고 팔 수 있다. 때문에 종종 협상 가능한 예금 증서 또는 협상 가능한 CD라고 한다. 여기에 설명된 대형 CD는 은행이 개인고객에게 제공하는 소형 CD와 혼동되어서는 안 된다. 이 소형 CD는 단순히 은행 예금이다. 그들은 일반적으로 대형 종목 CD보다 낮은 이자율을 지불하며 협상 불가능한 상품이다.

은행 인수어음
은행에 의해서 지불을 보장받는 후일 지불수표, 국제 무역 거래에 일반적으로 사용

또 다른 중요한 이자율은 **은행 인수어음**(banker's acceptance)이며, 이는 상업 은행이 지불을 보증한 후일지불어음이다. 은행 인수어음은 일반적으로 국제 무역 거래에서 사용된다. 예를 들어, 수입 업체가 싱가포르에 있는 회사로부터의 컴퓨터 부품을 구매하고 배송 후 3개월이 지나 제품에 대한 비용을 지불하기로 했다고 하자. 수입업체는 후일 지불수표를 발행하는데 수출업자가 일단 상품을 배송하면 수표에 명시된 날짜에 수입업자의 은행이 지급보증을 한다.

상품이 선적된 이후, 수출업자는 관련 서류를 제시하고, 모든 것이 문제가 없다면, 은행은 수표에 ACCEPTED라는 단어를 찍는다. 이 시점에서 수입업자의 거래은행은 이 거래를 승인한 것으로, 즉, 만기(수표 날짜)에 인수어음의 액면가(수표 금액)를 지불하겠다고 약속한 것이다. 그 다음 수출 업체는 만기까지 기다리거나

금융 시장에서 그 인수어음을 판매 할 수 있게 된다. '화폐 이자율'에 게시 된 은행 인수어음 이자율은 가장 큰 상업은행이 은행인수어음에 대해 부과하고 있는 이자율이다.

확인 사항

9.1a 어떤 화폐 시장 이자율이 상업은행에 가장 중요한가?

9.1b 어떤 화폐 시장 이자율이 비 은행 기업에게 중요한가?

9.2 화폐시장 가격과 이자율

단기금융시장 증권들은 일반적으로 만기 전에는 지불하는 금액이 없고 만기에 액면가를 한번에 지불한다. 이러한 유가 증권은 액면가에 비해 할인되어 판매되기 때문에 순수할인증권(pure discount securities)이라고 한다. 이 절에서는 화폐 시장 상품의 가격과 이에 표시된 이자율 간의 관계에 대해 설명한다.

순수할인증권
만기전에는 어떠한 지불도 하지 않고, 만기 시 액면가를 지불하는 이자수익자산

이 절에서 알 수 있는 것 중 하나는 시장에는 여러 다양한 이자율이 존재한다는 것이며 이로 인해 다양한 상품들의 투자수익율을 비교할 때 문제가 발생하게 된다. 따라서 다양한 이자율을 비교하기 위해서는 산출방식을 통일시키는 것이 필요하다.

다양한 이자율을 표준화 하는 과정을 학습하다 보면, 왜 모든 사람이 이자율과 가격을 일정한 방식으로 계산하는 데 동의하지 않는지 알게 될 것이다. 이자율 산출방식을 표준화하는 것이 필요하지만 실제로는 여전히 다양한 이자들이 존재한다. 결과적으로 우리는 금융 시장에서 실제로 사용되는 다양한 과정 중 일부를 검토해야 한다. 비록 이것들이 수백년된 절차에 뿌리를 두고 계산되기에 지루하기도 하지만, 계산이 신비스럽거나, 특히 어렵지 않다는 것을 인식하게 되기를 바란다. 매일 수십억 달러의 유가 증권이 이러한 수치를 기준으로 거래되므로 이를 이해하는 것이 매우 중요하다.

주목해야 할 또 다른 사항은 '수익률'이라는 단어이다. 현재로서는 이자 수익자산의 수익률이 단순히 자산이 제공하는 이자율의 척도로 생각하면 된다. 수익률에 대해서는 다음 장에서 자세히 설명할 것이다.

채권 수익률과 많은 이자율은 소수점 이하 두 자리(예: 5.82%)까지의 백분율로 표시된다. 여기서 가능한 가장 작은 변화는 0.01% 또는 0.0001이다. 1%의 1%인

베이시즈 포인트
이자율 또는 채권 수익률과 관련되는 경우에 '1 b.p.'는 1%의 1%를 의미한다.

이 금액을 베이시스 포인트(basis point)라고 한다. 따라서 5.82%의 이자율이 5.94%로 상승하면 이 비율이 94−82=12b.p. 상승했다고 말할 수 있다. 소수점 왼쪽의 수(즉, '5')를 '핸들'이라고 한다. 트레이더들은 계속 이 거래를 하고 있기 때문에 이자율을 인용하거나 논의할 때 핸들에 대해서는 생략할 수 있다.

은행 할인율 고시

은행 할인 기준
화폐 시장 상품에서 이자율을 고시하는 방법

재무부 단기국채 및 은행인수어음을 포함하여 일부 주요 화폐시장 증권 이자율은 은행 할인 기준(bank discount basis) 또는 단순히 할인기준으로 표시된다. 할인 기준으로 표시된 이자율을 종종 할인수익률이라고 부른다. 특정 화폐시장 상품에 대해 은행 할인 기준으로 이자율이 제시되면 다음과 같이 해당 상품의 가격을 계산할 수 있다.

$$\text{현재 가격} = \text{액면가} \times \left(1 - \frac{\text{만기}}{360} \times \text{할인수익률}\right) \tag{9.4}$$

여기서 할인수익률이라는 용어는 단순히 고시된 이자율을 나타낸다. 앞서 논의한 연방준비은행의 할인율과 혼동해서는 안 된다.

예를 들어, 은행인수어음으로 90일 안에 지급될 액면가 100만 달러가 있다고 가정한다. 할인 기준으로 표시된 이자율이 5% 인 경우 현재 인수가격은 얼마인가?

다음 계산에서 알 수 있듯이 5%의 할인수익률과 90일의 만기의 현재 가격은 $ 987,500이다.

$$\$987{,}500 = \$1{,}000{,}000 \times \left(1 - \frac{90}{360} \times 0.05\right)$$

액면가 백만 달러와 $987,500의 가격 차이는 $12,500이며 이 값을 '할인'이라고 한다. 이 할인은 어음이 만기가 될 때까지 90일 동안 얻은 이자이다.

인수 가격을 계산하는 데 사용된 공식은 1년에 360일의 영업일을 가정한다. 이 연습은 계산을 수동으로 직접 해야 했던 시간으로 거슬러 올라간다. 실제 365 일이 아닌 정확히 90일의 4개의 분기로 가정하면 수동 할인 계산이 더 간단하고 오류의 영향을 덜 받는다. 결과적으로, 1년 365일 동안 360일로 할인되고 5%의 은행 할인 수익률을 사용한다면 결과 값 $949,305.56은 다음과 같이 계산된다.

$$\$949{,}305.56 = \$1{,}000{,}000 \times \left(1 - \frac{365}{360} \times 0.05\right)$$

예제 9.2
화폐시장 가격

할인기준으로 적용되는 특정 화폐시장 금융상품의 수익률이 4%이다. 이 상품의 액면가는 10만 달러이고 만기는 71일이다. 이 금융상품의 현재가격은 얼마인가? 만기가 51일인 경우 현재가격은?

은행할인기준공식을 사용하면 우리는

$$\text{현재 가격} = \text{액면가} \times \left(1 - \frac{\text{만기}}{360} \times \text{할인수익률}\right)$$

$$\$99{,}211.11 = \$100{,}000 \times \left(1 - \frac{71}{360} \times 0.04\right)$$

만기가 51일인 경우 현재가격이 99,433.33달러인 것은 스스로 체크하라.

단기국채(T-bill) 이자율 고시

〈월스트리트 저널〉 온라인 버전에서는 영업일마다 미국 T-bill에 대한 현재 이자율을 게재한다. 그림 9.3은 '재무성 채권' 금리 보고서를 재현한 것이다. 각 채권의 만기는 월-일-년 형식으로 표시된다. 만기 뒤의 두 열은 각각 발행되는 채권에 대한 매수와 매도 할인 값이다. T-bill 딜러는 매수 할인을 사용하여 T-bill에 기꺼이 지불할 금액을 밝히고, 매도 할인은 딜러가 T-bill을 판매하기 위해 받아들일 가격을 나타낸다. 다음 열에는 전날에 비해 변경된 매도할인이 표시된다.

예를 들어, 2016년 4월 7일에 만료된 매수 할인율이 0.178%이고 매도 할인율 0.168%이고 이 채권이 156일 후에 만료된다고 하자. 액면가 1백만 달러의 T-bill의 경우, 해당 매수 및 매도가격은 표시된 할인율과 함께 은행 할인 기준 가격 공식을 사용하여 계산할 수 있다. 예를 들어 매수가격은:

$$\text{매수가격} = \$999{,}228.67 = \$1{,}000{,}000 \times \left(1 - \frac{156}{360} \times 0.00178\right)\text{이며}$$

매도가격은 $999,272가 될 것이다.

예제 9.3
단기국채 가격

만기일이 85일 남은 액면가 오백만 달러인 T-bill을 구매하려고 한다고 가정하자. 매도 할인율이 3.41%인 경우 지불해야 하는 금액은 얼마인가?

구매를 위해서는 매도가격을 지불해야 한다. 매도가격을 계산하기 위해 은행할인기준공식에서 매도 할인율을 사용하면 매도가격은

$$\text{매도가격} = \$4{,}959{,}743.06 = \$5{,}000{,}000 \times \left(1 - \frac{85}{360} \times 0.0341\right)$$

그림 9.3

미국 재무부 단기국채 (T–bill)

Source: *The Wall Street Journal*, 2015. Dow Jones & Company, Inc.

TREASURY BILLS

GO TO: Notes and Bonds

Monday, November 02, 2015

Treasury bill bid and ask data are representative over-the-counter quotations as of 3pm Eastern time quoted as a discount to face value. Treasury bill yields are to maturity and based on the asked quote.

Maturity	Bid	Asked	Chg	Asked yield
11/5/2015	0.000	−0.010	−0.013	−0.010
11/12/2015	0.000	−0.010	−0.018	−0.010
11/19/2015	−0.003	−0.013	−0.013	−0.013
11/27/2015	0.008	−0.003	−0.013	−0.003
12/3/2015	0.010	0.000	−0.023	0.000
12/10/2015	0.010	0.000	−0.025	0.000
12/17/2015	0.023	0.013	0.003	0.013
12/24/2015	0.063	0.053	0.015	0.053
12/31/2015	0.053	0.043	0.003	0.043
1/7/2016	0.063	0.053	−0.008	0.053
1/14/2016	0.093	0.083	0.015	0.084
1/21/2016	0.068	0.058	−0.005	0.059
1/28/2016	0.068	0.058	−0.015	0.059
2/4/2016	0.075	0.065	−0.028	0.066
2/11/2016	0.100	0.090	0.023	0.092
2/18/2016	0.103	0.093	0.015	0.094
2/25/2016	0.100	0.090	0.018	0.092
3/3/2016	0.123	0.113	0.023	0.114
3/10/2016	0.133	0.123	0.038	0.125
3/17/2016	0.150	0.140	0.045	0.142
3/24/2016	0.160	0.150	0.030	0.153
3/31/2016	0.183	0.173	unch.	0.176
4/7/2016	0.178	0.168	0.023	0.170
4/14/2016	0.208	0.198	0.025	0.201
4/21/2016	0.205	0.195	0.002	0.198
4/28/2016	0.243	0.233	0.008	0.237
5/26/2016	0.240	0.230	0.015	0.234
6/23/2016	0.288	0.278	0.005	0.283
7/21/2016	0.323	0.313	0.020	0.318
8/18/2016	0.330	0.320	0.023	0.326
9/15/2016	0.338	0.328	0.010	0.334
10/13/2016	0.338	0.328	0.008	0.334

3.42%의 매수 할인율을 가정하여 이 채권에 대한 매수가격을 계산하라. 매도 할인율이 매수 할인율보다 낮으면 매도가격이 매수가격보다 높다. 그 이유는 할인이 클수록 가격이 낮아지기 때문이다.

T–bill의 가격은 내장 스프레드시트 기능을 사용하여 계산할 수 있다. 스프레드시트 분석에 있는 엑셀 스프레드시트를 사용하여 T–bill의 가격을 계산하는 방법에 대한 예가 나와 있다.

스프레드시트 분석

재무부 단기국채 가격 및 수익률 계산

	A	B	C	D	E	F	G	H
1								
2		Treasury Bill Price and Yield Calculations						
3								
4	A Treasury bill traded on May 16, 2016, pays $100 on August 15, 2016. Assuming							
5	a discount rate of 0.65 percent, what are its price and bond equivalent yield?							
6	Hint: Use the Excel functions TBILLPRICE and TBILLEQ.							
7								
8		$99.8357	=TBILLPRICE("5/16/2016","8/15/2016",0.0065)					
9								
10		0.660%	=TBILLEQ("5/16/2016","8/15/2016",0.0065)					
11								
12								
13	A credit card charges a nominal annual interest rate of 15 percent. With interest							
14	charged monthly, what is the effective annual rate (EAR) on this credit card?							
15	Hint: Use the Excel function EFFECT							
16								
17		16.075%	=EFFECT(0.15,12)					
18								

그림 9.3의 마지막 열에는 각 T-bill 발행에 대한 매도수익률이 나와 있다. 매도수익률이 할인 기준으로 표시되지 않았다는 것을 아는 것이 중요하다. 대신, 이것은 '채권등가수익률'로 표시되어 있다. 할인율과 달리, 채권등가수익률은 365일을 가정한다. 채권등가수익률은 주로 T-bill의 수익률을 T-bond와 다른 채권뿐만 아니라 다른 단기금융 시장상품의 수익률과 비교하는 데 사용된다(다음 장에서 이러한 장기적인 수익률에 대해 논의한다).

은행할인수익률 vs 채권등가수익률

은행할인수익률은 다음 공식을 사용하여 채권등가수익률로 변환된다.

$$\text{채권등가수익률} = \frac{365 \times \text{할인수익률}}{360 - \text{만기} \times \text{할인수익률}} \tag{9.5}$$

이 변환 공식은 만기가 6개월 이하인 채권에 적합하다. 6개월을 초과하는 만기채권의 등가 수익률 계산은 조금 더 복잡하며, 특히 6개월을 초과하는 만기의 T-bill 자체가 일반적이지 않기 때문에 여기서 논의하지는 않을 것이다.

예를 들어, 만기까지 170일인 T-bill에 대한 매도 할인율이 3.22%일 때, 채권의 수익률은 얼마인가? 변환 공식에 연결하면 3.22% 할인수익률은 다음과 같이 채권등가수익률로 변환된다.

$$0.03315 = \frac{365 \times 0.0322}{360 - 170 \times 0.0322}$$

이 채권의 등가수익률은 3.315%이다.

예제 9.4

채권 등가 수익률

T-bill의 만기일이 45일이고 매도 할인율이 5%라고 가정한다. 그러면 채권등가수익률은 얼마인가? 채권등가수익률 변환 공식을 사용하면 다음과 같다:

$$0.05101 = \frac{365 \times 0.05}{360 - 45 \times 0.05}$$

따라서 채권등가수익률은 5.101%이다.

채권등가수익률은 내장 스프레드시트 기능을 이용하여 계산할 수 있다. 엑셀 스프레드시트를 사용하여 채권에 상응하는 수익률을 계산하는 방법의 예는 스프레드시트 분석에 표시되어 있다.

흔히 윤년을 처리하는 방식 때문에 채권등가수익률 계산에 대한 혼동이 발생한다. 따라서 다음 12개월 내에 2월 29일이 있다면 366일을 사용해야 한다. 예를 들면 2016년은 윤년이다. 따라서 2015년 3월 1일부터 식 (9.6)의 분자에 366일을 사용해야 한다. 그런 다음 2016년 3월 1일부터 365일로 되돌려야 한다.

예제 9.5

미래로 돌아가기: 윤년 채권등가수익률

2015년 12월에 책정된 만기 119일이며 5.41%로 매수할인된 T–bill 가격의 매도수익률(채권등가수익률)을 계산하시오.

2016년은 2월29일을 포함하고 있기때문에 우리는 365일 대신 366일을 사용한다. 이것을 변환공식에 대입하면

$$0.0560 = \frac{366 \times 0.0541}{360 - 119 \times 0.0541}$$

따라서 5.60%는 채권등가수익률로 표시된 매도수익률이다.

다음과 같이 채권등가수익률과 매도수익률을 사용하여 T-bill의 매도가격을 계산할 수 있다.

$$\text{Bill 매도가격} = \frac{\text{액면가}}{1 + \text{채권등가수익률} \quad \times \text{만기}/365} \qquad (9.6)$$

예를 들어, 우리는 만기까지 170일, 3.22% 매도 할인율을 갖는 T-bill의 채권등가수익률을 3.315%로 계산했다. 채권등가수익률을 사용하여 T-bill의 매도가격을 계산하였을 때

$$\$984,795 = \frac{\$1,000,000}{1 + 0.03315 \times 170/365}$$

작은 반올림 오류를 무시하고 은행할인수익률 공식을 사용하였을 때도 동일한 가격을 얻었는지 확인하라.

채권등가수익률, APRS, 그리고 EARS

할인 기준으로 고시되지 않은 화폐 시장 이자율은 단순 이자율로 고시된다. 단순 이자율은 소비자 대출과 마찬가지로 연이율(APR)로 계산된다. 따라서 화폐시장 이자율은 대부분 은행 할인 이자율 또는 연이율이다. 예를 들면, CD 이자율은 APR이다.

실제로 만기 6개월 미만의 T-bill의 채권등가수익률도 APR이다. 결과적으로 다른 APR과 마찬가지로 T-bill의 채권등가수익률도 실효 연간 수익률(EAR)에 비해 과소평가된다. 화폐 시장과 관련하여 EAR은 때때로 실효 연간 수익률, 실효 수익률 또는 연간수익률이라고 한다. 무엇으로 불리든 간에, T-bill 또는 다른 화폐 시장 상품이 우리에게 실제로 얼마의 수익을 지불하는지를 알아 내기 위해서는 또 다른 전환이 필요하다.

그러나, APR은 기간 당 이자율에 1년에 해당 기간이 포함되는 횟수를 곱한 것과 같다. 예를 들어, 자동차 할부 이자율이 월 1%인 경우 APR은 1%×12=12%이다. 일반적으로 m을 1년 중 기간 수로 지정하면 APR은 다음과 같이 EAR로 변환된다.

$$1 + EAR = \left(1 + \frac{APR}{m}\right)^m \qquad (9.7)$$

예를 들어, 12% APR 자동차 할부에 대한 EAR은 다음과 같이 결정된다:

$$\begin{aligned} 1 + EAR &= \left(1 + \frac{0.12}{12}\right)^{12} \\ &= 1.01^{12} \\ &= 1.126825 \\ EAR &= 12.6825\% \end{aligned}$$

따라서, 자동차 할부 이자율은 연12.6825%이 된다.

예제 9.6 APRs과 EARs

일반적으로 신용카드는 APR 18%로 책정된다. 따라서 여러분들이 신용카드사에 실제 지불하는 이자율은 매월 1.5%인 것을 알 수 있다. 그러면 여러분들이 실제 신용카드사에 지불하는 EAR은 얼마인가? 1년이 12기간으로 구성되는 경우, 18%의 APR은 다음과 같은 EAR로 변환할 수 있다.

$$\begin{aligned} 1 + EAR &= \left(1 + \frac{0.18}{12}\right)^{12} \\ &= 1.015^{12} \\ &= 1.1956 \\ EAR &= 19.56\% \end{aligned}$$

따라서 신용카드의 EAR은 년간 19.56%이다.

EAR은 포함된 스프레드시트 함수를 통해 계산할 수 있다. 엑셀 스프레드시크를 사용하여 유효연이율을 계산하는 방법의 예는 스프레드시트 분석에 표시되어 있다.

이제 T-bill의 채권등가수익률이 APR이라는 것을 알기 위해 앞에서 고려했던 채권(3.22% 할인, 170일 만기)의 가격을 계산해보자. 은행할인수익률 공식을 사용하면 액면가 100만 달러인 채권의 매도가격은 다음과 같다.

$$\text{매도가격} = \$984{,}794 = \$1{,}000{,}000 \times \left(1 - \frac{170}{360} \times 0.0322\right)$$

할인액은 $15,206이다. 따라서 $984,794을 170일 투자함으로써 $15,206의 이자를 얻게 된다. 백분율 기준으로는 다음을 얻게 된다.

$$1.544\% = \frac{\$15{,}206}{\$984{,}794}$$

365일로 계산하면 170일의 365/170=2.147의 기간이 된다. 따라서 170일 동안 얻은 수익에 1년에 170일 기간이 포함되는 수를 곱하면,

$$3.315\% = 2.147 \times 1.544\%$$

이것은 우리가 앞서 계산 한 채권등가수익률이다.

마지막으로 이 T-bill의 채권등가수익률 3.315%를 사용하여 EAR을 계산할 수 있다.

$$\begin{aligned} 1 + EAR &= \left(1 + \frac{0.03315}{2.147}\right)^{2.147} \\ &= 1.03344 \\ EAR &= 3.344\% \end{aligned}$$

결국 우리는 이 T-bill에 대해 세 가지 다른 이자율을 산출할 수 있다. 마지막으로, EAR을 통해 실제 수익의 수준을 가늠할 수 있다. 즉, 얼마 만큼의 이율을 누리고 있는가에 대한 답변이 가능해진다.

예제 9.7

할인, APRs 그리고 EARs

60일 만기인 화폐시장 상품의 공시 매도가격은 액면가 $100당 $99이다. 은행할인수익률, 채권등가수익률 및 실효연간수익률은 각각 얼마인가?

먼저 은행 할인수익률을 얻으려면 은행할인수익률 공식을 이용하여 은행 할인수익률을 구해야 한다.

$$\$99 = \$100 \times \left(1 - \frac{60}{360} \times \text{할인수익률}\right)$$

약간의 대수를 사용하면 은행 할인수익률이 6%임을 알 수 있다.

우리는 이를 이용하여 채권등가수익률을 계산할 수 있다.

$$6.145\% = \frac{365 \times 0.06}{360 - 60 \times 0.06}$$

따라서 채권등가수익률은 6.145%이다.

마지막으로 EAR을 얻기위해서 1년을 60일로 나누면 365/60=6.0833이 되고, 따라서

$$1 + EAR = \left(1 + \frac{0.06145}{6.0833}\right)^{6.0833}$$
$$= 1.06305$$
$$EAR = 6.305\%$$

이 예는 일반적으로 할인율이 채권등가수익률보다 낮다는 것을 보여주며, 또한 채권등가수익률은 EAR보다더 낮은 수준이다.

확인 사항

9.2a 화폐시장상품에 중요한 세 가지 금리유형은 무엇인가?

9.2b T-bill 이자율은 어떻게 공시되는가? CD 이자율은 어떻게 공시되는가? 공시방식이 금융시장 상품에 있어 중요한가?

9.2c 세 가지 유형의 금리 중 가장 큰 것은 무엇인가? 어느 것이 가장 작은가? 어느 것이 가장 의미가 있는가?

9.3 채권의 이자율과 수익률

지금까지 우리는 단기 이자율에 중점을 두었으며, 여기서 '단기'는 1년 이하를 의미한다. 물론 단기만이 관심을 갖는 유일한 이자율이 아니므로 이제는 채권을 살펴보면서 장기 이자율에 대해 논의를 시작하겠다. 이 논의를 보다 명쾌하게 하기 위해 장기 이자율이 어떻게 계산되는가는 다음 장에서 이야기하겠다.

채권에는 다양한 발행 주체의 장기 채무 계약이 포함된다. 채권의 가장 큰 단일 발행기관은 미국 정부이다. 발행 규모가 두 번째로 큰 경우는 부동산 구매를 위해 발행된 모기지이다. 채권 발행 주체에 따라 구분하면 그 다음이 기업이 발행 한 채권과 지자체가 발행한 채권이다. 각 주체는 수조 달러의 부채를 갖고 있다. 회사채권 및 지방 정부 채권은 다음 장에서 다룬다.

미국 정부채권은 규모가 크기 때문에 미국 재무부의 채권이 세계 채권 시장을 주도한다. 미국 재무부 채권 이자율은 전 세계에서 면밀히 관찰되며 대부분의 주요 신문에서 매일 보고되는 것을 볼 수 있다.

재무부 채권 수익률 곡선

재무부 채권 수익률 곡선
만기에 대한 재무부 채권의 수익률 그래프

재무부 채권 수익률 곡선(treasury yield curve)은 만기에 따른 재무부 채권 수익률을 나타내는 그래프이다. 수익률은 세로축에 만기는 가로축에 표시된다. 재무부 채권 수익률은 채권 시장 분석의 기본이다. 이는 재무부 채권수익률이 금융 시장이 세계에서 가장 높은 신용 등급(미국 정부)을 가진 세계 최대 채무자에게 부과하고 있는 가장 관심이 많은 이자율이기 때문이다. 본질적으로 재무부 채권 수익률 곡선은 부도 위험이 없는 채권에 대한 만기이자율을 나타낸다. 따라서 거의 모든 국가의 채권 이자율은 미국 재무부 채권 이자율과 연관되어 결정된다.

다른 채권들의 이자율

그림 9.4는 Barclays Capital과 Merrill Lynch라는 두 증권 회사가 구성한 채권시장 지수를 기준으로 이자율을 표시한 것이다. 지난 52주 동안의 현재 이자율, 가장 높고 낮은 이자율들이 여러 채권 지수를 측정하기 위해 보고된다. 이 채권 시장 '추적 벤치 마크' 지수는 다양한 유형의 채권수익률에 대한 정보를 제공한다. 이후의 여러 장에서 이들에 대해 훨씬 더 자세히 논의 할 것이기 때문에 여기서는 간략히 설명한다.

Tracking Bond Benchmarks

Monday, November 02, 2016

Closing index values, return on investment and yields paid to investors compared with 52-week highs and lows for different types of bonds. Preliminary data and data shown as "n.a." will update around 12p.m. the following business day.

					YELD (%), 52-WEEK RANGE			SPREAD, 52-WEEK RANGE ⊠ Latest		
Index	Close	% Chg	YTD total return	52-wk % Chg	Latest	Low	High	Latest	Low	High
Broad Market Barclays Capital										
U.S.Government Credit	2104.57	−0.15	0.75	1.57	2.320	1.780	2.370	66.00	50.00	71.00
Barclays Aggregate	1834.63	−0.11	1.03	1.84	2.410	1.920	2.480	54.00	42.00	61.00
Hourly Treasury Indexes Barclays Capital										
Composite (Price Return)	1458.31	−0.13	1.38	2.60	1.480	1.240	2.130	–	–	–
Composite (Total Return)	13679.21	−0.12	3.94	4.99	1.480	1.240	2.130	–	–	–
Intermediate (Price Return)	1287.30	−0.10	2.70	2.76	1.280	1.020	1.990	–	–	–
Intermediate (Total Return)	11343.49	−0.09	4.57	4.98	1.280	1.020	1.990	–	–	–
Long-Term (Price Return)	2202.42	−0.33	−2.82	1.41	2.760	2.130	3.090	–	–	–
Long-Term (Total Return)	26102.07	−0.32	−0.15	4.98	2.760	2.130	3.090	–	–	–
U.S. Corporate Indexes Barclays Capital										
U.S. Corporate	2491.26	−0.17	0.15	0.83	3.460	2.780	3.550	159.00	118.00	171.00
Intermediate	2431.20	−0.11	1.65	1.80	2.830	2.210	2.920	133.00	94.00	145.00
Long-Term	3196.38	−0.29	−3.19	−1.15	4.900	4.030	5.040	218.00	168.00	232.00
Double-A-rated (AA)	519.50	−0.16	1.09	2.08	2.540	1.980	2.690	89.00	66.00	100.00
Triple-B-rated (Baa)	623.57	−0.18	−0.72	−0.42	4.070	3.280	4.140	210.00	151.00	224.00
High Yield Bonds Merrill Lynch										
High Yield Constrained	347.81	0.16	0.31	−1.90	7.413	5.849	8.220	583.00	429.00	683.00
Triple-C-rated (CCC)	309.12	0.06	−6.42	−10.62	14.153	9.528	16.587	1283.00	815.00	1519.00
High Yield 100	2487.77	0.17	−0.46	−1.94	6.298	5.016	7.605	479.00	367.00	620.00
Europe High Yield Constrained	268.20	0.10	2.63	3.14	4.338	3.330	5.732	487.00	358.00	556.00
Global High Yield Constrained	315.88	0.16	1.79	−0.57	7.255	5.863	8.046	600.00	457.00	700.00
U.S. Agency Indexes Barclays Capital										
U.S. Agency	1587.39	−0.09	1.46	1.93	1.420	1.110	1.470	14.00	12.00	19.00
10-20 years	1433.94	−0.05	1.56	1.73	1.150	0.940	1.260	8.00	6.00	14.00
20-plus years	3033.11	−0.38	0.46	4.17	3.150	2.490	3.370	66.00	51.00	71.00
Mortgage-Backed Barclays Capital										
Mortgage-Backed	1906.79	−0.02	1.67	2.50	2.660	2.280	2.900	23.00	13.00	44.00
Ginnie Mae (GNMA)	1886.82	0.00	1.41	2.03	2.580	2.170	2.860	11.00	−2.00	51.00
Freddie Mae (FHLMC)	1717.80	−0.02	1.72	2.57	2.710	2.310	2.930	30.00	18.00	44.00
Fannie Mae (FNMA)	1115.47	−0.03	1.79	2.73	2.630	2.300	2.910	26.00	16.00	41.00
Mortgage-Backed Merrill Lynch										
Ginnie Mae (GNMA)	727.67	−0.04	1.31	2.94	2.667	2.345	2.982	7.00	−5.00	33.00
Fannie Mae (FNMA)	688.94	−0.06	2.19	3.80	2.763	2.131	3.148	9.00	−5.00	24.00
Freddie Mae (FHLMC)	427.03	−0.11	2.06	3.50	2.878	2.175	3.186	16.00	0.00	31.00
U.S. Corporate Debt Merrill Lynch										
1-10 Year Maturities	1784.12	−0.05	1.75	1.73	2.874	2.289	2.944	141.00	108.00	157.00
10+ Year Maturities	2442.03	−0.24	−3.22	−1.23	4.950	4.100	5.069	223.00	175.00	240.00
Coporate Masser	2603.82	−0.13	0.33	0.89	3.468	2.841	3.524	165.00	127.00	180.00
High Yield	1501.01	0.17	0.34	−1.88	7.359	5.785	8.147	576.00	422.00	675.00
Yankee Bonds	1836.28	−0.05	0.95	0.69	3.053	2.520	3.096	146.00	113.00	167.00
U.S. Corporate Debt S&P Dow Jones Indices										
U.S. Issued High Yield	110.12	0.14	0.79	−1.26	7.194	5.731	8.079	577.53	433.88	678.82
U.S. Issued Investment Grade	106.18	−0.15	0.17	1.15	3.232	2.604	3.338	151.09	115.28	169.37
Tax-Exempt Merrill Lynch										
Munin Master	494.31	−0.04	1.91	2.62	1.822	1.475	2.099	0.00	−10.00	10.00

그림 9.4 벤치 마크 채권의 추적

Source: *The Wall Street Journal*, 2015. Dow Jones & Company, Inc.

두 가지 중요한 지수 중 하나는 1~10년 만기(중간)와 10~30년 만기(장기)의 미국 재무부 채권을 나타낸다. 또 다른 지수는 10년에서 20년의 만기 부채와 20년 이상의 미국 정부 기관 채권을 나타낸다. 다양한 정부 기관이 금융 시장에서 돈을 차입한다. 테네시 밸리 당국(TVA)은 그러한 기관 중의 하나이다.

최근 몇 년 동안 미국 정부 기관은 만기가 50년인 채권을 발행했다. 미국 정부 기관 채권은 미국 재무부 채권과 동일한 신용 보증을 갖지 않음으로 정부 기관 채권의 이자율은 재무부 채권의 이자율에 프리미엄이 더해지게 된다.

또한 대행사 증권은 종종 주세(state taxes)의 적용을 받는 반면 재무부 채권은 그렇지 않다.

'미국 기업 지수(U.S. Corporate Indexes)' 절에서 만기에 따른 미국 내 회사채 이자율을 볼 수 있다. 신용도가 낮은 회사채(높은 수익률)는 미국 정부 기관 채권보다 높은 이자를 지불한다. 그림 9.4에서 볼 수 있듯이, 중간 정도 신용 수준의 회사채(Triple-B-rated)는 높은 신용 수준의 회사채(Double-A-rated)보다 높은 이자를 지불한다. '높은 수익률 채권'은 평균 이상의 기본 위험이 있는 회사채를 말한다. 이러한 채권은 일반적으로 보수적인 투자자들은 기피하지만 관련된 위험을 이해하고 기꺼이 받아들이려는 투자자에게는 매력적일 수 있다. 신용 위험이 훨씬 높기 때문에 이 채권에 대한 이자율은 중간 정도 신용 수준의 기업 채권에 대한 이자율보다 훨씬 높다.

'양키 채권'은 외국 기업이 미국 내에서 판매하기 위해 발행된다. 이 채권은 미국 달러로 표시되므로 투자자는 환율이 부채 가치에 영향을 미칠 것이라고 걱정할 필요가 없다.

이 장의 앞부분에서 설명한 것처럼 FHLMC(Federal Home Loan Mortgage Corporation) 또는 Freddie Mac 및 FNMA(Federal National Mortgage Association) 또는 Fannie Mae는 주택담보대출을 수천만 달러의 모기지 상품들로 이루어진 단위로 유동화하는 정부 후원 기관이다. Ginnie Mae로 더 잘 알려진 기관인 정부 국가담보대출협회(GNMA)도 담보 대출 유동화 기관이다. 이 기관에 대해 보고되는 이자율은 많은 모기지 유동화 상품 지수를 구성한다.

'면세 채권'은 지방 자치 단체가 발행한 채권이다. 대부분의 지방 자치 단체 채권에 대한 이자는 연방 소득세가 면제되며, 종종 주 소득세도 면제된다. '면세 채권' 표에 보고된 이자율은 7~12년 만기, 12~22년의 일반 의무 공채(GO) 그리고 22년 이상의 수익 채권에 해당하는 양질의 지방자치단체채권에 대한 지수를 나타낸다.

일반 보증 채권은 발행 지방자치단체가 일반 세수를 담보로 발행한다. 반면에 수익채권은 유료 도로, 공항 또는 서비스 이용료와 같은 특정 프로젝트에서 발생하는 수익에 의해 상환된다. 세금 면제 혜택이 있기 때문에 양질의 지방자치단체 채권에 대한 이자율은 일반적으로 비슷한 미국 채권들의 이자율보다 낮다.

확인 사항

9.3a 수익률 곡선은 무엇인가? 이것이 왜 중요한가?

9.3b 기업이 발행한 채권은 왜 정부 채권보다 수익률이 높은가?

9.3c 왜 지방자치단체 채권의 수익률이 재무부채권 수익률보다 낮은가?

9.3d 양키채권이란 무엇인가?

9.4 이자율의 기간구조

수익률 곡선은 재무부 채권 수익률과 만기와의 관계를 보여준다. 이자율의 기간구조(term structure of interest rates)(또는 기간구조)는 순수할인채권과 비슷하지만 동일하지는 않다. 순수할인채권은 만기의 액면가를 만기일에만 지급받고 그 때까지 다른 지급이 없다는 것을 기억하라. 일반적으로 국채는 6개월마다 이자를 지불하기 때문에 순수할인채권이 아니다. 1년 이상의 만기를 가진 순수할인채권은 0의 표면이자율을 갖기 때문에 종종 '제로쿠폰 채권' 또는 '제로'라고 불린다.

이자율의 기간구조
파산위험이 없고 순수할인채권에 대한 만기와 이자율의 관계

이 채권의 이자율의 기간구조는 파산 위험이 없는 순수할인채권에 대한 만기까지의 시간과 이자율 간의 관계이다. 따라서 수익률 곡선과 기간구조의 차이점은 수익률 곡선은 이자 채권을 기반으로 하는 반면 기간구조는 순수할인채권을 기반으로 한다는 것이다. 국채 수익률 곡선과 구분하기 위해 이러한 기간구조를 '제로쿠폰 수익률 곡선'이라고도 한다.

재무부 STRIPS 채권

1987년까지 이자율의 기간구조는 만기가 1년이 넘는 무위험 순수할인채권이 존재하지 않았거나 신뢰할 만한 데이터가 없었기 때문에 직접 산출할 수 없었다. 그러나 오늘날 미국 재무부 STRIPS(U.S. Treasury STRIPS)의 수익률을 통해 이자율의 기간구조를 쉽게 확인할 수 있게 되었다.

미국 재무부 STRIPS
중기채(notes)와 장기채(bonds)의 이표와 액면가에 의해 생성된 순수할인채권으로 등록된 이자 부문과 액면을 따로따로 거래하는 것을 의미한다.

STRIPS는 미국 국채 및 장기채의 이자와 원금을 구분하여 별도의 상품을 만든 후 이를 각각 별도로 판매하여 만든 순수할인채권이다. STRIPS라는 용어는 Separate Trading of Registered Interest and Principal of Securities의 약자이다. 예

그림 9.5

미국 재무부 STRIPS

Source: *The Wall Street Journal*, 2015. Dow Jones & Company, Inc.

U.S. Treasury Strips

Tuesday, November 03, 2015

U.S. zero-coupon STRIPS allow investors to hold the interest and principal components of eligible Treasury notes and bonds as separate securities. STRIPS offer no interest payment; investors receive payment only at maturity. Quotes are as of 3 p.m Eastern time based on transactions of $1 million or more. Yiels calculated on the ask quote.

Maturity	Bid	Asked	Chg	Asked yield
Treasury Bond, Stripped Principal				
2015 Nov 15	99.997	99.997	unch.	0.09
2016 Feb 15	99.957	99.959	0.008	0.14
2016 May 15	99.819	99.824	0.009	0.33
2016 Aug 15	99.654	99.661	−0.006	0.44
2016 Nov 15	99.461	99.471	−0.001	0.51
2017 May 15	98.997	99.012	−0.024	0.65
2017 May 15	98.997	99.012	−0.020	0.65
2017 Aug 15	98.765	98.782	−0.034	0.69
2018 May 15	97.712	97.736	−0.046	0.91
2018 Nov 15	96.798	96.827	−0.057	1.07
2019 Feb 15	96.279	96.310	−0.101	1.15
2019 Aug 15	95.000	95.035	−0.120	1.35
2020 Feb 15	93.828	93.868	−0.108	1.48
2020 Feb 29	93.648	93.688	−0.118	1.51
2020 May 15	93.102	93.144	−0.120	1.57
Treasury Note, Stripped Principal				
2015 Nov 15	99.997	99.997	−0.001	0.09
2015 Nov 30	99.996	99.997	unch.	0.05
2015 Dec 15	99.995	99.996	0.005	0.04
2015 Dec 31	99.986	99.988	0.003	0.08
2016 Jan 15	99.975	99.977	unch.	0.12
2016 Jan 31	99.970	99.972	0.005	0.12
2016 Jan 31	99.963	99.965	unch.	0.14
2016 Feb 15	99.957	99.959	0.007	0.14
2016 Feb 29	99.949	99.952	−0.005	0.15
2016 Mar 15	99.923	99.926	−0.005	0.20
2016 Mar 31	99.910	99.914	unch.	0.21
2016 Apr 15	99.878	99.883	0.004	0.26
Stripped Coupon Interest				
2015 Nov 15	99.997	99.997	−0.001	0.09
2015 Dec 15	99.993	99.994	0.005	0.06
2015 Dec 31	99.976	99.978	unch.	0.14
2015 Jan 15	99.970	99.971	0.001	0.15
2016 Feb15	99.957	99.959	−0.008	0.14
2016 Mar 15	99.926	99.929	0.001	0.19
2016 May 15	99.819	99.824	0.013	0.33
2016 Jun15	99.763	99.769	0.021	0.38
2016 Jun 30	99.747	99.753	0.023	0.38

를 들어 만기가 10년인 국채는 만기까지 반년마다 이자 지급을 하고 만기에 원금과 이자를 지급한다. 따라서 이 채권은 21개의 개별 파트로 분리할 수 있으며 각 파트는 별도로 구매 · 판매할 수 있다. 재무부는 당초부터 만기(발행 당시)가 10년 이상인 채권을 STRIP할 수 있도록 허가했다. 하지만 오늘날에는, 모든 채권이 STRIP이 가능하다.

그림 9.5는 〈월스트리트 저널〉 웹 사이트의 개별 STRIPS 가격 및 수익률에 대한 미국 재무부 STRIPS 일일 보고서 샘플이다. STRIPS는 이표액과 원금지급금액을 이용하여 만들 수 있다. 그림 9.5는 가능한 사례들 중 일부의 STRIPS를 보여준다. 물론, 그림 9.5에는 사용 가능한 모든 STRIPS의 일부만 포함되어 있다.

그림 9.5의 첫 번째 열은 리스트에 있는 각 STRIPS의 만기이다. 다음 두 개의 열에는 각 STRIPS에 대한 매수 및 매도가격이 포함되어 있다. 항상 그렇듯이 매수가격은 딜러가 STRIPS를 구매하기 위해 지불할 의사가 있는 가격이고, 매도가격은 딜러가 STRIPS를 판매하기 위해 수락할 의사가 있는 가격이다. 다음 열부터 마지막 열까지는 전날에 비해 변경된 공시 매도가격이 기록되어 있다.

그림 9.5의 마지막 열에는 매도수익률이 표시되는데, 이는 매도가격 공시를 기준으로 한 STRIPS의 수익률을 의미한다. 각 만기마다 매도수익률 또는 이자율이 다른데, 이는 금융 시장에서 결정된 이자율이 일반적으로 채권의 만기에 따라 다르다는 것을 보여준다.

STRIPS 가격은 액면가 $100당 가격으로 표시된다. 최근에 STRIPS 가격은 달러와 32분의 몇 달러(dollar and thirty-seconds of a dollar)의 형식으로 표시되었다. 즉, 84:08는 84와 8/32 달러 또는 $84.25를 나타낸다. 그러나 오늘날 STRIPS 가격은 소수점 3자리로 표시된다. 예를 들어, 이자율 STRIPS의 매도가격이 93.668이라고 가정하자. 이는 액면가 $100 당 가격이 $93.668임을 의미한다. 따라서, 적어도 STRIPS 거래에서 32로 나누는 기법은 더 이상 큰 의미가 없다.

미 재무부 STRIPS 수익률

미국 재무부 STRIPS에 대한 매도수익률은 APR이다(APR은 이 장의 앞 부분에서 논의). 이는 실제 반기 이자율의 두 배로 계산된다. STRIPS의 수익률 계산은 화폐의 시간가치 계산방식을 이용하여 구할 수 있다. STRIPS의 가격은 현재 가치이며, 만기에서 받을 액면가는 미래 가치이다. 예제 9.1에서 볼 수 있듯이 현재 가치와 미래 가치의 관계는:

$$\text{현재 가치} = \frac{\text{미래 가치}}{(1+r)^N}$$

이 방정식에서 r은 기간 이자율이고 N은 기간의 수이다. 기간이 반드시 1년일 필요는 없다.* 재무부 STRIPS의 경우 기간의 수는 만기의 수 2배이며 여기에서는 $2M$으로 표시된다. 이자율은 만기수익률(YTM)을 2로 나눈 값이다.

$$\text{STRIPS 가격} = \frac{\text{액면가}}{(1 + YTM/2)^{2M}} \tag{9.8}$$

매도가격이 \$55.568이고 공시된 수익률이 4.40%, 만기가 13.5년인 STRIPS를 생각해보자 실제 반기 이자율은 4.40%/2=2.20%이고, 또한 만기까지 13.5년은 반년으로 변환하면 2×13.5=27번이 된다. 보고된 수익률을 기준으로 보고된 가격이 올 바른지 확인하기 위해 미래 가치, 기간 당 이자율 및 기간의 수를 대입한다.

$$\begin{aligned}\text{STRIPS 가격} &= \frac{\$100}{(1+0.022)^{27}} \\ &= 55.568\end{aligned}$$

다른 방법으로 주어진 STRIPS의 매도수익률을 주어진 가격에서 계산해야 하는 경우 기본 현재 가치 방정식을 재정렬하여 r을 구할 수 있다.

$$r = \left(\frac{\text{미래 가치}}{\text{현재 가치}}\right)^{1/N} - 1$$

STRIPS의 경우, $N=2M$은 반년 기간의 수이고 $r=YTM/2$는 반기 이자율이므로 공식은 다음과 같이 적을 수 있다.

$$YTM = 2 \times \left[\left(\frac{\text{액면가}}{\text{STRIPS 가격}}\right)^{1/2M} - 1\right] \tag{9.9}$$

매도가격이 \$73.031인 6년 만기의 STRIPS를 생각해보자. 5.3072%로 계산된 만기수익률은 5.31%가 된다.

$$0.053072 = 2 \times \left[\left(\frac{100}{73.031}\right)^{1/12} - 1\right]$$

또 다른 예로, 매도가격이 \$26.188인 20년 만기의 STRIPS를 생각해보자. 바로 아래에 계산된 바와 같이 6.8129%은 만기수익률 6.81%가 될 것이다.

$$0.068129 = 2 \times \left[\left(\frac{100}{26.188}\right)^{1/40} - 1\right]$$

* 모든 재무계산기를 이용하여 이러한 계산을 수행할 수 있다. 그러나 우리는 어떻게 이러한 계산식이 계산되는지 이해하기 위하여, 일반 계산기를 사용하는 보다 어려운 방식을 적용하여 이를 계산하고자 한다.

확인 사항

9.4a 공시된 매도가격이 $77.75인 5년 만기 STRIPS의 만기수익률은 어떻게 되는가?

9.4b 공시된 매도가격이 $36.813인 15년 만기 STRIPS의 만기수익률은 어떻게 되는가?

9.4c 공시된 매도가격이 $18.656인 25년 만기 STRIPS의 만기수익률은 어떻게 되는가?

9.5 명목이자율과 실질이자율

명목과 실질이자율에는 근본적인 차이가 있다. 명목이자율(nominal interest rates)은 예를 들어 〈월스트리트 저널〉에 게재되는 것처럼 우리가 보통 관찰할 때의 이자율이다. 따라서 이 장의 앞부분에서 설명한 모든 금융 시장 이자율과 위에서 논의한 STRIPS 수익률은 명목이자율이다.

명목이자율
물가인상과 무관하게 측정되고 공시되는 이자율

실질이자율

실질이자율(real interest rates)은 물가 상승의 영향에 따라 조정된 명목이자율이다. 실질이자율을 얻으려면 명목이자율에서 물가상승률을 빼야 한다.

실질이자율
물가 상승의 영향에 따라 조정된 명목이자율

$$실질이자율 = 명목이자율 - 물가상승률 \quad (9.10)$$

실질이자율은 투자구매력의 실제 변화를 측정하기 때문에 실질이자율로 불린다. 예를 들어, 1년 동안의 예금에 대한 명목이자율이 7%인 경우, 1년 $100,000의 예금은 $107,000로 증가한다. 그러나 같은 해에 물가상승률이 4%라면 1년이 지나

그림 9.7

실질 T-Bill 이자율

Source: Federal Reserve Bank of St. Louis and author calculations.

면 현재 10만 달러의 상품을 구매하기 위해 104,000달러가 필요하다. 따라서 투자에 대한 구매력의 실제 증가는 3,000달러에 불과하므로 실질이자율은 3%에 불과하다.

그림 9.6은 1950년부터 2014년까지 64년 동안 미국 단기국채의 연간수익률과 연간 물가상승률을 실질이자율로 나타낸 것이다. 그림 9.6에 표시된 것처럼, 1950년 한국 전쟁이 시작됐을 때의 부정적인 급등 이후 단기국채의 실질이자율은 1973년 석유수출국기구(OPEC)의 석유금수조치 이전까지 대체적으로 양의 값이었다. 그 이후, 실질이자율은 연방준비이사회가 후반에 물가상승률에 대처하기 위해 긴축정책을 실시하기까지 음의 값이었다. 1970년대 긴축 정책으로 인해 1980년대에는 역사적으로 높은 실질이자율로 시작되었다. 1980년대 내내, 실제 미국 단기국채 실질이자율은 물가상승률이 진정되면서 하락했다. 가장 최근의 실질이자율은 2008년의 금융위기와 '안전자산선호'로 인해 음의 값을 보였으나 다소 회복의 조짐을 보이고 있다. 64년 동안 단기국채의 평균 실질이자율을 살펴보면 1%보다 약간 낮은 수준이다.

피셔 가설

피셔 가설
일반적인 명목이자율 수준이 일반적인 물가인상률 수준을 따른다는 주장

명목이자율과 물가인상률 사이의 관계는 유명한 경제학자인 어빙 피셔(Irving Fisher)가 1930년에 제안한 피셔 가설(fisher hypothesis)에 의해 설명된다.

피셔가설은 일반적인 수준의 명목이자율은 일반적인 수준의 물가상승률을 따른

그림 9.7

물가상승률과 T-Bill 이자율

Source: Federal Reserve Bank of St. Louis.

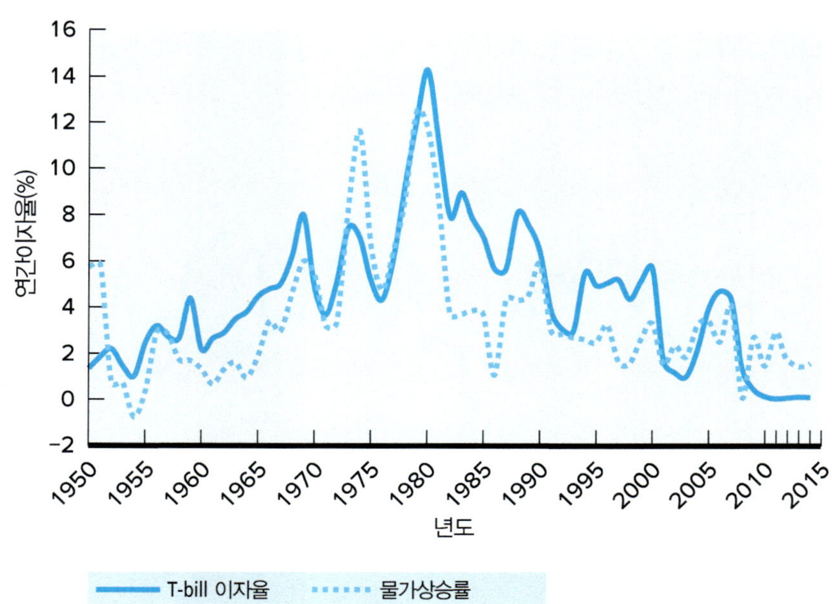

Treasury Inflation -Protected securities						
Tuesday, November 03, 2015				Find Historical Data	| WHAT'S THIS?	
Treasury Inflation-Protected Securities, or TIPS, are securities whose principal is tied to the Consumer Price Index (CPI). The principal increases with inflation and decreases with deflation. When the security matures, the U.S. Treasury pays the original or adjusted principal, whichever is greater. TIPS pay interest every six months. Figures after periods in bid and ask quotes represent 32nds; 101.26 means 101 26/32, or 101.8125% of 100% face value; 99.01 means 99 1/32, or 99.03125% of face value.						
Maturity	**Coupon**	**Bid**	**Asked**	**Chg**	**Yield***	**Accrued principal**
2016 Jan 15	2.000	99.29	99.31	unch.	2.154	1200
2016 Apr 15	0.125	99.14	99.16	+2	1.254	1079
2016 Jul 15	2.500	101.32	102.02	+3	-0.434	1179
2017 Jan 15	2.375	102.28	102.30	+2	-0.067	1181
2017 Apr 15	0.125	99.30	99.32	+1	0.130	1049
2017 Jul 15	2.625	104.28	104.30	+1	-0.278	1149
2018 Jan 15	1.625	103.21	103.23	+3	-0.064	1137
2018 Apr 15	0.125	100.05	100.07	+4	0.036	1030
2018 Jul 15	1.375	104.02	104.04	+2	-0.157	1104
2019 Jan 15	2.125	106.18	106.20	+3	0.055	1109
2019 Apr 15	0.125	99.28	99.30	+2	0.141	1016
2019 Jul 15	1.875	106.28	106.30	+4	-0.002	1115
2020 Jan 15	1.375	104.24	104.32	+5	0.180	1101
2020 Apr 15	0.125	99.10	99.18	+4	0.228	1017
2020 Jul 15	1.250	104.26	105.02	+4	0.169	1092
2021 Jan 15	1.125	103.31	104.07	+3	0.306	1089
2021 Jul 15	0.625	101.16	101.2	+2	0.312	1057
2022 Jan 15	0.125	97.20	97.28	+2	0.473	1052
2022 Jul 15	0.125	97.21	97.29	+2	0.442	1036
2023 Jan 15	0.125	96.20	96.28	+2	0.567	1032
2023 Jul 15	0.375	98.17	98.25	+2	0.538	1023
2024 Jan 15	0.625	99.24	99.32	unch.	0.626	1021
2024 Jul 15	0.125	95.22	95.30	unch.	0.603	1003
2025 Jan 15	0.250	95.31	96.09	-1	0.668	1006
2025 Jan 15	2.375	114.30	115.08	unch.	0.662	1264
2025 Jul 15	0.375	97.14	97.24	unch.	0.615	1004
2026 Jan 15	2.000	112.07	112.17	-1	0.723	1200
2027 Jan 15	2.375	117.00	117.10	-4	0.758	1181
2028 Jan 15	1.750	110.22	111.00	-7	0.801	1137
2028 Apr 15	3.625	132.17	133.00	-10	0.828	1473
2029 Jan 15	2.500	120.03	120.18	-10	0.849	1109
2029 Apr 15	3.875	137.30	138.12	-12	0.848	1449
2032 Apr 15	3.375	137.12	137.27	-14	0.895	1342
2040 Feb 15	2.125	119.02	119.18	-23	1.195	1102
2041 Feb 15	2.125	119.22	120.05	-25	1.198	1088
2042 Feb 15	0.750	88.21	89.04	-23	1.236	1054
2043 Feb 15	0.625	85.15	85.30	-20	1.233	1036

그림 9.8

물가연동 재무부 채권

Source: *The Wall Street Journal*, 2015. Dow Jones & Company, Inc.

다고 주장한다. 피셔 가설에 따르면 이자율은 평균적으로 물가상승률보다 높게 나타난다. 따라서, 단기이자율은 현재의 물가상승률을 반영하고 장기 이자율은 미래 물가상승률에 대한 투자자들의 기대심리를 반영한다는 논리를 따른다. 그림 9.7의 명목이자율과 물가상승률은 그림 9.6을 만드는 데 사용된다. 이를 통해 알 수 있듯이 물가상승률이 높을 때 피셔 가설에 의해 예측된 바와 같이 국채 수익률도 높게 관측되었다.

물가연동 재무부 채권

최근 몇 년간, 미국 재무부는 실현 물가상승률을 초과하는 고정수익증권을 발행했다. 이 물가연동채권(TIPS)은 고정 이자율을 주고 반 년마다 최근 물가상승률을 반영해 원금을 조정한다. 미국 국채의 안전성과 함께 물가상승에 대한 장기적인 보호를 원하는 투자자에게는 물가연동채권이 완벽한 투자상품일 것이다.

예를 들어, 2%의 이자율과 $1,000의 원금인 물가연동채권이 발행되었다고 가정하자. 6개월 후, 이 채권은 2%를 기준으로 이자를 지급하나 이자 지급이 결정되기 전에 원금이 물가상승에 맞게 조정된다. 6개월 물가상승률이 1.5%라고 가정하자. 이 경우 물가상승률을 반영하면 채권의 원금은 $\$1,000 \times 1.015 = \$1,015$가 된다. 따라서 이자 지급 금액은 $\$1,015 \times 2\%/2 = \$10.15$이다. 물가상승률 조정 이자지급액은 물가상승률 조정이 없는 이자지급액보다 $0.15 높다. 이 물가상승률 조정 과정은 채권의 만기까지 계속된다. 만기에서 투자자는 최종적으로 조정된(또는 발생된) 원금을 받는다. 따라서, 투자자는 만기까지 물가상승률이 반영된 이자를 받고 만기에는 물가상승률이 반영된 원금을 받는다.

물가연동 채권의 가격과 수익률 정보는 그림 9.8과 같이 'www.wsj.com'에 다른 재무부 채권들과 같은 절에 온라인으로 게재된다. 그림 9.8의 물가연동 채권 목록을 보면 첫 번째, 두 번째 열이 각각 만기와 고정 이자율을 게재됨을 알 수 있다. 세 번째, 네 번째 그리고 다섯 번째 열은 현재 매수가격, 매도가격, 직전 거래일로부터의 변화 정도가 게재된다. 물가연동 채권의 가격은 현재 발생하는 원금의 백분율로 게재된다. 여섯 번째, 일곱 번째 열에는 물가상승이 반영된 만기수익률과 모든 누적 물가상승을 반영하고 있는 수정된 현재 원금을 게재하고 있다.

확인 사항

9.5a 명목이자율과 실질이자율의 차이는 무엇인가?

9.5b 피셔 가설이 주장하는 것은 무엇인가?

9.5c 물가연동 채권이 가진 특징은 무엇인가?

9.6 이자율 기간구조의 전통적 이론

수익률 곡선은 한 세기 이상 금융경제학자에 의해 연구되어 왔다. 이 기간 동안, 왜 수익률 곡선이 어느 시점에서는 상향으로 기울어지고 다른 시점에서는 하향으로 기울어지거나 평평해지는지 설명하기 위해 여러 가지 이론이 제안되었다. 이 절에서는 기간구조의 이론 중 가장 전통적인 세 가지 이론에 대해 논의한다. 다음 절에서 기간구조에 대한 현대적인 관점에 대해 설명한다.

기대이론

이자율 기간구조의 기대이론(expectations theory)에 따르면, 수익률 곡선의 모양은 미래 이자율에 대한 금융 시장의 기대치를 나타낸다. 본질적으로, 상향하는 수익률 곡선은 이자율의 상승을 예상하고, 하향 수익률 곡선은 이자율의 하락을 예상한다. 평평한 수익률 곡선은 이자율이 가까운 장래에 변경되지 않을 것이라는 기대를 나타낸다.

기대이론
이자율 기간구조는 미래 이자율에 대한 금융 시장의 신념을 반영한 것

기대 이자율과 선물 이자율 기대이론의 기본 원리는 두 기간의 예로 설명할 수 있다. r_1은 1년 동안의 투자에서 얻을 수 있는 현재 시장금리(현물이자율)를 나타내고 r_2는 2년 동안의 투자에서 얻을 수 있는 현재 시장금리(현물이자율)이다. 또한 $r_{1,1}$을 1년 동안 투자에 대한 예측 시장 이자율이다. 물론 이 이자율은 오늘 시점에는 알 수 없다.

2년 동안의 투자에는 두 가지 전략이 있다. 먼저, r_2의 이자율로 2년간 투자할 수 있다. 이 경우 오늘 투자 한 \$1는 2년 동안 $\$(1+r_2)^2$가 된다. 예를 들어, $r_2=10\%$인 경우 투자하는 \$1당 2년 동안 $\$1\times(1.10)^2=\$1.21$이 된다.

또는 r_1 이자율로 1년간 투자할 수 있으며 1년 후 $r_{1,1}$로 재투자 할 수 있다. 이 경우 오늘 투자된 \$1은 2년 동안 $\$(1+r_1)(1+r_{1,1})$이 된다. 예를 들어, $r_1=10\%$이고 1년이 지나고 $r_{1,1}=8\%$로 밝혀졌다면 $\$1\times1.10\times1.08=\$1.19$가 된다. 또는 1년이 지난 후에 $r_{1,1}=12\%$으로 밝혀졌다면, $\$1\times1.10\times1.12=\$1.23$가 된다. 이 두 번째 전략에서 내년의 이자율 $r_{1,1}$은 처음에 투자 전략을 선택할 때 알려지지 않는다는 점을 주목하라.

이자율의 기간구조에 대한 기대이론은 평균적으로 2년 동안의 투자 수익 $\$(1+r_2)^2$와 $\$(1+r_1)\ (1+r_{1,1})$은 동일할 것이라고 주장한다. 실제로 두 총 수익을 서로 동일하게 설정되도록 한 선도 이자율(forward rate) $f_{1,1}$을 얻을 수 있다.

선도 이자율
현재의 이자율에 의해 유도된 기대 미래이자율

$$(1+r_2)^2 = (1+r_1)(1+f_{1,1})$$

선도 이자율 $f_{1,1}$를 풀면, 다음의 값을 얻는다.

$$f_{1,1} = \frac{(1+r_2)^2}{1+r_1} - 1$$

이 선도 이자율은 현재 이자율에 의해 유도되는 미래의 이자율이라는 것을 알아야 한다.

기대이론에 따르면, 선도 이자율 $f_{1,1}$은 향후 1년 동안 실현될 이자율 $r_{1,1}$의 정확한 예측값이다. 따라서 r_2가 10%이고 r_1가 8%이면 $f_{1,1}$는 대략 12%이다. 이 선도 이자율을 통해 시장 참여자들이 1년 뒤의 이자율이 증가할 것이라고 예측하고 있다는 것을 알 수 있다. (현재 1년 이자율 8%에서 더 높은 12%의 이자율로). 또는 r_2가 10%이고 $r_1 = 12\%$이면 $f_{1,1}$는 대략 8%이다. 이 선도 이자율은 1년 후 이자율이 감소할 것으로 예측하고 있음을 의미한다. 일반적으로, $r_2 > r_1$인 경우, 기간구조가 상향으로 기울어지고 기대이론은 이자율의 상승을 예상한다. 유사하게, $r_2 < r_1$인 경우, 기간구조가 하향으로 기울어지고 기대이론은 이자율의 하락을 예상한다. 따라서, 기간구조의 기울어진 정도는 이자율 변화의 예측 방향을 가리키게 된다.

예제 9.8

기대

2년 짜리 STRIPS의 수익률이 7%이고 1년 짜리 STRIPS의 수익률이 6%라고 가정하자. 기대이론에 근거하여 1년 뒤의 1년 짜리 STRIPS의 수익률은 얼마인가?

기대이론에 따르면, 선도 이자율은 이자율이 어떻게 될 것인지 정확하게 예측한다. 따라서, 이자율 항등식은

$$(1+r_2)^2 = (1+r_1)(1+f_{1,1})$$
$$(1+0.07)^2 = (1+0.06)(1+f_{1,1})$$

그리고 선도 이자율은

$$f_{1,1} = \frac{1.07^2}{1.06} - 1 = 8.00943\,\%$$

기대이론에 따르면, 내년의 예상 이자율은 8%가 될 것이다. 이처럼 수익률 곡선이 상향곡선을 보이고 있는 것은 미래에는 이자율의 수준이 현재 이자율보다 높아질 것이라 예상하고 있기 때문이다.

기대이론과 피셔 가설 기대이론은 앞서 논의한 피셔 가설과 밀접한 관련이 있다. 이자율의 기대이론과 피셔 가설의 관계는 다음과 같다. 기대되는 미래의 물가상승

률이 현재의 물가상승률보다 높으면 장기 이자율이 단기 이자율보다 높은 기간구조의 상향 곡선을 보게 될 것이다. 유사하게, 미래 물가상승률이 현재의 물가상승률보다 낮을 것으로 기대된다면, 장기 이자율이 단기 이자율보다 낮은 기간구조의 하향 곡선을 보게 될 것이다.

다시 말해, 기대이론과 피셔 가설은 시장이 상향 곡선의 기간구조를 통해 명목 이자율과 물가상승률이 미래에 더 높아질 것으로 기대한다는 것을 알려준다.

만기선호이론

기간구조의 또 다른 전통적인 이론은 금융기관이 장기간 자금이 묶이는 것을 피하기 위해 단기 대출을 선호한다고 주장한다. 즉, 그들은 짧은 만기를 선호한다는 것이다. 동시에, 대출자는 오랜 기간 동안 안전한 자금을 확보하기 위해 장기로 차입하는 것을 선호한다.

만기선호이론(maturity preference theory)에 따르면, 대출자는 단기보다는 장기적로 차입하기 위해, 다시 말하면, 금융기관이 더 긴 기간 동안 대출을 하도록 설득하기 위해 더 높은 이자를 지불해야 한다. 이를 위해 추가되는 이자를 만기 프리미엄*이라고 한다.

만기선호이론
장기 이자율에는 대출 기관이 장기 대출을 하도록 유도하기 위해 만기 프리미엄이 필요

피셔 가설, 만기선호이론 그리고 기대이론은 공존할 수 있다. 예를 들어 수익률 곡선의 모양이 기본적으로 기대이론에 따라 예상되는 미래 이자율에 의해 결정된다고 가정하자. 그러면 미래의 이자율은 어디에서 오는가? 피셔 가설에 따르면, 미래 이자율에 대한 기대는 기대 물가상승률에 기초한 것이다. 따라서 기대이론과 피셔 가설은 정합성이 있다.

게다가 물가상승률 기대에 의해 결정되는 기본 수익률 곡선은 만기선호이론도 수용 할 수도 있다. 우리가 할 일은 장기 이자율에 만기 프리미엄을 추가하기만 하면 된다. 이러한 관점에서 볼 때, 장기 무위험이자율은 실질이자율, 미래 예측 물가상승률, 만기 프리미엄이라는 세 가지 요소로 구성된다.

* 전통적으로 만기선호이론은 유동성선호이론으로 알려져왔으며 만기 프리미엄은 유동성 프리미엄으로도 불리워졌다. 그러나 이전 장에서 논의했듯이 "유동성"이라는 용어는 일반적으로 자산이 쉽게 팔린다는 의미로 사용된다. 또한 "유동성 프리미엄"이라는 용어는 현재는 전혀 다른 의미로 사용된다. 따라서 우리는 유동성, 이자율, 기간구조에 관해, 현대적 관점에서 혼란을 피하고 이론을 더욱 일관성있게 하기 위해 "유동성 프리미엄"이라는 용어 대신 "만기 프리미엄"이라는 용어를 사용하였다.

시장분리 이론

시장분리 이론
채권시장은 만기 별로 분류되어 있으며, 그 결과 다양한 만기의 이자율이 각 분리된 시장에서 개별적으로 결정된다.

이자율 기간구조의 또 다른 이론은 시장분리 이론(market segmentation theory)으로, 채권 시장은 투자할 수 있는 다양한 만기의 채권에 따라 분리되어 있다고 주장한다. 이 이론에 따르면, 개별 만기마다 별개의 시장이 존재한다. 예를 들어, 한 그룹은 만기 10년의 채권을 선호하는 반면, 다른 그룹은 만기 5년의 채권을 선호할 수도 있다. 시장분리 이론은 단순히 각 만기에 해당하는 이자율은 해당 시장의 수요와 공급 조건에 따라 별도로 결정된다고 명시하고 있다.

선호서식지 이론으로 알려진 기간구조의 또 다른 이론은 본질적으로 시장분리 이론과 만기선호이론 사이의 이론이다. 이 이론에서도, 시장분리 이론처럼, 모든 투자자들은 각기 다른 만기를 선호할 수 있다고 주장한다. 이들의 차이점은 더 높은 이자율이 부여됨에 따라 덜 선호하는 만기 시장으로 이동하도록 유도할 수도 있다는 것이다. 만기선호 이론에서 선호서식지 이론은 항상 더 긴 만기를 선호한다.

확인 사항

9.6a 기대이론에 따르면, 우상향의 기간구조는 무엇을 암시하는가?

9.6b 만기선호이론은 투자자 선호도에 대해 어떤 기본적인 주장을 하는가? 만약 이 주장이 맞다면 어떻게 이것이 이자율의 기간구조에 영향을 미치는가?

9.6c 만기 프리미엄이란 무엇인가?

9.7 명목이자율의 결정요인: 현대적인 관점

이자율의 기간 구조에 대한 우리의 이해는 지난 수십 년 동안 크게 확대되었다. 또한 채권시장의 진화로 인해 전통적인 이론이 기간 구조를 완벽하게 설명하기에 부적절하게 되었다. 다음에서는 전통적 이론들에 관한 몇 가지 문제를 설명한 다음 현대적인 관점을 논의한다.

전통적 이론의 문제점

전통적인 이론의 일부 문제점을 설명하기 위해 지난 20년 동안 기간구조의 움직임을 살펴보면, 기간 구조가 거의 항상 우상향하고 있다는 것을 알 수 있다. 그러나 기대가설과는 달리 이자율은 항상 상승하지 않았다. 또한 STRIPS의 기간 구조에서 본 것처럼 종종 기간 구조가 매우 긴 만기에 있어서는 오히려 하락하는 경우가 있었다.

기대이론에 따르면, 시장 참여자들은 이자율이 20년 정도 상승한 후 하락할 것으로 예상한다.

다음으로 만기선호이론의 관점에서 볼 때 세계 최대의 차용 주체인 미국 정부는 장기보다 훨씬 많은 단기차입을 시행한다. 또한, 연기금과 같은 채권시장의 가장 큰 구매자들은 긴 만기채권을 선호한다. 그러나 만기선호이론에서는 이러한 행동을 설명하기 어렵다. 마지막으로, 시장분리이론 측면에서 보자면 미국 정부는 특정시장을 선호하지 않고 모든 만기 채권들을 차입하고 있으며, 뮤추얼펀드와 같은 많은 기관 투자가들도 유리한 이자율을 얻기 위해 특정 만기채권에서 다른 만기채권으로 기꺼이 투자자산을 조정한다. 동시에, 일부 채권 거래 운용사들은 매우 작은 추가적인 프리미엄을 얻기 위해 다양한 만기의 자산을 취급한다. 요컨대, 현대의 채권 시장에서 시장분리이론은 큰 의미가 없다는 것이다.

현대 기간구조 이론

1장의 내용을 되새겨보면 평균적으로 장기채권이 단기채권보다 수익률이 높다는 것을 알 수 있다. 장기채권은 실질적으로 더 많은 위험을 가지고 있다. 다시 말해, 위험수익 측면에서 무위험 채권보다 장기 채권이 높은 수준의 위험 프리미엄을 갖게 되는 것이다.

그러나 이러한 위험 프리미엄은 무위험 미국 정부 채권에도 존재하기 때문에 이 위험 프리미엄이 반드시 채무불이행의 위험 때문은 아니고, 장기 채권가격이 단기 가격보다 변동성이 높기 때문에 존재한다. 다음 장에서 자세히 설명하듯이, 이는 이자율의 변화에 따라 장기 채권가격이 단기 채권보다 더 많이 변하기 때문이다. 다르게 말하면, 장기 채권가격은 단기 채권가격보다 금리 변동에 훨씬 더 민감하다. 이를 금리 위험이라고 하며 장기 채권에 대한 위험 프리미엄을 금리 위험 프리미엄이라고 한다.

장기 채권의 금리 위험 프리미엄으로 만기선호 이론을 현대적으로 재해석할 수 있다. 모든 것이 동일할 때, 투자자들은 장기 채권보다 단기 채권을 선호한다. 그 이유는 단순히 단기 채권이 덜 위험하기 때문이다. 결과적으로 장기 채권은 금리 위험에 대해 투자자를 보상하기 위해 더 높은 수익률을 제공해야 한다.

이를 종합하면, 기간 구조의 현대적 견해에 따라서 무위험 채권에 대한 명목이자율은 다음과 같이 표현 될수 있다.

$$NI = R + IP + RP \qquad (9.11)$$

NI = 명목이자율

RI = 실질이자율

IP = 물가 프리미엄

RP = 이자율위험 프리미엄

식 (9.11)에서 실질이자율은 모든 채권에 대해 동일하다고 가정하고 평균적으로 실질이자율(RI)은 피셔 가설에 의해 예상된 것과 같이 양수이다.

위에서 논의한 바와 같이, 물가 프리미엄 (IP)은 미래 가격 물가상승에 대한 투자자의 기대를 반영한다. 예상 물가상승이 여러 미래 시점에 따라 다를 수 있기 때문에 만기가 다른 채권의 경우 물가상승 프리미엄이 다를 수 있다. 예를 들어, 향후 2년 동안의 예상 평균 물가상승률은 향후 5년 동안의 예상 평균 물가상승률과 다를 수 있다.

명목이자율은 실질이자율과 물가상승 프리미엄 외에도, 채권의 만기에 따라 증

그림 9.9

이자율의 기간구조

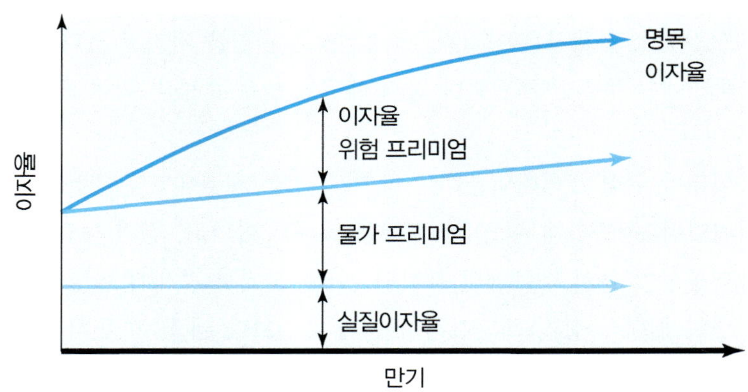

(a) 우상향의 기간구조

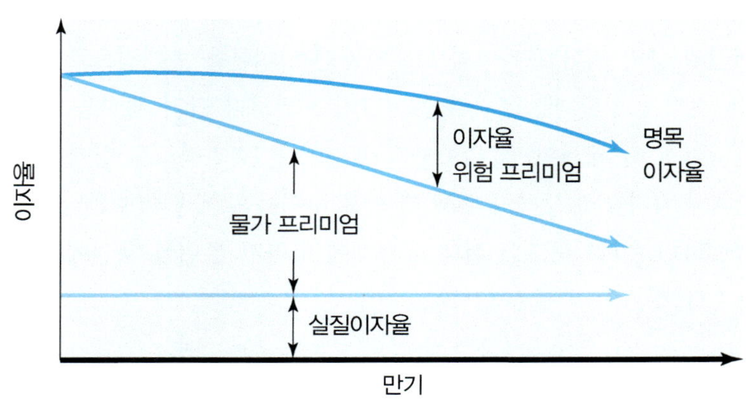

(b) 우하향의 기간구조

가하는 금리 위험 프리미엄 (RP)을 반영한다. 결과적으로, 이자율이 시간이 지남에도 일정하게 유지될 것으로 예상되면, 기간구조 곡선은 양의 기울기를 가질 것이다. 이것은 만기선호 이론과 일치한다. 실제로 제로이표 채권의 경우, 금리 위험 프리미엄과 만기 프리미엄은 동일하다.

물가상승 프리미엄과 금리 위험 프리미엄의 개별 효과는 구별하기가 어렵다. 예를 들어, 그림 9.5의 미국 재무부 STRIPS 수익률은 단기 STRIPS에 비해 장기 STRIPS에 더 큰 실질 수익률 프리미엄이 더해진다. 장기 STRIPS에 대한 이러한 수익률 프리미엄은 물가상승 프리미엄과 위험 프리미엄이 결합된 효과를 반영한다. 그러나 물가상승 프리미엄으로 인한 총 프리미엄과 위험 프리미엄으로 인해 발생하는 총 프리미엄이 얼마인지는 확실하지 않다. 그림 9.9는 명목이자율이 실질이자율, 물가상승 프리미엄 및 금리 위험 프리미엄으로 분리되는 방법을 보여준다.

유동성과 채무 불이행 위험

지금까지 우리는 재무부 STRIPS와 같이 위험이 없고 유동성이 높은 채권의 이자율의 구조를 살펴보았다. 우리는 명목상 이자율을 더 자세하게 분해하여 살펴보기 위해 유동성이 적거나, 무위험 채권이 아닌 채권으로 분석을 확대한다. 이것이 끝나면, 개별 채권에 대한 명목이자율은 다음과 같이 5가지 기본 구성 요소로 분해될 수 있다는 것을 알게 될 것이다.

$$NI = RI + IP + RP + LP + DP \tag{9.12}$$

NI = 명목이자율
RI = 실질이자율
IP = 물가 프리미엄
RP = 이자율위험 프리미엄
LP = 유동성 프리미엄
DP = 채무불이행 프리미엄

우리는 명목이자율의 첫 세 가지 구성 요소에 대해서는 이미 논의했다. 이제 우리는 추가적으로 두 가지 요소인 채무 불이행 프리미엄과 유동성 프리미엄에 대해 설명하고자 한다.

유동성 프리미엄(LP)은 다른 두 가지 동일한 채권이 매우 다른 유동성을 가질 수 있다는 사실을 반영한 것이다. 다른 모든 조건이 동일할 때, 유동성이 낮은 쪽이 보상으로 더 높은 수익률을 제공해야 한다. 재무부 채권의 경우, '만기 별로 최근 발행된(on-the-run issues)'채권이 가장 활발하게 거래되고 있어 유동성이 높다.

명목이자율의 다섯 번째이자 마지막 구성 요소는 채무불이행 프리미엄(DP)이다. 투자자들은 약속된 만기에 채무를 불이행할 가능성이 있는 채권을 보유하는 위험을 감수하기 위해 채무불이행 프리미엄을 요구한다. 당연히 특정 채권의 채무불이행의 위험이 클수록 투자자가 요구하는 채무불이행 프리미엄이 커진다. 채무불이행에 관한 주제는 추후 장에서 회사채와 지방채에 대해 설명하면서 자세히 논의할 것이다.

우리가 논의한 5가지 기본 요소 외에도 명목이자율의 또 다른 중요한 결정 요인은 과세 수준이다. 이전 장에서 간략하게 논의한 바와 같이, 지방자치단체 채권은 다른 모든 채권들(국채를 포함)이 연방세가 과세가 될 때 과세가 되지 않는다. 다른 모든 조건이 동일할 때, 과세 채권은 비과세 채권보다 높은 이자율을 지불해야 한다. 결과적으로 재무부는 유동성이 높고 채무 불이행 위험이 없더라도 과세가 되지 않는 양질의 지방 자치 단체 채권의 이자율은 일반적으로 국채의 이자율보다 낮다.

9.8 요약과 결론

화폐의 시간가치는 금융의 가장 중요한 원리이다. 이자율은 화폐의 시간가치를 측정하고 표현하는 편리한 방법이다. 또한 화폐 시장과 채권에 대한 이해에 있어서 이자율에 대한 이해가 필수적이다. 이 장에서는 이자율과 관련된 많은 주제를 다루었으며 아래에 학습 목표를 제시해준다.

1. 화폐시장 가격과 이자율

A. 화폐 시장은 단기 차입 및 대출을 위한 시장을 말한다. 화폐 시장에서 대출 기간은 일반적으로 1 년 미만이다.

B. 중요한 단기 화폐 시장 이자율에는 우대금리, 연방 기금 금리 및 연방준비은행의 할인율이 포함된다. 우대 금리는 은행 대출 사업의 지표 중 하나이며, 연방 기금 금리와 연방준비은행의 할인율은 은행 시스템 내에서 돈과 신용의 가용성을 나타내는 지표이다.

2. 채권의 이자율과 수익률

A. 채권은 만기까지 정기적으로 이자 지급을 약속하며, 대부분의 채권은 만기에

원금을 지급한다. 일반적으로 채권 발행시 채권의 만기는 2년에서 30년이다.

B. 재무부 수익률 곡선은 미국 재무부 채권의 수익률과 만기의 관계를 나타낸다. 재무부 채권 수익률 곡선은 채권 시장 분석의 기본이다. 이는 화폐 시장이 세계에서 가장 높은 신용 등급을 가진 세계 최대 채무자(미국 정부)에게 청구하고 있는 이자율을 나타내기 때문이다. 일반적으로 미 재무부 채권의 만기는 2년에서 30년이다.

3. 미 재무부 STRIPS과 이자율의 기간구조

A. 이자율의 기간구조는 만기까지의 시간과 미 재무부 STRIPS와 같은 순수할인 무위험 채권 이자율 사이의 관계이다.

B. 이자율의 기간구조와 수익률 곡선이 한 시점에서 상승하고 그 다음에는 하락하는 이유를 설명하기 위해 기대 이론, 만기선호 이론 및 시장분리 이론을 포함한 여러 가지 이론이 제안되었다. 기간구조의 현대적인 관점에서는 무위험의 순수할인채권의 수익률은 실질이자율, 미래 예상 물가상승 그리고 금리위험 프리미엄에 의해 결정된다.

4. 명목이자율과 실질이자율

A. 명목이자율은 우리가 일반적으로 접하게 되는 이자율이다. 명목이자율은 실질이자율, 물가상승 프리미엄, 금리 위험 프리미엄, 유동성 프리미엄 그리고 채무 불이행 프리미엄의 5가지 기본 구성 요소로 구성된다. 실질이자율은 명목이자율에 물가상승을 반영한 이자율이다.

B. 미국 재무부 채권은 채무불이행 위험이 없으며 일반적으로 유동성 위험이 없다. 그러나 일반적인 채권 발행의 경우 이 두 가지 요소가 매우 중요하다.

C. 명목이자율이 변할 때, 장기 채권가격은 단기 채권보다 더 많이 변한다. 다르게 말하면, 장기 채권가격은 단기 채권보다 금리 변동에 훨씬 더 민감하다. 이러한 가격 변동의 차이를 금리 위험이라고 한다.

D. 유동성 프리미엄은 두 개의 같은 종류의 채권이 완전히 다른 유동성을 가질 수 있다는 사실을 보여준다. 모든 조건이 동일할 때, 유동성이 낮은 증권은 이에 대한 보상으로 더 높은 수익률을 제공해야 한다. 명목이자율의 다섯 번째 구성 요소인 채무 불이행 프리미엄은 투자자들이 만기일에 채무 불이행을 할 수도 있는 채권을 보유하는 위험에 대해서 추가적인 수익률을 요구하는 것을 보여준다.

주요 용어

우대금리(prime rate) 373
지표금리(bellwether rate) 374
연방기금 금리(federal funds rate) 374
할인율(discount rate) 374
콜머니 금리(call money rate) 374
기업어음(commercial paper) 375
리보금리(London Interbank Offered Rate, LIBOR) 375
유로 달러(eurodollars) 375
미국 재무부 단기국채(U.S. Treasury bills, 또는 T-bills) 375
양도성 예금증서(certificates of deposit, CD) 376
은행 인수어음(banker's acceptance) 376
순수할인증권(pure discount securities) 377
베이시스 포인트(basis point) 378
은행 할인 기준(bank discount basis) 378
재무부 채권 수익률 곡선(treasury yield curve) 386
이자율의 기간구조(term structure of interest rates) 389
미국 재무부 STRIPS(U.S. Treasury STRIPS) 389
명목이자율(nominal interest rates) 393
실질이자율(real interest rates) 393
피셔 가설(fisher hypothesis) 394
기대이론(expectations theory) 397
선도 이자율(forward rate) 397
만기선호이론(maturity preference theory) 399
시장분리 이론(market segmentation theory) 400

단원 후 문제와 자습 문제

1. 화폐 시장 가격(LO1, CFA2) 할인 기준으로 공시된 특정 금융시장 상품의 이자율은 5%이다. 이 상품의 액면가는 $100,000이며 40일 후에 만기이다. 가격은 얼마인가?

2. 채권등가수익률(LO1, CFA1) T-bill의 만기가 75일이고 매도 할인율 4%를 가정한다. 이 T-bill의 채권등가수익률은 얼마인가?

자습 문제 해답

1. 은행 할인 기준 공식을 사용하면,

$$\text{현재 가격} = \text{액면가} \times \left(1 - \frac{\text{만기}}{360} \times \text{할인수익률}\right)$$

$$\$99{,}444.44 = \$100{,}000 \times \left(1 - \frac{40}{360} \times 0.05\right)$$

당신은 $ 99,444.44를 지불 할 것이다.

2. 채권등가수익률 변환 공식을 사용하면,

$$4.09\% = \frac{365 \times 0.04}{360 - 75 \times 0.04}$$

채권등가수익률은 4.09%이다.

투자 지식 학습

1. 이자율(LO2, CFA2) 다음 이자율 중 어느 것이 은행대출 이자율의 지표인가??

a. 무보장 사업 대출 이자율 b. 표준 금리
c. 기업어음 이자율 d. 은행인수어음 이자율

2. 이자율(LO2, CFA2) 다음 이자율 중 일반적으로 가장 높은 이율을 갖는 것은 어느 것인가??

a. 기업 어음 이자율 b. 미국 국채 이자율
c. 연방 기금 금리 d. 연방준비기금 할인율

3. 국채 수익률(LO1, CFA2) 180일 만기의 미국 재무부 국채는 5%의 할인수익률과 10만 달러의 액면가를 가진다. 현재 가격은 얼마인가?

a. $97,500 b. $95,000
c. $92,500 d. $90,000

4. 국채 수익률(LO1, CFA2) 90일 만기의 미국 재무부 국채의 가격은 95,000 달러이다. 그 할인율은 얼마인가?

a. 5% b. 10%
c. 15% d. 20%

5. 국채 수익률(LO1, CFA2) 30일 만기의 미국 재무부 국채는 할인 기준으로 12%의 수익률로 판매된다. 다음 중 채권등가수익률에 해당하는 수익률은 어느 것인가?

a. 6.0% b. 11.7%
c. 12.0% d. 12.3%

6. 유효 연간 이자율(LO2, CFA1) 신용 카드 회사의 AER은 12%이며, 실제로는 매월 1%의 이율이다. EAR은 얼마인가?

a. 12% b. 12.68%
c. 13.08% d. 13.76%

7. STRIPS 수익률(LO3, CFA6) 10년 만기의 미국 재무부 STRIPS의 액면가가 $1,000이고 현재 가격은 $ 502.57이다. 이 STRIPS의 만기수익률은 얼마인가?

a. 7.0% b. 7.12%
c. 8.0% d. 8.12%

8. STRIPS 수익률(LO3, CFA6) 액면가 $1,000의 5년 만기 미국 재무부 STRIPS의 만기수익률이 7%이다. 이 STRIPS의 현재 가격은 얼마인가?

a. $930 b. $712.99
c. $708.92 d. $650

9. 채권 수익률(LO2, CFA1) 분석가는 채권 현금흐름의 현재가치를 현재 시장가격으로 계산했을 때 반년 이자율이 3.85%임을 알았다. 다음 가능한 대안을 선택하라.

I. 채권등가수익률은 7.70%이다.
II. 채권의 유효 연간수익률은 7.85%이다.
III. 채권의 만기수익률은 7.70%이다.
IV. 채권의 기간 수익률은 8.35%이다.

다음 중 어느 것이 맞는가?

a. I, II
b. II, III, IV
c. I, II, III
d. III

10. 선도 이자율(LO3, CFA8) 애널리스트는 현물 이자율을 다음과 같이 조사했다.

시간(년도)	연간현물이자율
1	15.0%
2	12.5
3	10.0
4	7.5

2년 후의 1년 선도이자율은 어느 값에 가까운가?

a. −4.91%
b. 5.17%
c. 10.05%
d. 7.5%

11. 무이자 채권(LO2) 투자자의 요구 수익률이 12%이면, 만기 가치 $1,000인 10년 만기 제로이표 채권의 가치는 얼마인가?

a. $312
b. $688
c. $1,000
d. $1,312

12. 피셔 가설(LO4, CFA4) 피셔 가설은 본질적으로 다음 중 어느 것을 주장하는가?

a. 명목이자율은 물가상승을 따른다.
b. 실질이자율은 물가상승을 따른다.
c. 물가상승은 실질이자율을 따른다.
d. 물가상승은 명목이자율을 따른다.

13. 기간 구조 이론(LO3, CFA9) 이자율의 기간구조에 대한 설명 중 어느 것이 맞는가?

a. 기대이론은 미래 단기 이자율이 현재의 단기 이자율을 초과 할 경우 평평한 수익률 곡선을 나타낸다고 설명한다.
b. 기대이론은 장기 이자율이 예상 단기이자율과 같다고 주장한다.
c. 유동성 프리미엄 이론은 다른 모든 것이 동일할 때, 만기가 길수록 수익률이 낮아지는 것을 나타

낸다.

d. 시장분리 이론은 대출인과 금융기관이 특정한 분리된 수익률 곡선을 선호한다고 주장한다.

14. 기간 구조 이론(LO3, CFA9) 다음 중 채권 이자율과 만기까지 기간 간의 설명이 아닌 것은?

a. 채무 불이행(신용) 위험 가설
b. 기대이론
c. 유동성 선호 가설
d. 시장분리 가설

15. 기간 구조 이론(LO3, CFA3) 다음 중 다양한 만기에 대한 상대적 수요를 고려하여 수익률 곡선의 모양을 설명하는 이론은 무엇인가?

a. 상대 강도 이론
b. 분리 이론
c. 무 편향 기대 이론
d. 유동성 프리미엄 이론

16. 기간 구조 이론(LO3, CFA3) 현물 이자율과 선물 이자율의 개념은 이자율의 기간구조에 대한 다음 설명 중 어느 것과 가장 밀접한 관련이 있는가?

a. 기대이론
b. 유동성 프리미엄 이론
c. 선호 서식지 가설
d. 시장분리 이론

17. 선도 이자율(LO3, CFA8) 현재 1년 이자율은 6%이고 현재 2년 이자율은 7%이다. 예상되는 내년 1년 선도 이자율은 얼마인가?

a. 9%
b. 8%
c. 7%
d. 6%

18. 선도 이자율(LO3, CFA8) 현재 1년 이자율은 7%이고 현재 2년 이자율은 6%이다. 예상되는 내년 1년 선물 이자율은 얼마인가?

a. 7%
b. 6%
c. 5%
d. 4%

19. 선도 이자율(LO3, CFA8) 6개월 만기의 미 국채 현물 이자율은 4%이고 1년 만기의 미 국채 현물 이자율은 5%이다. 6개월 후의 6개월 선도 이자율은 다음 중 어느 것인가?

a. 3.0%
b. 4.5%
c. 5.5%
d. 5.9%

20. 선도 이자율 (LO3, CFA8) 분석가는 다음 정보를 수집했다.

만기	현물이자율
1	5.00%
2	6.00
3	6.50

위의 데이터를 바탕으로 2년 후에 1년 선도 이자율을 예상하면 어느 값에 가까운가?

a. 6.25%
b. 7.01%
c. 7.26%
d. 7.51%

개념 문제

1. 이자율 역사(LO2, CFA6) 이자율의 역사에 근거하면, 미국에서 발생한 단기 이자율의 범위는 얼마인가? 장기 이자율의 범위는? 각각의 전형적인 가치는 무엇인가?

2. 할인 증권(LO1, CFA2) 순수할인채권은 무엇인가? 두 가지 예를 들어보라.

3. 연방 기금과 할인율(LO1, CFA5) 연방기금 금리와 할인율을 비교, 대조하라. 어느 쪽이 더 변동성이 크다고 생각하는가? 어느 시장이 더 활발하다고 생각하는가? 왜 그러한가?

4. 기업 어음(LO1, CFA2) 기업어음과 미 국채를 비교, 대조하라. 일반적으로 어느 쪽이 더 높은 금리를 제공하는가? 왜 그러한가?

5. 리보(LO1, CFA6) 리보란 무엇인가? 왜 중요한가?

6. 은행 할인율(LO1, CFA2) 왜 일부 금융 시장 상품에 대한 이자율이 은행 할인 기준으로 공시된다고 생각하는가? (힌트: 360일 계산법을 사용하는 이유는 무엇인가?)

7. STRIPS(LO3) 공개적으로 거래되는 세 가지 유형의 재무부 STRIPS는 무엇인가?

8. 명목이자율 및 실질이자율(LO4, CFA4) 금융지에서 이자율을 살펴볼 때 명목이자율과 실질이자율 중 어떤 것을 관찰할 수 있는가? 투자자와 더 관련이 있는 것은 무엇인가?

9. TIPS(LO4, CFA3) 다음 진술을 평가하라. '미 재무부 물가상승 보호 증권(TIPS)은 고정 이자를 지불한다.'

10. 기간구조(LO4, CFA5) 이자율의 기간구조에 대한 다음의 각 이론이 하향 곡선의 이자율의 기간구조를 어떻게 설명하는지 토론하라.

    a. 순 기대
    b. 만기 선호
    c. 시장분리

질문과 문제

1. STRIPS(LO3, CFA7) 액면가가 $100인 10년 만기 국채 STRIPS의 만기수익률이 3.5%일 때 가격은 얼마인가?

2. STRIPS(LO3, CFA7) 재무부 STRIPS는 7년 만기이며 4.4%의 만기수익률을 가지고 있다. 액면가가 $100,000이면 STRIPS의 가격은 얼마인가? 공시 가격은 얼마인가?

3. STRIPS(LO3, CFA7) 재무부 STRIPS이 90.875이며 만기까지 5년이다. 만기 수익률은 얼마인가?

4. STRIPS(LO3, CFA2) 공시 가격이 70.485이고 4년 만기인 재무부 STRIPS는 만기수익률이 얼마인가?

5. 피셔 효과(LO4, CFA4) 지난해 주식 수익률은 8.9%였다. 물가상승률이 2.1%인 경우 대략적인 실제 수익률은 얼마인가?

6. 피셔 효과(LO4, CFA4) 작년에 투자 가치가 11.6% 증가했지만 구매력은 7.6%만 증가했다. 대략적인 물가상승률은 얼마인가?

7. 미국 국채 가격(LO1, CFA2) 만기까지 56일이고 할인수익률이 1.15%인 미국 재무부 채권의 가격은 얼마인가? 액면가가 100만 달러라고 가정한다.

8. 미국 국채 가격(LO1, CFA1) 문제 7에서 채권등가수익률은 얼마인가?

9. 미국 국채 가격(LO1, CFA2) 만기까지 112일이고 2.18%의 할인수익률을 가진 미국 재무부 채권가격은 얼마인가? 액면가 100만 달러를 가정한다.

10. 미국 국채 가격(LO1, CFA1) 문제 9에서 채권등가수익률은 무엇인가?

11. 미국 국채(LO1, CFA2) 만기까지 64일 남은 미 국채는 99.012에 공시되고 있다. 은행할인수익률, 채권등가수익률 및 유효 연간수익률은 얼마인가?

12. 미국 국채(LO1, CFA2) 2016년 12월에 구매한 미 국채는 만기까지 55일이 남았고 은행할인수익률은 2.48%이다. 채권가격은 액면가의 몇%인가?? 채권등가수익률은 얼마인가?

13. 화폐 시장 가격(LO1, CFA2) 대기업 재무담당자는 현금 2천만 달러를 특정 금융 시장에 투자하고 싶어 한다. 투자 설명서에는 이 상품의 EAR이 3.15%(실제수익률이 3.15%)라고 공시하고 있다. 그러나 재무담당자는 이미 구입한 국채와 CD와 이 상품은 비교하기 위해 상품의 화폐시장 수익률을 알고 싶어한다. 만약 상품의 기간이 90이라면 채권등가수익률과 할인 수익률은 얼마인가?

문제 14–18을 해결하기 위해 아래의 정보를 활용하라.

미국 재무부 STRIPS, 2015년 11월 15일 마감

만기	가격	만기	가격
11월 16일	99.471	11월 19일	95.035
11월 17일	98.782	11월 20일	92.570
11월 18일	96.827	11월 21일	89.342

14. 국채 STRIPS(LO3, CFA1) 위 표에 나와있는 각 STRIPS에 대해 공시 수익률을 계산하라. 시장은 이자율이 앞으로 오르거나 내려갈지 어떻게 예상하는가?

15. 국채 STRIPS(LO3, CFA1) EAR로 표시되는 11월 17일 STRIPS의 수익률은 얼마인가?

16. 선도 이자율(LO3, CFA3) 이자율의 기대이론에 따르면, 2016년 11월 15일에 1년 만기의 STRIPS에 대해 얼마까지 지불할 수 있다고 생각하는가? 이에 해당하는 선도 이자율은 무엇인가? 귀하의 답변은 1년 만기의 STRIPS의 현재 수익률과 어떻게 비교되는가? 이것은 예상 선도 이자율, 제로이표 채권 수익률 곡선의 모양, 미래의 현물 이자율에 대한 시장의 기대 사이의 관계에 대해 무엇을 알려주는가?

17. 선도 이자율(LO3, CFA8) 이자율의 기대이론에 따르면, 2016년 11월 15일에 5년 만기 STRIPS에 얼마를 지불할 것으로 예상하는가? 2018년 11월 15일에는 2년 만기 STRIPS에 얼마를 지불할 것으로 예상되는가?

18. 채권가격 변동(LO3, CFA7) 6가지 STRIPS의 수익률(공시된)이 각각 0.05% 증가한다고 가정한다. 1년, 3년, 6년 만기 STRIPS의 가격 변동률을 계산하라. 어떤 것이 가장 크게 변동하는가? 이제 각 STRIPS의 공시 가격이 0.500 감소한다고 가정한다. 1년, 3년, 6년 만기 STRIPS의 수익률(공시된) 변화율을 계산하라. 어느 것이 가장 큰 수익률 변화를 보였는가? 할인 채권에 대한 가격, 수익률, 만기의 관계에 대한 답변은 무엇인가?

19. TIPS(LO4, CFA3) 2016년 1월 1일에 $1,000 TIPS를 구입한다고 가정한다. 채권에는 1%의 고정 이자가 있다. 처음 2년 동안 반년 물가상승률은 각각 2%, 3%, 1%, 2%이다. 6개월마다 쌓인 원금과 이자 지급액을 계산하라.

20. 물가상승과 수익(LO3, CFA1) 단기 미국 재무부 단기채의 현재 이자율이 1.64%이다. 또한 신문에서 물가상승률을 측정하기 위해 시장 분석가들이 사용하는 일반적인 거시경제지표인 GDP 디플레이터를 통해 현재 물가상승률이 0.7%라는 것을 알았다. 이 정보를 토대로, 단기 미국 국채의 대략적인 실질이자율은 얼마인가? CPI와 같은 다른 물가상승률 측정 방법을 사용하면 답변이 달라질 가능성이 있는가? 이것이 명목이자율과 비교하여 실질이자율의 측정 가능성과 정확성에 대해 무엇을 알려주는가?

21. 선도 이자율(LO3, CFA8) 1년, 2년, 3년, 4년의 만기에 대해 다음 현물 이자율이 다음과 같다.

$$r_1 = 4.3\% \qquad r_2 = 4.9\% \qquad r_3 = 5.6\% \qquad r_4 = 6.4\%$$

$f_{1,k}$을 1년에서 시작하여 k년 동안 연장되는 기간 동안의 선도 이자율이라고 할때 다음의 선도 이자율은 얼마인가?

$$f_{1,1} = \qquad ; f_{1,2} = \qquad ; f_{1,3} =$$

힌트: 방정식 $(1 + r_1)(1 + f_{1,k})^k = (1 + r + 1)^{k+1}$을 사용하여 $f_{1,k}$을 풀어라.

22. 선도 이자율(LO3, CFA9) 앞 질문의 선도 이자율을 기준으로 다음의 선도 이자율은 무엇인가? 여기서 $f_{k,1}$은 k년에서 시작하여 1년 동안 연장되는 선도 이자율을 나타낸다.

$$f_{2,1} = \qquad ; f_{3,1} =$$

힌트: 방정식을 활용하여 해결하라.

23. 예상 물가 상승이자율(LO4, CFA4) 문제 21의 현물 이자율을 기준으로 실질이자율이 2%로 동일하다고 가정할 때, 다음 4년 동안의 예상 물가상승률은 얼마인가?
힌트: 피셔 가설과 무 편향 기대이론을 사용하라.

24. 미국 국채(LO1, CFA2) 2016년 5월 18일에 발행된 미국 국채는 2016년 8월 21일에 $100,000를 지불한다. 할인율이 0.44%라고 가정하면 채권의 가격과 채권등가수익률은 얼마인가?

25. 실질 연간 이자율(LO2, CFA1) 명목이자율이 5.99%인 자동차 할부가 있다. 매월 이자가 청구되면, 이 대출의 실질 연간 이자율(EAR)은 얼마인가?

CFA 관련 문제

[CFA3, CFA8, CFA9]

James Wallace, CFA, is a fixed-income fund manager at a large investment firm. Each year the firm recruits a group of new college graduates. Recently, Mr. Wallace was asked to teach the fixed-income portion of the firm's training program. Mr. Wallace wants to start by teaching the various theories of the term structure of interest rates and the implications of each theory for the shape of the Treasury yield curve. To evaluate the trainees' understanding of the subject, he creates a series of questions.

The following interest rate scenario is used to derive examples on the different theories used to explain the shape of the term structure and for all computational problems in Mr. Wallace's lecture. He assumes a rounded day count of 0.5 year for each semiannual period.

To read the period column, let's look at the 12 × 18 line. The "12" stands for 12 months from now and the "18" stands for 18 months from now. So, the 12 × 18 forward rate is a six-month rate that begins 12 months from now.

Period (months)	LIBOR Forward Rates	Implied Spot Rates
0×6	5.00%	5.00%
6×12	5.50	5.25
12×18	6.00	5.50
18×24	6.50	5.75
24×30	6.75	5.95
30×36	7.00	6.12

1. Mr. Wallace asks the trainees which of the following explains an upward-sloping yield curve according to the pure expectations theory.
   a. The market expects short-term rates to rise through the relevant future.
   b. There is greater demand for short-term securities than for long-term securities.
   c. There is a risk premium associated with more distant maturities.

2. Mr. Wallace asks the trainees which of the following explains an upward-sloping yield curve according to the market segmentation theory.
   a. The market expects short-term rates to rise through the relevant future.
   b. There is greater demand for short-term securities than for long-term securities.
   c. There is a risk premium associated with more distant maturities.

3. According to the expectations theory, which of the following is closest to the one-year implied forward rate one year from now?
   a. 6.58 percent
   b. 5.75 percent
   c. 6.25 percent

4. Mr. Wallace is particularly interested in the effects of a steepening yield curve. Which of the following is most accurate for a steepening curve?
   a. The price of short-term Treasuries increases relative to long-term Treasuries.
   b. The price of long-term Treasuries increases relative to short-term Treasuries.
   c. The price of short-term Treasury securities increases.

CHAPTER

10

채권가격과 수익률

총을 들이대는 것보다 더 많은 손실이 수익률 추구행위를 통해 발생했다.

—

레이몬드 드보

금리는 오르고 채권가격은 내려간다. 그러면 어떤 채권의 가격이 가장 많이 하락하고 어느 채권의 가격이 가장 적게 하락할까? 금리는 내리고 채권가격은 오른다. 하지만 어떤 채권가격이 가장 많이 오르고 어느 채권가격이 가장 적게 오르는 것일가? 채권 포트폴리오 관리자에게 이러한 질문들은 이자율 위험에 관한 중요한 질문들이다. 채권 포트폴리오를 관리하는 모든 사람에게 이자율 위험에 대한 이해는 채권가격과 수익률 사이의 관계에 대한 이해로 연결된다.

학습목표

채권은 포트폴리오의 중요한 부분이 될 수 있다. 여기서는 다음과 같은 것을 배운다.

1. 채권가격과 수익률을 계산하는 방법
2. 만기수익률의 중요성
3. 이자율 위험과 말킬(Malkiel's)의 정리
4. 채권가격에 대한 금리 변화의 영향을 측정하는 방법

CFA 예제

1. 비유동(장기)부채(L1, S9)
2. 고정소득증권(L1, S15)
3. 채권시장: 발행, 거래, 조달(L1, S15)
4. 채권가치평가의 소개(L1, S15)
5. 채권의 위험과 수익의 이해(L1, S16)
6. 신용분석의 기초(L1, S16)
7. 채권포트폴리오관리: 파트 I (L3, S10)

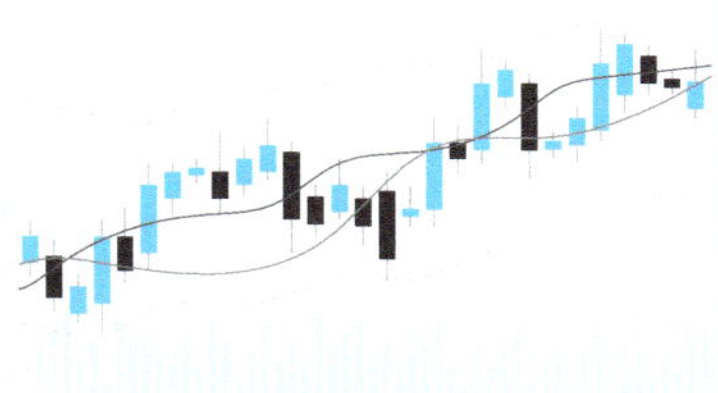

우리는 앞 장에서 이자율과 관련하여 채권수익률에 대해 다루었다. 거기서 약속한 대로 우리는 이제 이 주제로 되돌아가 채권가격과 수익률에 대해 좀 자세히 논의하고자 한다. 우리는 먼저 채권수익률이 어떻게 결정되고 어떻게 그것들이 해석되는지 설명한다. 그리고 나서 우리는 수익률 변화에 따라 채권가격이 어떻게 변하는지 알아본다. 마지막으로 채권가격과 수익률의 관계를 이해하게 되면 이를 활용하여 채권 포트폴리오 관리자가 사용하는 채권위험 분석 수단의 몇 가지 기본적인 도구에 대해 살펴본다.

10.1 채권의 기초

채권은 본질적으로 투자자가 만기가 되었을 때 원금과 함께 일련의 고정 이자를 지급받는 유가증권이다. 채권 발행자가 채무불이행에 빠지지 않는 한, 지급 일정은 변경되지 않는다. 채권이 발행될때 채권은 보통 2년에서 30년까지의 만기가 있지만, 만기가 50년이나 100년인 채권도 존재한다. 만기가 10년 미만인 채권을 보통 어음(note)이라고 부른다. 그리고 일부의 채권은 명시적인 만기가 없으며, 이를 영구채 또는 콘솔(consols)이라고 부른다.

확정금리부 채권

가장 흔한 유형의 채권은 소위 확정금리부 채권이다. 정의상, 확정금리부 채권은 발행자가 채권 보유자에게 채권 만기에 확정된 금액을 정기적인 이자 지급과 함께 지급하도록 의무화한 증서이다. 여기서 만기일에 지급되는 고정금액을 채권원금, 액면가, 명시가치라고 한다. 그리고 정기적인 이자 지급분은 이표라고 부른다. 아마도 확정금리부 채권의 가장 좋은 예는 연방정부가 국가채무를 조달하기 위해 발행하는 미국 재무부 채권일 것이다. 그러나, 기업과 자치단체 또한 정기적으로 채권 형태의 부채를 발행한다.

확정금리부 채권 이외의 많은 채권들은 특별한 특성을 가지고 있다. 이러한 특성은 때때로 투자자의 채권에 대한 매력을 향상시키기 위해 고안된 것이다. 예를 들어 전환사채는 채권 보유자에게 발행회사의 보통주로 전환할 수 있는 권리를 부여한 것이다.

또 다른 예로, '풋옵션부' 채권은 채권 보유자에게 미리 정해진 가격에 그들의 채권을 발행자에게 다시 팔 수 있는 권리를 부여한 채권이다. 이러한 채권의 특별한 특성에 대한 논의는 다음 장에서 다루기로 한다. 현재로서는 하나 이상의 특성을 가진 채권이 발행될 때는, 엄밀히 말하면 더 이상 확정금리부 채권이 아니라는 것이다. 그러나 특수한 특성이 첨부된 채권은 일반적으로 정기적인 이표 지급과 만기에 고정된 원금 지급을 하는 확정금리부 채권의 특성도 가지고 있다. 이때문에 채권 분석의 기본으로서 확정금리부 채권이 중요하다.

확정금리부 채권의 전형적인 예는 만기일에 액면가 $1,000를 지급하고 이표 이자를 반기마다 지급하는 형태이다. 이러한 예는 일반적이고 현실적이기 때문에 이 장에서 사용된다. 예를 들어, 대부분의 회사채는 채권당 $1,000의 액면가로 판매되며, 대부분의 채권(적어도 미국에서는)은 반기마다 정해진 이표 이자를 지급한다.

표면금리와 경상수익률

채권의 재무적 특성을 이해하기 위해서는 채권의 수익률 계산에 익숙해지는 것이 중요하다. 우리가 3장에서 논했듯이, 채권의 기본적인 두 가지 수익률은 표면금리와 경상수익률이다. 표면금리(coupon rate)는 연간 이표지급액을 액면가로 나눈 값으로 정의되며 연간 이표지급액은 액면가에 대한 백분율로 표현된다.

표면금리
채권의 연간 이표지급액을 액면가로 나눈 것. 또한 이를 이표수익률 또는 명목수익률이라고도 한다.

$$\text{표면금리} = \frac{\text{연간 이표지급액}}{\text{액면가}} \tag{10.1}$$

예를 들어 액면가가 $1,000인 채권이 반기마다 $40의 이자를 지급한다고 가정하자. 연간 이표지급액은 $80이고 액면가의 백분율로 표시할 수 있으며, 따라서 채권의 표면금리는 $80/$1,000 = 8%이다. 표면금리는 흔히 이표수익률 또는 명목수익률이라고 하는데 여기서 '명목'이라는 단어는 인플레이션과 아무런 관련이 없다는 것에 주목하라.

채권의 경상수익률(current yield)은 연간 이표지급액을 현재의 시장가격으로 나눈 값이다.

경상수익률
채권의 경상수익률은 채권의 연간 이표지급액을 채권의 시장가로 나눈 값이다.

$$\text{경상수익률} = \frac{\text{연간 이표지급액}}{\text{채권가격}} \tag{10.2}$$

예를 들어 연간 $80의 이표지급액을 지급하는 액면가가 $1,000인 채권이 $1,032.25에 거래된다고 하자. 그러면 경상수익률은 $80/$1,032.25 = 7.75%이다. 이와 유사하게 채권의 시장가격이 $969.75라는 것은 경상수익률이 $80/$969.75 = 8.25% 인것을 의미한다. 그러나 채권의 경상수익률이 가격과 역관계에 있더라도 채권의 가격이 변하면 수익률도 변한다는 사실을 명심하라.

확인 사항

10.1a 확정금리부 채권이란 무엇인가?

10.1b 채권의 표면금리는 무엇인가? 이것의 경상수익률은?

10.2 확정금리부 채권가격과 만기수익률

만기수익률(YTM)
채권의 가격을 미래 현금흐름의 현재가치와 동일시하는 할인율. 약속된 수익률 또는 그냥 수익률이라고도 한다.

채권의 가장 중요한 수익률은 일반적으로 YTM으로 표현되는 만기수익률(yield to maturity)이다. 정의상 채권의 만기수익률은 채권의 가격과 미래의 현금흐름의 현재가치를 일치시키는 할인률이다. 만기수익률은 때때로 약속된 수익률이라고 부르기도 하지만, 보다 일반적으로는 채권의 만기수익률 또는 단순히 수익률이라고 부른다. 일반적으로, 수익률이라는 용어가 특별한 정의없이 사용된다면 이것은 만기수익률을 의미한다.

확정금리부 채권가격

확정금리부 채권의 경우, 주어진 수익률에서 채권의 가격을 계산하기 위해서는 다음과 같은 표준 공식을 사용한다.

이 공식은 다음과 같이 단순화할 수 있다.

$$\text{채권가격} = \frac{C}{YTM}\left[1 - \frac{1}{(1+YTM/2)^{2M}}\right] + \frac{FV}{(1+YTM/2)^{2M}} \qquad (10.3)$$

C = 연간 이표지급액, 반기의 합

FV = 액면가

M = 연도환산만기

YTM = 만기수익률

이 공식에서 이표지급액은 연간 이표지급액, 즉 2개의 반기 이표지급액의 합이다. 이 앞장에서 설명한 미국 재무부 STRIPS과 같은 경우 채권의 수익률은 연간 백분율(APR)이며, 이는 실제 반기 수익률의 두 배로 계산된다. 결과적으로, 채권의 수익률은 실효연간수익률(EAR)보다 다소 과소평가된다.

확정금리부 채권가격결정 방식은 두 개의 별도 구성요소를 가지고 있다. 첫 번째 요소는 모든 이표지급액의 현재가치이다. 이자는 고정되어 있고 정기적으로 지급되기 때문에 이표지급액은 연금(annuity)과 같은 현금흐름을 형성한다는 것을 인식할 수 있으며, 따라서 채권가격 결정식의 첫 번째 부분은 연금액의 현재가치를 구하는 표준계산이다. 또 다른 구성요소는 만기에 지급되는 원금 지급(액면가)의 현재가치를 나타내며, 단일 일시금의 현재가치를 구하는 표준적인 계산이다.

채권가격의 계산은 대부분 계산기에 입력하면 산출된다. 사실, 대부분의 계산기나 스프레드시트에는 이 공식이 내장되어 있다. 어쨌든, 이제부터 계산과정을 설명하기 위해 몇 가지 예를 살펴볼 것이다.

한 채권이 액면가 $1,000, 만기 20년, 이자율 8%, 수익률 9%를 가지고 있다고 가정하자. 그러면 채권의 가격은 얼마인가? 확정금리부 채권가격결정식을 이용한 이 채권의 가격은 다음과 같이 계산된다.

1. 반기 이표지급액의 현재가치:

$$\frac{\$80}{0.09}\left[1-\frac{1}{(1.045)^{40}}\right]=\$736.06338$$

2. $1,000 액면가의 현재가치:

$$\frac{\$1{,}000}{(1.045)^{40}}=\$171.92870$$

채권의 가격은 이표지급액과 액면가의 현재 가치의 합이다. 따라서 이 채권의 가격은 $907.99이다.

예제 10.1

확정금리부 채권가격 계산

채권의 만기가 20년이고 표면금리가 8%라고 가정하자. 채권의 만기수익률은 7%이다. 채권가격은 얼마인가?

이 경우 이자율은 8%이고 액면가는 $1,000이며 연 이표지급액은 $80이다. 채권의 가격은 다음과 같이 계산한다.

1. 반기 이표지급액의 현재가치:

$$\frac{\$80}{0.07}\left[1-\frac{1}{(1.035)^{40}}\right]=\$854.20289$$

2. $1,000 액면가의 현재가치:

$$\frac{\$1{,}000}{(1.035)^{40}}=\$252.57247$$

스프레드시트 분석

채권가격의 계산

	A	B	C	D	E	F	G	H
1								
2		Calculating the Price of a Coupon Bond						
3								
4	A Treasury bond traded on March 30, 2016, matures in 20 years on March 30, 2036.							
5	Assuming an 4 percent coupon rate and a 3 percent yield to maturity, what is the							
6	price of this bond?							
7	Hint: Use the Excel function PRICE.							
8								
9		$114.9579	=PRICE("3/30/2016","3/30/2036" ,0.04,0.03,100,2,3)					
10								
11	For a bond with $1,000 face value, multiply the price by 10 to get $1,149.58.							
12								
13	This function uses the following arguments:							
14								
15		=PRICE("Now","Maturity",Coupon,Yield,100,2,3)						
16								
17	The 100 indicates redemption value as a percent of face value.							
18	The 2 indicates semi-annual coupons.							
19	The 3 specifies an actual day count with 365 days per year.							
20								

$$\text{채권가격} = \$854.20 + \$252.57 = \$1{,}106.77$$

채권의 가격은 이표지급액의 현재가치와 액면가의 현재 가치의 합이다. 따라서 이 채권의 가격은 1,106.77달러이다.

확정금리부 채권의 가격은 내장된 스프레드시트 기능을 통해서도 계산될 수도 있다. 엑셀 스프레드시트를 사용해서 채권가격을 계산하는 방법에 대한 예가 스프레드시트 분석에 있다.

할증과 할인채

채권은 일반적으로 액면가로 판매하는지, 액면가 대비 할인(discount) 또는 할증(premium)되어 판매하는지 여부에 따라 구분된다. 이 세 가지 상대적 가격에 대한 설명(할증, 할인 및 액면가 채권)은 다음과 같이 정의된다.

1. 할증채: 채권가격이 액면가보다 높은 채권으로 프리미엄을 받고 팔리는 것을 말한다. 할증채의 만기수익률은 표면금리보다 낮다.
2. 할인채: 채권가격이 액면가 이하인 채권으로 할인되어 팔리는 것을 말한다. 할인채의 만기수익률이 표면금리보다 높다.
3. 액면가 채권: 채권의 가격이 액면가와 동일한 채권이며 액면가에 팔리는 채권이다. 액면가 채권의 만기수익률은 그 표면금리와 같다.

주목해야 할 것은 채권이 할증이 되거나 할인되어 팔리는지의 여부는 표면금리와 만기수익률 사이의 관계에 달려 있다는 점이다. 표면금리가 만기수익률을 상회하면 채권은 프리미엄으로 팔린다. 만기 이자율이 표면금리보다 하회하면 채권은 할인된 가격으로 팔린다.

예제 10.2

할증과 할인채

채권의 만기가 8년, 표면금리가 7%인 두 채권을 생각하자. 하나의 채권은 만기수익률이 5%이고 다른 하나는 9%의 만기수익률을 갖고 있다. 어떤 채권이 할증채로에 팔리고 어떤 채권이 할인채로 팔리는가? 각각의 채권가격을 계산하여 당신의 답을 증명하라.

9%의 만기수익률을 가진 채권은 표면금리가 7%로 만기수익률보다 작기 때문에 할인채이다. 채권의 가격은 다음과 같이 계산된다.

$$\frac{\$70}{0.09}\left[1-\frac{1}{(1.045)^{16}}\right]+\frac{\$1{,}000}{(1.045)^{16}}=\$887.66$$

5%의 만기수익률을 가진 채권은 표면금리가 7%로 만기수익률보다 크기 때문에 할증채이다. 채권의 가격은 다음과 같이 계산된다.

$$\frac{\$70}{0.05}\left[1-\frac{1}{(1.025)^{16}}\right]+\frac{\$1{,}000}{(1.025)^{16}}=\$1{,}130.55$$

8%의 표면금리를 가진 채권에서 채권가격과 할증채 및 할인채의 만기와의 관계는 그림 10.1에 그려져 있다. 세로축은 채권가격을 나타내고, 가로축은 채권의 만기를 나타낸다.

그림 10.1은 할증채와 할인채의 만기수익률이 일정하다는 가정 하에 만기가 짧아짐에 따른 가격의 변화를 나타낸다. 여기서 보여진 것처럼, 할증 및 할인채 가격의 곡선은 부드러운 곡선을 나타낸다. 따라서 시간이 흐름에 따라 할증채의 가격은 하락하고 할인채의 가격은 상승한다. 결국 만기가 되면 각 채권의 가격은 액면가로 수렴하게 된다.

그림 10.1

할증채, 액면가 채권, 할인채의 가격

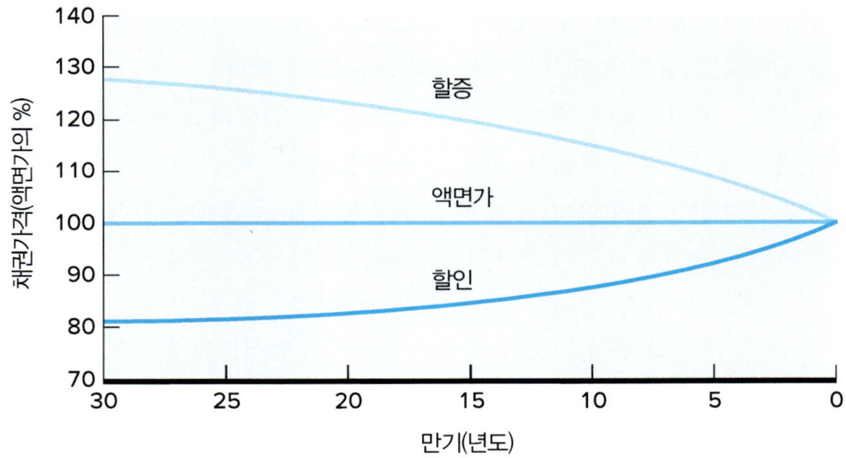

그림 10.1은 일반적으로 할인채의 경우 표면금리와 수익률이 일정할 때, 만기가 길수록 액면가에서 할인되는 액수가 더 커진다는 것을 보여준다. 할증채의 경우 표면금리와 수익률이 일정할 때, 채권 만기가 길수록 할증하는 액수가 커진다는 것을 보여준다.

비록 채권가격이 이자율에 따라 변한다 할 지라도 실제로 대부분의 채권이 액면가로 발행된다. 한 회사가 액면가에 채권을 발행할 때, 그 회사는 채권 발행 시 요구수익률과 일치하는 표면금리를 선택할 것이다. 여러분들은 회사가 원하는 수준에 도달하기 위해 발행하는 채권 수를 간단히 변경할 수 있다는 것을 알고 있다. 여기서, 채권이 액면가로 발행되는지가 왜 중요할까? 그 해답은 기업이 채권 존속기간 동안 할증과 할인을 액면 그대로 분할해서 계상하도록 요구하는 회계 규칙과 관련이 있다. 따라서, 액면 그대로의 가격은 기업들이 이러한 규칙과 관련된 회계의 불필요한 부담을 피할 수 있게 한다.

예제 10.3

할증 채권

9%의 표면금리와 7%의 만기수익률을 가진 두 채권이 각각 5년과 10년의 만기를 가지고 있다고 생각하자. 어떤 채권의 가격이 높은가? 당신의 대답을 가격 계산을 통해 증명하라.

우선, 두 채권이 9%의 표면금리와 7%의 만기수익률을 갖기 때문에, 두 채권 모두 할증채이다. 우리가 이미 배운 것에 따르면, 만기가 더 긴 채권이 더 높은 가격에 거래될 것이다.. 우리는 이러한 결론을 아래의 계산을 통해 확인할 수 있다.

5년 만기 할증채의 가격:

$$\frac{\$90}{0.07}\left[1-\frac{1}{(1.035)^{10}}\right]+\frac{\$1{,}000}{(1.035)^{10}}=\$1{,}083.17$$

10년 만기 할증채의 가격:

$$\frac{\$90}{0.07}\left[1-\frac{1}{(1.035)^{20}}\right]+\frac{\$1{,}000}{(1.035)^{20}}=\$1{,}142.12$$

우리의 예상과 같이 만기가 긴 채권이 높은 가격에 거래된다는 것에 주목하라.

예제 10.4

할인채

9%의 표면금리와 11%의 만기수익률을 가진 두 채권이 각각 5년과 10년의 잔존 만기를 갖고 있다고 하자. 어떤 채권의 가격이 더 높은가? 당신의 대답을 가격 계산을 통해 증명하라.

이 채권들은 할인채이다. 따라서 만기가 짧은 채권이 더 높은 가격에 거래될 것이다. 이를 확인하기 위해, 가격을 다음과 같이 계산할 수 있다.

5년 만기 할인채의 가격

$$\frac{\$90}{0.11}\left[1-\frac{1}{(1.055)^{10}}\right]+\frac{\$1{,}000}{(1.055)^{10}}=\$924.62$$

10년 만기 할인채의 가격

$$\frac{\$90}{0.11}\left[1-\frac{1}{(1.055)^{20}}\right]+\frac{\$1{,}000}{(1.055)^{20}}=\$880.50$$

이 경우, 만기가 짧은 채권이 더 높은 가격에 거래된다.

수익률 측정 관계

우리는 이 장에서 세 가지 다른 채권 이자율 또는 수익률 즉, 표면금리, 경상수익률, 만기수익률에 대해 살펴보았다. 우리는 할인채와 할증채의 수익률과 표면금리의 관계에 대해서도 알아보았다. 따라서 경상수익률이 표면금리와 만기수익률 사이에 있기때문에 경상수익률을 포함하여 다음의 이야기를 전개할 수 있다(채권이 액면 그대로 매각되고 있는 경우는 제외).

수익률 측정에 대해 우리가 살펴본 것들을 종합하면, 다음과 같다.

할증채(가격은 액면가 이상): 표면금리 > 경상수익률 > 만기수익률
할인채(가격은 액면가 이하): 표면금리 < 경상수익률 < 만기수익률
액면가 채권(가격은 액면가와 동일): 표면금리 = 경상수익률 = 만기수익률

따라서, 할증채와 할인채가 모두 만기일에 동일한 수익률을 갖는 경우, 할증채는 할인채보다 더 높은 경상수익률을 갖는다. 그러나 그림 10.1에 보여진 것처럼,

할증채의 높은 경상수익률의 장점은 채권이 만기에 가까워질 때 궁극적으로 할증채의 가격이 액면가로 하락하는 사실에 의해 상쇄된다. 유사하게 할인채의 낮은 경상수익률의 단점은 채권이 만기에 가까워질수록 궁극적으로 액면가로 올라가는 사실로 상쇄된다. 이러한 이유로, 경상수익률은 실제수익률이 어떻게 될 것인지에 대한 신뢰있는 값은 아니다.

재무부 채권 및 채권 발행에 대한 현재 가격과 발행정보를 얻으려면 인터넷을 이용하라.

채권가격 공시에 대한 노트

이표지급액 지급일 사이에 채권을 구매할 경우, 지불하는 가격은 보통 공시 가격보다 더 높을 것이다. 그 이유는 채권시장의 관례에서는 가격은 '경과이자'를 제외하고 책정되기 때문인데, 이는 공시가격에서 경과이자가 제외된다는 것을 의미한다. 이 공시 가격을 이자 미포함 가격(clean price)이라고 부른다. 그러나 당신이 실제로 지불하는 가격에는 경과이자가 포함된다.

이자 미포함 가격
경과이자를 제외한 채권가격. 전형적으로 공시된 가격

이러한 문제들을 이해하는 가장 쉬운 방법은 예를 들어보는 것이다. 당신이 12%의 이표지급액을 반기마다 지불하는 채권을 산다고 가정하자. 실제로 당신은 이 채권에 대해 $1,080를 지불하기 때문에 %1,080는 이자 포함 가격(dirty price or invoice price)이다. 게다가, 그것을 구입하는 날, 다음 이자는 4개월 후에 지불되기 때문에, 매매는 이자지급일 사이에 이루어진다. 여기서 다음 이자가 $60라는 것을 주목하라. 채권에 대해 발생할 이자는 이자 기간 중 지나간 부분(경과 이자)을 제외하고 계산된다. 이 경우 6개월 중 2개월의 이자율 부분에 다음 이표지급액인 $60를 곱하여 계산한다. 즉, 이 예에서 발생하는 이자는 2/6×$60=$20이다. 따라서 채권의 공시 가격은 $1,080−$20=$1,060.*이 될 것이다. 이자 미포함 가격과 경과이자는 공시되는 것임을 명심하라.

이자 포함 가격
경과이자를 포함하는 채권가격. full 또는 invoice 가격으로도 알려짐. 구매자가 실제로 지불하는 가격

여기서 여러분들에게 문제가 되는 가격은 이자 포함 가격인데 이 가격이 실제로 채권매수를 위해 지불할 가격이기 때문이다.

* 발생한 이자는 실제 채권의 종류(재무부 채권인지 회사채인지)에 따라 다르게 결정된다. 이 차이는 이표지급액 기간의 잔여분을 어떻게 계산할 것인가에 의한 것이다. 위의 예에서 우리는 암묵적으로 한달을 동일한 기간으로 취급했다. (즉 한달은 30일이며 1년은 360일) 회사채의 경우에는 이러한 공식이 그대로 적용된다. 그러나 재무부 채권의 경우에는 실제 일수(1년은 365일)가 사용된다. 만약 여러분들이 스프레드시트 분석을 다시 살펴본다면 재무부 채권의 가치를 평가하기 위해서는 이러한 처리가 필요하다는 것을 알 수 있다.

확인 사항

10.2a 확정금리부 채권가격은 둘로 구성된다. 그것이 무엇인가?

10.2b 액면가보다 더 비싸게 팔리는 채권을 무엇이라고 부르는가?

10.2c 표면금리와 만기수익률이 같을 때 채권가격과 만기수익률은 어떤 관계에 있는가?

10.2d 만기가 긴 할증채와 만기가 짧은 할증채 사이에 경상수익률이 만기수익률에 비해 과대평가되어 있는 것은 어느 것인가?

10.3 수익률에 대한 추가사항

이전 절에서는 주어진 수익률하에서 확정금리부 채권의 가격을 찾는 데 초점을 맞추었다. 이번 절에서는 채권의 가격이 주어져 있을 때 채권의 수익률을 찾는 내용을 논의한다. 그리고 나서 지금까지 논의된 다양한 수익률간의 관계에 대해 설명한 후에 몇 가지 추가적인 수익률 계산을 진행하고 이 절을 마치기로 한다.

수익률 계산과정을 시작하기 앞서 수익률을 계산할 때 필요한 중요한 가정을 알고 있어야 한다. 이 가정은 투자자가 채권의 만기수익률과 일치하는 수준으로 이표이자 지급액을 재투자할 수 있다는 것이다. 따라서 투자자는 채권을 만기까지 보유하고, 수령한 모든 이표 지급액을 채권의 만기수익률과 동일한 이자율로 재투자하는 것이 가능한 경우에만 채권 만기수익률을 달성할 수 있다는 것이다.

실제 채권을 통해 얻는 이자율은 만기수익률보다 낮거나 높을 수 있다. 이것은 투자자가 얼마나 오랜 기간 채권을 보유하고 있는지 여부와 이표 지급액이 재투자될 때의 이자율에 따라 다르기 때문이다. 다음의 차이를 생각해보라: 만기수익률은 만약 금리가 변동하지 않고, 이표 지급액을 재투자하고, 채권을 만기까지 보유한다고 할 때, 채권을 보유함으로 돌아오는 것에 대한 기대(또는 예상) 수익률을 말한다. 따라서 이자율이 변하고 투자자들이 채권을 만기까지 보유하지 못할 경우에는, 실제수익률과 상당히 다를 수 있다.

예를 들어, 이자율이 변하지만 투자자는 이표 지급액을 재투자하여 채권을 만기까지 보유한다고 가정하자. 이 경우 채권 보유자가 이표 지급액을 각각 다른 이자율에 재투자하게 되기 때문에 실제 수익은 만기수익률과 달라진다. 이자율이 변하고 투자자는 이표 지급액을 재투자하지만, 만기가 되기 전에 채권을 판매한다고 가정하자. 이 경우, 채권보유자가 이표 지급액을 각각 다른 이자율에 재투자하게 되고 채권의 액면가에 따라 채권가격이 다르기 때문에 만기수익률과 실제수익률과는 차이가 있다. 우리는 이 문제를 이후에 좀 더 자세히 살펴볼 것이다.

수익률 계산

채권의 가격이 주어진 상태에서 채권의 수익률을 계산하기 위해서 우리는 확정금리부 채권 계산식과 동일한 식을 이용하는데, 수익률을 구하는 유일한 방법은 시행착오를 거쳐서이다. 하지만, 재무계산기와 스프레드시트는 매우 빠르게 계산하도록 한다.

예를 들어, 10년 만기, 표면금리가 6%인 채권의 가격이 $90로 즉 액면가의 90%라 하자. 만약 $1,000의 액면가를 가정할 때, 가격은 $900이고 이표이자는 연 $60이다. 그러면 이 채권의 수익률은 얼마인가?

이것을 구하기 위해, 우리가 할 수 있는 것은 $900의 가격을 계산할 수 있을 때까지 다른 여러 가지 수익률들을 활용해보는 것이다. 하지만, 우리가 알고 있는 채권가격과 수익률을 이용하고 과학적 추측을 시도한다면 상당히 빠르게 이를 해결할 수 있다. 우선 주어진 채권이 할인채이기 때문에 이 채권의 수익률은 6%의 이자율보다 높아야 한다는 것을 알 수 있다. 먼저 확정금리부 채권가격의 공식에서 8%를 시도해보자.

$$\frac{\$60}{0.08}\left[1-\frac{1}{(1.04)^{20}}\right]+\frac{\$1{,}000}{(1.04)^{20}}=\$864.10$$

수익률이 8%인 경우에 채권가격은 $864.10로 $900보다 다소 낮지만 크게 차이나지는 않는다.

마지막으로, 우리가 사용한 8%가 너무 높거나 혹은 너무 낮은 지 물어볼 필요가 있는데, 수익률이 높을수록 가격이 낮다는 사실에 착안해서 8%는 조금 높다고 판단하여 7.5%를 대입해본다.

$$\frac{\$60}{0.075}\left[1-\frac{1}{(1.0375)^{20}}\right]+\frac{\$1{,}000}{(1.0375)^{20}}=\$895.78$$

매우 가까워졌으나 아직 수익률이 조금 높기(산출가격이 좀 낮기)때문에, 7.4%를 시도하면 가격이 $902.29라는 것을 알 수 있고 수익률은 7.4%에서 7.5% 사이(실제 7.435%)일 것이다.

재무계산기는 이러한 문제들을 해결하는데 보다 효율적인 방법이다. 만기수익률이 내장된 스프레드시트 기능을 사용하여 계산할 수 있는데, 엑셀 스프레드시트를 이용하여 채권의 만기수익률을 계산하는 예가 다음 스프레드시트 분석에 있다.

스프레드시트 분석

이표채 만기수익률의 계산

	A	B	C	D	E	F	G	H
1								
2		Calculating the Yield to Maturity of a Coupon Bond						
3								
4	A Treasury bond traded on March 30, 2016, matures in 8 years on March 30, 2024.							
5	Assuming an 4 percent coupon rate and a price of 110, what is this bond's yield							
6	to maturity?							
7	Hint: Use the Excel function YIELD.							
8								
9		2.6070%	=YIELD("3/30/2016","3/30/2024",0.04,110,100,2,3)					
10								
11	This function uses the following arguments:							
12								
13		=YIELD("Now","Maturity",Coupon,Price,100,2,3)						
14								
15	Price is entered as a percent of face value.							
16	The 100 indicates redemption value as a percent of face value.							
17	The 2 indicates semi-annual coupons.							
18	The 3 specifies an actual day count with 365 days per year.							
19								

예제 10.5

만기수익률(YTM) 계산

8년의 만기에 가격이 $110, 이표지급액 이자율이 8%인 채권이 있다. 이 채권의 수익률은?

이것은 할증채로 수익률은 이표지급액 이자율인 8%보다 낮아야 할 것이기에 6%를 시도해보면 $1,125.61라는 가격을 얻게된다. 따라서 수익률이 6%보다는 조금 높아야 할 것이다. 6.5%를 시도해보면 $1,092.43을 얻게 되는데 답은 6.5%보다 조금 적은 값이어야 한다는 것을 알 수 있다. 6.4%가 거의 정확하다는 것을 확인하라. (실제로 정확한 수익률은 6.3843%)

수의상환 수익률

이 장에서 지금까지 논의된 바에 따르면, 채권은 원래 명시된 만기와 실제 만기가 동일한 것으로 가정했다. 하지만 대부분의 채권이 수의상환 채권(callable bonds)이기 때문에 항상 그렇지는 않다. 수의상환 채권 발행자는 채권 만기이전에 채권들을 다시 매입할 권리를 부여받았다. 그 대가로, 채권보유자들은 종종 액면가보다 좀 더 높거나 동일한 수의상환 행사가격(call price)을 받게된다. 수의상환 행사가격이 액면가와 같을 때, 채권은 액면가에 콜 될 수 있다고 한다.

수의상환 채권
발행자가 만기가 되기 전에 다시 매수(콜)하여 회수할 수 있는 채권

수의상환 행사가격
콜 가능 채권의 발행자가 채권을 다시 매수(콜)하기 위해 지불해야 하는 가격

일반적으로 채권이 콜될 때, 채권보유자는 상환 이후의 이표를 지급받지 않는

현재가치 상환
채권의 남은 현금흐름의 현재가치를 상환

다. 따라서 일부의 수의상환 채권은 현재가치 상환(make-whole call price)으로 알려진 조항과 함께 발행되는데, 이는 채권의 잔여 현금흐름의 현재가치로 계산된다. 현재가치를 계산하기 위해 사용되는 할인율은 종종 비교 가능한 만기를 가지는 재무부 채권의 수익률에 미리 정해진 프리미엄을 더하는 것이 일반적이다.

1995년에 발행된 Quaker State Corporation 채권은 투자자에게 발행된 최초의 현재가치 상환을 가진 채권이다. 그 이후, 현재가치 상환을 가진 채권발행이 보편화되었다. 채권은 발행자의 편의에 따라 회수되며, 콜은 대개 시장 금리가 떨어진 이후에 발행자들이 더 낮은 금리의 채권으로 부채를 재조정하기 위해 실행된다. 하지만 발행자의 수의상환 특권은 종종 회수 연기 기간이라고도 불리는 수의상환 보호 기간(call protection period) 동안은 제한된다. 예를 들어, 20년의 만기로 발행된 채권은 최초 5년 콜 보호 기간이 지난 후 언제든지 회수할 수 있다는 제한조항을 수용하는 투자자에게 판매할 수 있다.

수의상환 보호 기간
수의상환 채권을 회수할 수 없는 보호 기간. 수의상환 연기 기간이라고도 함.

채권이 수의상환 채권이라면 이 채권의 만기수익률은 더 이상 의미 있는 숫자가 아닐 수도 있다. 대신 일반적으로 YTC로 줄여 부르는 수의상환 수익률(yield to call)이 더 의미가 있을 것이다. 수의상환 수익률은 채권이 가능한 가장 빠른 날짜에 수의상환 될 것이라고 가정하에 산출된 수익률이다.

수의상환 수익률(YTC)
채권이 일찍 상환될 때의 수익률 가정값

채권의 수의상환 수익률을 계산하기 위해서는 앞에서 사용했던 확정금리부 채권가격결정식에서 2개 요인의 변화를 고려하여 계산한다. 첫째로, 만기까지의 시간 대신, 가능한 첫 수의상환 날짜까지의 시간을 사용한다. 둘째로, 액면가 대신, 수의상환 행사가격을 사용한다. 결과식은 따라서,

$$\text{수의상환 채권가격} = \frac{C}{YTC}\left[1 - \frac{1}{(1+YTC/2)^{2T}}\right] + \frac{CP}{(1+YTC/2)^{2T}} \tag{10.4}$$

C = 연간 이표지급액
CP = 수의상환 행사가격
T = 가장 빠른 수의상환 날짜
YTC = 수의상환 수수료

수의상환 수익률을 계산하는 것은 만기수익률 계산과 마찬가지로 시행착오법으로 계산할 수 있다. 대부분의 재무계산기를 이용하면 액면가를 수의상환 행사가격으로 만기까지의 시간을 수의상환 까지의 시간으로 바꾸어 값을 구할 수 있다.

예를 들어, 20년 만기 채권의 이자율은 8%이고 가격은 $98이며 10년 후에 수의상환 될 수 있다고 가정하자. 수의상환 행사가격은 105이다. 이 채권의 만기수익률과 수의상환 수익률은 얼마인가?

이전에 학습한 바와 같이 만기수익률은 표면금리보다 조금 더 높다는 것을 알 수 있다. 몇 번의 계산을 통해 그 값이 8.2%라는 것을 알 수 있다.

채권의 수의상환 수익률을 추정하기 위해, 이 채권의 액면가가 $1,000 대신 $1,050이고 10년 안에 만기가 될 것이라고 생각해보자. 두 가지를 고려하여 전과 동일한 계산 과정을 따라 계산하면 (수익률은 8.5%),

$$\frac{\$80}{0.085}\left[1-\frac{1}{(1.0425)^{20}}\right]+\frac{\$1{,}050}{(1.0425)^{20}}=\$988.51$$

$988.51가 살짝 높기 때문에 수의상환 수익률은 8.5%보다 약간 클 것이라고 예상할 수 있다. 추가로 8.6%를 시도해보면 가격은 $981.83가 되기 때문에, 수의상환 수익률은 약 8.6%정도 수준일 것이다. (실제 8.6276%).

이런 맥락에서 만기수익률과 수의상환 수익률 중 어느 것이 더 클 것인가라는 답은 수의상환 행사가격에 달려있다. 채권이 액면가 (많은 채권들이 그렇듯이)에 콜 가능하다면, 할증채의 경우 만기수익률이 더 크다. 할인채의 경우에는 그 반대이다.

많은 금융 데이터는 만기수익률과 수의상환 수익률을 제공할 것이다. 하지만 만약, 데이터가 단지 하나의 수익률 값만을 준다면 어떤 것을 제공할까? 그에 대한 답은 '그때 그때 다르다' 이다. 일반적으로 보고된 것 중 더 낮은 값을 제공한다. 만약 그렇다면, 이 사실은 할인채일 때 만기수익률이 대표적으로 제공되고 채권일 때 수의상환 수익률이 대표적으로 제공된다는 것을 의미한다.

예제 10.6

수의상환 수익률

8.5%의 표면금리를 가진 15년 만기의 채권이 105에 5년 안에 수의상환될 수 있다. 만약 가격이 100이라면, 만기수익률과 수의상환 수익률 중 높은 것은?

이것은 할증에서 수의상환될 수 있는 액면가 채권이기 때문에, 수의상환 수익률이 더 크다. 우리는 각각의 수익률을 계산함으로 이를 알 수 있다. 만기수익률은 8.5%이고 수의상환 수익률은 9.308%라는 것을 확인하라.

수의상환 수익률은 내장된 스프레드시트 기능을 이용하여 계산될 수 있을 것이다. 한 예가 스프레드시트 분석에 엑셀 스프레드시트를 이용하여 수의상환 수익률을 구하는 방법을 보여준다.

스프레드시트 분석

수의상환 수익률 계산

	A	B	C	D	E	F	G	H
1								
2			**Calculating Yield to Call**					
3								
4	A bond traded on March 30, 2016, matures in 15 years on March 30, 2031, and may							
5	be called anytime after March 30, 2021, at a call price of 105. The bond pays a							
6	4.5 percent coupon and currently trades at par. What are the yield to maturity							
7	and yield to call for this bond?							
8								
9	Yield to maturity is based on the 2031 maturity and the current price of 100.							
10								
11		4.5000%	=YIELD("3/30/2016","3/30/2031",0.045,100,100,2,3)					
12								
13	Yield to call is based on the 2021 call date and the call price of 105.							
14								
15		5.3847%	=YIELD("3/30/2016","3/30/2021",0.045,100,105,2,3)					
16								

재무계산기 사용

채권가격을 계산하는 것은 위에서 본 공식을 사용하면 비교적 쉽다. 재무계산기나 스프레드시트를 사용하면 채권가격을 계산하기 위해 가격결정식을 사용하지 않을 것이라고 생각할 수 있는데 왜냐 하면 시행착오 과정도 공식을 사용해야 하는 길고 좌절스러운 과정이기 때문이다.

스프레드시트 분석은 스프레드시트를 어떻게 사용해야 하는지에 대해 보여주고 있다. 시험에서는 스프레드시트를 사용하기가 곤란해서 CFA 기관에 의해 운영되는 전문시험도 오직 재무계산기만을 사용하도록 허용하고 있다. 더군다나 시험 주관 기관은 사용할 수 있는 계산기의 기종도 제한한다. CFA 시험을 위해 허용된 계산기는 Texas Instruments BAII Plus이며 다수는 이미 이 기종의 계산기를 가지고 있을 것이다. 이는 재무계산기가 금융학 과정에 반드시 필요하기 때문이다.

그림 10.2

Texas Instruments BAII Plus 재무계산기

다른 금융 수업에서 재무 계산기를 어떻게 사용하는지 배웠다면 좋겠지만, 그렇지 않았다면, 채권가격과 채권 수익률을 계산하는 방법에 대해 몇 가지 기본적인 내용을 설명하도록한다. 그림 10.2는 TI BAII Plus 재무계산기의 모형을 제시하고 있다.

채권가격을 계산했던 예제 10.1에서, 채권은 20년 만기에 8%의 표면금리, 만기

수익률은 7%이었다. 이 정보들을 계산기에 넣고 채권가격을 계산할 수 있어야 한다. 데이터 입력 및 계산에 사용하는 시간 값의 행을 강조하였다.

계산기 상의 버튼이 어떻게 작동하는가에 주목해야한다. 예를 들어 N은 기간들의 수이다. 예에서는, 반기마다 이자지급을 받는 20년 만기이기 때문에 N은 40이다. 이 숫자를 입력하기 위해, 우리는 간단히 40을 입력하고 N 버튼을 누르면 된다. 그렇게 하면 '=' 표시가 뜬다. 이것이 입력값을 인식했다는 뜻이다. 이제 다른 값들을 구해보자.

표면금리가 8%이면 매년 $80의 이자를 지급하는 것을 의미한다($1,000의 액면가 채권을 가정). 이 채권은 이표지급액을 반기마다 지급하기 때문에, $40을 입력하고 PMT 버튼을 누른다. 다시 한번 '=' 표시가 나타난다. 다음으로 'I/Y'로 표기되어 있는 만기수익률을 누르는데 계산기가 이미 수익률을% 단위로 입력하기 때문에 3.5를 이자율로 입력하면 될 것이다. (7이 아닌 이유는?). 마지막으로 액면가(FV로 표기되어 있는 버튼)에 $1,000를 입력한다.

계산기에 입력된 값으로부터, 채권가격을 계산한다. 왼쪽 상단 구석에 있는 CPT 버튼을 누르고 이어서 PV 버튼을 누른다. 나온 값은 예제 10.1에서의 값과 동일한 (1센트 반올림 오류로) $1,106.78일 것이다.

다음으로 만기수익률을 구하고 싶다고 가정해보자. 과정은 거의 비슷하다. 기간의 숫자, 이표 지급액, 채권의 현재가격, 액면가를 입력한 후에 CPT 버튼을 누르고 I/Y 버튼을 눌러 만기수익률을 구한다.

주의할 점은 채권가격을 입력할 때, 음의 값으로 입력을 해야 한다는 것이다. 그 이유는 계산기가 그 가치가 지불하는 값이라는 것을 인식하기 때문이다. (현금 유출). 일반적으로 이표 지급액을 받고 액면가를 현금 으로 받기 때문에 그 값들은 양의 값으로 입력한다. 만약 당신이 현금 유출과 유입을 정확하게 입력하지 않는다면, 당신의 계산기에는 ERROR 5 메시지가 표시될 것이다. 계산기에 문제가 있다고 생각할 수도 있지만 이는 단순 조작 오류에 의한 것이다.

마지막으로, 반기 기준 데이터를 입력했다는 것을 기억하자. 그래서 우리가 수익률을 계산할 때 계산기는 우리에게 반기 기준의 표면금리를 구해준다. 흔히 보고되는 연간 만기수익률을 구하기 위해서는 반기 기준값에 2배를 곱해야만 한다.*

---

* 2배를 곱해서 만기수익률을 조정할 필요가 없는 다른 방법도 존재한다. 그러나 이를 위해서는 계산기에서 연간 지급액(P/Y)를 바꾸어야 한다. 이러한 과정은 학생들이 한 문제에서 다른 문제로 이동할 경우 이러한 가정의 변화를 잊어버리게 됨에 따라 결국에는 더 많은 오류를 가져오게 된다.

확인 사항

10.3a 수의상환 사채는 무엇인가?

10.3b 만기수익률과 수의상환 수익률의 차이는?

10.3c 수의상환 수익률을 구하는 방법은 만기수익률을 계산하는 방법에서 두 가지를 제외하고는 같다. 그 두 가지는 무엇인가?

10.4 이자율 위험과 말킬 정리

채권수익률은 본질적으로 이자율이며, 이자율과 마찬가지로 시간이 지남에 따라 변동한다. 그리고 이자율이 바뀌면 채권가격도 바뀐다. 이것을 이자율 위험이라고 한다. 이자율 위험(interest rate risk)은 이자율 변동으로 인한 채권 가격의 변동 가능성을 말한다.

이자율 위험
이자율의 변동으로 인해 채권의 가치에 변동이 발생할 가능성

약정수익률과 실현수익률

만기수익률과 약정수익률은 둘 다 만기까지 채권을 보유하면 채권에 명시되었던 수익을 얻을 수 있다는 것을 암시하는 것처럼 보인다. 사실, 일반적으로는 그것이 맞다. 채권을 통해 얻게 되는 실제 수익을 실현수익률(realized yield)이라고 부르지만 명시되었던 만기수익률이 실현수익률과 같은 경우는 거의 없다.

실현수익률
채권을 통해 실제 얻은 수익 또는 실현 수익

앞의 절에서 다루었던 것처럼, 실현수익률이 약정수익률과 다른 이유는 이자율의 변동때문이다. 이 것은 이표 지급액이 다른 이율로 재투자된다는 것을 의미하며, 더 중요한 것은 채권가격 또한 결과적으로 상승하거나 하락한다는 것이다. 채권이 만기 전에 매매된다면, 거래가격은 원래 기대되었던 가격보다 높거나 낮을 수 있기 때문에 결과적으로 실현수익률은 약정수익률과 다를 것이다.

더 앞의 절에서는, 이표이자 지급액을 만기수익률로 재투자하거나 만기까지 보유했을 경우 실현수익률과 약정수익률이 같을 것이라고 했다. 그것은 채권의 실현수익률이 약정수익률과 같을 것이라는 것이다. 이는 채권의 잔존 기간 내내 수익률이 변하지 않는 경우에만 가능한 것인데 그럴 가능성은 거의 없다. 다음 내용에서 채권가격이 변하는 몇 가지 방향에 대한 결론을 내릴 수 있도록 할 것이다.

이자율 위험과 만기

이자율 변동이 모든 채권가격에 체계적으로 영향을 미치지만, 이자율 변동이 모든

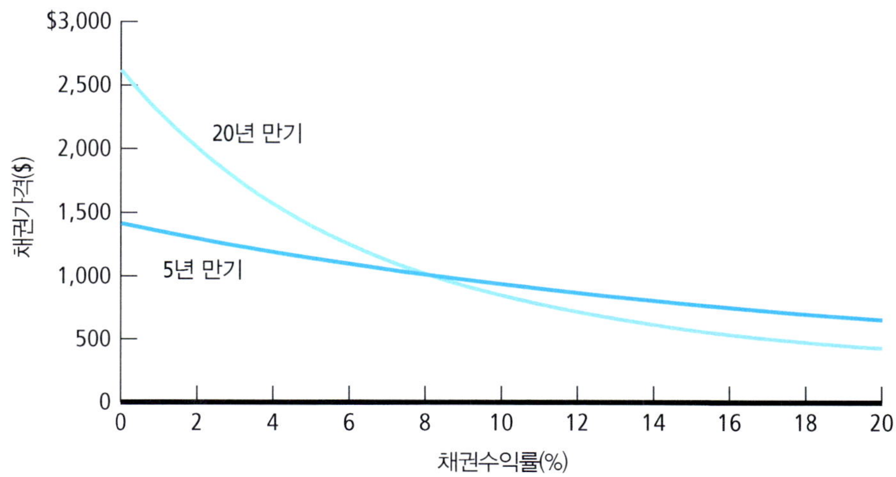

그림 10.3

채권가격과 채권수익률

채권에 동일하게 변화를 주는 것은 아니라는 것이 중요하다. 일부 채권은 다른 채권들 보다 이자율 변동에 더 민감하다. 예를 들어, 그림 10.3은 서로 다른 만기를 가진 두 채권이 이자율의 변화에 서로 다른 가격 민감도를 가질 수 있다는 점을 보여준다.

그림 10.3은 채권가격을 세로축으로 채권 수익률을 가로축으로 정한 그림이다. 같은 8%의 표면금리이지만 하나는 5년의 만기인 채권이며 하나는 20년의 만기의 채권이다. 두 채권은 모두 채권가격과 채권 수익률 사이에 음의 상관관계를 갖는다. 왜냐하면 두 채권 모두 8%의 표면금리를 갖고 액면가로 팔리기 때문에 수익률은 8%이다.

하지만 그러나, 채권 수익률이 8% 이상일 때는, 20년 만기 채권의 가격이 5년 만기 채권보다 낮아지면 채권 수익률이 8% 미만일 때는 20년 만기의 채권이 5년 만기의 채권보다 높은 가격에 거래된다. 본질적으로, 수익률 하락은 채권가격을 상승시키지만, 만기가 긴 채권이 만기가 짧은 채권보다 상대적으로 크게 가격이 상승한다. 유사하게 수익률의 상승은 채권가격 모두를 하락시키지만 만기가 긴 채권의 가격이 만기가 짧은 채권의 가격이 더 많이 하락한다.

말킬 정리

그림 10.3에 묘사된 채권가격, 만기, 표면금리, 수익률간의 관계는 Burton Malkiel의 5대 채권가격 정리로 설명된다.* 5가지 채권가격 정리는 다음과 같다.

* Burton C. Malkiel, "Expectations, Bond Prices, and the Term Structure of Interest Rates," *Quarterly Journal of Economics*, May 1962, pp. 197 – 218.

1. 채권가격과 채권 수익률은 반대 방향으로 움직인다. 채권의 수익률이 증가함에 따라, 채권의 가격은 하락한다. 반대로, 채권의 수익률이 하락함에 따라, 채권의 가격은 상승한다.
2. 주어진 채권의 만기수익률 변화에 대해, 채권의 잔존기간이 길수록, 채권의 가격 변동폭은 커진다.
3. 주어진 채권의 만기수익률 변화에 대해, 이표채의 잔존기간이 길어짐에 따라 가격의 변동률은 감소한다.
4. 주어진 채권의 만기수익률 변화에 대해, 채권의 가격의 변화는 채권 표면금리와 반비례한다.
5. 주어진 채권의 절대적인 만기수익률 변화에 대해, 수익률 감소에 의한 가격 상승의 크기가 수익률 상승에 의한 가격 하락의 크기보다 크다.

이 정리의 첫 번째, 두 번째 및 네 번째는 가장 단순하고 가장 중요하다. 첫 번째는 채권가격과 수익률이 반대 방향으로 움직인다는 것이다. 두 번째는 장기 채권이 단기 채권보다 수익률 변화에 더 민감하다는 것이다. 네 번째는 표면금리가 낮은 채권이 표면금리가 높은 채권보다 수익률 변화에 더 민감하다고 말한다.

다른 두 정리는 더 많은 계산이 필요하다. 세 번째 정리에 따르면 이자율 변동에 대한 채권의 민감도는 만기가 증가함에 따라 증가하지만 증가율은 감소한다. 다시 말해, 10년 만기 채권은 1년 만기 채권보다 수익률 변화에 훨씬 더 민감하다. 그러나 30년 만기 채권은 20년 채권보다 약간 더 민감하다. 마지막으로, 다섯 번째 정리는 1%의 수익률 증가로 당신이 겪게 될 손실이 1%의 수익률 감소에서 누리는 이익보다 적다.

표 10.1은 만기가 5, 10, 20년인 8% 표면금리 채권에 대한 가격을 만기수익률이 7%와 9%의 일때로 나누어 보여줌으로써 처음 세 가지 말킬정리를 보여준다. 첫 번째 정리에서 알 수 있듯이 채권가격은 수익률이 높을 때 낮아진다 (9% 대 7%). 두 번째 정리에서 알 수 있듯이 수익률이 7%와 9% 사이의 가격차이는 만기가 길수록 더 커진다. 그러나 세 번째 정리에서 알 수 있듯이 만기가 길수록 수익률 변동에 따른 가격변화는 작아진다. 이는 $136.10이 $81.14보다 67.7% 더 큰 반면 $198.79는 $136.10보다 46.1% 더 크다는 것을 통해 확인할 수 있다.

마지막 두 가지 정리를 설명하기 위해, 표 10.2에서 20년 만기 채권의 가격과 6%, 8% 및 10%의 만기수익률(실제로 계산)을 제시한다. 네 번째 정리를 설명하기 위해 수익률이 8%에서 10%로 이동함에 따라 6%와 8% 채권과의 손실을 비교한다. 6% 채권의 손실은 ($656.82 − $802.07)/$802.07 = −18.1%이고 8% 채권의 손실

표 10.1

채권가격과 수익률

	만기		
수익률	5년	10년	20년
7%	$1,041.58	$1,071.06	$1,106.78
9%	960.44	934.96	907.99
가격차	$ 81.14	$ 136.14	$ 198.79

표 10.2

20년 만기채권의 가격과 수익률

	이표이자율		
수익률	6년	8년	10년
6%	$1,000.00	$1,231.15	$1,462.30
8%	802.07	1,000.00	1,197.93
10%	656.82	828.41	1,000.00

은 ($828.41 − $1,000)/$1,000 = −17.2%이다. 이자율이 낮을수록 채권이 수익률 변화에 더 민감하게 반응하는 것을 보여준다. 수익률 증가에 대해서도 마찬가지인 것을 확인할 수 있다.

마지막으로, 다섯 번째 정리를 설명하기 위해 표 10.2의 표면금리가 8%인 채권을 살펴보자. 수익률이 8%에서 6%로 2% 감소함에 따라 가격은 $231.15, 수익률이 2% 상승하면 채권의 가격은 $171.59 하락한다.

이 상에서 논의한 바와 같이 채권 만기는 이자율 변동에 대한 채권가격의 민감도를 결정하는 중요한 요소이다. 그러나 채권 만기만으로는 수익률 변화에 대한 채권가격 민감도를 구하기는 불완전하다. 추가적으로 채권의 표면금리가 중요하다는 사실을 이미 살펴보았으므로 다음절에서는 만기와 표면금리 변화에 따른 이자율 위험을 측정하도록 하자.

확인 사항

10.4a 참 또는 거짓: 이자율 변화에 대한 채권가격의 민감도는 만기가 길어질수록 증가한다.

10.4b 낮은 표면금리 채권과 높은 표면금리 채권 중 이자율 변동에 더 민감한 것은?

10.5 듀레이션

듀레이션
채권 수익률 변화에 대한 채권가격의 민감도

이자율과 만기가 모두 다른 채권에 대한 이자율 위험의 차이를 설명하기 위해 널리 적용되는 듀레이션(duration)은 금리 변화에 대한 채권가격의 민감도를 의미한다. 듀레이션에 대한 아이디어는 Frederick Macaulay가 미국 금융 시장에 대한 초기 연구에서 처음으로 발표했으며 오늘날까지 채권 수익률의 변화에 대한 채권의 가격 민감도를 측정하는 데 널리 사용된다.*

메컬리 듀레이션

듀레이션 측정법에는 몇 가지 있는데 초기 버전을 듀레이션(또는 메컬리 듀레이션)이라고 한다. 메컬리 듀레이션의 유용성은 그것이 채권가격의 백분율 변화와 채권 수익률의 변화 사이의 대략적인 관계를 보여준다는 사실에서 비롯된다.

$$\text{채권가격의 \% 변화} \approx -\text{듀레이션} \times \frac{YTM\text{의 변화}}{(1 + YTM/2)} \tag{10.5}$$

결과적으로 듀레이션은 동일하나 만기는 동일하지 않은 채권 수익률의 변화에 대해서 거의 동일한 가격 민감도를 갖는다. 이 듀레이션은 근사치이므로 상대적으로 작은 수익률의 변화에 대해서는 매우 정확하지만 수익률의 변화가 큰 경우에는 그 정확도가 떨어진다.

채권의 메컬리 듀레이션이 6년이고 수익률이 10%에서 9.5%로 감소했다고 가정하자. 채권가격의 백분율 변화 결과는 다음과 같이 계산된다.

$$-6 \times \frac{0.095 - 0.10}{1.05} = 2.86\%$$

따라서 채권의 가격은 50b.p.의 수익률 감소에 따라 2.86% 상승한다.

예제 10.7

메컬리 듀레이션

채권의 메컬리 듀레이션이 11년이고 수익률이 8%에서 8.5%로 상승할 때 채권가격에 일어날 변화는?

가격 변화율은 다음과 같이 계산될 수 있다.

$$-11 \times \frac{0.085 - 0.08}{1.04} = -5.29\%$$

* Frederick Macaulay, *Some Theoretical Problems Suggested by the Movements of Interest Rates, Bond Yields, and Stock Prices in the United States since 1856* (New York: National Bureau of Economic Research, 1938).

채권의 가격은 수익률이 50b.p. 증가함에 따라 대략적으로 5.29% 감소한다.

수정 듀레이션

일부 분석가들은 메컬리 듀레이션을 수정한 수정 듀레이션을 선호한다. 반기마다 이자를 지불하는 채권의 메컬리 듀레이션과 수정 듀레이션 간의 관계를 간단히 제시하면, 아래와 같다.

$$\text{수정 듀레이션} = \frac{\text{메컬리 듀레이션}}{(1 + YTM/2)} \tag{10.6}$$

결과적으로 수정 듀레이션을 기준으로 채권가격의 변동률과 채권 수익률의 변동 사이의 대략적인 관계는 다음과 같다.

$$\text{채권가격의 \% 변화} \approx -\text{수정 듀레이션} \times YTM\text{의 변화} \tag{10.7}$$

다시 말해 채권가격의 변동률을 계산하기 위해서는 수정 듀레이션에 수익률의 변화를 곱한다.

예제 10.8 수정 듀레이션

메컬리 듀레이션은 8.5년이고 만기수익률이 9%인 채권이 있다. 수정 듀레이션 값은 얼마인가?

채권의 수정 듀레이션은 다음과 같이 계산된다.

$$\frac{8.5}{1.045} = 8.134$$

반기 수익률을 얻기 위해 수익률을 반으로 나눈 것에 주목해라.

예제 10.9 수정 듀레이션

수정 듀레이션이 7년인 채권이 있다. 수익률이 8%에서 8.5%로 오른다고 가정하자. 채권가격에 어떤 변화가 생기는가?

수정 듀레이션을 사용해서 채권가격의 변화율을 쉽게 결정할 수 있다.

$$-7 \times (0.085 - 0.08) = -3.5\%$$

채권의 가격은 3.5% 가량 감소했다.

표 10.3

채권 듀레이션의 계산

년도	현금흐름	할인계수	현재가치	년도 × 현재가치 ÷ 채권가격
0.5	$ 40	0.96154	$ 38.4615	0.0192 years
1.0	40	0.92456	36.9822	0.0370
1.5	40	0.88900	35.5599	0.0533
2.0	40	0.85480	34.1922	0.0684
2.5	40	0.82193	32.8771	0.0822
3.0	1,040	0.79031	821.9271	2.4658
			$1,000.00	2.7259 years
			채권가격	채권 듀레이션

메컬리 듀레이션 계산

메컬리 듀레이션은 종종 채권의 실질적인 만기로 설명된다. 이러한 이유로, 듀레이션 값은 통상적으로 수 년으로 표시된다. 채권 기간을 계산하는데 있어 가장 기초적으로 활용되는 것이 무이표채이다. 구체적으로, 무이표채의 기간은 만기일과 같기 때문에 미국 재무부 STRIP은 완전할인채와 마찬가지로 메컬리 듀레이션을 계산할 필요가 없다.

듀레이션 계산의 두 번째 기본 원칙은 중간 현금흐름이 있는 이표채의 듀레이션과 관련이 있다. 이표채의 듀레이션은 모든 현금흐름의 개별 만기의 가중평균이다. 따라서 각각의 현금흐름에 추가된 만기의 가중평균은 각 현금흐름의 현재 가치에 비례한다.

만기 3년 채권에 대한 듀레이션 계산이 표 10.3에 나와있다. 채권은 액면가로 판매되고 이자율은 8%이며 만기수익률은 8%이다.

표 10.3에서 볼 수 있듯이 채권 듀레이션을 계산하는 것은 힘들 수 있다. 특히 채권이 많은 현금흐름을 가지고 있다면 더욱 그렇다. 다행히도 여러 가지 중요한 경우에 비교적 간단한 수식을 사용할 수 있다. 예를 들어 채권이 액면가로 판매되는 경우 다음 공식을 사용하여 듀레이션을 쉽게 계산할 수 있다.

$$\text{액면가 채권의 듀레이션} = \frac{(1+YTM/2)}{YTM}\left[1-\frac{1}{(1+YTM/2)^{2M}}\right] \qquad (10.8)$$

M = 채권만기(년도)

YTM = 반기 채권의 만기수익률

예를 들어, $YTM = 8\%$ 및 $M = 3$년을 사용하면 표 10.3에서 계산 한 것과 동일한 듀레이션 값 (2.7259년)을 얻을 수 있다.

예제 10.10

액면가 채권의 듀레이션

액면가 채권의 표면금리가 6%이고 만기가 10년이라고 가정하자. 듀레이션 값은?

채권이 액면가에 팔리기 때문에, 채권의 만기 수익률은 표면금리 6%와 동일하다. 액면가 채권의 듀레이션 계산공식에 넣으면,

$$\text{액면가 채권의 듀레이션} = \frac{(1+0.06/2)}{0.06}\left[1-\frac{1}{(1+0.06/2)^{20}}\right]$$

계산기를 사용해서 듀레이션이 7.66년이라는 것을 알게 된다.

액면가 채권 듀레이션 공식 식 (10.8)은 실제로 액면가로 판매되는 채권의 듀레이션을 계산하는 데 유용하다. 불행히도, 액면가로 팔지 않는 채권에 대한 일반적인 공식은 다소 복잡하다. 반기마다 일정하게 이자를 지급하는 채권의 듀레이션을 구하는 결정식은 다음과 같다.

$$\text{듀레이션} = \frac{1+YTM/2}{YTM} - \frac{(1+YTM/2)+M(CPR-YTM)}{YTM+CPR[(1+YTM/2)^{2M}-1]} \quad (10.9)$$

CPR = 고정 연간 이표이자

M = 채권만기(년간)

YTM = 반기 이표채의 만기수익률

수동 계산이 다소 지루할 수 있지만, 이 수식은 채권 듀레이션을 계산하는 많은 컴퓨터 프로그램에서도 동일하게 사용된다. 널리 사용되는 일부 개인용 컴퓨터 스프레드시트 패키지 및 재무 계산기에는 듀레이션 계산을 수행하는 데 도움이 되는 기능이 내장되어 있다.

예제 10.11

할인채의 듀레이션

특정 채권의 만기수익률이 7%, 만기는 12년, 이자율은 6%일때 수정 듀레이션값은 얼마인가?

우선 메컬리 듀레이션을 구한 후에 메컬리 듀레이션을 수정 듀레이션으로 변환한다. 우선 듀레이션 공식에 대입하면,

$$\text{듀레이션} = \frac{1+0.07/2}{0.07} - \frac{(1+0.07/2)+12(0.06-0.07)}{0.07+0.06[(1+0.07/2)^{24}-1]}$$

$$= \frac{1.035}{0.07} - \frac{1.035+12(-0.01)}{0.07+0.06(1.035^{24}-1)}$$

스프레드시트 분석

메컬리 그리고 수정 듀레이션의 계산

	A	B	C	D	E	F	G	H
1								
2		Calculating Macaulay and Modified Duration						
3								
4	A Treasury bond traded on March 30, 2016, matures in 12 years on March 30, 2028.							
5	Assuming a 6 percent coupon rate and a 7 percent yield to maturity, what are the							
6	Macaulay and Modified durations of this bond?							
7	Hint: Use the Excel functions DURATION and MDURATION							
8								
9		8.561	=DURATION("3/30/2016","3/30/2028"0.06, 0.07,2,3)					
10								
11		8.272	=MDURATION("3/30/2016","3/30/2028"0.06, 0.07,2,3)					
12								
13	The DURATION and MDURATION functions use the following arguments:							
14								
15		=DURATION ("Now","Maturity","Coupon","Yield,2,3")						
16								
17	The 2 indicates semil-annual coupons.							
18	The 3 specifies an actual day count with 365 days per year.							
19								

듀레이션 값으로 8.56년을 얻게 되고 수정 듀레이션으로 바꾸면, 수정 듀레이션은 8.56/1.035 =8.27년이라는 것을 알게 된다.

채권의 듀레이션은 내장 스프레드시트 기능을 사용하여 계산할 수 있다. 엑셀 스프레드시트를 사용하여 메컬리 듀레이션 및 수정 듀레이션을 계산하는 방법의 예는 가까운 스프레드시트 분석에 표시되어 있다.

듀레이션의 속성

메컬리 듀레이션은 몇 가지 중요한 속성을 갖는다. 확정금리부 채권의 경우, 메컬리 듀레이션의 기본 속성은 다음과 같이 요약 할 수 있다.

1. (다른 것이 동일할 때), 채권의 만기가 길수록, 듀레이션이 길다.
2. (다른 것이 동일할 때), 채권 만기가 길어질수록 이자율이 하락하면 듀레이션은 증가한다.

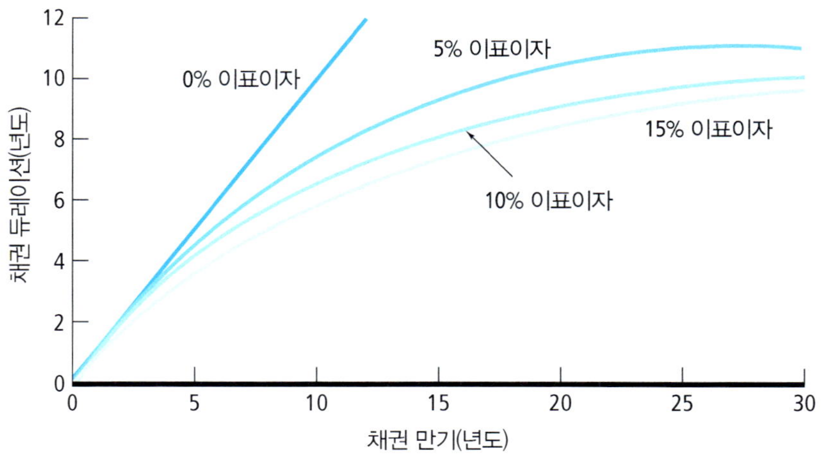

그림 10.4

채권 듀레이션과 채권 만기

3. (다른 것이 동일할 때), 채권이자율이 높을수록 듀레이션이 짧아진다.
4. (다른 것이 동일할 때), 만기수익률이 높을수록 듀레이션은 짧아진다.

앞에서 보았듯이, 무이표채의 듀레이션은 채권의 만기와 같다. 그리고 이표가 있는 채권의 듀레이션은 항상 만기보다 짧다. 두 번째 원칙으로 인해 10년 또는 15년보다 훨씬 긴 듀레이션은 거의 볼 수 없다. 이 원칙들 중 일부에 대한 예외로 매우 큰 폭으로 할인되어 판매되는 매우 만기가 긴 채권이 있다. 그러나 이 예외는 실제로 거의 발생하지 않으므로 이러한 원칙은 일반적으로 정확하다고 할 수 있다.

듀레이션과 만기 사이의 관계가 그림 10.4에 나와 있다. 여기서 듀레이션은 세로축으로 만기는 가로축으로 표시된다. 그림 10.4에서 모든 채권의 만기수익률은 10%이며 표면금리가 0%, 5%, 10% 및 15%인 채권이 제시되어 있다. 그림에서 알 수 있듯이, 무이표채의 듀레이션은 만기와 동일하다. 그러나 이표채의 경우, 첫 번째 듀레이션 원칙에서 알 수 있듯이 듀레이션은 처음에는 만기와 일치하지만 두 번째 원칙에 따라 4년 또는 5년 후에 경사가 평평해지기 시작한다. 또한, 세 번째 원칙에 따라, 표면금리가 낮은 채권이 더 긴 듀레이션을 갖는다.

확인 사항

10.5a 듀레이션은 무엇을 측정하는가?

10.5b 무이표 채권의 듀레이션은 얼마인가?

10.5c 만기가 길어짐에 따라 채권의 듀레이션은 어떻게 변화하는가?

10.6 듀레이션에 기반한 채권의 위험 측정

이 절에서는 듀레이션을 기준으로 또는 이와 밀접한 관련이 있는 유사한 위험 측정방식을 살펴 본다. 이러한 측정방식들은 채권 거래자들과 채권 전문가들에 의해 주로 사용된다.

DOLLAR VALUE OF AN 01

dollar value of an 01
만기수익률이 1bp 변화에 따른 채권가 변화

채권 전문가들 사이에서 인기 있는 금리 위험 척도는 dollar value of an 01('01의 달러 가치')이다. 이는 1b.p. 만기수익률에서 변화했을 때 발생하게 되는 채권가격의 변화를 측정하는 값이다. 여기서 1b.p. 는 1%의 1%, 즉 0.01% 또는 0.0001이다. dollar value of an 01는 기준점의 가치라고도 한다. dollar value of an 01는 다음과 같이 수정 된 채권 듀레이션을 통해 표현될 수 있다.

$$\text{Dollar value of an 01} \approx \text{수정 듀레이션} \times \text{듀레이션} \times 0.0001 \qquad (10.12)$$

YIELD VALUE OF A 32nd

yield value of a 32nd
채권가격의 32분의 1 변화를 초래하는 만기수익률의 변화

관례에 따라서 채권가격이 1/32 포인트단위로 표시되기 때문에 미국 재무부 단기채권과 장기채권과 같은 채권은 yield value of a 32nd와 같은 종종 추가적인 또는 대안적인 측정 방법으로 호가되고 있다. yield value of a 32nd은 채권가격의 32분의 1의 변화를 일으키는 만기수익률의 변화이다. yield value of a 32nd 값을 얻는 간단한 방법은 dollar value of an 01에 32로 곱하고 그 결과의 역수를 취하는 것이다.

$$\text{Yield value of a 32nd} \approx \frac{1}{32 \times \text{Dollar value of an 01}} \qquad (10.11)$$

예제 10.12
듀레이션에 기반한 채권 위험 측정

예제 10.11은 8.27년의 수정 듀레이션을 가진 채권이다. 이 채권의 dollar value of an 01은 얼마인가? yield value of a 32nd는 얼마인가?

우선적으로 이 장의 앞부분에서 제공한 채권가격결정식을 (또는 재무 계산기) 사용하여 이 채권의 가격을 계산해야 한다.

$$\begin{aligned}\text{채권가격} &= \frac{6}{0.07}\left[1 - \frac{1}{(1+0.035^{24})}\right] + \frac{100}{(1+0.035)^{24}} \\ &= \$91.971\end{aligned}$$

그런 다음 수정 듀레이션 8.27 년과 채권가격을 액면가 91.971의 백분율로 식 (10.10)에 도입하면, the dollar of an 01값을 얻을 수 있다.

$$\text{Dollar value of an 01} \approx 8.27 \times 91.971 \times 0.0001 = 0.07606$$

따라서 1 b.p. 변화로 채권가격이 약 $0.076 만큼 또는 액면가 $100당 7.6센트(반대 방향) 정도가 변경 될 것이다. 액면가 $1,000 채권 기준 그 값은 76센트이다.

다음으로 우리는 yield value of a 32nd 값을 얻기 위해 32를 곱할 것이다.

$$\text{Yield value of a 32nd} \approx \frac{1}{32 \times 0.07606} = 0.41086$$

이제 우리는 0.41 b.p. 또는 0.0041%의 수익률 변화가 약 1/32의 채권가격의 변화로 이어질 것임을 알 수 있다. 검사 결과, 수익률을 7%에서 7.0041%로 변경하여 얻은 채권가격을 계산하면,

$$\text{채권가격} = \frac{6}{0.070041}\left[1 - \frac{1}{(1+0.03500205)^{24}}\right] + \frac{100}{(1+0.03500205)^{24}}$$
$$= \$91.94$$

결과값의 변화는 $0.0314≈$91.97−$91.94이다. 1/32 포인트 값은 $0.03125에 상응하기 때문에, yield value of a 32nd가 꽤 정확하다는 것을 볼 수 있다.

확인 사항

10.6a the dollar value of an 01과 수정 듀레이션 사이의 관계는 무엇인가?

10.6b the dollar value of an 01과 the yield value of a 32nd 사이의 관계는 무엇인가?

10.7 목적 대응 포트폴리오 및 재투자 위험

듀레이션은 채권 포트폴리오 관리의 중요한 도구로 사용될 수 있는 중요한 속성이다. 이 주제를 탐색하기 위해 먼저 목적 대응 포트폴리오와 재투자 위험이라는 두 가지 중요한 개념을 소개 한다.

목적 대응(dedicated) 포트폴리오

회사는 미래의 부채 또는 기타 현금 지출을 충족시키기 위해 채권에 투자 할 수 있다. 이러한 특정 목적을 위해 형성된 채권 포트폴리오를 목적 대응 포트폴리오(dedicated portfolio)라고 한다. 목적 대응 포트폴리오에 따라 미래 부채 지불이 예

목적 대응 포트폴리오
미래 현금 지출을 준비하기 위해 생성된 채권 포트폴리오

정된 경우, 이 날짜를 일반적으로 포트폴리오의 목표 날짜라고 한다.

연기금은 목적 대응 포트폴리오 관리의 좋은 사례다. 연기금은 일반적으로 수년 전에 수혜자에게 지불해야 하는 지불 금액을 미리 알고 있기 때문에 미래의 지불을 준비하기 위해 현재 채권을 구매할 수 있다.

예를 들어보자. Safety First 연기금이 5년 안에 약 1억 달러의 연금을 지불해야 한다고 추정되었다고 가정하자 이를 위해 Safety First는 8%의 이자율을 가진 채권을 구매하기로 결정했다. 반기마다 이표이자를 지급하고 5년 뒤에 만기가 되는 이 채권은 액면가에 거래되고 있다. 향후 5년 동안 이자율이 변하지 않는다면 Safety First는 5년 안에 1억 달러를 만들기 위해 오늘 이 채권에 얼마의 돈을 투자해야 하는가?

다행스럽게도 이 질문에 답하기 위해 식 (10.3)을 사용할 수 있다. 식 (10.3)에 따르면 오늘의 채권가격 P는 이표지급액의 현재 가치와 약속된 액면가의 현재 가치를 더한 것이다. 그러나 Safety First의 경우 미래 가치를 필요로 한다. 따라서 $(1+YTM/2)^{2M}$을 곱하여 방정식 (10.3)을 미래 가치에 대한 방정식으로 만들어 보자.

$$P = \frac{C}{YTM}\left[1 - \frac{1}{(1+YTM/2)^{2M}}\right] + \frac{\text{미래 가치}}{(1+YTM/2)^{2M}}$$

$$P(1+YTM/2)^{2M} = \frac{C}{YTM}[(1+YTM/2)^{2M} - 1] + \text{미래 가치} \qquad (10.12)$$

식 (10.12)은 채권 만기까지 발생하는 모든 현금흐름의 미래가치가 현재가치 P에 $(1+YTM/2)^{2M}$을 곱한 것임을 보여준다. Safety First의 경우 미래 가치가 $100,000,000임을 알고 있으므로,

$$\text{미래 가치} = \$100{,}000{,}000 = P(1+YTM/2)^{2M} \qquad (10.13)$$

방정식 (10.13)을 재정렬하여 현재 가치를 풀 수 있다.

$$\text{현재 가치} = P = \$100{,}000{,}000/(1+YTM/2)^{2M}$$

Safety First가 고려하고 있는 채권은 만기수익률이 8% 만기가, 5년이므로,

$$\begin{aligned}\text{현재 가치} = P &= \$100{,}000{,}000/(1+0.08/2)^{2\times 5}\\ &= \$100{,}000{,}000/(1+0.04)^{10}\\ &= \$67{,}556{,}417\end{aligned}$$

따라서 Safety First는 현재 약 6억 7,750만 달러를 투자해야 한다. 해당 채권이 액면가에 팔리기 때문에 이 6억 6,500만 달러 또한 채권의 총 액면가이다.

이 액면가에 매 6개월마다의 이자가 지급되므로 따라서, 이자지급액은

$67,556,417×0.08/2 =$2,702,257이다. Safety First가 각 이자를 8% (예: *YTM*)로 투자 할 때 이자의 총 미래 가치는 $32,443,583이다. Safety First는 또한 액면가 즉 $67,556,417을 받게 된다. 5년 내에 Safety First는 $32,443,583+$67,556,417=$100,000,000를 갖게 된다.

따라서 Safety First는 향후 부채 1억 달러에 자금을 조달 위해 전용 채권 포트폴리오를 구성하는 데 약 6,750만 달러가 필요하다. 그러나 또 다른 중요한 사실을 고려하라. 우리는 Safety First가 향후 5년 동안 각 이자율을 8%로 투자 할 수 있다고 가정하여 이 금액을 계산할 수 있었다. 가정이 맞는경우에만 (즉, 향후 5년 동안 이자율이 변하지 않는 경우) Safety First의 채권 기금은 5년 뒤 필요한 금액으로 증가하게 될 것이다.

재투자 위험

보다시피, 투자 기간 동안 받은 모든 이자를 8%의 *YTM*으로 재투자 할 수 있다면 Safety First 연금 기금의 채권 투자 전략이 성공할 것이다. 그러나 실제로 이자를 재투자 할 수 있는 수익률은 불확실하므로, 기일 초과 또는 부족이 발생할 가능성이 있다.

사전에 예측할 수 없는 수익률로 이자를 재투자할 수 있다고 가정하여 발생하는 미래 또는 목표 날짜 시점에서의 포트폴리오 가치에 대한 불확실성을 재투자 위험(reinvestment rate risk)이라고 한다. 따라서, 목표 날짜에 발생하는 포트폴리오 가치의 불확실성이 재투자 위험을 나타낸다. 일반적으로 목표 날짜가 멀수록 불확실성과 재투자 위험이 커지게된다.

재투자 위험
채권 이표를 사전에 알려지지 않은 수익률에 재투자할 수 있다고 가정하여 발생하는 미래 또는 목표 날짜 시점의 포트폴리오 가치에 대한 불확실성

재투자 위험의 영향을 조사하기 위해 Safety First Pension Fund의 전용 채권 포트폴리오의 예를 살펴보자. 추가적으로, Safety First는 액면가에 팔리는 8% 표면금리 채권을 구매한다고 가정한다. 그러나 사전에 알려지지 않은 수익률로 이표지급액을 재투자하는 이자율이 8%로 일정하다고 가정하지 않는다.

대신, 모든 채권 이자가 7% *YTM*에 재투자되는 경우와 모든 이자가 9% *YTM*에 재투자되는 두 가지 경우를 고려하자. 목표 날짜에 포트폴리오의 가치는 6억 6,750만 원금에 7% 혹은 9%가 혼합된 10번의 반기 이자 의 미래가치를 더한 값이다. 두 경우 모두 표면금리는 8%이다.

표 10.4에 나타난 바와 같이, 7% 재투자 *YTM*를 가정하면 9억 9,270만 달러의 가치가 실현되고, 9% 재투자 YTM을 가정하면 1억 7,400만 달러 수준의 포트폴리오 가치가 실현된다. 이 두 금액의 차이가 (약 150만 달러)는 재투자 위험을 나타

년도	6개월	재투자 만기수익률 YTM: 이표이자율: 지급액	7.00% 8.00% 지급가치, 5년말	8.00% 8.00% 지급가치, 5년말	9.00% 8.00% 지급가치, 5년말
1	1	$2,702,257	$ 3,682,898	$ 3,846,154	$ 4,015,811
	2	2,702,257	3,558,356	3,698,225	3,842,881
2	3	2,702,257	3,438,025	3,555,985	3,677,398
	4	2,702,257	3,321,763	3,419,217	3,519,041
3	5	2,702,257	3,209,433	3,287,708	3,367,503
	6	2,702,257	3,100,902	3,161,258	3,222,491
4	7	2,702,257	2,996,040	3,039,671	3,083,724
	8	2,702,257	2,894,725	2,922,761	2,950,932
5	9	2,702,257	2,796,836	2,810,347	2,823,858
	10	2,702,257	2,702,257	2,702,257	2,702,257
이표지급액의 미래가치			$31,701,236	$ 32,443,583	$ 33,205,896
액면가(5년말 시점)			$67,556,417	$ 67,556,417	$ 67,556,417
목표일 가치			$99,257,653	$100,000,000	$100,762,313

표 10.4 재투자 이자 위험

낸다.

이 예에서 알 수 있듯이 전용 채권 포트폴리오에 대한 만기일 일치 전략에는 재투자 위험이 있다. 또한 여기서는 금리는 단지 1%만을 변경했기 때문에 실제로 발생한 재투자 위험은 우리가 보여준 것보다 훨씬 클 수 있다. 또한 이 사례는 연금기금의 총 재투자 위험이 단 하나만의 목표 날짜를 고려하고 있는 것이기 때문에 실제보다 과소 평가되고 있다. 실제로, 연금 펀드는 일련의 목표 날짜를 가지고 있으며, 하나의 목표일에 자금 부족 사태는 다른 목표일에도 자금 부족 사태를 일으키게 된다.

재투자 위험에 대한 간단한 해결책은 목적 대응 포트폴리오의 목표 날짜와 일치하도록 선택된 만기에 고정 된 원금을 지불하는 무이표채를 구매하는 것이다. 이 경우 재투자할 이자가 없기 때문에 재투자 위험이 없다. 그러나 무이표채 전략에도 단점이 있다. 실질적인 문제로, 연금기금, 보험사 및 기타 기관 투자자의 목적 대응 포트폴리오 요구를 충족시키기 발행 된 무이표채는 미국 재무부 STRIP뿐이라는 점이다.

또한, 미국 재무부 채권은 우량 기업의 채권보다 수익률이 낮기 때문에 재무부 채권과 회사채간 0.25%의 수익률 차이만으로도 전용 채권 포트폴리오의 초기 필요 자금 규모는 크게 달라질 수 있다.

예를 들어, 재무부 STRIP의 수익률이 7.75%라고 가정해보자. 반기 이자를 합쳐서 이러한 5년 만기 1억 달러의 원금 지급 무이표채의 현재 가치는 다음과 같이 계산된다.

$$
\begin{aligned}
\text{STRIPS 가격} &= \frac{\$100{,}000{,}000}{(1+0.0775/2)^{2\times 5}} \\
&= \frac{\$100{,}000{,}000}{(1+0.03875)^{10}} \\
&= \$68{,}373{,}787
\end{aligned}
$$

7.75%의 수익률을 기준으로 도출한 값인 6억 6,374백만 달러는 8%의 수익률을 기준으로 이전에 언급한 6억 6,556만 달러보다 훨씬 높다. Safety First 연기금의 관점에서, 가격이 높은 것은 재투자 위험을 제거하기 위해 지불해야 하는 막대한 규모의 보험료를 의미한다. 다행스럽게도 다음 절에서 논의 할 때 다른 방법을 통해 이것보다 더 저렴한 비용으로 재위험 관리가 가능하게 한다.

확인 사항

10.7a 목적 대응 포트폴리오란 무엇인가?

10.7b 재투자 위험은 무엇인가?

10.8 면역화

목표 날짜에 얻을 포트폴리오 가격의 불확실성을 최소화하기 위해 목적 대응 포트폴리오를 구성하는 것을 면역화(immunization)라고 한다. 이 절에서는 재투자 위험에 대해 채권 포트폴리오를 면역화하는 데 듀레이션을 사용하는 방법을 배운다.

면역화
목표 날짜에 얻을 가격의 불확실성을 최소화하기 위해 목적 대응 포트폴리오를 구성

가격 위험 vs 재투자 위험

면역화가 달성되는 방법을 이해하기 위해, 8년 만기 채권을 소유하고 있다고 가정하자. 그러나 자금이 필요한 목표 날짜는 실제 지금부터 6년 후이다. 만약 금리가 상승하면 행복한가?

금리가 상승하면 채권 가치는 하락한다는 것을 알기 때문에 초기 반응은 아마도 '불행'일 것이다. 그러나 결론은 그렇게 간단하지 않다. 분명히 6년 안에 금리가 상

가격 위험
목표일의 채권과 채권 포트폴리오 가치를 모를 때 목적 대응 포트폴리오에서 발생하는 채권가격이 하락할 위험

승하면 채권의 가치는 금리가 낮은 금리에 있었을 때보다 낮아질 수 있다. 이것을 가격 위험(price risk)이라고 한다. 그러나 받은 이자를 더 높은 금리에 재투자 할 수도 있기 때문에 재투자 된 이자의 가치는 더 높아진다. 실제로, 금리 인상의 순 효과는 투자자의 상황을 더 낫게 할 수도 있다.

간단한 예에서 알 수 있듯이 목적 대응 포트폴리오의 경우 이자율 변동에 두 가지 변화가 나타난다. 금리 인상은 채권가격(가격 위험)을 낮추는 역할을 하지만 재투자 된 이자의 미래 가치(재투자 위험)는 증가시킨다. 다른 한편으로, 금리 인하는 채권 가치를 증가시키는 작용을 하지만 재투자 된 이자의 미래 가치는 감소시킨다. 주목해야 할 점은 가격 위험과 재투자 위험이라는 두 가지 효과가 서로 상쇄되는 경향이 있다는 것이다.

이 두 효과가 서로를 정확하게 상쇄하거나 조금 덜 정확하게라도 상쇄하는 포트폴리오를 설계 할 수 있다.

듀레이션 일치를 통한 면역화

목적 대응 포트폴리오에 대한 면역화의 핵심은 그것의 듀레이션과 목표 날짜를 일치시키는 것이다. 이렇게 되면, 가격 및 재투자 위험의 영향이 거의 정확하게 상쇄되며 이자율 변동이 포트폴리오의 목표 날짜 시점에서의 가격에 최소한의 영향만 미치게 된다. 실제로, 면역화는 종종 단순히 듀레이션 일치(duration matching)라고 한다.

목표 날짜의 불확실성을 줄이기 위해 듀레이션 일치 전략을 어떻게 적용할 수 있는지 알아보기 위해 Safety First 연금 펀드가 5년 대신 6.2년의 만기에 8% 이표를 지불하는 6,750만 달러의 액면가 채권을 매수한다고 가정해보자. 왜 6.2년인가? 액면가 듀레이션 공식(계산식10.8)에 따르면, 6.2년의 만기 채권의 듀레이션이 5년이기 때문이다. 따라서 Safety First의 전용 채권 포트폴리오의 듀레이션이 포트폴리오 목표 날짜인 5년과 일치하게 된다.

채권을 매수 한 직후에, 한 번의 충격으로 채권 수익률이 10%까지 또는 6%로 떨어 졌다고 가정해보자 결과적으로, 모든 이자는 금리가 어떤 방향으로 움직이는지에 따라 10% 이자율 또는 6% 이자율로 재투자된다.

이 예는 그림 10.5에 나와 있다. 왼쪽 세로축은 초기 채권 포트폴리오 값을 측 오른쪽 세로축은 채권을 6.2년 동안 즉 만기 될 때까지 포트폴리오를 유지함으로써 실현된 채권 포트폴리오 가치를 보여준다. 가로축은 초기 투자에서 채권 만기까지의 시간 경과를 의미한다. 완벽하게 눕혀진 모양의 선들은 8% 표면금리 채권

그림 10.5

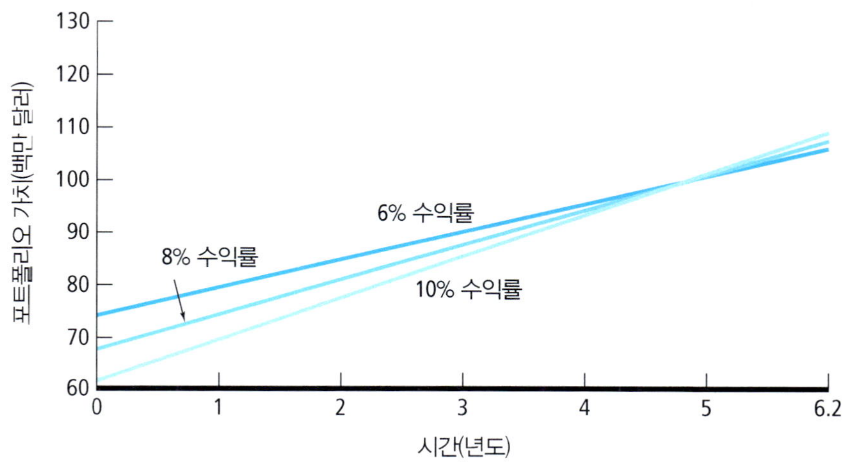

에 6억 6,500만 달러를 초기 투자한 직후 10% 또는 6%로 급등한 수익률에 대한 채권 포트폴리오 값을 나타낸다. 이 예에서는 초기 변동 후에 채권 수익률이 변경되지 않은 것으로 가정한다.

그림 10.5에서 보여지듯이, 초기 수익률 증가로 Safety First's 채권 포트폴리오의 가치는 반대 방향으로 변동하게 된다. 즉 수익률이 증가하면 채권가격은 하락하지만 이자는 더 높은 이자율로 재투자되므로 만기의 포트폴리오 가치는 높아진다. 반대로 수익률이 떨어지면 채권가격은 상승하지만 재투자 이자율이 낮으면 만기의 포트폴리오의 가치가 떨어진다.

그러나 주목할 것은 수익률의 상승 또는 하락에 관계 없이 듀레이션 일치가 된 5년 목표 날짜에 Safety First의 포트폴리오 가치의 차이가 거의 없다는 것이다. 따라서 Safety First의 목적 대응 포트폴리오를 포트폴리오 목표 날짜와 일치시키는 면역화 전략은 재투자 위험을 거의 완전히 제거할 수 있다.

동적 면역화

듀레이션 일치 전략으로 전용 채권 포트폴리오를 면역화 하는 Safety First 연기금의 사례는 채권 포트폴리오에 한 번의 변동이 가해 졌다고 가정했으나 실제로 채권가격은 끊임없이 변한다. 따라서 성공적인 면역화를 위해서는 포트폴리오의 목표 날짜와 동일한 포트폴리오 기간을 유지하기 위해 목적 대응 포트폴리오를 자주 재조정해야 한다.

예를 들어, 만기일이 6.2년인 채권을 구매함으로써 Safety First 연기금은 목적 대응 포트폴리오의 듀레이션 일치로 기금의 5년 목표 날짜를 일치 시켰다. 그러나

1년 후 목표 날짜가 4년이 남았고 듀레이션 일치 전략을 유지하려면 듀레이션이 4년인 채권이 필요하다. 금리가 변하지 않았다고 가정 할 때, 액면가 듀레이션 공식은 4.7년 만기채권의 듀레이션이 4년임을 보여준다. 따라서, 듀레이션 일치된 목표 날짜를 유지하려면 Safety First 펀드는 원래 구매 한 5.2년 만기 채권을 매각하고 4.7년 만기 채권으로 대체해야 한다.

특정 목표 날짜와 일치하는 포트폴리오를 유지하기 위해 전용 채권 포트폴리오를 주기적으로 재조정하는 전략을 동적 면역화(dynamic immunization)라고 한다. 동적 면역화의 장점은 지속적으로 변하는 수익률로 인한 재투자 위험이 크게 줄어든다는 것이다. 반면 동적 면역화의 단점은 각 포트폴리오 재조정에 관리 및 거래 비용이 발생한다는 것이다. 따라서 포트폴리오의 균형을 너무 자주 조정해서는 안된다. 실제로, 분기마다 간헐적으로 재조정하는 것이 재조정 비용의 단점과 동적인 면역화의 장점을 적절하게 결합한 것이라고 할 수 있다.

동적 면역화
특정 목표일에 맞추기 위해 포트폴리오의 듀레이션을 주기적으로 재조정하는 전략

확인 사항

10.8a 수익률 변동에 대한 목적 대응 포트폴리오의 목표 날짜 가치에 미치는 두 가지 영향은 무엇인가? 왜 상쇄되는 경향이 있는지 설명하라.

10.8b 수익률 변동에 대비하여 목적 대응 포트폴리오를 어떻게 면역화 할 수 있는가?

10.8c 면역화를 유지하기 위해 왜 재조정이 필요한가?

10.9 요약 및 결론

이 장에서는 채권, 채권 수익률, 듀레이션 및 면역화의 기본 사항을 다뤘다. 이들 중에서, 우리는 다음 주제들을 이 장의 중요한 개념으로 분류하여 다루었다.

1. 채권가격과 수익률을 계산하는 방법

A. 채권가격 공식에는 두 가지 구성 요소가 있다. 첫 번째 구성 요소는 모든 이표지급액의 현재 가치다. 이자는 고정되어 있고 정기적으로 지불되므로 이자 지급이 일반 연금과 같은 현금흐름을 형성하기 때문에 채권가격 산정의 첫 번째 부분은 연금의 현재 가치에 대한 표준 계산방법을 사용하여 이표지급액의 현재가치를 계산한다. 다른 구성 요소는 만기 원금의 현재 가치를 나타내며, 단일 일시불의 현재 가치에 대한 표준 계산방식과 동일하다.

B. 채권가격 계산은 대부분 계산기의 'Plug and chug' 방식을 사용한다. 실제로,

재무 계산기 또는 스프레드시트에는 이 공식이 내장되어 있어야 한다. 그러나 수식이 어떻게 작동하는지 이해하기 위해서는 스스로 채권 계산을 '먼저' 수행할 수 있어야 한다.

C. 채권은 일반적으로 액면가 또는 액면가 대비 낮은 또는 높은 가격으로 판매되고 있는지에 따라 구별된다. 액면가보다 높은 가격의 채권은 할증채, 액면가보다 낮은 가격의 채권은 할인채로 판매되었다고 한다.

2. 만기수익률의 중요성.

A. 세 가지의 수익률 측정법이 있다. 표면금리, 경상수익률 및 만기수익률. 각각은 특정 방정식을 사용하여 계산되며 무엇이 가장 큰지 또는 작은지는 채권이 할인 또는 할증으로 판매되는지에 따라 다르다.

B. 채권가격, 만기, 이자율 및 수익률 간의 중요한 관계는 말킬의 5가지 채권가격 정리로 설명된다.

C. 수익률은 채권가격 위험 및 재투자 위험의 영향을 받기 때문에 언급 된 만기수익률은 실제 실현 된 수익률과 일반적으로 같지 않다.

3. 이자율 위험과 말킬 정리

A. 채권가격과 채권 수익률은 반대 방향으로 움직인다. 채권의 수익률이 증가하면 가격이 하락한다. 반대로 채권의 수익률이 떨어지면 가격이 상승한다.

B. 채권의 만기 기간이 길수록 채권의 만기수익률의 변화에 따른 채권가격의 변동 폭이 커진다.

C. 채권의 만기수익률이 일정하면 채권의 만기 기간이 길어짐에 따라 채권가격의 변동 폭이 줄어 든다.

D. 채권의 만기수익률 변화에 따른 채권가격의 결과적인 변화의 절대적인 크기는 채권의 이자율과 반비례한다.

E. 채권의 만기수익률에 대한 절대적인 변화에 대해 수익률 감소로 인한 가격 인상의 정도가 수익률 증가로 인한 가격 하락의 정도보다 크다.

4. 이자율 변동이 채권가격에 미치는 영향을 측정하는 방법.

A. 채권의 가격위험은 만기 전에 판매 된 채권이 원래 언급 된 만기수익률에 의해 예상된 가격과 다른 가격으로 판매되는 위험이다. 이자 재투자 위험은 채권 이자를 원래 명시된 수익률과 다른 수익률로 재투자해야 하는 데 따른 위험이다.

B. 이자율과 만기가 각각 다른 채권에 대한 채권 금리 위험의 차이를 설명하기 위해 듀레이션 개념이 널리 적용된다. 듀레이션은 채권 수익률의 변화에 대한 채

권의 가격 민감도를 직접 측정 한 것이다.

C. 채권 포트폴리오는 종종 미래의 부채 지급을 위해 만들어진다. 이러한 특정 목적을 위해 형성된 포트폴리오를 목적 대응 포트폴리오라고 한다. 목적 대응 포트폴리오의 미래 부채 지급이 알려진 날짜에 예정된 경우 해당 날짜를 포트폴리오의 목표 날짜라고 한다.

D. 목적 대응 포트폴리오의 미래 목표 날짜시점에서의 가치의 불확실성을 최소화하는 것을 면역화라고 한다. 주로 채권 포트폴리오의 듀레이션을 목표 만기일에 맞추는 전략을 통해 목적을 달성한다.

주요 용어

표면금리(coupon rate) 417
경상수익률(current yield) 417
만기수익률(yield to maturity) 418
이자 미포함 가격(clean price) 424
이자 포함 가격(dirty price) 424
수의상환 채권(callable bonds) 427
수의상환 행사가격(call price) 427
현재가치 상환(make-whole call price) 428
수의상환 보호 기간(call protection period) 428
수의상환 수익률(yield to call) 428
이자율 위험(interest rate risk) 432
실현수익률(realized yield) 432
듀레이션(duration) 436
dollar value of an 01 442
yield value of a 32nd 442
목적 대응 포트폴리오(dedicated portfolio) 443
재투자 위험(reinvestment rate risk) 445
면역화(immunization) 447
가격 위험(price risk) 448
동적 면역화(dynamic immunization) 450

단원 후 문제와 자습 문제

1. 확정금리부 채권가격(LO1, CFA5) 채권의 만기가 10 년이고 표면금리가 6%라고 가정한다. 채권의 만기수익률은 8%이다. 이 채권의 가격은?

2. 할증채(LO1, CFA3) 표면금리가 6%이고 만기수익률이 4%이나 만기가 5년과 15년인 두 가지 채권이 있다고 가정한다. 어느 쪽이 더 비싼가? 가격을 계산하여 답변을 확인하라.

3. 메컬리 듀레이션(LO4, CFA6) 채권이 9년의 메컬리 듀레이션을 가지고 있으며 수익률은 6%에서 6.25%로 증가한다고 하자. 채권의 가격은 어떻게 되는가?

자습 문제 해답

1. 표면금리 6%, 액면가 $1,000의 채권이 있다. 연 이자는 $60이다. 채권의 가격은 아래와 같이 계산된다.
반기 이표이자액의 현재가치

$$\frac{\$60}{0.08}\left[1-\frac{1}{(1.04)^{20}}\right]=\$407.70979$$

$1,000의 현재가치

$$\frac{\$1,000}{(1.04)^{20}}=\$456.38695$$

채권의 가격은 이자와 원금의 합:

$$\text{Bond price} = \$407.71 + \$456.39 = \$864.10$$

2. 두 개의 채권이 모두 6%의 표면금리와 4%의 수익률을 갖기 때문에 두 채권 모두 할증되어 판매되고, 하나는 만기가 더 길기 때문에 더 높은 가격에 판매될 것이다. 이러한 결론은 가격을 아래와 같이 계산함으로 얻을 수 있다.
5년 만기 할증채 가격:

$$\frac{\$60}{0.04}\left[1-\frac{1}{(1.02)^{10}}\right]+\frac{\$1,000}{(1.02)^{10}}=\$1,089.83$$

15년 만기 할증채 가격:

$$\frac{\$60}{0.04}\left[1-\frac{1}{(1.02)^{30}}\right]+\frac{\$1,000}{(1.02)^{30}}=\$1,223.96$$

더 긴 만기의 할증채는 더 높은 가격에 판매된다는 것을 알아 두시오.

3. 결과적으로 채권가격의 비율변화는 아래와 같이 계산될 수 있다.

$$-9\times\frac{0.625-0.06}{1.03}=-2.18\%$$

채권의 가격은 수익률이 25 b.p. 증가함에 따라 대략 2.18% 감소한다.

투자 지식 학습

1. 만기수익률(LO2, CFA3) 채권의 만기수익률은?
a. 할인된 가격으로 판매될 때 표면금리보다 낮고 할증된 가격으로 판매될 때 표면금리보다 높다.
b. 이자지급액의 현재 가치는 채권가격과 동일하다.
c. 미래 이자지급액의 합은 표면금리에 재투자된다는 가정을 기반으로 한다.
d. 모든 미래 이자지급액이 미래의 시장 이자에 재투자된다는 가정을 기반으로 한다.

2. 채권 수익률(LO1, CFA5) 채권이 다음 중 어떤 경우에 할인되어 판매되는가?

a. 표면금리가 경상수익률보다 높고 경상수익률이 만기수익률보다 높을 때

b. 표면금리, 경상수익률, 만기수익률이 모두 동일할 때

c. 표면금리가 경상수익률보다 낮고 경상수익률이 만기수익률보다 낮을 때

d. 표면금리가 경상수익률보다 낮고 경상수익률이 만기수익률보다 높을 때

3. 채권 수익률(LO1, CFA3) 만기수익률과 경상수익률이 같은 경우는?

a. 시장 이자율이 떨어지기 시작할 때

b. 채권가격이 액면가를 초과하는 가격에 팔릴 때

c. 예상 보유 기간이 1년보다 길 때

d. 표면금리와 시장 이자율이 같을 때

4. 채권 수익률(LO1, CFA5) 다음 중 할인채의 수익률 측정 값들 간의 올바른 관계는 무엇인가?

a. 표면금리 < 경상수익률 < 만기수익률

b. 경상수익률 < 표면금리 < 만기수익률

c. 표면금리 < 만기수익률 < 경상수익률

d. 만기수익률 < 표면금리 < 경상수익률

5. 채권 수익률(LO1, CFA5) 다음 중 할증채에 대한 수익률 측정값들 간의 올바른 관계는 무엇인가?

a. 표면금리 > 경상수익률 > 만기수익률

b. 경상수익률 > 표면금리 > 만기수익률

c. 표면금리 > 만기수익률 > 경상수익률

d. 만기수익률 > 표면금리 > 경상수익률

6. 채권가격(LO1, CFA3) 8%의 만기 수익률, 10% 표면금리, 5년 만기의 채권이 있다. 시장 이자율이 변하지 않는다면, 지금부터 1년 뒤, 이 채권의 가격은?

a. 높아질 것이다.

b. 낮아질 것이다.

c. 같을 것이다.

d. 결정될 수 없다.

7. 채권가격(LO1, CFA2) 반기 복리를 사용하여 액면가가 $1,000이고 요구수익률이 8%인 15년 무이표 채권의 가격은 얼마인가?

a. $308

b. $315

c. $464

d. $555

8. 채권가격(LO1, CFA2) 투자자의 요구 수익률이 12% 인 경우 10년 만기, 액면가 $1,000의 가치를 갖는 무이표채권의 가격은?

a. $312

b. $688

c. $1,000

d. $1,312

9. 듀레이션(LO4, CFA3) 채권 듀레이션의 다른 용어는?

a. 실제 만기

b. 유효 만기

c. 계산된 만기

d. 근접한 만기

10. 듀레이션(LO4, CFA6) 듀레이션의 속성이 아닌 것은?

a. 일반적으로 긴 만기는 긴 듀레이션을 갖는다.

b. 일반적으로 만기가 길어질수록 이자율이 하락하면 듀레이션이 증가한다.

c. 더 큰 이표는 더 긴 듀레이션을 낳는다.

d. 더 높은 만기수익률은 더 짧은 듀레이션을 낳는다.

11. 듀레이션(LO4, CFA4) 무이표 채권의 메컬리 듀레이션에 대해 진실은?

a. 채권 만기와 동일하다.

b. 채권 만기의 1.5배와 동일하다.

c. 채권의 만기를 만기수익률로 나눈 것과 동일하다.

d. 이표가 부족하기 때문에 계산될 수 없다.

12. 듀레이션(LO4, CFA6) 메컬리 듀레이션과 수정 듀레이션 사이의 관계에 대한 진실은?

a. 수정 듀레이션=메컬리 듀레이션/$(1+YTM/2)$

b. 수정 듀레이션=메컬리 듀레이션×$(1+YTM/2)$

c. 수정 듀레이션=메컬리 듀레이션/YTM

d. 수정 듀레이션=메컬리 듀레이션×YTM

13. 듀레이션(LO4, CFA6) 어떤 채권이 가장 짧은 듀레이션을 갖는가?

a. 제로 이자, 10년 만기

b. 제로 이자, 13년 만기

c. 8% 표면금리, 10년 만기

d. 8% 표면금리, 13년 만기

14. 듀레이션(LO4, CFA3) 가장 긴 듀레이션을 갖는 채권은?

a. 8% 표면금리의 20년 만기 채권

b. 12% 표면금리의 20년 만기 채권

c. 무이표의 15년 만기 채권

d. 15% 표면금리의 10년 만기 채권

15. 듀레이션(LO4, CFA3) 가장 긴 듀레이션을 갖는 채권은?

a. 8년 만기, 6% 표면금리

b. 8년 만기, 11% 표면금리

c. 15년 만기, 6% 표면금리

d. 15년 만기, 11% 표면금리

16. 듀레이션(LO4, CFA3) 채권의 듀레이션은 일반적으로 이것이 증가하면 증가한다.

a. 만기까지의 기간

b. 만기수익률

c. 표면금리

d. 위의 모든 것

17. 듀레이션(LO4, CFA6) 금리가 감소할 때, 할증으로 판매되는 30년 만기 채권의 듀레이션은 어떻게 되는가?

a. 증가한다.

b. 감소한다.

c. 동일하다.

d. 처음에 증가하고, 감소한다.

18. 듀레이션(LO4, CFA6) 8% 표면금리, 20년 만기의 회사채가 9%의 수익률을 낸다. 메컬리 듀레이션은 8.85년이다. 이 채권의 수정 듀레이션은 몇 년인가?

a. 8.12　　b. 8.47
c. 8.51　　d. 9.25

19. 듀레이션 사용(LO4, CFA2) 9년 만기 채권의 수익률은 10%이고 수정 듀레이션은 6.54년이다. 시장수익률이 50b.p. 변하면 채권의 가격은 얼마 변하는가?

a. 3.27%　　b. 3.66%
c. 6.54%　　d. 7.21%

20. 듀레이션 사용(LO4, CFA3) 6% 이표채가 반기마다 이자를 지급하고, 수정 듀레이션이 10년인 채권이 $800에 판매된다. 8%인 만기수익률이 9%로 오른다고 가정했을 때 듀레이션을 사용하여 예측한 가격변화 값은?

a. $76.56　　b. $76.92
c. $77.67　　d. $80.00

21. 면역화(LO4, CFA7) 어떤 전략이 채권 포트폴리오를 위해 가장 좋은 이자율 위험 면역화 결과를 보여주는가?

a. 만기 일치　　b. 듀레이션 일치
c. 매입 후 보유　　d. 이자율이 민감한 주식에 투자

22. 면역화(LO4, CFA7) 두 개의 목적 대응 포트폴리오를 고려한다. 10년의 목표 날짜를 갖는다. 하나의 목적 대응 포트폴리오는 재투자되는 이자로 매입 후 보유 전략을 사용하고 다른 하나는 동적 면역화를 사용한다. 매입 후 보유 전략 포트폴리오가 면역화 포트폴리오보다 좋은 성과를 낼 수 있는 시장 이자율 조건은?

a. 꾸준히 오르는 이자율　　b. 꾸준히 떨어지는 이자율
c. 변동없는 이자율　　d. 어떤 조건에서도 동일

23. 채권 수익률(LO1, CFA5) 10년 만기에 $100를 지급하는 무이표채권의 현재가격이 $50이다. 만기수익률은 어떤 것에 가까운가?

a. 5%　　b. 6%
c. 7%　　d. 8%

24. 채권가격(LO1, CFA5) 2013년 6월 1일에 새롭게 발행된 10년 만기의 무옵션, 8%의 연 표면금리를 갖는 채권은 액면가로 평가 받는다. 2016년 6월 1일, 어떤 채권은 7.1%의 만기수익률을 갖는다. 첫 번째 이표지급액은 8%의 이자율에 재투자되고 두 번째 이표지급액은 7%에 재투자된다. 2016년 6월 1일 채권의 가격은 이 값에 가깝다.

a. 액면가의 100.0%
b. 액면가의 102.5%
c. 액면가의 104.8%
d. 액면가의 105.4%

25. 이자율 위험(LO3, CFA6) 수의상환이 아닌 채권의 이자율 위험은 이것과 관련이 있다.

a. 안전자산 이자율
b. 채권의 표면금리
c. 채권의 만기
d. 채권의 만기수익률

개념 문제

1. 채권가격(LO1, CFA3) 할증채, 할인채 및 액면가 채권이란 무엇인가?

2. 채권 특징(LO1, CFA2) 미국에서 기업 및 미국 정부 채권의 일반적인 액면가는 무엇인가? 이표는 어떻게 계산되는가? 이표는 얼마나 자주 지급되는가?

3. 표면금리와 경상수익률(LO1, CFA3) 채권의 표면금리와 경상수익률은 무엇인가? 채권의 가격이 상승하면 어떻게 되는가?

4. 금리 위험(LO3, CFA4) 금리 위험은 무엇인가? 금리 위험 수준을 결정할 때 채권의 이표와 만기의 역할은 무엇인가?

5. 채권 수익률(LO1, CFA2) 할증채의 경우, 표면금리 또는 만기수익률 중에 어떤 것이 큰가? 왜 그러한가? 할인채의 경우에는 어떠한가? 왜 그러한가?

6. 채권 수익률(LO2, CFA4) 채권의 약속 된 수익률과 실현된 수익률의 차이점은 무엇인가? 어느 것이 더 관련이 있는가? 채권의 만기수익률을 계산할 때 이 중 어느 것을 이용하는가?

7. 채권 수익률(LO2, CFA3) 채권의 만기 수익률 (YTM)과 요구수익률은 같은 것인가? YTM은 표면금리와 동일한가? 오늘 10% 이표채가 액면가에 팔린다고 가정하자. 2년 후 같은 채권에 대한 요구 수익률은 8%이다. 채권의 표면금리는 얼마인가? YTM은?

8. 채권 수익률(LO2, CFA3) 오늘 처음 발행 된 15년 만기, 9% 표면금리의 채권을 구입한다고 가정해 보자. 금리가 갑자기 15%로 상승하면 채권의 가치는 어떻게 되는가? 왜 그러한가?

9. 채권가격 vs 수익률(LO1, CFA3) (a) 채권의 가격과 YTM의 관계는 무엇인가? (b) 일부 채권이 액면가 대비 할증되어 판매되는 이유와 다른 채권이 할인 된 가격으로 판매되는 이유를 설명하라. 할증채의 표면금리와 YTM의 관계에 대해 무엇을 알고 있는가? 할인채는 어떠한가? 액면가로 판매하는 채권의 경우는? (c) 할증채에 대한 경상수익률과 YTM의 관계는 무엇인가? 할인채의 경우에는? 액면가로 판매되는 경우에는?

10. 수의상환 수익률(LO1, CFA5) 수의상환 채권의 경우, 금융지은 일반적으로 만기수익률 또는 수의상환수익률을 고시한다. 할증채의 경우 종종 수의상환수익률이 보고되고 할인채의 경우 만기 수익률이 게재된다. 이러한 관습이 있는 이유는?

질문과 문제

1. 채권가격(LO1, CFA5) Aloh Inc.는 표면금리가 7%, 만기가 12년 남은 채권을 가지고 있다. 이 채권의 YTM이 9.1%인 경우 현재 채권가격은 얼마인가?

2. 채권 수익률(LO1, CFA2) Rolling Company채권은 만기가 14년, 표면금리가 4%이며 현재가격은 $1,086이다. 이 채권의 YTM은? 경상수익률은?

3. 채권가격(LO1, CFA3) 어떤 채권이 표면금리가 8.2%, 만기가 9년이라고 하자. 만기수익률이 7.4%라면 이 채권의 가격은?

4. 채권가격(LO1, CFA3) 어떤 채권의 만기가 25년, 표면금리가 7.2%, 만기수익률이 6%라 하자. 이 채권의 가격은 얼마인가?

5. 만기수익률(LO1, CFA5) 어떤 채권이 $902.30에 판매되며 표면금리는 6%이다. 채권만기까지 12년이면 이 채권의 만기수익률은 얼마인가? 그리고 이 채권의 가격은 얼마인가?

6. 만기수익률(LO1, CFA5) 만기가 12년인 채권이 $1,047에 판매된다고 하자. 표면금리가 8.2%인 경우 이 채권의 만기수익률은 얼마인가?

7. 만기수익률(LO1, CFA5) May Industries는 $928에 판매되는 채권을 보유하고 있다. 채권의 만기일까지 9년이 남았고 표면금리기 7.5%이다. 이 채권의 만기수익률은 얼마인가?

8. 만기수익률(LO1, CFA5) Atlantis Fisheries는 채권당 $417의 가격으로 무이표채권을 발행한다. 각 채권은 20년 만기시 지불해야하는 액면가가 $1,000이다. 이 채권의 만기수익률은 얼마인가?

9. 수의상환수익률(LO1, CFA5) 문제 8에서 언급 한 Atlantis Fisheries의 무이표채권은 10년 안에 수의상환이 가능하고 수의상환 행사가격은 $ 500이다. 반기이자를 합하면 이 채권의 수의상환 수익률은?

10. 수의상환수익률(LO1, CFA5) 문제 8과 9에서 언급 된 Atlantis Fisheries 무이표채권이 10년 안에 $ 550의 가격으로 수의상환 될 수 있다면, 그들의 수의상환수익률은 얼마인가?

11. 표면금리(LO1, CFA2) Ghost Rider Corporation은 10년의 만기, YTM 7.5%, 현재 가격 $938로 채권시장에 발행하였다. 회사 채권에 대한 표면금리는 얼마인가?

12. 채권가격(LO1, CFA5) Great Wall Pizzeria는 1년 전에 6.20%의 표면금리로 10년 만기 채권을 발행했다. 이 채권의 YTM이 7.4% 인 경우 현재 채권가격은 얼마인가?

13. 채권 수익률(LO1, CFA3) 소프라노 스파게티 팩토리는 2년 만기 채권을 발행했다. 이 채권이 현재 액면가의 108%에 판매된다면 YTM은 얼마인가?

14. 채권가격 변동(LO1, CFA3) YTM이 6%인 무이표채권은 20년의 만기 무이표채권이 있다고 하자. 2년이 지난 후에도 채권가격은 동일하게 유지된다. 어떻게 된 것인가?

15. Realized Yield(LO2, CFA6) 14번 문제에서 언급 된 채권의 경우, 만기가 유지된다면 실현수익률은 얼마인가?

16. 채권가격 변동(LO1, CFA5) 채권 *P*는 표면금리가 8%, YTM 6%, 만기 15년의 할증채이다. 채권 D는 표면금리가 8%, YTM이 10% 만기가 15년인 할인채이다. 금리가 변하지 않는다면 이 채권의 가격이 지금부터 1년 뒤 어떻게 될 것으로 예상하는가? 5년 후에는 어떠한가? 10년 후에는 어떠한가? 14년 후에는 어떠한가? 15년 후에는 어떠한가? 왜 그런것인가?

17. 금리 위험(LO3, CFA4) 채권 A와 채권 B는 모두 6%의 표면금리를 가지고 있으며 액면가로 발행된다. 채권 A는 만기까지 5년, 채권 B는 만기까지 15년 남아 있다. 금리가 갑자기 2% 상승하면 채권 A의 가격 변동률은 얼마인가? 채권 B의 가격 변동률은 어떠한가? 금리가 갑자기 2% 떨어지면 채권 A의 가격 변동률은 어떻게 되는가? 채권 B의 가격 변동률은? 채권가격 대 YTM을 그래프로 표시하여 답을 하라. 이 문제는 장기 채권의 금리 위험에 대해 무엇을 알려주는가?

18. 금리 위험(LO3, CFA4) 채권 J는 4% 이표채이다. 채권 K는 8% 이표채이다. 두 채권 모두 만기가 10년이고 YTM이 7%이다. 금리가 갑자기 2% 상승하면 이 채권의 가격 변동률은 얼마인가? 대신 금리가 갑자기 2% 하락하면 어떻게 되는가? 이 문제는 낮은 표면금리 채권의 금리 위험에 대해 무엇을 알려주는가?

19. Finding the 채권 Maturity(LO1, CFA2) LKD Co.는 8% 표면금리인 채권을 보유하고 있으며 YTM은 6.8%이다. 이 채권의 경상수익률은 7.4%이다. 이 채권들은 만기까지 몇 년이 남았는가?

20. Finding the 채권 Maturity(LO1, CFA2) 여러분은 시장에서 액면가로 판매되는 표면금리가 10%인 채권을 발견했다. 이 채권의 만기는 얼마인가?

21. Realized 수익률(LO2, CFA6) 오늘 표면금리가 6%인 채권을 $1,080에 구입한다고 가정해보자. 채권은 만기가 10년이다. 투자수익률은 어느 정도인가? 2년 후, 채권의 YTM이 2% 증가했으며 판매하기로 결정했다. 채권가격은 얼마인가? 투자 수익은 얼마인가? 채권을 처음 구입할 때의 수익률을 YTM과 비교하라. 왜 다른가? 이자지급액이 원래 YTM에 재투자되었다고 가정한다.

22. 수의상환수익률(LO1, CFA3) Fooling Company는 25년 만기, 10년간 수의상환 보호조치, $100의 수의상환 프리미엄이 있는10% 표면금리의 수의상환 채권을 갖고 있다. 현재 가격이 액면가의 108% 인 경우 이 채권에 대한 수의상환수익률(YTC)은 얼마인가?

23. Calculating 듀레이션(LO4, CFA6) 만기까지 5년, 현재 가격이 $1,025.30 인 7% 이표 채권의 메컬리 듀레이션은 무엇인가? 수정 듀레이션은 무엇인가?

24. Using 듀레이션(LO4, CFA6) 문제 23에서 채권의 수익률이 갑자기 2% 증가한다고 가정하자. 채권의 새로운 가격을 추정하기 위해 듀레이션을 사용하라. 답변을 일반적인 채권가격 공식에서 계산된 새로운 채권가격과 비교하라. 결과가 듀레이션의 정확성에 대해 무엇을 알려주는가?

25. Dollar Value of an 01(LO4, CFA2) 문제 23의 채권에 대한 the dollar value of an 01는 얼마인가?

26. Yield Value of a 32nd(LO4, CFA2) 만기가 8년인 재무부 채권은 현재 106: 16에 공시되어 있다. 채권의 수익율은 7.5%이다. 이 채권의 the yield value of a 32nd은 얼마인가?

27. Calculating 듀레이션(LO4, CFA6) 표면금리가 8%인 채권의 만기 수익률이 9%이다. 채권이 10년 후에 만기가 되었을 때 채권의 메컬리 듀레이션은 얼마인가? 수정 듀레이션은 얼마인가?

28. Calculating 듀레이션(LO4, CFA6) 문제 27의 채권의 만기 수익률을 7%라고 가정한다. 지금 메컬리 듀레이션은 얼마인가? 이것이 듀레이션과 만기수익률의 관계에 대해 무엇을 알려주는가?

29. Calculating 듀레이션(LO4, CFA6) 19년 만기에 표면금리가 8%이고 만기 수익률이 7%인 채권이 있다. 메컬리 듀레이션은 얼마인가? 수정 듀레이션은 얼마인가?

30. Using 듀레이션(LO4, CFA3) 문제 29의 채권에 대한 만기 수익률이 0.25% 증가한다고 가정하자. 듀레이션을 사용한 채권의 새로운 가격은 얼마인가? 채권가격 결정 공식을 사용한 채권의 새로운 가격은 얼마인가? 만기 수익률이 증가하면 어떻게 되는가 1%? 2%? 5%? 이것이 큰 이자율 변동에 대한 채권가격 변동을 추정하기 위해 듀레이션을 사용하는 것에 대해 무엇을 알려주는가?

31. Bootstrapping(LO1) 이자율의 기간 구조의 추정치를 얻는 데 사용되는 한 가지 방법을 부트 스트래핑이라고 한다. r_1의 비율로 1년 만기 무이표채권이 있고 C의 연간 이표지급액을 받는 2년 만기 채권이 있다고 가정하자. 2년 이자율을 부트 스트랩하려면 이자 채권가격(P)에 대해 다음 방정식을 설정할 수 있다. 2년 동안의 단기 이자율인 r_2를 제외한 모든 변수를 관찰 할 수 있으므로 이 금리를 해결할 수 있다. 만기 1년에 949에 판매되는 무이표채권과 2년 만기에 7.5%의 이자가 매 년 지급되는 채권이 $1,020에 판매된다고 가정하자. 2년간의 금리는 어떻게 되는가? 만기 3년, 8.5%의 연 이자율 채권이 $1,029에 판매된다고 가정 해보자. 3년간 이자율은 얼마인가?

$$P = \frac{C_1}{1 + r_1} + \frac{C_2 + \text{Par value}}{(1 + r_2)^2}$$

32. Bootstrapping(LO1) 1년, 2년, 3년 그리고 4년 금리가 각각 4.2%, 4.5%, 4.9% 그리고 5.1%라는 것을 보았다. 연 이자율이 6.5% 인 4년 만기 채권의 만기수익률은 얼마인가? 힌트: 문제 31의 부트 스트랩 기술을 사용하여 채권의 가격을 찾으시오.

33. 만기수익률(LO1, CFA3) 2016년 8월 10일에 결제되는 재무부 채권은 2021년 4월 15일에 만기가 된다. 이자율은 4.5%이며 공시 가격은 106:17이다. 채권의 만기수익률은 얼마인가?

34. 채권 수익률(LO1, CFA3) 채권은 2016년 6월 7일에 결제되고 2036년 7월 1일이 만기이며 2026년 7월 1일 이후에 $105의 가격으로 수의상환 될 수 있다. 채권의 이자율은 6%이며 가격은 $115.00이다. 이 채권의 만기수익률과 수익률은 무엇인가?

35. 듀레이션(LO4, CFA6) 2016년 10월 18일에 결제된 재무부 채권은 2035년 3월 30일이 만기이다. 이자율은 5.30%이며 채권의 만기수익률은 4.45%이다. 메컬리 듀레이션 및 수정 듀레이션은 무엇인가?

CFA 관련 문제

[CFA3, CFA6, CFA7]

Frank Myers, CFA, is a fixed-income portfolio manager for a large pension fund. A member of the Investment Committee, Fred Spice, is very interested in learning about the management of fixedincome portfolios. Mr. Spice has approached Mr. Myers with several questions.

Mr. Myers has decided to illustrate fixed-income trading strategies using a fixed-rate bond and note. Both bonds have semiannual coupons. Unless otherwise stated, all interest rate changes are parallel. The characteristics of these securities are shown in the table below.

	Fixed-Rate Bond	Fixed-Rate Note
Price	107.18	100.00
Yield to maturity	5.00%	5.00%
Periods to maturity	18	8
Modified duration	6.9848	3.5851

1. Mr. Spice asks Mr. Myers how a fixed-income manager would position his portfolio to capitalize on his expectations of increasing interest rates. Which of the following would be the most appropriate strategy?

a. Lengthen the portfolio duration.

b. Buy fixed-rate bonds.

c. Shorten the portfolio duration.

2. Mr. Spice asks Mr. Myers to quantify the value changes from changes in interest rates. To illustrate, Mr. Myers computes the value change for the fixed-rate note. He assumes an increase in interest rates of 100 basis points. Which of the following is the best estimate of the change in value for the fixed-rate note?

   a. −$7.17

   b. −$3.59

   c. $3.59

3. For an increase of 100 basis points in the yield to maturity, by what amount would the fixed-rate bond's price change?

   a. −$7.49

   b. −$5.73

   c. −$4.63

4. Mr. Spice wonders how a fixed-income manager could position his portfolio to capitalize on the expectation of an upward-shifting and twisting term structure. For the twist, interest rates on long-term bonds increase by more than those on shorter-term notes.

   a. Sell bonds and buy notes.

   b. Buy bonds and sell notes.

   c. Buy both bonds and notes.

PART

4

포트폴리오 관리

CHAPTER 11 분산투자와 위험자산 배분

CHAPTER 12 수익률, 위험, 그리고 증권시장선

CHAPTER 13 성과 평가와 위험 관리

CHAPTER 11

분산투자와 위험자산 배분

'지니고 있는 모든 달걀을 한 바구니에 담는 모험을 하지 않는 것이 현명한 사람이다.'

– 미구엘 드 세르반테스(Miguel de Cervantes)

직관적으로, 우리 모두는 투자 위험을 관리하는 데 있어 분산투자가 중요하다는 것을 알고 있다. 그러나 분산투자가 정확하게 어떻게 작동하며, 효율적으로 분산된 포트폴리오를 보유하고 있다고 어떻게 확신할 수 있는가? 근대 분산투자와 자산배분 이론으로부터 통찰력있는 답을 얻을 수 있을 것이다.

이 장에서는 투자에 있어서 분산투자와 자산배분의 역할에 대해 살펴 본다. 대부분 사람은 분산투자가가 중요하다고 인식하고 있다. 결국 세르반테스가 얘기한 '모든 달걀을 한 바구니에 담는' 것에 대한 충고는 오랜 기간 검증된 대중의 지혜가 되었다. 그럼에도 불구하고, 분산투자가 왜 중요한 가에 대해서는 쉽게 이해되지 않는다. 많은 종목에 투자하는 포트폴리오는 단일 종목에 투자한

CFA 예제

1. 할인된 현금흐름 애플리케이션(L1, S2)
2. 통계적 개념 및 시장수익률(L1, S2)
3. 확률 개념(L1, S2)
4. 포트폴리오 관리: 개요(L1, S12)
5. 포트폴리오 위험 및 수익 – 1부(L1, S12)
6. 포트폴리오 계획 및 구성의 기초(L1, S12)
7. 자산 배분(L3, S8)

학습목표

이 장을 최대한 활용하기 위해서는 여러분의 공부시간을 다음 주제에 따라 분산투자하라:

1. 주식의 기대수익률과 분산을 계산하는 방법
2. 포트폴리오의 기대수익률과 분산을 계산하는 방법
3. 포트폴리오 분산투자의 중요성
4. 효율적 투자기회선과 자산배분의 중요성

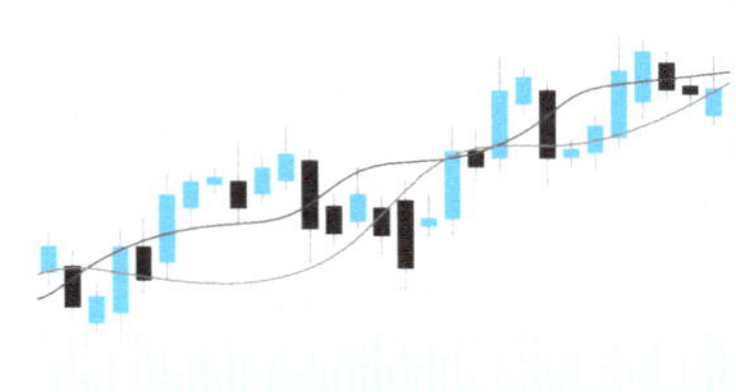

포트폴리오보다 대체로 보다 더 일관되고 안정적인 수익을 창출하므로 분산투자가 중요하다. 여러분이 많은 종목의 주식을 소유하고 있다면, 일부 주식의 가격이 하락하더라도, 다른 주식 가격이 상승할 것이다 (또는 같은 가격에 머물러 있을 것이다).

당신이 만약 제대로 된 한 종목에 투자한다면, 그런 한 종목으로 구성된 포트폴리오가 훨씬 높은 수익을 낼 것이라고 생각할 것이다. 사실, 1990년대에 델(Dell) 주식 하나만 보유하거나 2000년대에 메디패스트(Medifast: MED) 또는 애플(Apple: AAPL) 주식만을 보유하기로 결정했다면 그런 투자는 매우 우수한 수익을 낼 수 있었을 것이다. 하지만 지금 어떤 단일 종목 투자가 미래에 매우 뛰어난 수익을 낼 수 있을건가는 다른 문제다. 잘못된 종목을 선택하게 되면 전 재산을 날릴 수도 있기 때문이다. 어떤 투자가 앞으로 가장 좋은 실적을 거둘지 예측하는 것은 불가능하다. 미래 투자수익율을 정확히 알 수 있다면 그것은 위험이라고 부를 수 없는 것이다. 따라서 투자에 동반된 위험은 포트폴리오 분산투자에 중요한 역할을 한다.

포트폴리오 위험과 수익에 대한 분산투자의 역할과 영향은 금융학 분야의 선구자인 해리 마르코비츠(Harry Markowitz)가 1950년대 초에 처음 공식적으로 설명하였다. 그가 발견한 포트폴리오 분산투자이론은 중요한 발견이었다. 마르코비츠 교수는 분산투자의 가치에 대한 통찰력으로 1986년 노벨 경제학상을 공동 수상하였으며, 그의 선구적인 업적은 현대 포트폴리오 이론(Modern Portfolio Theory) 또는 짧게는 MPT로 알려져 있다.

놀랍게도, 마르코비츠 교수의 통찰력은 투자자들이 위험이나 수익에 대해 어떻게 신경을 쓰는지는 크게 영향을 끼치지 않는다는 점이다. 사실, 우리는 투자자가 위험에 대해 어떻게 느끼는지 알지 않고도 분산투자가 지닌 장점에 대해 이야기 할 수 있다. 하지만 현실적으로 투자자는 분산투자가 지닌 이점에 관심을 가지지 않을 수 없다. 이에 마르코비츠 교수의 통찰력을 이해하는 데 도움이 되도록 다음 두 가지를 가정한다. 첫째, 투자자는 낮은 수익보다는 높은 수익을 선호한다. 둘째, 투자자는 더 큰 위험보다는 더 적은 위험을 선호한다는 것이다. 이 장에서는 분산과 표준편차를 위험에 대한 주요 측정치로 사용하지만 다음 장에서는 더 범위를 넓힐 것이다.

11.1 기대수익률과 분산

1장에서 과거 자료를 사용하여 평균수익률과 분산을 계산하는 방법에 대해 공부하였다. 이 장에서는 미래수익률과 확률에 관한 정보를 가지고 수익률과 분산을 분석하는 방법에 대해 논의하고자 하는데, 이는 분산투자 개념이 미래수익률과 미래수익률의 분산을 포함하기 때문이다.

기대수익률

간단한 한 사례를 살펴보겠다. 1년이라는 투자 기간 동안 스타센츠(Starcents)와 제이포드(Jpod)라는 두 주식을 보유한다고 하자. 스타센츠는 내년에 25%의 기대수익률을, 제이포드는 같은 기간에 기대수익률이 20% 정도일 것으로 예상된다.

위와 같은 상황에서 모든 투자자가 미래 기대수익률에 동의한다면, 과연 어떤 투자자가 제이포드를 보유하려고 하겠는가? 어떤 주식이 다른 주식보다 더 좋은 실적을 낼 거라고 예상한다면 모든 투자자는 전자에 투자를 할 것이다. 하지만 그 대답에는 두 주식에 대한 투자가 지닌 여러 위험 요소도 중요한 역할을 한다. 스타센츠로부터 기대하는 수익률은 25%이지만, 투자로부터 발생하는 실현 수익률은 예상보다 상당히 높거나 낮을 수 있다. 마찬가지로, 제이포드에 대한 투자로부터 실현된 수익률은 예상보다 훨씬 높거나 낮을 수 있다.

가령 경제가 호황을 누리고 있다고 가정하자. 이 경우 스타센츠는 70%의 수익이 예상되지만, 경기가 나빠져 불황에 빠질 경우의 예상되는 수익률은 −20%이다. 이를 두 가지 경제 상황, 즉 서로 다른 두 가지 결과를 예상할 수 있다. 물론 이런 이분법적 시나리오는 지나치게 단순화 되었다고 볼 수 있지만, 복잡한 계산없이 투자와 위험이라는 중요한 개념을 간단하게 설명 할 수 있다. 호황과 불황이 발생할 확률이 50:50으로 똑같다고 가정하자. 표 11.1은 앞에서 설명한 기본 정보와 제이포드에 대한 몇 가지 추가 정보를 보여주는데, 이 회사는 경기침체(불황) 시 30%,

표 11.1
경제상황과 주식수익률

경제상황	경제상황 발생 확률	경제 상황에 따른 주식수익률	
		스타센츠	제이포드
불황	0.50	−20%	30%
호황	0.50	70	10
	1.00		

표 11.2

기대수익률 계산하기

		스타센츠		제이포드	
(1)	(2)	(3)	(4)	(5)	(6)
경제상황	경제상황 발생 확률	경제상황 발생시 수익률	수익률계산 (2) x (3)	경제상황 발생시 수익률	수익률계산 (2) x (3)
불황	.50	−20%	−10%	30%	15%
호황	.50	70	35	10	5
	1.00	$E(R_S)$ = 25%		$E(R_J)$ = 20%	

호황의 경우 10%의 수익을 기대할 수 있다.

당연히, 당신이 제이포드 주식에 투자를 하였다면, 투자수익률은 투자한 그 해 경제가 어떻게 되었는지에 달려 있다. 이 50:50 확률이 시간이 지나도 변하지 않는다면, 제이포드에 투자한 여러 해 동안 발생하는 수익률은 보유한 기간의 절반 동안은 30% 수익률을, 나머지 절반의 기간 동안은 10% 수익률을 거둘 것이다. 이럴 때 제이포드에 대한 기대수익률(expected return), $E(R_J)$는 20%가 된다:

기대수익률
위험자산에 대해 예상되는 평균수익률

$$E(R_J) = .50 \times 30\% + .50 \times 10\% = 20\%$$

다시 말하자면, 제이포드 주식에 투자하면 평균적으로 20%의 수익을 기대할 수 있다는 것이다.

스타센츠의 경우, 확률은 같지만 가능한 수익률은 다르다. 20% 손실이 발생할 확률이 50%이고 70% 수익이 발생할 확률 역시 50%이다. 따라서 스타센츠에 대한 기대수익률, $E(R_S)$, 25%이다.

$$E(R_S) = .50 \times -20\% + .50 \times 70\% = 25\%$$

표 11.2는 이러한 계산을 보여준다.

1장에서 위험 프리미엄을 위험자산으로부터 수익률과 무위험자산의 수익률 간 차이로 정의하고 여러 가지 다른 투자에 대한 과거 위험 프리미엄을 계산하였다. 예측한 수익률을 이용하여 위험자산으로부터 기대수익률과 무위험자산의 확실한 수익률 간 차이를 예상, 혹은 기대 위험 프리미엄으로 계산할 수 있다.

예를 들어, 무위험자산이 현재 8%의 수익을 제공한다면, 무위험이자율, R_f는 8%라고 할 것이다. 이를 감안할 때, 제이포드에 부여되는 위험 프리미엄은 얼마이며, 스타센츠에 부여되는 위험 프리미엄은 얼마인가? 제이포드의 기대수익률, $E(R_J)$가 20%이므로 예상되는 위험 프리미엄은 다음과 같다.

$$\begin{aligned}\text{위험 프리미엄} &= \text{기대수익률} - \text{무위험이자율} \\ &= E(R_J) - R_f \\ &= 20\% - 8\% \\ &= 12\%\end{aligned} \tag{11.1}$$

마찬가지로, 스타센츠의 위험 프리미엄은 25%−8%=17%이다.

일반적으로 주식 또는 다른 자산에 대한 기대수익률은 각 가능한 수익률에 해당 확률을 곱한 값과 같다. 따라서 100개의 발생할 수 있는 수익률에다 각각의 가능성을 곱하여 결과를 합산한 것이 기대수익률이다. 그렇다면 위험 프리미엄은 이 기대수익률과 무위험이자율의 차이 일 것이다.

예제 11.1

다른 확률 상황

표 11.1과 11.2를 다시 살펴보자. 경제가 호황일 확률이 50%가 아니라 20%일 경우, 스타센츠와 제이포드에 대한 기대수익률은 얼마가 되겠는가? 무위험이자율이 10%라면 위험 프리미엄은 얼마인가?

제일 먼저 주목해야 할 것은 경제 호황과 침체의 두 가지 가능성만 존재하므로 경기 침체가 발생할 확률이 이제는 50%가 아닌 80%(1−0.20=0.80)라는 것이다. 이를 염두에 두면, 제이포드는 10번 중에 8번(80%)은 30% 수익률을, 나머지 2번은 10% 수익률을 가질 것이다. 그리고나서 경제상황과 각 확률을 곱해 기대수익률을 계산한다.

$$E(R_J) = .80 \times 30\% + .20 \times 10\% = 26\%$$

이를 소수점으로 나타내면

$$E(R_J) = .80 \times 0.30 + .20 \times 0.10 = 0.26$$

표 11.3은 두 주식의 기대수익률 계산을 요약한 것이다. 스타센츠에 대한 기대수익률이 −2%라는 점에 주목하자.

제이포드에 대한 위험 프리미엄은 16%(=26%−10%)인데 스타센츠에 대한 위험 프리미엄은 음의 값인 −12%(=−2%−10%)를 가진다. 이러한 음의 위험 프리미엄이 조금 이례적인 상황이긴 한데 앞으로 살펴 보겠지만 전혀 불가능하지도 않다.

표 11.3 기대수익률 계산하기

		스타센츠		제이포드	
(1)	(2)	(3)	(4)	(5)	(6)
경제상황	경제상황 확률	경제상황 발생시 수익률	수익률계산 (2) x (3)	경제상황 발생시 수익률	수익률계산 (2) x (3)
불황	.80	−20%	−16%	30%	24%
호황	.20	70	14	10	2
	1.00	$E(R_S)$ = −2%		$E(R_J)$ = 26%	

기대수익률의 분산 계산하기

두 주식에 대한 기대수익률의 분산을 계산하기 위해 먼저 기대수익률로부터 제곱된 편차를 결정한다. 그런 다음 각 제곱된 편차에 확률을 곱한 후 이를 합산한 결과가 분산이다.

예를 들어 살펴보면, 표 11.2에 있는 주식 중 하나인 제이포드는 기대수익률이 20%이다. 해당 연도에 실제수익률은 30% 또는 10%가 될 것이다. 따라서 편차는 10%(=30%−20%) 또는 −10%(=10%−20%)이다. 이 경우, 분산은

$$\text{분산} = (\sigma^2) = .50 \times (10\%)^2 + .50 \times (-10\%)^2$$
$$= .50 \times (0.10)^2 + .50 \times (-0.10)^2 = 0.01$$

주목할 점은 분산을 계산하기 위해 소수를 사용했다는 것이다. 표준편차는 분산의 제곱근이다.

$$\text{표준편차} = (\sigma) = \sqrt{0.01} = 0.10 = 10\%$$

표 11.4는 두 주식의 기대수익률과 분산을 보여준다. 스타센츠의 분산(0.2025)은 제이포드의 분산(0.01)에 비해 훨씬 큰것에 주목해보자. 스타센츠는 제이포드에 비해 기대수익률은 높지만 더 큰 투자위험을 안고 있다고 볼 수 있다. 스타센츠에 투자를 할 경우, 70%에 달하는 높은 수익을 낼수도 있지만 투자원금의 20%를 잃을 수도 있다. 하지만 제이포드에 대한 투자는 최소 10% 수익률을 투자자에게 돌려줄 것이다.

그렇다면, 당신은 두 주식 중에서 어떤 걸 선택하겠는가? 어떤 주식이 다른 주식보다 더 뛰어난 투자안이라고 말하기 힘든데 이는 위험과 수익에 관한 개인적인 선호도에 달려있기 때문이다. 하지만, 한 가지 확실한 점은 일부 투자자는 높은 수익을 선호하고 다른 투자자는 안전한 투자를 선호한다는 것이다.

여러분은 이 장에서 기대수익률과 기대수익률의 분산을 계산하는 방법이 앞서 (1장) 다룬 수익률과 분산을 계산하는 방식과 다소 차이가 있음을 알았을 것이다 (그리고, 아마 통계학 수업에서 배운 방식과도 다를 수 있다). (1장)앞에서는 과거

표 11.4
기대수익률과 분산

	스타센츠	제이포드
기대수익률, $E(R)$	0.25 또는 25%	0.20 또는 20%
기대수익률의 분산, σ^2	0.2025	0.0100
기대수익률의 표준편차, σ	0.45 또는 45%	0.10 또는 10%

수익률을 살펴보며 실제로 일어났던 사건(주가 자료)을 바탕으로 평균수익률과 분산을 계산하였던 것이다. 여기서는 미래수익률과 그와 관련된 확률을 예상했다. 따라서 기대수익률과 기대수익률의 분산을 계산해야 한다.

예제 11.2

다른 확률 상황 추가

예제 11.1에 있는 표 11.3으로 돌아가서, 서로 다른 확률을 가진 두 주식에서 분산은 무엇인가? 표준편차는 무엇인가? 모든 수익률을 소수로 변환하면 다음과 같이 필요한 계산을 요약 할 수 있다:

(1)	(2)	(3)	(4)	(5)
경제상황	경제상황 발생 확률	기대수익률로부터 수익 편차	수익 편차 제곱	곱하기 (2)×(4)
스타센츠				
불황	.80	$-.20-(-.02)=-0.18$	0.0324	0.02592
호황	.20	$0.70-(-0.02)=0.72$	0.5184	0.10368
				$\sigma_S^2=0.12960$
제이포드				
불황	.80	$0.30-0.26=0.04$	0.0016	0.00128
호황	.20	$0.10-0.26=-0.16$	0.0256	0.00512
				$\sigma_J^2=0.00640$

이러한 계산에 기초하여 볼 때, 스타센츠의 표준편차, $\sigma_S=\sqrt{0.1296}=36\%$이며, 제이포드의 표준편차, $\sigma_J=\sqrt{0.0064}$ 또는 8%로 훨씬 작다.

확인 사항

11.1a 주식의 기대수익률은 어떻게 계산하는가?

11.1b 기대수익률의 분산을 어떻게 계산하는지 기술하라.

11.2 포트폴리오

지금까지는 개별 자산을 따로 다루었다. 그러나 대부분의 투자자는 여러 자산으로 구성된 포트폴리오(portfolio)를 보유하고 있다. 여기서 의미하는 바는 투자자가 하

포트폴리오
투자자가 보유하고 있는 주식이나 채권과 같은 자산 집단

나 이상의 주식, 채권 또는 다른 자산을 소유하는 경향이 있다는 것이다. 이것이 사실이라면, 투자자는 개별 자산보다는 포트폴리오 수익률과 포트폴리오 위험에 더 관심을 가질 것이다. 따라서 이제부터는 포트폴리오 기대수익률과 분산을 다루고자 한다.

포트폴리오 가중치

포트폴리오를 설명하는 다양한 방법이 있다. 가장 편리한 방법은 포트폴리오에 투자된 각 자산의 가치를 전체 포트폴리오 가치의 백분율로 나열하는 것이다. 이 백분율을 포트폴리오 가중치(portfolio weights)라고 한다.

포트폴리오 가중치
포트폴리오 총 가치 대비 특정 자산에 투자된 비율

예를 들어 한 자산에 \$50, 다른 자산에 \$150를 투자하였다면 해당 포트폴리오의 총 가치는 \$200가 된다. 첫 번째 자산이 해당 포트폴리오에서 차지하는 비율은 \$50/\$200=0.25 또는 25%가 된다. 두 번째 자산은 해당 포트폴리오에서 \$150/\$200=0.75 또는 75%의 비율을 차지하고 있다. 당연히 모든 가중치의 합은 1.00(100%)이 된다.*

포트폴리오 기대 수익

스타센츠와 제이포드로 다시 돌아가서 여러분이 보유하고 있는 자금을 두 종목에 반반 나눠 투자한다고 하자. 당연히 포트폴리오 가중치는 0.50과 0.50이 될 것이다. 이 포트폴리오로부터 발생하는 수익은 어떤 형태를 띠겠는가? 기대수익률은 어떻게 되겠는가?

위 질문에 답하기 위해 우선 경제가 실제로 불황에 접어들었다고 가정하자. 이 경우 스타센츠에 투자한 금액의 절반은 20% 손실을 보게 될 것이다. 제이포드에 투자한 나머지 절반의 투자금으로부터 30% 수익을 얻게 된다. 불황일 때 포트폴리오 수익률, R_p는 다음과 같을 것이다.

$$R_p = .50 \times -20\% + .50 \times 30\% = 5\%$$

표 11.5는 나머지 계산을 요약한 것으로, 경제가 호황 시 포트폴리오 수익률은 40%에 달하게 된다.

$$R_p = .50 \times 70\% + .50 \times 10\% = 40\%$$

표 11.5에서 볼 수 있듯이 포트폴리오 기대수익률, $E(R_p)$은 22.5%이다.

* 물론 이 중의 일부는 현금일 수도 있으므로, 현금 역시 포트폴리오에 속한 하나의 자산으로 간주될 것이다.

표 11.5
포트폴리오 기대수익률

(1) 경제상황	(2) 경제상황 발생 확률	(3) 경제상황 발생시 포트폴리오 수익률	(4) 곱하기 (2)×(3)
불황	.50	.50 × −20% + .50 × 30% = 5%	2.5
호황	.50	.50 × 70% + .50 × 10% = 40%	20.0
			$E(R_P) = 22.5\%$

기대수익률을 보다 간단하게 직접적으로 계산하는 방법이 있다. 포트폴리오 가중치가 주어지면, 스타센츠에 투자된 절반의 돈은 25% 수익을 내며 제이포드에 투자된 나머지 절반의 자금은 20% 수익을 낸다고 생각할 수 있다. 따라서 포트폴리오 기대수익률은

$$
\begin{aligned}
E(R_P) &= .50 \times E(R_S) + .50 \times E(R_J) \\
&= .50 \times 25\% + .50 \times 20\% \\
&= 22.5\%
\end{aligned}
$$

이 값은 표 11.5에서 계산한 것과 똑같은 포트폴리오 수익률이다.

포트폴리오 기대수익률을 계산하는 이러한 방법은 아무리 많은 수의 자산이 포트폴리오에 들어있더라도 똑같이 적용할 수 있다. 포트폴리오에 임의의 자산이 n개 있다고 가정하고, x_i는 자산 i가 포트폴리오에서 차지하는 비중을 나타낼 때, 포트폴리오 기대수익률은

$$E(R_P) = x_1 \times E(R_1) + x_2 \times E(R_2) + \dots + x_n \times E(R_n) \qquad (11.2)$$

수식 (11.2)에 따르면 포트폴리오 기대수익률은 해당 포트폴리오에 속한 개별 자산의 가중치에 따른 산술평균이라고 볼 수 있다. 이 결과는 너무나도 당연한 것처럼 보이지만, 이런 접근법이 항상 통하지는 않는다는 것을 곧 알게 될 것이다.

예제 11.3
다른 확률 상황 추가

세 주식에 대한 예측이 다음과 같다고 가정하자.

경제상황	경제상황 발생 확률	수익률		
		주식 A	주식 B	주식 C
호황	.50	10%	15%	20%
불황	.50	8	4	0

두 가지 상황에 따라 포트폴리오 기대수익률을 계산하려고 한다. 첫째, 세 주식에 동일한 금액을 투자한 포트폴리오의 기대수익률은 무엇인가? 둘째, 포트폴리오의 절반이 A로 되어 있고 나머지는 B와 C로 똑같이 나뉘어 있을 경우 예상 수익은 얼마인가?

이전 논의에서 개별 주식에 대한 기대수익률은 다음과 같다:

$$E(R_A) = 9.0\% \quad E(R_B) = 9.5\% \quad E(R_C) = 10.0\%$$

(맞는지 실제로 확인해 보자.) 포트폴리오에 각 자산에 대해 동일한 투자가있는 경우, 포트폴리오의 가중치는 모두 동일하다. 이를 동일가중 포트폴리오라고 부른다. 이 경우 3개의 주식이 있으므로 가중치는 모두 1/3이 되며 포트폴리오 기대수익률은 다음과 같다.

$$E(R_P) = 1/3 \times 9.0\% + 1/3 \times 9.5\% + 1/3 \times 10.0\% = 9.5\%$$

두 번째 경우, 포트폴리오 기대수익률이 9.375%가 되는지 확인해 보라.

포트폴리오 기대수익률의 분산

앞에서 살펴보았듯이, 스타센츠와 제이포드에 같은 비율로 투자한 포트폴리오의 기대수익률은 22.5%이다. 이 포트폴리오 수익의 표준편차는 얼마인가? 단순한 직감으로는 투자금 절반의 표준편차가 45%이고 나머지 절반의 표준편차가 10%라고 생각하고 이 포트폴리오의 표준편차를 다음과 같이 계산할 것이다:

$$\sigma_P = .50 \times 45\% + .50 \times 10\% = 27.5\%$$

불행히도, 이 방법은 완전히 잘못되었다!

표준편차가 도대체 무엇인지 다시 한번 살펴보자. 표 11.6은 이와 관련된 계산을 요약하였다. 보는 바와 같이, 포트폴리오의 표준편차는 단지 17.5%로 앞에서

표 11.6

포트폴리오 분산과 표준편차 계산하기

(1) 경제상황	(2) 경제상황 발생 확률	(3) 경제상황에 따른 포트폴리오 수익률	(4) 기대수익률의 표준편차	(5) 곱하기 (2) x (4)
불화	.50	5%	$(5 - 22.5)^2 = 306.25$	153.125
호황	.50	40	$(40 - 22.5)^2 = 306.25$	153.125
			분산, $\sigma_P^2 = 306.25$	
			표준편차, $\sigma_P = 306.25 = 17.5\%$	

*모든 수익률에 백분율을 사용하였음에 주목하자. 수익률을 소수로 나타내면 분산은 0.030625이고 표준편차는 0.175인지 확인하라.

계산한 27.5%보다 훨씬 작다. 여기서 설명하는 것은 포트폴리오의 분산은 일반적으로 포트폴리오에 들어 있는 개별 종목 분산의 간단한 조합이 아니라는 것이다.

약간 다른 포트폴리오 가중치를 고려하여 이 점을 좀 더 극적으로 설명할 수 있다. 만약 스타센트에 2/11(약 18%)를 투자하고, 나머지 9/11(약 82%)를 제이포드에 투자하였다고 가정하자. 경기 침체 시에 이 포트폴리오 수익률은 다음과 같다.

$$R_P = 2/11 \times -20\% + 9/11 \times 30\% = 20.91\%$$

호황기에 이 포트폴리오는 수익률은 다음과 같다.

$$R_P = 2/11 \times 70\% + 9/11 \times 10\% = 20.91\%$$

경제가 어떤 상황에 처하더라도 포트폴리오 수익률은 일정함에 주목하자. 더 이상 계산이 필요하지 않다. 이 포트폴리오는 분산이 0이며 그 말은 위험이 없다는 뜻이다!

이러한 무위험 포트폴리오는 재무적 연금술의 한 좋은 예이다. 두 가지 위험한 자산을 가지고 이를 적절히 조합함으로써 투자위험이 전혀 없는 무위험 포트폴리오를 구축할 수 있는 것이다. 자산을 포트폴리오에 결합함으로써 투자자가 직면한 위험을 크게 바꿀 수 있다는 것은 분명하다. 이 점이 매우 중요한데, 다음 부분에서 그 의미를 살펴볼 것이다.*

예제 11.4

포트폴리오 분산과 표준편차

예제 11.3에서 두 포트폴리오의 표준편차는 무엇인가?

경제상황	경제상황 발생 확률	수익률			
		주식 A	주식 B	주식 C	포트폴리오
호황	.50	10%	15%	20%	13.75%
침체	.50	8	4	0	5.00

질문에 대답하기 위해 먼저 두 가지 경제상황 하에 포트폴리오 수익을 계산해야 한다. 두 번째 포트폴리오에는 주식 A가 50%, 주식 B와 C가 각각 25% 투자비중을 차지하고 있다. 계산하면 다음과 같이 요약할 수 있다:

경제 호황 시 포트폴리오 수익률은 다음과 같이 계산된다:

* 이전에는 무위험이자율은 8%였다. 여기서 무위험이자율은 무려 20.91%에 달한다. 이 상황이 실제로 존재한다면, 매우 유익한 투자기회가 존재할 것이다! 실제로, 모든 무위험 투자가 동일한 수익을 가질 것으로 기대한다.

$$R_P = .50 \times 10\% + .25 \times 15\% + .25 \times 20\% = 13.75\%$$

경제가 침체할 때 수익률도 같은 방식으로 계산한다. 계산한 수익률이 5%인지 확인하고 포트폴리오의 예상 수익이 9.375%인지도 확인하라. 소수로 반환하여 표현한 분산은

$$\sigma_P^2 = .50 \times (0.1375 - 0.09375)^2 + .50 \times (0.05 - 0.09375)^2 = 0.0019141$$

표준편차는

$$\sigma_P = \sqrt{0.0019141} = 0.04375, \text{ or } 4.375\%$$

체크: 동일한 가중치를 사용하여 포트폴리오 표준편차가 5.5%인지 확인하라.

참고: 표준편차가 4.375%라면 분산은 16과 25 사이 어디에 있어야 한다(각각 4와 5의 제곱이므로). 4.375를 제곱하면 19.141이 된다. 분산을 백분율로 표시하려면 소수점 이하 네 자리를 오른쪽으로 이동해야 하므로 0.0019141에 100의 제곱인 10,000을 곱해야 한다.

확인 사항

11.2a 포트폴리오 가중치는 얼마인가?

11.2b 기대수익률의 분산을 어떻게 계산하는가?

11.3 분산투자와 포트폴리오 위험

이때까지는 주로 가상의 주식을 다루어 왔다. 원칙적으로 포트폴리오 위험은 포트폴리오를 구성하는 자산의 위험과 상당히 다를 수 있음을 목격하였다. 이제 개별 자산이 지닌 위험과 다양한 자산으로 이루어진 포트폴리오 위험을 보다 자세히 살펴볼 것이다. 1장에서 했던 것처럼 주식시장의 역사를 살펴봄으로써 자본시장에 대한 실제 투자가 어떤 결과를 가져왔는지를 알아보고자 한다.

분산투자의 효과: 시장 역사로부터 배우는 또 다른 교훈

1장에서 대기업 보통주로 이루어진 포트폴리오 연간수익률의 표준편차가 약 20%라는 것을 배웠다. 이는 해당 포트폴리오에 속한 일반적인 주식의 연간수익률 표준편차가 약 20%라는 것을 의미하는 것인가? 여러분이 추측하듯이 이에 대한 대답은 'no'이며, 이 현상은 매우 중요하다.

포트폴리오 크기와 포트폴리오 위험 사이의 관계를 살펴보기 위해 표 11.7은 무

표 11.7

포트폴리오 표준편차

Source: Table 1, Meir Statman, "How Many Stocks Make a Diversified Portfolio?" *Journal of Financial and Quantitative Analysis* 22 (September 1987), pp. 353–64. Derived from E. J. Elton and M. J. Gruber, "Risk Reduction and Portfolio Size: An Analytic Solution," *Journal of Business* 50 (October 1977), pp. 415–37. 1987, School of Business Administration, University of Washington."

(1) 포트폴리오에 담긴 종목 수	(2) 연간 포트폴리오 수익률의 평균 표준편차	(3) 포트폴리오 표준편차 대비 단일 종목 표준편차 비율
1	49.24%	1.00
2	37.36	.76
4	29.69	.60
6	26.64	.54
8	24.98	.51
10	23.93	.49
20	21.68	.44
30	20.87	.42
40	20.46	.42
50	20.20	.41
100	19.69	.40
200	19.42	.39
300	19.34	.39
400	19.29	.39
500	19.27	.39
1,000	19.21	.39

작위로 선택된 다양한 수의 뉴욕 증권거래소(New York Stock Exchange, NYSE) 증권들로 구성된 동일가중치 포트폴리오에 대한 전형적인 평균 연간 표준편차를 나타낸다.

표 11.7의 2열에서 하나의 주식으로 이루어진 '포트폴리오'에 대한 표준편차가 50% 이하, 정확히는 49.24%임을 알 수 있다. 이것이 의미하는 것은 여러분이 무작위로 하나의 뉴욕 증권거래소 주식을 선택한 후 모든 돈을 그 주식에 투자할 경우, 연간수익률의 표준편차는 대체로 약 50% 정도라는 것이다. 누가 봐도 그런 투자전략은 심각한 위험을 안고 있다! 만약 여러분이 2개의 뉴욕 증권거래소 증권을 무작위로 선택하고 절반씩 투자를 하면 평균 연간 표준편차가 약 37%로 줄어든다.

표 11.7에서 주목해야 할 점은 종목 수가 증가함에 따라 표준편차가 점차 감소한다는 것이다. 무작위로 선택된 100개의 주식 (각각 1%씩 투자)으로 구성된 포트폴리오의 변동성은 연간 50%에서 20%로 60% 정도 감소하였다. 500개의 주식으로

이루어진 포트폴리오 표준편차는 연간 19.27%로, 1장에서 보았듯이 대기업 보통주의 20%와 유사하다. 둘 간의 작은 차이는 포트폴리오에 속한 종목, 포트폴리오 가중치 및 적용 기간이 동일하지 않기 때문에 발생할 수 있다.

분산투자 효과의 중요한 토대는 주식 종목을 무작위로 선택하는 것이다. 주식을 무작위로 선택함으로써 포트폴리오는 다른 부문, 다양한 시가총액 및 다른 특성을 지닌 종목을 보유하게 된다. 비록 30개 종목으로 포트폴리오를 구성했지만 모두 기술기업인 경우 어떻게 되겠는가? 이 경우 분산투자된 포트폴리오라고 생각하겠지만, 모든 주식은 비슷한 특성을 가지고 있기 때문에 실제로는 '하나의 바구니에 모든 달걀을 넣은' 것과 마찬가지로 볼 수 있다.

비슷한 관점으로, 2008년과 같은 극심한 시장 침체기간에는 겉으로 보기에 별로 관련이 없어 보이는 자산군도 함께 떨어지는 경향을 띠게 된다. 일반적으로 분산투자는 좋은 효과를 가져오지만 항상 원하는 방향으로 움직이는 것은 아니라는 것이다. 분산투자의 다른 요소들에 대해서는 추후 논의할 것이다.

분산투자의 원칙

그림 11.1은 앞에서 논의한 요점을 그림으로 보여준다. 포트폴리오에 편입되는 서로 다른 종목 수가 늘어남에 따라 표준편차가 어떻게 바뀌는지를 나타낸다. 그림 11.1에서 종목 추가로 인한 위험 감소 효과는 점점 더 많은 종목을 추가함에 따라 그 혜택이 점차 줄어듦에 주목하자. 서로 다른 10개의 종목을 보유할 때까지 대부분의 분산투자 효과가 나타나고 있으며, 30개 이상 종목이 되더라도 추가적인 분

그림 11.1

포트폴리오 분산투자

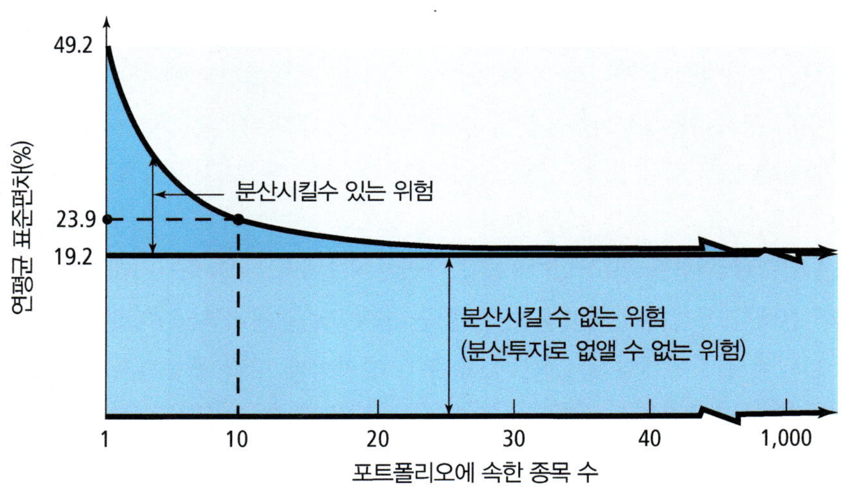

산투자 혜택은 거의 존재하지 않는다.

분산투자로 인한 혜택은 수익률과 분산이 계산되는 기간에 따라 다르다. 예를 들어, 표 11.7은 1987년 이전 자료이다. 학자들은 최근 1986년에서 1997년까지 주식수익률과 변동성을 살펴봄으로써 분산투자 효과를 다시 알아보았는데, 이 시기에는 50개 정도의 종목이 있어야 잘 분산투자된 포트폴리오를 구성할 수 있었다. 중요한 점은 투자자가 분산투자된 포트폴리오를 구성하려고 한다면 30~50개의 개별 주식을 고려해야 한다는 것이다.

그림 11.1은 두 가지 중요한 점을 보여준다. 첫째, 개별 자산과 관련된 위험의 일부는 포트폴리오를 형성함으로써 제거할 수 있다. 다양한 자산에 투자함으로써 포트폴리오를 구성하는 과정을 분산투자라고 한다. 분산투자의 원칙(principle of diversification)은 많은 자산에 걸쳐 투자를 분산시킴으로써 위험을 제거할 수 있음을 나타낸다. 당연히 분산투자를 통해 제거할 수 있는 위험을 '분산시킬 수 있는' 위험이라고 한다.

> **분산투자의 원칙**
> 많은 자산에 걸쳐 투자를 분산시킴으로써 모든 위험을 제거할 수는 없지만 상당한 위험을 없앨 수 있음

두 번째 요점 역시 매우 중요한데, 아무리 분산투자를 하더라도 없앨 수 없는 최소수준의 위험이 존재한다는 것이다. 이 최소 수준은 그림 11.1에서 '분산시킬 수 없는 위험'이라고 표시되어 있다. 종합해 보면, 위 두 가지 요점은 금융시장의 역사로부터 배우는 중요한 교훈 중 하나이다: 분산투자는 위험을 감소시키지만 그 한계가 존재한다는 것이다. 달리 말해서, 어떤 위험은 분산투자를 통해 없앨 수 있지만 어떤 것은 분산투자를 하더라도 없앨 수 없는 위험이 존재한다.

시간 분산투자의 오류

누군가가 여러분에게 "당신은 젊다. 따라서 여러분의 포트폴리오에는 많은 주식(또는 기타 위험 자산)을 포함시켜야 한다"고 얘기하는 사람이 있었는가? 이 조언이 사실일 수 있지만, 이 전략을 지원하기 위해 자주 사용되는 논리는 정확하지 않다. 일반적인 논쟁은 다음과 같이 진행된다: 주식은 비록 특정 시기에 변동성이 크지만 시간이 지남에 따라 이런 변동성이 서로 상쇄가 된다. 이 주장이 논리적으로 들리겠지만, 이는 부분적으로만 정확하다. 투자 전문가들은 이런 주장을 시간 다양화의 오류라고 부른다.

어떻게 그런 논리적인 조언에 오류가 있다는 말인가? 자, 다음 조언의 어떤 부분이 옳은 것인지에 관해 논의해 보자. 1장에서 지난 90년 동안 대형주의 연평균 수익률은 11.9%이고 표준편차는 20.0%임을 보였다. 대부분 투자자의 투자 기간은 1년보다 훨씬 길다. 이제 더 긴 투자 기간의 평균수익률을 살펴보자.

5년의 투자 기간으로 우선 시작해 보자. 표 1.1의 자료를 살펴보면 1926년에서 1930년까지 대형주의 기하평균수익률은 연간 8.26%이다. 1장에서 제시한 기하평균 또는 복리 수익률을 계산하는 방법을 통해 8.26%를 확인할 수 있을 것이다. 이 계산 후에는 역사적으로 5년 동안의 평균만 계산한다. 표 1.1의 자료를 사용하여 가능한 모든 5년 동안의 기하평균수익률을 계산한다고 가정해 보자. 즉, 1927~1931년, 1928~1932년 등의 자료를 사용하여 기하평균 수익을 계산한다.

이 작업이 모두 끝나면 5년 기하평균수익률의 시리즈가 완성된다. 원한다면, 5년간의 기하평균 또는 복리 평균의 단순 평균과 표준편차를 계산할 수 있다. 그런 다음 10년 주기나 15년(또는 사용하고자 하는 기간) 주기를 사용하여 전체 과정을 반복하면 된다.

1년부터 40년에 걸쳐 9개의 서로 다른 보유 기간에 대해 계산을 한 결과는 표 11.8에 나와 있다. 평균과 표준편차에 대해 어떤 점을 알 수 있는가?

투자 기간이 길어질수록 기하평균수익률은 일반적으로 떨어진다. 이러한 패턴은 1장에서 다른 산술 및 기하 평균에 대한 논의와 일치한다. 하지만 더 중요한 점은 평균수익률 표준편차의 패턴이다. 기간이 증가함에 따라 기하평균의 표준편차가 감소하고 실제로는 거의 0에 가까워짐에 주목하라. 그 점이 시간 분산투자의 진정한 효과라고 할 것이다.

그렇다면, 이 시점에서, 여러분은 시간의 분산투자가 과연 진실과 거짓 중에 무엇이라고 생각하는가? 기간이 길어질수록 기하평균수익률의 표준편차는 0이 되는 경향을 띠지만, 여러분이 지닌 부의 표준편차는 그렇지 않다는 것이 문제다. 투자자는 자산 수준은 물론 시간이 지남에 따른 자산 수준의 표준편차에도 신경을 쓴다.

자, 그럼 다음을 한번 계산해 보자. 1926년에 누군가가 일시불로 $1,000를 투자했다고 가정하자. 표 1.1의 수익률 자료를 사용하면 이 $1,000가 5년 후에 $1,486.97로 증가하는지 확인할 수 있다. 다음으로, 또 다른 누군가는 1927년에 일시불로 같은 $1,000를 투자하여 5년 후인 1931년까지 증가하는지를 살펴보자. 가능한 모든 5년 투자 기간과 7개의 더 긴 기간 동안을 계산해보자. 계산결과는 표

	투자 보유기간(년)								
	1	5	10	15	20	25	30	35	40
평균수익률	11.9%	9.9%	10.3%	9.8%	9.8%	9.7%	9.6%	9.5%	9.3%
수익률 표준편차	20.0%	8.6%	5.7%	4.6%	3.4%	2.6%	1.8%	1.1%	0.7%

표 11.8 투자 보유기간별 기하평균수익률

	투자 보유기간(년)								
	1	5	10	15	20	25	30	35	40
평균 금액	$1,119	$1,699	$2,974	$4,777	$7,659	$11,907	$17,650	$25,563	$47,388
부의 표준편차	$200	$611	$1,408	$2,730	$4,562	$6,998	$8,858	$9,447	$15,286

표 11.9 투자 보유기간에 따른 평균 기말 재산

11.9에 투자된 자산의 평균과 표준편차로 나타난다.

여러분은 표 11.9에 있는 자산의 평균 및 표준편차를 보고 무엇을 알 수 있는가? 투자 기간이 길어질수록 평균 기말 재산(wealth)이 더 큰 경향을 나타낸다. 이 결과는 중요한 의미를 지니고 있는데, 결국 투자자는 더 오랜 기간 동안 투자를 하고

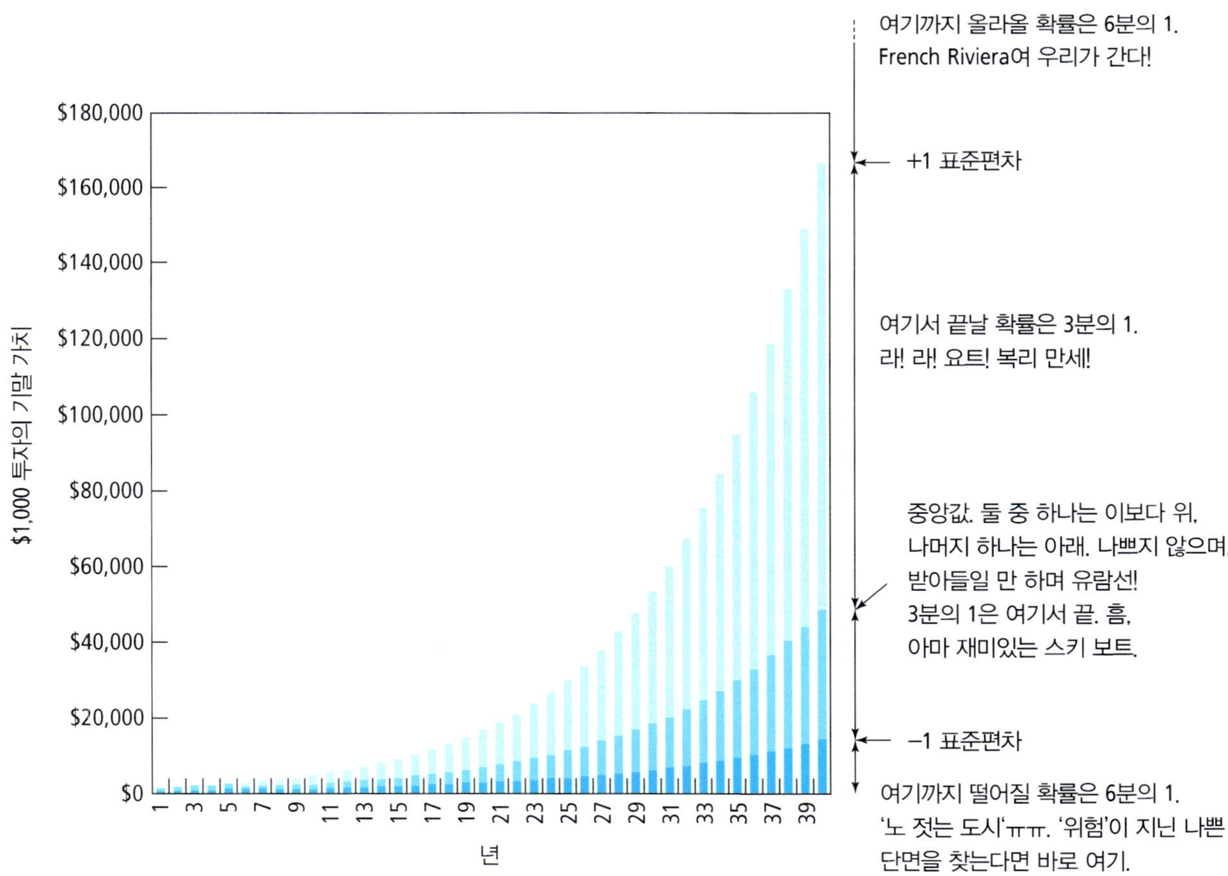

그림 11.2 랜덤워크 모형

Source: http://homepage.mac.com/j.norstad.

있다. 그러나 여기 토론에서 중요한 것은 부의 표준편차이다. 표준편차는 수익률과 반대로 시간이 지남에 따라 오히려 증가한다는 것이다.

그림 11.2는 표준편차(즉, 위험)가 투자 기간이 길어짐에 따라 미치는 영향을 보여주는 좋은 '그림'이다. 그림 11.2는 40년 동안 주식에 투자한 $1,000이 어떤 투자 결과를 보여주는지를 시뮬레이션한 결과이다. 여러분은 그림 11.1에서 이미 위험의 양면성을 볼 수 있다. 주식에 투자할 경우 그 포트폴리오의 가치가 매우 큰 가치를 가질 가능성이 높아지지만, 반면에 가치가 매우 낮아질 가능성도 높아진다. 정의에 따르면 이러한 광범위한 결과가 위험인 것이다.

여러분은 지금쯤 시간 분산투자의 오류, 즉 시간은 수익률을 분산시키지만 부를 분산시키지는 않는다는 것을 알고 있을 것이다. 대부분 투자자는 투자 기간 동안에 어떤 수익을 거두었는지가 아니라 통장에 얼마나 많은 돈이 있는지(부)에 더 큰 관심을 가지고 있다.

그렇다면 젊은 투자자가 더 많은 돈을 주식에 투자해야 하는가? 그에 대한 대답은 여전히 '예'이다. 시간 분산투자의 오류에 근거한 추론과 다른 보다 논리적으로 바람직한 이유 때문이다. 여러분이 젊고 보유한 포트폴리오가 특정 기간 동안 매우 큰 손실을 볼 경우 어떻게 하겠는가? 투자에서 발생한 손실을 작업 습관(예: 직업, 근무시간, 부업)에 변화를 줌으로써 어느 정도는 만회할 수 있다. 하지만 은퇴를 앞둔 사람은 미래의 소득을 거의 얻지 못하므로 포트폴리오에서 발생하는 큰 손실은 부에 치명적인 영향을 미친다. 따라서 젊은 사람의 포트폴리오에 상대적으로 더 많은 주식(즉, 위험)을 포함시킬 수 있다는 것이다.

확인 사항

11.3a 포트폴리오에 있는 증권 종목 수를 늘리면 포트폴리오 수익률 표준편차는 어떻게 되는가?

11.3b 분산투자의 원리는 무엇인가?

11.3c 시간 분산투자의 오류는 무엇인가?

11.4 상관관계와 분산투자

분산투자가 중요하다는 것을 이미 살펴보았다. 논의하지 않은 것은 분산투자를 최대한 활용하는 방법이다. 예를 들어, 앞에서 무작위로 주식을 선택하고 거기에 돈을 고르게 분배하면 어떻게 되는지를 알아보았다. 이 전략으로부터 상당한 위험

감소 효과를 볼 수 있다는 것은 알게 되었지만 보다 정교한 접근 방식으로 더 큰 혜택을 얻을 수 있을지 궁금할 것이다. 그 문제에 대한 대답은 '예'이다.

분산투자가 작동하는 이유

분산투자가 포트폴리오 표준편차로 측정한 포트폴리오 위험을 왜 줄일 수 있는지는 중요한 이슈이며 좀 더 세부적으로 다루어볼 만 가치가 있다. 그 핵심 개념은 두 자산의 수익률이 함께 움직이는 정도를 나타내는 상관관계(correlation)이다. 두 자산의 수익률이 같은 방향으로 움직이는 경우 긍정적인 상관관계가 있다고 부르며, 만약 서로 다른 방향으로 움직이는 경향을 띠면 부정적인 상관관계가 있다고 부른다. 두 자산 간에 특별한 관계가 없다면, 둘 간에 상관관계가 없다고 말한다.

상관관계
두 자산의 수익률이 함께 움직이는 경향

상관관계를 측정하는 데 사용하는 상관계수는 −1에서 +1사이 값을 가지며 A와 B 두 자산 수익률 간 상관관계를 Corr(R_A, R_B)로 표기한다. 그리스 문자 ρ(rho)는 보통 상관관계를 가르키는데 사용된다. 상관관계가 +1이란 말은 두 자산이 완벽한 양의 상관관계를 가지고 있음을 뜻한다. 예를 들어, 자산 A가 어떤 수익률(+ 혹은 −)을 가지더라도 자산 B가 정확히 두 배만큼 동일한 수익률을 가진다고 가정하자. 이 경우, 한 종목의 움직임으로부터 다른 종목의 움직임이 완전히 예측 가능하므로 이 둘은 완벽한 상관관계를 가지고 있다. 그러나 완벽한 상관관계를 가졌다고 반드시 같은 양만큼 움직이는 것은 아니다.

두 자산의 상관관계가 0이란 말은 둘 간에 예측 가능한 관계가 없음을 의미한

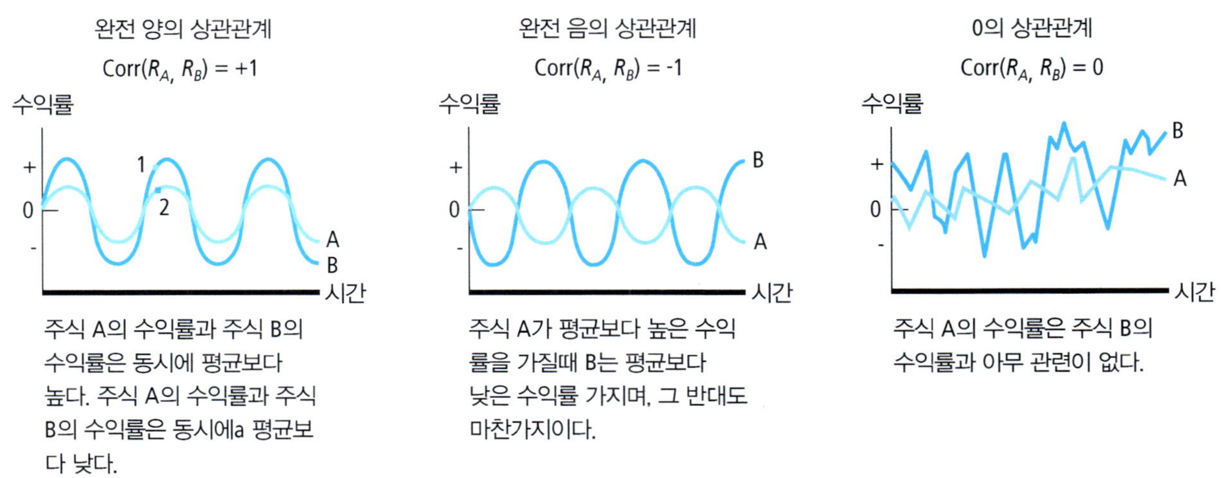

그림 11.3 상관관계

다. 한 자산의 가격이 올라가는 것을 알더라도 다른 자산의 가격이 어떻게 될지는 전혀 알 수 없는, 말 그대로 둘 사이에는 아무 관계가 없다. 완벽한 음의 상관관계 [Corr(R_A, R_B)=−1]는 두 자산은 항상 반대 방향으로 움직임을 나타낸다. 그림 11.3은 완벽한 양의 상관관계, 완벽한 음의 상관관계 및 0의 상관관계, 세 가지 벤치마크 사례를 보여준다.

주식수익률 간에는 일반적으로 완벽한 상관관계가 존재하지 않기 때문에 분산투자가 효과적이다. 다음으로 상관관계가 포트폴리오 위험에 미치는 영향에 대해 보다 정확하게 설명할 것이지만 지금은 간단하게 포트폴리오에 두 개의 자산을 결합하는 것에 대해서만 생각하자. 두 자산이 매우 긍정적인 상관관계를 가지면(상관관계가 +1에 가깝다면), 그들은 같은 방향으로 움직이는 경향이 매우 강한 것이다. 그렇게 되면 분산투자를 하더라도 큰 혜택을 누릴 수가 없다. 예를 들어, 같은 업계의 두 주식, GM과 포드는 본질적으로 동일한 사업(자동차 제조업)에 종사하여 상대적으로 높은 상관관계를 가질 것이므로 두 주식으로 구성된 포트폴리오는 분산투자 효과를 크게 볼 수 없을 것이다.

대조적으로 두 자산이 음의 상관관계가 있는 경우 반대 방향으로 움직이는 경향이 있다. 하나가 상승하면 다른 하나는 하락하는 경향이 있다. 이 경우 하나의 자산에 대한 수익의 변동은 반대 방향으로 움직이는 다른 자산의 변동으로 상쇄되는 경향이 있으므로 분산투자로 인한 혜택은 상당할 것이다. 실제로 두 자산이 완벽한 음의 상관관계 [Corr(R_A, R_B)=−1]를 갖는 경우 모든 위험을 제거할 수 있는 투자 조합을 만들어 낼 수 있다. 제이포드와 스타센츠를 다룬 사례를 되돌아볼 때 모든 위험을 제거할 수 있었는데 이를 위해서는 완전히 음의 상관관계가 반드시 필요하다.

분산투자가 포트폴리오 위험에 미치는 영향을 좀 더 자세히 설명하기 위해 2012

표 11.10

주식 A와 B의 연간수익률

년	주식 A	주식 B	포트폴리오 AB
2012	10%	15%	12.5%
2013	30	−10	10.0
2014	−10	25	7.5
2015	5	20	12.5
2016	10	15	12.5
평균수익률	9%	13%	11.0%
표준편차	14.3%	13.5%	2.2%

년부터 2016년간 A와 B 두 주식에 대한 실제 연간수익률을 관찰했다고 가정하자. 표 11.10은 수익률을 요약하였다. 주식 A와 B의 실제수익률 이외에 표 11.10에서 A와 B에 동일한 가중치를 부여한 포트폴리오 수익률도 계산하였다. 이 포트폴리오를 AB로 이름 붙인다. 예를 들어, 2012년에 주식 A는 10% 수익률을, 주식 B는 15% 수익률을 나타내었다. 포트폴리오 AB는 두 주식에 절반씩 투자를 하였으므로 당해 수익률은

$$1/2 \times 10\% + 1/2 \times 15\% = 12.5\%$$

다른 해의 수익률 역시 비슷한 방법으로 계산을 한다.

표 11.10의 하단에 두 종목과 동일가중치 포트폴리오에 대한 평균수익률과 표준편차를 계산하였다. 평균과 표준편차는 1장에서 배운 대로 계산하였다. 분산투자의 효과는 명백하다. 두 종목의 연간 표준편차는 13~14%이지만 포트폴리오 표준편차는 2.2%에 불과하다. 실제로 포트폴리오는 A 주식에 비해 더 높은 수익률(11% vs 9%)을 지니고 있으며 위험은 훨씬 적다.

그림 11.4는 예제를 통해 이 상황을 더 자세히 설명한다. 여기에 있는 3개의 막대 그래프는 각각 주식 A, 주식 B 및 포트폴리오 AB에 대한 연간수익률을 나타낸다. 그래프를 살펴보면, 2013년에 주식 A는 30% 수익을 냈지만, 주식 B는 오히려 10% 손실을 보았다. 그 다음 해에는 주식 B는 25% 수익을 낸 반면에 주식 A는 10% 손실을 내었다. 이러한 변동은 포트폴리오에서 서로 상쇄되는 경향이 있으며,

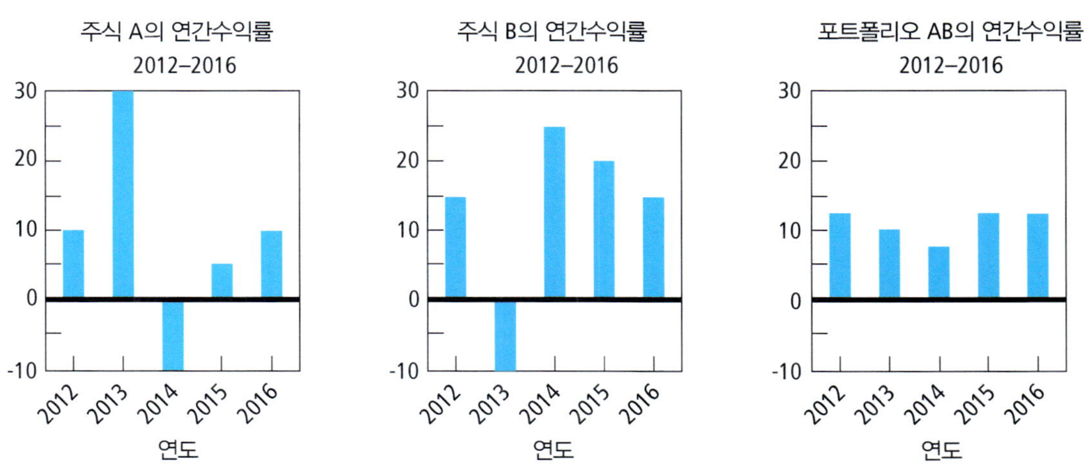

그림 11.4 분산투자의 효과

결과적으로 해마다 수익률에는 훨씬 적은 편차가 있다. 즉, 주식 A와 B의 수익률 간의 상관관계는 상대적으로 낮다는 것이다.

포트폴리오 위험 계산하기

상관관계가 포트폴리오 위험을 결정짓는 중요한 요소임을 이미 배웠다. 이 문제에 대해 좀 더 살펴보려면 우선 포트폴리오 분산을 직접 계산하는 방법을 알아야 한다. 2개의 자산 A와 B로 구성된 포트폴리오에서 포트폴리오 수익률의 분산 σ_P^2는 수식 (11.3)과 같이 주어진다.

$$\sigma_P^2 = X_A^2\sigma_A^2 + X_B^2\sigma_B^2 + 2x_Ax_B\sigma_A\sigma_B\text{Corr}(R_A, R_B) \tag{11.3}$$

이 수식에서 x_A와 x_B는 자산 A와 자산 B에 투자한 백분율을 말한다. $x_A + x_B = 1$이 되는데 그 이유는 무엇이라고 생각하는가?

세 자산으로 구성된 포트폴리오의 경우, 포트폴리오 수익률의 분산 σ_P^2는 식 (11.4)과 같이 주어진다:

$$\begin{aligned}\sigma_P^2 = {} & X_A^2\sigma_A^2 + X_B^2\sigma_B^2 + X_C^2X_C^2 + 2x_Ax_B\sigma_A\sigma_B\text{Corr}(R_A, R_B) \\ & +2x_Ax_C\sigma_A\sigma_C\text{Corr}(R_A, R_C) + 2x_Bx_C\sigma_B\sigma_C\text{Corr}(R_B, R_C)\end{aligned} \tag{11.4}$$

수식 (11.4)에는 여섯 항목이 있음을 주목하라. 세 자산 (A, B, 그리고 C) 각각에 대해 가중치의 제곱, 수익률의 분산 및 각 자산 쌍의 교차 항목이 포함되어 있다. 교차 항목은 가중치의 쌍(pairs), 각 자산에 대한 수익률의 표준편차 쌍 및 자산 쌍의 수익률 간의 상관관계가 포함되어 있다. 만약 여섯 자산으로 이루어진 포트폴리오를 가지고 있다면, 포트폴리오 분산을 계산하기 위해서는 21개 항목을 가진 수식이 필요할 것이다. 50개의 자산 포트폴리오가 있다면, 이 포트폴리오의 분산 방정식은 1,275개의 항목을 가질 것이다! 다시 수식 (11.3)으로 돌아가보자.

수식 (11.3)은 조금 복잡해 보이지만 계산은 간단하다. 예를 들어, 주식 A의 연간 표준편차는 40%, 주식 B의 표준편차는 연간 60%, 그리고 그 둘 간의 상관관계는 0.15이라고 가정하자. 만약 두 종목에 절반씩 금액을 투자하였다면 해당 포트폴리오 표준편차는 얼마인가?

답을 하기 위해 수식 (11.3)에 숫자를 입력하기만 하면 된다. x_A와 x_B는 각각 0.50이고, σ_A와 σ_B는 각각 0.40과 0.60입니다. 상관계수 $\text{Corr}(R_A, R_B) = 0.15$를 취하면

$$\begin{aligned}\sigma_P^2 &= 0.50^2 \times 0.40^2 + 0.50^2 \times 0.60^2 + 2 \times 0.50 \times 0.50 \times 0.40 \times 0.60 \times .15 \\ &= 0.25 \times 0.16 + 0.25 \times 0.36 + 0.018 \\ &= 0.148\end{aligned}$$

따라서 포트폴리오 분산은 0.148이 된다. 항상 그렇듯이 분산은 제곱된 수익률을 기반으로 하여 해석하기가 여의치 않으므로 제곱근을 취하여 표준편차를 계산한다.

$$\sigma_p = \sqrt{0.148} = 0.3847 = 38.47\%$$

다시 한번, 분산투자의 효과를 볼 수 있다. 이 포트폴리오의 표준편차 38.47%는 포트폴리오에 편입된 두 자산의 표준편차보다 작다.

예제 11.5

포트폴리오 분산과 표준편차

방금 살펴본 예에서 주식 A의 표준편차는 연간 40%이고 주식 B의 표준편차는 연간 60%이다. 이제 이 둘 간의 상관관계가 0.35이며 여러분은 가진 돈의 1/4을 주식 A에 넣었다고 가정하자. 그렇다면 포트폴리오 표준편차는 어떻게 되겠는가?

주식 A에 1/4(또는 0.25)을 넣으면 주식 B에 나머지 3/4(또는 0.75)을 넣어야 하므로 $x_A = 0.25$이고 $x_B = 0.75$가 된다. 포트폴리오 분산 방정식 (11.3)을 사용하여

$$\begin{aligned}\sigma_P^2 &= 0.25^2 \times 0.40^2 + 0.75^2 \times 0.60^2 + 2 \times 0.25 \times 0.75 \times 0.40 \times 0.60 \times .35 \\ &= 0.0625 \times 0.16 + 0.5625 \times 0.36 + 0.0315 \\ &= 0.244\end{aligned}$$

따라서 포트폴리오 분산은 0.244이다. 제곱근을 취하면

$$\sigma_P = \sqrt{0.244} = 0.49396 \approx 49\%$$

이 포트폴리오의 표준편차는 49%이며 이 수치는 개별 주식의 표준편차 사이에 있다. 이는 포트폴리오 표준편차가 개별 표준편차보다 항상 작지 않다는 것을 보여 준다.

포트폴리오의 전체 위험을 결정할 때 상관관계가 미치는 영향은 중요한 의미를 갖는다. 예를 들어 해외 주식에 대한 투자를 생각해 보자. 역사적으로 해외 주식은 미국 대형주에 비해 약간 낮은 수익률을 가지지만 훨씬 높은 변동성을 가지는 경향을 보였다.

투자자가 낮은 수익률보다는 높은 수익률을, 큰 위험보다는 작은 위험을 선호한다면 해외 주식에 왜 투자를 해야 하는가? 해답은 해외 주식과 미국 주식의 상관관계가 +1에 근접하지 않는다는 사실에 있다. 해외 주식이 매우 위험하기는 하지만 기존 미국 주식으로만 구성된 포트폴리오에 해외 주식을 추가함으로써 포트폴리오 위험을 줄일 수 있다. 나중에 다루겠지만, 해외 주식을 추가함으로써 실제로 보다 나은 위험대비수익률(또는 더욱 효율적인) 프로파일을 가진 포트폴리오가 될 수 있다.

해외 주식과의 상관관계에 관한 또 다른 중요한 점은 이런 상관관계가 시간이 지남에 따라 변한다는 것이다. 투자자들은 해외 주식으로부터 상당한 분산투자 혜택을 볼 것으로 기대하지만, 상관관계가 커짐에 따라 많은 혜택을 잃게 된다. 이런 일이 언제 일어나는가? 2008년의 금융위기 시, 단기 정부국채를 제외한 거의 모든 자산의 가치가 하락하였으며 국제 금융시장 간 상관관계는 크게 증가하였다. 투자자는 예상과 실제 결과는 항상 다를 수 있다는 것을 염두에 두고 있어야 하며, 특히 주식시장의 침체기에는 더욱 유의해야 한다.

자산배분의 중요성, 1부

자산배분
투자자가 광범위한 자산군에 포트폴리오 자금을 분배하는 방법

상관관계 및 자산배분(asset allocation)이 왜 중요하고 실용적이며 현실적인 고려 사항일까? 음, 매우 보수적이고 위험 회피적인 투자자로서, 여러분은 채권 뮤추얼펀드에 가지고 있는 모든 돈을 투자하기로 결정했다고 하자. 직접 내린 분석에 따르면 이 펀드는 연간 6% 기대수익률과 10% 표준편차를 가질 것으로 예상한다. 12% 기대수익률을 가진 주식 펀드가 있지만 15% 표준편차는 여러분의 위험성향에 비춰볼 때 너무 높다. 그리고 두 펀드 간 수익률의 상관관계는 약 0.10이다.

채권 펀드에 100% 투자하는 결정은 매우 높은 위험회피 성향을 지닌 투자자에게 현명한 결정인가?. 대답은 '아니오'이다. 사실 그것은 모든 투자자에게 나쁜 결정이다. 그 이유를 알기 위해 두 뮤추얼펀드의 다양한 조합에서 얻을 수 있는 기대수익률과 표준편차를 나타내는 표 11.11을 살펴보자. 표를 만들 때, 주식 펀드에서 100% 투자하는 것을 시작으로 주식 펀드의 비율을 0.05단위로 줄임으로써 0%까지 비중이 줄어들며 반면에 채권 펀드의 비중은 0%에서 시작하여 100%로 올라간다. 위의 예처럼 모든 계산이 완료되었으며 여러분은 연습 삼아 일부 또는 전부를 확인해 보라.

표 11.11의 첫 번째 줄에는 주식 펀드에 100% 투자하였으므로 기대수익률은 12%이고 표준편차는 15%이다. 주식 펀드에서 점차 채권 펀드로 옮겨감에 따라 기대수익률과 표준편차가 모두 떨어지는 게 놀랍지 않다. 놀라운 점은 표준편차가 떨어지다가 어느 시점부터는 다시 상승한다는 사실이다. 다시 말하면, 어떤 시점을 넘어서게 되면 위험이 낮은 채권 펀드를 더 추가하는 게 오히려 위험을 키우는 현상이 발생할 수도 있다는 것이다!

왜 이런 현상이 일어나는지를 확인하는 가장 좋은 방법은 그림 11.5에서와 같이 기대수익률과 표 11.11에서 계산된 표준편차의 다양한 조합을 그래프로 나타내는 것이다. 표 11.11의 표준편차를 수평축에 배치하고 각각 해당하는 기대수익률을

표 11.11

주식과 채권의 위험과 수익률

포트폴리오 가중치		기대수익률	표준편차(위험)
주식	채권		
1.00	.00	12.00%	15.00%
.95	.05	11.70	14.31
.90	.10	11.40	13.64
.85	.15	11.10	12.99
.80	.20	10.80	12.36
.75	.25	10.50	11.77
.70	.30	10.20	11.20
.65	.35	9.90	10.68
.60	.40	9.60	10.21
.55	.45	9.30	9.78
.50	.50	9.00	9.42
.45	.55	8.70	9.12
.40	.60	8.40	8.90
.35	.65	8.10	8.75
.30	.70	7.80	8.69
.25	.75	7.50	8.71
.20	.80	7.20	8.82
.15	.85	6.90	9.01
.10	.90	6.60	9.27
.05	.95	6.30	9.60
.00	1.00	6.00	10.00

수직축에 배치하였다.

그림 11.5의 그래프를 보면, 가능한 위험과 수익의 다양한 조합이 모두 부드러운 곡선 상에 있음을 알 수 있다 (사실 기하학적으로 기울어진 쌍곡선이다). 이 곡선은 이 두 자산으로 이루어진 포트폴리오가 가질수 있는 위험과 수익의 모든 조합을 보여주므로 이 곡선을 투자 기회 집합(investment opportunity set)이라고 한다. 주목해야 할 한 가지 중요한 점은, 모든 포트폴리오 중에서 가장 작은 표준편차(또는 분산)를 가진 포트폴리오가 존재한다는 것이다. 그림 11.5에서 '최소 분산 포트

투자 집합 기회
개별자산으로 구성된 포트폴리오로 조합이 가능한 위험-수익 조합의 모음

그림 11.5

주식과 채권의 위험과 수익

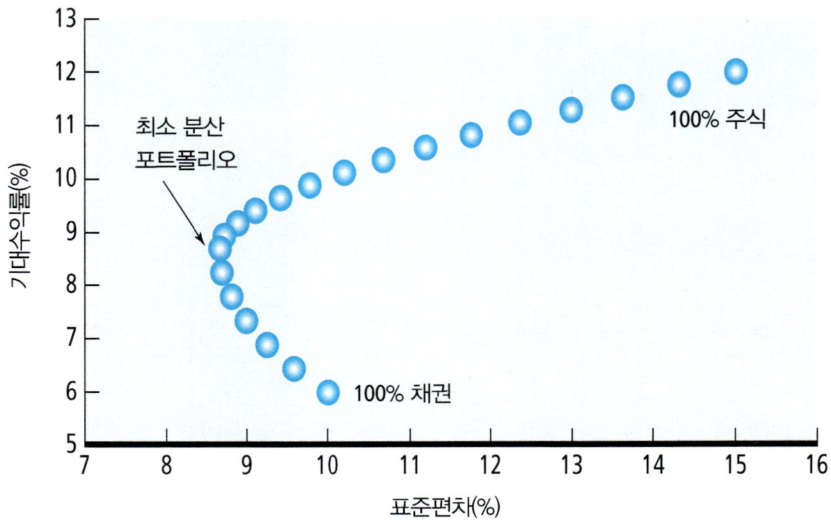

폴리오'라고 표시되어 있다. 기대수익률과 표준편차는 (대략) 얼마쯤 되겠는가?

이제 가진 돈 모두를 채권에 투자하는 게 좋지 않은 투자전략 인지를 알 수 있다. 채권 펀드는 10%의 표준편차로 6%의 기대수익률을 제공한다. 그러나 표 11.11에서 약 60% 주식과 40% 채권 조합은 100% 채권 펀드와 거의 비슷한 수준의 표준편차를 갖지만 9.6% 수익률을 나타낸다. 9.6%와 6%를 비교해 볼 때 이 포트폴리오는 동일한 위험 수준 대비 60%(6%×1.6=9.6%) 더 높은 수익률을 나타낸다. 그렇다면 결론은 무엇인가? 자산배분이 중요하다는 것이다.

그림 11.5로 돌아가서, 최소 분산 포트폴리오 아래에 있는 포트폴리오를 선택하는 것은 어느 조합을 선택하든 잘못된 선택인데 그 이유는 위험은 같지만 수익률이 훨씬 높은 포트폴리오가 존재하므로 잘못된 선택이다. 이러한 바람직하지 않은 포트폴리오를 금융 전문용어로 다른 (보다 효율적인) 포트폴리오에 지배를 당하거나 비효율적이라고 부른다. 어느 쪽이든, 주어진 위험 수준을 감안할 때, 기대수익률이 높고 동등한 위험을 지닌 다른 포트폴리오에 비해 부적절하다는 것을 의미한다. 주어진 위험 수준에 비춰 가장 높은 수익률을 제공하는 포트폴리오를 **효율적 포트폴리오**(efficient portfolio)라고 부른다. 그림 11.5에서 최소 분산 포트폴리오와 그 위에 위치한 모든 포트폴리오는 효율적이다.

효율적 포트폴리오
주어진 위험 수준 대비 가장 높은 수익률을 제공하는 포트폴리오

예제 11.6

포트폴리오 분산과 표준편차 추가

표 11.11에서 주식 펀드에 57.627%를 투자했다고 가정할때, 기대수익률과 표준편차는 어떻게 되겠는가? 이는 채권 펀드와 비교할때 어떤 점이 다른가?

만약 주식에 57.627%를 투자하면 나머지 42.373%는 채권에 투자해야 하므로 $x_A = 0.57627$이고 $x_B = 0.42373$이 된다. 표 11.11에서 주식과 채권에 대한 표준편차가 각각 15%와 10%임을 알 수 있다. 게다가 주식과 채권의 상관관계는 0.10이므로 포트폴리오 분산 수식 (11.3)을 사용하여 계산하면

$$\begin{aligned}\sigma_P^2 &= 0.57627^2 \times 0.15^2 + 0.42373^2 \times 0.10^2 + 2 \times 0.57627 \times 0.42373 \times 0.15 \times 0.10 \times .10 \\ &= 0.332 \times 0.0225 + 0.180 \times 0.01 + 0.0007325 \\ &= 0.01\end{aligned}$$

포트폴리오 분산이 0.01이므로 표준편차는 0.1 또는 10%가 된다. 기대수익률이 9.46% 인지 확인해 보라. 채권 펀드와 비교할 때, 표준편차는 같지만 기대수익률은 거의 350 베이시스 포인트 (3.5%) 높다.

상관관계와 위험-수익의 상충에 관한 추가 정보

두 자산에 대한 기대수익률과 표준편차가 주어졌을때, 그림 11.5에 설정된 투자 기회 집합의 모양은 두 자산간의 상관관계에 달려 있다. 상관관계가 낮을수록 투자 기회 집합은 보다 왼쪽으로 휘어지는 양상을 띤다. 그림 11.6은 두 주식 A와 B 간 상관관계가 −1, 0 그리고 +1일때의 투자 기회를 보여준다. 주식 A는 기대수익률이 12%이고 표준편차는 15%인 반면 주식 B 기대수익률은 6%이고 표준편차는 10%이다. 이 값들은 그림 11.5를 도출하는데 사용한 것과 동일한 기대수익률과 표

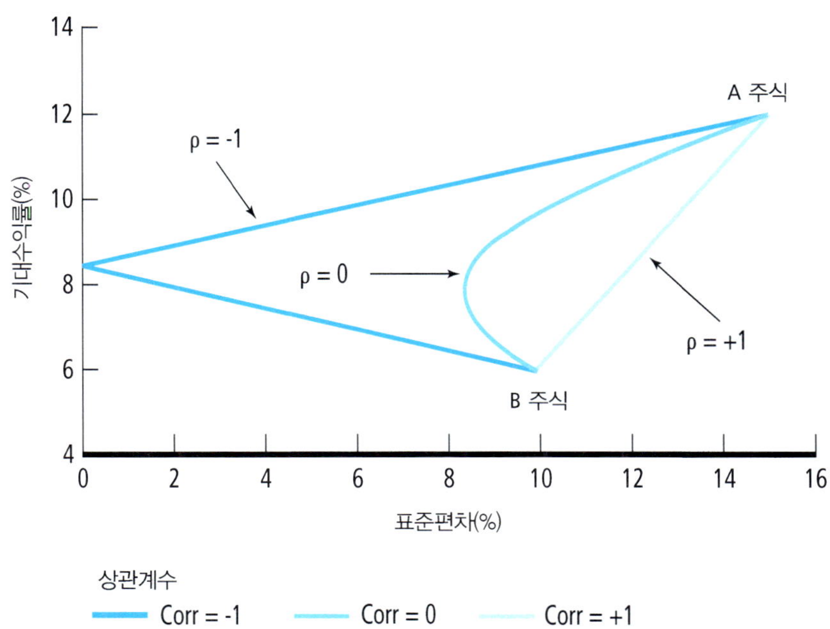

그림 11.6
두 자산의 위험과 수익률

준편차이며 모두 같은 방식으로 계산하였으며 단지 상관관계만 다를 뿐이다. 그리스 문자 ρ는 상관계수를 나타낸다.

그림 11.6에서 상관관계가 +1인 경우, 예상한 대로 투자 기회 집합은 두 주식을 연결하는 직선으로 나타나면서 분산투자로 인한 혜택이 거의 존재하지 않는다. 상관관계가 0으로 떨어짐에 따라 왼쪽으로의 굽힘이 두드러진다. +1과 0 사이의 상관관계에 대해서는 덜 구부러진 굴곡이 될 것이다.

마지막으로, 상관관계가 음수가 됨에 따라 굴곡이 매우 두드러지며, 상관관계가 −1일 때 투자 기회 집합은 두 개의 직선이 된다. 이 경우 최소 분산 포트폴리오의 분산은 0이다.

종종 최소 분산 포트폴리오를 구성하는 데 필요한 투자 비율을 계산하는 것이 필요할 때가 있다. 두 자산으로 이루어진 포트폴리오의 경우, 수식 (11.5)에서 x_A^*는 최소 분산을 가질 때 A에 대한 투자비중을 나타낸다.

$$x_A^* = \frac{\sigma_B^2 - \sigma_A \sigma_B \mathrm{Corr}(R_A, R_B)}{\sigma_A^2 + \sigma_B^2 - 2\sigma_A \sigma_B \mathrm{Corr}(R_A, R_B)} \tag{11.5}$$

이 장의 끝 부분에 (11.5)이 올바른지 증명하도록 하는 문제가 있다.

예제 11.7

최소 분산 포트폴리오 찾기

표 11.11을 되돌아 볼때, 주식 펀드와 채권 펀드의 조합 중에서 어떤 조합이 가장 낮은 표준편차를 가지는가? 가능한 최소 표준편차는 무엇인가?

주식 펀드와 채권 펀드의 표준편차는 각각 0.15와 0.10이며, 상관관계는 0.1이라는 점을 염두에 두고 계산하면

$$\begin{aligned} x_A^* &= \frac{0.10^2 - 0.15 \times 0.10 \times .10}{0.15^2 + 0.10^2 - 2 \times 0.15 \times 0.10 \times .10} \\ &= 0.288136 \\ &\approx 28.8\% \end{aligned}$$

따라서 주식에 28.8%, 채권에 71.2%를 투자하면 최소 분산 포트폴리오를 구성할 수 있다. 이를 포트폴리오 분산을 위한 공식에 대입시키면

$$\begin{aligned} \sigma_P^2 &= 0.288^2 \times 0.15^2 + 0.712^2 \times 0.10^2 + 2 \times 0.288 \times 0.712 \times 0.15 \times 0.10 \times .10 \\ &= 0.007551 \end{aligned}$$

표준편차는 0.007551의 제곱근으로 약 8.7%이면 그림 11.5에 있는 최소값이 여기서 발생한다.

확인 사항

11.4a 근본적으로 왜 분산투자가 효과가 있는가?

11.4b 만약 두 주식이 양의 상관관계를 가지고 있다면, 이것은 무엇을 의미하는가?

11.4c 효율적인 포트폴리오란 무엇인가?

11.5 마르코비츠의 효율적 프론티어

앞 부분에서 두 가지 위험한 자산을 결합할 때 고려해야 하는 수익–위험의 관계를 자세히 살펴보았다. 이제 명확한 질문 하나가 남았는데, 위험자산을 3개 이상 결합할 때는 어떻게 되겠냐는 것이다. 최소한 개념적으로 이에 대한 해답은 두 위험자산을 사용하는 이전 예제를 간단하게 확장한 것이라고 할 수 있다.

자산배분의 중요성, 2부

수식 (11.4)에서 보았듯이, 세 자산으로 구성된 포트폴리오 분산을 계산하는 공식은 다소 따분하다. 실제로 포트폴리오에 속한 종목 수가 늘어남에 따라 계산량이 크게 증가한다. 그 계산이 어렵진 않지만 3개 이상의 자산으로 구성된 포트폴리오

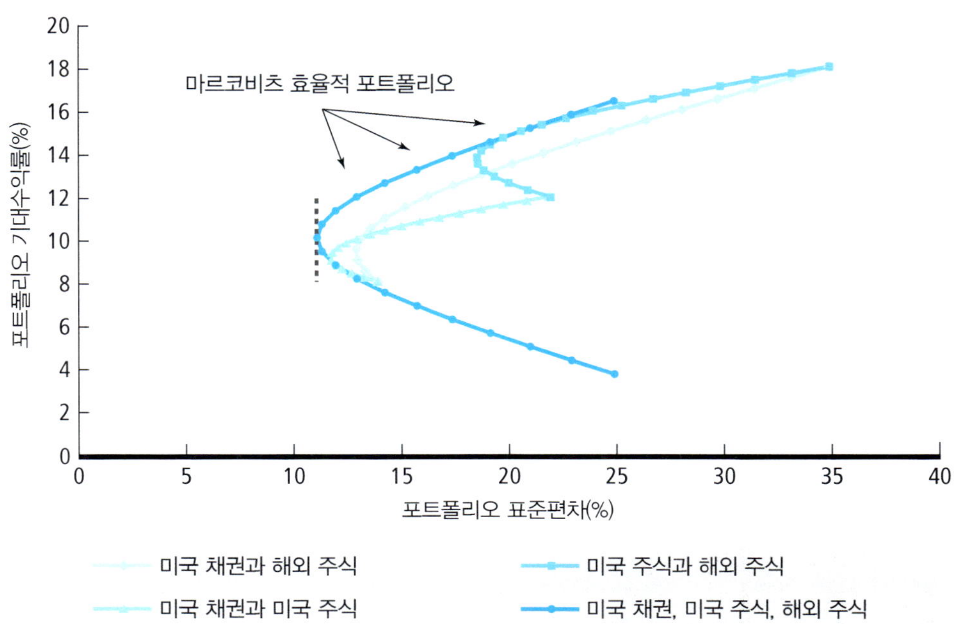

그림 11.7

마르코비츠 효율적 포트폴리오

에 대해서는 컴퓨터 사용을 권장한다!

그러나 자산을 단지 3개만 사용하고도 자산배분의 중요성을 충분히 설명할 수 있다. 광범위하게 다양한 종목을 보유한 포트폴리오를 보유하고 있는 뮤추얼펀드를 하나의 자산으로 간주하자. 다음으로 분산투자된 포트폴리오를 보유하고 있는 3개의 뮤추얼펀드를 가지고 이 세 가지 자산으로 이루어진 또 하나의 분산투자된 포트폴리오를 만들 수 있다. 각각 미국 주식, 미국 채권, 그리고 해외 주식으로 이루어진 세 가지 인덱스 펀드에 투자한다고 가정하자. 그런 다음 이 세 가지 포트폴리오에 대한 자산 배분이 중요한지를 확인할 수 있다.

그림 11.7은 세 자산이 있을 때 기대수익률과 포트폴리오 표준편차를 계산한 결과를 보여준다. 자산 배분의 중요성을 설명하기 위해 주요 투자 유형인 미국 주식, 미국 채권 및 외국 주식 (미국 이외의 주식)으로 구성된 포트폴리오의 기대수익률과 표준편차를 계산하였다. 위에 언급한 세 가지 자산 클래스는 일반적으로 상관관계가 높지 않다. 따라서 모든 경우에 0의 상관관계를 가정한다. 모든 상관관계가 0이라고 가정하면 포트폴리오 기대수익률은 다음과 같은 값을 가진다.

$$R_P = x_F R_F + x_S R_S + x_B R_B \tag{11.6}$$

그러나 모든 상관관계가 0일 때 포트폴리오의 분산은 다음과 같이 된다.

$$\sigma_P^2 = x_F^2 \sigma_F^2 + x_S^2 \sigma_S^2 + x_B^2 \sigma_B^2 \tag{11.7}$$

기대수익률과 표준편차가 다음과 같다고 가정하자.

	기대수익률	표준편차
외국 주식, *F*	18%	35%
미국 주식, *S*	12	22
미국 채권, *B*	8	14

이제 두 가지 자산의 경우와 마찬가지로 위험-수익률 조합을 계산할 수 있다. 표 11.11과 같은 표를 만든 다음 위험-수익 조합을 그릴 수 있다.

그림 11.7에서 각 점은 가능한 위험-수익률 조합을 나타낸다. 그림 11.5의 두 자산 사례와 비교해 보면, 일부 자산이 부드러운 곡선상의 최소 분산 포트폴리오 아래에 배치되어 있을뿐 아니라 곡선 내부에 위치한 포트폴리오도 있음을 알 수 있다. 왼쪽 경계 윗부분에 자리한 조합만이 효율적이며 나머지는 모두 비효율적이다. 이 왼쪽 경계 윗부분을 마르코비츠 효율적 프론티어(markowitz efficient frontier)라 부르며 주어진 표준편차에 대해 최대 기대수익률을 가지는 위험 포트폴리오 집

마르코비츠 효율적 프론티어
주어진 표준편차에 대해 최대 기대수익률을 가지는 포트폴리오의 집합

합을 나타낸다.

그림 11.7은 자산배분이 중요하다는 것을 명백히 보여준다. 예를 들어 미국 주식에 100%를 투자한 포트폴리오는 표준편차가 같음에도 불구하고 기대수익률이 거의 400bp(4%) 정도 높은 다른 포트폴리오가 존재하므로 매우 비효율적이다. 혹은 동일한 기대수익률을 가지지만 위험이 절반 정도밖에 안 되는 포트폴리오가 있다.

여기서 다루는 분석방법은 모든 자산 또는 자산 종류로도 확장시킬 수 있다. 원칙적으로는 수천 개의 자산에 대한 효율적인 프론티어를 계산할 수 있지만 현실적으로 이런 분석은 비교적 적은 수의 자산에 가장 널리 사용된다. 예를 들어, 대부분 투자은행은 소위 포트폴리오 모형을 유지하는데, 일반적으로 3~6개의 서로 다른 자산 범주를 포함하는 자산배분 전략을 권장한다.

마르코비츠 분석이 대규모의 개별 자산 집합으로 확장되지 않는 주된 이유는 분석에 필요한 방대한 자료와 관련이 있다. 분석에 필요한 자료로는 (1) 모든 자산의 기대수익률, (2) 모든 자산의 표준편차, (3) 모든 자산 간의 상관관계이다. 게다가 이러한 입력 값을 정확하게 측정하지 못하면 '잘못된 데이터를 입력하면 잘못된 결과가 나오는'(garbage-in, garbage-out) 결과를 초래한다.

뉴욕 증권거래소에서 거래되는 2,000개 종목을 살펴보자. 2,000개 기대수익률과 표준편차가 필요한데 개별 주식에 대한 수익률을 정확하게 예측하는 첫 단계부터 문제에 봉착한다. 설상가상으로 모든 주식의 한 쌍마다 상관관계를 알아야 한다. 2,000개 주식의 경우 2,000×1,999/2=1,999,000개, 거의 2백만 개에 달하는 고유의 쌍이 있다!* 기대수익률과 마찬가지로 개별 주식 간의 상관관계를 정확하게 예측하기가 매우 어렵다. 다음 장에서 이 문제를 다시 다룰 텐데, 거기서는 이 문제를 해결하는 아주 훌륭한 방법이 있음을 보여 줄 것이다.

확인 사항

11.5a 마르코비츠의 효율적 프론티어는 무엇을 말하는가?

11.5b 자산배분 의사결정을 내리는데 마르코비츠 포트폴리오 분석이 가장 일반적으로 사용되는 이유는 무엇인가?

* 2,000개 주식의 경우 $2{,}000^2$=4,000,000개의 쌍이 가능하다. 이 중 2,000개는 자기자신과 짝이 되는 조합을 포함한다. 또한 A와 B의 상관관계는 B와 A의 상관관계와 동일하므로 나머지 3,998,000 개의 상관관계 중 절반만 계산하면 된다.

11.6 요약과 결론

이 장에서는 분산투자와 포트폴리오 위험과 수익의 기본 사항에 대해 다루었다. 이 장을 마무리하며 가장 중요한 부분은 분산투자를 이해하고 분산투자가 어떻게 작용하는지 그 이유를 이해하는 것이다. 이 개념을 이해하게 되면 자산배분이 왜 중요한지를 알게 될 것이다.

그러나 또 다른 중요한 자산인 무위험자산을 고려하지 않았으므로 분산투자에 대한 이야기는 아직 끝난게 아니다. 무위험자산은 다음 장에서 다룰 첫 번째 과제가 될 것이다. 그렇지만 이 장에서 분산투자와 위험 자산에 관한 여러 가지를 다루었다. 이 장의 학습 목표에 따라 아래에 분류된 몇 가지 측면을 다시 요약한다.

1. 주식의 기대수익률과 분산을 계산하는 방법

A. 1장에서 과거 자료를 사용하여 평균수익률과 분산을 계산하는 방법에 대해 배웠다. 기대수익률과 예상 분산을 계산할 때 미래수익률의 가능성을 고려하여 계산해야 한다.

B. 일반적으로 주식의 기대수익률은 가능한 수익률에 해당 확률을 곱한 금액과 같다. 따라서 100개 가능한 수익률이 있다면, 각각의 가능성을 곱하여 결과를 합산한다. 그렇게해서 나온 합계가 기대수익률인 것이다.

C. 분산을 계산하기 위해 먼저 기대수익률에서 제곱된 편차를 결정한다. 가능한 제곱된 편차에 그 확률을 곱한 다음 이들을 더한 결과가 분산이다. 표준편차는 분산의 제곱근이다.

2. 포트폴리오 기대수익률과 분산을 계산하는 방법

A. 포트폴리오 기대수익률은 포트폴리오에 편입된 모든 종목 기대수익률의 단순 가중평균이다. 포트폴리오 기대수익률을 계산하는 이 방법은 포트폴리오에 아무리 많은 자산이 속해 있더라도 상관없이 작동한다.

B. 포트폴리오 분산은 일반적으로 포트폴리오에 들어있는 자산 분산의 간단한 조합이 아니다. 이 사실을 확인하기 위해서는 수식 (11.3)과 (11.4)를 검토하라.

3. 포트폴리오 분산투자의 중요성

A. 분산투자는 매우 중요한 고려 사항이다. 분산투자 원칙은 다양한 자산에 걸쳐 투자하면 전체적인 위험을 줄일 수는 있지만 모든 위험을 없앨 수는 없다는 것을 알게 된다. 예를 들어 미국 주식시장의 역사를 살펴보면 개별 주식을 보유함에 따라 발생하는 위험의 약 60%가 간단한 분산투자로 제거할 수 있다.

B. 분산투자 효과는 자산 간 수익률의 움직임이 무관할수록 더 커진다. 다른 모든 조건이 같을 경우, 상관관계가 낮으면 낮을수록 분산투자로 인한 혜택도 커지게 된다.

C. 더 나아가 위험자산을 조합하여 무위험 포트폴리오를 만들어 낼수도 있다. 이는 재무적 연금술의 한 부분으로 볼 수 있다.

4. 효율적인 프론티어와 자산배분의 중요성

A. 포트폴리오에서 얻을수 있는 위험과 수익의 다양한 조합을 살펴보면, 어떤 조합의 포트폴리오는 다른 조합에 비효율적(지배를 받는)이란 것을 알 수 있다. 비효율적인 포트폴리오는 위험 대비 기대수익률이 너무 떨어진다는 것이다.

B. 자산으로 구성된 모든 투자 기회 집합에는 효율적인 집합이 존재하며, 이 집합은 마르코비츠 효율적 프론티어로 알려져 있다. 마르코비츠 효율적 프론티어는 (1) 주어진 표준편차에 대해 최대 수익률을 갖는 위험 포트폴리오 집합과 (2) 주어진 수익에 대한 최소 표준편차를 가진 위험 포트폴리오 집합을 동시에 나타낸다.

주요 용어

기대수익률(expected return) 468
포트폴리오(portfolio) 471
포트폴리오 가중치(portfolio weights) 472
분산투자의 원칙(principle of diversification) 479
상관관계(correlation) 483
자산배분(asset allocation) 488
투자 기회 집합(investment opportunity set) 489
효율적 포트폴리오(efficient portfolio) 490
마르코비츠 효율적 프론티어(markowitz efficient frontier) 494

단원 후 문제와 자습 문제

다음 경제상황표와 주식수익률을 사용하여 문제를 풀어라.

경제 상황	경제 상황 발생 확률	경제 상황 발생 시 주식수익률	
		Roten	Bradley
불황	.40	−10%	30%
호황	.60	40	10
	1.00		

1. 기대수익률(LO1, CFA1) Roten 및 Bradley의 기대수익률을 계산하라.
2. 표준편차(LO1, CFA2) Roten 및 Bradley의 표준편차를 계산하라.
3. 포트폴리오 기대수익률(LO2, CFA3) Roten에 50%, Bradley에 50%를 투자한 포트폴리오의 기대수익률을 계산하라.
4. 포트폴리오 변동성(LO2, CFA5) Roten에 50%, Bradley에 50%를 투자한 포트폴리오의 분산 및 표준편차를 계산하라.

자습 문제 해답

1. 기대수익률을 다음과 같이 계산한다.

(1) 경제 상황	(2) 경제 상황 발생 확률	Roten		Bradley	
		(3) 경제 상황 발생 시 수익률	(4) 곱하기 (2) × (3)	(5) 경제 상황 발생 시 수익률	(6) 곱하기 (2) × (5)
Bust	.40	−10%	−0.04	30%	0.12
Boom	.60	40	0.24	10	0.06
			$E(R)$ = 20%		$E(R)$ = 18%

2. 표준편차를 다음과 같이 계산한다.

(1) 경제 상황	(2) 경제 상황 발생 확률	(3) 기대수익률로부터 수익편차	(4) 수익편차 제곱	(5) 곱하기 (2) × (4)
Roten				
Bust	.40	−0.30	0.09	0.036
Boom	.60	0.20	0.04	0.024
				$\sigma^2 = 0.06$
Bradley				
Bust	.40	0.12	0.0144	0.00576
Boom	.60	−0.08	0.0064	0.00384
				$\sigma^2 = 0.0096$

제곱근을 취하면 표준편차는 Roten의 경우 24.495%, Bradley의 경우 9.798%가 된다.

3. 다음과 같이 Roten 50% 및 Bradley 50% 포트폴리오의 기대수익률을 계산한다.

(1) 경제 상황	(2) 경제 상황 발생 확률	(3) 포트폴리오 수익률	(4) 곱하기 (2) × (3)
Bust	.40	10%	0.04
Boom	.60	25	0.15
			$E(R_p) = 19\%$

4. Roten 50% 및 Bradley 50% 포트폴리오의 분산 및 표준편차를 다음과 같이 계산한다.

(1) 경제 상황	(2) 경제 상황 발생 확률	(3) 포트폴리오 수익률	(4) 기대수익률로부터 수익편차	(5) 곱하기 (2) × (4)
Bust	.40	0.10	0.0081	0.00324
Boom	.60	0.25	0.0036	0.00216
				$\sigma_p^2 = 0.00540$
				$\sigma_p = 7.3485\%$

투자 지식 학습

1. 분산투자(LO3, CFA7) 스타센츠의 기대수익률은 25%이고 제이포드의 기대수익률은 20%이다. 위험 회피 성향을 가진 투자자는 다음 중 어떤 투자의사결정을 내리겠는가?

a. 스타센츠에 모든 자금을 투자한다.

b. 제이포드에 모든 자금을 투자한다.

c. 스타센츠와 제이포드에 전혀 투자하지 않는다.

d. 일부는 스타센츠에, 나머지 일부는 제이포드에 투자한다.

2. 수익률 표준편차(LO1, CFA2) 스타센츠는 동일한 확률로 5% 또는 45%의 수익을 낸다. 스타센츠의 수익률 표준편차는 얼마인가?

a. 30% b. 25%

c. 20% d. 10%

3. 수익률 표준편차(LO1, CFA2) 제이포드은 각각 1/3 확률로 0%, 25% 또는 50%의 수익률을 낸다. 제이포드의 수익률 표준편차는 대략 얼마가 되겠는가?

a. 30% b. 25%

c. 20% d. 0%

4. 기대수익률(LO1, CFA1) 어떤 애널리스트가 경제상황에 따른 수익률 발생확률과 그에 따른 수익률을 다음과 같이 추정하였다.

경제 상황	확률	수익률
좋음	.1	15%
보통	.6	13
나쁨	.3	7

이 주식의 기대수익률은 얼마인가?

a. 7.8% b. 11.4%

c. 11.7% d. 13.0%

5. 위험 회피(LO3, CFA4) 다음 중 투자과정에서 자산배분 의사결정이 지닌 중요성을 가장 잘 나타내는 것은? 자산배분 결정은?

a. 투자자가 현실적인 투자 목표를 결정할 수 있도록 도와 준다.

b. 포트폴리오에 포함시킬 특정 종목을 식별한다.

c. 시간에 따른 대부분의 포트폴리오 수익과 변동성을 결정한다.

d. 적절한 투자 기간을 설정하기 위한 표준을 만든다.

6. 효율적 프론티어(LO4, CFA5) 마르코비츠의 효율적 프론티어를 가장 잘 설명하는 포트폴리오 집합은 다음 중 무엇인가?
a. 모든 수익률 수준에 대해 최소 위험
b. 비례적으로 동일한 위험 및 수익 단위
c. 주어진 모든 위험 수준에 대해 최대 초과 수익률
d. 자본 자산 가격 책정 모델에 사용된 각 베타 수준에 대한 최고 수익률

7. 분산투자(LO3, CFA3) 어떤 투자자가 보유한 포트폴리오에 한 종목을 추가할 것을 고려하고 있다. 최대의 분산투자 혜택을 누리려면 투자자는 기존 포트폴리오와 다음 중 어떤 상관관계를 지닌 투자안을 선택해야 하겠는가?
a. −1.0 b. −.5
c. 0 d. +1.0

8. 위험 프리미엄(LO2, CFA1) 스타센츠의 기대수익률은 25%이고 제이포드의 기대수익률은 20%이며 무위험 비율은 5%이다. 스타센츠에 자금의 절반을 투자하고 제이포드에 나머지 절반을 투자할 때, 이 포트폴리오가 지닌 위험 프리미엄은 얼마인가?
a. 20% b. 17.5%
c. 15% d. 12.5%

9. 수익률 표준편차(LO2, CFA5) 스타센츠와 제이포드의 수익률 표준편차는 동일하게 20%이며 수익률 상관관계는 0이다. 스타센츠에 자금의 절반을 투자하고 제이포드에 나머지 절반을 투자한다고 할 때 포트폴리오의 수익률 표준편차는 얼마인가?
a. 20% b. 14.14%
c. 10% d. 0%

10. 수익률 표준편차(LO2, CFA5) 스타센츠와 제이포드는 동일한 수익률 표준편차 20%를 가지고 있으며, 수익률 상관관계는 +1이다. 스타센츠에 자금의 절반을 투자하고 제이포드에 나머지 절반을 투자한다고 할 때 포트폴리오 수익률 표준편차는 얼마인가?
a. 20% b. 14.14%
c. 10% d. 0%

11. 수익률 표준편차(LO2, CFA5) 스타센츠와 제이포드의 수익률 표준편차는 동일하게 20%이며, 수익률 상관관계는 −1이다. 스타센츠에 자금의 절반을 투자하고 제이포드에 나머지 절반을 투자한다고 할 때 포트폴리오 수익률 표준편차는 얼마인가?
a. 20% b. 14.14%
c. 10% d. 0%

12. 최소 분산 포트폴리오(LO2, CFA4) 스타센츠와 제이포드의 수익률 표준편차는 동일하게 20%이며, 수익률 상관관계는 0이다. 스타센츠와 제이포드 두 종목으로 구성된 포트폴리오가 가질수 있는 최소 표준편차는 얼마인가?

a. 20%
b. 14.14%
c. 10%
d. 0%

13. 최소 분산 포트폴리오(LO2, CFA4) 스타센츠와 제이포드의 수익률 표준편차는 동일하게 20%이며, 수익률 상관관계는 −1이다. 스타센츠와 제이포드 두 종목으로 구성된 포트폴리오가 가질수 있는 최소 표준편차는 얼마인가?

a. 20%
b. 14.14%
c. 10%
d. 0%

14. 최소 분산 포트폴리오(LO2, CFA4) 주식 A, B 및 C는 각각 동일한 기대수익률과 표준편차를 가진다. 다음은 세 주식수익률 간의 상관관계를 나타낸다.

	주식 A	주식 B	주식 C
주식 A	+1.0		
주식 B	+0.9	+1.0	
주식 C	+0.1	−0.4	+1.0

주어진 상관관계를 고려할 때 위의 세 주식으로 구성된 포트폴리오 중 가장 위험이 적은 포트폴리오는 무엇인가?

a. 주식 A와 B에 동등하게 투자한 포트폴리오
b. 주식 A와 C에 동등하게 투자한 포트폴리오
c. 주식 B와 C에 동등하게 투자한 포트폴리오
d. 주식 C에만 투자한 포트폴리오

15. 마르코비츠 효율적 프론티어(LO4, CFA5) 다음 중 마르코비츠가 설명한 효율적 프론티어에 놓일 수 없는 포트폴리오는 무엇인가?

	포트폴리오	기대수익률	표준편차
a.	W	9%	21%
b.	X	5	7
c.	Y	15	36
d.	Z	12	15

개념 문제

1. 분산투자와 시장의 역사(LO3, CFA7) 시장의 역사를 볼 때, 무작위로 선택된 단일 주식에 대한 연간 수익률 표준편차의 평균은 얼마인가? 동일한 가중치의 다수 주식으로 이루어진 포트폴리오의 연간 표준편차의 평균은 얼마인가?

2. 상관관계 해석(LO2, CFA3) 두 주식의 수익률이 높은 상관관계를 가진다는 것은 무엇을 의미하는가? 만약 그 둘의 상관관계가 없다면? 그들이 음의 상관관계를 가진다면?

3. 효율적 포트폴리오(LO4, CFA5) 효율적인 포트폴리오란 무엇을 말하는가?

4. 기대수익률(LO2, CFA3) 참 또는 거짓: 두 주식의 기대수익률이 12%로 똑같다면, 이 두 주식으로 이루어진 어떤 포트폴리오도 12%의 기대수익률을 갖는다.

5. 포트폴리오 변동성(LO2, CFA5) 참 또는 거짓: 두 주식의 표준편차가 동일한 45%라 주식으로 구성되는 어떤 포트폴리오도 표준편차는 45%이다.

6. 시간 분산투자(LO3, CFA7) 왜 상대적으로 젊은 투자자들은 포트폴리오에 위험자산으로 간주되는 주식을 더 많이 보유해야 하는가?

7. 자산배분(LO4, CFA7) 여러분이 매우 위험회피성향의 투자자라고 가정하자. 그럼에도 불구하고 변동성이 큰 투자종목을 자신의 포트폴리오에 기꺼이 편입시키려고 하는 이유는 무엇인가?

8. 최소 분산 포트폴리오(LO2, CFA4) 마르코비츠 효율적인 프론티어에서 최소 분산 포트폴리오가 중요한 이유는 무엇인가?

9. 마르코비츠 효율적 프론티어(LO4, CFA5) 참 또는 거짓: 단일 자산이 마르코비츠의 효율적 프론티어 선상에 위치하는 것은 불가능하다.

10. 포트폴리오 분산(LO2, CFA5) 두 자산이 0의 상관관계를 지니고 표준편차는 같다고 가정하자. 최소 분산 포트폴리오에 대해 진실은 무엇인가?

질문과 문제

핵심 질문

1. 기대수익률(LO1, CFA1) 아래 경제 상황과 이에 따른 주식수익률 정보를 사용하여 Dingaling Telephone 사의 기대수익률을 계산하라.

경제 상황	경제 상황 발생 확률	해당 상황 시 주식수익률
불황	.25	−8%
보통	.50	13
호황	.25	23

2. 표준편차(LO1, CFA2) 질문 1의 정보를 사용하여 수익률 표준편차를 계산하라.

3. 기대수익률과 편차(LO1, CFA2) 세 가지 경제 상황 발생 확률이 똑같다고 가정하고 질문1과 2를 반복하라.

경제 상황 및 주식수익률에 대한 다음 정보를 사용하여 질문 4~7을 답하라.

경제 상황	경제 상황 발생 확률	해당 상황 시 주식수익률	
		Roll	Ross
불황	.40	−10%	21%
호황	.60	28	8

4. 기대수익률(LO1, CFA1) 다음 표를 작성함으로써 Roll과 Ross에 대한 기대수익률을 계산하라(수익률을 백분율은 물론 소수로 표시하여 답을 확인하라).

(1) 경제 상황	(2) 경제 상황 발생 확률	Roll		Ross	
		(3) 발생 시 수익률	(4) 곱 (2)×(3)	(5) 발생 시 수익률	(6) 곱 (2)×(5)
불황					
호황					

5. 표준편차(LO1, CFA2) 다음 표를 작성하여 Roll과 Ross의 표준편차를 계산하라(소수는 물론 백분율로 표시되는 수익률을 사용하여 답을 확인하라).

(1) 경제 상황	(2) 경제 상황 발생 확률	(3) 기대수익률로부터 편차	(4) 편차의 제곱	(5) 곱 (2)×(4)
Roll				
불황				
호황				
Ross				
불황				
호황				

6. 포트폴리오 기대수익률(LO2, CFA3) 다음 표를 작성하여 Roll에 55%, Ross에 45%를 투자한 포트폴리오의 기대수익률을 계산하라.

(1) 경제 상황	(2) 경제 상황 발생 확률	(3) 상황 발생 시 포트폴리오 수익률	(4) 곱 (2)×(3)
불황			
호황			

7. 포트폴리오 변동성(LO2, CFA5) 다음 표를 작성하여 Roll에 35%, Ross에 65%를 투자한 포트폴리오의 변동성을 계산하라.

(1) 경제 상황	(2) 경제 상황 발생 확률	(3) 상황 발생 시 포트폴리오 수익률	(4) 기대수익률 편차의 제곱	(5) 곱 (2)×(4)
불황				
호황				
$\sigma_P^2 =$				
$\sigma_P =$				

8. 수익률과 표준편차 계산(LO1, CFA2) 다음 정보를 바탕으로 두 주식의 기대수익률과 표준편차를 계산하라.

경제 상황	경제 상황 발생 확률	상황 발생 시 수익률	
		주식 A	주식 B
경기 침체	.3	0.04	−0.20
보통	.4	0.09	0.13
경기 호황	.3	0.12	0.33

9. 수익률과 표준편차(LO2, CFA5) 다음 정보를 살펴보라.

경제 상황	경제 상황 발생 확률	상황 발생 시 수익률		
		주식 A	주식 B	주식 C
경기 호황	.10	0.18	0.48	0.33
경기 좋음	.30	0.11	0.18	0.15
경기 나쁨	.40	0.05	−0.09	−0.05
경기 불황	.20	−0.03	−0.32	−0.09

a. 주식 A와 C에 각각 25%를, 주식 B에 50%를 투자하는 포트폴리오의 기대수익률은 얼마인가?

b. 이 포트폴리오의 분산과 표준편차는 어떻게 되는가?

10. 포트폴리오 수익률과 변동성(LO2, CFA5) 다음 표에 누락된 곳을 채워 넣어라. 포트폴리오 AB에는 주식 A가 40% 투자되었다고 가정하라.

연도	주식 A	주식 B	포트폴리오 AB
2012	11%	21%	
2013	37	−38	
2014	−21	48	
2015	26	16	
2016	13	24	
평균수익률			
표준편차			

중급 질문

11. 포트폴리오 수익률과 변동성(LO2, CFA5) 다음 정보를 사용하여 주식 A에 35%, 주식 B에 45%, 그리고 나머지는 주식 C에 투자한 포트폴리오의 기대수익률과 표준편차를 계산하라.

경제 상황	경제 상황 발생 확률	수익률		
		주식 A	주식 B	주식 C
호황	.40	15%	18%	20%
불황	.60	10	0	−10

12. 포트폴리오 분산(LO2, CFA5) 다음 정보를 사용하여 3 Doors, Inc.에 50%, Down Co.에 50%를 투자한 포트폴리오의 기대수익률과 표준편차를 계산하라.

	3 Doors, Inc.	Down Co.
기대수익률, $E(R)$	14%	10%
표준편차, σ	42	31
상관관계	.10	

13. 포트폴리오 분산 추가(LO4, CFA3) 문제 12에서 상관관계가 +1, 0, −1인 경우 각각 표준편차는 무엇인가? 상관관계가 +1에서 −1로 감소함에 따라 포트폴리오 변동성에 어떤 현상이 발생하는가? 그리고 그 이유는 무엇이라고 생각하는가?

14. 최소 분산 포트폴리오(LO4, CFA4) 문제 12에서 최소 분산 포트폴리오의 기대수익률과 표준편차는 무엇인가?

15. 자산배분(LO4, CFA4) 상관관계는 0.30이라 가정하고 누락된 정보를 입력하라.

포트폴리오 가중치		기대수익률	표준편차
주식	채권		
1.00		12%	21%
.80			
.60			
.40			
.20			
.00		7%	12%

16. 최소 분산 포트폴리오(LO4, CFA4) 기대수익률이 13%이고 표준편차가 31%인 주식 D와 기대수익률이 16%이고 표준편차가 42%인 해외 주식 I가 있다고 하자. 두 주식의 상관관계는 −0.10이라면, 최소 분산 포트폴리오에서 두 주식의 가중치는 어떻게 되는가?

17. 최소 분산 포트폴리오(LO2, CFA4) 문제 16에서 최소 분산 포트폴리오의 기대수익률과 표준편차는 무엇인가?

18. 최소 분산 포트폴리오(LO4, CFA4) 자산 K의 기대수익률은 10%이고 표준편차는 28%이다. 자산 L의 기대수익률은 7%이고 표준편차는 18%이다. 두 자산 간의 상관관계가 0.40라면, 최소 분산 포트폴리오의 기대수익률과 표준편차는 무엇인가?

19. 최소 분산 포트폴리오(LO4, CFA4) Bruin사 주식의 기대수익률은 14%이고 표준편차는 42%이다. Wildcat사 주식의 기대수익률은 12%이고 표준편차는 57%이다. 두 주식의 상관관계는 0.25이다. 여기서 높은 기대수익률을 가진 주식이 표준편차도 낮은데, 이런 경우에도 최소 분산 포트폴리오가 존재하겠는가? 그렇다면 최소 분산 포트폴리오의 예상 수익과 표준편차를 계산하십시오.

20. 포트폴리오 분산(LO2, CFA3) 세 주식(A, B, C)으로 구성된 포트폴리오가 있다. 주식 A의 기대수익률은 12%이고 표준편차는 41%, 주식 B의 기대수익률은 16%이고 표준편차는 58%이며, 주식 C의 기대수익률은 13%이고 표준편차는 48%이다. 주식 A와 B의 상관관계는 0.30, 주식 A와 C의 상관관계는 0.20이며, 주식 B와 C의 상관관계는 0.05이다. 여러분이 보유한 포트폴리오는 주식 A가 45%, 주식 B 25%, 그리고 주식 C 30%로 이루어져 있다. 포트폴리오의 기대수익률과 표준편차를 계산하라. 세 주식으로 된 포트폴리오의 분산을 계산하는 공식은 다음과 같다.

$$\sigma_P^2 = x_A^2\sigma_A^2 + x_B^2\sigma_B^2 + x_C^2\sigma_C^2 + 2x_Ax_B\sigma_A\sigma_B\text{Corr}(R_A, R_B)$$
$$+2x_Ax_C\sigma_A\sigma_C\text{Corr}(R_A, R_C) + 2x_Bx_C\sigma_B\sigma_C\text{Corr}(R_B, R_C)$$

21. 최소 분산 포트폴리오(LO4, CFA4) 여러분은 자산 J와 자산 S에 투자하려고 한다. 자산 J의 기대수익률은 13%이고 표준편차는 54%입니다. 자산 S의 기대수익률은 10%이고 표준편차는 19%이다. 두 자산 간의 상관관계는 0.50라면, 최소 분산 포트폴리오의 표준편차와 기대수익률은 무엇인가? 어떤 상황인가?

22. 포트폴리오 분산(LO2, CFA3) 두 자산이 완벽하게 양의 상관관계를 가지고 있다고 가정하다. 두 자산으로 구성된 포트폴리오의 표준편차는 다음과 계산한다.

$$\sigma_P = x_A \times \sigma_A + x_B \times \sigma_B$$

(힌트: 두 자산 포트폴리오의 분산 식을 자세히 살펴보자. 상관관계가 +1인 경우 식은 완벽한 제곱이다.)

23. 포트폴리오 분산(LO2, CFA5) 두 자산이 완벽한 음의 상관관계를 가지고 있다고 가정하자. 두 자산의 포트폴리오에 대한 표준편차는 다음과 같다.

$$\sigma_P = \pm(x_A \times \sigma_A - x_B \times \sigma_B)$$

(힌트: 앞의 문제 참조)

24. 포트폴리오 분산(LO2, CFA5) 23번 문제 결과를 사용하여 두 자산이 완전한 음의 상관관계를 가질 때마다 표준편차가 0인 포트폴리오를 찾을 수 있음을 보여라. 포트폴리오 가중치는 무엇인가? (힌트: x는 첫 번째 자산의 가중치이고 $(1-x)$는 두 번째 자산의 가중치이다. 표준편차를 0으로 설정하고 x를 구하라.)

25. 포트폴리오 분산(LO2, CFA4) 최소 분산 포트폴리오의 포트폴리오 가중치를 구하는 식을 도출하라. (위험! 미적분이 필요합니다!) (힌트: x는 첫 번째 자산의 가중치이고 $(1-x)$는 두 번째 자산의 가중치이다. x에 대해 미분을 취하고 그 식을 0으로 설정한 후 x에 대해 풀어라.)

CFA 관련 문제

[CFA3, CFA5, CFA7]

Andy Green, CFA, and Sue Hutchinson, CFA, are considering adding alternative investments to the portfolio they manage for a private client. After much discussion, they have decided to add a hedge fund to the portfolio. In their research, Mr. Green focuses on hedge funds that have the highest returns, while Ms. Hutchinson focuses on finding hedge funds that can reduce portfolio risk while maintaining the same level of return.

After completing their research, Mr. Green proposes two funds: the New Horizon Emerging Market Fund (NH), which takes long-term positions in emerging markets, and the Hi Rise Real Estate Fund (HR), which holds a highly leveraged real estate portfolio. Ms. Hutchinson proposes two hedge funds: the Quality Commodity Fund

(QC), which takes conservative positions in commodities, and the Beta Naught Fund (BN), which manages an equity long/short portfolio that targets a market risk of zero. The table below details the statistics for the existing portfolio, as well as for the four potential funds. The standard deviation of the market's return is 18 percent.

	Existing	NH	HR	QC	BN
Average return	10%	20%	10%	6%	4%
Standard deviation	16%	50%	16%	16%	25%
Beta	0.8	0.9	0.4	−0.2	0
Correlation with existing portfolio		0.32	0.45	−0.23	0.00

Mr. Green and Ms. Hutchinson have agreed to select the fund that will provide a portfolio with the highest return-to-risk ratio (i.e., average return relative to standard deviation). They have decided to invest 10 percent of the portfolio in the selected fund.

As an alternative to one fund, Mr. Green and Ms. Hutchinson have discussed investing 5 percent in the Beta Naught Fund (BN) and 5 percent in one of the other three funds. This new 50/50 hedge fund would then serve as the 10 percent allocation in the portfolio.

1. Mr. Green and Ms. Hutchinson divided up their research into return enhancement and diversification benefits. Based upon the stated goals of their research, which of the two approaches is more likely to lead to an appropriate choice?
   a. Green's research.
   b. Hutchinson's research.
   c. Neither is appropriate.

2. Which of the following is closest to the expected return of the client's portfolio if 10 percent of the portfolio is invested in the New Horizon (NH) Emerging Market Fund?
   a. 11 percent
   b. 10.2 percent
   c. 11.8 percent

3. Which of the following is closest to the expected standard deviation of the client's portfolio if 10 percent of the portfolio is invested in the Quality Commodity (QC) Fund?
   a. 9.6 percent
   b. 14.1 percent
   c. 16.0 percent

4. Which of the following is closest to the expected return of a portfolio that consists of 90 percent of the original portfolio, 5 percent of the Hi Rise (HR) Real Estate Fund, and 5 percent of the Beta Naught (BN) Fund?

   a. 9.0 percent
   b. 10.4 percent
   c. 9.7 percent

5. When combined with Beta Naught in a 50/50 portfolio, which of the other three funds will produce a portfolio that has the lowest standard deviation?

   a. New Horizon only.
   b. Quality Commodity only.
   c. Either Hi Rise or Quality Commodity.

CHAPTER

12

수익률, 위험, 그리고 증권시장선

'이익을 얻기 위해서는 손실의 위험을 감수해야 한다.'

– 프란츠 크래머(Franz Klammer)

현대 재무 이론의 중요한 내용 중에 하나는 어떤 위험은 기대수익을 창출하지만, 다른 위험은 그렇지 않다는 것이다. 분산(diversification)을 통해 제거할 수 있는 위험은 기대수익을 창출하지 못하지만, 분산을 통해 제거할 수 없는 위험은 기대수익을 창출한다. 어떤 위험에는 보상이 따르지만, 다른 유형의 위험에는 보상이 따르지 않는다는 점을 이해해야 한다.

학습목표

이 장에서는 기대수익률을 학습한다. 이를 위해 다음 내용을 확실하게 이해해야 한다:

1. 기대수익률과 비기대수익률의 차이
2. 체계적 위험과 비체계적 위험의 차이
3. 증권시장선과 자본자산 가격결정모형
4. 베타의 중요성

1장에서는 자본시장 역사가 주는 중요한 교훈을 학습했다. 그중 가장 중요한 것은 평균적으로 위험을 부담하면 위험 프리미엄(risk premium)이라고 부르는 보상이 주어졌다는 것이다. 두 번째 교훈은 위험 프리미엄이 위험이 증가할수록 증가한다는 것이었다.

CFA 예제

1. 자본비용(L1, S11)
2. 포트폴리오 수익률과 위험(L1, S12)
3. 산업분석과 기업분석(L1, S14)
4. 수익률 개념(L2, S10)

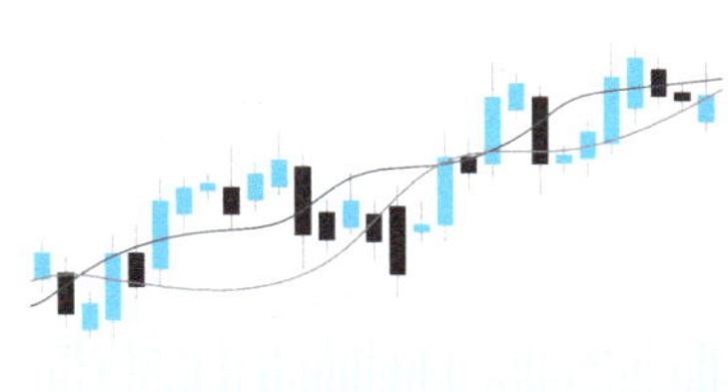

이번 장에서 우리는 위험을 부담하는데 대한 보상에 대해 자세히 살펴본다. 첫째, 위험을 보다 정확히 정의하고, 그것을 어떻게 측정할지 논의한다. 둘째, 금융시장에서 위험과 수익률의 관계를 어떻게 측정할지 논의한다.

개별 자산에 관련해서는, 체계적 위험(systematic risk)과 비체계적 위험(unsystematic risk)이라는 두 가지의 위험을 논의한다. 체계적 위험은 경제시스템 안의 존재하는 거의 모든 자산에 영향을 미치지만, 비체계적 위험은 매우 작은 수의 자산에만 영향을 미치기 때문에 두 위험은 구분해야 한다. 이러한 사실은 우리가 개별 자산의 수익률과 위험에 대해 많은 이야기하는 것을 가능하게 해 준다. 특히, 위험과 수익률의 중요한 관계인 증권시장선(security market line, SML)의 토대가 된다. 증권시장선을 도출하기 위해서는 현대재무의 핵심개념 중 하나인 베타계수를 알아야 한다. 위험 투자의 기대수익률을 어떻게 결정해야 하는지 적어도 부분적인 답을 주기 때문에 베타와 증권시장선은 매우 중요한 개념이다.

12.1 발표, 충격, 그리고 기대수익률

이전 장에서 포트폴리오를 구성하는 방법과 포트폴리오의 수익률을 계산하는 방법에 대해 논의하였다. 이번 장에서는 개별 증권의 위험과 수익률을 어떻게 표현할지에 대해 논의한다. 앞에서 개별 자산 또는 포트폴리오의 실제수익률 R과 기대수익률 $E(R)$의 차이로 변동성을 측정했다. 왜 차이가 생기는지에 대해 살펴보자.

기대수익률과 비기대수익률

Flyers라는 가상 기업의 향후 1년간의 주식수익률은 어떻게 결정될까?

주식수익률은 2가지 부분으로 구성되어 있다. 첫 번째는 정상수익률(normal return) 또는 기대수익률(expected return)로 투자자들이 예측하거나 기대하는 수익률이다. 이 수익률은 주식에 대한 투자자들의 정보에 좌우될 것이며, 앞으로 1년 동안 주식에 영향을 미칠 요인을 시장에서 지금 어떻게 평가하는가에 달려있다.

두 번째 부분은 불확실하고 위험한 부분으로 지금은 알지 못하지만 앞으로 1년 동안 발생할, 그렇지만 지금은 기대하지 못했던 정보에 의해 발생한다. 이러한 정보를 모두 나열하는 것은 불가능하겠지만, 몇 개의 기본적인 예는 다음과 같다:

Flyers 제품의 연구개발에 대한 뉴스
국내총생산(gross domestic product, GDP)에 관한 정부 통계 뉴스
환율에 관한 뉴스
매출이 예상보다 높아졌다는 뉴스
이자율의 기대치 않은 갑작스런 하락

지금까지의 논의에 근거하여, 앞으로 1년 동안의 Flyers 주식수익률을 표현한다면, 다음과 같다:

$$\text{총수익률} - \text{기대수익률} = \text{비기대수익률} \tag{12.1}$$

또는

$$R - E(R) = U$$

R은 앞으로 1년간의 실제 총수익률, $E(R)$은 기대수익률 부분, U는 수익률의 기대치 못한 부분을 나타낸다. 실제수익률 R은 앞으로 1년 동안 발생하는 충격 때문에 기대수익률 $E(R)$과 달라진다. 어느 한 해에 비기대수익률은 양(+)일 수도 있고, 음(−)일 수도 있지만, 오랜 기간 동안의 평균은 0이 될 것이다. 이는 평균적으로는 실제수익률과 기대수익률은 같다는 것을 의미한다.

공시와 뉴스

뉴스가 주식수익률에 미치는 효과를 이야기할 때에는 주의할 필요가 있다. 예를 들어, Flyers의 사업은 국내총생산(gross domestic product, GDP)이 향상될 때 잘되고, 국내총생산이 침체될 때 잘 안된다고 하자. 이 같은 경우, Flyers의 앞으로의 한해 동안 기대되는 수익률을 결정할 때, 투자자들은 명시적이든, 암묵적이든 앞으로 한해 동안 국내총생산이 어떻게 될 것인지에 대해 생각해보아야 한다.

정부가 올해 국내총생산 통계를 실제 발표했을 때, Flyers의 주가는 어떻게 되겠는가? 명백하게 그 답은 어떤 숫자가 공시되는가에 달려 있다. 좀더 정확하게 이야기하면, 그 효과는 공시정보가 새로운 정보를 얼마나 많이 담고 있는는가에 좌우된다.

연초에 시장 참가자들은 올해 국내총생산이 어떻게 될 것인지에 대해 예측을 하게 된다. 이러한 예측들은 이미 기대수익률 $E(R)$에 반영되어 있을 것이지만 예측을 벗어난 충격이라면 그 효과는 기대치 않은 수익률 U에 반영될 것이다.

예를 들어, 주주들이 올해 국내총생산이 0.5% 성장할 것이라고 예측하고 있다고 하자. 예측과 동일하게 올해 실제 발표치가 0.5%라면, 주주들은 새로운 것을 배울 것이 없고, 공시는 새로운 뉴스가 아니다. 결과적으로 발표는 주가에 아무런 영향을 미치지 않는다. 이것은 이미 알고 있는 것을 확인한 것에 불과하다. 새로울 것이 없다는 것이다.

구체적인 예로 Nabisco가 대규모 구조조정을 단행하는 과정에서 3억 달러의 벌금을 부과받게 되었다고 발표한 적이 있었다. 이 회사는 인력을 7.8% 축소하고, 일부 브랜드는 중단하겠다고 발표했지만, 주가는 전혀 하락하지 않았다. Nabisco가 그러한 조치를 할 것이라고 이미 시장에서 예측하고 있었고, 주가에 이미 반영되었기 때문이다.

공시내용이 뉴스가 아닐 때, 시장은 공시내용을 평가절하한다. 여기에서 평가절하라는 단어는 현재가치(present value)를 계산할 때의 '할인(discount)'과 비슷한 의미이다. 미래에 받을 $1는 화폐의 시간가치(time value of money) 때문에 오늘의 $1보다 낮은 현재가치를 갖는다. 공시가 주가에 반영될 때에 시장이 이미 알고 있다면, 그 효과는 이미 주가의 일부분이 되었다는 것이다.

Flyers사의 경우에서 실제 국내총생산이 0.5% 예측치보다 높은 1.5% 상승으로 발표되었다고 하자. 이제 주주는 예측치보다 1%p 높다는 것을 알게 되는데 예측치와 실제치의 차이, 즉 1%p를 충격(surprise 또는 innovation)으로 받아들이게된다.

나쁜 뉴스로 보였던 것이 실제로는 좋은 뉴스일 수도 있다. 예를 들어, 아동복 업체 Gymboree는 점포 매출이 3% 하락하였다고 발표하였는데, 그 뉴스에 주가는 13% 상승하였다. 점포 매출은 적어도 1년 이상 영업을 해오던 점포를 대상으로 측정하는 매출 지표로 소매유통업계에서는 가장 중요한 지표인데, 왜 점포 매출의 하락이 좋은 뉴스일까? 그 이유는 증권분석가들은 급격한 하락을 예측해왔었는데, 발표에 의하면 상황이 예측보다 그렇게 나쁘지 않았기 때문이었다.

뉴스와 주가 변동에 관해 기억해야 할 중요한 것은 미래에 대한 뉴스가 중요하다는 것이다. 예를 들어, America Online(AOL)은 월스트리트의 예측을 상회하는 3분기 순이익을 발표한 적이 있었는데, 긍정적인 뉴스처럼 보이지만, AOL의 주가는 즉각 10% 하락하였다. 그 이유는 AOL이 순이익 발표와 함께 새로운 할인정책 또한 발표하였기 때문이다. 그리고, 증권분석가들은 이 정책으로 인해 미래 수익의 성장이 둔화될 것이라고 판단하였다. 비슷하게 Microsoft는 시장 예측을 상회하는 순이익 50% 증가를 발표한 적이 있다. 이것 역시 좋은 뉴스처럼 보이지만, 주가는 급격히 하락하였는데 Microsoft가 이런 수준의 경이적인 성장을 계속 지속할 수는 없다고 경고했기 때문이다.

요약하자면, 공시는 예측되는 부분과 충격으로 구성되어 있다:

$$\text{공시} = \text{예측되는 부분} + \text{충격} \tag{12.2}$$

공시의 예측되는 부분은 시장에서 기대수익률 $E(R)$에 반영된 정보 부분이고 충격은 기대치 않은 수익률 U에 영향을 주는 뉴스이다.

이를 이전 장에서 논의 했던 시장효율성(market efficiency)과 관련지어보자. 이제까지 했던 논의에 의하면 오늘 알 수 있는 정보는 기대수익률에 이미 반영된다. 공적으로 획득가능한 정보는 현재 가격에 반영되었다는 것이다. 따라서, 시장은 적어도 중강형 효율적이라는 주장을 받아들이는 셈이다. 이제부터는 우리가 뉴스라고 이야기할 때에는 공시의 충격 부분만을 이야기하며, 시장이 기대하여 가격에 이미 반영된 부분은 이야기하지 않는다.

예제 12.1

뉴스에서

Intel이 이번 분기 당기순이익이 전년 동기 대비 40% 상승했다고 발표했다고 하자. 이 발표로 주가는 상승할까? 하락할까?

한마디로 정답을 말할 수 없다. 시장에서 60% 증가를 예측하고 있었다고 하자. 이 경우, 40% 상승은 음(−)의 충격이며, 주가는 하락할 것이다. 반대로 시장에서 20% 증가를 예측하고 있었다면, 양(+)의 충격이고 주가는 상승할 것이다.

확인 사항

12.1a 수익률의 두 부분은 무엇인가?

12.1b 어떤 경우에 발표는 주가에 아무런 영향을 미치지 않는가?

12.2 체계적 위험과 비체계적 위험

주식수익률을 기대수익률과 비기대수익률로 구분하는 것은 중요하다. 왜냐하면, 비기대수익률은 충격에 의해 발생하며 투자에서 중대한 위험이기 때문이다. 우리가 기대한 만큼 얻을 수 있다면, 투자는 완벽히 예측가능하며, 말하자면 무위험이다. 다시 말해, 자산을 보유함으로써 발생하는 위험은 충격 즉, 기대치않은 사건으로부터 발생한다.

그런데, 위험의 원천들은 중요한 차이를 가지고 있다. 앞 절에서 언급했던 여러

가지 뉴스들로 되돌아가보자. 어떤 뉴스는 Flyers에만 해당하는 것들도 있고, 어떤 뉴스는 보다 일반적이다. 어떤 뉴스들이 Flyers에만 해당하는 것들인가?

이자율이나 국내총생산에 대한 공시는 모든 기업들에게 해당하는 반면, Flyers의 제품 개발이나 판매는 Flyers 투자자들만 관심을 가지는 뉴스이다. 이 두 종류의 사건을 구분할 것이며, 이들은 다른 시사점을 가지고 있다.

체계적 위험과 비체계적 위험

체계적 위험
많은 수의 자산에 영향을 미치는 위험. 시장위험(market risk)이라고 부르기도 한다.

첫 번째 유형의 충격은 모든 기업에 영향을 미치며, 체계적 위험(systematic risk)이라고 부른다. 체계적 위험은 정도의 차이는 있지만, 많은 수의 자산에 영향을 미친다. 체계적 위험은 시장 전체에 영향을 미친다는 의미에서 시장위험(market risk)이라고 부르기도 한다.

비체계적 위험
단일 자산 또는 일부 자산에 영향을 미치는 위험. 고유위험(unique risk 또는 asset-specific risk)이라고 부르기도 한다.

두 번째 유형의 충격은 비체계적 위험(unsystematic risk)이라고 부른다. 비체계적 위험은 단일 자산 또는 일부 자산에 영향을 미친다. 이 위험은 개별 자산에 고유한 것이어서 고유 위험(unique risk 또는 asset-specific risk)이라고 부르기도 한다.

국내총생산, 이자율, 인플레이션과 같이 경제 상황에 대한 불확실성 등이 체계적 위험의 예이다. 이들은 모든 회사에 어느 정도는 영향을 미친다. 예를 들어, 예상치 못한 인플레이션 증가는 임금과 구매비용에 영향을 미치며, 기업이 보유하고 있는 자산가치와 판매가격에도 영향을 미치게 된다. 경제 상황에 대한 불확실성은 본질적으로 체계적 위험으로 모든 기업들은 경제 상황에 민감할 수 밖에 없다.

이에 대비해서 특정 기업의 파업은 해당 기업 또는 경쟁자와 공급자 등 제한된 수의 기업들에만 영향을 미치는데 이런 위험이 경제 전체나 산업 전체에 미치는 영향은 제한적이어서 비체계적 위험으로 분류한다.

수익률의 체계적 요소와 비체계적 요소

체계적 위험과 비체계적 위험을 구분하는 것은 생각하는 것처럼 그렇게 쉽지는 않다. 특정 기업에 관한 아주 지엽적인 뉴스도 경제전체에 조그마한 진동을 일으키는데 이 진동효과는 해당 기업이 아무리 작다고 하더라도 경제의 한 부분이기 때문에 발생할 수 밖에 없다. 그러나 모든 진동효과가 동일하지는 않으며, 어떤 위험은 다른 것보다 더 광범위한 영향이 발생한다.

체계적 위험과 비체계적 위험의 구분은 Flyers의 수익률 중 충격 부분 U를 다시 2개의 부분으로 분해할 수 있게 해 준다. 앞에서 실제수익률은 기대수익률과 충격

부분으로 분해할 수 있음을 보았다: $R-E(R)=U$. 충격부분 U는 체계적 요소와 비체계적 요소로 나눌 수 있다.

$$R - E(R) = U = \text{체계적 요소} + \text{비체계적 요소} \tag{12.3}$$

비체계적 요소를 그리스 문자 엡실론 ε으로 표현하는 것이 일반적이기 때문에 앞으로 그렇게 표기하기로 한다. 체계적 위험은 시장위험으로 불리기도 하기 때문에, 체계적 요소는 문자 m을 사용하겠다. 이들 기호를 사용해서 총수익률 공식은 다음과 같이 표현할 수 있다:

$$R - E(R) = U = m + \varepsilon \tag{12.4}$$

중요한 것은 비체계적 요소 ε는 Flyers에게만 해당되는 것이라는 점이다. 이러한 이유로 비체계적 요소는 다른 자산과는 관련이 없다. 이것이 왜 중요한지를 알기 위해서는 포트폴리오 위험을 이해해야 한다

예제 12.2
체계적 사건과 비체계적 사건

Intel이 최근 출시한 컴퓨터 칩에 매우 큰 수나 매우 작은 수를 제대로 처리못하는 부동점 결함이 있다고 발표했다. 이것은 체계적 사건인가? 비체계적 사건인가?

명백하게 이 사건은 비체계적으로 보인다. 그러나, 이 사건은 Intel의 경쟁자에게는 어느 정도 도움이 될 것이며, Intel의 제품을 사용하고 있는 컴퓨터 제조기업들에게는 해가 될 것이다. 따라서, 비체계적 사건일지라도 약간의 전이는 있으며, 다만 그 효과는 상대적으로 소수의 기업으로 제한될 것이다.

확인 사항

12.2a 위험의 2가지 유형은 무엇인가?

12.2b 2가지 유형의 위험은 어떻게 구분되는가?

12.3 분산, 체계적 위험, 그리고 비체계적 위험

이전 장에서 분산원칙(principle of diversification)을 살펴보고 주요 내용 중 하나는 개별 자산에 관련된 위험 중 어떤 위험은 분산되고, 어떤 위험은 그렇지 않다는 것이었다. '왜, 그러한가'라는 질문에 대해 이 절을 학습한 후에 답할 수 있을 것이다. 미리 언급하자면 체계적 위험과 비체계적 위험에 주목해야 한다.

분산과 비체계적 위험

정의상 비체계적 위험은 단일 자산 또는 소수의 자산들에 관련된 위험이다. 예를 들어, 특정 기업의 성공적인 제품 개발이나 혁신적인 비용 절감은 주식 가치를 증대시킬 것이다. 반면에 기대치 않은 법적 소송, 산업 재해, 파업과 같은 사건들은 미래 현금흐름을 감소시킬 것이고, 주식 가치를 떨어뜨릴 것이다

여기에서 주목할 중요한 사실은 특정 기업의 주식만 가지고 있다면, 기업 특유의 사건으로 인해 투자가치가 변동한다. 반면, 여러 기업의 주식으로 구성된 포트폴리오를 가지고 있다면, 포트폴리오 중 어떤 주식들은 양(+)의 기업 특유의 사건으로 상승하지만, 어떤 주식들은 음(−)의 기업 특유의 사건으로 하락할 것이다. 그 결과 이러한 효과들은 서로 상쇄되어 포트폴리오 전체 가치의 변동은 상대적으로 작을 것이다.

이것이 개별 자산에 관련된 변동성 일부가 분산을 통해 제거되는 이유이다. 여러 종목으로 포트폴리오를 구성하게 되면, 기업 특유의 사건으로 인한 양(+)과 음(−)의 변화가 서로 상쇄되기 때문이다. 다시 반복하자면:

비체계적 위험은 본질적으로 분산을 통해 제거되기 때문에
많은 자산으로 이루어진 포트폴리오는 비체계적 위험을 거의 가지지 않게 된다.

이러한 의미에서 비체계적 위험(unsystematic risk)을 분산가능 위험(diversifiable risk)이라고 부르기도 한다.

분산과 체계적 위험

앞에서 비체계적 위험은 분산효과를 통해 제거할 수 있음을 보였는데 체계적 위험은 어떻게 될까? 이것 역시 분산을 통해 제거할 수 있을까? 그 답은 '아니다'이다. 체계적 위험은 정의상 거의 모든 자산에 영향을 미치기 때문에 포트폴리오에 아무리 많은 자산을 추가한다고 하더라도 사라지지 않는다. 이러한 의미에서 체계적 위험(systematic risk)을 분산불가능 위험(nondiversifiable risk)이라고 부르기도 한다.

투자의 총 위험은 다음과 같이 표현된다:

$$\text{총위험} = \text{체계적 위험} + \text{비체계적 위험} \tag{12.5}$$

체계적 위험(systematic risk)은 분산불가능 위험(nondiversifiable risk) 또는 시장 위험(market risk)이라고 부르고 비체계적 위험(unsystematic risk)는 분산가능 위

험(diversifiable risk), 고유위험(unique risk 또는 asset-specific risk)이라고 부른다. 가장 중요한 것은 잘 분산된 포트폴리오는 비체계적 위험이 존재한다고 하더라도 무시할만한 수준이라는 것이다. 잘 분산된 포트폴리오에서 모든 위험은 본질적으로 체계적 위험이다.

확인 사항

12.3a 왜 어떤 위험은 분산이 가능한가? 왜 어떤 위험은 분산이 불가능한가?

12.3b 왜 체계적 위험은 분산이 불가능한가?

12.4 체계적 위험과 베타

이제 다른 문제를 살펴보자. 무엇이 위험 자산의 위험 프리미엄 크기를 결정할까? 달리 이야기해서 왜 어떤 자산은 다른 자산에 비해 큰 위험 프리미엄을 가지고 있는가? 앞으로 살펴보겠지만, 그 답 또한 체계적 위험과 비체계적 위험에 있다.

체계적 위험 원칙

이제까지 총위험은 체계적 위험과 비체계적 위험, 두 가지 요소로 분해될 수 있음을 보았는데, 비체계적 위험은 분산을 통해 제거될 수 있는 반면에, 체계적 위험은 분산으로 제거될 수 없었다.

1장에서 학습한 자본시장의 역사를 통해 위험을 부담하면 평균적으로 보상을 얻을 수 있음을 알고 있다. 그것이 정확하게 무엇을 의미하는지 알아야 할 필요가 있다. 체계적 위험 원칙(systematic risk principle)에 의하면 위험 부담에 대한 보상은 체계적 위험에 대해서만 주어진다.

체계적 위험 원칙
위험 부담에 대한 보상은 체계적 위험에 대해서만 주어진다.

이 원칙의 근거는 명확하다. 비체계적 위험은 분산을 통해 비용없이 제거할 수 있으므로, 그에 대한 보상은 없다. 다시 말해서, 시장은 쓸데없이 부담하는 위험에 대해서는 보상을 하지 않는다

이 체계적 위험 원칙은 매우 중요한 시사점을 가지고 있다:

기대수익률은 체계적 위험에 의존한다.

이 내용은 포트폴리오 분산에 관한 이전 장의 논의와도 일관성이 있다. 변동성이 높은 주식을 추가했음에도 불구하고 전체 포트폴리오 위험은 오히려 줄어들었던

예가 기억나는가? 이것이 어떻게 가능한가? 체계적 위험의 원칙에 기반해 설명하자면, 높은 변동성은 높은 비체계적 위험으로 인한 것이었고, 높은 변동성의 대부분은 분산이 가능했던 것이다. 높은 변동성의 주식이지만, 낮은 체계적 위험을 가진 주식이었던 것이다.

체계적 위험의 측정

베타 계수(β)
특정 자산의 포트폴리오에 대한 상대적인 체계적 위험 지표인 베타가 1보다 크면 포트폴리오보다 높은 체계적 위험을 가지고, 1보다 작으면 포트폴리오보다 낮은 체계적 위험을 가지고 있다는 의미이다. 베타 계수는 특정 자산과 포트폴리오 간의 공분산을 포트폴리오의 분산으로 나누어 측정된다.

체계적 위험은 기대수익률의 중요한 결정요인이기 때문에 체계적 위험을 나타내주는 지표가 필요하다. 그 구체적인 지표는 베타 계수(beta coefficient)이며 그리스 문자 β로 나타낸다. 베타 계수, 줄여서 베타는 평균적인 자산에 대해서 특정 자산의 체계적 위험을 측정해준다. 정의상 평균적인 자산의 베타는 1.0이다. 어떤 자산의 베타가 0.50이라면 이 자산은 평균적인 자산의 체계적 위험의 1/2에 해당하는 체계적 위험을 가지고 있다. 어떤 자산의 베타가 2.0이라면, 그 자산의 체계적 위험은 평균적인 자산의 체계적 위험의 2배이다.

표 12.1은 유명한 기업들의 베타 추정치를 보여주고 있다. 이 추정치들은 두 출처에서 가져왔다: Yahoo! Finance와 Morningstar. 표는 미국 대기업들의 베타가 어떤 범위에 있는지 보여준다. 그러나, 베타가 이들 범위 바깥에 있을 수도 있다는 것을 알아야 한다.

다시 한번 강조하지만, 기억해야 할 중요한 사실은 기대수익률 또는 위험 프리

표 12.1

베타 계수

출처: finance.yahoo.com와 www.morningstar.com. 2015년 11월 2일 방문.

회사	Beta, β	
	Yahoo!	Morningstar
ExxonMobil	0.88	1.02
IBM	0.88	0.64
Starbucks	0.82	0.76
Walmart	0.82	0.46
Microsoft	0.86	1.07
Harley-Davidson	0.93	0.64
eBay	0.91	1.08
Tesla	1.40	0.54
Southwest Airlines	0.99	1.20
Yahoo!	1.75	2.02

미엄은 체계적 위험에만 의존한다는 것이다. 큰 베타를 가지고 있는 자산은 체계적 위험이 크기 때문에 높은 기대수익률을 보상받을 것이다. 따라서, 표 12.1에서 베타가 0.88인 ExxonMobil의 기대수익률은 베타가 1.40인 Tesla보다는 낮을 것이다.

또 하나 유의할 점은 모든 베타가 동일한 값은 아니라는 것이다. 예를 들어, 표 12.1에서 Yahoo! Finance는 Tesla의 베타를 1.40로 추정했지만, Morningstar는 0.54로 추정했다. 이 차이는 두 회사가 베타 계수를 추정하는데 있어 다른 가정을 하기 때문에 발생한다. 다음 절에서 베타 추정법에 대해 공부하면서 설명하겠지만, 지금은 베타 추정에 있어 여러 가지 이슈가 있다는 것만 기억하자.

첫째, 베타는 S&P500과 같이 선택된 지수 또는 벤치마크에 대비해 계산된다. 둘째, 베타는 선택된 기간에 대해 계산된다. 따라서, 표 12.1에서의 베타 계수의 차이는 두 기관이 다른 벤치마크 지수를 사용했거나 다른 기간에 대해 계산해서 나왔을 수 있다.

예제 12.3

총위험과 베타

두 증권에 대한 정보가 다음과 같다. 총위험이 더 큰 것은? 체계적 위험이 더 큰 것은? 비체계적 위험이 더 큰 것은? 위험 프리미엄은 어느 것이 더 클까?

	표준편차	베타
증권 A	40%	0.50
증권 B	20	1.50

이제까지의 논의로 보면, 증권 A는 더 큰 총위험을 가지고 있지만, 체계적 위험은 현저히 낮다. 총위험은 체계적 위험과 비체계적 위험의 합이므로 증권 A는 더 큰 비체계적 위험을 가지고 있다. 마지막으로 체계적 위험 원칙에 따라 증권 B는 더 높은 위험 프리미엄을 가지며, 그 결과 더 높은 기대수익률을 가지게 될 것이다. 총위험이 낮음에도 불구하고 말이다.

포트폴리오 베타

이전 장에서 포트폴리오의 위험은 포트폴리오에 속하는 자산의 위험과 단순한 선형 관계가 아님을 보았다. 이와 대비하여 포트폴리오 베타는 마치 포트폴리오 기대수익률처럼 가중평균으로 계산될 수 있다. 예를 들어, 표 12.1에서 Starbucks와 Yahoo!에 반반 투자한다고 하자. Morningstar의 베타를 이용한다면 포트폴리오의 베타는 어떻게 될까? Starbucks의 베타는 0.76이고 Yahoo!의 베타는 2.02이기 때

문에 포트폴리오의 베타 β_p는:

$$\begin{aligned}\beta_p &= 0.50 \times \beta_{\text{Starbucks}} + 0.50 \times \beta_{\text{Yahoo!}} \\ &= 0.50 \times 0.76 + 0.50 \times 2.02 \\ &= 1.39\end{aligned}$$

일반적으로 포트폴리오의 자산 수가 크다면, 각 자산의 베타에 포트폴리오 비중을 곱한 후 전부 더하면 포트폴리오의 베타를 구할 수 있다.*

예제 12.4

포트폴리오 베타

다음과 같은 정보를 가지고 있다고 하자:

증권	투자금액	기대수익률	베타
주식 A	$1,000	8%	0.80
주식 B	2,000	12	0.95
주식 C	3,000	15	1.10
주식 D	4,000	18	1.40

포트폴리오의 기대수익률과 베타는? 이 포트폴리오는 평균 자산보다 체계적 위험을 많이 가지고 있는가? 적게 가지고 있는가?

이에 답하기 위해, 먼저 포트폴리오 비중을 계산해야 한다. 총 투자금액은 $10,000이다. 주식 A의 포트폴리오 비중은 10%(=$1,000/$10,000)이다. 마찬가지 방식으로 주식 B는 20%, 주식 C는 30%, 주식 D는 40%이다. 따라서, 기대수익률 $E(R_p)$는

$$\begin{aligned}E(R_p) &= 0.10 \times (R_A) + 0.20 \times E(R_B) + 0.30 \times E(R_C) + 0.40 \times E(R_D) \\ &= 0.10 \times 8\% + 0.20 \times 12\% + 0.30 \times 15\% + 0.40 \times 18\% \\ &= 14.9\%\end{aligned}$$

마찬가지 방식으로 포트폴리오 베타 β_p는

$$\begin{aligned}\beta_p &= 0.10 \times \beta_A + 0.20 \times \beta_B + 0.30 \times \beta_C + 0.40 \times \beta_D \\ &= 0.10 \times 0.80 + 0.20 \times 0.95 + 0.30 \times 1.10 + 0.40 \times 1.40 \\ &= 1.16\end{aligned}$$

이 포트폴리오의 기대수익률은 14.9%이고, 베타는 1.16이다. 베타가 1보다 크기 때문에 포트폴리오는 평균 자산보다 체계적 위험이 크다.

* 포트폴리오의 베타를 구할 때, 각 베타는 동일한 지수에 대해 계산되어져야 한다. 이를테면, 채권의 베타는 Barclay's Aggregate Bond Index에 대해 계산되고, 주식 베타는 S&P 500에 대해 계산되었는데, 두 베타를 가중평균해서 포트폴리오 베타를 구하면 안된다.

확인 사항

12.4a 체계적 위험 원칙은 무엇인가?

12.4b 베타 계수는 무엇을 측정하는가?

12.4c 포트폴리오 베타는 어떻게 계산하는가?

12.4d 참/거짓을 판명하라. 위험 자산의 기대수익률은 그 자산의 총위험에 의해 결정된다. 답의 이유는?

12.5 증권시장선

이제 시장에서 위험이 어떻게 보상받는지 알아볼 차례이다. 자산 A의 기대수익률은 $E(R_A)=16\%$, 베타는 $\beta_A=1.6$이고, 무위험이자율은 $R_f=4\%$라고 하자. 무위험자산은 정의상 체계적 위험이 없기 때문에(비체계적 위험도 없다), 베타는 0이다.

베타와 위험 프리미엄

자산 A와 무위험자산으로 구성된 포트폴리오를 생각해보자. 두 자산의 비중을 변경하여 다양한 포트폴리오의 기대수익률과 베타를 계산할 수 있다. 예를 들어, 자산 A에 25%를 투자한다면 기대수익률은:

$$\begin{aligned} E(R_p) &= 0.25 \times E(R_A) + (1-0.25) \times R_f \\ &= 0.25 \times 16\% + 0.75 \times 4\% \\ &= 7\% \end{aligned}$$

비슷한 방식으로 계산하면, 포트폴리오 베타 β_p는

$$\begin{aligned} \beta_p &= 0.25 \times \beta_A + (1-0.25) \times 0 \\ &= 0.25 \times 1.6 \\ &= 0.40 \end{aligned}$$

포트폴리오 비중의 합은 1이기 때문에 무위험자산의 투자비중은 '1 − 자산 A의 투자비중'이 된다.

어떤 독자들은 '자산 A의 투자 비중이 100%를 넘을 수 있을까'하고 의문을 가질 것이다. 그 답은 '맞다'이다. 방법은 무위험이자율로 빌려서 빌린 돈과 원래의 투자자금 전부를 자산 A에 투자하는 것이다. 예를 들어, 어떤 투자자가 $100를 가지고 있는데, 4%의 무위험이자율로 $50를 빌렸다고 하자. 자산 A의 총 투자자금은 $150이며, 원래의 투자자금의 150%이다. 이 과정은 이전 장에서 이야기했던 증거

금을 이용한 매수(buying on margin)와 유사하다. 이 경우 기대수익률은

$$\begin{aligned} E(R_p) &= 1.50 \times E(R_A) + (1 - 1.50) \times R_f \\ &= 1.50 \times 16\% - 0.50 \times 4\% \\ &= 22\% \end{aligned}$$

포트폴리오 베타는

$$\begin{aligned} \beta_p &= 1.50 \times \beta_A + (1 - 1.50) \times 0 \\ &= 1.50 \times 1.6 \\ &= 2.4 \end{aligned}$$

다른 경우도 다음과 같이 계산할 수 있다:

자산 A 투자비중	포트폴리오 기대수익률	포트폴리오 베타
0%	4%	0.0
25	7	0.4
50	10	0.8
75	13	1.2
100	16	1.6
125	19	2.0
150	22	2.4

그림 12.1A는 이들 포트폴리오의 베타와 기대수익률을 보여주고 있다. 모든 포트폴리오는 직선 상에 있다는 점에 유의하라.

위험-보상비율

그림 12.1A에 있는 직선의 기울기는 무엇일까? 직선의 기울기는 y의 변화를 x의 변화로 나누어주면 된다. 이 경우에는 무위험자산에서 자산 A로 변함에 따라 기대수익률은 4%에서 16%로 12%p 변했고, 베타는 0에서 1.6으로 1.6이 변했다. 따라서 기울기는 7.5%(=12%/1.6)이다.

기울기는 자산 A의 위험 프리미엄 $E(R_A)-R_f$를 자산 A의 베타 β_A로 나누어준 것임에 유의하라:

$$\begin{aligned} \text{기울기} &= \frac{E(R_A) - R_f}{\beta_A} \\ &= \frac{16\% - 4\%}{1.6} \\ &= 7.50\% \end{aligned}$$

그림 12.1

베타와 기대수익률

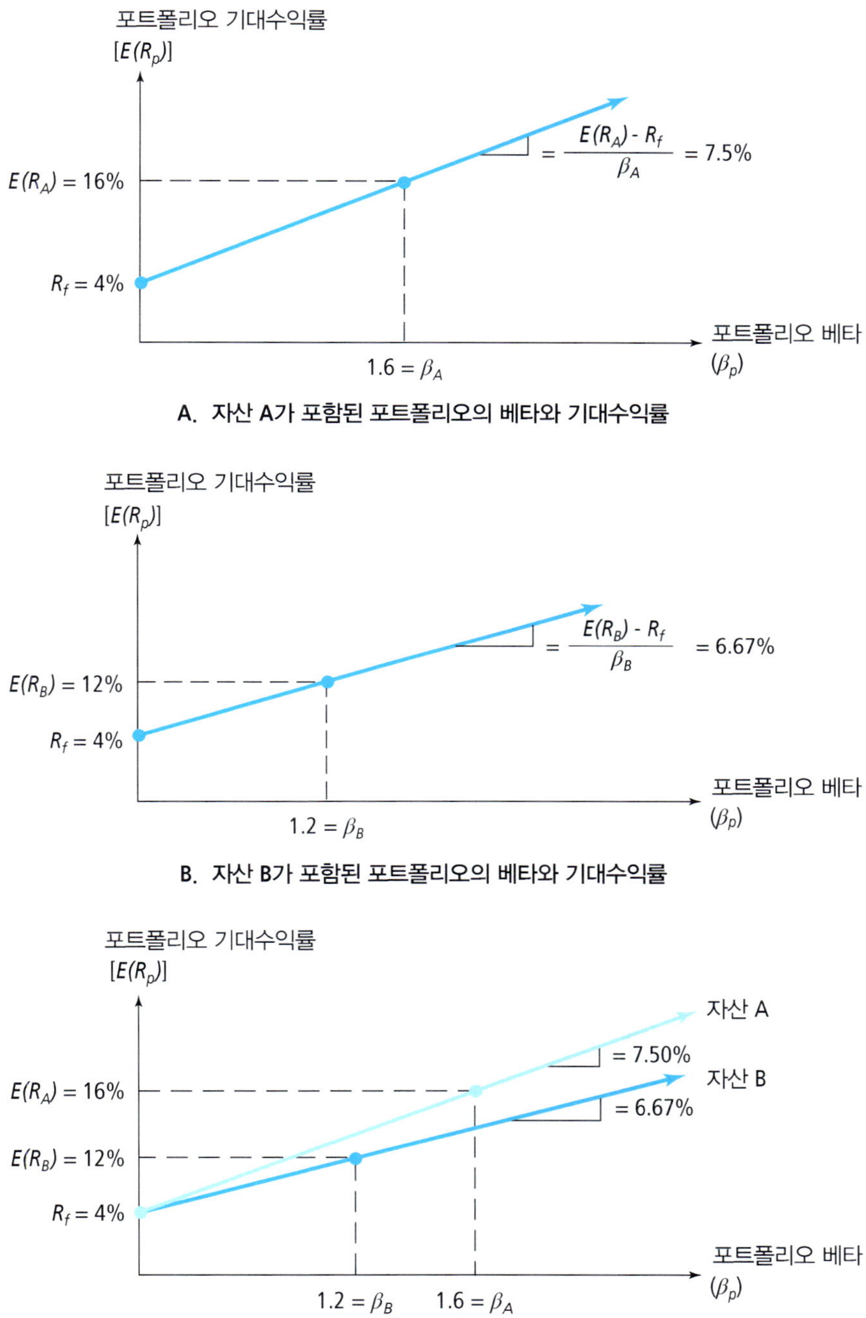

A. 자산 A가 포함된 포트폴리오의 베타와 기대수익률

B. 자산 B가 포함된 포트폴리오의 베타와 기대수익률

C. 각 자산이 포함된 포트폴리오의 베타와 기대수익률

여기에서 자산 A의 위험–보상비율은 7.5%임을 알 수 있다.* 즉, 자산 A는 체계적 위험 1단위에 대해서 7.5%의 위험 프리미엄을 가지고 있다.

* 이 비율은 Jack Treyor가 고안하였기 때문에 트레이너지수(Treynor index)라고 불리기도 한다. 트레이너지수를 포함한 여러 위험조정 성과지표는 다른 장에서 다룰 것이다.

기본적인 주장

이제 두 번째 자산 B를 생각해보자. 이 자산은 베타가 1.2이고, 기대수익률이 12%이라고 하자. 자산 A와 자산 B 중 어느 것이 더 나은 투자일까? 어떤 사람은 A를 더 선호하고, 다른 사람은 B를 더 선호할 수 있기 때문에 답할 수 없다고 생각할 수도 있다. 그러나, 앞으로 살펴보겠지만, 실제로는 A가 더 나으며, B는 체계적 위험에 대해 A보다 충분하지 않은 보상을 하고 있다.

먼저 자산 A에 대해 했던 것과 마찬가지로 자산 B와 무위험자산의 포트폴리오가 가지는 기대수익률과 베타를 계산해보자. 자산 B에 25%를 투자하고, 무위험자산에 75%를 투자한다면, 포트폴리오의 기대수익률은

$$
\begin{aligned}
E(R_p) &= 0.25 \times E(R_B) + (1 - 0.25) \times R_f \\
&= 0.25 \times 12\% + 0.75 \times 4\% \\
&= 6\%
\end{aligned}
$$

마찬가지 방식으로 계산해보면, 포트폴리오 베타는

$$
\begin{aligned}
\beta_p &= 0.25 \times \beta_B + (1 - 0.25) \times 0 \\
&= 0.25 \times 1.2 \\
&= 0.30
\end{aligned}
$$

다른 조합들은

자산 B 투자비중	포트폴리오 기대수익률	포트폴리오 베타
0%	4%	0.0
25	6	0.3
50	8	0.6
75	10	0.9
100	12	1.2
125	14	1.5
150	16	1.8

그림 12.1B에서 볼 수 있는 바과 같이 포트폴리오의 기대수익률과 베타는 자산 A와 마찬가지로 직선 상에 존재하게 된다.

그림 12.1C에서 볼 수 있는 바과 같이 자산 A와 자산 B를 비교하면 자산 A에 대한 포트폴리오의 기대수익률과 베타를 나타내는 직선이 자산 B보다 높다. 이러한 결과가 이야기해주는 것은 주어진 체계적 위험 수준에 대해서 자산 A로 만든

포트폴리오는 자산 B로 만든 포트폴리오보다 높은 수익률을 제공해준다는 것이다. 따라서, 자산 A가 자산 B보다 더 나은 투자이다.

자산 A가 주어진 위험 수준에 더 나은 수익률을 제공한다는 것을 살펴보는 또 다른 방법은 직선의 기울기를 비교해보는 것이다. 자산 B로 만든 포트폴리오를 나타내는 직선의 기울기는

$$\begin{aligned} \text{기울기} &= \frac{E(R_B) - R_f}{\beta_B} \\ &= \frac{12\% - 4\%}{1.2} \\ &= 6.67\% \end{aligned}$$

자산 B의 위험-보상비율은 6.67%로 자산 A의 7.5%보다 낮다.

위험과 수익률의 본질적 관계

앞에서 보여준 자산 A와 자산 B와 같은 상황은 거래가 활발하고 잘 조직된 시장에서는 지속될 수 없다. 투자자들은 자산 A는 사려고 하고, 자산 B는 팔려고 하기 때문이다. 그 결과 자산 A의 가격은 올라가고, 자산 B의 가격을 떨어질 것이다. 가격이 올라가면 기대수익률이 떨어지고, 가격이 내려가면 기대수익률이 올라갈 것이기 때문에 결과적으로 A의 기대수익률은 떨어지고, B의 기대수익률은 올라갈 것이다.

매수와 매도는 두 자산이 정확히 같은 직선 상에 놓여질 때까지 지속될 것이며, 결국 두 자산은 위험 부담에 대해 동일한 보상을 제공하게 될 것이다. 즉, 경쟁적이고 활발한 시장에서 벌어지는 상황은

$$\frac{E(R_A) - R_f}{\beta_A} = \frac{E(R_B) - R_f}{\beta_B} \tag{12.6}$$

이것이 위험과 수익률 간의 본질적 관계이다.

두 자산에 대한 이제까지의 논의는 보다 많은 자산에서도 마찬가지로 성립할 것이다. 자산의 수가 아무리 많더라도 동일한 결론에 도달하게 된다.

경쟁적인 금융시장에서는 모든 자산들의
위험-보상비율(reward-to-risk ratio)이 동일해야 한다.

이러한 결과는 그렇게 놀라운 것은 아니다. 이야기하는 바는 한 자산의 체계적 위험이 다른 자산의 2배이라면, 그것의 위험 프리미엄도 2배가 되어야 한다는 것이다.

예제 12.5

위험–보상비율

모든 자산의 위험–보상비율이 7.2%라고 하자. 무위험이자율이 4%라고 한다면, 베타가 1인 자산의 요구수익률은 얼마가 되어야 하는가? 베타가 0인 자산은?

첫 번째 질문에 답하기 위해서는 위험–보상비율 공식의 결과 값이 7.2%와 같다고 두면 된다. 문제에서 주어진 무위험이자율과 베타를 공식에 대입한 뒤, 미지수인 기대수익률에 대해 풀면 된다.

$$\frac{E(R_i) - R_f}{\beta_i} = 7.2$$

$$\frac{E(R_i) - 4.0}{1} = 7.2$$

따라서, $E(R_i) = 11.2\%$.

두 번째 질문은 조금은 어려워 보인다. 첫 번째 질문에 답하는데 사용한 풀이법을 사용할 수는 없다. 위험–보상비율 공식의 분모가 0이기 때문이다. 그러나, 좀더 생각해보자. 베타가 0이라는 말이 무엇을 의미하는가? 이 포트폴리오는 체계적 위험을 가지지 않고 있으니 위험 프리미엄 역시 0일 것이다 따라서, 답은 무위험이자율인 4%가 될 것이다.

모든 자산은 동일한 위험–보상비율을 가져야 하기 때문에 모든 자산은 동일한 직선 위에 있어야 한다. 그림 12.2은 이러한 주장을 나타내주는 그림이다. 그림에서 수익률 R_i와 베타 β_i에 있는 하첨자 i는 자산 A, B, C, D를 표시한다. 그림에서 보는 바와 같이 자산 A, B는 동일 직선 상에 있으므로 동일한 위험–보상비율을 가지고 있다.

그림 12.2의 자산 C와 같이 어떤 자산이 직선보다 높게 위치하고 있다면, 그 위

그림 12.2

기대수익률과 체계적 위험

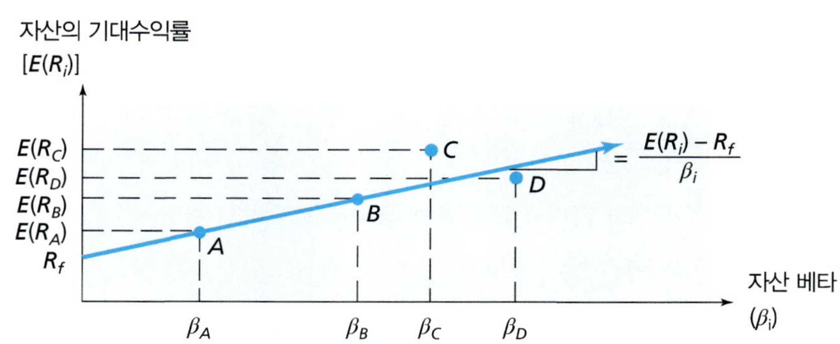

베타와 기대수익률에 대한 본질적 관계는 모든 자산들은 동일한 위험–보상비율 $[E(R_i)-R_f]/\beta_i$을 가져야 한다는 것이다. 이는 모든 자산들은 동일한 직선 상에 있어야 한다는 것을 의미한다. 자산 A와 자산 B는 베타와 기대수익률에 대한 본질적 관계를 충족하는 자산들이다. 자산 C와 자산 D는 그렇지 않다. 자산 C는 너무 높은 기대수익률을 가지고 있으며, 자산 D는 너무 낮은 기대수익률을 가지고 있다.

험–보상비율은 너무 높다. 기대수익률의 입력변수는 기대가격과 오늘 가격이다. 기대수익률은 다음 공식에 의해 계산된다. $E(R)=[E(P)-P_{today}]/P_{today}$, 또는 $[E(P)/P_{today}]-1$. 자산 C의 기대수익률을 낮추기 위해서는 오늘 가격이 올라가야 한다. 그림 12.2의 자산 D와 같이 어떤 자산이 직선보다 낮게 위치하고 있다면, 그 위험–보상비율이 너무 낮기 때문에 자산 D의 기대수익률을 높이기 위해서는 오늘 가격이 떨어져야 한다.

이와 같은 주장은 활발하고, 경쟁적이며, 잘 작동하는 시장에 대해서는 제대로 적용될 것이다. 뉴욕 증권거래소와 같이 활발한 금융시장은 이러한 기준을 잘 충족할 것이다. 부동산 시장과 같은 다른 시장은 이러한 기준을 잘 충족할 수도 있고, 그렇지 않을 수도 있다. 이러한 이유로 이상의 개념은 활발한 금융시장에서 유용할 것이다.

예제 12.6

싸게 사고, 비싸게 팔아라

어떤 증권의 오늘 가격이 기대수익률과 위험에 비해 너무 높다면 이 증권은 다른 증권에 비해 고평가되었다고 이야기한다. 다음과 같은 상황이 벌어지고 있다고 하자.

증권	베타	기대수익률
Melan Co.	1.3	14%
Choly Co.	0.8	10
Baby Co.	1.0	11.5

무위험이자율은 6%이라고 하자. 어떤 증권이 다른 증권에 비해 고평가되었는가?

여기에 답하기 위해 위험–보상비율을 계산해야 한다. Melan의 위험–보상비율은 (14%−6%)/1.3=6.15%이다. Choly는 5%, Baby는 5.5%이다. Choly는 Melan과 Baby에 비해 위험에 대해 불충분한 기대수익률을 제공하고 있다. 그 기대수익률이 너무 낮다는 것은 가격이 너무 높다는 뜻이다. 즉, Choly는 Melan과 Baby에 비해 고평가되어 있다. 따라서, 시장이 효율적이라면 Choly의 가격은 Melan과 Baby에 비해 떨어져야 한다. 반대로 Melan과 Baby는 Choly에 비해 저평가되어 있다. Melan과 Baby를 비교한다면, 어떻게 이야기할 수 있을까?

증권시장선

기대수익률과 베타 계수를 연결하는 직선은 매우 중요하다. 금융시장의 체계적 위험과 기대수익률의 관계를 표현하는 이 직선은 증권시장선(security market line, SML)이라고 불리며 현대 재무에서 핵심 개념 중에 하나이다.

증권시장선
금융시장의 체계적 위험과 기대수익률의 관계를 나타내는 직선

시장 포트폴리오 증권시장선 식을 알고 있다면 여러모로 매우 유용하다. 증권시장선 식을 표현하는 방식은 여러 가지가 있지만, 가장 많이 이용되는 식에는 시장 포트폴리오(market portfolio)가 등장한다. 시장 포트폴리오는 시장에 존재하는 모든 자산들로 구성한 포트폴리오이며 기대수익률은 $E(R_M)$으로 표현한다.

시장에 존재하는 모든 자산은 증권시장선 상에 있기 때문에 시장 포트폴리오는 이들 자산들을 모두 포함해야 한다. 시장 포트폴리오의 위치를 증권시장선에 표현하기 위해서는 시장 포트폴리오의 기대수익률 $E(R_M)$ 뿐만 아니라 베타 β_M도 알아야 한다. 시장 포트폴리오는 시장에 존재하는 모든 자산을 대표하기 때문에 시장 포트폴리오의 베타는 평균적으로 체계적 위험이 되어야 한다. 즉, 시장 포트폴리오의 베타는 1이다. 따라서, 우리는 증권시장선의 기울기를 다음과 같이 표현할 수 있다.

$$\text{증권시장선의 기울기} = \frac{E(R_M) - R_f}{\beta_M} = \frac{E(R_M) - R_f}{1} = E(R_M) - R_f$$

시장위험 프리미엄
시장에 존재하는 모든 자산들로 구성된 시장 포트폴리오가 위험을 부담하는 대신 보상받는 무위험이자율 대비 초과 기대수익률. $E(R_M) - R_f$로 표현된다.

$E(R_M) - R_f$는 **시장위험 프리미엄**(market risk premium)이라고 불린다. 시장 포트폴리오가 무위험자산에 비해 높은 위험을 부담하는것에 대한 보상으로 무위험이자율보다 높게 받는 기대수익률 부분을 표현하고 있기 때문이다.

자본자산 가격결정모형 시장에 존재하는 어떤 자산의 기대수익률과 베타는 $E(R_i)$와 β_i이라고 하자. 시장에 존재하는 모든 자산의 위험-보상비율(reward-to-risk ratio)은 같아야 하므로

$$\frac{E(R_i) - R_f}{\beta_i} = E(R_M) - R_f$$

이 식을 정리하면 증권시장선 식을 얻을 수 있다.

$$E(R_i) = R_f + [E(R_M) - R_f] \times \beta_i \qquad (12.7)$$

예제 12.7

위험과 수익률

무위험이자율이 4%, 시장위험 프리미엄이 8.6%, 특정 자산의 베타가 1.3이라고 하자. 자본자산 가격결정모형에 의한다면, 이 자산의 기대수익률은 얼마가 되어야 하나? 베타가 2배로 커진다면 기대수익률은 얼마가 되어야 하나?

베타가 1.3이면 위험 프리미엄은 11.18%(=1.3×8.6%)가 되어야 한다. 무위험이자율이 4%이므로 기대수익률은 15.18%(=11.18%+4%)이다. 베타가 2배로 커져 2.6이 된다면, 위험 프리미엄은 2배가 되어 22.36%가 되고, 기대수익률은 26.36%가 된다.

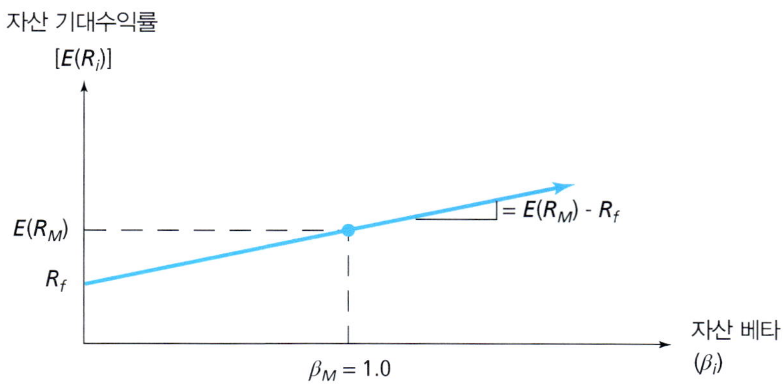

그림 12.3

증권시장선
(security market line, SML)

증권시장선의 기울기는 시장위험 프리미엄(평균적인 수준의 체계적 위험을 부담할 때의 보상)과 같다. 증권시장선을 표현하는 식은

$$E(R_i)=R_f+[E(R_M)-R_f]\times\beta_i$$

이 식은 자본자산 가격결정모형의 주요 결과 중의 하나이다.

식 (12.7)이 바로 자본자산 가격결정모형(capital asset pricing model, CAPM)이다.* 자본자산 가격결정모형이 보여주는 것은 자산의 기대수익률은 다음 3가지에 의해 결정된다는 것이다.

자본자산 가격결정모형
경쟁적인 자본시장에서 증권의 위험과 수익률의 관계에 대한 이론으로 증권시장선 식이 그 핵심이다.

1. 순수 시간가치. 무위험이자율 R_f는 위험을 부담하지 않고, 순전히 화폐의 사용을 미루는 것에 대한 보상이다.
2. 체계적 위험을 부담하는 것에 대한 보상. 시장위험 프리미엄 $E(R_M)-R_f$은 평균적인 체계적 위험을 부담하는 것에 대한 시장이 제공하는 보상이다.
3. 체계적 위험의 크기. 베타 β_i는 특정 자산이 가지고 있는 체계적 위험의 평균자산에 대비한 상대적 크기이다.

유의할 점은 자본자산 가격결정모형은 개별 자산뿐만 아니라 포트폴리오에도 성립한다는 것이다. 앞 부분에서 포트폴리오의 베타를 어떻게 계산하는지를 배운 바 있다.

그림 12.3에 증권시장선과 자본자산 가격결정모형에 대한 이제까지의 논의를 정리하였다. 이전과 마찬가지로 주어진 베타에 대한 기대수익률을 그리고 있다.

* 자본자산 가격결정모형은 차익거래 가격결정이론(arbitrage pricing theory, APT)와도 밀접하게 관련되어 있다. 자본자산 가격결정모형의 이론은 여기에서 이야기하고 있는 것보다 훨씬 복잡하고, 그 시사점은 여기에서 하는 논의의 수준을 벗어난다. 여기에서 제시하고 있는 증권시장선만 본다면, 자본자산 가격결정모형 뿐만 아니라 차익거래 가격결정이론에서도 마찬가지 식을 도출할 수 있기 때문에 이 책에서는 둘을 구분하지 않는다.

표 12.2 위험과 수익률

1. **총위험(total risk)** 투자의 총위험은 수익률의 분산(variance) 또는 표준편차(standard deviation)로 측정한다.
2. **총수익률(total return)** 투자의 총수익률은 두 요소로 구성되어 있다: 기대수익률(expected return)과 비기대수익률(unexpected return). 비기대수익률은 기대치 않은 사건으로 인해 발생한다. 투자의 위험은 기대치 않은 사건의 가능성에 비롯한다.
3. **체계적 위험(systematic risk)와 비체계적 위험(unsystematic risk)** 체계적 위험(시장위험)은 거의 모든 자산에 어느 정도는 영향을 미치는 기대치 않은 사건으로 인해 발생하며 그 효과는 경제 전반에 영향을 미친다. 비체계적 위험은 단일 자산 또는 소수의 자산에 영향을 미치는 기대치 않은 사건으로 인해 발생하는데 고유위험(unique risk 또는 asset-specific risk)이라고 불리기도 한다.
4. **분산효과(diversification effect)** 위험은 전부는 아니지만 일부는 분산을 통해 제거할 수 있다. 그 이유는 비체계적 위험에 있다. 충분히 많은 수의 자산으로 포트폴리오를 구성하면 각 개별 자산에만 영향을 미치는 비체계적 위험은 제거할 수 있다. 반면, 아무리 많은 수의 자산으로 포트폴리오를 구성하더라도 모든 자산에 영향을 미치는 체계적 위험은 제거할 수 없다.
5. **체계적 위험 원칙(systematic risk principle)과 베타** 비체계적 위험은 분산을 통해 제거할 수 있기 때문에 체계적 위험에 대해서만 위험 부담에 대한 보상이 주어진다는 것이 체계적 위험 원칙이다. 평균 자산에 대비한 특정 자산의 체계적 위험 수준은 그 자산의 베타로 측정된다.
6. **위험-보상비율(reward-to-risk ratio)과 증권시장선(security market line)** 자산 i의 위험-보상비율은 위험 프리미엄 $E(R_i)-R_f$과 베타 β_i의 비율이다: $$\frac{E(R_M)-R_f}{\beta}$$ 잘 작동하는 시장에서 이 비율은 모든 자산에 대해 동일하다. 그 결과, 자산들의 베타에 대해 기대수익률을 그린다면, 모든 자산을 동일한 직선 상에 놓이게 되는데, 이 직선을 증권시장선이라고 부른다.
7. **자본자산 가격결정모형(capital asset pricing model)** 증권시장선에 의해 자산 i의 기대수익률은 다음과 같이 표현할 수 있다: $$E(R_i)=R_f+[E(R_M)-R_f]\times\beta_i$$ 이를 자본자산 가격결정모형이라고 한다. 위험 자산의 기대수익률은 3가지 요소를 가지고 있다: 순수 시간가치(pure time value of money), R_f,; 시장위험 프리미엄(market risk premium), $E(R_M)-R_f$,; 자산의 베타 β_i..

이제는 증권시장의 기울기가 자본자산 가격결정모형에 근거해 시장위험 프리미엄 $E(R_M)-R_f$과 같음을 발견할 수 있다.

이것이 위험과 수익률의 상충관계에 관련된 결론이다. 표 12.2는 이제까지 논의한 여러 가지 개념을 정리하고 있다.

확인 사항

12.5a 경쟁적인 시장에서의 위험과 수익률의 본질적인 관계는 무엇인가?

12.5b 증권시장선은 무엇인가? 경쟁적인 시장에서 모든 자산이 증권시장선 상에 놓이게 되는 이유는?

12.5c 자본자산 가격결정모형은 무엇인가? 이 모형에서 위험 투자의 요구수익률이 어떻게 결정되어야 한다고 이야기하고 있는가?

12.6 베타에 대한 추가적인 내용

이제까지 위험과 수익률에 관한 기본적인 원칙에 대해 살펴보았고 증권의 기대수익률은 체계적 위험에 의해 결정되고, 체계적 위험은 베타 계수 β로 측정된다는 것을 알게 되었다. 이제부터 베타에 대해 좀더 자세히 알아보자. 우선 베타가 정확히 무엇을 측정하고 있는지 알아본 후에, 개별 증권의 베타를 어떻게 측정하는지, 왜 동일한 증권의 베타를 기관마다 다르게 발표하는지에 대해 살펴보자.

베타를 자세히 살펴보면

이 장의 처음으로 되돌아가면 증권의 실제수익률은 다음과 같이 표현될 수 있다는 것을 배웠다.

$$R - E(R) = m + \varepsilon \qquad (12.8)$$

식 (12.8)에서 m은 비기대수익률의 체계적 부분이다. 자본자산 가격결정모형에 근거하여 이 부분을 좀더 정확하게 표현할 수 있다.

구체적으로 비기대수익률의 체계적인 부분은 두 가지에 의존한다. 첫째, 체계적 효과의 크기에 의존한다. 이를 $R_M - E(R_M)$으로 측정하는데, 이 부분은 시장의 실제수익률과 기대수익률의 차이이다. 둘째, 어떤 증권은 다른 증권보다 큰 체계적 위험을 가지고 있으며, 이 위험을 베타로 측정한다. 이 요소들로 표현하면,

$$m = [R_M - E(R_M)] \times \beta \qquad (12.9)$$

즉, 수익률의 체계적 부분은 시장 전체의 충격 $R_M - E(R_M)$과 개별 증권의 시장 충격에 대한 민감도 β에 영향을 받는다.

식 (12.8)과 식 (12.9)를 합치면,

$$\begin{aligned} R - E(R) &= m + \varepsilon \\ &= [R_M - E(R_M)] \times \beta + \varepsilon \end{aligned} \qquad (12.10)$$

식 (12.10)를 살펴보면, 왜 어떤 증권은 다른 증권보다 높은 베타를 가지고 있는지에 대한 추가적인 직관을 얻을 수 있다. 베타가 높은 증권은 전체 시장 움직임에 비해 상대적으로 더 많이 민감하고, 베타가 낮은 증권은 상대적으로 덜 민감하다. 즉, 체계적 위험은 전체 시장 움직임에 대한 개별 증권의 민감도를 반영한 것이다.

식 (12.10)의 주요 부분을 예를 통해 살펴보자. 특정 주식의 베타가 1.2, 무위험이자율이 5%, 시장 포트폴리오의 기대수익률이 12%이라고 하자. 자본자산 가격결정모형에 의하면 이 증권의 기대수익률은

표 12.3 총수익률의 분해

년	실제수익률		비기대수익률		체계적 부분	비체계적 부분(ε)
	R (1)	R_M (2)	$R-E(R)$ (3)	$R_M-E(R_M)$ (4)	$[R_M-E(R_M)]\times\beta$ (5)	$[R-E(R)]-[R_M-E(R_M)]\times\beta$ (6)
1	20.0%	15%	6.6%	3%	3.6%	3%
2	−24.6	−3	−38.0	−15	−18.0	−20
3	23.0	10	9.6	−2	−2.4	12
4	36.8	24	23.4	12	14.4	9
5	3.4	7	−10.0	−5	−6.0	−4

$$
\begin{aligned}
E(R) &= R_f + [E(R_M) - R_f] \times \beta \\
&= 0.05 + (0.12 - 0.05) \times 1.2 \\
&= 0.134
\end{aligned}
$$

13.4%이다. 그러나, 어떤 해의 실제수익률은 기대치 않은 체계적 사건 그리고, 비체계적 사건으로 인해 13.4%보다 높을 수도 있고, 낮을 수도 있다.

표 12.3의 (1)열과 (2)열에는 5년 동안 증권의 실제수익률 R과 시장 포트폴리오의 실제수익률 R_M이 나와있다. 증권의 실제수익률과 기대수익률(13.4%), 시장 포트폴리오의 실제수익률과 기대수익률(12%)로 우리는 증권의 비기대수익률 $R-E(R)$과 시장 포트폴리오의 비기대수익률 $R_M-E(R_M)$을 계산할 수 있다. 그 결과가 표 12.3의 (3)열과 (4)열에 나와있다.

다음으로 비기대수익률을 (5)열, (6)열과 같이 체계적 부분과 비체계적 부분으로 나누어보자. 식 (12.9)에 따라 증권의 베타 1.2에 시장의 비기대수익률을 곱해서 비기대수익률의 체계적 부분을 계산할 수 있다.

$$\text{체계적 부분} = m = [R_M - E(R_M)] \times \beta$$

마지막으로 비기대수익률에서 체계적 부분을 차감함으로써 비체계적 부분을 계산할 수 있다.

$$\text{비체계적 부분} = \varepsilon = [R - E(R)] - [R_M - E(R_M)] \times \beta$$

비체계적 부분은 체계적 부분을 고려하고 나서 남은 부분임에 주목하자. 이러한 이유로, 비기대수익률의 '잔여부분(residual portion)'이라고 불리기도 한다.

그림 12.4는 표 12.3의 시장의 비기대수익률과 증권의 비기대수익률의 관계를

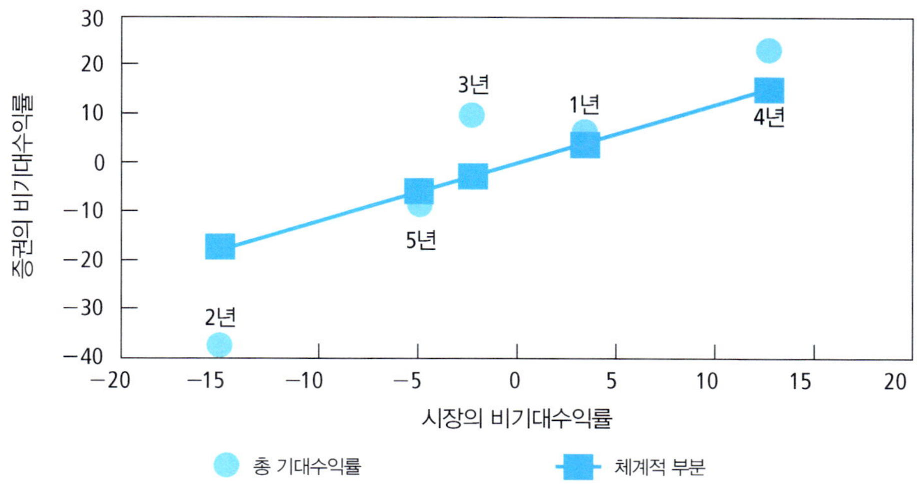

그림 12.4

비기대수익률과 베타

한 눈에 보여주고 있다. 증권의 비기대수익률은 연도 표시와 함께 점으로 표시되어 있다. 비기대수익률의 체계적 부분은 직선으로 연결되어 있다. 이 직선의 기울기는 1.2인데, 이것이 증권의 베타이다. 개별 점과 직선과의 거리는 비체계적 부분 ε이다.

베타는 어디에서 온 것일까?

이제까지의 논의에 따르면 베타는 유용한 개념이다. 베타는 증권의 기대수익률을 추정하게 해 준다. 베타는 기대치 않은 시장 사건에 대해 증권이 얼마나 민감한가를 나타내고 증권수익률을 체계적 부분과 비체계적 부분으로 분리할 수 있게 해준다. 위의 예에서 베타가 1.2라고 주어졌을때 필요한 계산은 일관된 순서를 가지고 이루어졌지만 실제로 베타는 주어지는 것이 아니라 추정해야 하는 것이다.

증권의 베타는 증권수익률이 시장수익률에 대해 얼마나 민감한지를 측정해주는 지표이다. 민감도는 다음 두 가지에 좌우된다: (1) 증권수익률과 시장수익률의 상관관계, (2) 증권의 시장에 대비한 상대적인 변동성. Corr(R_i, R_M)은 특정 증권 i와 시장과의 상관관계라고 하고, σ_i와 σ_M는 해당 증권과 시장의 표준편차라고 하자. 이 숫자가 주어진다면, 증권의 베타 β_i는 다음과 같이 간단히 계산된다.

$$\beta_i = \text{Corr}(R_i, R_M) \times \sigma_i / \sigma_M \qquad (12.11)$$

다시 말해서 베타는 상관계수와 표준편차의 비율의 곱과 같다.

앞의 장에서 우리는 표준편차가 식 (12.11)에 의해 계산된다는 것을 배웠다. 그러나, 상관계수가 어떻게 계산되는지는 아직까지 논의하지 않았다. 간단하고 이해

표 12.4 베타 계산

연도	수익률		수익률 편차		편차 제곱		편차 곱 (7)
	증권 (1)	시장 (2)	증권 (3)	시장 (4)	증권 (5)	시장 (6)	
1	0.10	0.08	0.00	−0.04	0.0000	0.0016	0.0000
2	−0.08	−0.12	−0.18	−0.24	0.0324	0.0576	0.0432
3	−0.04	0.16	−0.14	0.04	0.0196	0.0016	−0.0056
4	0.40	0.26	0.30	0.14	0.0900	0.0196	0.0420
5	0.12	0.22	0.02	0.10	0.0004	0.0100	0.0020
계	0.50	0.60	0	0	0.1424	0.0904	0.0816

	평균수익률	분산	표준편차	
증권	0.50/5 = 0.10 = 10%	0.1424/4 = 0.0356	$\sqrt{0.0356}$ = 0.1887 = 18.87%	
시장	0.60/5 = 0.12 = 12%	0.0904/4 = 0.0226	$\sqrt{0.0226}$ = 0.1503 = 15.03%	

공분산 = $\text{Cov}(R_i, R_M)$ = 0.0816/4 = 0.0204

상관계수 = $\text{Corr}(R_i, R_M)$ = 0.0204/(0.1887×0.1503) = 0.72

베타 = β = 0.72×(0.1887/0.1503) = 0.9039 ≈ 0.9

하기 쉬운 계산방법은 표 12.4와 같이 스프레드시트로 구현하는 것이다.

표 12.4의 첫 6개 열은 1장에서 가져온 것이다. 첫 2개 열은 특정 증권과 시장의 5년간 수익률이다. 이것들을 전부 더하고 5로 나누면 표에서와 같이 증권과 시장의 평균수익률 10%와 12%가 나온다. 3번째, 4번째 열은 개별수익률에서 평균수익률을 차감하여 수익률 편차(return deviation)를 계산하였다. 5번째, 6번째 열은 수익률 편차의 제곱이다. 분산을 계산하기 위해서는 수익률 편차의 제곱을 5−1=4로 나누어야 한다. 표준편차는 분산의 제곱근으로 표에서는 증권과 시장의 표준편차가 각각 18.87%, 15.03%이다.

이제 새로운 것을 알아보자. 표 12.4의 마지막 열은 3번째 열과 4번째 열을 곱한 두 수익률 편차의 곱이다. 이 곱들을 합한 후 5−1=4로 나누어줄 수 있는데, 이를 공분산(covariance)이라 부른다.

공분산
두 변수가 같이 분산되어 있는 정도를 측정해주는 지표

공분산은 그 이름이 이야기하는 바와 같이 두 변수가 같이 분산되어 있는 정도를 측정해주는 지표이다. 공분산이 양(+)이라면 두 변수가 같은 방향으로 변동함

스프레드시트 분석

스프레드시트를 이용해서 베타 계산하기

	A	B	C	D	E	F	G	H
1								
2		Using a Spreadsheet to Calculate Beta						
3								
4	To illustrate how to calculate betas, correlations, and covariances using a spreadsheet,							
5	we have entered the information from Table 12.4 into the spreadsheet below. Here, we							
6	use Excel functions to do all the calculations.							
7								
8				Returns				
9			Year	Security	Market			
10			1	10%	8%	Note: The Excel Format is		
11			2	−8%	−12%	set to percent, but the		
12			3	−4%	16%	numbers are entered as		
13			4	40%	26%	decimals.		
14			5	12%	22%			
15								
16			Average:	10%	12%	(Using the =AVERAGE function)		
17			Std. Dev.:	18.87%	15.03%	(Using the =STDEV function)		
18			Correlation:	0.72		=CORREL(D10:D14,E10:E14)		
19								
20			Beta:	0.90				
21								
22	Excel also has a covariance function, =COVAR, but we do not use it because it divides							
23	by n instead of n-1. Verify that you get a beta of about 0.72 if you use the COVAR							
24	function divided by the variance of the market returns (use the Excel function, =VAR).							
25								
26	Question 1: How would you correct the covariance calculation?							
27	Question 2: What happens when you use =SLOPE, an Excel function?							
28								

을 이야기해주고, 음(−)이라면 반대 방향으로 변동함을 이야기해준다. 공분산이 0이라면 두 변수의 변동에는 아무런 관계가 없음을 이야기해준다. 표 12.4에서 우리의 증권과 시장의 공분산은 +0.0204이다. 양(+)의 부호는 우리의 증권이 시장과 같은 방향으로 움직이는 경향이 있음을 이야기하는 것이다.

공분산의 문제는 분산과 마찬가지로 실제 숫자를 해석하기 어렵다는 것이다. (물론, 부호는 해석하기 쉽지만) 예를 들어 우리의 공분산은 0.0204인데, 이 숫자를 가지고 같이 움직이는 경향이 강한지, 약한지를 이야기하기는 쉽지 않다. 이러한 문제를 해결하기 위해 공분산을 두 변수의 표준편차로 나누어주면 된다. 이것이 상관계수이다.

표 12.4에서 우리 증권과 시장의 상관계수는 0.72이다. 상관계수는 −1과 1 사이에 있기 때문에 0.72이라는 숫자는 우리의 증권이 시장과 완벽하지는 않지만 꽤 강하게 같이 움직이는 경향이 있음을 말해준다.

이제 베타를 계산할 차례이다. 표 12.4의 마지막 열에서 볼 수 있는 바와 같이 식 (12.11)에 의해 베타는 다음과 같이 계산된다.

$$\begin{aligned}\beta_i &= \text{Corr}(R_i, R_M) \times \sigma_i/\sigma_M \\ &= 0.72 \times (0.1887/0.1503) \\ &= 0.90\end{aligned}$$

주어진 증권의 베타는 0.9로 평균적인 체계적 위험 1보다는 조금 작다. 앞의 스프레드시트 분석에서 볼 수 있는 바와 같이 스프레드시트를 이용하면 이러한 계산을 쉽게 할 수 있다.

베타를 계산할 수 있는 다른 방법

스프레드시트 분석의 질문 2에서는 엑셀=SLOPE 함수에 관해서 이야기하고 있다. 이 함수를 사용할 때 x변수는 시장수익률, y변수는 증권수익률을 사용해야 함에 유의하자. 실제 실행해보면 그 결과가 동일한 0.90임을 확인할 수 있다.

왜=SLOPE 함수가 베타값을 산출해주는지 그 이유를 알기 위해서 그림 12.5A를 살펴보자. 그림 12.5A는 시장수익률과 증권수익률의 산점도이다. x변수는 시장수익률, y변수는 증권수익률임에 유의하자. 그림을 보면 우리의 증권은 시장과 양(+)의 관계를 가지고 있음을 알 수 있다.

이 관계의 특성을 파악하기 위해 추세직선을 추가한 그림 12.5B를 살펴보자. 이 직선은 점들의 추세를 반영하고 있으며, 증권특정선(security characteristic line)이라고 부른다. 직선이 원점 근처를 지나가는 것에도 주목하자.

베타는 상대적인 움직임을 측정한다는 사실을 상기하자. 예를 들어, 베타가 1인 증권은 시장과 평균적으로 같이 움직인다. 이 경우, 증권특성선은 어떻게 생겼을까? 직선은 45도 선이며, 기울기는 1일 것이며 시장이 1% 상승했을 때 해당 증권도 똑같이 1% 상승할 것으로 기대된다는 것을 의미한다. 수학적으로 기울기는 x변수가 1단위 변했을 때 y변수의 변화를 측정해준다. 따라서, 만약 시장을 x변수, 증권을 y변수로 정의한다면, 기울기가 증권의 베타이다.

이를 그림 12.5B에 적용하면 베타가 얼마일 것으로 생각하는가? 시장수익률이 10%일 때 증권수익률은 10%보다 작다는 것에 주목하자. 증권특성선은 이 증권의 베타가 1보다 작다는 것을 이야기해주고 있다. 따라서, 우리의 답인 0.9는 그럴 듯해보인다.

통계학 수업을 들어보았다면 점들을 가장 잘 적합시키는 선을 추정하는 방법에 대해 배웠을 것이다. 그리고, 그것을 단순선형회귀(simple linear regression)라고 부른다는 것도 배웠을 것이다. 우리의 경우에는 증권수익률(y변수)을 시장수익률

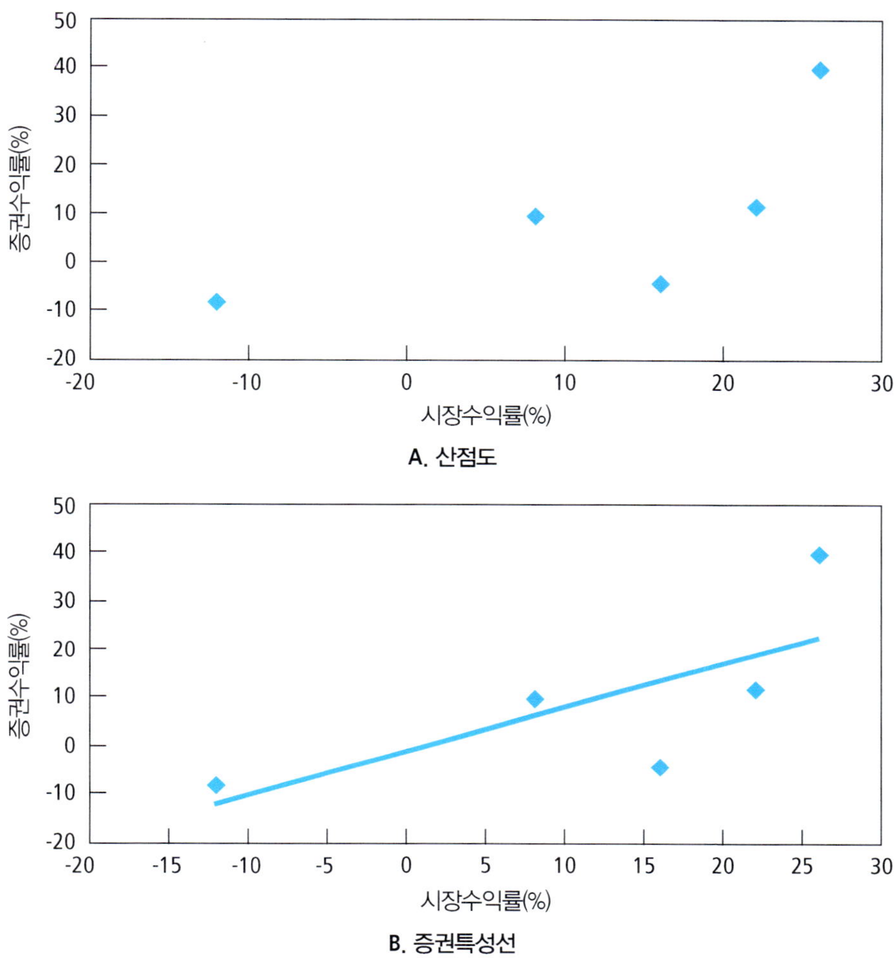

그림 12.5

베타 계산의 그래프 표현

(x변수)에 회귀시키는 것이다. 다행스럽게도 엑셀은 이를 위해 데이타분석–회귀분석이라는 추가기능을 제공한다. 다음의 스프레드시트 분석은 이 과정의 결과를 보여주고 있다.

결과에는 절편과 x변수 (즉, 시장수익률)의 계수 (또는 기울기)의 추정치가 나와 있다. 계수의 추정치는 앞에서 계산한 결과와 동일하게 0.90이다.

인터넷에서 가서 베타를 찾아보면 될텐데 굳이 베타 계산법을 알아야 하는가에 대해 의문을 가질 수도 있다. 그러나, 몇가지 이유에서 베타를 직접 계산할 수 있는 능력을 가지는 것이 좋다. 예를 들어, 앞에서 이야기한 바와 같이 인터넷 사이트에 따라 동일한 증권에 대해 다른 베타값을 제공하고 있기 때문에 어느 것이 더 좋은지를 이해하기 위해서는 스스로 베타 계산법을 알고 있는 것이 좋다. 만약 펀드매니저의 투자 성과를 평가하거나 상장되어 있지 않은 증권 투자에 대해 평가를 해야 한다면? 이 경우에는 명백하게 직접 베타를 계산해야 한다.

스프레드시트 분석

엑셀 회귀를 이용한 베타 계산하기

	A	B	C	D	E	F
1						
2		Using a Regression in Excel to Calculate Beta				
3						
4						
5	Regression Statistics					
6	Multiple R	0.7192				
7	R Square	0.5173				
8	Adjusted R Square	0.3563				
9	Standard Error	15.1375				
10	Observations	5				
11						
12	ANOVA					
13		df	SS	MS	F	Significance F
14	Regression	1	736.5663	736.5664	3.214418126	1.1709
15	Residual	3	687.4336	229.1445428		
16	Total	4	1424			
17						
18		Coefficients	Standard Error	t Stat	P-value	
19	Intercept	−0.8319	9.0736	−0.0917	0.9327	
20	Market Returns	0.9027	0.5035	1.7929	0.1709	

베타는 왜 다른가?

이제까지 공부한 바에 따르면 베타는 꽤 중요한 개념이다. 따라서, 발표기관에 따라 베타가 다르지 않을 것이라고 짐작할 것이다. 이제 이에 대한 답을 생각해보자.

인터넷을 검색해보면 재미있는 사실을 발견할 수 있다. Morningstar(www.morningstar.com)는 상장기업에 대한 정보를 제공하는 널리 알려진 온라인 정보사이트 중에 하나이다. 그러나, 온라인투자가 급증하면서 온라인 정보를 제공하는 곳도 늘었다. Morningstar의 베타와 Yahoo! Finance(finance.yahoo.com), Google(www.google.com/finance), CNN Money(money.cnn.com)를 비교해보자. 베타를 이용하는데 주의를 기울여야 한다는 것을 쉽게 알아차릴 것이다.

아마존의 베타를 비교해보자. Yahoo! Finance에서는 1.33이라고 발표하고 있다. 이는 Morningstar의 베타 1.49보다 작다. 아마존이 다른 베타를 가지고 있는 유일한 회사가 아니다. 실제로 대부분의 기술기업에 대해 Yahoo! Finance는 다른 기관에 비해 베타를 작게 추정하고 있다. 또 다른 예로 Microsoft에 대해 Morningstar의 베타는 1.07인데 Yahoo! Finance는 0.86이다.

이론부터 몇가지 교훈을 얻을 수 있다. 서로 다른 정보사이트들은 서로 다른 자료를 이용해서인지 서로 다른 베타 추정치를 발표하고 있다. 이제 주요 차이를 이야기해보자.

첫째, 자료에 관해서 두 가지 이슈가 있다. 베타는 일별, 주별, 월별, 분기별 또는 연도별 수익률로 계산할 수 있다. 원칙적으로는 어느 것을 사용해도 차이가 없어야 하지만, 실제 다른 추정치가 나올 수 있다. 둘째, 베타는 상대적으로 단기간 이를테면 몇주간의 자료로 추정할 수도 있고, 장기간 이를테면 5년에서 10년 심지어는 그보다 더 긴 기간의 자료로 추정할 수도 있다.

어느 대안이 나은지는 쉽게 이야기하기 힘들다. 일별 수익률과 같은 고빈도 수익률로 구한 베타는 월별 수익률과 같은 저빈도 수익률로 구한 것보다 덜 안정적일 수 있다. 이러한 주장은 월별 수익률 또는 좀더 장기 수익률에 대해서도 마찬가지로 적용된다. 반면, 어떤 것을 추정할 때 좀더 최근의 자료를 사용하는 것이 더 낫다고 주장할 수도 있다. 이 주장에 의하면 주별 수익률이나 일별 수익률을 사용해야 한다, 이상적인 균형은 없다. 다만 가장 일반적인 선택은 3년에서 5년 기간의 월별 수익률 또는 1년 기간의 주별 수익률이다. 1년간의 주별 수익률로 얻은 베타는 전년도만 사용한다는 점에서 최근을 반영한다. 그러나 장기간 베타에 비해서는 안정성이 떨어진다.

다른 이슈는 시장 지수의 선택이다. 이제까지 '시장 전체'의 수익률이라고 말했을 뿐 정확히 어느 '시장 전체'라는 이야기는 하지 않았다. 가장 일반적인 선택은 S&P 500이지만 이것만이 유일한 대안은 아니다 다른 기관에서 시장 전체를 대표하기 위해 다른 지수를 사용한다면 베타 추정치는 달라진다.

어떤 특정 지수에 대해 이 지수가 과연 올바른 시장지수일지 의문을 가지는 사람도 있을 것이다. 그러한 의문은 맞는 것이지만, 의문을 품는 순간 문제가 발생한다. 자본자산 가격결정모형(CAPM)에서 시장 전체를 이야기할 때는 원칙적으로 시장에 존재하는 모든 종류의 모든 위험자산을 모두 포괄해야 한다. 즉, 지수는 모든 주식, 채권, 부동산, 귀금속, 그리고 세상에 존재하는 (미국 이외의 것까지) 모든 것들을 포괄해야 한다. 명백히 그러한 지수는 존재하지 않으며, 그래서 우리는 대신 시장 전체를 대용하는 좀더 작은 규모의 지수를 선택한다.

어떤 기관들은 표 12.4에서 이야기했던 바로 그 방법으로 베타를 추정하지만, 어떤 기관들은 통계적 이유로 인해 약간의 조정을 한다. 일반적인 조정 중의 하나는 통계학 수업에서 들어봤을 '평균회귀(reversion to the mean)'에 대한 조정이다. 높게 추정된 베타에는 양(+)의 추정오차가, 낮게 추정된 베타는 음(−)의 추정오차가 있을 가능성이 높기 때문에 1보다 높은 베타는 그 숫자를 낮추고, 1보다 낮은 베타는 그 숫자를 높인다. 이러한 조정을 하는가에 따라 기관별로 다른 베타가 나오게 된다.

마지막으로 우리가 관심을 가지는 것은 미래의 베타이지만, 베타는 과거의 자료로 추정하기 때문에 과거로 미래를 예측할 때의 문제점이 존재하게 된다. 다른 금융수단과 마찬가지로 베타도 의문없이 믿어야 하는 블랙박스는 아니다.

12.7 자본자산 가격결정모형(CAPM)의 확장

앞의 절에서 자본자산 가격결정모형(CAPM)을 간단히 배웠다. 투자자들에게 기대수익률은 놀라운 시사점을 제공한다. 우리의 포트폴리오에서 시간이 지남에 따라 얻을 수 있는 기대수익률은 우리가 부담하고 있는 체계적 위험에만 좌우된다는 것이다. 이로부터 도출되는 사실도 마찬가지로 놀라운데 만약 잘 분산된 포트폴리오를 가지고 있다면, 포트폴리오에 포함된 개별 자산의 총위험 또는 변동성에는 신경쓸 필요가 없다는 점이다.

물론 자본자산 가격결정모형은 이론이라는 사실을 명심해야 한다. 모든 이론이 그러하듯 그 이론이 맞는지 여부는 데이터가 이론을 지지하는가에 좌우된다. 자본자산 가격결정모형은 데이터로 입증이 되는가? 기대수익률은 베타에 의존할까? 베타에만 의존할까? 아니면 다른 요인들이 역할을 할까? 이는 재무분야에서 가장 많이 논의되는 문제 중에 하나이다.

이 절에서는 우선 자본자산 가격결정모형을 검증하려는 시도들의 역사를 간략하게 이야기할 것이다. 그리고 나서 자본자산 가격결정모형을 확장하려는 중요한 시도 중 하나인 Fama-French 3요인 모형에 대해서 다룰 것이다.

자본자산 가격결정모형(CAPM) 검증의 짧은 역사

자본자산 가격결정모형은 60년대 중반에 소개되었지만, 이에 대한 실증검증은 70년대 초반부터 이루어졌다. 연구자들은 본질적으로 평균수익률이 베타와 선형관계인가를 살펴보았다. 즉, 그림 12.3에서와 같이 베타와 평균수익률이 직선 상에 놓이는지를 살펴보았다. 초기의 연구들은 자본자산 가격결정모형이 데이터로 지지된다는 결과를 얻었다. 그러나, 다른 연구자들이 다른 요인들을 검증하는 과정에서 이러한 관계는 그렇게 강하지 않음을 발견하였다.

수년 간의 연구결과를 요약하면, 수익률과 베타의 관계는 분석 기간에 따라 매우 다르다. 어떤 기간에는 그 관계가 강하지만, 다른 기간에는 그렇지 않다, 또 다른 기간에는 수익률과 베타가 아무런 관계를 가지고 있지 않으며, 심지어는 음(−)의 관계를 가지기도 한다.

수년간 연구자들은 베타를 추정하는 방법을 개선시켜왔지만 추정의 결함은 여전하다. 게다가 베타를 제대로 추정하는 것이 가능한가에 대한 의문도 제기되었다. 이 주장의 핵심은 진정한 시장 포트폴리오를 만들 수 없기 때문에 진정한 베타도 추정이 불가능하다는 것이다. 그럼에도 불구하고 많은 연구자들은 자본자산 가격결정모형 검증을 시도해왔고 그 결과에 대해 논의를 계속하고 있다.

자본자산 가격결정모형에 대한 비판과 옹호 논쟁 가운데 몇가지 중요한 사실이 정립되었다. 비판자이든 옹호자이든 상관없이 다음의 일반적인 원칙에 대해서는 동의한다:

- 투자는 두 가지 차원을 가지고 있다: 위험과 수익
- 개별자산의 위험을 보는 것은 적절하지 않다. 개별 자산이 분산된 포트폴리오에 공헌하는 위험을 보는 것이 적절하다.
- 위험은 체계적 위험과 비체계적 위험으로 분해된다.
- 투자자들은 체계적 위험에 대해서만 보상받는다.

Fama–French 3요인 모형

자본자산 가격결정모형을 둘러싼 논쟁을 좀 더 이해하기 위해 Fama-French 3요인 모형을 살펴보자. 이 모형의 이름은 모형을 만든 사람들인 Eugene Fama 교수와 Kenneth French 교수의 이름을 따서 만들어졌다. 표 12.5는 주식수익률에 대한 수년간의 연구에서 발견된 중요한 사실들을 보여주고 있다. 두 종류의 주식은 시장 전체보다 더 나은 성과를 보이는 경향이 있다: (1) 시가총액이 작은 주식(소형주), (2) 주식의 장부가치/시장가치 비율이 높은 주식(가치주).

표 12.5 기업규모(시가총액)과 장부가/시가 비율로 분류한 25개 포트폴리오의 연평균수익률(1927~2014)

	(저 장부가/시가) 1	2	3	4	(고 장부가/시가) 5
1(소 시가총액)	9.53	14.08	17.07	19.80	22.32
2	12.46	15.61	17.03	18.26	19.63
3	12.87	15.38	16.05	16.76	18.53
4	12.83	13.25	15.01	16.33	16.85
5(대 시가총액)	11.48	11.39	12.34	12.44	15.02

출처: Kenneth French의 웹에 있는 데이터로 저자가 직접 계산

표 12.5는 다음과 같이 구성했다. 첫째, 매년 주식을 기업규모 즉, 시가총액으로 분류하였다. 예를 들어 가장 작은 20%의 주식을 시가총액 5분위 1로 분류하였고, 그 다음 작은 20%의 주식을 시가총액 5분위 2로 분류하였다. 둘째, 매년 주식을 장부가/시가 비율로 분류하였다. 가장 낮은 20%의 주식을 장부가/시가 5분위 1로 분류하였고, 그 다음 작은 20%의 주식을 장부가/시가 5분위 2로 분류하였다.

연평균수익률이 9.53%인 셀을 보자. 그 숫자는 다음과 같이 계산했다. 위에서의 분류를 통해 특정 주식은 25(=5×5) 포트폴리오 중 하나에 속하게 되었다. 이를테면 가장 작은 시가총액이면서 가장 낮은 장부가/시가 비율을 가진 주식은 1−1 포트폴리오에 속하게 된다. 표 12.5에서 보는 바와 같이 1927년부터 2014년 기간 동안에 1−1 포트폴리오의 연평균수익률은 9.53%이다.

표 12.5에서 3가지 사실을 발견할 수 있다. 시가총액이 가장 작고 가장 높은 장부가/시가 비율을 가진 1−5 포트폴리오가 가장 높은 수익률을 기록하고 있다. 열에서 비교해보면, 열 3, 4, 5에서 가장 작은 시가총액의 포트폴리오가 가장 높은 수익률을 기록하고 있다. 행에서 비교해보면, 모든 행에서 가장 높은 수익률을 기록하는 포트폴리오는 장부가/시가 비율이 가장 높은 포트폴리오이다.

추가적인 분석을 통해 Fama 교수와 French 교수는 베타의 차이로는 표 12.5의 수익률 차이를 설명하기에는 부족하다는 결론을 내렸다. 그들은 수익률 차이를 설명하기 위해서는 시가총액과 장부가/시가 비율 두 요인이 추가되어야 한다고 주장했다. 결과적으로 그들의 모형은 총 3개의 요인을 가지고 있다.

여기에서 베타와 시가총액, 두 요인은 이해가 될 것이다, 그러나, 장부가/시가 비율은 무엇을 의미할까? 어떤 주식이 낮은 장부가/시가 비율을 가지고 있다면, 그것은 시장이 주당 장부가(BPS)에 비해 높은 가격을 지불하고 있다는 의미이다. 그리고, 이는 해당 주식이 높은 성장성을 가지고 있을 때 일어난다, 반대로 높은 장부가/시가 비율을 가진 주식은 가치주로 간주된다.

이러한 개념을 이용하면 표 12.5의 결과는 쉽게 설명할 수 있다. 다른 것이 동일하다면 가치주는 일반적으로 성장주에 비해 높은 성과를 보인다. 이러한 결과는 많은 투자자들이 가지고 있는 믿음과 상당한 차이가 있다. 그러나, 표 12.5의 결과는 가치주가 성장주에 비해 높은 성과를 보인다는 사실을 명백하게 보여준다,

12.8 요약과 결론

이 장은 위험과 수익의 본질을 다루었고 많은 정의와 개념을 논의하였다. 그 중 가

장 중요한 것은 증권시장선(security market line, SML)인데 위험을 부담하는 대가에 대한 부분을 명확하게 이해하는 것이 중요하다. 아래에서 증권시장선의 기본적인 경제 논리를 정리한 것을 잘 이해하도록 하자.

1. 기대수익률과 비기대수익률의 차이

A. 금융시장에서 거래되는 주식의 수익률은 두 부분으로 구성되어 있다. 기대수익률은 투자자들이 예측하거나 기대하는 부분으로 투자자들이 해당 주식에 대해 가지고 있는 정보를 반영한다. 현재 시점에서 미래에 주식에 영향을 줄 중요한 요인들에 대해 시장에서 어떻게 판단하고 있는가에 근거한다.

B. 비기대수익률은 불확실하거나 위험한 부분으로 앞으로 일어날 현재 시점에서는 시장에서 기대하지 못했던 정보에 의해 발생한다.

2. 체계적 위험과 비체계적 위험의 차이

A. 과거 경험에 따른다면 위험을 부담하면 보상이 주어지는데 이러한 보상을 위험 프리미엄이라고 한다.

B. 총위험은 체계적 위험과 비체계적 위험으로 분해된다. 비체계적 위험은 분산을 통해 없앨 수 있는데 이를 분산원칙이라고 한다. 체계적 위험만이 보상되기 때문에 위험 프리미엄은 체계적 위험에 의해 결정되고 이를 체계적 위험원칙이라고 한다.

3. 증권시장선과 자본자산 가격결정모형

A. 특정 자산의 평균에 대비한 체계적 위험은 베타계수 β_i로 측정된다. 위험 프리미엄은 시장위험 프리미엄과 베타의 곱 즉 $[E(R_M)-R_f]\times\beta_i$로 주어진다

B. 기대수익률 $E(R_i)$는 무위험이자율 R_f에 위험 프리미엄 $[E(R_M)-R_f]\times\beta_i$이 더해져서 구해진다. $E(R_i)=R_f+[E(R_M)-R_f]\times\beta_i$이 증권시장선 공식이며, 자본자산 가격결정모형의 요체이다.

4. 베타의 중요성

A. 체계적 위험은 수익률의 중요한 결정요인이기 때문에 투자들의 체계적 위험을 측정할 방법이 필요하다.

B. 베타계수라 불리는 지표은 그리스문자 β로 표시되고 평균적인 자산에 대비한 특정 자산의 체계적 위험을 나타내준다.

C. 정의상 평균적인 자산은 베타계수가 1이다. 0.5의 베타를 가지는 자산은 평균적인 자산보다 0.5배의 체계적 위험을 가지고 있다.

D. 이 장에서 베타를 계산하는 법과 정보사이트들마다 다른 베타를 발표하는 이유에 대해 배웠다. 자본자산 가격결정모형의 중요한 확장인 Fama-French 3요인 모형에 대한 논의도 기억하기 바란다.

주요 용어

체계적 위험(systematic risk) 516
비체계적 위험(unsystematic risk) 516
체계적 위험 원칙(systematic risk principle) 519
베타 계수(beta coefficient) 520
증권시장선(security market line, SML) 529
시장위험 프리미엄(market risk premium) 530
자본자산 가격결정모형(capital asset pricing model, CAPM) 531
공분산(covariance) 536

단원 후 문제와 자습 문제

1. 위험과 수익률(LO3, CFA2) 상황이 다음과 같다고 하자.

증권	베타	기대수익률
Sanders	1.8	22.00%
Janicek	1.6	20.44

무위험이자율이 7%이라고 한다면 두 주식은 제대로 가치평가가 된 것인가? 두 주식이 제대로 가치평가가 되려면 무위험이자율이 얼마가 되어야 하는가?

2. 자본자산 가격결정모형(CAPM)(LO3, CFA1) 무위험이자율인 8%이라고 하자. 시장의 기대수익률은 16%이다. 특정 주식의 베타가 0.7이라면 자본자산 가격결정모형(CAPM)에 의한다면 이 주식의 기대수익률은 얼마가 되어야 하는가? 또 다른 주식의 기대수익률이 24%이라면, 베타는 얼마가 되어야 하는가?

자습 문제 해답

1. 보상/위험 비율을 계산하면 Sanders는 (22%–7%)/1.8=8.33%이고 Janicek는 8.4%이다. Sanders에 비해

서 Janicek의 기대수익률은 높고 따라서 가격은 낮다. 두 주식이 제대로 가치평가되어 있다면 보상/위험 비율이 같아야 한다. 무위험이자율은 다음과 같이 되어야 한다.

$$\frac{22\% - R_f}{1.8} = \frac{20.44\% - R_f}{1.6}$$

약간의 계산을 하면 무위험이자율은 8%가 되어야 한다는 것을 알 수 있다.

$$22\% - R_f = (20.44\% - R_f)(1.8/1.6)$$
$$22\% - 20.44\% \times 1.125 = R_f - R_f \times 1.125$$
$$R_f = 8\%$$

2. 시장의 기대수익률은 16%이기 때문에 시장위험 프리미엄은 16%–8%=8%이다. (무위험이자율 역시 8%). 첫 번째 주식의 베타는 0.7이므로 기대수익률은 8%+8%×0.7=13.6%.

두 번째 주식의 위험 프리미엄은 24%–8%=16%. 시장위험 프리미엄의 2배이므로 베타는 정확히 2가 되어야 한다. 이를 자본자산 가격결정모형(CAPM)을 이용해 확인할 수 있다.

$$E(R_i) = R_f + [E(R_M) - R_f] \times \beta_i$$
$$24\% = 8\% + (16\% - 8\%) \times \beta_i$$
$$\beta_i = 16\%/8\% = 2.0$$

투자 지식 학습

1. 포트폴리오 수익률(LO3, CFA1) 자본자산 가격결정모형(CAPM)에 따르면, 베타가 1인 포트폴리오의 수익률은?

a. R_M과 R_f의 사이　　b. 무위험이자율 R_f

c. $\beta \times (R_M - R_f)$　　d. 시장수익률 R_M

2. 주식수익률(LO1, CFA4) 주식수익률은 다음 어느 부분으로 구성되는가?

a. 기대수익률과 비기대수익률　　b. 측정 가능한 수익률과 측정 불가능한 수익률

c. 예상수익률과 예측수익률　　d. 총수익률과 부분수익률

3. 뉴스요소(LO1, CFA4) 주식에 대한 공시 내용은 다음 어느 부분으로 구성되는가?

a. 기대되는 부분과 충격　　b. 공적 정보와 사적 정보

c. 금융 정보와 제품 정보　　d. 좋은 부분과 나쁜 부분

4. 뉴스효과(LO1, CFA4) 어느 회사가 당기순이익이 예년에 비해 50% 증가하였다고 발표했다. 이는 증권분석가의 예상에 부합되는 수준이다. 주가에 미치는 영향은?

a. 주가 상승　　b. 주가 하락

c. 주가가 상승하였다가 과잉반응에 의해 하락　　d. 주가에 영향을 미치지 않는다

5. 뉴스효과(LO1, CFA4) 어떤 회사가 당기순이익이 전년 대비 25% 하락하였다고 발표했다. 그러나, 증권분석가들은 소폭 상승을 예상하고 있었다. 주가에 미치는 효과는?

a. 주가 상승
b. 주가 하락
c. 주가가 상승하였다가 과잉반응에 의해 하락
d. 주가에 영향을 미치지 않는다

6. 뉴스효과(LO1, CFA4) 어떤 회사가 당기순이익이 전년 대비 25% 하락하였다고 발표했다. 그러나, 증권분석가들은 50% 상승을 예상하고 있었다. 주가에 미치는 효과는?

a. 주가 상승
b. 주가 하락
c. 주가가 상승하였다가 과잉반응에 의해 하락
d. 주가에 영향을 미치지 않는다

7. 뉴스효과(LO1, CFA4) 어떤 회사가 당기순이익이 전년 대비 50% 하락하였다고 발표했다. 그러나, 증권분석가들은 25% 하락을 예상하고 있었다. 주가에 미치는 효과는?

a. 주가 상승
b. 주가 하락
c. 주가가 상승하였다가 과잉반응에 의해 하락
d. 주가에 영향을 미치지 않는다

8. 증권위험(LO2, CFA2) 증권의 체계적 위험은 달리 어떻게 불리기도 하는가?

a. 인식된 위험
b. 고유위험
c. 시장위험
d. 기본위험

9. 증권위험(LO2, CFA2) 분산을 통해 제거될 수 있는 위험은?

a. 인식된 위험
b. 시장위험
c. 체계적 위험
d. 비체계적 위험

10. 증권위험(LO2, CFA2) 체계적 위험 원칙이 의미하는 바는?

a. 체계적 위험은 투자에 중요하지 않다.
b. 체계적 위험은 분산을 통해 제거가능하다.
c. 위험에 대한 보상은 체계적 위험과 관련이 없다.
d. 위험에 대한 보상은 체계적 위험에 대해서만 주어진다.

11. 증권위험(LO2, CFA2) 체계적 위험 원칙이 주는 시사점은?

a. 체계적 위험은 비체계적 위험에 비해 선호된다.
b. 체계적 위험은 분산을 통해 제거할 수 있는 유일한 위험이다.
c. 증권의 기대수익률은 체계적 위험과 관련이 없다.
d. 증권의 기대수익률은 체계적 위험에만 의존한다.

12. 자본자산 가격결정모형(CAPM)(LO3, CFA1) 증권시장선(SML)이란?

a. 체계적 위험과 기대수익률의 관계
b. 비체계적 위험과 기대수익률의 관계
c. 체계적 위험과 비체계적 위험의 관계
d. 비체계적 위험과 비기대수익률의 관계

13. 위험회피(LO3, CFA2) 다음 중 위험회피의 시사점이 아닌 것은?

a. 증권시장선(SML)은 우상향한다.

b. AAA 등급 채권의 보장수익률은 A 등급 채권보다 높다.

c. 투자자들은 위험과 기대수익률 간에 양(+)의 관계를 기대한다.

d. 투자자들은 동일한 수익률이라면 효율적 경계선 상의 포트폴리오를 선호한다.

14. 비체계적 위험(LO2, CFA2) 자본시장이론에서 비체계적 위험은?

a. 고유위험으로도 불린다.

b. 분산불가능한 위험을 의미한다.

c. 시장 포트폴리오에 남아있다.

d. 거시경제요인이나 시장 전체에 영향을 미치는 요인으로 인한 변동성을 의미한다.

15. 증권시장선(SML)(LO3, CFA1) 증권시장선(SML)에 관한 다음 진술 중 틀린 것은?

a. 적정하게 가치평가된 자산은 증권시장선(SML) 상에 놓인다.

b. 증권시장선(SML)에 의해 모든 투자자들은 동일한 위험자산을 보유하게 된다.

c. 증권시장선(SML)은 투자성과 평가에 이용될 수 있다.

d. 증권시장선(SML)은 베타와 기대수익률의 관계를 그래프로 표현한 것이다.

개념 문제

1. 분산가능 위험(LO2, CFA2) 왜, 어떤 위험은 분산이 가능한가? 왜, 어떤 위험은 분산이 불가능한가? 이는 투자자들이 비체계적 위험은 통제할 수 있지만, 체계적 위험은 통제할 수 없다는 의미인가?

2. 공시와 가격(LO1, CFA4) 최근 완료한 조사로부터 정부가 경제성장률이 지난 해에는 5%이었으며 올해는 2%가 예상된다고 공시하였다고 하자. 주가는 상승할까? 그대로 있을까? 시장에서 2%를 예상하고 있었다면 어떻게 달라질까? 그 이유는?

3. 공시와 위험(LO2, CFA4) 체계적 사건인지, 비체계적 사건인지 구분하라. 모든 경우에 구분이 명확한가?

a. 단기이자율이 기대치 않게 상승하였다.

b. 은행이 대출이자율을 인상하였다.

c. 유가가 기대치 않게 하락하였다.

d. 석유탱크가 부서져 대량의 석유 유출이 발생했다.

e. 제조업자가 수백억원의 제품 손해보상 소송에서 패소하였다.

f. 대법원에서 제품손해보상의 범위를 넓히는 결정을 하였다.

4. 공시와 위험(LO2, CFA4) 다음의 사건이 모든 주식의 가격을 변화시킬지 또는 Big Widget Corp. 주식의 가격을 변화시킬지 논하라.

a. 정부가 물가상승률이 기대치 않게 전월 대비 2% 상승했다고 발표했다.

b. Big Widget의 분기 당기순이익이 증권분석가들의 예측에 미치지 못한다고 발표했다.

c. 정부는 경제성장률이 증권분석가들의 예측에 부합하게 3%이라고 발표했다.

d. Big Widget의 이사 중 한명이 비행기 사고로 사망했다.

e. 의회가 법인세 상위구간 세율을 인상하는 법안을 승인했다. 이 법안은 지난 6개월간 논란이 되어 왔다.

5. 분산과 위험(LO2) 참, 거짓을 밝히고 이유를 설명하라. 잘 분산된 포트폴리오의 기대수익률을 결정하는 중요한 요인은 개별 자산의 분산이다.

6. 공시(LO1, CFA4) 당기순이익 공시는 많은 관심의 대상이 되며, 주가 변동의 주요 요인이다. 두 가지 이슈에 주목해야 한다. 첫째, 당기순이익은 과거에 대한 수치이다. 주가가 미래에 대한 예측에 근거한다면, 과거 성과를 요약한 지표가 의미가 있는 것인가? 둘째, 공시되는 수치는 회계적 당기순이익이다. 그리고 회계적 당기순이익은 현금흐름과는 다를 수 있다. 왜, 회계적 당기순이익이 의미를 가지는가?

7. 베타(LO4, CFA2) 위험자산의 베타가 0일 수 있는가? 자본자산 가격결정모형(CAPM)에 따른다면 이런 자산의 기대수익률은 무엇이 되는가? 위험자산의 베타가 음(−)일 수 있는가? 이런 자산의 기대수익률은 무엇이 되는가? 그 이유는?

8. 상대가치평가(LO3, CFA2) 어떤 자산이 다른 자산에 비해 고평가되었다고 하자. 이로부터 어떻게 이익을 취할 수 있는가? 이 두 자산이 세 번째 자산에 비해 고평가되었다고 하자. 이때는 어떻게 이익을 취할 수 있는가?

9. 보상/위험 비율(LO3, CFA2) 모든 자산이 동일한 보상/위험 비율을 가진다는 것이 무엇을 의미하는가? 이것이 사실이라면 어떻게 수익률을 높힐 수 있는가? 유동성이 높고 제대로 작동하는 시장에서 모든 자산이 동일한 보상/위험 비율을 가지는 이유는 무엇인가?

10. 체계적 위험과 고유위험(LO2, CFA2) CFA인 Dudley Trudy는 최근 고객을 만났다. Trudy는 여러 산업에 걸쳐 유망종목 30개에 투자하고 있다. 면담 후 고객은 다음과 같은 결론을 내렸다. '나는 당신의 종목선택능력을 믿습니다. 그렇지만, 가장 좋은 다섯개의 종목에 투자하고 싶습니다. 어떤 종목에 대해 더 강한 의견을 가지고 있는데 왜 30개 종목에 투자해야 합니까?" Trudy는 고객의 질문에 대해 현대포트폴리오이론에 근거하여 답하고 싶어한다.

a. 체계적 위험과 고유위험을 비교하고, 각각의 예를 들어라.

b. 고객제안에 대해 비판하라. 투자 종목 수가 체계적 위험과 고유위험에 미치는 효과에 대해 논의하라.

질문과 문제

기본 문제

1. 베타(LO3, CFA2) 어떤 주식의 기대수익률은 13.2%, 무위험이자율은 3.5%, 시장위험 프리미엄은 7.5%이다. 이 종목의 베타는 얼마가 되어야 하는가?

2. 시장수익률(LO3, CFA1) 어떤 주식의 기대수익률은 8.0%, 베타는 0.60, 무위험이자율은 3%이다. 시장 포트폴리오의 기대수익률은 얼마가 되어야 하는가?

3. 무위험이자율(LO3, CFA1) 어떤 주식의 기대수익률은 12%, 베타는 1.4, 시장의 기대수익률은 10%이다. 무위험이자율은 얼마가 되어야 하는가?

4. 시장위험 프리미엄(LO3, CFA1) 어떤 주식의 베타는 0.8, 기대수익률은 11%이다. 무위험이자율이 4.5%이라면, 시장위험 프리미엄은 얼마가 되어야 하는가?

5. 포트폴리오 베타(LO4, CFA2) 주식 Q에 10%, 주식 R에 25%, 주식 S에 50%, 주식 T에 15% 투자하고 있다. 네 주식의 베타는 각각 1.4, 0.6, 1.5, 0.9이다. 포트폴리오 베타는?

6. 포트폴리오 베타(LO4, CFA1) 주식 A는 $60에 400주, 주식 B는 $85에 500주, 주식 C는 $25에 900주 가지고 있다. 세 주식의 베타는 각각 0.8, 1.2, 0.7이다. 포트폴리오 베타는?

7. 주식 베타(LO4, CFA1) 무위험자산과 두 주식에 동일 가중으로 투자한 포트폴리오를 가지고 있다. 한 주식의 베타는 1.20이고 포트폴리오 베타는 시장과 동일하다. 나머지 주식의 베타는?

8. 기대수익률(LO3, CFA2) 어떤 주식의 베타는 0.85, 시장의 기대수익률은 11%, 무위험이자율은 3%이다. 이 주식의 기대수익률은 얼마가 되어야 하는가?

9. 자본자산 가격결정모형(CAPM)과 주가(LO3, CFA4) 어떤 주식이 오늘 $35에 팔리고 있다. 베타는 1.2, 시장의 기대수익률은 12%이다. 이 주식은 1년 동안 $0.80의 배당이 기대된다. 무위험이자율이 5.5%이라면, 1년 후 이 주식의 주가는 얼마나 되어야 하는가?

10. 포트폴리오 비중(LO4, CFA2) 어떤 주식의 베타는 0.9, 기대수익률은 9%, 무위험이자율은 4%이다.
    a. 무위험자산과 이 주식에 반반 투자할 경우, 기대수익률은?
    b. 무위험자산과 이 주식에 투자한 포트폴리오의 베타가 0.5일 때 주식의 포트폴리오 비중은?
    c. 무위험자산과 이 주식에 투자한 포트폴리오의 기대수익률이 8%일 때, 포트폴리오 베타는?
    d. 무위험자산과 이 주식에 투자한 포트폴리오의 베타가 1.80일 때, 주식의 포트폴리오 비중은? 이 경우 각 자산의 포트폴리오 비중은 어떻게 해석할 수 있는가?

중급 문제

11. 포트폴리오 위험과 수익률(LO3, CFA1) 자산 W의 기대수익률은 12.0%, 베타는 1.1이다. 무위험이자율이 4%이라면, 자산 W와 무위험자산의 포트폴리오에 관한 다음 표를 완성하라. 베타와 기대수익률을 그래프로 표현하여 포트폴리오 베타와 기대수익률의 관계를 보여라. 직선의 기울기는 얼마인가?

자산 W의 비중	포트폴리오 기대수익률	포트폴리오 베타
0%		
25		
50		
75		
100		
125		
150		

12. 상대가치평가(LO3, CFA2) 주식 Y는 베타가 1.05, 기대수익률이 13%이다. 주식 Z는 베타가 0.70이고 기대수익률이 9%이다. 무위험이자율이 5%이고 시장위험 프리미엄이 7%이라면, 이 주식들은 적정하게 가치평가되었는가?

13. 상대가치평가(LO3, CFA2) 문제 12에서 두 주식들이 적정하게 가치평가되기 위해서는 무위험이자율이 얼마가 되어야 하는가?

14. 자본자산 가격결정모형(CAPM)(LO3, CFA1) 자본자산 가격결정모형(CAPM)을 이용해서 두 자산의 위험 프리미엄의 비율은 두 자산의 베타의 비율과 동일해야 함을 보여라.

15. 상대가치평가(LO3, CFA2) 상황이 다음과 같다고 하자.

증권	베타	기대수익률
Peat Co.	1.05	12.3%
Re-Peat Co.	0.90	11.8

그리고 이들 증권의 가치평가는 적절하다고 하자. 자본자산 가격결정모형(CAPM)에 따르면, 시장의 기대수익률은 얼마가 되어야 하는가? 무위험이자율은 얼마가 되어야 하는가?

16. 베타 계산(LO3, CFA2) 베타를 계산하는 방법은 증권과 시장간의 공분산을 시장의 분산으로 나누는 것임을 보여라.

17. 베타 계산(LO4, CFA2) 다음 표의 빈칸을 채워라. 이를 이용하여 베타를 계산하라.

연도	수익률		수익률 편차		편차 제곱		편차곱
	증권	시장	증권	시장	증권	시장	
2012	8	5					
2013	−18	−14					
2014	21	15					
2015	38	21					
2016	16	7					

18. 포트폴리오 분석(LO4, CFA2) $100,000로 주식 X, 주식 Y, 무위험자산으로 구성된 포트폴리오에 투자하려고 한다. 모든 돈을 투자해야만 한다. 목표는 기대수익률이 13%이고, 시장 포트폴리오의 위험에 70%의 위험을 가지는 것이다. X는 기대수익률이 31%, 베타가 1.8, Y는 기대수익률이 20%, 베타가 1.3, 무위험이자율은 7%이다. 주식 Y에 얼마나 투자해야 하는가? 이 투자를 어떻게 해석해야 하는가?

19. 체계적 위험과 비체계적 위험(LO2, CFA4) 주식 I과 주식 II에 대한 다음 정보를 가지고 답하라.

경제상태	경제상태의 확률	특정 상태가 발생했을 때의 수익률	
		주식 I	주식 II
침체	.30	0.05	−0.18
정상	.40	0.19	0.14
호황	.30	0.13	0.29

시장위험 프리미엄은 8%이고, 무위험이자율은 5%이다. 어느 주식이 가장 큰 체계적 위험을 가지고 있는가? 어느 주식이 가장 큰 비체계적 위험을 가지고 있는가? 어느 주식이 더 위험한가? 그 이유는?

20. 체계적 위험과 비체계적 위험(LO2, CFA4) 어떤 주식의 베타는 1.15, 무위험이자율은 5%, 시장의 기대수익률은 13%이다. 다음 표의 빈칸을 채워라.

연도	실제수익률		비기대수익률		체계적 부분		비체계적 부분
	R	R_M	$R-E(R)$	$R_M-E(R_M)$	$[R_M-E(R_M)]\times\beta$		$[R-E(R)]-[R_M-E(R_M)]\times\beta$
2012	10	12					
2013	11	8					
2014	−8	−11					
2015	−6	14					
2016	28	7					

21. 자본자산 가격결정모형(CAPM)(LO3, CFA2) Landon Stevens는 Furhman Labs, Inc.과 Garten Testing, Inc.의 성과를 분석하고 있다, 무위험이자율은 4%, 시장의 기대수익률은 11.5%, 두 주식의 베타는 각각 1.2와 0.9이다. Stevens은 Furhman Labs의 수익률을 13.75%, Garten의 수익률을 10.50%로 예측하고 있다. 두 주식의 요구수익률을 계산하라. 각 주식은 저평가되어 있는가? 고평가되어 있는가? 또는 적정평가되어 있는가?

스프레드시트 문제

22. 베타 계산(CFA1) 시장과 어떤 주식에 대한 정보는 다음과 같다.

연도	수익률	
	시장	주식
2011	18%	31%
2012	11	27
2013	12	3
2014	−14	−21
2015	37	16
2016	15	22

시장과 이 주식의 평균수익률과 표준편차를 계산하라. 다음으로 시장과 주식의 상관계수와 주식의 베타를 계산하라. 스프레드시트를 사용해서 계산하라.

CFA 관련 문제

[CFA1, CFA2]

Janet Bellows, a portfolio manager, is attempting to explain asset valuation to a junior colleague, Bill Clay. Ms. Bellows's explanation focuses on the capital asset pricing model (CAPM). Of particular interest is her discussion of the security market line (SML) and its use in security selection. After a short review of the CAPM and SML, Ms. Bellows decides to test Mr. Clay's knowledge of valuation using the CAPM. Ms. Bellows provides the following information for Mr. Clay:

- The risk-free rate is 7 percent.
- The market risk premium during the previous year was 5.5 percent.
- The standard deviation of market returns is 35 percent.

- This year, the market risk premium is estimated to be 7 percent.
- Stock A has a beta of 1.30 and is expected to generate a 15.5 percent return.
- The correlation of stock B with the market is .88.
- The standard deviation of stock B's returns is 58 percent.

Then Ms. Bellows provides Mr. Clay with the following information about Ohio Manufacturing, Texas Energy, and Montana Mining:

	Ohio	Texas	Montana
Beta	0.50		1.50
Required return	10.5%	11.0%	
Expected return	12.0%	10.0%	15.0%
S&P 500 expected return		14.0%	

1. Based on the stock and market data provided above, which of the following data regarding stock A is most accurate?

	Required Return	Recommendation
a.	16.1%	Sell
b.	16.1%	Buy
c.	14.15%	Sell

2. The beta of stock B is closest to:
   a. 0.51
   b. 1.07
   c. 1.46

3. Which of the following represents the best investment advice?
   a. Avoid Texas because its expected return is lower than its required return.
   b. Buy Montana and Texas because their required returns are lower than their expected returns.
   c. Buy Montana because it is expected to return more than Texas, Ohio, and the market.

4. If the market risk premium decreases by 1 percent while the risk-free rate remains the same, the security market line:
   a. Becomes steeper.
   b. Becomes flatter.
   c. Parallel shifts downward.

CHAPTER

13

성과 평가와 위험 관리

"내가 걱정하는 것은 투자의 수익이 아니라 투자의 회수이다."

—

윌 로저스(Will Rogers)

"주식 시장은 출렁일 겁니다!"

—

J. P. 모건(J. P. Morgan)

유머리스트 윌 로저스(Will Rogers)는"[자신의] 투자 회수"에 대한 우려를 표명하였다. 기자가 주식 시장이 무엇을 할 것이라고 생각하는지 유명한 금융가 모건(J.P. Morgan)에게 물었을 때 모건(J.P. Morgan)은 자신의 잘 알려진 인용문으로 대답하였다. 윌 로저스와 모건은 모두 투자의 기본적 사실(즉 위험 자산을 보유한 투자자가 하는 다음의 걱정스러운 질문들)을 이해하고 있었다: 내 투자가 얼마나 잘되고 있는가? 내가 얼마나 많은 돈을 벌거나 잃고 있는가? 그리고

CFA 예제

1. 글로벌 투자 성과기준(Global Investment Performance Standards, GIPS) 소개(L1, S1)
2. 글로벌 투자 성과기준(Global Investment Performance Standards, GIPS) (L1, S1)
3. 통계개념 및 시장수익률(L1, S2)
4. 상관관계 및 회귀분석(L2, S3)
5. 적극적 포트폴리오 관리 분석(L2, S18)
6. 리스크 관리(L3, S14)
7. 포트폴리오 성과 평가(L3, S17)
8. 글로벌 투자 성과기준(GIPS) 개요(L3, S18)

학습목표

당신의 투자 성과를 높게 평가받기 위해 당신이 다음을 알고 있음을 확실히 해야 한다.

1. 가장 잘 알려진 포트폴리오 평가 측정치를 계산하는 방법
2. 이러한 포트폴리오 평가 측정치의 강점과 약점
3. 샤프 최적 포트폴리오를 계산하는 방법
4. 가치대위험를 계산하고 해석하는 방법

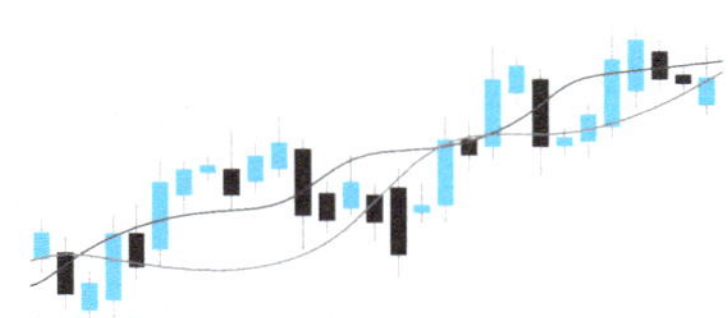

내가 큰 손실을 입을 가능성은 얼마인가?

이 장에서 위험 자산 투자자가 직면한 두 개의 연관된 문제를 다루는 방법을 알아본다. 이 문제들은 (1) 위험을 조정한 투자 성과를 평가하는 것과 (2) 특정 투자 전략과 관련된 위험을 평가하고 관리하는 것이다. 두 주제 모두 본 교재 이전 장에서 언급되었지만, 우리는 지금까지 자세한 논의를 연기하였다.

먼저 성과 평가(performance evaluation) 문제를 고려하자. 구체적으로, 우리는 최근 기간을 포함하는 여러 포트폴리오에 대한 투자 수익 자료를 가지고 있고, 또한 우리는 특정 포트폴리오가 다른 포트폴리오 또는 투자 벤치마크와 비교하여 얼마나 이 특정 포트폴리오가 성과가 좋은지 평가하길 원한다고 가정하자. 이러한 형태의 조사에 대한 필요성은 다음을 포함한 다수의 상황에서 발생한다.

- 뮤추얼 펀드를 투자할 계획인 투자자는 먼저 수십 개의 후보 펀드들의 투자 성과를 비교하고자 한다.
- 연기금 관리자가 자금 운용사를 선정하고자 한다. 따라서 연기금 관리자는 운용사들의 투자 성과를 비교해야 한다.
- 고용주가 회사가 후원하는 401(k) 퇴직 기금에 포함될 투자 회사를 선택하기 전에 여러 투자 회사의 성과를 비교하고자 한다.

이 장의 첫 번째 부분에서는 포트폴리오 성과에 대한 몇 가지 유용한 평가 척도를 검토하고 성과평가척도를 이러한 상황과 유사한 상황에 적용하는 방법에 대해 논의한다.

이 장의 두 번째 부분에서는 큰 손실 가능성을 걱정하는 투자자 또는 자금 관리자의 관점에서 위험 관리의 중요한 문제에 대해 논의한다. 특히, 설정된 미래 기간에 경험할 것으로 예상되는 손실의 확률과 규모를 평가하는 방법을 알아본다. 이러한 위험 평가 기법은 일반적으로 다음과 같은 여러 상황에서 사용된다.

- 뉴욕 증권거래소(NYSE)의 시장 조성자(DMM)가 현재 주식 재고를 바탕으로 다음날 거래를 조성할 경우 5%의 확률로 얼마의 손실이 발생할지 알기 원한다.
- 상업 은행의 외국환 관리자가 다음 주에 은행의 외환 포트폴리오에서 2% 확률로 얼마나 많은 손실이 발생할지 알기 원한다.

- 선물거래소의 거래 청산소에서 회원사가 백 년에 한 번 발생 가능한 극단적인 손실을 보상하기 위해 얼마나 많은 마진 자금을 입금해야 하는지 판단하고자 한다.

위의 시나리오 및 이와 유사한 시나리오에서 위험을 평가하는 데 사용되는 방법은 일반적으로 최대 예상 손실액(value-at-risk)이라고 알려진 측정방법이다. 은행, 증권사 및 기타 금융 회사가 관리하고 있는 포트폴리오의 위험 노출 정도를 평가하고 이해하기 위해 최대 예상 손실액 척도가 광범위하게 사용되고 있다.

13.1 성과 평가

투자자가 자신의 포트폴리오를 관리하든지 또는 투자자문가가 투자자의 자금을 관리하든지 관계없이 투자자들이 특정 투자가 얼마나 잘 수행되었는지에 대해 관심을 가지는 것은 당연(매우 이상적인)하다 투자 성과에 대한 걱정은 성과 평가(performance evaluation)에 대한 관심때문인 경우가 대부분이다. 일반적으로 성과 평가는 자금 관리자가 수용 가능한 위험으로 얼마나 높은 수익을 잘 달성했는지를 평가하는 데 초점을 두고 있다.

성과 평가
자금 관리자가 고수익과 수용 가능한 위험 사이의 균형을 얼마나 잘 달성하는지에 대한 평가

이전 장에서 효율적 시장에 대한 논의를 진행하면서 위험 조정 성과에 대한 질문을 던졌던 것은, 누군가가 '초과' 수익을 지속적으로 얻어서 "시장을 이기고" 있는지 여부에 대한 질문을 제기하기 위해서였다. 대표적인 경우가 뮤추얼펀드 매니저가 성취한 투자 성과의 평가이다. 이러한 성과 평가는 펀드 매니저에게 투자 자금을 위탁할지 여부를 투자자가 결정할 수 있도록 돕기 위한 목적이기 때문에 학술적인 의미 이상으로 실무적 의미가 매우 크다. 이 장에서 이런 평가를 수행하는 데 사용되는 주요 지표를 소개하고자 한다.

성과 평가 척도

투자 성과를 평가하기 위해 다양한 척도가 사용된다. 여기에서는 샤프 비율, 트레이너 비율, 젠센의 알파, 정보 비율 및 (R 제곱)과 같은 가장 잘 알려지고 가장 일반적인 성과 지표를 알아본다. 우선 성과 평가의 순수한 측정 방법–포트폴리오의 원수익률(raw returns)–을 간략히 논의해 보도록 하자.

원수익률
위험에 대한 조정 또는 벤치마크와의 비교없이 투자에 대한 총 수익률을 말한다.

R_p로 표시되는 투자 포트폴리오의 원수익률은 위험에 대한 조정이나 또는 어떤

벤치 마크와의 비교없이 백분율로 계산한 포트폴리오의 총수익률(total percentage return)이다. 백분율에 의한 수익률 계산은 1장을 참조하라. 포트폴리오 원수익률은 위험에 대한 어떤 고려도 하지 않기 때문에 투자를 결정할 때 원수익률의 활용성이 제한된다. 더욱이 거의 모든 투자자가 위험을 고려하기 때문이다.

샤프 비율

샤프 비율
포트폴리오 수익률 표준편차에 대한 포트폴리오 위험프리미엄의 비율로 투자 성과를 측정한다.

위험 조정을 포함하는 투자 성과의 기본 척도는 노벨 경제학상 수상자인 William F. Sharpe가 최초로 제안한 샤프 비율(sharpe ratio)이다. 샤프 비율은 포트폴리오의 위험 프리미엄을 포트폴리오 수익률의 표준편차로 나눈 값으로 계산된다.

$$\text{샤프 비율} = \frac{R_p - R_f}{\sigma_p} \tag{13.1}$$

식 (13.1)에서 포트폴리오 위험 프리미엄은 포트폴리오 원수익률에서 무위험 수익률을 차감한 값, 즉 $R_p - R_f$이며 위험부담에 대한 기초적인 보상을 의미한다. 1장에서 우리는 위험 프리미엄을 초과 수익(excess return)이라고 언급했으나 초과 수익률이라는 용어를 비정상 수익률(abnormal return)이라는 용어와 혼동하지 않아야 한다. 비정상 수익률은 유사한 위험을 가진 다른 투자와 비교하여 벌어들인 수익률의 척도이다. 이 장에서 애널리스트가 초과 수익률(또는 위험 프리미엄)을 (위험 조정된) 비정상 수익률로 변환하는 방법에 대해 설명하는데, 비정상 수익률은 투자 선택지 간에 더 나은 비교를 가능하게 한다.

수익률 표준편차(σ_p)는 이전 장에서도 언급되었듯이 위험의 척도로써, 개별증권 또는 포트폴리오에 대한 총위험(체계적 위험과는 다른)의 척도이다. 따라서 샤프 비율은 총위험에 초점을 맞춘 보상-대-위험 비율이라 할 수 있고, 총위험은 포트폴리오를 조정할 때 사용되기 때문에 샤프 비율은 상대적으로 분산된 포트폴리오를 평가하는 데 가장 적합할 수 있다.

예제 13.1

샤프 비율

최근 3년 동안 포트폴리오의 연 평균수익률은 20%였고 포트폴리오의 연 수익률의 표준편차는 25%였다. 동일 기간 동안 90일 만기 재무부 증권의 수익률은 5%이었다면, 이 3년 동안 포트폴리오의 샤프 비율은 얼마인가?

식 (13.1)을 참조하여 다음과 같이 계산한다.

$$\text{샤프 비율} = \frac{0.20 - 0.05}{0.25} = 0.6$$

총위험에 대한 포트폴리오 초과 수익률을 나타내는 샤프 비율이 0.6임을 알 수 있다.

표준편차는 투자의 평균수익률에서 떨어진 정도로 측정된다. 투자자들은 실제로 평균으로부터 양(+)의 편차에 관심을 두지 않을 수도 있다. 즉, 어느 누구가 투자로부터 예상보다 높은 기대수익률을 내는 것에 대해 초조해 하겠는가? 오히려, 투자자들은 예상보다 기대수익률이 낮은 경우에 대해 우려를 나타낸다. 즉, 투자자들은 평균과의 음(−)의 차이가 발생할 때 어려움을 겪는다.

성과를 측정하기 위해 샤프 비율을 사용하는 경우에 양(+)의 비정상 수익률을 달성한 펀드 매니저에게 의도하지 않은 불이익을 줄 수 있다. 양의 비정상 수익률은 변동성을 발생시키지만 긍정적인 면이 있는 변동성이다. 따라서 많은 투자자들은 성과의 또 다른 척도로서 소르티노(sortino) 비율을 고려한다.

소르티노 비율의 목적은 음(−)의 비정상 수익률, 즉 하락 위험에 기인한 원하지 않은 변동성을 갖는 펀드 매니저에게 불이익을 주는 것이다. 소르티노 비율은 평균보다 작은 값만 사용하여 표준편차를 계산한다는 중요한 하나의 예외를 제외하고 샤프 비율을 계산하는 것과 동일한 방법으로 소르티노 비율을 계산한다.

트레이너 비율

체계적 위험에 대한 조정을 포함하는 그리고 표준적인 투자성과 측정치로 트레이너 비율(treynor ratio)(또는 지수)이 있다. 이 비율은 Jack L. Traynor가 최초로 제안하였다. 트레이너 비율은 포트폴리오의 위험 프리미엄을 포트폴리오의 베타 계수로 나눈 값이다:

트레이너 비율
포트폴리오 베타에 대한 포트폴리오 위험프리미엄의 비율로 투자 성과를 측정한다.

$$\text{트레이너 비율} = \frac{R_p - R_f}{\beta_p} \tag{13.2}$$

샤프 비율과 마찬가지로 트레이너 비율은 보상−대−위험 비율이지만 주요 차이점은 트레이너 비율은 총위험이 아니라 체계적 위험만을 고려한다는 것이다.

예제 13.2

트레이너 비율

3년 동안 포트폴리오의 평균수익률은 20%이고 포트폴리오의 베타는 1.25이다. 같은 기간 동안 90일 만기 재무부 증권의 평균수익률은 5%이다. 동일 기간 동안 이 포트폴리오의 트레이너 비율은 얼마인가?

트레이너 비율 방정식을 참조하면,

$$\text{트레이너 비율} = \frac{0.20 - 0.05}{1.25} = 0.12$$

포트폴리오 베타에 대한 포트폴리오 초과 수익률의 트레이너 비율은 0.12이다.

12장에서 트레이너 비율을 학습한 적이 있음을 기억하자. 그 장에서, 우리는 활발하고 경쟁적인 시장에서 모든 자산(그리고 포트폴리오)은 동일한 트레이너 비율(즉, 보상–대–위험 비율(reward-to-risk))을 가진다는 강한 주장을 하였다. 여기서 위험은 체계적 위험을 의미한다. 모든 포트폴리오가 동일한 트레이너 비율을 가지지 않는 수준까지, 즉 적어도 몇몇 포트폴리오는 양의 비정상 수익을 얻을 수 있다는 증거가 있다.

샤프 비율과 트레이너 비율은 모두 상대적인 척도이기 때문에 절대 수치로 '좋은' 또는 '나쁜' 성과를 나타내지 않는다. 성과를 평가하려면 샤프 비율 또는 트레이너 비율을 다른 매니저 또는 벤치 마크 지수의 비율과 비교해야 한다. 따라서 특정 매니저가 음(–)의 샤프 및 트레이너 비율을 가지지만, 다른 펀드 매니저에 비해 여전히 '좋은' 성과를 가진 것으로 간주될 수도 있다. 다소 예외적인 경우가 검토중인 기간에 벤치 마크가 음의 수익률이 발생하는 경우이다. 이러한 경우에 음(–)의 값을 가짐에도 불구하고 상대적으로 펀드매니저의 음의 샤프 및 트레이너 비율이 벤치 마크보다 여전히 우수하다고 볼 수 있다.

젠센의 알파

젠센의 알파
포트폴리오 원수익률에서 자본자산가격모형에서 예측한 수익률을 차감하여 투자 성과를 측정한다.

투자 성과의 또 다른 일반적인 척도는 Michael C. Jensen 교수가 제안한 젠센의 알파(jensen's alpha)이다. 이 비율은 자본자산가격결정 이론(CAPM)에 의존한다. 젠센의 알파는 포트폴리오의 원수익률에서 자본자산가격결정 이론에 의해 예상되는 포트폴리오 기대수익률을 차감한 값으로 계산된다.

CAPM에 따르면, 포트폴리오 기대수익률 $E(R_p)$는 다음과 같이 쓸 수 있다.

$$E(R_p) = R_f + [E(R_M) - R_f] \times \beta_p \tag{13.3}$$

젠센의 알파를 계산하기 위해 실제수익률, R_p을 기대수익률과 비교해야 하고 그 차이를 알파라 하며, α_p로 표시한다:

$$\begin{aligned} \text{젠센의 알파} &= \alpha_p = R_p - E(R_p) \\ &= R_p - \{R_f + [E(R_M) - R_f] \times \beta_p\} \end{aligned} \tag{13.4}$$

젠센의 알파는 이해가 쉬운 것이 장점으로, 단순히 증권시장선의 위 또는 아래에 있는 수익률이다. 이런 관점에서 젠센의 알파는 포트폴리오가 시장을 이길 수 있는 정도의 척도로 해석될 수 있다. 따라서 알파는 비정상 수익률 척도이다. 이러한 해석이 그림 13.1에 나와 있으며, 각각 (A)양, (B)제로 및 (C)음의 알파가 있는 포트폴리오들을 보여준다. 그림13.1에서, 양의 알파는 긍정적으로 해석되는데 포

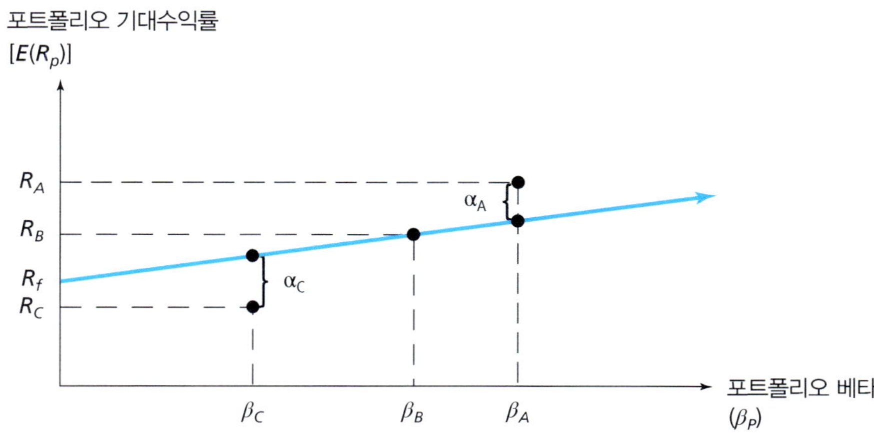

그림 13.1

젠센의 알파

포트폴리오 A는 증권시장선 위에 위치하고 있으며 '양'의 알파를 가진다.
포트폴리오 B는 '0'의 알파를 가진다.
포트폴리오 C는 증권시장선의 아래에 위치하며 음의 알파를 가진다.

트폴리오가 주어진 체계적 위험 수준을 감안할 때 상대적으로 높은 수익률을 갖기 때문이다.

예제 13.3

젠센의 알파

3년 동안 포트폴리오의 평균 연수익률은 20%였고 포트폴리오의 베타는 1.25였다. 같은 기간 동안 90일 만기 재무부 증권의 평균 연수익률은 5%였고 시장 포트폴리오의 평균수익률은 15%였다면, 이 기간 동안 이 포트폴리오에 대한 젠센의 알파는 얼마인가?

젠센의 알파 방정식을 참조하면

$$0.20 - [0.05 + (0.15 - 0.05)1.25] = 0.025$$

계산 결과로 해당 포트폴리오의 비정상 수익률인 알파 측정 값이 2.5% 있음을 알 수 있다.

알파를 계산하는 다른 방법

베타를 검토하는 12장에서, 우리는 투자수익률(y축)과 시장 또는 벤치 마크 수익률(x축) 간의 관계를 그래프로 나타낸 증권특성선에 대해 논의한 바 있다. 이 증권특성선의 기울기는 투자의 베타를 나타내는데, 베타는 시장 또는 벤치 마크의 움직임에 대한 주식수익률에서 예상되는 움직임을 말한다. 약간의 수정을 통해 이 방법을 확장하면 투자의 알파를 계산할 수 있다.

식 (13.3)을 단순히 재배열한 다음 방정식을 고려하라.

$$E(R_p) - R_f = [E(R_m) - R_f] \times \beta_p \tag{13.5}$$

그림 13.2

인덱스 펀드 초과 수익률과 시장 초과 수익률

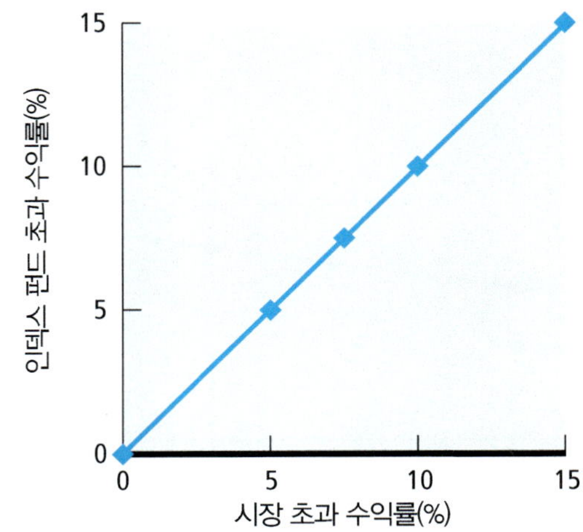

식(13.5)을 증권특성선 식과 비교하면 유일한 차이점은 무위험 수익률이 있다는 점이다. 실제로 포트폴리오 수익률과 시장수익률을 초과 수익률의 형태로 정의하고, 포트폴리오 수익률에서 무위험 수익률을 차감하면 증권특성선과 비슷한 다음 식이 제시된다.

$$E(R_{p,RP}) = E(R_{m,RP}) \times \beta_p \tag{13.6}$$

예를 들어 S&P 500 인덱스 펀드를 평가할 때의 결과를 고려하자. 펀드의 수익률(비용을 제외한)이 시장수익률과 일치할 것으로 기대하는 경우, 펀드 수익률과

그림 13.3

증권수익률 대비 시장수익률

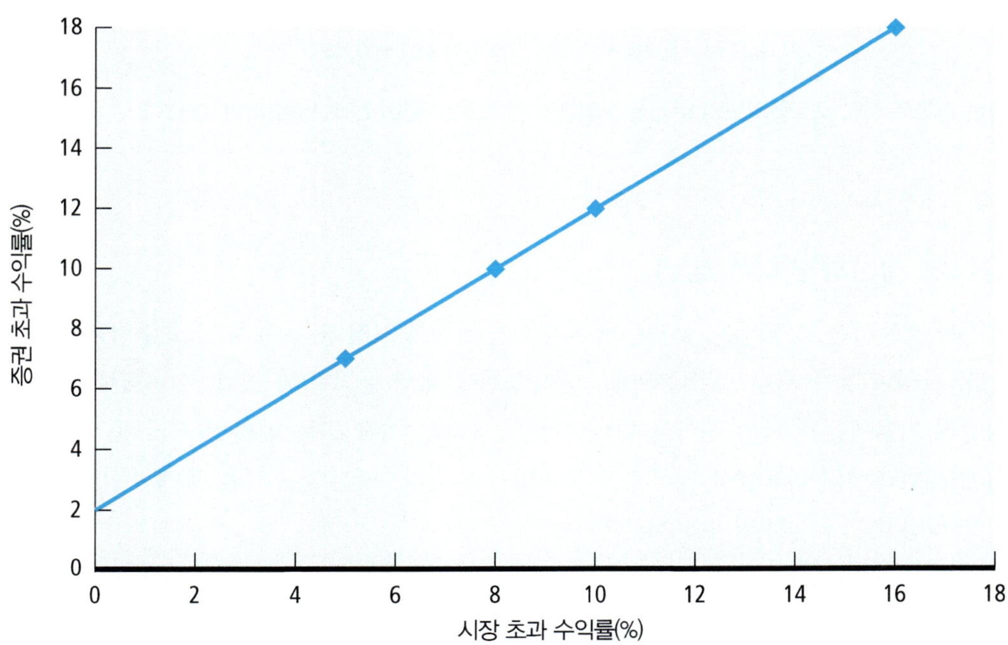

시장수익률 그래프는 그림 13.2와 같은 모양이 되고 선의 기울기는 1이 될 것이다. 펀드가 시장을 정확하게 추적하고 있기 때문에 이 선의 기울기는 타당하다 (즉 베타가 1임). 이 경우, 알파는 0이 된다. 펀드가 양의 (또는 음의) 비정상 수익률을 얻지 못하기 때문에 동일한 위험수준에서 펀드는 단순히 시장이 얻는 수익률과 똑같은 수준의 수익률을 얻게 된다.

그럼에도 불구하고 적극적으로 관리되는 펀드가 시장과 동일한 위험(즉, 1의 베타 버전)을 부담하지만 모든 기간에 있어 시장보다 정확하게 2% 만큼 수익을 더 올린다면 어떤 일이 일어날까? 이 가상의 상황을 그래프로 나타내면, 그림 13.3과 유사한 형태가 된다. 주의할 점은 기울기(즉, 베타)는 여전히 1이지만 y절편은 이제 2가 되는데 이 값은 실제로 펀드의 알파가 되고 식 (13.4)를 이용하여 검증할 수 있다.

펀드의 수익률이 일정한 비율로 시장보다 지속적으로 높지 않거나 낮지 않은 펀드가 있다고 가정해 보자. 이 펀드의 알파를 어떻게 추정할 수 있는가? 이전 베타 계산에서는 단순 선형 회귀분석을 적용할 수 있다. 펀드의 알파는 시장의 초과 수익률에 대해 투자의 초과 수익률을 회귀분석하여 추정할 수 있을 것이다. 이 추정

스프레드시트 분석

알파를 계산하기 위해 스프레드시트를 이용하기

	A	B	C	D	E	F
1						
2	Using a Spreadsheet to Calculate Alpha					
3						
4	To illustrate how to calculate alpha, we have replicated the returns of a security and the market					
5	over a five-year period. In addition, we have listed the risk-free rate. From these, we have					
6	calculated the excess return for the security and the market, which is simply the return over					
7	and above the risk-free rate.					
8						
9		Returns			Excess Returns	
10	Year	Security	Market	Risk-free	Security	Market
11	1	10%	8%	3%	7%	5%
12	2	-8%	-12%	2%	-10%	-14%
13	3	-4%	16%	4%	-8%	12%
14	4	40%	26%	1%	39%	25%
15	5	12%	22%	3%	9%	19%
16						
17	We then choose the regression function under the data analysis tab. We enter cells E11:E15 as					
18	the y-data and cells F11:F15 as the x-data. The resulting output is:					
19						
20	SUMMARY OUTPUT					
21						
22	Regression Statistics					
23	Multiple R	0.741036				
24	R Square	0.549135				
25	Adjusted R Square	0.398846				
26	Standard Error	0.152192				
27	Observations	5				
28						
29		*Coefficients*	Standard Error	t Stat	p-value	
30	Intercept	-0.016692	0.08296698	-0.20118	0.853423	
31	X Variable 1	0.964804	0.504734054	1.91151	0.1519	

식의 절편이 곧 펀드의 알파인 것이다. 구체적인 방법을 확인하기 위해, 스프레드시트 분석을 고려하자.

스프레드시트 분석에서 y절편 추정치는 −0.0167이고 이 추정치는 원래 데이터와 동일한 단위로 주어진 것이기 때문에 따라서 알파는 연간 −1.67%로 추정된다. 식 (13.4)를 사용하여 이 수치를 확인할 수 있다. 5년 동안의 평균 증권수익률은 10% 였고 평균 시장수익률은 12% 였으며 평균 무위험 수익률은 2.6%였다. X 변수에 대한 계수 추정치인 이 증권의 베타는 0.96일때

$$\text{알파} = 10 - [2.6 + (12.0 - 2.6)(0.96)] = -1.62\%$$

회귀분석 방법과 식 (13.4) 방법은 비슷하지만 동일한 알파와 베타를 추정하지는 않는다. 이런 차이는 평균 무위험수익율 (식 (13.4)에서와 같이)을 사용하는 것 대비 매년 무위험수익률(회귀분석 방법에서)을 사용하는 것에서 비롯된다. 예를 들어 매년 2.6%의 무위험 수익율을 사용하고 새로운 회귀분석을 실행하면 0.9의 베타가 산출되지만 위의 식에 이 베타를 삽입하면 −1.06%의 알파가 발생하며 이 알파 값은 회귀분석에서 얻은 알파 추정치인 −1.08%와 유사한 수준이다.

식 (13.4)는 사용하기 쉽다는 장점이 있지만 회귀분석 접근법도 식 (13.4)에 비해 몇 가지 장점이 있다. 예를 들어 회귀분석의 결과에는 알파 추정치의 유의 수준이 포함되기 때문에 유의 수준을 통해서 알파가 통계적으로 유의미하게 0과 다른지 여부를 결정할 수 있다. 스프레드시트 분석의 t−통계량과 p−값을 사용하여 추정된 알파 값이 0과 다르다고 15%(1−p−값)의 확률로 유의하게 확신할 수 있다. 우리가 아래에서 논의할 정보 비율도 비슷한 분석을 제공한다.

회귀분석 접근법의 또 다른 장점은 비교에 가장 적합한 벤치 마크를 선택할 수 있다는 것이다. 모닝 스타(morningstar)와 밸류 라인(value line)과 같은 데이터 제공 업체는 대부분 뮤추얼펀드에 대한 알파 수치를 보고하지만, 이 업체들도 비교를 위해서 사용할 지수를 결정해야 한다.

예를 들어, 가치−중심 뮤추얼펀드를 평가하는 것을 고려해보자. 대부분의 경우에는 S&P 500지수에 대한 알파값을 인용하지만 구체적으로는 S&P 500 가치 지수와 같은 S&P 500의 일부분과 펀드를 비교하여 평가하는 경우도 있다. 그렇기 때문에 우리가 알파를 계산하는 방법을 알고 있으면 도움이 될 수 있다.

정보 비율

양의 알파를 보이고 있는 뮤추얼펀드를 고려해보자. 이 알파가 통계적으로 유의미하게 0과 다른지 또는 단순히 임의의 행운의 결과인지 여부를 어떻게 알 수 있

을까? 앞에서 회귀분석으로부터 추정되는 알파의 유의 수준을 평가하는 것에 대해 논의했고 알파의 유의수준을 평가하는 방식에 대한 대안으로 펀드의 정보 비율(information ratio)을 계산할 수 있다.

정보 비율
알파를 추적 오류로 나눈 값이다.

정보 비율은 펀드의 알파를 추적 오류(tracking error)로 나눈 값이다. 추적 오류는 벤치 마크와 비교하여 펀드수익률의 상대적 변동성을 측정한다. 예를 들어 이전 섹션의 스프레드시트 분석에서 평가한 펀드를 고려해보자. 첫 해에 펀드는 초과수익률(무위험수익률을 초과한 수익률)로 7%를 얻었고 시장은 5%의 초과수익률을 얻었으며 이 두 값의 차이는 2%이다. 5년 동안 펀드와 시장의 초과수익률의 차이는 각각 2%, 4%, −20%, 14% 그리고 −10%이다(순서대로). 추적 오류는 이런 수익률 차이의 표준편차이며, 이 경우에 그 값은 13.2%이다(이 수치를 확인해보기 바란다).

추적 오류
포트폴리오가 벤치마크에 비해 상대적으로 얼마나 변동성이 있는지를 측정한다.

따라서 이 펀드의 정보 비율은 −1.67%을 13.2%로 나눈 −0.13이다. 표준편차는 항상 양수이기 때문에 정보 비율도 항상 알파와 동일한 부호를 갖는다. 정보 비율을 통해서 우리는 동일한 알파를 가진 투자를 비교하거나, 다른 알파와 추적 오류를 가진 투자를 비교할 수 있다. 예를 들어 두 펀드의 알파가 모두 1.5%인 경우 정보 비율이 높은 펀드를 선호하는데 왜냐하면 정보 비율이 높은 펀드가 관련된 위험 (또는 변동성)이 적기 때문이다. 이 펀드의 경우, 양의 알파를 생성할 수 있는 능력은 단순히 무작위적인 변동성의 결과가 아니라 반복 가능할 가능성이 높다고 할 수 있다.

예제 13.4

정보 비율

펀드의 알파는 0.8%, 추적 오류는 5.9%이다. 펀드의 정보 비율은 얼마인가?

정보 비율 = **0.8/5.9 = 0.14**

R–제곱

11장에서 우리는 특정 투자와 다른 유가증권 간 상관관계의 중요성에 대해서도 논의한 바 있다. 상관관계는 특정 증권의 수익률이 다른 증권의 수익률에 비교하여 어떻게 움직이는지를 측정한다. 또한 상관관계는 성과 측정에서도 중요한 역할을 한다.

특정 펀드가 과거 3년 동안 큰 알파를 가지고 있다고 가정하자 그 밖의 모든 것이 동일하다면, 우리는 이 펀드가 좋은 선택이라고 말할 수 있을 것이다. 그러나 펀드가 금만 투자하는 섹터 기반 펀드라면 어떠할까? 아마도, 큰 알파는 단순히 해당 3년 동안의 금 가격 상승에 의한 것이고 우수한 관리 능력 또는 미래의 가능성을 반영하지 않을 수도 있을 것이다.

***R*-제곱**
시장 또는 벤치마크에 대한 포트폴리오 또는 증권의 상관관계를 제곱한 값이다.

이러한 유형의 위험을 평가하기 위해 *R*–제곱(*R*-squared)은 단순히 펀드와 시장의 상관관계를 제곱한 것이다. 예를 들어, 펀드 A와 시장 간의 상관관계가 0.6인 경우 *R*–제곱 값은 $0.6^2 = 0.36$이다. *R*–제곱은 시장의 움직임으로 설명할 수 있는 펀드 A의 움직임의 비율을 나타낸다.

상관관계의 범위는 −1에서 +1까지이므로 *R*–제곱 값의 범위는 0에서 100%이다. *R*–제곱 값이 100%인 경우 증권의 모든 움직임이 시장에 의해 주도되며 시장과의 상관관계는 −1 또는 +1이 된다는 것을 나타낸다. 높은 R–제곱 값(즉, 0.80보다 높음)은 성과 측정 치(예를 들어 알파)가 잠재적인 장기 성과를 보다 잘 제시함을 의미하는데, 증권의 베타를 해석할 때도 유사한 해석이 가능하다.

예제 13.5

***R*–제곱**

어떤 포트폴리오가 시장과 0.9의 상관관계를 가지고 있을 때 *R*–제곱은 얼마인가? 포트폴리오 수익의 몇%가 시장에 의해 주도되고 있다고 할 수 있는가? 자산–고유 위험은 몇%인가?

$$R\text{–제곱} = 0.9^2 = 0.81$$

위의 값은 포트폴리오 수익률의 81%가 시장에 의해 주도되기 때문에 19%(즉, 100−81%)는 포트폴리오의 개별 보유 자산에 대한 위험으로 인해 발생한다는 것을 의미한다.

확인 사항

13.1a 포트폴리오 성과의 샤프 비율은 얼마인가?

13.1b 포트폴리오 성과의 트레이너 비율은 무엇인가?

13.1c 젠센의 알파는 무엇인가?

13.1d 왜 젠센의 알파는 투자 포트폴리오가 시장을 얼마나 앞질렀는지에 대한 측정으로 해석될 수 있는가?

13.1e 정보 비율은 무엇인가?

13.1f *R*–제곱이란 무엇인가?

표 13.1

투자 성과 자료

포트폴리오	R_p	σ_p	β_p
A	12%	40%	0.5
B	15	30	0.75
C	20	22	1.4
M	15	15	1.0
F	5	0	0.0

표 13.2

포트폴리오 성과 측정

포트폴리오	샤프 비율	트레이너 비율	젠센의 알파
A	0.175	0.14	2%
B	0.333	0.133	2.5
C	0.682	0.107	1
M	0.667	0.10	0

13.2 성과 척도 비교하기

표 13.1은 3개의 위험 포트폴리오 A, B, C의 투자 성과에 대한 데이터와 함께 시장 포트폴리오 M과 무위험 포트폴리오 F의 수익률 데이터를 각각 나타낸다. 표 13.1의 성과 데이터를 기반으로 표 13.2는 포트폴리오 A, B, C 및 시장 포트폴리오 M에 대한 성과 척도를 보여준다. 시장 포트폴리오 M은 투자 성과의 벤치 마크가 되고 잘 알려진 S&P 500 지수는 시장 포트폴리오 M을 위해 선택된 대용치이다.

표 13.2에서 볼 수 있듯이 샤프 비율로 본 3개의 위험 포트폴리오의 성과는 오름차순으로 나타나는 반면에, 대조적으로 트레이너 비율은 3개의 위험 포트폴리오의 성과가 역순으로 되어 있다 (C, B 및 A). 젠센의 알파는 C, A 및 B의 순서로 포트폴리오 성과순위가 산출된다.

표 13.2는 세 가지 성과 척도가 서로 다른 성과 순위를 산출할 수 있음을 보여준다. 세 가지 성과 척도가 서로 다른 결과를 산출할 수 있다는 사실은 '우리가 포트폴리오 성과를 평가하기 위해 어떤 성과 측정 방법을 사용해야 하는가?'라는 어려운 질문으로 연결된다.

단순한 대답은 '상황에 따라 다르다'이다. 투자자가 보유한 전체 포트폴리오를 평가하기 위한 성과 척도를 선택하는 경우 샤프 비율이 적절하다. 그러나 잘 분산된 (또는 '마스터') 포트폴리오에 포함될 수 있는 증권(또는 '단위 포트폴리오')을 개별적으로 평가하기 위한 성과 측정 방법을 선택하자면 트레이너 비율 또는 젠센의 알파가 적합할 수 있다.

넓은 의미에서 세 가지 성과척도 모두 강점과 약점이 있는데 우선 젠센의 알파는 우리가 보았듯이 해석하기 쉽다. 젠센의 알파와 트레이너 비율을 비교하면, 실제로는 이 둘이 매우 유사하다는 것을 알 수 있는데 유일한 차이점은 트레이너 비율이 초과 수익률을 포함한 모든 것을 베타에 비례하여 표준화한다는 것이다. 젠센의 알파를 베타로 나누면 젠센-트레이너 알파를 얻게 되고, 젠센-트레이너 알파는 베타에 비례하여 초과 수익률을 측정할 수 있다. 결과는 정보 비율과 유사하다.

젠센과 트레이너 척도의 공통된 약점은 베타의 추정이 필요하다는 것이다. 12장에서 논의했듯이 서로 다른 출처의 베타는 서로 크게 다를 수 있으며 그 결과 양의 알파로 보이는 것은 잘못 측정된 베타 때문일 수 있다.

샤프 비율은 베타가 필요하지 않고, 표준편차가 명확하게 계산될 수 있다는 장점이 있다. 단점은 총위험이 자주 중요하지 않다는 것인데 즉, 비교적 잘 분산된 포트폴리오의 경우 포트폴리오 위험의 대부분은 체계적 위험이므로 총위험과 체계적 위험 사이에는 큰 차이가 없다는 것이다. 이러한 이유로, 우리가 뮤추얼펀드를 평가할 때 샤프 비율이 가장 자주 사용된다. 또한, 뮤추얼펀드가 잘 분산되어 있지 않다면 펀드의 표준편차가 커지고 샤프 비율이 작아지기 때문에 샤프 비율은 사실상 덜 분산된 포트폴리오에게 불이익을 주게 된다.

예제 13.6

포트폴리오 선택하기

표 13.1에 제시된 A, B, C 포트폴리오 중 하나의 포트폴리오에만 모든 금액을 투자하는 것으로 가정할 때 어떤 포트폴리오를 선택해야 하는가?

단일 포트폴리오만 선택할 수 있기 때문에 포트폴리오 성과에 대한 샤프 비율 측정을 사용해야한다. 표 13.2를 보면, 포트폴리오 C가 총위험 한 단위당 초과 수익률이 가장 높은 샤프 비율을 가지고 있음을 알 수 있으며, 따라서 포트폴리오 C를 선택해야 한다.

예제 13.7

포트폴리오 선택하기

표 13.1에 제시된 포트폴리오 A, B 및 C가 마스터 포트폴리오에 포함되어야 하는지 여부를 고려한다고 가정하자. 마스터 포트폴리오에 몇 개의 포트폴리오를 포함시켜야 하는가?

마스터 포트폴리오에 포함할 포트폴리오를 선택하기 때문에 트레이너 비율이나 젠센의 알파를 사용해야 한다. 트레이너 비율 또는 젠센의 알파를 기반으로 시장 포트폴리오 (M)를 능가하는 포트폴리오를 고려하기로 결정했다고 가정해 보자. 표 13.2를 보면 포트폴리오 A, B 및 C 모두 트레이너 비율과 젠센의 알파가 시장 포트폴리오보다 큼을 알 수 있고 따라서 마스터 포트폴리오에 세 가지 포트폴리오를 모두 포함하기로 결정해야 한다.

글로벌 투자 성과 기준

앞의 예에서 볼 수 있듯이 다양한 성과 평가 방법이 서로 다른 순위를 제공할 수 있기 때문에 투자를 서로 비교하는 것이 어려울 수 있다. 앞의 예에서 이런 순위 차이는 순수하게 수익률의 특성에 기인한다. 그러나 다양한 평가 방법이 비슷한 순위를 제공하더라도 펀드를 선택할 때 잘못된 선택을 할 수 있다.

어떻게 이런 경우가 가능할까? 어떤 기계든지 쓰레기를 집어넣으면 쓰레기가 나온다는 점을 기억하라. 아쉽게도 이 원칙은 성과 평가 프로세스에도 적용된다. 특히 성과 평가 방법이 종종 평가받는 회사가 스스로 보고한 수익률(기타 입력사항)을 기반으로 하기도 하는데 거래하는 자산을 공개하지 않는 펀드들에게 이러한 경우가 많다.

CFA™ 연구소는 보고된 성과의 일관성을 측정하기 위해 GIPS(Global Investment Performance Standards)를 개발했는데 투자회사로 하여금 미래 고객(및 현재 고객)에게 성과 결과를 계산하고 보고하도록 지침을 작성할 것을 요구한다. GIPS는 이러한 프로세스를 표준화 함으로써 투자자들로 하여금 펀드 매니저를 비교 할 수 있는 능력을 제공하고 있다.

투자회사는 GIPS를 준수할 법률적 의무가 있는 것은 아니고 오히려 스스로 표준을 준수하는 것은 자발적인 것이다. CFA 연구소는 이를 준수하는 투자회사에게 인증을 부여함으로써 잠재 투자자들에게 더 많은 신뢰를 제공할 수 있다.

확인 사항

13.2a 베타로 측정된 체계적 위험과 표준편차로 측정된 총위험 사이의 차이점을 설명하라. 그들은 본질적으로 언제 동일하다 할 수 있는가?

13.2b 포트폴리오 A, B 및 C가 모두 15%의 수익률을 갖는다고 표 13.1의 수익률 데이터를 변경하라. 이 세 가지 포트폴리오 중 트레이너 비율 또는 젠센의 알파가 시장 포트폴리오 M보다 큰 포트폴리오는 어느 것인가?

13.2c CFA Institute의 GIPS(Global Investment Performance Standards)의 목적은 무엇인가?

샤프-최적(Sharpe-Optimal) 포트폴리오

이 절에서는 가장 높은 샤프 비율로 자금 배분을 하는 방법을 보여준다. 이런 포트폴리오를 '샤프-최적'이라고 불리우는데 이 방법은 11장에서 논의된 마코위츠(Markowitz) 효율적인 프론티어를 획득하는 절차와 밀접하게 관련되어 있다. 왜냐

그림 13.4

샤프-최적(Sharpe-optimal) 포트폴리오

포트폴리오 T는 두 자산의 가능한 조합 중에서 가장 높은 샤프 비율을 가진다. 그래서 샤프 최적이다.

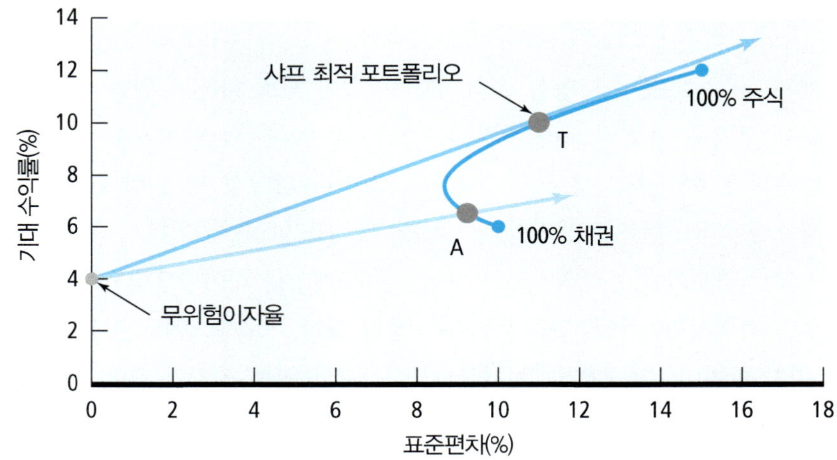

하면 두 가지 방법 모두 투자 포트폴리오에 대한 위험과 수익률의 최적 균형을 달성하기 위해 사용되기 때문이다.

이 관계를 설명하기 위해 그림 13.4를 고려하자. 이 그림은 주식 펀드와 채권 펀드라는 두 가지 자산으로 구성된 포트폴리오로 달성 가능한 위험-수익률차원에서의 투자 기회를 보여준다. 문제는 "가능한 모든 포트폴리오 중 샤프-최적인 포트폴리오는 무엇인가?"이다. 확인을 위해 그림에서 A로 표시된 포트폴리오를 고려하되 무위험 이자율에서부터 지점 A를 통과하는 직선을 그렸음을 주목해야 한다.

이 직선의 기울기는 얼마인가? 직선의 기울기는 '증가분의 상승률'이며, 이 경우 수익률은 무위험 이자율 R_f로부터 포트폴리오 A의 기대수익률로 상승하므로 상승률은 $E(R_A)-R_f$이고 동시에 위험은 무위험 자산에서부터 포트폴리오 A의 표준편차까지 이동하므로 증가분은 $\sigma_A-0=\sigma_A$이다. 따라서 기울기는 $[E(R_A)-R_f]/\sigma_A$이며 이는 포트폴리오 A의 샤프 비율이다.

그림 13.4에서 무위험 이자율에서 포트폴리오로 끌어온 직선의 기울기는 해당 포트폴리오의 샤프 비율을 나타내며 두 개가 아닌 많은 자산이 있더라도 항상 그러하다. 샤프-최적 포트폴리오를 찾는 문제는 가장 가파른 기울기를 찾아내는 것으로 그림 13.4를 다시 보면, 가장 가파른 기울기를 가진 직선이 항상 투자 기회 집합에 접하게 된다. 우리는 이 포트폴리오를 접점 포트폴리오(tangent portfolio)로 부른다.

흥미롭고 중요한 결과는 마코위츠 효율적인 프론티어를 통해 어떤 포트폴리오가 효율적인지 알 수 있지만 어떤 효율적 포트폴리오가 최선인지는 알 수 없다는 것이다. 반면에 그림 13.4에서 보이는 효율적 포트폴리오 중 적어도 하나는 샤프-최적일 수 밖에 없다

스프레드시트 분석

위험자산이 2개인 경우(주식과 채권) 최적 샤프 비율

	A	B	C	D	E	F	G	H
1								
2		Optimal Sharpe Ratio with Two Risky Assets--Stocks and Bonds						
3								
4	Expected Returns:							
5		Stocks =	0.12					
6		Bonds =	0.06				Portfolio Return, E(Rp) =	0.102
7								
8		Risk-Free Rate =	0.04				Portfolio Standard Deviation, SD(Rp) =	0.112
9								
10	Standard Deviations:						Sharpe Ratio =	0.553
11		Stocks =	0.15					
12		Bonds =	0.10					
13				Portfolio Weights to Maximize Sharpe Ratio:				
14	Correlation between						Stocks =	0.7000
15		Stocks and Bonds =	0.10				Bonds =	0.3000
16							(= 1 - H14)	
17								
18	Formulas for Portfolio Return, Portfolio Standard Deviation, and Sharpe Ratio:							
19								
20	E(Rp) =	H14*C5+H15*C6						
21								
22	SD(Rp) =	SQRT(H14*H14*C11*C11+H15*H15*C12*C12+2*H14*H15*C15*C11*C12)						
23								
24	Sharpe Ratio = (E(Rp) - RF) / SD(Rp) = (H6-C8)/H8							
25								
26	Using SOLVER	to compute portfolio weights that maximize the Sharpe Ratio:						
27								
28								
29								
30								
31								
32								
33								
34								
35								
36								
37								
38								
39								
40								
41								
42								
43								
44								
45								
46								

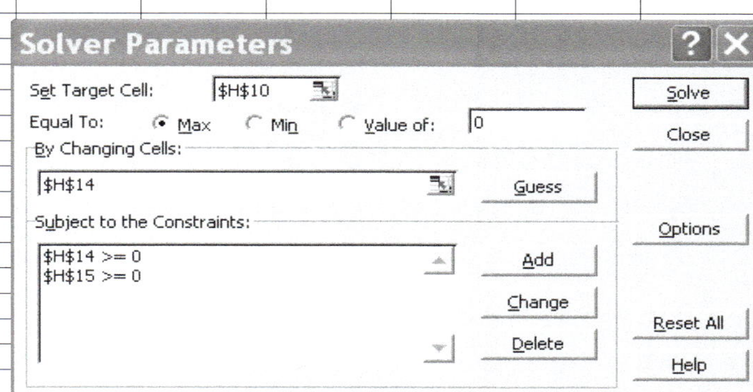

샤프-최적 포트폴리오를 찾는 방법을 설명하기 위해 각각 12% 및 6%의 수익률을 가지고 있다는 주식 및 채권 펀드를 고려하자. 주식 및 채권 펀드의 표준편차는 각각 15%와 10%이며 상관관계는 0.10이다. 11장에서 두 펀드로 구성된 포트폴리오에 대한 기대수익률이 다음과 같이 주어진 바 있다.

$$E(R_p) = x_S E(R_S) + x_B E(R_B)$$

여기서 x_S 및 x_B는 각각 주식 및 채권 펀드에 투자된 비율을 의미하며 이 두 자산펀드로 구성된 포트폴리오의 분산은 다음과 같다.

$$\sigma_P^2 = x_S^2\sigma_S^2 + x_B^2\sigma_B^2 + 2x_S x_B \sigma_S \sigma_B \text{Corr}(R_S, R_B)$$

$$\frac{E(R_p) - R_f}{\sigma_p} = \frac{x_S E(R_S) + x_B E(R_B) - R_f}{\sqrt{x_S^2\sigma_S^2 + x_B^2\sigma_B^2 + 2x_S x_B \sigma_S \sigma_B \text{Corr}(R_S, R_B)}} \tag{13.7}$$

이 두 자산 포트폴리오의 샤프 비율은 다음과 같다.

여기서 식(13.7)의 비율을 가능한 한 크게 만드는 x_S와 x_B의 값을 찾아야 한다. 이 작업은 힘든 일이지만, 스프레드시트 분석에서 볼 수 있듯이 비교적 쉽게 수행할 수 있다. 스프레드시트 분석에 나와 있듯이 4%의 무위험 이자율을 가정할 때 가장 높은 샤프 비율은 주식과 채권 간의 70-30 투자 비율을 기준으로 할 경우에 0.553이다.

포트폴리오 수익률, 표준편차 및 샤프 비율 값을 공식에 입력하여 가장 높은 샤프 비율을 제공하는 포트폴리오 가중치를 구할 수 있다. 채권 투자비율은 1에서 주식 투자비율을 뺀 값이기 때문에 채권의 투자비율을 추가로 계산할 필요가 없다. 스프레드시트 분석처럼 이 작업을 위해 해 찾기 도구(solver tool)를 사용할 수 있다.

스프레드시트 분석에서 최대 샤프 비율을 얻을 수 있도록 Solver에 포트폴리오 가중치를 변경하도록 요청한 것을 볼 수 있다. 주식과 채권의 투자비율도 모두 0 이상이어야 하며 수익률, 표준편차 또는 상관관계가 바뀌면 Solver를 다시 실행해야 한다. 이 스프레드시트를 직접 작성해보고 동일한 대답을 얻는 지 확인해보라. 그런 다음 주식과 채권 간의 상관관계를 .20으로 변경해보라. 샤프 비율이 증가하거나 감소하는가? 투자비율은 어떻게 되는가? 예제 13.8은 Solver가 없는 경우, 샤프 최적 비율을 계산하는 데 사용할 수 있는 공식을 보여준다.

예제 13.8

샤프-최적 포트폴리오 계산

샤프-최적 포트폴리오를 구성하는 데 사용될 주식 및 채권에 대해 다음과 같은 예상수익률 및 위험 정보가 있다고 가정한다.

$$E(R_S) = 0.12 \quad \sigma_S = 0.15 \quad E(R_B) = 0.06 \quad \sigma_B = 0.10 \quad \text{Corr}(R_S, R_B) = .10 \quad R_F = 0.04$$

2개의 위험 자산 (주식 및 채권)의 경우, 샤프-최적 포트폴리오에 대한 포트폴리오 가중치의 공식은 다음과 같다.

$$x_S = \frac{\sigma_B^2 \times [E(R_S) - R_F] - \text{Corr}(R_S, R_B) \times \sigma_S \times \sigma_B \times [E(R_B) - R_F]}{\sigma_B^2 \times [E(R_S) - R_F] + \sigma_S^2 \times [E(R_B) - R_F] - [E(R_S) + E(R_B) - 2 \times R_F] \times \text{Corr}(R_S, R_B) \times \sigma_S \times \sigma_B}$$

와

$$x_B = 1 - x_S$$

샤프-최적 포트폴리오의 예상 투자비율과 표준편차를 계산하라. 기대수익률 및 위험 정보를 이 공식에 대입하면 주식 및 채권에 대한 샤프-최적 포트폴리오 가중치가 구해진다.

$$x_S = \frac{0.10^2 \times [0.12 - 0.04] - .10 \times 0.15 \times 0.10 \times [0.06 - 0.04]}{0.10^2 \times [0.12 - 0.04] + 0.15^2 \times [0.06 - 0.04] - [0.12 + 0.06 - 2 \times 0.04] \times .10 \times 0.15 \times 0.10}$$
$$= 0.70$$

와

$$x_B = 1 - x_S = 1 - 0.70 = 0.30$$

이 결과를 통해 샤프-최적 포트폴리오의 기대수익률과 표준편차를 계산하는 데 필요한 모든 정보를 얻을 수 있다.

$$\begin{aligned} E(R_P) &= x_S E(R_S) + x_B E(R_B) \\ &= 0.70 \times 0.12 + 0.30 \times 0.06 \\ &= 0.102, \text{ or } 10.2\% \end{aligned}$$

$$\begin{aligned} \sigma_P &= \sqrt{x_S^2 \sigma_S^2 + x_B^2 \sigma_B^2 + 2 x_S x_B \sigma_S \sigma_B \text{Corr}(R_S, R_B)} \\ &= \sqrt{0.70^2 \times 0.15^2 + 0.30^2 \times 0.10^2 + 2 \times 0.70 \times 0.30 \times 0.15 \times 0.10 \times .10} \\ &= 0.112, \text{ or } 11.2\% \end{aligned}$$

확인 사항

13.2d 샤프-최적 포트폴리오란 무엇인가?

13.2e 여러 개의 마코위츠 효율적인 포트폴리오 중에서 샤프-최적 포트폴리오는 어느 것인가?

13.3 투자 위험 관리

앞에서는 투자 포트폴리오의 위험과 수익 간의 균형을 최적화하는 조건 하에서의 성과 평가에 대해 논의하였다. 다음에서는 특정 기간에서 발생할 수 있는 투자 포트폴리오의 잠재적 손실에 대한 투자 위험 관리(investment risk management) 방법을 검토한다. 그러한 방법으로 최대 예상 손실액 접근법에 초점을 둘 것이다.

투자 위험 관리
일반적으로 잠재적 단기 손실과 관련된 투자 위험에 대한 자금 관리자의 관리 통제를 말한다.

최대 예상 손실액(VaR)

최대예상손실액
지정된 확률로 고정된 시간 범위 내에서 포트폴리오가 경험할 수 있는 손실의 확률을 표현함으로써 위험을 평가한다.

이 절의 중요한 목표는 최대 예상 손실액(Value-at-Risk)를 사용하여 포트폴리오 위험을 평가하는 방법을 배우는 것이다. 기본적으로 최대 예상 손실액(VaR) 방법은 상당한 규모의 손실 가능성을 평가하는 방법이다. 여기서 설명하는 기본 접근 방식은 많은 다른 금융 기관에서 활용하고 있다.

정규 분포
평균과 표준편차로 완전히 정의되는 대칭형 종 모양의 빈도 분포이다.

투자 위험의 VaR 측정치는 1장에서 논의한 것과 밀접하게 관련되어 있다. 1장에서 투자수익률이 정규 분포(normal distribution)를 따른다면 포트폴리오의 수익률이 특정 범위 내에 있을 확률을 말할 수 있다고 한 바 있다. 정규 분포는 그 평균과 표준편차에 의해 완전하게 정의되기 때문에, 평균과 표준편차만으로도 특정 변수값에 대한 확률을 제시할 수 있다.

예를 들어, S&P 500 인덱스 펀드를 소유하고 있다고 가정하자. 특정 연도에 −8% 또는 그보다 더 낮은 수익률이 발생할 확률은 얼마인가? 1장에서 보았듯이 1926년 이래로 S&P 500 지수의 수익률은 평균 약 12%이고 연간 약 20%의 표준편차를 보였다. 연간 −8%의 수익률은 평균보다 약 1 표준편차(0.12−0.20=−0.08) 아래에 위치하고 1장에서 학습한 내용에 따르면 특정한 값이 1 표준편차 이내가 될 확률은 약 2/3 또는 0.67이기 때문에 평균 0.12의 1 표준편차 이내라는 것은 0.12±0.20, 즉 −0.08과 +0.32 사이 인 것을 의미한다.

(−0.08~+0.32) 범위 내에 있을 확률이 2/3이라면 이 범위 밖에 수익률이 있을 확률은 약 1/3이다. 또한 이 범위 밖에 있는 절반의 경우는 이 범위보다 수익률이 크고 나머지 절반의 경우는 이 범위보다 수익률이 낮을 것이다. 1/3의 절반은 1/6이므로 −0.08% 또는 이 보다 낮은 수익률을 경험할 확률은 전체 기간 중 1/6 또는 약 17%가 된다.

다르게 말하면 S&P 500 인덱스 펀드를 소유하고 있는 경우에, 위의 위험 평가의 결과를 아래처럼 표현할 수 있다:

$$\text{Prob}(R_p \leq -0.08) = 17\%$$

따라서 VaR 통계치는 17%의 확률로 수익률이 −0.08 또는 악화된다는 것을 의미한다. 여기에 중요한 점은 VaR 계산에 있어 −0.08 이하의 손실을 말할 때 우리가 의도하는 바는, 1년 내에 포트폴리오 가치가 8% 이상 감소할 수 있다는 것을 의미한다는 것이다.

예제 13.9

VaR 위험통계

주식시장이 변동할 것이라는 J. P. Morgan의 견해에 동의한다고 가정하자. 당신은 주식시장의 변동이 당신의 주식 포트폴리오에 어떻게 영향을 미칠지 걱정하고 있기 때문에 투자 위험을 평가하기 위해 VaR 방법을 당신의 포트폴리오에 적용하기로 결정했다고 하자.

다음 주에 −18% 또는 이하의 수익률이 나올 확률이 5%라고 생각한다고 가정할 때 수학적으로 이런 위험 평가에 대한 아래와 같이 표현될 수 있다;

$$\text{Prob}(R_p \leq -18\%) = 5\%$$

VaR 통계값을 (1)−18% 또는 더 나쁜 예상 손실 (2) 5% 확률이라는 2개의 측면에서 주식 포트폴리오의 위험을 평가한다.

확인 사항

13.3a 포트폴리오의 수익률이 기대평균수익률보다 하나 이상의 표준편차 아래로 실현된 확률은 얼마인가?

13.3b 포트폴리오의 수익률이 기대평균수익률보다 2 또는 그 이상 표준편차 아래로 실현될 확률은 얼마인가?

13.3c 포트폴리오의 평균수익률은 15%이고 수익률 표준편차는 25%이다. 평균보다 2 표준편차 아래인 포트폴리오의 수익률은 얼마인가?

13.4 VaR 계산법

이 절에서는 VaR 계산에 대한 논의를 확장해 본다. 목표는 주로 1년보다 짧거나 긴 기간을 평가하는 방법을 조사하는 것으로 S&P 500에 관한 예제를 확장하여 보기로 한다.

다시 한번, S&P 500 인덱스 펀드를 소유하고 있다고 가정해 보자. 향후 2년 동안 30% 이상의 손실 가능성은 어느 정도인가? 답하기 위해 2년 평균수익률과 평균 2년 수익률의 표준편차를 알아야 한다. 2년 평균수익률은 1년 평균을 두 배로 늘려 사용할 수 있기 때문에, 따라서 2년 평균수익률은 $2 \times 0.12 = 0.24$ 또는 24%이다.

2년 표준편차는 좀 더 까다롭다. 2년 분산은 1년 분산의 두 배이므로 1년 분산은 $0.20^2 = 0.04$이고, 2년 분산은 0.08이다. 2년 표준편차를 구하기 위해 2년 분산의 제곱근을 구하면 그 값은 0.28 또는 28%이다. 주목해야 할 점은 2년 표준편차가 1년 표준편차의 두 배가 아니라는 점이다. 실제로, 2년 표준편차는 1년 표준편차에 2의 제곱근(즉 1.414)을 곱한 것과 같다.

이제 주어진 질문에 답해보자. 2년의 30% 손실은 2년 평균수익률보다 2 표준편차 적은 값이고 $(0.24-2\times0.28=-0.32)$. 2 표준편차 이내에 있을 확률이 95%라는 것을 알고 있으므로 이 범위를 벗어날 확률은 5%라는 것을 알 수 있다. 양쪽에 위치한 전체 범위 중 손실이 실현될 확률은 절반, 즉 2.5%이다.

T를 연도를 표현한다면, T년 동안의 포트폴리오에 대한 기대수익률 $E(R_{p,T})$는 다음과 같다.

$$E(R_{p,T}) = E(R_p) \times T \tag{13.8}$$

유사하게 표준편차는 다음과 같이 쓸 수 있다.

$$\sigma_{p,T} = \sigma_p \times \sqrt{T} \tag{13.9}$$

기간이 1년 미만이면 T는 단지 1년에 불과하다.

VaR 분석을 수행할 때 기간 범위와 손실 수준 확률을 선택해야 한다. 물론 원하는 어떤 확률도 선택할 수 있지만 가장 일반적인 확률은 1, 2.5 그리고 5% 정도이다. 5%의 절반인 2.5%는 기대수익률보다 2 표준편차 (좀 더 정확하게는 1.96)만큼 작다. 1%와 5%에 해당하는 수를 얻으려면 표준편차를 알려주는 일반 z표를 찾아야 하는데 1% 확률 수준은 평균보다 2.326 표준편차 낮은 경우이고 5% 확률수준은 1.645 표준편차 작은 경우가 된다.

정리하자면, 이 세 가지 레벨에 대한 VaR 통계는 다음과 같이 요약될 수 있다:

$$\begin{aligned}
&\text{Prob}\left[R_{p,T} \le E(R_p) \times T - 2.326 \times \sigma_p\sqrt{T}\right] = 1\% \\
&\text{Prob}\left[R_{p,T} \le E(R_p) \times T - 1.96 \times \sigma_p\sqrt{T}\right] = 2.5\% \\
&\text{Prob}\left[R_{p,T} \le E(R_p) \times T - 1.645 \times \sigma_p\sqrt{T}\right] = 5\%
\end{aligned} \tag{13.10}$$

연도수(T)가 1일 경우, 1% 수준은 1 세기에 한 번 발생할 확률에 해당하고, 마찬가지로, 5%는 20년에 한 번, 2.5%는 40년에 한 번을 의미한다. 예제 13.10~13.13에서 VaR 통계를 사용하는 방법을 살펴보라

예제 13.10

위험 통계량

네드 켈리(Ned Kelley) 헤지펀드는 평균 이상의 위험을 가진 호주의 은행 및 운송 회사에 투자하는 데 중점을 두고 있다. 연평균수익률은 15%이며 연간수익률의 표준편차는 50%이다. 0.17의 확률로 2년 투자 기간 동안 어떤 손실 수준을 기대할 수 있을까?

2년 기대수익률은 30%라고 가정하자. 1년 분산은 $0.50^2=0.25$이므로 2년 분산은 0.50이고 제곱근을 취하면 2년 표준편차가 0.7071 또는 70.71%가 된다. 0.17의 손실 확률은 평균보다 1 표준편차 작은 경우에 해당하므로, 질문에 대한 답은 $0.30-0.7071=-0.4071$로 상당한 규모

의 손실을 의미한다. 간결하게 작성하자면 다음과 같다.

$$\text{Prob}(R_p \leq -40.71\%) = 17\%$$

다음 2년 동안 40.71% 또는 그 이상의 손실이 발생할 가능성이 17% 정도라는 의미이다.

예제 13.11 **VaR 위험 통계**

네드 켈리 헤지펀드 상황을 다시 살펴보면, 6개월 동안 확률 0.17로 예상되는 손실 수준은 어느 정도인가?

6개월 기대수익률은 15%의 절반, 즉 7.5%이고, 6개월 표준편차는 $0.5\times\sqrt{1/2}=0.3536$이다. 따라서 위의 질문에 대한 대답은 $0.075-0.3536=-0.2786$이다. 다시 말해서

$$\text{Prob}(R_p \leq -27.86\%) = 17\%$$

따라서 향후 6 개월 동안 27.86%의 손실을 볼 수 있는 가능성이 17%라는 의미이다.

예제 13.12 **1/20의 손실 확률**

앞에서 설명한 네드 켈리 헤지펀드의 경우에 5% 수준의 확률로 내년의 예상 손실은 얼마인가?

이 경우 연간수익률 평균이 15%이고 연간수익률의 표준편차가 50% 이며 1년을 T=1로 설정하고 이 VaR 통계량을 계산하면 아래와 같다.

$$\begin{aligned}\text{Prob}\left[R_{p,1} \leq E(R_p)\times 1 - 1.645\,\sigma_p \times \sqrt{1}\right] &= \text{Prob}\left(R_{p,1} \leq 15\% - 1.645 \times 50\%\right)\\ &= \text{Prob}\left(R_{p,1} \leq -67.25\%\right) = 5\%\end{aligned}$$

따라서 5% 수준의 확률로 내년에 67.25% 또는 그 이상의 손실을 예상할 수 있다.

예제 13.13 **100번 중 1번 손실**

이전 예에서 설명한 네드 켈리 헤지펀드의 경우 1% 확률수준에서 다음 달의 예상 손실은 얼마인가?

한 달의 기간을 $T=1/12$로 설정하여 VaR 통계를 계산하라.

$$\begin{aligned}&\text{Prob}[R_{p,T} \leq E(R_p)\times 1/12 - 2.326\,\sigma_p \times \sqrt{1/12}]\\ &= \text{Prob}\left(R_{p,T} \leq 1.25\% - 2.326 \times 50\% \times 0.2887\right)\\ &= \text{Prob}\left(R_{p,T} \leq -32.32\%\right) = 1\%\end{aligned}$$

따라서 1개월 내에 1% 확률수준에서 32.32% 또는 그 이상의 손실을 예상할 수 있다.

최대 예상 손실액을 적용하여, 샤프-최적 주식 및 채권 포트폴리오의 VaR 통계치를 결정하는 문제를 고려해보자. 포트폴리오의 VaR 문제의 핵심은 먼저 포트폴리오의 기대수익률과 표준편차를 결정하는 것이다. 논의한 바에 따라, 주식과 채

권으로 구성된 포트폴리오의 기대수익률과 표준편차는 다음의 두 방정식에 의해 결정된다.

$$E(R_P) = x_S\ E(R_S) + x_B E(R_B)$$

$$\sigma_P = \sqrt{x_S^2 \sigma_S^2 + x_B^2 \sigma_B^2 + 2x_S x_B \sigma_S \sigma_B \text{Corr}(R_S, R_B)}$$

따라서 샤프–최적 포트폴리오에 대한 VaR 통계치를 계산하는 문제는 일단 적절한 포트폴리오 가중치가 결정되면 모든 포트폴리오에 대해 동일하다.

확인 사항

13.4a 귀하의 포트폴리오는 ABC 주식에 40%, XYZ 주식에 60%를 배분한다. ABC는 각각 15% 및 20%의 평균 및 표준편차를, XYZ는 각각 평균 25% 및 표준편차 30%를 갖는다고 하자. ABC와 XYZ 주식 간의 수익률 상관관계가 0이라면 포트폴리오 수익률의 표준편차는 얼마인가?

13.4b 위의 문항에 기반하여, 1%의 확률 수준에서 1년 내에, 포트폴리오에 예상되는 가장 작은 손실은 얼마인가? 5%의 확률로 1개월 내에 포트폴리오에 예상되는 가장 작은 손실은 얼마인가?

13.5 요약 및 결론

이 장에서는 성과 평가 및 위험 관리와 관련된 주제를 논의하였다.

1. 가장 잘 알려진 포트폴리오 평가 값을 계산하는 방법

A. 성과 평가와 관련하여 주요 목표는 본질적으로 위험 조정된 또는 비정상 수익률을 기준으로 투자 순위를 결정하는 것이다. 이를 위해 샤프 비율, 트레이너 비율, 젠센의 알파, 정보 비율 및 R–제곱 등 가장 자주 사용되는 도구를 소개하고 논의하였다.

B. 각각의 평가치에 대해서 다소 다른 해석을 할 수 있다. 어느 평가치가 가장 적합한가도 질문에 따라 달라진다.

2. 포트폴리오 평가 방법의 강점과 약점

A. 샤프 비율. 강점: 베타 추정이 필요하지 않으며 표준편차가 명확하게 계산될 수 있다. 약점: 일반적으로 총위험은 중요한 문제가 아니다. 특히 상대적으로 잘 분산된 포트폴리오의 경우고 대부분의 위험은 체계적 위험이므로 총위험과

체계적 위험 간에 큰 차이는 없다 할 수 있다.

B. 트레이너 비율. 강점: 트레이너 비율은 초과 수익을 포함한 모든 것을 베타에 비례하여 표준화한다. 약점: 트레이너 비율은 베타 추정치가 필요하다.

C. 젠슨의 알파. 강점: 젠센의 알파는 쉽게 해석할 수 있다. 약점: 젠센의 알파는 베타 추정치가 필요하며 산출 방식에 따라 베타가 서로 크게 다를 수 있기 때문에 양의 알파가 나타나는 이유는 잘못 추정된 베타 때문일 수도 있다.

D. 정보 비율 및 *R*–제곱은 다른 측정치, 특히 알파의 정확성을 결정하는 데 도움이 된다.

3. 샤프–최적 포트폴리오를 계산하는 방법

A. 수익률과 표준편차 그림에서 무위험 이자율으로부터 포트폴리오까지 연결한 직선의 기울기는 해당 포트폴리오의 샤프 비율을 나타낸다. 이는 두 자산으로 구성된 포트폴리오 뿐만 아니라 다수의 자산으로 구성된 포트폴리오의 경우에도 항상 해당된다. 가장 높은 기울기를 가진 포트폴리오를 샤프–최적이라고 한다.

B. 샤프–최적 포트폴리오를 찾는 문제는 가장 가파른 기울기를 가진 포트폴리오를 찾는 것을 의미한다. 가장 가파른 경사면을 가진 선과 항상 투자 기회 곡선이 만나는 점을 찾는 것으로 포트폴리오는 포트폴리오 *T*(접선의 경우)로 표시된다.

C. 마코위츠 효율적 프론티어는 어떤 포트폴리오가 효율적인지 알려준다. 마코위츠 효율적 프론티어는 효율적 포트폴리오 중 어느 포트폴리오가 가장 적합한가를 의미하는 것은 아니다. 무위험 이자율이 주어질 때, 샤프–최적 포트폴리오는 적어도 샤프 비율로 측정했을 때 가장 좋은 포트폴리오를 말한다.

4. 최대 예상 손실액를 계산하고 해석하는 방법

A. 포트폴리오 위험을 평가하기 위해 최대 예상 손실액 또는 VaR라고 불리는 널리 사용되는 방법을 소개하였다. 목표는 고정된 시간 프레임 내에서 일정 규모의 큰 손실의 확률을 평가하는 것이다.

B. 투자자는 기존 포트폴리오의 위험을 더 잘 이해하고 잠재적 투자 위험을 평가하기 위해 VaR를 사용할 수 있는데 VaR 측정값은 앞서 1장에서 논의된 내용과 밀접하게 관련되어 있다.

C. 투자 수익률이 정규 분포를 따른다면, 포트폴리오 수익률이 일정 범위 내에 있을 확률을 말할 수 있다. 왜냐하면 정규 분포는 평균과 표준편차만으로 정의할 수 있기 때문에 이 두 통계값만으로도 특정 크기의 손실 확률을 언급할 수 있다.

주요 용어

성과 평가(performance evaluation) 559
원수익률(raw returns) 559
샤프 비율(sharpe ratio) 560
트레이너 비율(treynor ratio) 561
젠센의 알파(jensen's alpha) 562
추적 오류(tracking error) 567
R−제곱(*R*-squared) 568
투자 위험 관리(investment risk management) 575
최대 예상 손실액(Value-at-Risk) 576
정규 분포(normal distribution) 576

단원 후 문제와 자습 문제

1. 성과 지표(LO1, CFA7) M 및 F가 각각 시장 포트폴리오 및 무위험 수익률을 나타낸다. 다음 수익률 데이터를 기반으로 포트폴리오 A, B 및 C에 대한 샤프 비율, 트레이너 비율 및 젠센의 알파를 계산하라.

포트폴리오	R_p	σ_p	β_p
A	10%	30%	0.75
B	15	25	1.00
C	20	40	1.50
M	15	15	1.00
F	5	0	0.00

2. 최대 예상 손실액(VaR)(LO4, CFA6) 어떤 포트폴리오 매니저의 10 억 달러의 주식 포트폴리오가 10%의 수익률 표준편차를 가지고 포트폴리오 수익률이 정규 분포를 보인다고 생각한다. 다가오는 1주일 동안 1 천만 달러 이상을 잃을 확률은 얼마인가? 5%의 확률로 예상되는 달러 손실은 얼마인가? 1%의 확률로 예상되는 달러 손실은 얼마인가?

자습 문제 해답

1. 식 (13.1), (13.2) 및 (13.4)를 사용하면 다음의 성과 평가 값이 산출된다.

포트폴리오	샤프 비율	트레이너 비율	젠센의 알파
A	0.167	0.0667	−2.5%
B	0.400	0.10	0
C	0.375	0.10	0
M	0.667	0.10	0

2. 평균이 주어지지 않았지만 추정 기간이 단지 1주일이기 때문에 평균을 0으로 가정할 수 있다. 따라서 1 천만 달러 이상의 손실의 확률은 1 이상의 수익률 표준편차 수준의 손실이 발생할 확률이다. 정규 분포에서 평균보다 1.645 이상의 표준편차 아래로 발생하는 경우 약 5%의 확률이 되며, 이는 적어도 1.645×1000만 달러=1645만 달러의 잠재적 손실을 가져올 수 있다는 뜻이다. 정규 분포에서 평균값보다 2.326 이상의 표준편차 아래로 발생할 확률은 약 1%이며 최소 손실은 2.326×1000만 달러=2326만 달러이다.

투자 지식 학습

1. 베타 및 표준편차(LO2, CFA3) 베타 및 표준편차를 비교하자면 베타가 ______을(를) 측정한다는 측면에서 위험 측정치로서의 차별성을 갖는다
   a. 비체계적 위험만, (반면에 표준편차는 총위험을 측정한다.)
   b. 체계적 위험만, (반면에 표준편차는 총 위험을 측정한다.)
   c. 체계적 위험과 비체계적 위험 둘 다, (반면에 표준편차는 비체계적 위험만을 측정한다.)
   d. 체계적 위험과 비체계적 위험 둘 다, (반면에 표준편차는 체계적 위험만을 측정한다.)

다음의 정보를 바탕으로 문제 2에서 8까지 질문에 답하라.

	위험과 수익률 자료		
포트폴리오	평균 수익률	표준편차	베타
P	17%	20%	1.1
Q	24	18	2.1
R	11	10	0.5
S	16	14	1.5
S&P 500	14	12	1.0

연금 관리자는 4명의 포트폴리오 관리자의 성과를 평가하려고 한다. 각 포트폴리오 관리자는 미국의 보통주에만 투자하고 있으며 가장 최근 5년 동안 S&P 500의 연평균 총수익률은 14%였고 재무부 증권의 평균 연이율은 8%였다. 위의 표는 각 포트폴리오에 대한 위험 및 수익률 측정치를 보여준다.

2. 트레이너 비율(LO1, CFA7) 포트폴리오 P에 대한 트레이너 비율은 다음과 같다.
   a. 8.18 b. 7.62
   c. 6.00 d. 5.33

3. 샤프 비율(LO1, CFA7) 포트폴리오 Q에 대한 샤프 비율은 다음과 같다.
   a. 0.45 b. 0.89
   c. 0.30 d. 0.57

4. 젠센의 알파(LO1, CFA7) 포트폴리오 R에 대한 젠센의 알파는 다음과 같다.

a. 2.4% b. 3.4%
c. 0% d. −1%

5. 트레이너 비율(LO1, CFA7) 트레이너 비율이 가장 높은 포트폴리오는 어느 것인가?

a. P b. Q
c. R d. S

6. 샤프 비율(LO1, CFA7) 가장 높은 샤프 비율을 가진 포트폴리오는 어느 것인가?

a. P b. Q
c. R d. S

7. 젠센의 알파(LO1, CFA7) 가장 높은 젠센의 알파를 가진 포트폴리오는 무엇인가?

a. P b. Q
c. R d. S

8. 샤프 비율(LO1, CFA7) 상관관계가 없는 수익률을 가정하면 포트폴리오 S와 포트폴리오 Q에 동일한 투자비율을 갖는 마스터 포트폴리오의 샤프 비율은 다음과 같다.

a. 0.71 b. 1.4
c. 0.95 d. 1.05

9. 정규 분포(LO4, CFA3) 주어진 자료가 평균이 100이고 표준편차가 10인 정규 분포를 따른다면, 자료의 숫자 중 약 95%가 다음의 범위 안에 있게 된다.

a. 60~140 b. 70~130
c. 80~120 d. 90~110

10. 정규 분포(LO4, CFA3) 주어진 자료가 평균이 100이고 표준편차가 10인 정규 분포를 따른다면, 자료의 숫자 중 약 99%가 다음의 범위 안에 있게 된다.

a. 60~140 b. 80~120
c. 70~130 d. 90~110

11. 정규 분포(LO4, CFA3) 정규 분포는 다음 중 어느 보기에 의해 정규 분포가 정의될 수 있는가?

a. 평균과 상관관계 b. 분산 및 상관관계
c. 분산 및 표준편차 d. 평균 및 표준편차

12. 표준 정규 분포(LO4, CFA5) 정규 분포 확률 변수가 표준 정규 분포 확률 변수로 다음에 의해 변할 수 있다.

a. 평균을 빼고 표준편차로 나눈다. b. 평균을 더하고 표준편차로 나눈다.
c. 평균을 빼고 분산으로 나눈다. d. 평균을 더하고 표준편차를 곱한다.

13. 표준 정규 분포(LO4, CFA5) 표준 정규 분포 확률 변수가 −1보다 작거나 +1보다 클 확률은?

a. 2%　　b. 5%

c. 10%　　d. 31.74%

14. 표준 정규 분포(LO4, CFA5) 표준 정규 분포 확률 변수가 −1.96보다 작거나 +1.96보다 클 확률은?

a. 2%　　b. 5%

c. 10%　　d. 31.74%

15. VaR(Value-at-Risk)(LO4, CFA5) 어느 투자 포트폴리오의 VaR 통계치는 다음을 말한다.

a. 투자 손실의 가능성

b. 투자 포트폴리오의 위험한 부분의 가치

c. 특정 확률로 기대되는 가장 작은 투자 손실

d. 특정 확률로 기대되는 가장 큰 투자 손실

개념 문제

1. 성과 평가 비율(LO2, CFA7) 샤프 비율과 트레이너 비율의 차이를 설명하라.

2. 성과 평가 방법(LO2, CFA7) 젠센의 알파와 트레이너 비율의 약점은 무엇인가?

3. 젠센의 알파(LO2, CFA7) 자본 자산 가격 결정 모델(CAPM)의 젠센의 알파와 SML(security market line) 간의 관계를 설명하라.

4. 샤프 비율(LO2, CFA7) 샤프 비율의 장점과 단점은 무엇인가?

5. 알파의 비교(LO2, CFA7) 두 개의 투자가 동일한 알파를 갖는다고 가정할 때, 어떤 투자를 선택할 것인지 결정하는 데 도움이 될 만한 사항은 무엇인가?

6. 최적−샤프 비율(LO3, CFA7) 샤프−최적 포트폴리오는 무엇을 의미하는가?

7. 소르티노(sortino) 비율(LO1, CFA7) 샤프 비율과 소르티노 비율의 차이점은 무엇인가?

8. VaR(Value-at-Risk) 통계(LO4, CFA6) 가장 작은 예상 손실 및 그러한 손실 확률의 관점에서 최대 예상 손실액 통계의 의미를 설명하라.

9. VaR(Value-at-Risk) 통계(LO4, CFA6) 포트폴리오에 대해 예상되는 최대 손실은 −20%이며 확률은 95%이다. 최대 예상 손실액 통계와 연관하여 이를 진술하라.

10. 성능 평가(LO2, CFA7) 대부분의 출처는 S&P 500과 같은 표준 벤치 마크와 비교하여 알파 및 기타 측정치를 보고하고 있다. 언제 이 방법이 부적절한 비교일 수 있는가?

질문과 문제

1. 표준편차(LO4, CFA6) 특정 주식의 연간 표준편차는 54%이다. 2 개월 동안의 표준편차는 얼마인가?

2. 표준편차(LO4, CFA6) 주식의 월간 표준편차가 8.60%라는 것을 알 수 있습니다. 주식의 연간 표준편차는 얼마인가?

3. 성과 평가(LO1, CFA7) 세 포트폴리오, 시장 포트폴리오 및 무위험 자산과 관련하여 다음 정보를 고려하라.

포트폴리오	평균수익률	표준편차	베타
X	12%	29%	1.25
Y	11	24	1.10
Z	8	14	0.75
시장 포트폴리오	10	19	1.00
무위험 이자율	4	0	0

각각의 포트폴리오에 대해 샤프 비율, 트레이너 비율, 그리고 젠센의 알파는 얼마인가?

4. 정보 비율(LO1, CFA7) 문제 3의 포트폴리오 X의 추적 오차가 9.2%라고 가정할 때 포트폴리오 X의 정보 비율은 얼마인가?

5. *R*-제곱(LO1, CFA7) 문제 3에서 포트폴리오 Y의 수익률과 시장 포트폴리오 수익률의 상관관계는 0.75라고 가정하자. 시장 포트폴리오에 의해 주도되는 포트폴리오 Y의 수익률은 얼마인가?

6. 정보 비율(LO1, CFA7) Layton Growth Fund는 2.1%의 알파를 가지고 Layton의 정보 비율이 0.5라고 결정했을때 벤치 마크에 비례하여 Layton의 추적 오류는 얼마이어야 하는가?

7. VaR(Value-at-Risk) 통계(LO4, CFA6) DW 주식의 연간 평균수익률은 12%, 표준편차는 30%일 때 1년내에 5%의 확률로 예상되는 가장 큰 손실은 얼마인가?

8. VaR(Value-at-Risk) 통계(LO4, CFA6) Woodpecker 주식은 각각 18%와 44%의 연간수익률 평균 및 표준편차를 갖는다고 한다. 2.5%의 확률로 1개월 내에 예상되는 가장 큰 손실은 얼마인가?

9. VaR(Value-at-Risk) 통계(LO4, CFA6) 당신의 포트폴리오는 문제 7과 8에서 언급된 DW Co.와 Woodpecker, Inc. 주식에 동일한 비율의 자금을 배분하고 있다. DW Co.와 Woodpecker , Inc.의 상관관계가 0이라면 확률 2.5%로 1개월 내에 포트폴리오에서 예상되는 가장 큰 손실은 얼마입니까?

10. 샤프 비율(LO1, CFA7) 주식과 채권 간에 상관관계가 0인 경우 주식 및 채권 포트폴리오의 샤프 비율에 대한 공식은 무엇인가?

11. 샤프 비율(LO1, CFA7) 주식과 채권의 동일 가중 포트폴리오에 대한 샤프 비율의 공식은 무엇인가?

12. 샤프 비율(LO1, CFA7) 주식과 채권의 기대수익률이 동일하고(즉, $E(R_S)=E(R_B)$인 경우) 0의 상관관계를 가진 포트폴리오에 대한 샤프 비율의 공식은 무엇인가?

13. VaR(Value-at-Risk) 통계(LO4, CFA6) 어떤 주식의 연간수익률은 11%이고 표준편차는 54%일 때, 1%의 확률로 내년에 예상되는 가장 큰 손실은 얼마인가? 이 숫자가 무슨 의미가 있는가?

14. VaR(Value-at-Risk) 통계량(LO4, CFA6) 문제 13의 주식에 대해 1% 확률로 내년에 기대되는 가장 작은 이득은 얼마인가? 이 숫자가 무슨 의미가 있는가? 이것은 주식수익률 분포에 대해 무엇을 말해 주는가?

15. VaR(Value-at-Risk) 통계(LO4, CFA6) Tyler Trucks 주식은 연간수익률 평균과 표준편차가 각각 10%와 26%이고 Michael Moped Manufacturing 주식의 연간 평균수익률은 18%, 표준편차는 62%이다. 귀하의 포트폴리오는 Tyler Trucks 주식 및 Michael Moped Manufacturing 주식에 동일한 자금을 배분하려고 한다. Tyler Trucks와 Michael Moped Manufacturing의 상관관계는 0.5이라면 향후 5%의 확률로 다음달에 포트폴리오에서 예상되는 가장 큰 손실은 얼마인가?

16. VaR(Value-at-Risk) 통계량(LO4, CFA6) Tyler Trucks 및 Michael Moped Manufacturing 주식에 대해 문제 15에서와 동일한 수익률 평균과 표준편차를 사용하지만 두 주식의 상관관계가 −.5인 경우, 5%의 확률로 다음 달에 포트폴리오에 발생할 수 있는 가장 큰 예상 손실은 얼마인가?

17. VaR(Value-at-Risk) 통계(LO4, CFA6) 포트폴리오를 3개의 주식에 동일한 금액을 투자하여 배분한다. 3주식 모두 연평균 14%의 수익률을 보이고 연간수익률 표준편차는 각각 30%, 40% 및 50%이며, 3주식 간의 상관관계는 0이다. 내년에 1%의 확률로 포트폴리오에 예상되는 가장 큰 손실은 얼마인가?

18. 샤프–최적 포트폴리오 VaR(LO3, CFA6) 자산 A와 자산 B로 포트폴리오를 구성하고 있다. 자산 A와 자산 B의 기대수익률은 각각 12%와 15%이고 자산 A와 자산 B의 표준편차는 각각 29%와 48%이다. 두 자산의 상관관계는 0.25이며 무위험 이자율은 5%이다. 두 자산 포트폴리오의 최적 샤프 비율은 얼마인가? 내년에 2.5%의 확률로 이 포트폴리오에 발생할 수 있는 가장 큰 예상 손실은 얼마인가?

다음의 정보를 이용하여 문제 19와 20을 답하라.

뮤추얼펀드, 시장 지수 및 무위험 이자율에 대해 다음과 같은 수익률 정보가 제공되었다. 또한 뮤추얼펀드와 시장 지수 사이의 수익률 상관관계가 .97이라고 하자.

연도	펀드	시장	무위험 이자율
2011	−15.2%	−24.5%	1%
2012	25.1	19.5	3
2013	12.4	9.4	2
2014	6.2	7.6	4
2015	−1.2	−2.2	2

19. 성과 평가 지표(LO1, CFA7) 펀드의 샤프와 트레이너 비율은 얼마인가?

20. 젠센의 알파(LO1, CFA7) 펀드에 대한 젠센의 알파와 정보 비율을 계산하라.

21. 최적 샤프 비율(LO3) 두 자산으로 포트폴리오를 구성하고 있다. 자산 A는 기대수익률이 12%, 표준편차는 24%이고, 자산 B의 기대수익률은 18%, 표준편차는 54%이다. 두 자산 간의 상관관계는 0.20이며 무위험 이자율은 4%이다. 가장 큰 샤프 비율을 가진 두 자산의 포트폴리오에서 각 자산의 투자비율은 얼마인가?

22. 성과 평가 지표(LO1, CFA4) 두 개의 뮤추얼펀드(Papa, Mama), 시장 지수 및 무위험 이자율에 대한 수익률 정보가 다음과 같다.

연도	Papa 펀드	Mama 펀드	시장 지수	무위험 이자율
2011	−12.6%	−22.6%	−24.5%	1%
2012	25.4	18.5	19.5	3
2013	8.5	9.2	9.4	2
2014	15.5	8.5	7.6	4
2015	2.6	−1.2	−2.2	2

두 펀드의 샤프 비율, 트레이너 비율, 젠센의 알파, 정보 비율 및 R-제곱을 계산하고 당신의 포트폴리오에 가장 적합한 펀드를 결정하라.

CFA 관련 문제

[CFA3, CFA7]

Kelli Blakely is a portfolio manager for the Miranda Fund, a core large-cap equity fund. The market proxy and benchmark for performance measurement is the S&P 500. Although the Miranda portfolio generally mirrors the S&P sector weightings, Ms. Blakely is allowed a significant amount of flexibility.

Ms. Blakely was able to produce exceptional returns last year (as outlined in the table below). Much of this performance is attributable to her pessimistic outlook, which caused her to change her asset class exposure to 50 percent stocks and 50 percent cash. The S&P's allocation was 97 percent stocks and 3 percent cash. The risk-free rate of cash returns was 2 percent.

	Miranda	S&P 500
Return	10.2%	−22.5%
Standard deviation	37%	44%
Beta	1.10	

1. What are the Sharpe ratios for the Miranda Fund and the S&P 500?

	Miranda	S&P 500
a.	0.2216	−0.5568
b.	0.3515	−0.2227
c.	0.0745	−0.2450

2. What is the Treynor measure for the Miranda Fund and the S&P 500?

	Miranda	S&P 500
a.	0.2216	−0.5568
b.	0.3515	−0.2227
c.	0.0745	−0.2450

3. What is the Jensen alpha for the Miranda Fund?

a. 0.2216

b. 0.3515

c. 0.0745

PART

5

선물과 옵션

CHAPTER 14 선물계약

CHAPTER 15 주식 옵션

CHAPTER

14

선물계약

'인간의 삶에서 투기하지 말아야 할 때가 두 차례 있다:
할 수 없을 때와 할 수 있을 때이다.'

– 마크 트웨인(Mark Twain)

'확인된 것에만 베팅을 한다는 것이 헤지이다.'

– 로버트 해프(Robert Half)

학습목표

아래의 내용을 이해하면 선물계약의 혜택을 누리게 될 것이다.

1. 선물시장의 기본과 선물계약의 호가 방식
2. 선물시장 투기의 위험
3. 현물가격과 선물가격의 관련
4. 선물계약을 이용한 가격위험 헤지

선물계약은 투기를 목적으로 또는 위험 관리를 목적으로 사용될 수 있다. 투기적 투자자는 마크 트웨인의 조언에 귀 기울여야 한다. 선물계약을 거래하면 상품시장의 위험이라는 측면에 시간이라는 측면이 추가되게 된다. 선물계약은 거래대금이 결정되는 계약체결의 시점과 배송과 결제가 이루어지는 시점이 분리되기 때문에 매수자와 매도자가 위험을 효과적으로 관리할 수 있게 된다. 이러한 선물계약의 주요특성 때문에 시대가 거듭되면서도 선물계약이 여전히 거래되고 있다.

CFA 예제

1. 파생상품시장과 파생금융상품(L1, S17)
2. 파생상품의 가격결정과 가치평가(L1, S17)
3. 대체투자의 소개(L1, S18)
4. 선물시장과 선물계약(L2, S16)
5. 선도거래와 선물계약의 위험 관리 기능(L3, S15)

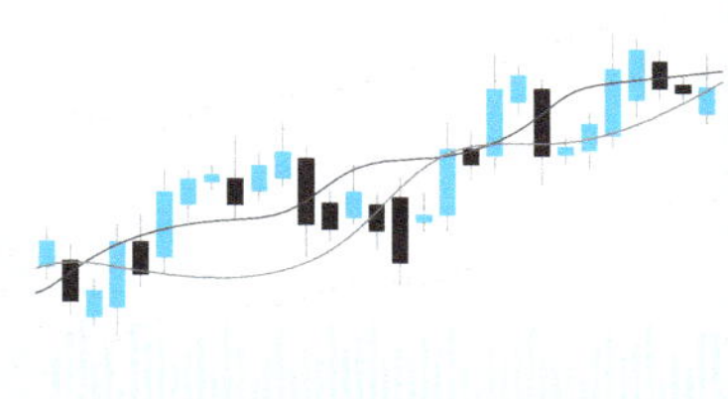

이번 장에서는 선물계약의 최근 내용에 대해 알아보고자 한다. 첫째 절에서는 선물계약의 기본과 선물계약의 가격 호가방식에 대해서 알아볼 것이다. 이에 기반하여 선물계약이 어떻게 투기와 위험 관리에 사용될 수 있는지를 논의할 것이다. 마지막으로 현물가격과 선물가격의 이론적 연관성에 대해 언급할 것이다.

14.1 선물계약의 기초

선도계약
금일 약정된 가격으로 미래에 거래를 한다는 매수자와 매도자 간의 동의

정의에 따르면 선도계약(forward contract)은 매수자와 매도자 간에 오늘 이루어진 협상에서 정해진 가격으로 미래의 정해진 일시에 정해진 상품을 반드시 거래한다는 양자 간 공식적 동의에 기반한다. 선도계약의 탁월한 점은 생산자로 하여금 생산품이 생산되기도 전에 수요자에게 생산품을 매도할 수 있도록 해 준다는 것이다. 오늘 거래가격을 정하기 때문에 매수자와 매도자는 거래에 있어서 위험의 요인이 되는 가격 불확실성을 제거할 수 있게 된다. 위험이 감소하면 매수자와 매도자는 상호 간에 혜택을 주고받으면서 상거래가 활성화되는 긍정적인 측면이 존재한다. 이러한 원칙은 수 세기 동안 인정되었고 그대로 수행되어 왔다.

선물계약
계약 만기일에 상품이나 금융자산을 약정가격으로 매매할 것이라는 매수자와 매도자 간의 계약으로 거래소를 통해서 관리된다.

선물가격
선물계약의 의무를 이행하기 위해 약정된 상품이나 금융자산을 매매하는 약정가격

선물계약(futures contract)은 선도계약의 단계를 넘어서는 측면이 있다. 선물계약과 선도계약은 경제학적인 측면에서는 오늘 정해진 가격에 의해 미래에 거래가 이루어진다는 유사한 경제적 기능을 수행한다. 여기서의 가격을 선물가격(futures price) 또는 결제가격이라고 한다.

선물계약은 거래소에 상장되어 거래되고 계약의 규모나 배송시점 등이 표준화되어 있는 것이 일반적이기 때문에 표준화되어 있지 않은 선도계약과 자주 대조되곤 한다. 부정적인 면으로는 규모가 고정되어 있어 매수자와 매도자가 자신의 포지션과 정확하게 매칭되는 선물계약의 포지션을 정하기가 어렵다는 점이다.

긍정적인 면으로는 표준화가 되어 있어 계약체결 후에 매매가 용이하기 때문에 유동성이 증가되는 장점이 존재한다는 점이다. 더군다나 거래소가 거래 당사자들의 손실을 방지해주는 역할을 하기 때문에 선물계약은 거래상대방 위험이 적은 편이다. 대부분 투자자들에게는 선물계약의 장점이 단점보다 크다고 할 수 있다.

선물계약 거래의 발전

시카고 선물거래소(CBOT)는 미국 최고의 선물거래소로 1848년에 창립되어 미국

내 농업의 서부 진출과 함께 성장하였으며 세계 최대의 가장 활발한 선물거래소로 자리잡았다 초기의 미국 선물거래소로는 중미 상품거래소(1868년 창립), 뉴욕 면화거래소(1870년 창립), 뉴욕 상품거래소(1872년 창립), 시카고 상품거래소(1874년 창립), 미네소타 곡물거래소(1881년 창립), 뉴욕 커피거래소(1882년 창립) 그리고 캔서스 무역거래소(1882년 창립) 등이 대표적이다.

100여 년 이상 미국 내 선물거래소는 상품선물계약을 위주로 활발한 거래를 수행해왔으나 1970년대 들어 금융선물계약의 등장으로 커다란 혁신이 시작되었다. 최초의 금융선물은 1972년에 시카고 상품거래소(CME)의 자회사인 IMM에서 도입되었던 외환선물 계약이다.

다음으로 도입된 것이 이자율 선물로 1975년 시카고 선물거래소(CBOT)에 도입되었다. 이자율 선물은 채권의 매도와 관련된 계약으로 미국 재무성 발행 단기재정증권, 중장기국채, 장기국채를 기초자산으로 발행되고 있으며, 가장 활발하게 거래되고 있는 2개의 선물계약은 유로달러(CME에서 거래)와 미국 재무성 발행 단기재정증권(CBOT에서 거래)과 관련된 이자율 선물계약 일 것이다.

주가지수 선물은 1982년에 캔서스 선물거래소(KBT), 시카고 상품거래소(CME), 그리고 뉴욕 선물거래소(NYFE)에 도입되었으며 특정 증권거래소의 지수를 기초자산으로 하게 된다.

금융선물계약의 도입은 매우 성공적이었으며 최근에 선물거래의 대부분을 차지할 정도에 이르렀는데 기업과 포트폴리오 매니저들의 금융위험관리를 위해 가장 효과적인 금융상품으로 자리 잡았기 때문인 것으로 알려지고 있다. 선물계약은 헤지전략을 통해 위험을 감소시키거나 투기적 전략을 통해 위험을 증폭 시기키도 한다. 이 장에서는 선물계약에 대해 일반적인 논의와 더불어 금융시장의 측면에서 중요한 금융선물계약에 대한 논의도 진행될 것이다.

2007년에 몇몇의 중요한 상품거래소가 등장하였다. 예를 들어, 2007년 1월에는 에너지 관련 계약들이 상장되었던 Intercontinential Exchange(ICE)가 뉴욕거래소(NYBOT)에 의해 약 10억 달러에 인수되었다. 뉴욕거래소는 주로 커피, 설탕, 코코아 및 목화 등 'soft' 상품에 대한 선물계약을 주로 취급하였는데 NYBOT는 한때 뉴욕 목화거래소(NYCE)였으나 커피 · 설탕 · 코코아거래소(CSCE)와 뉴욕 선물거래소(NYFE)를 인수한 바 있다.

2007년 7월 9일에 시카고 상품거래소(CME)는 오랜 경쟁자였던 시카고 선물거래소(CBOT)를 80억 달러로 인수하였고 자산가치 260억 달러의 CME Group Inc.가 탄생하게 되었다. 2008년에 CME Group은 뉴욕 상품거래소(NYMEX)를 인수하여 금속과 석유 관련 선물시장에 진출하였고 선물시장의 최강자로 자리 잡게 되었다.

선물계약의 이해

선물계약도 계약의 가치가 다른 기초자산의 가치로부터 파생된다는 점에서 파생상품 중에 하나이다. 예를 들어, 금을 매수하거나 매도해야 하는 선물계약의 가치는 금의 시장가치에 의해 결정된다. 하지만, 선물계약은 가치가 항상 제로인 매수자와 매도자 사이의 제로섬 게임이다. 즉, 매수자의 소득은 정확히 매도자의 손실로, 물론 그 반대의 경우도 가능하지만, 이어지게 되기 때문이다.

선물계약은 거래가 편리하고 가격 표시가 수월할 수 있도록 표준화된 거래소에 상장된 계약이다. 표준화된 선물계약은 거래단위(size)가 기초자산에 따라 달라지는데, 예를 들어 금 선물은 1개 선물계약에 100트로이온스의 금이 거래되도록 정해져 있다. 1개 선물계약을 매도한 거래자는 계약만기일에 매수자에게 금 100트로이온스를 배송해야만 한다는 뜻이다. 마찬가지로 선물계약에 의해서 매수자는 배달되는 금을 반드시 인수하고 금 선물계약에서 정한 선물가격을 지불하여야만 한다.

선물계약을 제대로 이해하기 위해서는 계약과 관련된 용어를 이해해야 한다. 일반적으로 선물계약은 적어도 아래의 5가지 계약조건을 명시하고 있다.

1. 기초상품이나 금융상품의 명시
2. 계약단위
3. 계약만기일시
4. 배송 및 청산 절차
5. 선물가격

첫째, 선물계약에는 기초상품이나 금융상품이 명확하게 제시되어 있어야 한다.

둘째, 계약의 단위가 명시되어야 한다. 앞서 언급한 바처럼 금의 표준계약단위는 100 트로이온스이다. 미국 재무성 발행 중단기 국채선물과 장기 국채선물은 표준계약단위가 액면가 기준 $100,000이다.

셋째, 만기가 제시되어야 한다. 선물계약에서의 만기는 매도자가 기초자산을 전달하거나 매수자가 선물가격을 결제해야 하는 계약상의 일시를 의미한다.

넷째, 배달 절차도 구체적으로 명시되어야 한다. 상품선물계약에서 배달은 기초자산(상품)의 수량을 보관장에서 영수하였다는 증명을 송부하는 것을 의미한다. 배달이 완료된 후에는 매수자가 상품이 매도될 때까지의 보관비용을 보관소에 지불하지 않으면 보관되었던 상품이 처분될 수도 있다.

다섯째, 선물가격은 매수자와 매도자 간에 합의된 금액을 의미한다. 계약조건 중 선물가격(또는 계약청산가격)이 가장 중요하다 할 수 있는데, 계약 만기에 매수자가 지불해야만 하는 금액이며 매도자가 영수해야 하는 금액이기 때문이다.

금융선물계약은 기초자산의 배달이 통상적으로 소유권의 이전으로 이루어진다. 예를 들면 미국 정부 단기재정증권, 중단기국채, 장기국채의 소유권은 미연방은행의 전자장부상에 등록되어 있어 금융선물계약의 배달은 연방은행에 등록된 소유권의 이전이 완료됨을 의미한다.

또 다른 금융선물계약의 특징은 현금청산이 이루어진다는 점인데 매수자와 매도자가 기초자산을 배달하지 않고 현금을 지급함으로써 청산이 이루어진다는 것이다. 주가지수 선물에 대한 설명을 통해 자세히 이에 대해 논의하도록 하겠다. 배달 절차는 편리성과 비용효율성 차원에서 선택된다는 원칙을 기억하기 바란다. 즉, 선물거래소에 의해 기초자산의 배달 절차가 구체적으로 제시되는 경우도 있으나 계약에 따라 변경이 가능하다.

선물가격

미국의 가장 큰 규모의 선물거래는 시카고에서 이루어지지만 그 외 뉴욕, 캔자스와 미니애폴리스에 위치한 선물거래소에서도 선물거래가 활발하게 체결된다. 주요 선물거래소에서 체결된 선물계약의 선물가격은 〈월스트리트 저널〉과 같은 주요 경제지에 실리게 되는데 인터넷을 통해 가격과 관련된 정보를 쉽게 접할 수 있으며 그림 14.1에서 보이는 바처럼 주요 거래소로부터 최근 선물거래 내용에 관한 정보를 얻을 수도 있다.

선물가격과 관련된 정보는 기초자산인 상품이나 금융상품의 종류에 따라 주어진다. 예를 들어, '광물과 석유 선물'에 관한 섹션에서는 동, 금 및 석유제품 등의 상품선물에 대한 정보가 주어지고 '농산물 선물' 섹션에서는 밀, 귀리, 콩, 소, 돼지, 커피, 설탕 및 코코아 등과 같은 농산물 선물에 대한 정보를 얻을 수 있다. 금융선물에 대한 섹션도 별도로 제공되는데 이자율, 외환 및 지수선물에 대한 정보로 구성된다.

개별 섹션에서 계약종류, 선물거래소, 계약단위 및 가격에 관한 정보가 주어지고 있다. 예를 들어, '광물 및 석유 선물' 부분을 보면 동선물이 CMX 거래소에 거래되고 있으며 계약단위는 선물계약당 동 25,000파운드이고 가격은 파운드당 달러로 정해지고 있음을 알 수 있다.

그림 14.1

선물가격(2015년 11월 9일)

Source: SIX Financial Information
Source: The Wall Street Journal, November 10, 2015. Dow Jones & Company, Inc.

Futures Contracts | WSJ.com/commodities

Metal & Petroleum Futures

	Open	Contract High	hi lo	Low	Settle	Chg	Open Interest
Copper-High (CMX)-25,000 lbs.; $ per lb.							
Nov	2.2380	2.2395		2.2305	**2.2300**	−0.0115	2,109
Dec	2.2350	2.2510		2.2260	**2.2300**	−0.0120	90,935
Gold (CMX)-100 troy oz.; $ per troy oz.							
Nov	1088.60	1088.60		1088.60	**1087.90**	0.30	211
Dec	1089.10	1094.90		1087.40	**1088.10**	0.40	247,319
Feb'16	1089.90	1095.50		1088.60	**1089.10**	0.40	102,730
April	1091.00	1095.60		1089.50	**1089.90**	0.40	28,444
June	1091.70	1096.60		1090.00	**1090.60**	0.40	18,947
Dec	1098.10	1100.00		1093.20	**1093.60**	0.50	14,070
Palladium (NYM)-50 troy oz.; $ per troy oz.							
Nov	671.70	671.70		671.70	**596.75**	−16.00	1
Dec	617.70	621.20		595.00	**596.95**	−16.00	23,681
March'16	614.95	620.00		596.00	**597.45**	−16.10	3,781
Platinum (NYM)-50 troy oz.; $ per troy oz.							
Nov	990.20	990.20		986.70	**914.40**	−25.20	1
Jan'16	942.00	943.20		910.30	**914.40**	−25.60	63,763
Silver (CMX)-5,000 troy oz.; $ per troy oz.							
Nov	15.035	15.045		15.005	**14.418**	−0.278	5
Dec	14.730	14.760		14.395	**14.413**	−0.278	95,144
Crude Oil, Light Sweet (NYM)-1000 bbls.; $ per bbl.							
Dec	44.52	45.12		43.64	**43.87**	−0.42	400,803
Jan'16	45.62	46.29		44.88	**45.12**	−0.35	302,907
Feb	46.09	47.16		45.80	**46.05**	−0.28	109,090
March	47.19	47.87		46.58	**46.84**	−0.25	150,438
June	48.66	49.45		48.14	**48.42**	−0.22	112,896
Dec	50.65	51.45		50.25	**50.54**	−0.11	150,413
NY Harbor ULSD (NYM)-42,000 gal.; $ per gal.							
Dec	1.4958	1.5220		1.4745	**1.4774**	−0.122	80,808
Jan'16	1.5121	1.5392		1.4960	**1.4985**	−0.112	84,315
Gasoline-NY RBOB (NYM)-42,000 gal.; $ per gal.							
Dec	1.3768	1.4048		1.3662	**1.3705**	.0010	92,987
Jan'16	1.3557	1.3852		1.3495	**1.3549**	.0018	92,590
Natural Gas (NYM)-10,000 MMBtu.; $ per MMBtu.							
Dec	2.373	2.387		2.274	**2.300**	−.071	253,091
Jan'16	2.535	2.544		2.423	**2.449**	−.083	262,791
Feb	2.558	2.571		2.453	**2.480**	−.077	66,305
March	2.559	2.561		2.449	**2.479**	−.069	109,844
April	2.509	2.509		2.414	**2.446**	−.056	89,244
May	2.529	2.529		2.450	**2.478**	−.054	36,545

Agriculture Futures

	Open	Contract High	hi lo	Low	Settle	Chg	Open Interest
Corn (CBT)-5,000 bu.; cents per bu.							
Dec	372.75	375.50		366.50	**366.75**	−6.25	550,478
March'16	381.25	384.25		375.75	**376.00**	−5.75	386,290
Oats (CBT)-5,000 bu.; cents per bu.							
Dec	223.50	226.25		221.25	**224.00**	.25	6,977
March'16	224.75	225.75		222.25	**224.75**	...	4,291
Soybeans (CBT)-5,000 bu.; cents per bu.							
Nov	872.00	877.25		871.25	**873.50**	2.25	4,324
March'16	867.50	872.00		865.75	**866.25**	−1.00	287,119
Soybean Meal (CBT)-100 tons.; per ton.							
Dec	295.70	297.20		294.60	**295.00**	−.70	121,379
Jan'16	294.90	296.30		294.00	**294.50**	−.30	82,448
Soybean Oil (CBT)-60,000 lbs.; cents per lb.							
Dec	28.03	28.28		27.73	**27.77**	−.27	127,149
Jan'16	28.31	28.56		28.02	**28.05**	−.27	98,968
Rough Rice (CBT)-2000 cwt.; $ per cwb.							
Nov	1200.00	1200.00		1200.00	**1179.50**	−39.00	19
Jan'16	1240.00	1240.00		1190.00	**1205.50**	−38.50	9,282
Wheat (CBT)-5000 bu.; cents per bu.							
Dec	520.50	521.25		501.25	**501.75**	−21.50	157,627
March'16	523.50	524.25		505.00	**505.50**	−20.00	127,443
Wheat (KC)-5000 bu.; cents per bu.							
Dec	488.75	490.25		472.75	**474.00**	−16.25	90,413
March'16	503.75	505.50		488.75	**489.75**	−16.00	57,974
Wheat (MPLS)-5000 bu.; cents per bu.							
Dec	517.25	518.50		501.50	**504.25**	−14.50	24,293
March'16	524.00	527.50	▼	514.00	**515.50**	−12.00	21,402
Cattle-Feeder (CME)-50,000 lbs.; cents per lb.							
Nov	181.375	181.375		177.125	**177.125**	−4.500	4,787
Jan'16	171.975	171.975		167.525	**167.525**	−4.500	16,304
Cattle-Live (CME)-40,000 lbs.; cents per lb.							
Dec	134.250	134.275		131.925	**131.925**	−3.000	105,543
Feb'16	136.550	136.650		134.150	**134.150**	−3.000	69,463
Hogs-Lean (CME)-40,000 lbs.; cents per lb.							
Dec	55.025	55.050	▼	53.100	**53.725**	−1.275	71,865
Feb'16	58.175	58.250	▼	55.725	**56.475**	−1.825	65,171
Lumber (CME)-110,000 bd.ft. $ per 1,000 bd. ft.							
Nov	247.10	253.00		247.10	**252.00**	4.10	214
Jan'16	246.30	247.70		244.60	**245.30**	−1.40	3,053
Milk (CME)-200,000 lbs.; cents per lb.							
Nov	15.61	15.67		15.50	**15.51**	−.12	4,656
Dec	15.60	15.60		15.32	**15.42**	−.12	4,496
Cocoa (ICE-US)-10 metrictons, $ per ton.							
Dec	3,228	3,235		3,187	**3,209**	−.28	35,057
March'16	3,223	3,244		3,194	**3,216**	−.30	89,545
Coffee (ICE-US)-37,500 lbs; cents per lb.							
Dec	118.05	119.70		116.95	**117.75**	–	73,267
March'16	121.25	123.10		120.55	**121.35**	.20	64,098
Sugar-World (ICE-US)-112,000 lbs; cents per lb.							
March	14.33	14.38		13.93	**13.99**	−.47	437,990
May	14.05	14.05		13.93	**13.69**	−.44	145,866
Sugar-Domestic (ICE-US)-112,000 lbs; cents per lb.							
Jan	25.45	25.45		25.45	**25.45**	–	2,306
March	25.43	25.45		25.43	**25.43**	−.02	2,049
Cotton (ICE-US)-50,000 lbs.; cents per lb.							
Dec	61.87	62.07		61.61	**61.90**	.24	80,755
March'16	62.08	62.29		61.71	**62.12**	.38	82,220
Orange Juice (ICE-US)-15,000 lbs.; cents per lb.							
Nov	140.80	140.80		138.40	**139.25**	.90	355
Jan'16	137.85	145.00	▲	137.85	**139.40**	2.05	9,475

Interest Rate Futures

	Open	Contract High	hi lo	Low	Settle	Chg	Open Interest
Treasury Bonds (CBT)-$100,000; pts 32nds of 100%							
Dec	152-160	152-180		151-120	**152-030**	−7.0	490,949
March'16	151-020	151-040		150-030	**150-250**	−7.0	4,597
Treasury Notes (CBT)-$100,000; pts 32nds of 100%							
Dec	126-040	126-045		125-225	**126-010**	−0.5	2,549,860
March'16	125-145	125-150		125-010	**125-115**	−2.0	71,355
5 Yr. Treasury Notes (CBT)-$100,000; pts 32nds of 100%							
Dec	118-235	118-237		118-160	**118-225**	0.0	2,333,151
March'16	118-052	118-057		117-302	**118-045**	−0.7	90,032
2 Yr. Treasury Notes (CBT)-$200,000; pts 32nds of 100%							
Dec	109-020	109-030		109-005	**109-025**	0.7	1,114,756
March'16	108-240	108-257		108-235	**108-250**	0.7	30,450
30 Day Federal Funds (CBT)-$5,000,000;100-daily avg.							
Nov	99.875	99.878	▲	99.875	**99.875**	.003	198,276
Jan'16	99.705	99.710		99.700	**99.705**	...	201,643
10 Yr. Del. Int. Rate Swaps (CBT)-$100,000; pts 32nds of 100%							
Dec	101.750	102.031		101.563	**102.031**	0.063	38,723
1 Month Libor (CME)-$1300,000; pts of 100%							
Nov	99.7975	99.7975		99.7975	**99.7975**	−0.025	2,616
Dec	99.6600	99.6600		99.6600	**99.6625**	0.075	2,217
Eurodollar (CME)-$1000,000; pts of 100%							
Nov	99.6275	99.6300		99.6250	**99.6275**	−.0050	129,797
Dec	99.5550	99.5600		99.5500	**99.5550**		1,324,998
March'16	99.3800	99.3850		99.3650	**99.3850**	.0100	1,321,930
Dec	98.8450	98.8700		98.8150	**98.8650**	.0250	1,339,440

Currency Futures

	Open	Contract High	hi lo	Low	Settle	Chg	Open Interest
Japanese Yen (CME)-¥12,500,000; $ per 100¥							
Dec	.8111	.8134		.8093	**.8127**	.0010	226,280
March'16	.8135	.8156		.8116	**.8151**	.0013	4,986
Canadian Dollar (CME)-CAD 1000,000; $ per CAD							
Dec	.7516	.7547		.7511	**.7528**	.0011	126,337
March'16	.7511	.7545		.7509	**.7527**	.0011	2,601
British Pound (CME)-£ 62,500; $ per £							
Dec	1.5050	1.5124		1.5038	**1.5109**	.0073	164,637
March'16	1.5059	1.5127		1.5059	**1.5114**	.0076	1,511
Swiss Franc (CME)-CHF 125,500; $ per CHF							
Dec	.9952	1.0012		.9948	**.9977**	.0028	58,359
March'16	1.0006	1.0054		1.0001	**1.0025**	.0034	509
Australian Dollar (CME)-AUD 100,000; $ per AUD							
Dec	.7019	.7056		.7016	**.7033**	.0007	150,013
March'16	.6986	.7024		.6986	**.7002**	.0007	729
June	.6970	.6970		.6970	**.6975**	.0007	38
Sept	.7870	.7870	▲	.7870	**.6949**	.0006	1
Dec	...	.7089	▲	.7089	**.6930**	.0006	6
Mexican Peso (CME)-MXN 500,000; $ per MXN							
Dec	.05925	.05951		.05896	**.05937**	.00012	101,451
March'16	.05891	.05911		.05858	**.05897**	.00012	54,709
Euro (CME)-€125,000; $ per €							
Dec	1.0735	1.0795		1.0723	**1.0762**	.0012	408,320
March'16	1.0759	1.0819		1.0749	**1.0789**	.0014	8,155

Index Futures

	Open	Contract High	hi lo	Low	Settle	Chg	Open Interest
Mini DJ Industrial Average (CBT)-$ 5 × index							
Dec	17826	17871		17610	**17675**	−168	97,200
March'16	17765	17787	▲	17545	**17599**	−169	2,309
S&P 500 Index (CME)-$250 × index							
Dec	2091.50	2097.00		2063.00	**2072.90**	−20.80	95,387
June'16	...	...		2048.20	**2059.20**	−21.00	2,617
Mini S&P 500 (CME)-$50 × index							
Dec	2092.00	2097.75		2062.00	**2073.00**	−20.75	2,773,738
March'16	2085.00	2090.50		2055.50	**2066.00**	−20.75	92,057
Mini S&P Midcap 400 (CME)-$100 × index							
Dec	1460.00	1463.50		1437.30	**1447.70**	−12.40	85,463
Mini Nasdaq 100 (CME)-$20 × index							
Dec	4701.3	4712.8	▲	4622.0	**4652.8**	−50.3	342,185
March'16	4698.8	4708.5	▲	4617.8	**4647.0**	−51.5	3,893
Mini Russell 2000 (ICE-US)-$100 × index							
Dec	1198.10	1201.20		1176.90	**1180.40**	−18.40	371,383
March'16	1183.60	1183.60		1175.00	**1175.40**	−18.30	3,234
Mini Russell 1000 (ICE-US)-$100 × index							
Dec	1159.20	1159.20		1145.10	**1151.40**	−10.70	8,271
US Dollar Index (ICE-US)-$1,000 × index							
Dec	99.38	99.43		98.91	**99.08**	−.18	80,171
March'16	99.59	99.65		99.14	**99.27**	−.19	3,636

예제 14.1 선물가격 호가

그림 14.1에서 금 선물과 밀 선물에 대한 정보를 찾아보라. 거래소는 어디인가? 각각의 선물의 계약단위는 얼마이고 선물가격은 어떻게 정해지고 있는가?

금 선물은 NYME의 COMEX 지부의 CMX 거래소에서 거래되고 있으며 1개의 금 선물계약은 100 토로이온스의 금을 계약단위로 하고 있으며 트로이온스당 달러로 가격을 표기하고 있다.

밀 선물은 CBT거래소, KC 거래소 및 MPLS 거래소에서 거래되고 있으며 1개의 밀 선물계약은 5,000부쉘의 밀을 계약단위로 하고 있으며 가격은 부쉘당 센트로 가격을 표기하고 있다. 거래소마다 밀 선물의 가격이 다르다고 생각하는가? 밀은 그냥 밀이 아니지 않는가?

선물계약은 유사한 형식으로 정보를 제공한다. 예를 들어 가격리스트의 1열은 배달/만기월을 명시해준다. 개별 만기월 마다 6개 열에서는 전일종가(Open), 일별최고가(High), 최고/최저가격 표시, 일별최저가(Low), 당일종가(Settle), 전일대비 가격변화(Chg)를 보여준다. 마지막 열은 개별 선물만기일마다 시장마감까지 거래가 되지 않는 선물계약의 수를 의미하는 미체결약정(Open Interest)을 보여준다.

지금까지 선물가격 리스트에서 아래와 같은 선물계약의 4가지 용어를 살펴 보았다.

1. 기초상품 또는 금융상품의 명시
2. 선물계약단위
3. 선물만기일
4. 선물가격

정확한 배달절차와 관련된 계약조건은 선물거래소로부터 직접 입수할 수 있을 것이다.

예제 14.2 선물가격

그림 14.1의 콩 선물계약에서 미체결약정(Open Interest)이 매우 크다는 것이 무슨 의미인지 설명해보라.

언급한 콩 선물의 정보를 통해서 체결되지 않은 콩 선물계약의 수가 많은 만기일이 언제인지를 확인할 수 있다. 2016년 3월 계약은 콩 5,000부쉘(부쉘은 약 60파운드 정도이다)에 해당하는 계약이고 종가는 부쉘당 센트로 표기되고 있다. 1개 선물계약당 5,000부쉘을 거래하는 선물계약이므로 3월 만기 선물계약의 가격은 866.25센트에 5,000을 곱한 $43,312.50이라는 것을 알 수 있다.

금융선물의 거래의 규모를 가늠하기 위해서 그림 14.1에서 이자율 선물이라고 명시된 두 번째 자료(CBT Treasury note contract)를 참고하라. 이 계약은 계약단위가 $100,000이며 미체결약정이 백만 개가 넘어서고 있다. 호가정보로부터 볼 수 있듯이 12월 선물계약은 약 250만 개의 계약이 미체결된 상태이다. 따라서 12월 계약의 액면가총액은 2,500억 달러에 이르고 있다.

선물계약은 주로 누가 거래하는 것일까? 전 세계 여러 거래소에 자금관리자들로부터 매매요청이 직접 또는 전자시스템을 통해 전달되고 있다. 다음 절에서는 투기적 투자나 헤지를 목적으로 선물계약을 어떻게 또는 왜 사용하는가에 대해 논의할 것이다.

확인 사항

14.1a 선도계약이란 무엇인가?

14.1b 선물계약이란 무엇이며 선도계약과 어떻게 다른가?

14.1c 선물가격이란 무엇인가?

14.2 선물거래가 왜 필요한가?

선물계약의 경제적 목적은 헤지를 통해 위험이 투기적 투자자에게 전가하는 데에 있다. 따라서, 선물시장이 제대로 작동하기 위해서는 위험을 헤지(헤지 거래)하려는 투자자와 투기적 투자자 모두의 참여가 필요하다. 우선적으로 투기적 투자자는 선물시장을 어떻게 사용하는지를 설명한 후에 헤지가 목적인 투자자는 선물시장을 어떻게 이용하는가를 설명할 것이다.

선물시장에서의 투기 거래

상품시장에서 선물가격의 변화를 예측할 수 있다고 믿고 있어 상품의 가격을 이용해 투기 거래를 하려 한다고 가정하자. 가장 편한 방식은 선물계약을 사용하는 것이다. 만약에 금 가격이 상승할 것이라고 예상한다면 금 선물을 매수하면 될 것이고 반면에 금 가격이 하락할 것으로 예측한다면 금 선물을 매도하면 된다.

선물계약을 매수하는 것을 보통 '매수포지션(Long)' 또는 매수포지션(long position)을 취한다고 표현하고 선물계약을 매도하는 것은 '매도포지션(Short)' 또는 매도포지션(short position)을 취한다고 말한다. 투기적 거래자(speculator)가 가격의

매수포지션
기초자산의 가격이 오르면 수익이 발생하고 가격이 내리면 손실이 발생

매도포지션
기초자산의 가격이 내리면 수익이 발생하고 가격이 오르면 손실이 발생

투기적 거래자
수익의 기회를 위해 손실의 위험을 무릅쓰는 투자자

변화 방향에 대한 예측을 통해 이익을 추구하려고 하면 가격위험에 노출되게 된다. 투기적 거래자들은 선물계약에 매수포지션 또는 매도포지션을 취할 수 있는데 가격이 상승하면 매수포지션에서 이익을 얻고 가격이 하락하는 경우에는 손실을 입게 된다. 매도포지션을 취하는 투기적 투자자에게는 반대의 경우가 발생한다.

투기적 투자의 기본을 설명하기 위해서 금 가격이 올라간다고 믿는다고 가정하자. 3개월 후에 만기(배달시점)인 선물계약의 선물가격은 $1,100/온스이고 3개월 후의 금 가격이 $1,100 이상일 것이라고 예상해서 100개의 선물계약에 매수포지션을 취하였다. 매수포지션을 취했기 때문에 온스당 $1,100을 지불하고 금을 매수해야만 할 것이다. 1개의 선물계약의 계약단위는 100트로이온스/계약이므로 100개의 선물계약은 10,000트로이온스의 금을 사는 권리를 말하며 전체 계약가격은 10,000×$1,000=$11,000,000이다. 즉, 1,100만 달러 금 선물에 매수포지션을 취했다는 뜻이 된다.

당신의 예측이 맞았다면 3개월 후에 금의 시장가격은 온스당 $1,120으로 상승할 것이고 선물계약의 만기가 도래할 것이다. 선물계약 매수포지션의 의무를 수행하기 위해 10,000트로이온스의 금이 배달될 것이고 온스당 $1,100을 지불해야만 한다. 물론 당장 배달받은 금을 시장에서 팔면 온스당 $1,120을 받게 될 것이기 때문에 선물계약으로 인해 온스당 이익 $20 또는 10,000×$20=$200,000의 총이익금이 발생한다. 물론, 중개인 수수료와 소득에 대한 법인세를 차감한 후에 이익이 결정될 것이다.

만약에 당신의 예측이 틀렸다면 10,000 토로이온스의 금을 온스당 $1,100에 사야만 할 것이고 만약 금 가격이 $1,075/온스로 하락했다면 온스당 $25 또는 10,000×$25=$250,000의 총손실금이 발생한다. 비록 손실이었지만 여전히 중개수수료는 지급해야만 한다.

금 선물과 관련된 예를 통해 본 바처럼 선물을 이용한 투기 거래는 막대한 규모의 소득이나 손실로 이어질 수 있다. 선물을 이용한 투기거래로부터 발생한 소득이 선물가격의 예측에 반영된다는 사실이다. 그렇다면 가격의 변화를 예측하는 것이 쉬울까?

상품과 관련된 투기거래의 예를 살펴보자. 기후변화를 분석한 결과 올해 겨울은 평년 이하의 기온을 기록할 것이라 예측하였고 이에 따라 난방용 연료의 가격(난방용 연료의 선물계약은 그림 14.1의 New Harbor ULSD이다)이 상승할 것으로 판단하였다.

따라서, 난방용 연료선물에 매수포지션을 취하는 투기적 거래를 하려고 한다. 표준계약단위는 난방용연료 42,000갤런이고 선물가격이 $1.5/갤런인 10

개의 선물계약에 포지션을 취했다면 매수포지션의 전체 선물계약의 가치는 10×42,000×$1.5=$630,000이다.

만약에 선물계약의 만기 시점에 난방용 연료의 가격이 $1.3/갤론이 된다면 선물계약에서의 손실이 갤론당 20센트가 되거나 총 10×42,000×$0.2=$84,000이 된다. 만약에 가격이 갤론당 20센트 상승한다면 총 $84,000의 소득(중개수수료는 제외)이 발생할 것이다.

선물계약 거래는 막대한 규모의 손실이나 수익으로 이어질 수 있으며 수익을 얻기 위해서는 미래 기후변화에 대한 정확한 예측이 반드시 필요하다. 과연 다른 사람보다 정확하게 기후를 예측할 자신이 있는가?

예제 14.3

후안 발데즈라면 무엇을 했을까?

중미와 남미의 정치적 변혁을 집중 분석한 후에 커피 선물가격이 지금 시장선물가격보다 낮아질 것이라 결론지었다면 매수포지션과 매도포지션 중 어느 것을 선택해야 하는가? 만약에 계약단위가 37,500파운드의 커피인 10개의 커피선물에 포지션을 취했는데 파운드당 커피 가격이 20센트 오르거나 내렸을 때의 포지션에 대한 영향을 분석하라.

커피가격이 하락할 것이라 예상한다면 매도포지션을 취해야 할 것이다. 10개 선물계약에 포지션을 취했으므로 총 10×37,500=375,000파운드의 커피를 배달해야 할 것이며 커피가격이 20센트/파운드 하락하면 $0.2×375,000=$75,000의 수익이 발생하게 된다. 물론 가격변화에 대한 예측이 빗나가서 가격이 $0.20 상승하면 매도포지션을 취하는 경우에는 $75,000의 손실이 발생하게 된다.

선물시장에서의 헤지 거래

가격위험 재고자산을 필요로 하는 많은 기업들이 가격위험에 노출되는데, 가격위험이라 함은 쉽게 말해 취득원가보다 충분히 높은 가격에 생산품을 팔 수 없는 경우에 발생하는 위험이라고 이해할 수 있다.

예를 들어, 지역난방의 공급권을 가지고 있는 어느 기업이 겨울철에 대비해 난방용 연료를 약 210만 갤런 정도 비축하고 있다고 하자. 선물시장의 용어를 사용하자면, 난방용 연료를 재고로 가지고 있어 기초자산인 연료에 매수포지션을 취하고 있다고 말할 수 있다. 연료가격이 상승하면 재고자산의 가치가 상승하게 되며 연료가격이 하락하게 되면 재고자산의 가치도 하락한다. 기업이 보유한 난방용 연료의 갤런당 가격이 15센트만 변동하더라고 기업에는 $315,000의 가치변화가 초래되기 때문에 이 기업이 처한 난방용 연료의 가격위험은 무시할 수준이 아니다. 난방용 연료를 공급하는 사업을 하는 입장에서는 비록 난방용 연료의 가격 변화에 대해 투기적 전략을 취하는 입장이 아니기 때문에 가격위험을 무릅쓰기 보다는 제거할 수 있는 방안을 고민해야 할 것이다.

투자자들도 유사한 위험에 노출된다. 예를 들어 호주 주식을 매수한 미국 투자자의 입장에서는 투자위험에 노출되게 되는데 호주와 미국 간 환율위험에도 노출된다. 예를 들어 투자가치가 상승하였음에도 호주달러가 미국 달러에 비해 평가절하되는 경우에는 미국 투자자 입장에서의 미국 달러로 환산한 투자가치는 하락할 수도 있기 때문이다. 가격 또는 외환위험을 감소(헤지)시키기 위해서 투자자는 외환선물을 통해 호주-미국 환율을 고정시키는 효과를 얻을 수도 있는데 호주달러 선물에 매도포지션을 취함으로써 호주달러의 변화에도 일정한 환율도 미국 달러로 환전할 수 있게 된다.

투자자가 위험을 헤지하려고 할 때 여러 요인을 고려해야 한다. 예를 들어, 분산효과(diversification)에 의하면, 상관관계가 감소할수록 자산을 조합함으로써 분산효과의 긍정적효과가 커지게 된다. 따라서 투자자가 분산효과를 어느 정도 추구하는가에 따라 투자자는 외환위험을 헤지하지 않을 수도 있다. 더 나아가서 투자자가 자신의 투자 기간을 정확히 판단할 수 없는 경우에 정확한 헤지를 한다는 것이 매우 어려운 일일 수밖에 없다.

가격위험 전가의 방법 선물시장의 중요 기능은 기업이 처한 가격위험을 감소시키고자 할 때 이를 기꺼이 감수하고자 하는 거래 상대방에게 전가할 수 있도록 해 준다는 것이다. 위험을 감소시키기고자 이를 전가하는 투자자를 헤저(hedger)라고 하는데 선물계약을 통해 헤저는 위험에 직접 노출된 기초자산(underlying asset)의 반대 포지션을 취함으로써 가격위험을 전가하게 된다. 포트폴리오의 차원에서 접근하여 이해해 보자. 헤저는 자신이 취한 기초자산에 대한 포지션에 선물시장에서의 포지션을 취함으로써, 기초자산에서 가치가 하락하는 경우에 선물 포지션에서 가치상승의 효과를 얻게 된다. 하지만 선물포지션을 취할 때 고려해야 할 부정적 측면은 기초자산의 가치가 상승할 때는 선물포지션에서 손실이 발생할 수 있다는 점이다.

> **헤저**
> 기초자산에 대한 포지션에 반대되는 포지션을 선물계약에 취해 가격위험을 전가시키려는 거래자
>
> **기초자산**
> 선물계약의 거래에서 기초로 하는 상품이나 금융자산

앞서 살펴본 예에서 난방용 연료의 재고가 있다는 것은 기초자산에 매수포지션을 취한 것이기 때문에 난방용 연료선물에 매도포지션을 취함으로써 재고자산의 가치가 보호될 수 있다. 헤저는 매도포지션을 취할 때 선물계약을 매도한다고 말하는데 헤지를 위해서 취하는 매도포지션을 매도헤지(short hedge)라고 이해하기 때문이다.

> **매도헤지**
> 기초자산 매수포지션에 선물계약 매도포지션을 취하는 행위

매도헤지를 하게되면 기초자산 매수포지션의 가치 변화가, 정확하게 일치하지는 않겠지만, 선물에 대한 매도포지션의 가치 변화로 인해 상쇄된다.

매도헤지(short Hedge)의 예시 헤저의 입장에서는 위험을 전가하기 위해서 얼마나 많은 선물계약이 필요한가에 대해서 고민하게 된다. 이에 대해서 여러 개의 답이 있고 대부분 교재에서는 주로 선물계약이나 파생상품에 대해서 언급하고 있다. 하지만 가장 합리적인 헤지전략은 완전헤지(full hedge)라는 것이다. 기초자산에 취한 포지션에 대해서 선물계약을 이용해서 완전 반대 방향으로 변화규모가 일치하는 포지션을 취하는 경우를 완전헤지라고 한다.

완전헤지
기초자산 포지션에 대한 동일한 수준의 정반대 포지션을 선물계약에 취하는 행위

난방용 연료에 대한 선물계약은 뉴욕 상품거래소(NYM)에서 거래되고 있으며 표준계약단위는 계약당 42,000갤런이다. 210만 갤런에 대해 완전헤지를 하고자 한다면 2,100,000/42,000=50개의 난방용 연료선물에 매도포지션을 취해야 한다는 것이다.

21만 갤런의 연료의 평균취득원가가 개런당 $1.4이고 올해 겨울 동안 배달이 될 선물계약의 금일 선물가격이 $1.5이라고 하자. 과거 자료에 의하면 난방용 연료의

표 14.1

난방 기간 동안의 난방연료의 헤지

	기본: 연료비 변동 없음	연료비 하락	연료비 상승
연료 재고(갤런)	2,100,000	2,100,000	2,100,000
연료가격(갤런)	$1.70	$1.50	$1.90
평균매입가격(갤런)	$1.40	$1.40	$1.40
선물가격	$1.50	$1.30	$1.70
헤지를 하지 않는 경우(unhedged)			
매출	$3,570,000	$3,150,000	$3,990,000
영업비용	$2,940,000	$2,940,000	$2,940,000
이자비용	$ 200,000	$ 200,000	$ 200,000
법인세전이익	$ 430,000	$ 10,000	$ 850,000
법인세전이익(갤런)	$ 0.205	$ 0.005	$ 0.405
헤지를 하는 경우(hedged)			
매출	$3,570,000	$3,150,000	$3,990,000
영업비용	$2,940,000	$2,940,000	$2,940,000
이자비용	$ 200,000	$ 200,000	$ 200,000
선물계약 소득(손실)	$ 0	$ 420,000	($ 420,000)
법인세전이익	$ 430,000	$ 430,000	$ 430,000
헤지효과(고정 법인세전이익)	$ 0.205	$ 0.205	$ 0.205
선물계약 이익(손실) (갤런)	$ 0.00	$ 0.20	($ 0.20)

소매가격은 선물가격보다 20센트 정도 높게 책정되었다고 한다. 더불어 재고확충을 위해 차입을 통해서 대금이 지출되었기 때문에 겨울 동안 $200,000 정도를 이자금액으로 지급해야 할 것이다.

위에서 주어진 수치를 토대로 난방용 연료의 갤런당 법인세전이익을 예측할 수 있을 것이다. 매출액은 2,100,000×$1.7=$3,570,000이고 연료 비용은 2,100,000×$1.40=$2,940,000이다. 매출액에서 연료비용과 이자액 $200,000을 차감하면 법인세전이익은 $430,000이 되고 갤런당 $430,000/2,100,000=$0.205이다.

하지만, 연료가격이 $0.20 상승하면 갤런당 법인세전이익이 $0.005로 감소하게 된다. 이 정도의 가격위험을 감수하기에는 부담이 크기 때문에 갤런 당 $1.50인 50개의 선물계약에 매도포지션을 취하기로 결정하게 된다. 표14.1은 3가지 경우를 설명하고 있는데, 연료가격이 동일한 수준으로 유지되는 경우, $0.20 상승하는 경우 그리고 $0.20 하락하는 경우이다.

표 14.1에서 보이는 바와 같이 3가지 경우 모두 법인세전이익은 $0.205/갤런이 되는데 연료비가 개런 당 $0.20 하락하는 경우에 매출은 $3,150,000 이고 연료비용은 $2,940,000 이며 매출액에서 연료비용과 이자비용을 차감하면 헤지가 되지 않는 상태에서의 법인세전이익은 $10,000이고 $10,000/2,100,000=$0.005/갤런이다. 하지만 매도헤지를 하게 되면 법인세전이익이 $420,000가 되는데 ($1.50−$1.30)×42,000×50= $420,000이기 때문이다. 이 금액을 헤지를 안했을 때의 법인세전이익인 $10,000을 더하면 헤지를 한 경우의 법인세전이익은 $430,000이고 갤런 당 $430,000/2,100,000=$0.205이다.

사실 법인세전이익은 가격의 변화에도 불구하고 일정하게 유지된다. 그림 14.2를 보면 실선은 다양한 연료비에 따른 법인세전이익을 점선은 선물계약의 이득과 손실을 나타낸다. 연료선물의 가격은 그래프의 상단에서 그리고 선물계약의 이익(손실)은 그래프 오른쪽에 제시하였다. 선물가격이 $1.50으로 유지되는 한 선물계약의 이익과 손실이 없고 선물가격이 $1.30으로 하락하면 선물계약의 이익은 $0.20가 된다.

그림 14.2에서 검정선은 $0.205을 유지하고 있는데 연료가격의 변화에도 매도헤지를 취하는 경우에 법인세전이익의 변화가 없다는 것을 의미한다.

사업을 위해서 가솔린이나 천연가스와 같은 석유관련 생산품의 유통업무가 필요 할 수도 있기 때문에 가솔린이나 천연가스에 대한 선물계약을 이용한 헤지를 충분히 이해해야 한다. 사업의 성격에 따라서 또 다른 헤지방법인 매수포지션(long hedge)를 사용할 수도 있다.

매수포지션
기초자산 매도포지션에 선물계약 매수포지션을 취하는 행위

그림 14.2
연료가격, 법인세전 이익 그리고 선물계약 이익

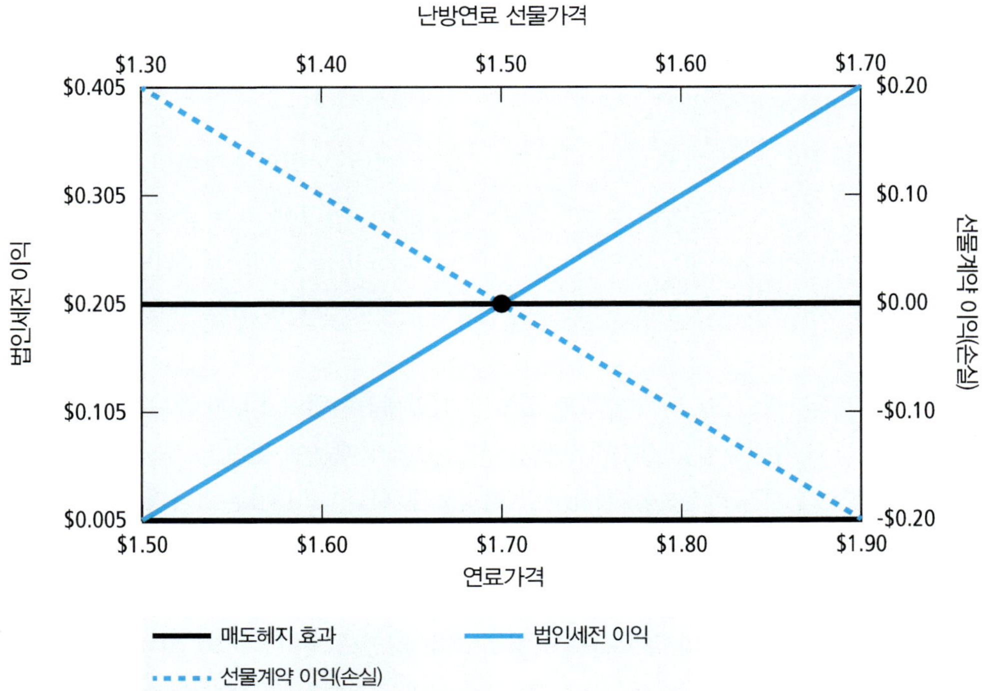

매수헤지를 고려하는 기업은 현재는 특정 기초자산을 보유하고 있지 않지만 미래에 그 기초자산을 반드시 인수해야 하는 상황에 처한 기업이다. 이런 경우에 기초자산에 매도포지션을 취하고 있는 것과 마찬가지이며 미래시점에서 가격이 상승하면 지금 예상하는 가격보다 높은 가격을 지불해야 할 수도 있게 된다. 이 예시에서 기업이 시장에 직접 가지 않고도 기초자산에 매도포지션을 취했다는 점에 주목하라. 기업이 투기적 전략을 취하고 있다고도 할 수 있겠으나 그것보다는 기업활동의 성격상 기초자산의 가격상승으로 인한 위험에 노출되게 되는 경우라 할 수 있다. 따라서 기업이 실질적으로 기초자산에 매도포지션을 취했다고도 말할 수 있는 것이다.

헤지를 마무리하면서 실제로 헤지전략을 취하는 경우에 많은 요인들에 의해 이익의 수준이 달라지게 된다. 위의 예시는 헤지가 어떻게 작동하는가 만을 보여주기 위한 것이었으며 핵심적 내용은 위험을 제거하고 싶다면 위험을 취하지 않아야 한다는 것이다. 다시 말해, 기초자산 매수포지션을 취하고 있으면 선물계약 매수포지션은 고려할 수 없다는 것이다.

선물거래에서 어떤 포지션을 취해야 하는 가를 판단하기 위해 기억해야 할 점이 있다. 난방용 연료의 예에서 보면 법인세전이익은 연료가격의 변화에 따라 민감하게 반응한다. 그림 14.2에서 점선의 기울기가 '1'이라는 것이다. 가격위험을 제거하기 위해서 헤저는 기초자산의 포지션에 선물계약의 포지션을 추가하여 이 기울기를 '영'으로 만들어야 한다는 것이다. 얼마의 수를 '1'에 더해야 '0'을 만들 수 있을지 생각해본다면 답은 '－1'이고 그림 14.2의 점선의 기울기와 일치한다는 것을 알 수 있다.

그림 14.2는 'X' 또는 '십자 표시'라고 불리는데 선물포지션의 위험이 기초자산의 위험을 제거한다는 뜻으로 기억하면 된다. 그림 14.2를 통해 헤지를 원하는 경우에 어떠한 선물포지션을 취해야 한다는 것을 기억하기 바란다.

헤징은 기초자산의 가격하락으로 발생하는 손실의 가능성을 줄이거나 제거할 수 있다. 하지만, 선물계약을 이용해서 헤지하는 경우에 기초자산의 가격상승으로 인한 이익의 가능성도 동시에 제거된다는 점을 기억해야 한다. 다시 말해 기초자산의 가격이 상승하는 경우에 선물포지션에서 손실이 발생할 수도 있다는 것이다.

하지만, 기초자산의 가격상승으로 인한 기회를 잃게 되는 경우를 것을 헤지비용으로 이해하는 것이 바람직하다, 왜냐하면 헤지를 통해 가격위험을 전가하지 못하게 되면 기업이 가격위험을 고스란히 감수하게 되기 때문이다. 전가될 수 있는 가격위험을 감수한다는 것은 가격위험에 그대로 노출된다는 것을 의미하기 때문에 기업의 소유주나 경영진 입장에서는 위험에 노출된 기업이 가격위험 전가자가 되기를 원하는지 가격위험 보유자로 남기를 원하는지에 대한 명확한 판단이 선행되어야 한다.

예제 14.4

매도헤지

한 기업의 창고에 180만 파운드의 콩기름이 있다고 하자. 어떻게 헤지 해야 하는지 설명하라. 기초자산(상품)인 콩기름에 매수포지션을 취하고 있는 것이기 때문에 선물계약에서 매도포지션을 취해야 한다. 콩기름 선물계약의 계약단위는 60,000파운드이므로 1,800,000/60,000＝30계약에 매도포지션을 취하면 된다.

예제 14.5

헤지: 사례2

한 기업이 3개월 후에 360,000파운드의 오렌지주스를 매입해야 한다고 하자. 이와 관련된 가격위험을 어떻게 헤지 해야 하는가? 오렌지주스 선물계약의 계약단위는 15,000파운드이다. 오렌지주스의 가격이 상승하면 예상보다 높은 가격에 매입해야 한다는 문제가 있다. 따라서 비록 지금 기초자산을 소유하고 있지는 않지만 (나중에 매입할 계획이므로) 기초자산(오렌지주스)에 매도포지션을 취하고 있다고 이해해야 한다. 기초자산에 매도포지션이기 때문에 가격위험을 헤지하기 위해서는 오늘 선물계약에 매수포지션(매수헤지)을 취해야 한다. 즉, 360,000/15,000＝24개의 선물계약에 매수포지션을 취해야 한다는 것이다.

예제 14.6

헤지: 사례3

한 미국 기업이 3개월 후에 150만 영국 파운드의 수출 대금을 받기로 되어 있어 영국 파운드를 미국 달러로 환전해야만 하는 상황이다. 영국 파운드 선물의 계약단위는 얼마인가? 영국 파운드 선물을 이용해서 3개월 후에 받게 될 수출대금의 환위험을 어떻게 헤지(결론적으로 고정환율이 적용된다) 할 수 있을 지 설명하라. 선물계약은 얼마나 필요한가? 150만 파운드를 받게 되기 때문에 결론적으로 영국 파운드에 매수포지션을 취하는 것이라 이해할 수 있다. 따라서 영국 파운드의 미국 달러에 대한 환율이 하락한다는 것은 영국 파운드를 미국 달러로 환전할 때 받게 되는 미국 달러의 금액이 하락하게 된다는 뜻이다.

수출대금을 영국 파운드로 받을 때의 환위험을 헤지하기 위해서 환선물계약에 매도포지션을 고려해야 한다. 즉 영국 파운드 선물에 매도포지션을 취하라는 것이다. 매도포지션이므로 3개월 후에 받게 될 영국 파운드를 선물가격에 준해서 미국 달러로 환전할 수 있게 되므로 환율변동으로 인한 위험이 없어지게 된다. 선물계약의 계약단위는 62,500파운드이므로 1,500,000파운드/62,500파운드＝240개의 선물계약이 필요하다.

확인 사항

14.2a 선물계약에 매수포지션을 취한다거나 매도포지션을 취한다는 것이 무슨 뜻인지 설명하라.

14.2b 한 헤저가 기초자산의 2/3에 해당하는 선물계약에 포지션을 취하였다. 이런 경우에 '부분헤지(partial hedge)'라고 말할 수 있는가?

14.2c 기초자산에 매도포지션을 취하고 있다면 그림 14.2은 어떻게 변경되어야 하는가?

14.2d 한 기업이 기초자산에 매수포지션을 취하고 있다고 하자. 기업이 선물계약에 매도포지션 대신에 매수포지션을 취하면 어떤 일이 발생하는가? 어떠한 일이 발생하는가를 설명하기 위해 표 14.1에서 제시한 예와 유사한 예를 만들어 설명하라. (간혹 이러한 경우를 '텍사스헤지'라고 부르기도 한다.)

14.3 선물거래 계좌

선물거래소는 증권거래소와 마찬가지로 회원에 한하여 거래를 허용한다. 거래소 회원은 고유 계좌를 소유한 기업이거나 개인일 수도 있고 고객을 위해 거래를 대신하는 증권회사일 수도 있다. 일부 금융회사는 거래소에서 거래와 중개업을 모두 영위하기도 한다. 이번 절에서는 증권사에 거래계좌를 통해 선물거래를 하는 방식에 대해 설명하고자 한다.

대부분 규모가 큰 계좌는 선물거래를 통해 기업의 경영위험을 관리하는 기업과 고객의 기금에 대한 위험 관리, 때로는 투기적 투자도 대행하는 자금관리자들이 소유하고 있다. 많은 개인투자자들도 선물거래 계좌를 가지고 있으나 개인투자자들의 투기적 투자는 거래와 관련된 모든 위험에 대한 명백한 이해 없이는 추천하고 있지 않다. 선물거래 계좌의 규모가 크거나 작든 간에 계좌를 이용한 거래방식은 동일하다.

선물거래 계좌에서 몇 가지 유의할 점이 있다.

첫째는 선물거래를 위해서는 증거금(margin)이 요구된다는 것이다. 이런 측면에서 선물계좌도 주식의 증거금계좌와 유사하다. 선물증거금(futures margin)은 유효한 선물포지션으로 발생할 수 있는 잠재적 손실을 담보하기 위해 선물계좌에 자금을 예치하는 것을 의미한다. 선물거래 계좌를 만들고 특정 선물계약에 포지션을 취하는 순간에 개시증거금(initial margin)이 요구된다. 금액은 계약의 유형과 규모에 따라 상이하나 선물거래에 있어서의 증거금은 통상적으로 총계약 가치의 5%에서 15% 정도이다. 개시증거금은 매수포지션과 매도포지션에 관계없이 동일하다.

> **선물증거금**
> 유효 선물포지션으로 인한 잠재손실을 담보하기 위해 선물계좌에 예치하는 자금

> **개시증거금**
> 주식 매수 시 요구되는 최소증거금

둘째는 선물거래 계좌는 유효한 선물포지션의 계약가치가 매일 시장가로 조정된다. 시장가조정(marking-to-market)은 유효한 선물포지션의 이익과 손실이 매일 장 마감과 함께 시장가를 반영하여 인식된다는 것을 의미한다.

> **시장가조정**
> 선물계약에서 일별로 시장가를 반영하여 거래 중인 계약의 수익과 손실을 인식하는 것

예를 들어, 증권사를 통해 5개의 미국 국채선물계약에 매수포지션을 취해달라고 요청했고 몇 분 후에 선물가격 110에 체결되었다는 확인 전화를 받았다고 하자. 국채선물의 계약단위는 $100,000/계약이므로 계약의 가치는 한 계약당 110%×$100,000=$110,000이므로 총거래포지션의 가치는 $550,000이다. 그런데, 증권사가 정한 개시증거금의 수준이 $35,000이고 항상 유지해야 할 유지증거금(maintenance margin)의 수준은 최소 $27,500이라고 한다. 선물거래의 체결을 위해서는 요구되는 개시증거금을 즉시 이체해주여야만 한다.

> **유지증거금**
> 증거금계좌에 항상 유지되어야 하는 일정 수준의 증거금

선물거래를 체결한 당일에 국채선물가격이 108로 마감되었다고 하자. 밤새 모든 계좌가 시장가로 조정되기 때문에 앞서 언급한 국채선물계좌도 $108,000/계약 또는 총 가치가 $540,000가 되어 $10,000의 손실이 발생하였고 손실금액만큼 계좌의 개시증거금에서 차감되어 이제 계좌에 증거금이 $25,000만 남게 된다.

선물계좌의 유지증거금 수준이 $27,500이었기 때문에 손실로 증거금 수준이 $25,000로 하락하면 증권사로부터 마진콜(margin call)을 받게 되고 계좌의 증거금 수준을 개시증거금 수준인 $35,000로 회복시킬 것을 요청받게 된다. 만약에 마진콜로 요청한 내용이 이행되지 않으면 계좌가 폐쇄되고 다음 날 시장가로 선물계좌가 청산된다.

> **마진콜**
> 거래계좌의 증거금 수준을 증가시키라는 요청

앞의 예를 통해 선물거래 계좌가 시장가로 조정되고 계좌의 증거금 수준이 유지증거금 수준을 유지하지 못하게 될 때 어떠한 일이 발생하는지 살펴봤다. 하지만

반대의 경우, 즉 가격이 현재 포지션에 유리하게 움직일 때에는 시장가로 조정되면서 계좌에 자금이 입금될 수도 있고 계좌에 충분한 경우에는 개시증거금 수준을 유지할 수 있는 금액까지는 자금을 인출할 수도 있게 된다.

셋째는 선물포지션은 언제든지 마감할 수 있어서 만기까지 기다리지 않아도 된다는 것이다. 선물포지션은 증권사에 요청하면 언제든지 마감할 수 있는데 포지션의 마감은 반대거래(reverse trade)를 체결함으로써 가능하다.

반대거래
반대포지션을 취해 이전에 체결된 선물계약의 포지션을 마감하는 것

반대거래는 다음과 같이 이루어진다. 5개의 국채선물에 매도포지션을 취하고 있는 상황에서 증권사에 포지션 마감을 요청하면 증권사는 5개의 국채선물에 매수포지션을 취하게 된다. 이런 경우에 매수포지션을 취하는 것을 매도포지션에 대한 반대거래라고 일컫는다. 반대거래를 행한 당일 장 마감 이후에 시장가에 따라 계좌가 조정되면서 포지션이 마감되고 더 이상 이익이나 손실이 발생하지 않게 된다.

앞의 예에서 보았다시피 선물포지션을 마감하는 것은 포지션을 취하는 것과 유사하다. 만기 전에 포지션을 마감하는 데에는 2가지 정도의 이유를 생각해볼 수 있다. 첫째는 미래의 가격위험에 노출될 필요 없이 현재 포지션의 소득이나 손실을 실현하기 위한 것이다. 둘째는 만기까지 포지션을 취하고 있는 경우에 발생할 기초자신의 배달과 관련된 의무조항을 회피할 수 있다는 점이다. 실상 약 98% 정도의 선물계약이 만기 전에 마감되는 것으로 알려져 있는데 결국 약 2% 정도의 선물계약 만이 실제로 기초자산이나 금융상품이 배달된다는 뜻이다.

선물거래 계좌에 대해 다음 3가지 정도를 기억하자.

1. 증거금이 요구된다.
2. 선물계좌는 매일 시장가로 조정된다.
3. 선물포지션은 반대거래를 체결하면 언제든지 마감할 수 있다.

확인 사항

14.3a 선물거래 계좌에 대한 3개의 주요사항은 무엇인가?

14.3b 선물포지션에서의 개시증거금은 무엇인가? 유지증거금은 무엇인가?

14.3c 선물거래 계좌가 시장가로 조정된다는 것을 설명하라. 마진콜은 무엇이고 언제 요청되는가?

14.3d 선물포지션은 어떻게 반대거래를 체결하여 마감되는가? 약 몇% 정도의 선물포지션이 만기에 실제로 기초자산을 배달하지 않고 반대거래로 마감되는가?

14.4 현물가격과 선물가격

이번 절에서는 기초자산인 상품이나 금융상품의 가격과 선물가격의 관계에 대해서 논의하기로 한다. 우선 현물가격에 대해 알아보자.

현물가격

상품이나 금융상품의 현물가격(cash price)은 당장 배달하는 경우에 적용되는 금일 기준 가격을 의미한다. 따라서 현금가격과 현물가격은 동일한 의미를 지닌다. 선물거래의 용어에 의하면 '금 현물(spot gold)'나 '밀 현금(cash wheat)' 등의 용어는 현물시장(spot market)이나 현금시장(cash market)에서 즉시 배달을 목적으로 거래되는 경우에 사용된다.(국내에서는 현금(cash)보다는 현물(spot)이라는 용어가 주로 사용된다는 점에 유의하기 바란다.)

현물(현금)가격
즉시 배달되는 경우의 적용되는 상품과 금융상품의 가격

현물(현금)시장
즉시 배달되는 상품이나 금융상품이 거래되는 시장

Cash Prices

Monday, November 09, 2015

These prices reflect buying and selling of a variety of actual or "physical" commodities in the marketplace-separate from the futures price on an exchange, which reflects what the commodity might be worth in future months.

Energy	Monday
Propane, tet, Mont Belvieu, Texas, gal.-G	0.4442
Butane, normal, Mont Belvieu, Texas, gal.-G	0.6304
Natural Gas, Henry Hub-I	2.130
Natural Gas, Transco Zone 3, $ per Mmbtu-I	2.050
Natural Gas, Transco Zone 6 NY, $ per MMBtu-I	1.770
Natural Gas, Panhandle East, $ per MMBtu-I	1.940
Natural Gas, Opal, $ per MMBtu-I	2.150
Natural Gas, Marcellus NE PA, $ per MMBtu-I	0.920
Natural Gas, Haynesville N. LA, $ per MMBtu-I	2.060
Coal, Central Appalachia, 12,500 Btu, 1.2 SO2-R,W	49.000
Coal, Powder River Basin, 8,800 Btu, 0.8 SO2-R,W	10.900

Precious metals	
Gold, per troy oz	
Engelhard industrial bullion	1093.50
Engelhard fabricated products	1175.51
Handy & Harman base price	1089.60
Handy & Harman fabric price	1209.46
LBMA Gold Price AM	1107.70
LBMA Gold Price PM	1088.90
Krugerrand, wholesale-E	1132.66
Maple Leaf, troy oz.-E	1143.56
American Eagle, troy oz.-E	1143.56
Mexican peso, troy oz.-E	1321.13
Austria crown, troy oz.-E	1070.54
Austria phil, troy oz.-E	1143.56
Silver, troy oz.	
Engelhard industrial bullion	14.6500
Engelhard fabricated products	17.5800
Handy & Harman base price	14.5150
Handy & Harman fabric price	18.1440
LBMA spot price	£9.7887
(U.S.$ equivalent)	14.7800
Coins, wholesale $1,000 face val-A	13081

Other metals	Monday
LBMA Platinum Price PM	939.0
Platinum, Engelhard industrial bullion	920.0
Platinum, Engelhard fabricated products	1020.0
Palladium, Engelhard industrial bullion	606.0
Palladium, Engelhard fabricated products	706.0
Aluminum, LME, $ per metric ton.	1491.5
Antimony, Ryan's Notes spot, $ per lb.-D	2.8500
Copper, high grade: Comex spot price $ per lb.	2.2300
Lead, Ryan's Notes N. Am solder, cents/lb.-D	103.150
Iron Ore, 62% Fe CFR China-S	47.7
Shredded Scrap, US Midwest-S,W	167
St. Steel scrap, US, $ per gross ton-D	1560
Steel, HRC USA, FOB Midwest Mill-S	387
Tin, Ryan's Notes N. Am solder, cents/lb.-D	901.478
Zinc, Ryan's Notes N. Am, cents/lb-D	82.367

Fibers and textiles	
Burlap, 10-oz, 40-inch NY yard-N,W	0.4700
Cotton, 1 1/16 strand lw-md Mmphs, per lb-U	0.6165
Cotlook 'A' Index-T	68.65
Hides, hvy native steers plece fob-u	68.000
Wool, 64s, staple, Terr. delivery lb.-U,W	3.35

Grains and feeds	Monday
Barley, top-quality Mnpls; $ per bu.-U	n.a.
Bran, wheat middlings, Kn. City; $ per ton-U	106
Corn, No. 2 yellow. Cent. Ill. bu-BP,U	3.6150
Corn gluten feed, Midwest, ton-U,W	100.63
Corn gluten meal, Midwest, ton-U,W	491.02
Cottonseed meal, ton-U,W	298
Hominy feed, Cent. Ill. ton-U,W	100
Meat-bonemeal, 50% pro Mnpls ton-U,W	283
Oats, No. 2 milling, Mnpls; $ per bu.-U	2.5650
Rice, 5% Broken White, Thailand-L,W	355.00
Rice, Long Grain Milled, No. 2 AR-U,W	23.25
Sorghum, (Milo) No. 2 Gulf cwt-U	7.5763
Soybean Meal, Cent. Ill., rail, ton 48%-U	314.00
Soybeans, No. 1 yellow Illinois, bu-BP,U	8.5950
Wheat, Spring 14%-pro Mnpls; $/bu.-U	6.3925
Wheat, No. 2 soft red, St.Louis, bushel-BP,U	4.4350
Wheat - Hard - KC (USDA) $ per bu-U	4.3400
Wheat, No. 1 soft white, del Portland, Ore-U	5.3188

Foods	
Beef, carcass equiv. index value,	
choice 1-3,600-900 lbs.-U	199.75
select 1-3,600-900 lbs.-U	190.21
Broilers, dressed 'A'; per lb.-U	1.1223
Broilers - National comp weighted avg-U,W	0.7362
Butter, AA Chicago, lb	2.8850
Cheddar cheese, barrels, Chicago lb.	162.25
Cheddar cheese, blocks, Chicago lb.	171.00
Milk, Nonfat dry, Chicago lb.	81
Cocoa, Ivory Coast, $ per metric ton-W	3557
Coffee, Brazilian, Comp.	1.2304
Coffee, Colombian, NY lb.	1.3837
Eggs, large white, Chicago dozen-U	1.8750
Flour, hard winter Kansas City cwt	13.65
Hams, 17-20 lbs, Mid-US lb fob-U	0.72
Hogs, Iowa-South Minnesota avg. cwt-U	59.32
Pork bellies, 12-14 lbs Mid-US lb-U	1.3275
Pork loins, 13-19 lbs, Mid-US lb-U	0.9431
Steers, Tex.-Okla. ch avg cwt-U	134.00
Steers, feeder, Oklahoma City, avg cwt-U,W	204.88

Fats and oils	
Corn oil, crude wet/dry mill-U	36.5000
Grease, choice white, Chicago lb.-U	0.1925
Lard, Chicago lb.-U	n.a.
Soybean oil, crude; Central Illinois lb.-U	0.2640
Tallow, bleachable; Chicago lb.-U	0.1950
Tallow, edible, Chicago lb.-U	0.2100

KEY TO SOURCE AND OTHER CODES: A=ask; B=bid; BP=country elevator bids to producers; C=corrected; D=Ryan's Notes; E=Manfra,Tordella & Brooks; G=ICE; I=Natural Gas Intelligence; L=livericeindex.com; M=midday; R=SNL Energy; W=weekly; N=nominal; S=The Steel Index; T=Cotlook Limited; U=USDA; Z=not quoted.

그림 14.3 상품의 현물(현금)가격

Source: WSJ Market data Group

Source: *The Wall Street Journal*, November 9, 2015. Dow Jones & Company, Inc.

그림 14.3은 그림 14.1에서 선물가격으로 표현되었던 내용을 현물(현금)가격이라는 용어로 재작성한 것으로 상품의 유형에 따라 구분하여 제시하였다. 예를 들어, '곡물과 종자'라는 섹션에는 밀, 옥수수, 콩 등의 수확물에 대한 정보를 작성하고 있다. 식료품, 식용유, 에너지, 광물 등과 관련된 섹션은 거래 당일과 1년 전 현물가격을 제시하고 있다.

현물-선물 차익거래

지금까지 논의한 내용을 바탕으로 직감적으로 상품의 현물가격이 선물가격과 밀접한 관련이 있다고 추론할 수 있을 것이다. 경제적 논리와 수십 년간의 현물시장과 선물시장의 자료를 통해 볼 때 이런 추론이 매우 설득력 있는 것을 확인할 수 있다.

시장 참여자들은 현물가격과 선물가격을 항상 예의주시한다. 다음의 예를 살펴보면 그 이유가 명확해질 것이다. 금 현물가격이 온스당 $1,050이며 2개월 선물가격이 $1,100라고 할 때, 이익을 창출할 수 있는 방법이 있다고 생각하는가?

당연히 가능하다. 현물가격으로 금을 온스 당 $1,050에 매입하고 동시에 온스 당 $1,100인 금 선물계약에 매도포지션을 취하면, 2개월 후에 온스 당 $50의 이익이 보장되기 때문이다. 하지만 금을 매입하면 보관료가 발생할 것이고 금 매입을 위해 사용한 자금에 대한 2개월 동안의 이자비용도 고려해야 할 것이다. 결론적으로 소액의 비용이 발생할 것이나 $50/$1,050=4.76% 정도의 수익을 2개월 만에 거둘 수 있다. 복리로 연 환산하면 32%에 가깝고 게다가 위험이 전혀 없다. 그렇지만 아쉽게도 실제로 수월하게 이익을 창출한다는 것은 거의 불가능하다.

현물-선물 차익거래
현물가격과 선물가격 간에 비정상적 가격차이를 이용하여 무위험차익을 창출하는 전략

베이시스
상품거래에 있어서의 현물가격과 선물가격의 차이, 즉 베이시스=현물가격–선물가격

콘탱고 시장
선물가격이 현물가격보다 높아 베이시스가 음(–)의 값을 갖는 경우

역시장(백워데이션)
선물가격이 현물가격보다 낮아 베이시스가 양(+)의 값을 갖는 경우

드물지만 현물가격과 선물가격의 차이가 발생하여 무위험이익을 취하는 것을 현금-선물 차익거래(cash-futures arbitrage)라고 한다. 완전경쟁시장에서는 현물-선물 차익거래의 규모가 매우 작아 무시할 수준에 불과하다.

그림 14.3에서의 상품의 현물가격과 그림 14.1에서의 선물가격이 동일하다. 선물시장에서는 현물가격과 선물가격의 차이를 베이시스(basis)라고 한다.*

보관료가 필요한 상품의 경우에는 현물가격이 선물가격보다 낮은데 이런 현상을 콘탱고 시장(carrying-charge market) 또는 콘탱고(contango)라고 일컫는데, 현물가격이 선물가격보다 높은 경우에는 역시장(inverted market) 또는 백워데이션(backwardation)'이라고 일컫는다. 아래에서는 베이시스, 콘탱고 및 백워데이션에

* CME 그룹의 가이드라인에 의하면 베이시스를 현물가격과 선물가격의 차이라고 정의하고 있다. 농산물을 제외한 선물계약에 있어서는 베이시스를 선물가격에서 현물가격을 차감한 값이라고 정의하기도 한다.

대해 논의하도록 한다.

$$\begin{aligned}&\text{콘탱고 시장 : 베이시스} = \text{현물가격} - \text{선물가격} < 0\\&\text{백워데이션 시장 : 베이시스} = \text{현물가격} - \text{선물가격} > 0\end{aligned} \tag{14.1}$$

상품의 현물가격과 선물가격 간의 차이는 보관시설, 배송비용, 가격변동성 등 다양한 요인에 의해서 경제학적으로 설명된다. 현금-선물 베이시스의 주요 결정 요인은 보관료와 이자비용이라고 알려져 있는데 보관료는 보관시설에 상품을 보관해야 하기 때문에 발생하며 이자비용은 상품을 매수하고 보관하기 위해 필요한 자금에 적용되는 이자비용을 의미한다.

선물가격과 현금가격의 차이가 보관료와 이자비용을 고려한 수준보다 클 경우에 상품거래자는 현물시장에서 상품을 매수하고 선물시장에서 매도포지션을 취하여 현금-선물 차익거래를 시도하게 된다. 이런 행위가 선물가격을 낮추고 현물가격은 끌어올리게 되면 결과적으로 베이시스가 경제학적으로 적절한 수준으로 돌아오게 된다.

유사하게 선물가격이 현금가격보다 지나치게 낮아지면 현물시장에서 매도하고 선물시장에서 매수하여 차익거래가 가능하게 된다. 이 경우에는 베이시스의 수준이 경제학적으로 적절한 수준이 될 때까지 현물가격은 내려가고 선물가격은 올라가게 될 것이다.

앞의 장에서 언급한 바와 같이 많은 투자자들이 상장지수펀드(ETF)나 상장지수채권(ETN)을 이용해서 예전에는 소액 투자자에게는 접근이 가능하지 않았던 시장에서 이익을 창출하려 하고 있다. 상품기반의 투자도 인기를 끌고 있다. 예를 들면 금 펀드, 은 펀드, 석유 펀드, 가스 펀드 등인데 이러한 펀드에 투자하여 (비록 비정형적 위험에 노출되기도 하지만) 분산효과를 얻을 수 있다. 이런 경우에 앞서 언급한 현금-선물 베이시스와 관련된 위험(콘탱고, 백워데이션 등)에 주목해야 한다.

현물-선물 패러티

금융선물계약에 있어서의 현물가격과 선물가격 간의 관계를 보다 자세히 설명하기 위해 기업의 주식선물을 고려해보자. 미국에서 주식 선물이 거래되는 곳은 OneChicago라는 시카고거래소와의 조인트벤처다. 주식선물은 표준계약단위가 100주이지만 선물가격은 주당 가격을 사용한다.

1년 내에 100주를 배달해야 하는 단일종목 주식선물 계약을 고려해보자. 현물가격은 주당 \$50이고 배당은 고려하지 않는다. 12개월 미국 단기국채가 2%의 이자를 지급하고 있다면 선물가격은 얼마가 적당한가? 100주의 주식을 주당 \$50에 매입하면 총 $5,000을 지불해야 한다. 단일종목 주식선물에 매도포지션을 취하면 주식을 직접 매입할 때 발생할 수 있는 모든 위험을 제거할 수 있게 되고, 거래를 통해 무위험자산을 만들어내는 효과가 발생한다. 무위험이자율이 2%이므로 주식투자의 미래가치는 $\$5,000 \times 1.02 = \$5,100$이기 때문에 선물가격은 주당 $51이어야 한다.

만약에 선물가격이 주당 $50이라면 어떻게 해야 하는가? 수익창출을 위해서 주당 $50에 100주에 매도포지션을 취한 후에 이자율이 2%인 자산에 $5,000을 투자한 후에 1개의 주식선물계약에 매수포지션을 취한다.*

연말에 투자한 자산으로부터 $5,100을 받게 되고 그중 $5,000으로 주식을 매입해서 선물매수포지션을 마감할 수 있게 된다. 결과적으로 $100이 수익으로 남게 된다. 이 거래는 전형적인 현물–선물 차익거래의 예를 보여준다.

일반적으로 F를 선물가격, S를 현물가격, r은 무위험이자율이라고 하면 아래와 같은 관계가 성립한다.

$$F = S(1 + r) \tag{14.2}$$

현물-선물 패러티
차익거래가 가능하지 않는 경우에 존재하는 현물가격과 선물가격 간의 관계

다시 말해, '선물가격은 현물가격의 무위험이자율로 계산된 미래가치'이다. 통상적으로 현물–선물 패러티(spot-futures parity) 조건이라고 일컫는 현물가격과 선물가격 간의 관계는 현물–선물 차익거래의 기회가 없는 상태에서는 항상 성립한다.

보다 일반적인 사실은 r이 해당기간 동안의 무위험이자율이고 선물계약이 T 기간 후에 만기가 도달한다면, 현물–선물 패러티 조건은 아래와 같다.

$$F_T = S(1 + r)^T \tag{14.3}$$

T는 반드시 정수가 아닌 분수라도 된다. 예를 들어, 연환산 무위험이자율이 있는 경우에 선물계약의 만기가 6개월이라면 T는 1/2로 인식하면 된다.

예제 14.7
패러티 체크

배당금을 지급하지 않는 주식의 주가가 $12이고 무위험이자율이 연 4%이다. 만기가 3개월인 주식선물의 선물가격은 얼마인가? 현물–선물 패러티 조건에 의하면

$$\begin{aligned} F_T &= S(1 + r)^T \\ &= \$12(1.04)^{1/4} \\ &= \$12.12 \end{aligned}$$

선물가격은 $12.12이다. r과 T는 연단위이고 $r = 0.04$, $T = 1/4$이다.

* 개인투자자는 공매도 거래의 수익에서는 이자를 얻지 못한다는 사실을 감안하지 않았고 주식에는 배당금이 지급되지 않는다고 가정하였다.

현물-선물 패러티의 이해

위에서 살펴본 현물-선물 패러티에 관한 예에서 기초자산인 금융상품(주식)은 배당이 없기 때문에 현금흐름을 만들어내지 못한다. 만약에 배당(주식선물)이나 이표(채권선물)가 있다면 앞서 살펴본 현물-선물 패러티 조건을 수정해야 한다.

주식선물의 경우에 D를 배당이라고 하고 배당은 기간에 1회, 선물의 만기가 도래할 때, 지급된다고 가정하면, 현물-선물 패러티 조건은 아래와 같이 수정된다.

$$F = S(1 + r) - D \tag{14.4}$$

주가의 미래가치에서 배당금액을 차감하고 있음에 주목하라. 선물계약에 매수포지션을 취하면 배당을 받지는 못하지만 배당으로 인해 주가 하락은 반영될 것이기 때문이다.

'배당조정 현물-선물 패러디' 조건(식 14.4)은 d를 배당수익률로 정의하는 경우를 보여준다. 배당수익률은 배당금액을 주가로 나눈 것이므로 $d = D/S$이다. 이러한 내용을 반영한 배당조정 패러티는 아래와 같다.

$$\begin{aligned} F &= S(1 + r) - D(S/S) \\ &= S(1 + r) - S(D/S) \\ &= S(1 + r) - Sd \\ &= S(1 + r - d) \end{aligned} \tag{14.5}$$

마지막으로 기간이 1개 이상일 경우에 조건식은 아래와 같이 변경된다.

$$F_T = S(1 + r - d)^T \tag{14.6}$$

여기서 T는 기간의 수 (분수의 형태일 수도 있다)이고 r는 기간이자율이다.

주가가 \$80이고 배당수익률이 3%인 주식에 대해 만기가 6개월인 주식선물이 있다. 무위험이자율 4%를 가정할 때 주식선물의 가격은 얼마인가?

주어진 배당수정 현물-선물 패러티 조건식에 대입하면 아래와 같다.

$$\begin{aligned} F_T &= S(1 + r - d)^T \\ &= \$80(1 + 0.04 - 0.03)^{1/2} \\ &= \$80.40 \end{aligned}$$

계약의 만기가 6개월이므로 여기서 T는 1/2이다.

확인 사항

14.4a 상품의 현물가격은 무엇인가?

14.4b 선물계약에서 베이시스는 무엇을 의미하는가?

14.4c 백워데이션을 설명하라.

14.4d 현물–선물 패러티 조건은 무엇인가?

14.5 주가지수 선물

거래소에 적지 않은 수의 주가지수 선물이 상장되어 있으며 선물시장에서 그 중요도가 점차 증가하고 있어 이번 절에서는 주가지수 선물에 대한 논의하고자 한다. 우선 계약에 대해 설명하고 주가지수 선물의 거래 및 주가지수 선물을 이용한 헤지 전략에 대해 논의하고자 한다.

주가지수 선물의 기초

그림 14.1의 '지수선물' 섹션에 다양한 주가지수 선물계약이 제시되어 있는데 그 중 S&P500 지수선물이 가장 중요하다. 이 선물계약을 이용해도 실제로 지수를 배달한다는 것은 불가한데 매도포지션을 취한 사람이 S&P500을 구성하는 모든 종목을 정확하게 그 비중에 맞춰 매입하고 배달한다는 것이 불가하기 때문이다. 더군다나 지수를 구성하는 포트폴리오를 모두 매입한다는 것은 현실성이 없다고 할 수 있다. 지수 펀드는 거래되고 있으나 실제로 지수를 구성하는 비중에 맞춰 모든 종목으로 구성되는 것은 아니다. 따라서 주가지수 선물은 현금청산이 되는 것이 일반적이다.

주가지수 선물의 거래를 살펴보자. 선물가격이 2,040인 S&P500 선물계약 1개를 매수했다고 하자. 계약단위는 $250에 지수포인트를 곱해서 구해지기 때문에 선물 만기에 도달하면 매수포지션을 취한 투자자가 매도포지션을 취한 투자자에게 $250에 선물가격인 2,040과 만기 시의 지수포인트의 차이를 곱한 값만큼을 지불해야 한다.

예를 들어, 만기에 지수포인트가 2,010까지 하락한다면 매수포지션을 취한 투자자는 $\$250 \times (2,040-2,010) = \$7,500$을 매도포지션을 취한 투자자에 지급해야 한다는 것이다. 사실 매수자는 250단위의 지수를 지수 단위(포인트)당 $2,040에 매수한다고 약속한 것과 마찬가지인 것이다. 지수가 2,040 아래로 하락하면 매수자에게 손실이 발생하게 되는 반면에 지수가 그 이상으로 상승하면 매도자에게 손실이 발생한다.

예제 14.8

지수선물

다우존스 지수에 포함된 종목의 가격이 폭등할 것이라 예측된다고 가정하자. 만기가 6개인 미니-다우존스 지수 선물 20계약을 17,900에 매수하였다. 만기에 다우존스 지수가 18,220이 되었다면 얼마의 이익이나 손실이 발생하는가?

선물가격은 17,900이고 계약단위는 \$5이며 총이익은 지수값과 선물가격의 차이와 지수포인트의 곱으로 결정된다. 지수가 18,220이 되었기 때문에 $\$5 \times (18{,}200 - 17{,}900) = \$1{,}600$ 만큼의 이익이 발생하게 된다. 계약에 대한 총이익은 \$32,000이다.

지수차익거래

선물계약을 이용한 거래전략은 여러 가지가 있지만 앞서 언급한 현물-선물 패러티 조건을 이용한 것은 지수차익거래(index arbitrage)라고 일컫는 거래전략이다. 지수차익거래는 주가지수의 수준과 관련 주가지수를 기초자산으로 하는 선물가격을 통해 이루어지는 데 거래자들은 항상 패러티 조건과 실제 거래 간에 불일치가 발생하는 순간을 포착하려 한다.

> **지수차익거래**
> 패러티 상태에서 벗어나는 것을 포착하기 위해 기초자산 지수와 주가지수선물의 수준을 모니터링하는 투자전략

예를 들어, 만기가 1년인 S&P500 지수선물의 가격이 2,170이고 현재 지수포인트가 2,100이라고 하자. 배당은 연 3%라고 예측되며 무위험이자율은 5%이다. 주어진 예에서 거래 기회가 존재하는가?

앞서 논의한 '배당조정 패러티 조건(14.6)'으로부터 선물가격은 아래와 같아야 한다.

$$
\begin{aligned}
F_T &= S(1 + r - d)^T \\
&= 2{,}100(1 + 0.05 - 0.03)^1 \\
&= 2{,}142
\end{aligned}
$$

따라서, 패러티조건에 의하면 선물가격이 너무 높게 나타나기 때문에 '저가매수-고가매도' 원칙에 의해 지수를 매수하고 선물계약을 매도해야 한다.

지수차익거래는 종종 프로그램 매매(program trading) 전략을 통해 실행되곤 한다. 이해를 위해서는 보다 많은 설명이 필요하지만 대략 설명하자면 일반적으로 컴퓨터를 이용해서 가격을 관찰하고 신속하게 기회를 포착하는 전략을 의미한다. 어떤 경우에는 컴퓨터를 이용해서 거래주문을 하는 것까지 포함한다.

> **프로그램 매매**
> 금융자산의 상대적 가격을 컴퓨터를 기반으로 모니터링하며 차익거래의 기회를 포착하기 위해 매수·매도 주문을 내는 전략

프로그램 트레이딩에 컴퓨터를 사용해야만 하는가는 중요한 이슈가 아니다. 오

히려 프로그램거래 전략이라고 규정하기 위해서는 패러티의 위반이나 다른 차익거래 기회를 포착하기 위해서 조직적이고도 체계적인 절차를 사용하고 있어야 한다. 트레이딩에 '프로그램'을 사용한다는 조건과 트레이딩의 방식이 존재하는 것이 특성이기 때문에 원칙적으로 거래자동화되어 있는 것이 일반적이다.

기술적인 측면에서 뉴욕 증권거래소는 프로그램 트레이딩을 전체 규모가 적어도 1백만 달러이고 적어도 15개의 종목을 연속적으로 매수나 매도하는 거래라고 정의하고 있다. 프로그램 트레이딩이 뉴욕 증권거래소 거래량의 절반 이상을 차지하고 있으나 모든 프로그램 트레이딩이 지수차익거래인 것은 아니다.

지수차익거래와 관련된 또 다른 현상은 선물과 옵션거래 전략이다. S&P500 선물은 일 년에 4번의 만기가 도래하는데 해당 월의 3번째 금요일이고 이 4차례의 금요일에 S&P500 지수옵션 및 주식옵션의 만기도 함께 도래한다. 해당 금요일을 '세 마녀의 날'이라고 일컫는데 3개 유형의 계약이 동시에 만기가 도래하기 때문이고 가끔 예상치 못한 가격의 변동이 발생하기도 한다.

특별히 '세 마녀의 날'에 해당하는 금요일에 모든 포지션이 청산 또는 반대매매가 체결된다. 대규모의 지수차익거래나 프로그램 트레이딩이 발생하는 정도에 따라서 포지션을 마감하기 위한 대규모의 매수나 매도거래가 발생하곤 한다. 대규모의 가격변동으로 인한 변동성의 증대도 관찰되곤 한다. 이러한 문제를 해소하기 위해서 거래소 차원에서 마감까지 유지될 포지션의 규모에 대한 규제를 도입한 적이 있을 정도이다.

선물계약을 이용한 주식시장 위험의 헤지

앞서 재고자산의 가치를 보호하기 위해 선물계약을 이용한 헤지거래를 언급한 적이 있는데 이제 금융선물계약을 이용해서 포트폴리오 매니저들이 선택할 수 있는 헤지전략에 대해서 논의하도록 하자. 모든 투자포트폴리오는 증권들의 조합이기 때문에 금융선물계약을 통해 증권포토폴리오의 매수포지션이 지니는 위험을 감소시킬 수 있다.

주식 포트폴리오 매니저가 처한 특별한 문제는 주식시장 전체의 변동으로 인해 발생하는 주식 포트폴리오의 가치하락의 문제이다. 포트폴리오 매니저는 위험을 제거하기 위해 매도헤지 포지션을 취하고자 할 것이고 자신의 포트폴리오의 위험을 헤지하기 위해서 얼마만큼의 선물계약에 포지션을 취해야 하는가를 결정해야 한다.

예를 들어 기금의 규모가 1억8천5백만 달러이고 이미 다양한 주식에 분산 투자된 주식포트폴리오를 관리하고 있다고 가정하자. 시장 상황의 분석결과에 따르면 주식시장이 몇 주안에 하락할 것이라 예상된다. 물론 주식시장의 변동성을 정확하게 예측하는 것을 불가능하지만 분석결과에 따른 적절한 대응도 필요하다고 판단되는 상황이다.

여기서 아주 근본적인 문제가 대두될 수도 있는데 시장에 거래되는 주식 선물계약 중에 운영 중인 포트폴리오와 일치하는 선물계약이 존재하지 않을 수 있다는 것이다. 결과적으로 주가지수 선물을 대신 이용해서 주식시장의 하락으로 인해 발생하는 위험으로부터 운용중인 주식 포트폴리오를 보호해야만 한다. 이러한 예를 교차헤지(cross-hedge)라 일컫는데 선물계약이 기초자산과의 연관성은 존재하나 완벽하게 헤지할 수 있는 정도가 아닌 경우이다.

교차헤지
특정 현물포지션을 반드시 일치하지는 않지만 관련 있는 상품선물이나 금융상품 선물을 이용하여 헤지하는 전략

이런 경우에는 포트폴리오 헤지를 위해서 주가지수 선물을 이용해서 매도헤지를 수행하게 되는데 효과적인 헤지를 위해서 얼마의 주가지수 선물계약이 필요한가를 신중하게 결정해야 한다. 주식포토폴리오 헤지를 위한 주가지수 선물계약의 수량을 정하기 위해 아래의 4개의 고려사항이 필요하다.

1. 주식 포트폴리오의 가치
2. 주식 포트폴리오의 베타
3. 헤지목적의 주가지수 선물계약의 가치
4. 선물계약의 베타

앞 장에서 학습한 바를 제대로 이해했다면 주식 포트폴리오에 존재하는 시장위험의 측정치인 베타의 개념에 익숙할 것이다. 베타를 통해 전체 주식시장에 대한 포트폴리오의 상대적 위험을 측정할 수 있다. 1억8천5백만 달러 포트폴리오의 베타가 1.25라고 가정하자.

향후 3개월 동안에 주식시장과 주식 포트폴리오의 가치가 하락할 것으로 예상하고 포트폴리오에서 시장위험을 제거하고자 한다. 주식 포트폴리오를 운용하고 있어 선물계약을 통해 매도헤지 전략을 실시해야 한다고 생각하고 운용 중인 주식 포트폴리오의 베타를 계산하기 위해서 사용할 지수와 관련된 S&P500 지수선물을 선택하기로 결정하였다.

〈월스트리트 저널〉에서 얻은 정보에 의하면, 3개월 만기의 S&P500 선물의 가격은 2,080이고, 계약단위는 지수포인트의 250배로 정해져 있어 선물계약의 가치는 $\$250 \times 2,080 = \$520,000$이다.

앞서 언급한 주식 포트폴리오의 헤지를 위해 얼마의 선물계약이 필요한지를 알

아보기 위한 모든 정보를 수집할 수 있었다. 주식 포트폴리오 헤지를 위한 주가지수 선물의 계약 수량은 아래와 같다.

$$\text{선물계약 수량} = \frac{V_P}{V_F} \times \frac{\beta_P}{\beta_F} \tag{14.7}$$

여기서: V_P = 주식 포트폴리오의 가치
V_F = 주가지수 선물의 가격
β_P = 주식 포트폴리오의 베타
β_F = 선물계약의 베타

위에서 언급한 헤지 문제에서 $B_p = 1.25$, V_p = 1억8천5백만 달러, V_f = \$520,000이다. 선물계약의 베타는 주어지지 않았는데 S&P500 지수선물을 이용하는 경우에 베타는 S&P500의 베타인 '1'에 가까워야 하기 때문이다. B_f가 1이 아닌 경우는 선물계약이 기초자산인 포트폴리오의 베타를 계산하기 위해서 사용한 지수와 상이한 지수에 기반한 선물계약인 경우일 것이다. 예를 들어, S&P500을 이용해서 기초자산인 주식 포트폴리오의 베타를 계산했으나 다우존스 지수선물을 이용해야만 하는 경우이며 이 경우에는 S&P500 지수에 비례해 다우존스 선물의 베타를 계산해야만 할 것이다.

주어진 정보를 이용하면 아래와 같은 계산이 가능하다.

$$\text{선물계약 수량} = \frac{\$185,000,000}{\$520,000} \times \frac{1.25}{1} = 444.7$$

따라서 445개의 S&P500 주가지수 선물계약에 매도헤지 포지션을 취해야 한다. 매도헤지는 만기까지 3개월 동안에 발생하는 주식시장의 하락으로 인한 위험으로부터 주식 포트폴리오를 보호해줄 것이다.

예제 14.9

주가지수선물을 이용한 헤지

2천5백만 달러 주식 포트폴리오의 위험을 완전헤지하기 위해서는 주가지수 선물계약이 어느 정도 필요한가? 포트폴리오의 베타는 0.75이고 S&P500 지수는 2,100이다.

식 (14.7)을 이용하면 계산식을 아래와 같다.

$$\text{선물계약 수량} = \frac{250,000,000}{525,000} \times \frac{0.75}{1} = 357.1$$

따라서 357개의 주가지수 선물에 매도포지션을 취해 주식 포트폴리오의 시장위험을 헤지할 수 있다. 선물계약의 가치는 $\$250 \times 2,100 = \$525,000$이다.

이자율 위험의 헤지

앞에서는 주식 포트폴리오의 헤지에 대해 알아보았으니 이제는 채권 포트폴리오 헤지에 대해 알아보자. 채권 포트폴리오 헤지는 주식포토폴리오 헤지와 유사하며 주식 포트폴리오와 마찬가지로 '교차헤지'의 문제가 발생한다. 채권이므로 미국 재무성 발행 국채를 기초자산으로 하는 선물계약을 고려해야 하며 이자율 변화로 인한 위험으로부터 채권 포트폴리오를 보호하려는 것이 헤지의 목적이다.

현재 가치가 1억 달러인 채권 포트폴리오를 운용하고 있다고 가정하자. 최근에 이자율 상승으로 포트폴리오의 가치가 하락하였고 이자율 상승기조가 향후 몇 개월 동안 지속될 것이라고 판단하고 있다. 10년 만기 국채선물에 매도헤지 포지션을 취하려 계획 중이다.

채권 포트폴리오의 위험을 헤지하기 위해 필요한 중장기 국채선물계약의 수량을 정하기 위한 식은 식(14.7)과 유사하다.

$$\text{선물계약 수량} = \frac{D_P \times V_P}{D_F \times V_F} \tag{14.8}$$

여기서: D_P = 채권 포트폴리오의 듀레이션
V_P = 채권 포트폴리오의 가치
D_F = 선물계약의 듀레이션
V_F = 선물계약의 가격

이미 채권 포트폴리오의 가치는 1억 달러이라는 것을 알고 있으며 포트폴리오의 듀레이션이 8년이라고 가정하자. 선물계약의 듀레이션과 선물계약의 가격을 계산해야 한다.

이자율 선물의 듀레이션은 기초자산의 듀레이션에 만기까지의 잔여기간의 합이라는 아래와 같은 일반적 원칙을 사용하자.

$$D_F = D_U + M_F \tag{14.9}$$

여기서: D_F = 선물계약의 듀레이션
D_U = 기초자산의 듀레이션
M_F = 만기까지의 잔여기간

간단하게 미국 중장기 국채의 듀레이션이 6.5년이라고 가정하고 선물계약의 만기는 0.5년이라고 가정하면 선물계약의 듀레이션은 7년이라는 것이다.

선물계약의 가격은 선물가격과 계약단위의 곱으로 계산된다. 미국 중단기 국채

선물계약의 표준계약단위는 액면가 \$100,000이다. 선물가격이 110이라고 가정하면 액면가의 110%라는 뜻이며 선물계약의 가격은 \$100,000×110=\$110,000이 된다.

계산에 필요한 정보가 모두 취합되었기에 아래와 같이 채권 포트폴리오의 헤지를 위해 필요한 선물계약의 수량을 계산할 수 있다.

$$\text{선물계약의 수량} = \frac{8 \times \$100{,}000{,}000}{7 \times \$110{,}000} = 1{,}038.96$$

따라서, 10년 국채선물계약을 1,039개에 매도포지션을 취하여 매도헤지를 효과적으로 수행할 수 있다. 매도헤지를 통해서 선물계약의 만기까지 이자율 상승으로 인해 채권 포트폴리오를 위험으로부터 보호할 수 있다.

예제 14.10

미국 국채 선물을 이용한 헤지

듀레이션이 7.5년이고 선물가격이 105인 10년 국채선물에 어느 정도의 포지션을 취해야 듀레이션이 5년인 2억5천만 달러 채권 포트폴리오의 위험을 헤지할 수 있는가? 주어진 공식을 이용하여 아래와 같이 계산할 수 있다.

$$\text{계약 수량} = \frac{5 \times \$250{,}000{,}000}{7.5 \times \$105{,}000} = 1{,}587$$

2억5천만 달러 채권 포트폴리오를 헤지하기 위해 1,587개의 선물계약에 매도포지션을 취해야 한다.

선물계약의 배달옵션

대부분의 선물계약은 배달옵션이 있는데 매도자가 기초자산이나 금융상품을 배달할 때 기초자산이나 금융상품의 품질을 선택하여 배달할 수 있는 옵션이 있다는 것을 의미한다. 매도자는 당연히 가장 비용이 적게 드는 기초자산을 배달하고자 할 것이고 이를 최소비용 배달옵션(cheapest-to-deliver option)이라고 한다. 최소비용 배달옵션은 선물계약에 존재하는 '퀄리티 옵션(quality option)'이다. 물론 선물매수자는 배달옵션의 존재를 사전적으로 인식하고 있으며 선물가격에는 최소비용 배달옵션의 가치도 반영되어 있다.

최소비용 배달옵션
선물계약 매도자가 허용되는 한도에서 여러 개의 기초자산이 존재하는 경우에 가장 비용이 적게 드는 기초자산을 배달할 수 있는 옵션. 예를 들어 미국 중기 국채선물의 경우에는 만기가 6.5년에서 10년 사이의 채권을 배달할 수 있다.

최소비용 배달옵션의 예를 들자면 10년 미국 중기 국채 선물계약은 만기가 6.5년부터 10년 사이의 미국 국채의 배달을 허용하고 있어 채권 포트폴리오의 헤지를 보다 복잡하게 하는 요인이 된다. 미국 국채선물로 채권 포트폴리오의 휘험을 헤지하려는 투자자의 입장에서는 최소비용 배달옵션으로 인해 실제로 배달되는 채권에 따라 헤지의 정도가 달라질 수 있다는 문제에 봉착하게 된다. 따라서 어느 채권이 선택되지는 알 수 없고 배달되는 채권에 따라 달라지는 헤지의 정도를 확인하기 위해 항상 모니터링해야만 한다. 다행스럽게도, 이에 대해서 항상 존재하는 문제로 인식되고 있어 수많은 정보출처를 통해서 포트폴리오 매니저와 투자자들에게 충분한 정보가 전달되고 있는 실정이다.

확인 사항

14.5a 교차헤지란 무엇인가?

14.5b 주식 포트폴리오에 대한 헤지를 위한 필요한 주가지수 선물계약의 수량을 계산하기 위해 어떤 정보가 요구되는가?

14.5c 채권 포트폴리오에 대한 헤지를 위한 필요한 미국 국채 선물계약의 수량을 계산하기 위해 어떤 정보가 요구되는가?

14.5d 최소비용 배달옵션이란 무엇인가?

14.6 요약 및 결론

이번 장에서는 선물시장에 대해 학습하였는데 아래와 같은 선물시장의 기본과 계약의 특성에 대해서 알아보았다.

1. 선물시장의 기초와 선물계약의 가격관련 정보

A. 선물계약은 매수자와 매도자 간에 이루어지는 미래에 발생할 거래의 가격에 대해 현재 시점에서 동의하는 계약이다. 선물계약은 선물거래소에서 이루어지기 때문에 채무불이행위험이 대폭 감소된다. 표준화된 선물계약의 4개의 주요용어는 다음과 같다. (1) 기초상품자산이나 금융상품의 명시, (2) 선물계약의 단위, (3) 선물계약의 만기, 그리고 (4) 계약이 이행되는 선물가격 등이다.

B. 대부분의 상품선물계약은 실제로 상품을 배달해야 하지만 금융선물의 경우 금융상품을 배달하는 경우도 있으나 현금으로 청산되는 것이 일반적이다. 선물계약은 피생상품의 일종으로 선물계약의 가치가 기초자산의 가치에 의해 결정되기 때문이다.

C. 선물가격에 관한 정보는 경제신문이나 언론매체를 통해 획득할 수 있으나 최근에는 선물거래소의 웹사이트를 통해서 실시간은 아니지만 다소 지연된 일중거래에 대한 정보를 얻을 수 있다.

2. 선물시장에서의 투기적 거래의 위험

A. 투기적 투자자는 스스로 가격의 방향을 예측하여 이익을 창출하기 위해 가격위험을 기꺼이 감수하려는 투자자를 말한다. 그들은 선물계약을 매수 또는 매도하기도 하는데 기초자산의 가격이 상승할 것으로 예측되면 선물계약을 매수한다. 선물계약을 매수하는 것을 매수포지션을 취한다(going long)고 말한다. 반면에 가격이 하락할 것이라고 예측되면 선물계약을 매도하는 데 이를 매도포지션을 취한다(going short)고 일컫는다.

B. 선물계약을 이용한 투기적 거래에서 상당한 규모의 이익이나 손실이 발생하곤 한다. 선물계약을 이용한 투기적 거래의 이익과 손실은 선물가격을 얼마나 정확하게 예측할 수 있는가에 달려있다. 그렇기 때문에 스스로 '선물가격의 변화를 예측하는 것이 가능한가?'라는 질문을 스스로 물어야 한다.

C. 선물계약은 예치한 개시증거금의 수준을 훨씬 넘어서는 규모의 손실을 초래할 수도 있다. 선물시장에서 가격이 예상과는 반대로 변화하는 경우에 선물거래계좌에 추가 증거금을 예치해야 하는 경우가 발생한다는 뜻이다.

3. 현물가격과 선물가격의 관련

A. 상품이나 금융상품의 현금가격은 즉시 배달이 요구되는 거래의 가격을 의미하며 현물가격이라고 정의한다.

B. 선물가격은 현물가격의 미래가치로 무위험이자율을 이용해서 계산하는데 이렇게 정의되는 현물가격과 선물가격의 관계를 현물–선물 패러티 조건이라고 한다 현물–선물 패러티가 성립하지 않는 경우에 현금–선물 차익거래의 기회가 발생한다.

4. 선물계약을 통한 가격위험의 전가

A. 헤지가 선물시장이 존재하는 경제학적 이유이다. 하지만 선물시장 존재를 위해서는 헤저와 투기적 투자자 모두의 참여가 요구된다.

B. 헤저는 가격위험을 투기적 투자자에게 전가하는데 투기적 투자자는 기꺼이 가격위험을 감수하기 때문이다. 따라서 헤지와 투기적 투자는 보완적 관계에 있다고 말할 수 있다.

C. 헤저는 현물시장에서의 포지션과 반대되는 포지션을 선물시장에서 취하여 가격위험을 전가한다. 예를 들어, 헤저가 일정 상품을 보유하고 있는 경우에 현물시장에서 매수포지션을 취하고 있기 때문에 선물시장에서 매도포지션을 취하여 현물시장의 가격위험을 상충시킬 수 있게 된다.

주요 용어

선도계약(forward contract) 594
선물계약(futures contract) 594
선물가격(futures price) 594
매수포지션(long position) 600
매도포지션(short position) 600
투기적 거래자(speculator) 600
헤저(hedger) 603
기초자산(underlying asset) 603
매도헤지(short hedge) 603
완전헤지(full hedge) 604
매수포지션(long hedge) 605
선물증거금(futures margin) 609
개시증거금(initial margin) 609
시장가조정(marking-to-market) 609
유지증거금(maintenance margin) 609
마진콜(margin call) 609
반대거래(reverse trade) 610
현물가격(cash price) 611
현물시장(spot market) 611
현금-선물 차익거래(cash-futures arbitrage) 612
베이시스(basis) 612
콘탱고 시장(carrying-charge market) 612
역시장(inverted market) 또는 백워데이션(backwardation) 612
현물-선물 패러티(spot-futures parity) 614
지수차익거래(index arbitrage) 617
프로그램 매매(program trading) 617
교차헤지(cross-hedge) 619
최소비용 배달옵션(cheapest-to-deliver option) 622

단원 후 문제와 자습 문제

1. 선물계약의 수익과 손실(LO1, CFA2) 결제가격이 $1파운드인 10개의 오렌지주스 선물계약을 매수하였다면 10개의 선물계약의 가격은 얼마인가? 결제가격이 2센트/파운드 하락하였다면 수익이나 손실은 얼마인가? 계약단위는 15,000파운드이다.

2. 현물-선물 패러티(LO3, CFA1) 단일주식 선물계약의 가격은 $200/주이다. 만기가 2개월이고 무위험 이자율은 연 5%이다. 주식이 배당을 지급하지 않는다고 가정할 때 패러티 조건에 의하면 선물가격은 얼마이어야 하는가?

자습 문제 해답

1. 10개 선물계약을 매수하더라도 증거금 예치 외에는 현금지출이 없다. 만기가 도래하여 오렌지주스의 가격이 파운드당 2센트 하락하였다면 선물계약당 $0.02×15,000=$300의 손실이 발생하기 때문에 10개 선물계약을 매수하였으므로 총손실액은 $3,000이다.

2. 현물–선물의 패러티 조건은 아래와 같다.

$$F_T = S(1 + r - d)^T$$

여기서 S는 현물가격, r은 무위험이자율, d는 배당수익률, F는 선물가격이고 T는 만기까지의 기간(연)이다.

대입하여 풀면 배당수익률은 0이고 기간은 2개월 즉 1/6 년이므로 아래와 같다.

$$F_{1/6} = \$200(1 + 0.05)^{1/6} = \$201.63$$

투자 지식 학습

1. 선물계약과 선도계약(LO1, CFA2) 아래의 설명 중에 선물계약과 선도계약을 바르게 설명한 것은 어느 것인가?
   a. 선물계약은 거래소에서 거래되지만 선도계약은 장외거래된다.
   b. 모든 조건이 동일하다면 선도가격은 선물가격보다 높다.
   c. 선도계약은 선물계약을 조합하여 만들어진다.
   d. 선물계약은 만기에 현금 청산되는 반면에 선도계약은 배달로 마무리된다.

2. 선물계약과 선도계약(LO1, CFA2) 아래 중에 선물계약이 선도계약과 다른 점을 제대로 설명한 것은 어느 것인가?
   I. 선물계약은 표준화되어 있다.
   II. 선물계약에서 거래상대방의 성과는 청산소(clearing house)에서 의해 보증된다.
   III. 선물계약은 수입과 손실이 매일 시장가로 조정된다.
   a. I 과 II　　b. I 과 III
   c. II 와 III　　d. I, II, 그리고 III

3. 선물계약(LO1, CFA2) 특정 시점에서 선물거래에서 오픈포지션에 있는 계약은 발행된 계약 중에 어떠한 상태에 있는 계약인가?
   a. 계약 전체　　b. 헤지가 안 된 포지션
   c. 청산 중인 계약　　d. 매수 및 매도 포지션

4. 선물계약 증거금(LO2, CFA2) 선물계약에 있어서 개시증거금은?
   a. 연방은행에 의해 규제된다.　　b. 계약 가치의 2% 미만이다.
   c. 계약 가치의 2%에서 5% 정도다.　　d. 계약 가치의 5%에서 15% 정도다.

5. 선물계약 증거금(LO2, CFA2) 선물거래에서 증거금의 추가예치를 요청받기 전까지 유지해야 할 증거금의 최소수준을 무엇이라 하는가?
   a. 개시 증거금　　b. 가치평가 증거금
   c. 현금흐름 증거금　　d. 유지 증거금

6. 선물계약 증거금(LO2, CFA2) 은 선물계약의 매수자는 은 5,000트로이온스를 매수자에게 배달해야 한다. 투자자가 7월 만기 은 선물계약을 $28/온스 가격으로 매도하고 개시증거금으로 $8,400을 예치하였다. 유지증거금이 $6,900이라면, 온스당 은 가격이 얼마일 때 마진콜을 받게 되는가?

a. $26.62 b. $27.70
c. $28.30 d. $29.38

7. 선물증거금(LO2, CFA2) 아래에서 선물계좌 증거금에 대한 설명이 옳지 않은 것은 어느 것인가?

a. 개시증거금이 유지증거금보다 높다.
b. 마진콜을 계좌 증거금이 유지증거금보다 낮아질 때 받게 된다.
c. 시장가조정(marking-to-market)은 적어도 매일 이루어진다.
d. 마진콜은 계좌마진이 개시증거금보다 낮을 때 받게 된다.

8. 선물계약(LO1, CFA2) 아래의 계약 내용 중에 선물계약의 만기까지 매일 변화하는 것은 무엇인가? 〈답이 불확실함〉

a. 선물가격 b. 선물계약단위
c. 선물만기일자 d. 기초상품

9. 선물계약에서의 배달(LO1, CFA2) 만기일에 주가지수 선물은 무엇을 배달해야 하는가?

a. 보통주 b. 보통주와 배당발생액
c. 단기국채 d. 현금

10. 현물-선물 패러티(LO3, CFA1) 미국 장기국채 선물계약은 가격이 100이다. 기초자산인 국채의 표면금리는 7%이고 시장이자율은 7%일 때 현물-선물 패러티 조건으로부터 산출할 때의 국채가격은 얼마인가?

a. 93 b. 100
c. 107 d. 114

11. 현물-선물 패러티(LO3, CFA1) 만기가 1년이고 선물가격이 $1,000인 주가지수 선물계약을 고려하자. 현물주가지수의 배당수익률은 2%이고 이자율은 5%이다. 현물-선물 패러티 조건에 의하면 현물지수포인트는 얼마인가?

a. $933.33 b. $970.87
c. $1,071 d. $1,029

12. 현물-선물 패러티(LO3, CFA1) 만기가 1년인 주가지수 선물을 고려하자. 현물지가지수는 $1,000이고, 배당수익률은 2%, 이자율은 5%이다. 현물-선물 패러티 조건에 의하면 선물가격은 얼마인가?

a. $943.40 b. $970.87
c. $1,060 d. $1,030

13. 선물헤지(LO3, CFA2) 베타가 0.8인 1천만 달러 규모의 주식포트폴리오를 운용하고 있다. 계약단위가 주가지수당 $100,000일 때 위의 포트폴리오를 헤지하기 위해 몇 개의 계약이 필요한가? 선물계약의 베타는 '1'인 것으로 가정한다.

a. 8
b. 80
c. 800
d. 8,000

14. 선물헤지(LO4, CFA2) 듀레이션이 9년인 1억 달러 채권 포트폴리오를 운용하는 중이다. 계약단위가 $100,000이고 듀레이션이 12년인 장기 국채선물을 이용해서 이자율위험에 헤지하려고 한다. 얼마나 많은 선물계약이 필요한가?

a. 750
b. 1,000
c. 133
d. 1,333

15. 선물헤지(LO4, CFA2) 주식 포트폴리오의 위험을 주가지수 선물을 이용해서 헤지 하려고 한다. 얼마나 많은 선물계약이 필요한가를 알아보기 위해 필요한 정보가 아닌 것은?

a. 주식 포트폴리오의 가치
b. 주식 포트폴리오의 베타
c. 주가지수 선물계약의 가치
d. 선물계약 체결에 필요한 개시증거금

개념 문제

1. 선물가격의 이해(LO1, CFA2) 그림 14.1을 이용해서 아래의 질문에 답하라.

a. 얼마나 많은 거래소에서 밀선물계약이 거래되고 있는가?
b. 10개 금 선물계약에 포지션이 있다면 선물계약으로 얼마만큼의 금을 거래할 수 있는가?
c. 만약에 20개 오트선물계약을 매도한 상태이고 배달하려고 한다면, 얼마만큼의 오트를 공급해야 하는가?
d. 가장 많은 오픈포지션을 가진 가솔린선물의 만기는 얼마인가? 가장 오픈포지션이 적은 것은 어느 것인가?

2. 선물계약을 이용한 헤지(LO4, CFA2) 켈로그는 시리얼 생산을 위해 대량의 옥수수를 사용한다. 향후 몇 개월 동안의 가뭄으로 인해 옥수수 생산에 대한 예측은 매우 부정적이고 따라서 옥수수 가격이 상승할 것으로 예측되고 있는 상황이다. 켈로그는 시카고무역거래소(CBT)의 옥수수 선물계약을 통해 위험을 헤지하려고 한다. 켈로그는 옥수수 선물계약에 어떤 포지션을 취해야 하는가?

3. 선물계약을 이용한 헤지(LO4, CFA2) 피델리티가 운용하는 뮤추얼펀드 중에 하나가 S&P500을 추종한다고 한다. 당해연도에 성과가 우수하였고 11월이 되자 펀드매니저는 주가지수 선물을 이용하여 지금까지 얻은 이익을 확정하고자 희망한다. 매니저는 S&P500 주가지수 선물에 어떤 포지션을 취해야 하는가?

4. 선물계약을 이용한 헤지(LO4, CFA2) 장기국채만에 투자하여 포트폴리오를 운용해왔던 뮤추얼펀드가 3개월 내에 펀드를 청산하고자 한다. 하지만 청산 때까지 이자율이 상승하는 경우를 우려하고 있다. 펀드매니저는 미국 장기 국채선물계약을 매수해야 하는가? 아니면 매도해야 하는가?

5. 선물계약을 이용한 헤지(LO4, CFA2) 미국의 한 전자제품 생산기업은 일본에서 서키트보드를 수입하고 있는데 수입대금을 4개월 후에 일본 엔으로 지급하기로 오늘 계약을 체결하였다. 보드 단가는 고정되었다고 할 때 일본엔 선물계약에 어떠한 포지션을 취해야 하는가?

6. 선물계약을 이용한 헤지(LO4, CFA2) 제드 클램페트는 새로운 유정을 하나 발굴하였고 2개월 후에는 약 2백만 배럴의 원유를 추출할 수 있다고 믿고 있다. 2개월 후에도 오늘의 유가로 고정시켜 원유를 판매하고 싶다고 할 때 제드는 원유선물계약을 매수해야 하는가? 아니면 매도해야 하는가?

7. 선물계약을 이용한 헤지(LO4, CFA2) 사우스파크시는 6개월 후에 채권을 발행하려고 계획 중이고 시 재무부장인 케니는 이자율 상승을 걱정하고 있는데 이자율 상승하는 경우에 채권발행가가 낮아질 수 있기 때문이다. 케니가 미국 국채 선물계약을 이용해서 위험을 헤지하려고 한다면 선물계약을 매수해야 하는가? 매도해야 하는가?

8. 선물시장(LO1, CFA2) 선물계약은 매수자의 수익이 고스란히 매도자의 손실로 이어지는 제로섬 게임이라는 것이 사실인가?

9. 프로그램 트레이딩(LO1) 프로그램 트레이더는 선물가격과 현물가격을 면밀하게 검토하지만 모든 절차가 기계적으로 수행되는 것은 아니다. 현물-선물 패러티를 이용하지 않고 S&P500과 같은 계약을 이용하는 프로그램 트레이딩이 더 어려울 수도 있다. 어떤 문제가 발생할 수 있는가?

10. 공매도(LO1, CFA2) 선물계약에서 매수포지션을 취하는 것과 주식을 공매도하는 것의 공통점과 차이점은 무엇인가? 현금흐름의 차원에서 차이점이 있는가?

질문과 문제

1. 선물가격의 활용(LO1, LO2, CFA2) 그림 14.1을 이용하여 아래의 질문에 답하라.
   a. 2016년 3월 커피 선물의 청산가격은 얼마인가? 거래를 마감하는 시점에서 계약의 가치는 얼마인가?
   b. 2015년 12월 가솔린 선물의 청산가격은 얼마인가? 10개의 선물계약을 보유하고 있다면 계약의 총 가치는 얼마인가?
   c. 2016년 3월 25일 미니-다우존스 선물에 오픈포지션을 취하고 있다고 가정하자. 당일에 오픈포지션의 가치의 변화는 얼마인가? 매수포지션을 취했다면 이익이 발생하는가? 손실이 발생하는가?
   d. 2016년 1월 10일의 콩 선물을 매도한 상태라고 할 때 이익이 발생하는가? 손실이 발생하는가?

2. 선물계약의 이익과 손실(LO2, CFA2) 2015년 11월 20일 만기 콩 선물계약을 매수하였다면 그림 14.1을 이용해서 거래 당일의 이익이나 손실을 계산하라.

3. 선물계약의 이익과 손실(LO2, CFA2) 2016년 3월 15일 만기 옥수수 선물계약을 매도하였다면 그림 14.1을 이용해서 거래 당일의 이익이나 손실을 계산하라.

4. 선물계약의 이익과 손실(LO2, CFA2) 2016년 3월 30일 만기 5년 국채 선물계약을 매도하였다면 그림 14.1을 이용하여 거래 당일의 이익이나 손실을 계산하라.

5. Open Interest 오픈포지션(LO1, CFA2) 그림 14.1을 이용할 때 2015년 12월 만기 일본 엔화 선물계약의 오픈포지션을 얼마인가? 이 수치는 매도포지션인가? 매수포지션인가? 아니면 2가지 모두인가? 계약의 청산가격을 참고할 때 오픈포지션의 가치는 얼마인가?

6. 현물–선물 패러티(LO3, CFA1) 배당을 지급하지 않는 주식의 가격이 $16.40이다. 무위험이자율은 3%이고 이 주식을 기초자산으로 하는 선물계약의 만기는 6개월이라면 선물계약의 가격은 얼마인가?

7. 현물–선물 패러티(LO3, CFA1) 배당을 지급하지 않는 주식의 선물가격이 $94.90이다. 무위험이자율은 4.5%이고 이 주식을 기초자산으로 하는 선물계약의 만기는 2개월이라면 주식의 가격은 얼마인가?

8. 현물–선물 패러티(LO3, CFA1) 배당을 지급하지 않는 주식의 가격은 $42.24이고 이 주식의 선물계약의 가격은 $42.95이다. 만기가 4개월 남았다면 무위험이자율은 얼마인가?

9. 현물–선물 패러티(LO3, CFA1) 주식의 가격이 $49.24이고 배당수익률은 1.5%이다. 무위험이자율이 5.4%이고 만기가 4개월일 때 선물가격은 얼마인가?

10. 현물–선물 패러티(LO3, CFA1) 주식 선물가격이 $27.18이다. 배당수익률은 1.25%이고 무위험이익률은 2.5%이며 만기가 6개월이다. 주가는 얼마인가?

11. 마진콜(LO2, CFA2) 계약단위가 42,000 갤러인 10개 난방용 연료 선물계약의 개시증거금이 $8,400이고 유지증거금은 %7,200이다. 다음 날 가격이 $0.04 하락한 상태에서 계약이 청산되었다. 마진콜을 받았을 것이라 생각하는가? 마진콜을 받지 않고 계약이 유지될 최대가격은 얼마인가?

12. 시장가조정(LO2, CFA2) 10개 금 선물계약을 매수하였는데 선물가격은 $1,500/온스이고 계약단위는 100 토로이온스다. 개시증거금이 $12,000/계약이고 유지증거금은 $11,200/계약 이다. 그 후 4일 동안 금가격이 $1,495, $1,490, $1,505 그리고 $1,515 이었다고 할 때, 4일 동안의 계좌의 증거금 잔액을 제시하고 4일 후의 이익이나 손실의 수준을 제시하라. 이 문제에서 마진콜을 받는 경우 계좌증거금을 개시증거금 수준까지 회복해야 한다고 가정하라.

13. 시장가조정(LO2, CFA2) 15개의 가솔린 선물계약를 매도하였을 때의 가격은 $2,085/갤론이었고 계약단위는 42,000갤론이다. 개시증거금은 계약당 $7,425이고 유지증거금은 계약당 $6,500이다. 그 이후 4일 동안 가솔린 가격은 $2,071, $2,099, $2,118, 그리고 $2.146이었다고 할 때 4일 동안의 계좌증거금 잔액을 제시하고 4일 후의 이익이나 손실의 수준을 제시하라. 이 문제에서 마진콜을 받는 경우 계좌증거금을 개시증거금 수준까지 회복해야 한다고 가정하라.

14. 선물계약의 이익(LO2, CFA2) 2016년 6월 20일 만기의 원유(crude oil) 선물계약을 $42.18에 매수하였다. 그림 14.1을 참고하여 당일 청산하는 경우의 이익을 구하라.

15. 선물계약의 이익(LO2, CFA2) 2016년 3월 15일 만기의 영국 파운드 선물계약을 당일 최고가에 매수하였다. 그림 14.1을 참고하여 당일 청산하는 경우의 이익을 구하라.

16. 주가지수 차익거래(LO3, CFA1) CAC−40 자수(프랑스 주가지수)가 4,920이고 배당수익률은 2%/연이고 무위험이자율은 연 6%라고 한다. 주가지수 선물계약이 6개월 후에 만기이고 현재 4,952에 거래되고 있다면 어떤 프로그램 트레이딩 전략을 추천하겠는가?

17. 교차헤지(LO4, CFA2) 중형주에 주로 투자하는 주식 뮤추얼펀드에 대해 3개월 동안 헤지하는 방안을 고민 중이다. S&P400 중형주지수와 관련을 고려한 뮤추얼펀드의 베타는 1.15이고 순자산 가치는 1억 7천5백만 달러이다. 중형주지수 선물계약을 매수해야 하는가? 매도해야 하는가? 중형주지수가 현재 1,450이고 계약단위는 500에 지수를 곱하여 계산한다. 교차헤지 전략을 추진하기 위해서 선물계약에 얼마의 포지션을 취해야 하는가?

18. 현물−선물 패러티(LO3, CFA3) 6개월 S&P500 선물계약의 가격이 2,281.55이고 현물가격은 2,270.42이다. 무위험이자율과 S&P500의 배당수익률 간의 차이는 얼마인가?

19. 현물−선물 패러티(LO3, CFA3) 6개월 S&P500 선물계약의 가격이 2,399.25이고 현물가격은 2,370.48이다. 무위험이자율이 5%일 때 S&P500의 배당수익률은 얼마인가?

20. 이자율 위험 헤지(LO4, CFA2) 듀레이션이 5.1년인 5억달러 채권 포트폴리오를 듀레이션이 6.7인 10년만기 미국 국채선물로 헤지하려고 한다. 선물가격은 102이고 만기가 3개월이며 계약단위는 $100,000일 때 얼마나 많은 선물계약이 필요한가? 어떤 포지션이 필요한가?

21. 이자율 위험 헤지(LO4, CFA2) 듀레이션이 8.4년인 4억달러 채권 포트폴리오를 듀레이션이 6.2인 10년만기 미국 국채선물로 헤지하려고 한다. 선물가격은 102이고 만기가 85일이며 계약단위는 $100,000일 때 얼마나 많은 선물계약이 필요한가? 어떤 포지션이 필요한가?

22. 선물계약 차익거래(LO3, CFA4) 배당을 지급하지 않는 주식의 가격이 $48.15이다. 이 주식의 선물계약이 만기가 5개월이고 가격이 $48.56이며 무위험이자율이 4%이다. 이러한 상황에서 차익거래로 인한 이익창출이 가능한가 설명하라. 주당이익은 얼마인가?

23. 선물계약 차익거래(LO3, CFA4) 주가가 $53.87이고 이 주식에 대한 선물계약의 가격은 $55.94이다. 무위험이자율이 5%이고 배당은 지급되지 않는다고 가정하라. 차익거래의 기회가 존재하는가? 어떻게 실현할 수 있는가? 주당 차익거래의 이익은 얼마인가?

CFA 관련 문제

[CFA2, CFA4, CFA5]

Jackson Inc. is a multinational company based in West Point, Mississippi, that makes freight cars. One-third of Jackson's sales occur in the Netherlands. To manufacture the cars, the firm must import approximately half of the raw materials from Canada.

Two months from now, Jackson plans to sell freight cars to a Dutch firm for €15 million. To protect the company from any adverse moves in exchange rates, Jackson enters into a €15 million futures contract due in 60 days. Jackson also enters into a 60-day futures contract to lock in C$8.5 million, which will be used to purchase steel from a supplier.

The current euro to U.S. dollar exchange rate is €0.79/$ while the Canadian dollar to U.S. dollar exchange rate is C$1.30/$. The 60-day euro to U.S. dollar rate is €0.80/$, while the Canadian dollar to U.S. dollar rate is C$1.33/$. At the end of the two months, the actual euro to U.S. dollar exchange rate is €0.90/$ and the actual Canadian dollar to U.S. dollar rate is C$1.20/$.

To help understand the relationships, Jackson's chief risk officer, Dr. Charles Miles, has put together the following table on hedging currency positions:

Currency Exposure	Position	Action
Receiving foreign currency	Long	Buy forward contracts
Paying foreign currency	Short	Sell forward contracts

1. When hedging its exchange rate risk on the freight car sale, Jackson used a futures contract to:

a. Sell €15 million in exchange for $18.75 million.

b. Buy €15 million in exchange for $18.75 million.

c. Sell €15 million in exchange for $16.67 million.

2. To hedge the foreign exchange risk relative to the Canadian dollar, Jackson should:

a. Buy a futures contract to exchange $7,083,333 for C$8.5 million.

b. Buy a futures contract to exchange $6,390,977 for C$8.5 million.

c. Sell a futures contract to exchange $6,390,977 for C$8.5 million.

3. In regard to the table that Dr. Miles constructed, which of the following is true?

a. The receiving foreign currency position is correct; the action is incorrect.

b. The receiving foreign currency position is incorrect; the action is also incorrect.

c. The paying foreign currency position is correct; the action is also correct.

CHAPTER 15

주식 옵션

'나는 옵션 부여에 반대하지 않는다. 회사는 현금 보너스, 하와이 여행, 제한된 주식 공여 또는 스톡옵션 등 직원들을 위한 다양한 보상 방안을 활용해야 한다.'

— 워렌버핏(Warren Buffett)

학습목표

다음 개념들을 통해 학문적이며 실무적인 이익을 창출할 수 있는 선택권, 즉, 옵션을 이해하라.

1. 옵션 계약의 기본 사항 및 옵션 가격 고시의 이해
2. 옵션의 수익과 손익의 이해
3. 기본적인 옵션거래전략들의 작동원리 이해
4. 풋-콜 패리티의 이해

옵션은 수세기 동안 투자자들을 매료시켜왔다. 옵션의 개념은 간단하다. 오늘 주식을 매입하는 대신 옵션 계약에 명시된 가격으로 추후 매입할 수 있는 권리를 매수하는 것이다. 반드시 옵션을 행사해야 하는 의무가 있는 것은 아니지만 유리할 때 권리를 행사하면 혜택을 받을 수 있다. 하지만, 당신이 잃을 수 있는 금액은 기껏해야(일반적으로 주식 가격의 일부인) 옵션의 가격에 불과하다. 괜찮아 보이지 않나?

주식옵션은 주식이 거래되는 시간에 자본시장에서 동시에 거래되어왔다. 그러나, 1973년 이전에는 그러하지 못했다. 시카고 옵션거래소(Chicago Board Options Exchange, CBOE)가 설립된 이후 옵션 거래는 자본시장의 중요한 부분

CFA 예제

1. 파생상품 시장과 상품(L1, S17)
2. 파생상품 가격결정의 기초(L1, S17)
3. 옵션시장과 계약(L2, S17)
4. 이자율 파생상품(L2, S17)
5. 옵션 거래전략을 이용한 위험관리(L3, S15)

을 차지하게 되었다. 다들 아는 바와 같이 그 이후 옵션 시장은 놀라운 정도로 성장하고 있다

옵션 시장의 주요한 성공 요인은 옵션 투자 전략을 설계할 때 투자자들에게 제공되는 엄청난 융통성 때문이다. 예를 들어, 옵션은 헤지(hedge) 전략을 통해 위험을 감소시킬 수도 있고 투기(speculation) 전략을 통해 위험을 증가시킬 수 있다. 결과적으로, 제대로 이해하고 활용만 한다면 보수적인 투자자와 공격적인 투자자 모두에게 옵션은 매력적인 투자자산이 될 수 있다.

이번 장에서는 옵션에 대해 전반적으로 논의하긴 하지만, 주된 초점은 주식을 기초자산으로 하는 옵션이다. 이어서 주식들의 포트폴리오인 주가지수를 기초자산으로 하는 옵션에 대해 논의한다. 이전 장들에서 다룬 옵션에 대한 여러 아이디어를 검토하면서 논의를 시작해보자.

15.1 주식 옵션

옵션의 기초

앞서 살펴본 바와 같이, 주식옵션의 가치는 기초자산인 주식의 가치에서 '파생'되기 때문에 주식 옵션은 파생상품(derivative security)의 일종이다. 예를 들어, IBM 주식을 매수하거나 매도할 수 있는 옵션의 가치는 IBM 주가로부터 파생된다. 그러나 특정 옵션의 가치와 주가 간의 관계는 옵션의 종류에 따라 다르다.

파생상품
가치가 다른 증권의 가치로부터 파생된 증권. 옵션은 파생상품의 일종

기본적으로 옵션의 종류에는 콜옵션(call options)과 풋옵션(put options) 두 가지가 있다. 콜옵션은 기초자산을 매입할 수 있는 권리이고 풋옵션은 매도할 수 있는 권리이다. 따라서 IBM 주식에 대한 콜옵션은 IBM 주식을 매입할 수 있는 옵션이며 IBM 주식에 대한 풋옵션은 IBM 주식을 매도할 수 있는 옵션이다. 보다 구체적으로, 주식에 대한 콜옵션은 옵션 만기일 이전에 사전에 정해진 가격으로 주식을 매입할 권리(의무가 아님)를 보유자에게 부여한다. 유사하게, 주식에 대한 풋옵션은 옵션 만기일 이전에 사전에 정해진 가격으로 주식을 매도할 권리(의무가 아님)를 보유자에게 부여한다. 사전에 정해진 가격은 행사가격(strike price)이라고 하며 옵션 계약 의무를 이행할 때 주식을 매매하는 가격이다.

콜옵션
보유자에게 주어진 행사가격으로 기초 자산을 매입할 권리(의무는 아님)를 부여함

풋옵션
보유자에게 주어진 행사가격으로 기초 자산을 매도할 권리(의무는 아님)를 부여함

행사가격
옵션이 행사되면 주식을 매입하면서(콜옵션의 경우) 지불하는 또는 주식을 매도하면서(풋옵션의 경우) 지급받는 옵션 계약 상 지정된 가격

옵션은(주식과 같은 증권과 달리) 두 당사자 간의 계약이며 거래 및 가격보고의 편의성을 높이기 위해 표준화되어 있다. 예를 들면, 표준화된 주식 옵션은 옵션

1계약 당 주식 100주를 거래하도록 설계될 수 있다. 즉, 하나의 콜옵션 계약에는 주식 100주를 매입할 수 있는 권리가 포함되어 있고 하나의 풋옵션 계약에는 주식 100주를 팔 수 있는 권리가 포함됨을 의미한다.

옵션은 계약이므로 주식옵션을 이해하려면 특정 계약 조건들을 이해해야 한다. 일반적으로 주식 옵션은 적어도 다음 6가지 계약 조건을 규정해야 한다.

1. 기초자산인 주식
2. 행사가격
3. 옵션계약단위
4. 만기일
5. 옵션 행사 방식
6. 기초자산의 인도 또는 결제 절차

첫째, 주식 옵션은 계약의 기초자산이 어떤 주식인지 명확하게 정의되어야 한다. 이러한 점이 혼돈을 불러 일으킬 가능성은 없어 보일 수도 있지만, 금융 거래에서 '명백한' 한 가지 사실은 거래의 모든 세부 내역이 관련 당사자들에 의해 모호하지 않고 분명하게 합의되는 것이 중요하다는 것이다.

둘째, 옵션의 행사가격이 사전에 정해져야 한다. 행사가격은 옵션 보유자가 권리를 행사하는 경우 지불(콜옵션의 경우)하거나 지급(풋옵션의 경우)받는 금액이기 때문에 행사가격은 매우 중요하다.

셋째, 계약의 표준화된 규격이 명시되어야 한다. 앞서 언급했듯이 주식옵션의 표준계약 단위는 1계약 당 100주이다.

넷째, 옵션 만기일. 만기일 이후에는 옵션을 행사할 수 없다. 만일 옵션이 행사되지 않고 만기일이 경과했을 경우 옵션은 아무런 가치도 지니지 못한다.

다섯째, 옵션의 권리 행사 방식으로 이는 옵션을 행사할 수 있는 시기를 의미한다. 기본적인 옵션 행사 방식에는 미국형과 유럽형 두 가지가 있다. 미국형 옵션(American options)은 옵션 만기일 이전 언제든지 권리를 행사할 수 있지만 유럽형 옵션(European options)은 만기일에만 권리를 행사할 수 있다. 개별 주식에 대한 옵션은 일반적으로 미국형 옵션이며 주가지수 옵션은 일반적으로 유럽형 옵션이다.

미국형 옵션
만기 전 언제든지 권리를 행사할 수 있는 옵션.

유럽형 옵션
오직 만기시점에만 권리를 행사할 수 있는 옵션.

마지막으로, 주식 옵션이 행사될 경우에 정산 절차가 완료된다. 주식 옵션의 경우, 표준화된 결제는 옵션 보유자가 권리 행사를 통지한 후 정해진 영업일 이내에 기초자산인 주식을 인도해야 한다.

주식 옵션은 일반적인 주식이 거래되는 방식과 유사한 방법으로 자본시장에서 거래된다. 예를 들어, 거래소의 공식화된 옵션시장도 있고 장외(OTC) 시장도 있다. 미국의 가장 큰 규모의 주식 옵션 거래소는 시카고 옵션거래소(CBOE)이다.

옵션 가격 고시

주식 옵션 가격은 옵션거래가 이루어지는 거래소 웹 사이트에서 제공된다. 예를 들어, 그림 15.1은 시카고 옵션 거래소(www.cboe.com) 웹 사이트의 페이지 일부를 재가공한 것으로 인텔 주가를 기초자산으로 하는 주식 옵션 가격이 고시되고 있다.

그림 15.1의 인텔 옵션의 경우처럼 옵션은 만기일 별로 구분되어 있다. 본 그림에서는 여러 인텔 옵션 중 일부분만을 예로서 제공하고 있다. 거래소는 표준화된 옵션 계약을 매월 새롭게 발행하고 있음을 알 수 있다. 이러한 소위 월간(monthly) 옵션은 만기월의 세 번째 금요일이 만기일이다. 그림 15.1의 인텔 옵션의 경우 11월 20일이 만기일인 표준 계약을 보여주고 있다.

최근에는 주간(weekly) 옵션이 널리 보급되고 있다. 규정에 따라, 주간 옵션은 목요일에 발행되고 다음 금요일(또는 만기 지정된 주 금요일)이 만기이다. 예외적으로, 월간 옵션이 만기가 되는 주에는 주간 옵션이 발행되지 않는다. 이 경우 주간 옵션을 발행할 필요가 없기 때문이다. 기존 월간 옵션이 만기일까지 1주일 남았기 때문이다.

월간 옵션과 주간 옵션의 유일한 차이는 만기일까지의 기간, 즉 잔존만기이다. 이외의 다른 특징들은 모두 동일하다. 주간 옵션은 단기간에만 사용될 수 있다. 6개월간의 옵션 포지션을 유지하기 원하는 투자자들에게 이용가능한 계약은 표준적인 월간 옵션 계약이다. 이 경우 이용 가능한 유일한 만기일은 지정된 달의 세

그림 15.1

상장된 옵션 계약의 가격 고시

Source: www.cboe.com. Accessed November 11, 2015.

INTC(INTEL CORP) Options Chain Exchange: CBOE Options Range: Near the Money Expiration: 2015 November View Chain

Nov 11, 2015 @ 11:01 ET Bid: 33.20 Ask: 33.21 Size: 52x39 Vol: 3922201 Last 33.2075 Change -0.0025

Calls — NOVEMBER 2015 (EXPIRATION: 11/13)

Strike	Last	Net	Bid	Ask	Vol	Int
INTC1513K32.5-E	0.80	0.0	0.76	0.79	0	79
INTC1513K33-E	0.44	+0.03	0.38	0.40	3	875
INTC1513K33.5-E	0.15	-0.02	0.13	0.15	50	3204
INTC1513K34-E	0.06	+0.01	0.03	0.05	12	4046

Puts — NOVEMBER 2015 (EXPIRATION: 11/13)

Strike	Last	Net	Bid	Ask	Vol	Int
INTC1513W32.5-E	0.09	-0.11	0.07	0.09	25	2862
INTC1513W33-E	0.19	-0.08	0.18	0.20	36	3278
INTC1513W33.5-E	0.46	-0.08	0.43	0.46	5	3046
INTC1513W34-E	0.98	0.0	0.81	0.86	0	1106

Calls — NOVEMBER 2015 (EXPIRATION: 11/20)

Strike	Last	Net	Bid	Ask	Vol	Int
INTC1520K32.5-E	1.09	+0.01	1.08	1.11	6	144
INTC1520K33-E	0.88	+0.14	0.75	0.78	10	15513
INTC1520K33.5-E	0.52	0.0	0.49	0.51	81	4782
INTC1520K34-E	0.32	+0.01	0.30	0.32	19	13281

Puts — NOVEMBER 2015 (EXPIRATION: 11/20)

Strike	Last	Net	Bid	Ask	Vol	Int
INTC1520W32.5-E	0.39	-0.04	0.39	0.41	1	6447
INTC1520W33-E	0.57	-0.01	0.56	0.58	13	24386
INTC1520W33.5-E	0.82	0.0	0.79	0.83	50	14947
INTC1520W34-E	1.10	0.0	1.09	1.15	0	6003

번째 금요일이다.

그림 15.1로 돌아가서, 처음 3가지 계약 조건인 기초자산인 주식, 행사가격, 만기일은 계약 기간 동안 변경되지 않는다. 주식옵션의 가격은 부분적으로 주가에 달려 있기 때문에 옵션 가격은 주가에 따라 변한다.

콜옵션과 풋옵션의 현재 가격은 그림 15.1의 'Last' 열에 나타난다. 또한 이와 함께 거래자의 옵션 매수 또는 매도 여부에 관련된 최우선 매수(bid), 매도(offer) 호가를 함께 제공하고 있다. 호가와 옵션 가격은 한 주 기준으로 명시되어 있지만 옵션 계약의 실제 가격은 주당 가격의 100배이다. 이는 각 옵션 계약이 주식 100주에 대한 권리이기 때문이다. 가격 고시의 마지막 두 열은 각 계약의 해당일에 총거래량과 미결제된 약정 수량(open interest)을 의미한다.

확인 사항

15.1a 콜옵션과 풋옵션은 각각 무엇인가?

15.1b 옵션 계약에 명시해야 하는 6가지 기본 계약 조건은 무엇인가?

15.2 옵션 청산 회사

지역 자동차 딜러를 통해 새 차를 주문하고 $2,000 예치금을 지불했다고 가정하자. 그러나, 2주 후에 그 딜러의 파산 소식을 알게 되었다. 의심의 여지없이, 당신은 $2,000 보증금을 잃게 되었다는 사실에 상당히 화가 날 것이다.

이제 옵션 중개인을 통해 $2,000를 지불하고 콜옵션을 매입하는 유사한 상황을 상상해보자. 만기일 전날 옵션 계약으로부터 $5,000의 수익을 얻을 수 있음을 확인하고 옵션 중개인에게 옵션을 행사하라고 지시한다. 그런데 며칠 후 옵션 중개인이 콜옵션 매도자가 파산 절차에 돌입했으며 $2,000의 콜 프리미엄과 함께 $5,000의 수익까지도 모두 받을 수 없게 되었다는 사실을 알려주었다. 역시나 의심의 여지없이 이러한 결과는 당신을 무척이나 화나게 할 것이다. 그러나, 만일 당신이 공식 옵션 거래소에서 옵션 거래를 한 경우 이러한 상황은 절대로 발생할 수 없다. 거래소는 효과적으로 거래 상대방 위험(counterparty risk)을 제거한다.

공식 옵션 거래소에서 거래하는 옵션 거래자에게는 중요한 동업자가 있다. 1973년에 설립된 옵션 청산 회사(Option Clearing Corporation, OCC)는 BATS 옵션 시장, 시카고 옵션거래소(CBOE), 국제증권거래소, NYSE Arca 및 나스닥 옵션 시장

옵션 청산 회사
옵션이 행사되는 경우 옵션 계약 조건의 이행을 보장하는 사설 기관. 미국 거래소에서 거래되는 모든 옵션 계약을 발행하고 청산함.

등의 결제 대행 기관이다.

일단 옵션 거래가 옵션 거래소에서 이루어지면 옵션 청산 회사가 개입하여 거래의 양 당사자가 된다. 즉, 옵션 매입자는 옵션 청산 회사로부터 옵션을 매입하고 매도자는 OCC에게 옵션을 매도하게 된다. 이 방법을 통해, 옵션 투자자는 거래 상대방의 계약 불이행 위험으로부터 자유롭게 된다. 각각의 옵션 거래자들은 거래 상대방으로 옵션 청산 회사만을 찾으면 되는 것이다.

대부분의 옵션 투자자들은 옵션 청산 회사의 존재를 알지 못하는데 옵션 거래소에서는 거래소 회원사들 간에만 직접 거래를 할 수 있기 때문이다. 미국 옵션 거래소에서 거래되는 모든 옵션 계약은 옵션 청산 회사에 의해 발행, 보증, 청산되고 중개 회사는 단순히 투자자와 OCC 간의 중개자 역할을 하는 것뿐이다.

옵션 청산 회사는 '청산 회원'이라고 불리는 중개 회사들로 구성된 대리회사이며 OCC의 청산 회원들은 대규모의 미국 증권회사, 자산운용사, 선물 회사 및 미국 외 증권 회사 100개 이상으로 구성되어 있다. 모든 거래의 성과를 보장하기 위해 옵션 청산 회사는 청산 회원들로부터 자본금을 출연받는다. 기존의 자본금이 충분하지 않다는 사실이 확인되면 옵션 청산 회사는 청산회원들로부터 추가 자금을 인출할 수 있기 때문에 이러한 구조는 옵션 시장의 신뢰성을 보장하고 있다.

옵션 청산 회사는 옵션 시장에 상장된 주식 옵션을 위한 결제회사로 시작되었지만 오늘날에는 많은 다른 파생상품들의 결제까지도 담당하고 있다. 이에 따라 옵션 청산 회사는 증권거래위원회(Securities and Exchanges Commissions, SEC)와 상품 선물 거래위원회(Commodities Futures Trading Commission, CFTC)에 의해 규제를 받는다. 옵션 청산 회사는 증권거래위원회의 감독 하에 개별 주식, 주가지수, 통화 및 개별 주식 선물에 대한 콜/풋옵션 거래의 청산을 담당하고 있으며 또한 옵션 청산 회사는 상품 선물 거래위원회(CFTC) 감독 하에 선물계약 및 선물계약을 기초자산으로 하는 옵션계약의 청산을 담당하고 있다.

옵션 청산 회사는 또한 옵션산업협의회(Options Industry Council: OIC)를 후원한다. 1992년에 설립된 옵션산업협의회는 투자자들에게 주식 옵션의 이점과 위험에 대해 교육하고 있다. 옵션산업협의회는 매년 수백 개의 세미나 및 웹 캐스트를 진행하고 있으며 수천 개의 대화형 CD 및 브로셔를 배포한다. 옵션과 관련된 광범위한 내용을 담고 있는 옵션산업협의회의 단독 웹 사이트가 존재하며 옵션 교육과 관련된 메뉴도 참고하기 바란다.

확인 사항

15.2a 옵션 청산 회사를 구성하고 있는 회사들은 누구인가? 옵션 청산 회사를 규제하고 있는 기관은?

15.2b 옵션 청산 회사는 옵션 거래자를 어떻게 보호하는가?

15.2c 옵션산업협의회는 무엇이며 어떤 기능을 하는가?

15.3 왜 옵션인가?

주식시장의 투자자로서 물을 수 있는 기본적인 질문은: '주식을 직접 사는 대신 주식 옵션에 투자하는 이유는 무엇인가?'이다. 좋은 질문이다! 이를 제대로 이해하려면 두 가지 투자 전략의 결과를 비교하는 것이다. 첫 번째 투자 전략은 단순히 주식을 매입하는 것이고 두 번째 전략은 만기 전에 언제든지 주식을 살 수 있는 콜옵션을 매입하는 것이다.

예를 들어, $19,000를 투자하여 3M(MMM) 주식 100주를 주당 $190에 매입한다고 가정하자. 이후 주가가 상승할 수도 있고 하락할 수도 있고 그대로 동일할 수도 있다. 주가가 오르면 돈을 벌 수 있고 반대로 주가가 떨어지면, 돈을 잃게 된다. 물론, 주가가 동일하다면, 이익도 손실도 보지 않게 된다.

이제 옵션 가격이 $5이고 $190의 행사가격, 3개월의 잔존만기를 가진 콜옵션을 매수하는 대체 전략을 고려해보자. 옵션 표준 계약 크기가 1계약 당 100주이므로 계약 가격은 $500이다. 이 전략에 대해 알아야 할 첫 번째 사항은 $500를 투자했기 때문에 최대 손실 금액은 $500에 불과하다는 점이다.

방금 설명한 두 가지 투자전략의 성과를 비교하기 위해 옵션 만기 월의 세 번째 금요일에 거래가 종료될 때 3M의 주가에 대한 세 가지 가능한 시나리오를 검토해보자. 사례 1에서 주가는 $200까지 상승하고 사례 2에서 주가는 $180로 하락한다. 사례 3에서 주가는 $190로 동일하게 유지된다.

> 사례 1: 주가가 $200까지 상승하고 당신이 원래 주당 $190으로 100주를 매입했다면 손익은 100×($200−$190)=$1,000이다. 원래 투자 금액인 $19,000에 대한 비율로 표시하면 $1,000/$19,000=5.26%의 투자수익률을 나타낸다.
> 대신에 콜옵션을 매수한 경우 옵션을 행사하고 $190의 행사 가격으로 100주의 주식을 매입할 수 있으며 $200의 시장 가격으로 주식을 매도할 수 있다. 옵

션 계약의 원가를 계산한 후 손익은 100×($200−$190)−$500=$500이다. 최초 투자액인 $500에 대한 비율로 표시하면 $500/$500=100%의 투자수익률을 나타낸다.

사례 2: 주가가 $180로 하락하고 원래 주당 $190로 100주를 매입했다면 손실은 100×($180−$190)=−$1,000이다. 원래 투자금액 대비 비율로 표시하면 −$1,000/$19,000=−5.26%의 투자수익률을 나타낸다.
대신에 콜옵션을 매수한 경우 옵션은 행사되지 않으며 아무런 가치도 갖지 못한 채 만기가 도래하게 된다. 그렇게 되면 옵션에 대한 $500 투자금액 전부가 손실이 되며 수익률은 −100%이다.

사례 3: 주가가 $190로 동일하고 원래 100주를 매입했다면, 수익률은 0%이다. 그러나, 콜옵션을 매수한 경우 옵션은 행사되지 않은 채 만기를 맞이할 것이며 다시 한번, 전체 투자금액 $500를 잃게 된다.

위 세 가지 사례에서 확인할 수 있듯이 두 가지 투자 전략의 결과는 이후 주가 변동에 따라 크게 달라진다. 어떤 전략이 더 나은지는 각 개별 투자자가 자신의 판단 하에 결정할 문제이다. 중요한 점은 옵션이 투자 전략을 수립하기 위한 대체 수단으로서 역할을 한다는 사실이다.

예제 15.1

주식수익률

주당 $50로 주식 100주를 매입했다고 가정하자. 주가가 주당 $60로 상승하면 투자수익률은 얼마인가? 주가가 주당 $40로 하락하면 투자수익률은 얼마인가?

주가가 주당 $60가 되면 투자수익률은 $10/$50=20%이다. $40로 하락하면 −$10/$50=−20%이다.

예제 15.2

콜옵션 수익률 I

예제 15.1에서 $200로 한 계약의 콜옵션을 매수한다고 가정하자. 옵션의 행사가격은 $50이다. 옵션 만기일 직전 주가가 $60라면 옵션을 행사해야 하는가? 이 옵션을 행사할 경우 투자수익률은 얼마인가? 이 옵션을 행사하지 않으면 투자수익률은 얼마인가?

주가가 $60라면 반드시 옵션을 행사해야 한다. 옵션 행사를 통해 주당 $10, 즉 $1,000의 손익을 얻게 된다. 이때 옵션의 원래 매수가격 $200를 공제하면 순이익은 $800이다. 투자수익률은 $800/$200=400%이다. 만일 옵션을 행사하지 않으면 손실액이 $200가 되므로 투자수익률은 −100%이다.

예제 15.3

콜옵션 수익률 II

예제 15.2에서 옵션 만기일 직전 주가가 $40이면 옵션을 행사해야 하는가? 이 옵션을 행사할 경우 투자수익률은 얼마인가? 이 옵션을 행사하지 않으면 투자수익률은 얼마인가?

주가가 $40라면 콜옵션 행사로 인해 주당 $50를 지불하고 주식을 매입하게 되므로 옵션을 행사하면 안된다. 만일 옵션을 행사했다면 주당 $10, 즉 $1,000에 옵션 투자금액 $200를 더해 $1,200를 잃게 된다. 이는 −$1,200/$200=−600% 수익률에 해당한다! 옵션을 행사하지 않았다면 초기 투자금액 $200를 잃어 투자수익률은 −100%이다.

물론 풋옵션 매수로부터의 투자수익률도 계산할 수 있다. 주가가 하락하면 이 전략으로 수익을 창출할 수 있다. 그래서, $0.50에 $20의 행사가격을 지닌 풋옵션을 매수한다고 가정하자. 주가가 $18일 때 풋옵션을 행사한다면, 투자수익률은 얼마인가?

주가가 $18일때 $20의 행사가격에 매도할 수 있기 때문에 주당 $2를 벌 수 있다. 풋옵션 매수 금액은 $50이므로 순이익은 $200−$50=$150가 된다. 최초 투자금액인 $50의 비율로 표시하면 투자수익률은 $150/$50=300%이다.

확인 사항

15.3a 주가가 $10인 주식 100주를 매수하여 $12에 매도하면 투자수익률은 얼마인가?

15.3b $100로 행사가격이 $10인 콜옵션을 한 계약 매수하고 주가가 $12로 상승했을 때 옵션을 행사했다면 투자수익율은 얼마인가?

15.4 주가지수 옵션

시카고 옵션 거래소(CBOE)에서 주식옵션 거래가 엄청난 성공을 거둔데 이어 투자자 및 포트폴리오 관리자에게 제공할 새로운 금융 상품을 모색했다. 1982년에 시카고 옵션거래소가 당시에 대표적인 새로운 유형의 옵션 계약 상품이었던 주가지수 옵션을 출시했다.

주가지수 옵션: 특징과 결제방법

주가지수 옵션(stock index option)은 주가지수를 기초자산으로 하는 옵션이다. 첫 번째 주가지수 옵션은 미국 산업을 대표하는 대기업 100개 사의 S&P 지수를 기초

주가지수 옵션
주가지수를 기초자산으로 하는 옵션. 가장 인기있는 주가지수 옵션은 S&P 100 지수, S&P 500 지수, 다우존스 산업 평균지수를 기초자산으로 하는 옵션이다.

자산으로 하는 계약이었다. 이 지수는 간단히 'S&P 100'이라고 한다. S&P 100 지수 옵션은 OEX로 표시되며 'OEX 옵션'이라고 불린다. 시카고 옵션 거래소에 도입된 두 번째 주가지수 옵션은 S&P 500 지수 옵션이고 SPX로 표시되며 'SPX 옵션'이라고도 불린다. 1997년 시카고 옵션 거래소는 DJX로 표시되는 다우존스 산업평균지수(DJIA)를 기초자산으로 하는 옵션 또한 출시하였다.

기초 자산인 주가지수가 다르다는 점을 제외하고 SPX, DJX, OEX 계약의 주요 차이점은 OEX 옵션이 미국형 옵션인 반면 SPX와 DJX 옵션은 유럽형 옵션이다. 시카고 옵션 거래소는 또한 S&P 100 지수를 기초자산으로 하는 유럽형 옵션인 'XEO 옵션'을 출시하였다. 미국형 옵션은 만기일 이전에 언제든지 행사할 수 있는 반면 유럽형 옵션은 오로지 만기일에만 권리를 행사할 수 있다.

현금 결제 옵션
옵션 행사 시 옵션 발행자로부터 옵션 보유자에게 현금이 지불되어 정산되는 옵션.

주가지수 옵션을 도입하기 전에 거래소에서 고민해야 했던 중요한 사항은 주가지수 옵션이 행사될 때 어떻게 기초자산의 인수도를 처리할 것인가 하는 점이었다. 거래소 관계자는 주가지수를 구성하는 주식의 개수 때문에 실물 인도를 통한 결제가 분명히 비현실적이라는 것을 알고 있었다. 주가지수 옵션에는 현금 결제 방식이 채택되었다. 이러한 이유로 모든 주가지수 옵션은 현금 결제 옵션(cash-settled options)이다. 주가지수 옵션이 행사될 때 현금 결제 방식이 적용되면 옵션 매도자는 옵션 행사일에 주가지수와 옵션의 행사가격의 차이에 따라 옵션 매수자에게 현금을 지급한다. 예를 들어, 행사가격이 $1,520인 OEX 콜옵션을 매수하고 행사 당일 S&P 100 지수가 $1,540이었다고 가정하자. 주가지수와 행사가격의 차이는 $1,540−$1,520=$20이다. OEX 옵션의 계약 규모가 S&P 100 지수의 100배이기 때문에 옵션 매도자는 옵션을 행사하는 옵션 매수자에게 100×$20=$2,000를 지급해야 한다.

위의 예에서 OEX 옵션의 계약 규모는 S&P 100 지수의 100배로 명시되었다. 실제로 거의 모든 표준화된 주가지수 옵션의 계약 규모는 기초 지수의 100배이다. 따라서 주가지수 옵션의 실제 가격은 주가지수 수준으로 표시된 가격의 100배이다. 이 규칙에는 몇 가지 예외가 있기는 하다. 예를 들어, CBOE는 표준 지수옵션 크기의 10분의 1에 해당하는 크기의 소위 '미니' 주가지수 옵션을 제공한다. 미니 주가지수 옵션은 일부 개인 투자자들의 관심을 끄는 데에는 성공했지만 모든 주가지수 옵션 거래 중 극히 일부분만을 차지한다.

주가지수 옵션 가격 고시

개별 주식 옵션과 마찬가지로 주가지수 옵션에 대한 가격 고시 정보는 온라인에서

SPX(S&P 500 INDEX) Options Chain

Exchange: CBOE Options Range: Near the Money Expiration: 2015 December View Chain

Nov 11, 2015 @ 12:16 ET Last 2081.64 Change -0.08

Calls — DECEMBER 2015 (EXPIRATION: 12/04)

Strike	Last	Net	Bid	Ask	Vol	Int
SPXW1504L2075-E	27.57	-2.33	28.80	29.50	10	6386
SPXW1504L2080-E	26.00	-1.00	25.70	26.40	83	2276
SPXW1504L2085-E	22.55	-1.55	22.80	23.60	13	5968
SPXW1504L2090-E	19.08	-1.92	20.10	20.70	12	2502

Puts — DECEMBER 2015 (EXPIRATION: 12/04)

Strike	Last	Net	Bid	Ask	Vol	Int
SPXW1504X2075-E	27.40	+1.40	25.70	26.60	12	3149
SPXW1504X2080-E	29.88	-0.12	27.60	28.50	79	424
SPXW1504X2085-E	31.05	0.0	29.60	30.60	0	93
SPXW1504X2090-E	37.30	0.0	31.90	32.90	0	373

Calls — DECEMBER 2015 (EXPIRATION: 12/11)

Strike	Last	Net	Bid	Ask	Vol	Int
SPXW1511L2075-E	31.30	-2.00	32.40	33.40	9	5309
SPXW1511L2080-E	27.40	-1.60	29.40	30.20	15	869
SPXW1511L2085-E	29.40	+2.10	26.50	27.30	14	11293
SPXW1511L2090-E	23.45	+0.10	23.80	24.40	38	14407

Puts — DECEMBER 2015 (EXPIRATION: 12/11)

Strike	Last	Net	Bid	Ask	Vol	Int
SPXW1511X2075-E	29.30	-1.55	30.00	31.10	29	4560
SPXW1511X2080-E	33.68	+0.93	32.10	32.90	38	1696
SPXW1511X2085-E	32.20	-5.70	34.20	35.00	14	1234
SPXW1511X2090-E	38.30	+1.40	36.40	37.30	10	1276

그림 15.2

S&P 500 지수옵션 가격 고시

Source: www.cboe.com. Accessed November 11, 2015.

즉시 이용할 수 있다. 정보를 찾고 해석하는 과정은 비슷하다. 사실 그림 15.2와 그림 15.1을 비교하면 알 수 있듯이 두 그림 사이에는 차이가 없다. 가격 및 호가는 동일한 방식으로 형식이 지정되며 동일한 정보를 제공하고 있다.

예제 15.4

주가지수 옵션

2090년 11월물 SPX 콜옵션 10계약을 \$5로 매수했다고 가정하자. 총 얼마를 지불해야 하는가? 옵션 만기일에 S&P 500이 2,100에 있다고 가정하자. 얼마를 받을 수 있는가? 그렇다면 손익은 얼마인가?

SPX 계약당 가격은 시세의 100배이다. 10건의 계약을 매입했으므로 옵션 프리미엄으로 총 \$5×100×10=\$5,000를 지불해야 한다. 만기 시 S&P 500이 2,100일 경우 계약당 \$100×(2100−2090)=\$1,000, 즉 총액 \$10,000를 수취할 수 있다. 주가지수 옵션은 현금 결제를 특징으로 하기 때문에 \$10,000는 현금으로 지급된다. 최종 손익은 콜옵션 매수 대금을 제외하고 \$5,000이 된다.

확인 사항

15.4a 기초자산 이외에 일반 주식 옵션과 주가지수 옵션의 주요 차이점은 무엇인가?

15.4b 기초자산 이외에 OEX와 SPX 옵션 계약의 주요 차이점은 무엇인가?

15.5 옵션 내재가치와 '가격도'

옵션의 수익(payoff)과 손익(profit)의 개념을 이해하려면 옵션 가치와 관련된 몇 가지 중요한 개념을 알아야한다. 첫 번째 중요한 개념은 내재가치(intrinsic value)이

내재가치
기초 주가가 현재 가격에서 변하지 않는다고 가정할 때 옵션 보유자의 수익.

다. 옵션의 내재가치는 옵션이 즉시 행사되는 경우의 가치를 의미한다. 즉, 옵션의 내재가치란 옵션의 기초자산인 주가가 현재 값에서 변하지 않을 때의 옵션 매수자의 수익이다.

옵션의 내재가치의 계산은 간단하다. 콜옵션/풋옵션 여부, 옵션의 행사가격 및 기초자산인 주가만 알면 된다.

옵션의 만기 전/후에 관계없이 언제든지 옵션의 내재가치를 계산할 수 있다. 쉬운 이해를 위해 옵션 만기일 직전을 예제로 제시한 후 내재가치 계산을 위해 언제든지 활용가능한 식을 제시한다.

콜옵션의 내재가치

콜옵션의 내재가치를 계산하는 첫 번째 단계는 주가를 행사가격과 비교하는 것이다. 콜옵션 계약의 행사가격이 $50이고 주가가 $45라고 가정하자. 또한 옵션 만기까지 불과 몇 분 밖에 남지 않았다고 가정하자. 주가가 $45이고 행사 가격이 $50인 콜옵션은 가치는 0이다. $45에 매수할 수 있는 주식을 $50로 매수할 리가 있는가? 이 경우 콜옵션의 가치는 0이다.

주가가 $55라고 가정해보자. $50의 행사가격을 지닌 콜옵션이 만기까지 단 몇 분만 남았다면, $5의 가치를 지닌다. 왜? 이 옵션은 모든 투자자들이 시장에서 주식 매수를 위해 $55를 지불해야하는 경우에도 옵션 소유자에게 $50에 주식을 매입할 권리를 부여하기 때문이다.

이제 아직 만기가 도래하지 않은 콜옵션을 살펴보자. 주가가 행사가격보다 낮다면 콜옵션의 내재가치는 0이다. 그러나 주가 S가 행사가격 K보다 크다면, 콜옵션의 내재 가치는 S−K가 된다. 식 (15.1)은 콜옵션의 내재가치를 계산하는 방법을 보여주고 있다.

$$\text{콜옵션 내재가치} = \text{MAX}(S - K, 0) \tag{15.1}$$

식 (15.1)에서 MAX는 최대값을 나타내고 쉼표는 '또는'을 의미한다. 다음과 같이 식 (15.1)을 해석할 수 있다. 콜옵션 내재가치(call option intrinsic value)는 주가에서 행사가격을 뺀 값 또는 0의 최대값이다.

콜옵션 내재가치
(a) 주가에서 행사가격을 뺀 값 또는 (b) 0의 최대값.

우리는 콜옵션 투자자들이 합리적이고 내재가치가 양수인 콜옵션만을 행사한다고 가정한다. 콜옵션의 경우, 합리적인 권리 행사는 콜옵션 보유자가 현재 시장 가격보다 작은 금액으로 주식을 매수할 수 있음을 의미한다.

풋옵션의 내재가치

풋옵션의 내재가치를 계산하는 첫 번째 단계는 주가를 행사가격과 비교하는 것이다. 풋옵션 계약의 행사가격이 $50이고 주가가 $55라고 가정하자. 또한 옵션 만기까지 불과 몇 분 밖에 남지 않았다고 가정하자. 주가가 $55이고 행사가격이 $50인 풋옵션은 가치는 0이다. $55에 매도할 수 있는 주식을 $50로 매도 할리가 있는가? 이 경우 풋옵션의 가치는 0이다.

주가가 $45라고 가정해보자. $50의 행사가격을 지닌 풋옵션이 만기까지 단 몇 분만 남았다면, $5의 가치를 지닌다. 왜? 이 옵션은 모든 투자자가 시장에서 $45로 주식을 매도할 수 있을 때 옵션 소유자에게 $50에 매도할 권리를 부여하기 때문이다.

이제 아직 만기가 도래하지 않은 풋옵션을 살펴보자. 주가가 행사가격보다 높다면 풋옵션의 내재가치는 0이다. 그러나 주가 S가 행사가격 K보다 작다면, 풋옵션의 내재가치는 K−S가 된다. 식 (15.2)는 풋옵션의 내재 가치를 계산하는 방법을 보여주고 있다.

$$\text{풋옵션 내재가치} = \text{MAX}(K - S, 0) \tag{15.2}$$

식 (15.2)에서 MAX는 최대값을 나타내고 쉼표는 '또는'을 의미한다. 다음과 같이 식 (15.2)을 해석할 수 있다. 풋옵션 내재가치(put option intrinsic value)는 행사가격에서 주가를 뺀 값 또는 0의 최대값이다.

풋옵션 내재가치
(a) 행사가격에서 주가를 뺀 값 또는 (b) 0의 최대값.

우리는 풋옵션 투자자들이 합리적이며 내재 가치가 양수인 풋옵션만을 행사한다고 가정한다. 풋옵션의 경우, 합리적인 권리 행사는 풋옵션 보유자가 현재 시장가격보다 큰 금액으로 주식을 매도할 수 있음을 의미한다.

시간가치

지금까지 옵션의 내재가치를 계산하는 방법을 학습했다. 내재가치는 옵션을 행사하는 것이 합리적인 경우 투자자가 지급받는 금액이라고 생각할 수 있다. 그러나, 합리적 선택이 반드시 현명한 선택은 아니다. 예를 들어, 대부분의 경우에는 옵션의 시장가격이 내재가치보다 크기 때문에 투자자는 옵션을 행사하는 것보다 옵션을 매도하는 것이 더 나을 것이다.

옵션의 시장가격과 옵션의 내재가치의 차이를 옵션의 시간가치(option time value)라고 한다. 만기일에 옵션의 시간가치는 0이다. 만기 전에 미국형 옵션의 시간가치는 0보다 항상 크다. 미국형 옵션은 만기 전에 언제든지 권리를 행사할 수 있기 때

옵션의 시간가치
옵션의 가격과 내재가치의 차이.

문에 시장의 차익거래자들은 이러한 옵션의 시장가격이 최소한 내재가치 이상이 되도록 만든다. 그러나 유럽형 옵션의 경우에는 심내가격(deep in-the-money) 풋옵션의 시장가격은 내재가치보다 작을 수도 있다.

투자자가 옵션을 행사하는 이유에 대한 논의는 일반적으로 파생상품 관련 과목에서 다루는 주제이다. 시간 가치를 포함하여 옵션 가격을 계산하는 방법은 이 책의 다음 장의 주제이다.

내재가치에 관한 세 가지 교훈

내재 가치에 관한 세 가지 중요한 교훈이 있다. 첫째, 투자자는 옵션이 '만기가 도래했는지' 또는 '만기 전인지' 여부에 관계없이 내재가치를 계산할 수 있다. 둘째, 만기일 옵션의 가치는 만기일에는 시간가치가 없으므로 옵션의 내재가치와 동일하다. 셋째, 만기 전 옵션의 가치는 내재가치와 시간가치의 합이다.

쇼미 더 머니

내가격 옵션
양의 내재가치를 갖는 옵션.

등가격 옵션
행사가격이 기초자산 가격과 정확히 일치하는 옵션.

외가격 옵션
만기까지 주가가 변하지 않았다면 양의 손익을 내지 않는 옵션.

옵션 투자자들은 옵션의 내재가치를 정의할 수 있는 쉬운 방식을 제시하고 있다. 이와 관련한 세 가지 중요한 용어는 내가격(in-the-money) 옵션, 등가격(at-the-money) 옵션, 외가격(out-of-the-money) 옵션이다.

본질적으로, 내가격 옵션은 콜옵션 또는 풋옵션이 양의 내재가치를 지님을 의미한다. 등가격 콜옵션 또는 풋옵션의 경우, 행사가격은 주가와 정확히 일치한다. 외가격 콜옵션의 경우, 주가는 행사가격보다 낮고 외가격 풋옵션의 경우 행사가격이 주가보다 낮다. 외가격 옵션의 행사는 투자자에게 수익을 제공하지 않는다.

일단 '가격도(moneyness)'와 내재가치의 용어에 집중하면 쉽게 이해할 수 있다. 예제 15.5에서 15.10까지는 몇 가지 사례를 제공한다. 또한 아래 그림에는 내가격, 외가격, 등가격 콜옵션/풋옵션의 주가, 행사가격과의 관계를 요약하고 있다.

	내가격	외가격	등가격
콜옵션	$S > K$	$S < K$	$S = K$
풋옵션	$S < K$	$S > K$	$S = K$

예제 15.5

내가격 콜옵션

월마트(WMT) 주식은 현재 주당 $55이다. $50($50이 행사가격)로 WMT 주식을 매수할 수 있는 콜옵션을 살펴보자. 주가가 행사가격보다 크기 때문에 콜옵션이 즉시 행사되면 $5=$55−$50의 수익이 발생한다. 즉시 옵션이 행사되는 경우 수익을 창출하기에 이 옵션은 내가격 옵션이라고 한다.

예제 15.6

외가격 콜옵션

월마트(WMT) 주식은 현재 주당 $55이다. $60($60이 행사가격)로 WMT 주식을 매수할 수 있는 콜옵션을 살펴보자. 주가가 행사가격보다 낮기 때문에 즉각적인 권리 행사는 옵션 보유자에게 손익이 되지 않는다. 옵션 행사로부터 수익이 발생하지 않기에 이 옵션은 외가격 옵션이라고 한다.

예제 15.7

콜옵션의 내재가치

만기까지 20일이 남은 콜옵션을 가정하자. 옵션 가격은 $1.65이고 주가는 $41.15이다. (1) 행사가격이 $40인 콜옵션과 (2) 행사가격이 $45인 콜옵션의 내재가치와 시간가치를 계산하라.

행사가격이 $40인 콜옵션의 내재가치는 MAX(S−K, 0)=MAX($41.15−$40, 0)=$1.15이다. 이 콜옵션의 시간가치는 옵션 가격에서 내재가치를 뺀 값인 $1.65−$1.15=$0.50이다.

행사가격이 $45인 콜옵션의 내재가치는 MAX(S−K, 0)=MAX($41.15−$45, 0)=$0이다. 이 콜옵션의 시간가치는 옵션 가격에서 내재가치를 뺀 값인 $1.65−$0=$1.65이다.

예제 15.8

내가격 풋옵션

AT&T(T) 주식은 현재 주당 $33이다. $40($40이 행사가격)로 T 주식을 매도할 수 있는 풋옵션을 살펴보자. 주가가 행사가격보다 낮기 때문에 풋옵션이 즉시 행사되면 $7=$40−$33의 수익이 발생한다. 즉시 옵션이 행사되는 경우 수익을 창출하기에 이 옵션은 내가격 옵션이라고 한다.

예제 15.9

외가격 풋옵션

AT&T(T) 주식은 현재 주당 $33이다. $30($30이 행사가격)로 T 주식을 매도할 수 있는 풋옵션을 살펴보자. 주가가 행사가격보다 높기 때문에 즉각적인 권리 행사는 옵션 보유자에게 손익이 되지 않는다. 옵션 행사로부터 수익이 발생하지 않기에 이 옵션은 외가격 옵션이라고 한다.

예제 15.10

풋옵션의 내재가치

만기까지 15일이 남은 풋옵션을 가정하자. 옵션 가격은 $5.70이고 주가는 $42.35이다. (1) 행사가격이 $40인 풋옵션과 (2) 행사가격이 $45인 풋옵션의 내재가치와 시간가치를 계산하라.

행사가격이 $40인 풋옵션의 내재가치는 MAX(K−S, 0)=MAX($40−$42.35, 0)=$0이다. 이 풋옵션의 시간가치는 옵션 가격에서 내재가치를 뺀 값인 $5.70−$0=$5.70이다.

행사가격이 $45인 풋옵션의 내재가치는 MAX(K−S, 0)=MAX($45−$42.35, 0)=$2.65이다. 이 풋옵션의 시간가치는 옵션 가격에서 내재가치를 뺀 값인 $5.70−$2.65=$3.05이다.

확인 사항

15.5a 다른 가정이 동일한 경우, 내가격 옵션과 외가격 옵션 중 더 높은 가격을 가지는 옵션은 무엇인가? 이유는?

15.5b 외가격 옵션은 가치가 있는가? 이유는?

15.5c 콜옵션과 풋옵션의 내재가치는 무엇인가?

15.5d 주가는 $35라고 가정하자. 콜옵션과 풋옵션의 내재가치를 동일하게 만드는 행사가격은 존재하는가?

15.6 옵션 수익과 손익

옵션은 투자자에게 다양한 투자 전략을 제공하기에 매력적인 투자대상이다. 실제로 옵션을 활용하여 만들어낼 수 있는 투자 전략의 수는 무한하다. 이번 장에서 소수의 기본적인 전략만을 학습하면 더 복잡한 전략들을 기본적인 전략들로 조합하여 만들어낼 수 있다. 이러한 기본적인 전략들의 수익에 대해 본 절과 다음 절에서 논의한다.

옵션 매도

지금까지 우리는 매수자의 관점에서만 옵션을 논의했다. 그러나 옵션은 계약이며 모든 계약은 적어도 두 당사자가 연결되어 있다. 옵션 계약의 두 당사자는 매수자와 매도자이다. 옵션 매도인을 '발행자(writer)'라고 부르며 옵션 매도는 옵션 발행(option writing)이라고도 한다.

옵션 발행
옵션 계약의 매도포지션을 취함.

옵션 매수는 옵션의 만기일 이전에 옵션을 행사할 권리(의무는 아님)를 매수하는 것이다. 옵션 매도는 옵션 계약의 판매자 쪽이 된다. 결과적으로 옵션 매도는 옵션 가격(프리미엄)을 수령하는 반대 급부로 옵션이 행사되는 경우 옵션 매수인의 권리를 이행할 의무를 지게 된다.

콜옵션 매도자
옵션 행사 시 옵션의 행사가격으로 주식을 매도할 의무가 있는 투자자.

풋옵션 매도자
옵션 행사 시 옵션의 행사가격으로 주식을 매수할 의무가 있는 투자자.

예를 들어, 콜옵션 매도자(call writer)는 콜옵션 매수자가 콜옵션을 행사하기로 결정한 경우, 옵션의 행사가격으로 주식을 매도해야 한다. 마찬가지로, 풋옵션 매도자(put writer)는 풋옵션 매수자가 풋옵션을 행사하기로 결정한 경우 옵션의 행사가격으로 주식을 매수해야 한다.

옵션 수익

거래 시점의 현금흐름과 만기 시점의 최종 현금흐름 측면에서 옵션 투자 전략을 학습하는 것은 유용하다. 옵션 거래 시점의 현금흐름은 옵션 가격(옵션 프리미엄이라고 함)이다. 옵션 매수자에게 옵션 가격(또는 프리미엄)은 현금 유출이고, 옵션 매도자에게 옵션 가격(또는 프리미엄)은 현금 유입이다. 옵션의 최종 현금흐름은 옵션의 행사로 인해 실현될 수 있는 옵션의 수익이며 옵션 매수자에게 수익은 현금 유입을, 옵션 매도자에게 수익은 현금 유출을 의미한다.

예를 들어 Exxon Mobil(XOM) 주가가 주당 $80이라고 가정하자. 당신은 XOM 주가를 기초자산으로 하는 행사가격이 $80인 콜옵션을 매수하였다. 옵션 프리미엄은 주당 $4이다. 따라서 초기 현금흐름은 당신에게는 −$400, 옵션 매도자에게는 $400이다. 옵션 만기 시점에 XOM 주가가 $90인 경우 당신과 옵션 매도자의 최종 현금흐름은 얼마인가? 옵션 만기 시점에 XOM 주가가 $70인 경우 최종 현금흐름은 얼마인가?

XOM 주가가 $90인 경우, 당신에게는 주당 $10의 현금 유입이 발생하는 반면, 옵션 매도자에게는 주당 $10의 현금 유출이 발생한다. XOM 주가가 $70인 경우 옵션은 가치가 없기 때문에 옵션 만기 시점에 옵션 매수자/매도자 모두 현금흐름이 없다. 두 경우 모두 옵션 매수자와 매도자가 부호만 반대인 동일한 금액의 현금흐름을 지니게 된다. 이러한 사실은 옵션이 '제로섬 게임(zero-sum game)'이라는 사실을 말해준다. 즉, 옵션 매수자(매도자)의 손익은 옵션 매도자(매수자)의 주머니에서 나온다는 뜻이다.

옵션 수익 도표

투자자가 옵션을 매수할 때, 매수자의 지불 의사가 반영된 옵션가격은 옵션 행사로부터 발생할 가능성이 있는 수익(현금 유입)에 대한 매수자의 평가에 달려 있다. 마찬가지로, 투자자가 옵션을 매도할 때, 매도자가 수용 가능한 옵션가격은 옵션 매수자의 행사로 인한 수익(현금 유출)에 대한 매도자의 평가에 달려 있다. 이를 감안할 때 옵션 수익에 대한 이해를 위해서는 옵션 가격에 대한 이해가 선행되어야 한다.

옵션 수익 도표는 옵션 수익을 이해하는 데 매우 유용한 그림이다. 콜옵션을 매입했을 때의 결과와 콜옵션을 매도(또는 발행)했을 때의 결과는 그림 15.3의 수익 도표에 나와 있다. 그림 15.3의 세로축은 옵션 수익을 나타내고 가로축은 옵션 만기일의 가능한 주가를 나타낸다. 이 예제에서는 콜옵션의 행사가격이 $50이고 옵

그림 15.3

콜옵션의 수익

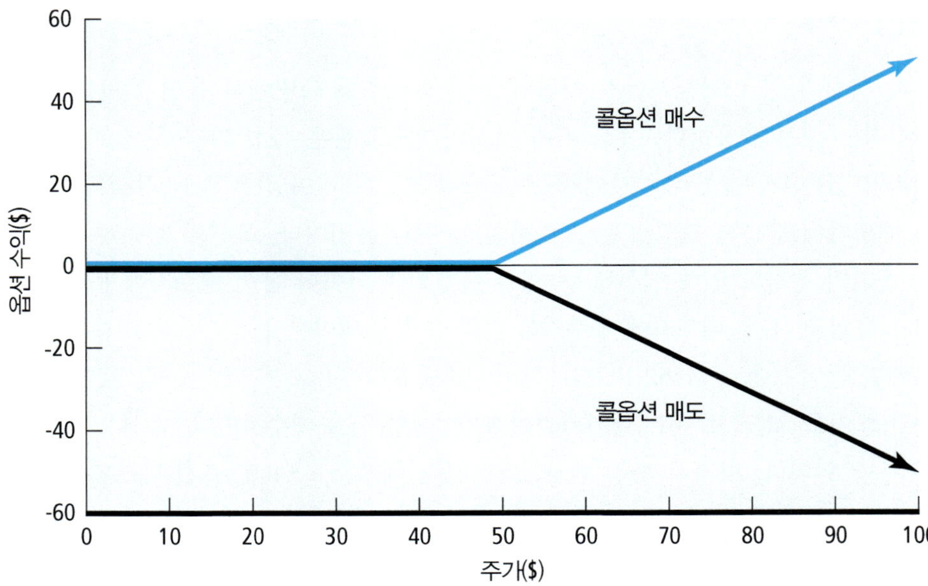

션이 만기일에만 행사된다는 가정하에 그려졌다.

그림 15.3에서 콜옵션 수익은 행사가격 $50 이하의 모든 주가에 대해서는 0임을 알 수 있다. 이는 콜옵션 보유자가 행사가격보다 더 낮은 가격으로 시장에서 주식을 매수할 수 있는 경우 $50의 행사가격으로 주식 매수 선택권을 행사하지 않을 것이기 때문이다. 이 경우 옵션은 가치를 지니지 못한 채 만기를 맞이한다.

반대로 주가가 행사가격 $50보다 높으면 콜옵션 수익은 주가와 옵션의 행사가격과의 차이이다. 예를 들어 주가가 $60라면 콜옵션 수익은 주가 $60와 행사가격 $50의 차이인 $10와 같다. 이러한 수익은 옵션 매수자가 $50의 행사가격으로 주식을 매수할 수 있고 $60로 주식을 매도할 수 있기 때문에 옵션 매수자에게는 현금 유입이 된다. 그러나 이러한 수익은 옵션 매도자에게는 주가가 $60임에도 $50 행사가격으로 주식을 매도해야 하므로 현금 유출이 된다.

이를 종합하면 콜옵션 수익의 독특한 '하키 스틱' 모양은 주가가 행사가격보다 낮으면 수익이 0임을 보여준다. 그러나 행사가격보다 주가가 높은 경우 콜옵션 매수자는 주가가 $1 상승할 때마다 $1를 얻는다. 물론, 콜옵션 매도자는 행사가격을 초과하여 주가가 $1 상승할 때마다 $1를 잃게 된다.

그림 15.4는 풋옵션 매수와 매도(발행)의 수익 도표의 예이다. 콜옵션 수익과 마찬가지로 세로축은 옵션 수익을 나타내고 가로축은 옵션 만기일의 가능한 주가를 나타낸다. 다시 한번, 이 예제에서도 풋옵션의 행사가격은 $50이고 옵션은 만기일에만 행사됨을 가정한다.

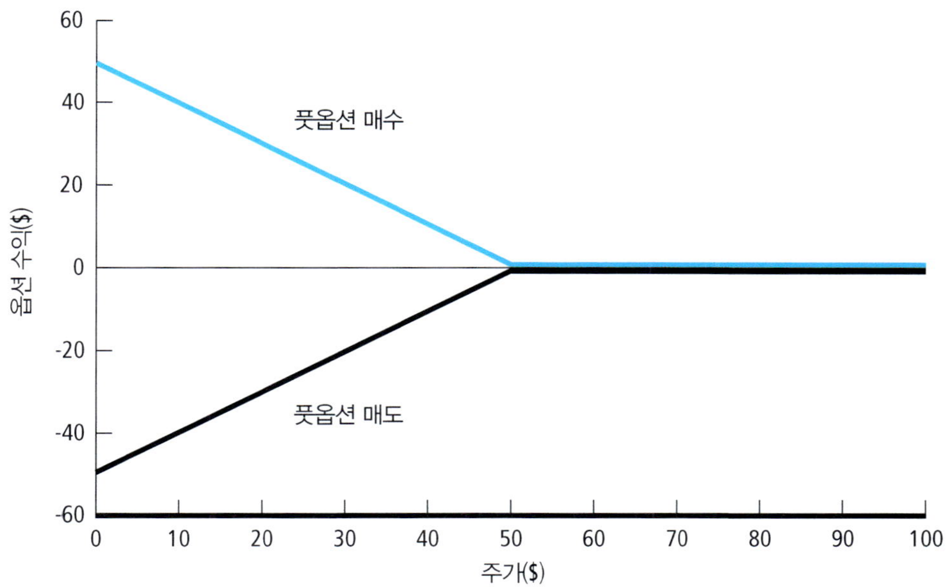

그림 15.4

풋옵션의 수익

그림 15.4에서 풋옵션의 수익은 행사가격인 $50를 초과하는 모든 주가에 대해 0임을 알 수 있다. 이는 풋옵션 보유자가 행사가격보다 더 높은 가격으로 시장에서 주식을 매도할 수 있는 경우 $50의 행사가격으로 주식 매도 선택권을 행사하지 않을 것이기 때문이다. 이 경우 옵션은 가치를 지니지 못한 채 만기를 맞이한다.

반대로 주가가 행사가격 $50보다 낮으면 풋옵션 수익은 주가와 옵션의 행사가격과의 차이이다. 예를 들어 주가가 $40라면 풋옵션 수익은 주가 $40와 행사가격 $50의 차이인 $10와 같다. 이러한 수익은 옵션 매수자가 $40의 주가로 주식을 매입할 수 있고 $50의 행사가격으로 주식을 매도할 수 있기 때문에 옵션 매수자에게는 현금 유입이 된다. 그러나 이러한 수익은 옵션 매도자에게는 주가가 $40임에도 $50 행사가격으로 주식을 매수해야 하므로 현금 유출이 된다.

옵션 수익 도표는 풋옵션과 콜옵션의 최대 가능 이익과 손실의 중요한 차이를 보여주고 있다. 콜옵션을 매수한 경우 주가의 상한이 없기 때문에 잠재적인 이익에 상한선이 없다. 그러나 풋옵션을 매수한 경우 최대 이익은 행사가격이다. 즉, 풋옵션을 매입했을 때 가장 유리한 상황은 주가가 0이되는 것이다. 물론 풋옵션과 콜옵션을 매수할 때의 잠재적 손실은 지불해야하는 옵션 프리미엄으로 제한된다.

마찬가지로 그림 15.3와 같이 콜옵션을 매도하는 경우 최대 손실 금액에는 제한이 없는 반면 기대할 수 있는 최대 손익은 옵션 프리미엄으로 제한된다. 그림 15.4에서 볼 수 있듯이 풋옵션을 매도하는 경우에는 최대 손실 금액이 제한되어 있고 기대할 수 있는 최대 손익도 제한적임을 알 수 있다.

그림 15.5

콜옵션의 손익

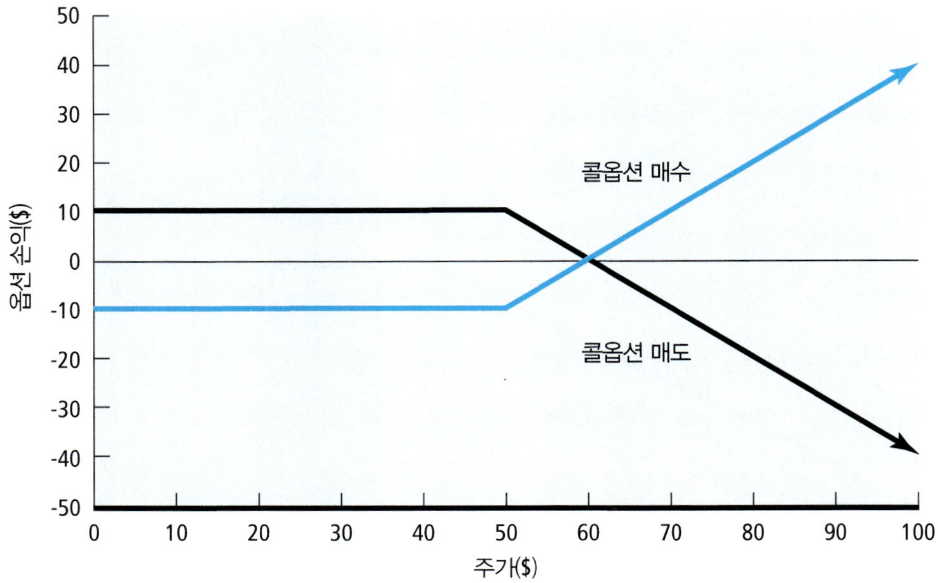

옵션 손익 도표

그림 15.3과 그림 15.4는 풋옵션과 콜옵션의 매수와 매도와 관련된 네 가지 기본적인 전략의 수익에 관한 내용을 담고 있다. 그러나 이 도표들은 오로지 옵션 만기일의 수익만 제공하고 거래 당시의 현금 유입 또는 유출은 전혀 고려하지 않고 있다. 옵션 손익 도표는 초기 현금흐름을 고려하여 옵션 수익 도표를 확장한 것이다.

지금까지 살펴본 것 처럼, 옵션 전략의 손익은 옵션의 최종 현금흐름(옵션 수익)과 옵션의 초기 현금흐름(옵션 가격 또는 프리미엄)의 차이이다. 옵션 프리미엄은 옵션을 매입하는 경우 수익에서 빼고 옵션을 매도하는 경우 수익에 더하면 된다.

예를 들어, 그림 15.5와 15.6은 옵션에 대한 네 가지 기본 투자 전략에 해당하는 손익 그림이다. 각 그림에서 세로축은 옵션 손익을 나타내고 가로축은 옵션 만기일의 가능한 주가를 나타낸다. 각 손익 그림은 옵션의 행사가격이 $50이고 풋옵션 및 콜옵션 프리미엄이 모두 $10라고 가정한다. 각 경우에 하키 스틱 모양이 유지된다는 점에 주목해라. 즉, 그림 15.3과 15.4의 '하키 스틱'은 위아래로 이동했을 뿐이다.

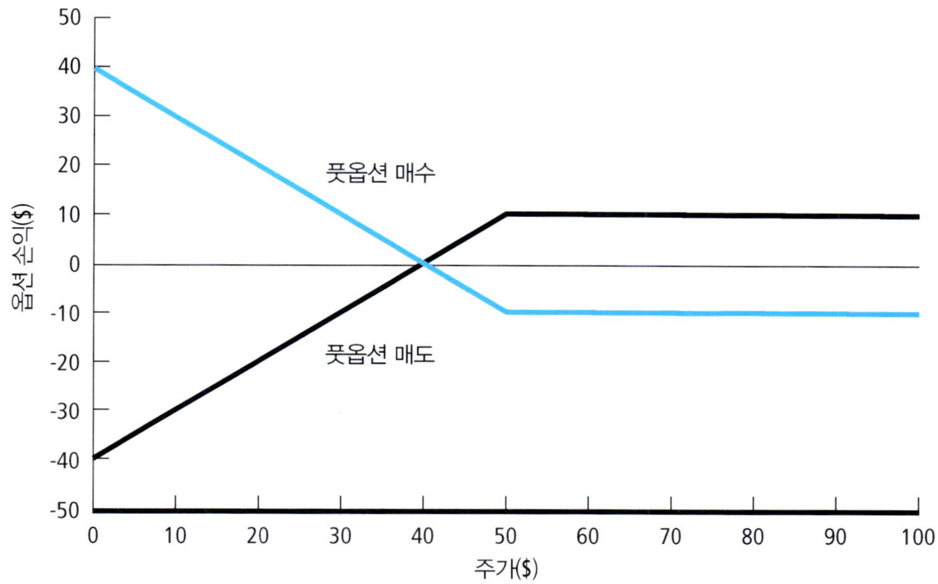

그림 15.6

풋옵션의 손익

확인 사항

15.6a 옵션 매도는 무엇인가?

15.6b 콜옵션 매도의 수익과 손익은 무엇인가?

15.6c 풋옵션 매도의 수익과 손익은 무엇인가?

15.6d 만기 시 옵션 가치를 보여주는 수익 도표가 만기 시 옵션의 내재가치를 보여주는 도표와 동일한 이유를 설명하라.

15.7 옵션을 이용한 위험 관리

지금까지 개별 콜옵션 및 풋옵션 매수, 매도 포지션의 수익과 손익을 학습했다. 이번 절에서는 콜옵션과 풋옵션에 주식을 결합했을 때 어떤 일이 발생하는지를 학습하고자 한다. 수많은 조합을 검토할 수 있으나 기본적인 몇 가지 중요한 전략에만 집중할 것이다. 다음 논의에서 등장하는 모든 도표는 세전(pretax) 결과를 나타낸다.

방어적 풋 전략

현재 주가가 $45인 Emerson Electric Co.(EMR) 주식을 소유하고 있고 행사가격 $45인 풋옵션을 $2의 프리미엄을 지불하고 매수했다고 가정하자. 이 투자의 최종 결과는 무엇인가?

답을 찾기 위해서 EMR 주가가 $45 이상으로 상승하거나 또는 $45 이하로 하락하면 어떤 상황이 발생하는지 비교해 보자. EMR 주가가 $45 이상으로 상승하면, 풋옵션은 행사되지 않을 것이므로 아무런 가치를 지니지 않을 것이다. 단지, 풋옵션 프리미엄인 $2만을 잃게 된다. 그러나 EMR 주가가 $45 이하로 하락하면 풋옵션은 행사될 것이고 풋옵션 매도자는 EMR 주식을 수령하고 $45를 지불하게 된다. $45 이하로 EMR 주가가 떨어지더라도 $45는 보장받을 수 있게 된다.

따라서 풋옵션 매수를 통해 주가 하락을 대비할 수 있게 된다. 월 스트리트(Wall Street)의 용어에 따르면 당신은 '하방 리스크(downside risk)'를 제거하기 위하여 $2를 지불한 것이다. 따라서 이미 소유하고 있는 주식에 풋옵션을 매입하는 전략을 방어적 풋(protective put) 전략이라고한다.

방어적 풋
이미 소유하고 있는 주식에 풋옵션 매입 포지션을 추가하는 전략. 이 전략은 포트폴리오 가치 하락을 방지한다.

그림 15.7은 방어적 풋 전략의 손익을 보여준다. 방어적 풋 전략의 손익은 콜옵션 매수의 손익 도표와 닮아 있다. 즉, 주식을 소유한 투자자가 풋옵션을 매수할 때 새로운 포트폴리오의 손익 도표는 콜옵션 매수의 손익 도표와 유사하다.

방어적 풋 전략은 투자자가 직면하는 전체 위험을 감소시켜는 보수적인 투자 전략이다. 이는 위험을 키우기 보다는 위험을 감소시키기 위해 옵션 또는 파생상품이 어떻게 활용될 수 있는지 보여주는 좋은 사례이다. 달리 말하면, 옵션은 투기거래(speculation) 뿐 아니라 헤지거래(hedge) 용도로도 활용될 수 있으므로 본질적으로 위험을 증가시키는 것만은 아니다.

그림 15.7
Emerson 주식에 대한 방어적 풋

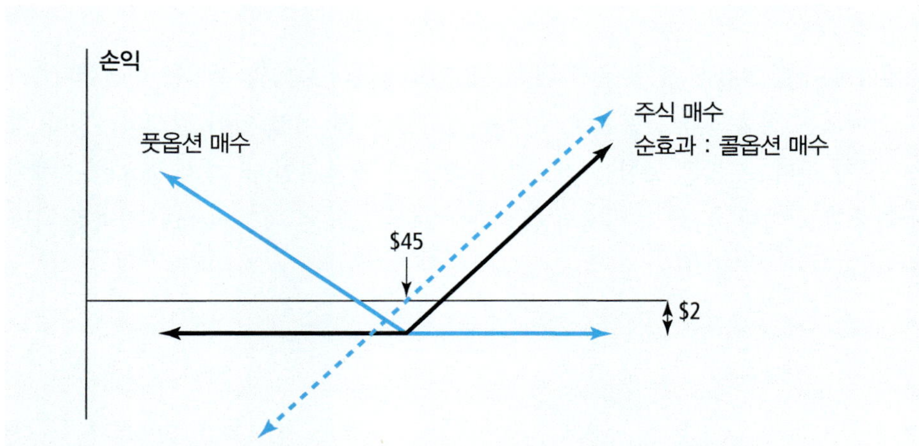

신용 부도 스왑

만일 자동차를 소유하고 있다면 반드시 자동차 보험에 가입되어 있어야한다. 보험은 사실상 풋옵션이다. 보험 가입자는 보험 회사에 보험료(프리미엄)을 지불한다. 만일 사고를 당하면(물론 그런 일이 발생하지 않기를 바라지만), 보험금 대신 자동차를 보험 회사에 '매도할' 권리가 있다. 이 상황은 자동차나 주식에만 적용할 수 있는 건 아니다. 투자자는 여러 자산을 기초로 하는 '보험'에 가입할 수 있다.

2008년의 금융 위기에서 주목을 받았던 한 가지 유형의 풋옵션은 신용 디폴트 스왑(Credit Default Swaps, CDS)이었다. CDS는 본질적으로 고정 수익 자산(즉, 채권)에 대한 풋옵션이다. 예를 들어, 재무적 상황이 좋지 않은 회사가 발행한 채권에 투자한 투자자를 상상해보자. 채무 불이행 위험을 회피하기 위해 투자자는 해당 채권에 대한 CDS를 구매할 수 있다. 채권 발행자가 채무 불이행을 한 경우 CDS 보유자는 CDS 계약의 조건에 따라 보상을 받는다.

방금 다룬 예는 개별 채권에 대한 것이지만, 대부분의 CDS 계약은 부채 담보부 증권(Collateralized Debt Obligations, CDO)이라고하는 채권 바스켓을 기초로 하여 판매된다. 그러나 기초 자산이 아무리 복잡해도 CDS의 작동원리는 동일하다. CDS는 방어적 풋과 같은 방식으로 작동된다.

그렇다면 2008년의 폭락 장세 이후 금융 위기에서 CDS 계약은 왜 중요했는가? 두 가지 요소가 중요한 역할을 했다. 첫째, 위기가 고조되었을 때 투자 분석가들은 CDS를 이용하여 약 $55조의 유가 증권이 헤지되고 있다고 추정했다. 동일한 시점에 모든 미국 시민의 추정 순자산은 $56조였다. 두 값을 비교해보면 금융 시장에서 CDS 계약이 얼마나 중요한지 알 수 있다.

둘째, 역사적으로 대부분의 CDS 계약은 공식 거래소에서 거래되지 않았다. 이러한 특성화된 계약은 매수자와 매도인 간에 직접 매매되었다. 이러한 유형의 거래는 상대방 위험(counterparty risk)이 만연하다는 것을 의미한다. 보험업계의 거인 AIG와 두 대형 투자은행인 Bear Stearns와 Lehman Brothers의 파산을 회상해보자. 이 회사들은 CDS 시장에서 주요한 참가자들이었으나 그 위상에 비해서 상대적으로 충분한 자본금을 보유하고 있지 않았다. 다른 유형의 레버리지(부채의존)와 마찬가지로, 자산 가격이 '올바른'(예상하는) 방향으로 움직일 때 레버리지 포지션은 잘 작동한다. 그러나 가격이 '잘못된'(예상하지 못한) 방향으로 움직일 때 비참한 파멸이 일어날 수 있다. 금융시장의 역사에서 레버리지에 대하여 여러 번 반복되고 있는 괴로운 교훈이다.

CDS 계약은 보험 계약과 비슷하기에 계약의 비용, 즉 CDS 스프레드는 기초자산인 회사의 채무 불이행 위험에 대한 정보를 제공한다. 실제로 많은 투자자(채권과 주식 모두)가 CDS 스프레드에 큰 관심을 기울이고 있다. 예를 들어, 매월 Citigroup은 배당 수익률과 CDS 스프레드를 기준으로 투자대상 주식을 검토한다. 목표는 높은 배당금을 지급하고 낮은 신용 위험을 가진 주식 목록을 만드는 것이다. Citigroup은 이 접근방법을 'CDS 조정 배당 주식 심사(CDS-adjusted dividend stock screen)'라고 부른다.

방어적 풋 전략과 기업의 리스크 관리

금광을 소유하여 운영하고 있다고 가정하자. 금광의 손익은 세계 금 가격의 변화에 따른 위험에 노출되어 있다. 흙과 바위를 옮기느라 소요되는 금광의 대부분의 비용은 세계 금 가격의 변화에 영향을 받지 않는다. 따라서 세계 금 가격의 변화에 따라 금광의 손익은 크게 달라진다.

'기본적인 위험 노출액'은 그림 15.8의 점선이다. 금 가격 하락 가능성으로부터 손익을 보호하기 위해 풋옵션을 매수하기로 결정했다고 가정하자. 풋옵션의 손익은 그림 15.8의 색선이다. 둘을 합친 '순 노출액'은 그림 15.8의 검정선이다.

순 노출액을 구성하려면 점선과 색선을 단순히 결합하면 된다. 수직축의 왼쪽에서 금 가격이 하락하면 금광의 손익 감소는 단지 풋옵션 매입 비용만으로 인해 발생한다. 금 가격이 하락해도 금광의 손익에 악영향을 미치지 않는다. 수직 축 오른쪽에서 금 가격이 상승하면 손익도 함께 증가하지만 풋옵션을 매입하지 않은 경우보다는 작다.

그림 15.8

풋옵션을 활용한 리스크 관리

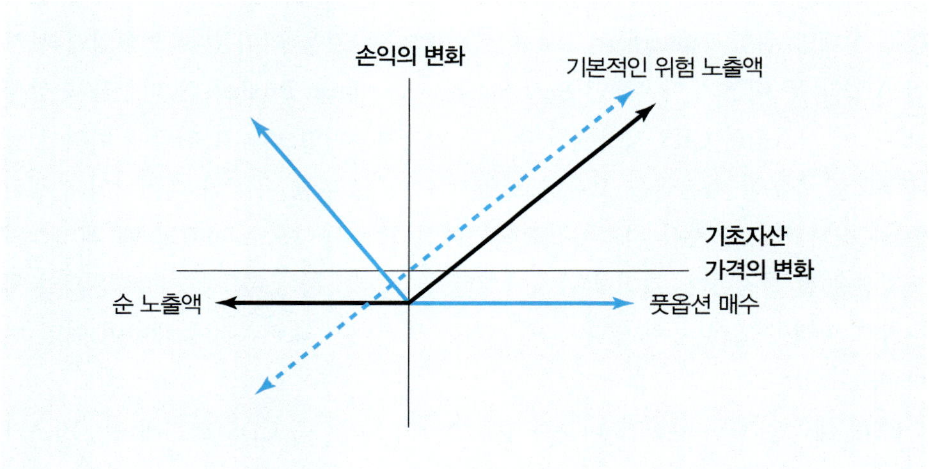

콜옵션을 활용한 기업의 리스크 관리

제트 항공기들을 보유한 항공사를 소유하여 운영하고 있다고 가정해 보자. 당신과 직원들은 비행좌석의 가격결정에 대한 경쟁력을 가지고 있다. 이로 인해 상대적으로 안정적인 매출을 만들어내고 있다. 그러나 직원들의 임금을 제외하면 제트 연료 비용이 항공사의 두 번째로 큰 운영 비용이기 때문에 회사의 운영 비용은 제트 연료의 국제 가격에 따라 크게 달라진다.

항공 업계의 경쟁 상황을 고려할 때 제트 연료 비용의 상승은 운임으로 승객에게 쉽게 전가할 수도 없기 때문에 제트 연료 가격의 변화는 항공사의 손익에 큰 영향을 미친다. 다행히도 콜옵션을 활용하여 항공사의 손익을 보호할 수 있다.

그림 15.9의 색선은 항공 연료 가격의 상승에 대한 항공사의 기본 위험 노출액을 나타낸다. 콜옵션을 매수하여 높은 제트 연료 가격의 가능성으로부터 항공사의 손익을 보호하기로 결정했다고 가정하자. 콜옵션의 손익은 그림 15.9의 점선이다. 둘을 합친 순 노출액은 그림 15.9의 검정선이다.

순 노출액을 구성하려면 점선과 색선을 단순히 결합하면 된다. 수직축의 왼쪽에서 제트 연료 가격이 하락하면 항공사의 손익도 함께 증가한다. 그러나 콜옵션을 매수했기에 매수 비용만큼 손익은 감소하지만 제트 연료의 가격 하락은 항공사의 손익을 증가시킨다.

수직축의 오른쪽에서 제트 연료의 가격이 상승하는 경우 항공사의 손익의 감소는 콜옵션 매입비용만을 반영하기 때문에. 즉, 제트 연료 가격의 상승은 항공사의 손익에 악영향을 미치지 않는다.

선물계약 또한(거래량이 지극히 작기는 하지만) 제트 연료의 위험 관리에 활용

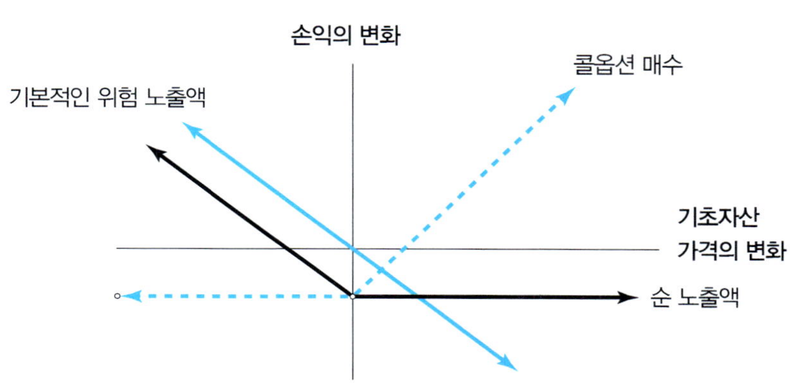

그림 15.9

콜옵션을 활용한 리스크 관리

가능하다. 선물계약과 옵션계약을 이용한 헤지의 가장 큰 차이점은 무엇일까? 선물계약에서는 거래 당사자의 매수 또는 매도의 의무가 있다. 제트 연료 가격이 하락했다면 사전에 합의된 정산 가격으로 연료를 매입해야만 한다. 옵션 매수 계약에서는 이러한 의무가 전혀 없다. 이 경우 옵션 행사를 포기하고 낮은 시장 가격으로 제트 연료를 구입할 수 있다.

확인 사항

15.7a 방어적 풋 전략은 어떻게 작동되는가?

15.7b 신용 부도 스왑은 무엇인가?

15.7c 회사가 미래의 원료의 가격의 상승 위험을 대비하기 위해 오늘 어떻게 옵션을 활용할 수 있는지 설명하라.

15.8 옵션거래전략

이 절에서는 세 가지 유형의 옵션거래전략을 제시한다. 첫 번째 유형에서 투자가는 주식 포지션에 옵션 포지션을 추가하는 커버드 콜(covered call) 전략을 논의한다. 이 유형의 전략은 투자자가 주식에 노출된 위험을 변경하는데 도움을 준다. 옵션거래전략의 두 번째 유형은 스프레드(spread)라고 불리운다. 스프레드 전략은 동시에 동일한 유형의 두 개 이상의 옵션에 대한 포지션을 취하는 것을 의미한다. 동일한 유형의 옵션, 즉 콜옵션만으로 또는 풋옵션만으로 포지션을 구성한다. 옵션거래전략의 세 번째 유형은 컴비네이션(combination)이라고 한다. 컴비네이션에서는 투자가가 콜옵션과 풋옵션을 결합하여 포지션을 구축할 수 있다. 이들은 모두 세전 결과이다. 그럼에도 불구하고 이러한 세전 결과에 대해 학습하는 것은 옵션 투자자에게 중요하다.

커버드 콜 전략

현재 주가가 $45인 Emerson Electric Co.(EMR) 주식을 소유하고 있다고 가정하자. 풋옵션을 매입하는 대신에 행사가격 $45인 콜옵션을 $3로 매도하면 이 투자전략의 결과는?

답을 찾기 위해 Emerson 주가가 $45(매도 옵션의 행사가격) 이하일 때와 Emerson 주가가 $45 이상일 때의 결과를 비교해 보자. Emerson 주가가 $45 이하

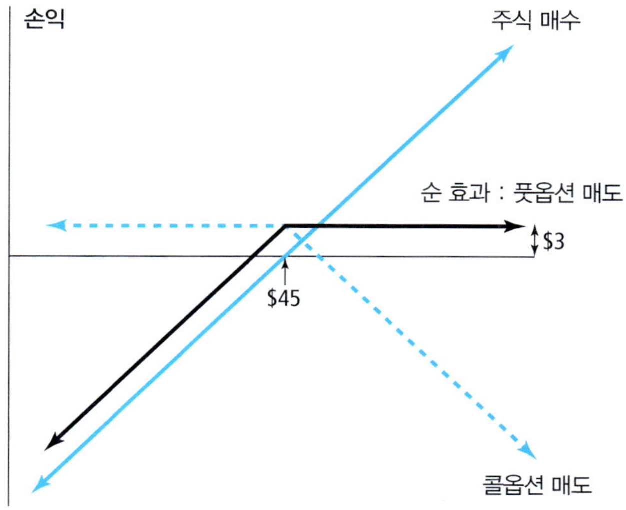

그림 15.10
Emerson 주식에 대한 커버드 콜

로 유지되면 옵션은 아무런 가치 없이 만기를 맞이하며 단지 콜옵션 매도로 받은 $3를 수령하게 된다. Emerson 주가가 $45 이상으로 상승하면 콜옵션 보유자가 옵션을 행사할 것이므로 Emerson 주식을 $45를 받고 인도해야 한다.

따라서 이미 소유하고 있는 주식에 대한 콜옵션을 매도할 때, 주가에 관계없이 옵션 프리미엄은 남게 된다. 콜옵션 매도자에게 일어날 수 있는 최악의 경우는 행사가격을 받고 주식을 매각하는 것이다. 그러나, 이미 주식을 소유하고 있기 때문에, 이는 '커버드' 되어 있다고 말한다. 이 전략이 커버드 콜(covered call) 전략으로 불리우는 이유이다.

커버드 콜
이미 소유하고 있는 주식에 콜옵션 매도 포지션을 추가하는 전략

커버드 콜 전략을 조금 더 자세히 살펴보자. Emerson 주가는 $45이다. 콜옵션의 행사가격이 $45이기 때문에 이 전략의 최종적인 순 효과는 콜옵션 프리미엄 $3와 교환하여 주식에서의 수익 발생 가능성을 포기하는 것이다. 그림 15.10은 Emerson 주식의 커버드 콜 전략 포지션을 보여주고 있다. 수익의 순 효과는 풋옵션 매도의 손익 도표와 비슷함을 알 수 있다. 즉, 주식을 보유한 투자자가 콜옵션을 매도하면 새로운 포트폴리오의 손익 도표는 풋옵션의 매도 손익 도표와 유사해진다.

월 스트리트의 전문 용어로 표현하면, 커버드 콜 전략은 현재의 확실한 현금을 불확실한 미래의 '상승 잠재력'과 교환하여 위험과 잠재적 보상을 줄인다고 한다. 반대로 보유하고 있지 않은 주식에 대한 콜옵션을 매도하는 전략은 '네이키드(naked)' 콜 전략이라고 하며 전에 살펴본 것처럼 잠재적 손실은 무제한이 된다. 따

라서 콜옵션을 매도하는 거래는 매우 위험한 전략이 될 수도 있고 위험을 감소시키는 전략이 될 수도 있다. 이는 해당 주식 보유를 통해 커버드 되어 있는지 주식을 보유하지 않고 네이키드 되어 있는지에 따라 달라진다 하겠다.

스프레드

스프레드
두 개 이상의 콜옵션 또는 두 개 이상의 풋옵션을 포함하는 옵션거래 전략

스프레드(spreads) 전략은 동일한 유형의 두 개 이상의 옵션에 대한 포지션을 취한다. 동일한 유형, 즉 오로지 콜옵션만을 이용하거나 풋옵션만을 활용함을 의미한다.

스프레드의 세 가지 예는 다음과 같다:

- 불 콜 스프레드(bull call spreads) 이 스프레드는 콜옵션을 매수하고 더 높은 행사가격의 콜옵션을 매도하는 전략이다. 이 전략은 기초자산인 주가가 상승할 경우에 이익이 발생하기 때문에 '불' 스프레드라고 한다.
- 베어 콜 스프레드(bear call spreads) 이 스프레드는 콜옵션을 매수하고 더 낮은 행사가격의 콜옵션을 매도하는 전략이다. 이 전략은 기초자산인 주가가 하락할 경우에 이익이 발생하기 때문에 '베어' 스프레드라고 한다.
- 버터플라이 스프레드(butterfly spreads) 동일한 간격의 행사가격을 지닌 세 개의 콜옵션을 사용하여 '매수' 버터플라이 스프레드 전략을 구현할 수 있다. 매수 버터플라이 스프레드를 구성하기 위해 가장 낮은 행사가격의 콜옵션과 가장 높은 행사가격의 콜옵션을 매수함과 동시에 중간 행사가격의 콜옵션 두 계약을 매도한다. 주가가 중간에 위치한 옵션의 행사가격 주위에 머물면 매수 버터플라이 스프레드로부터 손익이 발생한다.

옵션 스프레드의 더 많은 예가 있다. 예를 들어, 투자가는 불 풋 스프레드, 베어 풋 스프레드, 매도 버터플라이 스프레드를 만들어낼 수도 있다. 또한 풋옵션을 활용하여 버터플라이 스프레드 전략을 구현할 수도 있다. 이들은 수 많은 옵션 스프레드 전략들 중 일부에 지나지 않는다. 파생 상품관련 과목에서 이러한 거래전략에 대해 더 자세히 배울 수 있다. 처음으로 옵션을 거래한다면 www.cboe.com/LearnCenter 사이트를 참조하면 도움이 될 것이다.

컴비네이션

컴비네이션
두 개 이상의 콜옵션과 풋옵션을 포함하는 옵션거래전략

컴비네이션(combination)에서는 콜옵션과 풋옵션을 혼합하여 포지션을 구성한다. 가장 잘 알려진 컴비네이션은 스트래들(straddle)이라고 한다. 스트래들의 작동 방

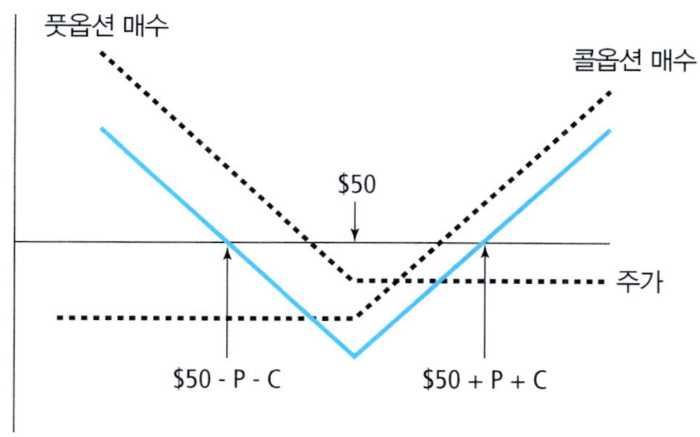

그림 15.11

콜옵션 매수와 풋옵션 매수를 이용한 스트래들 매수 전략

식은 다음과 같다. 주가는 현재 $50이다. 가격이 크게 움직일 것이라고 예상되지만 방향성에 대해서는 확실하지 않다. 이때 무엇을 할 수 있는가? 한 가지 해법은 행사가격 $50의 콜옵션과 풋옵션을 모두 매수하는 것이다. 만일 주가가 급격이 상승하면 콜옵션로부터 수익이 발생하고 주가가 급격히 하락하면 풋옵션으로부터 수익이 발생할 것이다. 이러한 컴비네이션은 스트래들 매수의 예이다.

실제로 이 전략은 현재 $50의 주가에서 '다리를 벌리고(straddled)' 있는 모습이기 때문에 스트래들이라고 불리운다. 두 옵션을 모두 매수했기 때문에 이는 스트래들 매수전략이다. 그림 15.11은 스트래들 매수 전략의 손익을 보여준다. 이 전략에서 손익이 발생하기 위해서는 주가가 크게 움직여야 한다. 사실상 주가는 두 옵션 가격에 행사가격을 합한 값보다 크게 상승하거나 옵션의 행사가격에서 두 옵션 가격의 합을 차감한 값보다 하락해야만 한다.

주가가 어느 방향으로도 크게 움직이지 않는다고 예상된다면, 풋옵션과 콜옵션을 매도하여 현재 시점에 곧바로 손익을 창출할 수 있다. 이러한 컴비네이션은 스트래들 매도의 예이다. 이 경우 옵션 만기일의 주가가 옵션 행사가격인 $50와 일치하면 손익이 극대화된다. 옵션 만기 시 주가가 $50인 경우 두 옵션 모두 가치를 지니지 않은 채 만기를 맞이하게 된다.

이 외에도 스트립(strips), 스트랩(straps), 컬러(collars), 박스 스프레드(box spread)(특별한 이유 없이 스프레드라고 불리우고 있으나 실제로는 컴비네이션 전략)와 같은 다양한 컴비네이션 전략이 존재한다.

옵션거래전략이 이해하기 쉽고 재밌지만, 한걸음 더 들어가보자. 지금까지 주로 만기 시점에 각 옵션들이 어떤 가치를 지니는지에 집중했다면 이제는 만기 이전의 옵션 가치 계산을 위해 필요한 기본적인 사항들을 다루게 된다.

예제 15.11

다른 옵션 전략

주가가 $80인 주식을 보유중이다. 행사가격이 $80인 콜옵션을 매도하고 행사가격이 $80인 풋옵션을 매수했다고 가정하자. 이 거래들이 주식 보유의 위험에 미치는 순 효과는 무엇인가?

방금한 거래전략은 방어적 풋 전략과 커버드 콜 전략을 결합한 것이다. 이러한 거래전략의 효과를 살펴보기 위해서 옵션 만기 전 주가가 $80 이상으로 상승한다고 가정하자. 이 경우 풋옵션은 가치를 지니지 않는다. 콜옵션은 행사될 것이며, 당신은 $80를 받고 주식을 매도해야 한다. 반대로 주가가 $80 이하로 하락하면 콜옵션은 가치를 지니지 않는다. 당신은 풋옵션을 행사하고 주식을 $80에 매도할 것이다. 즉, 순 효과는 주가가 어떻게 되더라도 보유하고 있는 주식은 $80에 매도가 가능하게 되고 무위험 자산(riskless asset)이 생성된다.

확인 사항

15.8a 옵션 스프레드와 컴비네이션의 차이는 무엇인가?

15.8b 스트래들 매도 전략은 무엇인가? 이 전략이 유효한 시기는 언제인가?

15.9 차익거래와 옵션가격 범위

옵션 수익을 나타내는 '하키 스틱' 도표는 매우 중요한 개념 중 하나인 옵션의 내재가치를 학습하는 데 큰 도움이 된다. 그러나 수익 도표는 투자자가 만기 전 옵션가격에 매우 큰 관심이 있음에도 불구하고 단지 옵션 만기 시점의 결과만을 보여준다.

다음 장에서는 만기 전 옵션가격을 계산해 볼 것이다. 이번 절과 다음 절에서는 차익 거래 유인이 만기 전 옵션가격의 범위 설정에 미치는 영향에 대해 살펴볼 예정이다. 차익 거래는 (1) 초기 투자금이 필요 없고, (2) 손실 가능성이 없으며, (3) 잠재적으로 이익을 얻을 수 있는 거래 기회를 의미한다.

일반적으로 옵션가격 범위는 (1) 해당 옵션이 미국형 또는 유럽형 인지 여부 (2) 현재로부터 옵션 만기일 사이에 배당금이 지급되는지 여부에 달려 있다. 배당은 옵션가격 범위에 대한 논의를 훨씬 더 복잡하게 만든다. 따라서 이번 절에서는 주식이 옵션의 잔존만기 동안 배당금을 지급받지 않는다고 가정한다.

콜옵션 가격의 상한

만기 전 콜옵션 가격이 도달할 수 있는 상한 값은 얼마일까? 주식을 기초자산으로 하는 콜옵션을 가정하자. 현재 주가는 $60이며 주식은 배당금을 지급하지 않는다.

추가적인 정보가 없다면 콜옵션의 가격에 대해 더 이상 논할 수는 없지만 한 가지만 알면 된다. 옵션 가격은 $60 이하여야 한다는 점이다. 이러한 사실은 어떻게 알 수 있는가?

간단히 생각해보면, 주식을 매입할 수 있는 권리는 주식 그 자체보다 더 높은 가치를 가질 수는 없다. 예를 들어, 주가가 $60인데 콜옵션이 실제로 $65로 거래되고 있다고 가정해보자. 당신은 어떤 거래를 할 것인가?

당신이 지금부터 하게 될 거래는 당신을 매우 빠르게 부자로 만들어 줄 것이다. 콜옵션을 $65에 매도하고 주식을 $60에 매수하면 된다. 당신은 두 금액의 차이인 $5를 바로 벌 수 있다. 당신에게 일어날 수 있는 가장 나쁜 상황은 옵션이 행사되어 행사가격에 해당하는 금액을 수령하는 일이다. 이 경우 이론적으로 아무런 위험 부담 없이 무제한으로 돈을 벌 수 있다. 이 거래 전략은 미국형 또는 유럽형 행사 방식과 관련 없이 작동된다.

이러한 상황은 차익 거래 기회의 예이다. 불행히도, 이렇게 쉽게 돈을 버는 기회는 실제 세상에서는 존재하지 않기에 콜옵션 가격이 기초자산인 주가보다 더 클 수 없음을 우리는 알고 있다.

풋옵션 가격의 상한

만기 시 풋옵션의 가치는 내재가치와 동일하다. 만일 주가가 0일 경우, 내재가치는 풋옵션의 행사 가격과 동일하다. 따라서 극단적으로 만기 시점에 풋옵션은 행사가격으로 매매될 수 있다. 그렇다면 만기 전에 풋옵션 가격이 도달할 수 있는 상한값은 얼마일까? 답은 행사가격의 현재 가치이다.

풋옵션 가격의 상한을 논의하기 위해, 행사가격이 $50이고 가격이 $60인 풋옵션이 있다고 가정하자. 역시나 이 상황은 차익거래 기회를 제공한다. 당신은 어떤 거래를 할 것인가? 풋옵션을 $60에 매도하고 이를 은행에 입금하면 된다. 만기 시점에 발생할 수 있는 최악의 상황은 주식을 $50에 매수해야 한다는 점이다. 그러나, 주당 $10(현금 $60와 주식 매수를 위해 지불한 $50의 차이)의 현금과 $60 예금에 대한 이자는 남게 된다.

이제 우리는 행사가격 $50의 풋옵션 가격이 $50라고 가정하자. 이 상황 또한 차익거래 기회를 제공한다. $50에 풋옵션을 매도하고 이를 은행에 입금하면 된다. 다시 말하지만, 발생할 수 있는 최악의 상황은 주식을 $50에 매수해야 한다는 점이다. 그러나, 당신은 풋옵션 매도 수익에 대한 이자수입을 벌 수 있다.

따라서 유럽형 풋옵션의 가격 상한은 행사가격보다는 낮다. 얼마나 낮을까? 대답은 무위험 이자율에 달려 있다. 풋옵션 가격과 옵션의 잔존만기 동안 얻을 수 있는 이자의 합이 주가보다 높으면 차익 거래가 발생할 수 있다. 예를 들어 무위험 이자율이 분기당 3%라고 가정하자. 우리는 $50의 행사 가격과 잔존만기 90일인 $49 풋옵션을 보유중이다. 이때 차익 거래 기회는 존재하는가?

그렇다, 당연히 존재한다. 즉시 풋옵션을 매도하여 90일 동안 3%에 $49를 투자하면 $49×1.03=$50.47가된다. 최소한 $0.47의 손익이 보장된다. 이 시점에서 당신은 아마도 논의가 어디로 향하고 있는지 알 수 있을 것이다. 차익 거래 기회를 제공하지 않는 풋옵션의 최대 가치는 얼마인가? 이 값은 아래와 같이 구해진다.

$$\text{풋옵션 가격의 상한값} \times 1.03 = \$50$$
$$\text{풋옵션 가격의 상한값} = \$50/1.03 = \$48.54$$

답은 $48.54이며 이는 무위험 이자율로 할인한 행사가격의 현재가치이다. 정답을 일반화하면 유럽형 풋옵션 가격의 상한은 무위험 이자율로 할인한 행사가격의 현재가치이다.

만기 전 미국형 풋옵션의 최대 가격은 행사가격이다. 미국형 풋옵션의 가격이 행사가격보다 높으면 차익거래자는 풋옵션을 매도하고 매도 금액을 은행에 예금하면 된다. 발생할 수 있는 최악의 경우는 주가가 0이 되고 미국형 옵션의 보유자가 옵션을 행사하는 것이다. 미국형 옵션의 매도자는 (풋옵션 가격보다 낮은) 행사가격으로 주식을 매수하면 된다. 차익거래자는 풋옵션 가격과 행사가격의 차이에 풋옵션 보유자가 옵션을 행사하기 전에 수취한 이자를 더한 금액만큼을 벌게 된다.

콜옵션과 풋옵션 가격의 하한

콜옵션 및 풋옵션 가격의 하한은 얼마일까? 옵션의 가치는 음수가 될 수 있을까? 음의 가치란 옵션 보유자가 옵션을 처분하는데 비용을 지불해야 함을 의미한다. 그러나, 옵션 보유자는 옵션이 만기가 될 때까지 단순히 기다리면 되기에 옵션을 처분하기 위해 누군가에게 금액을 지불할 필요가 없다. 따라서 옵션은 음의 가치를 지닐 수는 없다. 이 결론은 유럽형 및 미국형 옵션 모두에 해당된다.

미국형 콜옵션 우리는 다음과 같은 질문에 대답함으로써 '더 높은' 하한을 설정할 수 있다. 미국형 콜옵션이 내재가치보다 낮은 금액으로 매매될 수 있을까? 아니다! 어떤 경우 옵션의 내재가치는 0이고 옵션의 가격은 0보다 작지 않다. 그러나 옵션의 내재가치가 0보다 큰 경우는 어떻게 되는가? 왜 이 옵션의 가격은 최소한 내재가치 보다는 크거나 같아야 하는가?

이 결과를 이해하려면 현재 주가가 $S=\$60$이고 $K=\$50$의 행사가격을 지닌 콜옵션 가격이 $C=\$5$인 것으로 가정하자. 명확히 이 콜옵션은 내가격 상태이고 $5 콜옵션 가격은 $S-K=\$10$인 내재가치보다 작다.

위와 같이 주가 및 옵션 가격이 제시된다면 차익 거래 기회가 존재한다. 즉, 간단한 3 단계 전략을 따르면 무위험 수익을 얻을 수 있다.

첫째, $C=\$5$의 가격으로 콜옵션을 매수한다. 둘째, 즉시 콜옵션을 행사하고 콜옵션 매도자로부터 $K=\$50$의 가격으로 주식을 매수한다. 이는 콜옵션 가격과 행사가격의 합인 $55에 주식을 취득한 것과 같다.

셋째이자 마지막 단계로서 $S=\$60$의 현재 시장 가격으로 주식을 매도한다. $55에 주식을 매수하고 $60에 주식을 매도했기 때문에, $5의 무제한적인 손익을 얻을 수 있다. 만약 이러한 기회가 계속 존재한다면, 쉽게 돈을 벌면서 지루해질 때까지 이 세 단계를 거듭 반복할 것이다. 그러나 현실적으로 이러한 차익 거래 기회는 존재하지 않으므로 미국형 콜옵션 가격은 내재가치보다 결코 낮지 않다(배당금이 지급되는 경우에도 마찬가지임).

$$\text{미국형 콜옵션 가격} \geq \mathbf{MAX}(S-K,\ 0) \tag{15.3}$$

미국형 풋옵션 비슷한 차익 거래 논리가 미국형 풋옵션에도 적용될 수 있다. 예를 들어, 현재 주가가 $S=\$40$이고 행사가격 $K=\$50$인 풋옵션이 $P=\$5$에 거래된다고 가정하자. 이 $5 풋옵션의 가격은 옵션의 내재가치 $K-S=\$10$보다 작다. 이러한 차익거래 기회를 이용하려면 먼저 $P=\$5$의 가격으로 풋옵션을 매수한 후 현재가격 $S=\$40$로 주식을 매수한다. 이는 주가와 풋옵션 가격을 합한 금액인 $45에 주식을 취득한 것과 같다.

이제는 즉시 풋옵션을 행사하여 $S=\$50$의 가격으로 옵션 매도자에게 주식을 인도한다. $45로 주식을 매수하고 $50에 주식을 매도했으므로, $5의 차익 거래 이익을 얻게 되었다. 다시 말하지만, 현실에서는 이러한 쉬운 차익 거래 기회가 존재할 것이라고 기대하기는 어렵다. 따라서 미국형 풋옵션 가격이 내재가치보다 결코 낮지 않다는 결론을 내릴 수 있다.

$$\text{미국형 풋옵션 가격} \geq \mathbf{MAX}(K-S,\ 0) \tag{15.4}$$

유럽형 콜옵션 유럽형 옵션은 만기 전에 행사될 수 없으므로 미국형 옵션에 대한 하한을 설정하는데 사용한 차익 거래 전략을 사용할 수 없다. 다른 접근법을 사용해야만 한다. (옵션에 초점을 둔 파생상품 교과서에서 확인할 수 있다). 유럽형 콜옵션의 하한은 내재가치보다 더 크다.

$$\text{유럽형 콜옵션 가격} \geq \text{MAX}[S - K/(1+r)^T, 0] \tag{15.5}$$

유럽형 풋옵션 유럽형 풋옵션 가격의 하한은 내재가치보다 더 낮다. 실제로, 내가격 유럽형 풋옵션은 종종 내재가치보다 작은 금액으로 매매된다. 얼만큼? 유럽형 풋옵션이 만기 전에 행사될 수 없다는 사실을 고려한 차익 거래 전략을 사용하면 유럽형 풋옵션의 하한은 다음과 같다.

$$\text{유럽형 풋옵션 가격} \geq \text{MAX}[K/(1+r)^T - S, 0] \tag{15.6}$$

직관적인 이해를 위해 극단적인 상황을 가정하자. 만기 전 주가가 0으로 하락하고 만기 전에 주가가 회복될 가능성은 전혀 없다고 가정하자. 풋옵션 보유자에게 더 큰 금액의 손익이 나는 상황은 불가능하기 때문에 미국형 풋옵션 보유자들은 즉시 옵션을 행사할 것이다. 유럽형 풋옵션 보유자들 또한 동일한 이유로 즉시 풋옵션을 행사하고 싶을 것이다. 그러나, 그들은 그렇게 할 수 없다. 이 예에서 유럽형 풋옵션 보유자들은 만기 시점에 $\$K$ 상당의 무위험 자산을 보유하고 있음을 알 수 있다. 이는 $\$K$의 현재 가치에 해당한다. 식 (15.6)을 보면 옵션이 만기에 가까워짐에 따라 하한이 증가하는 것을 확인할 수 있다.

더 강한 가격 범위 배당을 지급하지 않으면 식 (15.5)는 미국형 콜옵션 가격의 하한도 된다. 식 (15.5)는 식 (15.3)보다 '강한' 하한이다. 식 (15.5)가 더 강한 이유를 설명하기 위해 S=\$44, K=\$40, r=10%, T=1년인 예를 살펴보자. 식 (15.5)에 따르면 배당을 지급하지 않는 주식에 대한 미국형 (또는 유럽형) 콜옵션의 경우 $C \geq S - K/(1+r)^T$ 즉 $C \geq \$44 - \$40/1.1 = \$7.64$이다. 그러나 식 (15.3)에 따르면 미국형 (유럽형이 아닌) 콜옵션에 대해 $C \geq S - K$ 또는 $C \geq \$44 - \$40 = \$4$이다. 따라서, 식 (15.5)는 식 (15.3)보다 더 강한 (즉, 더 높은) 하한이 된다. 즉, 미국형 콜옵션 가격이 \$7.64보다 커야 한다는 점은 미국형 콜옵션 가격이 \$4보다 더 커야 한다고 정의하는 것보다 더 강한 제약이 된다.

확인 사항

15.9a 유럽형 콜옵션 가치의 상한은 얼마인가? 미국형 콜옵션 가치의 상한은 얼마인가?

15.9b 유럽형 풋옵션 가치의 상한은 얼마인가? 미국형 풋옵션 가치의 상한은 얼마인가?

15.10 풋-콜 패리티

투자자는 현재 주식에 투자하고 있다. 이 투자자는 방어적 풋 매수 전략과 커버드 콜 매도 전략을 동시에 취하기로 결정했다. 이 경우 무슨 일이 발생하는가? 즉, 이 투자자는 어떤 종류의 포트폴리오를 구성한 것인가?(두 옵션 모두 유럽형 옵션이라고 가정하자.) 우리는 이러한 세 가지 위험자산으로 구성된 포지션을 '포트폴리오 A'라고 부르기로 한다.

표 15.1은 옵션 만기일에 포트폴리오 A를 구성하는 각 포지션의 가치를 나타낸다. 풋옵션과 콜옵션의 내재가치를 계산한 후 투자자가 내재가치를 수령하는지 지급해야 하는지 여부를 결정한다.

예를 들어 만기일 주가가 행사가격보다 낮다면, 즉 $S_T < K$이면 콜옵션의 가치는 없고 풋옵션의 내재가치는 $K - S_T$이다. 풋옵션은 매수했기 때문에 내재가치를 수령하게 된다.

옵션 만기일의 주가가 행사가격과 정확히 일치하는 경우, 콜옵션과 풋옵션은 모두 가치를 지니지 않는다. 그러나 만기일 주가가 행사가격보다 큰 경우, 즉 $S_T > K$이면 풋옵션의 가치는 없고 콜옵션의 내재가치는 $S_T - K$이다. 그러나 콜옵션은 매도했으므로 내재가치를 옵션 보유자에게 지급해야만 한다. 즉, 투자자 입장에서 콜옵션의 가치는 $-(S_T - K)$가 된다.

표 15.1에서 만기일의 주가와 관계없이 포트폴리오 A의 수익은 항상 행사가격인 K와 동일하다는 것을 알 수 있다. 즉, 3개의 위험자산으로 구성된 포트폴리오 A는 투자자에게 옵션 만기일에 무위험 수익을 제공한다.

포트폴리오 A는 위험이 없으므로, 현재 시점에 포트폴리오 A를 구성하는 비용은 1년 후 K라는 가치를 제공하는 무위험 투자 자산을 취득하는 비용과 동일해야 한다. 이러한 무위험 투자 자산 중 하나는 미국 재무부의 단기채권(Treasury bill)이다. K의 현재가치인 $K/(1+r_f)^T$이 옵션 만기 시 K를 지급하는 미국 재무부 채권의 현재 매입 비용이 된다.*

미래의 동일한 리스크와 동일한 수익을 제공하는 두 투자 전략은 현재 시점에서 동일한 가치를 가져야한다는 금융의 기본 원칙을 생각해보자. 만일 이러한 기본 원칙이 무너지면 투자자는 무제한의 무위험 이익을 창출할 수 있게 된다.

표 15.1에서 포트폴리오 A와 포트폴리오 B는 옵션 만기일에 동일한 수익, K를

* 이러한 할인 금액에서 r_f는 만기 1년의 무위험 이자율이며 T는 잔존만기이다. 이 예에서 잔존만기는 1년이므로 T=1이다. 만일 잔존만기가 6개월이라면 T=½이 된다. 즉, 할인된 금액 $K/(1+r_f)^T$에서 무위험 이자율 r_f는 연간 이자율을 대입하고 잔존만기 T는 1년 기준의 기간을 대입하면 된다.

표 15.1

옵션 만기일에 동일한 가치를 지니는 두 포트폴리오

		1년 후 옵션 만기일의 가치		
포트폴리오 A	(현재 비용)	$S_T < K$	$S_T = K$	$S_T > K$
주식 매수	S	S_T	S_T	S_T
풋옵션 매수	P	$K - S_T$	0	0
콜옵션 매도	$-C$	0	0	$-(S_T - K)$
합계	$S + P - C$	K	K	K
포트폴리오 B	(현재 비용)			
T-bill 매수	$K/(1 + r_f)^T$	K	K	K

갖는다. 포트폴리오 A를 구성하는 비용은 $S+P-C$이다. 포트폴리오 B를 구성하는 비용은 $K/(1+r_f)^T$이다. 이 비용이 동일한 것으로 설정하면 다음의 식이 산출된다.

$$S + P - C = K/(1 + r_f)^T \tag{15.7}$$

식 (15.7)은 주식, 풋옵션, 콜옵션, 무위험 자산 간의 관계에 대한 중요한 내용을 담고 있다. 만일 세 자산의 가격을 알고 있다면 남은 네 번째 자산의 가격을 유도해 낼 수 있다. 식 (15.7)의 왼편에 세 개의 자산이 있고 다른 오른편에는 하나의 자산이 있음에 주목하자. 식 (15.7)의 각 항의 부호를 해석하면 네 번째 자산과 동일한 수익을 지닌 세자산에 어떤 포지션을 취해야 하는지 알 수 있다.

풋-콜 패리티
동일한 행사 가격과 만기일을 가진 유럽형 풋옵션과 콜옵션 가격 간의 무차익거래에 기반한 관계식

식 (15.7)을 단순히 재배열하면 풋-콜 패리티(put-call parity) 관계가 도출되는데, 이는 일반적으로 다음과 같이 쓰여진다.

$$C - P = S - K/(1 + r_f)^T \tag{15.8}$$

풋-콜 패리티는 두 유럽형 옵션 가격 간의 가장 기본적인 관계이다. 풋-콜 패리티는 동일한 행사 가격과 만기일을 지닌 콜옵션과 풋옵션 가격의 차이는 주가와 할인된 행사가격과의 차이와 동일하다고 말하고 있다.

예제 15.12

옵션 연금술

당신의 별난 (그리고 아주 부유한) Molly 숙모는 당신이 무언가를 설명해주기를 원한다. 최근 Stable Club에서 숙모는 환상적인 이야기를 들었다. 숙모의 친구인 Rita는 주식, 풋옵션, 콜옵션, 단기국채를 결합하는 매우 흥미로운 방법이 있다고 말했다. Rita는 주식과 풋옵션에 대한 투자는 콜옵션과 단기국채에 대한 투자와 동일하다고 주장한다. Molly는 도저히 믿을 수 없었다. Blue Northern Enterprises에 대한 다음 정보를 이용하여 Rita의 주장이 옳다는 것을 보여라.

주가	$110
풋옵션 가격	$ 5
콜옵션 가격	$ 15
두 옵션의 행사가격	$105
옵션의 잔존만기	1년
1년 만기 이자율	5%

$115로 투자자는 주식 1주와 풋옵션 1계약을 매입할 수 있다.* 또는 투자자는 이 $115로 $15는 콜옵션을 매수하고 $100는 1년 만기 국고채권에 투자할 수 있다. 1년 후에 무슨 일이 벌어질까? 국채 투자금액은 1년 후에 $105로 증가할 것이다($100×1.05=$105). 또한 옵션들은 1년 후에 각각의 내재가치를 지닌다. 그러나 1년 후에 주가가 어떻게 될지는 알 수 없다. 따라서 아래에 가능한 여러 값들을 나열해봤다.

$115 투자하는 두 가지 대안의 수익

첫 번째 대안: 주식과 풋옵션			
1년 후의 주가	풋옵션의 가치(*K*=$105)	포트폴리오의 가치	투자금 $115 대비 수익
$125	$ 0	$125	$ 10
120	0	120	5
115	0	115	0
110	0	110	−5
105	0	105	−10
100	5	105	−10
95	10	105	−10
90	25	105	−10

두 번째 대안: 콜옵션과 단기국채				
1년 후의 주가	콜옵션의 가치 (*K*=$105)	단기국채의 가치	포트폴리오의 가치	투자금 $115 대비 수익
$125	$20	$105	$125	$10
120	15	105	120	5
115	10	105	115	0
110	5	105	110	−5
105	0	105	105	−10

* 이 예제는 주당 가격을 사용한다. 거래소에 상장된 옵션 계약은 100주가 기준이다. 실제 시장에서 투자자는 $11,000로 100주의 주식을 매수해야 하고 100×$5=$500에 한 계약의 풋옵션을 매입해야 한다. 따라서 총 투자금액은 $11,500(또는 주당 $115)가 된다.

100	0	105	105	−10
95	0	105	105	−10
90	0	105	105	−10

어떤 결과를 관찰할 수 있는가? 두 가지 투자대안 모두에서 미래의 각 주가에 대해 동일한 수익이 관찰된다. 즉, 1년 후 주식과 풋옵션으로 구성된 포트폴리오는 콜옵션과 단기국채로 구성된 포트폴리오와 동일한 가치를 지닌다.

따라서 주가와 풋옵션의 현재가치는 콜옵션과 단기국채(행사가격과 동일한 금액)의 현재가치와 동일해야 한다. Rita의 주장은 옳았다.

배당금이 존재하는 경우 풋–콜 패리티

지금까지의 풋–콜 패리티 논의는 옵션의 기초자산인 주식이 옵션 만기 전에 배당을 지급하지 않는다고 가정했다. 만일 옵션 만기 전에 배당을 지급하는 주식의 경우에는 어떨까? 논의의 시작을 위해 풋–콜 패리티 관계식을 다시 살펴보자.

$$S = C - P + K/(1 + r_f)^T \tag{15.9}$$

식 (15.9)은 옵션 만기 시점에 주식 매수 포지션이 콜옵션 매입, 풋옵션 매도, 단기국채 매입으로 구성된 포트폴리오와 동일한 수익을 보인다고 말한다. 그러나 주식이 배당을 지급하면 수익이 동일할까? 아니다! 옵션 만기 전 주식 보유자는 배당을 지급받을 것이다. 동일한 수익을 얻기 위해서 포트폴리오 투자자는 현재 시점에 추가금이 필요하다. 배당금은 나중에 발생하기 때문에 추가금액은 배당금의 현재 가치가 된다.

옵션 만기 전 주식이 배당금을 지불하면 풋–콜 패리티는 다음과 같다.

$$C - P = S - \text{Div} - K/(1 + r_f)^T \tag{15.10}$$

식 (15.10)에서 'Div'는 옵션 만기 전에 지급되는 미래 배당액의 현재 가치이다.

예제 15.13

내재 풋옵션 가격

현재 주가가 $50이고 잔존만기가 2개월, 행사가격이 $55인 콜옵션의 가격은 $8이다. 주식은 1개월 후에 $1의 배당금을 지급한다. 무위험이자율이 6%라면 풋–콜 패리티로부터 유추할 수 있는 2개월 후 만기가 도래하는 행사가격 $50의 내재 풋옵션 가격(implied put option price)은 얼마인가?

풋–콜 패리티 식을 재정렬하면 풋옵션에 대해 다음과 같은 가격이 도출된다.

$$P = C - S + \text{Div} + K/(1 + r_f)^T$$

$$\$13.46 = \$8 - \$50 + \$1/(1.06)^{1/12} + \$55/(1.06)^{2/12}$$

풋–콜 패리티는 어떻게 활용될 수 있는가?

풋–콜 패리티를 통해 만기 전 콜옵션의 가격을 계산할 수 있다. 그러나 풋–콜 패리티를 활용하여 콜옵션 가격을 계산하려면 동일한 행사가격의 풋옵션의 가격을 알아야한다. 전혀 문제될 게 없다. 풋–콜 패리티는 풋옵션의 가격을 계산할 수 있다. 그러나 풋–콜 패리티를 활용하여 풋옵션 가격을 계산하려면 동일한 행사가격의 콜옵션의 가격을 알아야한다. 음…

풋–콜 패리티의 개념을 포기해야 하는가? 아니다. 옵션 가격 결정 모형을 사용하여 콜옵션 가격을 계산하면 풋–콜 패리티를 사용하여 풋옵션 가격을 계산할 수 있다. 옵션 가격 결정 모형은 다음 장의 주제이다. 다음 예제에서 볼 수 있듯이 풋–콜 패리티는 콜옵션과 풋옵션 가격을 이용하는 차익거래자에게 유용하다 하겠다.

예제 15.14

풋–콜 패리티로 차익거래 기회의 파악

주식, 콜옵션, 풋옵션의 가격은 다음과 같다.

$$S = \$40$$
$$C = \$3$$
$$P = \$2$$

콜옵션과 풋옵션의 행사가격은 $40이다. 무위험 이자율은 연간 6%이며 옵션의 잔존만기는 3개월이다. 주식은 배당을 지급하지 않는다. 차익거래 기회는 존재하는가?

이 질문에 대답하려면 풋–콜 패리티를 사용하여 '풋–콜 패리티 내재 풋옵션 가격'을 계산하면 된다. 계산된 내재 가격을 풋옵션의 시장가격과 비교하라. 두 값의 차이가 잠재적인 차익거래 손익이다.

$$\text{풋–콜 패리티 내재 풋옵션 가격} = C - S + K/(1 + r_f)^T$$

$$\$2.42 = \$3 - \$40 + \$40/(1.06)^{3/12}$$

$$\text{잠재적인 차익거래 손익} = \text{풋–콜 패리티 내재 풋옵션 가격} - \text{풋옵션의 시장가격}$$

$$\$0.42 = \$2.42 - \$2.00$$

예제 15.15

차익거래의 활용

예제 15.14에서 $0.42의 잠재적 차익거래 손익이 계산되었다. 차익거래자는 이 기회를 어떻게 활용할 것인가? 차익거래자의 손익은 얼마인가?

예제 15.14에서 콜옵션 매수, 주식 공매도, 할인된 행사가격 금액을 무위험 자산에 투자하는 세 가지 거래를 합하면 모두 $2.42의 가치를 지닌다. 차익거래자가 이 세 포지션을 수행하면, 이 포트폴리오는 '합성 풋옵션(synthetic put)' 매수 포지션이라고 한다. 그러나 차익거래자는 $2.00로 실제 풋옵션을 매수할 수 있다. 차익거래자는 낮은 가격에 매수하고 높은 가격에 매도하여 손익을 창출한다. 차익거래자는 합성 풋옵션을 매도하여 $2.42를 수령한 후 $2.00에 풋옵션을 매수할 것이다. 즉, 투자자는 콜옵션을 매도하고, 주식을 매수하고, 차액은 차용(borrow)할 것이다. 차익거래자는 실제 풋옵션을 매수하기 위해 $2.00를 지불하고 합성 풋옵션의 매도를 통해 $2.42를 지급받을 수 있다. 이로 인해 잠재적 손익은 $0.42가 된다. 그러나 차익거래자는 거래 비용을 부담해야 한다. 실현된 세전 손익은 잠재적 손익에서 거래 비용을 차감한 값이 될 것이다.

확인 사항

15.10a 당신의 친구 Kristen은 현재 시점의 콜옵션 매수, 풋옵션 매도, 주식 공매도로 구성된 포트폴리오는 옵션 만기 시점에 –K와 같은 가치가 있다고 주장한다. 타당한 주장인가?(힌트: 표 15.1과 유사한 표를 작성하라)

15.10b 옵션 만기 전 배당금 지급이 이루어지면 투자자는 현재 주가를 '효과적인 주가(주: 배당락 주가)'로 낮춘다. 이러한 조정이 콜옵션 가치는 줄이고 풋옵션 가치를 늘리는 이유는?

15.10c 거래소의 개별주식 옵션은 미국형 옵션이다. 따라서 풋-콜 패리티는 이러한 옵션에 정확하게 적용되지 않는다. finance.yahoo.com 또는 월스트리트 저널(www.wsj.com) 온라인 버전의 옵션거래 데이터를 사용하여 선택된 콜옵션과 풋옵션 가격의 차이를 주가와 할인된 행사 가격의 차이와 비교하라. 무위험 단기국채금리는 www.reuters.com에서 확인 가능하다. 미국형 옵션에 대해서 풋-콜 패리티가 얼마나 잘 유지되고 있는가?

15.11 요약 및 결론

1973년 개별주식 옵션 거래는 시카고 옵션 거래소(CBOE) 설립과 함께 시작되었다. 이후 옵션 거래는 놀라울 정도로 성장했다. 이번 장에서는 주식 옵션과 관련된 여러 개념과 쟁점에 대해 살펴보았다. 이 장에서 다뤘던 중요한 개념들을 그룹화했다.

1. 옵션계약의 기초와 옵션 가격 고시를 이해하는 법

A. 옵션은 계약이다. 표준화된 주식 옵션은 옵션 계약 당 보통주 100주를 1 계약의 단위로 한다. 표준화된 옵션 가격이 온라인 상에서 어떻게 고시되는지를 학습했다.

B. 주식 옵션은 옵션의 가치가 주식의 가격으로부터 파생되기 때문에 파생상품이다. 두 가지 기본적인 유형의 옵션은 콜옵션과 풋옵션이다. 콜옵션 보유자는 기초자산을 행사가격에 매입할 수 있는 권리(의무가 아님)를 보유한다. 풋옵션 보유자는 기초자산을 행사가격에 매도할 권리(의무가 아님)를 보유한다.

C. 주가지수 옵션은 S&P 500과 같은 주가지수를 기초자산으로 하는 옵션이다. 모든 주가지수 옵션은 행사 시 현금 결제방식이 적용된다. 현금 결제 절차를 통해 주가지수 옵션이 행사되면 옵션 매도자는 옵션 매수자에게 현금을 지급한다.

D. 옵션 청산 회사는 미국의 주요 옵션 거래소를 위한 청산기관이다. 이는 옵션이 행사될 경우 옵션 계약 조건이 이행됨을 보증한다.

2. 옵션 수익과 손익의 차이

A. 옵션의 초기 현금흐름은 옵션 가격(옵션 프리미엄이라고도 함)이다. 옵션 매수자에게 옵션 가격(또는 프리미엄)은 현금 유출이다. 옵션 매도자에게 옵션 가격(또는 프리미엄)은 현금 유입이다. 옵션의 최종 현금흐름은 행사 권리로부터 실현된 옵션의 수익이다.

B. 만기 시, 옵션의 가치는 내재가치이다. 콜옵션의 경우 0 또는 주가에서 행사가격을 뺀 값의 최대값이다. 풋옵션의 경우 0 또는 행사가격에서 주가를 뺀 값의 최대값이다.

C. 옵션 전략의 손익은 옵션의 최종 현금흐름(옵션 수익)과 옵션의 초기 현금흐름(옵션 가격 또는 프리미엄) 간의 차이이다. 옵션 손익 도표는 옵션의 수익 도표를 옵션의 초기 가격만큼만 조정한 것이다. 즉, 옵션 매입 포지션에서는 수익에서 옵션 프리미엄을 제외하고 옵션 매도 포지션에서는 수익에서 옵션 프리미엄을 더한다. 단, 이러한 손익들은 모두 세전 값임을 잊지 마라.

3. 기본적인 옵션거래전략의 작동 원리

A. 여러 다양한 옵션거래전략이 존재한다. 하나의 전략 유형으로는 주식 포지션과 옵션 포지션을 결합하는 것이다. 이 전략의 예로 방어적 풋과 커버드 콜 전략이 있다.

B. 스프레드는 옵션거래전략의 또 다른 유형이다. 스프레드 전략은 동일한 유형

의 두 개 이상의 옵션 포지션을 동시에 취하는 것이다. 동일한 유형, 즉 거래 전략에 콜옵션 또는 풋옵션 만을 포함시키는 것이다. '버터플라이'는 잘 알려진 스프레드 전략의 예이다.

C. 컴비네이션은 옵션거래전략의 세 번째 유형이다. 컴비네이션에서는 콜옵션과 풋옵션을 혼합하여 포지션을 취한다. 스트래들은 가장 잘 알려진 컴비네이션 전략이다.

D. 옵션 가격은 차익거래로 인해 상/하한을 갖는다. 콜옵션은 주가 이상으로 거래될 수 없으며 풋옵션은 옵션의 행사가격 이상으로 거래될 수 없다.

4. 풋–콜 패리티의 논리

A. 풋–콜 패리티는 두 옵션 가격 간의 가장 기본적인 관계식이다. 풋–콜 패리티는 동일한 행사가격과 만기일을 가진 유럽형 콜옵션과 풋옵션 가격 간의 차이가 주가와 할인된 행사가격과의 차이와 동일하다는 것이다.

B. 풋–콜 패리티의 도출 논리는 미래에 동일한 무위험 수익을 지급하는 두 개의 증권은 동일한 현재 가격을 가져야 한다는 기본적인 금융의 원칙에 근거한다.

주요 용어

파생상품(derivative security) 636
콜옵션(call options) 636
풋옵션(put options) 636
행사가격(strike price) 636
미국형 옵션(American options) 637
유럽형 옵션(European options) 637
옵션 청산 회사(Option Clearing Corporation, OCC) 639
주가지수 옵션(stock index option) 643
현금 결제 옵션(cash-settled options) 644
내재가치(intrinsic value) 646
콜옵션 내재가치(call option intrinsic value) 646
풋옵션 내재가치(put option intrinsic value) 647
옵션의 시간가치(option time value) 648
내가격(in-the-money) 옵션 648
등가격(at-the-money) 옵션 648
외가격(out-of-the-money) 옵션 648
옵션 발행(option writing) 650
콜옵션 매도자(call writer) 650
풋옵션 매도자(put writer) 650
방어적 풋(protective put) 656
커버드 콜(covered call) 661
스프레드(spreads) 662
컴비네이션(combination) 662
풋–콜 패리티(put-call parity) 670

단원 후 문제와 자습 문제

1. 콜옵션 수익(LO2, CFA2) Blue Ox 주식을 기초자산으로 하는 콜옵션을 25 계약 매수하였다. 행사가격은 $22이고 옵션 가격은 $1이다. 만일 옵션 만기일에 주가가 $24가 되면, 콜옵션의 가치는 얼마인가? 순이익은 얼마인가? 만일 주가가 $23 또는 $22가 되면 결과는 어떻게 변하는가?

2. 주식 vs. 옵션(LO1, CFA1) Bunyan Brewery의 주가는 현재 $20이다. 행사가격 $20, 잔존만기 60일의 콜옵션 가격은 $2이다. 60일 후 주가가 각각 $26, $20, $18일 때 현재 $2,000의 주식투자와 옵션 투자의 백분위 수익률을 비교하라.

3. 풋–콜 패리티(LO4, CFA1) 콜옵션 가격은 $8이다. 옵션의 행사가격은 $80이고, 잔존만기는 6 개월이다. 주가가 $60이면, $80의 행사가격과 잔존만기 6개월인 풋옵션의 가격은 얼마인가? 단, 무위험 이자율은 연간 6 %이다.

자습 문제 해답

1. Blue Ox의 현재 주가는 $24이다. $22에 100주를 매수할 권리가 있는 콜옵션을 25계약 맺고 있다. 따라서 옵션은 2,500주에 대하여 주당 $2의 가치 즉, $5,000의 가치를 지닌다. 옵션 가격은 $1였으므로 계약 당 $100, 즉 총 $2,500를 지불했다. 순익은 $2,500이 된다. 만일 주가가 $23라면 옵션의 가치는 $2,500이 되므로 순익은 정확히 0이된다. 주가가 $22라면 옵션은 가치는 없으며, 프리미엄으로 지불한 $2,500를 모두 잃게 된다.

2. Bunyan 주가는 $20이므로 $2,000를 투자하면 100주를 매수할 수 있다. 옵션 가격이 $2이므로 옵션 계약은 $200의 투자금이 필요하다. 만일 $2,000를 투자하면 $2,000/$200=10 계약의 옵션을 매입할 수 있다. 주가가 60일 후 $26가 되면 주식투자로부터의 손익은 주당 $6, 총 $600이다. 백분위 수익률은 $600/$2,000=30%이다.

   이 경우 옵션은 주당 $6, 계약 당 $600의 가치가 있다. 10계약을 매수했으므로 총 $6,000가 된다. 10계약에 대한 프리미엄으로 $2,000를 지불했기 때문에 손익은 $4,000이다. 백분위 수익률은 무려 $4,000/$2,000=200%이다.

   만일 주가가 $20라면 주식투자에서의 손익은 $0이고 수익률은 0%이다. 옵션 또한 가치가 없다. 수익률은 −100%이다. 만일 주가가 $18인 경우 주식투자의 수익률은 −10%이고 옵션 투자의 수익률은 다시 −100%이다.

3. 풋–콜 패리티 식을 활용하면 다음과 같다.

$$C - P = S - K/(1 + r)^{T}$$

   P로 식을 재정렬하고, 다른 입력변수들을 대입하면 다음과 같은 해를 찾을 수 있다.

$$P = C - S + K/(1+r)^T$$
$$= \$8 - \$60 + 80/(1.06)^{1/2}$$
$$= \$25.70$$

투자 지식 학습

1. 옵션 계약(LO1, CFA1) 다음 중 주식 옵션 계약에 명시되지 않는 항목은?
   a. 기초자산 주식의 가격
   b. 계약의 크기
   c. 옵션 행사 방식 – 유럽형 또는 미국형
   d. 결제 절차 – 현금정산 또는 인수도

2. 옵션 수익(LO2, CFA2) 만기 시점의 콜옵션 가격에 대한 다음의 설명 중 옳지 않은 것은?
   a. 콜옵션의 매도 포지션은 주가가 행사가격보다 크면 손실이다.
   b. 매수 포지션의 가치는 0 또는 주가에서 행사가격을 뺀 값 중 큰 금액과 동일하다.
   c. 매수 포지션의 가치는 0 또는 행사가격에서 주가를 뺀 값 중 큰 금액과 동일하다.
   d. 콜옵션의 매도 포지션은 주가가 행사가격 이하인 경우 0의 가치를 가진다.

3. 옵션 투자전략(LO3, CFA2) 다음 중 대규모 손실 가능성 있는 옵션 전략은 무엇인가?
   a. 커버드 콜 매도
   b. 커버드 풋 매도
   c. 네이키드 콜 매도
   d. 네이키드 풋 매도

4. 옵션 투자전략(LO3, CFA5) 다음 중 등가격 방어적 풋 포지션(주식과 풋옵션 매수)에 관한 설명으로 옳지 않은 것은?
   a. 행사가격 이하로 주가 하락할 경우 손실 방지
   b. 주가가 상승할 때 손익 잠재력이 제한적
   c. 주가 증가분에서 풋옵션의 프리미엄을 차감한 금액만큼의 손익을 제공
   d. 현재 주가의 손실 제한 주문(stop-loss order)과 유사한 수익률 패턴을 제공

5. 풋–콜 패리티(LO4, CFA1) 다음 중 풋–콜 패리티 조건에 포함되지 않는 것은?
   a. 기초자산인 주식의 가격
   b. 콜옵션, 풋옵션의 행사가격
   c. 콜옵션, 풋옵션의 만기일
   d. 주식 수익률의 변동성

6. 풋–콜 패리티(LO4, CFA1) 풋–콜 패리티에 따르면 주식 100주 매수와 함께 다음 중 어떤 포트폴리오를 함께 투자하면 무위험 포트폴리오가 구축되는가?
   a. 1계약의 콜옵션 매도, 1계약의 풋옵션 매수
   b. 1계약의 콜옵션 매수, 1계약의 풋옵션 매도
   c. 1계약의 콜옵션 매수, 1계약의 풋옵션 매수
   d. 1계약의 콜옵션 매도, 1계약의 풋옵션 매도

7. 옵션 투자전략(LO3, CFA5) 투자자 A는 위험 관리 및 고정수익 수취 목적으로 옵션에 투자한다. 투자자 B는 공격적인 투자 목적으로 옵션에 투자한다. 투자자 A와 B, 각각을 위한 적절한 옵션 투자전략은 무엇인가?

a. 커버드 콜 매도/투자하고 있지 않은 주식을 기초자산으로 하는 풋옵션 매수

b. 외가격 콜옵션 매수/투자 중인 주식을 기초자산으로 하는 풋옵션 매수

c. 네이키드 콜 매도/내가격 콜옵션 매수

d. 투자 중인 주식을 기초자산으로 하는 풋옵션 매도/ 투자하고 있지 않은 주식을 기초자산으로 하는 풋옵션 매수

8. 옵션 투자전략(LO3, CFA3) 다음 옵션 조합 중 스트래들을 가장 잘 설명하는 조합은 무엇인가? 동일한 주식을 기초자산으로 한 ( )를 가진 콜옵션과 풋옵션 모두를 매수.

a. 다른 행사가격과 동일한 만기
b. 동일한 행사가격과 다른 만기
c. 동일한 행사가격과 동일한 만기
d. 다른 행사가격과 다른 만기

9. 옵션 투자전략(LO3, CFA3) 주가가 크게 상승할 것으로 예상되는 경우 가장 위험한 옵션 거래전략은 무엇인가?

a. 네이키드 콜옵션 매도
b. 네이키드 풋옵션 매도
c. 콜옵션 매수
d. 풋옵션 매수

10. 옵션의 손익과 손실(LO2, CFA3) ABC 주식을 기초자산으로 하는 행사가격 $45를 지닌 2계약의 콜옵션과 1계약의 풋옵션을 매수하여 '스트랩'을 구성했다. 콜옵션 가격은 $5, 풋옵션 가격은 $4이다. ABC 주가가 $55일 때 주당 손익은 얼마인가?

a. $4 손실
b. $6 이익
c. $10 이익
d. $20 이익

11. 옵션의 손익과 손실(LO2, CFA3) 행사가격이 $40인 XYZ 주식의 풋옵션과 콜옵션 가격은 각각 주당 $2.00, $3.50이다. 풋옵션 매도 포지션의 최대 주당 손실과 콜옵션 매도의 최대 주당 손익은 얼마인가?

	풋옵션 매도의 최대 손실	콜옵션 매도의 최대 손익
a.	$38.00	$ 3.50
b.	$38.00	$36.50
c.	$40.00	$ 3.50
d.	$40.00	$40.00

12. 옵션 가격결정(LO2, CFA3) 주가가 $25이고 해당 주식에 대한 풋옵션의 행사 가격은 $20, 옵션의 잔존만기는 90일이다. 오늘 풋옵션의 최소 및 최대 가격은 얼마인가?

a. $0, $5
b. $0, $20
c. $5, $20
d. $5, $25

13. 옵션 투자전략(LO3, CFA5) 다음 중 주식 매수 포지션에서 '주가하락' 위험을 제거하고자 하는 투자자에게 가장 적합한 전략은 무엇인가?

a. 스트래들 매수 포지션
b. 스트래들 매도 포지션
c. 커버드 콜 매도 포지션
d. 방어적 풋 매수 포지션

14. 커버드 콜(LO3, CFA1) 자산의 현재 가격은 $75이다. 해당 자산을 기초자산으로 하는 만기 3개월의 등가격 미국형 콜옵션은 현재 $5이다. 커버드 콜 매도자가 옵션 만기일에 손익분기가 되는 자산가격은 얼마인가?

a. $70
b. $75
c. $80
d. $85

15. 옵션 투자전략(LO3, CFA2) 자산의 현재 가격은 $100이다. $90의 행사가격을 가진 외가격 미국형 풋옵션을 자산과 함께 매수했다. 이러한 위험 회피 전략이 만기 시 자산가격이 $114일 때 손익분기가 된다면, 매입 당시 미국형 풋옵션의 가격은 얼마인가?

a. $0
b. $4
c. $10
d. $14

개념 문제

1. 옵션의 기본적인 특징(LO1, CFA1) 콜옵션은 무엇인가? 풋옵션은? 어떤 상황에서 각 옵션을 매입하고 싶은가? 어느 옵션이 잠재적인 이익이 더 큰가? 그 이유는?

2. 콜옵션 vs. 풋옵션(LO1, CFA1) 이 투자자들 각각에 대해 다음 문장을 완성하라.

a. 콜옵션 매입
b. 풋옵션 매입
c. 콜옵션 매도
d. 풋옵션 매도

(풋/콜)옵션 (매수자/매도자)는 특정 기간 동안 정해진 가격으로 특정 자산을 (매입/매도)할 (권리/의무)에 대해 현금을 (지급한/지급받는)다.

3. 옵션의 수익분기점(LO2, CFA2) 일반적으로 콜옵션 매수 시 세금 및 수수료를 무시하고 손익분기를 위해 필요한 주가는 얼마인가? 풋옵션의 경우에는?

4. 방어적 풋(LO3, CFA5) 투자 중인 주식에 풋옵션을 추가 매수하는 것을 '주가보험'이라고 한다. 이유는 무엇인가?

5. 내재가치의 정의(LO2, CFA1) 콜옵션의 내재가치란 무엇인가? 이 값은 어떻게 해석해야 하는가?

6. 내재가치의 정의(LO2, CFA1) 풋옵션의 내재가치란 무엇인가? 이 값은 어떻게 해석해야 하는가?

7. 차익거래와 옵션(LO2, CFA3) Patel Corporation의 주가는 $50이다. 1주당 $35의 행사가격을 가진 콜옵션 가격은 $10이다. 뭔가 이상하지 않나? 만일 이 옵션이 오늘 행사되는 경우 현재의 이상한 가격을 어떻게 활용할 수 있는지 논하라.

다음 옵션가격을 사용하여 문제 8에서 11까지 답하라.

종가	행사가격	만기월	콜옵션		풋옵션	
			거래량	종가	거래량	종가
Milson						
59	55	3월	98	3.50	66	1.06
59	55	4월	54	6.25	40	1.94
59	55	7월	25	8.63	17	3.63
59	55	10월	10	10.25	5	3.25

8. 옵션 가격 고시의 이해(LO1, CFA2) Milson 주식에 대한 옵션 계약의 만기가 7월인 옵션의 거래량은? 이 옵션 계약은 몇 주의 주식을 거래하게 되는가?

9. 옵션 가격 고시의 이해(LO1, LO2, CFA1) 콜옵션은 내가격 상태인가? Milson 콜옵션의 내재가치는 얼마인가?

10. 옵션 가격 고시의 이해(LO1, LO2, CFA1) 풋옵션은 내가격 상태인가? Milson 풋옵션의 내재가치는 얼마인가?

11. 옵션 가격 고시의 이해(LO1, LO2, CFA3) 옵션들 중 2개 계약은 가격에 오류가 있다. 어느 것인가? 가격에 오류가 있는 옵션은 최소한 얼마에 거래되어야 하는가? 각각의 경우에 가격 오류로부터 어떻게 이익을 실현시킬 수 있는지 설명하라.

12. 옵션 투자전략(LO3, CFA5) 본문에서 논의된 방어적 풋과 커버드 콜의 옵션 전략을 생각해보자. 일부 주식을 공매도했다고 가정하자. 유사한 옵션 전략과 이를 구현하는 방법에 대해 검토하라. (힌트: 이는 방어적 콜 및 커버드 풋이라고 한다.)

13. 풋-콜 패리티(LO4, CFA1) 풋옵션과 콜옵션은 동일한 만기와 행사가격을 가진다. 두 옵션 모두 등가격이라면 어떤 옵션이 더 가치가 있는가? 답을 증명하고 직관적으로 설명하라.

14. 풋-콜 패리티(LO4, CFA1) 풋옵션과 콜옵션은 동일한 만기와 행사가격을 가진다. 두 옵션 모두 동일한 가격이라면, 어떤 옵션이 내가격 상태인가?

15. 풋-콜 패리티(LO4, CFA2) 풋-콜 패리티 식이 말해주는 한 가지 사실은 주식, 콜옵션, 풋옵션, 단기국채 중 3개가 주어지면 4번째는 다른 3개를 사용하여 합성하거나 복제할 수 있다는 것이다. 예를 들어, 풋옵션, 콜옵션, 단기국채를 이용하여 주식을 복제할 수 있는 방법은 무엇인가?

질문과 문제

1. 콜옵션 수익(LO2, CFA2) Macron Technology 주식을 기초로 하는 8계약의 콜옵션 매수 계약을 체결하였다. 옵션의 행사가격은 $60이고 옵션 가격은 $3이다. 만기 시 주가가 주당 $64인 경우 콜옵션의 가치는 얼마인가? 순이익은 얼마인가?

2. 풋옵션 수익(LO2, CFA2) Testaburger Co. 주식을 기초로 하는 5계약의 풋옵션 매수 계약을 체결하였다. 옵션의 행사가격은 $45이고 옵션 가격은 $3이다. 만기 시 주가가 주당 $39인 경우 풋옵션의 가치는 얼마인가? 순이익은 얼마인가?

3. 주식 vs. 옵션(LO2, CFA1) Cheezy-Poofs Manufacturing의 주가는 현재 $50이다. $50의 행사가격과 90일의 잔존만기를 가진 콜옵션 가격은 $1.95이다. 90일 후 주가가 $40, $50, $60일 때 $97,500를 주식에 투자한 것과 옵션에 투자한 경우의 백분위 수익률을 비교하라.

다음 옵션가격을 사용하여 문제 4에서 7까지 답하라.:

주식 종가	행사가격	만기	콜옵션		풋옵션	
			거래량	종가	거래량	종가
Hendreeks						
103	100	2월	72	5.20	50	2.40
103	100	3월	41	8.40	29	4.90
103	100	4월	16	10.68	10	6.60
103	100	7월	8	14.30	2	10.10

4. 옵션 가격 고시(LO1) 50계약의 4월물 행사가격 100 콜옵션 매수 계약을 체결하였다. 수수료는 무시하고 얼마를 지불해야 하는가?

5. 옵션 수익 계산(LO2, CFA2) 문제 4에서 Hendreeks 주식이 옵션 만기일에 주당 $105.70이라고 가정하자. 옵션 투자의 가치는 얼마인가? 만일 만기일에 주가가 $101.60라면?

6. 옵션 수익 계산(LO2, CFA2) 30계약의 3월물 행사가격100 풋옵션 매수 계약을 체결하였다. 최대 손익은 얼마인가? 만기일에 Hendreeks는 주당 $84.60이다. 옵션 투자의 가치는 얼마인가? 손익은 얼마인가?

7. 옵션 수익 계산(LO2, CFA2) 30계약의 7월물 행사가격100 풋옵션 매도 계약을 체결하였다. Hendreeks 주가가 만기 시 $90일때 손익은 얼마인가? 주가가 $110라면? 손익분기점, 즉 손익이 0이되는 최종 주가는 얼마인가?

8. 풋-콜 패리티(LO4, CFA1) 콜옵션은 현재 $3이다. 행사가격은 $65이고 잔존만기는 6개월이다. 행사가격이 $65이고 잔존만기가 6개월인 풋옵션의 가격은 얼마인가? 현재 주가는 $66이고 무위험 이자율은 5%이다.

9. 풋-콜 패리티(LO4, CFA1) 콜옵션은 현재 $8이다. 행사가격은 $80이고 잔존만기는 5개월이다. 동일한 행사가격과 만기일을 지닌 풋옵션은 $6이다. 무위험 이자율은 4%라면 현재 주가는 얼마인가?

10. 풋-콜 패리티(LO4, CFA1) 행사가격이 $50인 풋옵션은 $3.20이다. 옵션의 잔존만기는 2개월이고 현재 주가는 $51이다. 무위험 이자율이 5%라면 동일한 행사 가격을 가진 콜옵션의 가격은 얼마인가?

11. 풋-콜 패리티(LO4, CFA1) 콜옵션은 현재 $3.90이다. 행사가격은 $45이며 잔존만기는 5개월이다. 현재 주가는 $47이고 무위험 이자율은 4%이다. 주식은 2개월 후 $1.4의 배당금을 지급한다. 동일한 행사가격의 풋옵션 가격은 얼마인가?

12. 풋-콜 패리티(LO4, CFA1) 콜옵션은 현재 $4.60이다. 행사가격은 $60이고 잔존만기는 3개월이다. 동일한 행사가격의 풋옵션은 $7.20이다. 무위험 이자율은 6%이며, 주식은 3개월 후 $2.10의 배당금을 지급한다. 현재 주가는 얼마인가?

13. 풋-콜 패리티(LO4, CFA1) 풋옵션은 현재 $8.30이다. 행사가격은 $80이고 잔존만기는 7 개월이다. 현재 주가는 $83이다. 무위험 이자율은 5%이며, 주식은 2개월 후 $1.40의 배당금을 지급한다. 동일한 행사가격을 지닌 콜옵션의 가격은 얼마인가?

14. 콜옵션 매도(LO2, CFA3) 10계약의 행사가격 $50인 콜옵션 매도 계약을 체결했다. 옵션 가격은 $2.75이다. 만기 시 주가가 각각 $40, $50, $60일 때 옵션의 잠재적인 손익을 계산하라.

15. 풋옵션 매도(LO2, CFA3) 15계약의 행사가격 $45인 풋옵션 매도 계약을 체결했다. 옵션 가격은 $2.40이다. 만기 시 주가가 $35, $45, $55일 때 옵션의 잠재적인 손익을 계산하라.

16. 주가지수 옵션(LO2, CFA1) 행사가격 2200인 SPX 콜옵션 매수 계약을 체결했다. 옵션 만기일에 S&P 500 지수는 2218이다. 옵션 프리미엄이 $14인 경우 손익은 얼마인가?

17. 옵션 투자전략(LO3, CFA5) $60에 주식을 공매도하고 행사가격 $60인 풋옵션을 매도했다. (이는 '커버드 풋' 전략이다). 풋옵션 프리미엄이 $1.80이고 주가가 각각 $50, $55, $60, $65, $70 일 때 이 포지션의 만기 손익은 얼마인가?

18. 옵션 투자전략(LO3, CFA5) $70에 주식을 공매도하고 행사가격 $70인 콜옵션을 매수했다. (이는 '방어적 콜' 전략이다). 콜옵션 프리미엄이 $3.40이고 주가가 각각 $60, $65, $70, $75, $80일 때 이 포지션의 만기 손익은 얼마인가?

19. 옵션 투자전략(LO3, CFA5) $80에 주식을 공매도하고 행사가격 $80인 커버드 풋을 매도하고 동시에 방어적 콜을 매수했다. 주가가 각각 $70, $75, $80, $85, $90일 때 이 포지션의 만기 수익은 얼마인가?

20. 옵션 투자전략(LO3, CFA5) 주식을 보유하지 않은 채 $80의 행사가격을 지닌 풋옵션 매도와 콜옵션 매수를 동시에 체결했다. 주가가 각각 $70, $75, $80, $85, $90일 때 이 포지션의 만기 수익은 얼마인가?

21. 옵션 투자전략(LO3, CFA5) 동일한 $75의 행사가격을 지닌 풋옵션과 콜옵션을 동시에 매수하는 스트래들 매수 전략을 취했다. 풋옵션과 콜옵션의 가격은 각각 $2.80과 $4.20이다. 주가가 각각 $65, $70, $75, $80, $85일 때 이 포지션의 만기 손익은 얼마인가? 손익 분기가 되는 주가는 얼마인가?

22. 주가지수 옵션 포지션(LO3, CFA3) 행사가격 2125인 1계약의 SPX 콜옵션 매수와 행사가격 2150인 1계약의 SPX 콜옵션 매도 계약을 체결했다. S&P 500 지수가 각각 2050, 2100, 2150, 2200일 때 이 포지션의 만기 수익은 얼마인가?

23. 주가지수 옵션 포지션(LO3, CFA3) 행사가격 2100인 1계약의 SPX 풋옵션 매수와 행사가격 2125인 1계약의 SPX 풋옵션 매도 계약을 체결했다. S&P 500 지수가 각각 2000, 2050, 2100, 2150, 2200일 때 이 포지션의 만기 수익은 얼마인가?

24. 주가지수 옵션 포지션(LO3, CFA3) 행사가격 2100인 1계약의 SPX 콜옵션 매수와 행사가격 2100인 1계약의 SPX 풋옵션 매도 계약을 체결했다. S&P 500 지수가 각각 2000, 2050, 2100, 2150, 2200일 때 이 포지션의 만기 수익은 얼마인가?

25. 주가지수 옵션 포지션(LO3, CFA3) 행사가격이 각각 2000, 2200인 SPX 콜옵션 1계약을 매수하고 행사가격이 2100인 SPX 콜옵션을 2계약을 매도하였다. S&P 500 지수가 1900, 1950, 2000, 2050, 2100일 때 이 포지션의 만기 수익은 얼마인가?

26. 스트랭글(CFA5) 스트랭글은 풋옵션을 매수하고 동일한 만기에 더 큰 행사가격을 지닌 콜옵션을 동시에 매수하여 구성한다. 행사가격이 $100인 풋옵션 가격은 $6.75이고, 행사가격이 $110인 콜옵션은 $8.60이다. 이 옵션들을 활용한 스트래들 전략의 수익과 손익을 나타내는 도표를 그려라.

27. 콜옵션을 이용한 불 스프레드(CFA5) 콜옵션을 매수하고 동일한 만기에 더 큰 행사가격을 지닌 콜옵션을 동시에 매도하여 콜옵션을 활용한 불 스프레드를 구성한다. 행사가격 $20인 콜옵션은 $4.55이고 행사가격 $25인 콜옵션은 $1.24이다. 이 옵션들을 활용한 불 스프레드 전략의 수익과 손익을 나타내는 도표를 그려라.

28. 풋옵션을 이용한 불 스프레드(CFA5) 풋옵션을 활용해서도 불 스프레드를 구성할 수 있다. 풋옵션을 매수하고 동일한 만기에 더 큰 행사가격을 지닌 풋옵션을 동시에 매도하여 풋옵션을 활용한 불 스프레드를 구성한다. 행사가격 $20인 풋옵션은 $0.45이고 행사가격 $25인 풋옵션은 $1.64이다. 이 옵션들을 활용한 불 스프레드 전략의 수익과 손익을 나타내는 도표를 그려라.

29. 콜옵션을 이용한 버터플라이 스프레드(CFA5) 행사가격 K_1과 K_3인 콜옵션을 매수하고, 행사가격 K_2인 두 계약의 콜옵션을 매도하여 콜옵션을 활용한 버터플라이 스프레드를 구성한다. 모든 콜옵션은 동일한 주식을 기초자산으로 하고 동일한 만기를 지닌다. 또한 버터플라이 스프레드는 $K_2=½(K_1 + K_3)$로 구성한다. 행사가격이 각각 $35, $40, $45인 콜옵션의 가격은 $7, $3.59, $1.31이다. 이 옵션들을 활용한 버터플라이 스프레드 전략의 수익과 손익을 나타내는 도표를 그려라.

30. 풋옵션을 이용한 버터플라이 스프레드(CFA5) 또한 행사가격 K_1인 풋옵션을 매수하고 K_3인 풋옵션을 매수하고 행사가격 K_2의 두 계약의 풋옵션을 매도함으로써 풋옵션을 활용하여 버터플라이 스프레드를 구축할 수 있다. 모든 풋옵션의 기초자산과 만기일은 동일하며 $K_2=½(K_1 + K_3)$는 여전히 유효하다. 행사가격 $35, $40, $45인 풋옵션의 가격은 각각 $0.90, $2.35, $5.10이다. 이 옵션들을 활용한 버터플라이 스프레드 전략의 수익과 손익을 나타내는 도표를 그려라.

CFA 관련 문제

[CFA1, CFA2]

Rachel Barlow is a recent finance graduate from Columbia University. She has accepted a position at a large investment bank but must first complete an intensive training program. Currently she is spending three months at her firm's Derivatives Trading Desk. To prepare for her assignment, Ms. Barlow decides to review her notes on option relationships, concentrating particularly on put-call parity. The data she will be using in her review are provided below. She also decides to assume continuous compounding.

	Option 1	Option 2
Stock price	$100	$110
Strike price	$100	$100
Interest rate	7%	7%

Dividend yield	0%	0%
Time to maturity (years)	0.5	0.5
Standard deviation of stock	20%	20%
Call option price	$7.38	$14.84

1. She would like to compute the value of the corresponding put option for Option 1. Which of the following is closest to Ms. Barlow's answer?
   a. $3.79
   b. $3.94
   c. $4.41

2. Ms. Barlow notices that the stock in the table above does not pay dividends. If the stock begins to pay a dividend, how will the price of the call option be affected?
   a. It will decrease.
   b. It will increase.
   c. It will not change.

3. She would like to compute the value of the corresponding put option for Option 2. Which of the following is closest to Ms. Barlow's answer?
   a. $0.98
   b. $1.41
   c. $4.84

PART

6

투자론 주제

CHAPTER

16

옵션 가치평가

"나는 관찰한 결과를 이론과 비교했다. 시장이, 무의식적으로 지배하는 법칙, 즉 확률 법칙을 따르고 있다는 것을 보여주기 위해서."

—

루이 바슐리에(Louis Bachelier)

학습목표

아래 내용에 대한 충분한 이해를 통해 옵션가격이 적정한지 검토하자.

1. 1기간 또는 2기간 이항 모형을 이용한 옵션가격 결정 방법
2. 블랙–숄즈 모형을 이용한 옵션 가격 결정 방법
3. 옵션을 이용한 주식 포트폴리오 헤지 방법
4. 스톡 옵션의 작동원리

옵션의 가치는 얼마인가? 사실, 이 문제는 금융분야에서 어려운 질문 중 하나이다. 옵션의 가치 평가는 종종 복잡한 수학을 포함하기 때문에 금융에서는 비밀스러운 영역으로 간주된다. 다행히도 대부분 옵션 전문가와 마찬가지로 우리는 그다지 어렵지 않은 수학적 도구를 활용하여 옵션 가치평가에 대한 여러 가지 것들을 학습할 수 있다. 그러나 이 주제를 깊이 공부하려면 블랙–숄즈 옵션 가격 결정 모형 이야기부터 시작해야 한다. 이 모형은 여러 다른 옵션 가격 결정 모형들의 시작을 이야기해 주는 핵심적인 모형이다.

이전 장에서는 주식 옵션의 기초를 소개했다. 경제적 관점에서 보면 가장 중요한 주제는 주식 옵션의 만기 시 수익이다. 투자자는 현재 시점의 옵션

CFA 예제

1. 파생상품 가격결정의 기초(L1, S17)
2. 옵션시장과 계약(L2, S17)
3. 옵션거래전략을 이용한 위험관리(L3, S15)

매수가 위험한 향후 수익에 투자하는 것임을 명심해야 한다. 마찬가지로 투자자의 현재 시점에서의 옵션 매도는 위험한 향후 지급 의무가 발생된다. 경쟁적인 자본 시장에서 매일매일 관찰되는 옵션 가격은 매수자와 매도자가 가능한 모든 미래 수익과 지급 가능성을 평가하여 합의한 후 이에 따라 결정된다.

이번 장에서는 주식 옵션의 가격을 계산하는 방법을 논의하기 위해 많은 시간을 할애할 예정이다. 간단한 주식 옵션 가격 계산 방법으로 시작한 후 이항 옵션 가격 결정 모형을 논의한다. 최종적으로 전문가들 사이에서 주식 옵션 평가를 위한 최고의 모형으로 널리 간주되는 블랙-숄즈(Black-Scholes) 옵션 가격 결정 모형을 다룬다.

16.1 만기 전 옵션 가치평가를 위한 간단한 모형

만기 전 옵션 가치 계산은 복잡하지만 주요한 시사점의 상당 부분을 간단한 예제를 사용하여 확인할 수 있다. 잔존만기 1년, 행사가격 $110인 콜옵션을 가정하자. 현재 주가는 $108이고 1년 만기 무위험 이자율 r은 10%이다.

옵션은 만기 시 내재가치를 지님을 우리는 알고 있다. 내재가치를 계산하려면 옵션 만기 시점에 행사가격과 주가가 필요하다. 행사가격과 옵션 만기일은 알려져 있다. 현재 시점의 주가는 알지만, 1년 후 주가는 얼마인지 전혀 모른다. 옵션 가격을 계산하는데 자주 활용하는 방법은 옵션 만기 시점에 기초 자산의 가능한 주가의 범위를 '안다'고 가정하는 것이다.

간단한 예로 시작해 보자. 주가가 1년 후 $130 또는 $115가 될 것이라는 것을 (어떻게든) 알고 있다고 가정하자. 그러나 1년 후 주가는 여전히 불확실하다는 점을 명심해라. 우리는 주가가 $130 또는 $115가 될 것이라는 것을 알고 있을 뿐이다.(다른 값은 없다) 우리는 이 두 가격이 발생할 확률은 모른다. 즉, 우리는 발생 가능한 주식의 가격은 알지만 이 값들이 관찰될 확률은 모른다.*

옵션의 행사가격이 $110이기 때문에 만기 시 콜옵션 가치는 $130−$110=$20 또는 $115−$110=$5가 될 것이다. 우리는 이 중 실제 어떤 것이 발생할지는 여전히 모른다. 다만 우리는 한 가지 매우 중요한 사실을 알고 있다. 콜옵션은 내가격 상태로 종료된다는 점이다.

행사가격이 $110인 풋옵션은 어떨까? 두 경우 모두 풋옵션은 외가격 상태로 종

* 이 확률을 알았다면 만기 시 주가의 기대 값을 계산할 수 있다.

료될 것이다. 즉, 만기 시의 풋옵션의 가치는 주가와 관계없이 0이다. 현재 시점의 풋옵션 가치는 얼마인가? 다음의 질문에 답하며 생각해보라. 1년 후 0의 가치를 가지는 무위험 자산에 대해 오늘 얼마를 지불할 의향이 있는가? 맞다. 0이다.

동일한 행사가격을 지닌 풋옵션의 가격을 알고 있다면, 풋–콜 패러리를 활용하여 콜옵션의 만기 전 가격을 계산할 수 있다. 만기일 주가가 $130 또는 $115일 때, 행사가격 $110의 풋옵션의 현재와 만기시점 가치는 모두 0이다. 따라서 이 경우 풋–콜 패리티를 활용하여 행사가격 $110의 콜옵션 현재 가격을 계산할 수 있다.

$$\begin{aligned} C - P &= S_0 - K/(1+r)^T \\ C - 0 &= \$108 + \$110/(1.10) \\ C &= \$108 - \$100 = \$8 \end{aligned}$$

주가의 여러 다른 많은 쌍에서도 풋옵션 가치는 0이 될 수 있다. 따라서 이번 예에서 고려했던 두 가지 특정 주가에서만 콜옵션 가격을 계산할 수 있다는 것은 아니다. 콜옵션 가격이 계산될 수 있었던 이유는 다음의 두 가지 사실에 근거한다.: (1) 선택된 주가 쌍은 콜옵션이 내가격으로 종료될 것을 보장하고, (2) 선택된 주가 쌍은 똑같은 행사가격의 풋옵션이 외가격으로 종료될 것을 보장한다.*

콜옵션이 내가격 상태로 만기를 맞이할 것으로 확신할 때 콜옵션 가격 책정은 간단하다. 만기 전 콜옵션의 가격을 구하기 위해 단순히 0인 풋옵션 가격과 풋–콜 패리티 식을 활용하면 된다.

16.2 1 기간 이항 옵션 가격 결정 모형

이전 절에서는 콜옵션이 항상 내가격 상태로 종료된다는 사실을 적절히 활용했다. 콜옵션이 내가격 상태 또는 외가격 상태로도 만기를 맞이하는 걸 허용한다고 가정하자.** 이 경우 어떻게 논의를 진행할 수 있는가? 이제 다른 옵션 가격 결정 모형이 필요하다. 1 기간 이항 옵션 가격 결정 모형(one-period binomial option pricing model, BOPM)을 살펴봄으로써 옵션 가격 결정 모형으로의 논의를 시작해 볼 것이다.

* 주가가 행사가격의 현재가치보다 낮으면 어떤 일이 일어날지 궁금할 것이다. 이 경우 콜옵션 가격은 음수가 된다. 그러나 이 예에서 콜옵션은 내가격 상태로 종료되기에 주가는 1년 후에 적어도 K이상이 될 것이다. 만일 주가가 $K/(1+r)T$보다 작으면 주식의 수익률은 무위험 이자율보다 클 것이다. (이는 차익 거래 기회를 창출한다). 예를 들어 주가가 현재 $80라면 최소 수익률은 (115–80)/80=43.75%가 된다. 우리가 10%로 대출이 가능하므로, 대여한 $1당 33.75%의 최소 수익률을 얻게 된다. 당연히 이는 차익거래 기회이다.

** 우선 콜옵션으로 논의를 제한한다. 물론 풋옵션에 대하여도 동일한 이야기를 풀어갈 수 있다.

1 기간 이항 옵션 가격 결정 모형–가정

현재 주가는 S이고 주식은 배당을 지급하지 않는다고 가정한다. 한 기간 이후의 주가는 $S \times u$ 또는 $S \times d$라고 가정하고, 여기서 u('상승' 승수)는 1보다 크고 d('하락' 승수)는 1미만이다.* 예를 들어, 현재 주가는 $100이고 u와 d는 각각 1.10과 0.95이다. 이 숫자를 사용하면 한 기간 이후의 주가는 $100×1.10=$110 또는 $100×0.95=$95가된다.

1 기간 이항 옵션 가격 결정 모형–설정

표 16.1에 주어진 값으로 시작해보자. 현재 시점의 콜옵션 가격을 계산하려면 투자자의 포트폴리오는 아래와 같다고 가정한다.

- 주식 1주를 매입
- 1 계약의 콜옵션을 매도

중요한 질문은 다음과 같다.: 포트폴리오의 현재 시점의 가치와 옵션의 만기 시점의 가치는 얼마인가? 이 질문에 답하기 위해, 먼저 현재 시점에 알고 있는 모든 값과 옵션 만기 시 알 수 있는 모든 값들을 기록해야만 한다. 이 값들을 그림 16.1의 두 '트리(tree)'에 표시한다. 옵션 가격 결정 모형 분야에서 주식 또는 옵션 가격의 집합을 트리라고 한다.

그림 16.1에서 보듯이 현재 주가($100)는 알 수 있지만 현재 시점의 콜가격은 알 수 없다 (우리는 이를 계산하려고 한다). 옵션 만기 시점에 한 기간 동안 주가는 $110($S \times u$=$100×1.10)으로 상승하거나 $95($S \times d$=$100×0.95)로 하락한다.

표 16.1

1 기간 이항 옵션 가격 결정 모형을 위한 입력변수들

S	=	$100	현재주가
u	=	1.10	상승 승수
d	=	0.95	하락 승수
r	=	3%	무위험 이자율
K	=	$100	행사가격
T	=	1	기간 잔존만기

* d가 1.0보다 작다고 가정하고 있지만 16.1 절의 경우처럼 d는 반드시 1.0보다 작을 필요는 없다.

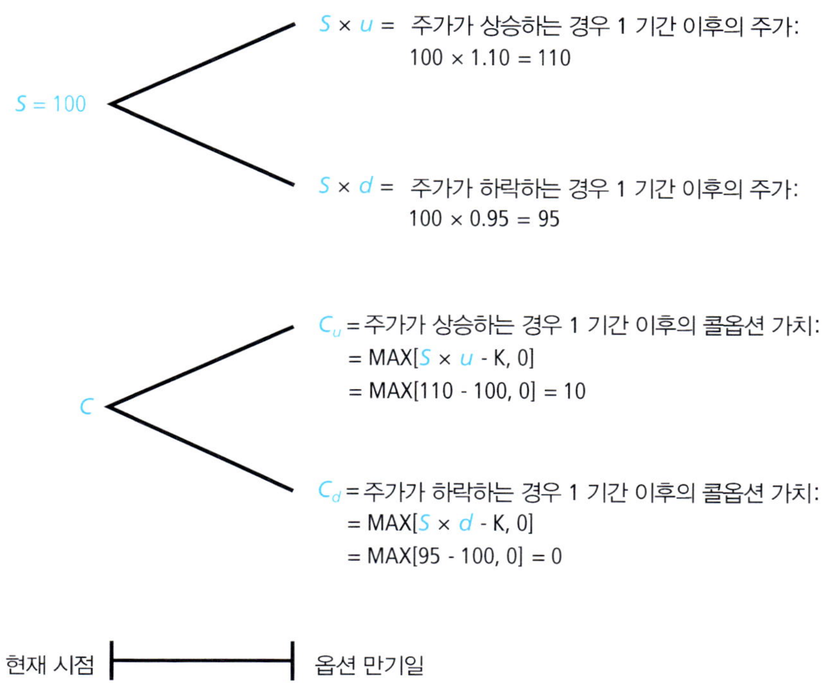

그림 16.1

주가와 옵션가격 트리

만기 시, 콜옵션은 내재가치와 동일하다는 것을 알고 있다. 주가가 \$110로 상승하면 콜옵션 C_u의 내재가치는 MAX[110–100, 0] 즉, \$10이다. 마찬가지로 주가가 \$95로 하락하면 콜옵션 C_d의 내재가치는 MAX[95–100, 0] 즉 \$0이다.

주식 1주 매수와 콜옵션 1계약 매도 포트폴리오 가치는 얼마인가? 주식 가격이 \$110로 상승하면 콜옵션은 \$10의 내재가치로 종료된다. 투자자는 콜옵션을 매도했기 때문에 내재가치에 대한 지급의무가 있다. 따라서 포트폴리오 가치는 \$110−\$10 즉, \$100이다. 주가가 \$95로 하락하면 콜옵션은 외가격 상태로 종료되기 때문에 내재가치는 \$0이다. 따라서 포트폴리오 가치는 \$95+\$0=\$95이다.

1 기간 이항 옵션 가격 결정 모형–식

1 기간 후 주가와 관계없이 동일한 가치를 지니는 주식 및 옵션으로 구성된 포트폴리오를 형성할 수 있는 방법이 있을까? 이 방법은 우리에게 굉장한 통찰력을 제공한다. 주식 한 주를 온전히 매입하는 대신에, 투자자가 주식의 상대적 비중에 해당하는 '분수값(fraction)' 만큼을 매입할 수 있다고 가정하면 된다(우리는 이를 그리스 문자 델타 Δ로 표시한다). 이 경우 결과는 어떻게 되는가?

그림 16.2에서 Δ를 제외한 만기 시의 모든 값을 알 수 있기 때문에 답으로 가

그림 16.2

포트폴리오 트리에서의 주식의 분수(Δ) 매수

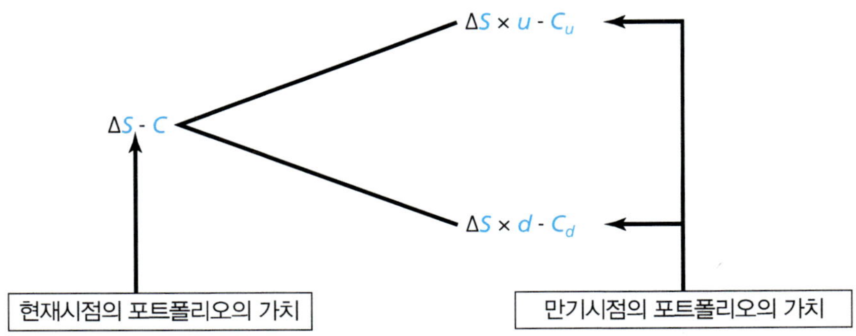

는 핵심은 투자자가 분수 주 Δ를 매입할 수 있다는 사실에 달려있다. 투자자는 만기 시 두 경우의 주가에 대하여 포트폴리오가 동일한 가치를 갖도록 Δ 값을 선택할 수 있어야 한다. 즉, 투자자는 $\Delta S \times u - C_u = \Delta S \times d - C_d$가 되도록 Δ를 선택할 수 있다.

간단히 표시하기 위해 다음과 같이 Δ를 계산할 때 곱셈 기호를 삭제한다.

$$\Delta Su - \Delta Sd = C_u - C_d$$
$$\Delta(Su - Sd) = C_u - C_d$$
$$\Delta = \frac{C_u - C_d}{Su - Sd}$$

예제의 실제 숫자들을 활용하면:

$$\Delta = \frac{C_u - C_d}{Su - Sd} = \frac{10 - 0}{110 - 95} = \frac{10}{15} = \frac{2}{3}$$

포트폴리오를 무위험으로 만드는데 성공했는가? 그렇다:

$$(\Delta S \times u) - C_u = (\Delta S \times d) - C_d$$
$$(2/3)(100)(1.10) - 10 = (2/3)(100)(0.95) - 0$$
$$73.33 - 10 = 63.33$$

현재 시점의 콜옵션 가격, C를 계산하는 데 필요한 사항들을 알고 있다. 가능한 두 가지 주가 모두에 대해 포트폴리오가 동일한 가치를 갖도록 하는 Δ를 선택한다. 즉, Δ 주만큼의 주식 매수와 한 계약의 콜옵션 매도는(적절한 Δ에 대하여) 무위험 포트폴리오가 된다. 따라서 현재 시점의 무위험 포트폴리오는 한 기간 이후에 $(\Delta S - C)\ (1 + r)$ 만큼의 가치를 지녀야한다. 따라서 다음과 같다.

$$(\Delta S - C)(1 + r) = \Delta S \times u - C_u \quad (16.1)$$

식 (16.1)에서 유일하게 알려지지 않은 값은 C이다. 식 (16.1)을 재정렬하면 다음과 같은 식을 얻는다.

$$C = \frac{\Delta S(1 + r - u) + C_u}{1 + r} \tag{16.2}$$

식 (16.2)를 활용하여 현재 시점의 콜옵션 가격을 계산할 수 있다.:

$$\begin{aligned} C &= \frac{\Delta S(1 + r - u) + C_u}{1 + r} \\ &= \frac{(2/3)(100)(1 + 0.03 - 1.10) + 10}{1.03} \\ &= \frac{(200/3)(-0.07) + 10}{1.03} \\ &= \frac{5.33}{1.03} = \$5.18 \end{aligned}$$

식 (16.2)는 1 기간 이항 옵션 가격 결정 모형의 공식을 표현하는 하나의 방법이다. 이제 콜옵션 가격을 알았으므로 풋-콜 패리티를 활용하여 행사가격 \$100인 풋옵션의 가격을 계산할 수 있다.:

$$\begin{aligned} P + S &= C + K/\left(1 + r_f\right) \\ P + 100 &= 5.18 + 100/1.03 \\ P &= 5.18 + 100/1.03 - 100 \\ &= \$2.27 \end{aligned}$$

예제 16.1

1 기간 이항 옵션 가격 결정 모형의 활용

주가는 현재 \$25이고 1 기간 후 주가는 \$20 또는 \$30이 된다. 무위험 이자율은 기간당 5%이며 배당은 지급하지 않는다고 가정하자. 행사가격이 \$27인 콜옵션의 현재 가격은 얼마인가?

이 질문에 답하기 위해, 우리는 1 기간 이항 옵션 가격 결정 모형을 활용할 수 있다.:

$$C = \frac{\Delta S(1 + r - u) + C_u}{1 + r}$$

먼저 다음 식을 이용하여 Δ를 계산한다.:

$$\Delta = \frac{C_u - C_d}{Su - Sd} = \frac{3 - 0}{30 - 20} = \frac{3}{10}$$

이제 \$30/\$25=1.20인 u를 대입하면 된다. 이제 콜옵션의 가격을 계산할 수 있다.:

$$\begin{aligned} C &= \frac{\Delta S(1 + r - u) + C_u}{1 + r} \\ &= \frac{(3/10)(\$25)(1 + 0.05 - 1.20) + \$3}{1.05} \\ &= \frac{(\$75/10)(-0.15) + \$3}{1.05} \\ &= \frac{\$1.875}{1.05} = \$1.79 \end{aligned}$$

델타는 무엇인가?

델타(Δ)는 옵션 가격 결정 이론에서 무척 중요한 비율이다. 이 장의 후반부에서 옵션을 활용한 주가 하락 위험의 헤지 방법을 논의할 때 델타를 다시 언급하게 될 것이다.

델타를 쉽게 이해하기 위해서, 델타는 무위험 포트폴리오, 즉 주가 변동과 관련 없이 가치가 일정한 주식과 콜옵션으로 구성된 포트폴리오를 구성하는 데 필요한 콜옵션 대비 주식의 투자 비율이라는 점을 기억하자. 투자자는 여러 델타 값을 선택할 수 있지만 투자자가 무위험 포트폴리오를 구성하는데 필요한 델타는 오직 하나만 존재한다.

따라서 2/3이라는 델타는 무위험 포트폴리오를 구성하기 위해 2주의 주식과 3계약의 콜옵션이 필요함을 의미한다. 콜옵션의 손실(이익)이 주식의 이익(손실)으로 상쇄되기 때문에 포트폴리오의 위험은 사라진다. 따라서 델타는 한 계약의 콜옵션 가격의 변동을 상쇄하거나 헤지하기 위해 필요한 주식의 매수 단위로 생각할 수 있다.

본 예제에서는 2/3, 즉 0.67의 델타가 계산되었다. 즉, 1계약의 콜옵션을 헤지하기 위한 주식 수는 0.67주가 된다. 마찬가지로, 주식 1주를 헤지하기 위한 콜옵션의 계약 수는 1/Δ 즉, 3/2이 된다. 즉, 주식 2주를 헤지하기 위해 3계약의 콜옵션이 필요하다.

확인 사항

16.2a 현재 주가가 그림 16.1과 같이 \$100이 아니라 \$95라고 가정하자. 그림 16.1의 예제에서 그 밖의 다른 변경 사항은 없다. 델타는 여전히 0.67인가? 콜옵션 가격은 얼마인가?

16.2b 델타가 0.8로 계산되었다. 무위험 포트폴리오를 구성하기 위해 몇 주의 주식과 몇 계약의 콜옵션이 필요한가? 투자자는 주식 및 콜옵션에서 어떤 포지션(즉, 매수 또는 매도)을 취해야 하는가?

16.3 2 기간 이항 옵션 가격 결정 모형

이전 절에서는 옵션의 만기 1 기간 전 가격을 계산했다. 이제 만기 전 2 기간을 가정하자. 이 경우 추가로 무엇을 더 해야 하는가? 이전 절에서 사용한 절차의 대부분을 반복하면 된다.

표 16.2

2 기간 이항 옵션 가격 결정 모형을 위한 입력변수들

S_0	=	\$50	현재 주가
u	=	1.20	기간별 상승 승수($u>1$)
d	=	0.85	기간별 하락 승수($d<1$)
r_f	=	8%	기간별 무위험 이자율
K	=	\$55	행사가격
T	=	2	만기까지의 잔존기간

이번 절에서 유럽형 콜옵션의 가격을 계산하지만 이 방법을 활용하면 유럽형 풋옵션 가격도 계산할 수 있다. 옵션의 조기 행사(early exercise)를 고려하는 약간의 수정을 통해 동일한 방법을 미국형 콜옵션 및 풋옵션에 대한 가격 계산에도 활용할 수 있다. 실제로 이 기본적인 방법은 매우 강력하여 적절히 수정하면 이색 옵션들(exotic options)의 가격을 책정하는데도 활용할 수 있다.

가격 결정 방법을 학습하는 가장 좋은 방법은 예제를 이용하는 것이다. 표 16.2의 입력변수들을 가정하자.

한 가지 더 중요한 가정을 집고 넘어갈 필요가 있다. 즉, 예제에서 u, d, r_f는 옵션 만기까지 두 기간 동안 변경되지 않는다고 가정한다. 추가 가정과 표 16.2의 입력변수를 통해 현재 시점의 콜옵션 가격이 \$6.29임을 증명하자.

1단계: 시간별 주가 트리를 구축하라

그림 16.3의 상단 부분은 시점별 주가를 보여준다. 2개 이상의 시점이 존재하기 때문에 현재 주가는 S_0로 표시한다. $S_0=\$50$부터 시작하여 S_1(시점 1의 주가)은 다음과 같다.

$$S_0\times u=\$50\times1.20=\$60 \qquad \text{주가가 상승하는 경우}$$
$$S_0\times d=\$50\times0.85=\$42.50 \qquad \text{주가가 하락하는 경우}$$

다음으로 1 기간 시점의 주가가 \$60이면 2 기간 시점의 주가는 \$60×1.20=\$72 또는 \$60×0.85=\$51 중 하나가 된다. 마찬가지로 1 기간 시점의 가격이 \$42.50이면 2 기간 시점의 가격은 \$42.50×1.20=\$51 또는 \$42.50×0.85=\$36.13이 된다.

따라서 (1) 2 번의 상승, (2) 2 번의 하락, (3) 1번의 상승과 1번의 하락에 해당하는 2 기간 후의 세 가지 주가가 존재한다. 상승 후 하락하거나, 하락 후 상승은 상관없다. 어느 쪽이든 \$51로 종료된다. 가능한 세 가지 S_2 주가는 다음과 같다.

그림 16.3

주가 트리, 콜옵션 가격 트리, 델타 값—2 기간 이항 옵션 가격 결정 모형

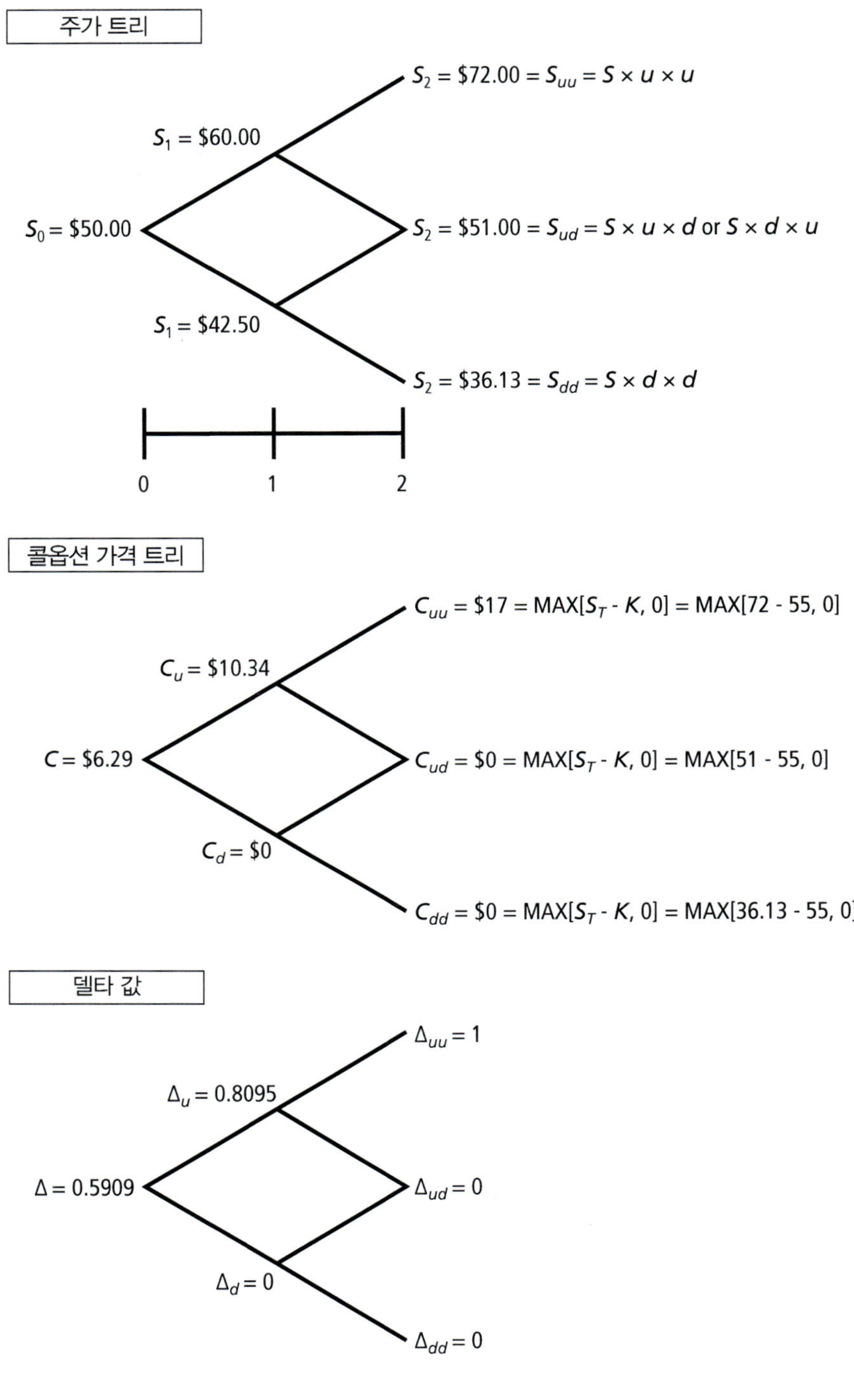

1. $S_2 = S_{uu} = S_0 \times u \times u = S_0 \times u^2$(2번의 상승).
2. $S_2 = S_{dd} = S_0 \times d \times d = S_0 \times d^2$(2번의 하락).
3. $S_2 = S_{ud} = S_0 \times u \times d = S_0 \times u \times d$(1번의 상승과 1번의 하락).

2단계: 만기 시 옵션 가격 계산을 위해 내재가치 공식을 활용하라

만기 시점의 세 가지 가능한 주가는 \$72, \$51, \$36.13이다. 각각의 주가를 내재가치 식에 대입한다. 옵션의 행사가격은 $K=\$55$이기 때문에 만기 시 가능한 콜옵션의 내재가치는 다음과 같다.

$$\text{MAX}[S_T - K,\ 0] = \text{MAX}[\$72 - \$55,\ 0] = \$17$$
$$\text{MAX}[S_T - K,\ 0] = \text{MAX}[\$51 - \$55,\ 0] = \$0$$
$$\text{MAX}[S_T - K,\ 0] = \text{MAX}[\$36.13 - \$55,\ 0] = \$0$$

두 가지 경우에는 콜옵션의 만기 시 가치가 0이다.

3단계: 만기 시 무위험 포트폴리오 구성을 위해 필요한 주식 수를 계산하라

무위험 포트폴리오를 구성하기 위해서는 만기일 가능한 Δ 값을 계산해야 한다. 투자자가 1 계약의 콜옵션을 매도하고 주식을 Δ 만큼 매수한 경우 포트폴리오는 무위험이 된다는 사실을 기억하자.

주가가 \$60인 시점에서 시작해보자. 이 시점에서 가능한 두 가지 주가는 \$72와 \$51이다. 행사가격이 \$55이기 때문에 두 콜옵션 가치는 \$17와 \$0이다. 이는 만기까지 1 기간이 남은 옵션인 것처럼 생각할 수 있다. 따라서 Δ를 계산하기 위해 1 기간 이항 옵션 가격 결정 모형의 공식을 활용할 수 있다.

$$\Delta = \frac{C_u - C_d}{Su - Sd} = \frac{17 - 0}{72 - 51} = \frac{17}{21} = 0.8095$$

마찬가지로 주가가 \$42.50인 시점에서 가능한 두 주가는 \$51과 \$36.13이다. 그러나 행사가격은 \$55이기 때문에 주가에 관계없이 옵션이 가치는 \$0이다. 이 경우 Δ는 다음과 같다.

$$\Delta = \frac{C_u - C_d}{Su - Sd} = \frac{0 - 0}{51 - 36.13} = \frac{0}{14.87} = 0$$

4단계: 만기 시 가능한 모든 옵션 가격을 계산해라

주가가 \$60이거나 \$42.50일 때 콜옵션의 가치를 계산하기 위해 3단계에서 계산한 Δ를 사용할 수 있다. 즉, 주가가 \$60일 때, 콜옵션 가격을 계산하기 위해

$\Delta=0.8095$, $C_u=\$17$, $r=8\%$, $u=1.20$을 사용한다.:

$$C=\frac{\Delta S(1+r-u)+C_u}{1+r}=\frac{(0.8095\times 60)(1+0.08-1.20)+17}{1.08}=\$10.34$$

주가가 $42.50일 때, 콜옵션 가격을 계산하기 위해 $\Delta=0$, $C_u=\$0$, $r=8\%$, $u=1.20$을 사용한다.

$$C=\frac{\Delta S(1+r-u)+C_u}{1+r}=\frac{(0\times 42.50)(1+0.08-1.20)+0}{1.08}=\$0$$

가치가 0인 콜옵션이 말해주고 있는 사실은 간단하다. 자문해보자. 1기간 이후 항상 0의 가치를 지니는 콜옵션에 대해 현재 얼마를 지불할 의향이 있는가? 또는 다음과 같이 생각해보자. 이 콜옵션을 사용하면 다음 기간에 $55에 주식을 매수할 수 있는 권리가 주어진다. 그러나 주가는 다음 기간에 $55보다 항상 낮을 것이다. 이 콜옵션에 대해 현재 얼마를 지불할 의향이 있는가? 당신이 0이라고 말했을 거라고 확신한다(그렇지 않은가?).

5단계: 현재시점까지 위 단계들을 반복하라

주가가 $50인 시점에서 두 가지 가능한 주가는 $60와 $42.50이다. 주가가 $60일 때 콜옵션 가치는 $10.34이고 주가가 $42.50일 때, 콜옵션 가치는 $0이다. 이 경우, Δ는 다음과 같다.

$$\Delta=\frac{C_u-C_d}{Su-Sd}=\frac{10.34-0}{60-42.50}=\frac{10.34}{17.50}=0.5909$$

$\Delta=0.5909$, $C_u=\$10.34$, $r=8\%$, $u=1.20$를 활용한 콜옵션 가격은 다음과 같다.

$$C=\frac{\Delta S(1+r-u)+C_u}{1+r}=\frac{(0.5909\times 50)(1+0.08-1.20)+10.34}{1.08}=\$6.29$$

풋–콜 패리티를 활용한 행사가격 $55의 풋옵션 가격은 다음과 같다.

$$P=C-S+\frac{K}{1+r}=6.29-50+\frac{55}{1.08}=\$7.22$$

그림 16.3에서 이러한 계산과정을 요약한다. 시간이 경과함에 따라 S가 증가하면 Δ와 C도 함께 증가함을 확인할 수 있다.

확인 사항

16.3a 표 16.2를 보자. K=$450이고 다른 모든 입력 값은 동일하다고 가정하자. 콜옵션의 가격은 얼마인가? 풋옵션의 가격은 얼마인가?

16.3b 표 16.2를 보자. u=1.30이고 다른 모든 입력 값은 동일하다고 가정하자. 콜옵션의 가격은 얼마인가? 풋옵션의 가격은 얼마인가?

16.4 다기간 이항 옵션 가격 결정 모형

기간이 두 개 이상일 때 실제로 달라지는 것은 없다. 여전히 한 번에 하나의 기간을 역으로 진행하면서 계산하면 된다. 그림 16.4는 옵션 만기까지 5 기간이 남아있는 이항 트리를 보여준다. 이제 만기 시점에 6개의 옵션 가치가 존재한다. 현재의 옵션 가격을 계산하려면 중간 옵션 가격 14개를 계산해야 한다. 이는 상당히 지루한 작업이며 컴퓨터가 옵션 가격을 계산하는데 왜 도움이 되는지 이해가 될 것이다.

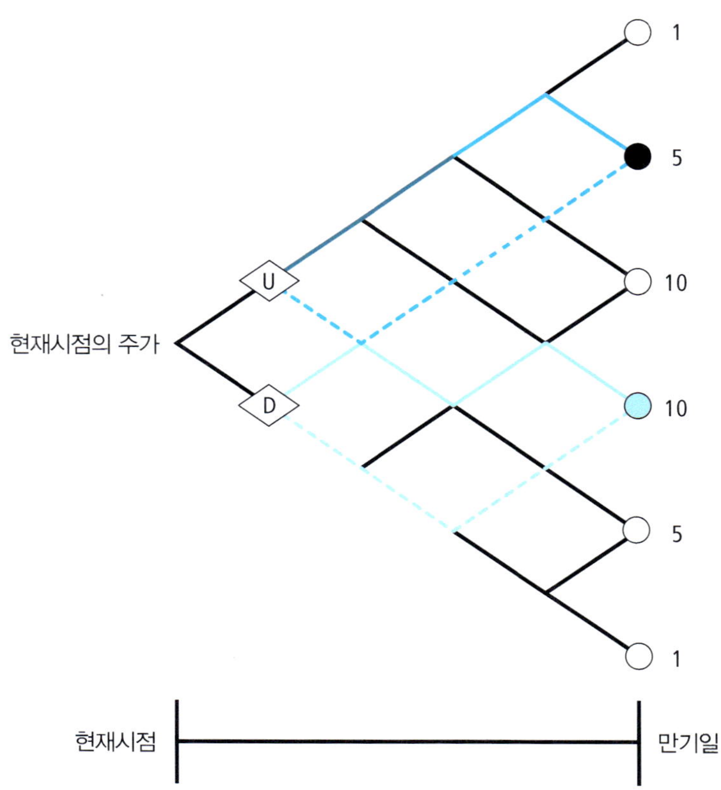

그림 16.4

5 기간의 주가 트리

그림 16.4는 주가가 상승하거나 하락한 후 주가의 다양한 경로를 보여준다. 주가가 검은 점에 다다를 수 있는 5가지 방법이 있다. 예를 들어, U로 표시된 다이아몬드에서 주가는 트리의 끝에 있는 검은색 점에 색선 또는 점선 경로를 따라 다다를 수 있다. 가능한 주가 경로 모음을 '격자(lattice)'라고도 한다.

또 다른 예로, D로 표시된 다이아몬드에서 주가는 트리의 끝에 있는 음영색 점에 색선 또는 음영선 경로를 따라 다다를 수 있다. 현재 주가에서는 10개의 경로를 따라 색점에 다다를 수 있다. 그림 16.4에서는 주가가 트리의 끝점까지 다다를 수 있는 방법의 수를 보여주고 있다. 쉽게 알 수 있듯이 주가가 최고 및 최저 가격에 도달하는 경로는 각각 하나이다. 또한 숫자는 1에서 10으로 증가했다가 다시 1로 감소하는 대칭의 형태임을 알 수 있다.

그림 16.5

18기간의 주가 트리

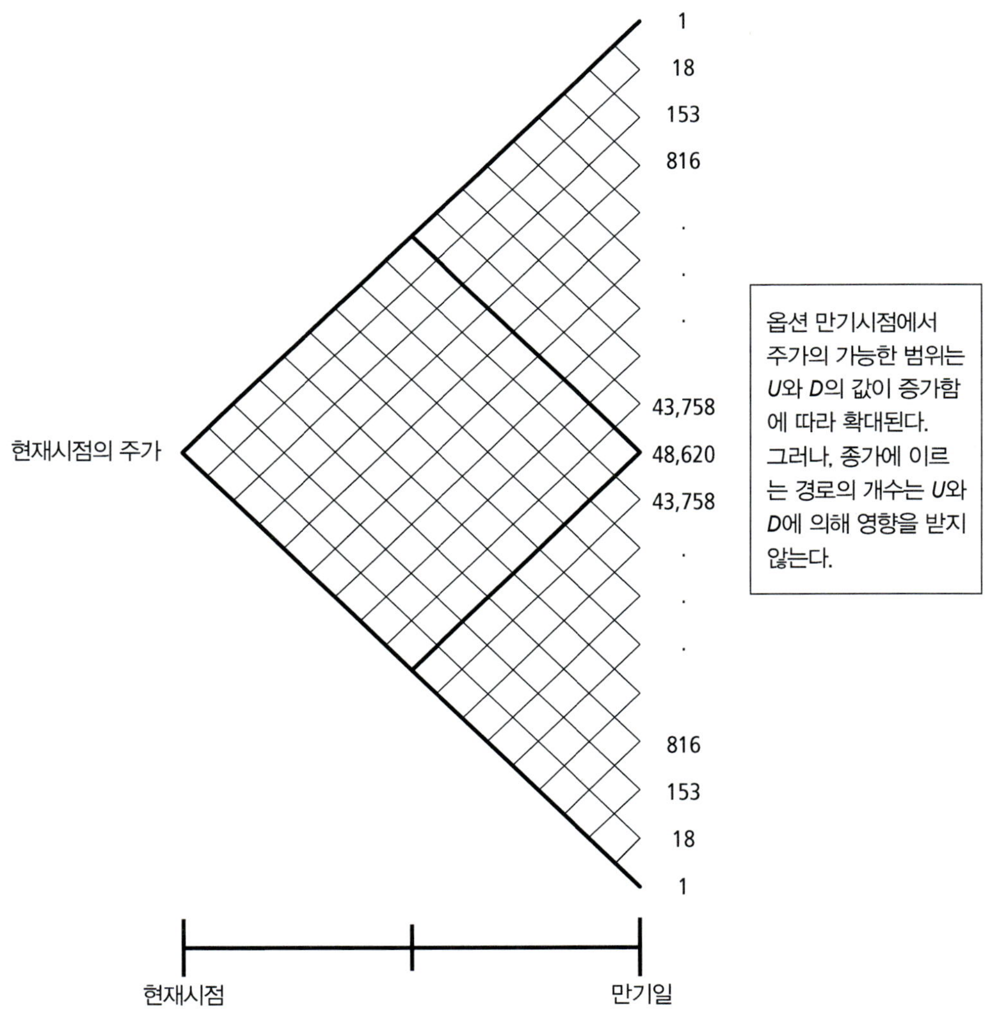

그림 16.5는 만기까지 18기간이 남아 있는 격자를 보여준다. 2기간 이항 옵션 가격 결정 격자를 그 위에 겹쳐 놓았다. 이런 식으로 2 기간을 여러 기간으로 세분화할 수 있음을 알 수 있다.

그림 16.5에는 많은 주식 경로가 보인다. 실제로, 2^{18}(즉, 262,144)개가 있다! 옵션 만기일에 종가에 다다를 수 있는 여러 가능한 경로들을 기록해 놓았다. 이전처럼 가장 높은 주가에 도달하는 방법은 유일하지만 다음으로 높은 주가로 가는 경로는 18가지이다. 경로가 1에서 48,620까지 증가했다가 다시 1로 감소하는 대칭의 형태임을 알 수 있다.

현재의 옵션 가격을 계산하려면 경로 수에 대해서는 걱정할 필요가 없다. 그러나 주가가 증가하거나 감소할 수 있는 교차점의 수에 대해서는 고려가 필요하다. 만기까지 18 기간이 남아 있다면, 19개 만기 주가와 170개의 중간 옵션 가격을 계산해야 한다.

기간의 수가 극단적으로 증가하면 어떻게 될까? 계산할 때 항상 컴퓨터를 사용해야할 수도 있지만 더 세련된 방법을 사용할 수 있다. 기간의 수가 극단적으로 증가하면 이항 모형을 사용하여 계산된 옵션가격은 다음 절에서 살펴보게 될 유명한 블랙–숄즈 옵션 가격 결정 모형의 가격으로 수렴하게 된다.

확인 사항

16.4a 만기까지 2기간 이상 남아 있음에도 실제로 변하는 것이 아무것도 없는 이유는 무엇인가?

16.4b 만기 전 주가가 도달할 수 있는 경로의 수를 걱정할 필요가 없는 이유는 무엇인가? 대신 무엇을 대해 걱정해야 하는가?

16.5 블랙–숄즈 옵션 가격 결정 모형

옵션 가격 결정 이론은 피셔 블랙(Fischer Black)과 마이런 숄즈(Myron Scholes)의 블랙–숄즈 옵션 가격 결정 모형의 개발로 1970년대 초반에 큰 도약을 이뤘다. 로버트 머튼(Robert Merton)의 중요한 이론적 공헌을 기리면서 옵션 가격 결정 이론의 역사에 대해 정통한 많은 금융 전문가는 블랙–숄즈 모형의 확장 버전을 블랙–숄즈–머튼 옵션 가격 결정 모형으로 부른다. 1997년 마이런 숄즈와 로버트 머튼은 옵션 가격 이론에 대한 선구적인 업적으로 노벨 경제학 상을 수상했다. 불행하게도, 피셔 블랙은 수상 2년 전에 사망하여 사후에 수여될 수 없는 노벨상 규정에 따라 수상의 기쁨을 나누지는 못했다.

일단 우리의 초점은 기본적인 블랙-숄즈 모형이다. 블랙-숄즈 옵션 가격 결정 모형은 다섯 가지 입력변수의 함수로서 배당을 지급하지 않는 주식에 대한 유럽형 옵션의 가치를 계산한다.:

1. 기초자산인 주식의 현재가격
2. 옵션 계약에 명시된 행사가격
3. 옵션 계약의 만기일까지의 무위험 이자율
4. 옵션 계약 만기까지의 시간, 또는 잔존만기(expiry)
5. 기초 주가의 수익률 변동성(또는 만기일 주가의 분포)

잔존만기
'만기까지의 남은 기간'에 대한 줄임말.

이 모형에서 5가지 입력변수는 다음과 같이 정의된다:

S= 현재시점의 주가
K= 옵션의 행사가격
r= 무위험 이자율
T= 옵션 만기까지의 기간
σ= 주가의 수익률 변동성을 나타내는 표준편차

이 다섯 가지 입력변수 관점에서, 개별 주식을 기초자산으로 하는 유럽형 콜옵션의 가격에 대한 블랙-숄즈 공식은 다음과 같다.

$$C = SN(d_1) - Ke^{-rT}N(d_2) \tag{16.3}$$

개별 주식을 기초자산으로 하는 유럽형 풋옵션 가격에 대한 블랙-숄즈 공식은 다음과 같다.

$$P = Ke^{-rT}N(-d_2) - SN(-d_1) \tag{16.4}$$

콜옵션 및 풋옵션 공식에서 숫자 d_1 및 d_2는 다음과 같이 정의된다.

$$d_1 = \frac{\ln(S/K) + (r + \sigma^2/2)T}{\sigma\sqrt{T}}, \quad d_2 = d_1 - \sigma\sqrt{T}$$

위의 식에서 콜옵션 및 풋옵션 가격은 C와 P로 표시된다. 5가지 입력 요소인 S, K, r, T, σ 외에도 다음의 세 가지 수학적인 함수가 옵션 가격 결정 공식에 활용된다.

1. e^x 또는 exp(x), x 값의 자연 지수(natural exponent) 함수
2. ln(x), x 값의 자연 로그(natural logarithm) 함수
3. N(x), x 값의 표준 정규 누적 확률(standard normal probability) 함수

예제 16.2

블랙-숄즈 옵션 가격 계산

블랙-숄즈 옵션 가격 결정 공식에 다음과 같은 입력변수들을 대입하여 콜옵션 및 풋옵션 가격을 계산하라.

주가	$S = \$50$
행사가격	$K = \$45$
잔존만기	$T = 3$개월
주가 수익률 변동성	$\sigma = 25\%$
무위험 이자율	$r = 6\%$

식 (16.3)과 (16.4)를 참조하여 먼저 d_1과 d_2의 값을 계산한다.

$$\begin{aligned} d_1 &= \frac{\ln(50/45) + (0.06 + 0.25^2/2)0.25}{0.25\sqrt{0.25}} \\ &= \frac{0.10536 + 0.09125 \times 0.25}{0.125} \\ &= 1.02538 \\ d_2 &= d_1 - 0.25\sqrt{0.25} \\ &= 0.90038 \end{aligned}$$

다음처럼 표준 정규 누적 확률이 계산된다.:

$$N(d_1) = N(1.02538) = 0.84741 \qquad N(-d_1) = 1 - N(d_1) = 0.15259$$
$$N(d_2) = N(0.90038) = 0.81604 \qquad N(-d_2) = 1 - N(d_2) = 0.18396$$

이제 콜옵션과 풋옵션 가격을 다음과 같이 계산할 수 있다.

$$\begin{aligned} C &= \$50 \times 0.84741 - \$45 \times e^{-0.06 \times 0.25} \times 0.81604 \\ &= \$50 \times 0.84741 - \$45 \times 0.98511 \times 0.81604 \\ &= \$6.195 \end{aligned}$$

$$\begin{aligned} P &= \$45 \times e^{-0.06 \times 0.25} \times 0.18396 - \$50 \times 0.15259 \\ &= \$45 \times 0.98511 \times 0.18396 - \$50 \times 0.15259 \\ &= \$0.525 \end{aligned}$$

이 예제에서 제공되는 정확한 표준 정규 누적 확률은 엑셀의 NORMSDIST(x) 함수를 사용하여 계산할 수 있다. 엑셀 스프레드시트를 사용하여 블랙-숄즈 옵션 가격을 계산하는 방법에 대한 자세한 예제는 이 장 뒷부분의 스프레드시트 분석에 나와 있다.

예제 16.3

웹 기반 옵션 계산기의 활용

예제 16.2의 목적은 난해해 보이기는 하나 블랙–숄즈 공식의 사용이 그다지 어렵지 않다는 점을 보여주기 위한 것이다. 시급하게 옵션 가격을 계산해야 하는 경우 또는 계산한 옵션의 가격을 간단히 확인하려는 경우 다양한 웹 기반 옵션 계산기를 활용할 수 있다. www.option-price.com에서 찾은 옵션 계산기를 사용하여 이전의 답을 확인해 보자.

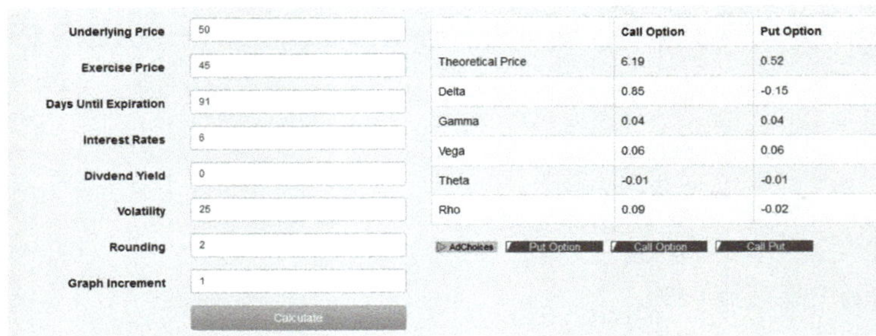

	Call Option	Put Option
Theoretical Price	6.19	0.52
Delta	0.85	-0.15
Gamma	0.04	0.04
Vega	0.06	0.06
Theta	-0.01	-0.01
Rho	0.09	-0.02

보는 것처럼 예제 16.2의 콜옵션 가격에 대한 답은 정확하다.

확인 사항

16.5a 블랙–숄즈 옵션 가격 결정 모형에 대한 다음의 입력변수들을 고려하자.

$S=\$65 \qquad r=5\%$

$K=\$60 \qquad \sigma=25\%$

$T=0.25$년

이 입력 값들로부터 콜옵션 가격은 $6.78, 풋옵션 가격은 $1.03으로 계산된다. (옵션 계산기를 활용하지 않고) 스스로 계산하여 이 가격들을 증명하라.

16.6 다양한 옵션 가격 입력 변수

이번 장의 중요한 목표는 다섯 가지 입력 값이 각각 변화할 때 옵션 가격이 어떻게 변하는지를 이해하는 것이다. 표 16.3은 콜옵션 및 풋옵션 가격에 대한 다섯 가지 입력변수의 부호 효과를 요약한 것이다. 플러스 기호는 옵션 가격에 양의 효과를 마이너스 기호는 음의 효과를 나타낸다. 예를 들어, 주가가 상승하면 콜옵션 가격은 상승하고 풋옵션 가격은 하락한다.

주식 옵션 가격을 결정하는 가장 중요한 두 가지 입력변수는 주가와 행사가격이다. 그러나 다른 입력변수들도 옵션 가치의 주요한 결정 요인들이다. 다음에서 각 입력 요소들을 별도로 설명한다.

표 16.3

옵션가격에 영향을 주는 5가지 입력변수들

입력변수 영향력의 방향성		
입력변수	콜옵션	풋옵션
주가(S)	+	−
옵션 계약의 행사가격(K)	−	+
옵션 만기까지의 시간(T)	+	+
기초 주가 수익률의 변동성(σ)	+	+
무위험 이자율(r)	+	−

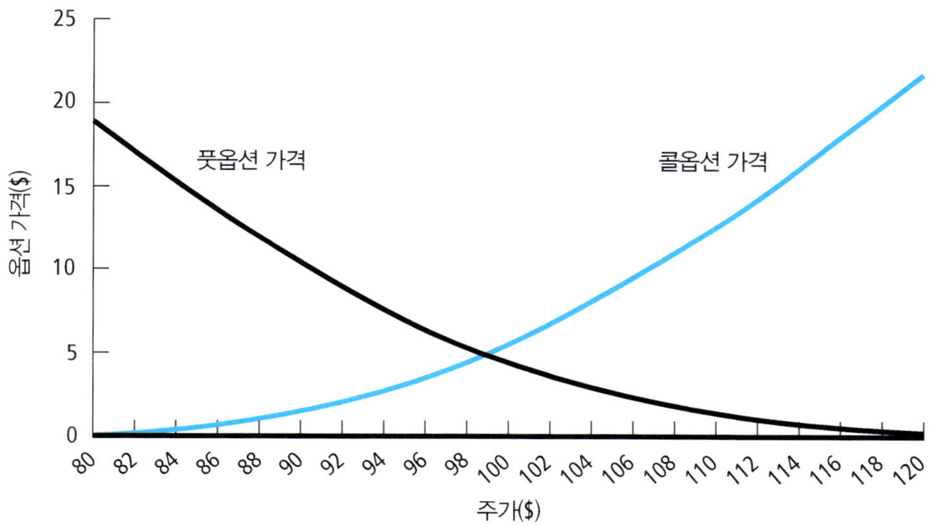

그림 16.6

풋옵션 및 콜옵션 가격

$K = \$100$
$T = \frac{1}{4}$년
$r = 5\%$
$\sigma = 25\%$

주가

기초 자산인 주가는 주식 옵션 가격의 가장 중요한 결정 요인 중 하나이다. 주가가 상승함에 따라 콜옵션 가격은 상승하고 풋옵션 가격은 하락한다. 정해진 행사가격에 콜옵션이 주식 매수권을 부여하고 풋옵션이 주식 매도권을 부여하기 때문에 이는 당연한 결과이다. 따라서 옵션 만기 시 주가가 높을수록 콜옵션의 수익은 증가한다. 마찬가지로, 옵션 만기 시 주가가 낮을수록 풋옵션의 수익은 증가한다.

다른 입력변수들이 주어졌을 때 콜옵션과 풋옵션의 가격과 주가와의 관계가 그림 16.6에 나와 있다. 그림 16.6은 가로축에서는 주가를 표시하고 세로축에서는 옵션 가격을 표시한다. 콜옵션 가격 및 풋옵션 가격과 주가와의 관계를 나타내는 곡선은 볼록한 모양을 하고 있음에 주목하라. 볼록성(convexity)은 옵션 가격과 주가 관계의 기본적인 특징이다.

옵션 행사가격

행사가격이 상승하면 콜옵션 가격이 하락하고 풋옵션 가격이 상승한다. 행사가격이 높다는 것은 주식에 대한 매수권인 콜옵션을 행사할 때 더 높은 가격을 지불해야 한다는 것을 의미하므로 콜옵션 가치는 하락한다. 마찬가지로, 행사가격이 높다는 것은 주식에 대한 매도권인 풋옵션을 행사할 때 더 높은 가격을 수령할 수 있음을 의미하므로 풋옵션의 가치는 상승한다. 물론 이 논리는 반대로도 작동한다. 행사가격이 하락하면 콜옵션 가격은 상승하고 풋옵션 가격은 하락한다.

옵션 잔존만기

옵션 만기까지 남은 기간은 옵션 가치의 중요한 결정 요소이다. 옵션의 잔존만기가 길어질수록 콜옵션과 풋옵션 가격은 일반적으로 모두 증가한다. 이는 옵션 만기까지 남은 시간이 길다는 의미는 주가가 행사가격에서 벗어나 옵션의 수익을 늘려 옵션을 더 가치 있게 만들 수 있기 때문이다. 그림 16.7은 콜옵션 및 풋옵션 가격과 옵션 잔존만기 간의 관계를 나타낸 것으로, 가로축에는 잔존만기를 표시하고 세로축에는 옵션 가격을 표시한다.

주가 수익률의 변동성

주가 수익률의 변동성(표준편차, σ)은 옵션 가치를 결정하는 데 중요한 역할을 한다. 주가 수익률의 변동성이 상승하면 콜옵션과 풋옵션 가격 모두 상승한다. 주가 수익률 변동폭이 클수록 주가가 행사가격에서 더 멀리 이동하고 옵션의 수익을 늘

그림 16.7

옵션 가격과 잔존만기

$S = \$100$
$K = \$100$
$r = 5\%$
$\sigma = 25\%$

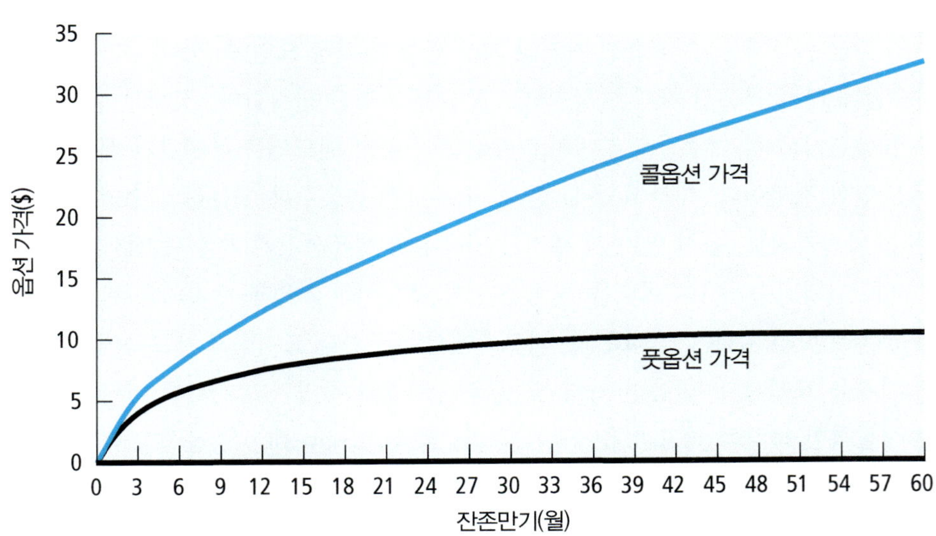

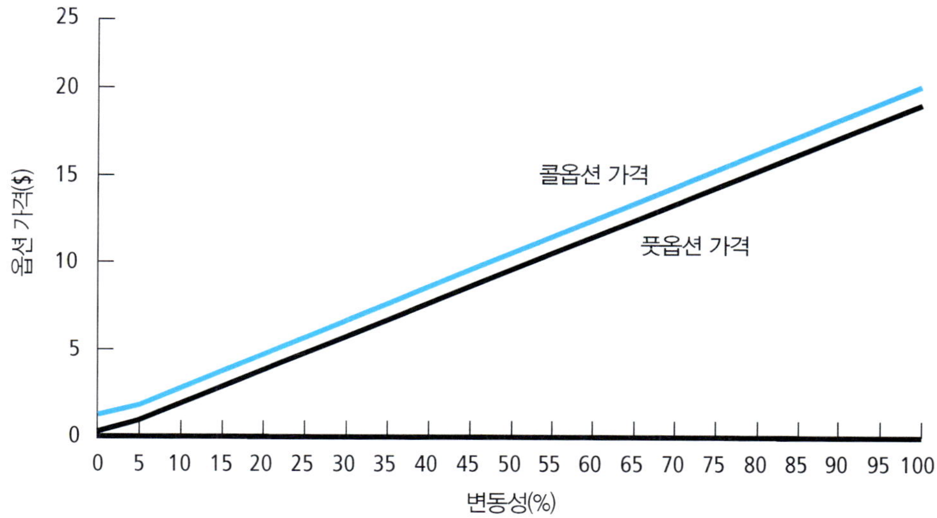

그림 16.8

옵션 가격과 변동성

$S = \$100$
$K = \$100$
$T = ¼$년
$r = 5\%$

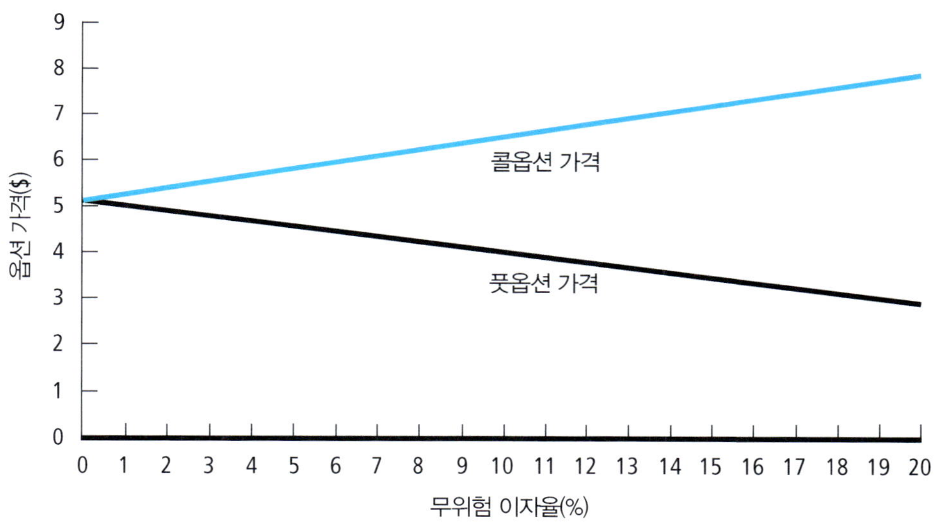

그림 16.9

옵션 가격과 무위험 이자율

$S = \$100$
$K = \$100$
$T = ¼$년
$\sigma = 25\%$

려 옵션을 더 가치 있게 만들 가능성이 높을 것으로 기대되기 때문이다. 옵션 수익은 비대칭임을 기억해라. 즉, 하락은 0으로 제한된다. 따라서 변동성의 증가는 가능한 수익의 범위를 더 크게(그리고 더 나은 방향으로) 만들 수 있다. 그림 16.8은 콜옵션 가격 및 풋옵션 가격과 주가 변동성 간의 관계를 나타낸 것으로, 가로축에는 변동성을 표시하고 세로축에는 옵션 가격을 표시한다.

무위험 이자율의 변동

표면적으로는 다른 입력변수들 만큼 중요하지는 않지만, 무위험 이자율은 여전히 옵션 가치에 눈에 띄는 영향을 미친다. 무위험 이자율이 상승함에 따라 콜옵션 가격은 상승하고 풋옵션 가격은 하락한다. 이는 화폐의 시간 가치로 설명된다. 무위험 이자율이 높을수록 할인 폭이 커지므로 콜옵션을 행사할 때 지불하고, 풋옵션을 행사할 때 지급받는 행사가격의 현재 가치를 낮춘다. 그림 16.9는 가로축에는 무위험 이자율을 표시하고 세로축에는 옵션 가격을 표시하여 콜옵션 및 풋옵션 가격과 무위험 이자율 간의 관계를 나타낸 것이다.

16.7 주가 변동이 옵션 가격에 미치는 영향의 측정

투자 전략에서 옵션을 활용하는 투자 전문가들은 옵션 가격에 대한 입력변수들의 영향을 측정하는 표준화된 방법을 사용한다. 단기간, 단 몇일일지라도, 주식 옵션 가격에 영향을 미치는 두 가지 입력변수는 주가와 주가 수익률 변동성이다. 옵션 가격에 대한 주가 변동의 대략적인 영향은 옵션의 델타(delta)에 의해 측정된다.

델타
주가 변동이 주식 옵션의 가치에 미치는 영향을 측정. 델타는 콜옵션에 대해 양수이고 풋옵션에 대해서는 음수이다.

이 장의 전반부에서 이미 델타를 살펴보았다. 이항 모형에서 우리는 Δ의 개념을 도입했다. 이항 모형과 블랙-숄즈 모형의 델타 차이는 간단하다. 이항 모형의 델타는 매우 짧은 이산(discrete) 시간 동안 계산된다. 블랙-숄즈 모형에서 시간 간격은 무한히 짧다. 그러므로 블랙-숄즈 모형에서는 주가의 변화에 대한 옵션가격의 순간적인 변화를 델타로 측정한다. 블랙-숄즈 옵션 가격 결정 모형에서 콜옵션 및 풋옵션 델타 공식은 이전에 정의된 수학 함수와 N(x)를 이용하여 표시된다. 콜옵션 델타$=N(d_1)>0$이고 풋옵션 델타$=-N(-d_1)<0$이다. 이와 같이 콜옵션 델타는 항상 양수이고 풋옵션 델타는 항상 음수이다. 이 사실은 표 16.3에서 확인할 수 있는데, 주가 상승으로 인해 '+'는 콜옵션 가격이 상승하고 '−'는 풋옵션 가격이 하락함을 의미한다.

예제 16.4

콜옵션과 풋옵션의 델타 계산하기

예제 16.2에서 제공된 블랙-숄즈 옵션 가격 결정 공식에 대한 입력 값들을 이용하여 콜옵션과 풋옵션의 델타를 계산하라. d_1, $N(d_1)$, $N(-d_1)$에 필요한 값은 예제 16.2에 나와 있다.

$$N(d_1) = N(1.02538) = 0.84741 \qquad N(-d_1) = 1 - N(d_1) = 0.15259$$

따라서:

$$\text{콜옵션 델타} = N(d_1) = 0.84741$$
$$\text{풋옵션 델타} = -N(-d_1) = -0.15259$$

여기서, $N(d_1) - 1 = 0.84741 - 1 = -0.15259 = -N(-d_1)$.

스프레드시트 분석

블랙–숄즈 옵션 가격 계산

	A	B	C	D	E	F	G
1							
2		Calculating Black-Scholes Option Prices					
3							
4	XYZ stock has a price of $50 and an annual return volatility of 25 percent. The riskless						
5	interest rate is 6 percent. Calculate call and put option prices with a strike price of $45						
6	and a 3-month time to expiration (0.25 year).						
7							
8	Stock =	50		d1 =	1.0254	N(d1) =	0.84741
9	Strike =	45				N(-d1) =	0.15259
10	Volatility =	0.25		d2 =	0.9004	N(d2) =	0.81604
11	Time =	0.25				N(-d2) =	0.18396
12	Rate =	0.06					
13						exp(-Rate x Time) =	0.98511
14							
15	Call Price =	Stock x N(d1) - Strike x exp(-Rate x Time) x N(d2) =					6.195
16	Put Price =	Strike x exp(-Rate x Time) x N(-d2) - Stock x N(-d1) =					0.525
17							
18							
19	Formula entered in E8 is =(LN(B8/B9)+(B12+0.5*B10^2)*B11)/(B10*SQRT(B11))						
20	Formula entered in E10 is =E8-B10*SQRT(B11)						
21	Formulas entered in G8 and G9 are =NORMSDIST(E8) and =NORMSDIST(-E8)						
22	Formulas entered in G10 and G11 are =NORMSDIST(E10) and =NORMSDIST(-E10)						
23							
24							
25		Calculating Black-Scholes Deltas					
26							
27	Call Delta =	N(d1) =					0.84741
28	Put Delta =	N(d1) - 1 = -N(-d1) =					−0.15259
29							
30							

스프레드시트를 활용하여 블랙–숄즈 콜옵션 및 풋옵션 가격 뿐 아니라 델타를 계산하는 예를 보여주는 스프레드시트 분석을 참조하라.

옵션 델타의 해석

옵션 델타의 의미 해석은 비교적 간단하다. 델타는 주식 가격의 변화가 옵션 가격에 미치는 영향을 측정한다. 주가가 $1 변하면 옵션 가격은 대략 델타만큼 변한다. 예를 들어, 아래에 명시된 입력 값을 사용하여 콜옵션 가격(반올림) $6.20 및 풋옵션 가격(반올림) $0.52를 얻는다. 이 입력 값은 +0.85의 콜옵션 델타와 −0.15의 풋옵션 델타를 산출한다.

$$S=\$50,\ r=6\%,\ K=\$45,\ \sigma=25\%,\ T=0.25$$

주가가 $50에서 $51로 변하면 콜옵션 가격은 $7.06이 되고 풋옵션 가격은 $0.39이 된다. 따라서 주가가 +$1 상승하면 콜옵션 가격이 $0.86 증가하고 풋옵션 가격은 $0.13 하락한다. 이러한 가격 변화는 +0.85의 콜옵션 델타 값과 −0.15의 풋옵션 델타 값과 동일하지는 않지만 비슷한 값을 제공함을 알 수 있다.

확인 사항

16.7a 왜 투자자들은 옵션의 델타에 관심이 있는가?

16.7b 왜 콜옵션의 델타는 양수이고 풋옵션의 델타는 음수인가?

16.8 주식 옵션을 이용한 주가 헤지

옵션 가격과 델타를 계산하는 방법을 학습했으므로 이제는 투자자들이 옵션을 활용하는 중요한 방법에 주목하고자 한다. 옵션은 투자자에게 손실로부터 스스로를 보호할 수 있는 기회를 제공하는데 이 기회의 이용을 헤지(hedge)라고 한다.

이번 장의 앞부분에 있는 스프레드시트 분석에서 분석한 XYZ 주식 1,000주를 소유하고 있다고 가정하고 콜옵션 및 풋옵션의 가격 및 델타를 계산했다. 동일한 가정을 모두 사용하고 주가만 $50 대신 $49를 사용한다면, 콜옵션 및 풋옵션에 대해 다른 가격 및 델타 조합을 얻을 수 있을 것이다. 표 16.4는 이에 대한 요약 값을 제공하고 있다(옵션 가격의 변동은 소수점 둘째 자리로 반올림했다.). 표 16.4의 모든 옵션 가격은 행사가격 $45, 변동성 25%, 무위험 이자율 6%, 잔존만기 3개월을 가정하여 계산된다.

또한 XYZ 주가 하락에 대한 대비책을 원한다고 가정해보자. 즉, 투자자가 헤지를 원한다는 뜻은 주가가 변해도 가치가 변하지 않는 포트폴리오를 원하는 것이다. 이러한 포트폴리오를 구성하려면 포트폴리오에 여러 옵션을 추가해야 한다.

표 16.4
헤지를 위한 블랙-숄즈 모형의 활용

XYZ 주가	콜옵션 가격	콜옵션 델타	풋옵션 가격	풋옵션 델타
$50	$6.195	0.8474	$0.525	−0.1526
$49	$5.368	0.8061	$0.698	−0.1939
옵션 가격의 변화:	−$ 0.83		$ 0.17	

두 가지 중요한 질문은 추가할 옵션의 계약 수와 옵션에 대한 매수 포지션 또는 매도 포지션 여부이다. 논의의 시작을 위해 다시 한번 목표를 적어보자.

$$\text{주식 포트폴리오의 가치 변화} + \text{옵션들의 가치 변화} = 0 \tag{16.5}$$

주식 포트폴리오의 가치 변화는 단순히 주가와 보유 주식 수를 곱한 값의 변화이다. 비슷하게, 보유한 옵션 가치의 변화는 옵션 가격의 변화와 옵션 수를 곱한 값의 변화이다. 기억해야 할 점은 옵션 가격의 변화는 주가 변화에 달려 있다는 것이다.

이 장의 앞부분에서 옵션의 델타는 주가가 $1 변동할 때 옵션 가격의 변화에 대한 예측치라고 학습했다. 콜옵션의 델타 값이 0.58이라면 주가가 $1 변동할 때 옵션 가격은 $0.58만큼 변한다. 주가가 $0.50 상승하면 옵션 델타는 콜옵션 가격이 $0.29 상승할 것으로 예측한다. 우리는 일반적으로 헤지에 대해 이야기할 때 주가가 $1 변동한다고 가정하지만 주가는 실제로는 다르게 변한다. 옵션 가격의 변화는 옵션의 델타와 주가의 변화 (ΔS)의 곱이다. 따라서 옵션 가격의 변화에 보유한 옵션 수를 곱하면 보유 옵션 가치의 변화를 알 수 있다. 이러한 가치 변화를 계산하는 방법은 다음과 같다.

$$\Delta S \times \text{보유 주식 수} + \text{옵션 델타} \times \Delta S \times \text{옵션 수} = 0 \tag{16.6}$$

위 식에서 주가의 변화 ΔS가 제거될 수 있음을 알 수 있다. 보유 주식수는 알고 있고 선호하는 옵션 가격 결정 모형을 사용하면 옵션 델타도 계산할 수 있다. 이제 포트폴리오에 추가할 옵션의 수를 계산하면 된다.

$$\text{옵션 수} = -\text{보유 주식 수} \times (1/\text{옵션 델타}) = -\text{보유 주식 수}/\text{옵션 델타} \tag{16.7}$$

식 (16.7)은 두 가지 중요한 점을 알려준다. 먼저, 옵션 델타는 한 계약의 콜옵션을 헤지하기 위해 필요한 주식의 수이다. 따라서 한 주를 헤지하기 위해 필요한 옵션의 수는 옵션 델타로 나눈 값이 된다. 둘째, 식 앞에 음의 기호가 있음을 알 수 있다. 식 (16.7)의 결과 값의 부호에 따라 옵션의 매수/매도 여부를 결정할 수 있다. 콜옵션에 대한 델타는 양수(0과 1 사이)이고 풋옵션에 대한 델타는 음수(−1과 0 사이)이다. 따라서 콜옵션을 사용하여 주식을 헤지할 경우 콜옵션을 매도해야 한다. 풋옵션을 사용하여 주식을 헤지하는 경우 풋옵션을 매수해야 한다. 예제는 이러한 식을 사용하는 데 도움이 된다.

콜옵션을 활용한 헤지−예측

표 16.3에서 볼 수 있듯이 주가와 콜옵션 가격은 밀접하게 연결되어 있다. 주가가

상승하면 주식을 기초자산으로 하는 콜옵션의 가격은 상승한다. 표 16.4에서 XYZ 주가가 $50일 때 콜옵션 델타는 0.8474이다. 콜옵션 델타는 주가가 $1.00 상승(하락)하면 콜옵션 가격이 약 $0.85 상승(하락) 할 것이라고 예측한다.

따라서 콜옵션을 사용하여 XYZ 주가 하락을 헤지하기 위해서는 콜옵션을 매도해야 한다. 그러나 XYZ 주가가 $1.00 하락하고 1,000개의 옵션을 매도했다면 $847.40를 수취하게 될 것이다. 이를 통해 완전하지는 않으나 부분적으로, $1,000의 손실을 상쇄하게 된다. 더 많은 옵션을 매도하면 더 좋은 결과를 얻을 수 있다. 다행히도 식 (16.7)을 사용하여 매도해야 할 콜옵션 수를 정확히 알 수 있다.:

$$\text{옵션 수} = -\text{주식 수} \times (1/\text{옵션 델타}) = -1{,}000/0.8474 = -1{,}180.08$$

마이너스 기호는 콜옵션을 매도해야 함을 의미한다. 옵션시장에서 거래되는 콜옵션은 계약 당 100개의 옵션을 담고 있으므로 헤지 포트폴리오를 구성하기 위한 다음의 행사가격 $45 콜옵션 계약수를 매도해야 한다.

$$-1{,}180.08/100 \approx -12$$

콜옵션을 활용한 헤지–결과

옵션 당 $6.20(반올림) 또는 계약 당 $620의 가격으로 12계약의 콜옵션 매도 포지션을 취했다고 가정하자. 또한 XYZ 주가가 $1.00만큼 하락했으므로 주식 가치는 $1,000 하락했다. 그러나 매도한 콜옵션의 가치는 어떻게 되었는가? 새로운 XYZ 주가 $49에서 각 콜옵션은 현재 $5.37(반올림), 각 콜옵션에 대해 $0.83(=6.20−5.37), 또는 계약 당 $83의 가치를 지닌다. 12계약의 콜옵션을 매도했으므로 콜옵션의 이익은 $996이다.

콜옵션에서 얻는 수익은 XYZ 주식에서의 $1,000 손실을 거의 상쇄한다. 왜 정확하지는 않을까? 표 16.4에서 주가가 하락할 때 델타도 하락한 것을 확인할 수 있다. 즉, 충분한 옵션을 매도하지 않았음을 의미한다. 그러나 옵션 1계약이 100주의 주식으로 구성되기 때문에 이 단순한 헤지로 할 수 있는 만큼의 효과를 얻었다.

풋옵션을 활용한 헤지–예측

표 16.3에서 볼 수 있듯이 주가와 풋옵션 가격은 반비례 관계이다. 주가가 상승하면 주식을 기초자산으로 하는 풋옵션 가격은 하락한다. 표 16.4에서 주가가 $50일 때 풋옵션 델타는 −0.1526이다. 풋옵션 델타는 주가가 $1.00 상승(하락)하면 풋옵

션 가격이 약 $0.15 하락(상승)할 것이라고 예측한다.

따라서 주가가 하락하면 가격 인상으로 이익을 얻을 수 있는 풋옵션을 매수해야 한다. 그러나 XYZ 주가가 $1.00 하락하고 1,000개의 옵션을 매수했다면 $152.60를 수취하게 될 것이다. XYZ 주식의 $1,000 손실과 비교할 때 이는 의미 없는 숫자이다. 헤지성과를 개선하려면 더 많은 풋옵션을 매수해야한다. 다행히도 식(16.7)을 사용하면 매수해야 할 풋옵션의 수를 알 수 있다.:

$$\text{옵션 수} = -\text{주식 수} \times (1/\text{옵션 델타}) = -1{,}000/-0.1526 = 6{,}553.08$$

결과가 양수이므로 풋옵션은 매수해야 함을 알 수 있다. 옵션시장에서 거래되는 풋옵션은 계약 당 100개의 옵션을 담고 있으므로 헤지 포트폴리오를 구성하기 위한 다음의 행사가격 $45 풋옵션 계약수를 매수해야 한다.

$$6{,}553.08/100 \approx 66$$

풋옵션을 활용한 헤지–결과

옵션 당 $0.53(반올림) 또는 계약 당 $53의 가격으로 66계약의 풋옵션 매수 포지션을 취했다고 가정하자. 다시 한번, XYZ 주가가 $1.00만큼 하락했으므로 주식 가치는 $1,000 하락했다. 그러나 매수한 풋옵션의 가치는 어떻게 되었는가? 새로운 XYZ 주가 $49에서 각 풋옵션은 현재 $0.70(반올림), 각 콜옵션에 대해 $0.17(=0.70–0.53), 또는 계약 당 $17의 가치가 있다. 66계약의 풋옵션을 매수했으므로 풋옵션의 이익은 $1,122이다.

풋옵션에서 얻는 수익은 XYZ 주식에서 $1,000의 손실을 거의 상쇄한다. 왜 정확하지는 않을까? 표 16.4에서 주가가 하락할 때 델타도 하락한 것을 볼 수 있다. (그러나 절대값은 증가했다). 즉, 과도한 옵션을 매수 했음을 의미한다. 59계약의 풋옵션 매수 포지션을 취했다면, 더 비슷하게 주가의 손실을 상쇄했을 것이다. 59계약 풋옵션이 66계약 풋옵션보다 더 나은 헤지성과를 보인다는 것을 어떻게 알았을까?

표 16.4와 유사한 테이블을 작성해보면 주가가 $1만큼 하락할 때 풋옵션은 $0.17만큼 증가한다. 따라서 각 풋옵션 계약은 약 $17씩 증가한다. $1,000을 $17로 나누면 58.82가 나오는데 59계약의 풋옵션이 더 나은 헤지 성과를 제공했을 것이라고 말해준다.

확인 사항

16.8a 주가가 변할 때 콜옵션과 풋옵션 가격은 어떻게 변하는가?

16.8b 옵션을 활용하여 헤지를 하려는 거래자의 목표는 무엇인가?

16.9 주가지수 옵션을 활용한 주식 포트폴리오의 헤지

포트폴리오 매니저는 주가지수 옵션을 활용하여 전체 주식 포트폴리오를 헤지할 수 있다. 이번 절에서는 주가지수 옵션을 활용하여 주식 포트폴리오 매니저가 적절히 분산투자된 주식 포트폴리오를 헤지하는 방법을 살펴본다.

우선, $1,000만 규모의 대규모 주식 포트폴리오를 관리하면서 1.00의 포트폴리오 베타를 유지한다고 가정한다. 1.00의 베타는 포트폴리오 가치 변화가 S&P 500 지수의 변화와 거의 유사함을 의미한다. 따라서 S&P 500 지수에 대한 옵션을 헤지 도구로 활용하기로 결정했다. S&P 500 지수 옵션은 시카고 옵션 거래소(CBOE)에서 SPX로 표시된다. 각 SPX 옵션의 계약의 가치는 S&P 500 지수의 현재 수준의 100배이다.

SPX 옵션은 유럽형 옵션이며 만기 시 현금결제 방식을 채택하고 있기에 주식 포트폴리오 관리자 입장에서 편리한 헤지 수단이다. 예를 들어, 행사가격이 2100인 SPX 콜옵션 한 계약을 매수하고 옵션 만기일에 S&P 500 지수가 2107이 되었다고 가정하자. 이 경우 현금 수익은 주가지수와 행사가격의 차이의 100배, 즉 100×($2,107−2,100)=$700이 된다. 물론 만기일 주가지수가 행사가격보다 낮으면 SPX 콜옵션의 가치는 0이다.

주가지수 옵션으로 주식 포트폴리오를 헤지하기 위해서는 효과적인 헤지 포트폴리오 구축에 필요한 옵션 계약 수를 먼저 계산해야 한다. 효과적인 헤지 포트폴리오 구축을 위해 풋옵션이나 콜옵션 모두 사용할 수 있지만, 콜옵션을 사용하여 $1,000만 상당의 주식 포트폴리오를 헤지하기로 결정했다고 하자. 주가지수 콜옵션을 사용하여 주식 포트폴리오를 헤지하기 위해서는 특정 수의 옵션 계약을 매도해야 한다. 일반적으로 주식 포트폴리오를 헤지하기 위해 필요한 주가지수 옵션 계약 수는 다음과 같다.

$$\text{옵션 계약 수} = -\frac{\text{포트폴리오 베타} \times \text{포트폴리오 가치}}{\text{옵션 델타} \times \text{옵션 계약 가치}} \qquad (16.8)$$

현재 예제에서는 1.00의 포트폴리오 베타와 $1,000만의 포트폴리오 가치를 가진다. 이제 옵션 델타 및 옵션 계약 수를 계산해야 한다.

SPX 옵션의 옵션 계약 가치는 S&P 500 지수의 현재 수준의 100배이다. CBOE 웹 사이트를 보면 S&P 500 지수의 가치는 2046이며, 이는 각 SPX 옵션의 현재 계약 가치가 $204,600임을 의미한다.

옵션 델타를 계산하려면 헤지에 활용할 옵션을 선택해야 한다. 만기가 3월이고 행사가격이 2050인, 즉 2050 3월물 SPX 계약을 활용하기로 결정했다. 인터넷에서 찾아본 이 옵션의 가격은 $69.60이고 델타는 0.579이다.

이제 주식 포트폴리오의 효과적인 헤지 구축에 필요한 옵션 계약 수를 계산할 수 있는 충분한 정보가 있다. 식 (16.8)을 사용하여 효과적인 헤지 포트폴리오 구축을 위해 매도해야 하는 2050 3월물 SPX 옵션의 수를 계산할 수 있다.:

$$-\frac{1.00 \times \$10,000,000}{0.579 \times \$204,600} \approx -84\text{계약}$$

2050 3월물 84계약의 콜옵션 매도를 통해 84×100×$69.60=$584,640를 수령할 수 있다.

이 헤지의 효과를 평가하기 위해 S&P 500 지수와 주식 포트폴리오가 모두 1% 만큼 즉시 하락한다고 가정하자. 이는 주식 포트폴리오에서 $10만의 손실이다. S&P 500 지수가 1% 하락하면 그 수준은 2025.54이다. 콜옵션 가격은 이제 C=$57.75라고 가정하자. 옵션 포지션을 종료하기 위해 84계약을 다시 매입하면 84×100×$57.75=$485,100를 지불하게 된다. 원래 옵션 매도로 $584,640를 지급받았기 때문에 이는 $584,640−$485,100=$99,540의 이익이 되며, 주식 포트폴리오에서의 $100,000 손실의 대부분을 상쇄하게 된다. 최종 순손실은 $460에 불과하며 이는 만일 헤지하지 않았다면 발생했을 손실의 극히 일부분에 지나지 않는다.

효과적인 헤지 포트폴리오를 유지하려면 예를 들면 매주 옵션 헤지 포지션을 재조정해야 한다. 재조정은 주식 포트폴리오를 헤지하기 위해 필요한 옵션 계약 수를 새로 계산한 다음 효과적인 헤지를 유지하는데 필요한 금액만큼 옵션을 거래하는 것을 의미한다.

예제 16.5

주식 포트폴리오를 위한 옵션 헤지 비율

베타가 1.1인 $1,500만의 주식 포트폴리오를 관리하면서 계약 당 $125,000의 가치와 −0.40의 델타를 지닌 풋옵션 매수를 통해 포트폴리오를 헤지하기로 결정했다. 얼마나 많은 옵션 계약이 필요한가?

주어진 정보를 식 (16.8)에 대입하면 다음과 같은 계산식을 얻을 수 있다.:

$$-\frac{1.1 \times \$15,000,000}{-0.40 \times \$125,000} = 330\text{계약}$$

따라서 330계약의 풋옵션을 매수해야 한다.

확인 사항

16.9a 본문의 헤지 예제에서 주식 포트폴리오의 베타가 1.00 대신 1.50이라고 가정해보자. 효과적인 헤지 포트폴리오를 구성하기 위해 필요한 SPX 콜옵션 계약 수는 얼마인가?

16.9b 주식 포트폴리오의 베타가 0.50라고 가정하자. 효과적인 헤지 포트폴리오를 구성하기 위해 필요한 SPX 콜옵션 계약 수는 얼마인가?

16.10 내재 변동성

블랙–숄즈 옵션 가격 결정 모형은 주가, 행사가격, 무위험 이자율, 잔존만기, 주가 수익률 변동성의 5가지 입력변수를 기반으로 한다. 이 5가지 요인 중 주가 수익률 변동성만 직접적으로 관측할 수 없고 추정이 필요하다. 주가 수익률 변동성을 추정하는 가장 보편적인 방법은 옵션 가격에 내재된 값을 이용하는 것이다. 옵션 가격으로부터 추정된 변동성은 내재 표준편차(implied standard deviation) 또는 내재 변동성(implied volatility)(ISD 또는 IVOL이라고 약칭함)이라고 한다. 내재 변동성과 내재 표준편차는 동일한 의미를 지닌 두 가지 용어이다.

내재 표준편차(ISD)
옵션 가격으로부터 추정한 주식수익률 변동성의 추정치.

내재 변동성(IVOL)
내재 표준편차에 대한 또 다른 용어.

내재 변동성을 계산하려면 모든 입력변수들이 변동성을 제외하고 알려져 있어야 하며, 콜옵션 또는 풋옵션 가격도 알고 있어야 한다. 예를 들어, 변동성 값이 알려지지 않은 다음의 옵션 가격 입력변수 값들을 고려해보자.

$S = \$50$

$T = 0.25$

$K = \$45$

$r = 6\%$

우리는 또한 $C = \$6.195$라는 콜옵션 가격을 알고 있다고 가정하자. 이 콜옵션 가격을 기반으로 추정한 내재 변동성은 얼마인가? 즉, 위에서 언급한 입력변수 값들을 이용하여, 어떤 변동성 값이 $C=\$6.195$의 콜옵션 가격을 산출하는가? 답은 예제 16.2에서 이미 나온 값으로 변동성은 0.25 즉 25%일 때 콜옵션 가격 $6.195를 산출함을 보여준다. 이제 $C=\$7$의 콜옵션 가격에 내재되어 있는 변동성 값을 추정해보자. 이 내재 변동성 값을 구하려면 콜옵션 가격을 산출하는 표준편차 값을 찾아야 한다. 시행 착오를 통해 $7의 콜옵션 가격을 얻을 때까지 다양한 표준편차 값을 대입해 볼 수 있다. 최종적으로 콜옵션 가격 $7를 계산해주는 36.77%의 표준편차 값을 얻을 수 있다.

CBOE 주가지수에 대한 내재 변동성

VIX, VXO, VXN
S&P 500, S&P 100, NASDAQ 100 주가지수 옵션으로 부터 추정된 변동성 지수

시카고 옵션 거래소(CBOE)는 S&P 500 변동성 지수(VIX), S&P 100 변동성 지수(VXO), NASDAQ 100 변동성 지수(VXN)의 세 가지 내재 변동성 지수를 발표한다. 이 지수들은 미래의 주식시장 변동성에 대한 투자자들의 기대를 반영하는 가장 보편적인 지표 세 가지이다. 이들은 세 가지 주요 주식시장 지수인 S&P 500, S&P 100, NASDAQ 100를 기초자산으로 하는 옵션을 기반으로 계산된다. 이 세 가지 변동성 지수와 기본 주가지수의 코드는 다음과 같다.

VIX, VXO, VXN은 해당 주가지수 옵션으로부터 계산된다.

변동성 지수 코드	주가지수	주가지수 코드
VIX	S&P 500	SPX
VXO	S&P 100	OEX
VXN	NASDAQ 100	NDX

이러한 변동성 지수의 현재 값은 CBOE 웹 사이트(www.cboe.com)에서 확인할 수 있다. 또한 Yahoo! Finance(finance.yahoo.com) 사이트에서도 기초 주가지수와 함께 코드를 사용하여 조회할 수 있다. 이러한 주가지수 코드는 시장에서 거래되는 증권과는 다르기에 앞에 탈자기호를 앞에 붙여 ^VIX, ^VXO, ^VXN와 같이 표시한다.

VIX, VXO, VXN 내재 변동성 지수는 연간 표준편차로 보고된다. 이러한 변동성 지수는 투자자들에게 미래 시장 변동성에 대한 현재의 예상치를 제공한다. 사실, VIX의 또 다른 이름은 '투자자 공포 지수'이다. 이러한 이름은 VIX가 투자자들의 단기 시장 변동성 또는 위험에 대한 집단적인 예측을 반영한다는 믿음에 기인한다. 일반적으로 VIX는 금융상황이 심각해질 때 상승하고 금융상황이 평온해

지는 경우 감소한다.

일부 투자자는 VIX를 매수-매도 지표로 활용하기도 한다. 이는 많은 경우에 VIX의 낮은 수준이 시장 매도 신호를 선도하기 때문이다. 시장의 격언에 따르면 다음과 같다. 'VIX가 높으면 매수 타이밍이다. VIX가 낮을 때는 이제 그만 멈출 시간이다!'

16.11 종업원 스톡 옵션

종업원 스톡 옵션(ESO)
직원이 일정 기간 동안 고정된 가격으로 회사의 주식을 매입할 수 있는 권리를 직원에게 부여하는 옵션.

이번 절에서는 종업원 스톡 옵션(Employee Stock Options: ESO)을 간략하게 살펴본다. 스톡 옵션은 본질적으로 회사가 직원들에게 회사의 주식을 매입할 권리를 부여하는 콜옵션이다. 직원들에게 옵션을 부여하는 관행은 널리 활용되어 왔다. 고위 경영진에게는 거의 보편적이지만, 갭(The Gap) 및 스타벅스(Starbucks)와 같은 일부 회사는 거의 모든 직원에게 스톡 옵션을 제공했다. 따라서 종업원 스톡 옵션에 대한 이해는 매우 중요하다. 왜? 당신도 스톡 옵션 보유자가 곧 될 수 있다!

스톡 옵션 특징

스톡 옵션은 기본적으로 콜옵션이므로, 이미 대부분의 중요한 특징을 다뤘다. 그러나 스톡 옵션에는 일반적인 주식 옵션과 다른 몇 가지 특징이 있다. 세부 사항은 기업마다 다르기는 하지만 전형적인 스톡 옵션은 보통의 옵션보다 훨씬 긴 10년 만기를 가진다. 옵션 시장에서 거래되는 옵션과 달리 스톡 옵션은 매매할 수 없다. 종종 최대 3년 동안 스톡 옵션은 행사될 수 없으며 중간에 직원이 회사를 떠날 경우 몰수된다. 이 기간이 지나면 옵션이 정식으로 행사가 가능함을 의미한다. 옵션을 포기하는 직원들은 옵션을 행사할 수 있는 매우 제한된 시간이 주어지는 경우가 있다.

왜 스톡 옵션을 부여하는가? 기본적으로 두 가지 이유가 있다. 첫째, 기업의 소유주(주주)는 주주와 임직원의 이해를 일치시키고 직원들이 기업 목표에 집중할 수 있도록 인센티브를 제공해야 하는 기본적인 문제에 직면한다. 이런 면에서 스톡 옵션은 임직원들의 강력한 동기 부여 요소가 된다. 앞서 살펴본 바와 같이 옵션으로부터 이익이 매우 클 수 있기 때문이다. 고위 임원의 경우 특히 주주 가치 창출에 성공하면 엄청난 부를 얻게 된다.

일부 기업들이 스톡 옵션에 크게 의존하는 두 번째 이유는 스톡 옵션이 회사에 즉각적인 비용으로 직원에게 지불되지 않는다는 점이다. 규모가 작고 현금이 충분하지 않은 회사는 스톡 옵션이 일반적으로 임금의 대체제로서 역할을 할 수 있다. 직원들은 장래에 큰 수익을 기대하면서 현금 대신 이를 기꺼이 받아들인다. 사실, 스톡 옵션은 기업이 일반적으로는 보유하기 쉽지 않은 인재를 유치할 수 있는 주요한 채용 방법이기도 하다.

스톡 옵션의 가격결정

스톡 옵션은 거의 언제나 주가와 행사가격이 동일한 '등가격' 상태로 발행된다. 이 경우 내재가치는 0이므로 즉각적인 행사시 가치는 없다. 물론, 내재가치가 0임에도 불구하고, 스톡 옵션은 매우 긴 만기로 인해 여전히 가치가 있다.

스톡 옵션이 부여된 후 주가가 현저하게 하락할 경우 옵션은 '수중(underwater)'에 있다고 한다. 때때로 회사는 수중 상태에 있는 옵션에 대한 행사가격을 낮추기로 결정한다. 이를 '가격조정(repriced)'이라고 한다.

스톡 옵션의 가격조정 관행은 논란이 있다. 직원들 입장에서는 스톡 옵션이 외가격 상태가 되면 옵션이 내가격 상태로 종료될 가능성이 매우 적기 때문에 스톡 옵션의 인센티브로서의 가치를 잃어버린다고 주장한다. 사실, 직원들은 회사를 떠나 새로운 스톡 옵션을 주는 다른 회사에 합류하면 된다.

가격조정을 반대하는 사람들은 스톡 옵션의 행사가격 인하는 본질적으로 실패에 대한 보상이라고 지적한다. 또한 직원들이 스톡 옵션의 가격조정이 될 거라는 사실을 미리 인지하고 있으면 스톡 옵션은 인센티브로서의 기능이 대부분 사라진다고 주장한다. 오늘날 많은 기업들이 정기적으로 즉, 매년 또는 분기별로 스톡 옵션을 제공한다. 직원들은 만일 다른 스톡 옵션들이 가치가 없는 상태에 있다고 해도 항상 등가격과 비슷한 상태의 스톡 옵션을 소유할 수 있게 된다. 또한 정기적인 스톡 옵션의 제공은 직원들에게 아직은 가치를 지니지 않는 옵션을 부여하여 잠재적으로는 가치가 큰 옵션을 포기하지 않은 채 현재 회사에서 계속 일할 수 있는 인센티브를 제공하게 된다.

확인 사항

16.11a 거래되는 주식 옵션과 스톡 옵션 간의 주요한 차이점은 무엇인가?

16.11b 스톡 옵션의 가격조정은 무엇인가? 왜 논란이 되는가?

Gap의 스톡 옵션

Gap은 대형 주식 회사로 GPS라는 시세 코드를 사용한다.(GAP이라는 코드는 Great Atlantic & Pacific Tea Co.의 코드이며 A&P라고도 한다.) 갭은 직원들에게 매우 표준화된 스톡 옵션을 제공한다. 아래는 Gap의 스톡 옵션에 대한 설명을 연차 보고서에서 발췌한 것이다.

> 스톡 옵션 계획에 따라 보통주를 매수할 수 있는 옵션을 최고경영진, 이사, 자격을 갖춘 직원 및 컨설턴트에게 스톡 옵션 부여일의 시가와 동일한 행사가격으로 부여한다. 스톡 옵션은 일반적으로 부여일로부터 10년, 만기 후 3개월 또는 퇴직 또는 사망 일로부터 1년 후에 만료된다. 스톡 옵션은 일반적으로 4년에 걸쳐 배분되고 연평균 25% 씩 균등하게 행사 가능하다.

Gap의 스톡 옵션은 4년 동안 균등하게 배분되기 때문에 유럽형 옵션이 아니다. 배분 조건에 의해 스톡 옵션 보유자가 이러한 옵션을 행사할 수 있음을 의미한다. Gap 주식 500주에 대한 스톡 옵션을 부여받은 경우, 부여일로부터 1년 후에 125주에 해당하는 옵션을 행사할 수 있고, 2년 후에 125주, 3년 후에 또 다른 125주, 마지막 부여일로부터 4년 후에 125주를 행사할 수 있다. 물론 이 옵션을 신속하게 사용할 필요는 없다. 회사에 재직하는 한 만기 전 옵션을 행사하는 데 10년을 기다릴 수 있다.

확인 사항

16.11c 당신이 Gap에서 퇴직하는 경우 스톡 옵션의 행사 여부는 언제까지 결정해야 하는가?

종업원 스톡 옵션의 가치 평가

재무 회계 기준위원회는 FASB 123을 발표하며 종업원 스톡 옵션의 공정 가치를 산정하는 방법을 기업들에게 제시하고 있다. 기본적으로 FASB 123에 따르면 스톡 옵션의 공정 가치는 옵션 가격 결정 모델을 사용하여 결정되어야 한다.

- 스톡 옵션 부여일의 주가
- 행사가격

- 옵션의 잔존만기
- 주식 수익률의 변동성
- 옵션의 잔존만기 동안의 무위험 이자율
- 예상 배당금

실용적인 이유로, 많은 기업들은 블랙–숄즈–머튼(Black-Scholes-Merton) 옵션 가격 결정 모형을 사용하여 스톡 옵션 가격을 계산한다. 블랙–숄즈–머튼 모형은 블랙–숄즈 모형과 매우 유사하다. 두 모형의 차이점은 예상 배당금이 블랙–숄즈–머튼 모형의 입력변수라는 점이다.

블랙–숄즈–머튼 콜옵션 가격 공식은 다음과 같다.*

$$C = Se^{-yT}N(d_1) - Ke^{-rT}N(d_2) \tag{16.9}$$

블랙–숄즈 공식과 식 (16.9)의 다른 부분은 주가가 e^{-yT}로 할인된다는 점이다. 이 할인 항목에서 y는 주식의 배당 수익률을 의미한다. 또한, d_1및 d_2는 다음과 같다.

$$d_1 = \frac{\ln(S/K) + (r - y + \sigma^2/2)T}{\sigma\sqrt{T}} \text{ 그리고 } d_2 = d_1 - \sigma\sqrt{T}$$

기업들은 스톡 옵션의 가치를 계산하기 위해 블랙–숄즈–머튼 공식을 어떻게 활용하는가? 예를 들어, 2002년 12월, 코카콜라는 50만 주 이상의 코카콜라 주식을

표 16.5

코카콜라 종업원 스톡 옵션

입력변수	입력변수 값의 가정	
주가	$44.55	$44.55
행사가격	$44.655	$44.655
잔존만기	15년	6년
변동성	25.53%	30.20%
무위험 수익률	5.65%	3.40%
배당 수익률	1.59%	1.70%
블랙–숄즈–머튼 옵션 가치	$19.92	$13.06

* 엄밀히 말하면, 블랙–숄즈–머튼 공식은 유럽형 옵션에 적용된다. 스톡 옵션은 유럽형 옵션과 미국형 옵션의 성격을 모두 갖는다. 권리행사 가능 전 스톡 옵션 보유자는 이러한 옵션을 사용할 수 없으므로 스톡 옵션은 유럽형 옵션과 유사하다. 권리 행사 가능 후, 스톡 옵션 보유자는 만기 전에 언제든 스톡 옵션을 행사할 수 있다. 따라서 그 기간 이후에는 미국형 옵션과 유사하다.

기초자산으로 하는 스톡 옵션을 여러 임원에게 부여했다. 이 옵션의 만기는 15년이지만, 만기 전에 옵션이 행사되는 경우가 많다는 사실을 고려하여 코카콜라는 옵션을 평가하는 데 만기에 대한 두 가지 가정을 사용했다. 가능한 가장 긴 만기인 15년과 예상 기간 6년. 회사는 이자율, 배당 수익률, 변동성 가정을 각각의 만기로 조정했다.

가정된 다양한 입력변수 값과 이를 이용해 도출되는 블랙-숄즈 옵션 가치는 표 16.5에 요약되어 있다. 코카콜라는 6년 만기 가정에서 더 높은 변동성과 배당 수익률을 입력변수로 사용했으나 더 낮은 무위험 이자율을 가정했다. 이러한 가정은 2002년 주식시장의 변동성이 상대적으로 높았고 이자율이 상대적으로 낮았기 때문에 나름 합리적으로 보인다.

16.12 요약 및 결론

이번 장에서는 주식 옵션 가격 결정에 대해 학습했다. 옵션 가격 결정에 대한 많은 중요한 개념과 세부 사항이 다뤄졌다. 아래에 이번 장의 학습 목표에 부합하는 내용의 일부를 요약한다. 그러나 다음의 요약에는 옵션 가격을 계산하는 방법에 대한 중요한 세부 정보가 포함되어 있지는 않다. 중요한 세부 사항이 알고 싶으면 이번 장의 본문을 학습해야 한다.

1. 1 기간, 2 기간 이항 옵션 가격 결정 모형을 활용한 옵션 가격 결정 방법

A. 1 기간 및 2 기간 이항 모형을 사용하여 유럽형 콜옵션 가격 결정 방법에 대한 세부 정보를 학습했다. 조기 행사를 위한 약간의 수정을 통해 이 모형을 미국형 콜옵션 및 풋옵션에 대한 가치를 계산하는 데도 활용할 수 있다. 실제로 이 모형은 매우 강력하여 적절한 수정을 통해 이색 옵션의 가격을 책정하는 데도 활용할 수 있다.

B. 이 모형의 세부 사항은 다음과 같다.

- 1단계: 시간 경과에 따라 주식의 가격 트리를 생성
- 2단계: 내재가치 식을 활용하여 만기 일의 옵션 가격을 계산
- 3단계: 만기 전 시점의 무위험 포트폴리오를 형성하는 데 필요한 주식의 투자 비율 계산
- 4단계: 만기 전 시점의 모든 가능한 옵션 가격을 계산
- 5단계: 현재 시점까지 역으로 이 모든 과정을 반복

2. 블랙–숄즈 모형을 활용한 옵션 가격 결정 방법

A. 블랙–숄즈 옵션 가격 결정 공식에서 주식 옵션의 가치는 현재 주가, 옵션 행사가격, 무위험 이자율, 옵션의 잔존기간, 주가 수익률 변동성의 함수이다.

B. 옵션 가격의 가장 중요한 두 가지 결정 요인은 주가와 옵션의 행사가격이다. 주가가 상승하면 콜옵션 가격은 상승하고 풋옵션 가격은 하락한다. 반대로 행사가격이 상승하면 콜옵션 가격은 하락하고 풋옵션 가격은 상승한다.

C. 옵션의 잔존만기는 옵션 가치의 중요한 결정 요소이다. 옵션 잔존만기가 길어질수록 콜옵션과 풋옵션 가격은 크게 상승한다. 주가 수익률 변동성은 옵션 가치를 결정하는데 중요한 역할을 한다. 변동성이 커지면 콜옵션과 풋옵션 가격 모두 상승한다.

D. 블랙–숄즈 옵션 가격 결정 모형의 5가지 입력 요소 중 변동성만 직접적으로 관찰할 수 없고 추정이 필요하다. 옵션 가격으로부터 추정된 주가 변동성은 내재변동성 또는 내재 표준편차라고 불리우며, 이는 동일한 의미를 지닌다.

E. 단기간, 단 몇 일동안이라도, 옵션 가격에 영향을 미치는 두 가지 입력변수는, 주가와 변동성이다. 옵션 가격에 대한 주가 변동의 영향은 옵션의 델타로 측정한다.

3. 옵션을 활용한 주식 포트폴리오의 헤지 방법

A. 콜옵션 델타는 항상 양수이고 풋옵션 델타는 항상 음수이다. 델타는 주가의 $1 변화는 옵션 가격을 대략 델타 달러만큼 변화시킴을 의미한다. 즉, 옵션 가격에 대한 주가 변동의 영향을 측정한다.

B. 자신이 투자한 주식의 가격 하락 위험으로부터 스스로를 보호하기 원하는 투자자는 해당 주식을 기초자산으로 하는 옵션을 활용할 수 있다. 옵션의 델타는 투자한 주식을 헤지하기 위해 필요한 옵션의 계약 수를 계산하는 데 활용할 수 있다. 투자자는 콜옵션을 매도하거나 또는 풋옵션을 매입하여 주가 하락에 대비할 수 있다.

C. S&P 500 지수 옵션은 주식 포트폴리오를 위한 편리한 헤지 수단이다. 유럽형 옵션이며 옵션 만기 시 현금결제가 이루어지기 때문이다. 주가지수 옵션으로 주식 포트폴리오를 헤지하기 위해서는 효과적인 헤지 포트폴리오 구성에 필요한 옵션 계약 수를 계산해야 한다.

D. 시간의 경과에도 효과적인 헤지 성과를 유지하기 위해 투자자는 정기적으로 헤지 포지션을 재조정해야한다. 재조정은 (1) 주식 포트폴리오를 헤지하기 위해 필요한 옵션 계약 수를 재계산 한 다음 (2) 효과적인 헤지 포지션을 유지하

는데 필요한 만큼 옵션을 매수 또는 매도하는 것이다.

4. 종업원 스톡 옵션의 작동원리

A. 종업원 스톡 옵션은 본질적으로 회사가 임직원에게 회사의 주식을 매입할 권리를 부여하는 콜옵션이다. 임직원들에게 옵션을 부여하는 관행은 지속적으로 시행되어왔다. 스톡 옵션은 임직원이 회사의 주가를 높이기 위해 노력하도록 인센티브를 제공한다.

B. 스톡 옵션에는 일반적인 주식을 기초자산으로 하는 옵션과는 다른 몇 가지 특징이 있다. 세부 사항은 회사마다 다르지만 전형적인 스톡 옵션은 10년 만기를 가지며 이는 일반적인 주식 옵션의 만기보다 훨씬 길다. 거래소에서 거래되는 옵션과 달리 주식 옵션은 매매할 수 없다. 종종 최대 3년 동안 주식 옵션은 행사될 수 없으며 직원이 회사를 떠날 경우 몰수된다. 이 기간 후에 옵션은 행사가 가능하다.

C. 재무 회계 기준위원회는 FASB 123을 통해 기업들에게 스톡 옵션의 공정 가치 계산법을 제시한다. 실용적인 이유로, 많은 기업들은 블랙-숄즈-머튼 옵션 가격 결정 모형을 사용하여 스톡 옵션 가격을 계산한다. 블랙-숄즈-머튼 모형은 블랙-숄즈 모형과 매우 유사하다. 두 모델의 차이점은 예상 배당금이 블랙-숄즈-머튼 모형의 입력변수라는 점이다.

주요 용어

잔존만기(expiry) 704
델타(delta) 710
내재 표준편차(implied standard deviation) 718
내재 변동성(implied volatility) 718
VIX, VXO, VXN 719
종업원 스톡 옵션(employee stock options, ESO) 720

단원 후 문제와 자습 문제

1. 블랙-숄즈 공식(LO2, CFA2) 주가가 \$100, 행사가격이 \$90, 주식 수익률 변동성이 40%, 무위험 이자율이 4%라면 콜옵션의 가치는 얼마인가? 이 옵션의 잔존만기는 60일로 가정하자.

2. 블랙-숄즈 공식(LO2, CFA2) 문제 1의 가정을 사용한 풋옵션의 가치는 얼마인가?

자습 문제 해답

1. 이러한 입력변수들의 값을 이용하여 콜옵션의 가격을 계산한다.:

S = 현재 주가 = \$100

K = 옵션 행사가격 = \$90

r = 무위험 이자율 = 0.04

σ = 주식 수익률 변동성 = 0.40

T = 잔존만기 = 60일

먼저 d_1, d_2 값을 계산한다:

$$\begin{aligned} d_1 &= \frac{\ln(100/90) + (0.04 + 0.4^2/2) \times 60/365}{0.4\sqrt{60/365}} \\ &= \frac{0.10536 + 0.12 \times 0.16438}{0.16218} \\ &= 0.77218 \\ d_2 &= d_1 - 0.16218 \\ &= 0.60910 \end{aligned}$$

다음과 같은 표준 정규 누적 확률이 주어진다.:

$$N(d_1) = N(0.77128) = 0.77973 \qquad N(d_2) = N(0.60910) = 0.72877$$

이제 콜옵션의 가격을 다음과 같이 계산할 수 있다.:

$$\begin{aligned} C &= \$100 \times 0.77973 - \$90 \times e^{-0.04 \times 60/365} \times 0.72877 \\ &= \$100 \times 0.77973 - \$90 \times 0.99345 \times 0.72877 \\ &= \$12.81 \end{aligned}$$

2. 이미 d_1, d_2의 값을 알고 있기 때문에 다음과 같이 $N(-d_1)$과 $N(-d_2)$를 계산할 수 있다.:

$$\begin{aligned} N(-d_1) &= 1 - N(d_1) = 1 - 0.77973 = 0.22027 \\ N(-d_2) &= 1 - N(d_2) = 1 - 0.72877 = 0.27123 \end{aligned}$$

이제 풋옵션의 가격을 다음과 같이 계산할 수 있다.

$$\begin{aligned} P &= \$90 \times e^{-0.04 \times 60/365} \times 0.27123 - \$100 \times 0.22027 \\ &= \$90 \times 0.99345 \times 0.27123 - \$100 \times 0.22027 \\ &= \$2.22 \end{aligned}$$

이전 장에서 공부한 풋-콜 패리티를 사용하는 방법도 있다.:

$$\begin{aligned} P &= C + Ke^{-rT} - S \\ &= \$12.81 + \$90 \times e^{-0.04 \times 60/365} - \$100 \\ &= \$12.81 + \$90 \times 0.99345 - \$100 \\ &= \$2.22 \end{aligned}$$

투자 지식 학습

1. 블랙–숄즈 모형(LO2, CFA2) 블랙–숄즈 옵션 가격 결정 모형에서 직접 관찰할 수 없는 유일한 변수는?

a. 주가 수익률의 변동성
b. 잔존만기
c. 주가
d. 무위험 이자율

2. 델타(LO2, CFA2) 델타가 0.34인 콜옵션을 매수한다. 주가가 \$2.00 하락하면 옵션 가격은 대략?

a. \$0.34 상승
b. \$0.34 하락
c. \$0.68 상승
d. \$0.68 하락

3. 블랙–숄즈 모형(LO2, CFA2) 블랙–숄즈 옵션 가격 결정 모형에서 옵션의 가치는 5 가지의 입력변수 값의 함수이다. 다음 중 이 입력변수 중 하나가 아닌 것은 무엇인가?

a. 기초 주가
b. 옵션 계약의 행사가격
c. 기초 주가의 기대수익률
d. 옵션 만기까지 남은 시간

4. 블랙–숄즈 공식(LO2, CFA2) 블랙–숄즈 옵션 평가 공식에서 주식 수익률의 변동성 증가에 따라?

a. 콜옵션 가치는 상승한다.
b. 풋옵션 가치는 하락한다.
c. 무위험 이자율 수준에 따라 옵션 가치는 상승하거나 감소한다.
d. 풋–콜 패리티로 인해 풋옵션 또는 콜옵션 가치는 변하지 않는다.

5. 옵션 가격(LO2, CFA2) 다음 중 콜옵션의 가치를 증가시킬 수 있는 것은 무엇인가?

a. 무위험 이자율 상승
b. 잔존만기의 감소
c. 변동성의 하락
d. 주가의 하락

6. 옵션 가격(LO2, CFA2) 다음 중 콜옵션 가치가 클 때는 언제인가?

a. 무위험 이자율이 낮을 때
b. 주가 수익률의 변동성이 높을 때
c. 옵션 만기까지 남은 시간이 거의 없을 때
d. 행사가격이 주가보다 월등히 클 때

7. 옵션 가격 요인(LO2, CFA2) 다음 중 콜옵션과 풋옵션 가격에 입력변수의 증가가 어떤 영향을 주는지 이에 대한 부호를 잘못 표시하고 있는 것은 어느 것인가?

	Call	Put
a. 옵션 계약의 행사가격	+	–
b. 잔존만기	+	+
c. 주가	+	–
d. 주가 수익률의 변동성	+	+

8. 옵션 가격(LO2, CFA2) 콜옵션의 잔존만기가 늘어나면 옵션가격은 ________ 한다.

a. 가속하며, 상승
b. 감속하며, 하락
c. 감속하며, 상승
d. 가속하며, 하락

9. 옵션 가격(LO2, CFA2) 그 밖의 모든 것은 동일하다고 가정하고 다음 중 증가하면 콜옵션의 가격이 하락하는 것은?

a. 행사가격
b. 주가
c. 주식 수익률의 표준편차
d. 무위험 이자율

10. 옵션을 활용한 헤지(LO3, CFA3) 그 밖의 모든 것은 동일하다고 가정하고 주식 포트폴리오를 헤지하기 위해 사용된 옵션의 가치가 증가함에 따라 포트폴리오를 헤지하기 위해 필요한 옵션의 수는?

a. 증가한다.
b. 감소한다.
c. 변하지 않는다.
d. 주식 포트폴리오 베타가 1보다 작으면 증가한다.

11. 옵션을 활용한 헤지(LO3, CFA3) 베타가 1인 $500만 가치의 포트폴리오를 헤지하기를 원한다. 주가지수 콜옵션의 델타 값은 0.5이고 1 계약의 가치는 $100,000이다. 주식 포트폴리오를 헤지하기 위해 필요한 거래는 다음 중 무엇인가?

a. 200 계약의 주가지수 콜옵션 매도
b. 100 계약의 주가지수 콜옵션 매도
c. 200 계약의 주가지수 콜옵션 매수
d. 100 계약의 주가지수 콜옵션 매수

12. 옵션을 활용한 헤지(LO3, CFA3) 베타가 1인 $1,000만 가치의 포트폴리오를 헤지하기를 원한다. 주가지수 풋옵션의 델타 값은 −0.5이고 1 계약의 가치는 $200,000이다. 주식 포트폴리오를 헤지하기 위해 필요한 거래는 다음 중 무엇인가?

a. 200 계약의 주가지수 풋옵션 매도
b. 100 계약의 주가지수 풋옵션 매도
c. 200 계약의 주가지수 풋옵션 매수
d. 100 계약의 주가지수 풋옵션 매수

13. 내재 변동성(LO4, CFA2) 다음 중 주식의 내재 변동성에 대한 적절한 경제적 해석은 무엇인가?

a. 내재 변동성은 주식의 미래 변동성을 예측한다.
b. 내재 변동성은 주식의 역사적 변동성을 의미한다.
c. 내재 변동성은 주식과는 관련이 없다.
d. 내재 변동성은 이자율 위험을 측정한다.

14. 종업원 스톡 옵션(LO4, CFA3) 당신은 L3 Corporation의 직원이며 방금 스톡 옵션을 받았다. 옵션의 행사 가능 기간은 5년 후이며 행사가격은 $50이다. L3 주식은 내재 변동성이 22%이며 배당금을 지급하지 않는다. 현재 주가가 $48이고 무위험 이자율이 $4라면, 1주당 옵션의 가치는 얼마인가?

a. $5.85
b. $9.62
c. $12.61
d. $15.27

15. 내재 변동성(LO4, CFA2) 등가격 콜옵션의 내재 변동성이 25%에서 50%로 급격히 증가했다. 이는 아마도 다음을 의미한다.

a. 주식은 배당금을 지급했다.

b. 변동성 점프는 일시적이다.

c. 옵션의 만기까지 시간이 얼마 남지 않았다.

d. 예상치 못한 사건으로 인해 주식의 위험이 증가했다.

개념 문제

1. 옵션 가격(LO2, CFA1) 옵션 가격을 결정하는 6가지 요인은 무엇인가?

2. 옵션과 만기일(LO2, CFA2) 옵션 가치에 잔존만기의 증가가 미치는 영향은 무엇인지 설명하라.

3. 옵션과 주가 변동성(LO2, CFA2) 옵션의 가치에 변동성 증가가 미치는 영향은 무엇인지 설명하라.

4. 옵션과 배당 수익률(LO2, CFA2) 주식이 배당금을 지급할 때 주가는 어떻게 되는가? 콜옵션과 풋옵션의 가격에 배당금이 미치는 영향은 무엇인가?

5. 옵션과 무위험 이자율(LO2, CFA2) 무위험 이자율이 옵션 가격에 미치는 영향에 대해 설명하라.

6. 시간 가치(LO2, CFA2) 콜옵션의 시간 가치는 얼마인가? 풋옵션의 시간가치는? 잔존만기가 늘어날수록 콜옵션의 시간 가치에는 어떤 영향이 있는가? 풋옵션은?

7. 델타(LO2, CFA2) 옵션의 델타가 말하는 것은 무엇인가? 델타가 0.60인 콜옵션이 $5.00에 매매되고 있다고 가정하자. 주가가 $1 상승하면 콜옵션 가치에 어떤 변화가 생기는가?

8. 종업원 스톡 옵션(LO4) 종업원 스톡 옵션의 행사 가능 조건은 무엇인가? 왜 회사는 종업원 스톡 옵션의 행사 가능 일정을 설계하는가?

9. 종업원 스톡 옵션(LO4) 종업원 스톡 옵션 제도를 방금 시행한 회사의 주식을 소유하고 있다고 가정하자. 종업원 스톡 옵션 제도는 주주로서 당신에게 어떤 이점이 있는가?

10. 종업원 스톡 옵션(LO4) 일반적으로 종업원 스톡 옵션은 다른 당사자에게 매매할 수 없다. 이는 일반적으로 시장에서 거래되는 주식 옵션과 비교할 때 종업원 스톡 옵션의 가치에 어떤 영향을 미쳤다고 생각되는가?

질문과 문제

1. 블랙–숄즈 모형(LO2, CFA2) 주가는 $84, 행사가격이 $80, 주식수익률 변동성이 42%, 무위험 이자율이 4%라면 콜옵션의 가치는 얼마인가? 이 옵션의 잔존만기는 135일로 가정한다.

2. 블랙–숄즈 모형(LO2, CFA2) 주가는 $81, 행사가격이 $90, 주식수익률 변동성이 50%, 무위험 이자율이 3%라면 콜옵션의 가치는 얼마인가? 이 옵션의 잔존만기는 60일로 가정한다.

3. 블랙–숄즈 모형(LO2, CFA2) 주가는 $73, 행사가격이 $75, 주식수익률 변동성이 37%, 무위험 이자율이 5%라면 콜옵션의 가치는 얼마인가? 이 옵션의 잔존만기는 100 일로 가정한다.

4. 블랙–숄즈–머튼 모형(LO2, CFA2) 주가는 현재 $63이며 연간 표준편차는 43%이다. 주식의 배당 수익률은 2%이고 무위험 이자율은 4%이다. 행사가격이 $60이고 잔존만기가 45일인 콜옵션의 가치는 얼마인가?

5. 블랙–숄즈–머튼 모형(LO2, CFA2) Nugents Nougats의 주가는 현재 $44이며 연간 표준편차는 45%이다. 주식의 배당 수익률은 2.5%이고 무위험 이자율은 4.1%이다. 행사가격이 $40이고 잔존만기가 65일인 콜옵션의 가치는 얼마인가?

6. 블랙–숄즈 모형(LO2, CFA2) 금속관련 제조업체인 Lead Zeppelin의 주가는 현재 $68이며 연간 표준편차는 41%이다. 무위험 이자율은 6%이다. 행사가격이 $70이고 잔존만기가 45일인 풋옵션의 가치는 얼마인가?

7. 블랙–숄즈 모형(LO2, CFA2) 주가는 $42, 행사가격이 $35, 주식 수익률의 변동성이 47%, 무위험 이자율이 5%인 경우 풋옵션의 가치는 얼마인가? 옵션의 잔존만기는 140 일이라고 가정한다.

8. 블랙–숄즈 모형(LO2, CFA2) 연간 표준편차가 30%인 주가는 현재 $67이다. 무위험 이자율은 3%이다. 행사가격이 $80이고 잔존만기가 60일인 풋옵션의 가치는 얼마인가?

9. 옵션을 활용한 헤지(LO3, CFA3) 당신은 1.07의 베타를 지니는 $300백만 가치의 연기금을 관리하고 있다. 시장 하락을 우려하며 포트폴리오를 헤지하기 원한다. 이를 위해 SPX 콜옵션을 활용하기로 결정했다. 콜옵션의 델타가 0.62이고 S&P 지수가 현재 2030인 경우 필요한 계약수는?

10. 옵션을 활용한 헤지(LO3, CFA3) 1.15의 베타를 지니는 $300백만 가치의 주식 포트폴리오가 있다고 가정하자. 주가지수 옵션을 활용하여 포트폴리오 가치하락을 헤지하고 싶다. 풋옵션과 콜옵션을 활용하는 방법에 대해 각각 설명하라. SPX 콜옵션을 사용하기로 결정했다고 가정하자. 선택한 콜옵션의 델타 값이 0.50이고 S&P 500 지수가 2050인 경우 필요한 계약 수를 계산하라.

11. 1 기간 이항 옵션 가격결정(LO1, CFA2) 주가는 현재 $45이며 1 기간 동안 주가는 1.15배 상승하거나 0.87배로 하락할 것이다. 행사가격 $50의 콜옵션을 가정하자. 무위험 이자율이 1 기간 동안 2.5%라면 콜옵션의 가치는 얼마인가?

12. 1 기간 이항 옵션 가격결정(LO1, CFA2) 현재 주가는 $74이며 1 기간 동안 주가는 1.20배 상승하거나 0.80배로 하락할 것이다. 무위험 이자율은 4.2%이다. 행사가격이 $75인 콜옵션의 가치는 얼마인가?

13. 1 기간 이항 옵션 가격결정(LO1, CFA2) 현재 주가는 $58이고 행사가격이 $55인 풋옵션이 있다. 주식은 1 기간에 1.13배 상승하거나 0.88배로 하락할 것이며 무위험 이자율은 3%이다. 풋옵션의 가격은 얼마인가?

14. 블랙–숄즈 모형(LO2, CFA2) 콜옵션의 잔존만기는 6개월이다. 주가는 $70이고 주식 수익률의 표준편차는 연간 20%이다. 무위험 이자율은 연속복리 기준 년간 4%이다. 행사가격이 $0이라면 콜옵션의 가격은 얼마인가?

15. 블랙–숄즈 모형(LO2, CFA2) 콜옵션의 행사가격은 $60이며 잔존만기는 6개월이다. 현재 주가는 $68이고 무위험 이자율은 연속복리 기준 년간 5%이다. 주식수익률의 표준편차가 년간 0%인 경우 콜옵션 가격은 얼마인가?

16. 블랙–숄즈 모형(LO2, CFA2) 주가는 현재 $55이다. 잔존만기가 1년인 콜옵션의 행사가격은 $60이다. 무위험 이자율은 연속복리 기준 년간 12%이며, 주식수익률의 표준편차는 무한대이다. 콜옵션의 가격은 얼마인가?

17. 종업원 스톡 옵션(LO4, CFA2) LLL, Inc.는 2016년 2월 4일자로 우수 직원들에게 272백만 주에 달하는 스톡 옵션을 부여했다. LLL 회계사는 블랙–숄즈–머튼 공식과 다음 가정을 사용하여 옵션의 가치를 추정했다.:

S = 현재 주가 = $20.72

K = 옵션 행사가격 = $23.15

r = 무위험 이자율 = 0.043

σ = 주식 수익률의 변동성 = 0.29

T = 잔존만기 = 3.5년

1주당 종업원 스톡 옵션의 예상 가치는 얼마인가? (참고: LLL은 배당을 지급하지 않는다.)

18. 종업원 스톡 옵션의 헤지(LO4, CFA3) LLL 주식 10,000주를 매입할 수 있는 LLL 스톡 옵션을 보유하고 있다고 가정하자. 3개월 만기, $22.5의 행사가격을 지닌 풋옵션을 매입하여 자신의 포지션을 헤지하기를 원한다. 얼마나 많은 풋옵션 계약이 필요한가? 문제 17에 명시된 것과 동일한 가정을 사용하라 (이러한 거래는 다수의 스톡 옵션 계약에 의해 허용되지 않을 수 있다. 만일 거래가 허용된다 하더라도 비윤리적으로 간주될 수 있다.).

19. 종업원 스톡 옵션(LO4, CFA3) 풋옵션 헤지를 시작한 직후 LLL 주식의 변동성이 갑자기 45%로 급상승했다. 이로 인해 종업원 스톡 옵션을 헤지하기 위해 필요한 풋옵션의 수를 변경해야 한다. 얼마나 많은 풋옵션 계약이 현재 필요한가?(새로운 변동성을 제외하고 문제 18에 명시된 것과 동일한 가정을 사용하라.)

20. 2 기간 이항 옵션 가격결정(CFA2) 주가는 현재 $60이다. 다음 2 기간 동안 주식은 각 기간마다 1.15배 상승하거나 0.87배 하락할 것이다. 행사가격 $60의 콜옵션을 고려하자. 무위험 이자율이 기간 당 3.2%인 경우 콜옵션의 가치는 얼마인가?

21. 2 기간 이항 옵션 가격결정(CFA2) 주가는 현재 $35이며 다음 2 기간 동안 주식은 각 기간마다 1.18배 상승하거나 0.85배나 하락할 것이다. 무위험 이자율은 3%이다. 행사가격이 $40인 풋옵션의 가치는 얼마인가?

22. 2 기간 이항 옵션 가격결정(CFA2) 현재 주가는 $78이고 행사가격이 $80인 콜옵션이 있다. 주식은 다음 2 기간 동안 각 기간마다 0.95배 상승하거나 0.80배 하락할 것이며 무위험 이자율은 3.5%이다. 현재 콜옵션의 가격은 얼마인가?

23. 블랙-숄즈 모형(LO2, CFA2) 주가는 $32이고 연간 주식 수익률 변동성은 45%이다. 무위험 이자율은 3.0%이다. 컴퓨터의 스프레드시트 프로그램을 활용하여 행사가격이 $31.50이고 잔존만기가 90일인 콜옵션 및 풋옵션 가격을 계산하라. 또한 콜옵션과 풋옵션의 델타를 계산하라.

CFA 관련 문제

[CFA1, CFA2]

Ronald Franklin, CFA, is responsible for developing a new investment strategy for his firm. Given recent poor performance, the firm wants all of its equity portfolio managers to overlay options on all positions.

Mr. Franklin gained experience with basic option strategies at his previous job. As an exercise, he decides to review the fundamentals of option valuation using a simple example. Mr. Franklin recognizes that the behavior of an option's value is dependent on many variables and decides to spend some time closely analyzing this behavior, particularly in the context of the Black-Scholes option pricing model (and assuming continuous compounding). His analysis resulted in the information shown below:

Exhibit 1: Input for Option Pricing	
Stock price	$100
Strike price	$100

CHAPTER

17

현금흐름과 이익 예측

"재무제표는 향기는 좋지만 결코 삼킬 수 없는 훌륭한 향수와 같습니다."

—

에이브러햄 브릴오프(Abraham Briloff)

현금흐름은 회사의 생명선이며 건강한 회사의 경우 현금흐름의 주된 원천은 수익이다. 이러한 현금흐름을 잘 예측하는 증권분석가는 미래의 주가 예측에 있어 남들보다 한 발 앞서가므로 미래 현금흐름 및 수익에 대한 정확한 예측을 하기 위해 노력해야 한다.

CFA 예제

1. 재무제표 분석: 소개(L1, S7)
2. 재무보고 메커니즘(L1, S7)
3. 재무보고 기준(L1, S7)
4. 손익계산서 이해하기(L1, S8)
5. 재무상태표 이해하기(L1, S8)
6. 현금흐름표 이해하기(L1, S8)
7. 재무분석 기법(L1, S8)
8. 재무보고 품질(L1, S10)
9. 재무제표 분석: 애플리케이션(L1, S10)
10. 레버리지 측정(L1, S11)
11. 재무보고 품질 평가하기(L2, S7)

학습목표

자신을 주식분석가로 성장하도록 돕기

1. 기업에 대한 재무정보를 얻는 방법
2. 기본 재무제표를 읽는 방법
3. 성과 및 가격 비율을 사용하는 방법
4. 재무예측에서 판매방법의 비율을 사용하는 방법

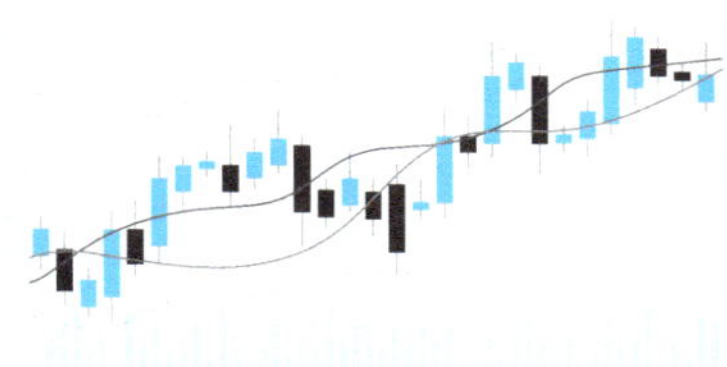

모든 증권분석가들과 마찬가지로, 현금흐름과 수익 전망을 잘하기 위해서는 재무제표를 잘 살펴보아야 한다. 재무제표 분석의 품질은 정확하고 시기적절한 재무제표를 구할 수 있는가에 달려 있다. 일반적으로 기업은 회사의 재무건전성에 대해 공정하고 정확한 요약을 제공하는 재무제표를 발행한다. 그러나 기업은 재무정보를 보고하는데 있어 약간의 재량권을 가지고 있기 때문에, 드문 경우지만, 부정확하거나 투자자를 속이려는 목적으로 재무제표를 작성하기도 한다. 따라서 에이브레헴 브릴오프도 재무제표를 반드시 주의깊게 살펴보라고 얘기한다.

이전 장에서 우리는 주식분석과 가치평가의 중요한 개념을 살펴보았다. 이러한 개념 중 많은 부분이 현금흐름 또는 수익 예측에 따라 달라진다. 이 장에서는 현금흐름과 수익 예측에 중점을 두고 재무제표 분석을 통해 주식평가 항목에 대해 자세히 살펴보고자 한다. 우선 기본 재무제표를 이해하고 현금흐름 및 수입 예측을 수행하는 데 필요한 재무회계 개념에 익숙해져야 할 것이다. 여러분이 전문 증권분석가가 되기 위해서는 분석을 위한 경험이 필요하다. 이를 위해 기초에 대한 확실한 이해부터 해보는 것이 좋다.

대부분의 투자자들은 회사가 직접 발행한 재무제표를 읽는 데 어려움을 겪는다. 이런 투자자들은 재무정보를 가공한 2차 금융정보에 주로 의존을 하게 되지만 2차 금융정보를 읽는 것만으로 높은 수익을 내는 사람은 아무도 없다는 것을 명심해야 한다.

이 장을 공부하면 '재무정보를 읽을 수 있는' 매우 중요한 첫 단계를 밟게 된것이며(훌륭한 재무회계 교육과정 역시 큰 도움이 될것이다). 궁극적으로 재무제표를 제대로 읽을 수 있게 된다. 골프 또는 테니스 게임은 연습으로 향상된다는 것을 알고 있을 것이다. 재무제표를 읽는 능력 또한 연습, 실습을 통해 향상된다. 여러분 적성과 맞다면, 재무제표를 분석하는 능력은 숙달할만한 가치가 있는 기술이다. 좋은 분석가들은 분석 결과를 제공하고 괜찮은 보수를 받는다. 여러분이라고 훌륭한 재무분석가가 되지 말라는 법이 없는 것이다.

17.1 재무정보의 원천

좋은 재무분석은 훌륭한 재무정보로부터 시작된다. 어떤 회사에 대한 중요한 재무정보 원천으로는 주주에게 발행하는 연차보고서를 들 수 있다. 대부분의 상장회사는 연차보고서를 준비하고 배포하는 데 상당한 자원을 투여한다. 기업은 주주 이외에도 재무정보를 요구하는 모든 사람들에게 연차보고서를 공개하는데 대부분의 회사는 일반적으로 홈페이지의 '투자자 정보'라는 탭 아래에서 재무제표의 전자 사본을 볼수 있도록 공개하고 있다.

한 번에 여러 회사의 연차보고서에 접근하는 가장 편리한 방법은 미국의 경우 증권거래위원회를, 한국은 한국거래소(KRX)의 홈페이지를 방문하는 것이다. 미국 증권거래위원회는 주식을 상장한 회사로 하여금 정기적으로 재무제표를 작성하고 제출하도록 하고 있으며 이러한 문서가 접수되면 증권거래위원회의 전자 데이터 수집 및 검색(EDGAR) 아카이브를 통해 즉시 공개하고 있다.

EDGAR
증권거래위원회에 제출한 회사 파일의 전자 아카이브

가장 중요한 문서로는 매년 발행하는 10K 보고서, 단순히 '10K'라고 부르는 연차보고서를 들 수 있다. 상장사는 매 회계연도 말에 10K 파일을 증권거래위원회에 제출해야 하며, 10Q라고 하는 분기보고서를 매 분기마다 제출해야 한다. 10Q는 10K를 제출해야 하는 회계연도 말을 제외한 각 분기 말에 제출하는 일종의 작은 연차보고서라고 볼 수 있다. 10K 및 10Q 보고서에는 재무상태표, 손익계산서 및 현금흐름표라는 세 가지 중요한 재무제표가 포함되며, 해당 기업의 수익과 현금흐름을 분석하려면 이 세 가지 재무제표에 대해 잘 알고 있어야 한다.

10K
증권거래위원회에 제출한 연간 회사 보고서

10Q
증권거래위원회에 제출하는 10K 보고서의 분기별 업데이트

증권거래위원회의 공정공시규정(regulation fair disclosure, RegFD)은 회사가 주식가격에 영향을 미치는 중요한 비공개 정보(material nonpublic information)를 증권분석가와 주주에게 공개할 때 일반 대중에게도 반드시 동시에 공개해야 한다고 규정한다. 대부분 회사는 전자 메일 알림시스템를 활용하여 중요한 공지 사항을 배포함으로써 공정공시규정을 충족시킨다. 이러한 전자 메일 알림을 자동으로 수신하려면 회사 웹사이트에서 서비스를 등록하면 된다.

공정공시규정(공정한 공개)
주가에 영향을 미칠수 있는 중요한 비공개 정보는 반드시 공평하게 공개하도록 하는 규정

중요한 비공개 정보
주식 가격에 영향을 미칠 것으로 합리적으로 예상되는 모든 정보

17.2 재무제표

재무제표는 회사의 운영 및 재무성과에 대한 정확한 정보를 보여준다. 증권거래위원회가 상장사들에 재무제표를 대중에게 적시에 배포하도록 하는 것이 이런 이유 때문이다. 또한 증권분석가가 투자 추천을 하기 전에 재무제표에 상당한 시간을 투자하는 이유이기도 하다. 회사의 재무상태표(balance sheet), 손익계산서(income statement) 및 현금흐름표(cash flow statement)는 증권분석가에게 필수적인 정보이다. 재무제표는 서로 얽혀 있는 듯 하지만, 다른 시각을 제공하기도 한다. 재무상태표는 특정 날짜에 회사가 보유한 자산 및 부채에 대한 사진의 한 장면을 제공한다. 손익계산서는 회계 기간(보통 분기 또는 1년) 동안의 영업 성과를 측정하고 성과의 결과물인 수익 및 비용을 요약한다. 현금흐름표는 회계 기간 동안 현금이 어

재무상태표
특정 날짜에 회사가 지닌 자산 및 부채에 대한 사진의 한 장면을 제공하는 회계 명세서

손익계산서
보통 한 분기나 1년간의 특정 회계 기간 동안 회사의 수익 및 비용에 대한 요약

현금흐름표
운영, 투자 및 재무 현금흐름을 요약하여 회계 기간 동안 발생한 회사의 현금 출처 및 사용처에 대한 분석

디서, 어떻게, 얼마나 창출되었으며 어디에, 얼마나 현금이 쓰여졌는지를 보여준다. 이 세 가지 재무제표의 형식 및 내용을 이해하는 것은 수익 및 현금흐름 분석을 이해하기 위한 전제 조건이다.

보그(Borg Corporation) 사라는 은하계에 있는 가상의 회사가 작성한 재무상태표, 수익 계산서 및 현금흐름표를 설명하고 이를 분석함으로써 재무제표의 기본 구조와 일반적인 형식을 이해하는데 첫걸음으로 삼고자 한다.

재무상태표

표 17.1은 보그 사의 2535년과 2536년 연말 재무상태표를 나타낸다. 이는 주주에게 배포되는 회사 연차보고서에 포함된 형식과 증권거래위원회에 제출하는 10K 보고서의 전형적인 형식이다. 괄호로 뺄셈을 지정하고 밑줄로 부분 합계를 계산하는 회계 관행을 볼 수 있을 것이다. 예를 들어 보그의 2536년 고정자산 금액 아래에 부분합계를 나타내고 있으며 왼쪽 숫자 열은 표준 회계표기법으로 작성되었고 오른쪽 숫자 열은 일반적인 숫자 표기법으로 표시하였다.

고정자산	회계표기법	숫자 표기법
공장 시설	$35,000	$35,000
생산 설비	20,000	+20,000
행정 시설	15,000	+15,000
유통 시설	10,000	+10,000
누적 감가 상각비	(20,000)	−20,000
총 고정자산	$60,000	=$60,000

회계표기법으로 작성된 열에서 '총 고정자산'이라고 표시된 행을 찾아보라. 한개 밑줄은 이 숫자가 다른 합계로 사용될 것임을 나타낸다. 표 17.1을 보면, 총 고정자산은 총 자산을 계산하는 데 사용되는 소계이며 총 자산은 이중 밑줄로 표시되어있다. 이러한 규칙을 염두에 두고 표본 재무상태표를 살펴보며 형식 및 내용에 익숙해지도록 하자.

보그 사의 재무상태표에는 유동자산, 고정자산, 영업권 및 기타 자산의 네 가지 주요 자산(asset) 범주로 이루어져 있다. 유동자산은 지금 당장 현금으로 전환되거나 1년 이내에 현금으로 전환하거나 사용할 항목이다. 예를 들어 재고가 판매로 이어지고, 외상매출금이 회수되며 1년 이내에 사용할 자재 및 소모품이 여기에 속한

자산
가치를 지닌 회사 소유의 모든 것

표 17.1

보고 사의 재무상태표 (2535년과 2536년)

	2536년	2535년
유동자산		
현금	$2,000	$1,480
외상매출금	6,200	6,200
선급금	1,500	1,500
재료 및 소모품	1,300	1,300
재고	9,000	9,000
총 유동자산	$20,000	$19,480
고정자산		
플랜트시설	$35,000	$35,000
생산설비	20,000	20,000
관리시설	15,000	15,000
유통시설	10,000	
누적 감가상각	(20,000)	(17,000)
총 고정자산	$60,000	$53,000
영업권	$5,000	
기타 자산	3,000	3,000
총 자산	$88,000	$75,480
유동부채		
단기부채	$10,000	$10,000
외상매입금	5,000	5,000
총 유동부채	$15,000	$15,000
장기부채	$30,000	$20,000
기타 부채	3,000	3,000
총 부채	$48,000	$38,000
자본		
납입자본금	$10,000	$10,000
이익잉여금	30,000	27,480
총 자본	$40,000	$37,480
부채와 자본 총계	$88,000	$75,480
발행주식수	2,000	2,000
연말 주가	$40	$36

다. 물론 현금은 가장 기초적인 유동자산이다. 고정자산은 자산의 예상 수명이 1년 이상이며 일반적인 경영활동에 사용되며 유형자산일수도, 무형자산일수도 있다. 유형자산은 가장 일반적인 유형의 고정자산으로 보고 사는 무형의 고정자산을 하나도 보유하고 있지 않다. 무형자산의 예로는 권리, 특허 및 라이센스 등을 들 수 있다. 토지를 제외한 모든 고정자산은 일반적으로 시간이 지남에 따라 가치가 하

락한다. 영업권은 자산을 취득하기 위해 시장 가치를 초과하여 지불한 금액을 측정한다. 기타 자산은 앞에서 언급한 자산의 범주 중 어느 것에도 속하지 않는 자산 항목을 포함한다.

부채
회사의 재무적 책임

보그의 재무상태표는 유동부채, 장기부채 및 기타 부채라는 세 가지 부채(liability) 항목을 포함하고 있다. 유동부채는 일반적으로 1년 이내에 갚아야 하거나 이에 상응하는 조치가 필요하며 외상매입금 및 단기 부채가 유동부채에 포함된다. 장기부채는 만기가 1년 이상인 채권 또는 다른 형태의 채무를 포함하며 기타 부채에는 앞에서 언급한 부채의 범주에 속하지 않는 다른 모든 부채 항목이 포함된다.

자본금
회사에 대한 소유주의 지분

자본금(equity)은 총자산과 총부채의 차이이다. 자본금에는 보통주 발행시 회사가 수령한 납입자본금과 영업활동을 통해 거둔 이익금 중에서 배당금으로 지급하지 않고 회사 성장을 위해 사용할 목적으로 적립시키는 이익잉여금이 포함된다.

재무상태표의 기본 회계방정식은 자산은 부채와 자본을 합한 것과 같다는 것이다.

$$\text{자산} = \text{부채} + \text{자본} \tag{17.1}$$

이 수식에서 좌변의 합은 우변의 합과 항상 같아야 하기에 재무상태표는 항상 '균형'을 가져야 한다고 말한다. 재무상태표를 작성할 때 불균형이 발생하였다는것은 회계 오류가 발생하였다는 뜻이며 이를 반드시 수정해야 한다.

재무분석가들이 재무상태표를 주요 범주로 묶는게 유용하다는 것을 알게 되면서 회사의 자산과 부채의 기본적인 구조에 대한 충분한 정보를 나타내는 동시에 추가 분석을 단순화하는 바람직한 결과를 가져왔다. 재무상태표를 얼마나 축약하여야 유용한 정보를 제공할 수 있는가는 재무분석가의 주관적인 판단에 달려있다. 이 결정을 내릴 때 알버트 아인슈타인의 유명한 격언을 생각해 보라. '가능하면 최대한 단순화하되 더 이상은 하지 말라.'

표 17.2는 보그의 2536년 재무상태표를 단순화한 것으로 기본 구조는 그대로 유지하되 유동자산 행은 현금과 운영 자산이라는 두 가지 구성 요소로 축약되었다.

표 17.2
보그 사의 2036년 요약 재무상태표

현금	$2,000	유동 부채	$15,000
운영자산	18,000	장기 부채	30,000
고정자산	60,000	기타 부채	3,000
영업권 및 기타 자산	8,000	주주 지분	40,000
총 자산	$88,000	부채 및 자본 총계	$88,000

합당한 근거를 가지고 영업 자산과 현금을 분리시킨 것이다.

나중에, 현금흐름표에서 순현금의 증가가 재무상태표상의 현금 조정에 어떻게 사용됨을 보여 줄것이다. 이러한 조정은 우선 유동자산을 현금 및 운영자산으로 분리하여 보다 명확하게 설명된다.

확인 사항

17.2a 유동자산의 예는 어떤 게 있는가?

17.2b 고정자산의 예를 들어보아라.

17.2c 유동부채에는 무엇으로 구성되는가?

17.2d 표 17.1에 있는 어떤 계정 항목이 2535년과 2536년 사이에 변화를 보이는가?

손익계산서

표 17.3은 보그 사의 요약 손익계산서이다. 손익계산서는 1년 회계 기간 동안 회사가 벌어들인 수익과 지출한 비용을 보고한다. 자세히 살펴보고, 하향식 구조에 익숙해야 한다.

손익계산서는 순 매출액으로 시작하고 매출원가를 제한 후 총수익을 계산한다.

표 17.3

보그주식회사 손익계산서, 2536년

	2536년
순매출액	$110,000
판매원가	(89,000)
총수익	$21,000
감가상각	(3,000)
기타운영비	(10,000)
영업이익	$8,000
이자비용	(2,000)
세전이익	$6,000
법인세	(2,400)
당기순이익	$3,600
배당금	(1,080)
이익잉여금	$2,520

이익
회사의 수익과 비용의 차이를 나타내며 주주에게 배당금을 지급하거나 미래 성장을 위한 자금으로 사용하기 위해 내부적으로 유보

매출원가는 제품을 생산하고 판매하는데 소요되는 즉, 생산 및 판매 수준에 따라 직접적으로 달라지는 비용을 나타낸다. 다음으로 총수익에서 감가상각비와 영업비용을 제하면 영업 이익(income)이 산출되는데 영업비용은 관리 및 마케팅의 간접비용이다. 이러한 비용은 생산 및 판매에 따른 직접비와 다르다. 영업이익에서 부채에 대한 이자 비용을 차감하면 세전이익이 된다. 마지막으로, 세전이익에서 소득세를 빼면 당기순이익이 산출된다. 순이익은 일반적으로 손익계산서의 마지막에 나오는 항목이므로 종종 '최종선(핵심)'이라고 부른다. 그러나 다음 예에서는 배당금과 이익잉여금에 관한 정보(개별 재무제표에 종종 나오는 항목)를 추가하였다. 보다시피 보그 사가 당해 연도에 배당금을 지급했음을 알 수 있다. 배당금과 이익잉여금의 합은 당기순이익과 같다.

$$\text{순이익} = \text{배당금} + \text{이익잉여금} \tag{17.2}$$

표 17.3은 법인세율 40%를 가정하고 작성하였다.

확인 사항

17.2e 매출원가란 무엇인가?

17.2f 총수익과 영업이익의 차이는 무엇인가?

17.2g 순이익과 세전이익은 어떻게 다른가?

17.2h 이익잉여금은 무엇을 뜻하는가?

현금흐름표

현금흐름표는 특정 회계 기간에 회사가 현금을 창출한 곳과 현금이 사용된 곳을 보고한다. 현금흐름표는 모든 현금흐름을 영업현금흐름, 투자현금흐름 또는 재무

표 17.4

보그주식회사 2536년 요약 현금흐름표

	2536년
당기순이익	$3,600
감가상각	3,000
영업현금흐름	$6,600
투자현금흐름[a]	(15,000)
재무현금흐름[b]	8,920
순현금 증가분	$ 520

a 2536년 12월 31일, 클린곤으로부터 유통시설을 $15,000($5,000 영업권 포함)에 사들였다.
b 5% 표면이자율의 액면가 $10,000 채권 발행과 $1,080 배당금 지불

현금흐름의 세 가지 범주로 분류한다.

표 17.4는 보그 사의 요약 현금흐름표다. 현금흐름표는 기업이 벌어들인 수익에 대한 주요 회계 측정치인 순이익으로부터 시작한다. 그러나 순이익과 현금흐름(cash flow)은 동일하지 않으며 크게 다른 경우가 종종 발생한다. 순이익이 현금흐름과 다른 주된 이유로는 순이익에 비현금성 항목(noncash items)이 포함되어 있기 때문이다. 예를 들어, 감가상각은 현금흐름을 계산할 때 순이익에 추가해야 하는 비현금성 비용이다. 순이익에 비현금성 항목을 조정함으로써 영업현금흐름(operating cash flow)을 산출한다.

현금흐름
현금 형태로 실현된 소득

비현금성 항목
현금 형태로 실현되지 않은 수입 및 지출 항목

영업현금흐름
회사의 일상적인 비즈니스 운영에서 발생하는 현금

회계학 수업에서 수입과 현금흐름의 차이가 일반적으로 발생주의 회계의 결과임을 배웠을 것이다. 발생주의에 따르면 기업은 현금을 실제로 지급하였거나 수령하는 시점이 아니라 수입과 지출을 발생한 시점을 매출로 인식한다. 그러다 보니 수익이 현금흐름을 정확하게 반영하지 못할 수 있다.

이러한 점 때문에 재무분석가들은 일반적으로 수익보다 현금흐름을 더 신뢰할 수 있는 방법으로 여기며 회사 간 비교에도 현금흐름이 더 적합하다고 주장한다. 애널리스트들은 종종 한 회사가 '높은'(또는 '낮은') 품질의 이익을 가졌다고 얘기를 하는데 이는 이익이 회사의 현금흐름을 정확하게 반영하는지 여부에 대한 단순한 판단이다. 이익이 현금흐름을 잘 나타내면 이 회사는 높은 품질의 이익을 올린다고 얘기한다.

영업현금흐름은 현금흐름표에 보고된 세 가지 현금흐름 범주 중 첫 번째이다. 두 번째 및 세 번째 범주는 투자현금흐름과 재무현금흐름이다. 투자현금흐름(investment cash flow)에는 고정자산의 매입 또는 판매와 다른 투자활동을 포함한다. 예를 들어 각주 'a'로 표시된 보그가 클링곤 엔터프라이즈(Klingon Enterprises)의 유통 시설을 구입한 것은 투자 현금흐름이다. 재무현금흐름은 유가증권을 발행하여 자금을 조달하는 모든 활동과 시중에 유통되고 있는 증권을 사드리는 과정에서 발생하는 모든 현금흐름을 말한다. 각주에 'b'로 표기된 $10,000수준의 채권을 발행하고 배당금 $1,080를 지급하는 것이 재무현금흐름(financing cash flow)의 예로 들 수 있다.

투자현금흐름
고정자산 및 투자자산의 구매 및 판매로 인한 현금흐름

재무현금흐름
주식의 발행이나 자사주 매입 및 배당금 지급에서 발생하는 현금흐름

표준 회계 실무에서 주주에 대한 배당금 지급은 재무현금흐름으로 간주하는 반면 채권자에 대한 이자 지급은 영업현금흐름이라고 간주한다. 한 가지 이유는 배당금 지급은 의무사항이 아니지만 채권자에 대한 이자 지급은 의무적이라는 것이다. 또한, 배당금은 법인세 감면효과가 없지만 이자비용은 법인세 감면효과를 누릴 수 있기 때문이다.

영업현금흐름, 투자현금흐름 및 재무현금흐름의 합은 회사 현금의 순 변동을 가져온다. 이 변경은 현금흐름표의 '최종선'이며 회계 기간 동안 회사 현금 계정으로

유입되거나 계정에서 빠져나간 현금의 양을 나타낸다. 이 경우 보그 사에 $520 현금이 유입되었다 (표 17.1의 현금 항목을 비교하면 그 변화를 알 수 있다).

확인 사항

17.2i 당기순이익과 영업현금흐름의 차이는 무엇인가?

17.2j 비현금 항목 중 어느 항목이 영업현금흐름을 계산하는데 사용되는가?

17.2k 투자현금흐름과 재무현금흐름은 어떻게 다른가?

17.2l 현금의 순 증가는 무엇을 뜻하는가?

17.2m 이자비용과 같이 현금이 사용된 항목이 현금흐름표에 나타나지 않는 이유를 설명할 수 있는가?

수익성 비율과 가격 비율

연차보고서와 10K에는 일반적으로 회사에 대한 다양한 항목의 추가적 정보가 들어가 있다. 예를 들어 몇가지 수익성 비율은 회사가 얼마나 효율적으로 운영을 하고 있는지를 이해하는데 도움을 준다. 2536년 보그 사의 수익성을 나타내는 여러 지표는 다음과 같다.

비율	수식	계산
총수익률	총수익/순매출액	$21,000/$110,000=19.09%
영업이익률	영업이익/순매출액	$8,000/$110,000=7.27%
총자산수익률(ROA)	순이익/총자산	$3,600/$88,000=4.09%
자기자본수익률(ROE)	순이익/자기자본	$3,600/$40,000=9.00%

자산수익률 총 자산 대비 순이익의 비율

자기자본수익률 자기자본 대비 순이익의 비율

총 자산수익률(return on assets, ROA)과 자기자본수익률(return on equity, ROE)은 총자산 및 자기자본의 당해 연말 가치를 사용하여 계산한다. 이러한 계산에 전년도 값을 사용해야 한다고 주장할 수도 있지만, 당해 연말 가치의 사용이 더 일반적이다.

연차보고서와 10K는 또한 주당 장부가, 주당 순이익 및 주당 영업현금흐름을 보고하기도 한다. 주당 가치를 계산하기 위해서는 발행된 보통주의 주식수가 필요하다. 보그의 재무상태표에는 보통주 2,000주가 보고되어 있다. 따라서 보그 사의 주당 가치는 다음과 같이 계산된다.

비율	수식	계산
주당 장부가(BVPS)	자본금/발행주식수	$40,000/2,000=$20.00
주당 순이익(EPS)	순이익/발행주식수	$3,600/2,000=$1.80
주당 현금흐름(CFPS)	영업현금흐름/발행주식수	$6,600/2,000=$1.80

주당 현금흐름은 현금흐름표(표 17.4 참조)의 최종항목이 아닌 영업현금흐름을 사용하여 계산됨을 주목하라. '현금흐름'을 얘기할 때 대부분의 경우 영업현금흐름을 말한다.

이전 장에서 주식 가치를 분석하기 위해 가격 비율을 광범위하게 사용했음을 상기하라. 바로 위에서 계산된 주당 가치와 보그의 연말 주가 $40를 사용하여 다음과 같은 가격 비율을 계산한다.

비율	수식	계산
주가대비 장부가(P/B)	주가/주당 장부가	$40/$20=2.00
주가대비 수익률(P/E)	주가/주당 순이익	$40/$1.80=22.22
주가대비 현금흐름(P/CF)	주가/주당 현금흐름	$40/$3.30=12.12

나중에 보그 사의 미래 주가에 대한 판매 캠페인이 미치는 잠재적 영향을 평가할 때 다양한 가격 비율을 사용할 것이다.

확인 사항

17.2n 매출총이익과 영업이익의 차이는 무엇인가?

17.2o 총자산수익률과 자기자본수익률의 차이는 무엇인가?

17.2p 주당순이익과 주당 현금흐름의 차이는 무엇인가?

17.2q 주당 현금흐름은 어떻게 계산하는가?

17.3 재무제표 추정하기

보그 사는 2536년 12월 클린곤의 일부 유통시설 인수를 마무리 지었다고 공개적으로 발표하면서 인수를 통해 매출액을 증대하는 게 목적이라고 밝혔다. 인수를 위한 보완대책으로 보그는 내년도 순 매출액 목표를 $137,500로 늘리기 위한 마케팅 캠페인 계획을 발표하였다.

보고 분석가로서 여러분은 이러한 행동이 어떤 잠재적 영향을 가지는지 조사해야 한다. 보고 경영진에게 즉시 인수 및 마케팅 캠페인에 대한 세부 정보를 문의한 후에, 추가 정보를 가지고 2537년 보고 사의 추정 재무제표(pro forma financial statements)를 작성하기로 결정하였다.

추정 재무제표
가정에 기반하여 미래 소득, 현금흐름 및 기타 항목을 추정하여 작성한 명세서. "Pro forma"는 문자 그대로 규정된 형식을 의미한다.

매출액의 백분율 접근법

추정 재무제표를 작성하는 간단한 방법은 모든 항목이 매출액과 동일한 비율로 증가한다고 가정하는 것이다. 이는 일부 재무제표 항목에 대해 합리적인 가정일 수 있지만 장기부채와 같은 항목에서는 합리적인 가정이라고 보기 힘들 수도 있다. 회사 경영진이 적절한 장기부채 규모를 설정할 것이므로 장기부채 수준이 매출액과 반드시 직접적으로 관련이 있는 것은 아니기 때문이다.

보다 정교한 방법은 손익계산서와 재무상태표 항목을 매출액에 따라 직접적으로 변하는 항목 집단과 그렇지 않은 항목 집단으로 구분하는 것이다. 매출액을 예측한 후, 그 목표를 맞추기 위해 얼마나 많은 자금이 필요한지를 계산하는 것이 용이하기 때문에 이렇게 빠르고 실용적인 방법을 매출액의 백분율 접근법(percentage of sales approach)이라도 부른다. 여러분은 이 접근법을 사용하여 2537년 보고 사의 재무제표를 작성하도록 한다.

매출액의 백분율 접근법
일부 항목이 예상 매출액 수준에 따라 달라지는 재무 계획 방법

추정 손익계산서

보고 사는 2537년 예상 매출액이 $137,500에 달할 것이라고 발표하였는데, 이는 전년도인 2536년에 비해 25% 증가한 금액이다. 2536년 보고 사의 손익계산서와 몇가지 가정을 바탕으로 추정 손익계산서를 작성한다. 표 17.3에서 2536년 순 매출액 대비 총 비용은 약 94.55%(실제로는 94.5454%)임을 알 수 있으며 이에따라 2537년에도 총 비용은 순 매출액의 94.55 %를 차지할 것으로 가정한다.

표 17.5는 2537년 보고 사의 추정 손익계산서이다. 표 17.5를 만들기 위해 2537년의 순 매출액 대비 매출원가는 전년도와 동일한 80.91%로 가정하였다.

표 17.4에서 2536년의 감가상각은 $3,000였다. 회계사는 감가상각 일정을 작성하기 위해 다양한 방법을 시도하는데, 여기서 문제를 간단히 하기 위해 매출액의 백분율 접근법을 사용한다. 감가상각비는 2536년 매출의 백분율로 $3,000/$110,000≈2.7272%였다. 2537년 감가상각비는 2.7272%×$137,500 =$3,750로 예상한다.(2536년의 실제 비율에 2537년의 예상 매출액을 곱한 것을

표 17.5

보그주식회사의 2537년 추정 손익계산서

	2536년	2537년
순매출액	$110,000	$137,500
매출원가	(89,000)	(111,250)
총수익	$21,000	$26,250
감가상각	(3,000)	(3,750)
기타 영업 비용	(10,000)	(12,500)
영업이익	$8,000	$10,000
이자 비용	(2,000)	(2,500)
세전 이익	$6,000	$7,500
법인세	(2,400)	(3,000)
당기순이익	$3,600	$4,500
배당금	(1,080)	(1,350)
이익잉여금	$2,520	$3,150
순이익률	3.27%	3.27%
총 비용/순 매출액	94.55%	94.55%

참고하라.)

보그 사는 유통점을 인수하기 위해 5% 이표를 지급하는 장기부채를 발행하여 인수자금을 마련하였다. 2537년 이자 비용을 추정하기 위해 보그 사는 단기부채에 대해서는 단리 4% 이자를 지급하고 기존의 장기부채에 대해서는 8% 이자를 지급한다고 가정한다. 이러한 가정하에 2536년에 지급한 이자비용 $2,000은 단기부채에 $400($10,000×0.04), 장기부채에 $1,600($20,000×0.08)으로 나누어졌다. 따라서 2536년 말에 추가된 장기부채 $10,000은 장기부채에 대한 이자 비용을 $2,100 ($20,000×0.08+$10,000×0.05)로 증가시킬 것이다. 단기부채에 대한 이자 $400를 추가하면, 2537년 총이자 비용은 $2,500가 될 것이다.

마지막으로 2536년의 순 매출액 대비 총비용 비율 94.55%이 2537년에도 동일하다고 가정한다. 이를 위해 기타 영업비용 계정은 맞춰 넣기로 하고, 이 금액을 $12,500으로 설정하면 맞추고자 하는 비율인 94.55%를 유지할 수 있다.

총비용이 매출의 일정한 비율이라고 가정하면 이익률(순이익/순 매출액) 역시 일정하다고 가정한다. 따라서 표 17.5에서 2536년 보그 사의 이익률은 $3,600/$110,000=3.27%이고 2537년에는 3.27%인 $4,500이다. 이 계산에서 법인세율은

40%로 가정한다.

다음으로, 우리는 배당금 지급액을 추정해야 한다. 순이익 중에서 얼마나 많은 금액을 배당금으로 지불할 것인가는 보고 사의 최고경영진이 결정한 사항이다. 그러나 두 가지 배당 지급 방법이 합리적이다. 한 방법은 매년 똑같은 금액을 배당금으로 지급하는 것이고, 다른 방법은 매년 같은 비율로 지급하는 것이다.

보고 경영진은 당기순이익 대비하여 일정한 비율로 배당금을 지불하는 방침을 가지고 있다고 가정하자. 2536년 배당금 지급비율은 $1,080/$3,600=30%였다. 또한 2536년 당기순이익 대비 이익잉여금 적립 비율은 $2,520/$3,600=70 %로 계산할 수 있다. 이 비율을 유보율 또는 내부유보율이라 하며 이는 1에서 배당 성향을 뺀 값과 똑같다. '내부유보율'이라는 용어는 논리적이라고 여겨지는데 그 이유는 순이익을 주주에게 지불하지 않으면 회사가 보유해야 하기 때문이다. 배당성향이 일정하다고 가정하면 예상 배당금은 $4,500×0.30=$1,350이 된다. 따라서 이익잉여금에 추가되는 금액은 $3,150이 된다.

추정 재무상태표

추정 재무상태표를 만들기 위해 표 17.1에 나와있는 2536년 재무상태표부터 시작하자. 재무상태표에서도 일부 항목은 매출액에 따라 직접적으로 변하는 항목과 매출액에 별다른 영향을 받지 않는 항목으로 나눌 수 있다. 매출액에 따라 변하는 항목의 경우 2536년에 기록된 매출액 대비 비율을 나타내고 매출액 변화에 영향을 받지 않는 항목은 '해당없음(n/a)'으로 표기한다. 예를 들어, 자산 항목 중에서 재고자산은 2536년 매출액의 약 8.2%정도 이므로 이 비율은 2537년에도 적용되므로 매출액이 $1 증가시 재고자산은 $0.082 늘어난다고 가정한다.

자본 집약도 비율
기업의 총 자산을 매출로 나눈 값 또는 매출 $1를 창출하는데 필요한 자산의 양

2536년 총자산 대비 매출액 비율(자본집약도 비율(capital intensity ratio)이라 부르기도 함)은 $88,000/$110,000=0.80 또는 80%이다. 이 비율은 매출액 $1를 창출하는 데 필요한 자산의 규모를 제시해주기 때문에 이 비율이 높으면 높을수록 회사의 자본집약도가 더 높아진다. 보고 사의 경우 2536년에 매출액 $1를 창출하기 위해 자산 $0.80가 필요한데 자본집약률이 일정하다고 가정하면 2537년에 $137,500 매출을 달성하기 위해는 총 자산 $110,000가 필요하다는 의미이다.

재무상태표의 부채 부분을 살펴보면, 외상매입금만 매출에 따라 달라진다고 가정하였다. 매출액이 늘어남에 따라 보고는 공급업체에 더 많은 주문을 해야 할 것이므로 외상매입금은 매출액에 직접적으로 영향을 받는 항목이라고 볼 수 있다. 반면에 단기부채는 은행 차입을 나타내며 이 항목은 매출액에 직접적인 영향을 받

표 17.6

보그주식회사의 2537년 추정 재무상태표

	2536년	대략적인 매출액 비율	2537년	변화
유동자산				
현금	$ 2,000	1.8%	$ 2,500	$ 500
외상매출금	6,200	5.6	7,750	1,550
선급금	1,500	1.4	1,875	375
재료 및 소모품	1,300	1.2	1,625	325
재고자산	9,000	8.2	11,250	2,250
총 유동자산	$20,000	18.2	$ 25,000	$ 5,000
총 고정자산	$60,000	54.5	$ 75,000	$15,000
기타 자산	$ 8,000	7.3	$ 10,000	$ 2,000
총 자산	$88,000	80.0	$110,000	$22,000
유동부채				
단기부채	$10,000	n/a	$ 10,000	$ 0
외상매입금	5,000	4.5	6,250	1,250
총 유동부채	$15,000		$ 16,250	$ 1,250
장기부채	$30,000	n/a	$ 30,000	$ 0
기타 부채	3,000	n/a	3,000	0
총 부채	$48,000		$ 49,250	$ 1,250
자본				
납입자본금	$10,000	n/a	$ 10,000	$ 0
이익잉여금	30,000	n/a	33,150	3,150
총 자본	$40,000		$ 43,150	$ 3,150
부채 및 자본 총액	$88,000		$ 92,400	$ 4,400
필요 외부 자본조달:			$ 17,600	$17,600
단기부채를 통해:				$ 2,500
장기부채를 통해:				$15,100

을 가능성이 상대적으로 낮다. 따라서 표 17.6에서 단기 부채의 '매출액 비율'란에 해당없음(n/a)이라고 기입한다. 장기부채 역시 매출액에 따라 직접적으로 달라지지 않을 것이므로 해당없음(n/a)을 기입한다. 기타 부채 및 자본 계정에 대해서도 마찬가지이다.

그러나 이익잉여금은 매출액 증가에 따라 변하지만 이익잉여금의 증가는 매출액 대비 단순한 비율은 아니다. 따라서, 예상되는 당기순이익과 배당금을 기준으로 이익잉여금의 변동을 계산해야 한다.

표 17.6과 같이 보그 사의 부분 추정 재무상태표를 작성할 수 있다. 예상 금액을 계산할 수 있는 경우 매출액 대비 비율을 사용하여 '2537'이라는 열을 구성한다.

예를 들어, 2537년 재고자산은 ($9,000/$110,000)×$137,500=$11,250이 된다. 2536년 고정자산 대비 매출액 비율은 약 54.5%이므로 2537년 총 고정자산 규모는 ($60,000/$110,000)×$137,500=$75,000이다. 이 금액은 2536년 총 고정자산에서 $15,000만큼 늘어난 금액이다

매출액 변화에 직접적인 영향을 받지 않는 항목의 경우, 처음에는 바뀌지 않는 것으로 간주하고 기존 금액을 기입한다. 표 17.6의 '2537'열을 살펴보면 이 방법을 적용하였음을 알 수 있다. 이익잉여금의 변동은 표 17.5에 표시된 금액인 $3,150가 될 것이라는 점에 주목하자.

보그 사의 부분 추정재무상태표를 살펴보면 2537년에 총자산이 $22,000 증가할 것으로 예상된다. 그러나 추가로 자금을 조달하지 않은 상태에서 부채와 자본은 $4,400이 증가하므로 자산의 증가분인 $22,000에 비해 $17,600(=$22,000−$4,400)만큼 부족액 또는 불균형이 발생한다. 표 17.6에서 정확성을 기하기 위해 부족분 $17,600을 두 가지 방법으로 계산하였다: 총 자산 ($110,000)과 총 부채와 자본 ($92,400) 간 차이, 총 자산의 변화($22,000)와 총자산 및 부채의 변화($4,400) 간 차이. 이 부족한 부분을 필요한 외부 자금조달 (EFN)이라고 분류하였다.

첫 번째 시나리오

작성된 추정 손익계산서와 추정 재무상태표를 살펴보면 심각한 문제 하나를 발견할 수 있다. 2537년에 보그 사의 매출액이 25% 증가할 것이라고 예상을 하고 있는데 이 목표를 달성하기 위해서는 $17,600에 달하는 새로운 자금조달이 필요하다는 것이다. 보그 사를 담당하는 애널리스트의 입장에서 보자면, 계획을 세우는 과정에서 향후 발생할 수 있는 잠재적 문제점을 지적할 수 있을 것이다. 예를 들어, 보그 사가 새로운 자금조달을 하지 않겠다는 목표를 갖고 있다면, 25% 매출액 증가는 불가능하게 된다.

$17,600의 새로운 자금조달이 반드시 필요하다면 보그 사로서의 다음 세 가지 대안이 있다: 단기부채, 장기부채, 그리고 신주. 이 세 가지 자금원을 어떻게 선택하느냐가 보그 사의 경영진에게 매우 중요한 의사결정이다. 무수히 많은 가능한 조합 중 하나를 아래에 제시하기로 한다.

보그 사가 필요한 자금을 일부는 단기부채로, 나머지는 장기부채로 빌리기로 결정했다고 가정해 보자. 표 17.6에서 유동자산은 $5,000 증가했지만 유동부채는 $1,250(외상매입금 증가분)만큼 증가한 것을 볼 수 있다. 보그 사는 유동자산과 유동부채의 비율을 일정하게 유지하고자 한다면 단기부채로 $2,500를 빌려

표 17.7

보그주식회사의 2537년 추정 재무상태표

	2536년	대략적인 매출액 비율	2537년	변화
유동자산				
현금	$ 2,000	1.8%	$ 2,500	$ 500
외상매출금	6,200	5.6	7,750	1,550
선급금	1,500	1.4	1,875	375
재료 및 소모품	1,300	1.2	1,625	325
재고자산	9,000	8.2	11,250	2,250
총 유동자산	$20,000	18.2	$ 25,000	$ 5,000
총 고정자산	$60,000	54.5	$ 75,000	$15,000
기타 자산	$ 8,000	7.3	$ 10,000	$ 2,000
총 자산	$88,000	80.0	$110,000	$22,000
유동부채				
단기부채	$10,000	n/a	$ 12,500	$ 2,500
외상매입금	5,000	4.5	6,250	1,250
총 유동부채	$15,000		$ 18,750	$ 3,750
장기부채	$30,000	n/a	$ 45,100	$15,100
기타 부채	3,000	n/a	3,000	0
총 부채	$48,000	n/a	$ 66,850	$18,850
자본				
납입자본금	$10,000	n/a	$ 10,000	$ 0
이익잉여금	30,000	n/a	33,150	3,150
총 자본	$40,000		$ 43,150	$ 3,150
부채 및 자본 총액	$88,000	$0	$110,000	$22,000
필요 외부 자본조달:			$ 0	$ 0

야 한다. 2536년에 유동자산 대비 유동부채 비율(유동비율)은 4:3 또는 1.3333 ($20,000/$15,000)이었다. 2537년 유동자산을 $25,000로 추정하고 전년도와 같은 유동비율을 유지하려면 유동부채는 $18,750, 표 17.6에 표시된 금액보다 $2,500 많아야 한다.

보그 사가 단기부채로 $2,500을 빌리면 부족한 $15,100는 장기부채를 추가로 발행하여 조달하여야 한다. 이러한 자금조달 액수가 표 17.6의 하단에 잘나와 있다. 표 17.7은 추가 자금조달을 단기부채와 장기부채의 조합으로 조달한다는 가정을 바탕으로 완성된 추정 재무상태표이다.

위에서 보그 사는 자금조달 문제를 해결하기 위해 단기부채와 장기부채의 조합을 사용한다고 가정하였다. 하지만 그 조합은 가능한 무수히 많은 전략 중 단지 하나에 불과하고 심지어 보그 사에게 그 조합이 최상의 조합이 아닐 수도 있다. 분석가는 여러 가지 대안을 반드시 고려해야 하며 늘어나는 부채 부담이 회사의 미래 수익에 어떤 영향을 미치는지 꼭 따져 보아야 한다.

두 번째 시나리오

자산이 매출액 대비 일정한 비율이라는 가정은 편리할 뿐 많은 경우 적합하지 않다. 특히 보그 사의 추정 재무제표를 작성할 때 드러나지 않은 가정 하나가 숨어있다. 보그 사는 고정자산이 100% 가용한다고 가정하였는데, 이는 매출액 증가가 고정자산 증가를 가져오기 때문이다. 하지만 대부분 기업은 약간의 여유 또는 초과분을 보유하는 것이 일반적이며, 추가 교대 근무조를 운영하거나 예비 장비를 활용하여 생산량을 늘릴 수 있다.

보그 사가 현재 생산능력의 75% 정도를 사용한다고 가정하면 외부 자금의 필요성이 상당 수준 달라진다. '75% 용량'이라는 의미는 현재 매출액 수준이 완전 가용했을 때 달성할 수 있는 매출액의 75%임을 의미한다.

현재 매출액 = \$110,000 = 0.75 × 최대 용량 매출액

최대 용량 매출액 = \$110,000/0.75 = \$146,667

이 계산에 따르면 새로운 고정자산이 없이도 현재의 매출액 \$110,000에서 최대 용량 매출액인 \$146,667로 1/3 가량 증가시킬 수 있다는 의미로 해석할 수 있다.

첫 번째 시나리오는 순 고정자산을 \$15,000 늘리는 것이 필요하다고 가정하였다. 두 번째 시나리오에 의하면 매출액이 \$137,500로 증가할 것으로 예상되지만 아직 최대 용량 매출액을 달성하지 않았으므로 고정자산에 대한 지출이 필요하지 않다는 것이다. 결과적으로 첫 번째 시나리오에서 예상 한 필요 외부 자금 \$17,600는 너무 높은 것이고 실제로 두 번째 시나리오에서 필요한 외부 자금 수준은 \$2,600정도이다.

먼저 표 17.8에서 총 고정자산 계정 옆에 헤당없음(n/a)라고 쓰고 2536년과 같은 \$60,000로 작성하였다. 총 고정자산 항목에 해당 사항이 없다면 총 자산은 \$7,000 증가한다. 표 17.5와 같이 재무상태표의 부채 부분에서 \$137,500 수준의 매출액은 이익잉여금을 \$3,150 증가시키고 매출액 \$137,500은 외상매입금 항목을 \$1,250 증가시킬 것이다. 총자산 증가분과 총 부채 및 자본 증가분의 차이는 외부 자금조달없이 \$2,600(= \$7,000−\$3,150−\$1,250)가 될 것이다. 표 17.8은 2537년의 완성된 추정 재무상태표로, 단기부채 항목이 증가한 금액 임을 알 수 있다. 즉, 보그 사는 외부 필요 자금조달의 원천으로 단기부채만 사용할 것이라고 가정한 것

표 17.8

보그주식회사의 2537년 추정 재무상태표

	2536년	대략적인 매출액 비율	2537년	변화
유동 자산				
현금	$ 2,000	1.8%	$ 2,500	$ 500
외상매출금	6,200	5.6	7,750	1,550
선급금	1,500	1.4	1,875	375
재료 및 소모품	1,300	1.2	1,625	325
재고자산	9,000	8.2	11,250	2,250
총 유동자산	$20,000	18.2	$25,000	$5,000
총 고정자산	$60,000	n/a	$60,000	$ 0
기타 자산	$ 8,000	7.3	$10,000	$2,000
총 자산	$88,000		$95,000	$7,000
유동부채				
단기부채	$10,000	n/a	$12,600	$2,600
외상매입금	5,000	4.5	6,250	1,250
총 유동부채	$15,000		$18,850	$3,850
장기부채	$30,000	n/a	$30,000	$ 0
기타 부채	3,000	n/a	3,000	0
총 부채	$48,000	n/a	$51,850	$3,850
자본				
납입자본금	$10,000	n/a	$10,000	$ 0
이익잉여금	30,000	n/a	33,150	3,150
총 자본	$40,000		$43,150	$3,150
부채 및 자본 총액	$88,000		$95,000	$7,000

이. 그러나 이 가정으로 인해 유동자산 대비 유동부채 비율이 약간 줄어들게 된다.

예제 17.1

외부 필요 자금 조달(EFN)과 용량 사용

보그 사가 최대 용량의 88% 수준에서 운영한다고 가정하자. 최대 용량에서 매출액은 얼마가 되겠는가? 이 경우 EFN은 얼마인가? 최대 용량일 때 자본집약률은 얼마인가?

최대 용량 매출액은 $110,000/0.88=$125,000이다. 표 17.1에서 고정자산은 $60,000이고 최대 용량일 때 고정자산의 매출액 비율은 $60,000/$125,000=0.48이다. 보그 사가 최대 용량에 도달하게 되면 보그 사는 매출액 $1당 고정자산 $0.48가 필요하다는 것을 알 수 있다. 보그 사의 예상 판매량 $137,500를 달성하기 위해서는 $137,500×0.48=$66,000의 고정자산이 필요하다. 이는 표 17.6에 나와있는 원래 연간 2537년의 $75,000보다 $9,000가 작다. 따라서 EFN은 $17,600−$9,000=$8,600이 된다. 유동자산과 기타 자산은 여전히 각각 $25,000와 $10,000이므로 총 자산은 $101,000이고 자본집약률은 $101,000/$137,500=0.7345입니다.

확인 사항

17.3a 매출액 백분율 접근법의 기본 아이디어는 무엇인가?

17.3b 매출액 백분율 접근법은 고정자산의 적정 수준에 대해 어떤 가정을 하고 있는가?

수익성 비율과 가격 비율의 추정

추정 재무제표를 준비하는 것 외에도 매출액 예측에 따라 예상 수익성 비율 및 주당 가치를 계산한 내용이 아래에 작성되었고 원래 연말 가치와 비교하였다.

	2536년	2537년
총수익률	19.09%	19.09%
영업이익률	7.27%	7.27%
총자산수익률(ROA)	4.09%	4.09%/4.74%
자기자본이익률(ROE)	9.00%	10.43%
주당 장부가액(BVPS)	$20.00	$21.57
주당 순이익(EPS)	$1.80	$2.25
주당 현금흐름(CFPS)	$3.30	$4.25

* 2537년에 두 개의 ROA가 있음에 주목해 보자. 4.09%는 보그가 이미 100% 용량으로 운영되고 있다는 가정한 첫 번째 시나리오로부터 계산된 것이고 4.74%는 보그가 75%의 용량으로 운영되고 있다고 가정하는 두 번째 시나리오에서 산출된 것이다.

일반적인 분석 방법 중 하나는 이전 기간의 가격 비율과 추정 재무제표의 예상 주당가치를 사용하여 새로운 매출액 시나리오 하에서 예상 주가를 계산하는 것이다. 보그 사의 경우, 이전에 계산한 2536년 말의 가격 비율을 적용하고 각 비율에 해당하는 주식 1주당 가치를 곱한다. 이 예상 주가 계산 결과(반올림 됨)가 아래에 제시되었다.

$$P/B \times BVPS = 2 \times \$21.57 = \$43.14$$

$$P/E \times EPS = 22.22 \times \$2.25 = \$50.00$$

$$P/CF \times CFPS = 12.12 \times \$4.25 = 51.51$$

예상 주가 중에서 어느 것이 맞겠는가? 그것은 전적으로 실제 매출액이 어떻게 결정되며 금융시장이 보그 사의 주가를 계산하기 위해 어떤 가격 비율을 사용하느냐에 달려 있다. 여기서 경험과 지식의 폭이 매우 중요한 부분이다. 물론 아무도 완벽하게 정확한 예측을 내릴 수는 없지만 애널리스트의 임무는 전문가답게 상황을 판단하고 합리적인 사실과 조사를 바탕으로 투자 추천을 내려야 한다. 그러나 일부 애널리스트들은 분명히 다른 분석가보다 뛰어나다. 프로야구 선수들과 마찬가지로, 더 나은 타율을 가진 전문 증권애널리스트는 매우 높은 수준의 경제적 보상을 누릴 수 있다.

17.4 스타벅스 사례연구

보그 사의 분석을 주의 깊게 읽었다 추정 재무제표를 사용하여 수익 및 현금흐름을 분석하는 과정에 대해 어느 정도 이해를 할 수 있었을 것이다. 이 절에서는 스타벅스사의 2015년 재무제표를 기반으로 실시한 분석을 제시한다. 곧 살펴보겠지만, 실제 기업의 자료를 사용하는 것은 쉽지 않은 일이다.

이 절은 스타벅스의 2015년 재무제표를 검토하는 것으로부터 시작한다. 그런 다음 두 가지 예상 매출액 시나리오가 수익 및 현금흐름에 미치는 영향을 분석하고자 한다. 분석은 보그 사의 경우와 비슷하지만 몇 가지 중요한 차이점이 있다. 표기된 금액은 단위가 수백만 달러이다(주당 순이익 제외).

표 17.9는 스타벅스의 2015년 요약 재무상태표다. 이 재무상태표는 2015년 회계연도 마감일인 2015년 9월 27일에 스타벅스는 $124.46억의 총 자산과 $58.2억의 자기자본을 보유하고 있음을 보여준다. 표 17.10를 살펴보면 2015년 요약된 손익계산서에서 순매출액은 $191.63억이고 순이익은 $27.59억을 달성하였음을 보여준다.

이 자료로부터 스타벅스의 총자산수익률(ROA)은 22.2%이며 자기자본수익률(ROE)은 47.4%임을 알 수 있다. 2015년 회계연도 말에 스타벅스의 발행주식은 1억 4,995만 주에 달한다. 스타벅스는 2015년 4월에 2:1의 주식 분할을 단행하였기에 2014년 발행주식수는 분할에 따른 적절한 비교가 가능하도록 조정되었다.

발행주식수를 바탕으로, 2015년 주당순이익은 $1.84였고 주당장부가치는 $3.89이다. 장부가는 단순히 회사의 순가치(즉, 총자산에서 총부채를 뺀 금액)로 정의되며 총자본금으로 측정된다. 2015년 회계연도 말 주가 $56.84를 기준으로, 스타벅스의 주가 대비 장부가 비율은 14.61이고 주가 대비 수익률은 30.89이다(= $56.84/$1.84).

표 17.9

스타벅스 주식회사 2014년과 2015년 재무상태표 (단위: 백만 달러)

	2015년	2014년
유동자산		
현금 및 현금성 자산	$ 1,530.1	$ 1,708.4
단기투자증권	$ 81.3	$ 135.4
외상매출금	$ 719.0	$ 631.0
재고자산	$ 1,306.4	$ 1,090.9
선급금	$ 334.2	$ 285.6
이연소득세	$ 381.7	$ 317.4
총 유동자산	$ 4,352.7	$ 4,168.7
고정자산		
장기투자증권	$ 664.5	$ 833.3
순 유형자산	$ 4,088.3	$ 3,519.0
기타 자산	$ 1,244.8	$ 1,102.2
총 고정자산	$ 5,997.6	$ 5,454.5
영업권 및 무형자산	$ 2,095.8	$ 1,129.7
총 자산	$12,446.1	$10,752.9
유동부채		
외상매입금	$ 684.2	$ 533.7
미지급비용	$ 1,760.7	$ 1,514.4
기타 유동부채	$ 1,208.6	$ 990.6
총 유동부채	$ 3,653.5	$ 3,038.7
장기부채	$ 2,347.5	$ 2,048.3
기타 장기부채	$ 625.3	$ 392.2
부채 총계	$ 6,626.3	$ 5,479.2
보통주	$ 1.5	$ 0.7
납입자본금	$ 41.1	$ 39.4
이익잉여금	$ 5,974.8	$ 5,206.6
기타 자본금	($197.6)	$ 27.0
총 자본금	$ 5,819.8	$ 5,273.7
부채와 자본 총계	$12,446.1	$10,752.9
발행주식수(000,000)	1,495.9	1,506.3
(회계연도) 연말 주가	$56.84	$37.73

추정 손익계산서

스타벅스의 2016년 추정 손익계산서를 작성하기 위해 보그 사와 마찬가지로 추정 매출액과 매출액의 백분율 접근법을 사용한다. finance.yahoo.com을 방문하여 Starbucks의 주식시장 기호인 SBUX를 입력해 보자.

표 17.10

스타벅스 주식회사 2014년과 2015년 실제 손익계산서 (단위: 백만 달러)

	2015년	2014년
총 순매출액	$19,162.7	$16,447.8
매출원가	$ 7,787.5	$ 6,858.8
총수익	$11,375.2	$ 9,589.0
매장운영비	$ 5,411.1	$ 4,638.2
기타 운영비	$ 522.4	$ 457.3
감가상각	$ 893.9	$ 709.6
일반관리비	$ 1,196.7	$ 971.1
총 운영비	$ 8,024.1	$ 6,776.2
영업이익	$ 3,351.1	$ 2,812.8
주식투자로부터 이익	$ 249.9	$ 268.3
이자소득 및 기타소득	$ 372.5	$ 142.7
이자 비용	($70.5)	($64.1)
세전수익(EBT)	$ 3,903.0	$ 3,159.7
법인세	$ 1,143.7	$ 1,092.0
당기순이익	$ 2,759.3	$ 2,067.7
주당순이익	$1.84	$1.37
발행주식수	1,495.9	1,506.3
주당 현금배당 신고액	$0.80	$0.64
영업이익률(OI/순매출액)	17.5%	17.1%
법인세율 (EBT/법인세)	29.3%	34.6%

'Analyst Estimates'에 들어가면 스타벅스의 2016년 매출액 예상치 중에서 $220억가 최고치이며 이 수치는 2015년 매출액인 $191.6억 대비 14.8% 증가한 수치이다. 가장 낮은 예상치는 $213.2억이었다. 보수적으로 접근하기 위해 가장 낮은 매출액 추정치를 $210억 줄였지만 이는 그래도 전년도 매출액 대비 9.6% 증가한 수치이다.

표 17.11은 2016년 스타벅스의 추정 손익계산서이다. 비교를 위해 2015년을 포함시켰다. 매출액 추정치의 높고 낮음에 대해 총수익률, 영업이익률, 매출액 대비 순이자 소득 및 기타소득으로 가정하고 2015년과 마찬가지로 2016년에도 법인세율은 동일하게 책정하였다. 이는 수익률은 14.4%로 동일하게 유지될 것이라고 가정한 것과 같은 효과를 가져온다.

스타벅스는 현재 배당 성향인 43.5% (주당순이익 $1.84 중 배당금은 주당 $0.80) 정도를 유지하며, 신주를 발행하거나 자사주를 매입하지는 않을 것이라고 가정한다. 따라서 당기순이익의 56.5%는 이익잉여금으로 적립을 하며, 발행주식

표 17.11

스타벅스 주식회사 2016년 추정 손익계산서

주) 중간 과정 계산을 반올림하지 않아서 일부 숫자가 맞지 않는 것처럼 보일 수 있다. 가령, 2016년 최저 추정치의 영업이익이 $3,672로 되어 있는 반면 표의 항목을 계산하면 $3,673이 되는데, 이 차이는 반올림 (또는 반내림) 때문이다.

	2015년	2016년(최고 예상치)	2016년(최저 예상치)
총 순매출액	$19,163	$22,000	$21,000
매출원가	(7,788)	(8,941)	(8,534)
매출 총수익	$11,375	$13,059	$12,466
운영비용	(8,024)	(9,212)	(8,793)
영업이익	3,351	3,847	3,672
순이자 및 기타소득	$ 552	$ 634	$ 605
세전이익 (EBT)	$ 3,903	$ 4,481	$ 4,277
법인세(29.3 %)	(1,144)	(1,313)	(1,253)
당기순이익	$ 2,759	$ 3,168	$ 3,024
배당금(43.5 %)	1,197	1,374	1,311
이익잉여금	$ 1,563	$ 1,794	$ 1,712
총수익률	59.4%	59.4%	59.4%
영업이익률	17.5%	17.5%	17.5%
매출액 대비 이자 및 기타 수입	2.9%	2.9%	2.9%
법인세율	29.3%	29.3%	29.3%
수익률	14.4%	14.4%	14.4%
주당순수익	$1.84	$2.12	$2.02
발행주식수(000,000)	1,495.9	1,495.9	1,495.9

수는 14억9천6백 만 주를 유지할 것이다. 이러한 가정과 두 가지 매출액 예상치를 합치면, 높은 예상 매출액 하에서는 주당순이익이 $2.12, 낮은 예상 매출액 하에서는 주당순이익이 $2.02가 된다.

추정 재무상태표

표 17.12에서는 이 장의 앞 부분에서 설명한 매출액 백분율 접근법을 사용하여 2016년 스타벅스의 부분 추정 재무상태표를 작성하였고 비교를 위해 2015년 재무상태표를 포함시켰다. 유형자산(PP&E)을 포함한 모든 자산 항목이 매출액 증가에 따라 같이 증가하는 것으로 가정하였다. 그러나 단기 및 장기 투자금액은 스타벅스 고위 경영진의 결정을 반영할 가능성이 크다. 또한 외상매입금과 미지급비용의 두 가지 부채 항목만이 매출액에 따라 변한다는 기존의 가정을 유지한다. 두 경우 모두 합리적인 가정이라고 여겨진다.

표 17.12

스타벅스 주식회사 2016년 부분 추정 재무상태표(단위: 백만 달러)

	2015년	매출액 대비 비율	2016년(최고치)	변화	2016년(최저치)	변화
유동 자산						
현금 및 현금성자산	$ 1,530.1	8.0%	$ 1,756.7	$ 226.6	$ 1,676.8	$ 146.7
단기투자증권	$ 81.3	0.4%	$ 93.3	$ 12.0	$ 89.1	$ 7.8
외상매출금	$ 719.0	3.8%	$ 825.5	$ 106.5	$ 787.9	$ 68.9
재고자산	$ 1,306.4	6.8%	$ 1,499.8	$ 193.4	$ 1,431.7	$ 125.3
선급금	$ 334.2	1.7%	$ 383.7	$ 49.5	$ 366.2	$ 32.0
이연법인세	$ 381.7	2.0%	$ 438.2	$ 56.5	$ 418.3	$ 36.6
총 유동자산	$ 4,352.7		$ 4,997.2	$ 644.5	$ 4,770.0	$ 417.3
고정자산						
장기투자증권	$ 664.5	3.5%	$ 762.9	$ 98.4	$ 728.2	$ 63.7
순 고정자산(PP&E)	$ 4,088.3	21.3%	$ 4,693.6	$ 605.3	$ 4,480.3	$ 392.0
기타 자산	$ 1,244.8	6.5%	$ 1,429.1	$ 184.3	$ 1,364.2	$ 119.4
총 고정자산	$ 5,997.6		$ 6,885.6	$ 888.0	$ 6,572.6	$ 575.0
영업권과 무형 자산	$ 2,095.8	10.9%	$ 2,406.1	$ 310.3	$ 2,296.7	$ 200.9
총 자산	$12,446.1		$14,288.9	$1,842.8	$13,639.4	$1,193.3
유동부채						
외상매입금	$ 684.2	3.6%	$ 785.5	$ 101.3	$ 749.8	$ 65.6
미지급금	$ 1,760.7	9.2%	$ 2,021.4	$ 260.7	$ 1,929.5	$ 168.8
기타 유동부채	$ 1,208.6	n/a	$ 1,208.6	$ 0.0	$ 1,208.6	$ 0.0
총 유동부채	$ 3,653.5		$ 4,015.5	$ 362.0	$ 3,887.9	$ 234.4
장기부채	$ 2,347.5	n/a	$ 2,347.5	$ 0.0	$ 2,347.5	$ 0.0
기타 장기부채	$ 625.3	n/a	$ 625.3	$ 0.0	$ 625.3	$ 0.0
부채 총계	$ 6,626.3		$ 6,988.3	$ 362.0	$ 6,860.7	$ 234.4
자본금						
납입자본금 및 기타 자본	($ 155.0)	n/a	($ 155.0)	$ 0.0	($ 155.0)	$ 0.0
이익잉여금	$ 5,974.8	n/a	$ 7,768.7	$1,793.9	$ 7,687.2	$1,712.4
자본금 총계	$ 5,819.8		$ 7,613.7	$1,793.9	$ 7,532.2	$1,712.4
총 부채 및 자본	$12,446.1		$14,602.0	$2,155.9	$14,392.9	$1,946.8
필요 외부 자금조달			($313.1)	($313.1)	($753.5)	($753.5)

* 잘 살펴보면 열의 숫자가 반올림됨을 알 것이다. 따라서 반올림되지 않은 숫자를 사용하여 계산된 예측치는 이 열에 제시된 반올림한 숫자를 사용한 직접 계산과 다를 수 있다. 마찬가지로 중간 계산에서 반올림하지 않았으므로 추정 열의 일부 계산에서 정확히 계산이 떨어지지 않은 것처럼 보일 수도 있다.

확인 사항

17.4a 최고 매출액 추정치와 표 17.12에 있는 자료를 사용하여 단기와 장기 투자증권을 2015년 수준으로 유지할 경우 필요한 외부 자금조달 금액을 결정하라.

17.4b 최고 매출액 추정치와 표 17.12에 있는 자료를 사용하는 경우에 만약 필요 외부 자금조달 금액이 $30억이라면 스타벅스는 단기부채와 장기부채 중에서 무엇을 더욱 선호하겠는가? 답변을 뒷받침하는 재무적 자료는 무엇인가?

최고 매출 추정치를 사용하여 작성한 부분 추정 재무상태표를 살펴보면 필요한 외부자금 조달금액이 −$3억 1,310만이라고 되어 있다. 어떻게 해서 이런 숫자가 나왔으며 이는 무엇을 뜻하겠는가?

이 시나리오에서 자산은 약 $18.428억 가량 증가하고 유동부채는 약 $3.620억 정도 증가할 것이므로 유동자산의 증가분과 유동부채의 증가분 간에는 $14.808억의 차이가 존재한다. 그러나 이익잉여금은 자산과 부채 증가율의 차이인 $3.131억보다 훨씬 큰 금액인 $17.939억 만큼 증가한다고 되어 있다. 최저 매출 추정치에 기반한 시나리오의 경우, 스타벅스는 $7.535억에 달하는 오히려 훨씬 큰 잉여 현금을 창출한다고 되어 있다.

이는 두 가지 시나리오에서 모두 스타벅스는 '캐시카우'가 된다는 것을 의미한다. 그 뜻은 스타벅스의 현재 높은 수익률은 외부 자금조달 없이도 미래 빠른 성장을 충분히 뒷받침할 수 있다는 것이다. 매출액이 증가할 것으로 예상하지만 그 성장을 위한 추가적인 자금조달이 필요 없다 보니 엄청난 양의 현금이 쌓이는 결과를 가져오게 되는 것이다.

스타벅스 최고경영진은 이렇게 쌓이는 현금을 다양한 곳에 사용할 수 있을 것이다. 투자 측면에서 스타벅스는 다른 회사를 사들이거나 회사를 확장할 새로운 방법을 찾거나 주식시장에서 자사주를 사들일 수도 있을 것이다. 아니면 스타벅스 경영진 입장에서는 투자할 대상을 물색하는 동안 단순히 현금이 쌓이도록 놔두는 것도 괜찮은 대안일 것이다. 원한다면 배당금 인상을 결정하고 일부 현금을 주주들에게 돌려주는 것도 현금을 소진하는 좋은 방법 중 하나이다.

이제 예측한 매출액에 따라 실제로 균형을 이루는 추정 재무상태표를 만들 수 있는데 나중에 비율분석을 수행하기 위해서는 균형을 맞춘 추정 재무상태표가 필요하기 때문이다. 표 17.13은 경영진이 창출하는 잉여 현금을 현금 및 현금성자산 항목에 포함시킨다고 가정하는 경우에 작성된 추정 재무상태표를 보여준다.

표 17.13

스타벅스 주식회사 2016년 추정 재무상태표(단위: 백만 달러)

	2015년	매출액 대비 비율	2016년 (최고치)	변화	2016년 (최저치)	변화
유동 자산						
현금 및 현금성자산	$ 1,530.1	8.0%	$ 2,069.8	$ 539.7	$ 2,430.3	$ 900.2
단기투자증권	$ 81.3	0.4%	$ 93.3	$ 12.0	$ 89.1	$ 7.8
외상매출금	$ 719.0	3.8%	$ 825.5	$ 106.5	$ 787.9	$ 68.9
재고자산	$ 1,306.4	6.8%	$ 1,499.8	$ 193.4	$ 1,431.7	$ 125.3
선급금	$ 334.2	1.7%	$ 383.7	$ 49.5	$ 366.2	$ 32.0
이연법인세	$ 381.7	2.0%	$ 438.2	$ 56.5	$ 418.3	$ 36.6
총 유동자산	$ 4,352.7		$ 5,310.3	$ 957.6	$ 5,523.5	$1,170.8
고정자산						
장기투자증권	$ 664.5	3.5%	$ 762.9	$ 98.4	$ 728.2	$ 63.7
순 고정자산(PP&E)	$ 4,088.3	21.3%	$ 4,693.6	$ 605.3	$ 4,480.3	$ 392.0
기타 자산	$ 1,244.8	6.5%	$ 1,429.1	$ 184.3	$ 1,364.2	$ 119.4
총 고정자산	$ 5,997.6	31.3%	$ 6,885.6	$ 888.0	$ 6,572.6	$ 575.0
영업권과 무형 자산	$ 2,095.8	10.9%	$ 2,406.1	$ 310.3	$ 2,296.7	$ 200.9
총 자산	$12,446.1	64.9%	$14,602.0	$2,155.9	$14,392.9	$1,946.8
유동부채						
외상매입금	$ 684.2	3.6%	$ 785.5	$ 101.3	$ 749.8	$ 65.6
미지급금	$ 1,760.7	9.2%	$ 2,021.4	$ 260.7	$ 1,929.5	$ 168.8
기타 유동부채	$ 1,208.6	n/a	$ 1,208.6	$ 0.0	$ 1,208.6	$ 0.0
총 유동부채	$ 3,653.5		$ 4,015.5	$ 362.0	$ 3,887.9	$ 234.4
장기부채	$ 2,347.5	n/a	$ 2,347.5	$ 0.0	$ 2,347.5	$ 0.0
기타 장기부채	$ 625.3	n/a	$ 625.3	$ 0.0	$ 625.3	$ 0.0
부채 총계	$ 6,626.3		$ 6,988.3	$ 362.0	$ 6,860.7	$ 234.4
납입자본금 및 기타 자본	($ 155.0)	n/a	($ 155.0)	$ 0.0	($ 155.0)	$ 0.0
이익잉여금	$ 5,974.8	n/a	$ 7,768.7	$1,793.9	$ 7,687.2	$1,712.4
자본금 총계	$ 5,819.8		$ 7,613.7	$1,793.9	$ 7,532.2	$1,712.4
총 부채 및 자본	$12,446.1		$14,602.0	$2,155.9	$14,392.9	$1,946.8
필요 외부 자금조달			$ 0	$ 0	$ 0	$ 0

* 잘 살펴보면 열의 숫자가 반올림됨을 알 것이다. 따라서 반올림되지 않은 숫자를 사용하여 계산된 예측치는 이 열에 제시된 반올림한 숫자를 사용한 직접 계산과 다를 수 있다. 마찬가지로 중간 계산에서 반올림하지 않았으므로 추정 열의 일부 계산에서 정확히 계산이 떨어지지 않은 것처럼 보일 수도 있다.

비율 분석을 사용한 스타벅스의 기업가치 평가

이제 비율 분석과 앞에서 추정한 손익계산서 및 재무상태표를 사용하여 스타벅스 가치를 측정하려고 한다. 아래는 수익성과 주당가치에 관한 2015년 실제 자료와 2016년의 추정 자료이다.

	2015 년	2016년 (최고 예상 매출액)	2016년(최저)
총수익률	59.4%	59.4%	59.4%
영업이익	17.5%	17.5%	17.5%
총자산수익률(ROA)	22.2%	21.7%	21.0%
자기자본이익률(ROE)	47.4%	41.6%	40.1%
주당순이익(EPS)	\$1.84	\$2.12	\$2.02
주당 장부가치(BVPS)	\$3.89	\$5.09	\$5.04

2015년도 주가 비율에 2016년 예상 주당가치를 곱하면 다음과 같은 결과가 나온다.

회계연도 말 주가 \$56.84			2016년(최고)	2016년(최저)
주가수익률(PER)	30.89	P/E×EPS	65.49	62.40
주가순자산비율(PBR)	14.61	P/B×BVPS	74.36	73.56

비율 분석을 사용하여 계산한 스타벅스 주가는 \$62.40에서 \$74.36사이로 나타났다. 매출액 예상을 두루 살펴보면 여기서 예측한 스타벅스의 주가가 크게 다르지 않다는 것을 알 수 있다. 여기서 주목해야 할 점은 방금 사용한 방법에서 매출액 예상치보다 주가수익률이나 주가순자산비율이 예상 주가에 훨씬 더 큰 영향을 미친다는 것이다.

2단계 배당성장모형을 사용하여 스타벅스 기업가치 평가

이전 장에서 2단계 배당성장모형을 다루었다. 다행스럽게도 스타벅스는 배당금을 지불하므로 배당금이 T기간 동안 g_1 비율로 성장한 후로는 g_2 비율로 계속 성장한다고 가정하자. 모델은 다음과 같다.

$$P_0 = \frac{D_0 \times (1+g_1)}{k-g_1}\left[1-\left(\frac{1+g_1}{1+k}\right)^T\right]+\left(\frac{1+g_1}{1+k}\right)^T\left[\frac{D_0 \times (1+g_2)}{k-g_2}\right] \tag{17.3}$$

수식 (17.3)에서 직전 회계년도(이 경우 2015년)의 주당배당금인 D_0는 앞에서 주어진 자료로부터 $0.80이란 값을 얻을 수 있다. 다음으로 스타벅스는 현재 배당성향인 43.5%를 계속 유지한다고 가정한다. 추가로 두 기간 동안의 배당 성장률과 적절한 할인율이 필요하다.

앞에서 애널리스트들은 대체로 스타벅스가 매년 17.9%로 향후 5년간 성장할 수 있을 것으로 내다보았다. 그 후에 스타벅스의 성장세가 완화되어 전기 수준의 1/4 정도인 연간 4.475% 수준에서 영원히 성장할 것으로 가정한다. 4.475%는 17.9%와 비교하면 큰 폭의 하락이지만, 미국 경제의 장기 실질성장률인 3%보다 여전히 높다. 따라서, 식 (17.3)에서, $g_1=0.179$이고 $g_2=0.04475$이다.

다음으로 자본자산 가격결정모형(CAPM)을 사용하여 초기 할인율을 계산한다. 무위험이자율 2.0%, 시장위험 프리미엄 7%, 스타벅스의 베타 0.76을 사용하면 할인율 k는 $2.0+0.76\times7.0=7.32\%$이다. 이 값들을 식 (17.3)에 대입하면 스타벅스에 대해 다음과 같은 값을 얻을 수 있다.

$$\begin{aligned} P_0 &= \frac{\$0.80 \times 1.179}{0.0732-0.179}\left[1-\left(\frac{1.179}{1.0732}\right)^5\right]+\left(\frac{1.179}{1.0732}\right)^5\left[\frac{\$0.80\times1.04475}{0.0732-0.04475}\right] \\ &= -\$8.915\times(-0.600)+1.600\times\$29.378 \\ &= \$5.35+\$47.01 \\ &= \$52.36 \end{aligned}$$

$52.36 추정치는 스타벅스의 2015년 회계연도 말 주가인 $56.84에 비해 $4.48 낮다. 일반적으로 애널리스트들을 다른 값을 입력한 후 예상 주가가 이러한 변화에 얼마나 민감하게 반응하는지를 확인하고자 한다. 성장률을 바꿀 수는 있지만, 그렇게 하지 않을 것이다. 그 대신, 할인율과 스타벅스가 17.9% 고공 성장을 누리는 기간을 변경할 것이다.

다음으로 스타벅스 베타에 다른 값을 부여함으로써 추가적인 할인율을 도출할 것이다. 무위험 이자율과 시장위험 프리미엄은 이전과 동일하다고 가정하고 0.76부터 시작하여 4개의 다른 베타 값을 선택하였다. 스타벅스가 17.9%라는 높은 수준의 성장세를 오랫동안 유지하기는 쉽지 않다고 보고 그 기간이 3년~6년 동안 지속된다고 보았다. 그런 다음 각각의 조합에 대해 스타벅스 가격을 다시 계산하였으며 그 결과는 다음과 같다.

		스타벅스 성장률이 17.9%를 유지하는 기간			
베타	할인율	3	4	5	6
0.60	0.062	$69.26	$77.78	$87.24	$97.74
0.70	0.069	$49.17	$55.11	$61.66	$68.89
0.76	0.073	$41.86	$46.86	$52.36	$58.40
0.90	0.083	$31.04	$34.67	$38.61	$42.90
1.00	0.090	$26.19	$29.19	$32.44	$35.96

이 민감도분석으로부터 할인율과 스타벅스가 17.9%의 높은 성장률을 유지하는 기간이 주가를 예측하는데 매우 중요함을 알 수 있다. 훌륭한 애널리스트가 되기 위해서는 가치평가모형에 쓰이는 입력값에 관한 다양한 시나리오를 수행하는 것이 중요하다.

스타벅스 기업가치 평가: 시장은 무엇을 말하고 있나?

주식시장에서 거래되는 다른 많은 회사들처럼 스타벅스의 향후 성장 전망과 주가에 대해 애널리스트들은 서로 다양한 의견을 제시하는 경우가 많다. 만약 여러분이 효율적 시장 가설(efficient market hypothesis)을 믿는다면, 스타벅스 가치를 평가하는 가장 쉬운 방법은 공개 시장에서 투자자들이 얼마에 사고 파는지를 살펴보는 것이다. 스타벅스 주식의 시장가격이라는 것이 결국 수천 명의 애널리스트와 무수히 많은 투자자가 내린 평가 결과물이기 때문이다. 여러분이 스타벅스의 향후 매출액과 향후 성장률에 대해 다른 사람에 비해 좀더 긍정적으로 생각한다면, 여기에서 배운 방법론이 스타벅스와 다른 기업에 대한 투자의사결정을 내리는데 도움이 될 것이다.

이 장에 제시된 방법은 여러분이 좀더 나은 재무분석가가 될 수 있도록 돕기 위한 것이다. 이러한 방법을 주식시장에서 거래되고 있는 회사에 맞춰 조정함으로써 입력값과 가정을 변화시키는 과정에서 도출되는 결과물이 주가에 어떤 영향을 미치는가를 잘 이해할 수 있을 것이다. 이 방법은 내부 분석가에게도 유용하게 사용된다. 예를 들어 여러분이 근무하는 회사가 내년도 혹은 그 이후 예상 매출액을 달성하기 위해 추가 자금이 필요한지를 알아보라는 업무를 맡았다고 해보자. 이를 위해 여러분은 앞에서 배운 매출액 대비 백분율 접근법을 사용할 수 있을 것이다.

이 장에서 배운 가치평가방법은 재무자료를 받은 후에 비상장기업의 가치를 평가하는데 특히 유용할 것이다. 언젠가 여러분 중 누구는 적대적인 인수합병을 위한 주당 제안 가격을 계산하고 있을 수도 있다. 어쨌든 이 장을 배운 여러분이 '재무제표를 읽을 줄 아는' 재무분석가로서 발전하는 데 도움이 될 것이라고 확신한다.

17.5 요약 및 결론

이 장에서는 재무제표 정보를 사용하여 이익과 현금흐름 분석에 중점을 두었다. 재무제표의 몇 가지 중요한 측면과 그 사용에 대해 다루었으며 중요한 개념으로 다음과 같이 요약한다.

1. 회사에 대한 재무정보를 얻는 방법

A. 좋은 재무분석은 좋은 재무정보로 시작한다. 재무정보의 주요 출처는 회사의 연차보고서이다. 또한 미 증권거래위원회(한국거래소)에 제출한 연간 10K보고서 및 분기별 10Q 업데이트는 공개된 정보이다.

B. 인터넷은 많은 회사의 재무정보를 구할 수 있는 편리한 정보원이다.

2. 기본 재무제표를 읽는 방법

A. 재무상태표, 손익계산서 및 현금흐름표와 같은 재무제표는 증권분석가에게 필수적인 자료이다. 재무상태표는 자산, 부채 및 자본의 세 부분으로 이루어져 있고, 재무상태표가 지닌 기본적인 회계 특성으로 자산은 부채와 자본의 합이라는 점이다.

B. 손익계산서는 수입과 지출을 보고한다. 회사는 당기순이익을 사용하여 배당금을 지불하거나 미래 성장을 위한 자금을 조달하며 당기순이익을 회사의 '요점(bottom line)'이라고도 한다.

C. 현금흐름표는 현금이 창출되는 방법과 사용된 내용을 보고한다. 현금흐름표는 모든 현금흐름을 운영현금흐름, 투자현금흐름 또는 재무현금흐름의 세 가지 범주 중 하나에 할당한다.

3. 성과와 주가 비율을 사용하는 방법

A. 재무제표 정보를 기반으로 한 수익성 비율은 투자자가 회사의 경영효율성을 해석하는 데 도움이 된다. 표준 수익성 비율로는 총수익률, 영업이익률, 총자산수익률(ROA) 및 자기자본수익률(ROE)을 들 수 있다.

B. 연차보고서와 분기보고서도 각각 주당장부가액, 주당순이익, 그리고 주당현금흐름을 보고한다. 주가를 이러한 주당 가치로 나누면 세 가지 중요한 비율, 즉

주당순자산비율(P/B), 주가수익률(P/E) 및 주당현금흐름(CFPS)이 있다.

4. 재무예측에서 매출액 대비 백분율 방법을 사용하는 방법

A. 재무분석가는 종종 매출액 성장률, 미래 비용 및 순이익에 대해 예측을 한다. 이러한 예측치는 예측 또는 추정 재무제표를 구성하는 데 사용될 수 있다.

B. 매출액 대비 백분율 법은 애널리스트가 재무제표를 작성하는 데 사용할 수 있다. 이 방법은 수익 계산서와 대차대조표 항목을 두 집단, 즉 매출액이 변함에 따라 직접적으로 변하는 항목으로 이루어진 집단과 그렇지 않은 집단으로 구분하는 걸 바탕으로 하고 있다. 예상 매출액이 주어지면 애널리스트는 매출액 대비 백분율 법을 사용하여 회사가 예상되는 매출액을 이루기 위해 필요한 외부 자금이 얼마나 되는지 계산할 수 있다.

주요 용어

EDGAR 737
10K 737
10Q 737
공정공시규정(regulation fair disclosure, RegFD) 737
중요한 비공개 정보(material nonpublic information) 737
재무상태표(balance sheet) 737
손익계산서(income statement) 737
현금흐름표(cash flow statement) 737
자산(asset) 738
부채(liability) 740
자본금(equity) 740
이익(income) 742
현금흐름(cash flow) 743
비현금성 항목(noncash items) 743
영업현금흐름(operating cash flow) 743
투자현금흐름(investment cash flow) 743
재무현금흐름(financing cash flow) 743
자산수익률(return on assets, ROA) 744
자기자본수익률(return on equity, ROE) 744
추정 재무제표(pro forma financial statements) 746
매출액의 백분율 접근법(percentage of sales approach) 746
자본집약도 비율(capital intensity ratio) 748

단원 후 문제와 자습 문제

1. 이익 계산(LO3, CFA7) 다음 Paul Bunyan Lumber Co.의 손익계산서를 바탕으로 이 회사의 총수익률과 영업이익을 계산하라.

Paul Bunyan 2016년 손익계산서

순매출액	$8,000
매출 원가	(6,400)
매출총이익	$1,600
운영비	(400)
영업이익	$1,200
기타 수입	80
순이자비용	(120)
세전 이익	$1,160
법인세	(464)
당기순이익	$696
주당순이익	$3.48
최근 주가	$76.56

2. 수익률 계산(LO3, CFA7) 다음 Paul Bunyan Lumber사의 재무상태표와 질문 1의 손익계산서를 참조하여 총자산수익률(ROA)과 자기자본수익률(ROE)을 계산하라.

Paul Bunyan 2016년 재무상태표

현금 및 현금 등가물	$400
운영자산	400
유형자산	3,160
기타자산	216
총자산	$4,176
유동 부채	$720
장기부채	612
기타부채	60
총부채	$1,392
납입자본금	$600
이익잉여금	2,184
총자기자본	$2,784
부채와 자본 총계	$4,176

3. 추정 손익계산서(LO4, CFA2) Paul Bunyan Lumber Co.의 매출액이 5% 증가한다고 가정하고 추정 손익계산서를 작성하라. 추정 손익계산서에만 근거한 예상 주가는 얼마인가? (힌트 : 주가수익율은 얼마인가?)

자습 문제 해답

1. 총수익률은 $1,600/$8,000=20 %; 영업이익률은 $1,200/$8,000=15%

2. 총자산수익률은 $696/$4,176=16.67 %. 자기자본수익률은 $696/$2,784=25%

3. 5%의 매출액 성장률로 매출액은 $8,000에서 $8,400로 상승하며 추정 손익계산서는 다음과 같다. 총수익률이 일정하고 매출원가는 5% 인상된다고 가정하자. 40%의 법인세율을 적용하였다.

Paul Bunyan 2017년 추정 손익계산서

순매출액	$8,400
매출원가	(6,720)
총이익	$1,680
운영비	(400)
영업이익	$1,280
기타 수입	80
순이자비용	(120)
세전이익	$1,240
법인세	(496)
당기순이익	$744
주당순이익	$3.72

예상 주가를 구하기 위해 2016 년 주가 수익률이 $76.56/$3.48=22배임을 주목하자. 이 비율을 벤치마크로 삼고 추정 당기순이익인 $3.72를 22와 곱하면 $81.84의 추정 주가가 나온다.

투자 지식 학습

1. 재무상태표 자산(LO2, CFA9) 2016년 12월 31일 기준 White사 자산 :

현금 및 현금성자산	$150
운영자산	$1,190
유형자산	$1,460
총 자산	$2,800

White사에는 2017년에 다음과 같은 일이 있었다

$120을 지불하였고 완전히 감가상각된 오래된 장비는 결국 폐기되었다.
감가상각비는 $125이었다.
$200을 현금으로 지불하고 새로운 장비를 구입하였다.

위 정보를 바탕으로 2017년 말 White사의 순유형자산은 얼마인가?

a. $1,415　　b. $1,535
c. $1,655　　d. $1,660

2. 현금흐름(LO2, CFA6)　주당 현금흐름은 일반적으로 다음과 같이 계산된다.

a. 순 현금흐름/총발행주식　　b. 영업현금흐름/총발행주식
c. 투자현금흐름/총발행주식　　d 재무현금흐름/총발행주식

3. 현금흐름(LO2, CFA6)　다음 중 영업현금흐름을 계산하는데 사용된 순이익에 대한 조정항목이 아닌 것은 무엇인가?

a. 운영자산의 변동　　b. 유동부채의 변동
c. 감가상각　　d. 배당금 지급

4. 현금흐름(LO2, CFA6)　순이익과 영업현금흐름의 차이는 다음 어느 항목에 의해 적어도 부분적으로 설명되는가?

a. 이익잉여금　　b. 현금 및 현금성자산
c. 감가상각　　d. 배당금 지급

5. 재무비율(LO3, CFA7)　다음 수익성비율 중 틀린 것은 무엇인가?

a. 총수익률=매출 총이익/매출원가　　b. 영업이익률=영업이익/순매출액
c. 총 자산수익률=순이익/총 자산　　d. 자기자본수익률=순이익/자본

6. 재무비율(LO3, CFA7)　다음 주당 비율 중 옳지 않은 것은?

a. 주당장부가액=총 자산/총발행주식　　b. 주당순이익=순이익/총발행주식
c. 주당 현금흐름=영업현금흐름/총발행주식　　d. 주당 배당금=배당금/총발행주식

7. 배당금 지급(LO2, CFA5)　배당금 지급은 재무상태표 어느 항목에 영향을 미치는가?

a. 총발행주식 증가　　b. 자본의 감소
c. 납입자본금의 감소　　d. 이익잉여금의 증가

8. 매출액 성장(LO4, CFA9)　어떤 회사가 최대 용량 이하로 운영되고 있다. 내년에 매출이 완만하게 성장할 것으로 예상되는 경우 다음 중 어느 것이 옳은가?

a. 단기적으로는 자산이 매출액보다 빠르게 증가할 것이다.

b. 현금을 아끼기 위해 배당금을 줄여야 한다.

c. 매출액 성장률이 증가할 때까지 어떤 재무 계획을 실행하지 말아야 한다.

d. 내년에는 외부 자금조달이 필요하지 않을 것이다.

9. 용량 사용량(LO4, CFA10) 회사의 최대용량 매출액 수준에 관한 다음 보기 중 옳은 것은?

a. 최대 용량 이하로 운영되는 회사는 외부 자금조달이 절대로 필요하지 않다.

b. 최대 용량 이하로 운영되는 회사의 경우, 고정자산은 일반적으로 매출액과 동일한 비율로 증가한다.

c. 최대용량을 초과한 회사는 고정자산에 대한 투자를 늘리지 않고도 확장할 여지가 있다.

d. 최대 용량으로 운영되는 회사만이 빠르게 성장할 수 있다.

다음 자료를 바탕으로 10~13번 질문에 답하라.

순이익 :	$16
감가상각/할부상환 :	$4
자사주 매입 :	$10
새로운 부채 발행 :	$18
부동산 처분 :	$12
장비 구매 :	$14
배당금 지급 :	$4

10. 현금흐름 분석(LO2, CFA6) 영업현금흐름은?

a. $20 b. $16

c. $12 d. $30

11. 현금흐름 분석(LO2, CFA6) 투자현금흐름은?

a. $2 b. $(2)

c. $12 d. $(12)

12. 현금흐름 분석(LO2, CFA6) 재무현금흐름은?

a. $8 b. $(8)

c. $4 d. $(4)

13. 현금흐름 분석(LO2, CFA6) 순현금 증가분은?

a. $18 b. $20

c. $22 d. $24

다음 재무 자료를 사용하여 14~16번 질문에 답하라.

현금으로 이자지급 :	$(12)
보통주 소각 :	$(32)
상품 공급업체에 대한 현금 지불 :	$(85)
토지 매입 :	$(8)
장비 판매 :	$30
배당금 지급 :	$(37)
현금으로 급여 지불 :	$(35)
고객으로부터 현금을 수금 :	$260
장비 구매 :	$(40)

14. 현금흐름 분석 (LO2, CFA6) 영업활동으로부터 발생하는 현금흐름은?

a. $91 b. $128

c. $140 d. $175

15. 현금흐름 분석(LO2, CFA6) 투자활동으로부터 발생하는 현금흐름은?

a. $(67) b. $(48)

c. $(18) d. $(10)

16. 현금흐름 분석(LO2, CFA6) 재무활동으로부터 발생하는 현금흐름은?

a. $(81) b. $(69)

c. $(49) d. $(37)

17. 현금흐름 분석(LO2, CFA6) 한 회사가 순 매출액 $3,000, 현금 비용(세금 포함) $1,400, 그리고 감가상각 $500를 가졌다. 이 기간 동안 외상매출금이 $400 증가하면 영업현금흐름은 무엇인가?

a. $1,200 b. $1,600

c. $1,700 d. $2,100

18. 현금흐름 분석(LO2, CFA6) 정액법 감가상각을 사용하는 어떤 회사가 고정자산에 총 $8,000만를 투자하였고, 누적 감가상각은 $4,500만, 연간 감가상각 비용 $5백만 달러를 보고하였다. 고정자산의 대략적인 평균 수명은 어떻게 되겠는가?

a. 7세 b. 9세

c. 15세 d. 16세

19. 우선주 배당(LO2) 회사가 수령한 우선주 배당금 중에 얼마 정도가 연방소득세의 면제를 받는가?

a. 25~35% b. 50~60%

c. 70~80% d. 90~100%

20. 가격 비 (LO3, CFA7) 다른 모든 사항이 동일할때, 감가상각 증가에 영향을 받지 않는 비율은 무엇인가?

a. 주가수익률 (P/E)
b. 주가-순자산 (P/B)
c. 주가-현금흐름 (P/CF)
d. 주가-매출액 (P/S)

개념 문제

1. 10K 및 10Q(LO1, CFA1) 10K와 10Q 보고서란 무엇인가? 누가 이 보고서를 제출하는가? 어떤 내용을 담고 있는가? 어떤 서류와 함께 제출하는가? 이 보고서를 구할 수 있는 가장 쉬운 방법은?

2. 판매량 예측(LO4, CFA9) 대부분의 장기 재무계획이 판매량 예측부터 시작하는 이유는 무엇이라고 생각하는가? 다르게 말하면, 미래 매출액이 왜 핵심 요소인가?

3. 유동성 문제(LO2, CFA5) 유동자산과 유동부채가 '유동적(current)'인 이유는 무엇인가? 운영자산은 '유동적'인가?

4. 이익과 EPS(LO2, CFA7) 당기순이익과 주당순이익 (EPS) 간에는 무슨 관계가 있는가?

5. 비현금 항목(LO2, CFA6) 감가상각은 '비현금 항목'이라 부르는 이유는 무엇인가?

6. 영업현금흐름(LO2, CFA6) 표준 현금흐름표에서 운영현금흐름은 무엇인가?

7. ROE와 ROA를 비교(LO3, CFA7) ROA와 ROE는 둘다 수익성을 측정한다. 두 회사를 비교할때 더 유용한 것은 무엇이며, 왜 그렇다고 생각하는가?

8. 이익잉여금(LO2, CFA1) 손익계산서 상의 이익잉여금과 재무상태표 상 이익잉여금의 차이점은 무엇인가?

9. 총액!(LO3, CFA7) 총수익률과 영업이익률의 차이는 무엇인가? 그 수치들은 어떤 의미를 지니고 있으며, 일반적으로 더 크거나 작은 값 중 무엇이 더 좋은가?

10. 총액 추가(LO3, CFA7) 총수익률과 영업이익률 중 어느 것이 더 큰 값을 가지는가? 두 수치는 음의 값을 가질 수 있는가?

질문과 문제

핵심 문제

1. 손익계산서(LO2, CFA4) Smashville사에 대한 다음 정보를 참조하여 해당 연도의 손익계산서를 작성하라.

매출원가 :	$164,000
투자 소득 :	$1,200
순매출액 :	$318,000
운영비용 :	$71,000
이자비용 :	$7,400
배당금 :	$3,200
법인세율 :	35 %

당해의 이익잉여금은 얼마인가?

2. 재무상태표(LO2, CFA5) Smashville사에 대한 다음 정보를 참조하여 해당 연도의 손익계산서를 작성하라.

유동부채 :	$42,000
현금 :	$21,000
장기부채 :	$102,000
기타자산 :	$36,000
고정자산 :	$150,000
기타 부채 :	$11,000
투자금 :	$32,000
운영자산 :	$64,000

3. 성과 비율(LO3, CFA7) 문제 1과 2의 정보를 바탕으로 Smashville사의 총수익률, 영업이익률, 총자산수익률 및 자기자본수익률을 계산하라.

4. 주당 비율(LO3, CFA7) 한 해 동안, Smashville사의 발행주식수는 17,000주이고 감가상각은 $15,000이었다. 주당장부가치, 주당순이익 및 주당 현금흐름을 계산하라.

5. 가격 비율(LO3, CFA7) 연말에 Smashville사의 주식이 주당 $48에 거래되었다. 주가순자산비율, 주가수익률 및 주가현금흐름비율을 계산하라.

6. EFN 계산(LO4, CFA9) Bradley사의 가장 최근 재무제표가 다음과 같다 (소득세는 없다고 가정).

수익 계산서		재무상태표			
매출액	$4,800	자산	$14,200	부채	$9,900
비용	(3,180)			자본	4,300
당기순이익	$1,620	총계	$14,200	총계	$14,200

자산과 비용은 매출액에 비례하지만 부채와 자본은 그렇치 않다. 배당금은 없으며 내년 매출액은 $6,240로 예상한다. 그렇다면 필요한 외부 자금조달 금액은 얼마인가?

7. 영업현금흐름(LO3, CFA6) Weston사의 주당순이익은 $1.64, 감가상각은 $310,000, 그리고 발행주식수는 140,000주이다. 주당 영업현금흐름은 얼마인가? 주가가 $43라면 주가현금흐름 비율은 얼마인가?

8. 주당순이익(LO3, CFA4) Alphonse사는 12%의 자기자본수익률, 28,000주의 발행주식수와 당기순이익 $98,000을 보유하고 있다. 주당순이익은 얼마인가?

9. 이익잉여금 추가(LO2, CFA9) Lemon사의 당기순이익은 $520,000이며 발행주식수는 75,000이다. 회사가 주당 $1.28의 배당금을 지급한다면 이익잉여금에는 어떤 영향을 미치겠는가?

10. 현금흐름표(LO2, CFA6) Hetrich사에 대한 다음 정보를 바탕으로 운영현금흐름, 투자현금흐름, 재무현금흐름 및 순 현금흐름을 계산하라.

당기순이익 : $175
감가상각 : $52
신주발행 : $7
부채환매 : $18
부동산판매 : $10
장비구매 : $70
배당금 지급 : $9
이자 지급 : $32

11. EFN(L04, CFA9) Martin사의 가장 최근 재무제표는 다음과 같다.

수익 계산서		대차 대조표			
매출	$27,500	자산	$105,000	부채	$43,000
비용	(19,450)			자본	62,000
세전수익	$8,050	총계	$105,000	총계	$105,000
법인세(34%)	(2,737)				
당기순이익	$5,313				

자산과 비용은 매출액에 비례하지만 부채와 자본은 그렇치 않다. 배당금은 $850을 지급하였으며 Martin 사는 배당 성향을 일정하게 유지하려고 한다. 내년도 매출액을 $31,625로 예상한다면, 필요한 외부 자금조달 금액은 얼마인가?

중급 질문

다음 재무제표를 사용하여 12-16번 질문에 답하라.
금액은 주식수와 주당 가격을 제외하고는 $1,000 단위로 표기하였다.

Kiwi Fruit 회사 재무상태표

현금 및 현금성자산	$570
운영 산	650
유형자산	2,700
기타자산	110
총 자산	$4,030
유동부채	$920
장기부채	1,280
기타부채	120
총 부채	$2,320
납입자본금	$340
이익잉여금	1,370
총 자본	$1,710
부채와 자본 총계	$4,030

Kiwi Fruit 회사 손익계산서

순 매출액	7,800
판매원가	(5,900)
총이익	$1,900
운영비	(990)
영업이익	$910
기타소득	105
순이자비용	(200)
세전이익	$815
법인세	(285)
당기순이익	$530
주당순수익	$2.00
발행주식수	265,000
최근 가격	$34.50

Kiwi Fruit 회사 현금흐름표

당기순이익	$530
감가상각과 상환	175
운영자산의 증가	(90)
유동부채의 감소	(120)
영업현금흐름	$495
재산의 순 매출(매입)	($17)
기타자산의 증가	80
투자현금흐름	$100
장기부채의 순 발행(상환)	$(190)
배당금 지급	(220)
재무현금흐름	$(410)
순 현금 증가 $185	$185

12. 수익률 계산(LO3, CFA7) Kiwi Fruit사의 총수익률과 영업이익률 계산하라.

13. 수익성 측정치를 계산(LO3, CFA7) Kiwi Fruit사의 ROA와 ROE를 계산하고 그 값이 지니는 의미를 해석하라.

14. 주당 측정치를 계산(LO3, CFA7) Kiwi Fruit사의 주가순자산비율, 주가수익률, 그리고 주가현금흐름비율을 계산하라.

15. 추정 재무제표(LO4, CFA9) 이 장의 예제에 따라 매출액이 10% 증가하는 것으로 가정하고 Kiwi Fruit 사의 추정 손익계산서, 대차대조표, 그리고 현금흐름표를 작성하라.

16. 예상 주가(LO4, CFA7) 14번과 15번 문제를 놓고 볼때, 매출액이 10 % 증가하면 주가는 얼마로 예상되는가?

17. 최대용량 매출액(LO4, CFA10) Thorpe 제조사는 현재 고정자산 용량의 75%만 운영하고 있으며 현재 매출액은 $480,000이다. 새 고정자산을 취득하지 않고 매출액은 얼마나 빨리 성장할 수 있는가?

18. 고정자산과 용량 사용(LO4, CFA10) 17번 문제의 회사에서 고정자산이 $420,000이고 매출액이 $695,000으로 증가할 것으로 가정하자. 이러한 매출액 성장세를 지원하기 위해서는 새로운 고정자산이 얼마나 필요하겠는가?

19. EFN 계산(LO4, CFA9) Moose Tours사의 최근 재무제표는 다음과 같다. 2017년 매출액은 전년 대비 15% 증가할 것으로 예상되지만, 이자 비용, 법인세율, 그리고 배당 성향은 일정하게 유지될 것이다. 매출원가, 기타 비용, 유동자산, 그리고 외상매입금은 매출액에 따라 증가한다. 회사가 최대 용량에 따라 운영되며 새로운 부채나 주식을 발행하지 않는다면, 15%의 매출액 성장률을 달성하는데 필요한 외부 자금조달 금액은 얼마인가?

Moose Tours사(2016년 손익계산서)

매출액		$995,000
매출원가		(782,000)
기타 비용		(15,000)
영업이익		$198,000
이자비용		(21,670)
세전이익		$176,330
법인세(35%)		(61,716)
당기순이익		$114,615
배당금	$45,700	
이익잉여금에 추가	$68,915	

Moose Tours사(2016년 12월 31일 현재 재무상태표)

자산		부채 및 소유자의 지분	
유동자산		유동부채	
현금	$27,500	외상매입금	$71,500
외상매출금	47,300	매입채권	9,900
재고자산	83,600	합계	$81,400
합계	$158,400	장기 부채	$171,600
고정 자산		자본	
순 고정자산	$400,400	보통주와 불입잉여금	$23,100
		이익잉여금	282,700
		합계	$305,800
자산 총계	$558,800	부채 및 자본 총계	$558,800

20. 용량 사용과 증가(LO4, CFA9) 19번 문제에서 만약 이 회사가 2017년에 최대용량의 90%만 가동한다면, EFN은 얼마인가?

CFA 관련 문제

[CFA4, CFA6, CFA11]

Laura Bond is a Senior VP of MediaInvests Partners (MIP), a late-stage venture capital firm. MIP is considering an investment in VirtualCon Corp. VirtualCon went public during the dot-com boom, and it currently trades at a small fraction of its IPO value; however, its recent financial statements have shown improvement.

Harry Darling, a former employee of MIP and current VirtualCon board member, thinks that VirtualCon is an excellent candidate to take private. He has presented the idea to MIP's board, pointing out the rising operating cash flows. Ms. Bond has the highest regard for Mr. Darling, but she remains dubious about his assessment of VirtualCon. She has come across several items in the footnotes to the financial statements that have raised concerns.

Ms. Bond noticed that six months ago VirtualCon created a special-purpose entity (SPE) to securitize its receivables. The firm sold off $12 million of its accounts receivable in those two quarters, which represented 80 percent of those outstanding and more than five months of revenue. She notes that a change in the default rate assumption and the discount rate at the time of sale caused the fair value of the receivables to exceed book value by $3.8 million, which VirtualCon booked as revenue.

Mr. Darling also points out, "VirtualCon has become more active in managing its accounts payable. It set up a financial arrangement with its principal bank so the bank makes payments to VirtualCon's suppliers on its behalf, and VirtualCon has 90 days to pay the bank. The suppliers are more willing to do business with VirtualCon because they have the assurance of being paid by the bank."

1. Ignoring interest, what is the effect on VirtualCon's total cash flow and cash flow from financing (CFF) from its financing arrangement for its accounts payable at the time of payment to the supplier?

	Total CF	CFF
a.	Unaffected	Increase
b.	Decrease	Unaffected
c.	Unaffected	Unaffected

2. Which of the following statements about VirtualCon's securitization of receivables is least accurate?

a. Accelerates operating cash flow into the current period.

b. Enables the firm to reclassify financing cash flow as operating cash flow.

c. Could allow the firm to recognize a reduction in operating expenses.

3. If VirtualCon had decided to slow its payment of accounts payable by 90 days instead of entering into a financing arrangement with the bank, what would be the impact on its operating cash flow (CFO) and financing cash flow (CFF) during the 90 days relative to its cash flow under the financing arrangement, ignoring interest?

	CFO	CFF
a.	Higher	Lower
b.	Higher	Higher
c.	Lower	Higher

CHAPTER

18

글로벌 경제활동과 산업분석

"젊은이들에게 축복이 있기를, 왜냐하면, 그들은 국가 부채를 상속받을 것입니다."

허버트 후버(Herbert Hoover) 대통령

학습목표

투자 서비스 공급에 대한 수요가 높기를 원하는 경우 다음을 수행한다.

1. 하향식 분석의 과정을 이해한다.
2. 글로벌 측면과 국내 측면에서 경제활동의 수준을 측정할 수 있다.
3. 통화정책과 재정정책의 경제활동과의 관계를 이해한다.
4. 경기 주기에 대한 산업의 민감도를 파악할 수 있다.

롤러코스터를 좋아하는가? 그렇다면 하강구간 다음이나 루프를 예상하는 스릴을 즐긴다는 뜻이다. 금융 시장과 경제에는 기복이 있는데(루프는 없지만), 롤러코스터와 마찬가지로 이러한 금융의 움직임의 상당 부분이 매우 극단적이다. 전체 경제의 부의 움직임을 경기순환이라고 하는데 롤러코스터의 선회와는 달리 경제 주기는 당신의 부에 심각한 영향을 주기 때문에 결과적으로 경제학자와 투자자는 이러한 움직임을 예측하기 위해 많은 시간과 노력을 기울이곤 한다.

CFA 예제

1. 수요 및 공급분석: 소개(L1, S4)
2. 수요 및 공급분석: 소비자 수요(L1, S4)
3. 산출량, 가격 및 경제 성장(L1, S5)
4. 비즈니스 사이클의 이해(L1, S5)
5. 통화 및 재정정책(L1, S5)
6. 환율(L1, S6)
7. 산업 및 기업분석(L1, S14)

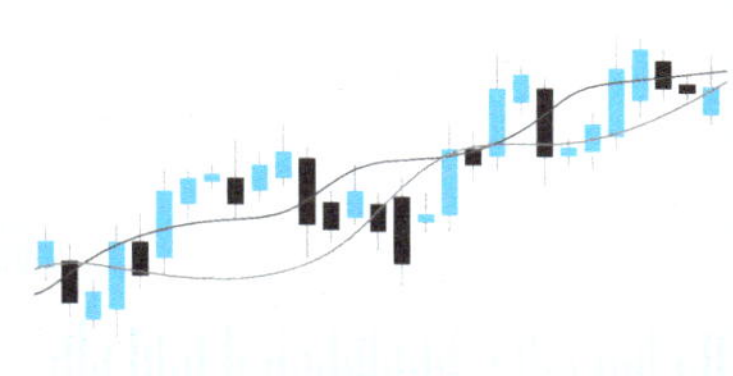

경제 활동에 대한 일반적인 질문, 예를 들어, 경기순환(business cycle)은 무엇인가? 경제 활동은 어떻게 측정되는가? 통화 및 재정 정책이란 무엇인가? 경제 활동이 경제 부문과 경제 부문 내 기업에 어떻게 영향을 미치는가? 이런 질문에 대한 답은 경제 움직임을 예측하는 데 도움이 될 수 있다. 이러한 경제 예측은 특정 기간에 어떤 투자를 선택할 것인지 결정할 때 유용할 수 있다.

여러분이 상상할 수 있듯이, 최근 몇 년 동안 세계 경제 상황에 대한 관심이 증대되는데 이러한 관심은 글로벌 경제가 '해외 투자' 및 '국내 투자'에 영향을 미치기 때문이다. 예를 들어, 해외에서 활동하는 국내 기업의 주가는 다른 나라의 경제 사이클의 영향을 받게 되며, 또한 다른 나라의 정치 및 경제 정책은 국내 금리 및 상대적인 화폐 가치에 영향을 주게 된다. 따라서 세계 경제 활동의 영향을 이해하는 것이 성공적인 투자에 매우 중요하다.

18.1 하향식 분석

만약 강의시간에 다음 6개월 동안 보유할 최고의 주식이라고 믿는 주식을 찾아보라는 과제가 부여되면 어떨까? 미국에서만 수천 개의 주식이 활발히 거래되고 있기 때문에 이 질문에 대한 대답은 답하기 어렵거나 어쩌면 불가능할 수 있다. 그럼에도 적극적 주식 포트폴리오 관리자가 매일 직면하는 과제는 관리자가 생각하기에 다른 모든 기업을 능가하는 주식을 선택할 수 있어야 한다는 것이다.

주식 종목 선택 과정에서 일부 포트폴리오 관리자는 '상향식' 접근 방식(bottom-up approach)을 취하기도 한다. 즉, 그들은 인식된 경기 순환이나 산업별 정보에 관계없이 주식을 선택한다는 것이다. 그러나 더 일반적인 스타일은 '하향식' 분석(top-down approach)이라고 하는데 본질적으로 세계 경제에 대한 '큰 그림'의 과정을 중시한다. 포트폴리오 관리자는 큰 그림의 시각에서 잠재적인 투자대상을 필터링하여 점점 더 작은 그룹을 선정하려 한다. 그림 18.1에서 보이듯이 이 과정은 가능한 모든 투자 대상이 맨 위에 위치하는 깔때기와 유사한 모습이다. 경제분석, 산업분석 및 기업분석을 기반으로 최상의 잠재적 투자 대상을 구분할 수 있게 된다.

이 프로세스를 더 잘 이해하기 위해 다음 예를 고려하자. 포트폴리오 관리자가 글로벌 경제를 연구한 결과 미국 예산 적자의 증가가 미국 달러를 약화시킬 것으로 예측되고 또한 신흥시장의 경제 성장이 미국의 경제 성장보다 강할 것이라고 생각하는 경우 신흥시장에서 많은 매출을 얻는 미국 기업 그룹을 선택하기로 결정할 수 있다. 이 전략은 주요 미국 산업 내에서 산업, 소비재 또는 기술 회사가 더

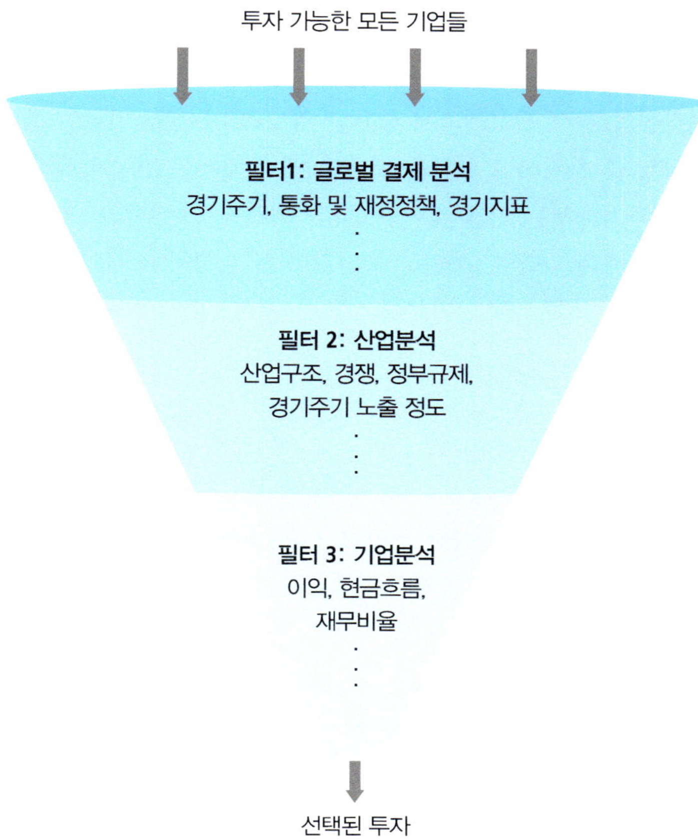

그림 18.1

하향식 분석

많은 수준의 고려대상이 되어야 함을 의미할 수 있다.

다음으로 포트폴리오 관리자는 경기 순환을 고려해야 한다. 강한 경제 성장이 예상되면 산업재 회사가 '방어적'이라 할 수 있는 소비재 회사보다 더 선호될 수 있다. 나중에 논의되겠지만 '방어적' 회사는 경제 성장이 약한 환경에서도 비교적 좋은 성과를 가지는 회사를 의미하는데 예상대로 경제가 성장하지 않는 경우에도 모든 사람들이 여전히 화장지와 기타 필수품이 필요하기 때문이다.

일단 산업이 선택되면 포트폴리오 관리자는 산업 내에서 최고의 회사를 선정해야 하는데, 이전 장에서 논의했듯이 이 결정은 주로 현금흐름, 매출 성장, 이익 성장 및 기타 중요 재무정보를 예측하는 것이 중요하다. 이 장에서는 경제의 '큰 그림'을 보는 데 도움이 되는 정보를 확인하는 데 집중하기로 한다.

확인 사항

18.1a 하향식 애널리스트란 무엇을 의미하는가?

18.1b 경제정보는 하향식 분석에서 어떠한 역할을 하는가?

18.2 글로벌 거시 경제활동

전 세계적 경제활동이 투자 프로세스에 중요한 영향을 미친다. 미국이 세계 주식 시가 총액의 약 35%를 차지하고 있음을 고려할 때 투자자는 단순히 국내 활동만 보고 국내 주식만 투자해서는 안될 것이다. 다음 섹션에서는 미국의 관점에서 경제 활동 측정값에 대해 논의한다. 동일한 측정값이 다른 국가 경제의 건전성을 평가하는 데 사용될 수 있기 때문에 알아두어야 한다.

실질 국내총생산

국내총생산(GDP) 일정 기간 동안 생산된 상품 및 서비스의 시장 가치

경제의 건전성을 측정하는 가장 중요한 척도 중 하나는 국내총생산(gross domestic product, GDP)이다. GDP는 일정 기간 동안 생산된 재화와 서비스의 시장 가치를 측정하면 생산물의 총량을 반영하는 지표이며 해당 국가에 거주하는 사람들의 생활 수준을 나타낸다.

명목 GDP 현재 연도를 기준으로 한 경제 산출물의 금액 가치

실질 GDP 인플레이션을 고려한 경제 산출물의 가치

일반적으로 GDP는 명목 기준으로 보고되는데 명목 GDP(nominal GDP)는 현재 연도 기준으로 생산물의 화폐 가치를 반영한다. 그러나 많은 경제학자들은 실질 GDP(real GDP)에 초점 맞추기를 선호하는데 실질 GDP는 물가상승률이 조정된 명목 GDP이다. 실질 GDP는 물가상승률의 영향을 고려하기 때문에 시간에 따른 생활 수준을 보다 일관되게 비교할 수 있다.

그림 18.2

GDP 대 시가 총액

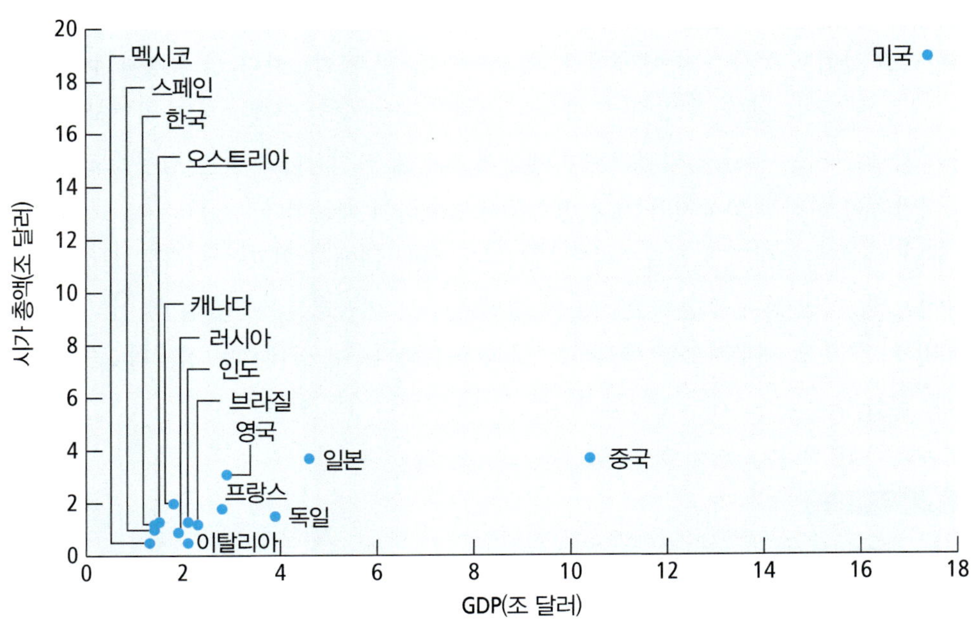

왜 분석가들은 실질 GDP에 관심을 갖고 있을까? 예를 들어 명목 GDP가 1년 동안 1.29조 달러에서 1.41조 달러로 증가한 국가를 생각해보자. 증가율은 9.3%다. 만약 이 국가가 높은 물가상승률을 겪고 있다면 실질 경제 성장은 훨씬 낮아진다. 예를 들어, 물가상승률이 연 7.1 %였다면 경제의 실질 성장률은 2.2%(즉, 9.3%−7.1%)에 가깝다. 투자자로서 측정한 국가의 투자 규모를 결정하기 위해 예상 성장률을 사용한다면 실질 GDP가 명목 GDP보다 실질적인 경제 성장을 훨씬 더 잘 측정할 수 있다는 것이다.

그림 18.2는 2015년 현재 전 세계 15개 주요국의 GDP와 시가 총액을 보여준다. GDP와 시장 가치의 관계에 대해 무엇을 알 수 있는가? 우선 이 두 값 사이에 높은 상관관계가 있는 것처럼 보인다−GDP가 가장 높은 국가들이 가장 높은 주식시장 가치를 지니고 있다. 실제로 .92의 상관관계 값은 거의 완벽하게 양의 값이라고 할 수 있고, 따라서 국가간 자본을 배분하길 원하는 투자자들은 의사결정에 GDP 성장을 이용하는 것을 고려해야 한다.

경기 순환 주기

잠재 GDP 성장률을 분석할 때 투자자는 경기순환(business cycle)을 이해해야 한다. 도입부에서 롤러코스터 예시에서 지적했듯이, 한 국가의 경제, 특히 GDP는 상승과 하락의 기간을 거치게 되는데 국가 경제에서 이러한 상승과 하락 움직임을 경기 순환이라고 한다. 그림 18.3은 경기순환의 단순화한 그림이다.

경기순환의 4단계에는 호황(peak), 수축(contraction), 침체(trough) 및 확장(expansion)이 포함된다. 그림 18.3은 경기순환은 다소 매끄러운 패턴을 따르고 있

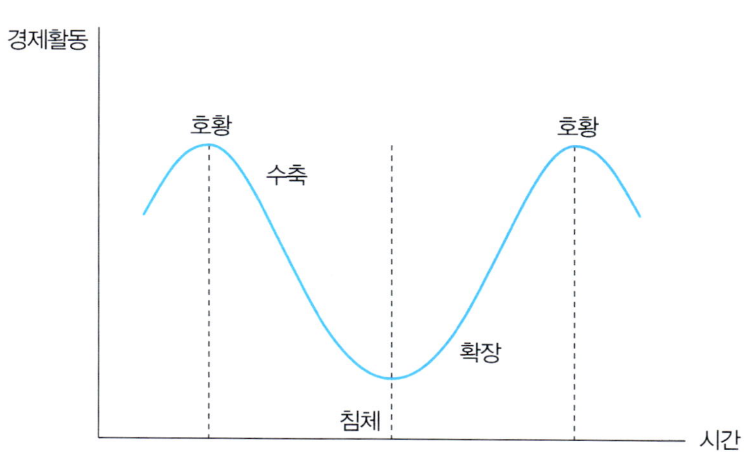

그림 18.3
경기 순환 주기

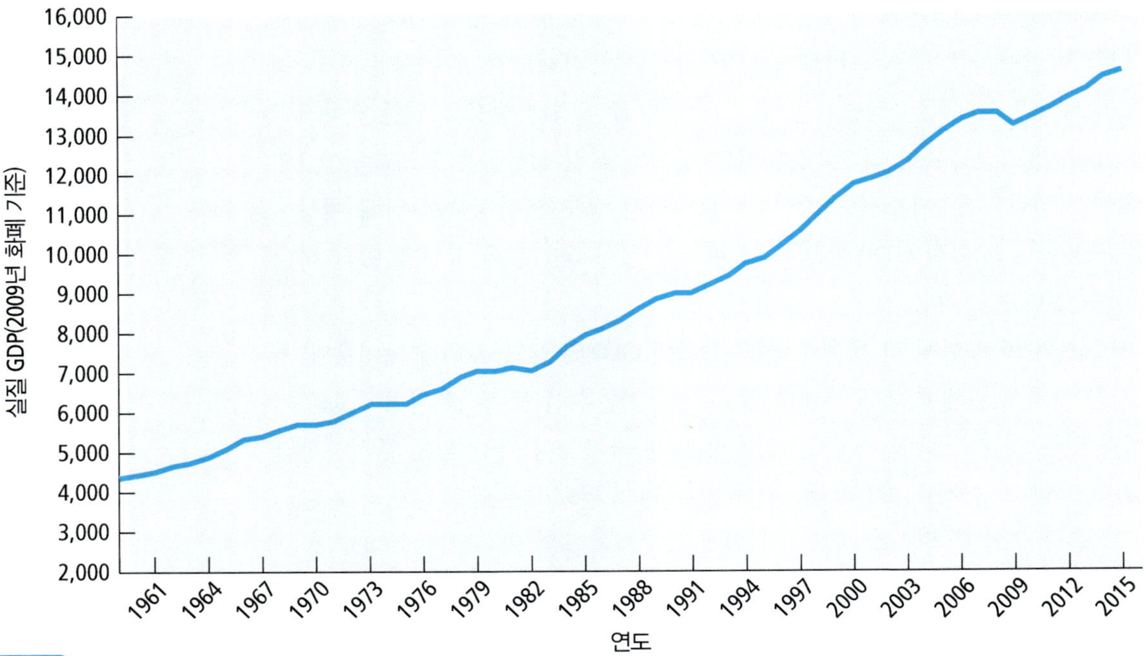

그림 18.4A

미국 실질 국내총생산(1959~2014)

Source: St. Louis Federal Reserve Bank.

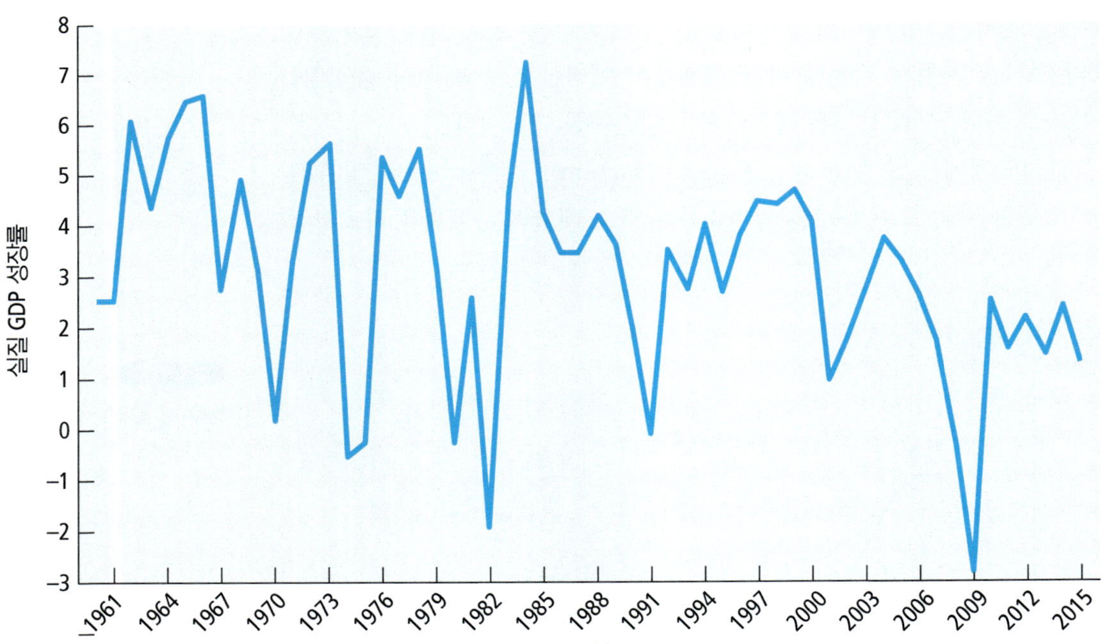

그림 18.4B

미국 실질 국내총생산 성장률(1959~2014)

Source: St. Louis Federal Reserve Bank.

음을 암시하지만 현실은 그렇게 간단하지 않다.

예를 들어 그림 18.4A는 1959년 이후(2009년 기준) 미국의 실질 GDP 수준을 보여주고 있고 파동 패턴이 별로 보이지 않는다고 생각할 수도 있다. 그림 18.4B는 실질 GDP의 연간 성장률을 보여 경기순환(business cycle)의 상승과 하락을 볼 수 있다. 실제 경기순환 데이터가 그림 18.3의 부드러운 패턴을 따르지 않는다는 걸 알 수 있다.

하향식 분석을 한다면 경기 순환과 GDP 성장의 연관성을 이해해야 한다. 경기 순환 주기의 패턴을 성공적으로 식별할 수 있다면 단기 성장을 위해 경제의 어느 부문에 중점을 두어야 하는지 예측할 수 있을 것이다. 예를 들어, 종종 순환 섹터(cyclical sectors) 또는 방어 섹터(defensive sectors)라고 불리는 섹터가 있는데 중공업 및 소재와 같은 순환 섹터는 경기 순환 주기에 대해 평균 이상의 민감도를 가지고 있지만 대조적으로, 의료나 생필품과 같은 방어 섹터는 경기 순환 주기에 대한 민감도가 상대적으로 적다.

순환 섹터
경기주기에 높은 민감도를 갖는 섹터

방어 섹터
경기주기에 낮은 민감도를 갖는 섹터

경기지표

국내총생산, 경제 성장, 그리고 주가 사이에 긴밀한 연관성이 존재하기 때문에 투자자들은 미래 경제 상황을 정확하게 예측하는 데 도움이 되는 경제지표를 식별할 수 있어야 한다. 대부분의 경제학자들은 이러한 정보를 위해 선행 경기지표(leading economic indicator)에 의존하지만 경제 활동을 예측하기 위해 사용되는 또 다른

선행, 후행 및 동행 경기 지표
경제에 앞서, 뒤에서 또는 경제와 함께 변하는 경향이 있는 경제 시계열 데이터이다.

표 18.1
경기지표

선행 경기지표	
1. 주당 평균시간, 제조업	2. 실업보험의 주당 평균 초기 청구액
3. 제조업체의 신규 주문, 소비재, 소재	4. 공급업체 납품 지수
5. 제조업체의 신규 주문, 비군사용 자본재	6. 지역 건축 허가에 의해 승인된 신규 민간주택
7. 주가, 보통주 500주	8. 통화공급(M2) 증가율
9. 소비자 기대 지수	
10. 금리 스프레드, 10년 만기 재무부 채권과 연방기금 금리의 차이	
동행 경기지표	
1. 비농업 부문 종사자	2. 개인소득에서 이전수입을 차감한 값
3. 산업생산	4. 제조와 무역 매출
후행 경기지표	
1. 평균 실업 기간	2. 매출 대비 상용재고 비율
3. 생산단위당 인건비 지수의 변화	4. 은행이 부과하는 평균 우대 금리
5. 기존의 상업대출 및 산업대출	6. 기존의 소비자 할부 신용 대 개인 소득의 비율
7. 서비스 산업에 대한 소비자물가지수의 변화	

두 가지 지표 그룹에는 후행 경기지표(lagging economic indicator)와 동행 경기지표(coincident economic indicator)가 있다. 표 18.1은 이 세 그룹 내의 주요 경기 지표 목록을 포함하고 있다.

표 18.1의 선행 경기지표 중 7번째 항목이 주가라는 점에 놀랄 수 있다. 투자자로서 언제 어디에 투자할지 결정하기 위해 경제 정보를 사용한다는 점을 상기하라. 그러나 가장 정확한 지표 중 하나는 주식시장 자체이다. 이러한 정확성은 주식시장이 현재의 상황을 반영하지 않고 오히려 6개월 정도 앞서는 모습을 보이고 있기 때문이다. 그래서, 우리는 '닭과 달걀' 투자 시나리오를 가지고 있는 것과 같다. 현재의 주식시장은 전반적인 미래 경제 건전성에 대한 아이디어를 제공하기 때문에, 시장을 앞서 투자하는 것은, 심지어 최고의 투자자들에게도 꽤 어려운 일이다.

세계 경제와 주식수익률의 상관관계

기술 혁신과 공급망 물류 체계의 개선은 무역 장벽 감소와 함께 전 세계 경제의 통합을 크게 증가시켰다. 앞에서는 한 국가 경제 내에서 경기 순환 주기를 조사했으나 오늘날에는 경기 순환 주기가 전 세계적으로 함께 움직이는 경향이 있다는 점에 주목해야 한다.

투자자들은 분산투자의 원리(the principle of diversification)에 의하면 국제투자의 수익률이 국내투자의 수익률을 상쇄할 수 있다는 것을 이해하고 있다. 상쇄되는 정도는 투자 사이의 상관관계에 따라 달라진다. 시간이 지남에 따라, 국가별 주식시장의 수익률간의 상관관계가 증가했다. 불행하게도, 이러한 증가는 특히 투자자들이 분산투자에 의해 제공되는 보호를 가장 필요로 할 때인 약세 시장에서는 더욱 심하다. 예를 들어, 2008년 주식시장의 붕괴 당시에 거의 모든 국가가 경기 침체와 함께(즉, 수축기; contraction stage) 타격을 받았기 때문에 국가간 주식수익률은 기본적으로 +1의 상관관계로 다가갔다.

경제 상황들 간의 상관관계에 있어 주요한 차이는 각 나라들이 다른 속도로 침체기(trough) 상황에서 빠져나오기 때문에 확장기(expansion stage)에서 발생하는 것이다. 경제 활동의 차이를 이해하는 것은 특히 확장기에서 국가 간 투자 배분을 결정하는 데 도움이 될 수 있다.

글로벌 투자에서의 환율의 영향

투자자는 글로벌시장에서 어느 주식시장이 상대적으로 더 나쁜 투자대상인지에 대해 정확한 예측을 할 수 있다고 가정하자. 이러한 놀라운 능력에도 불구하고, 또 다른 요인 즉 환율이 국제 투자수익률에 영향을 미친다는 점을 고려해야 한다. 예를 들어, 미국 투자자가 독일에서 자산을 구입하기를 원한다고 가정하자. 독일의 화폐는 유로이기 때문에 이 투자자는 미국 달러를 유로로 전환해야 할 것이다. 유로가 손 안에 있으면 투자를 할 수 있다. 반면에, 이 자산이 매각되면 이 미국 투자자는 유로를 다시 미국 달러로 환전해야 할 것이고 수익의 수준은 자산의 수익과 유로가 미국 달러에 비해 평가 절하되었는지 평가 절상되었는지에 따라 달라질 것이다.

예를 들어 독일 증권거래소(Deutsche Borse)에 상장된 회사의 주식을 매입할 수 있는 1만 달러가 있다고 가정해 보자. 투자 당시 환율은 $1.39/€이고 그 주식은 1년 동안 가치가 10% 상승한다. 1년 뒤에 우리는 주식을 팔고 유로를 $1.28/€의 환율로 다시 달러로 환전할 때 어떠한가? 순 달러 수익률은 얼마인가?

자산 자체는 양(+)의 수익률을 보였기 때문에 만족스럽지만, 환율의 영향은 어떠한가? 여느 자산과 마찬가지로, 우리는 평가 절상되는 통화에 투자하기를 원한다. 예에서는 유로에 투자되었는데, 미국 달러에 비해 유로가 평가절하 아니면 평가절상 되었는가? 투자 당시에는 €1를 $1.39로 전환할 수 있었으나 1년 뒤에, €1는 겨우 $1.28로 환전될 수 있었다. 따라서 €1는 투자 1년 뒤 미국 달러 기준으로 볼 때 가치가 떨어진 것이다. 이 사실은 유로가 미국 달러에 대해 평가절하되었다는 것을 의미한다. 미국 투자자의 순수익률이 10%가 되지 않는다는 것을 의미하는데, 왜냐하면 유로의 평가절하로 자산수익률이 감소하기 때문이다. 정확한 수익률을 계산해보자.

1단계: 우리는 투자 초기에 미국 달러를 유로로 환전한다. €1를 '매입'하는데 $1.39가 든다. 따라서 1만 달러로 1만 달러/($1.39/€)=€7,194.24 어치의 주식을 구입할 수 있다.

2단계: 투자 종료시의 주식 기말가치를 계산한다. €7,194.24의 투자가치가 10% 상승할 경우, 주식을 매도할 때 결산가치는 €7,194.24×1.10=€7,913.66가 된다.

3단계: 우리는 유로를 다시 달러로 환전한다. 투자 종료시에 €1를 $1.28로 환전할 수 있다. 따라서 €7,913.66×$1.28/€=$10,129.48이다.

4단계: 달러 표시 수익률을 계산한다. $10,000 투자가 $10,129.48로 성장했기 때문에 수익률은 1.29%를 기록했다. 우리가 생각했던 대로, 유로의 평가절하로 인해 유로 표시 주식에서 벌어들인 달러 표시 수익률(10%)을 감소시켰다.

국제투자자로서 환율의 영향을 잘 알고 자산배분이나 증권선택을 생각할 필요가 있다. 환율의 변화는 국제 포트폴리오 수익을 증가시키거나 감소시킬 것이다. 환율의 움직임은 투자 과정을 복잡하게 만들기도 하지만 이러한 움직임은 사실 장기간에 걸쳐 잠재적인 분산 투자 이익을 제공하기도 한다. 그럼에도 불구하고 일부 투자자들은 단순히 모든 환율 위험을 회피하는 것을 선호한다. 앞 장에서 논의한 바와 같이, 국제 투자자들은 이러한 통화 위험을 줄이기 위해 선물계약을 이용할 수 있다.

예제 18.1

환율위험과 수익률

볼사(멕시코 증권거래소)에 등록된 매력적인 주식을 발견한 후 25,000달러를 투자하기로 결정했다고 하자. 투자가 성공하면 1년 만에 15%의 수익이 가능하고 1년 동안 환율은 $1당 12.05페소에서 달러당 11.78페소까지 하락할 것이다. 이 투자에 대한 당신의 달러 표시 수익은 얼마인가?

1단계: $25,000×(12.05페소/$)=301,250 페소
2단계: 301,250페소×1.15=346,437.50페소
3단계: 346,437.50페소/(11.78페소/$)=$29,408.96
4단계: ($29,408.96−$25,000) /$25,000=17.64%

투자 자체는 성공적이었고 페소가치는 상승하였다. 이 경우 달러 순수익률은 17.64%로 페소 표시 투자수익률(15%)보다 높게 된다.

확인 사항

18.2a 명목 GDP와 실제 GDP의 차이점은 무엇인가?
18.2b 경기 순환 주기의 어느 시점에서 순환산업에 투자해야 하는가?
18.2c 환율은 투자자의 수익률에 어떤 영향을 미치는가?

18.3 노동시장과 가격수준

노동시장지표

상품과 서비스가 거래되려면 반드시 수요가 있어야 한다. 미국 GDP의 약 70%가 소비 지출의 결과이고, 나머지는 투자와 정부 지출과 같은 범주에 의해 주도된다.

GDP의 상당 부분이 소비 지출(즉, 소비)에서 나온 것이기 때문에 고용 수준은 경제의 건전성에 매우 중요하다.

대다수의 경제학자들은 경기 후퇴가 실업을 가져오기 때문에 실업률이 후행경기지표라고 믿고 있다. 실업은 경기확장(expansion)이 시작되기 전까지는 감소하지 않는다. 그러나 일부 경제학자들은 실업이 선행경기지표라고 주장한다. 그들의 주장은 높은 수준의 실업률이 훨씬 더 긴 경기수축(contraction)을 선행할 수 있다는 것이다. 왜냐하면 소비자들이 실직하거나 미취업 상태라면 그만큼 많은 돈을 쓸 수 없기 때문이다. 실업이 후행 경기지표라고 믿든, 선행 경기지표라고 믿든, 실업이 어떻게 계산되는지를 아는 것은 투자자들에게 중요하다.

경제학자들은 군인을 제외한 노동 연령 인구를 세 개의 그룹으로 나눈다: 고용, 고용을 준비하는 실업 그리고 고용을 준비하지 않는 실업. 노동인구(labor force)는 취업했거나 또는 실업자지만 고용을 원하는 군인이 아닌 노동연령인구로 정의된다. 실업률(unemployment rate)은 고용을 추구하는 실업자 노동인구의 비율이다. 노동인구 참여율(labor force participation rate)은 노동인구를 비군인 노동 연령 인구로 나눈 것과 같다. 예를 들어, 2015년 말 미국에서 노동 인구는 약 1억 5,700만 명이었다. 이 수치는 62.4%의 노동인구 참여율을 나타낸 것으로, 이는 노동 연령 인구가 약 2억 5,200만 명이었기 때문이다. 노동 인구 중 약 5.1%인 1,280만 명이 실업자였다.

노동인구
취업 또는 실업 상태이지만 취업을 원하는 모든 군인을 제외한 노동연령층 인구

실업률
실업 상태이지만 구직 중인 노동인구의 비율

노동인구 참여율
노동인구를 비군사 노동 연령 인구로 나눈 값

여느 통계자료와 마찬가지로 숫자를 해석할 때 계산을 이해하는 것이 중요하다. 예를 들어, 2009~2010년의 불황이 한창일 때 실업률은 10퍼센트 이상으로 치솟았다. 이 시기 이후 실업률의 감소는 부분적으로는 경제 성장의 결과일 가능성이 높다. 그러나 다른 근본적인 문제들이 있다. 예를 들어, 2009년 경기 침체 이전에 노동인구참여율은 66%를 넘었다. 실직자가 재취업을 포기할 때 노동인구에서 제외되는 경우가 많다. 이처럼 구직을 포기한 사람들은 더 이상 실업률을 계산하는 데 포함되지 않기 때문에 실업률을 감소시킨다. 만약 투자자들이 경제 건전성에 대해 올바른 판단을 하고자 한다면 이러한 효과를 제대로 구분해야 한다.

고용을 늘리는 것은 일반적으로 경제에 긍정적이지만, 경제의 건전성을 측정하는 한 가지 척도에 불과하다는 점도 이해해야 한다. 또 다른 두 종류의 중요한 척도는 임금률과 물가상승률이다. 예를 들어, 실업자들이 저임금 일자리에 재취업을 한다면, 이러한 소비자들의 지출은 더 낮아질 것이다. 혹은 임금보다 높은 비율로 물가상승률이 증가하면 구매력이 떨어지고 실제로 근로자들은 실물기준으로 더 가난해진다. 따라서 고용 외에도 실질(또는 물가상승률−조정된) 임금률은 경제 건전성을 측정하는 데 도움이 되는 중요한 척도가 된다.

소비자물가지수

앞 절에서 물가상승률이 국내총생산(GDP)과 임금 실질 수준을 계산하는 데 얼마나 중요한지를 보았다. 이제 어떻게 물가상승률을 측정하는지 논의해보자. 물가상승률에 가장 일반적으로 사용되는 척도는 소비자물가지수(Consumer Price Index, CPI)이다. CPI는 고정되어 있는 소비자 용품과 서비스 묶음의 평균 가격을 측정한다. 물가상승률은 한 기간의 CPI에서 다음 기간 CPI로의 비율 변화다. 예를 들어, 1년 동안 CPI가 104.3에서 105.2로 증가한다면, 그 해의 물가상승률은 0.9%가 된다[=(105.2 − 104.3)/104.3].

소비자물가지수
소비재와 서비스가 고정된 비율로 구성된 '바구니'에 대해 도시 소비자가 지불하는 평균 가격으로 측정한 값

CPI 묶음의 주요 요소는 주택, 운송, 그리고 식품과 음료를 포함하고, 부분요소로 의료, 여가활동, 교육, 의복 등이 포함된다. 다양한 종류의 CPI가 있을 수 있다. 예를 들어, 일부 경제학자들은 식량과 에너지 가격을 제외한 근원소비자물가지수(core CPI)에 초점을 맞추기도 한다. 이들 경제학자들이 사용하는 논리는 잠재적 공급 중단 때문에 이들 품목이 변동성에 더 취약하다는 것이다. 2011년 에너지와 식품 가격이 급격히 상승하면서 이 이러한 방식이 지니는 의미가 높아지기도 했으나 근원 소비자물가지수(Cpre CPI)는 거의 변하지 않았다. 이 사례에서, 근원 소비

근원 소비자물가지수
음식과 에너지를 제외한 소비재와 서비스가 고정비율로 구성된 '바구니'에 대해 도시 소비자가 지불하는 평균 가격을 측정한 값

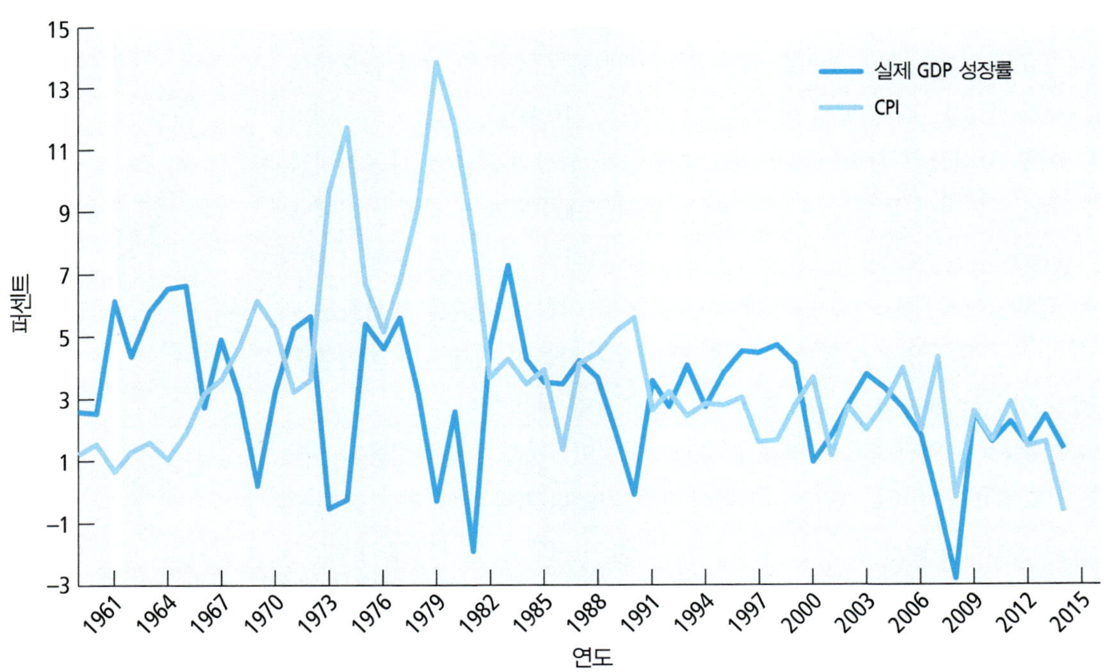

그림 18.5

미국 실질 국내총생산 성장율과 소비자물가지수(1959~2014)

자물가지수는 소비자들에 대한 물가상승률의 진정한 영향을 과소평가할 수 있다.

물론, CPI가 물가상승률을 과대평가한다고 주장하는 사람들도 있다. 예를 들어, CPI는 새로운 상품의 발명이나 품질의 향상을 고려하지 않는다. 또한 소위 대체 효과는 무시된다. 대체 효과의 예로는 소비자들이 닭고기 가격에 비해 소고기 가격이 상승할 경우 소고기 소비에서 닭고기 소비로 전환하는 경우를 들 수 있다. 미국 의회 위원회가 이 문제를 연구한 후에 대체 효과의 결과로 CPI가 특정 연도에 약 1% 이상 과장될 수 있다고 결론지었다.

물가상승률을 측정할 수 있는 CPI의 능력에 대한 논쟁을 감안할 때, CPI의 한계를 이해하는 것은 투자자들의 책임이다. 그렇지 않으면 수익률 기대치 및 기타 분석이 불완전할 수 있기 때문이다.

그림 18.5에서 알 수 있듯이 물가상승률과 실질 GDP의 역관계는 상당히 뚜렷한데 이러한 음(−)의 상관관계는 높은 물가상승률이 실질 경제 성장에 해롭다는 것을 암시한다. 이 관계는 높은 물가상승률이 더 높은 이자율을 초래한다는 사실에 기인할 수 있다. 자금 제공자들은 물가상승률이 가져오는 구매력 상실을 보상하기 위해 더 높은 이자율을 요구할 것이고 높은 이자율은 대출 가능한 자금에 대한 수요를 감소시키는 경향이 있으며, 이는 다시 경제 성장을 감소시킬 수 있기 때문이다.

월가의 일반적인 경험치는 물가상승률과 시장수익비율(P/E)의 합이 20이라는 것이다(앞 장에서 가격비율을 논의했다는 것을 기억하라). 이는 정확한 숫자는 아니며 시점에 따라 분명히 다르지만 물가상승률은 주가에 부정적인 영향을 미칠 수 있음을 보여준다.

예를 들어, 이 경험치가 참이고 물가상승률은 4%라고 가정하자. 그렇다면 시장 P/E 비율은 16 정도 될 것이다. 만약 물가상승률이 가열되어 6%로 증가한다면, P/E는 약 14로 떨어질 것이다. 한 회사가 벌어들인 $1당 주가가 약 $2씩 떨어질 것이다. 물가상승률과 함께 기업의 수익이 증가하면 주식 가격 하락이 완전히 실현되지 않을 수도 있지만, 물가상승률의 부정적인 영향은 여전히 주가에 반영될 가능성이 있다.

위의 관계로부터, 우리는 '골디락스(Goldilocks)' 시나리오를 경제 상황이 너무 덥지도 않고 너무 춥지도 않은 나라로 간주할 수 있는데 이런 나라는 소득증가율이 높고 실업률이 낮으며 물가상승률이 낮을 것이다. 이러한 결합은 경제의 급속한 확장으로 이어지고, 결과적으로 그 경제 내에서 경쟁하고 있는 기업들에게 혜택이 있다. 이 연결을 이해하면 투자자들이 자산에 대한 배분, 특히 다른 경제적 조건이 존재하는 지리적 지역에 대한 배분을 선택하는 데 도움이 될 것이다.

확인 사항

18.3a 다른 모든 것이 그대로인데 노동력 참여율이 하락한다면 실업률은 어떻게 될까?

18.3b 경제상황에 관한 '골디락스' 시나리오는 무엇인가?

18.4 화폐정책과 재정정책

경제를 자동차처럼 생각한다면 계속 앞으로 가지만 너무 느리거나 너무 빨리 가는 것은 피하는 운전을 고려해야 한다. 원하는 속도를 유지하기 위해서, 누군가는 차를 운전하고, 속도를 감시하고, 필요에 따라 자동차에 더 많은(또는 더 적은) 연료를 주입해야 한다. 일반적으로 지금까지는 통화 및 재정 정책입안자가 원하는 경제 속도를 유지하는 역할을 맡아 왔다.

화폐정책

화폐는 가장 일반적인 지불 수단이다. 화폐는 교환의 매개체, 계좌의 단위, 가치의 저장소로서의 역할을 한다. 경제에 있는 화폐의 양, 즉 화폐의 공급량을 측정하는 방법은 다양하다. 화폐공급의 가장 기본적인 척도는 통화와 예금 수표를 포함하는 M1이고 보다 광범위한 화폐공급 척도인 M2는 M1에 정기 예금, 저축 계좌 및 MMF를 합한 것이다.

화폐공급은 마치 경제라는 엔진의 '연료'를 상징하기 때문에 경제에 중요하다. 경제에 더 많은 연료(즉, 더 많은 화폐)를 공급하면 경제성장이 더 빨리 진행되지만, 너무 많이 공급하는 것은 경제 성장에서 과열(즉, 높은 인플레이션)이 초래될 수 있다. 사실, '인플레이션은 항상, 어디서나, 화폐로 인한 현상'이라는 속담이 있다. 그래서 정책입안자들의 목표는 경제가 원하는 속도로 발전할 수 있도록 적절한 속도로 화폐공급을 늘리는 것이다. 투자자에게 화폐공급의 중요성을 보려면 그림 18.6을 참조하라. 화폐공급 성장과 주가의 전반적인 양의 관계를 볼 수 있다.

연방준비제도 연방준비제도이사회(또는 줄여서 'Fed')는 미국의 중앙은행이다. 중앙은행은 은행에 대출을 해주고 은행을 위한 예금을 가지고 있기 때문에 '은행의 은행'이라고 불린다. 연방준비제도이사회(FRB)는 국내 은행을 규제하는 것 외에 통화 공급을 감시하고 조정하는데 통화 공급의 감시는 연방준비제도이사회(FRB)의 어려운 과제 중에 하나다.

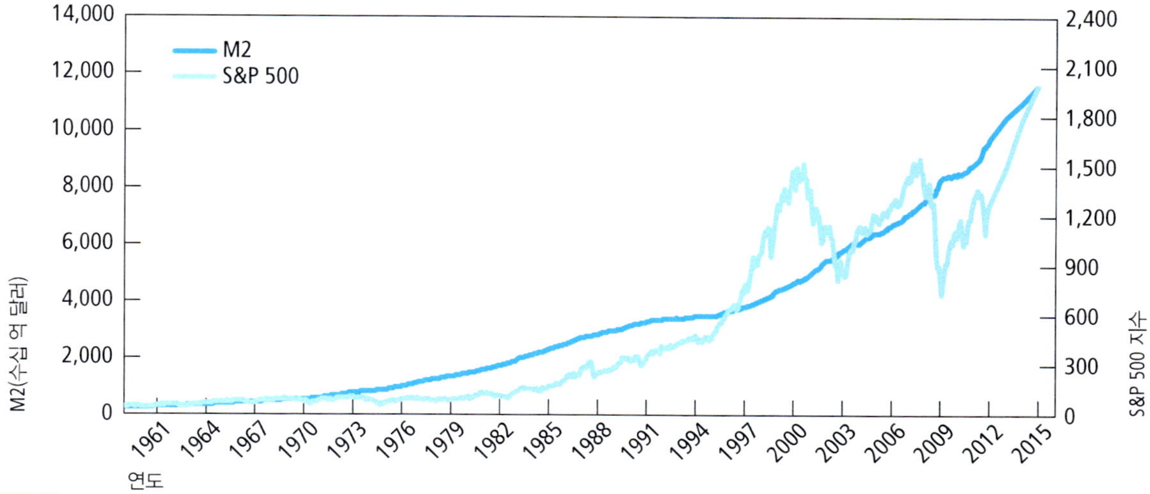

그림 18.6

미국 M2와 S&P 500 지수(1959~2015)

Source: St. Louis Federal Reserve and author calculations.

연방준비제도이사회(FRB)는 독립적인 연방정부기관으로 엄밀히 말하면 연방준비제도이사회는 정부의 다른 어떤 부처에도 보고하지 않는다. 이러한 독립성의 이유는 연방준비제도이사회가 정치적 결과 없이 목표를 추구할 수 있도록 하기 위함이다. 그러나 연방준비제도이사회(Fed)가 실제로 독립적인가 여부는 논란의 여지가 있다. 그럼에도 연방준비제도이사회의 주요 목표는 인플레이션을 억제하고, 완전 고용을 창출하며, 경기 주기를 완화하고, 장기적인 경제 성장을 달성하도록 하는 것이다.

다른 나라들도 비슷한 중앙은행을 갖고 있지만 이들 중앙은행의 목표는 연방준비제도이사회와 다를 수 있다. 예를 들어, 유럽중앙은행(european central bank, ECB)은 유럽 연합(EU) 국가들을 감독한다. 그러나 ECB는 인플레이션 억제라는 단 하나의 주요 목표를 가지고 있다. ECB는 경제 성장을 촉진할 책임이 거의 없다. 그러한 목표가 없다는 것이 중요하지 않은 것처럼 보일 수도 있지만, 투자 배분에 큰 영향을 미칠 수 있다. 저조한 경제성장은 상대적으로 낮은 주가 형태로 반영되기 때문이다.

위에서 언급한 목표를 달성하기 위해 연방준비제도이사회는 주로 금리를 변경할 수 있는 권한에 의존해 왔다. 예를 들어 연방준비제도이사회(Fed)가 회원인 은행들에게 하는 대출에 대해 부과하는 이자율인 할인율을 통제할 수 있다. 할인율 창구(discount window) 대출은 다른 연방준비제도이사회의 기능에 비해 적은 편이지만, 할인율을 변경하면 은행 시스템 전체에 파급 효과가 있다. 은행간 서로 빌려

할인율
연준이 회원 은행에게 대출에 대해 부과하는 이자율

연방기금금리
은행 간에 서로 빌려주는 단기금리

주는 단기금리인 연방기금금리(federal fund rate)는 일반적으로 할인율에 따라 변한다. 결과적으로, 연방기금금리의 변화는 심지어 모기지 및 다른 대출의 장기 금리에 영향을 미칠 수 있기 때문에 다른 모든 것이 같다면, 할인율을 낮추는 것은 대출 수요를 자극하고, 이는 다시 경제 성장을 촉진시킬 것이다.

공개시장조작
화폐 공급을 늘리거나 줄이려는 목적으로 연준이 유통 시장에서 채권을 직접 사고 파는 행위

통화공급 연방준비제도이사회(연준)는 역사적으로 할인율에 초점을 맞췄지만 금융시스템에 직접 돈을 '공급'할 수 있는 능력도 갖고 있다. 사실, 이 역할은 2008년 금융위기 이후 급격히 증가했다. 금융시장을 통해 통화공급을 하기 위해 연준은 공개시장조작(open market operations)을 실시한다. 이 과정을 통해 연준은 공개시장에서 재무부 채권을 매입하거나 매도한다. 연준이 채권 매도자에게 달러를 지불하기 때문에 연준이 채권을 산다는 행위는 금융 시스템에 자금을 투입한다는 것이고 채권을 매입하여 경제성장에 박차를 가하는 효과를 가져온다. 연준은 통화 공급을 줄임으로써 경제에 제동을 걸 수 있다. 연준이 채권을 매도하면 채권 매입자들로부터 달러를 받게 되기 때문이다.

금융 시스템에 자금을 공급하는 것은 파급 효과를 가져온다. 이러한 영향은 미국이 부분적인 지불준비금 제도를 따르고 있기 때문에 발생한다. 이런 형태의 은행 시스템에서, 은행들은 예금의 극히 일부만 지불준비금으로 예치해야 한다. 이 지불준비금 비율은 연준이 정한다. 준비금으로 적립하지 않은 예금은 대출자에게 다시 대출할 수 있다. 대출자들이 물건을 살 때, 판매자들은 그 수익금을 은행에 예금한다. 은행은 이 예금의 일부를 지불준비금으로 적립하고, 나머지 예금은 다시 빌려준다. 당신이 상상할 수 있듯이, 이 과정은 계속해서 반복된다.

이 파급 효과는 얼마나 큰가? 지불준비금비율이 20%일 때 최초 $100 예금에서 시작되는 총 통화 공급은 $500가 될 수 있다. 이러한 확대는 통화승수(money multiplier)에 기인한다. 통화승수는 1을 지불준비금 비율(1/0.20=5)로 나눈 값이다. 은행들이 대출 기준을 높이거나, 대출 수요가 부족할 경우, 통화 공급은 통화승수가 예측하는 수준까지 확대되지 않을 것이다. 이 경우 은행들은 이른바 낮은 화폐유통속도(velocity of money)으로 인한 과잉준비금을 갖게 된다. 연준은 은행 시스템에 대한 준비금 유입을 통제할 수 있으며, 통화 승수를 사용하여 총 통화 공급을 예측할 수 있다. 그러나 최종 대출자 수요와 은행의 대출 기준은 통화 공급이 연준이 예측한 최고 수준에 도달하는 것을 제한한다.

재정정책

연방정부는 세금을 거두어 이 돈을 상품과 서비스에 지불하는 데 사용한다. 세율

과 지출 정책의 결정을 재정정책이라고 한다. 잠재적으로, 재정정책(fiscal policy)은 전체 경제에 상당한 영향을 미친다. 예를 들어, 만약 정부가 투자를 촉진하기를 원한다면, 정부는 자본 이득에 대한 세금을 줄이거나 아예 없앨 수 있다. 또는 연방세법은 기업의 자본 지출에 대해 더 빠른 감가상각을 허용할 수 있으며, 이것은 또한 투자를 촉진할 것이다. 흥미롭게도, 세금을 낮추는 것은 사실상 정부 수입을 증가시키는 것처럼 보인다. 세율이 낮아져 경제활동이 충분히 증가하면 총 세수가 늘어난다. 이를 '공급경제학'이라고 하는데, 로널드 레이건 대통령 시절부터 뜨거운 논란이 일었던 개념이다.

재정정책
세율 및 지출 정책에 대한 정부의 결정.

연방정부는 실제로 제한된 예산을 준수하거나 심지어 책정하도록 강요받지 않는다. 그 결과, 최근 몇 년 동안 '뜨거운 쟁점(hot button)' 중 하나는 연방정부의 지출이 세수를 초과한다는 사실이었다. 정부 지출이 세수를 초과할 때 그에 따른 부족을 재정 적자(budget deficit)라고 하는데 시간이 지남에 따라, 이러한 재정 적자는 증가하고 국가 부채를 증가시키게 된다. 왜냐하면 초과 재정지출은 차입금으로 지불되어야 하기 때문이다. 2015년 말 기준 국가채무는 18조5000억 달러를 넘었는데 이 금액은 2015년에 미의회가 승인한 부채 상한으로 1조 달러 이상 증가했을 때의 영향은 포함하지 않은 것이다.

이론적으로, 국가 부채는 GDP의 일부인 정부 지출의 자금원이 된다. 그래서, 정부 지출의 증가가 실제로 경제 활동에 도움이 된다고 믿는 사람들이 있다. 그러나 부채의 단점은 자금을 조달하고 상환해야 한다는 것이다. 장기적으로, 지속된 부채는 더 높은 이자율과 세금 인상을 의미하는데, 이 두 가지 모두 경제 성장을 지연시키는 것이다. 부채를 갚기 위해 연방정부는 단순히 돈을 찍어낼 수 있다. 그러나 앞에서 알게 된 바와 같이, 통화 공급을 증가시키면 인플레이션이 촉진되고 달러 가치가 하락할 것이다. 전문가들 사이에 공통된 의견은 지속적인 재정 적자가 경제의 장기적인 번영을 해친다는 것이다.

투자자에게 국가 부채는 국가별 투자 할당을 선택하는데 중요한 요소가 될 수 있다. 예를 들어, 높은 정부 부채 수준은 최근의 유럽 채무 위기의 원인이었다. 2010년 PIGS(포르투갈, 아일랜드, 그리스, 스페인)는 모두 대규모 재정 적자를 겪으며 국가 부채 수준이 높아졌다. 그 결과, 그들의 국가 부채는 신용 등급 하향조정되었고 이러한 신용등급 하락은 다시 새로운 부채에 대한 이자율을 증가시켰으며 많은 투자자들이 이 네 나라의 주식시장에서 도망치게 만들었다.

표 18.2는 GDP의 % 비율로서 PIGS의 정부 부채 수준과 이에 상응하는 10년 만기 정부 채권의 수익률에 대한 것이다. 이 표는 또한 비교 가능한 미국의 통계치를 제공한다. 2010년 국내총생산(GDP)의 퍼센트 비율로서 미국의 부채(국민이 보유

표 18.2

국가 부채, 2010

Source: The Economist.

	GDP 비율로 표시한 총부채	채권수익률(10년)
그리스	140.2	11.3%
아일랜드	97.4	8.3
포르투갈	82.8	6.8
스페인	64.4	5.5
미국	62.2	3.3

한 부채)가 스페인에 육박했고, 1950년대 이후 가장 높았다. 1950년대 미국의 국가부채는 제2차 세계대전을 위한 지출의 결과였다는 점을 상기하라.

표 18.2에서 왜 많은 사람들이 미국이 '유럽형' 국가로 변할지 우려하고 있는지 알 수 있다. 미국의 부채(국민이 보유하고 있는)가 거의 GDP의 75%까지 증가함에 따라 이 같은 우려는 지난 최근 몇 년 동안 더욱 뚜렷해졌다. 다른 부채 (사회보장이사회가 내부적으로 보유하고 있는 재무부 채권 등)가 고려되면 GDP의 100% 이상으로 늘어나게 된다.

확인 사항

18.4a 누가 통화정책을 통제하는가? 누가 재정정책을 통제하는가?

18.4b 연방준비제도이사회(FRB)가 100억 달러 수준의 화폐공급을 늘리면 왜 경제성장이 가능할까? 100억 달러 이상 성장할 것으로 예상하십니까?

18.4 산업분석

경제 정보는 투자자들이 잠재적인 분야(또는 하락 분야)를 찾을 때 유용하다. 이전 절에서 논의된 많은 부분이 주로 국가 차원의 이슈에 초점을 맞췄지만, 경제 정보는 산업을 분석할 때도 유용하다. 예를 들어, 최근의 경제 위기에서 경제가 회복되는 것을 돕기 위한 시도로, 연방 정부는 경기부양법안(재정 정책)을 통과시켰다. 이렇게 늘어난 정부지출의 대부분은 도로와 같은 자본 개선을 위해 지출될 예정이었다. 결과적으로, 많은 투자자들은 새로운 장비가 필요할 것이기 때문에 산업재 기업들이 이 정부지출의 큰 수혜자가 될 것이라고 생각했다.

이 장의 앞부분에서는 경기 주기와 특정 기업에 대한 투자가 어떻게 방어적

(defensive) 투자 또는 순환적(cyclical) 투자로 분류될 수 있는지에 대해 논의하였다. 이러한 분류는 이들 회사가 얼마나 경기 주기에 의존하고 있는지를 설명하는 것이다. 방어적 투자는 순환적 투자만큼 경기 주기와 연결되지 않는다. 이러한 연결을 좀 더 자세히 살펴보고, 섹터와 산업을 평가하는 방법을 배우기 위해, 섹터와 산업분석에 대한 일반적인 과정을 논의해보자.

섹터 선정

S&P 섹터 섹터(sector)를 정의하는 데 여러 가지 방법이 있다. 좋은 출발점은 S&P 500지수를 만든 스탠더드앤푸어스(S&P)가 사용하는 10개의 기본 섹터 목록을 이용하는 것이다. 표 18.3은 2015년 말 섹터별 지수 가중치와 함께 10개 섹터의 목록을 제공한다. 보다시피, 일부 섹터 (통신과 전력회사 등)는 상당히 작은 반면, 다른 섹터(금융과 기술 등)은 그 규모가 상당히 크다.

가중치의 변동성이 크지는 않지만, 일부 섹터가 다른 섹터에 비해 성장하면 가중치는 변하게 된다. 예를 들어, 2007년 초에 금융은 지수 가중치의 20% 이상을 구성했으나 금융위기와 2008년의 위기 이후 금융은 지수 가중치의 15%에도 못 미쳤다. 이러한 변동은 일반 상식처럼 보일지 모르지만, 투자할 때 이러한 움직임의 이면에 있는 이유를 이해하는 것이 중요하다.

표 18.3

2015년 말 기준 S&P의 10개 섹터

섹터	시장가치(%)
기초자재	2.91
에너지	7.24
금융	16.28
산업재	10.19
생필품 소비재	9.56
전기, 수도, 가스	2.91
의료 서비스, 건강 복지	14.54
비생필품 소비재	13.10
기술	20.94
통신	2.33
	총계: 100

로테이션 투자 이 장의 앞 부분에서 논의한 바와 같이, 거시경제 동향과 정부의 대책은 다른 산업보다 특정 산업에 더 유리할 수 있다. 투자자들은 S&P 500 수익률이 양(+)이면 모든 섹터의 수익률이 양(+)이어야 한다고 믿을 수 있다. 그러나 전체 지수가 양(+)의 수익률을 갖고 있더라도 S&P 500 내 일부 섹터는 일정 기간 음(–)의 수익률을 보일 가능성이 있다. 물론 그 반대도 사실이다. 이에 따라 적극적인 투자자들은 시간이 지나면서 업종별 투자 여부를 변경할 수 있다. 투자 금액을 한 산업에서 다른 산업으로 옮기는 이런 과정을 투자자들은 종종 로테이션 투자라고 부른다. 왜냐하면 투자자들은 일부 산업에서 다른 산업으로 투자금을 '회전'시키기 때문이다.

표 18.4는 과거 일부 기간 동안의 섹터 수익률을 보여준다. 2015년 11월 6일 현재, 지난 한 주 동안 ('7일 순(%))'이라고 표기된 칼럼), 필수 소비재 섹터(consumer staples)는 약 1.53%의 가치를 상실한 반면, 에너지 섹터는 약 3.55% 상승했다. 예를 들어, 작년 한 해 동안 에너지 섹터(–18.99%)가 필수 소비재 섹터(+3.41%)보다 낮은 성과를 보였다는 점에 유의하라 그렇다면 최근의 이런 움직임이 섹터 로테이션(sector rotation)의 신호라고 할 수 있는가? 확실히 말할 수는 없으나, 충분히 고려할 만한 듯하다.

그림 18.7은 '히트맵(heat map)'이라고 불리며, S&P 500을 주요 섹터로 세분화하고 있다. 각 섹터 내에서 히트맵은 S&P 500의 특정 기업을 식별하며, 각 상자의 크기는 상대적인 시장 가중치를 나타낸다. 각 박스는 특정 회사(따라서 산업)의 주가가 상승 또는 하락하는지 확인할 수 있도록 색깔로 구분된다. 히트맵은 장 중 거

표 18.4

2015년 11월 6일 현재 S&P 500 섹터 수익률

Source: Author calculations

섹터	7일 순(%)	30일 순(%)	90일 순(%)	180일 순(%)	360일 순(%)
에너지	3.55	4.57	3.36	–12.23	–18.99
원자재	0.05	5.21	–1.25	–10.79	–7.37
산업재	0.82	6.07	2.46	–1.08	–1.79
임의(비생필품) 소비재	0.80	6.50	4.03	7.50	19.90
필수(생필품) 소비재	–1.53	2.68	–1.40	1.99	3.41
의료 서비스, 건강 복지	0.27	7.60	–4.59	–0.37	6.24
금융	0.24	5.94	–2.68	0.23	0.80
정보기술	0.63	8.31	5.85	5.35	10.04
통신	–0.53	2.90	–1.56	–5.09	–8.32
전기, 수도, 가스	0.55	0.36	–0.09	0.13	–5.75

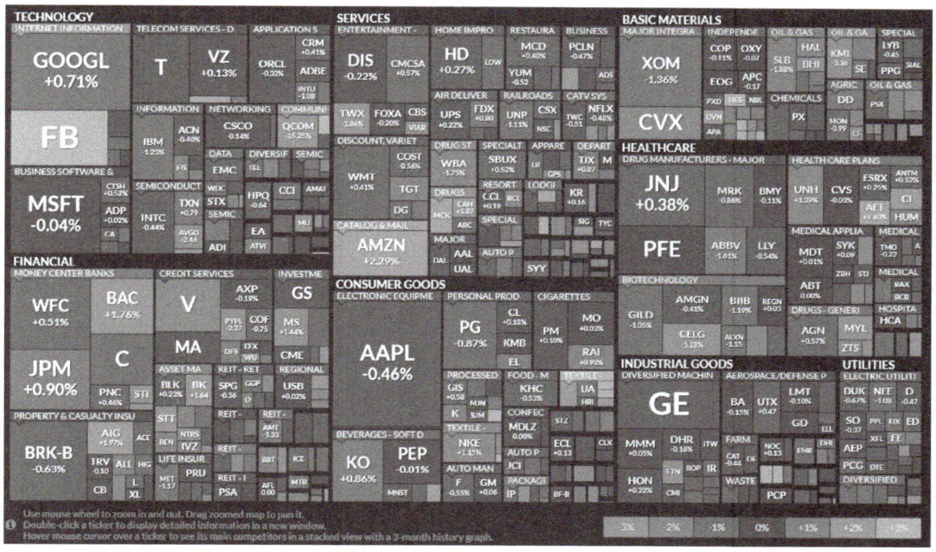

그림 18.7

S&P 500 히트 맵

Source: finviz.com, 2015.

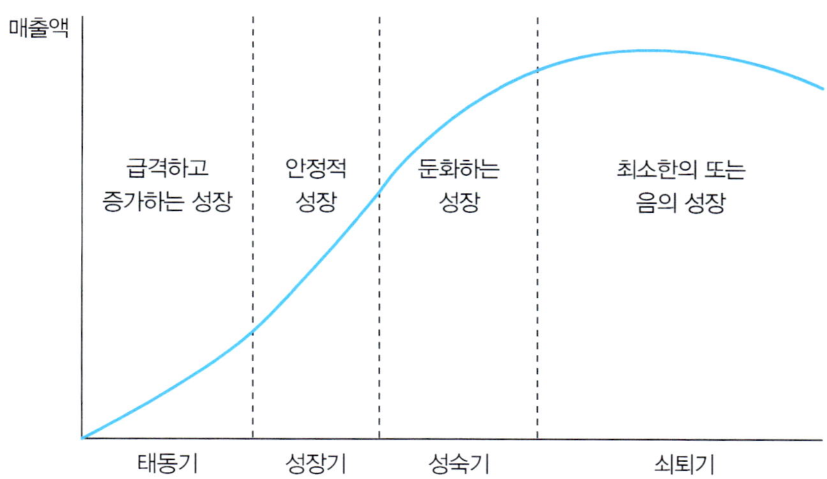

그림 18.8

산업생애주기

래시간 내내 변하지만, 특정 시점에서 시장과 섹터를 시각적으로 보여준다.

투자자들이 섹터를 로테이션하는 데에는 여러 다른 요인들이 있다. 특히 관련된 요인 중 하나가 산업수명주기(industry life cycle)이다. 그림 18.8에서 알 수 있듯이, 산업은 흔히 스타트업(start-up), 통합(consolidation), 성숙(maturity), 쇠퇴(decline)와 같은 한정된 수명 주기를 따른다. 물론 업종마다 다르고 수명 주기상 단계의 길이도 다를 수 있다. 그러나 이러한 틀을 이해함으로써 투자자들은 어느 기업이 더 높은 성장을 할 준비가 되어 있는지 그리고 어느 기업이 더 완만한 미래에 직면할 가능성이 있는지를 확인할 수 있을 것이다.

하위 섹터(산업) 차이점 10개의 S&P 섹터는 기업들 간에 차별성이 명확하지만 섹터 구분에 한계점이 없는 것은 아니다. 예를 들어, 당신은 월트 디즈니 사를 포드 자동차 회사와 비교하는 것이 좋을 것이라고 생각하는가? 대부분의 투자자들은 이 두 기업이 상당히 다르다고 말할 것이다. 디즈니사는 미디어 산업에 있고 포드는 자동차 산업에 속해 있다. 하지만 S&P는 이 두 기업을 임의 소비재(consumer discretionary) 섹터에 넣었다. 이 예는 종종 더 상세한 정보를 얻기 위해 정교한 산업분석이 필요하다는 것을 보여준다.

정보를 수집하는 한 가지 방법은 하위 섹터를 비교하는 것이다. 이러한 하위 섹터는 종종 산업 그룹으로 불린다. 이러한 그룹을 분리하는 한 가지 방법은 글로벌 산업 분류 시스템(global industry classification system, GICS)을 사용하는 것이다. 이 시스템은 10개의 S&P 부문으로 시작하여, 그 후 24개 산업 그룹, 67개 산업그룹, 147개 하위 산업그룹으로 세분화된다. GICS를 통해서 기업들 간에 좀 더 정제된 비교를 할 수 있다.

예를 들어, 아래 예를 통해 포드 사와 디즈니 사의 분류하는 방식을 고려하자.

포드＝25102010

디즈니＝25401030

처음 두 자리(25)는 섹터를 의미하는데, 바로 임의 소비재이다. 다음 두 자리 10과 40은 각각 자동차 및 부품 산업(포드 사) 그리고 미디어 산업(디즈니사)을 의미한다. 나머지 값은 산업 내의 개별기업을 구별한다. 분명히, 이런 더 구체적인 분석을 통해 비교 가능한 회사들의 잠재적으로 더 나은(그렇지만 더 세부적인) 목록을 만들 수 있다.

포터의 경쟁력 5요소

일단 당신이 관심 있는 산업을 선택하고 나면, 몇 가지 추가 분석을 할 것이다. 특히 유용한 접근법 중 하나는 전략 전문가 마이클 포터의 이름을 딴 포터의 경쟁력 5요소(Porter's five forces)를 사용하는 것이다. 그림 18.9는 경쟁력 5요소의 기본 틀을 보여준다.

이 분석의 목표는 산업이 얼마나 경쟁적인지를 추정하고 어떤 회사가 성공에 가장 적합한지를 확인하는 것이다. 아래에서는 5가지 핵심 부분에 초점을 맞춘다.

1. 신규 진입자의 위협 이 부분은 새로운 기업들이 시장에 진출할 수 있는 용

신규 진입자의 위협
- 진입장벽
  - 규모의 경제
  - 제품 차별화
  - 자본 요구 사항
  - 구매자에게 전환 비용
  - 유통 경로에 대한 접근
  - 기타 비용 강점
  - 정부 정책
- 시장점유율의 방어
- 산업성장률

공급자의 협상력
- 공급업체 집중도
- 대체 입력의 가용성
- 구매자에 대한 공급업체의 투입 중요성
- 공급업체 제품 차별화
- 공급업체에 대한 산업의 중요성
- 구매자의 다른 입력으로의 전환 비용
- 공급업체의 전방 통합 위협
- 구매자의 후방 통합 위협

경쟁의 강도
- 경쟁자의 수(집중도)
- 경쟁자의 상대적 크기(균형)
- 산업성장률
- 고정 비용 대 변동 비용
- 제품 차별화
- 대량으로 증가된 용량
- 구매자의 전환비용
- 경쟁자의 다양성
- 출구 장벽
- 전략적 지분

구매자의 협상력
- 판매자에 상대적인 구매자 수
- 제품 차별화
- 다른 제품을 사용하기 위한 전환 비용
- 구매자의 이익률
- 구매자의 복수 공급자 이용
- 구매자의 후방 통합 위협
- 판매자의 전방 통합 위협
- 구매자에게 제품의 중요성
- 구매자의 구매량

대체품의 위협
- 대체품의 상대가격
- 대체품의 상대 품질
- 구매자의 전환 비용

그림 18.9

포터의 경쟁력 5요소

이성을 검토한다. 결과적으로, 이러한 '진입 장벽(barriers to entry)'의 범위는 기업이 시장 점유율을 유지할 수 있는 가능성이 얼마나 높은가에 영향을 미친다. 대표적인 금융분석회사 모닝스타(Morningstar)는 이런 진입장벽을 기업의 '경제적 해자(economic moat)'로 지칭한다.

2. 구매자의 협상력 이 부분은 구매자가 기존의 판매자에서 다른 판매자로 전환하는 것이 얼마나 어려울지를 분석한다. 전환이 쉬울수록 판매자가 더 많은 가격 압력에 직면하게 될 것이다. 이 압력은 회사의 이윤 유지 능력에 영

향을 미칠 것이다.

3. 공급자의 협상력 이 부분은 회사의 공급망을 조사하여 공급업체가 가격을 올릴 수 있는 힘을 가지고 있는지 여부를 추정한다. 다시 말해, 이 협상력은 기업의 이윤을 통제하는 능력에 영향을 미칠 것이다.
4. 대체품의 위협 이 부분은 신규 진입자와 유사하지만 좀 더 높은 단계를 고려한다. 예를 들어, 만약 소고기 가격이 크게 오른다면, 소비자들은 닭고기로 바꿀 수 있다. 그러므로 기업은 자신이 속한 특정 산업을 넘어 경쟁 상품에 대해 관심을 가질 필요가 있다.
5. 경쟁의 강도 위의 요인들을 종합하면 업계 내 경쟁의 강도를 측정하는 데 도움이 된다. 이러한 강도에 대한 이해는 투자자들이 시장 점유율을 유지(또는 확보)할 가능성이 가장 높다고 생각하는 산업(그리고 기업)을 식별하는 데 도움이 된다.

분석가는 관련 산업을 파악한 후, 다음 단계로 이들 산업 내에서 가장 우수한 기업을 선택해야 한다. 관련 재무 지표와 가치평가 접근법을 다루었던 이전 장에서 우리는 이러한 문제들을 많이 논의하였다.

확인 사항

18.5a 동일 섹터의 모든 기업은 비교 가능한가?

18.5b 포터의 경쟁력 5요소 모델은 어떻게 산업분석에 유용한가?

18.6 요약과 결론

이 장에서는 투자자들이 모든 가능한 투자 집합을 좁힐 수 있는 몇 가지 방법을 제시한다. 우리는 잠재적 투자수익률에 영향을 줄 수 있는 많은 경제 조건에 대해 논한다.

1. 하향식 분석의 과정을 이해한다.

A. 미국에만 수천 개의 개별 주식들이 있다. 선택 목록을 좁히는 한 가지 방법은 하향식 분석이다.

B. 선택을 좁혀가는 필터로 종종 거시경제와 산업 활동의 척도에 초점을 맞춘다.

2. 경제활동의 수준을 세계적으로, 그리고 국내적으로 측정할 수 있는 능력을 갖출 수 있다.

A. 특히 미국이 전 세계 시장 가치의 약 35%만을 대표하기 때문에, 경제적 세계화(Economic globalization)는 투자 과정에 상당한 영향을 끼쳤다.

B. 국내총생산(GDP)은 한 경제 내에서 경제활동 전체 수준을 측정한다. GDP의 성장은 경제 내의 자산 가치와 매우 관련이 있다.

C. GDP의 변화는 종종 경기 주기에 의해 주도되는데, 경제학자들은 경기 주기를 선행 경기 지표를 이용하여 예측하려고 한다. 고용과 물가 수준(또는 인플레이션)과 같은 다른 경기 지표들도 중요하다.

D. 자산 가치 외에도, 환율 변동은 투자자에 대한 순 수익률에도 영향을 미친다.

3. 통화정책과 재정정책의 경제활동과의 관계를 이해한다.

A. 통화 정책은 미국 연방준비제도이사회에 의해 통제된다. 연준은 이용 가능한 돈의 양을 증가시키거나 감소시키기 위해 공개 시장 조작과 이자율의 변화를 이용한다.

B. 자금 공급 증가는 '경제 엔진'을 위한 '휘발유'와 같다.

C. 세금과 정부 지출에 대한 정부의 정책을 재정정책이라고 한다.

4. 경기 주기에 대한 산업 민감도를 파악할 수 있어야 한다.

A. 기업을 분류하는 데 사용되는 기본 섹터는 10개다. 이들 섹터는 비록 상관관계가 있지만 여러 번 호평을 받고 있다. 섹터별로 투자자금을 재분배하는 과정을 로테이션 투자라고 한다.

B. 섹터 내의 모든 회사가 항상 비슷한 것은 아니다. 그러므로 투자자들은 종종 더 나은 비교를 제공하기 위해 하위 섹터들로 내려가야 한다.

C. 산업의 강점을 평가하기 위해 사용되는 한 가지 방법은 포터의 경쟁력 5요소이다: 신규 진입자의 위협, 구매자의 협상력, 공급자의 협상력, 대체품의 위협, 경쟁의 강도

주요 용어

국내총생산(gross domestic product, GDP) 782
명목 GDP(nominal GDP) 782
실질 GDP(real GDP) 782
순환 섹터(cyclical sectors) 785
방어 섹터(defensive sectors) 785
선행 경기지표(leading economic indicator) 785
후행 경기지표(lagging economic indicator) 786
동행 경기지표(coincident economic indicator) 786
노동인구(labor force) 789
실업률(unemployment rate) 789
노동인구 참여율(labor force participation rate) 789
소비자물가지수(Consumer Price Index, CPI) 790
근원 소비자물가지수(Cpre CPI) 790
할인율 창구(discount window) 793
연방기금금리(federal fund rate) 794
공개시장조작(open market operations) 794
재정정책(fiscal policy) 795

단원 후 문제와 자습 문제

1. 환율(LO2, CFA6) 당신은 환율이 $1.42/€일 때 독일에 5만 달러를 투자하고자 한다. 당신의 투자 가치가 15% 증가하고, 그 후에 당신은 유로를 $1.48/€의 비율로 달러로 환전할 것이다. 이 투자의 총수익은 얼마인가?

2. 실질 vs. 명목(LO2, CFA3) 2016년 물가상승률을 2.4%로 가정해 보자. 명목 국내총생산(GDP)이 3.5%, 명목임금이 2.8% 성장했다면 GDP와 임금의 실질성장률은 대략 얼마인가?

자습 문제 해답

1. 단계 1: $50,000/$1.42/€=€35,211.27
   단계 2: €35,211.27×1.15=€40,492.96
   단계 3: €40,492.96×$1.48/€=$59,929.58
   단계 4: ($59,929.58 − $50,000)/$50,000=19.86%

2. 실질 GDP 성장률 ≈ 3.5% − 2.4%=1.1%
   실질 임금성장률 ≈ 2.8% − 2.4%=0.4%

투자 지식 학습

1. 통화승수(money multiplier)(LO3, CFA5) 연준이 은행 시스템에 100억 달러를 투입하고 지급준비율 요건이 20%라면 최대 통화량 증가는?
   a. 2000억 달러 b. 500억 달러
   c. 100억 달러 d. 20억 달러

2. 실질 GDP(LO2, CFA3) 명목 GDP가 5%, 물가상승률이 3%라면 실질 GDP의 가장 근접한 근사치는 다음과 같다.
   a. 15% b. 8%
   c. 5% d. 2%

3. 인플레이션(LO2, CFA3) CPI가 123.4에서 125.3으로 증가하면 물가상승률이 가장 근접한 것으로 나타났다.
   a. −1.5% b. 0.0%
   c. 1.5% d. 3.0%

4. 산업분석(LO4, CFA7) 다음 중 가장 방어적인 산업으로 간주되는 산업은?
   a. 임의 소비재 b. 산업재
   c. 기술 d. 필수 소비재

5. 선행경기지표(LO2, CFA4) 다음 중 선행 경기 지표로 간주되지 않는 것은?
   a. 주가, 보통주 500주 b. 통화공급(M2) 증가율
   c. 평균 실업 기간 d. 소비자 기대지수

6. 경기 주기(LO2, CFA4) 다음 중 경기 주기의 4단계 중 하나가 아닌 것은?
   a. 봉우리 b. 후퇴
   c. 골짜기 d. 절벽

7. 환율(LO2, CFA6) 당신이 멕시코에서 자산을 사려고 하는 미국 투자자라고 가정해보자. 1만 달러를 가지고 있고 현재 환율이 11.87페소/달러라면 얼마나 많은 페소를 투자할 수 하는가?
   a. 842 b. 11,245
   c. 78,926 d. 118,700

8. 실질 vs. 명목(LO2, CFA1) 평균임금이 시간당 $15.23에서 시간당 $15.65로 오르고 이 기간 물가상승률이 4.2%라면 실제 임금 상승률은 대략 어느 정도일까.
   a. 2.8% b. 1.4%
   c. −1.4% d. −2.8%

9. 통화정책(LO3, CFA5) 다음은 연방준비제도이사회(FRB)가 화폐공급을 변경하는 방법들이다.

a. 할인율
b. 공개시장조작
c. 프라임 레이트
d. 위의 모든 것은 연방준비제도이사회가 사용한다

10. 산업분석(LO4, CFA7) 다음 중 포터의 경쟁력 5요소 중 하나가 아닌 것은?

a. 구매자의 협상력
b. 대체품의 위협
c. 신규 진입자의 위협
d. 위의 모든 것은 포터의 경쟁력 5요소의 일부분이다

개념 문제

1. 통화정책(LO3, CFA5) 경제가 불황이라면 연준은 어떤 통화정책을 쓸 것인가?

2. 환율(LO2, CFA6) 만약 당신이 호주달러가 절상될 것이라고 믿는 미국 투자자라면, 그렇게 되면 당신은 호주 주식에 투자할 가능성이 더 높아지거나 낮아질 것인가?

3. 산업분석(LO1, CFA7) 하향식 분석의 과정을 간략하게 설명하라.

4. 산업분석(LO4, CFA7) 산업과 의료 중 어느 부문이 경기 주기에 더 민감할 것인가?

5. 선행경기지표(LO2, CFA4) 소비심리가 선행경기지표로 여겨지는 이유는 무엇인가?

6. 인플레이션(LO2, CFA3) 앞으로 몇 년 동안 인플레이션이 증가할 것이라고 믿었다면, 단기 부채 또는 장기 부채 중 어느 것에 투자하겠는가?

7. 산업분석(LO4, CFA7) 많은 의료 회사들은 이익을 유지하기 위해 특허에 의존한다. 포터의 경쟁력 5요소라는 맥락에서, 특허 만료는 의료 회사에 어떤 영향을 미칠까?

8. 재정정책(LO3, CFA5) 다음 중 재정 정책에 대한 공급측 관점과 일치하는 주장은?

a. 한계 세율이 높아지면 재정적자 규모를 줄이는 데 도움이 될 것이다.
b. 세금 감면은 가처분소득을 증가시키고 경제 성장을 촉진할 것이다.

9. 실질 vs. 명목(LO2, CFA3) 물가상승이 실질 GDP와 임금의 낮은 가치와 연관되는 이유는 무엇인가?

10. 재정정책(LO3, CFA5) 높은 수준의 국가채무가 경제성장에 해로울 수 있는 이유를 간략하게 설명하라.

질문과 문제

1. 통화 승수 (LO3, CFA5) 연방준비제도이사회(FRB)가 금융시스템에 20억 달러를 투입한다고 가정하자. 지급준비율 요건이 18%라면 최대 통화량 증가는? 왜 최대 증가를 달성하지 못할 수 있는가?

2. 통화 승수(LO3, CFA5) 연방준비제도이사회(FRB)가 600억 달러를 금융시스템에 투입한다고 가정하자. 자금 공급이 최대 3,000억 달러 늘어난다면 지급준비율 요건은 얼마인가?

3. 인플레이션(LO2, CFA3) CPI가 해당 기간 동안 123.9에서 125.6으로 증가한다고 가정하자. 이 기간 동안의 이 CPI 변화로 인한 인플레이션율은 얼마인가? 이 값은 무엇을 가리키는가?

4. 인플레이션(LO2, CFA3) 올해의 CPI는 154.65로 보고되었다. 만약 물가상승률이 2.2%라면, 작년에 CPI는 무엇이었을까?

5. 실질 vs. 명목(LO2, CFA3) 임금이 3.2% 올랐지만 물가상승률이 2.8%라면 실제 임금 상승률은 대략 어느 정도였을까?

6. 실질 vs. 명목(LO2, CFA1) 명목 국내총생산(GDP)이 1,249억 달러, 실질 GDP가 1,228억 달러로 보고됐다면 이 기간 물가상승률은 얼마나 됐을까?

7. 실질 vs. 명목(LO2, CFA1) 명목 국내총생산(GDP)이 1조4,256억8,000만 달러, 물가상승률이 4.3%라면 이 기간 실질 국내총생산(GDP) 수준은 어느 정도일까?

8. 실업(LO2, CFA3) 미국에는 3억 명의 사람들이 있고, 그 중 1억 5천 5백만 명이 노동력을 구성하고 있다고 가정하자. 1,000만 명이 실업자라면 실업률은 얼마나 될까?

9. 인플레이션(LO2, CFA3) 한 분석가가 경제를 위해 다음과 같은 연말 가격 수준 데이터를 수집했다.

2010	174.0
2014	190.3
2015	196.8

2015년 경제 연간 물가상승률은? 2010–2015년의 평균 복리 물가상승률은 얼마인가?

10. GDP 성장률(LO2, CFA3) 최근 3년간 GDP 및 CPI에 대한 다음 정보를 고려하십시오.

	GDP($billions)	CPI
2013	125.4	105.3
2014	136.1	106.1
2015	138.2	106.4

2014년과 2015년의 명목 GDP 성장률을 계산하라.

11. 실질 vs. 명목(LO2, CFA3) 문제 10의 정보를 사용하여 2014년과 2015년의 GDP 성장률 및 인플레이션을 계산하라.

12. 환율(LO2, CFA6) 미국 달러를 인도 루피로 환산하고 싶다고 가정하자. 만약 당신이 150만 달러를 가지고 있고 환율이 루피당 0.0245달러라면, 당신은 이 환율에서 얼마의 루피를 받을 것인가?

13. 환율(LO2, CFA6) 일본에 12만 5천 달러를 투자하려는 미국 투자자라고 가정하자. 당신은 84.28￥/$의 최초 환율로 그렇게 한다. 당신의 일본 투자가 7% 상승하고, 최종 환율은 82.56￥/$이다. 이 투자에 대한 당신의 총수익은 얼마인가?

14. 환율(LO2, CFA6) 문제 13에서, 최종 환율이 88.65 ￥/$라면 총 수익은 얼마가 될 것인가? 당신의 답은 당신에게 통화변동의 중요성에 대해 무엇을 말해 주는가?

15. 환율(LO2, CFA6) 당신은 멕시코에 78만 5천 달러를 투자하려는 미국의 투자가라고 생각하자. 너의 멕시코 투자는 10% 증가한다. 만약 환율이 이 기간 동안 달러당 12.2페소에서 달러당 12.5페소로 변한다면 이 투자에 대한 총수익은 얼마인가?

CFA 관련 문제

[CFA6, CFA7]

Mary Smith, a Level II CFA candidate, was recently hired for an analyst position at The Bank of Ireland. Her first assignment was to examine the competitive strategies employed by various French wineries. Ms. Smith is eager to impress her boss, Mr. R.D. Van Eaton, and has taken care to make sure she is following the CFA Institute Standards of Practice when writing her research report. Ms. Smith's report identifies four wineries that are the major players in the French wine industry. Key characteristics of each are cited in Figure 1.

In the body of Ms. Smith's report, she includes a discussion of the competitive structure of the French wine industry. She notes that over the past five years, the French wine industry has not responded to changing consumer tastes. Profit margins have declined steadily, and the number of firms representing the industry has decreased from ten to four. It appears that participants in the French wine industry must consolidate in order to survive.

Ms. Smith's report notes that French consumers have strong bargaining power over the industry. She supports this conclusion with five key points.

Bargaining Power of Buyers

1. With meals and at social occasions, many consumers are drinking more beer than wine.
2. Increasing sales over the Internet have allowed consumers to research wines, read opinions from other customers, and identify which producers have the best prices.
3. The French wine industry is consolidating and consists of only four wineries today, compared to 10 wineries five years ago.
4. Over 65 percent of the business for the French wine industry consists of restaurant purchases. Restaurants typically make bulk purchases, buying four to five cases of wine at a time.
5. Land in France where the soil is fertile enough to grow grapes necessary for wine production is becoming harder to find.

After completing the first draft of her report, Ms. Smith takes it to Mr. Van Eaton to review. Mr. Van Eaton tells her that he is a wine connoisseur himself and often makes purchases from the South Winery. Ms. Smith tells Mr. Van Eaton, "In my report, I have classified the South Winery as a stuck-in-the-middle firm. It tries to be a cost leader by selling its wine at a price that is slightly below the other firms, but it also tries to differentiate itself from its competitors by producing wine in bottles with curved necks, which increases its cost structure. The end result is that the South Winery's profit margin gets squeezed from both sides." Mr. Van Eaton replies, "I have met members of the management team from the South Winery at a couple of the wine conventions. I believe that the South Winery could succeed at both being a cost leader and having a differentiation strategy if the winery separated its operations into distinct operating units, with each unit pursuing a different competitive strategy."

Ms. Smith makes a note to do more research on generic competitive strategies to verify Mr. Van Eaton's assertions before publishing the final draft of her report.

	South Winery	North Winery	East Winery	West Winery
Founded	1750	1903	1812	1947
Generic competitive strategy	?	Cost	Cost	Cost
Major customer market	France	France	England	USA
Production site	France	France	France	France

FIGURE 1

Characteristics of Four Major French Wineries

1. If the French home currency were to greatly appreciate in value compared to the English currency, what is the likely impact on the East Winery?

   a. Make the firm less competitive in the English market.

   b. No impact since the major market for East Winery is England, not France.

   c. Make the firm more competitive in the English market.

2. Ms. Smith would likely categorize the French wine industry into which of the following life cycle phases?

   a. Decline phase

   b. Pioneer phase

   c. Mature phase

3. Mr. Van Eaton tells Ms. Smith that he likes the fact that the conclusions in her report are backed up with facts, but he tells her that he is concerned about the section concerning the bargaining power of buyers. He says that while all of the points she listed may be factual, they do not all support her conclusion. Which of Ms. Smith's points support the conclusion that consumers have strong bargaining power over the industry?

   a. Points 2, 3, and 4.

   b. Points 2 and 4.

   c. Points 1, 2, and 4.

4. Regarding Ms. Smith's and Mr. Van Eaton's statements made about the competitive strategy of the South Winery:

   a. Both are incorrect.

   b. Both are correct.

   c. Only one is correct.

APPENDIX A

Answers to Test Your Investment Quotient Questions

CHAPTER 01

1-1 b
1-2 b
1-3 c
1-4 b
1-5 b
1-6 c
1-7 d
1-8 a
1-9 a
1-10 d
1-11 d
1-12 d
1-13 d
1-14 a
1-15 b

CHAPTER 02

2-1 a
2-2 c
2-3 c
2-4 c
2-5 b
2-6 b
2-7 b
2-8 a
2-9 c
2-10 b
2-11 a
2-12 a
2-13 c
2-14 c
2-15 d

CHAPTER 03

3-1 d
3-2 a
3-3 c
3-4 a
3-5 c
3-6 b
3-7 c
3-8 c
3-9 c
3-10 c

CHAPTER 04

4-1 c
4-2 b
4-3 d
4-4 d
4-5 d
4-6 d
4-7 b
4-8 a
4-9 a
4-10 a
4-11 b
4-12 d
4-13 a
4-14 a
4-15 d

CHAPTER 05

5-1 b
5-2 a
5-3 b
5-4 c
5-5 a
5-6 b
5-7 c
5-8 a
5-9 a
5-10 b
5-11 c
5-12 b
5-13 a
5-14 c
5-15 c

CHAPTER 06

6-1 c
6-2 a
6-3 a
6-4 b
6-5 b
6-6 c
6-7 d
6-8 c
6-9 c
6-10 a
6-11 a
6-12 d
6-13 d
6-14 c
6-15 c
6-16 c
6-17 c
6-18 a
6-19 a
6-20 b

CHAPTER 07

7-1 d
7-2 c
7-3 d
7-4 d
7-5 c
7-6 a
7-7 a
7-8 d
7-9 c
7-10 d
7-11 c
7-12 d
7-13 b
7-14 d
7-15 d

CHAPTER 08

8-1 d
8-2 c
8-3 d
8-4 b
8-5 a
8-6 b
8-7 c
8-8 b
8-9 a
8-10 d
8-11 c
8-12 b
8-13 c
8-14 b
8-15 d

CHAPTER 09

9-1 b
9-2 a
9-3 a
9-4 d
9-5 d
9-6 b
9-7 a
9-8 c
9-9 c
9-10 b
9-11 a
9-12 a
9-13 d
9-14 a
9-15 b
9-16 a
9-17 b
9-18 c
9-19 d
9-20 d

CHAPTER 10

10-1 b
10-2 c
10-3 d
10-4 a
10-5 a
10-6 b
10-7 a

10-8 a
10-9 b
10-10 c
10-11 a
10-12 a
10-13 c
10-14 c
10-15 c
10-16 a
10-17 a
10-18 b
10-19 a
10-20 d
10-21 b
10-22 a
10-23 c
10-24 c
10-25 c

CHAPTER 11

11-1 d
11-2 c
11-3 c
11-4 b
11-5 c
11-6 a
11-7 a
11-8 b
11-9 b
11-10 a
11-11 d
11-12 b
11-13 d
11-14 c
11-15 a

CHAPTER 12

12-1 d
12-2 a
12-3 a
12-4 d
12-5 b
12-6 b
12-7 b
12-8 c
12-9 d
12-10 d
12-11 d
12-12 a
12-13 b
12-14 a
12-15 b

CHAPTER 13

13-1 b
13-2 a
13-3 b
13-4 c
13-5 a
13-6 b
13-7 b
13-8 d
13-9 c
13-10 c
13-11 d
13-12 a
13-13 d
13-14 b
13-15 c

CHAPTER 14

14-1 a
14-2 d
14-3 a
14-4 d
14-5 d
14-6 c
14-7 d
14-8 a
14-9 d
14-10 b
14-11 b
14-12 d
14-13 c
14-14 a
14-15 d

CHAPTER 15

15-1 a
15-2 c
15-3 c
15-4 b
15-5 d
15-6 a
15-7 a
15-8 c
15-9 a
15-10 b
15-11 a
15-12 b
15-13 d
15-14 a
15-15 d

CHAPTER 16

16-1 a
16-2 d
16-3 c
16-4 a
16-5 a
16-6 b
16-7 a
16-8 c
16-9 a
16-10 b
16-11 b
16-12 d
16-13 a
16-14 c
16-15 d

CHAPTER 17

17-1 b
17-2 b
17-3 d
17-4 c
17-5 a
17-6 a
17-7 b
17-8 d
17-9 c
17-10 a
17-11 b
17-12 c
17-13 c
17-14 b
17-15 c
17-16 b
17-17 a
17-18 b
17-19 c
17-20 d

CHAPTER 18

19-1 b
19-2 d
19-3 c
19-4 d
19-5 c
19-6 d
19-7 d
19-8 c
19-9 c
19-10 d

APPENDIX

B

Answers to Selected Questions and Problems

CHAPTER 01

1-1 $428
1-5 Cherry average return = 8.60%
Straw average return = 10.20%
1-9 Arithmetic average = 8.17%
Geometric average = 7.30%
1-15 12.26%
1-17 Small company stocks = 11.86%
Large company stocks = 9.91%
Long-term government bonds = 5.47%
Treasury bills = 3.52%
Inflation = 2.91%

CHAPTER 02

2-1 3,039.22 shares
2-5 $40,000
2-9 Margin call price = $41.33
Account equity = $14,470
2-13 $45.71
2-17 $2,057.66
2-21 20.47%
2-25 Effective annual return = 15.19%

CHAPTER 03

3-1 Closing price = $57.43
Round lots = 186,491
3-5 Next payment = $108,000
Payment at maturity = $3,108,000
3-9 Current yield = 7.347%
3-13 −$7,593.75
3-20 104.08%

CHAPTER 04

4-1 $20.73
4-5 $52.29
4-9 $21.81; −11.74%
4-13 −1.27% (−1.25% with initial NAV rounded)
4-17 8.19%; 5.59%
4-21 $42,780

CHAPTER 05

5-1 2.03106
5-5 10.26%
5-9 3.57764
5-13 0.13266118

CHAPTER 06

6-1 $34.93
6-4 12.1%
6-9 $1.98; $2.13
6-13 $30.24
6-17 $5.95
6-22 $35.03
6-25 21.01 times
6-29 $62.41

CHAPTER 07

None

CHAPTER 08

8-2 0.967, 0.760, 1.343, 0.730, 1.029
8-6 0.5207, 0.5620, 0.6116, 0.5868, 0.6446
8-15 1.1490, 1.1234, 1.1069, 1.0965

CHAPTER 09

9-1 $70.68
9-5 6.8%
9-9 $993,217.78
9-13 BEY = 3.113%
Discount yield = 3.047%
9-17 5-year STRIP = 89.817%
$f_{1,5}$ = 2.171%
2-year STRIP = 95.603%
$f_{2,3}$ = 2.273%
9-21 $f_{1,1}$ = 5.50%
$f_{1,2}$ = 6.26%
$f_{1,3}$ = 7.11%

CHAPTER 10

10-1 $848.55
10-5 7.23%
10-9 1.82%
10-13 6.81%
10-19 9.20 years
10-26 0.487
10-29 Macaulay duration = 10.498
Modified duration = 10.143

CHAPTER 11

11-1 10.25%
11-5 Roll = 18.62%
Ross = 6.37%
11-9 *a.* 2.73%
b. 0.02800; 16.73%
11-17 Standard deviation = 23.71%
Expected return = 14.10%
11-20 Standard deviation = 32.34%
Expected return = 13.30%

CHAPTER 12

12-1 1.29
12-5 1.175
12-9 $38.86
12-13 1.0%
12-17 1.53

CHAPTER 13

13-1 22.05%
13-4 0.0543
13-9 −13.82%
13-16 −11.64%
13-19 Sharpe = 0.2034
Treynor = 0.0350

CHAPTER 14

14-1 *a.* $45,506.25
b. $575,610
c. −$21,125
d. $1,620
14-5 $22,987,219,500
14-9 $49.87
14-13 Day 1: $120,195
Day 2: $102,555
Day 3: $111,375
Day 4: $111,375
Profit = −$38,430
14-17 277.59
14-21 5,120.75

CHAPTER 15

15-1 $800
15-5 $28,500; $8,000
15-9 $80.70
15-13 $12.16
15-16 $400

CHAPTER 16

16-1 $11.11
16-5 $5.62
16-9 Write 2,550 contracts
16-13 $1.54
16-17 $4.76
16-20 $6.10

CHAPTER 17

17-1 $46,720
17-5 P/B = 5.51 times
P/E = 16.35 times
P/CF = 12.57 times
17-9 $424,000
17-13 ROA = 13.15%
ROE = 30.99%
17-17 Maximum sales growth = 33.33%

CHAPTER 18

19-1 $11.11 billion
19-5 0.40%
19-8 6.45%
19-13 9.23%

APPENDIX C

Key Equations

CHAPTER 01

1. Dividend yield = D_{t+1}/P_t (1.1)
2. Capital gains yield = $(P_{t+1} - P_t)/P_t$ (1.2)
3. Percentage return = $(D_{t+1} + P_{t+1} - P_t)/P_t$ (1.3)
4. $1 + EAR = (1 + \text{Holding period percentage return})^m$ (1.4)
5. $\text{Var}(R) = \frac{1}{N-1}[(R_1 - \bar{R})^2 + \cdots + (R_N - \bar{R})^2]$
6. Geometric average return $= [(1 + R_1) \times (1 + R_2) \times \cdots \times (1 + R_N)]^{1/N} - 1$ (1.5)
7. Blume's formula:

$$R(T) = \left(\frac{T-1}{N-1} \times \text{Geometric average}\right) + \left(\frac{N-T}{N-1} \times \text{Arithmetic average}\right)$$

CHAPTER 02

1. $\text{Margin} = \frac{\text{Account equity}}{\text{Value of stock}}$

   Buying on margin:
2. Maintenance margin

   $= \frac{(\text{Number of shares} \times P^*) - \text{Amount borrowed}}{\text{Number of shares} \times P^*}$

   In equation 2 (above):
3. $P^* = \frac{\text{Amount borrowed/Number of shares}}{1 - \text{Maintenance margin}}$ (2.1)

   Short selling:
4. Maintenance margin

   $= \frac{\text{Initial margin deposit} + \text{Short proceeds} - \text{Number of shares} \times P^*}{\text{Number of shares} \times P^*}$

   In equation 4 (above):
5. $P^* = \frac{(\text{Initial margin deposit} + \text{Short proceeds})/\text{Number of shares}}{1 + \text{Maintenance margin}}$

CHAPTER 03

1. $EAR = [1 + (APR/m)]^m - 1$

CHAPTER 04

1. $\text{Net asset value} = \frac{\text{Asset value}}{\text{Number of shares outstanding}}$

CHAPTER 05

1. $\text{Price-weighted index level} = \frac{\text{Sum of stock prices}}{\text{Divisor}}$

CHAPTER 06

1. $P_0 = \frac{D_1}{1+k} + \frac{D_2}{(1+k)^2} + \frac{D_3}{(1+k)^3} + \ldots + \frac{D_T}{(1+k)^T}$ (6.1)
2. $P_0 = \frac{D_0(1+g)}{k-g} \quad (g < k)$ (6.2)
3. $P_0 = \frac{D_1}{k-g} \quad (g < k)$ (6.3)
4. $g = \left[\frac{D_N}{D_0}\right]^{1/N} - 1$ (6.7)
5. Payout ratio = D/EPS
6. Sustainable growth rate = ROE × Retention ratio

   = ROE × (1 − Payout ratio) (6.8)
7. Return on equity (ROE) = Net income/Equity (6.9)
8. $\text{ROE} = \frac{\text{Net income}}{\text{Sales}} \times \frac{\text{Sales}}{\text{Assets}} \times \frac{\text{Assets}}{\text{Equity}}$ (6.10)
9. The two-stage dividend growth model:

$$P_0 = \frac{D_0(1+g_1)}{k-g_1} \times \left[1 - \left(\frac{1+g_1}{1+k}\right)^T\right] + \left(\frac{1+g_1}{1+k}\right)^T \times \frac{D_0(1+g_2)}{k-g_2} \quad (6.11)$$

10. Discount rate = U.S. T-bill rate + (Stock beta × Stock market risk premium) (6.12)

    In this equation:

    U.S. T-bill rate = Return on 90-day U.S. T-bills

    Stock beta = Risk relative to an average stock

    Stock market risk premium = Risk premium for an average stock
11. $P_0 = B_0 + \frac{EPS_0(1+g) - B_0 \times k}{k-g}$ (6.14)
12. $P_0 = \frac{EPS_1 - B_0 \times g}{k-g}$ (6.15)
13. $D_1 = EPS_1 + B_0 - B_1 = EPS_1 + B_0 - B_0(1+g)$

    $= EPS_1 - B_0 \times g$ (6.16)
14. FCF = EBIT × (1 − Tax rate) + Depreciation − Capital spending − Change in net working capital (6.17)
15. $V_{Equity} = V_{Firm} - V_{Debt}$ (6.18)
16. $\beta_{\text{Equity}} = \beta_{\text{Asset}} \times \left[1 + \frac{\text{Debt}}{\text{Equity}}(1-t)\right]$ (6.19)
17. $V_{\text{Firm}} = \frac{FCF_1}{k-g} = \frac{FCF_0(1+g)}{k-g}$ (6.20)
18. Expected price = Historical P/E ratio × Projected EPS

    = Historical P/E ratio × Current EPS × (1 + Projected EPS growth rate)

19. Expected price = Historical P/CF ratio × Projected CFPS
= Historical P/CF ratio × Current CFPS × (1 + Projected CFPS growth rate)

20. Expected price = Historical P/S ratio × Projected SPS
= Historical P/S ratio × Current SPS × (1 + Projected SPS growth rate)

CHAPTER 07

1. Abnormal return = Observed return − Expected return (7.1)

CHAPTER 08

1. Market sentiment index (MSI)

$$= \frac{\text{Number of bearish investors}}{\text{Number of bullish investors} + \text{Number of bearish investors}}$$

2. $$\text{Arms} = \frac{\text{Declining volume/Declining issues}}{\text{Advancing volume/Advancing issues}} \quad (8.1)$$

CHAPTER 09

1. $\text{Future value} = \text{Present value} \times (1 + r)^N$ (9.1)
2. $\text{Present value} = \dfrac{\text{Future value}}{(1 + r)^N}$ (9.2)
3. $\text{Present value} = \text{Future value} \times (1 + r)^{-N}$ (9.3)
4. Current price

$$= \text{Face value} \times \left(1 - \frac{\text{Days to maturity}}{360} \times \text{Discount yield}\right) \quad (9.4)$$

5. Bond equivalent yield

$$= \frac{365 \times \text{Discount yield}}{360 - \text{Days to maturity} \times \text{Discount yield}} \quad (9.5)$$

6. Bill price

$$= \frac{\text{Face value}}{1 + \text{Bond equivalent yield} \times \text{Days to maturity}/365} \quad (9.6)$$

7. $$1 + EAR = \left(1 + \frac{APR}{m}\right)^m \quad (9.7)$$
8. $$\text{STRIPS price} = \frac{\text{Face value}}{(1 + YTM/2)^{2M}} \quad (9.8)$$
9. $$YTM = 2 \times \left[\left(\frac{\text{Face value}}{\text{STRIPS price}}\right)^{\frac{1}{2M}} - 1\right] \quad (9.9)$$
10. Real interest rate = Nominal interest rate − Inflation rate (9.10)
11. $$f_{1,1} = \frac{(1 + r_2)^2}{1 + r_1} - 1$$
12. NI = RI + IP + RP (9.11)
13. NI = RI + IP + RP + LP + DP (9.12)

In this equation:
NI = Nominal interest rate
RI = Real interest rate
IP = Inflation premium
RP = Interest rate risk premium
LP = Liquidity premium
DP = Default premium

CHAPTER 10

1. $$\text{Coupon rate} = \frac{\text{Annual coupon}}{\text{Par value}} \quad (10.1)$$
2. $$\text{Current yield} = \frac{\text{Annual coupon}}{\text{Bond price}} \quad (10.2)$$
3. Bond price

$$= \frac{C}{YTM}\left[1 - \frac{1}{(1 + YTM/2)^{2M}}\right] + \frac{FV}{(1 + YTM/2)^{2M}} \quad (10.3)$$

In this formula:
C = Annual coupon, the sum of two semiannual coupons
FV = Face value
M = Maturity in years
YTM = Yield to maturity

4. Premium bonds:
Coupon rate > Current yield > Yield to maturity
5. Discount bonds:
Coupon rate < Current yield < Yield to maturity
6. Par value bonds:
Coupon rate = Current yield = Yield to maturity
7. Callable bond price

$$= \frac{C}{YTC}\left[1 - \frac{1}{(1 + YTC/2)^{2T}}\right] + \frac{CP}{(1 + YTC/2)^{2T}} \quad (10.4)$$

In this formula:
C = Constant annual coupon
CP = Call price of the bond
T = Time in years until earliest possible call date
YTC = Yield to call assuming semiannual coupons

8. Percentage change in bond price ≈

$$-\text{Duration} \times \frac{\text{Change in } YTM}{(1 + YTM/2)} \quad (10.5)$$

9. $$\text{Modified duration} = \frac{\text{Macaulay duration}}{(1 + YTM/2)} \quad (10.6)$$
10. Percentage change in bond price ≈

$$= -\text{Modified duration} \times \text{Change in } YTM \quad (10.7)$$

11. Par value bond duration

$$= \frac{(1 + YTM/2)}{YTM}\left[1 - \frac{1}{(1 + YTM/2)^{2M}}\right] \quad (10.8)$$

In this formula:
M = Bond maturity in years
YTM = Yield to maturity assuming semiannual coupons

12. Duration

$$= \frac{1 + YTM/2}{YTM} - \frac{(1 + YTM/2) + M(CPR - YTM)}{YTM + CPR[(1 + YTM/2)^{2M} - 1]} \quad (10.9)$$

In this formula:
CPR = Constant annual coupon rate
M = Bond maturity in years
YTM = Yield to maturity assuming semiannual coupons

13. Dollar value of an 01 ≈ Modified duration × Bond price × 0.0001 (10.10)
14. $$\text{Yield value of a 32nd} \approx \frac{1}{32 \times \text{Dollar value of an 01}} \quad (10.11)$$
15. $$P = \frac{C}{YTM}\left[1 - \frac{1}{(1 + YTM/2)^{2M}}\right] + \frac{\text{Face value}}{(1 + YTM/2)^{2M}}$$

$$P(1 + YTM/2)^{2M} = \frac{C}{YTM}[(1 + YTM/2)^{2M} - 1] + \text{Face value} \quad (10.12)$$

16. $$\text{Future value} = \$100{,}000{,}000 = P(1 + YTM/2)^{2M} \quad (10.13)$$

CHAPTER 11

1. Risk premium = Expected return − Risk-free rate (11.1)
   Risk premium = $E(R_J) - R_f$
2. Portfolio return for N-asset portfolio:
   $E(R_P) = x_1 \times E(R_1) + x_2 \times E(R_2) + \ldots + x_n \times E(R_n)$ (11.2)
3. Portfolio variance for two-asset portfolio:
   $\sigma_P^2 = x_A^2\sigma_A^2 + x_B^2\sigma_B^2 + 2x_A x_B \sigma_A \sigma_B \text{Corr}(R_A, R_B)$ (11.3)
4. Portfolio variance for three-asset portfolio:
   $\sigma_P^2 = x_A^2\sigma_A^2 + x_B^2\sigma_B^2 + x_C^2\sigma_C^2 + 2x_A x_B \sigma_A \sigma_B \text{Corr}(R_A, R_B) + 2x_A x_C \sigma_A \sigma_C \text{Corr}(R_A, R_C) + 2x_B x_C \sigma_B \sigma_C \text{Corr}(R_B, R_C)$ (11.4)
5. The weight in Asset A in the minimum variance portfolio:
   $$x_A^* = \frac{\sigma_B^2 - \sigma_A \sigma_B \text{Corr}(R_A, R_B)}{\sigma_A^2 + \sigma_B^2 - 2\sigma_A \sigma_B \text{Corr}(R_A, R_B)} \quad (11.5)$$
6. Portfolio return for three-asset portfolio:
   $R_P = x_F R_F + x_S R_S + x_B R_B$ (11.6)
7. Portfolio variance for three-asset portfolio when all correlations are zero:
   $\sigma_P^2 = x_F^2\sigma_F^2 + x_S^2\sigma_S^2 + x_B^2\sigma_B^2$ (11.7)

CHAPTER 12

1. Total return − Expected return = Unexpected return (12.1)
   $R \quad - \quad E(R) \quad = \quad U$
2. Announcement = Expected part + Surprise (12.2)
3. $R - E(R)$ = Systematic portion + Unsystematic portion (12.3)
4. $R - E(R) = U = m + \varepsilon$ (12.4)
5. Total risk= Systematic risk + Unsystematic risk (12.5)
6. $$\frac{E(R_A) - R_f}{\beta_A} = \frac{E(R_B) - R_f}{\beta_B} \quad (12.6)$$
7. $$\text{SML slope} = \frac{E(R_M) - R_f}{\beta_M} = \frac{E(R_M) - R_f}{1} = E(R_M) - R_f$$
8. $E(R_i) = R_f + [E(R_M) - R_f] \times \beta_i$ (12.7)
9. $R - E(R) = m + \varepsilon$ (12.8)
10. $m = [R_M - E(R_M)] \times \beta$ (12.9)
11. $R - E(R) = m + \varepsilon = [R_M - E(R_M)] \times \beta + \varepsilon$ (12.10)
12. $\beta_i = \text{Corr}(R_i, R_M) \times \sigma_i / \sigma_M$ (12.11)

CHAPTER 13

1. $$\text{Sharpe ratio} = \frac{R_p - R_f}{\sigma_p} \quad (13.1)$$
2. $$\text{Treynor ratio} = \frac{R_p - R_f}{\beta_p} \quad (13.2)$$
3. $E(R_p) = R_f + [E(R_M) - R_f] \times \beta_p$ (13.3)
4. Jensen's alpha $= \alpha_p = R_p - E(R_p)$
   $= R_p - \{R_f + [E(R_M) - R_f] \times \beta_p\}$ (13.4)
5. $E(R_p) - R_f = [E(R_m) - R_f] \times \beta_p$ (13.5)
6. $E(R_{p,RP}) = E(R_{m,RP}) \times \beta_p$ (13.6)
7. $$\frac{E(R_p) - R_f}{\sigma_p} = \frac{x_S E(R_S) + x_B E(R_B) - R_f}{\sqrt{x_S^2\sigma_S^2 + x_B^2\sigma_B^2 + 2x_S x_B \sigma_S \sigma_B \text{Corr}(R_S, R_B)}} \quad (13.7)$$
8. $E(R_{p,T}) = E(R_p) \times T$ (13.8)
9. $\sigma_{p,T} = \sigma_p \times \sqrt{T}$ (13.9)
10. Value-at-Risk:
    $\text{Prob}[R_{p,T} \le E(R_p) \times T - 2.326 \times \sigma_p \sqrt{T}] = 1\%$
    $\text{Prob}[R_{p,T} \le E(R_p) \times T - 1.96 \times \sigma_p \sqrt{T}] = 2.5\%$
    $\text{Prob}[R_{p,T} \le E(R_p) \times T - 1.645 \times \sigma_p \sqrt{T}] = 5\%$ (13.10)

CHAPTER 14

1. Carrying-charge market: Basis = Cash price − Futures price < 0
   Inverted market: Basis = Cash price − Futures price > 0 (14.1)
2. $F = S(1 + r)$ (14.2)
3. Spot-futures parity: $F_T = S(1 + r)^T$ (14.3)
4. $F = S(1 + r) - D$ (14.4)
5. $F = S(1 + r) - D(S/S)$
   $= S(1 + r) - S(D/S)$
   $= S(1 + r) - Sd$
   $= S(1 + r - d)$ (14.5)
6. Spot-futures parity (with dividend yield):
   $F_T = S(1 + r - d)^T$ (14.6)
7. Number of index futures contracts, N, needed to hedge fully:
   $$N = \frac{V_P}{V_F} \times \frac{\beta_P}{\beta_F} \quad (14.7)$$
8. Number of U.S. Treasury note futures contracts, N, needed to hedge a bond portfolio:
   $$N = \frac{D_P \times V_P}{D_F \times V_F} \quad (14.8)$$
9. Duration of an interest rate futures contract (rule of thumb):
   $D_F = D_U + M_F$ (14.9)

CHAPTER 15

1. Call option intrinsic value = MAX($S - K$, 0) (15.1)
2. Put option intrinsic value = MAX($K - S$, 0) (15.2)
3. American call option price ≥ MAX[$S - K$, 0] (15.3)
4. American put option price ≥ MAX[$K - S$, 0] (15.4)
5. European call option price ≥ MAX[$S - K/(1 + r)^T$, 0] (15.5)
6. European put option price ≥ MAX[$K/(1 + r)^T - S$, 0] (15.6)
7. $S + P - C = K/(1 + r_f)^T$ (15.7)
8. The put-call parity relationship: $C - P = S - K/(1 + r_f)^T$ (15.8)
   $S = C - P + K/(1 + r_f)^T$ (15.9)
9. The put-call parity relationship (with dividends):
   $C - P = S - \text{Div} - K/(1 + r_f)^T$ (15.10)

CHAPTER 16

1. Delta, one-period binomial model:
   $$\Delta = \frac{C_u - C_d}{Su - Sd}$$
2. $(\Delta S - C)(1 + r) = \Delta S \times u - C_u$ (16.1)
3. Call value, one-period binomial model:
   $$C = \frac{\Delta S(1 + r - u) + C_u}{1 + r} \quad (16.2)$$
4. Black-Scholes call option pricing model:
   $C = SN(d_1) - Ke^{-rT}N(d_2)$ (16.3)
5. Black-Scholes put option pricing model:

$P = Ke^{-rT}N(-d_2) - SN(-d_1)$ (16.4)

Where, in the Black-Scholes formula, d_1 and d_2 are

6. $d_1 = \frac{\ln(S/K) + (r + \sigma^2/2)^T}{\sigma\sqrt{T}}$
7. $d_2 = d_1 - \sigma\sqrt{T}$
8. Call option delta $= N(d_1) > 0$
9. Put option delta $= -N(-d_1) < 0$
10. A useful option hedging equation:
    Change in value of stock portfolio + Change in value of options = 0 (16.5)
11. $\Delta S \times$ Shares held + Option delta $\times$ $\Delta S \times$ Number of options = 0 (16.6)
12. Number of stock options needed to hedge shares held:
    Number of options $= \frac{-\text{Shares held}}{\text{Option delta}}$ (16.7)
13. Number of option contracts needed to hedge an equity portfolio:
    $= \frac{\text{Portfolio beta} \times \text{Portfolio value}}{\text{Option delta} \times \text{Option contract value}}$ (16.8)
14. Black-Scholes-Merton call option formula:
    $C = Se^{-yT}N(d_1) - Ke^{-rT}N(d_2)$ (16.9)
    Where, in the Black-Scholes-Merton call option formula, d_1 and d_2 are:
15. $d_1 = \frac{\ln(S/K) + (r - y + \sigma^2/2)T}{\sigma\sqrt{T}}$
16. $d_2 = d_1 - \sigma\sqrt{T}$

CHAPTER 17

1. Assets= Liabilities + Equity (17.1)
2. Net income = Dividends + Retained earnings (17.2)

Profitability ratios:

3. Gross margin $= \frac{\text{Gross profit}}{\text{Net sales}}$
4. Operating margin $= \frac{\text{Operating income}}{\text{Net sales}}$
5. Return on assets (ROA) $= \frac{\text{Net income}}{\text{Total assets}}$
6. Return on equity (ROE) $= \frac{\text{Net income}}{\text{Shareholder equity}}$

Per-share calculations:

7. Book value per share (BVPS) $= \frac{\text{Shareholder equity}}{\text{Shares outstanding}}$
8. Earnings per share (EPS) $= \frac{\text{Net income}}{\text{Shares outstanding}}$
9. Cash flow per share (CFPS) $= \frac{\text{Operating cash flow}}{\text{Shares outstanding}}$

Price ratios:

10 Price-book (P/B) $= \frac{\text{Stock price}}{\text{BVPS}}$

11. Price-earnings (P/E) $= \frac{\text{Stock price}}{\text{EPS}}$
12. Price-cash flow (P/CF) $= \frac{\text{Stock price}}{\text{CFPS}}$
13. $P_0 = \frac{D_0 \times (1 + g_1)}{k - g_1}\left[1 - \left(\frac{1 + g_1}{1 + k}\right)^T\right] + \left(\frac{1 + g_1}{1 + k}\right)^T \left[\frac{D_0 \times (1 + g_2)}{k - g_2}\right]$ (17.3)

CHAPTER 18

1. Money multiplier = 1/Reserve requirement

찾아보기